코칭 형법
기출공략집 2
[경찰공무원]

장 진

새흐름

머리말

2024년 시험 대비 교재로 새롭게 「코칭 형법 기출공략집」을 출간하게 되었습니다. 기존의 「코칭 형법 기출문제총정리」 제3판에 대한 뜨거운 성원 및 조기 품절에 감사드리며 아래에서는 본 교재의 내용과 활용법에 대해 말씀드리고자 합니다.

특히 이번 교재부터는 1권은 법원·검찰직 공무원을 위한 내용으로, 2권은 경찰공무원을 위한 내용으로 분권하여 출간하면서 준비하는 직렬에 따라 학습의 편의성을 도모하고자 하였습니다.

「코칭 형법 기출공략집」에서는 다음의 사항을 반영하였습니다.

1. 공무원 시험의 전체적인 출제 유형과 방향성을 파악하기 위해서 법원직 9급, 국가직 7급, 국가직 9급 그리고 경찰직 출제 문제를 모두 반영하였습니다. 2022년 4월부터 2016년까지의 문제는 모두 수록하는 것을 원칙으로 하였고, 2015년 이전 문제들은 중요도와 희소성 등을 고려하여 필요한 문제를 수록하였습니다.

2. 2022년과 2023년에 출제된 공무원 시험 문제를 모두 반영하였습니다. 공무원 시험은 2022년 국가직 7급과 법원직 9급, 2023년 국가직 9급과 국가직 7급 그리고 법원직 9급의 형법 및 형법총론 문제를 반영하였습니다. 경찰 시험은 2022년 2차 및 2023년 1차와 2차 시험을 모두 반영하였습니다. 최신 기출문제를 통해 최근 문제의 흐름과 출제 경향을 파악할 수 있도록 하였습니다.

3. 해설 부분의 강화와 함께 관련 판례에 대해서 새롭게 밑줄 작업을 진행하였습니다. 문제를 풀어나가는 데에 필요한 판례에 대해서도 추가적인 내용을 기술하였고, 이론적 배경이 필요한 부분에서는 추가 해설을 수록하였습니다.

4. 저자의 코칭 형법 기본서 및 판례집의 목차에 맞춘 문제 배치로 기본서에 대한 확인 학습이 가능하도록 하였습니다. 기본서와 함께 풀어나가시면 학습효과가 배가될 것으로 생각합니다.

5. 기존 기출문제에 대한 변형과 수정작업을 진행하였습니다. 전원합의체 판결 및 2023년의 형법 개정을 모두 반영하여 기출문제를 변형하고 수정하였습니다. 이를 통해 기출문제에 대한 정확한 분석을 가능하게 하였습니다.

「코칭 형법 기출공략집」이 독자 여러분의 합격에 도움이 되는 책이 될 수 있다면, 이보다 더 좋을 일은 없을 것이라고 생각합니다. 앞으로도 여러분의 합격을 위한 동반자가 될 수 있는 책으로 만들어 가겠습니다. 마지막으로, 본서의 출간을 위해 애써주신 이종은 부장님과 정대의 차장님을 비롯한 도서출판 새흐름 가족들께 감사드리며, 온라인과 오프라인에서 함께 해주는 우리 학생들에게도 고마운 마음을 전합니다. 그리고 항상 응원해 주는 가족에게도 감사의 말을 전합니다.

2023년 11월 11일

상도동 서재에서

장 진

Contents
차 례

제1부 형법총론

PART 01 서론

CHAPTER 01 서론 … 4

제1절 형법의 기본개념 …… 4
제2절 죄형법정주의 …… 4
제3절 형법의 적용범위 …… 21
제4절 형법이론 …… 31

PART 02 범죄론

CHAPTER 01 범죄의 기본개념 … 34

제1절 범죄의 의의와 종류 …… 34
제2절 행위론 …… 36
제3절 행위의 주체 …… 36

CHAPTER 02 구성요건 … 40

제1절 구성요건이론 …… 40
제2절 결과반가치와 행위반가치 …… 41
제3절 부작위범 …… 41
제4절 인과관계와 객관적 귀속 …… 50
제5절 구성요건적 고의 …… 54
제6절 사실의 착오 …… 59
제7절 과실 …… 66
제8절 결과적 가중범 …… 73

CHAPTER 03 위법성 ··· 79
제1절 위법성의 이론 ···· 79
제2절 정당방위 ···· 81
제3절 긴급피난 ···· 86
제4절 자구행위 ···· 87
제5절 피해자의 승낙 ···· 88
제6절 정당행위 ···· 91

CHAPTER 04 책임론 ··· 99
제1절 책임이론 ···· 99
제2절 책임능력 ···· 100
제3절 위법성의 인식 ···· 107
제4절 법률의 착오 ···· 107
제5절 기대가능성 ···· 113

CHAPTER 05 미수론 ··· 118
제1절 미수범 ···· 118
제2절 중지미수 ···· 128
제3절 불능미수 ···· 130
제4절 예비죄 ···· 134

CHAPTER 06 공범론 ··· 138
제1절 공범이론 ···· 138
제2절 간접정범 ···· 141
제3절 공동정범 ···· 147
제4절 교사범 ···· 159
제5절 종범 ···· 163
제6절 공범과 신분 ···· 166

CHAPTER 07 죄수론 … 171

제1절 죄수이론 171
제2절 일죄 173
제3절 수죄 177

PART 03 형벌론

제1절 형벌의 종류 190
제2절 형의 양정 191
제3절 누범 195
제4절 집행유예 · 선고유예 · 가석방 195
제5절 형의 시효와 소멸 198
제6절 보안처분 200

제2부 형법각론

PART 01 개인적 법익에 대한 죄

CHAPTER 01 생명과 신체에 대한 죄 … 204

제1절 살인의 죄 204
제2절 상해와 폭행의 죄 207
제3절 과실치사상의 죄 216
제4절 낙태의 죄 219
제5절 유기와 학대의 죄 219

CHAPTER 02 자유에 대한 죄 … 221

제1절 협박의 죄 221

제2절 체포와 감금의 죄 ········ 226
제3절 약취와 유인 및 인신매매의 죄 ········ 230
제4절 강요의 죄 ········ 233
제5절 강간과 추행의 죄 ········ 234

CHAPTER 03 명예와 신용에 대한 죄 … 249
제1절 명예에 관한 죄 ········ 249
제2절 신용 · 업무와 경매에 관한 죄 ········ 266

CHAPTER 04 사생활의 평온에 대한 죄 … 273
제1절 비밀침해의 죄 ········ 273
제2절 주거침입의 죄 ········ 274

CHAPTER 05 재산에 대한 죄 … 283
제1절 절도의 죄 ········ 283
제2절 강도의 죄 ········ 297
제3절 사기의 죄 ········ 306
제4절 공갈의 죄 ········ 319
제5절 횡령의 죄 ········ 321
제6절 배임의 죄 ········ 336
제7절 장물의 죄 ········ 350
제8절 손괴의 죄 ········ 356
제9절 권리행사를 방해하는 죄 ········ 357

PART 02 사회적 법익에 대한 죄

CHAPTER 01 공공의 안전과 평온에 대한 죄 … 364
제1절 공안을 해하는 죄 ········ 364

제2절 폭발물에 관한 죄 ········ 365
제3절 방화와 실화의 죄 ········ 365
제4절 일수와 수리에 관한 죄 ········ 368
제5절 교통방해의 죄 ········ 370

CHAPTER 02 공공의 신용에 대한 죄 … 372
제1절 통화에 관한 죄 ········ 372
제2절 유가증권·인지와 우표에 관한 죄 ········ 373
제3절 문서에 관한 죄 ········ 376
제4절 인장에 관한 죄 ········ 397

CHAPTER 03 공중의 건강에 대한 죄 … 398
제1절 먹는 물에 관한 죄 ········ 398
제2절 아편에 관한 죄 ········ 398

CHAPTER 04 사회의 도덕에 대한 죄 … 399
제1절 성풍속에 관한 죄 ········ 399
제2절 도박과 복표에 관한 죄 ········ 402
제3절 신앙에 관한 죄 ········ 404

PART 03 국가적 법익에 대한 죄

CHAPTER 01 국가의 존립과 권위에 대한 죄 … 408
제1절 내란의 죄 ········ 408
제2절 외환의 죄 ········ 408
제3절 국기에 관한 죄 ········ 409
제4절 국교에 관한 죄 ········ 409

CHAPTER 02 국가의 기능에 대한 죄 … 410
제1절 공무원의 직무에 관한 죄 …… 410
제2절 공무방해에 관한 죄 …… 425
제3절 도주와 범죄은닉의 죄 …… 439
제4절 위증과 증거인멸의 죄 …… 444
제5절 무고의 죄 …… 449

제1부
형법총론

PART 01
서론

CHAPTER 01 | 서론

제1절 | 형법의 기본개념

001 「형법」의 기본개념에 관한 설명 중 가장 적절하지 않은 것은? (다툼이 있는 경우 판례에 의하고, 전원합의체 판결의 경우 다수의견에 의함. 이하 같음) 〈경찰1차 2023〉

① 형법은 형벌이라는 수단을 통하여 주로 '법익을 보호하는 기능'을 하며, '법익'이란 법률을 통해 보호할 가치 있는 이익을 의미한다.

② 형법은 법규범으로 법공동체의 평화를 유지하기 위하여 부과된 것으로서 강제력이 수반되기 때문에 신중하게 규정되어야 한다.

③ 형법은 일반 국민에게 일정한 행위를 금지하거나 일정한 행위를 명령함으로써 행위의 준칙을 제시하는 행위규범이며, 법관을 수명자로 하여 법관에게 형벌권 행사의 한계를 설정함으로써 사법(司法)작용을 규제하는 재판규범이기도 하다.

④ 형법은 보호적 기능과 보장적 기능을 모두 가지며, 어느 한 기능을 강조하면 다른 한 기능도 함께 강화되는 상호 비례 관계에 있다.

해설/정답 ④

① (○), ② (○) 형법의 보호적 기능은 ㈎ 법익의 보호와 ㈏ 사회윤리적 행위가치의 보호를 내용으로 한다. 법익 보호가 결과에 대한 것이라면 행위가치의 보호는 행위에 관한 것이다.

③ (○) 형법은 일반 국민에게 일정한 행위를 금지 또는 명령함으로써 행위의 준칙으로 삼게 하는 행위규범이며, 법관의 사법활동을 규제하는 재판규범이다.

④ (×) 형법은 보호적 기능과 보장적 기능을 가지는데 형법은 법익침해를 수단으로 법익을 보호하므로 어느 한 기능을 강조하면 다른 한 기능이 그만큼 소홀하게 되는 반비례(모순) 관계에 있다.

제2절 | 죄형법정주의

002 죄형법정주의에 관한 설명으로 가장 적절하지 않은 것은? 〈경찰2차 2023〉

① 「형법」 제349조(부당이득)에서 정하는 '현저하게 부당한 이익'은 그 비교기준이 되는 정당한 이익 내지는 원래의 급부가치는 무엇인지에 대한 규정이 없어 일반 국민들로서는 해당 법률조항으로는 어느 정도가 정당한 이익인지를 예측하기 어렵고, 수사기관으로서도 객관적이고 구속적인 해석 및 집행의 기준을 제공받지 못하므로 자의적·선별적인 법집행에로 이끌리기 쉬워 해당 법률조항은 죄형법정주의의 명확성의 원칙에 반한다.

② 「형법」 제207조(통화의 위조 등) 제3항에 규정된 '외국에서 통용된다'고 함은 그 외국에서 강제통용력을 가지는 것을 의미하는 것이므로, 일반인의 관점에서 통용할 것이라고 오인할 가능성이 있다고 하여 외국에서 통용되지 아니하는, 즉 강제통용력을 가지지 아니하는 지폐까지 「형법」 제207조 제3항의 외국에서 통용하는 지폐에 포함시키면 이는 유추해석 내지 확장해석하여 적용하는 것이 되어 죄형법정주의의 원칙에 위배된다.

③ 형사처벌에 관한 위임입법은 특히 긴급한 필요가 있거나 미리 법률로써 자세히 정할 수 없는 부득이한 사정이 있는 경우에 한하여 수권법률(위임법률)이 구성요건의 점에서는 처벌대상인 행위가 어떠한 것인지 이를 예측할 수 있을 정도로 구체적으로 정하고, 형벌의 점에서는 형벌의 종류 및 그 상한과 폭을 명확히 규정하는 것을 전제로 허용된다.

④ 「가정폭력범죄의 처벌 등에 관한 특례법」이 정한 보호처분 중의 하나인 사회봉사명령은 가정폭력범죄행위에 대하여 형사처벌 대신 부과되는 것으로서, 가정폭력범죄를 범한 자에게 의무적 노동을 부과하고 여가시간을 박탈하여 실질적으로는 신체적 자유를 제한하게 되므로, 이에 대하여는 원칙적으로 형벌불소급의 원칙에 따라 행위시법을 적용함이 상당하다.

해설/정답 ①

① (×) '궁박'이나 '현저하게 부당한 이익'이라는 개념도 형법상의 '지려천박(知慮淺薄)', '기망', '임무에 위배' 등과 같이 범죄구성요건을 형성하는 개념 중 구체적 사안에 있어서 일정한 해석을 통하여 적용할 수 있는 일반적, 규범적 개념의 하나로서, '궁박한 상태를 이용하여 현저하게 부당한 이익을 취득'하였는지 여부는 사회통념 또는 건전한 상식에 따라 거래당사자의 신분과 상호 간의 관계, 피해자가 처한 상황의 절박성의 정도, 계약의 체결을 둘러싼 협상과정 및 피해자의 이익, 피해자가 그 거래를 통해 추구하고자 한 목적을 달성하기 위한 다른 적절한 대안의 존재 여부 등 제반 상황을 종합한다면 합리적으로 판단할 수 있다고 할 것이므로 <u>이 사건 법률조항이 지니는 약간의 불명확성은 법관의 통상적인 해석 작용에 의하여 충분히 보완될 수 있고 건전한 상식과 통상적인 법감정을 가진 일반인이라면 금지되는 행위가 무엇인지를 예측할 수 있으므로 이 사건 법률조항은 죄형법정주의에서 요구되는 명확성의 원칙에 위배되지 아니한다</u>(헌재 2006.7.27. 2005헌바19 전원재판부).

② (○) 형법 제207조 제3항은 "행사할 목적으로 외국에서 통용하는 외국의 화폐, 지폐 또는 은행권을 위조 또는 변조한 자는 10년 이하의 징역에 처한다."고 규정하고 있는바, 여기에서 <u>외국에서 통용한다고 함은 그 외국에서 강제통용력을 가지는 것을 의미하는 것이므로 외국에서 통용하지 아니하는, 즉 강제통용력을 가지지 아니하는 지폐는 그것이 비록 일반인의 관점에서 통용할 것이라고 오인할 가능성이 있다고 하더라도 위 형법 제207조 제3항에서 정한 외국에서 통용하는 외국의 지폐에 해당한다고 할 수 없고</u>, 만일 그와 달리 위 <u>형법 제207조 제3항의 외국에서 통용하는 지폐에 일반인의 관점에서 통용할 것이라고 오인할 가능성이 있는 지폐까지 포함시키면 이는 위 처벌조항을 문언상의 가능한 의미의 범위를 넘어서까지 유추해석 내지 확장해석하여 적용하는 것이 되어 죄형법정주의의 원칙에 어긋나는 것으로 허용되지 않는다</u>(대판 2004.5.14. 2003도3487).

③ (○) 사회현상의 복잡다기화와 국회의 전문적·기술적 능력의 한계 및 시간적 적응능력의 한계로 인하여 형사처벌에 관련된 모든 법규를 예외 없이 형식적 의미의 법률에 의하여 규정한다는 것은 사실상 불가능할 뿐만 아니라 실제에 적합하지도 아니하기 때문에, <u>특히 긴급한 필요가 있거나 미리 법률로써 자세히 정할 수 없는 부득이한 사정이 있는 경우에 한하여 수권법률(위임법률)이 구성요건의 점에서는 처벌대상인 행위가 어떠한 것인지 이를 예측할 수 있을 정도로 구체적으로 정하고, 형벌의 점에서는 형벌의 종류 및 그 상한과 폭을 명확히 규정하는 것을 전제로 위임입법이 허용</u>되며, 이러한 위임입법은 죄형법정주의에 반하지 않는다(대판 2002.11.26. 2002도2998).

④ (○) 가정폭력처벌법이 정한 보호처분 중의 하나인 사회봉사명령은 가정폭력범죄를 범한 자에 대하여 환경의 조정과 성행의 교정을 목적으로 하는 것으로서 형벌 그 자체가 아니라 보안처분의 성격을 가지는 것이 사실이나, 한편으로 이는 가정폭력범죄행위에 대하여 형사처벌 대신 부과되는 것으로서, 가정폭력범죄를 범한 자에게 의무적 노동을 부과하고 여가시간을 박탈하여 실질적으로는 신체적 자유를 제한하게 되므로, 이에 대하여는 원칙적으로 형벌불소급의 원칙에 따라 행위시법을 적용함이 상당하다(대결 2008.7.24. 2008어4).

003 죄형법정주의에 관한 설명 중 가장 적절하지 않은 것은? 〈경찰1차 2023〉

① 구 「정보통신망 이용촉진 및 정보보호 등에 관한 법률」에서 규정하는 '불안감'은 평가적·정서적 판단을 요하는 규범적 구성요건요소이고, '불안감'이란 개념이 사전적으로 '마음이 편하지 아니하고 조마조마한 느낌'이라고 풀이되고 있어 이를 불명확하다고 볼 수는 없으므로, 위 규정 자체가 죄형법정주의에 반한다고 볼 수 없다.

② 형벌법규의 위임은 특히 긴급한 필요가 있거나 미리 법률로써 자세히 정할 수 없는 부득이한 사정이 있는 경우로 한정되어야 하며, 이러한 경우에도 위임법률에서 범죄의 구성요건은 처벌대상행위가 어떠한 것일 것이라고 예측할 수 있을 정도로 구체적으로 정하여야 하며, 형벌의 종류 및 그 상한과 폭을 명백히 규정하여야 한다.

③ 구 「근로기준법」에서 임금·퇴직금 청산기일의 연장합의의 한도에 관하여 아무런 제한을 두고 있지 아니함에도 불구하고, 같은 법 시행령에서 기일 연장을 3월 이내로 제한한 것은 죄형법정주의의 원칙에 위배된다.

④ 「게임산업진흥에 관한 법률」 제32조 제1항 제7호의 '환전'의 의미를 '게임결과물을 수령하고 돈을 교부하는 행위'뿐만 아니라 '게임결과물을 교부하고 돈을 수령하는 행위'도 포함되는 것으로 해석하는 것은 죄형법정주의에 위배된다.

해설/정답 ④

① (○) "불안감"이란 개념이 사전적으로 "마음이 편하지 아니하고 조마조마한 느낌"이라고 풀이되고 있어 이를 불명확하다고 볼 수는 없으므로, 위 규정 자체가 죄형법정주의 및 여기에서 파생된 명확성의 원칙에 반한다고 볼 수 없다(대판 2008.12.24. 2008도9581).

② (○) 사회현상의 복잡다기화와 국회의 전문적·기술적 능력의 한계 및 시간적 적응능력의 한계로 인하여 형사처벌에 관련된 모든 법규를 예외 없이 형식적 의미의 법률에 의하여 규정한다는 것은 사실상 불가능할 뿐만 아니라 실제에 적합하지도 아니하기 때문에, 특히 긴급한 필요가 있거나 미리 법률로써 자세히 정할 수 없는 부득이한 사정이 있는 경우에 한하여 수권법률(위임법률)이 구성요건의 점에서는 처벌대상인 행위가 어떠한 것인지 이를 예측할 수 있을 정도로 구체적으로 정하고, 형벌의 점에서는 형벌의 종류 및 그 상한과 폭을 명확히 규정하는 것을 전제로 위임입법이 허용되며, 이러한 위임입법은 죄형법정주의에 반하지 않는다(대판 2002.11.26. 2002도2998).

③ (○) 구 근로기준법(1997. 3. 13. 법률 제5309호로 개정되기 전의 것) 제30조 단서에서 임금·퇴직금 청산기일의 연장합의의 한도에 관하여 아무런 제한을 두고 있지 아니함에도 불구하고, 같은법시행령(1997. 3. 27. 대통령령 제15320호로 개정되기 전의 것) 제12조에 의하여 같은 법 제30조 단서에 따른 기일연장을 3월 이내로 제한한 것은 같은법시행령 제12조가 같은 법 제30조 단서의 내용을 변경하고 같은 법 제109조와 결합하여 형사처벌의 대상을 확장하는 결과가 된다 할 것인바, 이와 같이 법률이 정한 형사처벌의 대상을 확장하는 내용의 법규는 법률이나 법률의 구체적 위임에 의한 명령 등에 의하지 않으면 아니 된다고 할 것이므로, 결국

모법의 위임에 의하지 아니한 같은 법 시행령 제12조는 죄형법정주의의 원칙에 위배되고 위임입법의 한계를 벗어난 것으로서 무효이다(대판 1998.10.15. 98도1759).

④ (×) '게임산업진흥에 관한 법률'(이하 '게임산업법'이라고 한다) 제32조 제1항 제7호는 "누구든지 게임물의 이용을 통하여 획득한 유·무형의 결과물(점수, 경품, 게임 내에서 사용되는 가상의 화폐로서 대통령령이 정하는 게임머니 및 대통령령이 정하는 이와 유사한 것을 말한다)을 환전 또는 환전알선하거나 재매입을 업으로 하는 행위를 하여서는 아니된다"고 정하고 있다. 여러 사정을 종합하여 보면, 위 조항이 정한 '환전'에는 '게임결과물을 수령하고 돈을 교부하는 행위'뿐만 아니라 '게임결과물을 교부하고 돈을 수령하는 행위'도 포함되는 것으로 해석함이 상당하고, 이를 지나친 확장해석이나 유추해석이라고 할 수 없다(대판 2012.12.13. 2012도11505).

004 다음 유추해석(적용) 금지의 원칙에 관한 설명 중 가장 적절하지 않은 것은? 〈경찰2차 2022〉

① 위법성조각사유처럼 피고인에게 유리한 규정의 범위를 제한적으로 유추적용하게 되면 행위자의 가벌성의 범위가 확대되므로 이는 가능한 문언의 의미를 넘어 범죄구성요건을 유추적용하는 것과 같은 결과가 초래되어 허용될 수 없다.

② 형벌법규의 적용대상이 행정법규가 규정한 사항을 내용으로 하는 경우, 그 행정법규를 해석함에 있어서는 유추해석 금지의 원칙이 적용되지 아니한다.

③ 유추해석은 피고인에게 유리한 경우에는 가능한 것이나, 문리를 넘어서는 이러한 해석은 그렇게 해석하지 아니하면 그 결과가 현저히 형평과 정의에 반하거나 심각한 불합리가 초래되는 경우에 한하여 가능하다.

④ 공직선거법 제262조의 '자수'를 통상 관용적으로 사용되는 용례에서 갖는 개념 외에 '범행 발각 전'이라는 또 다른 개념을 추가하는 것은 형 면제 사유에 대한 제한적 유추를 통해 처벌범위를 실정법 이상으로 확대하게 되어 유추해석 금지의 원칙에 반한다.

해설/정답 ②

① (○) 형벌법규의 해석에서 법규정 문언의 가능한 의미를 벗어나는 경우에는 유추해석으로서 죄형법정주의에 위반하게 되고, 이러한 유추해석금지의 원칙은 모든 형벌법규의 구성요건과 가벌성에 관한 규정에 준용되는데, 위법성 및 책임의 조각사유나 소추조건 또는 처벌조각사유인 형면제 사유에 관하여도 그 범위를 제한적으로 유추적용하게 되면 행위자의 가벌성의 범위는 확대되어 행위자에게 불리하게 되는바, 이는 가능한 문언의 의미를 넘어 범죄구성요건을 유추적용하는 것과 같은 결과가 초래되므로 죄형법정주의의 파생원칙인 유추해석금지의 원칙에 위반하여 허용될 수 없다(대판 2010.9.30. 2008도4762).

② (×) 형벌법규의 해석은 엄격하여야 하고 명문규정의 의미를 지나치게 확장해석하거나 유추해석하는 것은 죄형법정주의의 원칙에 어긋나는 것으로서 허용되지 않는다. 그리고 이러한 법해석의 원리는 형벌법규의 적용대상이 행정법규가 규정한 사항을 내용으로 하고 있는 경우에 그 행정법규의 규정을 해석할 때에도 마찬가지로 적용된다(대판 2017.3.15. 2016도17691).

③ (○) 형벌법규의 해석에 있어서 유추해석이나 확장해석도 피고인에게 유리한 경우에는 가능한 것이나, 문리를 넘어서는 이러한 해석은 그렇게 해석하지 아니하면 그 결과가 현저히 형평과 정의에 반하거나 심각한 불합리가 초래되는 경우에 한하여야 할 것이고, 그렇지 아니하는 한 입법자가 그 나름대로의 근거와 합리성을 가지고 입법한 경우에는 입법자의 재량을 존중하여야 하는 것이다(대판 2004.11.11. 2004도4049).

④ (○) [다수의견] 형벌법규의 해석에 있어서 법규정 문언의 가능한 의미를 벗어나는 경우에는 유추해석

으로서 죄형법정주의에 위반하게 된다. 그리고 유추해석금지의 원칙은 모든 형벌법규의 구성요건과 가벌성에 관한 규정에 준용되는데, 위법성 및 책임의 조각사유나 소추조건, 또는 처벌조각사유인 형면제 사유에 관하여 그 범위를 제한적으로 유추적용하게 되면 행위자의 가벌성의 범위는 확대되어 행위자에게 불리하게 되는바, 이는 가능한 문언의 의미를 넘어 범죄구성요건을 유추적용하는 것과 같은 결과가 초래되므로 죄형법정주의의 파생원칙인 유추해석금지의 원칙에 위반하여 허용될 수 없다. 한편 형법 제52조나 국가보안법 제16조 제1호에서도 공직선거법 제262조에서와 같이 모두 '범행 발각 전'이라는 제한 문언 없이 "자수"라는 단어를 사용하고 있는데 형법 제52조나 국가보안법 제16조 제1호의 "자수"에는 범행이 발각되고 지명수배된 후의 자진출두도 포함되는 것으로 판례가 해석하고 있으므로 이것이 "자수"라는 단어의 관용적 용례라고 할 것인바, 공직선거법 제262조의 "자수"를 '범행 발각 전에 자수한 경우'로 한정하는 풀이는 "자수"라는 단어가 통상 관용적으로 사용되는 용례에서 갖는 개념 외에 '범행 발각 전'이라는 또다른 개념을 추가하는 것으로서 결국은 '언어의 가능한 의미'를 넘어 공직선거법 제262조의 "자수"의 범위를 그 문언보다 제한함으로써 공직선거법 제230조 제1항 등의 처벌범위를 실정법 이상으로 확대한 것이 되고, 따라서 이는 단순한 목적론적 축소해석에 그치는 것이 아니라, 형면제 사유에 대한 제한적 유추를 통하여 처벌범위를 실정법 이상으로 확대한 것으로서 죄형법정주의의 파생원칙인 유추해석금지의 원칙에 위반된다(대판 1997.3.20. 96도1167 전원합의체).

[해설] 자수는 형벌감면사유로서 그 해석범위는 피고인의 가벌성에 영향을 미치므로, 이처럼 위법성조각사유나 책임조각사유의 경우에는 언어의 가능한 의미를 넘어 제한적으로 해석하면 유추해석금지에 해당한다는 판결.

005 죄형법정주의에 관한 설명으로 옳지 않은 것을 모두 고른 것은? 〈경찰 1차 2022〉

㉠ 법규범의 문언은 어느 정도 가치개념을 포함한 일반적·규범적 개념을 사용하지 않을 수 없는 것이기 때문에 기본적으로 최소한이 아닌 최대한의 명확성을 요구한다.

㉡ 유추해석금지의 원칙은 형벌법규의 구성요건과 가벌성에 관한 규정에 준용되므로 형벌법규의 적용대상이 행정법규가 규정한 사항을 내용으로 하고 있는 경우에 그 행정법규의 규정을 해석하는 데에도 마찬가지로 적용된다.

㉢ 대법원 양형위원회가 설정한 '양형기준'이 발효하기 전에 공소가 제기된 범죄에 대하여 위 '양형기준'을 참고하여 형을 양정한 경우, 소급효금지의 원칙에 위반된다.

㉣ 알 수 없는 경위로 가상자산을 이체받은 자가 가상자산을 사용·처분한 경우 이를 형사처벌하는 명문의 규정이 없다고 하더라도 착오송금 시 횡령죄 성립을 긍정한 판례를 유추하여 신의칙을 근거로 배임죄로 처벌하는 것은 죄형법정주의에 반하지 않는다.

㉤ 「형법」 제258조의2 특수상해죄의 신설로 「형법」 제262조, 제261조의 특수폭행치상죄에 대하여 그 문언상 특수상해죄의 예에 의하여 처벌하는 것이 가능하게 되었다는 이유만으로 「형법」 제258조의2 제1항의 예에 따라 처벌할 수 있다고 하는 것은 죄형법정주의에 반한다.

① ㉠, ㉡, ㉢ ② ㉠, ㉢, ㉣ ③ ㉠, ㉢, ㉤ ④ ㉡, ㉣, ㉤

해설/정답 ②

㉠ (×) 법규범의 문언은 어느 정도 가치개념을 포함한 일반적, 규범적 개념을 사용하지 않을 수 없는 것이기 때문에 명확성의 원칙이란 기본적으로 최대한이 아닌 최소한의 명확성을 요구하는 것으로서, 그 문언이 법관의 보충적인 가치판단을 통해서 그 의미내용을 확인할 수 있고, 그러한 보충적 해석이 해석자의 개인적인 취향에 따라 좌우될 가능성이 없다면 명확성의 원칙에 반한다고 할 수 없다(대판 2008.10.23. 2008초기264).

㉡ (○) 형벌법규의 해석은 엄격하여야 하고 명문규정의 의미를 지나치게 확장해석하거나 유추해석하는 것은 죄형법정주의의 원칙에 어긋나는 것으로서 허용되지 않는다. 그리고 이러한 법해석의 원리는 형벌법규의 적용대상이 행정법규가 규정한 사항을 내용으로 하고 있는 경우에 그 행정법규의 규정을 해석할 때에도 마찬가지로 적용된다(대판 2017.3.15. 2016도17691).

㉢ (×) 법원조직법 제81조의2 이하의 규정에 의하여 마련된 대법원 양형위원회의 양형기준은 법관이 합리적인 양형을 정하는 데 참고할 수 있는 구체적이고 객관적인 기준으로서 마련된 것이다(같은 법 제81조의6 제1항 참조). 위 양형기준은 법적 구속력을 가지지 아니하고(같은 법 제81조의7 제1항 단서), 단지 위와 같은 취지로 마련되어 그 내용의 타당성에 의하여 일반적인 설득력을 가지는 것으로 예정되어 있으므로 법관의 양형에 있어서 그 존중이 요구되는 것일 뿐이다. 그렇다면 법관이 형을 양정함에 있어서 참고할 수 있는 자료에 달리 제한이 있는 것도 아닌 터에 원심이 위 양형기준이 발효하기 전에 법원에 공소가 제기된 이 사건 범죄에 관하여 형을 양정함에 있어서 위 양형기준을 참고자료로 삼았다고 하여, 거기에 상고이유로 주장하는 바와 같이 피고인에게 불리한 법률을 소급하여 적용한 위법이 있다고 할 수 없다(대판 2009.12.10. 2009도11448).

㉣ (×) [1] 가상자산 권리자의 착오나 가상자산 운영 시스템의 오류 등으로 법률상 원인관계 없이 다른 사람의 가상자산 전자지갑에 가상자산이 이체된 경우, 가상자산을 이체 받은 자는 가상자산의 권리자 등에 대한 부당이득반환의무를 부담하게 될 수 있다. 그러나 이는 당사자 사이의 민사상 채무에 지나지 않고 이러한 사정만으로 가상자산을 이체 받은 사람이 신임관계에 기초하여 가상자산을 보존하거나 관리하는 지위에 있다고 볼 수 없다. 또한 피고인과 피해자 사이에는 아무런 계약관계가 없고 피고인은 어떠한 경위로 이 사건 비트코인을 이체 받은 것인지 불분명하여 부당이득반환청구를 할 수 있는 주체가 피해자인지 아니면 거래소인지 명확하지 않다. 설령 피고인이 피해자에게 직접 부당이득반환의무를 부담한다고 하더라도 곧바로 가상자산을 이체 받은 사람을 피해자에 대한 관계에서 배임죄의 주체인 '타인의 사무를 처리하는 자'에 해당한다고 단정할 수는 없다. [2] 원인불명으로 재산상 이익인 가상자산을 이체 받은 자가 가상자산을 사용·처분한 경우 이를 형사처벌하는 명문의 규정이 없는 현재의 상황에서 착오송금 시 횡령죄 성립을 긍정한 판례(대법원 2010.12.9. 선고 2010도891 판결 등 참조)를 유추하여 신의칙을 근거로 피고인을 배임죄로 처벌하는 것은 죄형법정주의에 반한다. 이 사건 비트코인이 법률상 원인관계 없이 피해자로부터 피고인 명의의 전자지갑으로 이체되었더라도 피고인이 신임관계에 기초하여 피해자의 사무를 맡아 처리하는 것으로 볼 수 없는 이상, 피고인을 피해자에 대한 관계에서 '타인의 사무를 처리하는 자'에 해당한다고 할 수 없다(대판 2021.12.16. 2020도9789).

㉤ (○) 특수폭행치상죄의 해당규정인 형법 제262조, 제261조는 형법 제정 당시부터 존재하였는데, 형법 제258조의2 특수상해죄의 신설 이전에는 형법 제262조의 "전 2조의 죄를 범하여 사람을 사상에 이르게 한 때에는 제257조 내지 제259조의 예에 의한다."라는 규정 중 '제257조 내지 제259조의 예에 의한다'의 의미는 형법 제260조(폭행, 존속폭행) 또는 제261조(특수폭행)의 죄를 범하여 상해, 중상해, 사망의 결과가 발생한 경우, 그 결과에 따라 상해의 경우에는 형법 제257조, 중상해의 경우에는 형법 제258조, 사망의 경우에는 형법 제259조의 예에 준하여 처벌하는 것으로 해석·적용되어 왔고, 따라서 특수폭행치상죄의 경우 법정형은 형법 제257조 제1항에 의하여 '7년 이하의 징역, 10년 이하의 자격정지 또는 1천만 원 이하의 벌금'이었다. 그런데 2016. 1. 6. 형법 개정으로 특수상해죄가 형법 제258조의2로 신설됨에 따라 문언상으로 형법 제262조의 '제257조 내지 제259조의 예에 의한다'는 규정에 형법 제258조의2가 포함되어 특수폭행치상의 경우 특수상해인 형법 제258조의2 제1항의 예에 의하여 처벌하여야 하는 것으로 해석될 여지가 생기게 되었다. 이러한 해석을 따를 경우 특수폭행치상죄의 법정형이 형법 제258조의2 제1항이 정한 '1년 이상 10년 이하의 징역'이 되어 종래와 같이 형법 제257조 제1항의 예에 의하는 것보다 상향되는 결과가 발생하게 된다. 그러나 형벌규정 해석에 관한 법리와 폭력행위 등 처벌에 관한 법률의 개정 경과 및 형법 제258조의2의 신설 경위와 내용, 그 목적, 형법 제262조의 연혁, 문언과 체계 등을 고려할 때, 특수폭행치상의 경우 형법 제258조의2의 신설에도 불구하고 종전과 같이 형법 제257조 제1항의 예에 의하여 처벌하는 것으로 해석함이 타당하다(대판 2018.7.24. 2018도3443).

006 **죄형법정주의에 대한 설명으로 가장 적절하지 않은 것은?** 〈경찰 2차 2021 변형〉

① 「게임산업진흥에 관한 법률」 제28조 제3호에서 게임물 관련 사업자에 대하여 '경품 등의 제공을 통한 사행성 조장'을 원칙적으로 금지하면서 제공이 허용되는 경품의 종류·지급기준·제공방법 등에 관한 구체적인 내용을 하위법령에 위임한 것은 경품의 환전이나 재매입 등의 우려가 없는 등 사행성을 제거할 수 있는 방법이 될 것이라는 예측이 불가능하여 포괄위임금지의 원칙에 반한다.

② 「폭력행위 등 처벌에 관한 법률」 제4조 제1항에서 규정하고 있는 범죄단체 구성원으로서의 '활동'은 명확성의 원칙에 반하지 아니한다.

③ 어떤 단체가 특정 후보자를 지지·추천하는지 여부를 「공직선거법」 제250조 제1항에서 규정한 허위사실공표죄의 '경력 등' 관한 사실에 해당한다고 해석하는 것은 죄형법정주의에 반한다.

④ 구 도로교통법(2018. 12. 24. 법률 제16037호로 개정되고, 2020. 6. 9. 법률 제17371호로 개정되기 전의 것) 제148조의2 제1항 중 '제44조 제1항을 2회 이상 위반한 사람'에 관한 부분은 헌법에 위반된다.

해설/정답 ①

① (×) 게임산업법 및 이 사건 의무조항의 입법목적, 관련 조항들을 유기적·체계적으로 종합하여 해석해보면, 대통령령으로 정해질 경품의 종류는 완구류·문구류 및 이와 유사한 것들이고, 현금을 비롯한 상품권 및 유가증권과 같은 환가성이 높은 물건, 청소년에게 유해한 영향을 끼치는 물건이 제외될 것이라는 점이 어렵지 않게 예측된다. 또한 이 사건 의무조항이 위임하는 '경품의 지급기준'에 관하여 대통령령으로 정하여질 내용은 게임물의 사행화는 억제하되 게임이용자의 흥미는 유발시킬 있는 정도의 최소한의 금액이 그 기준이 되고, '경품의 제공방법'은 경품의 환전이나 재매입 등의 우려가 없는 등 사행성을 제거할 수 있는 방법이 될 것이라는 점에 대한 대강의 예측이 가능하다. 따라서 이 사건 의무조항은 죄형법정주의 내지 포괄위임금지원칙에 위배되지 아니한다(헌재 2020.12.23. 2017헌바463, 2018헌바151·386, 2019헌바81(병합) 전원재판부 결정).

② (○) 폭력행위 등 처벌에 관한 법률 제4조 제1항(이하 이 사건 법률조항이라고 함)에서 규정하고 있는 범죄단체 구성원으로서의 "활동"의 개념이 다소 추상적이고 포괄적인 측면이 있지만, 폭력행위 등 처벌에 관한 법률이 집단적·상습적인 폭력범죄를 엄히 처벌하기 위하여 제정되었고, 특히 이 사건 법률조항은 범죄단체의 사회적 해악의 중대성에 비추어 범죄의 실행 여부를 불문하고 범죄의 예비·음모의 성격을 갖는 범죄단체의 생성 및 존속 자체를 막으려는 데 그 입법 취지가 있는 점, 범죄단체활동죄는 범죄단체 구성·가입죄가 즉시범으로 공소시효가 완성된 경우에는 이들을 처벌할 수 없다는 불합리한 점을 감안하여 그 처벌의 근거를 마련한 것이라는 점에서 범죄단체의 구성·가입죄와 별도로 범죄단체활동죄를 처벌할 필요성이 있는 점, 어떠한 행위가 위 "활동"에 해당할 수 있는지는 구체적인 사건에 있어서 위 규정의 입법 취지 및 처벌의 정도 등을 고려한 법관의 합리적인 해석과 조리에 의하여 보충될 수 있는 점 등을 종합적으로 판단하면, 이 사건 법률조항 중 "활동" 부분이 죄형법정주의의 명확성의 원칙에 위배된다고 할 수 없다(대판 2008.5.29. 2008도1857).

③ (○) 공직선거법 제250조 제1항에 규정한 허위사실공표죄에서 '경력 등'이란 후보자의 '경력·학력·학위·상벌'을 말하고(같은 법 제64조 제5항), 그 중 '경력'은 후보자의 행동이나 사적(事跡) 등과 같이 후보자의 실적과 능력으로 인식되어 선거인의 공정한 판단에 영향을 미치는 사항을 말한다. 따라서 어떤 단체가 특정 후보자를 지지·추천하는지 여부는 후보자의 행동이나 사적 등에 관한 사항이라고 볼 수 없어 위에서 말하는 '경력'에 관한 사실에 포함되지 아니하고, 이와 달리 해석하는 것은 형벌법규를 지나치게 확장·유추해석하는 것으로서 죄형법정주의에 반하여 허용될 수 없다(대판 2011.3.10. 2010도16942).

④ (○) [1] 심판대상조항은 음주운전 금지규정을 반복하여 위반하는 사람에 대한 처벌을 강화하기 위한 규

정인데, 그 구성요건을 '제44조 제1항을 2회 이상 위반'한 경우로 정하여 가중요건이 되는 과거 음주운전 금지규정 위반행위와 처벌대상이 되는 재범 음주운전 금지규정 위반행위 사이에 아무런 시간적 제한이 없고, 과거 위반행위가 형의 선고나 유죄의 확정판결을 받은 전과일 것을 요구하지도 않는다. [2] 그런데 과거 위반행위가 예컨대 10년 이상 전에 발생한 것이라면 처벌대상이 되는 재범 음주운전이 준법정신이 현저히 부족한 상태에서 이루어진 반규범적 행위라거나 사회구성원에 대한 생명·신체 등을 '반복적으로' 위협하는 행위라고 평가하기 어려워 이를 일반적 음주운전 금지규정 위반행위와 구별하여 가중처벌할 필요성이 있다고 보기 어렵다. 범죄 전력이 있음에도 다시 범행한 경우 재범인 후범에 대하여 가중된 행위책임을 인정할 수 있다고 하더라도, 전범을 이유로 아무런 시간적 제한 없이 무제한 후범을 가중처벌하는 예는 찾기 어렵고, 공소시효나 형의 실효를 인정하는 취지에도 부합하지 않으므로, 심판대상조항은 예컨대 10년 이상의 세월이 지난 과거 위반행위를 근거로 재범으로 분류되는 음주운전 행위자에 대해서는 책임에 비해 과도한 형벌을 규정하고 있다고 하지 않을 수 없다. [3] 도로교통법 제44조 제1항을 2회 이상 위반한 경우라고 하더라도 죄질을 일률적으로 평가할 수 없고 과거 위반 전력, 혈중알코올농도 수준, 운전한 차량의 종류에 비추어, 교통안전 등 보호법익에 미치는 위험 정도가 비교적 낮은 유형의 재범 음주운전행위가 있다. 그런데 심판대상조항은 법정형의 하한을 징역 2년, 벌금 1천만 원으로 정하여 그와 같이 비난가능성이 상대적으로 낮고 죄질이 비교적 가벼운 행위까지 지나치게 엄히 처벌하도록 하고 있으므로, 책임과 형벌 사이의 비례성을 인정하기 어렵다. [4] 반복적 음주운전에 대한 강한 처벌이 국민일반의 법감정에 부합할 수는 있으나, 결국에는 중벌에 대한 면역성과 무감각이 생기게 되어 법의 권위를 실추시키고 법질서의 안정을 해할 수 있으므로, 재범 음주운전을 예방하기 위한 조치로서 형벌 강화는 최후의 수단이 되어야 한다. 심판대상조항은 음주치료나 음주운전 방지장치 도입과 같은 비형벌적 수단에 대한 충분한 고려 없이 과거 위반 전력 등과 관련하여 아무런 제한도 두지 않고 죄질이 비교적 가벼운 유형의 재범 음주운전 행위에 대해서까지 일률적으로 가중처벌하도록 하고 있으므로 형벌 본래의 기능에 필요한 정도를 현저히 일탈하는 과도한 법정형을 정한 것이다. [5] 그러므로 심판대상조항은 책임과 형벌 간의 비례원칙에 위반된다(헌재 2021.11.25. 2019헌바446, 2020헌가17, 2021헌바77(병합) 전원재판부 결정).

007 죄형법정주의에 대한 설명으로 가장 적절하지 않은 것은? 〈경찰2차 2020〉

① 성폭력범죄의 처벌 등에 관한 특례법 제13조는 성적 수치심을 일으킬 수 있는 내용의 말, 글, 물건 등을 통신매체를 이용하여 상대방에게 전달하는 행위를 처벌하고자 함이 명백하므로, 성적 수치심 등을 일으키는 내용의 편지를 피고인이 직접 상대방 주거지 출입문에 끼워 넣음으로써 상대방에게 전달한 행위는 본 규정을 통해 처벌할 수 있다.

② 자동차관리법 제80조 제7호의2는 구체적 한정적으로 '자동차 이력 및 판매자 정보를 허위로 제공한 자'만을 처벌하는 것이며 제58조 제3항 위반을 일괄적으로 처벌하는 의미가 아니므로 '허위 제공'의 의미를 '단순 누락'의 경우도 포함하는 것으로 해석하는 것은 죄형법정주의 원칙에 어긋나서 허용되지 않는다.

③ 무면허운전 등을 금지한 도로교통법 제43조는 운전자의 금지사항으로 운전면허를 받지 아니한 경우와 운전면허의 효력이 정지된 경우를 구별하여 대등하게 나열하고 있다. 그렇다면 '운전면허를 받지 아니하고'라는 법률문언의 통상적인 의미에 '운전면허를 받았으나 그 후 운전면허의 효력이 정지된 경우'가 당연히 포함된다고는 해석할 수 없다.

④ 형벌법규는 문언에 따라 엄격하게 해석 적용하여야 하고 피고인에게 불리한 방향으로 지나치게 확장해석하거나 유추해석하여서는 안 된다.

해설/정답 ①

① (×) 성폭력범죄의 처벌 등에 관한 특례법 제13조는 "자기 또는 다른 사람의 성적 욕망을 유발하거나 만족시킬 목적으로 전화, 우편, 컴퓨터, 그 밖의 통신매체를 통하여 성적 수치심이나 혐오감을 일으키는 말, 음향, 글, 그림, 영상 또는 물건을 상대방에게 도달하게 한 사람은 2년 이하의 징역 또는 500만 원 이하의 벌금에 처한다."고 규정하고 있다. 위 규정 문언에 의하면, 위 규정은 자기 또는 다른 사람의 성적 욕망을 유발하는 등의 목적으로 '전화, 우편, 컴퓨터나 그 밖에 일반적으로 통신매체라고 인식되는 수단을 이용하여' 성적 수치심 등을 일으키는 말, 글, 물건 등을 상대방에게 전달하는 행위를 처벌하고자 하는 것임이 문언상 명백하므로, 위와 같은 통신매체를 이용하지 아니한 채 '직접' 상대방에게 말, 글, 물건 등을 도달하게 하는 행위까지 포함하여 위 규정으로 처벌할 수 있다고 보는 것은 법문의 가능한 의미의 범위를 벗어난 해석으로서 실정법 이상으로 처벌 범위를 확대하는 것이다(대판 2016.3.10. 2015도17847).

② (○) 자동차관리법 제58조 제3항은 "자동차매매업자가 인터넷을 통하여 자동차의 광고를 하는 때에는 자동차 이력 및 판매자정보 등 국토교통부령으로 정하는 사항을 게재하여야 한다."라고 규정하고 있고, 자동차관리법 시행규칙 제120조 제4항 제6호는 자동차관리법 제58조 제3항의 '자동차 이력 및 판매자정보 등 국토교통부령으로 정하는 사항' 중 하나로 "매매사원의 사원증번호 및 성명에 관한 사항"을 규정하고 있으며, 자동차관리법 제80조 제7호의2는 "제58조 제3항을 위반하여 자동차 이력 및 판매자정보를 허위로 제공한 자"를 처벌하고 있다. 즉, 자동차관리법 제58조 제3항에서는 자동차 이력 및 판매자정보 등 국토교통부령으로 정하는 사항에 관한 일반적 게재의무를 규정하면서도, 벌칙조항인 자동차관리법 제80조 제7호의2에서는 벌칙의 적용대상을 단순히 '제58조 제3항을 위반한 자' 또는 '제58조 제3항에 따른 게재의무를 위반한 자'로 규정하지 아니하고, 보다 구체적·한정적으로 '자동차 이력 및 판매자정보를 허위로 제공한 자'만을 처벌하는 것으로 규정하고 있음은 문언상 명백하다. 이와 같은 자동차관리법령의 규정 형식 및 내용 등을 관련 법리에 비추어 보면, 자동차관리법 제80조 제7호의2의 '허위 제공'의 의미를 '단순 누락'의 경우도 포함하는 것으로 해석하는 것은 형벌법규의 의미를 피고인에게 불리한 방향으로 지나치게 확장하거나 유추하여 해석하는 것으로 죄형법정주의 원칙에 어긋나서 허용되지 않는다(대판 2017.11.14. 2017도13421).

③ (○) 도로교통법 제43조는 무면허운전 등을 금지하면서 "누구든지 제80조의 규정에 의하여 지방경찰청장으로부터 운전면허를 받지 아니하거나 운전면허의 효력이 정지된 경우에는 자동차 등을 운전하여서는 아니 된다."고 정하여, 운전자의 금지사항으로 운전면허를 받지 아니한 경우와 운전면허의 효력이 정지된 경우를 구별하여 대등하게 나열하고 있다. 그렇다면 '운전면허를 받지 아니하고'라는 법률문언의 통상적인 의미에 '운전면허를 받았으나 그 후 운전면허의 효력이 정지된 경우'가 당연히 포함된다고는 해석할 수 없다(대판 2011.8.25. 2011도7725).

④ (○) 형벌법규는 문언에 따라 엄격하게 해석·적용하여야 하고 피고인에게 불리한 방향으로 지나치게 확장해석하거나 유추해석하여서는 아니되지만 형벌법규의 해석에 있어서도 법률문언의 통상적인 의미를 벗어나지 않는 한 그 법률의 입법취지와 목적, 입법연혁 등을 고려한 목적론적 해석이 배제되는 것은 아니다(대판 2002.2.21. 2001도2819 전원합의체).

008 죄형법정주의에 관한 설명으로 가장 적절하지 않은 것은? 〈경찰2차 2019〉

① 「의료법」 제41조가 "환자의 진료 등에 필요한 당직의료인을 두어야 한다."라고 규정하고 있을 뿐인데도 「의료법 시행령」 제18조 제1항이 당직의료인의 수와 자격 등 배치기준을 규정하고 이를 위반하면 「의료법」 제90조에 의한 처벌의 대상이 되도록 함으로써 형사처벌의 대상을 신설 또는 확장한 경우, 본 시행령 조항은 위임입법의 한계를 벗어나 무효이다.

② 과거에 이미 행한 범죄에 대하여 공소시효를 정지시키는 법률이라 하더라도 그 사유만으로 형벌불소급의 원칙에 언제나 위배되는 것은 아니다.

③ 「청소년보호법」 제30조 제8호 소정의 "풍기를 문란하게 하는 영업행위를 하거나 그를 목적으로 장소를 제공하는 행위"라는 문구는 "청소년에 대하여 이성혼숙을 하게 하거나 그를 목적으로 장소를 제공하는 행위" 등이라고 볼 수 있으므로 명확성원칙에 반하지 않는다.

④ 「도로교통법」상 도로가 아닌 곳에서 운전면허 없이 운전한 행위를 무면허운전으로 처벌하는 것은 유추해석금지원칙에 반하지 않는다.

해설/정답 ④

① (○) [1] [다수의견] 법률의 시행령은 모법인 법률의 위임 없이 법률이 규정한 개인의 권리·의무에 관한 내용을 변경·보충하거나 법률에서 규정하지 아니한 새로운 내용을 규정할 수 없고, 특히 법률의 시행령이 형사처벌에 관한 사항을 규정하면서 법률의 명시적인 위임 범위를 벗어나 처벌의 대상을 확장하는 것은 죄형법정주의의 원칙에도 어긋나는 것이므로, 그러한 시행령은 위임입법의 한계를 벗어난 것으로서 무효이다. [2] [다수의견] 의료법 제41조가 "환자의 진료 등에 필요한 당직의료인을 두어야 한다."라고 규정하고 있을 뿐인데도 시행령 조항은 당직의료인의 수와 자격 등 배치기준을 규정하고 이를 위반하면 의료법 제90조에 의한 처벌의 대상이 되도록 함으로써 형사처벌의 대상을 신설 또는 확장하였다. 그러므로 시행령 조항은 위임입법의 한계를 벗어난 것으로서 무효이다(대판 2017.2.16. 2015도16014 전원합의체).

② (○) 기존의 법에 의하여 형성되어 이미 굳어진 개인의 법적 지위를 사후입법을 통하여 박탈하는 것 등을 내용으로 하는 진정소급입법은 개인의 신뢰보호와 법적 안정성을 내용으로 하는 법치국가원리에 의하여 헌법적으로 허용되지 않는 것이 원칙이지만, 특단의 사정이 있는 경우, 즉 기존의 법을 변경하여야 할 공익적 필요는 심히 중대한 반면에 그 법적 지위에 대한 개인의 신뢰를 보호하여야 할 필요가 상대적으로 정당화될 수 없는 경우에는 예외적으로 허용될 수 있다(헌재 1996.2.16. 96헌가2, 96헌바7, 96헌바13).

③ (○) 청소년보호법 제26조의2 제8호 소정의 "풍기를 문란하게 하는 영업행위를 하거나 그를 목적으로 장소를 제공하는 행위"의 의미는 청소년보호법의 입법 취지, 입법연혁, 규정형식에 비추어 볼 때 "청소년이 건전한 인격체로 성장하는 것을 침해하는 영업행위 또는 그를 목적으로 장소를 제공하는 행위"를 의미하는 것으로 보아야 할 것이고, 그 구체적인 예가 바로 위 규정에 열거된 "청소년에 대하여 이성혼숙을 하게 하거나 그를 목적으로 장소를 제공하는 행위" 등이라고 보이는바, 이는 건전한 상식과 통상적인 법감정을 통하여 판단할 수 있고, 구체적인 사건에서는 법관의 보충적인 해석을 통하여 그 규범내용이 확정될 수 있는 개념이라 할 것이어서 위 법률조항은 명확성의 원칙에 반하지 아니하여 실질적 죄형법정주의에도 반하지 아니한다(대판 2003.12.26. 2003도5980).

④ (×) 도로가 아닌 곳에서 운전면허 없이 운전한 경우에는 무면허운전에 해당하지 않는다. 도로에서 운전하지 않았는데도 무면허운전으로 처벌하는 것은 유추해석이나 확장해석에 해당하여 죄형법정주의에 비추어 허용되지 않는다. 따라서 운전면허 없이 자동차 등을 운전한 곳이 위와 같이 일반교통경찰권이 미치는 공공성이 있는 장소가 아니라 특정인이나 그와 관련된 용건이 있는 사람만 사용할 수 있고 자체적으로 관리되는 곳이라면 도로교통법에서 정한 '도로에서 운전'한 것이 아니므로 무면허운전으로 처벌할 수 없다(대판 2017.12.28. 2017도17762).

009 **죄형법정주의에 대한 설명으로 가장 적절한 것은?** 〈경찰1차 2018〉

① 행위 당시의 판례에 의하면 처벌대상이 되지 아니하는 것으로 해석되었던 행위를 재판 시에 해석을 달리하여 처벌하는 것은 형벌불소급의 원칙에 반한다.

② 「공직선거법」 제262조의 '자수'를 통상 관용적으로 사용되는 용례와는 달리 범행 발각 전에 자수한 경우로 한정하여 해석하여도 유추해석금지의 원칙에 위반되지 않는다.

③ "약국 개설자가 아니면 의약품을 판매하거나 판매 목적으로 취득할 수 없다."고 규정한 구 「약사법」 제44조 제1항의 '판매'에 무상으로 의약품을 양도하는 '수여'를 포함시키는 해석은 죄형법정주의에 위배된다.

④ 「항공보안법」 제42조(항공기 항로 변경죄)의 '항로'에 항공기가 지상에서 이동하는 경로도 포함된다고 해석하는 것은 죄형법정주의에 반한다.

해설/정답 ④

① (×) 형사처벌의 근거가 되는 것은 법률이지 판례가 아니고, 구 건축법 제57조에 관한 판례의 변경은 그 법률조항의 내용을 확인하는 것에 지나지 아니하여 이로써 위 법률조항 자체가 변경된 것이라고 볼 수는 없으므로, 행위 당시의 판례에 의하면 처벌대상이 되지 아니하는 것으로 해석되었던 행위를 판례의 변경에 따라 확인된 내용의 위 법률조항에 근거하여 처벌한다고 하여 그것이 형벌불소급의 원칙에 반한다고 할 수는 없다(대판 1999.9.17. 97도3349).

② (×) [다수의견] 형벌법규의 해석에 있어서 법규정 문언의 가능한 의미를 벗어나는 경우에는 유추해석으로서 죄형법정주의에 위반하게 된다. 그리고 유추해석금지의 원칙은 모든 형벌법규의 구성요건과 가벌성에 관한 규정에 준용되는데, 위법성 및 책임의 조각사유나 소추조건, 또는 처벌조각사유인 형면제 사유에 관하여 그 범위를 제한적으로 유추적용하게 되면 행위자의 가벌성의 범위는 확대되어 행위자에게 불리하게 되는바, 이는 가능한 문언의 의미를 넘어 범죄구성요건을 유추적용하는 것과 같은 결과가 초래되므로 죄형법정주의의 파생원칙인 유추해석금지의 원칙에 위반하여 허용될 수 없다. 한편 형법 제52조나 국가보안법 제16조 제1호에서도 공직선거법 제262조에서와 같이 모두 '범행 발각 전'이라는 제한 문언 없이 "자수"라는 단어를 사용하고 있는데 형법 제52조나 국가보안법 제16조 제1호의 "자수"에는 범행이 발각되고 지명수배된 후의 자진출두도 포함되는 것으로 판례가 해석하고 있으므로 이것이 "자수"라는 단어의 관용적 용례라고 할 것인바, 공직선거법 제262조의 "자수"를 '범행 발각 전에 자수한 경우'로 한정하는 풀이는 "자수"라는 단어가 통상 관용적으로 사용되는 용례에서 갖는 개념 외에 '범행 발각 전'이라는 또다른 개념을 추가하는 것으로서 결국은 '언어의 가능한 의미'를 넘어 공직선거법 제262조의 "자수"의 범위를 그 문언보다 제한함으로써 공직선거법 제230조 제1항 등의 처벌범위를 실정법 이상으로 확대한 것이 되고, 따라서 이는 단순한 목적론적 축소해석에 그치는 것이 아니라, 형면제 사유에 대한 제한적 유추를 통하여 처벌범위를 실정법 이상으로 확대한 것으로서 죄형법정주의의 파생원칙인 유추해석금지의 원칙에 위반된다(대판 1997.3.20. 96도1167 전원합의체).

③ (×) 구 약사법(2007. 10. 17. 법률 제8643호로 개정되기 전의 것, 이하 '구 약사법'이라 한다) 제2조 제1호가 약사법에서 사용되는 '약사'의 개념에 대해 정의하면서 '판매(수여를 포함한다. 이하 같다)'라고 규정함으로써 구 약사법 제44조 제1항을 포함하여 위 정의규정 이하 조항의 '판매'에는 '수여'가 포함됨을 명문으로 밝히고 있는 점 … 결국 국내에 있는 불특정 또는 다수인에게 무상으로 의약품을 양도하는 수여행위도 구 약사법 제44조 제1항의 '판매'에 포함된다고 보는 것이 체계적이고 논리적인 해석이라 할 것이고, 그와 같은 해석이 죄형법정주의에 위배된다고 볼 수 없다(대판 2011.10.13. 2011도6287).

약사법 제2조(정의)
이 법에서 사용하는 용어의 뜻은 다음과 같다.
1. "약사(藥事)"란 의약품·의약외품의 제조·조제·감정(鑑定)·보관·수입·판매[수여(授與)를 포함한다. 이

하 같다]와 그 밖의 약학 기술에 관련된 사항을 말한다.

제44조(의약품 판매)

① 약국 개설자(해당 약국에 근무하는 약사 또는 한약사를 포함한다. 제47조, 제48조 및 제50조에서도 같다)가 아니면 의약품을 판매하거나 판매할 목적으로 취득할 수 없다. 다만, 의약품의 품목허가를 받은 자 또는 수입자가 그 제조 또는 수입한 의약품을 이 법에 따라 의약품을 제조 또는 판매할 수 있는 자에게 판매하는 경우와 약학을 전공하는 대학의 학생이 보건복지부령으로 정하는 범위에서 의약품을 판매하는 경우에는 그러하지 아니하다.

④ (○) [다수의견] 본죄의 객체는 '운항 중'의 항공기이다. 그러나 위계 또는 위력으로 변경할 대상인 '항로'는 별개의 구성요건요소로서 그 자체로 죄형법정주의 원칙에 부합하게 해석해야 할 대상이 된다. 항로가 공중의 개념을 내포한 말이고, 입법자가 그 말뜻을 사전적 정의보다 넓은 의미로 사용하였다고 볼 자료가 없다. 지상의 항공기가 이동할 때 '운항 중'이 된다는 이유만으로 그때 다니는 지상의 길까지 '항로'로 해석하는 것은 문언의 가능한 의미를 벗어난다(대판 2017.12.21. 2015도8335 전원합의체).

010 죄형법정주의에 대한 설명으로 가장 적절한 것은? 〈경찰1차 2017〉

① 공개명령 제도가 시행되기 전에 범한 범죄에도 공개명령 제도를 적용하도록 「아동·청소년의 성보호에 관한 법률」이 개정되었다면, 이는 소급입법금지의 원칙에 반한다.

② 위법성 및 책임의 조각사유나 소추조건, 또는 처벌조각사유인 형면제 사유에 관하여 그 범위를 제한적으로 유추적용하는 것은 유추해석금지의 원칙에 반하지 않는다.

③ '약국 개설자가 아니면 의약품을 판매하거나 판매 목적으로 취득할 수 없다.'고 규정한 구 「약사법」 제44조 제1항의 '판매'에 무상으로 의약품을 양도하는 '수여'를 포함시키는 해석은 죄형법정주의에 위배된다고 볼 수 없다.

④ 「폭력행위 등 처벌에 관한 법률」 제4조 제1항에서 규정하고 있는 범죄단체 구성원으로서의 '활동'의 개념은 추상적이고 포괄적이므로 명확성의 원칙에 위배된다.

해설/정답 ③

① (×) 공개명령 제도의 목적과 성격, 그 운영에 관한 위 법률의 규정 내용 및 취지 등을 종합해 보면, 공개명령 제도는 범죄행위를 한 자에 대한 응보 등을 목적으로 그 책임을 추궁하는 사후적 처분인 형벌과 구별되어 그 본질을 달리하는 것으로서 형벌에 관한 소급입법금지의 원칙이 그대로 적용되지 않으므로, 공개명령 제도가 시행된 2010. 1. 1. 이전에 범한 범죄에도 공개명령 제도를 적용하도록 아동·청소년의 성보호에 관한 법률이 2010. 7. 23. 법률 제10391호로 개정되었다고 하더라도 그것이 소급입법금지의 원칙에 반한다고 볼 수 없다(대판 2011.3.24. 2010도14393).

② (×) [다수의견] 형벌법규의 해석에 있어서 법규정 문언의 가능한 의미를 벗어나는 경우에는 유추해석으로서 죄형법정주의에 위반하게 된다. 그리고 유추해석금지의 원칙은 모든 형벌법규의 구성요건과 가벌성에 관한 규정에 준용되는데, 위법성 및 책임의 조각사유나 소추조건, 또는 처벌조각사유인 형면제 사유에 관하여 그 범위를 제한적으로 유추적용하게 되면 행위자의 가벌성의 범위는 확대되어 행위자에게 불리하게 되는바, 이는 가능한 문언의 의미를 넘어 범죄구성요건을 유추적용하는 것과 같은 결과가 초래되므로 죄형법정주의의 파생원칙인 유추해석금지의 원칙에 위반하여 허용될 수 없다. 한편 형법 제52조나 국가보안법 제16조 제1호에서도 공직선거법 제262조에서와 같이 모두 '범행발각 전'이라는 제한 문언 없이 "자수"라는 단어를 사용

하고 있는데 형법 제52조나 국가보안법 제16조 제1호의 "자수"에는 범행이 발각되고 지명수배된 후의 자진출두도 포함되는 것으로 판례가 해석하고 있으므로 이것이 "자수"라는 단어의 관용적 용례라고 할 것인바, 공직선거법 제262조의 "자수"를 '범행발각 전에 자수한 경우'로 한정하는 풀이는 "자수"라는 단어가 통상 관용적으로 사용되는 용례에서 갖는 개념 외에 '범행발각 전'이라는 또다른 개념을 추가하는 것으로서 결국은 '언어의 가능한 의미'를 넘어 공직선거법 제262조의 "자수"의 범위를 그 문언보다 제한함으로써 공직선거법 제230조 제1항 등의 처벌범위를 실정법 이상으로 확대한 것이 되고, 따라서 이는 단순한 목적론적 축소해석에 그치는 것이 아니라, 형면제 사유에 대한 제한적 유추를 통하여 처벌범위를 실정법 이상으로 확대한 것으로서 죄형법정주의의 파생원칙인 유추해석금지의 원칙에 위반된다(대판 1997.3.20. 96도1167 전원합의체).

③ (○) 구 약사법(2007. 10. 17. 법률 제8643호로 개정되기 전의 것, 이하 '구 약사법'이라 한다) 제2조 제1호가 약사법에서 사용되는 '약사'의 개념에 대해 정의하면서 '판매(수여를 포함한다. 이하 같다)'라고 규정함으로써 구 약사법 제44조 제1항을 포함하여 위 정의규정 이하 조항의 '판매'에는 '수여'가 포함됨을 명문으로 밝히고 있는 점 … 결국 국내에 있는 불특정 또는 다수인에게 무상으로 의약품을 양도하는 수여행위도 구 약사법 제44조 제1항의 '판매'에 포함된다고 보는 것이 체계적이고 논리적인 해석이라 할 것이고, 그와 같은 해석이 죄형법정주의에 위배된다고 볼 수 없다(대판 2011.10.13. 2011도6287).

④ (×) 폭력행위 등 처벌에 관한 법률 제4조 제1항(이하 이 사건 법률조항이라고 함)에서 규정하고 있는 범죄단체 구성원으로서의 "활동"의 개념이 다소 추상적이고 포괄적인 측면이 있지만 … 이 사건 법률조항 중 "활동" 부분이 죄형법정주의의 명확성의 원칙에 위배된다고 할 수 없다(대판 2008.5.29. 2008도1857).

폭력행위 등 처벌에 관한 법률 제4조(단체 등의 구성·활동)

① 이 법에 규정된 범죄를 목적으로 하는 단체 또는 집단을 구성하거나 그러한 단체 또는 집단에 가입하거나 그 구성원으로 활동한 사람은 다음 각 호의 구분에 따라 처벌한다.
1. 수괴(首魁): 사형, 무기 또는 10년 이상의 징역
2. 간부: 무기 또는 7년 이상의 징역
3. 수괴·간부 외의 사람: 2년 이상의 유기징역

011 죄형법정주의에 대한 설명으로 가장 적절하지 않은 것은? 〈경찰2차 2017〉

① 구성요건이 신설된 상습강제추행죄가 시행되기 이전의 범행은 상습강제추행죄로는 처벌할 수 없고 행위시법에 기초하여 강제추행죄로 처벌할 수 있을 뿐이며, 이 경우 그 소추요건도 상습강제추행죄에 관한 것이 아니라 강제추행죄에 관한 것이 구비되어야 한다.

② 허위로 신고한 사실이 무고행위 당시 형사처분의 대상이 될 수 있었던 경우에는 무고죄는 기수에 이르고, 이후 그러한 사실이 형사범죄가 되지 않는 것으로 판례가 변경되었더라도 특별한 사정이 없는 한 이미 성립한 무고죄에는 영향을 미치지 않는다.

③ 가정폭력범죄의 처벌 등에 관한 특례법상 사회봉사명령을 부과하면서, 행위시법상 사회봉사명령 부과시간의 상한인 100시간을 초과하여 상한을 200시간으로 올린 신법을 적용한 것은 위법하다.

④ 「외국환거래법」 제30조가 규정하는 몰수·추징의 대상은 범인이 해당 행위로 인하여 취득한 외국환 기타 지급수단 등을 뜻하고, 이는 범인이 외국환거래법에서 규제하는 행위로 인하여 취득한 외국환 등이 있을 때 이를 몰수하거나 추징한다는 취지이나, 여기서 취득이란 해당 범죄행위로 인하여 결과적으로 이를 취득한 때를 말한다고 제한적으로 해석할 필요는 없다.

해설/정답 ④

① (○) 포괄일죄에 관한 기존 처벌법규에 대하여 그 표현이나 형량과 관련한 개정을 하는 경우가 아니라 애초에 죄가 되지 아니하던 행위를 구성요건의 신설로 포괄일죄의 처벌대상으로 삼는 경우에는 신설된 포괄일죄 처벌법규가 시행되기 이전의 행위에 대하여는 신설된 법규를 적용하여 처벌할 수 없다(형법 제1조 제1항). 이는 신설된 처벌법규가 상습범을 처벌하는 구성요건인 경우에도 마찬가지라고 할 것이므로, 구성요건이 신설된 상습강제추행죄가 시행되기 이전의 범행은 상습강제추행죄로는 처벌할 수 없고 행위시법에 기초하여 강제추행죄로 처벌할 수 있을 뿐이며, 이 경우 그 소추요건도 상습강제추행죄에 관한 것이 아니라 강제추행죄에 관한 것이 구비되어야 한다(대판 2016.1.28. 2015도15669).

② (○) 허위로 신고한 사실이 무고행위 당시 형사처분의 대상이 될 수 있었던 경우에는 국가의 형사사법권의 적정한 행사를 그르치게 할 위험과 부당하게 처벌받지 않을 개인의 법적 안정성이 침해될 위험이 이미 발생하였으므로 무고죄는 기수에 이르고, 이후 그러한 사실이 형사범죄가 되지 않는 것으로 판례가 변경되었더라도 특별한 사정이 없는 한 이미 성립한 무고죄에는 영향을 미치지 않는다(대판 2017.5.30. 2015도15398).

③ (○) [1] 가정폭력처벌법이 정한 보호처분 중의 하나인 사회봉사명령은 가정폭력범죄를 범한 자에 대하여 환경의 조정과 성행의 교정을 목적으로 하는 것으로서 형벌 그 자체가 아니라 보안처분의 성격을 가지는 것이 사실이나, 한편으로 이는 가정폭력범죄행위에 대하여 형사처벌 대신 부과되는 것으로서, 가정폭력범죄를 범한 자에게 의무적 노동을 부과하고 여가시간을 박탈하여 실질적으로는 신체적 자유를 제한하게 되므로, 이에 대하여는 원칙적으로 형벌불소급의 원칙에 따라 행위시법을 적용함이 상당하다. [2] 가정폭력범죄의 처벌 등에 관한 특례법상 사회봉사명령을 부과하면서, 행위시법상 사회봉사명령 부과시간의 상한인 100시간을 초과하여 상한을 200시간으로 올린 신법을 적용한 것은 위법하다고 한 사례(대결 2008.7.24. 2008어4).

④ (×) 형벌법규의 해석은 엄격하여야 하고 명문규정의 의미를 피고인에게 불리한 방향으로 지나치게 확장해석하거나 유추해석하는 것은 죄형법정주의의 원칙에 어긋나는 것으로서 허용되지 아니한다. 외국환거래법 제30조가 규정하는 몰수·추징의 대상은 범인이 해당 행위로 인하여 취득한 외국환 기타 지급수단 등을 뜻하고, 이는 범인이 외국환거래법에서 규제하는 행위로 인하여 취득한 외국환 등이 있을 때 이를 몰수하거나 추징한다는 취지로서, 여기서 취득이란 해당 범죄행위로 인하여 결과적으로 이를 취득한 때를 말한다고 제한적으로 해석함이 타당하다(대판 2017.5.31. 2013도8389).

012 죄형법정주의에 관한 다음 설명 중 옳은 것은 모두 몇 개인가? 〈경찰1차 2016〉

㉠ 가정폭력범죄의 처벌 등에 관한 특례법상 사회봉사명령을 부과하면서, 행위시법상 사회봉사명령 부과시간의 상한인 100시간을 초과하여 상한을 200시간으로 올린 신법을 적용한 것은 위법하다.

㉡ 군사기밀 보호법 제11조가 군사기밀 탐지·수집행위의 법정형을 10년 이하의 징역으로 규정하고 있는 것과 달리 국가보안법 제4조 제1항 제2호 (나)목의 법정형이 사형·무기 또는 7년 이상의 징역으로 규정되어 있다는 등의 사정만으로 위 조항이 지나치게 무거운 형벌을 규정하여 책임주의 원칙에 반한다거나 법정형이 형벌체계상 균형을 상실하여 평등원칙에 위배되는 조항이라고 할 수 없으며, 법관의 양형 판단 및 결정권을 중대하게 침해하는 것이라고 볼 수도 없다.

㉢ 대법원 양형위원회가 설정한 '양형기준'이 발효하기 전에 공소가 제기된 범죄에 대하여 위 '양형기준'을 참고하여 형을 양정한 사안에서, 피고인에게 불리한 법률을 소급하여 적용한 위법이 있다고 할 수 없다.

㉣ 형벌법규의 해석에서 위법성 및 책임의 조각사유나 소추조건 또는 처벌조각사유인 형면제 사유에 관하여 그 범위를 제한적으로 유추적용하게 되면 행위자의 가벌성의 범위는 축소된다.

① 1개 ② 2개 ③ 3개 ④ 4개

해설/정답 ③

㉠ (○) [1] 가정폭력처벌법이 정한 보호처분 중의 하나인 사회봉사명령은 가정폭력범죄를 범한 자에 대하여 환경의 조정과 성행의 교정을 목적으로 하는 것으로서 형벌 그 자체가 아니라 보안처분의 성격을 가지는 것이 사실이나, 한편으로 이는 가정폭력범죄행위에 대하여 형사처벌 대신 부과되는 것으로서, 가정폭력범죄를 범한 자에게 의무적 노동을 부과하고 여가시간을 박탈하여 실질적으로는 신체적 자유를 제한하게 되므로, 이에 대하여는 원칙적으로 형벌불소급의 원칙에 따라 행위시법을 적용함이 상당하다. [2] 가정폭력범죄의 처벌 등에 관한 특례법상 사회봉사명령을 부과하면서, 행위시법상 사회봉사명령 부과시간의 상한인 100시간을 초과하여 상한을 200시간으로 올린 신법을 적용한 것은 위법하다고 한 사례(대결 2008.7.24. 2008어4).

㉡ (○) 국가보안법 제4조 제1항 제2호 (나)목에 규정된 '국가기밀'은 '그 기밀이 정치, 경제, 사회, 문화 등 각 방면에서 반국가단체에 대하여 비밀로 하거나 확인되지 아니함이 대한민국의 이익이 되는 모든 사실, 물건 또는 지식으로서, 그것들이 국내에서 적법한 절차 등을 거쳐 이미 일반인에게 널리 알려진 공지의 사실, 물건 또는 지식에 속하지 아니한 것이어야 하고, 또 그 내용이 누설되는 경우 국가의 안전에 위험을 초래할 우려가 있어 기밀로 보호할 실질가치를 갖춘 것'일 경우에 한정된다고 보는 것이 대법원 1997. 9. 16. 선고 97도985 전원합의체 판결 이래 대법원의 확립된 견해이다. 한편 군사기밀 보호법 제11조가 군사기밀 탐지·수집행위의 법정형을 10년 이하의 징역으로 규정하고 있는 것과 달리 국가보안법 제4조 제1항 제2호 (나)목의 법정형이 사형·무기 또는 7년 이상의 징역으로 규정되어 있다는 등의 사정만으로 위 조항이 지나치게 무거운 형벌을 규정하여 책임주의 원칙에 반한다거나 법정형이 형벌체계상 균형을 상실하여 평등원칙에 위배되는 조항이라고 할 수 없으며, 법관의 양형 판단 및 결정권을 중대하게 침해하는 것이라고 볼 수도 없다(대판 2013.7.26. 2013도2511).

㉢ (○) 법원조직법 제81조의2 이하의 규정에 의하여 마련된 대법원 양형위원회의 양형기준은 법관이 합리적인 양형을 정하는 데 참고할 수 있는 구체적이고 객관적인 기준으로서 마련된 것이다(같은 법 제81조의6 제1항 참조). 위 양형기준은 법적 구속력을 가지지 아니하고(같은 법 제81조의7 제1항 단서), 단지 위와 같은 취지

로 마련되어 그 내용의 타당성에 의하여 일반적인 설득력을 가지는 것으로 예정되어 있으므로 법관의 양형에 있어서 그 존중이 요구되는 것일 뿐이다. 그렇다면 법관이 형을 양정함에 있어서 참고할 수 있는 자료에 달리 제한이 있는 것도 아닌 터에 원심이 위 양형기준이 발효하기 전에 법원에 공소가 제기된 이 사건 범죄에 관하여 형을 양정함에 있어서 위 양형기준을 참고자료로 삼았다고 하여, 거기에 상고이유로 주장하는 바와 같이 피고인에게 불리한 법률을 소급하여 적용한 위법이 있다고 할 수 없다(대판 2009.12.10. 2009도11448).

㉣ (×) 형벌법규의 해석에서 법규정 문언의 가능한 의미를 벗어나는 경우에는 유추해석으로서 죄형법정주의에 위반하게 되고, 이러한 유추해석금지의 원칙은 모든 형벌법규의 구성요건과 가벌성에 관한 규정에 준용되는데, 위법성 및 책임의 조각사유나 소추조건 또는 처벌조각사유인 형면제 사유에 관하여도 그 범위를 제한적으로 유추적용하게 되면 행위자의 가벌성의 범위는 확대되어 행위자에게 불리하게 되는바, 이는 가능한 문언의 의미를 넘어 범죄구성요건을 유추적용하는 것과 같은 결과가 초래되므로 죄형법정주의의 파생원칙인 유추해석금지의 원칙에 위반하여 허용될 수 없다(대판 2010.9.30. 2008도4762).

013 죄형법정주의에 대한 다음 설명 중 옳은 것은 모두 몇 개 인가? 〈경찰2차 2016〉

㉠ 의사가 환자와 대면하지 아니하고 전화나 화상 등을 이용하여 환자의 용태를 스스로 듣고 판단하여 처방전 등을 발급한 행위는 구 「의료법」상 '직접 진찰한 의사'가 아닌 자가 처방전 등을 발급한 경우에 해당한다.

㉡ 「특정 범죄자에 대한 보호관찰 및 위치추적 전자장치 부착 등에 관한 법률」 제5조 제1항 제3호는 검사가 전자장치 부착명령을 법원에 청구할 수 있는 경우 중의 하나로 '성폭력범죄를 2회 이상 범하여(유죄의 확정판결을 받은 경우를 포함한다) 그 습벽이 인정된 때'라고 규정하고 있는데, 피부착명령청구자가 2회 이상 성폭력범죄를 범하였는지를 판단할 때 소년보호처분을 받은 전력을 고려하는 것은 죄형법정주의에 위반되므로 허용되지 아니한다.

㉢ 「형법」(1953. 9. 18. 법률 제293호로 제정된 것) 제125조(폭행, 가혹행위) 중 '경찰에 관한 직무를 행하는 자 또는 이를 보조하는 자가 그 직무를 행함에 당하여 형사피의자 또는 기타 사람에 대하여 폭행을 가한 때'와 관련된 부분은 죄형법정주의의 명확성의 원칙에 위반된다.

㉣ '아동의 덕성을 심히 해할 우려가 있는 도서, 간행물, 광고물, 기타의 내용물의 제작 등의 행위'를 금지하고 이를 위반하는 자를 처벌하는 구 「아동복지법」 제18조 제11호, 제34조 제4호는 명확성의 원칙에 반한다.

① 1개　② 2개　③ 3개　④ 4개

해설/정답 ②

㉠ (×) 개정 전후의 위 조항은 어느 것이나 스스로 진찰을 하지 않고 처방전을 발급하는 행위를 금지하는 규정일 뿐 대면진찰을 하지 않았거나 충분한 진찰을 하지 않은 상태에서 처방전을 발급하는 행위 일반을 금지하는 조항이 아니다. 따라서 죄형법정주의 원칙, 특히 유추해석금지의 원칙상 전화 진찰을 하였다는 사정만으로 '자신이 진찰'하거나 '직접 진찰'을 한 것이 아니라고 볼 수는 없다(대판 2013.4.11. 2010도1388).

㉡ (○) '특정 범죄자에 대한 위치추적 전자장치 부착 등에 관한 법률'(이하 '전자장치부착법'이라 한다) 제5조 제1항 제3호는 검사가 전자장치 부착명령을 법원에 청구할 수 있는 경우 중의 하나로 '성폭력범죄를 2회

이상 범하여(유죄의 확정판결을 받은 경우를 포함한다) 그 습벽이 인정된 때'라고 규정하고 있는데, 이 규정 전단은 문언상 '유죄의 확정판결을 받은 전과사실을 포함하여 성폭력범죄를 2회 이상 범한 경우'를 의미한다고 해석된다. 따라서 피부착명령청구자가 소년법에 의한 보호처분(이하 '소년보호처분'이라고 한다)을 받은 전력이 있다고 하더라도, 이는 유죄의 확정판결을 받은 경우에 해당하지 아니함이 명백하므로, 피부착명령청구자가 2회 이상 성폭력범죄를 범하였는지를 판단할 때 소년보호처분을 받은 전력을 고려할 것이 아니다(대판 2012.3.22. 2011도15057, 2011전도249 전원합의체).

ⓒ (×) 이 사건 법률조항의 입법목적과 보호법익 그리고 법문의 전체 내용 등을 종합적으로 볼 때 '그 직무를 행함에 당하여'라 함은 '경찰 등이 그 직무를 행하는 기회'라는 뜻으로 해석되는바, 이런 해석이 다소 포괄적이라도 경찰 등의 직무와 폭행 사이에 객관적 관련성을 요구하는 것으로 해석되므로 그 내용이 불명확하여 처벌범위를 자의적으로 확장시킨다고 볼 수도 없다. 경찰관직무집행법 및 관련 법령에 따른 정당한 유형력 행사는 정당행위가 되어 처벌받지 아니하고, 판례도 축적되어 있어 이 사건 법률조항에 따라 처벌되는 행위와 정당한 유형력 행사의 구별이 가능하다. 따라서 이 사건 법률조항은 죄형법정주의의 명확성원칙에 위반되지 않는다(헌재 2015.3.26. 2013헌바140).

ⓔ (○) 이 사건 아동복지법 조항의 "어질고 너그러운 품성"을 뜻하는 '덕성'이라는 개념은 도덕이나 윤리가 품성으로 인격화된 것을 의미한다 할 것인바, 도덕이나 윤리는 국민 개개인마다 역사인식이나 종교관, 가치규범에 따라 자율적인 구속력을 지닌 내면적인 당위(當爲)로서 일의적으로 확정된 의미를 가진다고 보기 어려우므로 그 적용범위의 한계가 명확하다고 할 수 없고, 이에 덧붙인 "심히 해할 우려"라는 요소까지 고려하면 과연 무엇을 기준으로 그 덕성을 심히 해하는 경우와 다소 해하기는 하지만 심히 해하는 정도에까지 이르지 못하는 경우를 나눌 수 있을지 알 수 없으며, 나아가 심히 해하는 정도에까지 이르지 못하는 경우 중에서도 심히 해하지는 않을까 하는 우려가 인정되는 경우와 그러한 우려가 인정되지 않는 경우를 다시 나누는 것도 어렵다. 그러므로, 이 사건 아동복지법 조항 역시 법관의 보충적인 해석을 통하여도 그 규범내용이 확정될 수 없는 모호하고 막연한 개념을 사용함으로써 그 적용범위를 법집행기관의 자의적인 판단에 맡기고 있으므로, 죄형법정주의에서 파생된 명확성의 원칙에 위배된다(헌재 2002.2.28. 99헌가8).

014 **「형법」의 시간적 적용범위에 관한 설명으로 가장 적절하지 않은 것은?** 〈경찰2차 2023〉

① 범죄의 성립과 처벌에 관하여 규정한 형벌법규 자체 또는 그로부터 수권 내지 위임을 받은 법령의 변경에 따라 범죄를 구성하지 아니하게 되거나 형이 가벼워진 경우에는 종전 법령이 범죄로 정하여 처벌한 것이 부당하였다거나 과형이 과중하였다는 반성적 고려에 따라 변경된 것인지 여부를 따지지 않고 원칙적으로 「형법」 제1조 제2항이 적용된다.

② 형벌법규가 대통령령, 총리령, 부령과 같은 법규명령이 아닌 고시 등 행정규칙·행정명령, 조례 등에 구성요건의 일부를 수권 내지 위임한 경우에도 이러한 고시 등 규정이 위임입법의 한계를 벗어나지 않는 한 형벌법규와 결합하여 법령을 보충하는 기능을 하는 것이므로, 그 변경에 따라 범죄를 구성하지 아니하게 되거나 형이 가벼워졌다면 「형법」 제1조 제2항이 적용된다.

③ 형벌법규 자체 또는 그로부터 수권 내지 위임을 받은 법령이 아닌 다른 법령이 변경된 경우 「형법」 제1조 제2항을 적용하려면, 해당 형벌법규에 따른 범죄의 성립 및 처벌과 직접적으로 관련된 형사법적 관점의 변화를 주된 근거로 하는 법령의 변경에 해당하여야 한다.

④ 법령이 개정 내지 폐지된 경우가 아니라, 스스로 유효기간을 구체적인 일자나 기간으로 특정하여 효력의 상실을 예정하고 있던 법령이 그 유효기간을 경과함으로써 더 이상 효력을 갖지 않게 된 경우도 「형법」 제1조 제2항에서 말하는 법령의 변경에 해당한다.

해설/정답 ④

① (○), ② (○), ③ (○), ④ (×) [1] [다수의견] 범죄 후 법률이 변경되어 그 행위가 범죄를 구성하지 아니하게 되거나 형이 구법보다 가벼워진 경우에는 신법에 따라야 하고(형법 제1조 제2항), 범죄 후의 법령 개폐로 형이 폐지되었을 때는 판결로써 면소의 선고를 하여야 한다(형사소송법 제326조 제4호). 이러한 형법 제1조 제2항과 형사소송법 제326조 제4호의 규정은 입법자가 법령의 변경 이후에도 종전 법령 위반행위에 대한 형사처벌을 유지한다는 내용의 경과규정을 따로 두지 않는 한 그대로 적용되어야 한다. 따라서 범죄의 성립과 처벌에 관하여 규정한 형벌법규 자체 또는 그로부터 수권 내지 위임을 받은 법령의 변경에 따라 범죄를 구성하지 아니하게 되거나 형이 가벼워진 경우에는, 종전 법령이 범죄로 정하여 처벌한 것이 부당하였다거나 과형이 과중하였다는 반성적 고려에 따라 변경된 것인지 여부를 따지지 않고 원칙적으로 형법 제1조 제2항과 형사소송법 제326조 제4호가 적용된다. 형벌법규가 대통령령, 총리령, 부령과 같은 법규명령이 아닌 고시 등 행정규칙·행정명령, 조례 등(이하 '고시 등 규정'이라고 한다)에 구성요건의 일부를 수권 내지 위임한 경우에도 이러한 고시 등 규정이 위임입법의 한계를 벗어나지 않는 한 형벌법규와 결합하여 법령을 보충하는 기능을 하는 것이므로, 그 변경에 따라 범죄를 구성하지 아니하게 되거나 형이 가벼워졌다면 마찬가지로 형법 제1조 제2항과 형사소송법 제326조 제4호가 적용된다. 그러나 해당 형벌법규 자체 또는 그로부터 수권 내지 위임을 받은 법령이 아닌 다른 법령이 변경된 경우 형법 제1조 제2항과 형사소송법 제326조 제4호를 적용하려면, 해당 형벌법규에 따른 범죄의 성립 및 처벌과 직접적으로 관련된 형사법적 관점의 변화를 주된 근거로 하는 법령의 변경에 해당하여야 하므로, 이와 관련이 없는 법령의 변경으로 인하여 해당 형벌법규의 가벌성에 영향을 미치게 되는 경우에는 형법 제1조 제2항과 형사소송법 제326조 제4호가 적용되지 않는다. 한편 법령이 개정 내지 폐지된 경우가 아니라, 스스로 유효기간을 구체적인 일자나 기간으로 특정하여 효력의 상실을 예정하고 있던 법령이 그 유효기간을 경과함으로써 더 이상 효력을 갖지 않게 된 경우도 형법 제1조 제2항과 형사소송법 제326조 제4호에서 말하는 법령의 변경에 해당한다고 볼 수 없다(대판 2022.12.22. 2020도16420 전원합의체).

015 「형법」의 시간적 적용범위에 관한 설명으로 가장 적절한 것은? 〈경찰1차 2022 변형〉

① 구법에 규정된 형이 '3년 이하의 징역'이고 신법에 규정된 형이 '5년 이하의 징역 또는 1천만 원 이하의 벌금'이라면 벌금형이 병과되었다는 점에서 형이 경하게 변경된 것이므로 「형법」 제1조 제2항에 따라 신법을 적용하여야 한다.

② 형법 제1조 제2항의 규정은 형벌법령 제정의 이유가 된 법률이념의 변천에 따라 과거에 범죄로 보던 행위에 대하여 그 평가가 달라져 이를 범죄로 인정하고 처벌한 그 자체가 부당하였다거나 또는 과형이 과중하였다는 반성적 고려에서 법령을 개폐하였을 경우에만 적용하여야 한다.

③ 법원이 인정하는 범죄사실이 공소사실과 차이가 없이 동일한 경우에는 비록 검사가 재판시법인 신법의 적용을 구하였더라도 그 범행에 대한 형의 경중의 차이가 없으면 공소장변경절차를 거치지 않아도 구법을 적용할 수 있다.

④ 포괄일죄에 관한 기존 처벌법규에 대하여 그 표현이나 형량과 관련한 개정을 하는 경우가 아니라 애초에 죄가 되지 아니하던 행위를 구성요건의 신설로 포괄일죄의 처벌대상으로 삼는 경우에는 신설된 포괄일죄 처벌법규가 시행되기 이전의 행위에 대하여도 신설된 법규를 적용하여 처벌할 수 있다.

해설/정답 ③

① (×) 행위시법인 구 변호사법(1982.12.31 개정전의 법률) 제54조에 규정된 형은 징역 3년이고 재판시법인 현행 변호사법 제78조에 규정된 형은 5년 이하의 징역 또는 1천만 원 이하의 벌금으로서 신법에서는 벌금형의 선택이 가능하다 하더라도 법정형의 경중은 병과형 또는 선택형 중 가장 중한 형을 기준으로 하여 다른 형과 경중을 정하는 것이므로 행위시법인 구법의 형이 더 경하다(대판 1983.11.8. 83도2499).

② (×) 범죄 후 법률이 변경되어 그 행위가 범죄를 구성하지 아니하게 되거나 형이 구법보다 가벼워진 경우에는 신법에 따라야 하고(형법 제1조 제2항), 범죄 후의 법령 개폐로 형이 폐지되었을 때는 판결로써 면소의 선고를 하여야 한다(형사소송법 제326조 제4호). 이러한 형법 제1조 제2항과 형사소송법 제326조 제4호의 규정은 입법자가 법령의 변경 이후에도 종전 법령 위반행위에 대한 형사처벌을 유지한다는 내용의 경과규정을 따로 두지 않는 한 그대로 적용되어야 한다. 따라서 범죄의 성립과 처벌에 관하여 규정한 형벌법규 자체 또는 그로부터 수권 내지 위임을 받은 법령의 변경에 따라 범죄를 구성하지 아니하게 되거나 형이 가벼워진 경우에는, 종전 법령이 범죄로 정하여 처벌한 것이 부당하였다거나 과형이 과중하였다는 반성적 고려에 따라 변경된 것인지 여부를 따지지 않고 원칙적으로 형법 제1조 제2항과 형사소송법 제326조 제4호가 적용된다. 형벌법규가 대통령령, 총리령, 부령과 같은 법규명령이 아닌 고시 등 행정규칙·행정명령, 조례 등(이하 '고시 등 규정'이라고 한다)에 구성요건의 일부를 수권 내지 위임한 경우에도 이러한 고시 등 규정이 위임입법의 한계를 벗어나지 않는 한 형벌법규와 결합하여 법령을 보충하는 기능을 하는 것이므로, 그 변경에 따라 범죄를 구성하지 아니하게 되거나 형이 가벼워졌다면 마찬가지로 형법 제1조 제2항과 형사소송법 제326조 제4호가 적용된다(대판 2022.12.22. 2020도16420 전원합의체).

③ (○) 법원이 인정하는 범죄사실이 공소사실과 차이가 없이 동일한 경우에는 비록 검사가 재판시법인 개정 후 신법의 적용을 구하였더라도 그 범행에 대한 형의 경중의 차이가 없으면 피고인의 방어권 행사에 실질적으로 불이익을 초래할 우려도 없어 공소장 변경절차를 거치지 않고도 정당하게 적용되어야 할 행위시법인 구법을 적용할 수 있다(대판 2002.4.12. 2000도3350).

④ (×) 포괄일죄에 관한 기존 처벌법규에 대하여 그 표현이나 형량과 관련한 개정을 하는 경우가 아니라 애초에 죄가 되지 아니하던 행위를 구성요건의 신설로 포괄일죄의 처벌대상으로 삼는 경우에는 신설된 포괄일죄 처벌법규가 시행되기 이전의 행위에 대하여는 신설된 법규를 적용하여 처벌할 수 없다(형법 제1조 제1항). 이는 신설된 처벌법규가 상습범을 처벌하는 구성요건인 경우에도 마찬가지라고 할 것이므로, 구성요건이 신설된 상습

강제추행죄가 시행되기 이전의 범행은 상습강제추행죄로는 처벌할 수 없고 행위시법에 기초하여 강제추행죄로 처벌할 수 있을 뿐이며, 이 경우 그 소추요건도 상습강제추행죄에 관한 것이 아니라 강제추행죄에 관한 것이 구비되어야 한다(대판 2016.1.28. 2015도15669).

016 **「형법」의 적용범위에 대한 설명으로 가장 적절하지 않은 것은?** 〈경찰1차 2021〉

① 외국인이 대한민국 공무원에게 알선한다는 명목으로 금품을 수수하는 행위가 대한민국 영역 내에서 이루어진 이상, 비록 금품수수의 명목이 된 알선행위를 하는 장소가 대한민국 영역 외라 하더라도 대한민국 영역 내에서 죄를 범한 것이라고 하여야 한다.

② 대한민국 영역 외에서 외국인이 우리나라의 공문서를 위조한 경우, 그 행위가 행위지의 법률에 의하여 범죄를 구성하지 않는다면 우리나라 「형법」을 적용할 수 없다.

③ 내국 법인의 대표자인 외국인이 내국 법인이 외국에 설립한 특수목적법인에 위탁해 둔 자금을 정해진 목적과 용도 외에 임의로 사용하여 횡령한 경우, 그 행위가 외국에서 이루어졌다고 하더라도 행위지의 법률에 의하여 범죄를 구성하지 아니하거나 소추 또는 형의 집행을 면제할 경우가 아니라면 그 외국인에 대해서도 우리나라 「형법」이 적용된다.

④ 형사사건으로 외국 법원에 기소되었다가 무죄판결을 받은 사람은, 설령 그가 무죄판결을 받기까지 상당 기간 미결구금되었더라도 이를 유죄판결에 의하여 형이 실제로 집행된 것으로 볼 수는 없으므로, '외국에서 형의 전부 또는 일부가 집행된 사람'에 해당한다고 볼 수 없고, 그 미결구금 기간은 「형법」 제7조에 의한 산입의 대상이 될 수 없다.

해설/정답 ②

① (○) 외국인이 대한민국 공무원에게 알선한다는 명목으로 금품을 수수하는 행위가 대한민국 영역 내에서 이루어진 이상,비록 금품수수의 명목이 된 알선행위를 하는 장소가 대한민국 영역 외라 하더라도 대한민국 영역 내에서 죄를 범한 것이라고 하여야 할 것이므로, 형법 제2조에 의하여 대한민국의 형벌법규인 구 변호사법(2000. 1. 28. 법률 제6207호로 전문 개정되기 전의 것) 제90조 제1호가 적용되어야 한다(대판 2000.4.21. 99도3403).

② (×) 형법 제5조 제6호 : 행위지의 법률에 의하여 범죄를 구성하지 아니하거나 소추 또는 형의 집행을 면제할 경우에는 예외로 한다는 것은 제6조의 대한민국과 대한민국국민에 대한 국외범의 내용이다.

제5조(외국인의 국외범)
본법은 대한민국영역외에서 다음에 기재한 죄를 범한 외국인에게 적용한다.
1. 내란의 죄
2. 외환의 죄
3. 국기에 관한 죄
4. 통화에 관한 죄
5. 유가증권, 우표와 인지에 관한 죄
6. 문서에 관한 죄중 제225조 내지 제230조
7. 인장에 관한 죄중 제238조

③ (○) [1] 법인 소유의 자금에 대한 사실상 또는 법률상 지배·처분 권한을 가지고 있는 대표자 등은 법인에 대한 관계에서 자금의 보관자 지위에 있으므로, 법인이 특정 사업의 명목상의 주체로 특수목적법인을 설립하여 그 명의로 자금 집행 등 사업진행을 하면서도 자금의 관리·처분에 관하여는 실질적 사업주체인 법인이 의사결정권한을 행사하면서 특수목적법인 명의로 보유한 자금에 대하여 현실적 지배를

하고 있는 경우에는, 사업주체인 법인의 대표자 등이 특수목적법인의 보유 자금을 정해진 목적과 용도 외에 임의로 사용하면 위탁자인 법인에 대하여 횡령죄가 성립할 수 있다. [2] 이는 법인의 대표자 등이 외국인인 경우에도 마찬가지이므로, 내국 법인의 대표자인 외국인이 내국 법인이 외국에 설립한 특수목적법인에 위탁해 둔 자금을 정해진 목적과 용도 외에 임의로 사용한 데 따른 횡령죄의 피해자는 당해 금전을 위탁한 내국법인이다. 따라서 그 행위가 외국에서 이루어진 경우에도 행위지의 법률에 의하여 범죄를 구성하지 아니하거나 소추 또는 형의 집행을 면제할 경우가 아니라면 그 외국인에 대해서도 우리 형법이 적용되어(형법 제6조), 우리 법원에 재판권이 있다(대판 2017.3.22. 2016도17465).

④ (○) [다수의견] [1] 형법 제7조는 "죄를 지어 외국에서 형의 전부 또는 일부가 집행된 사람에 대해서는 그 집행된 형의 전부 또는 일부를 선고하는 형에 산입한다."라고 규정하고 있다. 이 규정의 취지는, 형사판결은 국가주권의 일부분인 형벌권 행사에 기초한 것이어서 피고인이 외국에서 형사처벌을 과하는 확정판결을 받았더라도 그 외국 판결은 우리나라 법원을 기속할 수 없고 우리나라에서는 기판력도 없어 일사부재리의 원칙이 적용되지 않으므로, 피고인이 동일한 행위에 관하여 우리나라 형벌법규에 따라 다시 처벌받는 경우에 생길 수 있는 실질적인 불이익을 완화하려는 것이다. 그런데 여기서 '외국에서 형의 전부 또는 일부가 집행된 사람'이란 문언과 취지에 비추어 '외국 법원의 유죄판결에 의하여 자유형이나 벌금형 등 형의 전부 또는 일부가 실제로 집행된 사람'을 말한다고 해석하여야 한다. 따라서 형사사건으로 외국 법원에 기소되었다가 무죄판결을 받은 사람은, 설령 그가 무죄판결을 받기까지 상당 기간 미결구금되었더라도 이를 유죄판결에 의하여 형이 실제로 집행된 것으로 볼 수는 없으므로, '외국에서 형의 전부 또는 일부가 집행된 사람'에 해당한다고 볼 수 없고, 그 미결구금 기간은 형법 제7조에 의한 산입의 대상이 될 수 없다. [2] 피고인이 필리핀에서 살인죄를 범하였다가 무죄 취지의 재판을 받고 석방된 후 국내에서 다시 기소되어 제1심에서 징역 10년을 선고받게 되자 자신이 필리핀에서 미결 상태로 구금된 5년여의 기간에 대하여도 '외국에서 집행된 형의 산입' 규정인 형법 제7조가 적용되어야 한다고 주장하며 항소한 사안에서, 피고인의 주장을 배척한 원심판단에 형법 제7조의 적용 대상 등에 관한 법리오해의 위법이 없다고 한 사례(대판 2017.8.24. 2017도5977 전원합의체).

017 「형법」의 적용범위에 관한 설명으로 적절한 것은 모두 몇 개인가? 〈경찰1차 2020〉

㉠ 「형법」 제7조에서 규정하고 있는 '외국에서 형의 전부 또는 일부가 집행된 사람'이란 '외국 법원의 유죄판결에 의하여 자유형이나 벌금형 등의 전부 또는 일부가 실제로 집행된 사람'을 말한다.

㉡ 「형법」의 적용에 관하여 같은 법 제2조는 대한민국 영역 내에서 죄를 범한 내국인과 외국인에게 적용한다고 규정하고 있으며, 같은 법 제6조 본문은 대한민국 영역 외에서 대한민국 또는 대한민국 국민에 대하여 같은 법 제5조에 기재한 이외의 죄를 범한 외국인에게 적용한다고 규정하고 있는바, 중국 북경시에 소재한 대한민국 영사관 내부는 여전히 중국의 영토에 속할 뿐 이를 대한민국의 영토로서 그 영역에 해당한다고 볼 수 없다.

㉢ 독일인이 독일 내에서 북한의 지령을 받아 베를린 주재 북한이익대표부를 방문하고 그곳에서 북한공작원을 만난 행위는 외국인의 국외범에 해당하여, 「형법」 제5조와 제6조에서 정한 요건에 해당하지 않는 이상 우리 「형법」으로 처벌할 수 없다.

㉣ 형사사건으로 외국 법원에 기소되었다가 무죄판결을 받은 사람은, 설령 그가 무죄판결을 받기까지 상당 기간 미결구금되었더라도 이를 유죄판결에 의하여 형이 실제로 집행된 것으로 볼 수는 없으므로, '외국에서 형의 전부 또는 일부가 집행된 사람'에 해당한다고 볼 수 없다.

① 1개 ② 2개 ③ 3개 ④ 4개

해설/정답 ④

㉠ (○), ㉣ (○) [다수의견] [1] 형법 제7조는 "죄를 지어 외국에서 형의 전부 또는 일부가 집행된 사람에 대해서는 그 집행된 형의 전부 또는 일부를 선고하는 형에 산입한다."라고 규정하고 있다. 이 규정의 취지는, 형사판결은 국가주권의 일부분인 형벌권 행사에 기초한 것이어서 피고인이 외국에서 형사처벌을 과하는 확정판결을 받았더라도 그 외국 판결은 우리나라 법원을 기속할 수 없고 우리나라에서는 기판력도 없어 일사부재리의 원칙이 적용되지 않으므로, 피고인이 동일한 행위에 관하여 우리나라 형벌법규에 따라 다시 처벌받는 경우에 생길 수 있는 실질적인 불이익을 완화하려는 것이다. 그런데 여기서 '외국에서 형의 전부 또는 일부가 집행된 사람'이란 문언과 취지에 비추어 '외국 법원의 유죄판결에 의하여 자유형이나 벌금형 등 형의 전부 또는 일부가 실제로 집행된 사람'을 말한다고 해석하여야 한다. 따라서 형사사건으로 외국 법원에 기소되었다가 무죄판결을 받은 사람은, 설령 그가 무죄판결을 받기까지 상당 기간 미결구금되었더라도 이를 유죄판결에 의하여 형이 실제로 집행된 것으로 볼 수는 없으므로, '외국에서 형의 전부 또는 일부가 집행된 사람'에 해당한다고 볼 수 없고, 그 미결구금 기간은 형법 제7조에 의한 산입의 대상이 될 수 없다. [2] 피고인이 필리핀에서 살인죄를 범하였다가 무죄 취지의 재판을 받고 석방된 후 국내에서 다시 기소되어 제1심에서 징역 10년을 선고받게 되자 자신이 필리핀에서 미결 상태로 구금된 5년여의 기간에 대하여도 '외국에서 집행된 형의 산입' 규정인 형법 제7조가 적용되어야 한다고 주장하며 항소한 사안에서, 피고인의 주장을 배척한 원심판단에 형법 제7조의 적용 대상 등에 관한 법리오해의 위법이 없다고 한 사례(대판 2017.8.24. 2017도5977 전원합의체).

㉡ (○) 형법의 적용에 관하여 같은 법 제2조는 대한민국 영역 내에서 죄를 범한 내국인과 외국인에게 적용한다고 규정하고 있으며, 같은 법 제6조 본문은 대한민국 영역 외에서 대한민국 또는 대한민국 국민에 대하여 같은 법 제5조에 기재한 이외의 죄를 범한 외국인에게 적용한다고 규정하고 있는바, 중국 북경시에 소재한 대한민국 영사관 내부는 여전히 중국의 영토에 속할 뿐 이를 대한민국의 영토로서 그 영역에 해당한다고 볼 수 없을 뿐 아니라, 사문서위조죄가 형법 제6조의 대한민국 또는 대한민국 국민에 대하여 범한 죄에 해당하지 아니함은 명백하다. 따라서 원심이 내국인이 아닌 피고인이 위 영사관 내에서 공소외인 명의의 여권발급신청서 1장을 위조하였다는 취지의 공소사실에 대하여 외국인의 국외범에 해당한다는 이유로 피고인에 대한 재판권이 없다고 판단한 것은 옳고, 거기에 상고이유의 주장과 같이 재판권에 관한 법리오해 등의 잘못은 없다. 상고이유는 받아들일 수 없다(대판 2006.9.22. 2006도5010).

㉢ (○) 국가보안법 제6조 제2항의 "반국가단체나 그 구성원의 지령을 받거나 받기 위하여 또는 그 목적수행을 협의하거나 협의하기 위하여 잠입하거나 탈출한 자" 및 같은 법 제8조 제1항의 "국가의 존립·안전이나 자유민주적 기본질서를 위태롭게 한다는 정을 알면서 반국가단체의 구성원 또는 그 지령을 받은 자와 회합·통신 기타의 방법으로 연락을 한 자"의 적용과 관련하여, 독일인이 독일 내에서 북한의 지령을 받아 베를린 주재 북한이익대표부를 방문하고 그곳에서 북한공작원을 만났다면 위 각 구성요건상 범죄지는 모두 독일이므로 이는 외국인의 국외범에 해당하여, 형법 제5조와 제6조에서 정한 요건에 해당하지 않는 이상 위 각 조항을 적용하여 처벌할 수 없다(대판 2008.4.17. 2004도4899 전원합의체).

018 「형법」의 적용범위에 관한 설명으로 가장 적절하지 않은 것은? 〈경찰2차 2019〉

① 행위시와 재판시 사이에 법률이 수차례 변경된 때에는 언제나 가장 최근의 신법을 적용해야 한다.

② 죄를 지어 외국에서 형의 전부 또는 일부가 집행된 사람에 대해서는 그 집행된 형의 전부 또는 일부를 선고하는 형에 산입한다.

③ 피고인이 뉴질랜드 시민권을 취득함으로써 우리나라 국적을 상실한 후 뉴질랜드에서 대한민국 국민에 대해 사기죄를 범한 경우, 행위지의 법률에 의하여 범죄를 구성하고 그에 대한 소추나 형의 집행이 면제되지 않은 경우에 한하여 「형법」 제6조(보호주의)에 따라 우리 「형법」을 적용할 수 있다.

④ 「형법」은 세계주의에 관한 규정을 두고 있다.

해설/정답 ①

① (×) 범죄행위시와 재판시 사이에 여러 차례 법령이 개정되어 형의 변경이 있는 경우에는 이 점에 관한 당사자의 주장이 없더라도 형법 제1조 제2항에 의하여 직권으로 그 전부의 법령을 비교하여 그 중 가장 형이 가벼운 법령을 적용하여야 한다(대판 2012.9.13. 2012도7760).

② (○) 형법 제7조

> **제7조(외국에서 집행된 형의 산입)**
> 죄를 지어 외국에서 형의 전부 또는 일부가 집행된 사람에 대해서는 그 집행된 형의 전부 또는 일부를 선고하는 형에 산입한다.

③ (○) 피고인은 2001년경에 뉴질랜드 시민권을 취득한 사실이 인정되므로 피고인은 그 무렵 대한민국의 국적을 상실하였다고 할 것이어서, 피해자 공소외 1에 대한 이 사건 사기 범행 당시에는 피고인이 외국인이라고 할 것이고, 위 사기범행의 장소도 뉴질랜드임을 알 수 있으므로, 이는 결국 외국인이 대한민국 영역 외에서 대한민국 국민에 대하여 범죄를 저지른 경우에 해당한다고 할 것이다. 따라서 원심으로서는 피해자공소외 1에 대한 사기의 점에 관한 이 사건 공소사실이 행위지인 뉴질랜드법률에 의하여 범죄를 구성하는지 여부 및 소추 또는 형의 집행이 면제되는지 여부를 심리하여 이 부분 공소사실이 행위지의 법률에 의하여 범죄를 구성하고 그에 대한 소추나 형의 집행이 면제되지 않는 경우에 한하여 우리 형법을 적용하여 처벌하였어야 할 것인데, 이에 관하여 아무런 입증이 없음에도 원심이 이 부분 공소사실을 유죄로 인정한 것은 위법하다고 할 것이다(대판 2008.7.24. 2008도4085).

④ (○) 형법 제296조의2 : 약취·유인 및 인신매매의 죄는 인류 일반의 보편타당한 인권을 유린하는 범죄라는 점에서 형법 제296조의2(세계주의)는 '제287조부터 제292조까지 및 제294조는 대한민국 영역 밖에서 죄를 범한 외국인에게도 적용한다.'고 규정하여 세계주의를 명문화하였다(예비, 음모는 제외).

> **제296조의2(세계주의)**
> 제287조부터 제292조까지 및 제294조는 대한민국 영역 밖에서 죄를 범한 외국인에게도 적용한다.

019 형법의 해석과 적용에 관한 설명 중 옳지 않은 것은? 〈경찰1차 2019 변형〉

① 「형법」의 총칙은 다른 법령에 정한 죄에 적용되지만, 그 법령에 특별한 규정이 있는 때에는 예외로 한다.

② 재판이 확정된 후 법률이 변경되어 그 행위가 범죄를 구성하지 아니하게 된 경우에는 형의 집행을 면제한다.

③ 외국에서 미결구금되었다가 무죄판결을 받은 사람은 「형법」 제7조의 '외국에서 형의 전부 또는 일부가 집행된 사람'에 해당한다.

④ 특수폭행치상죄의 경우 「형법」 제258조의2의 특수상해죄의 신설에도 불구하고 종전과 같이 「형법」 제257조 제1항의 상해죄의 예에 의하여 처벌하는 것으로 해석하여야 한다.

해설/정답 ③

① (○) 형법 제8조

> **제8조(총칙의 적용)**
> 본법 총칙은 타법령에 정한 죄에 적용한다. 단, 그 법령에 특별한 규정이 있는 때에는 예외로 한다.

② (○) 형법 제1조 제3항

> **제1조(범죄의 성립과 처벌)**
> ③ 재판이 확정된 후 법률이 변경되어 그 행위가 범죄를 구성하지 아니하게 된 경우에는 형의 집행을 면제한다.

③ (×) 형법 제7조

> **제7조(외국에서 집행된 형의 산입)**
> 죄를 지어 외국에서 형의 전부 또는 일부가 집행된 사람에 대해서는 그 집행된 형의 전부 또는 일부를 선고하는 형에 산입한다.

'외국에서 형의 전부 또는 일부가 집행된 사람'이란 문언과 취지에 비추어 '외국 법원의 유죄판결에 의하여 자유형이나 벌금형 등 형의 전부 또는 일부가 실제로 집행된 사람'을 말한다고 해석하여야 한다. 따라서 형사사건으로 외국 법원에 기소되었다가 무죄판결을 받은 사람은, 설령 그가 무죄판결을 받기까지 상당 기간 미결구금되었더라도 이를 유죄판결에 의하여 형이 실제로 집행된 것으로 볼 수는 없으므로, '외국에서 형의 전부 또는 일부가 집행된 사람'에 해당한다고 볼 수 없고, 그 미결구금 기간은 형법 제7조에 의한 산입의 대상이 될 수 없다(대판 2017.8.24. 2017도5977 전원합의체).

④ (○) 특수폭행치상죄의 해당규정인 형법 제262조, 제261조는 형법 제정 당시부터 존재하였는데, 형법 제258조의2 특수상해죄의 신설 이전에는 형법 제262조의 "전 2조의 죄를 범하여 사람을 사상에 이르게 한 때에는 제257조 내지 제259조의 예에 의한다."라는 규정 중 '제257조 내지 제259조의 예에 의한다'의 의미는 형법 제260조(폭행, 존속폭행) 또는 제261조(특수폭행)의 죄를 범하여 상해, 중상해, 사망의 결과가 발생한 경우, 그 결과에 따라 상해의 경우에는 형법 제257조, 중상해의 경우에는 형법 제258조, 사망의 경우에는 형법 제259조의 예에 준하여 처벌하는 것으로 해석·적용되어 왔고, 따라서 특수폭행치상죄의 경우 법정형은 형법 제257조 제1항에 의하여 '7년 이하의 징역, 10년 이하의 자격정지 또는 1천만 원 이하의 벌금'이었다. 그런데 2016. 1. 6. 형법 개정으로 특수상해죄가 형법 제258조의2로 신설됨에 따라 문언상으로 형법 제262조의 '제257조 내지 제259조의 예에 의한다'는 규정에 형법 제258조의2가 포함되어 특수폭행치상의 경우 특수상해인 형법 제258조의2 제1항의 예에 의하여 처벌하여야 하는 것으로 해석될 여지가 생기

게 되었다. 이러한 해석을 따를 경우 특수폭행치상죄의 법정형이 형법 제258조의2 제1항이 정한 '1년 이상 10년 이하의 징역'이 되어 종래와 같이 형법 제257조 제1항의 예에 의하는 것보다 상향되는 결과가 발생하게 된다. 그러나 형벌규정 해석에 관한 법리와 폭력행위 등 처벌에 관한 법률의 개정 경과 및 형법 제258조의2의 신설 경위와 내용, 그 목적, 형법 제262조의 연혁, 문언과 체계 등을 고려할 때, 특수폭행치상의 경우 형법 제258조의2의 신설에도 불구하고 종전과 같이 형법 제257조 제1항의 예에 의하여 처벌하는 것으로 해석함이 타당하다(대판 2018.7.24. 2018도3443).

020 「형법」의 적용범위에 대한 설명으로 가장 적절하지 않은 것은? 〈경찰3차 2018 변형〉

① 죄를 지어 외국에서 형의 전부 또는 일부가 집행된 사람에 대해서는 그 집행된 형의 전부 또는 일부를 선고하는 형에 산입한다.

② 포괄일죄로 되는 개개의 범죄행위가 법 개정의 전후에 걸쳐서 행하여진 경우에는 신 구법의 법정형에 대한 경중을 비교하여 볼 필요도 없이 범죄 실행 종료시의 법이라고 할 수 있는 신법을 적용하여 포괄일죄로 처단하여야 한다.

③ 형벌에 관한 법률조항에 대하여 위헌결정이 선고된 경우 당해 조항을 적용하여 공소가 제기된 피고사건은 '범죄 후 법령 개폐로 형이 폐지되었을 때'에 해당한다고 볼 수 있으므로, 형사소송법 제326조 제4호에 따라 면소를 선고하여야 한다.

④ 범죄의 성립과 처벌에 관하여 규정한 형벌법규 자체 또는 그로부터 수권 내지 위임을 받은 법령의 변경에 따라 범죄를 구성하지 아니하게 되거나 형이 가벼워진 경우에는, 종전 법령이 범죄로 정하여 처벌한 것이 부당하였다거나 과형이 과중하였다는 반성적 고려에 따라 변경된 것인지 여부를 따지지 않고 원칙적으로 형법 제1조 제2항과 형사소송법 제326조 제4호가 적용된다.

해설/정답 ③

① (○) 형법 제7조

> **제7조(외국에서 집행된 형의 산입)**
> 죄를 지어 외국에서 형의 전부 또는 일부가 집행된 사람에 대해서는 그 집행된 형의 전부 또는 일부를 선고하는 형에 산입한다.

② (○) 2007. 1. 19. 법률 제8259호로 개정된 방문판매 등에 관한 법률 제23조 제2항이 시행된 이후에도 포괄일죄인 위 법률 위반 범행이 계속된 경우 그 범죄실행 종료시의 법이라고 할 수 있는 신법을 적용하여 포괄일죄로 처단하여야 하고, 또한 "이 법 시행 전의 행위에 대한 벌칙의 적용에 있어서는 종전의 규정에 따른다."는 방문판매 등에 관한 법률 부칙(2007. 1. 19.) 제3조가 적용될 수도 없다(대판 2009.9.10. 2009도5075, 대판 2009.4.9. 2009도321).

③ (×) 형벌에 관한 법령이 헌법재판소의 위헌결정으로 인하여 소급하여 그 효력을 상실하였거나 법원에서 위헌·무효로 선언된 경우, 당해 법령을 적용하여 공소가 제기된 피고사건에 대하여는 형사소송법 제325조에 따라 무죄를 선고하여야 한다. 나아가 재심이 개시된 사건에서 형벌에 관한 법령이 재심판결 당시 폐지되었다 하더라도 그 폐지가 당초부터 헌법에 위배되어 효력이 없는 법령에 대한 것이었다면 형사소송법 제325조 전단이 규정하는 '범죄로 되지 아니한 때'의 무죄사유에 해당하는 것이지, 형사소송법 제326조 제4호에서 정한 면소사유에 해당한다고 할 수 없다(대판 2013.5.16. 2011도2631 전원합의체).

④ (○) 범죄 후 법률이 변경되어 그 행위가 범죄를 구성하지 아니하게 되거나 형이 구법보다 가벼워진 경우에는 신법에 따라야 하고(형법 제1조 제2항), 범죄 후의 법령 개폐로 형이 폐지되었을 때는 판결로써 면소의 선고를 하여야 한다(형사소송법 제326조 제4호). 이러한 형법 제1조 제2항과 형사소송법 제326조 제4호의 규정은 입법자가 법령의 변경 이후에도 종전 법령 위반행위에 대한 형사처벌을 유지한다는 내용의 경과규정을 따로 두지 않는 한 그대로 적용되어야 한다. 따라서 범죄의 성립과 처벌에 관하여 규정한 형벌법규 자체 또는 그로부터 수권 내지 위임을 받은 법령의 변경에 따라 범죄를 구성하지 아니하게 되거나 형이 가벼워진 경우에는, 종전 법령이 범죄로 정하여 처벌한 것이 부당하였다거나 과형이 과중하였다는 반성적 고려에 따라 변경된 것인지 여부를 따지지 않고 원칙적으로 형법 제1조 제2항과 형사소송법 제326조 제4호가 적용된다. 형벌법규가 대통령령, 총리령, 부령과 같은 법규명령이 아닌 고시 등 행정규칙·행정명령, 조례 등(이하 '고시 등 규정'이라고 한다)에 구성요건의 일부를 수권 내지 위임한 경우에도 이러한 고시 등 규정이 위임입법의 한계를 벗어나지 않는 한 형벌법규와 결합하여 법령을 보충하는 기능을 하는 것이므로, 그 변경에 따라 범죄를 구성하지 아니하게 되거나 형이 가벼워졌다면 마찬가지로 형법 제1조 제2항과 형사소송법 제326조 제4호가 적용된다(대판 2022.12.22. 2020도16420 전원합의체).

021 **「형법」의 적용범위에 대한 설명으로 가장 적절하지 않은 것은?** 〈경찰2차 2018 변형〉

① 범죄의 성립과 처벌에 관하여 규정한 형벌법규 자체 또는 그로부터 수권 내지 위임을 받은 법령의 변경에 따라 범죄를 구성하지 아니하게 되거나 형이 가벼워진 경우에는, 종전 법령이 범죄로 정하여 처벌한 것이 부당하였다거나 과형이 과중하였다는 반성적 고려에 따라 변경된 것인지 여부를 따지지 않고 원칙적으로 형법 제1조 제2항과 형사소송법 제326조 제4호가 적용된다.

② 헌법재판소의 위헌결정으로 인하여 형벌에 관한 법률 또는 법률조항이 소급하여 그 효력을 상실한 경우에는 당해 법조를 적용하여 기소한 피고사건에 대해서는 면소판결이 아닌 무죄판결을 선고하여야 한다.

③ 미국인이 행사할 목적으로 미국에서 일본화폐인 엔화를 위조한 경우에는 대한민국 「형법」을 적용하여 처벌할 수 없다.

④ 한국인이 외국에서 죄를 지어 현지 법률에 따라 형의 전부 또는 일부의 집행을 받은 때에는 대한민국 법원은 그 집행된 형의 전부 또는 일부를 선고하는 형에 반드시 산입하여야 한다.

해설/정답 ③

① (○) 범죄 후 법률이 변경되어 그 행위가 범죄를 구성하지 아니하게 되거나 형이 구법보다 가벼워진 경우에는 신법에 따라야 하고(형법 제1조 제2항), 범죄 후의 법령 개폐로 형이 폐지되었을 때는 판결로써 면소의 선고를 하여야 한다(형사소송법 제326조 제4호). 이러한 형법 제1조 제2항과 형사소송법 제326조 제4호의 규정은 입법자가 법령의 변경 이후에도 종전 법령 위반행위에 대한 형사처벌을 유지한다는 내용의 경과규정을 따로 두지 않는 한 그대로 적용되어야 한다. 따라서 범죄의 성립과 처벌에 관하여 규정한 형벌법규 자체 또는 그로부터 수권 내지 위임을 받은 법령의 변경에 따라 범죄를 구성하지 아니하게 되거나 형이 가벼워진 경우에는, 종전 법령이 범죄로 정하여 처벌한 것이 부당하였다거나 과형이 과중하였다는 반성적 고려에 따라 변경된 것인지 여부를 따지지 않고 원칙적으로 형법 제1조 제2항과 형사소송법 제326조 제4호가 적용된다. 형벌법규가 대통령령, 총리령, 부령과 같은 법규명령이 아닌 고시 등 행정규칙·행정명령, 조례 등(이하 '고시 등 규정'이라고 한다)에 구성요건의 일부를 수권 내지 위임한 경우에도 이러한 고시 등 규정이 위임입법의 한계를 벗어나지 않는 한 형벌법규와 결합하여 법령을 보충하는 기능을 하는 것이므로, 그 변경에 따라 범죄를 구성하지 아니하게 되거나 형이 가벼워졌다면 마찬가지로 형법 제1조 제2항과 형사소송법 제326조 제4호가 적용된다(대판 2022.12.22. 2020도16420 전원합의체).

② (○) 형벌에 관한 법령이 헌법재판소의 위헌결정으로 인하여 소급하여 그 효력을 상실하였거나 법원에서 위헌·무효로 선언된 경우, 당해 법령을 적용하여 공소가 제기된 피고사건에 대하여는 형사소송법 제325조에 따라 무죄를 선고하여야 한다. 나아가 재심이 개시된 사건에서 형벌에 관한 법령이 재심판결 당시 폐지되었다 하더라도 그 폐지가 당초부터 헌법에 위배되어 효력이 없는 법령에 대한 것이었다면 형사소송법 제325조 전단이 규정하는 '범죄로 되지 아니한 때'의 무죄사유에 해당하는 것이지, 형사소송법 제326조 제4호에서 정한 면소사유에 해당한다고 할 수 없다(대판 2013.5.16. 2011도2631 전원합의체).

③ (×) 형법 제5조 제4호. 외국통용외국통화 위조죄에 해당한다(형법 제207조 제3항).

제5조(외국인의 국외범)

본법은 대한민국영역외에서 다음에 기재한 죄를 범한 외국인에게 적용한다.

1. 내란의 죄
2. 외환의 죄
3. 국기에 관한 죄
4. 통화에 관한 죄
5. 유가증권, 우표와 인지에 관한 죄
6. 문서에 관한 죄중 제225조 내지 제230조
7. 인장에 관한 죄중 제238조

④ (○) 형법 제7조

제7조(외국에서 집행된 형의 산입)

죄를 지어 외국에서 형의 전부 또는 일부가 집행된 사람에 대해서는 그 집행된 형의 전부 또는 일부를 선고하는 형에 산입한다.

제4절 | 형법이론

022 범죄의 본질에 관한 甲과 乙의 이론에 대한 설명 중 옳은 것은 모두 몇 개인가? 〈경찰2차 2022〉

> 甲 : 형법적 평가의 중심은 외부적인 행위와 현실적으로 발생한 결과에 두고 책임과 형벌을 결정해야 한다.
>
> 乙 : 그렇지 않다. 외부적 행위와 현실적으로 발생한 결과가 아니라, 이를 발생시킨 행위자의 반사회적 성격에 두고 책임과 형벌을 결정해야 한다.

<보 기>

㉠ 甲은 미수범의 처벌근거를 구성요건적 결과 실현에 근접한 위험에 있다고 주장하고, 乙은 행위자의 법적대적(法敵對的) 의사에 있다고 주장한다.

㉡ 甲은 공동정범의 본질을 행위 속에 표현된 의식적인 공동작용이라고 주장하고, 乙은 공동정범이 각자 최소한 하나의 객관적 구성요건 실현에 스스로 참여한 것이라고 주장한다.

㉢ 甲은 책임의 근거를 행위자의 반사회적 성격에 기인해 행위자가 사회방위처분을 받아야 하는 지위가 책임이라 주장하고, 乙은 행위자가 적법행위를 할 수 있었음에도 불구하고 위법행위를 했기 때문에 가해지는 도의적 비난이라 주장한다.

㉣ 甲은 공범의 종속성에 대해 타인으로 하여금 죄를 범하게 하려는 의사 자체가 외부로 표명되는 이상 정범의 실행행위와 상관없이 독자적으로 가벌성이 인정된다고 주장하고, 乙은 정범의 실행행위가 있어야 그 정범의 실행행위에 종속해서만 공범이 성립할 수 있다고 주장한다.

① 1개 ② 2개 ③ 3개 ④ 4개

해설/정답 ①

甲은 객관주의 범죄이론, 乙은 주관주의 범죄이론의 입장이다.

<객관주의와 주관주의의 차이>

구분		객관주의	주관주의
기본사상		개인주의·자유주의·계몽사상·합리주의·법치국가사상	자연과학적 사상·실증주의
평가의 중점		행위중심사상	행위자중심사상
착오론(사실의 착오)		구체적 부합설, 법정적 부합설	추상적 부합설
책임론	책임의 근거	도의적 책임론	사회적 책임론
	책임능력의 본질	범죄능력	형벌능력
	책임판단의 대상	행위책임	성격책임

미수론	미수의 처리	기수의 형보다 감경	구별 불요
	실행의 착수	객관설	주관설
	불능미수의 위험성	객관설, 구체적 위험설	주관설
공범론	공동정범의 본질	범죄공동설	행위공동설
	공범의 종속성	공범종속성설	공범독립성설
죄수론		행위표준설, 법익표준설, 구성요건표준설	의사표준설

㉠ (○) 객관주의 범죄이론은 미수범의 처벌근거를 구성요건적 결과 실현에 근접한 위험에 있다고 주장하여 미수와 기수를 구별하는 입장(미수를 기수의 형보다 감경)이고, 주관주의 범죄이론은 행위자의 미수범의 처벌근거를 법적대적(法敵對的) 의사에 있다고 주장하여 미수와 기수를 구별하지 않는 입장이다.

㉡ (×) 객관주의 범죄이론은 공동정범이 각자 최소한 하나의 객관적 구성요건 실현에 스스로 참여한 것이라고 주장하고(행위공동설), 주관주의 범죄이론은 공동정범의 본질을 행위 속에 표현된 의식적인 공동작용이라고 주장한다(범죄공동설).

㉢ (×) 객관주의 범죄이론은 책임의 근거를 행위자가 적법행위를 할 수 있었음에도 불구하고 위법행위를 했기 때문에 가해지는 도의적 비난이라 주장하고(도의적 책임론), 주관주의 범죄이론은 책임의 근거를 행위자의 반사회적 성격에 기인해 행위자가 사회방위처분을 받아야 하는 지위가 책임이라 주장한다(사회적 책임론).

㉣ (×) 객관주의 범죄이론은 공범의 종속성에 대해 정범의 실행행위가 있어야 그 정범의 실행행위에 종속해서만 공범이 성립할 수 있다고 주장하고(공범종속성설), 주관주의 범죄이론은 공범의 종속성에 대해 타인으로 하여금 죄를 범하게 하려는 의사 자체가 외부로 표명되는 이상 정범의 실행행위와 상관없이 독자적으로 가벌성이 인정된다고 주장한다(공범독립성설).

PART 02
범죄론

CHAPTER 01 | 범죄의 기본개념

제1절 | 범죄의 의의와 종류

001 (가)와 (나)에 관한 다음 설명 중 옳고 그름의 표시(○, ×)가 바르게 된 것은? (다툼이 있는 경우 판례에 의하고, 전원합의체 판결의 경우 다수의견에 의함. 이하 같음) 〈경찰1차 2023〉

(가) 구성요건적 실행 행위에 의해 법익의 침해가 발생하여 범죄가 기수에 이르고 범죄행위도 종료되지만 법익침해 상태는 기수 이후에도 존속되는 범죄
(나) 범죄가 기수에 이른 후에도 범죄행위와 법익침해 상태가 범행 종료시까지 계속되는 범죄

㉠ (가)의 경우 기수 이후 법익침해 상태가 계속되는 시점에도 공범성립이 가능하다.
㉡ (나)의 공소시효는 기수시부터가 아니라 범죄종료시로부터 진행하므로 범죄가 종료한 때로부터 공소시효가 진행된다.
㉢ (가)와 (나)의 경우 정당방위는 기수시까지 가능하다.
㉣ (가)는 범죄의 기수시기와 종료시기가 일치하지만, (나)는 범죄의 기수시기와 종료시기가 일치하지 않고 분리된다.

① ㉠ (○), ㉡ (×), ㉢ (○), ㉣ (○)
② ㉠ (○), ㉡ (×), ㉢ (○), ㉣ (×)
③ ㉠ (×), ㉡ (○), ㉢ (×), ㉣ (○)
④ ㉠ (×), ㉡ (○), ㉢ (×), ㉣ (×)

해설/정답 ③

(가)는 상태범에 대한 설명이고, (나)는 계속범에 대한 설명이다.

ㄱ. (×) 상태범은 기수시까지만 공범성립이 가능하므로, 기수 이후 법익침해 상태가 계속되는 시점에는 공범성립이 불가능하다.

ㄴ. (○) 계속범은 공소시효는 기수시부터가 아니라, 범죄가 종료한 때로부터 공소시효가 진행된다.

ㄷ. (×) 상태범의 경우 정당방위는 기수시까지만 가능하며, 계속범의 경우 정당방위는 종료시까지 가능하다.

ㄹ. (○) 상태범은 기수시기와 종료시기가 일치하지만, 계속범의 경우 기수시기와 종료시기가 일치하지 않고 분리된다.

002 범죄형태에 관한 설명 중 옳지 않은 것은? 〈경찰1차 2019〉

① 「형법」의 중손괴죄는 구성요건의 충족을 위해 구체적 위험의 발생을 요구하는 범죄이다.
② 「형법」의 중감금죄는 구성요건의 충족을 위해 구체적 위험의 발생을 요구하는 범죄이다.
③ 「형법」의 체포죄는 계속범으로서 체포행위에 시간적 계속이 있어야 한다.
④ 「형법」의 일반교통방해죄는 계속범의 성질을 갖는다.

해설/정답 ②

① (○) 형법 제368조 제1항 : 중손괴죄는 손괴죄 등을 범하여 사람의 생명 또는 신체에 대하여 위험을 발생하게 한 때에 성립하는 구체적 위험범이다.

> **第368條(중손괴)**
> ① 전 2조의 죄를 범하여 사람의 생명 또는 신체에 대하여 위험을 발생하게 한 때에는 1년 이상 10년 이하의 징역에 처한다.

② (×) 형법 제277조 제1항 : 중감금죄는 사람을 감금하여 가혹한 행위를 가한 때 성립하는 범죄이며, 구체적 위험범이 아니다.

> **第277條(중체포, 중감금, 존속중체포, 존속중감금)**
> ① 사람을 체포 또는 감금하여 가혹한 행위를 가한 자는 7년 이하의 징역에 처한다.

③ (○) 형법 제276조 제1항의 체포죄에서 말하는 '체포'는 사람의 신체에 대하여 직접적이고 현실적인 구속을 가하여 신체활동의 자유를 박탈하는 행위를 의미하는 것으로서 수단과 방법을 불문한다. 체포죄는 계속범으로서 체포의 행위에 확실히 사람의 신체의 자유를 구속한다고 인정할 수 있을 정도의 시간적 계속이 있어야 하나, 체포의 고의로써 타인의 신체적 활동의 자유를 현실적으로 침해하는 행위를 개시한 때 체포죄의 실행에 착수하였다고 볼 것이다(대판 2018.2.28. 2017도21249).

④ (○) 일반교통방해죄는 이른바 추상적 위험범으로서 교통이 불가능하거나 또는 현저히 곤란한 상태가 발생하면 바로 기수가 되고 교통방해의 결과가 현실적으로 발생하여야 하는 것은 아니다. 또한 일반교통방해죄에서 교통방해 행위는 계속범의 성질을 가지는 것이어서 교통방해의 상태가 계속되는 한 위법상태는 계속 존재한다. 따라서 교통방해를 유발한 집회에 참가한 경우 참가 당시 이미 다른 참가자들에 의해 교통의 흐름이 차단된 상태였더라도 교통방해를 유발한 다른 참가자들과 암묵적·순차적으로 공모하여 교통방해의 위법상태를 지속시켰다고 평가할 수 있다면 일반교통방해죄가 성립한다(대판 2018.5.11. 2017도9146).

003 범죄와 그 보호법익에 대한 설명으로 가장 적절한 것은? 〈경찰3차 2018〉

①「형법」 제287조의 미성년자약취유인죄는 미성년자의 자유 외에 보호감독자의 감호권도 보호법익으로 한다.

②「형법」 제127조의 공무상비밀누설죄는 비밀누설에 의하여 위협받는 국가의 기능이 아니라 비밀 그 자체를 보호법익으로 한다.

③「성폭력범죄의 처벌 등에 관한 특례법」 제13조의 통신매체이용음란죄는 성적 자기결정권에 반하여 성적 수치심을 일으키는 그림 등을 개인의 의사에 반하여 접하지 않을 권리를 보장하기 위한 것으로 개인의 성적 자유를 보호하기 위한 것이며, 사회적 법익으로서 건전한 성풍속을 보호하기 위한 구성요건이 아니다.

④「형법」 제156조의 무고죄는 국가의 형사사법권 또는 징계권의 적정한 행사를 보호법익으로 하며, 부당하게 처벌 또는 징계받지 않을 개인적 이익을 보호하기 위한 구성요건이 아니다.

해설/정답 ①

① (○) 형법 제287조에 규정된 미성년자약취죄의 입법 취지는 심신의 발육이 불충분하고 지려와 경험이 풍부하지 못한 미성년자를 특별히 보호하기 위하여 그를 약취하는 행위를 처벌하려는 데 그 입법의 취지가 있으며, 미성년자의 자유 외에 보호감독자의 감호권도 그 보호법익으로 하고 있다는 점을 고려하면, 피고인과 공범들이 미성년자를 보호·감독하고 있던 그 아버지의 감호권을 침해하여 그녀를 자신들의 사실상 지배 하로 옮긴 이상 미성년자약취죄가 성립한다 할 것이고, 약취행위에 미성년자의 동의가 있었다 하더라도 본죄의 성립에는 변함이 없다(대판 2003.2.11. 2002도7115).

② (×) 형법 제127조는 공무원 또는 공무원이었던 자가 법령에 의한 직무상 비밀을 누설하는 것을 구성요건으로 하고, 같은 조에서 '법령에 의한 직무상 비밀'이란 반드시 법령에 의하여 비밀로 규정되었거나 비밀로 분류 명시된 사항에 한하지 아니하고, 정치, 군사, 외교, 경제, 사회적 필요에 따라 비밀로 된 사항은 물론 정부나 공무소 또는 국민이 객관적, 일반적인 입장에서 외부에 알려지지 않는 것에 상당한 이익이 있는 사항도 포함하나, 실질적으로 그것을 비밀로서 보호할 가치가 있다고 인정할 수 있는 것이어야 하고, 본죄는 비밀 그 자체를 보호하는 것이 아니라 공무원의 비밀엄수의무의 침해에 의하여 위험하게 되는 이익, 즉 비밀 누설에 의하여 위협받는 국가의 기능을 보호하기 위한 것이다(대판 2012.3.15. 2010도14734).

③ (×) 성폭력범죄의 처벌 등에 관한 특례법(이하 '성폭력처벌법'이라 한다) 제13조는 "자기 또는 다른 사람의 성적 욕망을 유발하거나 만족시킬 목적으로 전화, 우편, 컴퓨터, 그 밖의 통신매체를 통하여 '성적 수치심이나 혐오감을 일으키는 말, 음향, 글, 그림, 영상 또는 물건'(이하 '성적 수치심을 일으키는 그림 등'이라 한다)을 상대방에게 도달하게 한 사람"을 처벌하고 있다. 성폭력처벌법 제13조에서 정한 '통신매체이용음란죄'는 '성적 자기결정권에 반하여 성적 수치심을 일으키는 그림 등을 개인의 의사에 반하여 접하지 않을 권리'를 보장하기 위한 것으로 성적 자기결정권과 일반적 인격권의 보호, 사회의 건전한 성풍속 확립을 보호법익으로 한다(대판 2017.6.8. 2016도21389).

④ (×) 타인으로 하여금 형사처분 또는 징계처분을 받게 할 목적으로 공무소 또는 공무원에 대하여 허위의 사실을 신고하는 때에 무고죄가 성립한다(형법 제156조). 무고죄는 부수적으로 개인이 부당하게 처벌받거나 징계를 받지 않을 이익도 보호하나, 국가의 형사사법권 또는 징계권의 적정한 행사를 주된 보호법익으로 한다. 허위로 신고한 사실이 무고행위 당시 형사처분의 대상이 될 수 있었던 경우에는 국가의 형사사법권의 적정한 행사를 그르치게 할 위험과 부당하게 처벌받지 않을 개인의 법적 안정성이 침해될 위험이 이미 발생하였으므로 무고죄는 기수에 이르고, 이후 그러한 사실이 형사범죄가 되지 않는 것으로 판례가 변경되었더라도 특별한 사정이 없는 한 이미 성립한 무고죄에는 영향을 미치지 않는다(대판 2017.5.30. 2015도15398).

제2절 | 행위론

제3절 | 행위의 주체

004 법인의 형사책임에 관한 설명 중 가장 적절하지 않은 것은? 〈경찰2차 2022〉

① 법인격 없는 사단과 같은 단체는 법인과 마찬가지로 사법상의 권리의무의 주체가 될 수 있음은 별론으로 하더라도 법률에 명문의 규정이 없는 한 그 범죄능력은 없다.

② 양벌규정에 의해 법인이 처벌되는 경우, 공모한 수인의 사용인 가운데 A, B법인의 사용인은 직접 실행행위에 가담하지 않고 C법인의 사용인만 실행행위를 분담한 경우에도 A, B법인은 C법

인과 공동정범이 될 수 있다.

③ 양벌규정에 따라 사용자인 법인 또는 개인을 처벌하기 위해서는 형벌의 자기책임 원칙에 비추어 위반행위가 발생한 그 업무와 관련하여 사용자인 법인 또는 개인이 상당한 주의 또는 감독 의무를 게을리한 과실이 있어야 한다.

④ 판례는 양벌규정의 적용대상자를 업무주가 아니면서 당해 업무를 실제 집행하는 자에게까지 확장하고 있어, 법인격 없는 공공기관도 개인정보보호법상 양벌규정에 의해 처벌될 수 있고, 해당 업무를 실제로 담당하는 소속 공무원도 양벌규정에 의해 처벌받을 수 있다.

해설/정답 ④

① (○) 법인격 없는 사단과 같은 단체는 법인과 마찬가지로 사법상의 권리의무의 주체가 될 수 있음은 별론으로 하더라도 법률에 명문의 규정이 없는 한 그 범죄능력은 없고 그 단체의 업무는 단체를 대표하는 자연인인 대표기관의 의사결정에 따른 대표행위에 의하여 실현될 수밖에 없는바, 구 건축법(1995. 1. 5. 법률 제4919호로 개정되기 전의 것) 제26조 제1항의 규정에 의하여 건축물의 유지·관리의무를 지는 '소유자 또는 관리자'가 법인격 없는 사단인 경우에는 자연인인 대표기관이 그 업무를 수행하는 것이므로, 같은 법 제79조 제4호에서 같은 법 제26조 제1항의 규정에 위반한 자라 함은 법인격 없는 사단의 대표기관인 자연인을 의미한다(대판 1997.1.24. 96도524).

② (○) 2인 이상이 범죄에 공동가공하는 공범 관계에서, 공모는 법률상 어떤 정형을 요구하는 것이 아니고, 2인 이상이 공모하여 어느 범죄에 공동가공하여 그 범죄를 실현하려는 의사의 결합만 있으면 된다. 비록 전체의 모의과정이 없었다고 하더라도, 수인 사이에 순차적 또는 암묵적으로 상통하여 그 의사의 결합이 이루어지면 공모관계가 성립한다. 그리고 이러한 공모가 이루어진 이상 실행행위에 직접 관여하지 않은 자라도 다른 공모자의 행위에 대하여 공동정범으로서 형사책임을 진다(대판 2017.12.22. 2017도12649, 대판 2016.8.29. 2016도6297, 대판 2013.8.23. 2013도5080).

③ (○) 일반적으로 자연인이 법인의 기관으로서 범죄행위를 한 경우에도 행위자인 자연인이 그 범죄행위에 대한 형사책임을 지는 것이고, 다만 법률이 그 목적을 달성하기 위하여 특별히 규정하고 있는 경우에만 행위자를 벌하는 외에 법률효과가 귀속되는 법인에 대하여도 벌금형을 과할 수 있는 것인 만큼, 법인이 설립되기 이전에 어떤 자연인이 한 행위의 효과가 설립 후의 법인에게 당연히 귀속된다고 보기 어려울 뿐만 아니라, 양벌규정에 의하여 사용자인 법인을 처벌하는 것은 형벌의 자기책임원칙에 비추어 위반행위가 발생한 그 업무와 관련하여 사용자인 법인이 상당한 주의 또는 관리감독 의무를 게을리한 선임감독상의 과실을 이유로 하는 것인데, 법인이 설립되기 이전의 행위에 대하여는 법인에게 어떠한 선임감독상의 과실이 있다고 할 수 없으므로, 특별한 근거규정이 없는 한 법인이 설립되기 이전에 자연인이 한 행위에 대하여 양벌규정을 적용하여 법인을 처벌할 수는 없다고 봄이 타당하다(대판 2018.8.1. 2015도10388).

④ (×) 구 개인정보 보호법은 제2조 제5호, 제6호에서 공공기관 중 법인격이 없는 '중앙행정기관 및 그 소속 기관' 등을 개인정보처리자 중 하나로 규정하고 있으면서도, 양벌규정에 의하여 처벌되는 개인정보처리자로는 같은 법 제74조 제2항에서 '법인 또는 개인'만을 규정하고 있을 뿐이고, 법인격 없는 공공기관에 대하여도 위 양벌규정을 적용할 것인지 여부에 대하여는 명문의 규정을 두고 있지 않으므로, 죄형법정주의의 원칙상 '법인격 없는 공공기관'을 위 양벌규정에 의하여 처벌할 수 없고, 그 경우 행위자 역시 위 양벌규정으로 처벌할 수 없다고 봄이 타당하다(대판 2021.10.28. 2020도1942).

005 행위주체에 대한 설명으로 가장 적절하지 않은 것은? 〈경찰3차 2018〉

① 양벌규정에 의한 영업주의 처벌은 금지위반행위자인 종업원의 처벌에 종속하는 것이 아니라 독립하여 그 자신의 종업원에 대한 선임감독상의 과실로 인하여 처벌되는 것이므로 종업원의 범죄성립이나 처벌이 영업주 처벌의 전제조건이 될 필요는 없다.

② 법인격 없는 사단과 같은 단체는 법인과 마찬가지로 사법상의 권리의무의 주체가 될 수 있음은 별론으로 하더라도 법률에 명문의 규정이 없는 한 그 범죄능력은 없다.

③ 합병으로 인하여 소멸한 법인이 그 종업원 등의 위법행위에 대해 양벌규정에 따라 부담하던 형사책임은 합병으로 인하여 존속하는 법인에 승계된다.

④ 지방자치단체 소속 공무원이 지방자치단체 고유의 자치사무를 수행하던 중 구 도로법 제81조 내지 제85조의 규정에 의한 위반행위를 한 경우 지방자치단체는 구 도로법 의 양벌규정에 따라 처벌대상이 되는 법인에 해당한다.

해설/정답 ③

① (○) 양벌규정에 의한 영업주의 처벌은 금지위반행위자인 종업원의 처벌에 종속하는 것이 아니라 독립하여 그 자신의 종업원에 대한 선임감독상의 과실로 인하여 처벌되는 것이므로 종업원의 범죄성립이나 처벌이 영업주 처벌의 전제조건이 될 필요는 없다(대판 2006.2.24. 2005도7673, 대판 1987. 11.10. 87도1213).

② (○) 법인격 없는 사단과 같은 단체는 법인과 마찬가지로 사법상의 권리의무의 주체가 될 수 있음은 별론으로 하더라도 법률에 명문의 규정이 없는 한 그 범죄능력은 없고 그 단체의 업무는 단체를 대표하는 자연인인 대표기관의 의사결정에 따른 대표행위에 의하여 실현될 수밖에 없는바, 구 건축법(1995. 1. 5. 법률 제4919호로 개정되기 전의 것) 제26조 제1항의 규정에 의하여 건축물의 유지·관리의무를 지는 '소유자 또는 관리자'가 법인격 없는 사단인 경우에는 자연인인 대표기관이 그 업무를 수행하는 것이므로, 같은 법 제79조 제4호에서같은 법 제26조 제1항의 규정에 위반한 자라 함은 법인격 없는 사단의 대표기관인 자연인을 의미한다(대판 1997.1.24. 96도524).

③ (×) 합병으로 인하여 소멸한 법인이 그 종업원 등의 위법행위에 대해 양벌규정에 따라 부담하던 형사책임은 그 성질상 이전을 허용하지 않는 것으로서 합병으로 인하여 존속하는 법인에 승계되지 않는다(대판 2007.8.23. 2005도4471).

④ (○) 헌법 제117조, 지방자치법 제3조 제1항, 제9조, 제93조, 도로법 제54조, 제83조, 제86조의 각 규정을 종합하여 보면, 국가가 본래 그의 사무의 일부를 지방자치단체의 장에게 위임하여 그 사무를 처리하게 하는 기관위임사무의 경우에는 지방자치단체는 국가기관의 일부로 볼 수 있는 것이지만, 지방자치단체가 그 고유의 자치사무를 처리하는 경우에는 지방자치단체는 국가기관의 일부가 아니라 국가기관과는 별도의 독립한 공법인이므로, 지방자치단체 소속 공무원이 지방자치단체 고유의 자치사무를 수행하던 중 도로법 제81조 내지 제85조의 규정에 의한 위반행위를 한 경우에는 지방자치단체는 도로법 제86조의 양벌규정에 따라 처벌대상이 되는 법인에 해당한다(대판 2005.11.10. 2004도2657).

006 **양벌규정에 대한 다음 설명 중 가장 적절하지 않은 것은?** 〈경찰2차 2016〉

① 합병으로 인하여 소멸한 법인이 그 종업원 등의 위법행위에 대해 양벌규정에 따라 부담하던 형사책임은 그 성질상 이전을 허용하지 않는 것으로서 합병으로 인하여 존속하는 법인에 승계되지 않는다.

② 회사 대표자의 위반행위에 대하여 징역형의 형량을 작량감경하고 병과하는 벌금형에 대하여 선고유예를 한 이상 양벌규정에 따라 그 회사를 처단함에 있어서도 같은 조치를 취하여야 한다.

③ 형벌의 자기책임원칙에 비추어 보면, 종업원의 위반행위가 발생한 그 업무와 관련하여 법인이 상당한 주의 또는 관리감독 의무를 게을리한 때에 한하여 양벌규정을 적용한다.

④ 양벌규정에 의하여 법인이 처벌받는 경우, 법인에게 자수감경에 관한 「형법」 제52조 제1항의 규정을 적용하기 위해서는 법인의 이사 기타 대표자가 수사책임이 있는 관서에 자수한 경우에 한하고, 그 위반행위를 한 직원 또는 사용인이 자수한 것만으로는 위 규정에 의하여 형을 감경할 수 없다.

해설/정답 ②

① (○) 합병으로 인하여 소멸한 법인이 그 종업원 등의 위법행위에 대해 양벌규정에 따라 부담하던 형사책임은 그 성질상 이전을 허용하지 않는 것으로서 합병으로 인하여 존속하는 법인에 승계되지 않는다(대판 2007.8.23. 2005도4471).

② (×) 회사 대표자의 위반행위에 대하여 징역형의 형량을 작량감경하고 병과하는 벌금형에 대하여 선고유예를 한 이상 양벌규정에 따라 그 회사를 처단함에 있어서도 같은 조치를 취하여야 한다는 논지는 독자적인 견해에 지나지 아니하여 받아들일 수 없다(대판 1995.12.12. 95도1893). 양벌규정에 의하여 자연인과 법인이 함께 처벌받는 경우, 자연인에 대해서는 작량감경을 하고 법인에 대해서는 작량감경을 하지 않아도 무방하다는 판결이다.

③ (○) 형벌의 자기책임원칙에 비추어 볼 때 위 양벌규정은 법인이 사용인 등에 의하여 위반행위가 발생한 그 업무와 관련하여 상당한 주의 또는 관리감독 의무를 게을리한 때에 한하여 적용된다고 봄이 상당하고, 구체적인 사안에서 법인이 상당한 주의 또는 관리감독의무를 게을리하였는지 여부는 당해 위반행위와 관련된 모든 사정, 즉 당해 법률의 입법 취지, 처벌조항 위반으로 예상되는 법익침해의 정도, 그 위반행위에 관하여 양벌규정을 마련한 취지 등은 물론 위반행위의 구체적인 모습과 그로 인하여 실제 야기된 피해 또는 결과의 정도, 법인의 영업 규모 및 행위자에 대한 감독가능성 또는 구체적인 지휘감독 관계, 법인이 위반행위 방지를 위하여 실제 행한 조치 등을 전체적으로 종합하여 판단하여야 한다(대판 2011.7.14. 2009도5516).

④ (○) 법인의 직원 또는 사용인이 위반행위를 하여 양벌규정에 의하여 법인이 처벌받는 경우, 법인에게 자수감경에 관한 형법 제52조 제1항의 규정을 적용하기 위하여는 법인의 이사 기타 대표자가 수사책임이 있는 관서에 자수한 경우에 한하고, 그 위반행위를 한 직원 또는 사용인이 자수한 것만으로는 위 규정에 의하여 형을 감경할 수 없다(대판 1995.7.25. 95도391).

CHAPTER 02 | 구성요건

제1절 | 구성요건이론

007 범죄의 성립요건 중 조각되는 사유가 다른 것은? 〈경찰1차 2020〉

① 피고인이 동거 중인 피해자의 지갑에서 현금을 꺼내 가는 것을 피해자가 현장에서 목격하고도 만류하지 아니한 경우(「형법」상 절도죄)

② 중대장의 지시에 따라 관사를 지키고 있던 당번병인 피고인이 중대장의 처가 마중 나오라는 지시를 정당한 명령으로 오인하고 관사를 무단이탈하였는데 당번병으로서의 그 임무범위 내에 속하는 일로 오인하고, 그 오인에 정당한 이유가 있는 경우(「군형법」상 무단이탈죄)

③ 「병역법」 제88조 제1항은 국방의 의무를 실현하기 위하여 현역입영 또는 소집통지서를 받고도 정당한 사유 없이 이에 응하지 않은 사람을 처벌하는데, 피고인에게 정당한 사유가 있는 경우(「병역법」상 입영 등 기피죄)

④ 사용자의 직장폐쇄가 정당한 쟁의행위로 인정되지 아니하고 다른 특별한 사정이 없어 근로자가 평소 출입이 허용되는 사업장 안에 들어가는 경우(「형법」상 주거침입죄)

해설/정답 ②

① (×) 피고인이 동거 중인 피해자의 지갑에서 현금을 꺼내가는 것을 피해자가 현장에서 목격하고도 만류하지 아니하였다면 피해자가 이를 허용하는 묵시적 의사가 있었다고 봄이 상당하여 이는 절도죄를 구성하지 않는다(대판 1985.11.26. 85도1487). - 구성요건해당성 조각.

② (○) 소속 중대장의 당번병이 근무시간 중은 물론 근무시간 후에도 밤늦게까지 수시로 영외에 있는 중대장의 관사에 머물면서 집안일을 도와주고 그 자녀들을 보살피며 중대장 또는 그 처의 심부름을 관사를 떠나서까지 시키는 일을 해오던 중 사건당일 중대장의 지시에 따라 관사를 지키고 있던 중 중대장과 함께 외출나간 그 처로부터 24:00경 비가 오고 밤이 늦어 혼자 귀가할 수 없으니 관사로부터 1.5킬로미터 가량 떨어진 지점까지 우산을 들고 마중을 나오라는 연락을 받고 당번병으로서 당연히 해야 할 일로 생각하고 그 지점까지 나가 동인을 마중하여 그 다음 날 01:00경 귀가하였다면 위와 같은 당번병의 관사이탈 행위는 중대장의 직접적인 허가를 받지 아니하였다 하더라도 당번병으로서의 그 임무범위 내에 속하는 일로 오인하고 한 행위로서 그 오인에 정당한 이유가 있어 위법성이 없다고 볼 것이다(대판 1986.10.28. 86도1406). - 위법성 조각.

③ (×) [다수의견] 병역법 제88조 제1항은 국방의 의무를 실현하기 위하여 현역입영 또는 소집통지서를 받고도 정당한 사유 없이 이에 응하지 않은 사람을 처벌함으로써 입영기피를 억제하고 병력구성을 확보하기 위한 규정이다. 위 조항에 따르면 정당한 사유가 있는 경우에는 피고인을 벌할 수 없는데, 여기에서 정당한 사유는 구성요건해당성을 조각하는 사유이다. 이는 형법상 위법성조각사유인 정당행위나 책임조각사유인 기대불가능성과는 구별된다(대판 2018.11.1. 2016도10912 전원합의체). - 구성요건해당성 조각.

④ (×) 사용자의 직장폐쇄는 사용자와 근로자의 교섭태도와 교섭과정, 근로자의 쟁의행위의 목적과 방법 및 그로 인하여 사용자가 받는 타격의 정도 등 구체적인 사정에 비추어 근로자의 쟁의행위에 대한 방어수단으로서 상당성이 있어야만 사용자의 정당한 쟁의행위로 인정될 수 있고(대판 2000.5.26. 98다34331 참조), 사용자의 직장폐쇄가 정당한 쟁의행위로 인정되지 아니하는 때에는 다른 특별한 사정이 없는 한 근로자가 평

소 출입이 허용되는 사업장 안에 들어가는 행위가 주거침입죄를 구성하지 아니한다(대판 2002.9.24. 2002도2243).
- 구성요건해당성 조각.

제2절 | 결과반가치와 행위반가치

제3절 | 부작위범

008 부작위범에 관한 설명 중 옳지 않은 것은 모두 몇 개인가? 〈경찰2차 2022〉

㉠ 압류된 골프장 시설을 보관하는 회사의 대표이사 甲이 압류시설의 사용 및 봉인의 훼손을 방지할 수 있는 적절한 조치 없이 골프장 개장 및 압류시설 작동을 의도적으로 묵인 또는 방치하여 봉인이 훼손되게 한 경우, 甲에게는 부작위에 의한 공무상표시무효죄가 성립한다.

㉡ 국가연구개발사업의 연구책임자 甲이 처음부터 소속 학생 연구원들에게 학생연구비를 개별 지급할 의사 없이 공동관리계좌를 관리하면서 사실상 그 처분권을 가질 의도 하에 이를 숨기고 산학협력단에 연구비를 신청하여 지급받은 경우, 甲의 행위는 산학협력단에 대한 관계에 있어서 기망에 의한 편취행위에 해당한다.

㉢ 위치추적 전자장치의 피부착자 甲이 그 장치의 구성 부분인 휴대용 추적장치를 분실한 후 3일이 경과하도록 보호관찰소에 분실신고를 하지 않고 돌아다닌 경우, 분실을 넘어서서 상당한 기간 동안 휴대용 추적장치가 없는 상태를 방치한 부작위는 전자장치 부착 등에 관한 법률 제38조에 따른 전자장치의 효용을 해한 행위에 해당하지 아니한다.

㉣ 甲은 법무사가 아님에도 자신이 법무사로 소개되거나 호칭되는 상황에서 자신이 법무사가 아니라는 사실을 밝히지 않은 채 법무사 행세를 계속하면서 근저당권설정계약서를 작성해 준 경우, 甲에게는 부작위에 의한 법무사법 위반(법무사가 아닌 자에 대한 금지)죄가 성립한다.

㉤ 대출자금으로 빌딩을 경락받았으나 분양이 저조하여 자금조달에 실패한 甲과 乙은 수분양자들과 사이에 대출금으로 충당되는 중도금을 제외한 계약금과 잔금의 지급을 유예하고 1년의 위탁기간 후 재매입하기로 하는 등의 비정상적인 이면 약정을 체결하고 점포를 분양하였음에도, 금융기관에 대해서는 그러한 이면약정의 내용을 감춘 채 분양 중도금의 집단적 대출을 교섭하여 중도금 대출 명목으로 금원을 지급받은 경우, 甲과 乙의 행위는 사기죄의 요건으로서의 부작위에 의한 기망에 해당하지 아니한다.

① 1개 ② 2개 ③ 3개 ④ 4개

해설/정답 ②

㉠ (○) 대표이사로서 위 압류시설이 위치한 골프장의 개장 및 운영 전반에 걸친 포괄적 권한과 의무를 지닌 피고인으로서는 위와 같은 회사의 대외적 의무사항이 준수될 수 있도록 적절한 조치를 취할 위임계약 혹은 조리상의 작위의무가 존재한다고 보아야 할 것인데, 이러한 작위의무의 내용 중에 불특정의 고객 등 제3자에 의한 위 봉인의 훼손행위를 방지할 일반적 안전조치를 취할 의무까지 있다고 할 수는 없겠지만, 적어도 위 압류, 봉인에

의하여 사용이 금지된 골프장 시설물에 대하여 위 시설물의 사용 및 그 당연한 귀결로서 봉인의 훼손을 초래하게 될 골프장의 개장 및 그에 따른 압류시설 작동을 제한하거나 그 사용 및 훼손을 방지할 수 있는 적절한 조치를 취할 의무는 존재한다고 보아야 할 것이고, 그럼에도 피고인이 그러한 조치 없이 위 개장 및 압류시설 작동을 의도적으로 묵인 내지 방치함으로써 예견된 결과를 유발한 경우에는 부작위에 의한 공무상표시무효죄의 성립을 인정할 수 있다고 보아야 할 것이다(대판 2005.7.22. 2005도3034).

ⓛ (○) 연구책임자가 처음부터 소속 학생연구원들에 대한 개별 지급의사 없이 공동관리계좌를 관리하면서 사실상 그 처분권을 가질 의도 하에 이를 숨기고 산학협력단에 연구비를 신청하여 이를 지급받았다면 이는 산학협력단에 대한 관계에 있어 기망에 의한 편취행위에 해당한다. 다만 연구책임자가 원래 용도에 부합하게 학생연구원들의 사실상 처분권 귀속 하에 학생연구원들의 공동비용 충당 등을 위하여 학생연구원들의 자발적인 의사에 근거하여 공동관리계좌를 조성하고 실제로 그와 같이 운용한 경우라면, 비록 공동관리계좌의 조성 및 운영이 관련 법령이나 규정 등에 위반되더라도 그러한 사정만으로 불법영득의사가 추단되어 사기죄가 성립한다고 단정할 수 없다. 이 경우 사기죄 성립 여부는 공동관리계좌 개설의 경위, 실질적 관리 및 처분권의 귀속, 연구비가 온전히 법률상 귀속자인 학생연구원들의 공동비용을 위하여 사용되었는지 여부 등을 종합적으로 고려하여 판단하여야 한다(대판 2021.9.9. 2021도8468).

ⓒ (×) 위치추적 전자장치의 피부착자인 피고인이 구성 부분인 휴대용 추적장치를 분실한 후 3일이 경과하도록 보호관찰소에 분실신고를 하지 않고 돌아다니는 등 전자장치의 효용을 해하였다고 하여 특정범죄자에 대한 위치추적 전자장치 부착 등에 관한 법률 위반으로 기소된 사안에서, 피고인이 휴대용 추적장치의 분실을 넘어서서 상당한 기간 동안 휴대용 추적장치가 없는 상태를 임의로 방치하여 전자장치의 효용이 정상적으로 발휘될 수 없는 상태를 이룬 행위를 전자장치의 효용을 해한 행위로 보고, 위 행위에 고의가 있었음을 전제로 유죄를 인정한 원심판단을 정당하다고 한 사례(대판 2012.8.17. 2012도5862).

ⓔ (○) [1] 형법상 부작위범이 인정되기 위해서는 형법이 금지하고 있는 법익침해의 결과발생을 방지할 법적인 작위의무를 지고 있는 자가 그 의무를 이행함으로써 결과발생을 쉽게 방지할 수 있었음에도 불구하고 그 결과의 발생을 용인하고 이를 방관한 채 그 의무를 이행하지 아니한 경우에, 그 부작위가 작위에 의한 법익침해와 동등한 형법적 가치가 있는 것이어서 그 범죄의 실행행위로 평가될 만한 것이라면, 작위에 의한 실행행위와 동일하게 부작위범으로 처벌할 수 있고, 여기서 작위의무는 법령, 법률행위, 선행행위로 인한 경우는 물론, 기타 신의성실의 원칙이나 사회상규 혹은 조리상 작위의무가 기대되는 경우에도 인정된다 할 것이다. [2] 법무사가 아닌 사람이 법무사로 소개되거나 호칭되는 데에도 자신이 법무사가 아니라는 사실을 밝히지 않은 채 법무사 행세를 계속하면서 근저당권설정계약서를 작성한 사안에서, 부작위에 의한 법무사법 제3조 제2항 위반죄를 인정할 수 있다고 한 사례(대판 2008.2.28. 2007도9354).

ⓜ (×) [1] 대출자금으로 빌딩을 경락받았으나 분양이 저조하여 자금조달에 실패한 피고인들이 수분양자들과 사이에 대출금으로 충당되는 중도금을 제외한 계약금과 잔금의 지급을 유예하고 1년의 위탁기간 후 재매입하기로 하는 등의 비정상적인 이면약정을 체결하고 점포를 분양하였음에도, 금융기관에 대해서는 그러한 이면약정의 내용을 감춘 채 분양 중도금의 집단적 대출을 교섭하여 중도금 대출 명목으로 금원을 지급받은 사안에서, 대출 금융기관에 대하여 비정상적인 이면약정의 내용을 알릴 신의칙상 의무가 있다고 보아 이를 알리지 않은 것은 사기죄의 요건으로서의 부작위에 의한 기망에 해당한다고 한 사례. [2] 사기죄에 있어서 동일한 피해자에 대하여 수회에 걸쳐 기망행위를 하여 금원을 편취한 경우, 그 범의가 단일하고 범행 방법이 동일하다면 사기죄의 포괄일죄만이 성립한다(대판 2006.2.23. 2005도8645).

009 **(가)와 (나)에 관한 설명으로 가장 적절하지 않은 것은?** 〈경찰1차 2022〉

> (가) 일정한 기간 내에 잘못된 상태를 바로잡으라는 행정청의 지시를 이행하지 않았다는 것을 구성요건으로 하는 범죄
>
> (나) 「형법」 제250조 제1항의 살인죄와 같이 그 규정 형식으로 보아 작위를 내용으로 하는 범죄를 부작위에 의하여 범하는 범죄

① (가)와 (나)의 구별에 있어 형식설에 의할 경우, 「형법」 제103조 제1항의 전시군수계약불이행죄와 「형법」 제116조의 다중불해산죄는 (가)의 경우에 해당한다.

② 유기죄에서의 보호의무를 법률상·계약상 보호의무로 국한하는 입장에 따르면 (나)에서의 보호의무는 유기죄의 보호의무보다 넓게 된다.

③ (나)는 고의에 의해서는 물론 과실범 처벌규정이 있는 한 과실에 의해서도 성립가능하다.

④ (나)의 요건으로 행위정형의 동가치성을 요구하는 것은 형사처벌을 확장하는 기능을 한다.

해설/정답 ④

(가)는 진정부작위범에 대한 설명이고, (나)는 부진정부작위범에 대한 설명이다.

① (○) 형식설은 형법이 부작위범의 구성요건을 두고 있느냐라는 형식적 기준에 의하여 양자를 구별하는 견해이다. 이에 의하면 진정부작위범은 구성요건이 부작위에 의하여만 실현될 수 있는 범죄이다(예 : 다중불해산죄와 퇴거불응죄 및 전시군수계약불이행죄).

② (○) 현행 형법은 유기죄에 있어서 구법과는 달리 보호법익의 범위를 넓힌 반면에 보호책임 없는 자의 유기죄는 없애고 법률상 또는 계약상의 의무 있는 자만을 유기죄의 주체로 규정하고 있어 명문상 사회상규상의 보호책임을 관념할 수 없다(대판 1977.1.11. 76도3419). 따라서 부진정부작위범에서 작위의무의 발생근거는 유기죄에서 보호의무의 발생근거보다 그 범위가 넓다.

③ (○) 과실부진정부작위범은 소위 망각범으로 아버지가 담배를 피운 후 담뱃불이 꺼져 있는지 확인하지 않고 아이를 집에 두고 나왔는데 그 담배 연기로 인하여 화재가 발생해 아이가 사망한 경우를 들 수 있다.

④ (×) 행위정형의 동가치성이 인정되지 않으면 부진정부작위범이 성립하지 않게 되므로 형사처벌을 확장하는 것이 아니라 축소 또는 제한하는 기능을 하게 된다.

010 부작위범에 대한 설명으로 가장 적절한 것은? 〈경찰2차 2021〉

① 임대인 甲은 자신의 여관건물에 대하여 임차인 A와 임대차계약을 체결하면서 A에게 당시 그 건물에 관하여 법원의 경매개시결정에 따른 경매절차가 진행 중인 사실을 알리지 아니한 경우, A가 등기부를 확인 또는 열람하는 것이 가능하였다면 기망행위가 있었다고 볼 수 없어 甲은 사기죄로 처벌되지 아니한다.

② 甲이 특정 시술을 받으면 아들을 낳을 수 있을 것이라는 착오에 빠져 있는 A에게 그 시술의 효과와 원리에 관하여 사실대로 고지하지 아니하고 아들을 낳을 수 있는 시술인 것처럼 가장하여 일련의 시술 등을 행하고 의료수가 및 약값의 명목으로 금원을 교부받은 경우, 甲은 사기죄로 처벌된다.

③ 甲이 A와 토지 지상에 창고를 신축하는데 필요한 형틀공사계약을 체결한 후 그 공사를 완료하였는데 A가 공사대금을 주지 않자 이를 받기 위해 토지에 쌓아 둔 건축자재를 치우지 않은 경우, 甲은 업무방해죄로 처벌된다.

④ 경찰공무원 甲이 지명수배 중인 범인 A를 발견하고도 직무상 의무에 따른 적절한 조치를 취하지 아니하고 오히려 A를 도피하게 하는 행위를 한 경우, 甲은 범인도피죄와 직무유기죄로 처벌된다.

해설/정답 ②

① (×) [1] 부작위에 의한 기망은 법률상 고지의무 있는 자가 일정한 사실에 관하여 상대방이 착오에 빠져 있음을 알면서도 이를 고지하지 아니함을 말하는 것으로서, 일반거래의 경험칙상 상대방이 그 사실을 알았더라면 당해 법률행위를 하지 않았을 것이 명백한 경우에는 신의칙에 비추어 그 사실을 고지할 법률상 의무가 인정되는 것이다. [2] 임대인이 임대차계약을 체결하면서 임차인에게 임대목적물이 경매진행 중인 사실을 알리지 아니한 경우, 임차인이 등기부를 확인 또는 열람하는 것이 가능하더라도 사기죄가 성립한다고 본 사례(대판 1998.12.8. 98도3263).

② (○) 특정 시술을 받으면 아들을 낳을 수 있을 것이라는 착오에 빠져 있는 피해자들에게 그 시술의 효과와 원리에 관하여 사실대로 고지하지 아니한 채 아들을 낳을 수 있는 시술인 것처럼 가장하여 일련의 시술과 처방을 행한 의사에 대하여 사기죄의 성립을 인정한 사례(대판 2000.1.28. 99도2884).

③ (×) [1] 업무방해죄와 같이 작위를 내용으로 하는 범죄를 부작위에 의하여 범하는 부진정부작위범이 성립하기 위해서는 부작위를 실행행위로서의 작위와 동일시할 수 있어야 한다. [2] 피고인이 갑과 토지 지상에 창고를 신축하는 데 필요한 형틀공사 계약을 체결한 후 그 공사를 완료하였는데, 갑이 공사대금을 주지 않는다는 이유로 위 토지에 쌓아 둔 건축자재를 치우지 않고 공사현장을 막는 방법으로 위력으로써 갑의 창고 신축 공사 업무를 방해하였다는 내용으로 기소된 사안에서, 피고인이 일부러 건축자재를 갑의 토지 위에 쌓아 두어 공사현장을 막은 것이 아니라 당초 자신의 공사를 위해 쌓아 두었던 건축자재를 공사 완료 후 치우지 않은 것에 불과하므로, 비록 공사대금을 받을 목적으로 건축자재를 치우지 않았더라도, 피고인이 자신의 공사를 위하여 쌓아 두었던 건축자재를 공사 완료 후에 단순히 치우지 않은 행위가 위력으로써 갑의 추가 공사 업무를 방해하는 업무방해죄의 실행행위로서 갑의 업무에 대하여 하는 적극적인 방해행위와 동등한 형법적 가치를 가진다고 볼 수 없는데도, 이와 달리 보아 공소사실을 유죄로 인정한 원심판결에 부작위에 의한 업무방해죄의 성립에 관한 법리오해의 잘못이 있다고 한 사례(대판 2017.12.22. 2017도13211).

④ (×) 경찰공무원이 지명수배 중인 범인을 발견하고도 직무상 의무에 따른 적절한 조치를 취하지 아니하고 오히려 범인을 도피하게 하는 행위를 하였다면, 그 직무위배의 위법상태는 범인도피행위 속에 포함되어 있다고 보아야 할 것

이므로, 이와 같은 경우에는 작위범인 범인도피죄만이 성립하고 부작위범인 직무유기죄는 따로 성립하지 아니한다. 한편, 범인도피죄는 범인을 도피하게 함으로써 기수에 이르지만, 범인도피행위가 계속되는 동안에는 범죄행위도 계속되고 행위가 끝날 때 비로소 범죄행위가 종료된다(대판 2017.3.15. 2015도1456, 대판 2006.10.19. 2005도3909 전원합의체).

011 **부작위범에 대한 다음 설명 중 적절한 것만을 모두 고른 것은?** 〈경찰1차 2021〉

> ㉠ 작위는 물론 부작위에 의하여도 실현될 수 있는 범죄의 경우, 행위자가 자신의 신체적 활동이나 물리적·화학적 작용을 통하여 적극적으로 타인의 법익 상황을 악화시킴으로써 결국 그 타인의 법익을 침해하기에 이르렀다면 이는 작위에 의한 범죄로 봄이 원칙이다.
>
> ㉡ 부진정부작위범의 작위의무는 법령, 법률행위, 선행행위로 인한 경우에 발생하고 사회상규 혹은 조리로부터는 법적 작위의무가 발생하지 않는다.
>
> ㉢ 부진정부작위범에서의 고의는 자신의 부작위가 작위와 동가치하다는 점에 대한 인식을 필요로 하므로, 작위의무자의 예견 또는 인식 등이 불확정적인 미필적 고의로는 부진정부작위범의 고의가 인정되지 않는다.
>
> ㉣ 「형법」상 방조는 작위에 의하여 정범의 실행을 용이하게 하는 경우는 물론, 직무상의 의무가 있는 자가 정범의 범죄 행위를 인식하면서도 그것을 방지하여야 할 제반 조치를 취하지 아니하는 부작위로 인하여 정범의 실행행위를 용이하게 하는 경우에도 성립된다.

① ㉠, ㉡　　② ㉠, ㉣　　③ ㉡, ㉢　　④ ㉢, ㉣

해설/정답 ②

㉠ (○) [1] 어떠한 범죄가 적극적 작위에 의하여 이루어질 수 있음은 물론 결과의 발생을 방지하지 아니하는 소극적 부작위에 의하여도 실현될 수 있는 경우에, 행위자가 자신의 신체적 활동이나 물리적·화학적 작용을 통하여 적극적으로 타인의 법익 상황을 악화시킴으로써 결국 그 타인의 법익을 침해하기에 이르렀다면, 이는 작위에 의한 범죄로 봄이 원칙이고, 작위에 의하여 악화된 법익 상황을 다시 되돌이키지 아니한 점에 주목하여 이를 부작위범으로 볼 것은 아니며, 나아가 악화되기 이전의 법익 상황이, 그 행위자가 과거에 행한 또 다른 작위의 결과에 의하여 유지되고 있었다 하여 이와 달리 볼 이유가 없다. [2] 보호자가 의학적 권고에도 불구하고 치료를 요하는 환자의 퇴원을 간청하여 담당 전문의와 주치의가 치료중단 및 퇴원을 허용하는 조치를 취함으로써 환자를 사망에 이르게 한 행위에 대하여 보호자, 담당 전문의 및 주치의가 부작위에 의한 살인죄의 공동정범으로 기소된 사안에서, 담당 전문의와 주치의에게 환자의 사망이라는 결과 발생에 대한 정범의 고의는 인정되나 환자의 사망이라는 결과나 그에 이르는 사태의 핵심적 경과를 계획적으로 조종하거나 저지·촉진하는 등으로 지배하고 있었다고 보기는 어려워 공동정범의 객관적 요건인 이른바 기능적 행위지배가 흠결되어 있다는 이유로 작위에 의한 살인방조죄만 성립한다(대판 2004.6.24. 2002도995).

㉡ (×), ㉢ (×) 살인죄와 같이 일반적으로 작위를 내용으로 하는 범죄를 부작위에 의하여 범하는 이른바 부진정 부작위범의 경우에는 보호법익의 주체가 법익에 대한 침해위협에 대처할 보호능력이 없고, 부작위행위자에게 침해위협으로부터 법익을 보호해 주어야 할 법적 작위의무가 있을 뿐 아니라, 부작위행위자가 그러한 보호적 지위에서 법익침해를 일으키는 사태를 지배하고 있어 작위의무의 이행으로 결과발생을 쉽게 방지할 수 있어야 부작위로 인한 법익침해가 작위에 의한 법익침해와 동등한 형법적 가치가 있는 것으로서 범죄의 실행행위로 평가될 수 있다. 다만 여기서의 작위의무는 법령, 법률행위, 선행행위로

인한 경우는 물론, 신의성실의 원칙이나 사회상규 혹은 조리상 작위의무가 기대되는 경우에도 인정된다. 또한 부진정 부작위범의 고의는 반드시 구성요건적 결과발생에 대한 목적이나 계획적인 범행 의도가 있어야 하는 것은 아니고 법익침해의 결과발생을 방지할 법적 작위의무를 가지고 있는 사람이 의무를 이행함으로써 결과발생을 쉽게 방지할 수 있었음을 예견하고도 결과발생을 용인하고 이를 방관한 채 의무를 이행하지 아니한다는 인식을 하면 족하며, 이러한 작위의무자의 예견 또는 인식 등은 확정적인 경우는 물론 불확정적인 경우이더라도 미필적 고의로 인정될 수 있다(대판 2015.11.12. 2015도6809 전원합의체).

㉣ (○) 형법상 방조는 작위에 의하여 정범의 실행행위를 용이하게 하는 경우는 물론, 직무상의 의무가 있는 자가 정범의 범죄행위를 인식하면서도 그것을 방지하여야 할 제반조치를 취하지 아니하는 부작위로 인하여 정범의 실행행위를 용이하게 하는 경우에도 성립된다 할 것이므로 은행지점장이 정범인 부하직원들의 범행을 인식하면서도 그들의 은행에 대한 배임행위를 방치하였다면 배임죄의 방조범이 성립된다(대판 1984.11.27. 84도1906).

012 부작위범에 관한 설명으로 옳은 것을 모두 고른 것은? 〈경찰2차 2019〉

> ㉠ 「형법」은 부작위범의 성립요건을 별도로 규정하고 있다.
> ㉡ 진정부작위범은 그 속성상 미수가 불가능하며, 「형법」도 진정부작위범의 미수에 대한 처벌규정을 두고 있지 않다.
> ㉢ 부진정부작위범의 구성요건인 보증인적 지위(작위의무)는 신의칙이나 조리에 의해서도 발생한다.
> ㉣ 부진정부작위범을 작위범과 동일하게 평가하기 위해서는 보증인적 지위 외에 부작위와 작위의 동가치성(상응성)을 요하며, 이는 「형법」이 명문으로 규정하고 있다.
> ㉤ 부작위범의 공동정범은 성립할 수 있으나, 부작위에 의한 교사범은 성립할 수 없다.

① ㉠, ㉡, ㉣　　② ㉠, ㉢, ㉤　　③ ㉡, ㉢, ㉣　　④ ㉢, ㉣, ㉤

해설/정답 ②

㉠ (○) 형법 제18조

> **제18조(부작위범)**
> 위험의 발생을 방지할 의무가 있거나 자기의 행위로 인하여 위험발생의 원인을 야기한 자가 그 위험발생을 방지하지 아니한 때에는 그 발생된 결과에 의하여 처벌한다.

㉡ (×) 진정부작위범은 거동범이므로 미수가 불가능하나(다수설), 퇴거불응죄(제319조 제2항)와 집합명령위반죄(제145조 제2항)는 진정부작위범이지만 미수범 처벌규정이 존재한다.

> **제319조(주거침입, 퇴거불응)**
> ① 사람의 주거, 관리하는 건조물, 선박이나 항공기 또는 점유하는 방실에 침입한 자는 3년 이하의 징역 또는 500만 원 이하의 벌금에 처한다.
> ② 전항의 장소에서 퇴거요구를 받고 응하지 아니한 자도 전항의 형과 같다.
>
> **제322조(미수범)**
> 본장의 미수범은 처벌한다.

제145조(도주, 집합명령위반)
① 법률에 따라 체포되거나 구금된 자가 도주한 경우에는 1년 이하의 징역에 처한다.
② 제1항의 구금된 자가 천재지변이나 사변 그 밖에 법령에 따라 잠시 석방된 상황에서 정당한 이유없이 집합명령에 위반한 경우에도 제1항의 형에 처한다.

제149조(미수범)
전4조의 미수범은 처벌한다.

㉢ (○) 살인죄와 같이 일반적으로 작위를 내용으로 하는 범죄를 부작위에 의하여 범하는 이른바 부진정 부작위범의 경우에는 보호법익의 주체가 법익에 대한 침해위협에 대처할 보호능력이 없고, 부작위행위자에게 침해위협으로부터 법익을 보호해 주어야 할 법적 작위의무가 있을 뿐 아니라, 부작위행위자가 그러한 보호적 지위에서 법익침해를 일으키는 사태를 지배하고 있어 작위의무의 이행으로 결과발생을 쉽게 방지할 수 있어야 부작위로 인한 법익침해가 작위에 의한 법익침해와 동등한 형법적 가치가 있는 것으로서 범죄의 실행행위로 평가될 수 있다. 다만 여기서의 작위의무는 법령, 법률행위, 선행행위로 인한 경우는 물론, 신의성실의 원칙이나 사회상규 혹은 조리상 작위의무가 기대되는 경우에도 인정된다(대판 2015.11.12. 2015도6809 전원합의체).

㉣ (×) 금지규범을 전제로 하여 작위를 금지하는 작위범의 구성요건을 부작위에 의하여 실현하는 부진정 부작위범이 성립하기 위하여는 부작위범의 일반적 구성요건 이외에 부작위가 작위와 같이 평가될 수 있을 것을 요하는바, 이것이 바로 부작위의 동가치성 내지 동치성의 문제이다. 보증인 지위에 대해서는 형법 제18조의 규정이 존재하지만, 부작위와 작위의 동가치성(상응성)에 대해서는 명문의 규정이 없다. 다만, 통설과 판례는 이를 인정하고 있다.

㉤ (○) 부작위범 사이의 공동정범은 다수의 부작위범에게 공통된 의무가 부여되어 있고 그 의무를 공통으로 이행할 수 있을 때에만 성립한다고 할 것이다(대판 2009.2.12. 2008도9476). 그러나 부작위는 피교사자에 대해서 현실적으로 아무런 심리적 영향을 주지 못하므로 부작위에 의한 교사는 불가능하다.

013 부작위범에 관한 설명 중 옳은 것은? 〈경찰1차 2019〉

① 부작위에 의한 교사와 방조 모두 불가능하다.
② 「형법」 제319조 제2항의 퇴거불응죄는 부진정부작위범이다.
③ 파업은 그 자체로 부작위가 아니라 작위적 행위이다.
④ 작위의무는 법적 의무로서 사회상규 혹은 조리상 작위의무가 기대되는 경우에는 부정된다.

해설/정답 ③

① (×) [1] 형법상 방조행위는 정범의 실행을 용이하게 하는 직접, 간접의 모든 행위를 가리키는 것으로서 작위에 의한 경우뿐만 아니라 부작위에 의하여도 성립되는 것이다. [2] 인터넷 포털 사이트 내 오락채널 총괄팀장과 위 오락채널 내 만화사업의 운영 직원인 피고인들에게, 콘텐츠제공업체들이 게재하는 음란만화의 삭제를 요구할 조리상의 의무가 있다고 하여, 구 전기통신기본법(2001. 1. 16. 법률 제6360호로 개정되기 전의 것) 제48조의2 위반 방조죄의 성립을 긍정한 사례(대판 2006.4.28. 2003도4128). 부작위에 의한 교사는 법률상 불가능하지만, 부작위에 의한 방조는 방조범에게 보증인의무가 있는 한 가능하다.

② (×) 형법 제319조 제2항 : 퇴거불응죄는 진정부작위범(부작위에 의한 부작위범)이다.

제319조(주거침입, 퇴거불응)
① 사람의 주거, 관리하는 건조물, 선박이나 항공기 또는 점유하는 방실에 침입한 자는 3년 이하의 징역 또는 500만 원 이하의 벌금에 처한다.
② 전항의 장소에서 퇴거요구를 받고 응하지 아니한 자도 전항의 형과 같다.

③ (○) [다수의견] 업무방해죄는 위계 또는 위력으로써 사람의 업무를 방해한 경우에 성립하며(형법 제314조 제1항), '위력'이란 사람의 자유의사를 제압·혼란케 할 만한 일체의 세력을 말한다. 쟁의행위로서 파업(노동조합 및 노동관계조정법 제2조 제6호)도, 단순히 근로계약에 따른 노무의 제공을 거부하는 부작위에 그치지 아니하고 이를 넘어서 사용자에게 압력을 가하여 근로자의 주장을 관철하고자 집단적으로 노무제공을 중단하는 실력행사이므로, 업무방해죄에서 말하는 위력에 해당하는 요소를 포함하고 있다(대판 2011.3.17. 2007도482 전원합의체).

④ (×) 형법상 부작위범의 작위의무는 법적인 의무이어야 하므로 단순한 도덕상 또는 종교상의 의무는 포함되지 않으나 작위의무가 법적인 의무인 한 성문법이건 불문법이건 상관이 없고 또 공법이건 사법이건 불문하므로, 법령, 법률행위, 선행행위로 인한 경우는 물론이고 기타 신의성실의 원칙이나 사회상규 혹은 조리상 작위의무가 기대되는 경우에도 법적인 작위의무는 있다(대판 1996.9.6. 95도2551).

014 부작위범에 대한 설명으로 가장 적절하지 않은 것은? 〈경찰1차 2018〉

① 작위의무는 법적인 의무이어야 하므로 단순한 도덕상 또는 종교상의 의무는 포함되지 않으나 작위의무가 법적인 의무인 한 성문법이건 불문법이건 상관이 없고 또 공법이건 사법이건 불문하므로, 법령, 법률행위, 선행행위로 인한 경우는 물론이고 기타 신의성실의 원칙이나 사회상규 혹은 조리상 작위의무가 기대되는 경우에도 법적인 작위의무는 있다.

② 보호자가 의학적 권고에도 불구하고 치료를 요하는 환자의 퇴원을 간청하여 담당 전문의와 주치의가 치료중단 및 퇴원을 허용하는 조치를 취함으로써 환자를 사망에 이르게 한 경우, 담당 전문의와 주치의의 행위는 부작위에 의한 살인방조죄가 성립한다.

③ 부작위범 사이의 공동정범은 다수의 부작위범에게 공통된 의무가 부여되어 있고 그 의무를 공통으로 이행할 수 있을 때에만 성립한다.

④ 부진정부작위범의 고의는 반드시 구성요건적 결과발생에 대한 목적이나 계획적인 범행의도가 있어야 하는 것은 아니고 법익침해의 결과발생을 방지할 법적 작위의무를 가지고 있는 자가 그 의무를 이행함으로써 그 결과 발생을 쉽게 방지할 수 있었음을 예견하고도 결과의 발생을 용인하고 이를 방관한 채 그 의무를 이행하지 아니한다는 인식을 하면 족하며, 이러한 작위의무자의 예견 또는 인식 등은 확정적인 것은 물론 불확정적인 것이라도 미필적 고의로 인정될 수 있다.

해설/정답 ②

① (○) 형법상 부작위범이 인정되기 위해서는 형법이 금지하고 있는 법익침해의 결과 발생을 방지할 법적인 작위의무를 지고 있는 자가 그 의무를 이행함으로써 결과 발생을 쉽게 방지할 수 있었음에도 불구하고 그 결과의 발생을 용인하고 이를 방관한 채 그 의무를 이행하지 아니한 경우에, 그 부작위가 작위에 의한 법익침해와 동등한 형법적 가치가 있는 것이어서 그 범죄의 실행행위로 평가될 만한 것이라면, 작위에 의한 실행행위와 동일하게 부작위범으로 처벌할 수 있고, 여기서 작위의무는 법적인 의무이어야 하므

로 단순한 도덕상 또는 종교상의 의무는 포함되지 않으나 작위의무가 법적인 의무인 한 성문법이건 불문법이건 상관이 없고 또 공법이건 사법이건 불문하므로, 법령, 법률행위, 선행행위로 인한 경우는 물론이고 기타 신의성실의 원칙이나 사회상규 혹은 조리상 작위의무가 기대되는 경우에도 법적인 작위의무는 있다(대판 1996.9.6. 95도2551).

② (×) 보호자가 의학적 권고에도 불구하고 치료를 요하는 환자의 퇴원을 간청하여 담당 전문의와 주치의가 치료중단 및 퇴원을 허용하는 조치를 취함으로써 환자를 사망에 이르게 한 행위에 대하여 보호자, 담당 전문의 및 주치의가 부작위에 의한 살인죄의 공동정범으로 기소된 사안에서, 담당 전문의와 주치의에게 환자의 사망이라는 결과 발생에 대한 정범의 고의는 인정되나 환자의 사망이라는 결과나 그에 이르는 사태의 핵심적 경과를 계획적으로 조종하거나 저지·촉진하는 등으로 지배하고 있었다고 보기는 어려워 공동정범의 객관적 요건인 이른바 기능적 행위지배가 흠결되어 있다는 이유로 작위에 의한 살인방조죄만 성립한다(대판 2004.6.24. 2002도995).

③ (○) 부작위범 사이의 공동정범은 다수의 부작위범에게 공통된 의무가 부여되어 있고 그 의무를 공통으로 이행할 수 있을 때에만 성립한다(대판 2008.3.27. 2008도89).

④ (○) 부진정부작위범의 고의는 반드시 구성요건적 결과발생에 대한 목적이나 계획적인 범행 의도가 있어야 하는 것은 아니고 법익침해의 결과 발생을 방지할 법적 작위의무를 가지고 있는 사람이 의무를 이행함으로써 결과 발생을 쉽게 방지할 수 있었음을 예견하고도 결과 발생을 용인하고 이를 방관한 채 의무를 이행하지 아니한다는 인식을 하면 족하며, 이러한 작위의무자의 예견 또는 인식 등은 확정적인 경우는 물론 불확정적인 경우이더라도 미필적 고의로 인정될 수 있다. 이때 작위의무자에게 이러한 고의가 있었는지는 작위의무자의 진술에만 의존할 것이 아니라, 작위의무의 발생근거, 법익침해의 태양과 위험성, 작위의무자의 법익침해에 대한 사태 지배의 정도, 요구되는 작위의무의 내용과 이행의 용이성, 부작위에 이르게 된 동기와 경위, 부작위의 형태와 결과 발생 사이의 상관관계 등을 종합적으로 고려하여 작위의무자의 심리상태를 추인하여야 한다(대판 2015.11.12. 2015도6809 전원합의체).

015 부작위범에 관한 다음 설명 중 가장 적절하지 않은 것은? 〈경찰1차 2016〉

① 甲이 자신의 토지에 대하여 여객정류장시설 또는 유통업무설비시설을 설치하는 도시계획이 입안되어 있어 장차 위 토지가 수용될 것이라는 점을 알고 있으면서도, 이러한 사정을 모르고 위 토지를 매수하려는 乙에게 그 사정을 고지하지 아니하고 매도한 경우 甲에게는 乙에 대한 부작위에 의한 사기죄가 성립한다.

② 매수인이 매도인에게 매매잔금을 지급함에 있어 착오에 빠져 지급해야 할 금액을 초과하는 돈을 교부하는 경우, 매도인이 매매잔금을 받은 후 비로소 그 사실을 알게 되었음에도 불구하고 그 사실을 매수인에게 알리고 초과금액을 되돌려 주지 않은 경우에는 부작위에 의한 사기죄가 성립한다.

③ 출판사 경영자가 출고현황표를 조작하는 방법으로 실제출판부수를 속여 작가에게 인세의 일부만을 지급한 사안에서, 작가가 나머지 인세에 대한 청구권의 존재 자체를 알지 못하는 착오에 빠져 이를 행사하지 아니한 것이 사기죄에 있어 부작위에 의한 처분행위에 해당한다.

④ 형법이 금지하고 있는 법익침해의 결과발생을 방지할 법적인 작위의무를 지고 있는 자가 그 의무를 이행함으로써 결과 발생을 쉽게 방지할 수 있었음에도 불구하고 그 결과의 발생을 용인하고 이를 방관한 채 그 의무를 이행하지 아니한 경우에, 그 부작위가 작위에 의한 법익침해와 동등한 형법적 가치가 있는 것이어서 그 범죄의 실행행위로 평가될 만한 것이라면, 작위에 의한 실행행위와 동일하게 부작위범으로 처벌할 수 있다.

해설/정답 ②

① (○) 피고인이 이 사건 토지에 대하여 여객정류장시설 또는 유통업무설비시설을 설치하는 도시계획이 입안되어 있어 장차 위 토지가 정주시에 의하여 협의매수되거나 수용될 것이라는 점을 알고 있었으므로, 이러한 사정을 모르고 위 토지를 매수하려는 피해자 B에게 위와 같은 사정을 고지할 신의칙상 의무가 있다고 판단하고, 이러한 사정을 고지하지 아니한 피고인의 행위는 부작위에 의한 사기죄를 구성한다(대판 1993.7.13. 93도14).

② (×) 매수인이 매도인에게 매매잔금을 지급함에 있어 착오에 빠져 지급해야 할 금액을 초과하는 돈을 교부하는 경우, 매도인이 사실대로 고지하였다면 매수인이 그와 같이 초과하여 교부하지 아니하였을 것임은 경험칙상 명백하므로, 매도인이 매매잔금을 교부받기 전 또는 교부받던 중에 그 사실을 알게 되었을 경우에는 특별한 사정이 없는 한 매도인으로서는 매수인에게 사실대로 고지하여 매수인의 그 착오를 제거하여야 할 신의칙상 의무를 지므로 그 의무를 이행하지 아니하고 매수인이 건네주는 돈을 그대로 수령한 경우에는 사기죄에 해당될 것이지만, 그 사실을 미리 알지 못하고 매매잔금을 건네주고 받는 행위를 끝마친 후에야 비로소 알게 되었을 경우에는 주고 받는 행위는 이미 종료되어 버린 후이므로 매수인의 착오 상태를 제거하기 위하여 그 사실을 고지하여야 할 법률상 의무의 불이행은 더 이상 그 초과된 금액 편취의 수단으로서의 의미는 없으므로, 교부하는 돈을 그대로 받은 그 행위는 점유이탈물횡령죄가 될 수 있음은 별론으로 하고 사기죄를 구성할 수는 없다(대판 2004.5.27. 2003도4531).

③ (○) 출판사 경영자가 출고현황표를 조작하는 방법으로 실제출판부수를 속여 작가에게 인세의 일부만을 지급한 사안에서, 작가가 나머지 인세에 대한 청구권의 존재 자체를 알지 못하는 착오에 빠져 이를 행사하지 아니한 것이 사기죄에 있어 부작위에 의한 처분행위에 해당한다고 본 사례(대판 2007.7.12. 2005도9221).

④ (○) 형법상 부작위범이 인정되기 위해서는 형법이 금지하고 있는 법익침해의 결과 발생을 방지할 법적인 작위의무를 지고 있는 자가 그 의무를 이행함으로써 결과 발생을 쉽게 방지할 수 있었음에도 불구하고 그 결과의 발생을 용인하고 이를 방관한 채 그 의무를 이행하지 아니한 경우에, 그 부작위가 작위에 의한 법익침해와 동등한 형법적 가치가 있는 것이어서 그 범죄의 실행행위로 평가될 만한 것이라면, 작위에 의한 실행행위와 동일하게 부작위범으로 처벌할 수 있고, 여기서 작위의무는 법적인 의무이어야 하므로 단순한 도덕상 또는 종교상의 의무는 포함되지 않으나 작위의무가 법적인 의무인 한 성문법이건 불문법이건 상관이 없고 또 공법이건 사법이건 불문하므로, 법령, 법률행위, 선행행위로 인한 경우는 물론이고 기타 신의성실의 원칙이나 사회상규 혹은 조리상 작위의무가 기대되는 경우에도 법적인 작위의무는 있다(대판 1996.9.6. 95도2551).

제4절 | 인과관계와 객관적 귀속

016 인과관계에 관한 설명으로 가장 적절하지 않은 것은? 〈경찰2차 2019〉

① 조건설은 인과관계 판단의 출발점을 제시한다는 의의가 있으나, 인과관계의 범위가 무한히 확장될 우려가 있다는 비판을 받고 있다.

② 공장에서 동료 사이에 말다툼을 하던 중 피고인이 피해자에게 상당한 힘을 가하여 넘어뜨린 것이 아니라, 피고인의 삿대질을 피하려고 뒷걸음치던 피해자가 장애물에 걸려 넘어져 두개골절로 사망한 경우 피고인에게 폭행치사죄의 책임을 물을 수 없다.

③ 자동차가 횡단보도에 먼저 진입한 경우로서 그대로 진행하더라도 보행자의 횡단을 방해하거나 통행에 아무런 위험을 초래하지 아니할 상황이라면 보행자 신호가 녹색으로 바뀐 경우라도

그대로 진행할 수 있다고 보아야 하므로, 피고인이 운전하는 차량이 이미 횡단보도에 먼저 진입한 뒤에 보행자 신호가 녹색으로 바뀌었고, 바뀐 신호만을 보고 횡단보도에 진입한 피해자를 피고인이 그대로 충격하여 피해자에게 상해를 입힌 경우에는 피고인의 과실과 피해자가 입은 상해 사이에는 상당인과관계가 인정되지 않는다.

④ 피고인이 고속도로 2차로를 따라 자동차를 운전하다가 1차로를 진행하던 甲의 차량 앞에 급하게 끼어든 후 곧바로 정차하여, 甲의 차량 및 이를 뒤따르던 차량 두 대는 연이어 급제동하여 정차하였으나, 그 뒤를 따라오던 乙의 차량이 앞의 차량들을 연쇄적으로 추돌케 하여 乙이 사망하고 나머지 차량 운전자 등 피해자들이 상해를 입은 경우, 피고인의 정차 행위와 사상의 결과 발생 사이에 상당인과관계가 인정된다.

해설/정답 ③

① (○) 조건설은 행위와 결과 사이에 조건적 인과관계, 즉 그러한 행위가 없었더라면 그러한 결과가 발생하지 않았다고 볼 수 있는 관계가 있으면 인과관계를 인정하며, 여기에는 conditio sine qua non의 공식(절대적 제약공식)이 적용된다. 그러나 조건설에 대하여는 ㈎ 일단 인과관계가 존재한다는 전제에서 가설적 사고과정의 제거절차를 밟고 있다는 방법상의 잘못을 범하였고, ㈏ conditio sine qua non의 공식에 따를 때에는 가설적 인과관계뿐만 아니라 이중적 인과관계의 경우에도 인과관계를 인정할 수 없으며, 또한 ㈐ 논리적 인과개념을 형법에 그대로 적용하기 때문에 인과관계의 범위가 지나치게 확대된다는 비판을 받는다.

② (○) 폭행치사죄는 결과적 가중범으로서 폭행과 사망의 결과 사이에 인과관계가 있는 외에 사망의 결과에 대한 예견가능성 즉 과실이 있어야 하고 이러한 예견가능성의 유무는 폭행의 정도와 피해자의 대응상태 등 구체적 상황을 살펴서 엄격하게 가려야 하는 것인바, 피고인이 피해자에게 상당한 힘을 가하여 넘어뜨린 것이 아니라 단지 공장에서 동료 사이에 말다툼을 하던 중 피고인이 삿대질하는 것을 피하고자 피해자 자신이 두어걸음 뒷걸음치다가 회전 중이던 십자형 스빙기계 철받침대에 걸려 넘어진 정도라면, 당시 바닥에 위와 같은 장애물이 있어서 뒷걸음치면 장애물에 걸려 넘어질 수 있다는 것까지는 예견할 수 있었다고 하더라도 그 정도로 넘어지면서 머리를 바닥에 부딪쳐 두개골절로 사망한다는 것은 이례적인 일이어서 통상적으로 일반인이 예견하기 어려운 결과라고 하지 않을 수 없으므로 피고인에게 폭행치사죄의 책임을 물을 수 없다(대판 1990.9.25. 90도1596).

③ (×) [1] 모든 차의 운전자는 신호기의 지시에 따라 횡단보도를 횡단하는 보행자가 있을 때에는 횡단보도에의 진입 선후를 불문하고 일시정지하는 등의 조치를 취함으로써 보행자의 통행이 방해되지 아니하도록 하여야 한다. 다만 자동차가 횡단보도에 먼저 진입한 경우로서 그대로 진행하더라도 보행자의 횡단을 방해하거나 통행에 아무런 위험을 초래하지 아니할 상황이라면 그대로 진행할 수 있다고 보아야 한다. [2] 피고인이 이 사건 공소사실 기재와 같이 횡단보도의 보행자 신호가 녹색 등화로 바뀌었음에도 횡단보도 위에서 일시정지를 하지 아니한 업무상 과실로 피해자를 충격하여 피해자에게 상해를 입혔고, 위와 같은 피고인의 과실과 피해자가 입은 상해 사이에 상당인과관계도 인정된다(대판 2017.3.15. 2016도17442).

④ (○) 피고인이 고속도로 2차로를 따라 자동차를 운전하다가 1차로를 진행하던 甲의 차량 앞에 급하게 끼어든 후 곧바로 정차하여, 甲의 차량 및 이를 뒤따르던 차량 두 대는 연이어 급제동하여 정차하였으나, 그 뒤를 따라오던 을의 차량이 앞의 차량들을 연쇄적으로 추돌케 하여 을을 사망에 이르게 하고 나머지 차량 운전자 등 피해자들에게 상해를 입힌 사안에서, 편도 2차로의 고속도로 1차로 한가운데에 정차한 피고인은 현장의 교통상황이나 일반인의 운전 습관·행태 등에 비추어 고속도로를 주행하는 다른 차량 운전자들이 제한속도 준수나 안전거리 확보 등의 주의의무를 완전하게 다하지 않을 수도 있다는 점을 알았거나 충분히 알 수 있었으므로, 피고인의 정차 행위와 사상의 결과 발생 사이에 상당인과관계가 있고, 사상의 결과 발생에 대한 예견가능성도

인정된다는 이유로, 피고인에게 일반교통방해치사상죄를 인정한 원심판단이 정당하다고 한 사례(대판 2014.7.24. 2014도6206).

017 인과관계에 대한 설명으로 가장 적절하지 않은 것은? 〈경찰2차 2017〉

① 피고인이 주먹으로 피해자의 복부를 1회 강타하여 장파열로 인한 복막염으로 사망케 하였다면, 비록 의사의 수술지연 등 과실이 피해자의 사망의 공동원인이 되었다 하더라도 피고인의 행위가 사망의 결과에 대한 유력한 원인이 된 이상 그 폭행행위와 치사의 결과 간에는 인과관계가 있다.

② 초지조성공사를 도급받은 수급인이 불경운작업(산불작업)을 하도급을 준 이후에 계속하여 그 작업을 감독하지 아니한 잘못이 있다 하더라도 이는 도급자에 대한 도급계약상의 책임이 아니라, 위 하수급인의 과실로 인하여 발생한 산림실화에 상당인과관계가 있는 과실이라고 할 수 있다.

③ 어떤 행위라도 죄의 요소되는 위험발생에 연결되지 아니한 때에는 그 결과로 인하여 벌하지 아니한다.

④ 피고인들이 공동하여 피해자를 폭행하여 당구장 3층에 있는 화장실에 숨어 있던 피해자를 다시 폭행하려고 피고인 갑은 화장실을 지키고, 피고인 을은 당구치는 기구로 문을 내려쳐 부수자 위협을 느낀 피해자가 화장실 창문 밖으로 숨으려다가 실족하여 떨어짐으로써 사망한 경우에는 피고인들의 위 폭행행위와 피해자의 사망 사이에는 인과관계가 있다.

해설/정답 ②

① (○) 피고인이 주먹으로 피해자의 복부를 1회 강타하여 장파열로 인한 복막염으로 사망케 하였다면, 비록 의사의 수술지연 등 과실이 피해자의 사망의 공동원인이 되었다 하더라도 피고인의 행위가 사망의 결과에 대한 유력한 원인이 된 이상 그 폭력행위와 치사의 결과 간에는 인과관계가 있다 할 것이어서 피고인은 피해자의 사망의 결과에 대해 폭행치사의 죄책을 면할 수 없다(대판 1984.6.26. 84도831, 84감도129).

② (×) 산림법 제120조의 산림실화죄는 과실로 인하여 산림을 소훼케 한 것을 그 구성요건으로 하고 있으므로 그 과실과 산림소훼와 사이에 상당인과관계가 있어야 하는 것이다. 초지조성공사를 도급받은 수급인이 불경운작업(산불작업)을 하도급을 준 이후에 계속하여 그 작업을 감독하지 아니한 잘못이 있다 하더라도 이는 도급자에 대한 도급계약상의 책임이지 위 하수급인의 과실로 인하여 발생한 산림실화에 상당인과관계가 있는 과실이라고는 할 수 없다(대판 1987.4.28. 87도297).

③ (○) 형법 제17조

> **제17조(인과관계)**
> 어떤 행위라도 죄의 요소되는 위험발생에 연결되지 아니한 때에는 그 결과로 인하여 벌하지 아니한다.

④ (○) 피고인들이 공동하여 피해자를 폭행하여 당구장 3층에 있는 화장실에 숨어 있던 피해자를 다시 폭행하려고 피고인 갑은 화장실을 지키고, 피고인 을은 당구치는 기구로 문을 내려쳐 부수자 위협을 느낀 피해자가 화장실 창문 밖으로 숨으려다가 실족하여 떨어짐으로써 사망한 경우에는 피고인들의 위 폭행행위와 피해자의 사망 사이에는 인과관계가 있다고 할 것이므로 폭행치사죄의 공동정범이 성립된다(대판 1990.10.16. 90도1786).

018 인과관계에 대한 설명 중 옳지 않은 것을 모두 고른 것은? 〈경찰2차 2018〉

> ㉠ 甲은 선단 책임선의 선장으로서 종선의 선장에게 조업상의 지시만 할 수 있을 뿐 선박의 안전관리는 각 선박의 선장이 책임지도록 되어 있었던 경우, 甲이 풍랑 중에 종선에 조업지시를 한 것과 종선의 풍랑으로 인한 매몰사고와의 사이에 인과관계를 인정할 수 있다.
>
> ㉡ 전문적으로 대출을 취급하면서 차용인에 대한 체계적인 신용조사를 행하는 금융기관이 금원을 대출한 경우에는, 비록 대출 신청 당시 차용인에게 변제기 안에 대출금을 변제할 능력이 없었고, 차용인에게 대출을 하게 되면 부실채권으로 될 것임이 예상됨에도, 자체 신용조사 결과에는 관계없이 '변제기 안에 대출금을 변제하겠다.'는 취지의 차용인의 말만을 그대로 믿고 대출하였다고 하더라도, 차용인의 이러한 기망행위와 금융기관의 대출행위 사이에 인과관계를 인정할 수는 없다.
>
> ㉢ 甲은 부동산 대지에 대한 전매사실을 숨기고 지주명의로 위장하여 乙과 대지에 관한 매매계약을 체결하였으나 그 이행에 아무런 영향이 없었던 경우, 乙이 전매사실을 알았더라면 매매계약을 맺지 않았으리라는 등 특별한 사정이 없는 한 甲의 위 기망행위와 위 乙의 처분행위 사이에는 인과관계를 인정할 수 없다.
>
> ㉣ 초지조성공사를 도급받은 수급인 甲이 불경운작업(산불작업)의 하도급을 乙에게 준 이후에 계속하여 그 작업을 감독하지 아니하였는데 乙이 산림실화를 낸 경우, 수급인 甲이 감독하지 아니한 과실과 산림실화 사이에는 인과관계가 인정된다.
>
> ㉤ 살인의 실행행위가 피해자의 사망이라는 결과를 발생하게 한 유일한 원인이어야 하는 것은 아니나 직접적인 원인일 것을 요하므로 살인의 실행행위와 피해자의 사망과의 사이에 통상 예견할 수 있는 다른 사실이 개재되어 그 사실이 치사의 직접적인 원인이 되었다면 살인의 실행행위와 피해자의 사망과의 사이에 인과관계가 있는 것으로 볼 수 없다.

① ㉠, ㉡, ㉣　　② ㉠, ㉣, ㉤　　③ ㉡, ㉢, ㉣　　④ ㉡, ㉢, ㉤

해설/정답 ②

㉠ (×) 피고인이 선단의 책임선인 제1봉림호의 선장으로 조업 중이었다 하더라도 피고인으로서는 종선의 선장에게 조업상의 지시만 할 수 있을 뿐 선박의 안전관리는 각 선박의 선장이 책임지도록 되어 있었다면 그 같은 상황하에서 피고인이 풍랑 중에 종선에 조업지시를 하였다는 것만으로는 종선의 풍랑으로 인한 매몰사고와의 사이에 인과관계가 성립할 수 없다고 한 원심의 판단은 타당하다(대판 1989.9.12. 89도1084).

㉡ (○) 일반 사인이나 회사가 금원을 대여한 경우와는 달리 전문적으로 대출을 취급하면서 차용인에 대한 체계적인 신용조사를 행하는 금융기관이 금원을 대출한 경우에는, 비록 대출 신청 당시 차용인에게 변제기 안에 대출금을 변제할 능력이 없었고, 금융기관으로서 자체 신용조사 결과에는 관계없이 '변제기 안에 대출금을 변제하겠다.'는 취지의 차용인 말만을 그대로 믿고 대출하였다고 하더라도, 차용인의 이러한 기망행위와 금융기관의 대출행위 사이에 인과관계를 인정할 수는 없다(대판 2000.6.27. 2000도1155).

㉢ (○) 전매사실을 숨기고 지주명의로 위장하여 대지에 관한 매매계약을 체결하였으나 그 이행에 아무런 영향이 없었다 하여 사기죄의 성립을 부정한 사례(대판 1985.5.14. 84도2751).

㉣ (×) 산림법 제120조의 산림실화죄는 과실로 인하여 산림을 소훼케 한 것을 그 구성요건으로 하고 있으므로 그 과실과 산림소훼와 사이에 상당인과관계가 있어야 하는 것이다. 초지조성공사를 도급받은 수급인이 불경운작업(산불작업)을 하도급을 준 이후에 계속하여 그 작업을 감독하지 아니한 잘못이 있다

하더라도 이는 도급자에 대한 도급계약상의 책임이지 위 하수급인의 과실로 인하여 발생한 산림실화에 상당인과관계가 있는 과실이라고는 할 수 없다(대판 1987.4.28. 87도297).

ⓜ (×) 살인의 실행행위가 피해자의 사망이라는 결과를 발생하게 한 유일한 원인이거나 직접적인 원인이어야만 되는 것은 아니므로, 살인의 실행행위와 피해자의 사망과의 사이에 다른 사실이 개재되어 그 사실이 치사의 직접적인 원인이 되었다고 하더라도 그와 같은 사실이 통상 예견할 수 있는 것에 지나지 않는다면 살인의 실행행위와 피해자의 사망과의 사이에 인과관계가 있는 것으로 보아야 한다(대판 1994.3.22. 93도3612).

제5절 | 구성요건적 고의

019 범죄의 주관적 요소에 관한 설명 중 가장 적절하지 않은 것은? 〈경찰2차 2022〉

① 고의의 본질에 관한 용인설(인용설)에 따르면 구성요건적 결과를 용인하는 의사만으로도 고의가 인정되어 미필적 고의는 고의에 포함되나, 인식 있는 과실은 고의에 포함되지 않는다.

② 회사의 노동조합 홍보이사가 노조 사무실에서 '새벽 6호'라는 책자를 집에 가져와 보관하고 있다가 국가보안법 제7조 제5항의 이적표현물소지죄로 체포된 경우, 그 홍보이사에게 목적범인 이적표현물소지죄가 성립하기 위해서는 이적행위를 하려는 목적의 확정적 인식이 있어야 한다.

③ 살인예비죄가 성립하기 위해서는 살인죄를 범할 목적 외에도 살인준비에 관한 고의가 있어야 한다.

④ 피고인이 범죄구성요건의 주관적 요소인 고의를 부인하는 경우, 그 범의 자체를 객관적으로 증명할 수 없으므로 사물의 성질상 범의와 상당한 관련성 있는 간접사실 또는 정황사실을 증명하는 방법으로 이를 입증할 수 밖에 없다.

해설/정답 ②

① (○) 용인설은 고의의 의지적 요소에 중점을 두어 행위자가 구성요건적 결과발생을 가능하다고 생각하고, 이를 승인 또는 내적으로 용인하거나 양해한 때에 미필적 고의를 인정할 수 있음에 반하여, 법익침해를 내적으로 거부하거나 결과의 불발생을 희망한 때에는 인식 있는 과실이라고 하는 견해로서 우리나라의 통설·판례의 입장이다.

② (×) 국가보안법 제7조 제5항의 목적은 같은 법 제1항 내지 제4항의 행위에 대한 적극적 의욕이나 확정적 인식까지는 필요없고 미필적 인식으로 족한 것이므로 표현물의 내용이 객관적으로 보아 반국가단체인 북한의 대남선전, 선동 등의 활동에 동조하는 등의 이적성을 담고 있는 것임을 인식하고, 나아가 그와 같은 이적행위가 될지도 모른다는 미필적 인식이 있으면 위 조항의 구성요건은 충족된다(대판 1992.3.31. 90도2033 전원합의체).

③ (○) 형법 제255조, 제250조의 살인예비죄가 성립하기 위하여는 형법 제255조에서 명문으로 요구하는 살인죄를 범할 목적 외에도 살인의 준비에 관한 고의가 있어야 하며, 나아가 실행의 착수까지에는 이르지 아니하는 살인죄의 실현을 위한 준비행위가 있어야 한다. 여기서의 준비행위는 물적인 것에 한정되지 아니하며 특별한 정형이 있는 것도 아니지만, 단순히 범행의 의사 또는 계획만으로는 그것이 있다고 할 수 없고 객관적으로 보아서 살인죄의 실현에 실질적으로 기여할 수 있는 외적 행위를 필요로 한다(대판 2009.10.29. 2009도7150).

④ (○) 피고인이 범죄구성요건의 주관적 요소인 고의를 부인하는 경우, 범의 자체를 객관적으로 증명할 수는 없으므로

사물의 성질상 범의와 관련성이 있는 간접사실 또는 정황사실을 증명하는 방법으로 이를 증명할 수밖에 없다. 이때 무엇이 관련성이 있는 간접사실 또는 정황사실에 해당하는지는 정상적인 경험칙에 바탕을 두고 치밀한 관찰력이나 분석력으로 사실의 연결상태를 합리적으로 판단하는 방법에 의하여 판단하여야 한다(대판 2017.1.12. 2016도15470).

020 고의에 관한 설명으로 옳지 않은 것을 모두 고른 것은? 〈경찰1차 2022〉

㉠ 행정상의 단속을 주안으로 하는 법규라 하더라도 명문규정이 있거나 해석상 과실범도 벌할 뜻이 명확한 경우를 제외하고는 형법의 원칙에 따라 고의가 있어야 벌할 수 있다.

㉡ 「형법」 제167조 제1항의 일반물건방화죄에서 '공공의 위험발생'은 고의의 인식 대상이 아니다.

㉢ 「형법」 제136조 제1항의 공무집행방해죄에 있어서의 범의는 상대방이 직무를 집행하는 공무원이라는 사실과 이에 대하여 폭행 또는 협박을 한다는 인식, 그리고 그 직무집행을 방해할 의사를 내용으로 한다.

㉣ 방조범은 2중의 고의를 필요로 하므로 정범이 정하는 범죄의 일시, 장소, 객체 등을 구체적으로 인식하여야 하며, 나아가 정범이 누구인지 확정적으로 인식해야 한다.

㉤ 친족상도례가 적용되기 위하여는 친족관계가 객관적으로 존재하여야 하나, 행위자가 이를 인식할 필요는 없다.

① ㉠, ㉡, ㉢ ② ㉠, ㉣, ㉤ ③ ㉡, ㉢, ㉣ ④ ㉢, ㉣, ㉤

해설/정답 ③

㉠ (○) [1] 술을 마시고 찜질방에 들어온 甲이 찜질방 직원 몰래 후문으로 나가 술을 더 마신 다음 후문으로 다시 들어와 발한실에서 잠을 자다가 사망한 사안에서, 甲이 처음 찜질방에 들어갈 당시 술에 만취하여 목욕장의 정상적 이용이 곤란한 상태였다고 단정하기 어렵고, 찜질방 직원 및 영업주에게 손님이 몰래 후문으로 나가 술을 더 마시고 들어올 경우까지 예상하여 직원을 추가로 배치하거나 후문으로 출입하는 모든 자를 통제·관리하여야 할 업무상 주의의무가 있다고 보기 어렵다는 이유로, 위 찜질방 직원 및 영업주가 공중위생영업자로서의 업무상 주의의무를 위반하였다고 본 원심판단에 법리오해 및 심리미진의 위법이 있다고 한 사례. [2] 행정상의 단속을 주안으로 하는 법규라 하더라도 '명문규정이 있거나 해석상 과실범도 벌할 뜻이 명확한 경우'를 제외하고는 형법의 원칙에 따라 '고의'가 있어야 벌할 수 있다(대판 2010.2.11. 2009도9807).

㉡ (×) 일반물건방화죄는 불을 놓아 제164조 내지 제166조에 기재된 이외의 물건을 불태워 공공의 위험을 발생케 함으로써 성립하는 구체적 위험범이다(제167조). 따라서, '공공의 위험발생'은 고의의 인식 대상이다.

㉢ (×) 공무집행방해죄에 있어서의 범의는 상대방이 직무를 집행하는 공무원이라는 사실, 그리고 이에 대하여 폭행 또는 협박을 한다는 사실을 인식하는 것을 그 내용으로 하고, 그 인식은 불확정적인 것이라도 소위 미필적 고의가 있다고 보아야 하며, 그 직무집행을 방해할 의사를 필요로 하지 아니하고 이와 같은 범의는 피고인이 이를 자백하고 있지 않고 있는 경우에는 그것을 입증함에 있어서는 사물의 성질상 고의와 상당한 관련성이 있는 간접사실을 증명하는 방법에 의할 수밖에 없는 것이나, 그때에 무엇이 상당한 관련성이 있는 간접사실에 해당할 것인가는 정상적인 경험칙에 바탕을 두고 치밀한 관찰력이나 분석력에 의하여 사실의 연결상태를 합리적으로 판단하는 것 외에 다른 방법은 없다(대판 1995.1.24. 94도1949).

㉣ (×) 형법이 방조행위를 종범으로 처벌하는 까닭은 정범의 실행을 용이하게 하는 점에 있으므로 그 방조행위가 정범의 실행에 대하여 간접적이거나 직접적이거나를 가리지 아니하고 정범이 범행을 한다는 점을 알면서 그 실행행위를 용이하게 한 이상 종범으로 처벌함이 마땅하며 간접적으로 정범을 방조하는 경우 방조자에 있어 정범이 누구에 의하여 실행되어지는가를 확지할 필요가 없다(대판 1977.9.28. 76도4133). 방조범은 방조의 고의와 정범의 행위가 구성요건에 해당하는 행위라는 인식, 즉 정범의 고의가 있어야 하므로 2중의 고의를 필요로 한다는 부분은 맞는 부분이다.

㉤ (○) 친족상도례와 같은 인적처벌조각사유는 객관적으로 존재하기만 하면 되고 고의의 인식대상이 아니므로 이에 대한 착오는 범죄성립에 영향이 없다(예 : 甲이 아버지 乙 소유의 보석을 丙 소유라고 생각하고 훔친 경우에 甲에게는 절도죄가 성립하지만 형이 면제된다).

021 고의와 과실 및 착오에 관한 설명 중 옳지 않은 것은? 〈경찰1차 2019〉

① 위법성을 조각하는 피해자의 승낙과 구성요건해당성을 조각하는 양해를 구별하는 입장에 따르면, 양해가 없음에도 불구하고 있다고 생각하고 행위한 경우 불능미수가 성립한다.

② 「형법」 제13조에 따르면 죄의 성립요소인 사실을 인식하지 못한 행위는 벌하지 아니하지만, 법률에 특별한 규정이 있는 경우에는 예외로 한다.

③ 골프경기를 하던 중 골프공을 쳐서 아무도 예상하지 못한 자신의 등 뒤편으로 보내어 경기보조원에게 상해를 입힌 행위는 주의의무를 현저히 위반하여 사회적 상당성의 범위를 벗어난 행위로서 과실치상죄가 성립한다.

④ 위법성은 구성요건해당성의 소극적 요소라고 보는 소극적 구성요건요소이론에 따르면, 위법성조각사유의 전제사실의 착오의 경우 고의가 부정된다.

해설/정답 ①

① (×) 양해란 구성요건이 피해자의 의사에 반하는 때에만 실현될 수 있도록 규정되어 있는 범죄에 있어서 피해자가 그 법익의 침해에 동의한 때에는 구성요건해당성 자체가 조각되는 경우를 말한다. 양해가 없음에도 불구하고 있다고 생각하고 행위한 경우에는 구성요건적 착오가 되므로, 과실범 처벌규정이 있는 경우에 한하여 과실범으로 처벌한다. 반대로 양해가 있음에도 불구하고 없다고 생각하고 행위한 경우 결과발생이 불가능하므로 불능미수범으로 처벌할 수 있다.

② (○) 형법 제13조

> **제13조(고의)**
> 죄의 성립요소인 사실을 인식하지 못한 행위는 벌하지 아니한다. 다만, 법률에 특별한 규정이 있는 경우에는 예외로 한다.

③ (○) 운동경기에 참가하는 자가 경기규칙을 준수하는 중에 또는 그 경기의 성격상 당연히 예상되는 정도의 경미한 규칙위반 속에 제3자에게 상해의 결과를 발생시킨 것으로서, 사회적 상당성의 범위를 벗어나지 아니하는 행위라면 과실치상죄가 성립하지 않는다. 그러나 골프경기를 하던 중 골프공을 쳐서 아무도 예상하지 못한 자신의 등 뒤편으로 보내어 등 뒤에 있던 경기보조원(캐디)에게 상해를 입힌 경우에는 주의의무를 현저히 위반하여 사회적 상당성의 범위를 벗어난 행위로서 과실치상죄가 성립한다(대판 2008.10.23. 2008도6940).

④ (○) 위법성조각사유를 소극적 구성요건요소로 파악한 소극적 구성요건요소이론에 의하면 위법성조각사유는 불법을 조각하는 사유로서 금지규범을 제한할 뿐이라고 하여, 적법한 행위는 처음부터 금지되지

않았고 구성요건에도 해당하지 않는다고 한다. 이 견해에 의하면 위법성조각사유의 요건은 소극적 구성요건요소가 되므로 위법성조각사유의 전제사실의 착오(위법성을 조각하는 행위상황에 대한 착오)는 구성요건적 착오가 되고 따라서 고의를 조각하게 된다.

022 다음 설명 중 가장 적절하지 않은 것은? 〈경찰1차 2016〉

① 미필적 고의가 인정되기 위해서는 범죄사실의 발생가능성에 대한 인식이 있음은 물론 나아가 범죄사실이 발생할 위험을 용인하는 내심의 의사가 있어야 한다.

② 강도가 베개로 피해자의 머리부분을 약 3분 간 누르던 중 피해자가 저항을 멈추고 사지가 늘어졌음에도 계속하여 누른 행위에 살해의 고의가 있다.

③ 범죄의 고의는 확정적 고의뿐만 아니라 결과 발생에 대한 인식이 있고 그를 용인하는 의사인 이른바 미필적 고의도 포함하므로 형법 제307조 제2항의 허위사실 적시에 의한 명예훼손죄 역시 미필적 고의에 의하여도 성립하고, 위와 같은 법리는 형법 제308조의 사자명예훼손죄의 판단에서도 마찬가지로 적용된다.

④ 야간에 신체의 일부가 집 안으로 들어간다는 인식 하에 타인의 집의 창문을 열고 집 안으로 얼굴을 들이미는 행위를 하였다면 주거침입죄의 범의는 인정되지 않는다.

해설/정답 ④

① (○) 범죄구성요건의 주관적 요소로서 미필적 고의라 함은 범죄사실의 발생가능성을 불확실한 것으로 표상하면서 이를 용인하고 있는 경우를 말하고, 미필적 고의가 있었다고 하려면 범죄사실의 발생가능성에 대한 인식이 있음은 물론 나아가 범죄사실이 발생할 위험을 용인하는 내심의 의사가 있어야 하며, 그 행위자가 범죄사실이 발생할 가능성을 용인하고 있었는지의 여부는 행위자의 진술에 의존하지 아니하고 외부에 나타난 행위의 형태와 행위의 상황 등 구체적인 사정을 기초로 하여 일반인이라면 당해 범죄사실이 발생할 가능성을 어떻게 평가할 것인가를 고려하면서 행위자의 입장에서 그 심리상태를 추인하여야 하고, 이와 같은 경우에도 공소가 제기된 범죄사실의 주관적 요소인 미필적 고의의 존재에 대한 입증책임은 검사에게 있는 것이며, 한편, 유죄의 인정은 법관으로 하여금 합리적인 의심을 할 여지가 없을 정도로 공소사실이 진실한 것이라는 확신을 가지게 하는 증명력을 가진 증거에 의하여야 하므로, 그와 같은 증거가 없다면 설령 피고인에게 유죄의 의심이 간다고 하더라도 피고인의 이익으로 판단할 수밖에 없다(대판 2004.5.14. 2004도74).

② (○) 강도가 베개로 피해자의 머리부분을 약 3분 간 누르던 중 피해자가 저항을 멈추고 사지가 늘어졌음에도 계속하여 누른 행위에 살해의 고의가 있었다고 한 원심의 판단을 수긍한 사례(대판 2002.2.8. 2001도6425).

③ (○) 형법 제307조 제2항의 허위사실 적시에 의한 명예훼손죄에서 적시된 사실이 허위인지 여부를 판단함에 있어서는 적시된 사실의 내용 전체의 취지를 살펴볼 때 세부적인 내용에서 진실과 약간 차이가 나거나 다소 과장된 표현이 있는 정도에 불과하다면 이를 허위라고 볼 수 없으나, 중요한 부분이 객관적 사실과 합치하지 않는다면 이를 허위라고 보아야 한다. 나아가 행위자가 그 사항이 허위라는 것을 인식하였는지 여부는 성질상 외부에서 이를 알거나 증명하기 어려우므로, 공표된 사실의 내용과 구체성, 소명자료의 존재 및 내용, 피고인이 밝히는 사실의 출처 및 인지 경위 등을 토대로 피고인의 학력, 경력, 사회적 지위, 공표 경위, 시점 및 그로 말미암아 예상되는 파급효과 등의 여러 객관적 사정을 종합하여 판단할 수밖에 없으며, 범죄의 고의는 확정적 고의뿐만 아니라 결과 발생에 대한 인식이 있고 그를 용인하는 의사인 이른바 미필적 고의도 포함하므로 허위사실 적시에 의한 명예훼손죄 역시 미필적 고의에 의하여도 성립하고, 위와

같은 법리는 형법 제308조의 사자명예훼손죄의 판단에서도 마찬가지로 적용된다(대판 2014.3.13. 2013도12430).

④ (×) 야간에 타인의 집의 창문을 열고 집 안으로 얼굴을 들이미는 등의 행위를 하였다면 피고인이 자신의 신체의 일부가 집 안으로 들어간다는 인식 하에 하였더라도 주거침입죄의 범의는 인정되고, 또한 비록 신체의 일부만이 집 안으로 들어갔다고 하더라도 사실상 주거의 평온을 해하였다면 주거침입죄는 기수에 이르렀다(대판 1995.9.15. 94도2561).

023 **고의에 대한 설명으로 가장 적절하지 않은 것은?** 〈경찰2차 2017〉

① 공무원이 여러 차례의 출장반복의 번거로움을 회피하고 민원사무를 신속히 처리한다는 방침에 따라 사전에 출장조사한 다음 출장조사 내용이 변동 없다는 확신 하에 출장복명서를 작성하고 다만 그 출장일자를 작성일자로 기재한 것이라면 허위공문서작성의 범의가 있었다고 볼 수 없다.

② 업무방해죄의 성립에 필요한 고의는 반드시 업무방해의 목적이나 계획적인 업무방해의 의도가 있어야만 하는 것은 아니고, 자신의 행위로 인하여 타인의 업무가 방해될 가능성 또는 위험에 대한 인식이나 예견으로 충분하다.

③ 새로 목사로서 부임한 피고인이 전임목사에 관한 교회 내의 불미스러운 소문의 진위를 확인하기 위하여 이를 교회집사들에게 물어보았다면, 이는 경험칙상 충분히 있을 수 있는 일로서 명예훼손의 고의 없는 단순한 확인에 지나지 아니하여 사실의 적시라고 할 수 없다.

④ 피고인이 인신구속에 관한 직무를 집행하는 사법경찰관으로서 체포 당시 상황을 고려하여 경험칙에 비추어 현저하게 합리성을 잃지 않은 채 판단하면 체포 요건이 충족되지 아니함을 충분히 알 수 있었는데도, 자신의 재량 범위를 벗어난다는 사실을 인식하고 그와 같은 결과를 용인한 채 사람을 체포하여 권리행사를 방해한 경우 직권남용체포죄와 직권남용권리행사방해죄의 고의는 인정되지 않는다.

해설/정답 ④

① (○) 공무원이 여러 차례의 출장반복의 번거로움을 회피하고 민원사무를 신속히 처리한다는 방침에 따라 사전에 출장조사한 다음 출장조사 내용이 변동 없다는 확신 하에 출장복명서를 작성하고 다만 그 출장일자를 작성일자로 기재한 것이라면 허위공문서작성의 범의가 있었다고 볼 수 없다 할 것이다(대판 2001.1.5. 99도4101, 대판 1983.12.27. 82도3141).

② (○) 업무방해죄의 성립에 있어서 업무방해의 결과가 실제로 발생하여야만 하는 것은 아니고 업무방해의 결과를 초래할 위험이 있으면 충분하므로, 고의 또한 반드시 업무방해의 목적이나 계획적인 업무방해의 의도가 있어야만 하는 것은 아니고 자기의 행위로 인하여 타인의 업무가 방해될 가능성 또는 위험에 대한 인식이나 예견으로 충분하며, 그 인식이나 예견은 확정적인 것은 물론 불확정적인 것이라도 이른바 미필적 고의로 인정된다(대판 2012.5.24. 2011도7943).

③ (○) 명예훼손죄의 주관적 구성요건으로서의 범의는 행위자가 피해자의 명예가 훼손되는 결과를 발생케 하는 사실을 인식하므로 족하다 할 것이나 새로 목사로서 부임한 피고인이 전임목사에 관한 교회 내의 불미스러운 소문의 진위를 확인하기 위하여 이를 교회집사들에게 물어보았다면 이는 경험칙상 충분히 있을 수 있는 일로서 명예훼손의 고의 없는 단순한 확인에 지나지 아니하여 사실의 적시라고 할 수 없다 할 것이므로 이 점에서 피고인에게 명예훼손의 고의 또는 미필적 고의가 있을 수 없다고 할 수밖에 없다(대판 1985.5.28. 85도588).

④ (×) 현행범인 체포의 요건을 갖추었는지에 관한 검사나 사법경찰관 등의 판단에는 상당한 재량의 여지가 있으나, 체포 당시 상황으로 보아도 요건 충족 여부에 관한 검사나 사법경찰관 등의 판단이 경험칙에 비추어 현저히 합리성을 잃은 경우 그 체포는 위법하다. 그리고 범죄의 고의는 확정적 고의뿐만 아니라 결과 발생에 대한 인식이 있고 이를 용인하는 의사인 이른바 미필적 고의도 포함하므로, 피고인이 인신구속에 관한 직무를 집행하는 사법경찰관으로서 체포 당시 상황을 고려하여 경험칙에 비추어 현저하게 합리성을 잃지 않은 채 판단하면 체포 요건이 충족되지 아니함을 충분히 알 수 있었는데도, 자신의 재량 범위를 벗어난다는 사실을 인식하고 그와 같은 결과를 용인한 채 사람을 체포하여 권리행사를 방해하였다면, 직권남용체포죄와 직권남용권리행사방해죄가 성립한다(대판 2017.3.9. 2013도16162).

제6절 | 사실의 착오

024 착오에 관한 설명으로 가장 적절한 것은? 〈경찰2차 2023〉

① 「형법」 제15조 제1항에 따르면 특별히 무거운 죄가 되는 사실을 인식하지 못한 행위는 그 오인에 정당한 이유가 있는 때에 한하여 벌하지 아니한다.

② 甲은 자신의 아버지인 A의 지갑을 훔친다고 생각하고 지갑을 훔쳤으나, 사실 그 지갑은 아버지 친구인 B의 것이라면 甲의 행위는 과실 행위이므로 절도죄로 처벌되지 않는다.

③ 법률의 착오에 있어서 위법성의 인식에 필요한 노력의 정도는 구체적인 행위정황과 행위자 개인의 인식능력 그리고 행위자가 속한 사회집단에 따라 달리 평가되어야 한다.

④ 甲이 지나가던 행인 3명과 싸우다가 힘이 달리자 식칼을 가지고 이들 3명을 상대로 휘두르다가 이를 말리면서 식칼을 뺏으려던 A에게 상해를 입혔다면 甲에게 A에 대한 상해의 범의를 인정할 수 없어 과실치상죄가 성립할 수 있을 뿐이다.

해설/정답 ③

① (×) 형법 제15조 제1항

> **제15조(사실의 착오)**
> ① 특별히 무거운 죄가 되는 사실을 인식하지 못한 행위는 무거운 죄로 벌하지 아니한다.

② (×) 구체적 사실의 착오 중 객체의 착오에 해당한다(사실의 착오). 판례의 입장인 법정적 부합설에 의하면 B의 지갑에 대한 절도죄가 성립한다(고의 전용). 한편, 친족관계는 객관적 구성요건요소가 아니므로 친족관계의 착오는 고의에 영향을 미치지 않으며 범죄의 성립에 지장을 주지 않는다. 따라서 아버지의 물건으로 알고 절취하였는데 실은 행위자와 친족관계가 없는 다른 사람의 물건이었을 때에는 친족상도례가 적용되지 아니하므로 절도죄로 처벌된다.

③ (○) 형법 제16조에서 자기가 행한 행위가 법령에 의하여 죄가 되지 아니한 것으로 오인한 행위는 그 오인에 정당한 이유가 있는 때에 한하여 벌하지 아니한다고 규정하고 있는 것은 일반적으로 범죄가 되는 경우이지만 자기의 특수한 경우에는 법령에 의하여 허용된 행위로서 죄가 되지 아니한다고 그릇 인식하고 그와 같이 그릇 인식함에 정당한 이유가 있는 경우에는 벌하지 아니한다는 취지이고, 이러한 정당한 이유가 있는지 여부는 행위자에게 자기 행위의 위법의 가능성에 대해 심사숙고하거나 조회할 수 있는 계기가 있어 자신의 지적 능력을 다하여 이를 회피하기 위한 진지한 노력을 다하였더라면 스스로의 행위에 대하여 위법성을 인식

할 수 있는 가능성이 있었음에도 이를 다하지 못한 결과 자기 행위의 위법성을 인식하지 못한 것인지 여부에 따라 판단하여야 할 것이고, 이러한 위법성의 인식에 필요한 노력의 정도는 구체적인 행위정황과 행위자 개인의 인식능력 그리고 행위자가 속한 사회집단에 따라 달리 평가되어야 한다(대판 2006.3.24. 2005도3717).

④ (×) 갑이 을 등 3명과 싸우다가 힘이 달리자 식칼을 가지고 이들 3명을 상대로 휘두르다가 이를 말리면서 식칼을 빼앗으려던 피해자 병에게 상해를 입혔다면 갑에게 상해의 범의가 인정되며 상해를 입은 사람이 목적한 사람이 아닌 다른 사람이라 하여 과실상해죄에 해당한다고 할 수 없다(대판 1987.10.26. 87도1745).

025 구성요건적 착오에 관한 다음 설명 중 옳고 그름의 표시(○, ×)가 바르게 된 것은? 〈경찰1차 2023〉

㉠ 甲이 자신의 아버지 A를 친구 B로 오인하고 B를 살해할 의사로 총을 발포하여 A가 사망한 경우 - 「형법」 제15조 제1항에 따라 보통살인죄가 성립한다.

㉡ 甲이 살해 의사를 가지고 친구 A에게 총을 발포하였으나 빗나가 옆에 있던 친구 B에게 명중하여 사망한 경우 - 법정적 부합설에 의하면 B에 대한 살인죄가 성립한다.

㉢ 사냥을 나온 甲이 어둠 속에서 움직이는 물체를 동료 A로 알고 A를 살해하기 위해 총을 발포하였으나 사실은 A의 사냥개였던 경우 - 구체적 부합설과 법정적 부합설 중 어느 학설에 의하더라도 결론은 같다.

㉣ 甲이 이웃 A를 상해할 의사로 A를 향해 돌을 던졌으나 빗나가서 옆에 있던 A의 개가 맞아 다친 경우 - 구체적 부합설과 법정적 부합설 모두 A에 대한 상해미수죄가 성립한다.

① ㉠ (○), ㉡ (○), ㉢ (○), ㉣ (○)
② ㉠ (○), ㉡ (×), ㉢ (○), ㉣ (×)
③ ㉠ (×), ㉡ (○), ㉢ (×), ㉣ (○)
④ ㉠ (×), ㉡ (×), ㉢ (×), ㉣ (×)

해설/정답 ①

ㄱ. (○) 인식은 기본적 범죄구성요건이나 가중적 구성요건을 실행한 경우 학설은 형법 제15조 제1항이 적용된다고 한다. 판례의 경우에도 "배우자의 처의 직계존속임에도 불구하고 원심이 보통살인죄로 의율하였음은 위법이라 할 것이나 … 직계존속임을 인식치 못하고 살인을 한 경우에는 형법 제15조 소정의 특히 중한 죄가 되는 사실을 인식하지 못한 행위에 해당하므로 … 보통살인죄의 형으로 처단하여야 할 것이다(대판 1960.10.31. 4293형상494)."라고 판시한 바 있다.

ㄴ. (○) 구체적 사실의 착오 중 방법의 착오이다. 이 경우 법정적 부합설에 의하면 발생한 사실에 대한 기수를 인정한다. 따라서 B에 대한 살인죄가 성립한다.

ㄷ. (○) 추상적 사실의 착오 중 객체의 착오이다. 이 경우 구체적 부합설과 법정적 부합설은 모두 인식 사실 미수와 발생 사실 과실의 상상적 경합을 인정하고 있다. 즉, 구체적 부합설과 법정적 부합설 중 어느 학설에 의하더라도 결론은 동일하다. 따라서 A에 대한 살인미수와 A의 사냥개에 대한 과실재물손괴의 상상적 경합이 되어야 하지만, 형법은 과실재물손괴를 처벌하지 않고 있으므로 A에 대한 살인미수죄만 성립한다.

ㄹ. (○) 추상적 사실의 착오 중 방법의 착오이다. 이 경우 구체적 부합설과 법정적 부합설은 모두 인식 사실 미수와 발생 사실 과실의 상상적 경합을 인정하고 있다. 즉, 구체적 부합설과 법정적 부합설 중 어느 학설에 의하더라도 결론은 동일하다. 따라서 A에 대한 상해미수와 A의 개에 대한 과실재물손괴의 상상적 경합이 되어야 하지만, 형법은 과실재물손괴를 처벌하지 않고 있으므로 A에 대한 상해미수죄만 성립한다.

026 **甲은 乙에게 A를 살해하라고 교사하였다. 甲의 청부를 받아 들인 乙은 A라고 생각되는 사람이 골목길에 들어서는 것을 보고 그가 집에 들어가려는 순간을 기다려 총을 쏘았다. 사망을 확인하기 위하여 다가가서 보니 죽은 사람은 A가 아니라 A와 꼭 닮은 동생 B였다. 이 사례에 관한 설명으로 옳은 것은?** 〈경찰1차 2022〉

① 乙의 착오를 객체의 착오로 보고 구체적 부합설을 따르는 견해에 의하면 乙에게는 살인미수죄와 과실치사죄의 상상적 경합이 인정된다.

② 만일 乙이 A가 오는 것을 보고 총을 쏘았으나 빗나가서 그 옆에 있던 C 소유의 자전거에 맞고 자전거의 일부가 손괴된 경우, 乙의 행위는 발생사실인 과실재물손괴죄로 처벌된다.

③ 乙의 착오를 객체의 착오로 보고 이에 기반을 둔 甲의 착오도 객체의 착오로 보는 경우, 구체적 부합설을 따르는 견해에 의하면 甲에게는 살인미수죄와 과실치사죄의 상상적 경합이 인정된다.

④ 乙의 착오를 객체의 착오로 보고 이에 기반을 둔 甲의 착오를 방법의 착오로 보는 경우, 법정적 부합설을 따르는 견해에 의하면 甲은 살인죄의 교사범으로 처벌된다.

해설/정답 ④

① (×) 乙의 착오를 객체의 착오로 보고 구체적 부합설을 따르게 되면, 고의가 전용되므로 乙에게는 살인기수가 성립한다.

② (×) 乙이 A가 오는 것을 보고 총을 쏘았으나 빗나가서 그 옆에 있던 C 소유의 자전거에 맞고 자전거의 일부가 손괴된 경우에는 추상적 사실의 착오 중 방법의 착오이므로 살인미수와 과실손괴의 상상적 경합이 성립한다. 다만, 과실손괴죄는 불가벌이므로 살인미수만 성립한다.

③ (×) 乙의 착오를 객체의 착오로 보고 이에 기반을 둔 甲의 착오도 객체의 착오로 보는 경우, 甲에게는 객체의 착오가 되어 고의가 전용되므로 甲은 살인죄의 교사범으로 처벌된다.

④ (○) 乙의 착오를 객체의 착오로 보고 이에 기반을 둔 甲의 착오를 방법의 착오로 보는 경우, 甲에게는 방법의 착오가 되고 법정적 부합설에 따르게 되면 고의가 전용되므로 甲은 살인죄의 교사범으로 처벌된다.

027 **구성요건적 착오에 대한 설명으로 가장 적절한 것은?** 〈경찰1차 2021〉

① 甲이 친구 A를 살해하려고 독약을 놓아 두었으나 친구 B가 이를 마시게 되어 사망한 경우, 구체적 부합설과 법정적 부합설 모두 B에 대한 살인죄를 인정한다.

② 甲이 친구 A를 친구 B로 착각하여 살해한 경우, 구체적 부합설의 입장에서는 B에 대한 살인미수와 A에 대한 과실치사죄의 상상적 경합이 된다고 본다.

③ 甲이 친구 A를 살해하려고 하였으나 주위가 어두워 자신의 장모 B를 A로 오인하여 살해한 경우, 판례는 보통살인죄의 형으로 처단하여야 한다고 본다.

④ 甲이 살인의 고의로 친구 A의 머리를 내리쳐 A가 실신하자(제1행위), 그가 죽은 것으로 오인하여 웅덩이에 파묻었는데(제2행위) 실제로는 질식사한 것으로 밝혀진 경우, 판례는 제1행위에 의한 살인미수와 제2행위에 의한 과실치사죄의 실체적 경합을 인정한다.

해설/정답 ③

<구성요건적 착오(사실의 착오)에 관한 학설 대립>

<table>
<tr><th colspan="2">구 분</th><th>구체적 부합설</th><th>법정적 부합설(판례)</th><th>추상적 부합설</th></tr>
<tr><td rowspan="2">구체적 사실의 착오</td><td>객체의 착오</td><td colspan="3">발생한 사실의 고의 전용</td></tr>
<tr><td>방법의 착오</td><td>인식한 사실의 미수와 발생한 사실의 과실의 상상적 경합</td><td colspan="2">발생한 사실의 고의 전용</td></tr>
<tr><td rowspan="2">추상적 사실의 착오</td><td>객체의 착오</td><td colspan="2" rowspan="2">인식한 사실의 미수와 발생한 사실의 과실의 상상적 경합</td><td rowspan="2">경죄의 고의로 중죄의 결과를 발생한 경우 → 경죄의 기수와 중죄의 과실의 상상적 경합
중죄의 고의로 경죄의 결과를 발생한 경우 → 중죄의 미수와 경죄의 기수의 상상적 경합(중죄미수만)</td></tr>
<tr><td>방법의 착오</td></tr>
</table>

① (×) 본 사례는 구체적 사실의 착오 중 방법의 착오이다. 따라서, 법정적 부합설에 의하면 B에 대한 살인죄, 구체적 부합설에 의하면 A에 대한 살인미수와 B에 대한 과실치사의 상상적 경합이 인정된다.

② (×) 본 사례는 구체적 사실의 착오 중 객체의 착오이다. 따라서, 구체적 부합설에 의하면 A에 대한 살인기수가 인정된다.

③ (○) 인식은 기본적 범죄구성요건이나 가중적 구성요건을 실행한 경우 학설은 형법 제15조 제1항이 적용된다고 한다. 판례의 경우에도 "배우자의 처의 직계존속임에도 불구하고 원심이 보통살인죄로 의율하였음은 위법이라 할 것이나 … 직계존속임을 인식치 못하고 살인을 한 경우에는 형법 제15조 소정의 특히 중한 죄가 되는 사실을 인식하지 못한 행위에 해당하므로 … 보통살인죄의 형으로 처단하여야 할 것이다(대판 1960.10.31. 4293형상494)."라고 판시한 바 있다.

④ (×) 피고인이 자신의 부인을 희롱하는 피해자에 대한 분노가 폭발하여 살해하기로 마음먹고 돌로 수차례 내리쳐 피해자가 뇌진탕으로 실신하자 죽은 것으로 오인하고 시체를 몰래 파묻어 증거를 없애기 위해 150m 정도 떨어진 개울가로 끌고 가 모래웅덩이에 묻었다면 피해자가 피고인의 구타행위로 인해 직접 사망한 것이 아니라 죄적을 인멸할 목적으로 행한 매장행위에 의해 사망하게 되었더라도 전과정을 개괄적으로 보면 피해자의 살해라는 애초의 예견사실이 결국 실현된 것이기 때문에 살인죄의 죄책을 면할 수 없다(대판 1988.6.28. 88도650).

028 사실의 착오(구성요건적 착오)에 관한 설명으로 옳은 것을 모두 고른 것은? 〈경찰2차 2019〉

㉠ 「형법」에는 사실의 착오에 관한 규정이 없어, 사실의 착오 문제를 해결하는 것은 오롯이 학설에 위임되어 있다.

㉡ 乙을 살해할 의사로 乙을 향해 총을 쐈으나 빗나가 옆에 있던 丙에게 명중하여 丙이 사망한 경우 구체적 부합설과 법정적 부합설의 결론이 다르다.

㉢ 판례의 입장에 따르면 ㉡의 사례에서 乙에 대한 살인죄의 미수와 丙에 대한 과실치사죄의 상상적 경합이 성립한다.

㉣ 추상적 부합설에 따르면 ㉡의 사례에서 살인죄의 고의기수가 성립한다.

ⓜ 법정적 부합설은 사람을 살해할 의사로 사람을 살해했음에도 불구하고 살인미수라고 하는 것은 일반인의 법감정에 반한다는 비판을 받는다.

① ㉠, ㉡ ② ㉡, ㉣ ③ ㉠, ㉢ ④ ㉢, ㉤

해설/정답 ②

㉠ (×) 행위자의 주관적 인식과 객관적 범죄사실이 완전히 일치하는 경우는 오히려 예외이고, 언제나 다소의 불일치가 있을 수 있다. 여기서 사실의 착오에 관하여 인식과 사실이 어느 정도 부합하여야 고의범의 기수로 처벌할 수 있느냐라는 문제가 착오의 중요성 내지 사실의 착오에 대한 한계의 문제이다. 형법은 '특별히 중한 죄가 되는 사실을 인식하지 못한 행위는 중한 죄로 벌하지 아니한다.'(제15조 제1항)고 규정하고 있을 뿐이다(기본적 구성요건과 가중적 구성요건의 관계에 있는 경우만을 규정). 따라서 착오의 중요성은 이론에 의하여 해결하지 않을 수 없다.

㉡ (○) 구체적 사실의 착오 중 방법의 착오 문제이다. 구체적 부합설에 의하면 구체적 사실의 착오에 있어서 방법의 착오에 관하여는 인식한 사실에 대한 미수와 발생한 사실의 과실범의 상상적 경합이 성립한다(乙에 대한 살인죄의 미수와 丙에 대한 과실치사죄의 상상적 경합). 한편 법정적 부합설에 의하면 구체적 사실의 착오에 관하여는 객체의 착오와 방법의 착오를 불문하고 결과에 대한 고의의 성립을 인정한다(丙에 대한 살인죄).

㉢ (×) 소위 타격의 착오가 있는 경우라 할지라도 행위자의 살인의 범의성립에 방해가 되지 아니하니 어느 모로 보나 원심판결에 채증법칙 위배로 인한 사실오인의 위법이나 살인죄에 관한 법리오해의 위법이 없어 논지는 이유 없다(대판 1984.1.24. 83도2813). 판례는 법정적 부합설의 입장에서 丙에 대한 살인죄가 성립한다고 본다.

㉣ (○) 추상적 부합설은 구체적 사실의 착오 중 방법의 착오의 경우 법정적 부합설과 결론을 같이한다(丙에 대한 살인죄).

㉤ (×) 일반인의 법감정에 반할 뿐만 아니라 고의의 기수책임을 인정하는 범위가 지나치게 협소하다는 비판을 받고 있는 학설은 구체적 부합설이다.

029 **사실의 착오에 대한 설명으로 가장 적절한 것은?** 〈경찰3차 2018〉

① 甲이 A를 살해할 의사로 돌로 머리를 내리쳐 정신을 잃고 쓰러지자 A가 죽은 것으로 오인하고 죄적을 인멸하기 위해 A를 웅덩이에 묻었으나 사실은 A가 매장으로 인하여 질식사한 경우 판례에 따르면 甲에게 A에 대한 살인미수죄와 과실치사죄의 실체적 경합이 성립한다.

② 甲이 형 A를 살해하려고 기다리다가 아버지 B를 A로 오인하고 살해한 경우 판례에 따르면 甲에게 보통살인죄의 미수와 존속살해죄의 상상적 경합이 성립한다.

③ 甲이 형수 A를 살해하기 위하여 몽둥이를 휘둘렀으나 몽둥이가 빗나가서 형수 A가 업고 있던 조카 B가 맞고 사망한 경우 법정적 부합설에 따르면 甲에게 A에 대한 살인미수죄와 B에 대한 과실치사죄의 상상적 경합이 성립한다.

④ 甲이 A를 살해하기 위하여 총을 발사하였으나 빗나가 주차되어 있는 자동차 유리창만 깨뜨린 경우 구체적 부합설에 따르면 甲에게 A에 대한 살인미수죄가 성립한다.

해설/정답 ④

① (×) 피해자가 피고인들이 살해의 의도로 행한 구타행위에 의하여 직접 사망한 것이 아니라 죄적을 인멸할 목적으로 행한 매장행위에 의하여 사망하게 되었다 하더라도 전과정을 개괄적으로 보면 피해자의 살해라는 처음에 예견된 사실이 결국은 실현된 것으로서 피고인들은 살인죄의 죄책을 면할 수 없다(대판 1988.6.28. 88도650).

② (×) 인식은 기본적 범죄구성요건이나 가중적 구성요건을 실행한 경우 학설은 형법 제15조 제1항이 적용된다고 한다. 판례의 경우에도 "배우자의 처의 직계존속임에도 불구하고 원심이 보통살인죄로 의율하였음은 위법이라 할 것이나 … 직계존속임을 인식치 못하고 살인을 한 경우에는 형법 제15조 소정의 특히 중한 죄가 되는 사실을 인식하지 못한 행위에 해당하므로 … 보통살인죄의 형으로 처단하여야 할 것이다(대판 1960.10.31. 4293형상494)"라고 판시한 바 있다.

③ (×) 피고인에 대한 제1심 판시 살인범죄사실을 넉넉히 인정할 수 있으니 소론 피해자 1인 피고인의 형수의 등에 업혀 있던 피고인의 조카 피해자 2(남 1세)에 대하여는 살인의 고의가 없었으니 과실치사죄가 성립할지언정 살인죄가 성립될 수 없다는 주장을 살피건대, 피고인이 먼저 피해자 1을 향하여 살의를 갖고 소나무 몽둥이(증 제1호, 길이 85센티미터 직경 9센티미터)를 양손에 집어들고 힘껏 후려친 가격으로 피를 흘리며 마당에 고꾸라진 동녀와 동녀의 등에 업힌 피해자 2의 머리부분을 위 몽둥이로 내리쳐 피해자 2를 현장에서 두개골절 및 뇌좌상으로 사망케 한 소위를 살인죄로 의율한 원심조처는 정당하게 긍인되며 소위 타격의 착오가 있는 경우라 할지라도 행위자의 살인의 범의성립에 방해가 되지 아니하니 어느 모로 보나 원심판결에 채증법칙 위배로 인한 사실오인의 위법이나 살인죄에 관한 법리오해의 위법이 없어 논지는 이유 없다(대판 1984.1.24. 83도2813).

④ (○) 추상적 사실의 착오 중 방법의 착오 문제이다. 구체적 부합설에 의하면 인식한 사실의 미수와 발생한 사실의 과실책임의 상상적 경합을 인정한다. 따라서, A에 대한 살인미수와 자동차 유리창에 대한 과실손괴의 상상적 경합이 되어야 하나, 과실손괴는 불가벌이므로 A에 대한 살인미수죄만 성립한다.

030 다음 설명 중 가장 적절하지 않은 것은? 〈경찰1차 2016〉

① 甲은 같이 사냥을 하던 동료 乙을 살해하려고 총을 쏘았는데 사격이 미숙하여 옆 자리의 丙이 총알에 맞아 사망하였다. 이 경우 구성요건적 착오에 관한 학설 중 구체적 부합설과 법정적 부합설의 결론은 다르다.

② 甲은 평소 乙의 심한 괴롭힘을 참을 수 없어서 늦은 밤에 乙을 뒤따라가 등을 칼로 찔렀으나 실제로는 乙과 비슷한 외모의 丙이 살해되었다. 이 경우 구성요건적 착오에 관한 구체적 부합설 및 법정적 부합설에 의하면 발생사실에 대하여 고의가 인정되어 丙에 대한 살인죄가 성립한다.

③ 甲이 살해의도로 丙을 향하여 발포하였으나 빗나가 옆에 있던 乙에게 명중하여 사망한 경우, 구성요건적 착오에 관한 어떤 학설에 의할 때도 乙에 대한 살인죄가 성립한다.

④ 피고인의 구타행위로 상해를 입은 피해자가 정신을 잃고 빈사상태에 빠지자 사망한 것으로 오인하고, 자신의 행위를 은폐하고 피해자가 자살한 것처럼 가장하기 위하여 피해자를 베란다 아래의 바닥으로 떨어뜨려 사망케 하였다면, 피고인의 행위는 포괄하여 단일의 상해치사죄에 해당한다.

해설/정답 ③

① (○) 구체적 사실의 착오 중 방법의 착오이다. 구체적 부합설은 乙에 대한 살인미수죄와 丙에 대한 과실

치사죄의 상상적 경합범으로 처리하지만, 법정적 부합설은 丙에 대한 살인죄로 처리한다.

② (○) 구체적 사실의 착오 중 객체의 착오이다. 두 학설 모두 丙에 대한 살인죄로 처리한다.

③ (×) 구체적 사실의 착오 중 방법의 착오이다. 구체적 부합설은 丙에 대한 살인미수죄와 乙에 대한 과실치사죄의 상상적 경합범으로 처리하지만, 법정적 부합설은 乙에 대한 살인죄로 처리한다.

④ (○) 피고인이 피해자에게 우측 흉골골절 및 늑골골절상과 이로 인한 우측 심장벽좌상과 심낭내출혈 등의 상해를 가함으로써, 피해자가 바닥에 쓰러진 채 정신을 잃고 빈사상태에 빠지자, 피해자가 사망한 것으로 오인하고, 피고인의 행위를 은폐하고 피해자가 자살한 것처럼 가장하기 위하여 피해자를 베란다로 옮긴 후 베란다 밑 약 13m 아래의 바닥으로 떨어뜨려 피해자로 하여금 현장에서 좌측 측두부 분쇄함몰골절에 의한 뇌손상 및 뇌출혈 등으로 사망에 이르게 하였다면, 피고인의 행위는 포괄하여 단일의 상해치사죄에 해당한다(대판 1994.11.4. 94도2361).

031 사실의 착오에 대한 설명으로 가장 적절한 것은? 〈경찰2차 2018〉

① 甲은 A를 살해할 의사로 농약을 숭늉그릇에 투입하여 A의 집안에 놓아두었는데, 이러한 사정을 모르는 B가 이를 마시고 사망했다. 甲에게는 B에 대한 살인죄가 성립한다.

② 甲은 살의(殺意)를 가지고 A를 향해 힘껏 몽둥이를 휘둘렀으나 A의 등에 업힌 조카 B의 머리부분을 가격하여 현장에서 사망케 했다. 甲에게는 B에 대한 과실치사죄가 성립한다.

③ 甲은 살인의 고의로 A를 향해 총을 발사했는데, 그 순간 이를 제지하고자 B가 앞으로 뛰어들어 A 대신 총탄을 맞고 사망했다. 甲에게는 A에 대한 살인미수죄와 B에 대한 과실치사죄의 상상적 경합이 성립한다.

④ 甲은 A와 시비가 붙어 싸우다가 힘이 달리자 상해의 고의로 칼을 가지고 나와 A를 향해 휘두르다가 옆에서 싸움을 말리면서 칼을 뺏으려던 B의 귀를 찔러 상해를 입혔다. 甲에게는 B에 대한 과실치상죄가 성립한다.

해설/정답 ①

판례의 입장인 법정적 부합설에 의하면 행위자의 인식과 발생한 사실이 법정적 사실의 범위, 즉 동일한 구성요건 또는 죄질에 속하면 고의가 성립한다고 한다. 이 설은 구체적 사실의 착오에 관하여는 객체의 착오와 방법의 착오를 불문하고 결과에 대한 고의의 성립을 인정한다.

① (○) 피고인이 공소외인과 동인의 처를 살해할 의사로서 농약 1포를 숭늉그릇에 투입하여 공소외인 가의 식당에 놓아둠으로써 그 정을 알지 못한 공소외인의 장녀가 이를 마시게 되어 동인을 사망케 하였다면 피고인이 공소외인의 장녀를 살해할 의사는 없었다 하더라도 피고인은 사람을 살해할 의사로서 이와 같은 행위를 하였고 그 행위에 의하여 살해라는 결과가 발생한 이상 피고인의 행위와 살해하는 결과외의 사이에는 인과관계가 있다 할 것이므로 공소외인의 장녀에 대하여 살인죄가 성립한다(대판 1968.8.23. 68도884).

② (×) 피고인에 대한 제1심 판시 살인범죄사실을 넉넉히 인정할 수 있으니 소론 피해자 1인 피고인의 형수의 등에 업혀 있던 피고인의 조카 피해자 2(남 1세)에 대하여는 살인의 고의가 없었으니 과실치사죄가 성립할지언정 살인죄가 성립될 수 없다는 주장을 살피건대, 피고인이 먼저 피해자 1을 향하여 살의를 갖고 소나무 몽둥이(증 제1호, 길이 85센티미터 직경 9센티미터)를 양손에 집어들고 힘껏 후려친 가격으로 피를 흘리며 마당에 고꾸라진 동녀와 동녀의 등에 업힌 피해자 2의 머리부분을 위 몽둥이로 내리쳐 피해자 2를 현장에서 두개골절 및 뇌좌상으로 사망케 한 소위를 살인죄로 의율한 원심조처는 정당하게 긍

인되며 소위 타격의 착오가 있는 경우라 할지라도 행위자의 살인의 범의성립에 방해가 되지 아니하니 어느 모로 보나 원심판결에 채증법칙 위배로 인한 사실오인의 위법이나 살인죄에 관한 법리오해의 위법이 없어 논지는 이유 없다(대판 1984.1.24. 83도2813).

③ (×) 기록을 검토하여 보아도 피고인의 소론 심신장애를 인정하지 아니한 원심의 판단에 위법사유 있다 할 수 없을 뿐만 아니라 범죄사실을 부인함으로써 원판결에 사실의 오인이 있다는 것과 원판결의 형의 양정이 과중하다는 주장은 군법회의법 제432조 소정 사유에 해당하지 아니하여 적법한 상고이유가 되지 못하므로 논지는 이유 없고 사람을 살해할 목적으로 총을 발사한 이상 그것이 목적하지 아니한 다른 사람에게 명중되어 사망의 결과가 발생하였다 하더라도 살의를 저각하지 않는 것이라 할 것이니 원심인정과 같이 피고인이 하사 주재훈을 살해할 목적으로 발사한 총탄이 이를 제지하려고 피고인 앞으로 뛰어들던 병장 강제갑에게 명중되어 동 강제갑가 사망한 본건의 경우에 있어서의 동 강제갑에 대한 살인죄가 성립한다 할 것이므로 동 강제갑에 대한 피고인의 살의를 부정하는 논지도 이유 없다(대판 1975.4.22. 75도727).

④ (×) 갑이 을 등 3명과 싸우다가 힘이 달리자 식칼을 가지고 이들 3명을 상대로 휘두르다가 이를 말리면서 식칼을 뺏으려던 피해자 병에게 상해를 입혔다면 갑에게 상해의 범의가 인정되며 상해를 입은 사람이 목적한 사람이 아닌 다른 사람이라 하여 과실상해죄에 해당한다고 할 수 없다(대판 1987.10.26. 87도1745).

제7절 | 과실

032 과실범에 관한 설명으로 가장 적절한 것은? 〈경찰2차 2023〉

①「형법」제14조에 따르면 정상적으로 기울여야 할 주의(注意)를 게을리하여 죄의 성립요소인 사실을 인식하지 못한 행위는 정당한 이유가 있는 때에 한하여 벌하지 아니한다.

② 의료과오사건에 있어서 의사의 과실을 인정하려면 결과 발생을 예견할 수 있고 또 회피할 수 있었음에도 이를 하지 못한 점을 인정할 수 있어야 하고, 위 과실의 유무를 판단함에는 사회적 평균인의 주의 정도를 표준으로 하여야 하며, 이때 사고 당시의 일반적인 의학의 수준과 의료환경 및 조건, 의료행위의 특수성 등을 고려하여야 한다.

③ 과실범의 주의의무는 반드시 개별적인 법령에서 일일이 그 근거나 내용이 명시되어 있어야만 하는 것이 아니며, 결과 발생에 즈음한 구체적인 상황에서 이와 관련된 제반 사정들을 종합적으로 평가하여 결과 발생에 대한 예견 및 회피 가능성을 기준으로 삼아 그 결과 발생을 방지하여야 할 주의의무를 인정할 수 있는 것이다.

④「형법」제364조에 따른 업무상과실장물취득죄는 업무상과실에 의하여「형법」제362조 제1항에 따른 단순과실장물취득죄보다 형이 가중되는 가중적 구성요건이다.

해설/정답 ③

① (×) 형법 제14조

제14조(과실)
정상적으로 기울여야 할 주의(注意)를 게을리하여 죄의 성립요소인 사실을 인식하지 못한 행위는 법률에 특별한 규정이 있는 경우에만 처벌한다.

② (×) 의료과오사건에 있어서 의사의 과실을 인정하려면 결과 발생을 예견할 수 있고 또 회피할 수 있었음에도 이를 하지 못한 점을 인정할 수 있어야 하고, 위 과실의 유무를 판단함에는 같은 업무와 직무에 종사하는 일반적 보통인의 주의 정도를 표준으로 하여야 하며, 이때 사고 당시의 일반적인 의학의 수준과 의료환경 및 조건, 의료행위의 특수성 등을 고려하여야 한다(대판 2006.10.26. 2004도486).

③ (○) 결과 발생을 예견할 수 있고 또 그것을 회피할 수 있음에도 불구하고 정상의 주의의무를 태만히 함으로써 결과 발생을 야기하였다면 과실범의 죄책을 면할 수 없고, 위와 같은 주의의무는 반드시 개별적인 법령에서 일일이 그 근거나 내용이 명시되어 있어야만 하는 것이 아니며, 결과 발생에 즈음한 구체적인 상황에서 이와 관련된 제반 사정들을 종합적으로 평가하여 결과 발생에 대한 예견 및 회피 가능성을 기준으로 삼아 그 결과 발생을 방지하여야 할 주의의무를 인정할 수 있는 것이다(대판 2009.4.23. 2008도11921).

④ (×) 단순과실장물취득죄는 형법상 처벌규정이 없다. 따라서 업무상과실장물취득죄는 단순과실장물취득죄의 가중적 구성요건이 아니다.

033 고의와 과실에 대한 설명으로 가장 적절하지 않은 것은? 〈경찰 2차 2021〉

① 채권자 A가 채무자 甲의 신용상태를 인식하고 있어 장래의 변제지체 또는 변제불능에 대한 위험을 예상하고 있거나 예상할 수 있었다면, 甲이 구체적인 변제의사, 변제능력, 거래조건 등 거래 여부를 결정지을 수 있는 중요한 사항을 허위로 말하였다는 등의 사정이 없는 한, 그 후 제대로 변제하지 못했다는 사실만으로 甲에게 사기죄의 고의가 있다고 볼 수 없다.

② 방조범은 정범의 실행을 방조한다는 방조의 고의와 정범의 행위가 구성요건에 해당하는 행위인 점에 대한 정범의 고의가 있어야 하나, 이 경우 정범의 고의는 적어도 정범에 의하여 실현되는 범죄의 구체적 내용을 인식할 것을 필요로 한다.

③ 전기배선이 벽 내부에 매립 설치되어 건물 구조의 일부를 이루고 있다면 그에 관한 관리책임은 일반적으로 소유자에게 있다고 보아야 하나, 그 전기배선을 임차인이 직접 하였으며 그 이상을 미리 알았거나 알 수 있었다는 등의 특별한 사정이 있는 때에는 임차인에게도 그 부분의 하자로 인한 화재를 예방할 주의의무가 인정될 수 있다.

④ 甲은 A와 함께 술을 마시고 중앙선에 서서 도로횡단을 중단한 상황에서 지나가는 차량의 유무를 확인하지 아니하고 고개를 숙인 채 서 있는 A의 팔을 갑자기 잡아끌어 무단횡단을 하다가 지나가던 차량에 A가 충격당하여 사망한 경우, 甲이 술에 취해 있었다 하더라도 甲에게는 A의 안전을 위하여 차량의 통행 여부 및 횡단 가능 여부를 확인하여야 할 주의의무가 인정된다.

해설/정답 ②

① (○) 피해자가 피고인의 신용상태를 인식하고 있어 장래의 변제지체 또는 변제불능에 대한 위험을 예상하고 있거나 예상할 수 있었다면, 피고인이 구체적인 변제의사, 변제능력, 거래조건 등 거래 여부를 결정지을 수 있는 중요한 사항을 허위로 말하였다는 등의 사정이 없는 한, 피고인이 그 후 제대로 변제하지 못하였다는 사실만 가지고 변제능력에 관하여 피해자를 기망하였다거나 사기죄의 고의가 있었다고 단정할 수 없다(대판 2016.6.9. 2015도18555).

② (×) 형법상 방조행위는 정범이 범행을 한다는 정을 알면서 그 실행행위를 용이하게 하는 직접·간접의 행위를 말하므로, 방조범은 정범의 실행을 방조한다는 이른바 방조의 고의와 정범의 행위가 구성요건에 해당하는 행위인 점에 대한 정범의 고의가 있어야 하나, 이와 같은 고의는 내심적 사실이므로 피고인이 이를 부정하

는 경우에는 사물의 성질상 고의와 상당한 관련성이 있는 간접사실을 증명하는 방법에 의하여 입증할 수밖에 없고, 이 때 무엇이 상당한 관련성이 있는 간접사실에 해당할 것인가는 정상적인 경험칙에 바탕을 두고 치밀한 관찰력이나 분석력에 의하여 사실의 연결상태를 합리적으로 판단하는 외에 다른 방법이 없다고 할 것이며, 또한 방조범에 있어서 정범의 고의는 정범에 의하여 실현되는 범죄의 구체적 내용을 인식할 것을 요하는 것은 아니고 미필적 인식 또는 예견으로 족하다(대판 2005.4.29. 2003도6056).

③ (○) [1] 업무상과실치상죄에 있어서의 '업무'란 사람의 사회생활면에서 하나의 지위로서 계속적으로 종사하는 사무를 말하고, 여기에는 수행하는 직무 자체가 위험성을 갖기 때문에 안전배려를 의무의 내용으로 하는 경우는 물론 사람의 생명·신체의 위험을 방지하는 것을 의무내용으로 하는 업무도 포함되는데, 안전배려 내지 안전관리 사무에 계속적으로 종사하여 위와 같은 지위로서의 계속성을 가지지 아니한 채 단지 건물의 소유자로서 건물을 비정기적으로 수리하거나 건물의 일부분을 임대하였다는 사정만으로는 업무상과실치상죄에 있어서의 '업무'로 보기 어렵다. [2] 4층 건물의 2층 내부 벽면에 설치된 분전반을 통해 3층과 4층으로 가설된 전선이 합선으로 단락되어 화재가 나 상해가 발생한 사안에서, 4층 건물의 소유자로서 위 건물 2층을 임대하였다는 사정만으로 업무상과실치상죄에 있어서의 '업무'에 관한 증명이 있다고 본 원심판결을 심리미진 등을 이유로 파기한 사례. [3] 발화지점으로 지적된 분전반이 건물의 2층 내부 벽면에 매립·설치되어 있고, 건물 3층과 4층에 이르는 전선은 벽체 내부의 통로를 따라 분전반 후면을 거쳐 배선되어 있는 건물의 화재와 관련하여, 분전반이나 전선이 임차인의 지배관리영역에 속하는 것인지 여부, 임차인에게 위 분전반이나 그 내부 전선의 이상으로 인한 화재를 예방하여야 할 주의의무가 있다고 볼 특별한 사정이 있는지 여부, 나아가 그 주의의무가 '업무상'의 주의에 속하는지 여부 등을 심리하지 않은 채, 분전반이나 건물의 3층과 4층에 이르는 전선이 화재원인이고 10여년 간 건물 2층을 임차해 오면서 당해 건물의 안전에 이상이 있음을 알고 있었다는 이유만으로, 임차인에게 '업무상 주의의무' 위반이 있다고 본 원심판결을 심리미진 등을 이유로 파기한 사례(대판 2009.5.28. 2009도1040).

④ (○) 중앙선에 서서 도로횡단을 중단한 피해자의 팔을 갑자기 잡아끌고 피해자로 하여금 도로를 횡단하게 만든 피고인으로서는 위와 같이 무단횡단을 하는 도중에 지나가는 차량에 충격당하여 피해자가 사망하는 교통사고가 발생할 가능성이 있으므로, 이러한 경우에는 피고인이 피해자의 안전을 위하여 차량의 통행 여부 및 횡단 가능 여부를 확인하여야 할 주의의무가 있다 할 것이므로, 피고인으로서는 위와 같은 주의의무를 다하지 않은 이상 교통사고와 그로 인한 피해자의 사망에 대하여 과실책임을 면할 수 없다고 한 사례(대판 2002.8.23. 2002도2800).

034 과실범에 대한 설명으로 가장 적절한 것은? 〈경찰1차 2021〉

① 의사가 설명의무를 위반한 채 의료행위를 하였다가 환자에게 사망의 결과가 발생한 경우, 의사에게 업무상과실로 인한 형사책임을 지우기 위해서는 의사의 설명의무 위반과 환자의 사망 사이에 상당인과관계가 존재할 필요는 없다.

② 농배양을 하지 않은 의사의 과실과 피해자의 사망 사이에 인과관계를 인정하려면, 농배양을 하였더라면 피고인이 투약해 온 항생제와 다른 어떤 항생제를 사용하게 되었을 것이라거나 어떤 다른 조치를 취할 수 있었을 것이고, 따라서 피해자가 사망하지 않았을 것이라는 점이 인정되어야 한다.

③ 과실이 있는 경우, 결과가 발생하지 않거나 과실과 결과 사이에 인과관계가 부정될 때에는 과실미수범으로 처벌된다.

④ 의사들의 주의의무 위반과 처방체계상의 문제점으로 인하여 수술 후 회복과정에 있는 환자에

게 인공호흡 준비를 갖추지 않은 상태에서는 사용할 수 없는 약제가 잘못 처방되었고, 종합병원의 간호사로서 환자에 대한 투약 과정 및 그 이후의 경과 관찰 등의 직무 수행을 위하여 처방 약제의 기본적인 약효나 부작용 및 주사 투약에 따르는 주의사항 등을 미리 확인·숙지하였다면 과실로 처방된 것임을 알 수 있었음에도 그대로 주사하여 환자가 의식불명 상태에 이르게 된 사안에서, 간호사에게는 업무상과실치상의 형사책임은 인정되지 않는다.

해설/정답 ②

① (×) 의사가 설명의무를 위반한 채 의료행위를 하여 피해자에게 상해가 발생하였다고 하더라도, 업무상과실로 인한 형사책임을 지기 위해서는 피해자의 상해와 의사의 설명의무 위반 내지 승낙취득 과정의 잘못 사이에 상당인과관계가 존재하여야 하고, 이는 한의사의 경우에도 마찬가지이다(대판 2015.6.24. 2014도11315, 대판 2011.4.14. 2010도10104).

② (○) [1] 일반적으로 대학병원의 진료체계상 과장은 병원행정상의 직급으로서 다른 교수나 전문의가 진료하고 있는 환자의 진료까지 책임지는 것은 아니고, 소속 교수 등이 진료시간을 요일별 또는 오전, 오후 등 시간별로 구분하여 각자 외래 및 입원 환자를 관리하고 진료에 대한 책임을 맡게 된다. 그러한 사정을 감안하면, 피고인에게 피해자를 담당한 의사가 아니어서 그 치료에 관한 것이 아님에도 불구하고 구강악안면외과 과장이라는 이유만으로 외래담당의사 및 담당 수련의들의 처치와 치료결과를 주시하고 적절한 수술방법을 지시하거나 담당의사 대신 직접 수술을 하고, 농배양을 지시·감독할 주의의무가 있다고 단정할 수 없다. [2] 피고인이 농배양을 하지 않은 과실이 피해자의 사망에 기여한 인과관계 있는 과실이 된다고 하려면, 농배양을 하였더라면 피고인이 투약해 온 항생제와 다른 어떤 항생제를 사용하게 되었을 것이라거나 어떤 다른 조치를 취할 수 있었을 것이고, 따라서 피해자가 사망하지 않았을 것이라는 점을 심리·판단하여야 한다(대판 1996.11.8. 95도2710).

③ (×) 과실범의 경우에는 고의범처럼 결과 발생을 인식·인용하여 실행에 옮기는 과정이 없기 때문에 미수가 성립할 수 없다. 또한 형법상 처벌 규정도 없다.

④ (×) [1] 의료사고에 있어 의료인의 과실을 인정하기 위하여서는 의료인이 결과 발생을 예견할 수 있음에도 불구하고 그 결과 발생을 예견하지 못하였고 그 결과 발생을 회피할 수 있었음에도 불구하고 그 결과 발생을 회피하지 못한 과실이 검토되어야 하고, 그 과실의 유무를 판단함에는 같은 업무와 직무에 종사하는 일반적 보통인의 주의정도를 표준으로 하여야 하며, 이에는 사고 당시의 일반적인 의학의 수준과 의료환경 및 조건, 의료행위의 특수성 등이 고려되어야 한다. [2] 의사들의 주의의무 위반과 처방체계상의 문제점으로 인하여 수술 후 회복과정에 있는 환자에게 인공호흡 준비를 갖추지 않은 상태에서는 사용할 수 없는 약제가 잘못 처방되었고, 종합병원의 간호사로서 환자에 대한 투약 과정 및 그 이후의 경과 관찰 등의 직무 수행을 위하여 처방 약제의 기본적인 약효나 부작용 및 주사 투약에 따르는 주의사항 등을 미리 확인·숙지하였다면 과실로 처방된 것임을 알 수 있었음에도 그대로 주사하여 환자가 의식불명 상태에 이르게 된 사안에서, 간호사에게 업무상과실치상의 형사책임을 인정한 사례(대판 2009.12.24. 2005도8980).

035 과실범에 대한 설명으로 가장 적절하지 않은 것은? 〈경찰2차 2020〉

① 함께 술을 마신 후 만취된 피해자를 촛불이 켜져 있는 방안에 혼자 눕혀 놓고 촛불을 끄지 않고 나오는 바람에 화재가 발생하여 피해자가 사망한 경우, 화재가 발생할 것은 예상할 수 없으므로 과실치사의 책임을 물을 수 없다.

② 육교 밑 차도를 주행하는 자동차 운전자가 전방 보도 위에 서 있는 피해자를 발견했다 하더라도 육교를 눈앞에 둔 피해자가 특히 차도로 뛰어들 거동이나 기색을 보이지 않는 한 일반적으로 차도로 뛰어들어 오리라고 예견하기 어렵다.

③ 고령의 간경변증 환자인 피해자에게 화상 치료를 위한 가피절제술과 피부이식수술을 실시하기 전에 출혈과 혈액량 감소로 신부전이 발생하여 생명이 위험할 수 있다는 점에 대해 피해자와 피해자의 보호자에게 설명을 하지 아니한 채 수술을 실시한 과실로 인하여 환자가 사망한 경우, 의사에게 업무상 과실로 인한 형사책임을 지우기 위해서는 의사의 설명의무 위반과 환자의 사망 사이에 상당인과관계가 존재하여야 한다.

④ 과실범의 불법은 객관적 주의의무위반을 통한 행위반가치 및 구성요건적 결과 발생을 통한 결과반가치에서 찾을 수 있다.

해설/정답 ①

① (×) 함께 술을 마신 후 만취된 피해자를 촛불이 켜져 있는 방안에 혼자 눕혀 놓고 촛불을 끄지 않고 나오는 바람에 화재가 발생하여 피해자가 사망한 경우 과실치사책임을 인정한다(대판 1994.8.26. 94도1291).

② (○) 각종 차량의 내왕이 번잡하고 보행자의 횡단이 금지되어 있는 육교밑 차도를 주행하는 자동차운전자가 전방 보도위에 서있는 피해자를 발견했다 하더라도 육교를 눈앞에 둔 동인이 특히 차도로 뛰어들 거동이나 기색을 보이지 않는 한 일반적으로 동인이 차도로 뛰어들어 오리라고 예견하기 어려운 것이므로 이러한 경우 운전자로서는 일반보행자들이 교통관계법규를 지켜 차도를 횡단하지 아니하고 육교를 이용하여 횡단할 것을 신뢰하여 운행하면 족하다 할 것이고 불의에 뛰어드는 보행자를 예상하여 이를 사전에 방지해야 할 조치를 취할 업무상 주의의무는 없다(대판 1985.9.10. 84도1572).

③ (○) 의사가 설명의무를 위반한 채 의료행위를 하여 피해자에게 상해가 발생하였다고 하더라도, 업무상 과실로 인한 형사책임을 지기 위해서는 피해자의 상해와 의사의 설명의무 위반 내지 승낙취득 과정의 잘못 사이에 상당인과관계가 존재하여야 하고, 이는 한의사의 경우에도 마찬가지이다(대판 2015.6.24. 2014도11315, 대판 2011.4.14. 2010도10104).

④ (○) 통설은 보호법익에 대한 침해와 위험이 결과반가치의 내용이라고 해석하고 있다. 그리고 고의·과실(객관적 주의의무위반)은 물론 목적 또는 경향과 같은 주관적 불법요소도 당연히 행위반가치의 내용이 된다. 따라서, 과실범의 불법은 객관적 주의의무 위반을 통한 행위반가치 및 구성요건적 결과 발생을 통한 결과반가치에서 찾을 수 있다.

036 과실범에 관한 설명 중 가장 적절하지 않은 것은? 〈경찰1차 2020〉

① 의료과오사건에서 의사의 과실을 인정하려면 결과 발생을 예견할 수 있고 또 회피할 수 있었는데도 예견하거나 회피하지 못한 점을 인정할 수 있어야 하는데, 의사의 과실이 있는지는 같은 업무 또는 분야에 종사하는 평균적인 의사가 보통 갖추어야 할 통상의 주의의무를 기준으로 판단하여야 한다.

② 택시운전자인 피고인이 심야에 밀집된 주택 사이의 좁은 골목길이자 직각으로 구부러져 가파른 비탈길의 내리막에 누워 있던 피해자의 몸통 부위를 자동차 바퀴로 역과하여 사망에 이르게 하고 그 자리에서 도주한 경우, 위 사고 당시 시각과 사고 당시 도로상황 등에 비추어 자동차 운전업무에 종사하는 피고인으로서는 평소보다 더욱 속도를 줄이고 전방 좌우를 면밀히 주시하여 안전하게 운전함으로써 사고를 미연에 방지할 주의의무가 있다.

③ 야간에 고속도로에서 차량을 운전하는 자는 주간과는 달리 노면상태 및 가시거리상태 등에 따라 고속도로상의 제한 최고속도 이하의 속도로 감속·서행할 주의의무가 있으므로, 야간에 선행사고로 인하여 전방에 정차해 있던 승용차와 그 옆에 서 있던 피해자를 충돌한 경우 운전자에게 제한속도 이하로 감속 운전하지 않은 과실이 있다.

④ 안전배려 내지 안전관리사무에 계속적으로 종사하지 않았더라도 건물의 소유자로서 건물을 비정기적으로 수리하거나 건물의 일부분을 임대한 자는 건물의 화재가 발생하는 것을 미리 막아야 할 업무상 주의의무를 부담한다.

해설/정답 ④

① (○) [1] 의료사고에서 의사의 과실을 인정하기 위해서는 의사가 결과발생을 예견할 수 있었음에도 이를 예견하지 못하였고 결과발생을 회피할 수 있었음에도 이를 회피하지 못한 과실이 검토되어야 하고, 과실의 유무를 판단할 때에는 같은 업무와 직무에 종사하는 보통인의 주의정도를 표준으로 하여야 하며, 여기에는 사고 당시의 일반적인 의학의 수준과 의료환경 및 조건, 의료행위의 특수성 등이 고려되어야 하고, 이러한 법리는 한의사의 경우에도 마찬가지이다. [2] 한의사인 피고인이 피해자에게 문진하여 과거 봉침을 맞고도 별다른 이상반응이 없었다는 답변을 듣고 알레르기 반응검사(skin test)를 생략한 채 환부인 목 부위에 봉침시술을 하였는데, 피해자가 위 시술 직후 아나필락시 쇼크반응을 나타내는 등 상해를 입은 사안에서, 피고인에게 과거 알레르기 반응검사 및 약 12일 전 봉침시술에서도 이상반응이 없었던 피해자를 상대로 다시 알레르기 반응검사를 실시할 의무가 있다고 보기는 어렵고, 설령 그러한 의무가 있다고 하더라도 제반 사정에 비추어 알레르기 반응검사를 하지 않은 과실과 피해자의 상해 사이에 상당인과관계를 인정하기 어렵다는 이유로, 같은 취지의 원심판단을 수긍한 사례 [3] 의사가 설명의무를 위반한 채 의료행위를 하여 피해자에게 상해가 발생하였다고 하더라도, 업무상 과실로 인한 형사책임을 지기 위해서는 피해자의 상해와 의사의 설명의무 위반 내지 승낙취득 과정의 잘못 사이에 상당인과관계가 존재하여야 하고, 이는 한의사의 경우에도 마찬가지이다 (대판 2015.6.24. 2014도11315, 대판 2011.4.14. 2010도10104).

② (○) 택시 운전자인 피고인이 심야에 밀집된 주택 사이의 좁은 골목길이자 직각으로 구부러져 가파른 비탈길의 내리막에 누워 있던 피해자의 몸통 부위를 자동차 바퀴로 역과하여 사망에 이르게 하고 도주한 사안에서, 피고인에게 무죄를 선고한 원심판결에 업무상 과실치사죄의 구성요건에 관한 법리오해의 위법이 있다(대판 2011.5.26. 2010도17506).

③ (○) [1] 야간에 고속도로에서 차량을 운전하는 자는 주간에 정상적인 날씨 아래에서 고속도로를 운행하는 것과는 달리 노면상태 및 가시거리상태 등에 따라 고속도로상의 제한최고속도 이하의 속도로 감속·

서행할 주의의무가 있다. [2] 야간에 선행사고로 인하여 전방에 정차해 있던 승용차와 그 옆에 서 있던 피해자를 충돌한 사안에서 운전자에게 고속도로상의 제한최고속도 이하의 속도로 감속운전하지 아니한 과실이 있다고 본 사례(대판 1999.1.15. 98도2605).

④ (×) 업무상과실치상죄의 '업무'란 사람의 사회생활면에서 하나의 지위로서 계속적으로 종사하는 사무를 말한다. 여기에는 수행하는 직무 자체가 위험성을 갖기 때문에 안전배려를 의무의 내용으로 하는 경우는 물론 사람의 생명·신체의 위험을 방지하는 것을 의무의 내용으로 하는 업무도 포함된다. 그러나 건물 소유자가 안전배려나 안전관리 사무에 계속적으로 종사하거나 그러한 계속적 사무를 담당하는 지위를 가지지 않은 채 단지 건물을 비정기적으로 수리하거나 건물의 일부분을 임대하였다는 사정만으로는 건물 소유자의 위와 같은 행위가 업무상과실치상죄의 '업무'에 해당한다고 보기 어렵다(대판 2017.12.5. 2016도16738).

037 과실범에 대한 설명으로 가장 적절하지 않은 것은? 〈경찰1차 2017〉

① 고속국도를 주행하는 차량의 운전자는 도로 양측에 휴게소가 있는 경우에도 동 도로상에 보행자가 있음을 예상하여 감속 등 조치를 할 주의의무가 있다 할 수 없다.

② 과실일수죄는 형법상 처벌규정이 있으나 과실교통방해죄는 형법상 처벌규정이 없다.

③ 의사가 설명의무를 위반한 채 의료행위를 하여 피해자에게 상해가 발생하였다고 하더라도, 업무상 과실로 인한 형사책임을 지기 위해서는 피해자의 상해와 의사의 설명의무 위반 내지 승낙취득 과정의 잘못 사이에 상당인과관계가 존재하여야 한다.

④ 의료과오사건에 있어서 의사의 과실 유무를 판단함에는 같은 업무와 직무에 종사하는 일반적 보통인의 주의 정도를 표준으로 하여야 하며, 이때 사고 당시의 일반적인 의학의 수준과 의료환경 및 조건, 의료행위의 특수성 등을 고려하여야 한다.

해설/정답 ②

① (○) 고속국도에서는 보행으로 통행, 횡단하거나 출입하는 것이 금지되어 있으므로 고속국도를 주행하는 차량의 운전자는 도로 양측에 휴게소가 있는 경우에도 동 도로상에 보행자가 있음을 예상하여 감속 등 조치를 할 주의의무가 있다 할 수 없다(대판 1977.6.28. 77도403).

② (×) 형법 제181조, 제189조 : 과실교통방해죄도 처벌규정이 있다(제189조).

제181조(과실일수)
과실로 인하여 제177조 또는 제178조에 기재한 물건을 침해한 자 또는 제179조에 기재한 물건을 침해하여 공공의 위험을 발생하게 한 자는 1천만 원 이하의 벌금에 처한다.

제189조(과실, 업무상과실, 중과실)
① 과실로 인하여 제185조 내지 제187조의 죄를 범한 자는 1천만 원 이하의 벌금에 처한다.
② 업무상과실 또는 중대한 과실로 인하여 제185조 내지 제187조의 죄를 범한 자는 3년 이하의 금고 또는 2천만 원 이하의 벌금에 처한다.

③ (○) 의사가 설명의무를 위반한 채 의료행위를 하여 피해자에게 상해가 발생하였다고 하더라도, 업무상과실로 인한 형사책임을 지기 위해서는 피해자의 상해와 의사의 설명의무 위반 내지 승낙취득 과정의 잘못 사이에 상당인과관계가 존재하여야 하고, 이는 한의사의 경우에도 마찬가지이다(대판 2011.4.14. 2010도10104).

④ (○) 의료과오사건에 있어서 의사의 과실을 인정하려면 결과 발생을 예견할 수 있고 또 회피할 수 있었음에도 이를 하지 못한 점을 인정할 수 있어야 하고, 위 과실의 유무를 판단함에는 같은 업무와 직무에 종사하

는 일반적 보통인의 주의 정도를 표준으로 하여야 하며, 이때 사고 당시의 일반적인 의학의 수준과 의료환경 및 조건, 의료행위의 특수성 등을 고려하여야 한다(대판 2006.10.26. 2004도486).

제8절 | 결과적 가중범

038 결과적 가중범에 관한 설명으로 가장 적절하지 않은 것은? 〈경찰1차 2020〉

① 부진정결과적 가중범이란 고의에 의한 기본범죄에 기하여 중한 결과를 과실뿐만 아니라 고의로 발생케 한 경우에도 성립하는 결과적 가중범을 말한다.

② 진정결과적 가중범만 인정하면 과실로 중한 결과를 발생시킨 경우가 고의로 중한 결과를 발생시킨 경우보다 형이 높아지는 경우가 있으므로 형량을 확보하여 형의 불균형을 시정하기 위해서 부진정결과적 가중범을 인정하고 있다.

③ 만약 부진정결과적 가중범의 개념을 인정하지 않는다면 현주건조물에 방화하여 사람을 살해할 고의가 있었던 경우 현주건조물방화죄와 살인죄의 상상적 경합범이 된다.

④ 자기의 존속을 살해할 목적으로 존속이 현존하는 건조물에 방화하여 사망에 이르게 한 경우는 현주건조물방화치사죄만 성립하고 고의범에 대하여는 별도로 죄를 구성하지 않는다.

해설/정답 ④

① (○), ② (○) 부진정결과적 가중범이란 고의에 의한 기본범죄에 기하여 중한 결과를 과실뿐만 아니라 고의로 발생케 한 경우를 말한다. 원칙적 형태의 결과적 가중범은 아니지만 중한 결과에 대한 고의가 있음에도 불구하고 과실이 있는 경우보다 가볍게 처벌하는 모순, 즉 형의 불균형을 시정하기 위해서 인정되는 개념이다. **[참고 판례]** 형법 제164조 후단이 규정하는 현주건조물방화치사상죄는 그 전단이 규정하는 죄에 대한 일종의 가중처벌 규정으로서 과실이 있는 경우뿐만 아니라, 고의가 있는 경우에도 포함된다고 볼 것이므로 사람을 살해할 목적으로 현주건조물에 방화하여 사망에 이르게 한 경우에는 현주건조물방화치사죄로 의율하여야 하고 이와 더불어 살인죄와의 상상적경합범으로 의율할 것은 아니며, 다만 존속살인죄와 현주건조물방화치사죄는 상상적경합범 관계에 있으므로, 법정형이 중한 존속살인죄로 의율함이 타당하다(대판 1996.4.26. 96도485).

③ (○) 현주건조물에 방화하여 사람을 살해할 고의가 있었던 경우에, 부진정결과적 가중범 개념 부정설은 현주건조물방화죄(3년 이상의 징역)와 살인죄(사형, 무기 5년 이상의 징역)의 상상적 경합을 인정하여, 사형, 무기, 5년 이상의 징역에 처하게 된다(고의+과실의 형태인 현주건조물방화치사죄보다 형벌이 가볍다). 이에 비해 긍정설은 현주건조물방화치사죄(사형, 무기, 7년 이상의 징역)와 살인죄(사형, 무기 5년 이상의 징역)의 상상적 경합을 인정하여, 사형, 무기, 7년 이상의 징역에 처하게 된다.

④ (×) 형법 제164조 후단이 규정하는 현주건조물방화치사상죄는 그 전단이 규정하는 죄에 대한 일종의 가중처벌 규정으로서 과실이 있는 경우뿐만 아니라, 고의가 있는 경우에도 포함된다고 볼 것이므로 사람을 살해할 목적으로 현주건조물에 방화하여 사망에 이르게 한 경우에는 현주건조물방화치사죄로 의율하여야 하고 이와 더불어 살인죄와의 상상적경합범으로 의율할 것은 아니며, 다만 존속살인죄와 현주건조물방화치사죄는 상상적경합범 관계에 있으므로, 법정형이 중한 존속살인죄로 의율함이 타당하다(대판 1996.4.26. 96도485).

039 결과적 가중범에 관한 설명 중 옳은 것은? 〈경찰1차 2019〉

① 친구를 살해할 의도로 그 친구가 살고 있는 집을 방화하여 그를 사망에 이르게 한 경우, 현주건조물방화치사죄만 성립한다.

② 부진정결과적 가중범은 중한 결과를 야기한 기본범죄가 고의범인 경우뿐만 아니라 과실범인 경우에도 인정되는 개념이다.

③ 기본범죄와 중한 결과 사이에 인과관계가 인정된다면, 중한 결과에 대한 예견가능성이 없는 경우라도 결과적 가중범으로 처벌할 수 있다.

④ 「형법」 제177조 제2항의 현주건조물일수치사죄의 법정형은 사형, 무기 또는 7년 이상의 징역이다.

해설/정답 ①

① (○) 형법 제164조 후단이 규정하는 현주건조물방화치사상죄는 그 전단이 규정하는 죄에 대한 일종의 가중처벌 규정으로서 과실이 있는 경우뿐만 아니라, 고의가 있는 경우에도 포함된다고 볼 것이므로 사람을 살해할 목적으로 현주건조물에 방화하여 사망에 이르게 한 경우에는 현주건조물방화치사죄로 의율하여야 하고 이와 더불어 살인죄와의 상상적 경합범으로 의율할 것은 아니며, 다만 존속살인죄와 현주건조물방화치사죄는 상상적 경합범 관계에 있으므로, 법정형이 중한 존속살인죄로 의율함이 타당하다(대판 1996.4.26. 96도485).

② (×) 부진정결과적 가중범은 고의에 의한 기본범죄에 기하여 중한 결과를 과실뿐만 아니라 고의로 발생케 한 경우를 말한다. 원칙적 형태의 결과적 가중범은 아니지만 중한 결과에 대한 고의가 있음에도 불구하고 과실이 있는 경우보다 가볍게 처벌하는 모순, 즉 형의 불균형을 시정하기 위해서 인정되는 개념이다.

③ (×) 형법 제15조 제2항이 규정하고 있는 이른바 결과적 가중범은 행위자가 행위시에 그 결과의 발생을 예견할 수 없을 때에는 비록 그 행위와 결과 사이에 인과관계가 있다 하더라도 중한 죄로 벌할 수 없다(대판 1988.4.12. 88도178).

④ (×) 형법 제177조 제2항 : 무기 또는 7년 이상의 징역

제177조(현주건조물등에의 일수)
① 물을 넘겨 사람이 주거에 사용하거나 사람이 현존하는 건조물, 기차, 전차, 자동차, 선박, 항공기 또는 광갱을 침해한 자는 무기 또는 3년 이상의 징역에 처한다.
② 제1항의 죄를 범하여 사람을 상해에 이르게 한 때에는 무기 또는 5년 이상의 징역에 처한다. 사망에 이르게 한 때에는 무기 또는 7년 이상의 징역에 처한다.

040 다음 설명 중 옳고 그름의 표시(○, ×)가 바르게 된 것은? (다툼이 있는 경우 판례에 의하되, 주거침입죄는 논외로 함) 〈경찰1차 2018〉

> ㉠ 甲이 乙에 대하여 상해를 교사하였는데 乙이 이를 넘어 살인을 실행한 경우에, 甲에게 피해자의 사망이라는 결과에 대하여 과실 내지 예견가능성이 있는 때에는 상해치사죄가 성립한다.
> ㉡ 甲은 乙을 살해하기 위하여 乙의 집으로 갔으나, 乙은 집에 없고 乙의 처 丙이 자신을 알아보자 丙을 야구방망이로 강타하여 실신시킨 후 이불을 뒤집어 씌우고 석유를 뿌려 방화함으로써 乙의 집을 전소케 하고 丙을 사망케 한 경우, 甲은 현주건조물방화치사죄가 성립한다.
> ㉢ 甲은 현주건조물에 방화를 한 후 불이 붙은 집에서 빠져 나오려는 乙이 탈출하지 못하도록 방문 앞에 버티어 서서 지킨 결과 乙을 소사케 한 경우, 甲은 현주건조물방화죄와 살인죄의 실체적 경합이 성립한다.
> ㉣ 甲이 乙의 재물을 강취한 뒤 乙을 살해할 의사로 乙의 집에 방화하여 乙을 살해한 행위는 강도살인죄와 현주건조물방화치사죄의 실체적 경합이 성립한다.

①	㉠ (○)	㉡ (○)	㉢ (○)	㉣ (○)
②	㉠ (×)	㉡ (×)	㉢ (×)	㉣ (○)
③	㉠ (○)	㉡ (×)	㉢ (×)	㉣ (×)
④	㉠ (○)	㉡ (○)	㉢ (○)	㉣ (×)

해설/정답 ④

㉠ (○) 교사자가 피교사자에 대하여 상해를 교사하였는데 피교사자가 이를 넘어 살인을 실행한 경우, 일반적으로 교사자는 상해죄에 대한 교사범이 되는 것이고, 다만 이 경우 교사자에게 피해자의 사망이라는 결과에 대하여 과실 내지 예견가능성이 있는 때에는 상해치사죄의 교사범으로서의 죄책을 지울 수 있다(대판 1997.6.24. 97도1075).

㉡ (○), ㉢ (○) 가. 형법 제164조 후단이 규정하는 현주건조물 방화치사상죄는 그 전단에 규정하는 죄에 대한 일종의 가중처벌규정으로서 불을 놓아 사람의 주거에 사용하거나 사람이 현존하는 건조물을 소훼함으로 인하여 사람을 사상에 이르게 한 때에 성립되며 동 조항이 사형, 무기 또는 7년 이상의 징역의 무거운 법정형을 정하고 있는 취의에 비추어 보면 과실이 있는 경우 뿐만 아니라 고의가 있는 경우도 포함된다고 볼 것이므로, 현주건조물 내에 있는 사람을 강타하여 실신케 한 후 동건조물에 방화하여 소사케 한 피고인을 현주건조물에의 방화죄와 살인죄의 상상적 경합으로 의율할 것은 아니다. 나. 형법 제164조 전단의 현주건조물에의 방화죄는 공중의 생명, 신체, 재산 등에 대한 위험을 예방하기 위하여 공공의 안전을 그 제1차적인 보호법익으로 하고 제2차적으로는 개인의 재산권을 보호하는 것이라고 할 것이나, 여기서 공공에 대한 위험은 구체적으로 그 결과가 발생됨을 요하지 아니하는 것이고 이미 현주건조물에의 점화가 독립연소의 정도에 이르면 동 죄는 기수에 이르러 완료되는 것인 한편, 살인죄는 일신전속적인 개인적 법익을 보호하는 범죄이므로, 이 사건에서와 같이 불을 놓은 집에서 빠져 나오려는 피해자들을 막아 소사케 한 행위는 1개의 행위가 수개의 죄명에 해당하는 경우라고 볼 수 없고, 위 방화행위와 살인행위는 법률상 별개의 범의에 의하여 별개의 법익을 해하는 별개의 행위라고 할 것이니, 현주건조물방화죄와 살인죄는 실체적 경합관계에 있다(대판 1983.1.18. 82도2341).

㉣ (×) 피고인들이 피해자들의 재물을 강취한 후 그들을 살해할 목적으로 현주건조물에 방화하여 사망에 이르게 한 경우, 피고인들의 행위는 강도살인죄와 현주건조물방화치사죄에 모두 해당하고 그 두 죄는 상상적 경합범관계에 있다(대판 1998.12.8. 98도3416).

041 **다음 설명 중 가장 적절하지 않은 것은?** 〈경찰2차 2016〉

① 「형법」 제144조 제2항 특수공무집행방해치상죄는 그 결과에 대한 예견가능성이 있었음에도 불구하고 예견하지 못한 경우뿐만 아니라 고의가 있는 경우까지도 포함하는 부진정결과적 가중범이다.

② 결과적 가중범인 상해치사죄의 공동정범은 폭행 기타의 신체침해행위를 공동으로 할 의사가 있으면 성립되고 결과를 공동으로 할 의사는 필요 없으며, 여러 사람이 상해의 범의로 범행 중 한 사람이 중한 상해를 가하여 피해자가 사망에 이르게 된 경우 나머지 사람들은 사망의 결과를 예견할 수 없는 때가 아닌 한 상해치사의 죄책을 면할 수 없다.

③ 「형법」 제168조 연소죄는 결과적 가중범에 해당한다.

④ 「형법」 제15조 제2항 결과적 가중범은 기본범죄와 중한 결과 사이의 인과관계에 대해서만 규정하고 있을 뿐, 예견가능성을 명시적으로 요구하고 있지는 않다.

해설/정답 ④

① (○) 특수공무집행방해치상죄는 원래 결과적 가중범이기는 하지만, 이는 중한 결과에 대하여 예견가능성이 있었음에 불구하고 예견하지 못한 경우에 벌하는 진정결과적 가중범이 아니라 그 결과에 대한 예견가능성이 있었음에도 불구하고 예견하지 못한 경우뿐만 아니라 고의가 있는 경우까지도 포함하는 부진정결과적 가중범이다(대판 1995.1.20. 94도2842).

② (○) 결과적 가중범인 상해치사죄의 공동정범은 폭행 기타의 신체침해 행위를 공동으로 할 의사가 있으면 성립되고 결과를 공동으로 할 의사는 필요 없으며, 여러 사람이 상해의 범의로 범행 중 한 사람이 중한 상해를 가하여 피해자가 사망에 이르게 된 경우 나머지 사람들은 사망의 결과를 예견할 수 없는 때가 아닌 한 상해치사의 죄책을 면할 수 없다(대판 2000.5.12. 2000도745).

③ (○) 형법 168조 : 본죄는 자기 소유 건조물 또는 물건에 대한 방화가 확대되어 타인 소유물에 연소한 경우를 처벌하기 위한 자기 소유물에 대한 방화죄의 결과적 가중범이다(제168조). 진정결과적 가중범이므로 중한 결과에 과실이 있는 경우에만 성립한다.

> **제168조(연소)**
> ① 제166조 제2항 또는 전조 제2항의 죄를 범하여 제164조, 제165조 또는 제166조 제1항에 기재한 물건에 연소한 때에는 1년 이상 10년 이하의 징역에 처한다.
> ② 전조 제2항의 죄를 범하여 전조 제1항에 기재한 물건에 연소한 때에는 5년 이하의 징역에 처한다.

④ (×) 형법 제15조 제2항

> **제15조(사실의 착오)**
> ② 결과 때문에 형이 무거워지는 죄의 경우에 그 결과의 발생을 예견할 수 없었을 때에는 무거운 죄로 벌하지 아니한다.

042 **결과적 가중범에 대한 설명으로 가장 적절한 것은?** 〈경찰2차 2018〉

① 부진정결과적 가중범에서, 고의로 중한 결과를 발생하게 한 행위가 별도의 구성요건에 해당하고 그 고의범에 대하여 결과적 가중범에 정한 형보다 더 무겁게 처벌하는 규정이 있는 경우에는 그 고의범만 성립하고 결과적 가중범 대하여는 별도로 죄를 구성하지 않지만, 고의범에 대하여 더 무겁게 처벌하는 규정이 없는 경우에는 그 고의범과 결과적 가중범이 상상적 경합관계에 해당한다.

② 피해자의 재물을 강취한 후 그를 살해할 목적으로 현주건조물에 방화하여 소사(燒死)하게 한 경우 강도살인죄만 성립하고 현주건조물방화치사죄는 별도로 죄를 구성하지 않는다.

③ 친구를 살해할 의도로 친구가 살고 있는 집을 방화하여 그를 사망하게 한 경우 현주건조물방화치사죄와 살인죄를 구성하고 이 두 죄는 상상적 경합관계에 있다.

④ 교사자가 피교사자에 대하여 상해를 교사하였는데 피교사자가 이를 넘어 살인을 실행한 경우, 교사자가 피해자의 사망이라는 결과에 대하여 과실 내지 예견가능성이 있는 때에는 상해치사죄의 교사범으로서의 죄책을 지울 수 있다.

해설/정답 ④

① (×) 기본범죄를 통하여 고의로 중한 결과를 발생하게 한 경우에 가중처벌하는 부진정결과적 가중범에 있어서, 고의로 중한 결과를 발생하게 한 행위가 별도의 구성요건에 해당하고 그 고의범에 대하여 결과적 가중범에 정한 형보다 더 무겁게 처벌하는 규정이 있는 경우에는 그 고의범과 결과적 가중범이 상상적 경합관계에 있다고 보아야 할 것이지만, 위와 같이 고의범에 대하여 더 무겁게 처벌하는 규정이 없는 경우에는 결과적 가중범이 고의범에 대하여 특별관계에 있다고 해석되므로 결과적 가중범만 성립하고 이와 법조경합의 관계에 있는 고의범에 대하여는 별도로 죄를 구성한다고 볼 수 없다. 따라서 직무를 집행하는 공무원에 대하여 위험한 물건을 휴대하여 고의로 상해를 가한 경우에는 특수공무집행방해치상죄만 성립할 뿐, 이와는 별도로 폭력행위 등 처벌에 관한 법률 위반(집단·흉기 등 상해)죄를 구성한다고 볼 수 없다(대판 2008.11.27. 2008도7311).

② (×) 피고인들이 피해자들의 재물을 강취한 후 그들을 살해할 목적으로 현주건조물에 방화하여 사망에 이르게 한 경우, 피고인들의 행위는 강도살인죄와 현주건조물방화치사죄에 모두 해당하고 그 두 죄는 상상적 경합범관계에 있다(대판 1998.12.8. 98도3416).

③ (×) 형법 제164조 후단이 규정하는 현주건조물방화치사상죄는 그 전단이 규정하는 죄에 대한 일종의 가중처벌 규정으로서 과실이 있는 경우뿐만 아니라, 고의가 있는 경우에도 포함된다고 볼 것이므로 사람을 살해할 목적으로 현주건조물에 방화하여 사망에 이르게 한 경우에는 현주건조물방화치사죄로 의율하여야 하고 이와 더불어 살인죄와의 상상적 경합범으로 의율할 것은 아니며, 다만 존속살인죄와 현주건조물방화치사죄는 상상적 경합범 관계에 있으므로, 법정형이 중한 존속살인죄로 의율함이 타당하다(대판 1996.4.26. 96도485).

④ (○) 교사자가 피교사자에 대하여 상해를 교사하였는데 피교사자가 이를 넘어 살인을 실행한 경우, 일반적으로 교사자는 상해죄에 대한 교사범이 되는 것이고, 다만 이 경우 교사자에게 피해자의 사망이라는 결과에 대하여 과실 내지 예견가능성이 있는 때에는 상해치사죄의 교사범으로서의 죄책을 지울 수 있다(대판 1997.6.24. 97도1075, 대판 2002.10.25. 2002도4089).

043 결과적 가중범에 대한 설명으로 가장 적절하지 않은 것은? 〈경찰2차 2017 변형〉

① 수면제와 같은 약물을 투약하여 피해자를 일시적으로 수면 또는 의식불명 상태에 이르게 한 경우에도 약물로 인하여 피해자의 건강상태가 불량하게 변경되고 생활기능에 장애가 초래되었다면 자연적으로 의식을 회복하거나 외부적으로 드러난 상처가 없더라도 이는 강간치상죄나 강제추행치상죄에서 말하는 상해에 해당한다.

② 「형법」 제15조 제2항은 '결과 때문에 형이 무거워지는 죄의 경우에 그 결과의 발생을 예견할 수 없었을 때에는 무거운 죄로 벌하지 아니한다.'고 규정하고 있다.

③ 기본범죄를 통하여 고의로 중한 결과를 발생하게 한 경우에 가중처벌하는 부진정결과적 가중범에서, 고의로 중한 결과를 발생하게 한 행위가 별도의 구성요건에 해당하고 그 고의범에 대하여 결과적 가중범에 정한 형보다 더 무겁게 처벌하는 규정이 있는 경우에는 그 고의범과 결과적 가중범이 실체적 경합관계에 있다.

④ 결과적 가중범인 상해치사죄의 공동정범은 폭행 기타의 신체침해 행위를 공동으로 할 의사가 있으면 성립되고 결과를 공동으로 할 의사는 필요 없다.

해설/정답 ③

① (○) 강간치상죄나 강제추행치상죄에 있어서의 상해는 피해자의 신체의 완전성을 훼손하거나 생리적 기능에 장애를 초래하는 것, 즉 피해자의 건강상태가 불량하게 변경되고 생활기능에 장애가 초래되는 것을 말하는 것으로, 여기서의 생리적 기능에는 육체적 기능뿐만 아니라 정신적 기능도 포함된다. 따라서 수면제와 같은 약물을 투약하여 피해자를 일시적으로 수면 또는 의식불명 상태에 이르게 한 경우에도 약물로 인하여 피해자의 건강상태가 불량하게 변경되고 생활기능에 장애가 초래되었다면 자연적으로 의식을 회복하거나 외부적으로 드러난 상처가 없더라도 이는 강간치상죄나 강제추행치상죄에서 말하는 상해에 해당한다. 그리고 피해자에게 이러한 상해가 발생하였는지는 객관적, 일률적으로 판단할 것이 아니라 피해자의 연령, 성별, 체격 등 신체·정신상의 구체적인 상태, 약물의 종류와 용량, 투약방법, 음주 여부 등 약물의 작용에 미칠 수 있는 여러 요소를 기초로 하여 약물 투약으로 인하여 피해자에게 발생한 의식장애나 기억장애 등 신체, 정신상의 변화와 내용 및 정도를 종합적으로 고려하여 판단하여야 한다(대판 2017.6.29. 2017도3196).

② (○) 형법 제15조

> **제15조(사실의 착오)**
> ② 결과 때문에 형이 무거워지는 죄의 경우에 그 결과의 발생을 예견할 수 없었을 때에는 무거운 죄로 벌하지 아니한다.

③ (×) 기본범죄를 통하여 고의로 중한 결과를 발생하게 한 경우에 가중 처벌하는 부진정결과적 가중범에서, 고의로 중한 결과를 발생하게 한 행위가 별도의 구성요건에 해당하고 그 고의범에 대하여 결과적 가중범에 정한 형보다 더 무겁게 처벌하는 규정이 있는 경우에는 그 고의범과 결과적 가중범이 상상적 경합관계에 있지만, 위와 같이 고의범에 대하여 더 무겁게 처벌하는 규정이 없는 경우에는 결과적 가중범이 고의범에 대하여 특별관계에 있으므로 결과적 가중범만 성립하고 이와 법조경합의 관계에 있는 고의범에 대하여는 별도로 죄를 구성하지 않는다(대판 2008.11.27. 2008도7311).

④ (○) 결과적 가중범인 상해치사죄의 공동정범은 폭행 기타의 신체침해 행위를 공동으로 할 의사가 있으면 성립되고 결과를 공동으로 할 의사는 필요 없으며, 여러 사람이 상해의 범의로 범행 중 한 사람이 중한 상해를 가하여 피해자가 사망에 이르게 된 경우 나머지 사람들은 사망의 결과를 예견할 수 없는 때가 아닌 한 상해치사의 죄책을 면할 수 없다고 할 것이다(대판 2000.5.12. 2000도745).

CHAPTER 03 | 위법성

제1절 | 위법성의 이론

044 甲은 층간소음문제로 평소 다툼이 있던 아파트 위층에 앙갚음을 할 마음으로 돌을 던져 유리창을 깨트렸다. 그런데 위층에 살던 A는 빚 독촉에 시달리다 자살하기로 마음먹고 창문을 닫은 채 연탄불을 피운 결과, 연탄가스에 중독되어 쓰러져 있던 상태였다. 유리창을 깨트린 甲의 행위로 인하여 A는 구조되었다. 이 사례에서 甲이 무죄라는 견해에 관한 설명으로 가장 적절하지 않은 것은? 〈경찰1차 2022〉

① 범죄성립에 있어서 결과반가치만을 고려하는 입장에서 주장될 수 있다.

② 객관적으로 존재하는 정당화요건은 기수범 처벌에 대한 감경 가능성으로만 고려될 수 있다.

③ 객관적 정당화사정의 존재가 행위자에게 유리하게 작용하는 경우이다.

④ 주관적 정당화사정이 있는 경우와 없는 경우를 동일하게 취급한다는 비판이 가능하다.

해설/정답 ②

주관적 정당화요소를 결한 경우(우연방위 등)의 효과에 있어서 무죄설의 내용을 묻는 문제이다.

① (○), ③ (○), ④ (○) 무죄설에 대한 설명이다. 위법성조각설(무죄설)은 위법성조각사유의 성립에는 주관적 정당화요소가 필요 없기 때문에, 행위자가 존재하는 객관적 정당화상황을 알지 못하고 행위한 경우에도 위법성이 조각된다는 견해이다. 결과반가치론을 그 이론적 배경으로 한다. 위법성조각설은 결과반가치가 탈락되더라도 주관적 정당화요소가 결여되면 행위반가치는 여전히 남게 됨에도 불구하고 이를 적법하다고 보는 것은 부당하다는 비판을 받는다.

② (×) 불능미수범설에대한 설명이다. 불능미수범설은 객관적 정당화상황이 존재하므로 결과반가치는 배제되나 행위반가치는 그대로 존재하므로 미수범성립을 긍정하되, 그 구조가 불능미수와 유사하다고 보아 제27조를 유추적용하여 처벌할 것을 주장하는 견해이다(다수설). 이원적·인적 불법론을 그 이론적 배경으로 한다.

045 위법성조각사유에 대한 설명으로 가장 적절한 것은? 〈경찰2차 2020〉

① 형법 제252조 제1항 촉탁·승낙살인죄는 피해자 승낙을 배제하는 효과를 그 내용으로 하고 있으므로, 본죄의 위법성 조각은 불가능하다.

② 무수혈 인공고관절 수술의 위험성을 충분히 설명 받았으나, 진지한 의사결정에 의한 수혈 거부 의사가 존재하여 무수혈 수술 동의 아래 수술을 진행하였는데 생명에 위험이 발생할 수 있는 응급상황이 발생하였음에도 환자의 자기결정권을 존중하여 수혈하지 않다가 환자가 과다출혈로 사망에 이른 경우 의사는 업무상과실치사의 죄책을 진다.

③ 위법성의 본질을 결과반가치에서만 구하는 입장은 우연방위에 대해 위법성을 탈락시킨다.

④ 주식회사 대표이사로서 회사의 계산으로 사전투표와 직접투표를 한 주주들에게 무상으로 20

만 원 상당의 상품교환권 등을 각 제공한 것은 주주총회 의결권 행사와 관련된 이익의 공여이지만 사회통념상 허용되는 범위를 넘지 않는 행위로서 위법성이 조각된다.

해설/정답 ③

① (×) 촉탁·승낙에 의한 살인죄의 경우에도 형법 제20조 정당행위로 위법성이 조각될 수 있다(소극적 안락사나 간접적 안락사의 경우 : 업무로 인한 행위).

② (×) [1] 환자의 명시적인 수혈 거부 의사가 존재하여 수혈하지 아니함을 전제로 환자의 승낙(동의)을 받아 수술하였는데 수술 과정에서 수혈을 하지 않으면 생명에 위험이 발생할 수 있는 응급상태에 이른 경우에, 환자의 생명을 보존하기 위해 불가피한 수혈 방법의 선택을 고려함이 원칙이라 할 수 있지만, 한편으로 환자의 생명 보호에 못지않게 환자의 자기결정권을 존중하여야 할 의무가 대등한 가치를 가지는 것으로 평가되는 때에는 이를 고려하여 진료행위를 하여야 한다. [2] 환자의 생명과 자기결정권을 비교형량하기 어려운 특별한 사정이 있다고 인정되는 경우에 의사가 자신의 직업적 양심에 따라 환자의 양립할 수 없는 두 개의 가치 중 어느 하나를 존중하는 방향으로 행위하였다면, 이러한 행위는 처벌할 수 없다고 할 것이다(대판 2014.6.26. 2009도14407).

③ (○) 객관적 정당화상황만 존재하고 주관적 정당화요소가 없는 경우(예 : 우연방위), 결과반가치 일원론에 의하면 위법성조각사유의 성립에는 주관적 정당화요소가 필요 없기 때문에, 행위자가 존재하는 객관적 정당화상황을 알지 못하고 행위한 경우에도 위법성이 조각된다고 본다(위법성조각설).

④ (×) 갑 주식회사 대표이사인 피고인이 주주총회 등에서 특정 의결권 행사방법을 독려하기 위한 방법으로 갑 회사의 주주총회 등에 참석하여 사전투표 또는 직접투표 방식으로 의결권을 행사한 주주들에게 갑 회사에서 발행한 20만 원 상당의 상품교환권 등을 제공함으로써 상법을 위반하였다는 내용으로 기소된 사안에서, 피고인이 갑 회사의 계산으로 사전투표와 직접투표를 한 주주들에게 무상으로 20만 원 상당의 상품교환권 등을 각 제공한 것은 주주총회 의결권 행사와 관련된 이익의 공여로서 사회통념상 허용되는 범위를 넘어서는 것이어서 상법상 주주의 권리행사에 관한 이익공여의 죄에 해당한다고 본 원심의 판단이 정당하다고 한 사례(대판 2018.2.8. 2015도7397).

046 범죄성립을 조각하는 사유에 관한 설명 중 옳은 것은? 〈경찰1차 2019 변형〉

① 긴급피난의 본질을 위법성조각사유라고 볼 경우, 긴급피난행위에 대해서 정당방위는 인정되지 아니하나 긴급피난은 인정된다.

② '정당한 사유' 없이 입영에 불응하는 사람을 처벌하는 「병역법」 제88조의 범죄에서 '정당한 사유'는 위법성조각사유이다.

③ 자구행위가 야간이나 그 밖의 불안한 상태에서 공포를 느끼거나 경악(驚愕)하거나 흥분하거나 당황하였기 때문에 그 행위를 하였을 때에는 벌하지 아니한다.

④ 처분할 수 있는 자의 승낙에 의하여 그 법익을 훼손한 행위는 법률에 특별한 규정이 있는 경우에만 벌하지 아니한다.

해설/정답 ①

① (○) 긴급피난의 본질을 위법성조각사유라고 보게 되면 긴급피난은 적법한 행위가 되므로, 이에 대해서 현재의 부당한 침해를 요건으로 하는 정당방위는 인정되지 않는다. 다만, 긴급피난은 위난의 원인이 위법할 것을 요하지 않으므로 긴급피난은 인정된다.

② (×) [다수의견] 병역법 제88조 제1항은 국방의 의무를 실현하기 위하여 현역입영 또는 소집통지서를 받고도 정당한 사유 없이 이에 응하지 않은 사람을 처벌함으로써 입영기피를 억제하고 병력구성을 확보하기 위한 규정이다. 위 조항에 따르면 정당한 사유가 있는 경우에는 피고인을 벌할 수 없는데, 여기에서 정당한 사유는 구성요건해당성을 조각하는 사유이다. 이는 형법상 위법성조각사유인 정당행위나 책임조각사유인 기대불가능성과는 구별된다(대판 2018.11.1. 2016도10912 전원합의체).

③ (×) 자구행위는 형법 제21조 제3항의 면책적 과잉방위규정을 준용하고 있지 않으므로 면책적 과잉자구행위는 인정되지 않는다. 다만, 본 선택지에는 '행위가 그 정도를 초과한 경우(과잉)'의 표현이 빠져 있어서 문제의 여지가 있다.

> **제21조(정당방위)**
> ① 현재의 부당한 침해로부터 자기 또는 타인의 법익(法益)을 방위하기 위하여 한 행위는 상당한 이유가 있는 경우에는 벌하지 아니한다.
> ② 방위행위가 그 정도를 초과한 경우에는 정황(情況)에 따라 그 형을 감경하거나 면제할 수 있다.
> ③ 제2항의 경우에 야간이나 그 밖의 불안한 상태에서 공포를 느끼거나 경악(驚愕)하거나 흥분하거나 당황하였기 때문에 그 행위를 하였을 때에는 벌하지 아니한다.

④ (×) 형법 제24조

> **제24조(피해자의 승낙)**
> 처분할 수 있는 자의 승낙에 의하여 그 법익을 훼손한 행위는 법률에 특별한 규정이 없는 한 벌하지 아니한다.

제2절 | 정당방위

047 위법성조각사유에 대한 설명으로 가장 적절하지 않은 것은? 〈경찰1차 2018〉

① 정당방위의 성립요건으로서의 방어행위에는 순수한 수비적 방어뿐 아니라 적극적 반격을 포함하는 반격방어의 형태도 포함되나, 그 방어행위는 자기 또는 타인의 법익침해를 방위하기 위한 행위로서 상당한 이유가 있어야 한다.

② 신문기자인 피고인이 고소인에게 2회에 걸쳐 증여세 포탈에 대한 취재를 요구하면서 이에 응하지 않으면 자신이 취재한 내용대로 보도하겠다고 말한 것은 정당행위에 해당한다.

③ 검사가 참고인 조사를 받는 줄 알고 검찰청에 자진출석한 변호사사무실 사무장을 합리적 근거 없이 긴급체포하자 그 변호사가 이를 제지하는 과정에서 위 검사에게 상해를 가한 것은 정당방위에 해당한다.

④ 국회의원인 피고인이, 구 국가안전기획부 내 정보수집팀이 대기업 고위관계자와 중앙일간지 사주 간의 사적 대화를 불법 녹음한 자료를 입수한 후 그 대화내용과 위 대기업으로부터 이른바 떡값 명목의 금품을 수수하였다는 검사들의 실명이 게재된 보도자료를 작성하여 자신의 인터넷 홈페이지에 게재한 경우에는 정당행위에 해당한다.

해설/정답 ④

① (○) 정당방위가 성립하려면 침해행위에 의하여 침해되는 법익의 종류, 정도, 침해의 방법, 침해행위의

완급과 방위행위에 의하여 침해될 법익의 종류, 정도 등 일체의 구체적 사정들을 참작하여 방위행위가 사회적으로 상당한 것이어야 하고, 정당방위의 성립요건으로서의 방어행위에는 순수한 수비적 방어뿐 아니라 적극적 반격을 포함하는 반격방어의 형태도 포함되나, 그 방어행위는 자기 또는 타인의 법익침해를 방위하기 위한 행위로서 상당한 이유가 있어야 한다(대판 1992.12.22. 92도2540).

② (○) 신문기자인 피고인이 고소인에게 2회에 걸쳐 증여세 포탈에 대한 취재를 요구하면서 이에 응하지 않으면 자신이 취재한 내용대로 보도하겠다고 말하여 협박하였다는 취지로 기소된 사안에서, 피고인이 취재와 보도를 빙자하여 고소인에게 부당한 요구를 하기 위한 취지는 아니었던 점, 당시 피고인이 고소인에게 취재를 요구하였다가 거절당하자 인터뷰 협조요청서와 서면질의 내용을 그 자리에 두고 나왔을 뿐 폭언을 하거나 보도하지 않는 데 대한 대가를 요구하지 않은 점, 관할 세무서가 피고인의 제보에 따라 탈세 여부를 조사한 후 증여세를 추징하였다고 피고인에게 통지한 점, 고소인에게 불리한 사실을 보도하는 경우 기자로서 보도에 앞서 정확한 사실 확인과 보도 여부 등을 결정하기 위해 취재 요청이 필요했으리라고 보이는 점 등 제반 사정에 비추어, 위 행위가 설령 협박죄에서 말하는 해악의 고지에 해당하더라도 특별한 사정이 없는 한 기사 작성을 위한 자료를 수집하고 보도하기 위한 것으로서 신문기자의 일상적 업무 범위에 속하여 사회상규에 반하지 아니하는 행위라고 보는 것이 타당한데도, 이와 달리 본 원심판단에 정당행위에 관한 법리오해의 위법이 있다고 한 사례(대판 2011.7.14. 2011도639).

③ (○) 검사가 참고인 조사를 받는 줄 알고 검찰청에 자진출석한 변호사사무실 사무장을 합리적 근거 없이 긴급체포하자 그 변호사가 이를 제지하는 과정에서 위 검사에게 상해를 가한 것이 정당방위에 해당한다고 본 사례(대판 2006.9.8. 2006도148).

④ (×) 국회의원인 피고인이, 구 국가안전기획부 내 정보수집팀이 대기업 고위관계자와 중앙일간지 사주 간의 사적 대화를 불법 녹음한 자료를 입수한 후 그 대화내용과, 위 대기업으로부터 이른바 떡값 명목의 금품을 수수하였다는 검사들의 실명이 게재된 보도자료를 작성하여 자신의 인터넷 홈페이지에 게재하였다고 하여 통신비밀보호법 위반으로 기소된 사안에서, 위 행위가 형법 제20조의 정당행위에 해당한다고 볼 수 없는데도, 이와 달리 본 원심판단에 법리오해의 위법이 있다고 한 사례(대판 2011.5.13. 2009도14442).

048 위법성조각사유에 관한 다음 설명 중 가장 적절한 것은? 〈경찰1차 2016〉

① 이혼소송 중인 남편이 찾아와 가위로 폭행하고 변태적 성행위를 강요하는 데에 격분하여 칼로 남편의 복부를 찔러 사망에 이르게 한 경우, 그 행위는 과잉방위에 해당한다.

② 현행범인으로서의 요건을 갖추고 있었다고 인정되지 않는 상황에서 경찰관들이 동행을 거부하는 자를 체포하거나 강제로 연행하려고 하였다면, 이는 적법한 공무집행이라고 볼 수 없고, 그 체포를 면하려고 반항하는 과정에서 경찰관에게 상해를 가한 것은 불법체포로 인한 신체에 대한 현재의 부당한 침해에서 벗어나기 위한 행위로서 정당방위에 해당하여 위법성이 조각된다.

③ 형법 제24조(피해자의 승낙)에 따르면, 처분할 수 있는 자의 승낙에 의하여 그 법익을 훼손한 행위는 법률에 특별한 규정이 있는 경우에 한하여 벌하지 아니한다.

④ 검문 중이던 경찰관들이, 자전거를 이용한 날치기 사건 범인과 흡사한 인상착의의 甲이 자전거를 타고 다가오는 것을 발견하고 정지를 요구하였으나 멈추지 않아, 앞을 가로막고 소속과 성명을 고지한 후 검문에 협조해 달라는 취지로 말하였음에도 불응하고 그대로 전진하자, 따라가서 재차 앞을 막고 검문에 응하라고 요구하였는데, 이에 甲이 경찰관들의 멱살을 잡아 밀치거나 욕설을 하는 등 항의를 하였다면 甲의 행위는 정당방위에 해당한다.

해설/정답 ②

① (×) 이혼소송 중인 남편이 찾아와 가위로 폭행하고 변태적 성행위를 강요하는 데에 격분하여 처가 칼로 남편의 복부를 찔러 사망에 이르게 한 경우, 그 행위는 방위행위로서의 한도를 넘어선 것으로 사회통념상 용인될 수 없다는 이유로 정당방위나 과잉방위에 해당하지 않는다고 본 사례(대판 2001.5.15. 2001도1089).

② (○) 현행범인으로서의 요건을 갖추고 있었다고 인정되지 않는 상황에서 경찰관들이 동행을 거부하는 자를 체포하거나 강제로 연행하려고 하였다면, 이는 적법한 공무집행이라고 볼 수 없고, 그 체포를 면하려고 반항하는 과정에서 경찰관에게 상해를 가한 것은 불법 체포로 인한 신체에 대한 현재의 부당한 침해에서 벗어나기 위한 행위로서 정당방위에 해당하여 위법성이 조각된다(대판 2002.5.10. 2001도300).

③ (×) 형법 제24조

> **제24조(피해자의 승낙)**
> 처분할 수 있는 자의 승낙에 의하여 그 법익을 훼손한 행위는 법률에 특별한 규정이 없는 한 벌하지 아니한다.

④ (×) 검문 중이던 경찰관들이, 자전거를 이용한 날치기 사건 범인과 흡사한 인상착의의 피고인이 자전거를 타고 다가오는 것을 발견하고 정지를 요구하였으나 멈추지 않아, 앞을 가로막고 소속과 성명을 고지한 후 검문에 협조해 달라는 취지로 말하였음에도 불응하고 그대로 전진하자, 따라가서 재차 앞을 막고 검문에 응하라고 요구하였는데, 이에 피고인이 경찰관들의 멱살을 잡아 밀치거나 욕설을 하는 등 항의하여 공무집행방해 등으로 기소된 사안에서, 범행의 경중, 범행과의 관련성, 상황의 긴박성, 혐의의 정도, 질문의 필요성 등에 비추어 경찰관들은 목적 달성에 필요한 최소한의 범위 내에서 사회통념상 용인될 수 있는 상당한 방법을 통하여 경찰관직무집행법 제3조 제1항에 규정된 자에 대해 의심되는 사항을 질문하기 위하여 정지시킨 것으로 보아야 하는데도, 이와 달리 경찰관들의 불심검문이 위법하다고 보아 피고인에게 무죄를 선고한 원심판결에 불심검문의 내용과 한계에 관한 법리오해의 위법이 있다고 한 사례(대판 2012.9.13. 2010도6203).

049 다음 설명 중 가장 적절하지 않은 것은? 〈경찰2차 2016〉

① 甲이 점유자와 소유자가 다른 승용차를 점유자의 의사에 반하여 자신의 점유로 옮긴 경우, 이러한 甲의 행위가 결과적으로 소유자의 이익으로 된다는 사정 또는 소유자의 추정적 승낙이 있다고 볼 만한 사정이 있다고 하더라도, 다른 특별한 사정이 없는 한 그러한 사유만으로 불법영득의 의사가 없다고 할 수는 없다.

② 甲이 경찰관의 불심검문을 받아 운전면허증을 교부한 후 경찰관에게 큰 소리로 욕설을 하였는데, 경찰관이 모욕죄의 현행범으로 체포하겠다고 고지한 후 甲의 오른쪽 어깨를 붙잡자 반항하면서 경찰관에게 상해를 가한 사안에서 甲이 체포를 면하려고 반항하는 과정에서 상해를 가한 것은 정당방위에 해당한다.

③ 甲 정당 당직자인 피고인들이 국회 외교통상 상임위원회 회의장 앞 복도에서 출입이 봉쇄된 회의장 출입구를 뚫을 목적으로 회의장 출입문 및 그 안쪽에 쌓여 있던 집기를 손상하거나, 국회 심의를 방해할 목적으로 회의장 내에 물을 분사한 경우, 국민의 대의기관인 국회에서의 행위인 이상 피고인들의 행위는 위법성이 조각되는 정당행위라고 볼 수 있다.

④ 쟁의행위에 대한 찬반투표 실시를 위하여 전체 조합원이 참석할 수 있도록 근무시간 중에 노동조합 임시총회를 개최하고 3시간에 걸친 투표 후 1시간의 여흥시간을 가졌더라도 그 임시총회 개최행위는 전체적으로 노동조합의 정당한 행위에 해당한다.

해설/정답 ③

① (○) 형법상 절취란 타인이 점유하고 있는 자기 이외의 자의 소유물을 점유자의 의사에 반하여 점유를 배제하고 자기 또는 제3자의 점유로 옮기는 것을 말한다. 그리고 절도죄의 성립에 필요한 불법영득의 의사란 타인의 물건을 그 권리자를 배제하고 자기의 소유물과 같이 그 경제적 용법에 따라 이용·처분하고자 하는 의사를 말하는 것으로서, 단순히 타인의 점유만을 침해하였다고 하여 그로써 곧 절도죄가 성립하는 것은 아니나, 재물의 소유권 또는 이에 준하는 본권을 침해하는 의사가 있으면 되고 반드시 영구적으로 보유할 의사가 필요한 것은 아니며, 그것이 물건 자체를 영득할 의사인지 물건의 가치만을 영득할 의사인지를 불문한다. 따라서 어떠한 물건을 점유자의 의사에 반하여 취거하는 행위가 결과적으로 소유자의 이익으로 된다는 사정 또는 소유자의 추정적 승낙이 있다고 볼 만한 사정이 있다고 하더라도, 다른 특별한 사정이 없는 한 그러한 사유만으로 불법영득의 의사가 없다고 할 수는 없다(대판 2014.2.21. 2013도14139).

② (○) 피고인이 경찰관의 불심검문을 받아 운전면허증을 교부한 후 경찰관에게 큰 소리로 욕설을 하였는데, 경찰관이 모욕죄의 현행범으로 체포하겠다고 고지한 후 피고인의 오른쪽 어깨를 붙잡자 반항하면서 경찰관에게 상해를 가한 사안에서, 피고인은 경찰관의 불심검문에 응하여 이미 운전면허증을 교부한 상태이고, 경찰관뿐 아니라 인근 주민도 욕설을 직접 들었으므로, 피고인이 도망하거나 증거를 인멸할 염려가 있다고 보기는 어렵고, 피고인의 모욕 범행은 불심검문에 항의하는 과정에서 저지른 일시적, 우발적인 행위로서 사안 자체가 경미할 뿐 아니라, 피해자인 경찰관이 범행현장에서 즉시 범인을 체포할 급박한 사정이 있다고 보기도 어려우므로, 경찰관이 피고인을 체포한 행위는 적법한 공무집행이라고 볼 수 없고, 피고인이 체포를 면하려고 반항하는 과정에서 상해를 가한 것은 불법체포로 인한 신체에 대한 현재의 부당한 침해에서 벗어나기 위한 행위로서 정당방위에 해당한다는 이유로, 피고인에 대한 상해 및 공무집행방해의 공소사실을 무죄로 인정한 원심판단을 수긍한 사례(대판 2011.5.26. 2011도3682).

③ (×) 갑 정당 당직자인 피고인들 등이 국회 외교통상 상임위원회 회의장 앞 복도에서 출입이 봉쇄된 회의장 출입구를 뚫을 목적으로 회의장 출입문 및 그 안쪽에 쌓여있던 책상, 탁자 등 집기를 손상하거나, 국회의 심의를 방해할 목적으로 소방호스를 이용하여 회의장 내에 물을 분사한 사안에서, 피고인들의 위와 같은 행위는 공용물건손상죄 및 국회회의장소동죄의 구성요건에 해당하고, 국민의 대의기관인 국회에서 서로의 의견을 경청하고 진지한 토론과 양보를 통하여 더욱 바람직한 결론을 도출하는 합법적 절차를 외면한 채 곧바로 폭력적 행동으로 나아가 방법이나 수단에 있어서도 상당성의 요건을 갖추지 못하여 이를 위법성이 조각되는 정당행위나 긴급피난의 요건을 갖춘 행위로 평가하기 어렵다고 한 사례(대판 2013.6.13. 2010도13609).

④ (○) 쟁의행위에 대한 찬반투표 실시를 위하여 전체 조합원이 참석할 수 있도록 근무시간 중에 노동조합 임시총회를 개최하고 3시간에 걸친 투표 후 1시간의 여흥시간을 가졌더라도 그 임시총회 개최행위가 전체적으로 노동조합의 정당한 행위에 해당한다고 본 사례(대판 1994.2.22. 93도613).

050 정당방위에 대한 설명으로 가장 적절한 것은? 〈경찰2차 2018〉

① 가해자의 행위가 피해자의 부당한 공격을 방위하기 위한 것이라기 보다는 서로 공격할 의사로 싸우다가 먼저 공격을 받고 이에 대항하여 가해하게 된 것인 경우에는 「형법」 제21조 제2항의 과잉방위가 성립한다.

② 피고인이 피해자로부터 먼저 폭행·협박을 당하다가 이를 피하기 위하여 피해자를 칼로 찔러 즉사케 한 경우, 그 행위가 피해자의 폭행·협박의 정도에 비추어 방위행위로서의 한도를 넘어선 것으로서 사회통념상 용인될 수 없다고 판단될 때에는 「형법」 제21조 제2항의 과잉방위가 성립한다.

③ 생명·신체에 대한 현재의 부당한 침해를 방위하기 위한 상당한 행위가 있고, 이어서 정당방위의 요건인 상당성을 결여한 행위가 연속적으로 이루어진 경우 극히 짧은 시간 내에 계속하여 행하여진 가해자의 이와 같은 일련의 행위는 이를 전체로서 하나의 행위라고 보아 형법 제21조 제2항의 과잉방위가 성립한다고 볼 여지가 있다.

④ 경찰관이 적법절차를 준수하지 않은 채 실력으로 현행범인을 연행하려 한 경우 이에 저항하는 과정에서 경찰관에게 상해를 입힌 행위는 그것이 자신의 신체에 대한 현재의 부당한 침해를 방위하기 위한 행위로서 상당한 이유가 있는 것이었다 하더라도 정당방위가 되지 못한다.

해설/정답 ③

① (×) 가해자의 행위가 피해자의 부당한 공격을 방위하기 위한 것이라기 보다는 서로 공격할 의사로 싸우다가 먼저 공격을 받고 이에 대항하여 가해하게 된 것이라고 봄이 상당한 경우, 그 가해행위는 방어행위인 동시에 공격행위의 성격을 가지므로 정당방위 또는 과잉방위행위라고 볼 수 없다(대판 2000.3.28. 2000도228, 대판 1993.8.24. 92도1329, 대판 1971.4.30. 71도527).

② (×) 이혼소송 중인 남편이 찾아와 가위로 폭행하고 변태적 성행위를 강요하는 데에 격분하여 처가 칼로 남편의 복부를 찔러 사망에 이르게 한 경우, 그 행위는 방위행위로서의 한도를 넘어선 것으로 사회통념상 용인될 수 없다는 이유로 정당방위나 과잉방위에 해당하지 않는다고 본 사례(대판 2001.5.15. 2001도1089).

③ (○) 위 사건 당시 피해자가 피고인의 위와 같은 방위행위로 말미암아 뒤로 넘어져 피고인의 몸아래 깔려 더 이상 침해행위를 계속하는 것이 불가능하거나 또는 적어도 현저히 곤란한 상태에 빠졌음에도 피고인이 피해자의 몸 위에 타고앉아 그의 목을 계속하여 졸라 누름으로써 결국 피해자로 하여금 질식하여 사망에 이르게 한 행위는 정당방위의 요건인 상당성을 결여한 행위라고 보아야 할 것이나, 극히 짧은 시간 내에 계속하여 행하여진 피고인의 위와 같은 일련의 행위는 이를 전체로서 하나의 행위로 보아야 할 것이므로, 방위의사에서 비롯된 피고인의 위와 같이 연속된 전후행위는 하나로서 형법 제21조 제2항 소정의 과잉방위에 해당한다 할 것이고, 당시 야간에 흉포한 성격에 술까지 취한 피해자가 식칼을 들고 피고인을 포함한 가족들의 생명, 신체를 위협하는 불의의 행패와 폭행을 하여 온 불안스러운 상태 하에서 공포, 경악, 흥분 또는 당황 등으로 말미암아 저질러진 것이라고 보아야 할 것이다(대판 1986.11.11. 86도1862).

④ (×) 경찰관의 행위가 적법한 공무집행을 벗어나 불법하게 체포한 것으로 볼 수밖에 없다면, 그 체포를 면하려고 반항하는 과정에서 경찰관에게 상해를 가한 것은 불법체포로 인한 신체에 대한 현재의 부당한 침해에서 벗어나기 위한 행위로서 정당방위에 해당하여 위법성이 조각된다고 한 사례(대판 2000.7.4. 99도4341, 대판 2017.9.21. 2017도10866, 대판 2011.5.26. 2011도3682).

051 위법성조각사유에 관한 설명으로 가장 적절하지 않은 것은? 〈경찰2차 2023〉

① 방위행위, 피난행위, 자구행위가 그 정도를 초과한 경우에는 정황(情況)에 따라 그 형을 감경하거나 면제한다.

② 가해자의 행위가 피해자의 부당한 공격을 방위하기 위한 것이라기보다는 서로 공격할 의사로 싸우다가 먼저 공격을 받고 이에 대항하여 가해하게 된 것이라고 봄이 상당한 경우, 그 가해행위는 방어행위인 동시에 공격행위의 성격을 가지므로 정당방위 또는 과잉방위행위라고 볼 수 없다.

③ 정당방위, 긴급피난, 자구행위의 성립요건으로 '상당한 이유가 있을 것'이 요구된다.

④ 피해자의 승낙은 해석상 개인적 법익을 훼손하는 경우에 법률상 이를 처분할 수 있는 사람의 승낙을 말할 뿐만 아니라 그 승낙이 윤리적, 도덕적으로 사회상규에 반하는 것이 아니어야 한다.

해설/정답 ①

① (×) 형법 제21조 제2항, 제22조 제3항, 제23조 제2항

제21조(정당방위)
② 방위행위가 그 정도를 초과한 경우에는 정황(情況)에 따라 그 형을 감경하거나 면제할 수 있다.

제22조(긴급피난)
③ 전조 제2항과 제3항의 규정은 본조에 준용한다.

제23조(자구행위)
② 제1항의 행위가 그 정도를 초과한 경우에는 정황에 따라 그 형을 감경하거나 면제할 수 있다.

② (○) 가해자의 행위가 피해자의 부당한 공격을 방위하기 위한 것이라기보다는 서로 공격할 의사로 싸우다가 먼저 공격을 받고 이에 대항하여 가해하게 된 것이라고 봄이 상당한 경우, 그 가해행위는 방어행위인 동시에 공격행위의 성격을 가지므로 정당방위 또는 과잉방위행위라고 볼 수 없다(대판 2011.5.13. 2010도16970, 대판 2000.3.28. 2000도228, 대판 1993.8.24. 92도1329, 대판 1971.4.30. 71도527).

③ (○) 형법 제21조 제1항, 제22조 제1항, 제23조 제1항

제21조(정당방위)
① 현재의 부당한 침해로부터 자기 또는 타인의 법익(法益)을 방위하기 위하여 한 행위는 상당한 이유가 있는 경우에는 벌하지 아니한다.

제22조(긴급피난)
① 자기 또는 타인의 법익에 대한 현재의 위난을 피하기 위한 행위는 상당한 이유가 있는 때에는 벌하지 아니한다.

제23조(자구행위)
① 법률에서 정한 절차에 따라서는 청구권을 보전(保全)할 수 없는 경우에 그 청구권의 실행이 불가능해지거나 현저히 곤란해지는 상황을 피하기 위하여 한 행위는 상당한 이유가 있는 때에는 벌하지 아니한다.

④ (○) [1] 형법 제24조의 규정에 의하여 위법성이 조각되는 피해자의 승낙은 개인적 법익을 훼손하는 경우에 법률상 이를 처분할 수 있는 사람의 승낙을 말할 뿐만 아니라 그 승낙이 윤리적, 도덕적으로 사회상규에 반하는 것이 아니어야 한다. [2] 피해자의 몸에서 잡귀를 물리친다면서 뺨 등을 때리고 팔과 다리를 붙잡고 배와 가슴을 손과 무릎으로 힘껏 누르고 밟는 등 하여 그로 하여금 우측간 저면파열, 복강내출혈로 사망에 이르게 하였다면 피해자의 승낙은 범죄성립에 아무런 장애가 될 수 없는 윤리적, 도덕적으로 허용될 수 없는 즉 사회상규에 반하는 것이라고 할 것이므로 피고인 등의 행위가 피해자의 승낙에 의하여 위법성이 조각된다는 상고논지는 받아들일 수가 없다고 한 사례(대판 1985.12.10. 85도1892).

제4절 | 자구행위

052 자구행위에 관한 설명 중 가장 적절하지 않은 것은? 〈경찰1차 2023〉

① 자구행위란 법률에서 정한 절차에 따라서는 청구권을 보전(保全)할 수 없는 경우에 그 청구권의 실행이 불가능해지거나 현저히 곤란해지는 상황을 피하기 위한 상당한 이유가 있는 행위를 말한다.

② 자구행위의 경우에도 야간이나 그 밖의 불안한 상태에서 공포를 느끼거나 경악하거나 흥분하거나 당황하였기 때문에 그 행위를 하였을 때 벌하지 아니하는 「형법」 제21조 제3항의 규정이 준용된다.

③ 자구행위는 사후적 긴급행위이므로 과거의 침해에 대해서만 가능하다.

④ 자구행위에서 청구권 보전의 불가능이란 시간적·장소적 관계로 국가기관의 구제를 기다릴 여유가 없거나 후일 공적 수단에 의한다면 그 실효를 거두지 못할 긴급한 사정이 있는 경우를 말한다.

해설/정답 ②

① (○) 형법 제23조 제1항

> **제23조(자구행위)**
> ① 법률에서 정한 절차에 따라서는 청구권을 보전(保全)할 수 없는 경우에 그 청구권의 실행이 불가능해지거나 현저히 곤란해지는 상황을 피하기 위하여 한 행위는 상당한 이유가 있는 때에는 벌하지 아니한다.

② (×) 정당방위나 긴급피난과 달리 "야간이나 그 밖의 불안한 상태에서 공포를 느끼거나 경악(驚愕)하거나 흥분하거나 당황하였기 때문에 그 행위를 하였을 때에는 벌하지 아니한다."는 형법 제21조 제3항의 준용규정은 존재하지 않는다.

③ (○) 자구행위는 과거의 침해에 대해서만 가능하다.

④ (○) 자구행위는 장소 또는 시간관계로 공적 구제를 강구할 여유가 없고, 후일 공적 수단에 의하더라도 그 실효를 거두지 못할 긴급상황에서만 허용된다(자구행위의 보충성).

053 피해자의 승낙에 관한 다음 설명 중 옳고 그름의 표시(○, ×)가 모두 바르게 된 것은? 〈경찰2차 2022〉

> ㉠ 형법 제24조에 따라 위법성이 조각되는 피해자의 승낙은 개인적 법익을 훼손하는 경우에 법률상 이를 처분할 수 있는 사람의 승낙을 말할 뿐만 아니라 그 승낙이 윤리적, 도덕적으로 사회상규에 반하는 것이 아니어야 한다.
>
> ㉡ 문서명의인이 문서의 작성일자 전에 이미 사망했어도 문서 명의인이 생존하고 있다는 점이 문서의 중요한 내용을 이루거나 그 점을 전제로 문서가 작성되어 공공의 신용을 해할 위험이 있는 경우에는 사문서위조죄가 성립하나, 그 문서에 관하여 사망한 명의자의 승낙이 추정되는 경우에는 피해자의 승낙에 따라 위법성이 조각된다.
>
> ㉢ 형법 제24조 피해자의 승낙은 정당방위, 긴급피난, 자구행위와 같이 '상당한 이유'라는 명문의 규정을 두고 있다.
>
> ㉣ 의사의 불충분한 설명을 근거로 환자가 수술에 동의하였다면 피해자의 승낙으로 수술의 위법성은 조각되지 않는다.

① ㉠ (×), ㉡ (×), ㉢ (○), ㉣ (×)　　② ㉠ (×), ㉡ (○), ㉢ (○), ㉣ (○)

③ ㉠ (○), ㉡ (×), ㉢ (×), ㉣ (×)　　④ ㉠ (○), ㉡ (×), ㉢ (×), ㉣ (○)

해설/정답 ④

㉠ (○) [1] 형법 제24조의 규정에 의하여 위법성이 조각되는 피해자의 승낙은 개인적 법익을 훼손하는 경우에 법률상 이를 처분할 수 있는 사람의 승낙을 말할 뿐만 아니라 그 승낙이 윤리적, 도덕적으로 사회상규에 반하는 것이 아니어야 한다. [2] 피해자의 몸에서 잡귀를 물리친다면서 뺨 등을 때리고 팔과 다리를 붙잡고 배와 가슴을 손과 무릎으로 힘껏 누르고 밟는 등 하여 그로 하여금 우측간 저면파열, 복강내출혈로 사망에 이르게 하였다면 피해자의 승낙은 범죄성립에 아무런 장애가 될 수 없는 윤리적, 도덕적으로 허용될 수 없는 즉 사회상규에 반하는 것이라고 할 것이므로 피고인 등의 행위가 피해자의 승낙에 의하여 위법성이 조각된다는 상고논지는 받아들일 수가 없다고 한 사례(대판 1985.12.10. 85도1892).

㉡ (×) 문서위조죄는 문서의 진정에 대한 공공의 신용을 보호법익으로 하는 것이므로 행사할 목적으로 작성된 사문서가 일반인으로 하여금 당해 명의인의 권한 내에서 작성된 문서라고 믿게 할 수 있는 정도의 형식과 외관을 갖추고 있으면 사문서위조죄가 성립하고, 위와 같은 요건을 구비한 이상 명의인이 문서의 작성일자 전에 이미 사망하였더라도 그러한 문서 역시 공공의 신용을 해할 위험성이 있으므로 사문서위조죄가 성립한다. 위와 같이 사망한 사람 명의의 사문서에 대하여도 문서에 대한 공공의 신용을 보호할 필요가 있다는 점을 고려하면, 문서명의인이 이미 사망하였는데도 문서명의인이 생존하고 있다는 점이 문서의 중요한 내용을 이루거나 그 점을 전제로 문서가 작성되었다면 이미 문서에 관한 공공의 신용을 해할 위험이 발생하였다 할 것이므로, 그러한 내용의 문서에 관하여 사망한 명의자의 승낙이 추정된다는 이유로 사문서위조죄의 성립을 부정할 수는 없다(대판 2011.9.29. 2011도6223).

㉢ (×) 형법 제24조 : '상당한 이유' 라는 명문의 규정은 두고 있지 않다.

> **제24조(피해자의 승낙)**
> 처분할 수 있는 자의 승낙에 의하여 그 법익을 훼손한 행위는 법률에 특별한 규정이 없는 한 벌하지 아니한다.

㉣ (○) 가. 산부인과 전문의 수련과정 2년차인 의사가 자신의 시진, 촉진결과 등을 과신한 나머지 초음파검사 등 피해자의 병증이 자궁외 임신인지, 자궁근종인지를 판별하기 위한 정밀한 진단방법을 실시하지 아니한 채 피해자의 병명을 자궁근종으로 오진하고 이에 근거하여 의학에 대한 전문지식이 없는 피해자에게 자궁적출술의 불가피성만을 강조하였을 뿐 위와 같은 진단상의 과오가 없었으면 당연히 설명받았을 자궁외 임신에 관한 내용을 설명받지 못한 피해자로부터 수술승낙을 받았다면 위 승낙은 부정확 또는 불충분한 설명을 근거로 이루어진 것으로서 수술의 위법성을 조각할 유효한 승낙이라고 볼 수 없다. 나. 난소의 제거로 이미 임신불능 상태에 있는 피해자의 자궁을 적출했다 하더라도 그 경우 자궁을 제거한 것이 신체의 완전성을 해한 것이 아니라거나 생활기능에 아무런 장애를 주는 것이 아니라거나 건강상태를 불량하게 변경한 것이 아니라고 할 수 없고 이는 업무상 과실치상죄에 있어서의 상해에 해당한다(대판 1993.7.27. 92도2345).

054 **피해자의 승낙에 대한 설명으로 가장 적절하지 않은 것은?** 〈경찰 2차 2021〉

① 甲이 동거 중인 A의 지갑에서 현금을 꺼내 가는 것을 A가 현장에서 목격하고도 만류하지 아니한 경우에는 이를 허용하는 A의 묵시적 의사가 있었다고 볼 수 있다.

② 건물의 소유자라고 주장하는 甲과 그것을 점유 관리하고 있는 A 사이에 건물의 소유권에 대한 분쟁이 계속되고 있는 상황에서 甲이 그 건물에 침입하는 경우에는 그 침입에 대한 A의 승낙이 있었다고 볼 수 없다.

③ 甲이 乙과 공모하여 교통사고를 가장하여 보험금을 편취할 목적으로 乙에게 승낙을 받고 상해를 가한 경우에는 피해자의 승낙에 의하여 위법성이 조각된다고 할 수 없다.

④ 甲은 자신의 아버지 A소유 부동산 매매에 관한 권한 일체를 위임받아 이를 매도한 후 갑자기 A가 사망하자 소유권이전에 사용할 목적으로 A가 자신에게 인감증명서 발급을 위임한다는 취지의 위임장을 작성하여, 주민센터 담당직원에게 제출한 경우에는 甲이 A가 승낙하였을 것이라고 기대하거나 예측한 것만으로도 사망한 A의 승낙이 추정된다.

해설/정답 ④

① (○) 피고인이 동거 중인 피해자의 지갑에서 현금을 꺼내가는 것을 피해자가 현장에서 목격하고도 만류하지 아니하였다면 피해자가 이를 허용하는 묵시적 의사가 있었다고 봄이 상당하여 이는 절도죄를 구성하지 않는다(대판 1985.11.26. 85도1487).

② (○) 건물의 소유자라고 주장하는 피고인과 그것을 점유관리하고 있는 피해자 사이에 건물의 소유권에 대한 분쟁이 계속되고 있는 상황이라면 피고인이 그 건물에 침입하는 것에 대한 피해자의 추정적 승낙이 있었다거나 피고인의 이 사건 범행이 사회상규에 위배되지 않는다고 볼 수 없다고 한 원심의 조치는 수긍이 간다(대판 1989.9.12. 89도889).

③ (○) 피고인이 피해자와 공모하여 교통사고를 가장하여 보험금을 편취할 목적으로 피해자에게 상해를 가하였다면 피해자의 승낙이 있었다고 하더라도 이는 위법한 목적에 이용하기 위한 것이므로 피고인의 행위가 피해자의 승낙에 의하여 위법성이 조각된다고 할 수 없다고 판단하였다. 앞서 본 법리 및 기록에 비추어 살펴보면, 원심의 위와 같은 판단은 정당하고, 거기에 상고이유의 주장과 같은 피해자 승낙에 관한 법리를 오해하였거나 죄형법정주의의 명확성 원칙에 위배되는 위법이 없다(대판 2008.12.11. 2008도9606).

④ (×) [1] 문서위조죄는 문서의 진정에 대한 공공의 신용을 보호법익으로 하는 것이므로 행사할 목적으로 작성된 사문서가 일반인으로 하여금 당해 명의인의 권한 내에서 작성된 문서라고 믿게 할 수 있는 정도의 형식과 외관을 갖추고 있으면 사문서위조죄가 성립하고, 위와 같은 요건을 구비한 이상 명의인이 문서의 작성일자 전에

이미 사망하였더라도 그러한 문서 역시 공공의 신용을 해할 위험성이 있으므로 사문서위조죄가 성립한다. 위와 같이 사망한 사람 명의의 사문서에 대하여도 문서에 대한 공공의 신용을 보호할 필요가 있다는 점을 고려하면, 문서명의인이 이미 사망하였는데도 문서명의인이 생존하고 있다는 점이 문서의 중요한 내용을 이루거나 그 점을 전제로 문서가 작성되었다면 이미 문서에 관한 공공의 신용을 해할 위험이 발생하였다 할 것이므로, 그러한 내용의 문서에 관하여 사망한 명의자의 승낙이 추정된다는 이유로 사문서위조죄의 성립을 부정할 수는 없다. [2] 피고인이 자신의 부(夫) 甲에게서 甲 소유 부동산의 매매에 관한 권한 일체를 위임받아 이를 매도하였는데, 그 후 甲이 갑자기 사망하자 부동산 소유권 이전에 사용할 목적으로 甲이 자신에게 인감증명서 발급을 위임한다는 취지의 인감증명 위임장을 작성한 후 주민센터 담당직원에게 이를 제출한 사안에서, 甲의 사망으로 포괄적인 명의사용의 근거가 되는 위임관계 내지 포괄적인 대리관계는 종료된 것으로 보아야 하므로 특별한 사정이 없는 한 피고인은 더 이상 위임받은 사무처리와 관련하여 甲의 명의를 사용하는 것이 허용된다고 볼 수 없고, 피고인이 사망한 甲의 명의를 모용한 인감증명 위임장을 작성하여 인감증명서를 발급받아야 할 급박한 사정이 있었다고 볼 만한 사정도 없으며, 인감증명 위임장은 본래 생존한 사람이 타인에게 인감증명서 발급을 위임한다는 취지의 문서라는 점을 고려하면, 이미 사망한 甲이 '병안 중'이라는 사유로 피고인에게 인감증명서 발급을 위임한다는 취지의 인감증명 위임장이 작성됨으로써 문서에 관한 공공의 신용을 해할 위험성이 발생하였다 할 것이고, 피고인이 명의자 甲이 승낙하였을 것이라고 기대하거나 예측한 것만으로는 사망한 甲의 승낙이 추정된다고 단정할 수 없는데도, 이와 달리 피고인에게 무죄를 인정한 원심판결에 사망한 사람 명의의 사문서위조죄에서 승낙 내지 추정적 승낙에 관한 법리오해의 위법이 있다고 한 사례(대판 2011.9.29. 2011도6223).

055 위법성조각사유에 대한 설명으로 가장 적절한 것은? 〈경찰3차 2018〉

① 甲이 스스로 야기한 강간범행의 와중에서 피해자 A가 甲의 손가락을 깨물며 반항하자 물린 손가락을 비틀며 잡아 뽑다가 A에게 치아결손의 상해를 입힌 경우 甲의 상해행위는 긴급피난으로 위법성이 조각된다.

② 대표이사 甲이 '회사의 직원이 회사의 이익을 빼돌린다'는 소문을 확인할 목적으로, 비밀번호를 설정함으로써 비밀장치를 한 전자기록인 피해자 A가 사용하던 '개인용 컴퓨터의 하드디스크'를 떼어내어 다른 컴퓨터에 연결한 다음 의심이 드는 단어로 파일을 검색한 결과 범죄행위를 확인할 수 있는 메신저 대화 내용, 이메일 등을 출력한 경우 甲의 전자기록등 내용탐지행위는 정당행위로 위법성이 조각된다.

③ 甲이 교통사고를 가장하여 보험금을 편취할 목적으로 피해자 A와 공모하여 A의 승낙을 받고 그에게 상해를 가한 경우 甲의 상해행위는 피해자의 승낙에 의하여 위법성이 조각된다.

④ 甲이 피해자 A가 사용 중인 공중화장실의 용변칸에 노크하여 남편으로 오인한 A가 용변칸 문을 열자 강간할 의도로 용변칸에 들어간 경우 A가 명시적 또는 묵시적으로 이를 승낙하였다고 볼 수 있으므로 甲의 주거침입행위는 위법성이 조각된다.

해설/정답 ②

① (×) 피고인이 스스로 야기한 강간범행의 와중에서 피해자가 피고인의 손가락을 깨물며 반항하자 물린 손가락을 비틀며 잡아 뽑다가 피해자에게 치아결손의 상해를 입힌 소위를 가리켜 법에 의하여 용인되는 피난행위라 할 수 없다(대판 1995.1.12. 94도2781).

② (○) '회사의 직원이 회사의 이익을 빼돌린다.'는 소문을 확인할 목적으로, 비밀번호를 설정함으로써 비밀장치를 한 전자기록인 피해자가 사용하던 '개인용 컴퓨터의 하드디스크'를 떼어내어 다른 컴퓨터에

연결한 다음 의심이 드는 단어로 파일을 검색하여 메신저 대화 내용, 이메일 등을 출력한 사안에서, 피해자의 범죄 혐의를 구체적이고 합리적으로 의심할 수 있는 상황에서 피고인이 긴급히 확인하고 대처할 필요가 있었고, 그 열람의 범위를 범죄 혐의와 관련된 범위로 제한하였으며, 피해자가 입사시 회사 소유의 컴퓨터를 무단 사용하지 않고 업무 관련 결과물을 모두 회사에 귀속시키겠다고 약정하였고, 검색 결과 범죄행위를 확인할 수 있는 여러 자료가 발견된 사정 등에 비추어, 피고인의 그러한 행위는 사회통념상 허용될 수 있는 상당성이 있는 행위로서 형법 제20조의 '정당행위'라고 본 원심의 판단을 수긍한 사례(대판 2009.12.24. 2007도6243).

③ (×) 甲이 乙과 공모하여 보험사기를 목적으로 을에게 상해를 가한 사안에서, 피해자의 승낙으로 위법성이 조각되지 아니한다고 한 사례(대판 2008.12.11. 2008도9606).

④ (×) 피고인이 피해자가 사용 중인 공중화장실의 용변칸에 노크하여 남편으로 오인한 피해자가 용변칸 문을 열자 강간할 의도로 용변칸에 들어간 것이라면 피해자가 명시적 또는 묵시적으로 이를 승낙하였다고 볼 수 없어 주거침입죄에 해당한다고 한 사례(대판 2003.5.30. 2003도1256).

제6절 | 정당행위

056 정당행위에 관한 설명 중 옳은 것만을 모두 고른 것은? 〈경찰2차 2023〉

> ㉠ 甲은 ○○수지요법학회의 지회를 운영하면서 일반인에게 수지침을 보급하고 무료의료봉사활동을 하는 사람으로서 A에게 수지침 시술을 부탁받고 아무런 대가 없이 수지침 시술을 해 준 경우, 甲이 침술 면허가 없다고 해도 해당 행위는 사회상규에 위배되지 아니하는 행위로서 위법성이 조각될 수 있다.
>
> ㉡ A 노동조합의 조합원 甲 등이 관계 법령에서 정하는 서면 신고의무에 따라 쟁의행위의 일시, 장소, 참가인원 및 그 방법에 관한 서면신고를 하지 않고 쟁의행위를 한 경우, 세부적·형식적 절차를 미준수한 것으로서 쟁의행위의 정당성이 부정된다.
>
> ㉢ A 아파트 입주자대표회의 회장인 甲이 자신의 승인 없이 동대표들이 관리소장과 함께 게시한 입주자대표회의의 소집 공고문을 뜯어내 제거한 경우, 해당 공고문을 손괴한 조치가 그에 선행하는 위법한 공고문 작성 및 게시에 따른 위법상태의 구체적 실현이 임박한 상황 하에서 그 위법성을 바로잡기 위한 것이라면 사회통념상 허용되는 범위를 크게 넘어서지 않는 것으로 볼 수 있다.
>
> ㉣ 甲이 「가정폭력범죄의 처벌 등에 관한 특례법」상의 임시보호명령을 위반하여 피해자인 A의 주거지에 접근하고 문자메시지를 보낸 경우, 이에 대하여 A의 양해 내지 승낙이 있었다면 甲의 행위가 사회상규에 위배되는 행위로 볼 것은 아니다.

① ㉠, ㉡　　② ㉠, ㉢　　③ ㉠, ㉡, ㉣　　④ ㉠, ㉢, ㉣

해설/정답 ②

㉠ (○) 수지침은 시술부위나 시술방법 등에 있어서 예로부터 동양의학으로 전래되어 내려오는 체침의 경우와 현저한 차이가 있고, 일반인들의 인식도 이에 대한 관용의 입장에 기울어져 있으므로, 이러한 사정과 함께 시술자의 시술의 동기, 목적, 방법, 횟수, 시술에 대한 지식수준, 시술경력, 피시술자의 나이, 체질, 건강상태, 시술행위로 인한 부작용 내지 위험발생 가능성 등을 종합적으로 고려하여 구체적인 경우에 있어서 개별적으로 보아 법질서 전체의 정

신이나 그 배후에 놓여 있는 사회윤리 내지 사회통념에 비추어 용인될 수 있는 행위에 해당한다고 인정되는 경우에는 형법 제20조 소정의 사회상규에 위배되지 아니하는 행위로서 위법성이 조각된다고 할 것이다(대판 2000.4.25. 98도2389). **[해설]** 민간수술로서 수지침 시술행위가 사회상규에 반하지 않아 위법하지 않다고 판단한 사례(수지침 한 봉지를 사 가지고 수지침 전문가인 피고인을 찾아와 수지침 시술을 부탁하므로 피고인이 아무런 대가없이 시술행위를 해준 경우 사회통념상 허용될 만한 정도의 상당성이 있는 것으로 정당행위에 해당한다고 판단함)

㉡ (×) 노동조합 및 노동관계조정법 시행령 제17조에서 규정하고 있는 쟁의행위의 일시·장소·참가인원 및 그 방법에 관한 서면신고의무는 쟁의행위를 함에 있어 그 세부적·형식적 절차를 규정한 것으로서 쟁의행위에 적법성을 부여하기 위하여 필요한 본질적인 요소는 아니므로, 신고절차의 미준수만을 이유로 쟁의행위의 정당성을 부정할 수는 없다(대판 2007.12.28. 2007도5204, 대판 2007.3.29. 2006도9307).

㉢ (○) 입주자대표회의 회장인 피고인이 정당한 소집권자인 회장의 동의나 승인 없이 위법하게 게시된 이 사건 공고문을 발견하고 이를 제거하는 방법으로 손괴한 조치는, 그에 선행하는 위법한 공고문 작성 및 게시에 따른 위법상태의 구체적 실현이 임박한 상황 하에 그 행위의 효과가 귀속되는 주체의 적법한 대표자 자격에서 그 위법성을 바로잡기 위한 조치의 일환으로 사회통념상 허용되는 범위를 크게 넘어서지 않는 행위라고 볼 수 있다. 나아가 이는 공동주택의 관리 또는 사용에 관하여 입주자 및 사용자의 보호와 그 주거생활의 질서유지를 위하여 구성된 입주자대표회의의 대표자로서 공동주택의 질서유지 및 입주자 등에 대한 피해방지를 위하여 필요한 합리적인 범위 내에서 사회통념상 용인될 수 있는 피해를 발생시킨 경우에 지나지 아니한다고도 볼 수 있다(대판 2021.12.30. 2021도9680).

㉣ (×) [1] 원심은, ① 「가정폭력범죄의 처벌 등에 관한 특례법」(이하 '가정폭력처벌법'이라고 한다) 제55조의4에 따른 임시보호명령은 피해자의 양해 여부와 관계없이 행위자에게 접근금지, 문언송신금지 등을 명하는 점, ② 피해자의 양해만으로 임시보호명령 위반으로 인한 가정폭력처벌법 위반죄의 구성요건해당성이 조각된다면 개인의 의사로써 법원의 임시보호명령을 사실상 무효화하는 결과가 되어 법적 안정성을 훼손할 우려도 있는 점 등의 사정을 들어, 설령 피고인의 주장과 같이 이 사건 임시보호명령을 위반한 주거지 접근이나 문자메시지 송신을 피해자가 양해 내지 승낙했다고 할지라도 가정폭력처벌법 위반죄의 구성요건에 해당할뿐더러, ① 피고인이 이 사건 임시보호명령의 발령 사실을 알면서도 피해자에게 먼저 연락하였고 이에 피해자가 대응한 것으로 보이는 점, ② 피해자가 피고인과 문자메시지를 주고받던 중 수회에 걸쳐 '더 이상 연락하지 말라'는 문자메시지를 보내기도 한 점 등에 비추어 보면, 피고인이 이 사건 임시보호명령을 위반하여 피해자의 주거지에 접근하거나 문자메시지를 보낸 것을 형법 제20조의 정당행위로 볼 수도 없다는 이유로 이 사건 공소사실(무죄 부분 제외)을 유죄로 판단하였다. [2] 원심판결 이유를 관련 법리와 적법하게 채택한 증거에 비추어 살펴보면, 원심의 판단에 논리와 경험의 법칙을 위반하여 자유심증주의의 한계를 벗어나거나 피해자의 양해 내지 승낙, 정당행위에 관한 법리를 오해한 잘못이 없다(대판 2022.1.4. 2021도14015).

057 위법성조각사유에 관한 설명 중 가장 적절하지 않은 것은? 〈경찰1차 2023〉

① A가 甲의 고소로 조사받는 것을 따지기 위하여 야간에 甲의 집에 침입한 상태에서 문을 닫으려는 甲과 열려는 A 사이의 실랑이가 계속되는 과정에서 문짝이 떨어져 그 앞에 있던 A가 넘어져 2주간의 치료를 요하는 타박상을 입게 된 경우, 甲의 행위는 사회통념에 비추어 용인할 수 있는 정도의 것이라고 보기 어렵다.

② 현역 군인이 국군 보안 사령부의 민간인에 대한 정치사찰을 폭로한다는 명목으로 군무를 이탈한 행위는 정당방위나 정당행위에 해당하지 아니한다.

③ 노동조합이 주도한 쟁의행위 자체의 정당성과 이를 구성하거나 여기에 부수되는 개개 행위의 정당성은 구별하여야 하므로, 일부 소수의 근로자가 폭력행위 등의 위법 행위를 하였더라도, 전체로서의 쟁의행위마저 당연히 위법하게 되는 것은 아니다.

④ 구「공직선거및선거부정방지법」상 선거비용 지출죄는 회계책임자가 아닌 자가 선거비용을 지출한 경우에 성립되는 죄인바, 후보자가 그와 같은 행위가 죄가 되는지 몰랐다고 하더라도 회계책임자가 아닌 후보자가 선거비용을 지출한 이상 회계책임자가 후에 후보자의 선거비용 지출을 추인하였다 하더라도 그 위법성이 조각되지 않는다.

해설/정답 ①

① (×) 피해자가 피고인의 고소로 조사받는 것을 따지기 위하여 야간에 피고인의 집에 침입한 상태에서 문을 닫으려는 피고인과 열려는 피해자 사이의 실랑이가 계속되는 과정에서 문짝이 떨어져 그 앞에 있던 피해자가 넘어져 2주간의 치료를 요하는 요추부염좌 및 우측 제4수지 타박상의 각 상해를 입게 된 경우, 피고인의 가해행위가 이루어진 시간 및 장소, 경위와 동기, 방법과 강도 및 피고인의 의사와 목적 등에 비추어 볼 때, 사회통념상 허용될 만한 정도를 넘어서는 위법성이 있는 행위라고 보기는 어려우므로 정당행위에 해당한다고 본 사례(대판 2000.3.10. 99도4273).

② (○) 서면화된 인사발령 없이 국군보안사령부 서빙고분실로 배치되어 이른바 "혁노맹"사건 수사에 협력하게 된 사정만으로 군무이탈행위에 군무기피목적이 없었다고 할 수 없고, 국군보안사령부의 민간인에 대한 정치사찰을 폭로한다는 명목으로 군무를 이탈한 행위가 정당방위나 정당행위에 해당하지 아니한다고 한 사례(대판 1993.6.8. 93도766).

③ (○) <u>노동조합이 주도한 쟁의행위 자체의 정당성과 이를 구성하거나 여기에 부수되는 개개 행위의 정당성은 구별하여야 하므로, 일부 소수의 근로자가 폭력행위 등의 위법행위를 하였더라도, 전체로서의 쟁의행위마저 당연히 위법하게 되는 것은 아니다</u>(대판 2017.7.11. 2013도7896).

④ (○) 공직선거및선거부정방지법 제258조 제2항 제1호, 제127조 제3항 소정의 선거비용지출죄는 회계책임자가 아닌 자가 선거비용을 지출한 경우에 성립되는 죄인바, 후보자가 그와 같은 행위가 죄가 되는지 몰랐다고 하더라도 회계책임자가 아닌 후보자가 선거비용을 지출한 이상 그 죄의 성립에 영향이 없고, 회계책임자가 후에 후보자의 선거비용지출을 추인하였다 하더라도 그 위법성이 조각되는 것도 아니다(대판 1999.10.12. 99도3335).

058 **다음은 위법성조각사유에 관한 어떤 규정을 설명한 것이다. 이 규정을 적용할 때 甲을 벌하지 아니하는 경우에 해당하는 것은?** 〈경찰 1차 2022〉

이 규정은 사회상규라는 초법규적 위법성조각사유를 일반적·포괄적 위법성조각사유로 명문화해 놓은 것으로서, 다른 위법성조각사유에 대한 일반적·보충적 성격을 지니고 있는 것으로 볼 수 있다.

① A가 칼을 들고 찌르자 甲이 그 칼을 빼어 반격을 가한 결과 A에게 상해를 입힌 경우

② 甲이 자신의 차를 가로막고 서서 통행을 방해하는 A를 향해 차를 조금씩 전진시키고 A가 뒤로 물러나면 다시 차를 전진 시키는 방식의 운행을 반복한 경우

③ 甲과 A가 공모하여 교통사고를 가장해 보험금을 편취할 목적으로 A에게 상해를 입힌 경우

④ 甲이 방송국 시사프로그램을 시청한 후 방송국 홈페이지의 시청자 의견란에 "그렇게 소중한 자식을 범법행위의 변명의 방패로 쓰시다니 정말 대단하십니다."는 등의 표현이 담긴 글을 게시한 경우

해설/정답 ④

정당행위의 적용을 묻는 문제이다.

① (×) 피해자가 칼을 들고 피고인을 찌르자 그 칼을 빼어 그 칼로 반격을 가한 결과 피해자에게 상해를 입게 하였다 하더라도 그와 같은 사실만으로는 피고인에 대한 현재의 부당한 침해를 방위하기 위한 행위로서 상당한 이유가 있는 경우에 해당한다고 할 수 없다(대판 1984.1.24. 83도1873).

② (×) 폭행죄에서 말하는 폭행이란 사람의 신체에 대하여 육체적·정신적으로 고통을 주는 유형력을 행사함을 뜻하는 것으로서 반드시 피해자의 신체에 접촉함을 필요로 하는 것은 아니고, 그 불법성은 행위의 목적과 의도, 행위 당시의 정황, 행위의 태양과 종류, 피해자에게 주는 고통의 유무와 정도 등을 종합하여 판단하여야 한다. 따라서 자신의 차를 가로막는 피해자를 부딪친 것은 아니라고 하더라도, 피해자를 부딪칠 듯이 차를 조금씩 전진시키는 것을 반복하는 행위 역시 피해자에 대해 위법한 유형력을 행사한 것이라고 보아야 한다(대판 2016.10.27. 2016도9302).

③ (×) 피고인이 피해자와 공모하여 교통사고를 가장하여 보험금을 편취할 목적으로 피해자에게 상해를 가하였다면 피해자의 승낙이 있었다고 하더라도 이는 위법한 목적에 이용하기 위한 것이므로 피고인의 행위가 피해자의 승낙에 의하여 위법성이 조각된다고 할 수 없다고 판단하였다. 앞서 본 법리 및 기록에 비추어 살펴보면, 원심의 위와 같은 판단은 정당하고, 거기에 상고이유의 주장과 같은 피해자 승낙에 관한 법리를 오해하였거나 죄형법정주의의 명확성 원칙에 위배되는 위법이 없다(대판 2008.12.11. 2008도9606).

④ (○) 피고인이 방송국 홈페이지의 시청자 의견란에 작성·게시한 글 중 일부의 표현은 이미 방송된 프로그램에 나타난 기본적인 사실을 전제로 한 뒤, 그 사실관계나 이를 둘러싼 문제에 관한 자신의 판단과 나아가 이러한 경우에 피해자가 취한 태도와 주장한 내용이 합당한가 하는 점에 대하여 자신의 의견을 개진하고, 피해자에게 자신의 의견에 대한 반박이나 반론을 구하면서, 자신의 판단과 의견의 타당함을 강조하는 과정에서 부분적으로 그와 같은 표현을 사용한 것으로서 사회상규에 위배되지 않는다고 봄이 상당하다(대판 2003.11.28. 2003도3972).

059 **위법성조각사유에 대한 아래 ㉠부터 ㉣까지의 설명 중 옳고 그름의 표시(○, ×)가 모두 바르게 된 것은?** 〈경찰1차 2021〉

> ㉠ 정당방위상황은 존재하지만 방위의사 없이 행위한 경우, 위법성조각사유의 요건에 있어 주관적 정당화요소가 필요없다고 보는 견해에서는 여전히 행위반가치는 존재하므로 이를 불능미수범으로 취급하여야 한다고 본다.
> ㉡ 위법하지 않은 정당한 침해에 대한 정당방위는 인정되지 않는다.
> ㉢ 수급인 소속 근로자의 쟁의행위가 도급인의 사업장에서 일어나 도급인의 형법상 보호되는 법익을 침해한 경우, 사용자인 수급인에 대한 관계에서 쟁의행위의 정당성을 갖추었다면 사용자가 아닌 도급인에 대한 관계에서도 법령에 의한 정당한 행위로서 위법성이 조각된다.
> ㉣ 사용자가 당해 사업과 관계없는 자를 쟁의행위로 중단된 업무의 수행을 위하여 채용 또는 대체하는 경우, 쟁의행위에 참가한 근로자들이 위법한 대체근로를 저지하기 위하여 상당한 정도의 실력을 행사하는 것은 정당행위로서 위법성이 조각된다.

① ㉠(×) ㉡(○) ㉢(×) ㉣(○)
② ㉠(○) ㉡(×) ㉢(○) ㉣(×)
③ ㉠(×) ㉡(○) ㉢(○) ㉣(○)
④ ㉠(○) ㉡(○) ㉢(×) ㉣(×)

해설/정답 ①

㉠(×) 위법성조각사유의 성립에는 주관적 정당화요소가 필요 없다고 보는 견해에 의하면, 행위자가 존재하는 객관적 정당화상황을 알지 못하고 행위한 경우에도 위법성이 조각된다고 본다(위법성조각설, 무죄설).

㉡(○) 형법 제21조 제1항 : 정당방위가 되기 위하여는 현재의 부당한 침해, 즉 정당방위 상황이 존재하여야 한다.

> **제21조(정당방위)**
> ① 현재의 부당한 침해로부터 자기 또는 타인의 법익(法益)을 방위하기 위하여 한 행위는 상당한 이유가 있는 경우에는 벌하지 아니한다.

㉢(×), ㉣(○) [1] 쟁의행위가 정당행위로 위법성이 조각되는 것은 사용자에 대한 관계에서 인정되는 것이므로, 제3자의 법익을 침해한 경우에는 원칙적으로 정당성이 인정되지 않는다. 그런데 도급인은 원칙적으로 수급인 소속 근로자의 사용자가 아니므로, 수급인 소속 근로자의 쟁의행위가 도급인의 사업장에서 일어나 도급인의 형법상 보호되는 법익을 침해한 경우에는 사용자인 수급인에 대한 관계에서 쟁의행위의 정당성을 갖추었다는 사정만으로 사용자가 아닌 도급인에 대한 관계에서까지 법령에 의한 정당한 행위로서 법익 침해의 위법성이 조각된다고 볼 수는 없다. 그러나 수급인 소속 근로자들이 집결하여 함께 근로를 제공하는 장소로서 도급인의 사업장은 수급인 소속 근로자들의 삶의 터전이 되는 곳이고, 쟁의행위의 주요 수단 중 하나인 파업이나 태업은 도급인의 사업장에서 이루어질 수밖에 없다. 또한 도급인은 비록 수급인 소속 근로자와 직접적인 근로계약관계를 맺고 있지는 않지만, 수급인 소속 근로자가 제공하는 근로에 의하여 일정한 이익을 누리고, 그러한 이익을 향수하기 위하여 수급인 소속 근로자에게 사업장을 근로의 장소로 제공하였으므로 그 사업장에서 발생하는 쟁의행위로 인하여 일정 부분 법익이 침해되더라도 사회통념상 이를 용인하여야 하는 경우가 있을 수 있다. 따라서 사용자인 수급인에 대한 정당성을 갖춘 쟁의행위가 도급인의 사업

장에서 이루어져 형법상 보호되는 도급인의 법익을 침해한 경우, 그것이 항상 위법하다고 볼 것은 아니고, 법질서 전체의 정신이나 그 배후에 놓여있는 사회윤리 내지 사회통념에 비추어 용인될 수 있는 행위에 해당하는 경우에는 형법 제20조의 '사회상규에 위배되지 아니하는 행위'로서 위법성이 조각된다. 이러한 경우에 해당하는지 여부는 쟁의행위의 목적과 경위, 쟁의행위의 방식·기간과 행위 태양, 해당 사업장에서 수행되는 업무의 성격과 사업장의 규모, 쟁의행위에 참여하는 근로자의 수와 이들이 쟁의행위를 행한 장소 또는 시설의 규모·특성과 종래 이용관계, 쟁의행위로 인해 도급인의 시설관리나 업무수행이 제한되는 정도, 도급인 사업장 내에서의 노동조합 활동 관행 등 여러 사정을 종합적으로 고려하여 판단하여야 한다. [2] 사용자는 쟁의행위 기간 중 그 쟁의행위로 중단된 업무의 수행을 위하여 당해 사업과 관계없는 자를 채용 또는 대체할 수 없다(노동조합 및 노동관계조정법 제43조 제1항). 사용자가 당해 사업과 관계없는 자를 쟁의행위로 중단된 업무의 수행을 위하여 채용 또는 대체하는 경우, 쟁의행위에 참가한 근로자들이 위법한 대체근로를 저지하기 위하여 상당한 정도의 실력을 행사하는 것은 쟁의행위가 실효를 거둘 수 있도록 하기 위하여 마련된 위 규정의 취지에 비추어 정당행위로서 위법성이 조각된다. 위법한 대체근로를 저지하기 위한 실력 행사가 사회통념에 비추어 용인될 수 있는 행위로서 정당행위에 해당하는지는 그 경위, 목적, 수단과 방법, 그로 인한 결과 등을 종합적으로 고려하여 구체적인 사정 아래서 합목적적·합리적으로 고찰하여 개별적으로 판단하여야 한다(대판 2020.9.3. 2015도1927).

060 위법성조각사유에 관한 설명으로 적절한 것을 모두 고른 것은? 〈경찰1차 2020〉

㉠ 재건축조합의 조합장이 조합탈퇴의 의사표시를 한 자를 상대로 '사업시행구역 안에 있는 그 소유의 건물을 명도하고 이를 재건축사업에 제공하여 행하는 업무를 방해하여서는 아니 된다'는 가처분의 판결을 받아 위 건물을 철거한 행위는 「형법」 제20조에 정한 업무로 인한 정당행위에 해당한다.

㉡ 인근 상가의 통행로로 이용되고 있는 토지의 사실상 지배권자가 위 토지에 철주와 철망을 설치하고 포장된 아스팔트를 걷어냄으로써 통행로로 이용하지 못하게 한 것은 자구행위로 위법성이 조각된다.

㉢ 피해자의 승낙에서의 사전적 승낙이 있었다 하더라도 행위 이전에 피해자는 언제든지 자유롭게 승낙을 철회할 수 있으며, 승낙을 철회한 경우에는 승낙은 더 이상 존재하지 않게 된다.

㉣ 사회상규에 반하지 않는 행위는 국가질서의 존중이라는 인식을 바탕으로 한 국민일반의 건전한 도의적 감정에 반하지 아니하는 행위를 가리키는 것으로, 초법규적인 기준에 의해 평가되어서는 안 된다.

① ㉠, ㉡　② ㉠, ㉢　③ ㉡, ㉢　④ ㉡, ㉣

해설/정답 ②

㉠ (○) 재건축조합의 조합장이 조합탈퇴의 의사표시를 한 자를 상대로 '사업시행구역 안에 있는 그 소유의 건물을 명도하고 이를 재건축사업에 제공하여 행하는 업무를 방해하여서는 아니 된다'는 가처분의 판결을 받아 위 건물을 철거한 것이 형법 제20조에 정한 업무로 인한 정당행위에 해당한다고 본 사례(대판 1998.2.13. 97도2877).

㉡ (×) 인근 상가의 통행로로 이용되고 있는 토지의 사실상 지배권자가 위 토지에 철주와 철망을 설치하고 포장된 아스팔트를 걷어냄으로써 통행로로 이용하지 못하게 한 경우, 이는 일반교통방해죄를 구성하고

자구행위에 해당하지 않는다고 한 사례(대판 2007.12.28. 2007도7717).

㉢ (○) 피고인이 피해자 갑의 상가건물에 대한 임대차계약 당시 갑의 모(母) 을에게서 인테리어 공사 승낙을 받았는데, 이후 을이 임대차보증금 잔금 미지급을 이유로 즉시 공사를 중단하고 퇴거할 것을 요구하자 도끼를 집어 던져 상가 유리창을 손괴한 사안에서, 을이 위 의사표시로써 시설물 철거에 대한 동의를 철회하였다. 위법성조각사유로서의 피해자의 승낙은 언제든지 자유롭게 철회할 수 있다고 할 것이고, 그 철회의 방법에는 아무런 제한이 없다. 피해자의 승낙은 자유의사에 기한 진지한 승낙이어야 한다. 기망·착오·폭행·협박 등에 의한 승낙이나 비진의표시에 의한 승낙은 효과가 없다고 본다. 다만 단순한 동기의 착오에 의한 승낙은 승낙의 효과에 영향이 없다. 또한 승낙의 시기는 행위 전 또는 행위시에 있어야 하며 사후승낙 또는 추인은 허용되지 않는다. 또한 승낙자의 승낙을 자유롭게 철회할 수 있다고 본다. 피고인이 피해자 甲의 상가건물에 대한 임대차계약 당시 甲의 모(母) 乙에게서 인테리어 공사 승낙을 받았는데, 이후 乙이 임대차보증금 잔금 미지급을 이유로 즉시 공사를 중단하고 퇴거할 것을 요구하자 도끼를 집어 던져 상가 유리창을 손괴한 사안에서, 乙이 위 의사표시로써 시설물 철거에 대한 동의를 철회하였다(대판 2011.5.13. 2010도9962).

㉣ (×) 사회상규에 반하지 않는 행위라 함은 국가질서의 존중이라는 인식을 바탕으로 한 국민일반의 건전한 도의적 감정에 반하지 아니한 행위로서 초법규적인 기준에 의하여 이를 평가할 것이다(대판 1983.11.22. 83도2224).

061 정당행위에 해당하여 위법성이 조각되는 것만을 모두 고른 것은? 〈경찰2차 2019〉

㉠ 의사가 모발이식시술을 하면서 이에 관하여 어느 정도 지식을 가지고 있는 간호조무사로 하여금 환자의 머리부위 진피층까지 찔러 넣는 방법으로 수여부에 모발을 삽입하는 행위 자체 중 일정 부분을 직접 하도록 맡겨둔 채 별반 관여하지 않은 경우

㉡ 공사업자가 이전 공사대금의 잔금을 지급받지 못하자 추가로 자동문의 번호키 설치공사를 도급받아 시공하면서 자동문이 수동으로만 여닫히게 설정하여 일시적으로 자동잠금장치로서 역할을 할 수 없게 한 경우

㉢ 신문기자인 피고인이 고소인에게 2회에 걸쳐 증여세 포탈에 대한 취재를 요구하면서 이에 응하지 않으면 자신이 취재한 내용대로 보도하겠다고 말하여 협박한 경우

㉣ 실내 어린이 놀이터에서 자신의 딸(4세)에게 피해자가 다가와 딸이 가지고 놀고 있는 블록을 발로 차고 손으로 집어 들면서 쌓아놓은 블록을 무너뜨리고, 이에 딸이 울자 피고인이 피해자에게 "하지 마, 그러면 안 되는 거야"라고 말하면서 몇 차례 피해자를 제지하자 피해자가 갑자기 딸의 눈 쪽을 향해 오른손을 뻗었고 이를 본 피고인이 왼손을 내밀어 피해자의 행동을 제지하여 피해자가 바닥에 넘어져 충격방지용 고무매트가 깔린 바닥에 엉덩방아를 찧게끔 한 경우

㉤ 건설업체 노조원들이 '임·단협 성실교섭 촉구 결의대회'를 개최하면서 신고하지 아니하고 700여 명이 이동하는 중에 앞선 100여 명이 30분 간에 걸쳐 편도 2차로를 모두 차지하고 삼보일배 행진을 하여 차량의 통행을 다소간 방해한 경우

① ㉠, ㉡, ㉢　　② ㉡, ㉣, ㉤　　③ ㉢, ㉣, ㉤　　④ ㉠, ㉢, ㉤

해설/정답 ③

㉠ (×) 의사가 모발이식시술을 하면서 이에 관하여 어느 정도 지식을 가지고 있는 간호조무사로 하여금 모발이식시술행위 중 일정 부분을 직접 하도록 맡겨둔 채 별반 관여하지 않은 것이 정당행위에 해당하지 않는다고 한 사례(대판 2007.6.28. 2005도8317).

㉡ (×) 재물손괴죄는 타인의 재물, 문서 또는 전자기록 등 특수매체기록을 손괴 또는 은닉 기타 방법으로 그 효용을 해한 경우에 성립한다(형법 제366조). 여기에서 손괴 또는 은닉 기타 방법으로 그 효용을 해하는 경우에는 물질적인 파괴행위로 물건 등을 본래의 목적에 사용할 수 없는 상태로 만드는 경우뿐만 아니라 일시적으로 물건 등의 구체적 역할을 할 수 없는 상태로 만들어 효용을 떨어뜨리는 경우도 포함된다. 따라서 자동문을 자동으로 작동하지 않고 수동으로만 개폐가 가능하게 하여 자동잠금장치로서 역할을 할 수 없도록 한 경우에도 재물손괴죄가 성립한다(대판 2016.11.25. 2016도9219).

㉢ (○) 신문기자인 피고인이 고소인에게 2회에 걸쳐 증여세 포탈에 대한 취재를 요구하면서 이에 응하지 않으면 자신이 취재한 내용대로 보도하겠다고 말하여 협박하였다는 취지로 기소된 사안에서, 위 행위가 설령 협박죄에서 말하는 해악의 고지에 해당하더라도 특별한 사정이 없는 한 기사 작성을 위한 자료를 수집하고 보도하기 위한 것으로서 신문기자의 일상적 업무 범위에 속하여 사회상규에 반하지 아니하는 행위라고 보는 것이 타당한데도, 이와 달리 본 원심판단에 정당행위에 관한 법리오해의 위법이 있다고 한 사례(대판 2011.7.14. 2011도639).

㉣ (○) 피고인의 이 사건 행위의 동기와 수단 및 그로 인한 피해의 정도 등의 사정을 앞서 본 법리에 비추어 살펴보면, 피고인의 이러한 행위는 피해자의 갑작스런 행동에 놀라서 자신의 어린 딸이 다시 얼굴에 상처를 입지 않도록 보호하기 위한 것으로 딸에 대한 피해자의 돌발적인 공격을 막기 위한 본능적이고 소극적인 방어행위라고 평가할 수 있고, 따라서 이를 사회상규에 위배되는 행위라고 보기는 어렵다고 할 것이다(대판 2014.3.27. 2012도11204).

㉤ (○) 건설업체 노조원들이 '임·단협 성실교섭 촉구 결의대회'를 개최하면서 차도의 통행방법으로 신고하지 아니한 삼보일배 행진을 하여 차량의 통행을 방해한 사안에서, 그 시위방법이 장소, 태양, 내용, 방법과 결과 등에 비추어 사회통념상 용인될 수 있는 다소의 피해를 발생시킨 경우에 불과하고, 구 집회 및 시위에 관한 법률(2006. 2. 21. 법률 제7849호로 개정되기 전의 것)에 정한 신고제도의 목적 달성을 심히 곤란하게 하는 정도에 이른다고 볼 수 없어, 사회상규에 위배되지 않는 정당행위에 해당한다고 한 사례다(대판 2009.7.23. 2009도840).

CHAPTER 04 | 책임론

제1절 | 책임이론

062 **책임능력에 관한 다음 설명 중 옳지 않은 것은 모두 몇 개인가?** 〈경찰2차 2014〉

> ㉠ 도의적 책임론은 책임능력을 형벌능력으로 파악하나, 사회적 책임론은 책임능력을 범죄능력이라고 한다.
> ㉡ 책임무능력자로 하기 위해서는 심신상실로 인하여 사물을 변별할 능력이 없으며 의사를 결정할 능력이 없어야 한다.
> ㉢ 심신장애로 인하여 사물을 변별할 능력이나 의사를 결정할 능력이 미약한 자의 행위는 형을 감면한다.
> ㉣ 법원이 심신장애 여부를 판단함에 있어서는 반드시 전문가의 감정을 거쳐야 한다.
> ㉤ 행위 시 책임능력이 없는 자의 행위는 어떠한 경우에도 형벌을 부과할 수 없다.

① 2개　② 3개　③ 4개　④ 5개

해설/정답 ④

㉠ (×) 도의적 책임론은 책임을 '자유의사를 가진 자'가 자유로운 의사에 기해 적법행위를 할 수 있음에도 불구하고 위법행위를 하였기 때문에 행위자에게 가해지는 '도의적 또는 윤리적 비난'으로 이해하는 견해이다. 이 견해는 자유의사가 없는 책임무능력자에게는 형벌을 과할 수 없으므로 책임능력을 범죄능력으로 파악한다. 한편 사회적 책임론은 범죄는 '소질과 환경'에 의하여 필연적으로 결정된 행위자의 사회적 위험성이 있는 성격의 소산이므로 책임의 근거는 '사회적으로 위험한 행위자의 반사회성'으로 이해하는 견해이다. 이 견해는 사회적으로 위험한 성격을 가진 책임무능력자에 대해서도 사회방위처분인 보안처분이 필요하므로 책임능력을 형벌능력으로 파악한다.

㉡ (×) 형법 제10조 제1항: 심신상실자는 두 요소 중 하나의 요소만 충족해도 성립한다.

> **제10조(심신장애인)**
> ① 심신장애로 인하여 사물을 변별할 능력이 없거나 의사를 결정할 능력이 없는 자의 행위는 벌하지 아니한다.

㉢ (×) 형법 제10조 제2항: 필요적 감면이 아니라 임의적 감경이다.

> **제10조(심신장애인)**
> ② 심신장애로 인하여 전항의 능력이 미약한 자의 행위는 형을 감경할 수 있다.

㉣ (×) 형법 제10조 제1항, 제2항에 규정된 심신장애의 유무 및 정도의 판단은 법률적 판단으로서 반드시 전문감정인의 의견에 기속되어야 하는 것은 아니고, 정신분열증의 종류와 정도, 범행의 동기, 경위, 수단과 태양, 범행 전후의 피고인의 행동, 반성의 정도 등 여러 사정을 종합하여 법원이 독자적으로 판단할 수 있다(대판 1999.1.26. 98도3812).

㉤ (×) 형법 제10조 제3항: 형벌을 부과할 수 있다.

제10조(심신장애인)
③ 위험의 발생을 예견하고 자의로 심신장애를 야기한 자의 행위에는 전2항의 규정을 적용하지 아니한다.

제2절 | 책임능력

063 책임에 관한 설명으로 가장 적절하지 않은 것은? 〈경찰2차 2023〉

① 「형법」 제10조 제2항에 따르면 심신장애로 인하여 사물을 변별할 능력이나 의사를 결정할 능력이 미약한 사람의 행위는 형을 감경할 수 있다.

② 「형법」 제10조에 규정된 심신장애는 생물학적 요소로서 정신병 또는 비정상적 정신상태와 같은 정신적 장애가 있는 외에 심리학적 요소로서 이와 같은 정신적 장애로 말미암아 사물에 대한 변별능력과 그에 따른 행위통제능력이 결여되거나 감소되었음을 요하므로, 정신적 장애가 있는 자라고 하여도 범행당시 정상적인 사물변별능력이나 행위통제능력이 있었다면 심신장애로 볼 수 없다.

③ 「형법」 제10조 제1항 및 동조 제2항에 규정된 심신장애의 유무 및 정도의 판단은 법률적 판단으로서 반드시 전문감정인의 의견에 기속되어야 하는 것은 아니고, 정신분열증의 종류와 정도, 범행의 동기, 경위, 수단과 태양, 범행 전후의 피고인의 행동, 반성의 정도 등 여러 사정을 종합하여 법원이 독자적으로 판단할 수 있다.

④ 원인에 있어서 자유로운 행위에 관한 「형법」 제10조 제3항은 원인행위시 심신장애 상태에서 위법행위로 나아갈 예견가능성이 없었던 경우에도 적용된다.

해설/정답 ④

① (○) 형법 제10조 제2항

제10조(심신장애인)
② 심신장애로 인하여 전항의 능력이 미약한 자의 행위는 형을 감경할 수 있다.

② (○) 장애가 있는 외에 심리학적 요소로서 이와 같은 정신적 장애로 말미암아 사물에 대한 변별능력과 그에 따른 행위통제능력이 결여되거나 감소되었음을 요하므로, 정신적 장애가 있는 자라고 하여도 범행 당시 정상적인 사물변별능력이나 행위통제능력이 있었다면 심신장애로 볼 수 없다(대판 2007.6.14. 2007도2360, 대판 2007.2.8. 2006도7900).

③ (○) 형법 제10조에 규정된 심신장애의 유무 및 정도의 판단은 법률적 판단으로서 반드시 전문감정인의 의견에 기속되어야 하는 것은 아니고, 정신질환의 종류와 정도, 범행의 동기, 경위, 수단과 태양, 범행 전후의 피고인의 행동, 반성의 정도 등 여러 사정을 종합하여 법원이 독자적으로 판단할 수 있다(대판 2007.7.12. 2007도3391, 대판 1999.8.24. 99도1194, 대판 1999.1.26. 98도3812, 대판 1995.2.24. 94도3163).

④ (×) 형법 제10조 제3항은 "위험의 발생을 예견하고 자의로 심신장애를 야기한 자의 행위에는 전2항의 규정을 적용하지 아니한다."고 규정하고 있는 바, 이 규정은 고의에 의한 원인에 있어서의 자유로운 행위만이 아니라 과실에 의한 원인에 있어서의 자유로운 행위까지도 포함하는 것으로서 위험의 발생을 예견할 수 있었는데도 자의로 심신장애를 야기한 경우도 그 적용 대상이 된다고 할 것이어서, 피고인이 음주운전을 할 의사를 가지고 음주만취한 후 운전

을 결행하여 교통사고를 일으켰다면 피고인은 음주시에 교통사고를 일으킬 위험성을 예견하였는데도 자의로 심신장애를 야기한 경우에 해당하므로 위 법조항에 의하여 심신장애로 인한 감경 등을 할 수 없다(대판 2007.7.27. 2007도4484, 대판 1992.7.28. 92도999). 위험의 발생을 예견할 수 없었던 경우는 형법 제10조 제3항이 적용되지 않는다.

064 책임능력에 관한 설명 중 가장 적절하지 않은 것은? 〈경찰1차 2023〉

① 심신장애로 인하여 사물을 변별할 능력이 없거나 의사를 결정할 능력이 없는 자의 행위는 벌하지 아니하고, 심신장애로 인하여 위의 능력이 미약한 자의 행위는 형을 감경할 수 있다.

② 충동조절 장애와 같은 성격적 결함은 형의 감면사유 인심신장애에 해당하지 아니하지만 그것이 매우 심각하여 원래의 의미의 정신병을 가진 사람과 동등하다고 평가할 수 있는 경우에는 그로 인한 범행은 심신장애로 인한 범행으로 보아야 한다.

③ 「형법」은 책임능력의 평가 방법에 있어서 제9조의 형사미성년자는 생물학적 방법을, 제10조의 심신장애인은 '심신장애'라는 생물학적 방법과 '사물변별능력·의사결정능력'이라는 심리적 방법의 혼합적 방법을 채택하고 있다.

④ 사물을 변별할 능력이나 의사를 결정할 능력은 판단 능력 또는 의지 능력과 관련된 것으로서 사실의 인식능력이나 기억 능력과 반드시 일치하여야 한다.

해설/정답 ④

① (○) 형법 제10조 제1항 및 제2항

> **제10조(심신장애인)**
> ① 심신장애로 인하여 사물을 변별할 능력이 없거나 의사를 결정할 능력이 없는 자의 행위는 벌하지 아니한다.
> ② 심신장애로 인하여 전항의 능력이 미약한 자의 행위는 형을 감경할 수 있다.

② (○) 원칙적으로 충동조절장애와 같은 성격적 결함은 형의 감면사유인 심신장애에 해당하지 아니한다고 봄이 상당하지만, 충동조절장애와 같은 성격적 결함이라 할지라도 그것이 매우 심각하여 원래의 의미의 정신병을 가진 사람과 동등하다고 평가할 수 있는 경우에는 그로 인한 범행은 심신장애로 인한 범행으로 보아야 한다(대판 2006.10.13. 2006도5360, 대판 2002.5.24. 2002도1541).

③ (○) 형법 제10조에 규정된 심신장애는 생물학적 요소로서 정신병, 정신박약 또는 비정상적 정신상태와 같은 정신적 장애가 있는 외에 심리학적 요소로서 이와 같은 정신적 장애로 말미암아 사물에 대한 판별능력과 그에 따른 행위통제능력이 결여되거나 감소되었음을 요한다(대판 1992.8.18. 92도1425). 우리 형법은 형사미성년자와 청각 및 언어장애인은 생물학적 방법을 채택하고 있으며, 심신상실자와 심신미약자는 혼합적 방법을 채택하고 있다.

④ (×) 사물변별능력이나 의사결정능력은 판단능력 또는 의지능력과 관련된 것으로서 사실의 인식능력이나 기억능력과는 반드시 일치하는 것이 아니다. 그러므로 원심이 판시한 바와 같이 이 사건 범행 당시 정신분열증으로 심신장애의 상태에 있었던 피고인이 피해자를 살해한다는 명확한 의식이 있었고 범행의 경위를 소상하게 기억하고 있다고 하더라도 이러한 사실의 인식능력이나 기억능력이 있다는 것만 가지고 범행 당시 사물의 변별능력이나 의사결정능력이 결여된 정도가 아니라 미약한 상태에 있었다고 단정할 수는 없는 것이다(대판 1990.8.14. 90도1328).

065 원인에 있어서 자유로운 행위에 관한 설명으로 가장 적절하지 않은 것은? 〈경찰1차 2020〉

① 원인행위를 실행행위로 보는 견해에 따르면 행위와 책임의 동시 존재의 원칙에 부합하고, 책임무능력상태에서의 실행행위는 책임이 없거나 행위라고 할 수도 없기 때문에 원인행위 자체를 실행행위로 보지 않으면 원인에 있어서 자유로운 행위를 처벌할 수 없게 된다.

② 원인행위와 실행행위의 불가분적 연관에서 책임의 근거를 인정하는 견해에 따르면 원인설정행위는 실행행위 또는 그 착수행위가 될 수 없지만 책임능력 없는 상태에서의 실행행위와 불가분의 연관을 갖는 것이므로 원인설정행위에 책임비난의 근거가 있다.

③ 원인행위를 실행행위로 보는 견해에 따르면 원인설정행위를 실행행위로 파악하기 때문에 구성요건적 행위정형성을 중시하여 죄형법정주의의 보장적 기능에 부합한다.

④ 책임능력 결함상태에서의 실행행위를 책임의 근거로 인정하는 견해에 따르면 반무의식상태에서 실행행위가 이루어지는 한 그 주관적 요소를 인정할 수 있지만, 대부분의 경우에 책임능력이 인정되어 법적 안정성을 해하는 결과를 초래한다.

해설/정답 ③

① (○), ③ (×) 원인행위를 실행행위로 보는 견해(구성요건 모델) : ㈎ 원인에 있어서 자유로운 행위는 자신을 도구로 이용하는 간접정범이므로, 원인행위가 바로 실행행위 또는 착수행위이며 책임무능력상태에서의 행위는 원인행위에 기인한 결과에 지나지 아니하고, 따라서 원인행위가 책임능력상태에서 이루어진 이상 벌할 수 있다는 견해이다. ㈏ 이 견해에 의하면 행위의 시점과 책임능력의 존재시점을 일치시킴으로써 행위와 책임의 동시존재의 원칙을 유지하게 된다(일치설). ㈐ 이에 대해서는 예비정도에 불과한 원인설정행위를 실행행위로 보는 것은 구성요건적 실행행위의 명확성·정형성에 반하여 죄형법정주의의 보장적 기능을 무너뜨릴 위험이 있고 심신미약상태를 포함하는 한 간접정범의 논리로 설명하기 곤란하다는 비판이 있다.

② (○) 원인행위와 실행행위의 불가분적 연관에서 책임의 근거를 인정하는 견해(예외 모델) : ㈎ 원인설정행위는 실행행위 또는 그 착수행위가 될 수는 없지만 책임능력 없는 상태에서의 실행행위와 불가분의 연관을 갖는 것이므로 원인설정행위에 비난의 근거가 있다는 이론이다. 현재의 다수설의 입장이다. ㈏ 이 이론에 의하면 원인에 있어서 자유로운 행위는 '행위와 책임의 동시존재의 원칙'에 대한 예외가 된다. ㈐ 이에 대해서는 행위와 책임능력의 동시존재원칙의 요구를 쉽게 포기하고 그 예외를 인정함으로써 형법의 법치국가적 제한을 넘어섰다는 비판이 있다.

④ (○) 책임능력결함상태에서의 실행행위에 책임의 근거를 인정하는 견해 : ㈎ 의식과 무의식의 관계는 일도양단적인 관계가 아니라 일종의 반무의식상태 하에 있다는 현대심리학의 입장에서, 원인에 있어서 자유로운 행위를 반무의식상태에서의 행위로 파악하여 실행행위시의 책임을 근거로 하여 가벌성을 인정하려는 견해이다. ㈏ 이에 대해서는 반무의식상태 하는 중간영역을 인정하기 곤란하고 그러한 영역은 오히려 의식상태로 봄이 타당하여 대부분의 경우 책임능력이 인정되는 결과가 될 것이라는 비판이 있다.

066 **책임능력에 대한 다음 설명 중 적절한 것만을 고른 것은 모두 몇 개인가?** 〈경찰1차 2021〉

> ㉠ 심신장애로 인하여 사물을 변별할 능력 또는 의사를 결정할 능력이 미약한 자의 행위는 형을 감경한다.
>
> ㉡ 심신장애의 유무 및 정도에 관한 판단은 전문감정인의 의견에 구속되며, 법원이 독자적으로 이를 판단하여서는 안 된다는 것이 판례의 태도이다.
>
> ㉢ 원인에 있어서 자유로운 행위의 가벌성의 근거를 원인설정행위에서 찾아 원인행위시를 실행의 착수시기로 파악하는 견해에 대해서는, 책임능력과 행위의 동시존재의 원칙이 인정될 수 없다는 비판이 제기되고 있다.
>
> ㉣ 원인에 있어서 자유로운 행위의 가벌성의 근거를 원인행위와 실행행위의 불가분적 연관에서 찾아 실행행위를 심신장애상태하에서의 행위로 파악하는 견해에 대해서는, 실행행위의 정형성을 무시하여 예비행위와의 구별이 곤란하다는 비판이 제기되고 있다.

① 1개　　② 2개　　③ 3개　　④ 없음

해설/정답 ④

㉠ (×) 형법 제10조 제2항 : 임의적 감경

> **제10조(심신장애인)**
> ① 심신장애로 인하여 사물을 변별할 능력이 없거나 의사를 결정할 능력이 없는 자의 행위는 벌하지 아니한다.
> ② 심신장애로 인하여 전항의 능력이 미약한 자의 행위는 형을 감경할 수 있다.

㉡ (×) 형법 제10조에 규정된 심신장애의 유무 및 정도의 판단은 법률적 판단으로서 반드시 전문감정인의 의견에 기속되어야 하는 것은 아니고, 정신질환의 종류와 정도, 범행의 동기, 경위, 수단과 태양, 범행 전후의 피고인의 행동, 반성의 정도 등 여러 사정을 종합하여 법원이 독자적으로 판단할 수 있다(대판 2007.7.12. 2007도3391, 대판 1999.8.24. 99도1194, 대판 1999.1.26. 98도3812, 대판 1995.2.24. 94도3163).

㉢ (×) 원인행위를 실행행위로 보는 견해(구성요건 모델)에 의하면 행위의 시점과 책임능력의 존재시점을 일치시킴으로써 행위와 책임의 동시존재의 원칙을 유지하게 된다(일치설).

㉣ (×) 예비정도에 불과한 원인설정행위를 실행행위로 보는 것은 구성요건적 실행행위의 명확성·정형성에 반하여 죄형법정주의의 보장적 기능을 무너뜨릴 위험이 있다는 비판은 구성요건 모델(일치설)에 대한 것이다.

067 **책임능력에 관한 설명으로 가장 적절하지 않은 것은?** 〈경찰2차 2019〉

① 「형법」 제9조의 형사미성년자는 14세 미만의 자를 말한다.

② 10세인 형사미성년자에 대해서는 좁은 의미의 형벌뿐만 아니라 보안처분도 부과할 수 없다.

③ 정신적 장애가 있더라도 범행 당시 정상적인 사물변별능력이나 의사결정능력(행위통제능력)이 있었다고 판단되는 경우에는 책임이 조각되지 않는다.

④ 원인에 있어서 자유로운 행위에 대한 「형법」 제10조 제3항은 고의에 의한 원인에 있어서 자유로운 행위만이 아니라 과실에 의한 원인에 있어서 자유로운 행위까지도 포함한다.

해설/정답 ②

① (○) 형법 제9조 : 14세 미만자

> **제9조(형사미성년자)**
> 14세 되지 아니한 자의 행위는 벌하지 아니한다.

② (×) 10세 이상 14세 미만자의 경우 보호처분이 가능하며(소년법 제4조, 제32조), 14세 이상 19세 미만자의 경우 ㈎ 법정형이 장기 2년 이상의 유기형에 해당하는 죄를 저지를 경우 장기 10년, 단기 5년을 초과하지 않는 범위 내에서 부정기형을 선고한다(소년법 제60조 제1항). ㈏ 범행 당시 18세 미만인 소년에 대해서는 사형 또는 무기형으로 처할 것인 때에는 유기징역으로 한다(소년법 제59조).

③ (○) 장애가 있는 외에 심리학적 요소로서 이와 같은 정신적 장애로 말미암아 사물에 대한 변별능력과 그에 따른 행위통제능력이 결여되거나 감소되었음을 요하므로, 정신적 장애가 있는 자라고 하여도 범행 당시 정상적인 사물변별능력이나 행위통제능력이 있었다면 심신장애로 볼 수 없다(대판 2007.6.14. 2007도2360, 대판 2007.2.8. 2006도7900).

④ (○) 형법 제10조 제3항은 "위험의 발생을 예견하고 자의로 심신장애를 야기한 자의 행위에는 전2항의 규정을 적용하지 아니한다."고 규정하고 있는 바, 이 규정은 고의에 의한 원인에 있어서의 자유로운 행위만이 아니라 과실에 의한 원인에 있어서의 자유로운 행위까지도 포함하는 것으로서 위험의 발생을 예견할 수 있었는데도 자의로 심신장애를 야기한 경우도 그 적용 대상이 된다고 할 것이어서, 피고인이 음주운전을 할 의사를 가지고 음주만취한 후 운전을 결행하여 교통사고를 일으켰다면 피고인은 음주시에 교통사고를 일으킬 위험성을 예견하였는데도 자의로 심신장애를 야기한 경우에 해당하므로 위 법조항에 의하여 심신장애로 인한 감경 등을 할 수 없다(대판 2007.7.27. 2007도4484, 대판 1992.7.28. 92도999). 판례는 제10조 제3항은 고의에 의한 원인에 있어서 자유로운 행위뿐만 아니라 과실에 의한 원인에 있어서 자유로운 행위의 경우에도 적용된다고 한다.

068 다음 설명 중 옳은 것은 모두 몇 개인가? 〈경찰1차 2016〉

㉠ 자신의 강도상해 범행을 일관되게 부인하였으나 유죄판결이 확정된 甲이 별건으로 기소된 공범 乙의 형사사건에서 증인으로 출석하여 자신의 범행사실을 부인하는 증언을 한 경우, 자신에 대한 형사사건에서 시종일관 그 범행을 부인하였다고 하여 甲에 대하여 사실대로 증언할 기대가능성이 없다고 볼 수 없다.

㉡ 정신적 장애가 있는 자라고 하여도 범행 당시 정상적인 사물변별능력이나 행위통제능력이 있었다면 심신장애로 볼 수 없다.

㉢ 심신장애로 인하여 사물을 변별할 능력이나 의사를 결정할 능력이 미약한 자의 행위는 형을 감경할 수 있다.

㉣ 일본 영주권을 가진 재일교포가 영리를 목적으로 관세물품을 구입한 것이 아니라거나 국내 입국시 관세신고를 하지 않아도 되는 것으로 착오하였다는 등의 사정은 형법 제16조의 법률의 착오에 해당한다.

㉤ 원인에 있어서 자유로운 행위에 관한 형법 제10조 제3항은 위험의 발생을 예견할 수 있었는데도 자의로 심신장애를 야기한 경우에는 적용되지 않는다.

① 2개 ② 3개 ③ 4개 ④ 5개

해설/정답 ②

㉠ (○) 자신의 강도상해 범행을 일관되게 부인하였으나 유죄판결이 확정된 피고인이 별건으로 기소된 공범의 형사사건에서 자신의 범행사실을 부인하는 증언을 한 사안에서, 피고인에게 사실대로 진술할 기대가능성이 있으므로 위증죄가 성립한다고 판단한 사례(대판 2008.10.23. 2005도10101).

㉡ (○) 형법 제10조에 규정된 심신장애는 생물학적 요소로서 정신병 또는 비정상적 정신상태와 같은 정신적 장애가 있는 외에 심리학적 요소로서 이와 같은 정신적 장애로 말미암아 사물에 대한 변별능력과 그에 따른 행위통제능력이 결여되거나 감소되었음을 요하므로, 정신적 장애가 있는 자라고 하여도 범행 당시 정상적인 사물변별능력이나 행위통제능력이 있었다면 심신장애로 볼 수 없다(대판 2007.2.8. 2006도7900).

㉢ (○) 형법 제10조 제2항: 임의적 감경

> **제10조(심신장애인)**
> ② 심신장애로 인하여 전항의 능력이 미약한 자의 행위는 형을 감경할 수 있다.

㉣ (×) 일본 영주권을 가진 재일교포가 영리를 목적으로 관세물품을 구입한 것이 아니라거나 국내 입국시 관세신고를 하지 않아도 되는 것으로 착오하였다는 등의 사정만으로는 형법 제16조의 법률의 착오에 해당하지 않는다고 한 사례(대판 2007.5.11. 2006도1993).

㉤ (×) 형법 제10조 제3항은 "위험의 발생을 예견하고 자의로 심신장애를 야기한 자의 행위에는 전2항의 규정을 적용하지 아니한다."고 규정하고 있는 바, 이 규정은 고의에 의한 원인에 있어서의 자유로운 행위만이 아니라 과실에 의한 원인에 있어서의 자유로운 행위까지도 포함하는 것으로서 위험의 발생을 예견할 수 있었는데도 자의로 심신장애를 야기한 경우도 그 적용 대상이 된다고 할 것이어서, 피고인이 음주운전을 할 의사를 가지고 음주만취한 후 운전을 결행하여 교통사고를 일으켰다면 피고인은 음주시에 교통사고를 일으킬 위험성을 예견하였는데도 자의로 심신장애를 야기한 경우에 해당하므로 위 법조항에 의하여 심신장애로 인한 감경 등을 할 수 없다(대판 1992.7.28. 92도999).

069 **다음 설명 중 가장 적절한 것은?** 〈경찰2차 2018〉

① 14세 되지 아니한 자가 정상적인 사물변별능력과 의사결정능력을 갖추고 있다면 그에 대해 「소년법」에 따른 부정기형을 선고하여야 한다.

② 「소년법」상 부정기형의 선고 대상이 되는 '소년'인지의 여부는 사실심판결 선고시를 기준으로 삼아야 하므로 피고인이 항소심판결 선고일에 이미 19세에 달하여 「소년법」상의 소년에 해당하지 않게 되었다면, 항소심법원은 피고인에 대하여 정기형을 선고하여야 한다.

③ 「형법」 제10조 제3항은 위험의 발생을 예견하고도 자의로 심신장애를 야기한 자의 행위에는 동조 제1항 및 제2항을 적용하지 못하도록 규정하고 있는데, 법문이 명백히 그 범위를 위험의 발생을 '예견'한 경우로 한정하고 있는 이상 위험발생에 대한 '예견가능성'이 있었음에도 자의로 심신장애를 야기한 경우는 이에 포함되지 아니한다.

④ 음주운전을 할 의사를 가지고 음주만취한 후 운전을 하다가 교통사고를 일으킨 경우라도 피고인이 음주 당시에 장차 교통사고를 일으킬 위험성까지 미리 예견하고 있었다고는 볼 수 없어 「형법」 제10조 제3항이 적용되지 아니한다.

해설/정답 ②

① (×) 형법 제9조

> **제9조(형사미성년자)**
> 14세되지 아니한 자의 행위는 벌하지 아니한다.

형법은 14세가 되지 아니한 자를 절대적 책임무능력자로 규정하고 있다(제9조). 따라서 형사미성년자에게 책임능력을 전제로 한 형벌을 과할 수는 없다. 그러나 소년법에 의한 보호처분까지 배제하는 것은 아니다. 소년법에 따른 부정기형은 형벌에 해당하므로 선고할 수 없다.

② (○) 개정 소년법은 제2조에서 '소년'의 정의를 '20세 미만'에서 '19세 미만'으로 개정하였고, 이는 같은 법 부칙 제2조에 따라 위 법 시행 당시 심리중에 있는 형사사건에 관하여도 적용된다. 제1심은 피고인을 구 소년법(2007. 12. 21. 법률 제8722호로 개정되기 전의 것) 제2조에 의한 소년으로 인정하여 구 소년법 제60조 제1항에 의하여 부정기형을 선고하였고, 그 항소심 계속중 개정 소년법이 시행되었는데 항소심판결 선고일에 피고인이 이미 19세에 달하여 개정 소년법상 소년에 해당하지 않게 되었다면, 항소심법원은 피고인에 대하여 정기형을 선고하여야 한다(대판 2008.10.23. 2008도8090).

③ (×) 형법 제10조 제3항은 "위험의 발생을 예견하고 자의로 심신장애를 야기한 자의 행위에는 전2항의 규정을 적용하지 아니한다."고 규정하고 있는 바, 이 규정은 고의에 의한 원인에 있어서의 자유로운 행위만이 아니라 과실에 의한 원인에 있어서의 자유로운 행위까지도 포함하는 것으로서 위험의 발생을 예견할 수 있었는데도 자의로 심신장애를 야기한 경우도 그 적용 대상이 된다고 할 것이어서, 피고인이 음주운전을 할 의사를 가지고 음주만취한 후 운전을 결행하여 교통사고를 일으켰다면 피고인은 음주시에 교통사고를 일으킬 위험성을 예견하였는데도 자의로 심신장애를 야기한 경우에 해당하므로 위 법조항에 의하여 심신장애로 인한 감경 등을 할 수 없다(대판 1992.7.28. 92도999).

④ (×) 음주운전을 할 의사를 가지고 음주만취한 후 운전을 결행하다가 교통사고를 일으킨 경우에는 음주시에 교통사고를 일으킬 위험성을 예견하였는데도 자의로 심신장애를 야기한 경우에 해당하므로 형법 제10조 제3항에 의하여 심신장애로 인한 감경 등을 할 수 없다고 할 것이다(대판 2007.7.27. 2007도4484).

제3절 | 위법성의 인식

제4절 | 법률의 착오

070 다음 사례와 학설에 관한 설명으로 가장 적절한 것은? 〈경찰2차 2023〉

<사 례>

甲이 야간에 자신의 방에 들어오는 룸메이트를 강도로 오인하고 상해의 고의는 없이 방어할 의사로 그를 폭행하였는데 강도로 오인한 과실이 회피 가능하였을 경우

<학 설>

(가) 범죄를 불법과 책임의 두 단계로 나누어, 위법성조각사유의 요건을 소극적 구성요건요소로 이해하는 이론으로서, 위 사례는 구성요건적 착오의 문제로 이해하는 견해
(나) 위법성의 인식을 고의의 요소가 아닌 독자적인 책임요소로 파악하는 이론으로서, 위 사례는 금지착오의 문제로 이해하는 견해
(다) 위법성조각사유의 전제사실은 구성요건적 사실과 유사하다는 점을 전제로 하여, 위 사례는 구성요건적 착오 규정을 유추적용 해야 하는 것으로 이해하는 견해
(라) 고의의 이중적 지위를 전제로 하여, 위 사례는 구성요건적 고의는 인정되나 책임고의가 탈락되어 결국 구성요건적 착오와 법효과적으로 동일한 것으로 이해하는 견해

① (가)와 (다)에 따르면 甲에게는 폭행죄가 성립한다.
② (나)와 (라)에 따르면 甲에게는 상해죄가 성립한다.
③ (나)와 (다)에 따르면 甲에게는 과실치상죄가 성립한다.
④ (가)와 (라)에 따르면 甲은 처벌되지 않는다.

해설/정답 ④

① (×), ② (○), ③ (○), ④ (○)

<사 례>는 위법성조각사유의 전제사실에 관한 착오인 오상방위에 해당한다.

<학 설>

(가) 소극적 구성요건요소(표지)이론이다. 이에 의하면 甲에게는 폭행의 고의가 조각(구성요건적 착오 직접 적용)되어 불가벌이다(과실폭행은 불가벌).

(나) 엄격책임설의 입장이다. 이에 의하면 금지착오(형법 제16조)로서 甲에게는 폭행의 고의는 인정되고 그 오인에 정당한 이유가 없어 폭행죄가 성립한다.

(다) 구성요건적 착오 유추적용설의 입장이다. 이에 의하면 甲에게는 폭행의 고의가 조각(구성요건적 착오 유추 적용)되어 불가벌이다(과실폭행은 불가벌).

(라) 법효과제한적 책임설의 입장이다. 이에 의하면 구성요건적 고의(불법고의)는 인정되고 책임고의는 조각되나 법적 효과에 있어서만 구성요건적 착오를 적용하여 과실범으로 처벌한다. 다만 폭행죄는 과실범 처벌규정이 없어 불가벌이다.

071 다음 사례에 대한 설명으로 가장 적절하지 않은 것은? (재물손괴죄는 논외로 함) 〈경찰1차 2021〉

> 경찰관 甲은 가정폭력이 있다는 112 신고를 받고 현장에 출동하였다. 甲은 해당 주소를 확인하고 초인종을 수차례 눌렀으나 아무런 반응이 없었고, 집안에서 '살려달라'는 비명소리가 크게 들렸으며 신고자와의 통화도 연결되지 않았다. 사태의 급박함을 감지한 甲은 피해자를 구조하기 위하여 「경찰관 직무집행법」 제7조 제1항 및 「가정폭력범죄의 처벌 등에 관한 특례법」 제5조에 따라 해당 주소의 집 출입문을 강제로 개방하고 집안으로 진입하였다. 그런데 비명소리는 평소 귀가 어둡던 A가 즐겨보는 드라마에서 나오던 것으로 실제 가정폭력은 없었던 것으로 확인되었다.

① 甲에게 위법성의 인식이 없어 고의가 조각된다고 보는 견해에 따르면, 甲의 행위는 불가벌이다.

② 위의 사안을 법률의 착오(금지착오)의 문제로 파악하는 견해에 따르면, 甲의 오인에 정당한 이유가 있으면 벌하지 아니한다.

③ 고의의 이중적 지위를 인정하는 견해에 따르면, 甲에게 심정반가치적 요소가 없어 책임고의는 탈락되지만 구성요건적 고의는 인정되므로 주거침입죄가 성립한다고 본다.

④ 판례는 甲이 위와 같은 착오를 일으킨 경우, 그 오인에 정당한 이유가 있다면 위법성이 조각된다는 입장을 취하고 있다.

해설/정답 ③

① (○) 위법성인식을 고의의 성립요소로 보아 위법성 인식이 결여되면 고의의 성립이 배제된다는 견해가 고의설이다. 여기에는 위법성 조각사유에 대한 착오로 인하여 위법성의 인식이 없는 경우에는 고의범의 책임을 지지 않게 되고 과실이 있으면 과실범의 성립을 인정하나, 과실조차도 없으면 책임이 조각된다는 엄격고의설과 착오 자체에 과실이 있으면 고의범의 책임을 지고, 과실이 없으면 책임이 조각된다는 제한적 고의설이 있다. 위법성의 인식이 없어 고의가 조각된다는 엄격고의설에 의하면 甲의 행위는 과실범의 성립이 가능하지만 주거침입죄는 과실범 처벌규정이 없으므로 불가벌이다.

② (○) 허용구성요건의 착오를 포함한 모든 위법성조각사유의 착오를 금지의 착오라고 해석하는 견해인 엄격책임설에 의하면, 정당한 이유가 있으면 벌하지 아니한다. 따라서, 형법 제16조에 따라 甲의 오인에 정당한 이유가 있으면 벌하지 아니한다.

③ (×) 허용구성요건의 착오가 고의를 조각하는 것은 아니지만 고의책임과 고의형벌을 조각하여 법효과에 있어서 구성요건적 착오와 같이 취급하므로 과실범이 성립하게 되며, 과실조차 인정되지 않으면 불가벌이다(법효과제한적 책임설). 甲에게는 심정반가치적 요소가 없어 책임고의가 조각되므로 과실범의 성립이 가능하지만 주거침입죄는 과실범 처벌규정이 없으므로 불가벌이다.

④ (○) 소속 중대장의 당번병이 근무시간 중은 물론 근무시간 후에도 밤늦게까지 수시로 영외에 있는 중대장의 관사에 머물면서 집안일을 도와주고 그 자녀들을 보살피며 중대장 또는 그 처의 심부름을 관사를 떠나서까지 시키는 일을 해오던 중 사건당일 중대장의 지시에 따라 관사를 지키고 있던중 중대장과 함께 외출나간 그 처로부터 24:00경 비가 오고 밤이 늦어 혼자 귀가할 수 없으니 관사로부터 1.5킬로미터 가량 떨어진 지점까지 우산을 들고 마중을 나오라는 연락을 받고 당번병으로서 당연히 해야 할 일로 생각하고 그 지점까지 나가 동인을 마중하여 그 다음 날 01:00경 귀가하였다면 위와 같은 당번병의 관사이탈 행위는 중대장의 직접적인 허가를 받지 아니하였다 하더라도 당번병으로서의 그 임무범위 내에 속하는 일로 오인하고 한 행위로서 그 오인에 정당한 이유가 있어 위법성이 없다고 볼 것이다(대판 1986.10.28. 86도1406). **[해설]** 판례는 위법한 행

위를 하는 행위자가 그러한 위법성에 대한 인식이 없었고 그러한 오인에 정당한 이유가 있다면, 위법성이 조각된다고 함. 같은 취지로 대판 1968.5.7. 68도370이 있음. 헌재결정례로는 무전취식을 한 학생이라고 오인하고 폭행한 경우, 범죄가 형식적인 기수에 이르렀어도 법익침해가 현장에서 계속되는 상태에 있으면 현재의 침해가 될 수 있으므로, 위법성조각사유의 전제사실의 착오에 해당하는지 검토해야 한다는 것이 있음(헌재 2010.10.28. 2008헌마629결정).

072 **「형법」상 착오의 처리에 대한 다음 설명 중 적절하지 않은 것만을 고른 것은 모두 몇 개인가?** 〈경찰2차 2020〉

> ㉠ 행위자가 제1행위에 의하여 이미 의도한 결과가 발생했다고 믿었으나 실제로는 연속된 제2행위에 의하여 그 결과가 발생된 사안은, 제1행위에 대한 미수범과 제2행위에 대한 과실범의 실체적 경합범으로 처리된다.
> ㉡ 정당방위 상황이 존재하지 않는데도 불구하고 그러한 상황이 존재한다고 오인한 상태에서 행한 방위행위에 대해서, 위법성 인식을 독자적인 책임요소로 파악하는 엄격책임설에 따르면 구성요건적 고의는 언제나 인정된다.
> ㉢ 위법하지 않은 행위를 행위자는 위법한 것으로 오인한 경우, 그 행위자는 금지규범에 대한 착오를 일으킨 것이며 그러한 법률의 무지에 대해서 형벌을 부여해야 한다.
> ㉣ 추상적 사실의 착오 중 객체의 착오 및 방법의 착오에 대한 구체적 부합설과 법정적 부합설의 결론은 동일하다.

① 없음 ② 1개 ③ 2개 ④ 3개

해설/정답 ③

㉠ (×) 피고인이 자신의 부인을 희롱하는 피해자에 대한 분노가 폭발하여 살해하기로 마음먹고 돌로 수차례 내리쳐 피해자가 뇌진탕으로 실신하자 죽은 것으로 오인하고 시체를 몰래 파묻어 증거를 없애기 위해 150m 정도 떨어진 개울가로 끌고 가 모래웅덩이에 묻었다면 피해자가 피고인의 구타행위로 인해 직접 사망한 것이 아니라 죄적을 인멸할 목적으로 행한 매장행위에 의해 사망하게 되었더라도 <u>전과정을 개괄적으로 보면 피해자의 살해라는 애초의 예견사실이 결국 실현된 것이기 때문에 살인죄의 죄책을 면할 수 없다</u>(대판 1988.6.28. 88도650). 피고인에게 살인미수죄와 과실치사죄(사체은닉죄의 불능미수)의 경합범을 인정할 수도 있지만(제1행위와 제2행위의 독립적 성격을 강조하는 미수설에 의할 경우), 대상판결은 단일의 살인기수죄를 인정하였다. 즉, 구타행위와 파묻는 행위를 두 개의 행위로 보지 않고 전체적으로 하나의 살인행위로 파악하였다. 결국 판례는 전과정을 개괄적으로 보면 피해자의 살해라는 처음에 예견된 사실이 결국은 실현된 것으로서 살인기수를 인정한 것으로 볼 수 있다.

㉡ (○) 위법성조각사유의 전제사실의 착오에 대해서, 엄격책임설에 의하면 허용구성요건의 착오를 포함한 모든 위법성조각사유의 착오를 금지의 착오라고 해석한다. 따라서, 형법 제16조에 의해서 오인에 정당한 이유가 없으면 고의범으로 처벌되고, 오인에 정당한 이유가 있으면 책임이 조각되어 무죄가 된다. 결국 엄격책임설에 의할 경우 구성요건적 고의는 언제나 인정된다.

> **제16조(법률의 착오)**
> 자기의 행위가 법령에 의하여 죄가 되지 아니하는 것으로 오인한 행위는 그 오인에 정당한 이유가 있는 때에 한하여 벌하지 아니한다.

㉢ (×) 환각범은 위법하지 않은 행위를 위법하다고 오인한 경우로 반전된 금지착오에 해당한다(적극적 착오). 환각범은 언제나 불가벌이다.

㉣ (○) 법정적 부합설과 구체적 부합설 모두 추상적 사실의 착오(객체의 착오, 방법의 착오)에 관하여는 인식한 사실의 미수와 발생한 사실의 과실범의 상상적 경합이 된다고 본다.

073 다음 사례에 대한 설명으로 가장 적절한 것은? 〈경찰3차 2018〉

甲은 늦은 밤 귀가하던 중 자신의 뒤편에서 다가오는 사람을 평소 자신을 살해하겠다고 협박하던 A로 오인하고, 이를 방위하기 위하여 소지하고 있던 전기충격기로 공격하여 상해를 가하였는데, 쓰러진 사람을 확인해보니 甲을 마중하러 나온 아버지 B였다.

① 주관적 정당화요소를 결한 경우로 불능미수범설에 따르면, 행위반가치는 존재하지만 결과반가치는 존재하지 않으므로 상해죄의 불능미수가 된다.

② 위법성조각사유의 전제사실에 대한 착오의 경우로 엄격책임설에 따르면, 오인에 정당한 이유가 있으면 위법성이 조각된다.

③ 위법성조각사유의 전제사실에 대한 착오의 경우로 법효과제한적 책임설에 따르면, 위법성조각사유를 소극적 구성요건표지로 보므로 구성요건적 착오규정을 직접 적용하여 고의가 조각된다.

④ 오상방위의 경우로 제한적 책임설 중 유추적용설에 따르면, 구성요건적 착오규정을 유추적용하여 고의가 조각되고 다만 행위자에게 과실이 있으면 과실범으로 처벌된다.

해설/정답 ④

주어진 사례는 위법성 조각사유의 전제사실에 관한 착오(오상방위)의 사례이다.

① (×) 방위의사 필요설 중 불능미수범설은 기수범의 결과반가치는 배제되지만 행위반가치는 그대로 존재하므로 불능미수의 규정을 유추적용해야 한다는 견해이다.이 학설은 우연방위(주관적 정당화 요소를 결한 경우)에 관한 학설이므로 주어진 사례의 설명으로 옳지 않다.

② (×) 엄격책임설에 따르면 금지의 착오로 본다. 따라서 甲의 오인에 정당한 이유가 있는 경우라면 형법 제16조에 따라 고의(책임고의)가 조각되어 무죄가 되고, 정당한 이유가 없는 경우라면 고의가 조각되지 않아 고의범으로 처벌된다. 위법성이 조각된다는 것은 판례의 입장이다. 소속 중대장의 당번병이 근무시간 중은 물론 근무시간 후에도 밤 늦게까지 수시로 영외에 있는 중대장의 관사에 머물면서 집안일을 도와주고 그 자녀들을 보살피며 중대장 또는 그 처의 심부름을 관사를 떠나서까지 시키는 일을 해오던 중 사건당일 중대장의 지시에 따라 관사를 지키고 있던중 중대장과 함께 외출나간 그 처로부터 24:00경 비가 오고 밤이 늦어 혼자 귀가할 수 없으니 관사로부터 1.5킬로미터 가량 떨어진 지점까지 우산을 들고 마중을 나오라는 연락을 받고 당번병으로서 당연히 해야 할 일로 생각하고 그 지점까지 나가 동인을 마중하여 그 다음 날 01:00경 귀가하였다면 위와 같은 당번병의 관사이탈 행위는 중대장의 직접적인 허가를 받지 아니하였다 하더라도 당번병으로서의 그 임무범위내에 속하는 일로 오인하고 한 행위로서 그 오인에 정당한 이유가 있어 위법성이 없다고 볼 것이다(대판 1986.10.28. 86도1406).

③ (×) 제한적 책임설 중 법효과제한적 책임설은 행위자는 고의로 행위한 것이므로 구성요건적 고의는 조각되지 아니하나, 착오로 인하여 행위자의 심정반가치를 인정할 수 없으므로 책임고의는 조각되지만 그 법

률 효과에 있어서 만큼은 구성요건적 착오가 있는 것과 동일시하여 과실범의 문제로 취급하자는 견해이다. 주어진 선택지는 소극적 구성요건표지이론의 설명이다.

④ (○) 유추적용설은 위법성조각사유의 객관적 전제사실은 구성요건 요소와 본질적인 차이가 없고, 행위자에게는 구성요건적 불법을 실현하려는 의사가 없으므로 행위불법이 부정되기 때문에 구성요건적 착오에 관한 규정을 유추적용하여 불법고의가 조각된다는 견해이다.

074 **甲은 야간에 악수를 청하는 이웃집 사람을 강도로 오인하고 방어할 생각으로 그를 때려 상해를 입혔으나, 오인에 정당한 이유가 없는 경우 어떠한 학설에 따르면 甲의 죄책이 가장 무겁게 되는가?**
〈경찰2차 2016〉

① 유추적용설

② 소극적 구성요건표지이론

③ 엄격책임설

④ 법효과제한적 책임설

해설/정답 ③

③ (○) 유추적용설은 사실의 착오와 유사하여 구성요건적 착오에 관한 규정을 적용할 경우 고의가 조각된다. 그러나 위 사례의 경우 행위자의 오인에 정당한 이유가 없으므로 과실치상죄로 처벌된다. 소극적 구성요건표지이론에 의하면 소극적 구성요건에 해당하여 고의가 조각되고, 행위자에게 과실이 있으면 과실범으로 처벌된다. 단, 행위자에게 과실이 없으면 무죄이다. 위 사례에서는 그 오인에 정당한 이유가 없으므로 과실치상죄를 적용한다. 엄격책임설에 의하면 사례는 금지의 착오에 해당하여 형이 가장 무거워진다. 이때 그 오인에 정당한 이유가 있으면 책임조작에 의한 무죄에 해당하며, 정당한 이유가 없을 시에는 고의범으로서 상해죄로 처벌된다. 법효과제한적 책임설은 구성요건적 고의는 조각되지 않지만, 심정반가치를 인정할 수 없으므로 책임고의가 조각되어 법효과적인 면에서만 구성요건적 고의가 조각된 것처럼 과실범으로 처벌된다. 사례는행위자의 오인에 정당한 이유가 없으므로 과실치상죄로 처벌된다.

075 다음 중 법률의 착오에 정당한 이유가 있는 것을 모두 고른 것은? 〈경찰1차 2017〉

㉠ 변호사 자격을 가진 국회의원이 낙천대상자로 선정된 사유에 대한 해명을 넘어, 다른 동료 의원들이나 네티즌의 낙천대상자 선정이 부당하다는 취지의 반론을 담은 의정보고서를 발간하는 과정에서, 보좌관을 통해 선거관리위원회 직원에게 문의하여 답변 받은 결과 선거법규에 저촉되지 않는다고 인식한 경우 ㉡ 부동산중개업자가 부동산중개업협회의 자문을 통하여 인원수의 제한 없이 중개보조원을 채용하는 것이 허용된다고 믿고 구 「부동산중개업법」이 정하는 제한인원을 초과하여 중개보조원을 채용한 경우 ㉢ 지방자치단체장이 관행적으로 간담회를 열어 업무추진비 지출 형식으로 참석자들에게 음식물을 제공해 오면서 법령에 의하여 허용되는 행위라고 오인한 경우 ㉣ 중국 국적 선박을 구입한 피고인이 외환은행 담당자의 안내에 따라 매도인인 중국 해운회사에 선박을 임대하여 받기로 한 용선료를 재정경제부장관에게 미리 신고하지 아니하고 선박 매매대금과 상계함으로써 구 「외국환거래법」을 위반한 경우

① ㉠, ㉡　② ㉡, ㉢　③ ㉢, ㉣　④ 없음

해설/정답 ④

㉠ (×) 피고인이 그 보좌관을 통하여 관할 선거관리위원회 직원에게 문의하여 이 사건 의정보고서에 앞서 본 바와 같은 내용을 게재하는 것이 허용된다는 답변을 들은 것만으로는(또한, 원심도 인정하는 바와 같이 이 사건 의정보고서의 제작과 관련하여, 피고인측에서 관할 선거관리위원회의 지도계장인 공소외 1에게 구두로 문의를 하였을 뿐 관할 선거관리위원회에 정식으로 질의를 하여 공식적인 답신을 받은 것도 아니다), 자신의 지적 능력을 다하여 이를 회피하기 위한 진지한 노력을 다 하였다고 볼 수 없고, 그 결과 자신의 행위의 위법성을 인식하지 못한 것이라고 할 것이므로 그에 대해 정당한 이유가 있다고 하기 어렵다(대판 2006.3.24. 2005도3717).

㉡ (×) 부동산중개업자가 부동산중개업협회의 자문을 통하여 인원수의 제한 없이 중개보조원을 채용하는 것이 허용되는 것으로 믿고서 제한인원을 초과하여 중개보조원을 채용함으로써 부동산중개업법 위반 행위에 이르게 되었다고 하더라도 그러한 사정만으로 자신의 행위가 법령에 저촉되지 않는 것으로 오인함에 정당한 이유가 있는 경우에 해당한다거나 범의가 없었다고 볼 수는 없다(대판 2000.8.18. 2000도2943).

㉢ (×) 지방자치단체장이 관행적으로 간담회를 열어 업무추진비 지출 형식으로 참석자들에게 음식물을 제공해 오면서 법령에 의하여 허용되는 행위라고 오인하였다 하더라도, 그 오인에 정당한 이유가 없어 법률의 착오에 해당하지 않는다(대판 2007.11.16. 2007도7205).

㉣ (×) 중국 국적 선박을 구입한 피고인이 매도인인 중국 해운회사에 선박을 임대하여 받기로 한 용선료를 재정경제부장관에게 미리 신고하지 아니하고 선박 매매대금과 상계한 사안에서, 위 행위가 구 외국환거래법 위반죄에 해당한다(대판 2011.7.14. 2011도2136).

제5절 | 기대가능성

076 강요된 행위에 관한 설명 중 가장 적절하지 않은 것은? 〈경찰1차 2023〉

① 「형법」 제12조의 '저항할 수 없는 폭력'은 심리적인 의미에 있어서 육체적으로 어떤 행위를 절대적으로 하지 않을 수 없게 하는 행위와 윤리적 의미에 있어서 강압된 경우를 말한다.

② 「형법」 제12조의 '협박'이란 자기 또는 친족의 생명, 신체에 대한 위해를 달리 막을 방법이 없는 협박을 말한다.

③ 어떤 사람의 성장교육 과정을 통하여 형성된 내재적인 관념 내지 확신으로 인하여 행위자 스스로의 의사결정이 사실상 강제되는 결과를 낳게 하는 경우도 「형법」 제12조의 강요된 행위에 포함된다.

④ 행위자의 강요와 피강요자의 강요된 행위 사이에는 인과관계가 요구되며, 피강요자의 강요된 행위는 적법행위의 기대가능성이 없기 때문에 책임이 조각되어 범죄가 성립하지 않는다.

해설/정답 ③

① (○) 형법 제12조 소정의 저항할 수 없는 폭력은, 심리적인 의미에 있어서 육체적으로 어떤 행위를 절대적으로 하지 아니할 수 없게 하는 경우와 윤리적 의미에 있어서 강압된 경우를 말하고, 협박이란 자기 또는 친족의 생명, 신체에 대한 위해를 달리 막을 방법이 없는 협박을 말하며, 강요라 함은 피강요자의 자유스런 의사결정을 하지 못하게 하면서 특정한 행위를 하게 하는 것을 말한다(대판 1983.12.13. 83도2276).

② (○) 형법 제12조

> **제12조(강요된 행위)**
> 저항할 수 없는 폭력이나 자기 또는 친족의 생명, 신체에 대한 위해를 방어할 방법이 없는 협박에 의하여 강요된 행위는 벌하지 아니한다.

③ (×) 형법 제12조에서 말하는 강요된 행위는 저항할 수 없는 폭력이나 생명 신체에 위해를 가하겠다는 협박 등 다른 사람의 강요행위에 의하여 이루어진 행위를 의미하는 것이지 어떤 사람의 성장교육과정을 통하여 형성된 내재적인 관념 내지 확신으로 인하여 행위자 스스로의 의사결정이 사실상 강제되는 결과를 낳게 하는 경우까지 의미한다고 볼 수는 없는 것이므로 원심의 판단에 형법 제12조에 정한 강요된 행위나 기대가능성에 관한 법리오해의 위법이 있다 할 수 없다(대판 1990.3.27. 89도1670).

④ (○) 강요된 행위는 적법행위에 대한 기대가능성이 없기 때문에 책임이 조각되어 처벌되지 아니한다. 이 경우에 강요자는 피강요자를 자유 없는 도구로 이용하기 때문에 간접정범으로 처벌받게 된다. 강요의 수단인 폭력 또는 협박과 강요된 행위 사이에는 인과관계가 있어야 하므로, 인과관계가 없는 때에는 피강요자의 책임이 조각되지 않고 강요자와 공범이 될 수 있다.

077 기대가능성에 관한 설명 중 가장 적절하지 않은 것은? 〈경찰2차 2022〉

① 기대가능성의 판단기준을 국가에 두면 국가는 국민의 적법행위를 기대하므로 기대가능성이 없다는 이유로 책임이 조각되는 경우가 축소될 수 있다.

② 甲이 담배제조업 허가 없이 전자장치를 이용해 흡입할 수 있는 니코틴이 포함된 용액을 제조한 경우, 궐련담배제조업의 허가 기준은 존재하나 전자담배제조업에 관한 허가기준이 없는 이상 甲에게 담배제조업 관련 법령의 허가기준을 준수하거나 허가기준이 새롭게 마련될 때까지 법 준수를 요구하는 것을 기대할 수 없다.

③ 형법 제12조의 '저항할 수 없는 폭력'은 심리적 의미에 있어서 육체적으로 어떤 행위를 절대적으로 할 수 밖에 없게 하는 경우와 윤리적 의미에서 강압된 경우를 의미한다.

④ 영업정지처분에 대한 집행정지 신청이 잠정적으로 받아들여졌다는 사정만으로는 구 음반 비디오물 및 게임물에 관한 법률 위반으로 기소된 피고인에게 적법행위의 기대가능성이 없다고 볼 수 없다.

해설/정답 ②

① (○) 적법행위를 기대하고 있는 국가가 법질서를 지배하는 국가이념에 따라 판단해야 한다는 국가표준설에 의하면 국가를 표준으로 하여 기대가능성의 유무를 판단하는 것은 기대가능성의 기본사상과 일치할 수 없으며, 국가는 국민의 적법행위를 기대하므로 기대가능성이 없다는 이유로 책임이 조각되는 경우가 축소될 수 있다는 비판을 받는다.

② (×) 피고인들이 공모하여, 고농도 니코틴 용액에 프로필렌글리콜(Propylene Glycol)과 식물성 글리세린(Vegetable Glycerin)과 같은 희석액, 소비자의 기호에 맞는 향료를 일정한 비율로 첨가하여 전자장치를 이용해 흡입할 수 있는 '니코틴이 포함된 용액'을 만드는 방법으로 담배제조업 허가 없이 담배를 제조하였다고 하여 담배사업법 위반으로 기소된 사안에서, 담배사업법령에서 담배제조업 허가제 및 허가기준을 둔 취지에 비추어 보면, 담배사업법의 위임을 받은 기획재정부가 전자담배제조업에 관한 허가기준을 마련하지 않고 있으나, 정부는 전자담배제조업의 허가와 관련하여 자본금, 시설, 기술인력, 담배 제조 기술의 연구·개발 및 국민 건강보호를 위한 품질관리 등에 관한 적정한 기준을 마련함에 있어 법률이 위임한 정책적 판단 재량이 존재하고, 궐련담배제조업에 관한 허가기준은 이미 마련되어 있는 상황에서 담배제조업 관련 법령의 허가기준을 준수하거나 허가기준이 새롭게 마련될 때까지 법 준수를 요구하는 것이, 피고인들이 아닌 사회적 평균인의 입장에서도 불가능하거나 현저히 곤란한 것을 요구하여 죄형법정주의 원칙에 위반된다거나 기대가능성이 없는 행위를 처벌하는 것이어서 위법하다고 보기 어렵다고 한 사례(대판 2018.9.28. 2018도9828).

③ (○) 형법 제12조 소정의 저항할 수 없는 폭력은, 심리적인 의미에 있어서 육체적으로 어떤 행위를 절대적으로 하지 아니할 수 없게 하는 경우와 윤리적 의미에 있어서 강압된 경우를 말하고, 협박이란 자기 또는 친족의 생명, 신체에 대한 위해를 달리 막을 방법이 없는 협박을 말하며, 강요라 함은 피강요자의 자유스런 의사결정을 하지 못하게 하면서 특정한 행위를 하게 하는 것을 말한다(대판 1983.12.13. 83도2276).

④ (○) 영업정지처분에 대한 집행정지 결정은 피고인이 제기한 영업정지처분 취소사건의 본안판결 선고시까지 그 처분의 효력을 정지한 것으로서 행정청의 처분의 위법성을 확정적으로 선언하지도 않았으므로, 위 집행정지 신청이 잠정적으로 받아들여졌다는 사정만으로는, 구 음반·비디오물 및 게임물에 관한 법률(2006. 4. 28. 법률 제7943호로 폐지) 위반으로 기소된 피고인에게 적법행위의 기대가능성이 없다고 볼 수는 없다고 한 원심판단을 수긍한 사례(대판 2010.11.11. 2007도8645).

078 **범죄의 성립에 관한 설명으로 가장 적절한 것은?** 〈경찰 1차 2022〉

① 성장교육과정을 통하여 형성된 내재적인 관념 내지 확신으로 인하여 행위자 스스로의 의사결정이 사실상 강제된 상태에서 행한 행위도 「형법」 제12조에 정한 강요된 행위에 해당한다.

② 자신의 행위가 위법함을 인식하지 못한 이유가 단순한 법률의 부지로 인한 경우라 하더라도 그 오인에 정당한 이유가 있는 경우에 한하여 책임이 조각된다.

③ 음주운전을 할 의사를 가지고 음주만취한 후 운전을 결행하여 교통사고를 일으킨 경우는 음주시에 교통사고를 일으킬 위험성을 예견하였는데도 자의로 심신장애를 야기한 경우에 해당하므로 과실에 의한 원인에 있어서 자유로운 행위에 해당한다.

④ 법률의 착오와 관련하여 위법성의 인식에 필요한 노력의 정도는 행위자 개인의 인식능력이 기준이 되는 것이므로, 행위자가 어떤 사회집단에 소속되어 있는가는 고려할 필요가 없다.

해설/정답 ③

① (×) 형법 제12조에서 말하는 강요된 행위는 저항할 수 없는 폭력이나 생명 신체에 위해를 가하겠다는 협박 등 다른 사람의 강요행위에 의하여 이루어진 행위를 의미하는 것이지 어떤 사람의 성장교육과정을 통하여 형성된 내재적인 관념 내지 확신으로 인하여 행위자 스스로의 의사결정이 사실상 강제되는 결과를 낳게 하는 경우까지 의미한다고 볼 수는 없는 것이므로 원심의 판단에 형법 제12조에 정한 강요된 행위나 기대가능성에 관한 법리오해의 위법이 있다 할 수 없다(대판 1990.3.27. 89도1670).

② (×) 형법 제16조에 자기가 행한 행위가 법령에 의하여 죄가 되지 아니한 것으로 오인한 행위는 그 오인에 정당한 이유가 있는 때에 한하여 벌하지 아니한다고 규정하고 있는 것은 단순한 법률의 부지의 경우를 말하는 것이 아니고 일반적으로 범죄가 되는 경우이지만 자기의 특수한 경우에는 법령에 의하여 허용된 행위로서 죄가 되지 아니한다고 그릇 인식하고 그와 같이 그릇 인식함에 정당한 이유가 있는 경우에는 벌하지 아니한다는 취지이다. 피고인은 이 사건 건물의 임차인으로서 건축법의 관계 규정을 알지 못하여 이 사건 건물을 자동차정비공장으로 사용하는 것이 건축법상의 무단용도변경 행위에 해당한다는 것을 모르고 사용을 계속하였다는 것이므로, 이는 단순한 법률의 부지에 해당한다고 할 것이고 피고인의 소위가 특히 법령에 의하여 허용된 행위로서 죄가 되지 않는다고 그릇 인식한 경우는 아니므로 범죄의 성립에 아무런 지장이 없다고 할 것이다(대판 1995.8.25. 95도1351).

③ (○) 형법 제10조 제3항은 "위험의 발생을 예견하고 자의로 심신장애를 야기한 자의 행위에는 전2항의 규정을 적용하지 아니한다."고 규정하고 있는 바, 이 규정은 고의에 의한 원인에 있어서의 자유로운 행위만이 아니라 과실에 의한 원인에 있어서의 자유로운 행위까지도 포함하는 것으로서 위험의 발생을 예견할 수 있었는데도 자의로 심신장애를 야기한 경우도 그 적용 대상이 된다고 할 것이어서, 피고인이 음주운전을 할 의사를 가지고 음주만취한 후 운전을 결행하여 교통사고를 일으켰다면 피고인은 음주시에 교통사고를 일으킬 위험성을 예견하였는데도 자의로 심신장애를 야기한 경우에 해당하므로 위 법조항에 의하여 심신장애로 인한 감경 등을 할 수 없다(대판 2007.7.27. 2007도4484, 대판 1992.7.28. 92도999).

④ (×) 형법 제16조에서 "자기가 행한 행위가 법령에 의하여 죄가 되지 아니한 것으로 오인한 행위는 그 오인에 정당한 이유가 있는 때에 한하여 벌하지 아니한다."라고 규정하고 있는 것은 단순한 법률의 부지를 말하는 것이 아니고, 일반적으로 범죄가 되는 경우이지만 자기의 특수한 경우에는 법령에 의하여 허용된 행위로서 죄가 되지 아니한다고 그릇 인식하고 그와 같이 그릇 인식함에 정당한 이유가 있는 경우에는 벌하지 않는다는 취지이다. 그리고 여기서 정당한 이유가 있는지 여부는 행위자에게 자기 행위의 위법의 가능성에 대해 심사숙고하거나 조회할 수 있는 계기가 있어 자신의 지적능력을 다하여 이를 회피하기 위한 진지한 노력을 다하였더라면 스스로의 행위에 대하여 위법성을 인식할 수 있는 가능성이 있었음에도 이를 다하지 못한 결과 자기 행위의 위법성을 인식하지 못한 것인지 여부에 따라 판단하여야 할 것이고, 이러한 위법성의 인식에 필요한 노력의 정도는 구체적인 행

위정황과 행위자 개인의 인식능력 그리고 행위자가 속한 사회집단에 따라 달리 평가되어야 한다(대판 2015.2.12. 2014도11501).

079 책임조각에 대한 설명으로 가장 적절하지 않은 것은? 〈경찰2차 2020〉

① 야간에 자신의 방에 들어오는 룸메이트를 강도로 오인하고 상해의 고의는 없이 방어할 의사로 그를 폭행하였는데 강도로 오인한 과실이 회피 가능하였을 경우, 법률효과제한적 책임설에 따르면 행위자는 무죄가 된다.

② 엄청난 체력과 힘의 소유자인 체육선생이 연약한 만 16세 여학생 甲의 손목을 잡고 휘둘러 甲의 손으로 옆에 앉아 있던 乙에게 상해를 입힌 경우, 甲의 상해행위는 형법 제12조 강요된 행위에 의해 책임이 조각된다.

③ 경기 불황 상황에서 임금 지급을 위한 모든 성의와 노력을 다했으나 경영부진으로 인한 자금사정 등 도저히 지급기일 안에 임금을 지급할 수 없었다는 등의 피할 수 없는 사정이 인정된다면 근로기준법 제36조 위반범죄의 책임이 조각된다.

④ 수학여행을 온 대학교 3학년생들 중 일부만의 학생증을 제시받아 성년임을 확인한 후 나이트클럽에 단체로 입장시켰으나 그들 중 1인이 미성년자인 경우, 미성년자가 섞여 있을지도 모른다는 것을 예상하여 그들의 증명서를 일일이 확인할 것을 요구하는 것은 사회통념상 기대가능성이 없으므로 책임이 조각된다.

해설/정답 ②

① (○) 위법성조각사유의 전제사실의 착오에 대해서, 법효과제한적 책임설에 의하면 허용구성요건의 착오가 고의를 조각하는 것은 아니지만 고의책임과 고의형벌을 조각하여 법효과에 있어서 구성요건적 착오와 같이 취급해야 한다고 본다. 따라서, 고의범을 과실범으로 처리하게 되어 과실폭행이 성립하게 되지만 처벌규정이 없으므로 무죄가 된다.

② (×) 형법 제12조 소정의 저항할 수 없는 폭력은, 심리적인 의미에 있어서 육체적으로 어떤 행위를 절대적으로 하지 아니할 수 없게 하는 경우와 윤리적 의미에 있어서 강압된 경우를 말하고, 협박이란 자기 또는 친족의 생명, 신체에 대한 위해를 달리 막을 방법이 없는 협박을 말하며, 강요라 함은 피강요자의 자유스런 의사결정을 하지 못하게 하면서 특정한 행위를 하게 하는 것을 말한다(대판 1983.12.13. 83도2276). 사안에서 甲은 체육선생의 상해행위에 도구로 사용된 상황이므로, 甲이 乙에게 상해를 가한 행위는 저항할 수 없는 폭력에 의한 것이 아니다. 따라서, 형법상의 행위로 판단할 수 없으므로 상해죄의 구성요건에 해당하지 않아 무죄이다.

> **제12조(강요된 행위)**
> 저항할 수 없는 폭력이나 자기 또는 친족의 생명, 신체에 대한 위해를 방어할 방법이 없는 협박에 의하여 강요된 행위는 벌하지 아니한다.

③ (○) 기업이 불황이라는 사유만으로 사용자가 근로자에 대한 임금이나 퇴직금을 체불하는 것은 허용되지 아니하지만, 모든 성의와 노력을 다했어도 임금이나 퇴직금의 체불이나 미불을 방지할 수 없었다는 것이 사회통념상 긍정할 정도가 되어 사용자에게 더 이상의 적법행위를 기대할 수 없거나 불가피한 사정이었음이 인정되는 경우에는 그러한 사유는 근로기준법이나 근로자퇴직급여 보장법에서 정하는 임금 및 퇴직금 등의 기일 내 지급의무 위반죄의 책임조각사유로 된다(대판 2015.2.12. 2014도12753).

④ (○) 수학여행을 온 대학교 3학년생 34명이 지도교수의 인솔 하에 피고인 경영의 나이트클럽에 찾아와

단체입장을 원하므로 그들 중 일부만의 학생증을 제시받아 확인하여 본즉 그들이 모두 같은 대학교 같은 학과 소속의 3학년 학생들로서 성년자임이 틀림없어 나머지 학생들의 연령을 개별적, 기계적으로 일일이 증명서로 확인하지 아니하고 그들의 단체입장을 허용함으로써 그들 중에 섞여 있던 미성년자(19세 4개월 남짓된 여학생) 1인을 위 업소에 출입시킨 결과가 되었다면 피고인이 단체입장하는 위 학생들이 모두 성년자일 것으로 믿은데에는 정당한 이유가 있었다고 할 것이고, 따라서 위와 같은 상황 아래서 피고인에게 위 학생들 중에 미성년자가 섞여 있을지도 모른다는 것을 예상하여 그들의 증명서를 일일이 확인할 것을 요구하는 것은 사회통념상 기대가능성이 없다고 봄이 상당하므로 이를 벌할 수 없다(대판 1987.1.20. 86도874).

080 책임에 관한 설명 중 옳지 않은 것은? 〈경찰1차 2019〉

① 「형법」 제12조의 강요된 행위 중 '저항할 수 없는 폭력'에는 윤리적 의미에 있어서 강압된 경우도 포함된다.

② 자신의 강도상해 범행을 일관되게 부인하였으나 유죄판결이 확정된 피고인이 별건으로 기소된 공범의 형사사건에서 자신의 범행을 시인하는 증언을 할 것이라는 기대가능성이 없다.

③ '위험의 발생을 예견하고 자의로 심신장애를 야기한 자의 행위'에 대해서는 심신장애에 관한 「형법」 총칙규정의 적용이 배제된다.

④ 심신장애로 인하여 사물을 변별할 능력이나 의사를 결정할 능력이 미약한 자의 행위는 형을 감경할 수 있다.

해설/정답 ②

① (○) 형법 제12조 소정의 저항할 수 없는 폭력은, 심리적인 의미에 있어서 육체적으로 어떤 행위를 절대적으로 하지 아니할 수 없게 하는 경우와 윤리적 의미에 있어서 강압된 경우를 말하고, 협박이란 자기 또는 친족의 생명, 신체에 대한 위해를 달리 막을 방법이 없는 협박을 말하며, 강요라 함은 피강요자의 자유스런 의사결정을 하지 못하게 하면서 특정한 행위를 하게 하는 것을 말한다(대판 1983.12.13. 83도2276).

② (×) [1] 이미 유죄의 확정판결을 받은 피고인은 공범의 형사사건에서 그 범행에 대한 증언을 거부할 수 없을 뿐만 아니라 나아가 사실대로 증언하여야 하고, 설사 피고인이 자신의 형사사건에서 시종일관 그 범행을 부인하였다 하더라도 이러한 사정은 위증죄에 관한 양형참작사유로 볼 수 있음은 별론으로 하고 이를 이유로 피고인에게 사실대로 진술할 것을 기대할 가능성이 없다고 볼 수는 없다. [2] 자신의 강도상해 범행을 일관되게 부인하였으나 유죄판결이 확정된 피고인이 별건으로 기소된 공범의 형사사건에서 자신의 범행사실을 부인하는 증언을 한 사안에서, 피고인에게 사실대로 진술할 기대가능성이 있으므로 위증죄가 성립한다고 판단한 사례(대판 2008.10.23. 2005도10101).

③ (○) 형법 제10조 제3항

> **제10조(심신장애인)**
> ③ 위험의 발생을 예견하고 자의로 심신장애를 야기한 자의 행위에는 전 2항의 규정을 적용하지 아니한다.

④ (○) 형법 제10조 제2항

> **제10조(심신장애인)**
> ② 심신장애로 인하여 전항의 능력이 미약한 자의 행위는 형을 감경할 수 있다.

CHAPTER 05 | 미수론

제1절 | 미수범

081 **다음 중 가장 적절한 것은?** 〈경찰2차 2023〉

① 甲이 허위내용의 고소장을 경찰관에게 제출하였다가 그 경찰관으로부터 고소장의 내용만으로는 범죄 혐의가 없는 것이라 하므로 그 고소장을 되돌려 받은 때에는 「형법」 제156조에 따른 무고죄의 장애미수에 해당한다.

② 甲이 소송비용을 편취할 의사로 소송비용의 지급을 구하는 손해배상청구의 소를 제기하였다가 담당 판사로부터 소송비용의 확정은 소송비용액 확정절차를 통해 하라는 권유를 받고 위 소를 취하한 때에는 「형법」 제347조에 따른 사기죄의 불능미수에 해당한다.

③ 甲이 외국환 수출의 신고를 하지 않은 채 일화를 국외로 반출하기 위해, 일화 400만 엔이 든 휴대용 가방을 가지고 보안검색대에 나아가지 않은 채 공항 내에서 탑승을 기다리고 있던 중에 체포되었다면 일화 400만 엔의 반출에 대해서는 실행의 착수가 있다고 볼 수 없다.

④ 甲이 A의 뒤에 서서 카메라폰으로 치마 속 신체 부위를 일정한 시간 동안 촬영하다가 경찰관에게 발각되어 저장버튼을 누르지 않고 촬영을 종료하였다면 구 「성폭력범죄의 처벌 및 피해자보호등에 관한 법률」 제14조의2 제1항에 따른 카메라 등 이용촬영죄의 장애미수에 해당한다.

해설/정답 ③

① (×) 피고인이 최초에 작성한 허위내용의 고소장을 경찰관에게 제출하였을 때 이미 허위사실의 신고가 수사기관에 도달되어 무고죄의 기수에 이른 것이라 할 것이므로 그 후에 그 고소장을 되돌려 받았다 하더라도 이는 무고죄의 성립에 아무런 영향이 없다(대판 1985.2.8. 84도2215). 한편, 무고죄는 미수범 처벌규정도 존재하지 않는다.

② (×) 불능범의 판단기준으로서 위험성 판단은 피고인이 행위 당시에 인식한 사정을 놓고 이것이 객관적으로 일반인의 판단으로 보아 결과 발생의 가능성이 있느냐를 따져야 하고, 한편 민사소송법상 소송비용의 청구는 소송비용액 확정절차에 의하도록 규정하고 있으므로, 위 절차에 의하지 아니하고 손해배상금 청구의 소 등으로 소송비용의 지급을 구하는 것은 소의 이익이 없는 부적법한 소로서 허용될 수 없다고 할 것이다. 따라서 소송비용을 편취할 의사로 소송비용의 지급을 구하는 손해배상청구의 소를 제기하였다고 하더라도 이는 객관적으로 소송비용의 청구방법에 관한 법률적 지식을 가진 일반인의 판단으로 보아 결과 발생의 가능성이 없어 위험성이 인정되지 않는다고 할 것이다(대판 2005.12.8. 2005도8105).

③ (○) 외국환거래법 제28조 제1항 제3호에서 규정하는, 신고를 하지 아니하거나 허위로 신고하고 지급수단·귀금속 또는 증권을 수출하는 행위는 지급수단 등을 국외로 반출하기 위한 행위에 근접·밀착하는 행위가 행하여진 때에 그 실행의 착수가 있다고 할 것인데, 피고인이 일화 500만 ¥은 기탁화물로 부치고 일화 400만 ¥은 휴대용 가방에 넣어 국외로 반출하려고 하는 경우에, 500만 ¥에 대하여는 기탁화물로 부칠 때 이미 국외로 반출하기 위한 행위에 근접·밀착한 행위가 이루어졌다고 보아 실행의 착수가 있었다고 할 것이지만, 휴대용 가방에 넣어 비행기에 탑승하려고 한 나머지 400만 ¥에 대하여는 그 휴대용 가방을 보안검색대에 올려 놓거나 이를 휴대하고 통과하는 때에 비로소 실행의 착수가 있다고 볼 것이고, 피고인이 휴대용 가방을 가지고 보안검색대에 나아가지 않은 채 공항 내에서 탑승을 기다리고 있던 중에 체포되었다면 일화 400만 ¥에 대하여는 실행의 착수가 있다고 볼 수 없다(대판 2001.7.27. 2000도4298).

④ (×) 피고인이 지하철 환승에스컬레이터 내에서 짧은 치마를 입고 있는 피해자의 뒤에 서서 카메라폰으로 성적 수치심을 느낄 수 있는 치마 속 신체 부위를 피해자 의사에 반하여 동영상 촬영하였다고 하여 구 성폭력범죄의 처벌 및 피해자보호 등에 관한 법률(2010. 4. 15. 법률 제10258호 성폭력범죄의 피해자보호 등에 관한 법률로 개정되기 전의 것) 위반으로 기소된 사안에서, 피고인이 휴대폰을 이용하여 동영상 촬영을 시작하여 일정한 시간이 경과하였다면 설령 촬영 중 경찰관에게 발각되어 저장버튼을 누르지 않고 촬영을 종료하였더라도 카메라 등 이용 촬영 범행은 이미 '기수'에 이르렀다고 볼 여지가 매우 큰데도, 피고인이 동영상 촬영 중 저장버튼을 누르지 않고 촬영을 종료하였다는 이유만으로 위 범행이 기수에 이르지 않았다고 단정하여, 피고인에 대한 위 공소사실 중 '기수'의 점을 무죄로 인정한 원심판결에 법리오해로 인한 심리미진 또는 이유모순의 위법이 있다(대판 2011.6.9. 2010도10677).

082 실행의 착수에 관한 설명 중 가장 적절하지 않은 것은? 〈경찰1차 2023〉

① 소유권이전등기청구권에 대한 압류는 강제집행 절차를 위한 일련의 시작행위라고 할 수 있으므로, 허위 채권에 기한 공정증서를 집행권원으로 하여 채무자의 소유권이전등기청구권에 대하여 압류신청을 한 시점에 소송사기의 실행에 착수하였다고 볼 수 있다.

② 배임죄는 임무에 위배하는 행위를 한다는 점과 이로 인하여 자기 또는 제3자가 이익을 취득하여 본인에게 손해를 가한다는 점에 대한 인식이나 의사를 가지고 임무에 위배한 행위를 개시한 때 실행에 착수하였다고 볼 수 있다.

③ 업무상배임죄에서 부작위를 실행의 착수로 볼 수 있기 위해서는 작위의무가 이행되지 않으면 사무처리의 임무를 부여한 사람이 재산권을 행사할 수 없으리라고 객관적으로 예견되는 등으로 구성요건적 결과 발생의 위험이 구체화한 상황에서 부작위가 이루어져야 하고, 행위자는 부작위 당시 자신에게 주어진 임무를 위반한다는 점과 그 부작위로 인해 손해가 발생할 위험이 있다는 점을 인식하였어야 한다.

④ 甲이 乙로부터 국제우편을 통해 향정신성의약품을 수입하는 경우, 필로폰을 받을 국내 주소를 알려주었으나 乙이 필로폰이 들어 있는 우편물을 발신국의 우체국에 제출하지 않았다고 하더라도 甲의 이러한 행위는 향정신성의약품 수입 행위의 실행에 착수하였다고 볼 수 있다.

해설/정답 ④

① (○) 강제집행절차를 통한 소송사기는 집행절차의 개시신청을 한 때 또는 진행 중인 집행절차에 배당신청을 한 때에 실행에 착수하였다고 볼 것이다. 민사집행법 제244조에서 규정하는 부동산에 관한 권리이전청구권에 대한 강제집행은 그 자체를 처분하여 대금으로 채권에 만족을 기하는 것이 아니고, 부동산에 관한 권리이전청구권을 압류하여 청구권의 내용을 실현시키고 부동산을 채무자의 책임재산으로 귀속시킨 다음 다시 부동산에 대한 경매를 실시하여 매각대금으로 채권에 만족을 기하는 것이다. 이러한 경우 소유권이전등기청구권에 대한 압류는 당해 부동산에 대한 경매의 실시를 위한 사전 단계로서의 의미를 가지나, 전체로서의 강제집행절차를 위한 일련의 시작행위라고 할 수 있으므로, 허위 채권에 기한 공정증서를 집행권원으로 하여 채무자의 소유권이전등기청구권에 대하여 압류신청을 한 시점에 소송사기의 실행에 착수하였다고 볼 것이다(대판 2015.2.12. 2014도10086).

② (○) 타인의 사무를 처리하는 자가 배임의 범의로, 즉 임무에 위배하는 행위를 한다는 점과 이로 인하여 자기 또는 제3자가 이익을 취득하여 본인에게 손해를 가한다는 점에 대한 인식이나 의사를 가지고 임무에 위배한 행위를 개시한 때 배임죄의 실행에 착수한 것이고, 이러한 행위로 인하여 자기 또는 제3자가 이익을 취득하여 본인에게 손해를 가

한 때 배임죄는 기수가 된다(대판 2017.9.21. 2014도9960).

③ (○) 업무상배임죄는 타인과의 신뢰관계에서 일정한 임무에 따라 사무를 처리할 법적 의무가 있는 자가 그 상황에서 당연히 할 것이 법적으로 요구되는 행위를 하지 않는 부작위에 의해서도 성립할 수 있다. 그러한 부작위를 실행의 착수로 볼 수 있기 위해서는 작위의무가 이행되지 않으면 사무처리의 임무를 부여한 사람이 재산권을 행사할 수 없으리라고 객관적으로 예견되는 등으로 구성요건적 결과 발생의 위험이 구체화한 상황에서 부작위가 이루어져야 한다. 그리고 행위자는 부작위 당시 자신에게 주어진 임무를 위반한다는 점과 그 부작위로 인해 손해가 발생할 위험이 있다는 점을 인식하였어야 한다(대판 2021.5.27. 2020도15529).

④ (×) 마약류 관리에 관한 법률에서 정한 향정신성의약품 수입행위로 인한 위해 발생의 위험은 향정신성의약품의 양륙 또는 지상반입에 의하여 발생하고 그 의약품을 선박이나 항공기로부터 양륙 또는 지상에 반입함으로써 기수에 달한다. 그리고 이 사건과 같이 국제우편 등을 통하여 향정신성의약품을 수입하는 경우에는 국내에 거주하는 사람이 수신인으로 명시되어 발신국의 우체국 등에 향정신성의약품이 들어 있는 우편물을 제출할 때에 범죄의 실행에 착수하였다고 볼 수 있다. 따라서 피고인이 공소외인에게 필로폰을 받을 국내 주소를 알려주었다고 하더라도 공소외인이 필로폰이 들어 있는 우편물을 발신국의 우체국 등에 제출하였다는 사실이 밝혀지지 않은 이상 피고인 등의 이러한 행위는 향정신성의약품 수입의 예비행위라고 볼 수 있을지언정 이를 가지고 향정신성의약품 수입행위의 실행에 착수하였다고 할 수는 없다(대판 2019.5.16. 2019도97).

083 실행의 착수시기에 대한 설명으로 가장 적절하지 않은 것은? 〈경찰3차 2018〉

① 필로폰을 매수하려는 자에게서 필로폰을 구해 달라는 부탁과 함께 돈을 지급받은 경우 당시 필로폰을 소지 또는 입수한 상태에 있었거나 그것이 가능하였다는 등 매매행위에 근접 밀착한 상태에서 대금을 지급받은 것이라면 마약류관리에관한법률위반(향정)죄의 필로폰 매매행위의 실행에 착수하였다고 볼 수 있다.

② 강제집행절차를 통한 소송사기는 집행절차의 개시신청을 한 때 또는 진행 중인 집행절차에 배당신청을 한 때에 사기죄의 실행에 착수하였다고 볼 수 있다.

③ 위장결혼의 당사자 및 브로커와 공모한 피고인이 허위로 결혼사진을 찍고 혼인신고에 필요한 서류를 준비하여 위장결혼의 당사자에게 건네준 것만으로도 공전자기록등부실기재죄의 실행에 착수하였다고 볼 수 있다.

④ 피고인이 피해자 A를 추행하기 위하여 뒤따라가다가 외진 곳에서 가까이 접근하여 껴안으려 하였으나, A가 뒤돌아보면서 소리치자 그 상태로 몇 초 동안 쳐다보다가 다시 오던 길로 되돌아간 경우, 피고인의 팔이 A의 몸에 닿지 않았지만 양팔을 높이 들어 갑자기 뒤에서 껴안으려고 하는 것만으로도 강제추행죄의 실행의 착수가 있다고 볼 수 있다.

해설/정답 ③

① (○) 필로폰을 매수하려는 자에게서 필로폰을 구해 달라는 부탁과 함께 돈을 지급받았다고 하더라도, 당시 필로폰을 소지 또는 입수한 상태에 있었거나 그것이 가능하였다는 등 매매행위에 근접·밀착한 상태에서 대금을 지급받은 것이 아니라 단순히 필로폰을 구해 달라는 부탁과 함께 대금 명목으로 돈을 지급받은 것에 불과한 경우에는 필로폰 매매행위의 실행의 착수에 이른 것이라고 볼 수 없다(대판 2015.3.20. 2014도16920).

② (○) 강제집행절차를 통한 소송사기는 집행절차의 개시신청을 한 때 또는 진행 중인 집행절차에 배당신청을 한 때에 실행에 착수하였다고 볼 것이다. 민사집행법 제244조에서 규정하는 부동산에 관한 권리이전청구권에 대한 강제집행은 그 자체를 처분하여 대금으로 채권에 만족을 기하는 것이 아니고, 부동

산에 관한 권리이전청구권을 압류하여 청구권의 내용을 실현시키고 부동산을 채무자의 책임재산으로 귀속시킨 다음 다시 부동산에 대한 경매를 실시하여 매각대금으로 채권에 만족을 기하는 것이다. 이러한 경우 소유권이전등기청구권에 대한 압류는 당해 부동산에 대한 경매의 실시를 위한 사전 단계로서의 의미를 가지나, 전체로서의 강제집행절차를 위한 일련의 시작행위라고 할 수 있으므로, 허위 채권에 기한 공정증서를 집행권원으로 하여 채무자의 소유권이전등기청구권에 대하여 압류신청을 한 시점에 소송사기의 실행에 착수하였다고 볼 것이다(대판 2015.2.12. 2014도10086).

③ (×) 공전자기록등부실기재죄의 착수시기는 공무원에 대한 허위신고시를 기준으로 하며, 허위신고에 의하여 공정증서원본 등에 부실의 기재가 된 때에 본죄는 기수에 이르게 된다. 따라서, 위장결혼의 당사자 및 브로커와 공모한 피고인이 허위로 결혼사진을 찍고 혼인신고에 필요한 서류를 준비하여 위장결혼의 당사자에게 건네준 것만으로는 공전자기록등부실기재죄의 실행에 착수한 것으로 볼 수 없다(대판 2009.9.24. 2009도4998).

④ (○) 강제추행죄는 상대방에 대하여 폭행 또는 협박을 가하여 항거를 곤란하게 한 뒤에 추행행위를 하는 경우뿐만 아니라 폭행행위 자체가 추행행위라고 인정되는 경우도 포함되며, 이 경우의 폭행은 반드시 상대방의 의사를 억압할 정도의 것일 필요는 없다. 추행은 객관적으로 일반인에게 성적 수치심이나 혐오감을 일으키게 하고 선량한 성적 도덕관념에 반하는 행위로서 피해자의 성적 자유를 침해하는 것을 말하며, 이에 해당하는지는 피해자의 의사, 성별, 연령, 행위자와 피해자의 이전부터의 관계, 행위에 이르게 된 경위, 구체적 행위태양, 주위의 객관적 상황과 그 시대의 성적 도덕관념 등을 종합적으로 고려하여 신중히 결정되어야 한다. 그리고 추행의 고의로 상대방의 의사에 반하는 유형력의 행사, 즉 폭행행위를 하여 실행행위에 착수하였으나 추행의 결과에 이르지 못한 때에는 강제추행미수죄가 성립하며, 이러한 법리는 폭행행위 자체가 추행행위라고 인정되는 이른바 '기습추행'의 경우에도 마찬가지로 적용된다(대판 2015.9.10. 2015도6980, 2015모2524).

084 다음 중 「형법」상 미수범 처벌규정이 없는 범죄는 모두 몇 개인가? 〈경찰1차 2017 변형〉

㉠ 사인위조죄	㉡ 불법체포죄	㉢ 특수도주죄
㉣ 사문서부정행사죄	㉤ 인질치사죄	㉥ 점유이탈물횡령죄

① 1개　② 2개　③ 3개　④ 4개

해설/정답 ②

㉠ (×) 형법 제239조, 제240조

제239조(사인등의 위조, 부정사용)
① 행사할 목적으로 타인의 인장, 서명, 기명 또는 기호를 위조 또는 부정사용한 자는 3년 이하의 징역에 처한다.
② 위조 또는 부정사용한 타인의 인장, 서명, 기명 또는 기호를 행사한 때에도 전항의 형과 같다.

제240조(미수범)
본장의 미수범은 처벌한다.

㉡ (×) 형법 제124조

제124조(불법체포, 불법감금)
① 재판, 검찰, 경찰 기타 인신구속에 관한 직무를 행하는 자 또는 이를 보조하는 자가 그 직권을 남용하여 사람

을 체포 또는 감금한 때에는 7년 이하의 징역과 10년 이하의 자격정지에 처한다.
② 전항의 미수범은 처벌한다.

㉢ (×) 형법 제146조, 제149조

제146조(특수도주)
수용설비 또는 기구를 손괴하거나 사람에게 폭행 또는 협박을 가하거나 2인 이상이 합동하여 전조 제1항의 죄를 범한 자는 7년 이하의 징역에 처한다.

제149조(미수범)
전4조의 미수범은 처벌한다.

㉣ (○) 형법 제236조

제236조(사문서의 부정행사)
권리·의무 또는 사실증명에 관한 타인의 문서 또는 도화를 부정행사한 자는 1년 이하의 징역이나 금고 또는 300만 원 이하의 벌금에 처한다.

㉤ (×) 형법 제324조의4, 제324조의5

제324조의4(인질살해 · 치사)
제324조의2의 죄를 범한 자가 인질을 살해한 때에는 사형 또는 무기징역에 처한다. 사망에 이르게 한 때에는 무기 또는 10년 이상의 징역에 처한다.

제324조의5(미수범)
제324조 내지 제324조의4의 미수범은 처벌한다.

㉥ (○) 형법 제360조

제360조(점유이탈물횡령)
① 유실물, 표류물 또는 타인의 점유를 이탈한 재물을 횡령한 자는 1년 이하의 징역이나 300만 원 이하의 벌금 또는 과료에 처한다.
② 매장물을 횡령한 자도 전항의 형과 같다.

085 **실행의 착수시기 또는 기수에 대한 설명 중 가장 적절하지 않은 것은?** 〈경찰1차 2018〉

① 위장결혼의 당사자 및 중국 측 브로커와의 공모 하에 허위로 결혼사진을 찍고, 혼인신고에 필요한 서류를 준비하여 위장결혼의 당사자에게 건네준 것만으로는 아직 공전자기록등부실기재죄에 있어서 실행에 착수한 것으로 볼 수 없다.

② 피고인이 방화의 의사로 뿌린 휘발유가 인화성이 강한 상태로 주택 주변과 피해자의 몸에 적지 않게 살포되어 있는 사정을 알면서도 라이터를 켜 불꽃을 일으킴으로써 피해자의 몸에 불이 붙은 경우, 비록 외부적 사정에 의하여 불이 방화 목적물인 주택 자체에 옮겨 붙지는 아니하였다 하더라도 현존건조물방화죄의 실행의 착수가 있었다고 볼 수 있다.

③ 금융기관 직원이 전산단말기를 이용하여 다른 공범들이 지정한 특정계좌에 돈이 입금된 것처럼 허위의 정보를 입력하는 방법으로 위 계좌로 입금되도록 한 경우, 그 후 그러한 입금이 취소되어 현실적으로 인출되지 못하였다면 컴퓨터 등 사용사기죄의 미수에 해당한다.

④ 피고인이 지하철 환승에스컬레이터 내에서 짧은 치마를 입고 있는 피해자의 뒤에 서서 카메라폰으로 성적 수치심을 느낄 수 있는 치마 속 신체 부위를 피해자 의사에 반하여 동영상 촬영 중 경찰관에게 발각되어 저장버튼을 누르지 않고 촬영을 종료하였더라도 동영상 촬영을 시작하여 일정한 시간이 경과하였다면 구 「성폭력범죄의 처벌 및 피해자보호 등에 관한 법률」상 '카메라 등 이용 촬영죄'의 기수에 해당한다.

해설/정답 ③

① (○) 위장결혼의 당사자 및 브로커와 공모한 피고인이 허위로 결혼사진을 찍고 혼인신고에 필요한 서류를 준비하여 위장결혼의 당사자에게 건네준 것만으로는 공전자기록등부실기재죄의 실행에 착수한 것으로 볼 수 없다고 한 사례(대판 2009.9.24. 2009도4998).

② (○) 피고인이 방화의 의사로 뿌린 휘발유가 인화성이 강한 상태로 주택주변과 피해자의 몸에 적지 않게 살포되어 있는 사정을 알면서도 라이터를 켜 불꽃을 일으킴으로써 피해자의 몸에 불이 붙은 경우, 비록 외부적 사정에 의하여 불이 방화 목적물인 주택 자체에 옮겨 붙지는 아니하였다 하더라도 현존건조물방화죄의 실행의 착수가 있었다고 봄이 상당하다(대판 2002. 3.26. 2001도6641).

③ (×) 금융기관 직원이 전산단말기를 이용하여 다른 공범들이 지정한 특정계좌에 돈이 입금된 것처럼 허위의 정보를 입력하는 방법으로 위 계좌로 입금되도록 한 경우, 이러한 입금절차를 완료함으로써 장차 그 계좌에서 이를 인출하여 갈 수 있는 재산상 이익을 취득하였으므로 형법 제347조의2에서 정하는 컴퓨터 등 사용사기죄는 기수에 이르렀고, 그 후 그러한 입금이 취소되어 현실적으로 인출되지 못하였다고 하더라도 이미 성립한 컴퓨터 등 사용사기죄에 어떤 영향이 있다고 할 수는 없다(대판 2006.9.14. 2006도4127).

④ (○) 피고인이 지하철 환승에스컬레이터 내에서 짧은 치마를 입고 있는 피해자의 뒤에 서서 카메라폰으로 성적 수치심을 느낄 수 있는 치마 속 신체 부위를 피해자 의사에 반하여 동영상 촬영하였다고 하여 구 성폭력범죄의 처벌 및 피해자보호 등에 관한 법률(2010. 4. 15. 법률 제10258호 성폭력범죄의 피해자보호 등에 관한 법률로 개정되기 전의 것) 위반으로 기소된 사안에서, 피고인이 휴대폰을 이용하여 동영상 촬영을 시작하여 일정한 시간이 경과하였다면 설령 촬영 중 경찰관에게 발각되어 저장버튼을 누르지 않고 촬영을 종료하였더라도 카메라 등 이용 촬영 범행은 이미 '기수'에 이르렀다고 볼 여지가 매우 큰데도, 피고인이 동영상 촬영 중 저장버튼을 누르지 않고 촬영을 종료하였다는 이유만으로 위 범행이 기수에 이르지 않았다고 단정하여, 피고인에 대한 위 공소사실 중 '기수'의 점을 무죄로 인정한 원심판결에 법리오해로 인한 심리미진 또는 이유모순의 위법이 있다(대판 2011.6.9. 2010도10677).

086 실행의 착수에 대한 설명으로 가장 적절하지 않은 것은? 〈경찰1차 2017〉

① 가압류는 강제집행의 보전방법에 불과하고 그 기초가 되는 허위의 채권에 의하여 실제로 청구의 의사표시를 한 것이라고 할 수 없으므로 소의 제기 없이 가압류신청을 한 것만으로는 사기죄의 실행에 착수한 것이라고 할 수 없다.

② 부동산 경매절차에서 피고인들이 허위의 공사대금채권을 근거로 유치권 신고를 한 경우, 소송사기의 실행의 착수가 인정된다.

③ 피고인이 히로뽕 제조원료 구입비로 금 3,000,000원을 제1심 공동피고인에게 제공하였는데 공동피고인이 그로써 구입할 원료를 물색 중 적발되었다면 피고인의 행위는 히로뽕 제조에 착수하였다고 볼 수 없다.

④ 「부정경쟁방지 및 영업비밀보호에 관한 법률」 제18조 제2항에서 정하고 있는 영업비밀부정사

용죄에 있어서는, 행위자가 당해 영업비밀과 관계된 영업활동에 이용 혹은 활용할 의사 아래 그 영업활동에 근접한 시기에 영업비밀을 열람하는 행위를 하였다면 그 실행의 착수가 있다.

해설/정답 ②

① (○) 가압류는 강제집행의 보전방법에 불과하고 그 기초가 되는 허위의 채권에 의하여 실제로 청구의 의사표시를 한 것이라고 할 수 없으므로 소의 제기 없이 가압류신청을 한 것만으로는 사기죄의 실행에 착수한 것이라고 할 수 없다(대판 1982.10.26. 82도1529).

② (×) 부동산 경매절차에서 피고인들이 허위의 공사대금채권을 근거로 유치권 신고를 한 경우, 소송사기의 실행의 착수가 있다고 볼 수 없다(대판 2009.9.24. 2009도5900).

③ (○) 피고인이 히로뽕 제조원료 구입비로 금 3,000,000원을 제1심 공동피고인에게 제공하였는데 공동피고인이 그로써 구입할 원료를 물색 중 적발되었다면 피고인의 소위는 히로뽕제조에 착수하였다고 볼 수 없다(대판 1983.11.22. 83도2590).

④ (○) 부정경쟁방지 및 영업비밀보호에 관한 법률 제18조 제2항에서 정하고 있는 영업비밀부정사용죄에 있어서는, 행위자가 당해 영업비밀과 관계된 영업활동에 이용 혹은 활용할 의사 아래 그 영업활동에 근접한 시기에 영업비밀을 열람하는 행위(영업비밀이 전자파일의 형태인 경우에는 저장의 단계를 넘어서 해당 전자파일을 실행하는 행위)를 하였다면 그 실행의 착수가 있다(대판 2009.10.15. 2008도9433).

087 기수와 미수에 대한 설명이다. 아래 ㉠부터 ㉣까지의 설명 중 옳고 그름의 표시(○, ×)가 바르게 된 것은? 〈경찰2차 2017〉

> ㉠ 회사직원이 재직 중에 영업비밀 또는 영업상 주요한 자산을 경쟁업체에 유출하거나 스스로의 이익을 위하여 이용할 목적으로 무단으로 반출하였다면 유출 또는 반출 시에 업무상 배임죄의 기수가 된다.
>
> ㉡ 회사직원이 영업비밀 등을 적법하게 반출하여 반출행위가 업무상 배임죄에 해당하지 않는 경우라도, 퇴사 시에 영업비밀 등을 회사에 반환하거나 폐기할 의무가 있음에도 경쟁업체에 유출하거나 스스로의 이익을 위하여 이용할 목적으로 이를 반환하거나 폐기하지 아니하였다면, 이러한 행위 역시 퇴사 시에 업무상 배임죄의 기수가 된다.
>
> ㉢ 추행의 고의로 상대방의 의사에 반하는 유형력의 행사, 즉 폭행행위를 하여 실행행위에 착수하였으나 추행의 결과에 이르지 못한 때에는 강제추행미수죄가 성립하며, 이러한 법리는 폭행행위 자체가 추행행위라고 인정되는 이른바 '기습추행'의 경우에도 마찬가지로 적용된다.
>
> ㉣ 공무원이 뇌물로 투기적 사업에 참여할 기회를 제공받은 경우, 뇌물수수죄의 기수 시기는 투기적 사업에 참여하는 행위가 종료된 때로 보아야 한다.

①	㉠ (○)	㉡ (×)	㉢ (○)	㉣ (○)
②	㉠ (○)	㉡ (×)	㉢ (○)	㉣ (×)
③	㉠ (×)	㉡ (○)	㉢ (×)	㉣ (×)
④	㉠ (○)	㉡ (○)	㉢ (○)	㉣ (○)

해설/정답 ④

㉠ (○), ㉡ (○) 업무상 배임죄의 주체는 타인의 사무를 처리하는 지위에 있어야 한다. 따라서 회사직원이 재직 중에 영업비밀 또는 영업상 주요한 자산을 경쟁업체에 유출하거나 스스로의 이익을 위하여 이용할 목적으로 무단으로 반출하였다면 타인의 사무를 처리하는 자로서 업무상의 임무에 위배하여 유출 또는 반출한 것이어서 유출 또는 반출 시에 업무상 배임죄의 기수가 된다. 또한 회사직원이 영업비밀 등을 적법하게 반출하여 반출행위가 업무상 배임죄에 해당하지 않는 경우라도, 퇴사 시에 영업비밀 등을 회사에 반환하거나 폐기할 의무가 있음에도 경쟁업체에 유출하거나 스스로의 이익을 위하여 이용할 목적으로 이를 반환하거나 폐기하지 아니하였다면, 이러한 행위 역시 퇴사 시에 업무상 배임죄의 기수가 된다. 그러나 회사직원이 퇴사한 후에는 특별한 사정이 없는 한 퇴사한 회사직원은 더 이상 업무상 배임죄에서 타인의 사무를 처리하는 자의 지위에 있다고 볼 수 없고, 위와 같이 반환하거나 폐기하지 아니한 영업비밀 등을 경쟁업체에 유출하거나 스스로의 이익을 위하여 이용하더라도 이는 이미 성립한 업무상 배임행위의 실행행위에 지나지 아니하므로, 그 유출 내지 이용행위가 부정경쟁방지 및 영업비밀보호에 관한 법률 위반(영업비밀누설등)죄에 해당하는지는 별론으로 하더라도, 따로 업무상 배임죄를 구성할 여지는 없다. 그리고 위와 같이 퇴사한 회사직원에 대하여 타인의 사무를 처리하는 자의 지위를 인정할 수 없는 이상 제3자가 위와 같은 유출 내지 이용행위에 공모·가담하였더라도 타인의 사무를 처리하는 자의 지위에 있다는 등의 사정이 없는 한 업무상 배임죄의 공범 역시 성립할 수 없다(대판 2017.6.29. 2017도3808).

㉢ (○) 강제추행죄는 상대방에 대하여 폭행 또는 협박을 가하여 항거를 곤란하게 한 뒤에 추행행위를 하는 경우뿐만 아니라 폭행행위 자체가 추행행위라고 인정되는 경우도 포함되며, 이 경우의 폭행은 반드시 상대방의 의사를 억압할 정도의 것일 필요는 없다. 추행은 객관적으로 일반인에게 성적 수치심이나 혐오감을 일으키게 하고 선량한 성적 도덕관념에 반하는 행위로서 피해자의 성적 자유를 침해하는 것을 말하며, 이에 해당하는지는 피해자의 의사, 성별, 연령, 행위자와 피해자의 이전부터의 관계, 행위에 이르게 된 경위, 구체적 행위태양, 주위의 객관적 상황과 그 시대의 성적 도덕관념 등을 종합적으로 고려하여 신중히 결정되어야 한다. 그리고 추행의 고의로 상대방의 의사에 반하는 유형력의 행사, 즉 폭행행위를 하여 실행행위에 착수하였으나 추행의 결과에 이르지 못한 때에는 강제추행미수죄가 성립하며, 이러한 법리는 폭행행위 자체가 추행행위라고 인정되는 이른바 '기습추행'의 경우에도 마찬가지로 적용된다(대판 2015.9.10. 2015도6980, 2015모2524).

㉣ (○) 뇌물죄에서 뇌물의 내용인 이익이라 함은 금전, 물품 기타의 재산적 이익뿐만 아니라 사람의 수요욕망을 충족시키기에 족한 일체의 유형, 무형의 이익을 포함한다고 해석되고, 투기적 사업에 참여할 기회를 얻는 것도 이에 해당한다. 공무원이 뇌물로 투기적 사업에 참여할 기회를 제공받은 경우, 뇌물수수죄의 기수 시기는 투기적 사업에 참여하는 행위가 종료된 때로 보아야 하며, 그 행위가 종료된 후 경제사정의 변동 등으로 인하여 당초의 예상과는 달리 그 사업 참여로 아무런 이득을 얻지 못한 경우라도 뇌물수수죄의 성립에는 영향이 없다(대판 2002.11.26. 2002도3539).

088 다음 설명 중 가장 적절하지 않은 것은? 〈경찰2차 2016〉

① 주간에 사람의 주거 등에 침입하여 야간에 타인의 재물을 절취한 경우 「형법」 제330조의 야간주거침입절도죄가 성립한다.

② 위장결혼의 당사자 및 브로커와 공모한 피고인이 허위로 결혼사진을 찍고 혼인신고에 필요한 서류를 준비하여 위장결혼의 당사자에게 건네준 것만으로는 공전자기록등부실기재죄의 실행에 착수한 것으로 볼 수 없다.

③ 본안 소송을 제기하지 아니한 채 허위채권에 기하여 가압류를 한 것만으로는 사기죄의 실행에 착수하였다고 할 수 없다.

④ 피해자에게 위조한 예금통장 사본 등을 보여주면서 외국회사에서 투자금을 받았다고 거짓말하며 자금 대여를 요청하였으나, 피해자와 함께 그 입금 여부를 확인하기 위해 은행에 가던 중 은행 입구에서 차용을 포기하고 돌아간 경우, 사기죄의 중지미수로 볼 수 없다.

해설/정답 ①

① (×) 형법은 제329조에서 절도죄를 규정하고 곧바로 제330조에서 야간주거침입절도죄를 규정하고 있을 뿐, 야간절도죄에 관하여는 처벌규정을 별도로 두고 있지 아니하다. 이러한 형법 제330조의 규정형식과 그 구성요건의 문언에 비추어 보면, 형법은 야간에 이루어지는 주거침입행위의 위험성에 주목하여 그러한 행위를 수반한 절도를 야간주거침입절도죄로 중하게 처벌하고 있는 것으로 보아야 하고, 따라서 주거침입이 주간에 이루어진 경우에는 야간주거침입절도죄가 성립하지 않는다고 해석하는 것이 타당하다(대판 2011.4.14. 2011도300, 2011감도5).

② (○) 위장결혼의 당사자 및 브로커와 공모한 피고인이 허위로 결혼사진을 찍고 혼인신고에 필요한 서류를 준비하여 위장결혼의 당사자에게 건네준 것만으로는 공전자기록등부실기재죄의 실행에 착수한 것으로 볼 수 없다고 한 사례(대판 2009.9.24. 2009도4998).

③ (○) 가압류는 강제집행의 보전방법에 불과한 것이어서 허위의 채권을 피보전권리로 삼아 가압류를 하였다고 하더라도 그 채권에 관하여 현실적으로 청구의 의사표시를 한 것이라고는 볼 수 없으므로, 본안 소송을 제기하지 아니한 채 가압류를 한 것만으로는 사기죄의 실행에 착수하였다고 할 수 없다(대판 1988.9.13. 88도55).

④ (○) 피고인이 갑에게 위조한 예금통장 사본 등을 보여주면서 외국회사에서 투자금을 받았다고 거짓말하며 자금 대여를 요청하였으나, 갑과 함께 그 입금 여부를 확인하기 위해 은행에 가던 중 은행 입구에서 차용을 포기하고 돌아가 사기미수로 기소된 사안에서, 피고인이 범행이 발각될 것이 두려워 범행을 중지한 것으로서 일반 사회통념상 범죄를 완수함에 장애가 되는 사정에 해당하여 자의에 의한 중지미수로 볼 수 없다고 한 사례(대판 2011.11.10. 2011도10539).

089 **미수범에 대한 설명으로 가장 적절한 것은?** 〈경찰2차 2018〉

① 「형법」 제25조의 미수범(장애미수)의 경우 이를 기수범의 형과 동일하게 처벌하는 것은 불가능하다.

② 일반 사회통념상 범죄를 완수함에 장애가 되는 사정이 없음에도 공모자 중의 1인이 자의로 범죄의 실행행위를 중지한 경우라면, 그 후 다른 공모자의 실행으로 인해 범죄의 결과가 발생하여도 자의로 중지한 공모자에 한해서는 「형법」 제26조의 중지범(중지미수)이 성립한다.

③ 실행의 착수가 있기 전인 예비·음모 단계에서 예비·음모행위를 자의로 중지한 경우에는 중지범(중지미수)에 관한 「형법」 제26조가 적용된다.

④ 소송사기의 목적으로 법원에 소장을 제출한 경우, 아직 피고에게 소장부본이 송달되지 않아도 사기죄의 실행의 착수가 있다.

해설/정답 ④

① (×) 형법 제25조 제2항 : 임의적 감경이므로 기수범의 형과 동일하게 처벌하는 것도 가능하다.

> **제25조(미수범)**
> ② 미수범의 형은 기수범보다 감경할 수 있다.

② (×) 피고인은 원심 공동피고인과 합동하여 피해자를 텐트 안으로 끌고 간 후 원심 공동피고인, 피고인의 순으로 성관계를 하기로 하고 피고인은 위 텐트 밖으로 나와 주변에서 망을 보고 원심 공동피고인은 피해자의 옷을 모두 벗기고 피해자의 반항을 억압한 후 피해자를 1회 간음하여 강간하고, 이어 피고인이 위 텐트 안으로 들어가 피해자를 강간하려 하였으나 피해자가 반항을 하며 강간을 하지 말아 달라고 사정을 하여 강간을 하지 않았다는 것이므로, 앞서 본 법리에 비추어 보면 위 구본선이 피고인과의 공모 하에 강간행위에 나아간 이상 비록 피고인이 강간행위에 나아가지 않았다 하더라도 중지미수에 해당하지는 않는다고 할 것이다(대판 2005.2.25. 2004도8259).

③ (×) 중지범은 범죄의 실행에 착수한 후 자의로 그 행위를 중지한 때를 말하는 것이고, 실행의 착수가 있기 전인 예비음모의 행위를 처벌하는 경우에 있어서는 중지범의 관념은 이를 인정할 수 없다(대판 1991.6.25. 91도436, 대판 1999.4.9. 99도424).

④ (○) 소송사기는 법원을 기망하여 자기에게 유리한 판결을 얻고 이에 터잡아 상대방으로부터 재물의 교부를 받거나 재산상 이익을 취득하는 것을 말하는 것으로서 소송에서 주장하는 권리가 존재하지 않는 사실을 알고 있으면서도 법원을 기망한다는 인식을 가지고 소를 제기하면 이로써 실행의 착수가 있고 소장의 유효한 송달을 요하지 아니한다고 할 것인바, 이러한 법리는 제소자가 상대방의 주소를 허위로 기재함으로써 그 허위주소로 소송서류가 송달되어 그로 인하여 상대방 아닌 다른 사람이 그 서류를 받아 소송이 진행된 경우에도 마찬가지로 적용된다(대판 2006.11.10. 2006도5811).

090 미수와 예비에 대한 설명으로 가장 적절한 것은? 〈경찰1차 2021〉

① 불능미수와 장애미수는 모두 형을 감경 또는 면제할 수 있다.

② 범행이 발각될 것이 두려워 범행을 중지한 경우, 자의에 의한 중지미수로 볼 수 없다.

③ 소송비용을 편취할 의사로 소송비용의 지급을 구하는 손해배상청구의 소를 제기한 경우, 이는 객관적으로 소송비용의 청구방법에 관한 법률적 지식을 가진 일반인의 판단으로 보아 결과 발생의 가능성이 있어 위험성이 인정되므로 사기죄의 불능미수로 볼 수 있다.

④ 예비행위를 자의로 중지한 경우 중지미수의 규정을 준용하여 형을 감경 또는 면제한다.

해설/정답 ②

① (×) 형법 제25조, 형법 제27조 : 장애미수-임의적 감경, 불능미수-임의적 감면

> **제25조(미수범)**
> ① 범죄의 실행에 착수하여 행위를 종료하지 못하였거나 결과가 발생하지 아니한 때에는 미수범으로 처벌한다.
> ② 미수범의 형은 기수범보다 감경할 수 있다.
> **제27조(불능범)**
> 실행의 수단 또는 대상의 착오로 인하여 결과의 발생이 불가능하더라도 위험성이 있는 때에는 처벌한다. 단, 형을 감경 또는 면제할 수 있다.

② (○) 피고인이 장롱 안에 있는 옷가지에 불을 놓아 건물을 소훼하려 하였으나 불길이 치솟는 것을 보고 겁이 나서 물을 부어 불을 끈 것이라면, 위와 같은 경우 치솟는 불길에 놀라거나 자신의 신체안전에 대한 위해 또는 범행발각 시의 처벌 등에 두려움을 느끼는 것은 일반 사회통념상 범죄를 완수함에 장애가 되는 사정에 해당한다고 보아야 할 것이므로, 이를 자의에 의한 중지미수라고는 볼 수 없다(대판 1997.6.13. 97도957).

③ (×) 불능범의 판단기준으로서 위험성 판단은 피고인이 행위 당시에 인식한 사정을 놓고 이것이 객관적으로 일반인의 판단으로 보아 결과 발생의 가능성이 있느냐를 따져야 하고, 한편 민사소송법상 소송비용의 청구는 소송비용액 확정절차에 의하도록 규정하고 있으므로, 위 절차에 의하지 아니하고 손해배상금 청구의 소 등으로 소송비용의 지급을 구하는 것은 소의 이익이 없는 부적법한 소로서 허용될 수 없다고 할 것이다. 따라서 소송비용을 편취할 의사로 소송비용의 지급을 구하는 손해배상청구의 소를 제기하였다고 하더라도 이는 객관적으로 소송비용의 청구방법에 관한 법률적 지식을 가진 일반인의 판단으로 보아 결과 발생의 가능성이 없어 위험성이 인정되지 않는다고 할 것이다(대판 2005.12.8. 2005도8105).

④ (×) 중지범은 범죄의 실행에 착수한 후 자의로 그 행위를 중지한 때를 말하는 것이고 실행의 착수가 있기 전인 예비음모의 행위를 처벌하는 경우에 있어서 중지범의 관념은 이를 인정할 수 없다(대판 1999.4.9. 99도424, 대판 1991.6.25. 91도436, 대판 1966.4.21. 66도152 전원합의체).

091 미수에 대한 설명 중 옳은 것을 모두 고른 것은? 〈경찰1차 2018〉

㉠ 甲은 乙과 합동하여 피해자를 텐트 안으로 끌고 간 후 甲, 乙 순으로 성관계를 하기로 하고 乙은 위 텐트 밖으로 나와 주변에서 망을 보고 甲은 피해자의 옷을 모두 벗기고 피해자의 반항을 억압한 후 피해자를 1회 간음하여 강간하고, 이어 乙이 위 텐트 안으로 들어가 피해자를 강간하려 하였으나 피해자가 반항을 하며 강간을 하지 말아 달라고 사정을 하여 강간을 하지 않았다면 乙에 대하여는 중지미수가 인정된다.

㉡ 피고인이 장롱 안에 있는 옷가지에 불을 놓아 건물을 소훼하려 하였으나 불길이 치솟는 것을 보고 겁이 나서 물을 부어 불을 끈 것이라면 중지미수라고 볼 수 없다.

㉢ 실행의 수단 또는 대상의 착오로 인하여 결과의 발생이 불가능하더라도 위험성이 있는 때에는 처벌한다. 단, 형을 감경 또는 면제한다.

㉣ 필로폰을 매수하려는 자에게서 필로폰을 구해 달라는 부탁과 함께 돈을 지급받았다고 하더라도, 당시 필로폰을 소지 또는 입수한 상태에 있었거나 그것이 가능하였다는 등 매매행위에 근접·밀착한 상태에서 대금을 지급받은 것이 아니라 단순히 필로폰을 구해 달라는 부탁과 함께 대금 명목으로 돈을 지급받은 것에 불과한 경우에는 필로폰 매매행위의 실행의 착수에 이른 것으로 볼 수 없다.

① ㉠, ㉡ ② ㉠, ㉢ ③ ㉡, ㉣ ④ ㉢, ㉣

해설/정답 ③

㉠ (×) 피고인은 원심 공동피고인과 합동하여 피해자를 텐트 안으로 끌고 간 후 원심 공동피고인, 피고인의 순으로 성관계를 하기로 하고 피고인은 위 텐트 밖으로 나와 주변에서 망을 보고 원심 공동피고인은 피해자의 옷을 모두 벗기고 피해자의 반항을 억압한 후 피해자를 1회 간음하여 강간하고, 이어 피고인이 위 텐트 안으로 들어가 피해자를 강간하려 하였으나 피해자가 반항을 하며 강간을 하지 말아 달라고 사정을 하여 강간을 하지 않았다는 것이므로, 앞서 본 법리에 비추어 보면 위 구본선이 피고인과의 공모 하에 강간행위에 나아간 이상 비록 피고인이 강간행위에 나아가지 않았다 하더라도 중지미수에 해당하지는 않는다고 할 것이다(대판 2005.2.25. 2004도8259).

㉡ (○) 피고인이 장롱 안에 있는 옷가지에 불을 놓아 건물을 소훼하려 하였으나 불길이 치솟는 것을 보고 겁이 나서 물을 부어 불을 끈 것이라면, 위와 같은 경우 치솟는 불길에 놀라거나 자신의 신체안전에 대한 위해 또는 범행발각 시의 처벌 등에 두려움을 느끼는 것은 일반 사회통념상 범죄를 완수함에 장애가 되는 사정에 해당한다고 보아야 할 것이므로, 이를 자의에 의한 중지미수라고는 볼 수 없다(대판 1997.6.13. 97도957).

㉢ (×) 형법 제27조

제27조(불능범)
실행의 수단 또는 대상의 착오로 인하여 결과의 발생이 불가능하더라도 위험성이 있는 때에는 처벌한다. 단, 형을 감경 또는 면제할 수 있다.

㉣ (○) 필로폰을 매수하려는 자에게서 필로폰을 구해 달라는 부탁과 함께 돈을 지급받았다고 하더라도, 당시 필로폰을 소지 또는 입수한 상태에 있었거나 그것이 가능하였다는 등 매매행위에 근접·밀착한 상태에서 대금을 지급받은 것이 아니라 단순히 필로폰을 구해 달라는 부탁과 함께 대금 명목으로 돈을 지급받은 것에 불과한 경우에는 필로폰 매매행위의 실행의 착수에 이른 것이라고 볼 수 없다(대판 2015.3.20. 2014도16920).

제3절 | 불능미수

092 미수범에 대한 설명으로 가장 적절하지 않은 것은? 〈경찰2차 2020〉

① 소송비용을 편취할 의사로 소송비용의 지급을 구하는 손해배상 청구의 소를 제기한 사안에서, 재산 침해의 위험성을 법률적 지식을 가진 일반인이 아닌 행위자의 인식을 기초로 판단하여 그 위험성은 인정되나, 소송비용 지급청구는 소송비용액 확정 절차를 통해서만 가능하기 때문에 결과발생이 불가능하므로 소송사기죄의 불능범으로서 무죄가 된다.

② 위험한 물건인 전자충격기를 피해자의 허리에 대고 피해자를 폭행하여 강간하려다가 미수에 그치고 피해자에게 약 2주간의 치료를 요하는 안면부 좌상 등의 상해를 입힌 경우, 성폭력범죄의 처벌 등에 관한 특례법 상 특수강간치상죄의 기수범이 성립한다.

③ 절도죄의 실행의 착수시기는 재물에 대한 타인의 사실상의 지배를 침해하는 데에 밀접한 행위를 개시한 때라고 보아야 하므로, 야간이 아닌 주간에 절도의 목적으로 타인의 주거에 침입하였다고 하여도 아직 절취할 물건의 물색행위를 시작하기 전이라면 주거침입죄만 성립할 뿐 절도죄의 실행에 착수한 것으로 볼 수 없다.

④ 피고인이 피해자를 살해하려고 목과 왼쪽 가슴 부위를 칼로 수 회 찔렀으나 많은 피가 흘러나오는 것을 발견하고 겁을 먹고 그만두는 바람에 미수에 그쳤더라도 중지미수에 해당하지 않는다.

해설/정답 ①

① (×) 불능범의 판단기준으로서 위험성 판단은 피고인이 행위 당시에 인식한 사정을 놓고 이것이 객관적으로 일반인의 판단으로 보아 결과 발생의 가능성이 있느냐를 따져야 하고, 한편 민사소송법상 소송비용의 청구는 소송비용액 확정절차에 의하도록 규정하고 있으므로, 위 절차에 의하지 아니하고 손해배상금 청구의 소 등으로 소송비용의 지급을 구하는 것은 소의 이익이 없는 부적법한 소로서 허용될 수 없다고 할 것이다. 따라서 소송비용을 편취할 의사로 소송비용의 지급을 구하는 손해배상청구의 소를 제기하였다고 하더라도 이는 객관적으로 소송비용의 청구방법에 관한 법률적 지식을 가진 일반인의 판단으로 보아 결과 발생의 가능성이 없어 위험성이 인정되지 않는다고 할 것이다(대판 2005.12.8. 2005도8105).

② (○) 성폭력범죄의 처벌 및 피해자보호 등에 관한 법률 제9조 제1항에 의하면 같은 법 제6조 제1항에서 규정하는 특수강간의 죄를 범한 자뿐만 아니라 특수강간이 미수에 그쳤다고 하더라도 그로 인하여 피해자가 상해를 입었으면 특수강간치상죄가 성립하는 것이고, 같은 법 제12조에서 규정한 위 제9조 제1항에 대한 미수범처벌규정은 제9조 제1항에서 특수강간치상죄와 함께 규정된 특수강간상해죄의 미수에 그친 경우, 즉 특수강간의 죄를 범하거나 미수에 그친 자가 피해자에 대하여 상해의 고의를 가지고 피해자에게 상해를 입히려다가 미수에 그친 경우 등에 적용된다(대판 2008.4.24. 2007도10058).

③ (○) [1] 형법 제331조 제2항의 특수절도에 있어서 주거침입은 그 구성요건이 아니므로, 절도범인이 그 범행수단으로 주거침입을 한 경우에 그 주거침입행위는 절도죄에 흡수되지 아니하고 별개로 주거침입죄를 구성하여 절도죄와는 실체적 경합의 관계에 있게 되고, 2인 이상이 합동하여 야간이 아닌 주간에 절도의 목적으로 타인의 주거에 침입하였다 하여도 아직 절취할 물건의 물색행위를 시작하기 전이라면 특수절도죄의 실행에는 착수한 것으로 볼 수 없는 것이어서 그 미수죄가 성립하지 않는다. [2] '주간에' 아파트 출입문 시정장치를 손괴하다가 발각되어 도주한 피고인들이 특수절도미수죄로 기소된 사안에서, '실행의 착수'가 없었다는 이유로 형법 제331조 제2항의 특수절도죄의 점에 대해 무죄를 선고한 원심판단을 수긍한 사례(대판 2009.12.24. 2009도9667).

④ (○) 범죄의 실행행위에 착수하고 그 범죄가 완수되기 전에 자기의 자유로운 의사에 따라 범죄의 실행행위를 중지한 경우에 그 중지가 일반 사회통념상 범죄를 완수함에 장애가 되는 사정에 의한 것이 아니라면 이는 중지미수에 해당한다고 할 것이지만, 피고인이 피해자를 살해하려고 그의 목 부위와 왼쪽 가슴 부위를 칼로 수 회 찔렀으나 피해자의 가슴 부위에서 많은 피가 흘러나오는 것을 발견하고 겁을 먹고 그 만두는 바람에 미수에 그친 것이라면, 위와 같은 경우 많은 피가 흘러나오는 것에 놀라거나 두려움을 느끼는 것은 일반 사회통념상 범죄를 완수함에 장애가 되는 사정에 해당한다고 보아야 할 것이므로, 이를 자의에 의한 중지미수라고 볼 수 없다(대판 1999.4.13. 99도640).

093 다음 사례에서 불능미수의 학설에 관한 설명으로 가장 적절하지 않은 것은? 〈경찰1차 2020〉

甲은 평소 맘에 들지 않던 乙이 동네 벤치에 누워 있는 것을 발견하고 살해하기 위해 총을 발사하였다. 그러나 乙은 甲이 총을 발사하기 전에 이미 심장마비로 사망한 상태였다.

① 구객관설(절대적 불능·상대적 불능 구별설)에 의하면 결과발생이 어떠한 경우에도 개념적으로 불가능하여 위험성이 인정되지 않는다.

② 구체적 위험설에 의하면 일반인이 乙을 살아 있는 것으로 오인한 경우뿐만 아니라 乙을 사망한 것으로 인식한 경우에도 행위자 甲의 인식이 우선시되므로 위험성이 인정된다.

③ 추상적 위험설에 의하면 甲은 乙을 살아 있는 사람으로 인식하고 있었으므로 위험성이 인정된다.

④ 주관설에 의하면 위 사례의 경우 위험성이 인정된다.

해설/정답 ②

① (○) 구객관설 : 결과의 발생이 개념적으로 불가능한 절대적 불능은 벌할 수 없지만, 구체적인 특수한 경우에만 불가능한 상대적 불능은 미수범으로 처벌받아야 한다는 견해이다. 이에 따르면 ㈎ 절대적 불능인 경우에는 위험성이 인정되지 아니하여 처벌할 수 없으나, ㈏ 상대적 불능인 경우에는 위험성이 인정되어 불능미수범으로 된다고 본다(예 : 시체에 대한 발포 → 객체의 절대적 불능, 방탄복을 입은 자에 대한 발포 → 객체의 상대적 불능, 독살의 의사로 소화제를 먹인 경우 → 수단의 절대적 불능, 치사량 미달의 독약을 먹인 경우 → 수단의 상대적 불능). 사안의 경우 결과발생이 불가능하므로 위험성이 인정되지 않는다.

② (×) 구체적 위험설 : ㈎ 행위 당시에 행위자가 인식한 사실과 일반인이 인식할 수 있었던 사정을 기초로 일반적 경험법칙에 따라 객관적으로 판단하여 구체적 위험성이 없으면 불능범이고 구체적 위험성이 있으면 미수라고 하는 견해이다. ㈏ 위험성판단의 기초는 행위 당시에 행위자가 인식하고 있었던 사정과 일반인이 인식할 수 있었던 사정에 두고, 위험성판단의 주체는 일반인(통찰력 있는 제3자)에 두고 있다. 사안의 경우 일반인이 乙을 살아있는 것으로 오인한 경우라면 위험성이 인정되고, 일반인이 乙을 사망한 것으로 인식한 경우에는 위험성이 인정되지 않는다.

③ (○) 추상적 위험설 : ㈎ 행위시에 행위자가 인식한 사실을 기초로 하여 행위자가 생각한 대로의 사정이 존재하였으면 일반인의 판단에서 결과발생의 위험성이 있는 경우를 추상적 위험이라 하여, 이러한 추상적 위험성의 유무에 의하여 불능범과 미수범을 구별하는 견해이다. ㈏ 위험성판단의 기초는 행위 당시에 행위자가 인식하고 있었던 사정에 두고, 위험성판단의 주체는 일반인에 두고 있다. 사안의 경우 甲이 乙을 살아있는 사람으로 인식하고 있었으므로 위험성이 인정된다.

④ (○) 주관설 : 주관적으로 범죄의사가 표현된 이상 그것이 객관적으로 절대불능인 때에도 위험성을 인정하여 미수범으로 처벌해야 한다는 견해이다. 다만 미신범만은 실행행위의 정형성이 없거나 또는 고의

가 없다고 보아 미수범에서 제외된다고 본다. 위험성판단의 기초와 기준을 모두 행위자에게 두고 있다. 따라서, 사안의 경우 위험성이 인정된다.

094 불능미수에 관한 설명으로 가장 적절하지 않은 것은? 〈경찰2차 2019〉

① 불능미수는 행위자가 실제로 존재하지 않는 사실을 존재한다고 오인하였다는 측면에서 존재하는 사실을 인식하지 못한 사실의 착오와 다르다.

② 장애미수 또는 중지미수는 범죄의 실행에 착수할 당시 실행행위를 놓고 판단하였을 때 행위자가 의도한 범죄의 기수가 성립할 가능성이 있었으므로 처음부터 기수가 될 가능성이 객관적으로 배제되는 불능미수와 구별된다.

③ '결과발생의 불가능'은 실행의 수단 또는 대상의 원시적 불가능성으로 인하여 범죄가 기수에 이를 수 없는 것을 의미한다.

④ 준강간죄가 성립하기 위해서는 피해자의 '심신상실 또는 항거불능의 상태를 현실적으로 이용'할 필요는 없고, 피해자가 사실상 심신상실 또는 항거불능 상태에 있기만 하면 족하며 피고인이 이를 알고 있을 필요도 없다.

해설/정답 ④

① (○) 형법 제27조에서 규정하고 있는 불능미수는 행위자에게 범죄의사가 있고 실행의 착수라고 볼 수 있는 행위가 있지만 실행의 수단이나 대상의 착오로 처음부터 구성요건이 충족될 가능성이 없는 경우이다. 다만 결과적으로 구성요건의 충족은 불가능하지만, 그 행위의 위험성이 있으면 불능미수로 처벌한다. 불능미수는 행위자가 실제로 존재하지 않는 사실을 존재한다고 오인하였다는 측면에서 존재하는 사실을 인식하지 못한 사실의 착오와 다르다(대판 2019.3.28. 2018도16002 전원합의체).

② (○), ③ (○) [1] 피고인이 피해자가 심신상실 또는 항거불능의 상태에 있다고 인식하고 그러한 상태를 이용하여 간음할 의사로 피해자를 간음하였으나 피해자가 실제로는 심신상실 또는 항거불능의 상태에 있지 않은 경우에는, 실행의 수단 또는 대상의 착오로 인하여 준강간죄에서 규정하고 있는 구성요건적 결과의 발생이 처음부터 불가능하였고 실제로 그러한 결과가 발생하였다고 할 수 없다. 피고인이 준강간의 실행에 착수하였으나 범죄가 기수에 이르지 못하였으므로 준강간죄의 미수범이 성립한다. 피고인이 행위 당시에 인식한 사정을 놓고 일반인이 객관적으로 판단하여 보았을 때 준강간의 결과가 발생할 위험성이 있었으므로 준강간죄의 불능미수가 성립한다. [2] 피해자가 실제로는 반항이 불가능할 정도로 술에 취하지 아니하여 항거불능 상태에 있는 피해자를 간음하였을 때 성립하는 준강간죄는 성립할 수 없음에도, 피고인이 피해자가 술에 만취한 나머지 항거불능 상태에 있다고 오인하여 준강간죄의 고의로 피해자를 간음한 사건에서, 준강간죄의 불능미수가 성립한다고 보아 같은 취지의 원심판결이 정당하다고 판단하여 피고인의 상고를 기각한 사례(대판 2019.3.28. 2018도16002 전원합의체).

④ (×) 형법 제297조는 "폭행 또는 협박으로 사람을 강간한 자는 3년 이상의 유기징역에 처한다."라고 규정하고, 제299조는 "사람의 심신상실 또는 항거불능의 상태를 이용하여 간음 또는 추행을 한 자는 제297조, 제297조의2 및 제298조의 예에 의한다."라고 규정하고 있다. 형법은 폭행 또는 협박의 방법이 아닌 심신상실 또는 항거불능의 상태를 이용하여 간음한 행위를 강간죄에 준하여 처벌하고 있으므로, 준강간의 고의는 피해자가 심신상실 또는 항거불능의 상태에 있다는 것과 그러한 상태를 이용하여 간음한다는 구성요건적 결과 발생의 가능성을 인식하고 그러한 위험을 용인하는 내심의 의사를 말한다(대판 2019.3.28. 2018도16002 전원합의체).

095 불능범과 예비죄에 관한 설명 중 옳지 않은 것은? 〈경찰1차 2019〉

① 불능범은 범죄행위의 성질상 결과발생 또는 법익침해의 가능성이 절대로 있을 수 없는 경우를 말한다.

② 불능범의 판단 기준으로서 위험성 판단은 피고인이 행위 당시에 인식한 사정을 놓고 이것이 객관적으로 일반인의 판단으로 보아 결과 발생의 가능성이 있느냐를 따지는 것이다.

③ 예비죄에 대해서는 방조범을 인정할 수 없으므로 예비죄의 공동정범도 성립할 수 없다.

④ 중지범은 범죄의 실행에 착수한 후 자의로 그 행위를 중지한 때를 말하는 것이므로 예비죄에 대해서는 중지범의 관념을 인정할 수 없다.

해설/정답 ③

① (○) [1] 불능범은 범죄행위의 성질상 결과발생 또는 법익침해의 가능성이 절대로 있을 수 없는 경우를 말한다. [2] 일정량 이상을 먹으면 사람이 죽을 수도 있는 '초우뿌리'나 '부자' 달인 물을 마시게 하여 피해자를 살해하려다 미수에 그친 행위가 불능범이 아닌 살인미수죄에 해당한다고 본 사례(대판 2007.7.26. 2007도3687). 위험성의 판단기준 중 구객관설을 따른 판례.

② (○) 불능범의 판단기준으로서 위험성 판단은 피고인이 행위 당시에 인식한 사정을 놓고 이것이 객관적으로 일반인의 판단으로 보아 결과 발생의 가능성이 있느냐를 따져야 하고, 한편 민사소송법상 소송비용의 청구는 소송비용액 확정절차에 의하도록 규정하고 있으므로, 위 절차에 의하지 아니하고 손해배상금 청구의 소 등으로 소송비용의 지급을 구하는 것은 소의 이익이 없는 부적법한 소로서 허용될 수 없다고 할 것이다. 따라서 소송비용을 편취할 의사로 소송비용의 지급을 구하는 손해배상청구의 소를 제기하였다고 하더라도 이는 객관적으로 소송비용의 청구방법에 관한 법률적 지식을 가진 일반인의 판단으로 보아 결과 발생의 가능성이 없어 위험성이 인정되지 않는다고 할 것이다(대판 2005.12.8. 2005도8105). 위험성의 판단기준 중 추상적 위험설을 따른 판례.

③ (×) 형법 제32조 제1항의 타인의 범죄를 방조한 자는 종범으로 처벌한다는 규정의 타인의 범죄란 정범이 범죄의 실현에 착수한 경우를 말하는 것이므로 종범이 처벌되기 위하여는 정범의 실행의 착수가 있는 경우에만 가능하고 정범이 실행의 착수에 이르지 아니한 예비의 단계에 그친 경우에는 이에 가공하는 행위가 예비의 공동정범이 되는 경우를 제외하고는 이를 종범으로 처벌할 수 없다고 할 것이다(대판 1976.5.25. 75도1549). 한편, 예비죄의 성격에 관한 독립범죄설은 물론 발현형태설에 의하더라도 예비죄 자체의 실행행위는 긍정해야 할 것이므로 예비죄의 공동정범은 성립할 수 있다.

④ (○) 중지범은 범죄의 실행에 착수한 후 자의로 그 행위를 중지한 때를 말하는 것이고 실행의 착수가 있기 전인 예비음모의 행위를 처벌하는 경우에 있어서 중지범의 관념은 이를 인정할 수 없다(대판 1999.4.9. 99도424, 대판 1991.6.25. 91도436, 대판 1966.4.21. 66도152 전원합의체).

096 예비와 미수에 관한 설명으로 옳은 것은 모두 몇 개인가? 〈경찰1차 2022〉

㉠ 미수범이란 행위를 종료했더라도 결과가 발생하지 아니한 경우를 말하는 것이므로 결과가 발생한 경우에는 미수범이 성립할 여지가 없다.

㉡ 강도치상죄와는 달리 강도상해죄는 강도가 미수에 그쳤다면 상해가 발생하였어도 강도상해죄의 미수에 해당한다.

㉢ 대법원은 예비죄의 실행행위성을 긍정하는 입장에 서 있으므로 예비죄의 공동정범뿐만 아니라 예비죄에 대한 종범의 성립도 긍정한다.

㉣ 저작권 침해 게시물을 인터넷 웹사이트 서버 등에 업로드하여 공중의 구성원이 개별적으로 선택한 시간과 장소에서 접근할 수 있도록 이용에 제공하였더라도 공중에게 침해 게시물을 실제로 송신하지 않았다면 저작권법상 공중송신권 침해는 기수에 이르지 않는다.

㉤ 교사를 받은 자가 범죄의 실행 자체를 승낙하지 아니하거나 실행을 승낙하고 실행의 착수에 이르지 않은 경우, 교사자는 예비·음모에 준하여 처벌된다.

① 1개　　② 2개　　③ 3개　　④ 4개

해설/정답 ①

㉠ (×) 결과가 발생하면 원칙적으로 미수범이 인정되지 아니하지만, 예외적으로 인과관계와 객관적 귀속이 부정되면 미수범이 성립할 수 있다.

㉡ (×) 강도상해죄가 성립하기 위하여는 강도가 반드시 재물강취의 목적을 달성하여 강도기수에 이른 것을 요건으로 하는 것은 아니므로 피고인이 이 사건에서 강도미수에 그쳤다 할지라도 강도행위 과정에서 피해자에게 상해를 입힌 이상 강도상해죄가 성립한다(대판 1969.3.18. 69도154). 강도상해죄는 강도죄와 상해죄의 결합범으로 주체는 강도이다. 여기의 강도에는 단순강도뿐만 아니라, 특수강도·준강도 및 인질강도를 포함한다. 그 기수·미수도 불문한다.

㉢ (×) 형법 제32조 제1항의 타인의 범죄를 방조한 자는 종범으로 처벌한다는 규정의 타인의 범죄란 정범이 범죄의 실현에 착수한 경우를 말하는 것이므로 종범이 처벌되기 위하여는 정범의 실행의 착수가 있는 경우에만 가능하고 정범이 실행의 착수에 이르지 아니한 예비의 단계에 그친 경우에는 이에 가공하는 행위가 예비의 공동정범이 되는 경우를 제외하고는 이를 종범으로 처벌할 수 없다고 할 것이다. 왜냐하면 범죄의 구성요건 개념상 예비죄의 실행행위는 무정형 무한정한 행위이고 종범의 행위도 무정형 무한정한 것이고 형법 제28조에 의하면 범죄의 음모 또는 예비행위가 실행의 착수에 이르지 아니한 때에는 법률에 특별한 규정이 없는 한 벌하지 아니한다고 규정하여 예비죄의 처벌이 가져올 범죄의 구성요건을 부당하게 유추 내지 확장해석하는 것을 금지하고 있기 때문에 형법각칙의 예비죄를 처단하는 규정을 바로 독립된 구성요건 개념에 포함시킬 수는 없다고 하는 것이 죄형법정주의의 원칙에도 합당하는 해석이라 할 것이기 때문이다. 따라서 형법전체의 정신에 비추어 예비의 단계에 있어서는 그 종범의 성립을 부정하고 있다고 보는 것이 타당한 해석이라고 할 것이다. 본건 강도예비죄가 형법상 독립된 구성요건에 해당하는 범죄이라는 상고논지는 전술한 바와 같이 수긍할 수 없는 독자적인 견해라 할 것이고 원심의 판단취의는 이와 다소 다르다고 하더라도 예비죄의 종범의 성립을 부정한 결론에 있어서 정당하고 이를 논난하는 상고논지는 그 이유 없다고 할 것이다(대판 1976.5.25. 75도1549).

㉣ (×) 정범이 침해 게시물을 인터넷 웹사이트 서버 등에 업로드하여 공중의 구성원이 개별적으로 선택한 시간과 장소에서 접근할 수 있도록 이용에 제공하면, 공중에게 침해 게시물을 실제로 송신하지 않더라도 공중송신권 침해는 기수에 이른다(대판 2021.9.9. 2017도19025 전원합의체).

㉤ (○) 형법 제31조 제2항, 제3항

제31조(교사범)
② 교사를 받은 자가 범죄의 실행을 승낙하고 실행의 착수에 이르지 아니한 때에는 교사자와 피교사자를 음모 또는 예비에 준하여 처벌한다.
③ 교사를 받은 자가 범죄의 실행을 승낙하지 아니한 때에도 교사자에 대하여는 전항과 같다.

097 예비·음모에 대한 설명으로 가장 적절하지 않은 것은? 〈경찰2차 2017〉

① 강도예비·음모죄가 성립하기 위해서는 예비·음모 행위자에게 미필적으로라도 '강도'를 할 목적이 있음이 인정되어야 하고, 그에 이르지 않고 단순히 '준강도'할 목적이 있음에 그치는 경우에는 강도예비·음모죄로 처벌할 수 없다.

② 형법상 폭발물사용죄와 미성년자약취·유인죄는 예비·음모의 처벌규정을 두고 있다.

③ 피고인이 본범이 절취한 차량이라는 정을 알면서도 본범 등으로부터 그들이 위 차량을 이용하여 강도를 하려 함에 있어 차량을 운전해 달라는 부탁을 받고 위 차량을 운전해 준 경우, 피고인은 강도예비와 아울러 장물운반의 고의를 가지고 위와 같은 행위를 하였다고는 볼 수 없다.

④ 피고인이 행사할 목적으로 미리 준비한 물건들과 옵세트인쇄기를 사용하여 한국은행권 100원권을 사진찍어 그 필름 원판 7매와 이를 확대하여 현상한 인화지 7매를 만들었음에 그쳤다면 아직 통화위조의 착수에는 이르지 아니하였고 그 준비단계에 불과하다.

해설/정답 ③

① (○) 준강도죄에 관한 형법 제335조는 "절도가 재물의 탈환을 항거하거나 체포를 면탈하거나 죄적을 인멸할 목적으로 폭행 또는 협박을 가한 때에는 전2조의 예에 의한다."라고 규정하고 있을 뿐 준강도를 항상 강도와 같이 취급할 것을 명시하고 있는 것은 아니고, 절도범이 준강도를 할 목적을 가진다고 하더라도 이는 절도범으로서는 결코 원하지 않는 극단적인 상황인 절도 범행의 발각을 전제로 한 것이라는 점에서 본질적으로 극히 예외적이고 제한적이라는 한계를 가질 수밖에 없으며, 형법은 흉기를 휴대한 절도를 특수절도라는 가중적 구성요건(형법 제331조 제2항)으로 처벌하면서도 그 예비행위에 대한 처벌조항은 마련하지 않고 있는데, 만약 준강도를 할 목적을 가진 경우까지 강도예비로 처벌할 수 있다고 본다면 흉기를 휴대한 특수절도를 준비하는 행위는 거의 모두가 강도예비로 처벌받을 수밖에 없게 되어 형법이 흉기를 휴대한 특수절도의 예비행위에 대한 처벌조항을 두지 않은 것과 배치되는 결과를 초래하게 된다는 점 및 정당한 이유 없이 흉기 기타 위험한 물건을 휴대하는 행위 자체를 처벌하는 조항을 폭력행위 등 처벌에 관한 법률 제7조에 따로 마련하고 있다는 점 등을 고려하면, 강도예비·음모죄가 성립하기 위해서는 예비·음모 행위자에게 미필적으로라도 '강도'를 할 목적이 있음이 인정되어야 하고 그에 이르지 않고 단순히 '준강도'할 목적이 있음에 그치는 경우에는 강도예비·음모죄로 처벌할 수 없다고 봄이 상당하다(대판 2006.9.14. 2004도6432).

② (○) 형법 제119조, 제120조, 제287조, 제296조

제119조(폭발물사용)
① 폭발물을 사용하여 사람의 생명, 신체 또는 재산을 해하거나 그 밖에 공공의 안전을 문란하게 한 자는 사형, 무기 또는 7년 이상의 징역에 처한다.
② 전쟁, 천재지변 그 밖의 사변에 있어서 제1항의 죄를 지은 자는 사형이나 무기징역에 처한다.
③ 제1항과 제2항의 미수범은 처벌한다.

제120조(예비, 음모, 선동)
① 전조 제1항, 제2항의 죄를 범할 목적으로 예비 또는 음모한 자는 2년 이상의 유기징역에 처한다. 단, 그 목적한 죄의 실행에 이르기 전에 자수한 때에는 그 형을 감경 또는 면제한다.
② 전조 제1항, 제2항의 죄를 범할 것을 선동한 자도 전항의 형과 같다.

제287조(미성년자의 약취, 유인)
미성년자를 약취 또는 유인한 사람은 10년 이하의 징역에 처한다.

제296조(예비, 음모)
제287조 부터 제289조까지, 제290조 제1항, 제291조 제1항과 제292조 제1항의 죄를 범할 목적으로 예비 또는 음모한 사람은 3년 이하의 징역에 처한다.

③ (×) 본범자와 공동하여 장물을 운반한 경우에 본범자는 장물죄에 해당하지 않으나 그 외의 자의 행위는 장물운반죄를 구성하므로, 피고인이 본범이 절취한 차량이라는 정을 알면서도 본범 등으로부터 그들이 위 차량을 이용하여 강도를 하려 함에 있어 차량을 운전해 달라는 부탁을 받고 위 차량을 운전해 준 경우, 피고인은 강도예비와 아울러 장물운반의 고의를 가지고 위와 같은 행위를 하였다고 봄이 상당하다(대판 1999.3.26. 98도3030).

④ (○) 피고인이 행사할 목적으로 미리 준비한 물건들과 옵세트인쇄기를 사용하여 한국은행권 100원권을 사진찍어 그 필름 원판 7매와 이를 확대하여 현상한 인화지 7매를 만들었음에 그쳤다면 아직 통화위조의 착수에는 이르지 아니하였고 그 준비단계에 불과하다(대판 1966.12.6. 66도1317).

098 예비·음모에 대한 다음 설명 중 옳지 않은 것은 모두 몇 개인가? 〈경찰2차 2016〉

㉠ 정범이 실행의 착수에 이르지 아니한 예비단계에 그친 경우에는 이에 가공한다 하더라도 예비의 공동정범이 되는 때를 제외하고는 종범으로 처벌할 수 없다.
㉡ 예비·음모의 행위를 처벌하는 경우에 있어서 예비행위를 자의로 중지했을 때에는 중지범에 관한 규정을 준용한다.
㉢ 강도예비·음모죄가 성립하기 위해서는 예비·음모 행위자에게 미필적으로라도 강도를 할 목적이 있음이 인정되어야 하고 그에 이르지 않고 단순히 준강도 할 목적이 있음에 그치는 경우에는 강도예비·음모죄로 처벌할 수 없다.
㉣ 「형법」 제147조 도주원조죄와 제185조 일반교통방해죄는 예비·음모의 처벌규정이 있다.
㉤ 내란음모죄에 해당하는 합의가 있다고 하기 위해서는 단순히 내란에 관한 범죄결심을 외부에 표시·전달하는 것만으로는 부족하고 객관적으로 내란범죄의 실행을 위한 합의라는 것이 명백히 인정되고, 그러한 합의에 실질적인 위험성이 인정되어야 한다.

① 1개 ② 2개 ③ 3개 ④ 4개

해설/정답 ②

㉠ (○) 형법 32조 제1항 소정 타인의 범죄란 정범이 범죄의 실현에 착수한 경우를 말하는 것이므로 종범이 처벌되기 위하여는 정범의 실행의 착수가 있는 경우에만 가능하고 형법 전체의 정신에 비추어 정범이 실행의 착수에 이르지 아니한 예비의 단계에 그친 경우에는 이에 가공하는 행위가 예비의 공동정범이 되는 경우를 제외하고는 종범의 성립을 부정하고 있다고 보는 것이 타당하다(대판 1976.5.25. 75도1549).

㉡ (×) 중지범은 범죄의 실행에 착수한 후 자의로 그 행위를 중지한 때를 말하는 것이고, 실행의 착수가 있기 전인 예비음모의 행위를 처벌하는 경우에 있어서는 중지범의 관념은 이를 인정할 수 없다(대판 1991.6.25. 91도436).

㉢ (○) 강도예비·음모죄가 성립하기 위해서는 예비·음모 행위자에게 미필적으로라도 '강도'를 할 목적이 있음이 인정되어야 하고 그에 이르지 않고 단순히 '준강도'할 목적이 있음에 그치는 경우에는 강도예비·음모죄로 처벌할 수 없다(대판 2006.9.14. 2004도6432).

㉣ (×) 형법 제147조, 제150조, 제185조, 제190조, 제191조 : 형법 제185조 일반교통방해죄는 예비·음모의 처벌규정이 없고, 미수범 처벌규정만 있다.

제147조(도주원조)
법률에 의하여 구금된 자를 탈취하거나 도주하게 한 자는 10년 이하의 징역에 처한다.

제150조(예비, 음모)
제147조와 제148조의 죄를 범할 목적으로 예비 또는 음모한 자는 3년 이하의 징역에 처한다.

제185조(일반교통방해)
육로, 수로 또는 교량을 손괴 또는 불통하게 하거나 기타 방법으로 교통을 방해한 자는 10년 이하의 징역 또는 1천 500만 원 이하의 벌금에 처한다.

제190조(미수범)
제185조 내지 제187조의 미수범은 처벌한다.

제191조(예비, 음모)
제186조 또는 제187조의 죄를 범할 목적으로 예비 또는 음모한 자는 3년 이하의 징역에 처한다.

㉤ (○) 내란음모죄에 해당하는 합의가 있다고 하기 위해서는 단순히 내란에 관한 범죄 결심을 외부에 표시·전달하는 것만으로는 부족하고 객관적으로 내란범죄의 실행을 위한 합의라는 것이 명백히 인정되고, 그러한 합의에 실질적인 위험성이 인정되어야 한다(대판 2015.1.22. 2014도10978 전원합의체).

CHAPTER 06 | 공범론

제1절 | 공범이론

099 공범의 종속성에 관한 설명 중 가장 적절하지 않은 것은? 〈경찰1차 2023〉

① 공범종속성설에 의하면 공범은 정범의 실행행위에 종속해서만 성립할 수 있고, 정범이 적어도 실행의 착수에 이르러야 공범이 성립할 수 있다.

② 공범종속성설 중 극단적 종속형식에 의하면 정범의 행위가 구성요건에 해당하고 위법하며 유책할 뿐만 아니라 가벌성의 조건(처벌조건)까지 모두 갖추어야 공범이 성립할 수 있다.

③ 공범독립성설에 의하면 공범은 독립된 범죄로서 교사·방조행위가 있으면 정범의 실행행위가 없더라도 공범이 성립할 수 있다.

④ 공범종속성설 중 제한적 종속형식에 의하면 정범의 실행행위가 구성요건에 해당하고 위법하면 공범이 성립할 수 있고 유책할 것을 요하지 않는다는 것으로, 책임무능력자의 위법행위를 교사·방조한 경우에도 공범이 성립할 수 있다.

해설/정답 ②

① (○) 공범종속성설은 공범이 성립하려면 정범의 실행행위가 있어야 한다는 견해이다. 따라서 공범종속성설에 의하면 공범은 정범의 실행행위에 종속해서만 성립할 수 있고, 정범이 적어도 실행의 착수에 이르러야 공범이 성립할 수 있다.

② (×) 공범종속성설 중 극단적 종속형식에 의하면 정범의 행위가 구성요건에 해당하고 위법하며 유책하여야 공범이 성립할 수 있다. 본 지문의 내용은 초극단적 종속형식 내지는 확장적 종속형식에 대한 설명이다.

③ (○) 공범독립성설은 공범은 독립된 범죄이므로, 공범은 정범의 실행행위가 없더라도 교사행위와 방조행위만 있으면 성립한다는 견해이다. 따라서 공범독립성설에 의하면 공범은 독립된 범죄로서 교사·방조행위가 있으면 정범의 실행행위가 없더라도 공범이 성립할 수 있다.

④ (○) 공범종속성설 중 제한적 종속형식에 의하면 정범의 실행행위가 구성요건에 해당하고 위법하면 공범이 성립할 수 있고 유책할 것을 요하지 않는다는 종속형식이다. 따라서 책임무능력자의 위법행위를 교사·방조한 경우에도 공범이 성립할 수 있다.

100 **㉠부터 ㉤까지는 정범과 공범의 구별에 관한 학설에 대한 설명이다. 옳고 그름의 표시(○, ×)가 바르게 된 것은?** 〈경찰 2차 2021〉

> ㉠ '구성요건상의 실행행위의 전부 또는 일부를 스스로 하는 자'를 정범, '구성요건적 행위 이외의 행위로써 구성요건실현에 기여하는 자'를 공범으로 보는 형식적 객관설에 따르면, 간접정범을 정범으로 인정하기 어렵다.
> ㉡ '스스로 구성요건상의 정형적 행위를 한 자'만을 정범으로 이해하는 제한적 정범개념에 따르면, 「형법」 제31조, 제32조는 형벌확장사유로서 정범 이외에 특별히 공범의 처벌을 인정하는 규정이다.
> ㉢ '정범자의 의사로 행위한 자'는 정범, '공범자의 의사로 행위한 자'는 공범이라는 의사설에 따르면, 청부살인업자는 구성요건적 행위를 스스로 모두 수행하기에 항상 정범이 된다.
> ㉣ '자기 자신의 이익을 위한 목적으로 행위한 자'는 정범, '타인의 이익을 위한 목적으로 행위한 자'는 공범이라는 이익설에 따르면, 제3자를 위하여 강도행위를 한 자는 공범이 된다.
> ㉤ 행위지배설에 따르면, 이용자가 자신의 우월한 지위에 의하여 피이용자를 수중에 두고 도구처럼 그의 의사를 조종(지배)하여 그로 하여금 범죄를 행하게 하면 행위지배가 인정되어 정범이 된다.

① ㉠ (×) ㉡ (○) ㉢ (×) ㉣ (○) ㉤ (×)
② ㉠ (○) ㉡ (×) ㉢ (○) ㉣ (○) ㉤ (○)
③ ㉠ (○) ㉡ (○) ㉢ (×) ㉣ (○) ㉤ (○)
④ ㉠ (○) ㉡ (○) ㉢ (×) ㉣ (×) ㉤ (○)

해설/정답 ③

㉠ (○) 형식적 객관설은 제한적 정범개념이론에 입각한 견해로서, 구성요건에 해당하는 행위를 직접 행한 자가 정범이며, 실행행위 이외의 방법으로 조건을 제공한 자가 공범이라고 한다. 그러나 이 견해에 의하면 스스로 실행행위를 행하지 아니하는 간접정범과 집단의 배후에서 이를 조종하는 자를 정범으로 인정할 수 없는 결함이 있다.

㉡ (○) 제한적 정범개념이론은 구성요건에 해당하는 행위를 스스로 행한 자만이 정범이며, 구성요건 이외의 행위에 의하여 결과에 조건을 준 자는 정범이 될 수 없다는 견해이다. 따라서 공범규정은 정범의 처벌을 확장하는 처벌확장사유가 된다. 이는 정범과 공범의 구별에 관한 객관설과 결합하게 된다.

㉢ (×) 주관설 중 고의설의 입장으로 행위를 자기의 범죄로 실현하고자 하는 정범의사로 행위한 자가 정범이고, 타인의 범죄로서 행위를 야기하거나 촉진하는 공범의사로 행위한 자가 공범이라는 견해이다. 의사설이라고도 한다. 그러나 정범의사나 공범의사가 무엇인가는 정범과 공범의 개념이 확정되었을 것을 전제로 하며, 따라서 이는 정범과 공범의 구별은 정범인가 공범인가에 의하여 결정된다는 순환론에 빠지게 된다. 결국, 청부살인업자는 타인의 범죄로서 행위를 야기하거나 촉진하는 공범의사로 행위한 자이므로 공범이 된다.

㉣ (○) 이익설은 자기의 목적 또는 이익을 위하여 행위를 하면 정범이 되고 타인의 이익 또는 목적을 위하여 행위하면 공범이 된다는 견해이다. 목적설이라고도 한다. 그러나 형법상의 일정한 범죄는 정범이 없이 공범만 있다는 결론이 되어 부당하며 이는 이익설이 형법과 일치하지 않는다는 것이다. 따라서, 제3자를 위하여 강도행위를 한 자는 공범이 된다.

㉣ (○) 행위지배설은 주관적·객관적 요소로 형성된 행위지배의 개념을 정범과 공범의 구별에 관한 지도원리로 삼는 이론으로서 사태의 핵심형상을 계획적으로 조종하거나 공동형성하는 행위지배를 통하여 그의 의사에 따라서 구성요건의 실현을 저지하거나 진행하게 할 수 있는 자가 정범이고, 자신의 행위지배에 의하지 않고 행위를 야기하거나 촉진한 자는 공범이라고 한다. 이러한 행위지배는 ㈎ 직접정범에 있어서는 실행지배로, ㈏ 간접정범에 있어서는 의사지배로, ㈐ 공동정범에 있어서는 기능적 행위지배로 각각 나타난다.

101 다음 사례에 관한 설명으로 가장 적절하지 않은 것은? 〈경찰1차 2020〉

> 변호사가 아닌 甲은 변호사를 고용하여 법률사무소를 개설·운영하기 위해 평소 친분이 있는 회사원 丙을 찾아가 변호사를 소개해 달라고 부탁하였다. 이에 丙은 변호사 乙을 추천해 주었고, 변호사 乙은 甲의 제안을 승낙한 후 甲에게 고용되어 법률사무소를 개설하여 운영하는 데 참여하였다.

① 「변호사법」 제109조 제2호, 제34조 제4항은 변호사 아닌 자가 변호사를 고용하여 법률사무소를 개설·운영하는 행위를 처벌하도록 규정하고 있다.

② 甲이 변호사 乙을 고용하여 법률사무소를 개설·운영하는 행위에 있어서는 甲은 변호사 乙을 고용하고 乙은 甲에게 고용된다는 서로 대향적인 행위의 존재가 반드시 필요하다.

③ 甲에게 고용되어 법률사무소의 개설·운영에 관여한 변호사 乙의 행위가 일반적인 「형법」 총칙상의 공범에 해당된다고 하더라도 乙을 甲의 변호사법위반죄의 공범으로 처벌할 수는 없다.

④ 丙이 변호사 아닌 甲을 교사·방조한 경우에도 丙은 「형법」 총칙상의 공범규정이 적용될 여지가 없다.

해설/정답 ④

① (○) 변호사법 제109조 제2호, 제34조 제4항

> **변호사법 제109조(벌칙)**
> 2. 제33조 또는 제34조(제57조,제58조의16 또는 제58조의30에 따라 준용되는 경우를 포함한다)를 위반한 자
>
> **제34조(변호사가 아닌 자와의 동업 금지 등)**
> ④ 변호사가 아닌 자는 변호사를 고용하여 법률사무소를 개설·운영하여서는 아니 된다.

② (○), ③ (○) 변호사 아닌 자가 변호사를 고용하여 법률사무소를 개설·운영하는 행위에 있어서는 변호사 아닌 자는 변호사를 고용하고 변호사는 변호사 아닌 자에게 고용된다는 서로 대향적인 행위의 존재가 반드시 필요하고, 나아가 변호사 아닌 자에게 고용된 변호사가 고용의 취지에 따라 법률사무소의 개설·운영에 어느 정도 관여할 것도 당연히 예상되는바, 이와 같이 변호사가 변호사 아닌 자에게 고용되어 법률사무소의 개설·운영에 관여하는 행위는 위 범죄가 성립하는 데 당연히 예상될 뿐만 아니라 범죄의 성립에 없어서는 아니 되는 것인데도 이를 처벌하는 규정이 없는 이상, 그 입법 취지에 비추어 볼 때 변호사 아닌 자에게 고용되어 법률사무소의 개설·운영에 관여한 변호사의 행위가 일반적인 형법 총칙상의 공모, 교사 또는 방조에 해당된다고 하더라도 변호사를 변호사 아닌 자의 공범으로서 처벌할 수는 없다(대판 2004.10.28. 2004도3994).

④ (×) 필요적 공범에서 내부참가자는 모두 정범으로서 각자에게 적용될 형벌이 각칙에 별도로 규정되어 있기 때문에 내부참가자 상호간에는 임의적 공범을 전제로 하는 총칙상의 공범규정이 적용되지 않는다(통설, 판례). 다만, 외부관여자에게는 형법 총칙상의 공범 규정이 적용된다. 사안에서 丙은 외부관여자이고, 甲과 乙은 내부참가자이다.

제2절 | 간접정범

102 다음 중 가장 적절하지 않은 것은? 〈경찰2차 2023〉

① 甲이 타인을 비방할 목적으로 허위의 기사 재료를 그 정을 모르는 기자에게 제공하여 신문 등에 보도되게 한 경우 甲에게 출판물에 의한 명예훼손죄의 간접정범이 성립할 수 있다.

② 국헌문란의 목적을 달성하기 위해 그러한 목적이 없는 대통령을 이용하여 비상계엄 전국확대 조치를 한 것은 간접정범의 방법으로 내란죄를 실행한 것이다.

③ 공범자의 범인도피행위의 도중에 그 범행을 인식하면서 그와 공동의 범의를 가지고 기왕의 범인도피상태를 이용하여 스스로 범인도피행위를 계속한 자에 대하여는 범인도피죄의 공동정범이 성립한다.

④ 피해자는 강제추행에 관한 간접정범의 의사를 실현하는 도구로서의 타인에 포함될 수 없다.

해설/정답 ④

① (○) 출판물에 의한 명예훼손죄는 간접정범에 의하여 범하여질 수도 있으므로 타인을 비방할 목적으로 허위의 기사 재료를 그 정을 모르는 기자에게 제공하여 신문 등에 보도되게 한 경우에도 성립할 수 있으나 제보자가 기사의 취재·작성과 직접적인 연관이 없는 자에게 허위의 사실을 알렸을 뿐인 경우에는, 제보자가 피제보자에게 그 알리는 사실이 기사화 되도록 특별히 부탁하였다거나 피제보자가 이를 기사화 할 것이 고도로 예상되는 등의 특별한 사정이 없는 한, 피제보자가 언론에 공개하거나 기자들에게 취재됨으로써 그 사실이 신문에 게재되어 일반 공중에게 배포되더라도 제보자에게 출판·배포된 기사에 관하여 출판물에 의한 명예훼손죄의 책임을 물을 수는 없다(대판 2002.6.28. 2000도3045).

② (○) 비상계엄 전국확대가 국무회의의 의결을 거쳐 대통령이 선포함으로써 외형상 적법하였다고 하더라도, 이는 피고인들에 의하여 국헌문란의 목적을 달성하기 위한 수단으로 이루어진 것이므로 내란죄의 폭동에 해당하고, 또한 이는 피고인들에 의하여 국헌문란의 목적을 달성하기 위하여 그러한 목적이 없는 대통령을 이용하여 이루어진 것이므로 피고인들이 간접정범의 방법으로 내란죄를 실행한 것으로 보아야 할 것이다(대판 1997.4.17. 96도3376 전원합의체).

③ (○) 범인도피죄는 범인을 도피하게 함으로써 기수에 이르지만 범인도피행위가 계속되는 동안에는 범죄행위도 계속되고 행위가 끝날 때 비로소 범죄행위가 종료되고, 공범자의 범인도피행위의 도중에 그 범행을 인식하면서 그와 공동의 범의를 가지고 기왕의 범인도피상태를 이용하여 스스로 범인도피행위를 계속한 자에 대하여는 범인도피죄의 공동정범이 성립한다(대판 1995.9.5. 95도577).

④ (×) 강제추행죄는 사람의 성적 자유 내지 성적 자기결정의 자유를 보호하기 위한 죄로서 정범 자신이 직접 범죄를 실행하여야 성립하는 자수범이라고 볼 수 없으므로, 처벌되지 아니하는 타인을 도구로 삼아 피해자를 강제로 추행하는 간접정범의 형태로도 범할 수 있다. 여기서 강제추행에 관한 간접정범의 의사를 실현하는 도구로서의 타인에는 피해자도 포함될 수 있으므로, 피해자를 도구로 삼아 피해자의 신체를 이용하여 추행행위를 한 경우에도 강제추행죄의 간접정범에 해당할 수 있다(대판 2018.2.8. 2016도17733).

103 **간접정범에 관한 설명 중 가장 적절하지 않은 것은?** 〈경찰2차 2022〉

① 국헌문란의 목적을 달성하기 위해 그러한 목적이 없는 대통령을 이용하여 비상계엄 전국확대 조치를 한 것은 간접정범의 방법으로 내란죄를 실행한 것이다.

② 처벌되지 아니하는 타인의 행위를 적극적으로 유발하고 이를 이용하여 자신의 범죄를 실현한 자는 간접정범의 죄책을 지게 되고, 그 과정에서 타인의 의사를 부당하게 억압하여야만 간접정범에 해당하는 것은 아니다.

③ 자기의 지휘·감독을 받는 자를 교사하여 범죄를 실행하게 한 때에는 정범에 정한 형의 장기 또는 다액의 2분의 1까지 가중한다.

④ 간접정범의 실행의 착수시기를 이용자의 이용행위시로 보는 경우, 이용자의 이용의사가 외부로 표현되기만 하면 실행의 착수가 인정되어 미수범의 처벌 범위가 축소될 수 있다.

해설/정답 ④

① (○) [1] 범죄는 '어느 행위로 인하여 처벌되지 아니하는 자'를 이용하여서도 이를 실행할 수 있으므로, 내란죄의 경우에도 '국헌문란의 목적'을 가진 자가 그러한 목적이 없는 자를 이용하여 이를 실행할 수 있다고 할 것이다. [2] 피고인들은 12·12군사반란으로 군의 지휘권을 장악한 후, 국정 전반에 영향력을 미쳐 국권을 사실상 장악하는 한편, 헌법기관인 국무총리와 국무회의의 권한을 사실상 배제하고자 하는 국헌문란의 목적을 달성하기 위하여, 비상계엄을 전국적으로 확대하는 것이 전군지휘관회의에서 결의된 군부의 의견인 것을 내세워 그와 같은 조치를 취하도록 대통령과 국무총리를 강압하고, 병기를 휴대한 병력으로 국무회의장을 포위하고 외부와의 연락을 차단하여 국무위원들을 강압 외포시키는 등의 폭력적 불법수단을 동원하여 비상계엄의 전국확대를 의결·선포하게 하였음을 알 수 있다. 사정이 이와 같다면, 위 비상계엄 전국확대가 국무회의의 의결을 거쳐 대통령이 선포함으로써 외형상 적법하였다고 하더라도, 이는 피고인들에 의하여 국헌문란의 목적을 달성하기 위한 수단으로 이루어진 것이므로 내란죄의 폭동에 해당하고, 또한 이는 피고인들에 의하여 국헌문란의 목적을 달성하기 위하여 그러한 목적이 없는 대통령을 이용하여 이루어진 것이므로 피고인들이 간접정범의 방법으로 내란죄를 실행한 것으로 보아야 할 것이다(대판 1997.4.17. 96도3376 전원합의체).

② (○) [1] 처벌되지 아니하는 타인의 행위를 적극적으로 유발하고 이를 이용하여 자신의 범죄를 실현한 자는 형법 제34조 제1항이 정하는 간접정범의 죄책을 지게 되고, 그 과정에서 타인의 의사를 부당하게 억압하여야만 간접정범에 해당하는 것은 아니다. [2] 정유회사 경영자의 청탁으로 국회의원이 위 경영자와 지역구 지방자치단체장 사이에 정유공장의 지역구 유치와 관련한 간담회를 주선하고 위 경영자는 정유회사 소속 직원들로 하여금 위 국회의원이 사실상 지배·장악하고 있던 후원회에 후원금을 기부하게 한 사안에서, 국회의원에게는 정치자금법 제32조 제3호 위반죄가, 경영자에게는 정치자금법 위반죄의 간접정범이 성립한다고 한 사례(대판 2008.9.11. 2007도7204).

③ (○) 형법 제34조 제2항

> **제34조(간접정범, 특수한 교사, 방조에 대한 형의 가중)**
> ② 자기의 지휘, 감독을 받는 자를 교사 또는 방조하여 전항의 결과를 발생하게 한 자는 교사인때에는 정범에 정한 형의 장기 또는 다액에 그 2분의 1까지 가중하고 방조인 때에는 정범의 형으로 처벌한다.

④ (×) 간접정범의 실행의 착수시기를 이용자의 이용행위시로 보는 경우, 이용자의 이용의사가 외부로 표현되기만 하면 실행의 착수가 인정되어 미수범의 처벌 범위가 지나치게 확장(확대)될 수 있다.

104 **정범과 공범에 대한 아래 ㉠부터 ㉤까지의 설명 중 옳고 그름의 표시(○, ×)가 모두 바르게 된 것은?** 〈경찰1차 2021〉

> ㉠ 제한적 종속형식의 입장을 취하게 되면, 정범의 책임이 조각되는 경우 공범이 성립할 수 없다는 결론에 이른다.
>
> ㉡ 교사자가 피교사자에 대하여 상해 또는 중상해를 교사하였는데 피교사자가 이를 넘어 살인을 한 경우, 교사자에게 피해자의 사망이라는 결과에 대하여 고의가 없더라도 살인죄의 교사범이 된다.
>
> ㉢ 공범관계에 있어 공모는 공범자 상호간에 직접 또는 간접으로 범죄의 공동실행에 관한 암묵적인 의사의 연락이 있으면 족하고, 비록 전체의 모의과정이 없었다고 하더라도 수인 사이에 의사의 연락이 있으면 공동정범이 성립될 수 있다.
>
> ㉣ 실행의 착수 전에 장래의 실행행위를 예상하고 이를 용이하게 하는 행위를 하여 방조한 경우, 정범이 그 실행행위에 나아갔다면 종범이 성립할 수 있다.
>
> ㉤ 목적범에 있어서 목적 없는 고의 있는 도구를 이용한 경우, 피이용자에 대한 의사지배가 인정되지 않으므로 간접정범이 성립할 수 없다.

① ㉠ (○) ㉡ (×) ㉢ (×) ㉣ (×) ㉤ (×)
② ㉠ (×) ㉡ (○) ㉢ (○) ㉣ (○) ㉤ (×)
③ ㉠ (×) ㉡ (×) ㉢ (○) ㉣ (○) ㉤ (×)
④ ㉠ (×) ㉡ (×) ㉢ (○) ㉣ (○) ㉤ (○)

해설/정답 ③

㉠ (×) 정범의 행위가 구성요건에 해당하고 위법하면 공범은 성립하며 반드시 유책할 것을 요하지 않는다는 제한적 종속형식에 의하면, 정범의 책임이 조각되는 경우에도 공범의 성립이 가능하다.

㉡ (×) [1] 교사자가 피교사자에게 피해자를 "정신차릴 정도로 때려주라"고 교사하였다면 이는 상해에 대한 교사로 봄이 상당하다. [2] 교사자가 피교사자에 대하여 상해를 교사하였는데 피교사자가 이를 넘어 살인을 실행한 경우, 일반적으로 교사자는 상해죄에 대한 교사범이 되는 것이고, 다만 이 경우 교사자에게 피해자의 사망이라는 결과에 대하여 과실 내지 예견가능성이 있는 때에는 상해치사죄의 교사범으로서의 죄책을 지울 수 있다 (대판 2002.10.25. 2002도4089, 대판 1997.6.24. 97도1075).

㉢ (○) [1] 2인 이상이 범죄에 공동가공하는 공범관계에 있어서 공모는 법률상 어떤 정형을 요구하는 것이 아니고 2인 이상이 공모하여 범죄에 공동가공하여 범죄를 실현하려는 의사의 결합만 있으면 되는 것으로서, 비록 전체의 모의과정이 없다고 하더라도 수인 사이에 순차적으로 또는 암묵적으로 상통하여 그 의사의 결합이 이루어지면 공모관계가 성립하고, 이러한 공모가 이루어진 이상 실행행위에 직접 관여하지 아니한 자라도 다른 공범자의 행위에 대하여 공동정범으로서의 형사책임을 진다. [2] 이른바 딱지어음을 발행하여 매매한 이상 사기의 실행행위에 직접 관여하지 아니하였다고 하더라도 공동정범으로서의 책임을 면하지 못하고, 딱지어음의 전전유통경로나 중간 소지인들 및 그 기망방법을 구체적으로 몰랐다고 하더라도 공모관계를 부정할 수는 없다고 본 사례(대판 1997.9.12. 97도1706).

㉣ (○) [1] 종범은 정범의 실행행위 중에 이를 방조하는 경우는 물론이고 실행의 착수 전에 장래의 실행행위를 예상하고 이를 용이하게 하는 행위를 하여 방조한 경우에도 정범이 그 실행행위에 나아갔다면 성립한다. [2] 피고인이 위 I, H가 기업인들로부터 뇌물을 수수하기 전에 그 면담을 주선한 것으로서, 정범이 실행행위에 나아가기 전

에 방조하였을 뿐이므로 피고인을 수뢰죄의 종범으로 처벌할 수 없다는 것이나, 종범은 정범의 실행행위 중에 이를 방조하는 경우는 물론이고 실행의 착수 전에 장래의 실행행위를 예상하고 이를 용이하게 하는 행위를 하여 방조한 경우에도 정범이 그 실행행위에 나아갔다면 성립하는 것이므로, 원심판결에 상고이유로 주장하는 바와 같은 종범에 관한 법리를 오해한 위법이 있다고 할 수 없다(대판 1997.4.17. 96도3377 전원합의체).

ⓜ (×) [1] 범죄는 '어느 행위로 인하여 처벌되지 아니하는 자'를 이용하여서도 이를 실행할 수 있으므로, 내란죄의 경우에도 '국헌문란의 목적'을 가진 자가 그러한 목적이 없는 자를 이용하여 이를 실행할 수 있다고 할 것이다. [2] 피고인들은 12·12군사반란으로 군의 지휘권을 장악한 후, 국정 전반에 영향력을 미쳐 국권을 사실상 장악하는 한편, 헌법기관인 국무총리와 국무회의의 권한을 사실상 배제하고자 하는 국헌문란의 목적을 달성하기 위하여, 비상계엄을 전국적으로 확대하는 것이 전군지휘관회의에서 결의된 군부의 의견인 것을 내세워 그와 같은 조치를 취하도록 대통령과 국무총리를 강압하고, 병기를 휴대한 병력으로 국무회의장을 포위하고 외부와의 연락을 차단하여 국무위원들을 강압 외포시키는 등의 폭력적 불법수단을 동원하여 비상계엄의 전국확대를 의결·선포하게 하였음을 알 수 있다. 사정이 이와 같다면, 위 비상계엄 전국확대가 국무회의의 의결을 거쳐 대통령이 선포함으로써 외형상 적법하였다고 하더라도, 이는 피고인들에 의하여 국헌문란의 목적을 달성하기 위한 수단으로 이루어진 것이므로 내란죄의 폭동에 해당하고, 또한 이는 피고인들에 의하여 국헌문란의 목적을 달성하기 위하여 그러한 목적이 없는 대통령을 이용하여 이루어진 것이므로 피고인들이 간접정범의 방법으로 내란죄를 실행한 것으로 보아야 할 것이다(대판 1997.4.17. 96도3376 전원합의체).

105 **범죄관여(가담)형태에 관한 설명으로 가장 적절한 것은?** 〈경찰2차 2019〉

① 극단적 종속형식에 따르면 정범의 행위가 구성요건에 해당하고 위법하면 유책하지 않은 때에도 공범은 성립할 수 있다.

② 사기의 공모공동정범은 순차적·암묵적으로 상통하여 그 의사의 결합이 이루어지면 공모관계가 성립하지만, 이러한 공모가 이루어졌다 하더라도 실행행위에 직접 관여하지 아니하여 기망방법을 구체적으로 몰랐다면 공모관계는 부정된다.

③ 업무상의 임무라는 신분관계가 없는 자가 신분관계 있는 자와 공모하여 업무상배임죄를 범한 경우, 신분관계가 없는 공범도 업무상배임죄에 정한 형으로 처벌한다.

④ 강제추행에 관한 간접정범의 의사를 실현하는 도구로서의 타인에는 피해자도 포함될 수 있으므로 피해자를 도구로 삼아 피해자의 신체를 이용하여 추행행위를 한 경우에도 강제추행죄의 간접정범이 성립할 수 있다.

해설/정답 ④

① (×) 정범의 행위가 구성요건에 해당하고 위법·유책한 때에만 공범이 성립한다는 극단적 종속형식에 따르면 구성요건에 해당하고 위법하더라도 유책하지 않으면 공범은 성립하지 않고, 간접정범이 성립하게 된다.

② (×) 2인 이상이 범죄에 공동 가공하는 공범 관계에서, 공모는 법률상 어떤 정형을 요구하는 것이 아니고, 2인 이상이 공모하여 어느 범죄에 공동 가공하여 그 범죄를 실현하려는 의사의 결합만 있으면 된다. 비록 전체의 모의과정이 없었다고 하더라도, 수인 사이에 순차적 또는 암묵적으로 상통하여 그 의사의 결합이 이루어지면 공모관계가 성립한다. 그리고 이러한 공모가 이루어진 이상 실행행위에 직접 관여하지 않은 자라도 다른 공모자의 행위에 대하여 공동정범으로서 형사책임을 진다(2017.12.22. 2017도12649, 대판 2016.8.29. 2016도6297, 대판 2013.8.23. 2013도5080).

③ (×) 업무상배임죄는 업무상 타인의 사무를 처리하는 지위에 있는 사람이 그 임무를 위반하는 행위로써 재산상의 이익을 취득하거나 제3자로 하여금 이를 취득하게 하여 본인에게 손해를 입힌 때에 성립한다. 이는 타인의 사무를 처리하는 지위라는 점에서 보면 단순배임죄에 대한 가중규정으로서 신분관계로 형의 경중이 있는 경우라고 할 것이다. 따라서 그와 같은 업무상의 임무라는 신분관계가 없는 자가 그러한 신분관계 있는 자와 공모하여 업무상배임죄를 저질렀다면, 그러한 신분관계가 없는 공범에 대하여는 형법 제33조 단서에 따라 단순배임죄에서 정한 형으로 처단하여야 한다. 이 경우에는 신분관계 없는 공범에게도 같은 조 본문에 따라 일단 신분범인 업무상배임죄가 성립하고 다만 과형에서만 무거운 형이 아닌 단순배임죄의 법정형이 적용된다. 이 사건 공소사실은 피고인이 피해자 공소외 2에 대하여 업무상 타인의 사무를 처리하는 자의 지위에 있는 공소외 1의 업무상 배임행위에 공모하였다는 것이므로, 업무상의 임무라는 신분관계가 없는 피고인에 대하여는 형법 제33조 본문에 따라 일단 신분범인 업무상배임죄가 성립하지만, 과형에서는 형법 제33조 단서에 따라 단순배임죄의 법정형을 적용하여야 한다(대판 2018.8.30. 2018도10047).

④ (○) [1] 강제추행죄에서 추행은 객관적으로 일반인에게 성적 수치심이나 혐오감을 일으키게 하고 선량한 성적 도덕관념에 반하는 행위로서 피해자의 성적 자유를 침해하는 것을 의미한다. 여기에 해당하는지 여부는 피해자의 의사, 성별, 나이, 행위자와 피해자의 이전부터의 관계, 그 행위에 이르게 된 경위, 구체적 행위태양, 주위의 객관적 상황과 그 시대의 성적 도덕관념 등을 종합적으로 고려하여 신중히 결정되어야 한다. [2] 강제추행죄는 사람의 성적 자유 내지 성적 자기결정의 자유를 보호하기 위한 죄로서 정범 자신이 직접 범죄를 실행하여야 성립하는 자수범이라고 볼 수 없으므로, 처벌되지 아니하는 타인을 도구로 삼아 피해자를 강제로 추행하는 간접정범의 형태로도 범할 수 있다. 여기서 강제추행에 관한 간접정범의 의사를 실현하는 도구로서의 타인에는 피해자도 포함될 수 있으므로, 피해자를 도구로 삼아 피해자의 신체를 이용하여 추행행위를 한 경우에도 강제추행죄의 간접정범에 해당할 수 있다(대판 2018.2.8. 2016도17733).

106 정범 및 공범에 관한 설명 중 옳은 것은? 〈경찰1차 2019〉

① 모해할 목적으로 위증을 교사하였더라도 위증한 정범에게 모해의 목적이 없다면 공범종속성 원칙에 따라 교사자를 모해위증죄의 교사범으로 처벌할 수 없다.

② 교사를 받은 자가 범죄의 실행을 승낙하고 실행의 착수에 이르지 아니한 때에는 교사자만 음모 또는 예비에 준하여 처벌한다.

③ 자기의 지휘, 감독을 받는 자를 방조하여 범죄의 결과를 발생하게 한 자는 정범에 정한 형의 장기에 그 2분의 1까지 가중한 형으로 처벌한다.

④ 피해자를 도구로 삼아 피해자의 신체를 이용하여 추행행위를 한 경우에도 강제추행죄의 간접정범에 해당할 수 있다.

해설/정답 ④

① (×) 피고인이 갑을 모해할 목적으로 을에게 위증을 교사한 이상, 가사 정범인 을에게 모해의 목적이 없었다고 하더라도, 형법 제33조 단서의 규정에 의하여 피고인을 모해위증교사죄로 처단할 수 있다(대판 1994.12.23. 93도1002).

② (×) 형법 제31조 제2항

> **제31조(교사범)**
> ② 교사를 받은 자가 범죄의 실행을 승낙하고 실행의 착수에 이르지 아니한 때에는 교사자와 피교사자를 음모 또는 예비에 준하여 처벌한다.

③ (×) 형법 제34조 제2항

> **제34조(간접정범, 특수한 교사, 방조에 대한 형의 가중)**
> ② 자기의 지휘, 감독을 받는 자를 교사 또는 방조하여 전항의 결과를 발생하게 한 자는 교사인 때에는 정범에 정한 형의 장기 또는 다액에 그 2분의 1까지 가중하고 방조인 때에는 정범의 형으로 처벌한다.

④ (○) 강제추행죄는 사람의 성적 자유 내지 성적 자기결정의 자유를 보호하기 위한 죄로서 정범 자신이 직접 범죄를 실행하여야 성립하는 자수범이라고 볼 수 없으므로, 처벌되지 아니하는 타인을 도구로 삼아 피해자를 강제로 추행하는 간접정범의 형태로도 범할 수 있다. 여기서 강제추행에 관한 간접정범의 의사를 실현하는 도구로서의 타인에는 피해자도 포함될 수 있으므로, 피해자를 도구로 삼아 피해자의 신체를 이용하여 추행행위를 한 경우에도 강제추행죄의 간접정범에 해당할 수 있다(대판 2018.2.8. 2016도17733).

107 간접정범에 대한 설명으로 가장 적절하지 않은 것은? 〈경찰1차 2018〉

① 인신구속에 관한 직무를 행하는 자 또는 이를 보조하는 자가 피해자를 구속하기 위하여 진술조서 등을 허위로 작성한 후 이를 기록에 첨부하여 구속영장을 신청하고, 진술조서 등이 허위로 작성된 정을 모르는 검사와 영장전담판사를 기망하여 구속영장을 발부받은 후 그 영장에 의하여 피해자를 구금하였다면 직권남용감금죄가 성립한다.

② 공무원 아닌 자가 관공서에 허위 내용의 증명원을 제출하여 그 내용이 허위인 정을 모르는 담당공무원으로부터 그 증명원 내용과 같은 증명서를 발급받은 경우, 공문서위조죄의 간접정범이 성립한다.

③ 범죄는 '어느 행위로 인하여 처벌되지 아니하는 자'를 이용하여서도 이를 실행할 수 있으므로, 내란죄의 경우에도 '국헌문란의 목적'을 가진 자가 그러한 목적이 없는 자를 이용하여 이를 실행할 수 있다.

④ 신용카드를 제시받은 상점점원이 그 카드의 금액란을 정정기재하였다 하더라도 그것이 카드소지인이 위 점원에게 자신이 위 금액을 정정기재할 수 있는 권리가 있는 양 기망하여 이루어졌다면 이는 간접정범에 의한 유가증권변조죄가 성립한다.

해설/정답 ②

① (○) 감금죄는 간접정범의 형태로도 행하여질 수 있는 것이므로, 인신구속에 관한 직무를 행하는 자 또는 이를 보조하는 자가 피해자를 구속하기 위하여 진술조서 등을 허위로 작성한 후 이를 기록에 첨부하여 구속영장을 신청하고, 진술조서 등이 허위로 작성된 정을 모르는 검사와 영장전담판사를 기망하여 구속영장을 발부받은 후 그 영장에 의하여 피해자를 구금하였다면 형법 제124조 제1항의 직권남용감금죄가 성립한다(대판 2006.5.25. 2003도3945).

② (×) 어느 문서의 작성권한을 갖는 공무원이 그 문서의 기재 사항을 인식하고 그 문서를 작성할 의사로써 이에 서명날인하였다면, 설령 그 서명날인이 타인의 기망으로 착오에 빠진 결과 그 문서의 기재사항이 진실에 반함을 알지 못한 데 기인한다고 하여도, 그 문서의 성립은 진정하며 여기에 하등 작성명의를 모용한 사실이 있다고 할 수는 없으므로, 공무원 아닌 자가 관공서에 허위 내용의 증명원을 제출하여 그 내용이 허위인 정을 모르는 담당공무원으로부터 그 증명원 내용과 같은 증명서를 발급받은 경우 공문서위조죄의 간접정범으로 의율할 수는 없다(대판 2001.3.9. 2000도938).

③ (○) 범죄는 '어느 행위로 인하여 처벌되지 아니하는 자'를 이용하여서도 이를 실행할 수 있으므로, 내란죄의 경우에도 '국헌문란의 목적'을 가진 자가 그러한 목적이 없는 자를 이용하여 이를 실행할 수 있다(대판 1997.4.17. 96도3376 전원합의체).

④ (○) 유가증권변조죄에 있어서 변조라 함은 진정으로 성립된 유가증권의 내용에 권한 없는 자가 그 유가증권의 동일성을 해하지 않는 한도에서 변경을 가하는 것을 말하고, 설사, 진실에 합치하도록 변경한 것이라 하더라도 권한 없이 변경한 경우에는 변조로 되는 것이고 정을 모르는 제3자를 통하여 간접정범의 형태로도 범할 수 있는 것인 바, 신용카드를 제시받은 상점점원이 그 카드의 금액란을 정정기재하였다 하더라도 그것이 카드소지인이 위 점원에게 자신이 위 금액을 정정기재 할 수 있는 권리가 있는 양 기망하여 이루어졌다면 이는 간접정범에 의한 유가증권변조로 봄이 상당하다(대판 1984.11.27. 84도1862).

제3절 | 공동정범

108 공동정범에 관한 설명으로 가장 적절하지 않은 것은? 〈경찰2차 2023〉

① 공동정범에서 주관적 요건인 공동가공의 의사는 타인의 범행을 인식하면서도 이를 제지하지 아니하고 용인하는 것만으로는 부족하고, 공동의 의사로 특정한 범죄행위를 하기 위하여 일체가 되어 서로 다른 사람의 행위를 이용하여 자기의 의사를 실행에 옮기는 것을 내용으로 하여야 한다.

② 공동정범이 성립하기 위하여는 반드시 공범자 간에 사전 모의가 있어야 하므로, 우연히 만난 자리에서 서로 협력하여 공동의 범의를 실현하려는 의사가 암묵적으로 상통하여 범행에 공동가공하더라도 공동정범은 성립되지 않는다.

③ 공모공동정범에 있어서 공모자가 공모에 주도적으로 참여하여 다른 공모자의 실행에 영향을 미친 때에는 범행을 저지하기 위하여 적극적으로 노력하는 등 실행에 미친 영향력을 제거하지 아니하는 한 공모관계에서 이탈하였다고 할 수 없다.

④ 비신분자가 신분관계로 인하여 성립될 범죄에 가공한 경우, 비신분자에게 공동가공의 의사와 이에 기초한 기능적 행위지배를 통해 범죄의 실행이라는 주관적·객관적 요건이 충족되면 신분자와 공동정범이 성립한다.

해설/정답 ②

① (○) [1] 형법 제30조의 공동정범은 2인 이상이 공동하여 죄를 범하는 것으로서, 공동정범이 성립하기 위하여는 주관적 요건으로서 공동가공의 의사와 객관적 요건으로서 공동의사에 기한 기능적 행위지배를 통한 범죄의 실행사실이 필요하고, 공동가공의 의사는 타인의 범행을 인식하면서도 이를 제지하지 아니하고 용인하는 것만으로는 부족하고 공동의 의사로 특정한 범죄행위를 하기 위하여 일체가 되어 서로 다른 사람의 행위를 이용하여 자기의 의사를 실행에 옮기는 것을 내용으로 하는 것이어야 한다. [2] 피해자 일행을 한 사람씩 나누어 강간하자는 피고인 일행의 제의에 아무런 대답도 하지 않고 따라 다니다가 자신의 강간 상대방으로 남겨진 공소외인에게 일체의 신체적 접촉도 시도하지 않은 채 다른 일행이 인근 숲 속에서 강간을 마칠 때까지 공소외인과 함께 이야기만 나눈 경우, 피고인에게 다른 일행의 강간 범행에 공동으로 가공할 의사가 있었다고 볼 수 없다고 한 사례(대판 2003.3.28. 2002도7477).

② (×) 공동정범이 성립하기 위하여는 반드시 공범자 간에 사전에 모의가 있어야 하는 것은 아니며, 우연히 만난 자리에서 서로 협력하여 공동의 범의를 실현하려는 의사가 암묵적으로 상통하여 범행에 공동가공하더라도 공동정범은 성립된다(대판 1984.12.26. 82도1373).

③ (○) 공모공동정범에 있어서 공모자 중의 1인이 다른 공모자가 실행행위에 이르기 전에 그 공모관계에서 이탈한 때에는 그 이후의 다른 공모자의 행위에 관하여는 공동정범으로서의 책임은 지지 않는다 할 것이나, 공모관계에서의 이탈은 공모자가 공모에 의하여 담당한 기능적 행위지배를 해소하는 것이 필요하므로 공모자가 공모에 주도적으로 참여하여 다른 공모자의 실행에 영향을 미친 때에는 범행을 저지하기 위하여 적극적으로 노력하는 등 실행에 미친 영향력을 제거하지 아니하는 한 공모관계에서 이탈하였다고 할 수 없다(대판 2015.2.16. 2014도14843, 대판 2008.4.10. 2008도1274).

④ (○) [다수의견] 신분관계가 없는 사람이 신분관계로 인하여 성립될 범죄에 가공한 경우에는 신분관계가 있는 사람과 공범이 성립한다(형법 제33조 본문 참조). 이 경우 신분관계가 없는 사람에게 공동가공의 의사와 이에 기초한 기능적 행위지배를 통한 범죄의 실행이라는 주관적·객관적 요건이 충족되면 공동정범으로 처벌한다. 공동가공의 의사는 공동의 의사로 특정한 범죄행위를 하기 위하여 일체가 되어 서로 다른 사람의 행위를 이용하여 자기의 의사를 실행에 옮기는 것을 내용으로 한다. 따라서 공무원이 아닌 사람(이하 '비공무원'이라 한다)이 공무원과 공동가공의 의사와 이를 기초로 한 기능적 행위지배를 통하여 공무원의 직무에 관하여 뇌물을 수수하는 범죄를 실행하였다면 공무원이 직접 뇌물을 받은 것과 동일하게 평가할 수 있으므로 공무원과 비공무원에게 형법 제129조 제1항에서 정한 뇌물수수죄의 공동정범이 성립한다(대판 2019.8.29. 2018도13792 전원합의체, 대판 2019.8.29. 2018도2738 전원합의체).

109 **다음 사례에 대한 설명 중 옳은 것은 모두 몇 개인가?** 〈경찰2차 2022〉

> 甲과 乙은 인터넷 채팅을 통하여 알게 된 A와 B를 승용차에 태우고 함께 남산 부근을 드라이브하던 중, A와 B가 잠시 차에서 내린 사이에 甲이 乙에게 A와 B를 한 사람씩 나누어 강간하자고 제의하자 乙은 아무런 대답도 하지 않고 따라 다니다가 자신의 강간 상대방으로 남겨진 B에게 일체의 신체적 접촉도 시도하지 않은 채 B와 이야기만 나눴다. 甲은 A를 숲속에서 강간하려고 하였으나 A가 수술한지 얼마 안되어 배가 아프다면서 애원하자 강간행위를 중지하였다. 며칠 후 乙은 친구 C를 만나 "甲이 A를 강간하려고 하는 동안 나는 그냥 가만히 있었다."라고 말하였다. 사법경찰관 P는 甲을 수사하는 과정에서 C를 참고인으로 조사하여 C가 乙로부터 들은 위 진술 내용이 기재된 진술조서를 적법하게 작성하였다. 검사는 甲을 강간미수죄로 기소하면서 C에 대한 진술조서를 증거로 제출하였으나, 甲은 이를 증거로 함에 부동의하였다.

> ㉠ 乙은 강간 범행에 공동으로 가공할 의사가 있었다고 볼 수 없다.
> ㉡ 甲은 강간죄의 중지미수에 해당한다.
> ㉢ 진술조서에 기재된 乙의 진술부분은 재전문증거에 해당한다.
> ㉣ 진술조서의 실질적 진정성립과 특신상태가 증명이 되고, 변호인이 C를 신문할 수 있었던 때에는 C의 진술조서 전부에 대해 증거능력이 인정된다.

① 1개 ② 2개 ③ 3개 ④ 4개

해설/정답 ②

㉠ (O) [1] 형법 제30조의 공동정범은 2인 이상이 공동하여 죄를 범하는 것으로서, 공동정범이 성립하기 위하여는 주관적 요건으로서 공동가공의 의사와 객관적 요건으로서 공동의사에 기한 기능적 행위지배를 통한 범죄의 실행사실이 필요하고, 공동가공의 의사는 타인의 범행을 인식하면서도 이를 제지하지 아니하고 용인하는 것만으로는 부족하고 공동의 의사로 특정한 범죄행위를 하기 위하여 일체가 되어 서로 다른 사람의 행위를 이용하여 자기의 의사를 실행에 옮기는 것을 내용으로 하는 것이어야 한다. [2] 피해자 일행을 한 사람씩 나누어 강간하자는 피고인 일행의 제의에 아무런 대답도 하지 않고 따라 다니다가 자신의 강간 상대방으로 남겨진 공소외인에게 일체의 신체적 접촉도 시도하지 않은 채 다른 일행이 인근 숲 속에서 강간을 마칠 때까지 공소외인과 함께 이야기만 나눈 경우, 피고인에게 다른 일행의 강간 범행에 공동으로 가공할 의사가 있었다고 볼 수 없다고 한 사례(대판 2003.3.28. 2002도7477). 따라서, 乙은 강간 범행에 공동으로 가공할 의사가 있었다고 볼 수 없다.

㉡ (×) 피고인 갑, 을, 병이 강도행위를 하던 중 피고인 갑, 을은 피해자를 강간하려고 작은 방으로 끌고가 팬티를 강제로 벗기고 음부를 만지던 중 피해자가 수술한 지 얼마 안되어 배가 아프다면서 애원하는 바람에 그 뜻을 이루지 못하였다면, 강도행위의 계속 중 이미 공포상태에 빠진 피해자를 강간하려고 한 이상 강간의 실행에 착수한 것이고, 피고인들이 간음행위를 중단한 것은 피해자를 불쌍히 여겨서가 아니라 피해자의 신체조건상 강간을 하기에 지장이 있다고 본 데에 기인한 것이므로, 이는 일반의 경험상 강간행위를 수행함에 장애가 되는 외부적 사정에 의하여 범행을 중지한 것에 지나지 않는 것으로서 중지범의 요건인 자의성을 결여하였다(대판 1992.7.28. 92도917). 따라서, 甲은 강간죄의 중지미수가 아닌 장애미수에 해당한다.

㉢ (O) 乙의 진술을 C가 전달하였고 C가 전달한 것이 수사기관의 서류로 법원에 제출되었으므로, 전문진술이 기재된 조서(재전문증거)에 해당한다.

㉣ (×) 전문진술이나 전문진술을 기재한 조서는 형사소송법 제310조의2에 따라 원칙적으로 증거능력이 없다. 다만 전문진술은 형사소송법 제316조 제2항에 따라 원진술자가 사망, 질병, 외국거주, 소재불명, 그 밖에 이에 준하는 사유로 진술할 수 없고, 그 진술이 특히 신빙할 수 있는 상태 하에서 행하여졌음이 증명된 때에 한하여 예외적으로 증거능력이 있다. 그리고 전문진술이 기재된 조서는 형사소송법 제312조 또는 제314조에 따라 증거능력이 인정될 수 있는 경우에 해당하여야 함은 물론 형사소송법 제316조 제2항에 따른 요건을 갖추어야 예외적으로 증거능력이 있다. 형사소송법 제316조 제2항에서 말하는 '그 진술 또는 작성이 특히 신빙할 수 있는 상태 하에서 행하여졌음'이란 진술 내용이나 조서 또는 서류의 작성에 허위가 개입할 여지가 거의 없고, 진술 내용의 신빙성이나 임의성을 담보할 구체적이고 외부적인 정황이 있는 경우를 가리킨다(대판 2017.7.18. 2015도12981). 따라서, 증거능력이 인정되기 위해서는 乙이 사망 등의 사유로 진술할 수 없어야 한다. 결국 참고인진술조서는 증거능력이 부정된다.

110 **공동정범에 관한 설명 중 가장 적절하지 않은 것은?** 〈경찰2차 2022〉

① 甲이 A투자금융회사에 입사하여 다른 공범들과 특정 회사 주식을 허위매수 주문 등의 방법으로 시세조종 주문을 내기로 공모하고 시세조종 행위의 일부를 실행한 후 A회사로부터 해고를 당하여 공범관계에서 이탈한 경우, 甲이 다른 공범들의 범죄실행을 저지하지 않은 이상 그 이후 공범들이 행한 나머지 시세조종행위에 대해서도 공동정범이 성립한다.

② 예인선 정기용선자의 현장소장 甲은 사고의 위험성이 높은 시점에 출항을 강행할 것을 지시하였고, 예인선 선장 乙은 甲의 지시에 따라 사고의 위험성이 높은 시점에 출항하는 등 무리하게 예인선을 운항한 결과 예인되던 선박에 적재된 물건이 해상에 추락하여 선박교통을 방해한 경우, 甲과 乙은 업무상과실일반교통방해죄의 공동정범이 성립한다.

③ 甲·乙·丙 주식회사가 A주식회사의 주식 총수의 5/100 이상을 보유하여 자본시장과 금융투자업에 관한 법률 상 주식 등 변경보고의무를 공동으로 부담하게 되었고, 동법은 이러한 보고의무를 이행하지 않는 자를 처벌하는 진정부작위범인 주식 등 변경 보고의무 위반죄를 규정하고 있음에도 불구하고 甲과 乙 주식회사만이 공모하여 보고의무를 이행하지 않은 경우, 보고의무가 있는 甲주식회사, 乙주식회사, 丙주식회사에게 주식 등 변경 보고의무 위반죄의 공동정범이 성립한다.

④ 강도를 모의한 甲, 乙, 丙이 A에게 칼을 들이댄 후 전화선으로 A의 손발을 묶고 폭행하여 반항을 억압한 후 甲이 다른 방에서 물건을 찾는 사이 乙과 丙이 공동으로 A를 강간하고 다같이 도주한 경우, 甲에게는 강도강간죄의 공동정범이 성립하지 않는다.

해설/정답 ③

① (○) 피고인이 포괄일죄의 관계에 있는 범행의 일부를 실행한 후 공범관계에서 이탈하였으나 다른 공범자에 의하여 나머지 범행이 이루어진 경우, 피고인이 관여하지 않은 부분에 대하여도 죄책을 부담한다. 피고인이 甲 투자금융회사에 입사하여 다른 공범들과 특정 회사 주식의 시세조정 주문을 내기로 공모한 다음 시세조정행위의 일부를 실행한 후 甲 회사로부터 해고를 당하여 공범관계로부터 이탈하였고, 다른 공범들이 그 이후의 나머지 시세조정행위를 계속한 사안에서, 피고인이 다른 공범들의 범죄실행을 저지하지 않은 이상 그 이후 나머지 공범들이 행한 시세조정행위에 대하여도 죄책을 부담함에도, 피고인이 해고되어 甲 회사를 퇴사함으로써 기존의 공모관계에서 이탈하였다는 사정만으로 피고인이 이미 실행한 시세조정행위에 대한 기능적 행위지배가 해소되었다고 보아 그 이후의 각 구 증권거래법(2007. 8. 3. 법률 제8635호 자본시장과 금융투자업에 관한 법률 부칙 제2조로 폐지) 위반의 공소사실에 대하여 무죄를 선고한 원심판결에 공모공동정범에 관한 법리오해의 위법이 있다 (대판 2011.1.13. 2010도9927).

② (○) 예인선 정기용선자의 현장소장 甲은 사고의 위험성이 높은 시점에 출항을 강행할 것을 지시하였고, 예인선 선장 乙은 甲의 지시에 따라 사고의 위험성이 높은 시점에 출항하는 등 무리하게 예인선을 운항한 결과 예인되던 선박에 적재된 물건이 해상에 추락하여 선박교통을 방해한 사안에서, 甲과 乙을 업무상 과실일반교통방해죄의 공동정범으로 처벌한 사례(대판 2009.6.11. 2008도11784).

③ (×) [1] 자본시장과 금융투자업에 관한 법률(이하 '자본시장법'이라 한다) 제147조 제1항 전문은 "주권상장법인의 주식 등을 대량보유(본인과 그 특별관계자가 보유하게 되는 주식 등의 수의 합계가 그 주식 등의 총수의 100분의 5 이상인 경우를 말한다)하게 된 자는 그날부터 5일 이내에 그 보유상황, 보유 목적, 그 보유 주식 등에 관한 주요계약내용, 그 밖에 대통령령으로 정하는 사항을 대통령령으로 정하는 방법에 따라 금융위원회와 거래소에 보고하여야 하며, 그 보유 주식 등의 수의 합계가 그 주식 등의 총수의 100분의 1 이상 변동된 경우에는 그 변동된 날부터 5일 이내에 그 변동내용을 대통령령으로 정하는 방법에 따라 금융위원

회와 거래소에 보고하여야 한다."라고 규정하고 있고, 자본시장법 제445조 제20호는 제147조 제1항을 위반하여 주식 등 대량보유·변동 보고를 하지 아니한 자를 처벌한다고 규정하고 있다. 그 규정 형식과 취지에 비추어 보면 주권상장법인의 주식 등 대량보유·변동 보고의무 위반으로 인한 자본시장법 위반죄는 구성요건이 부작위에 의해서만 실현될 수 있는 진정부작위범에 해당한다. 진정부작위범인 주식 등 대량보유·변동 보고의무 위반으로 인한 자본시장법 위반죄의 공동정범은 그 의무가 수인에게 공통으로 부여되어 있는데도 수인이 공모하여 전원이 그 의무를 이행하지 않았을 때 성립할 수 있다. [2] 자본시장과 금융투자업에 관한 법률(이하 '자본시장법'이라 한다) 제147조 제4항은 "제1항에 따라 보고한 자는 그 보유 목적이나 그 보유 주식 등에 관한 주요계약내용 등 대통령령으로 정하는 중요한 사항의 변경이 있는 경우에는 5일 이내에 금융위원회와 거래소에 보고하여야 한다."라고 규정하고 있고, 자본시장법 제445조 제20호는 제147조 제4항을 위반하여 주식 등 변경 보고를 하지 아니한 자를 처벌한다고 규정하고 있다. 그 규정 형식과 취지에 비추어 보면 주권상장법인의 주식 등 변경 보고의무 위반으로 인한 자본시장법 위반죄는 구성요건이 부작위에 의해서만 실현될 수 있는 진정부작위범에 해당한다. 진정부작위범인 주식 등 변경 보고의무 위반으로 인한 자본시장법 위반죄의 공동정범은 그 의무가 수인에게 공통으로 부여되어 있는데도 수인이 공모하여 전원이 그 의무를 이행하지 않았을 때 성립할 수 있다(대판 2022.1.13. 2021도11110). 丙주식회사는 주식 등 변경 보고의무는 있지만 공모하지는 않았으므로, 주식 등 변경 보고의무 위반죄의 공동정범은 성립하지 않는다.

④ (○) 공모공동정범에 있어서의 모의는 사전모의를 필요로 하거나 범인 전원이 일정한 시간과 장소에 집합하여 행할 필요는 없고 그 가운데 한 사람 또는 두 사람을 통하여 릴레이식으로 하거나 또는 암묵리에 서로 의사가 상통해도 된다 하겠으나 그 모의의 내용만은 두 사람 이상이 공동의 의사로 특정한 범죄행위를 하기 위하여 일체가 되어 서로가 다른 사람의 행위를 이용하여 각자 자기의 의사를 실행에 옮기는 것을 내용으로 하는 것이어야 하고, 그에 따라 범죄를 실행한 사실이 인정되어야만 공모공동정범이 성립되는 것이고 이와 같은 공모에 참여한 사실이 인정되는 이상 직접 실행행위에 관여하지 않았더라도 다른 사람의 행위를 자기의사의 수단으로 하여 범죄를 하였다는 점에서 자기가 직접 실행행위를 분담한 경우와 형사책임의 성립에 차이를 둘 이유가 없다(대판 1988.9.13. 88도1114). 사안의 甲은 乙, 丙과 강도를 공모하였을 뿐 강도강간을 공모한 것이 아니므로 甲은 강도강간죄의 죄책은 지지 않는다.

111 공동정범에 대한 설명으로 가장 적절하지 않은 것은? 〈경찰2차 2021〉

① 甲이 A를 살해하고자 A의 음료수 잔에 치사량의 독약을 넣고 사라진 후 그 사실을 알고 있는 乙이 독자적으로 A를 확실히 살해하고자 한번 더 치사량의 독약을 넣어 A가 이를 마시고 사망한 경우, 甲과 乙은 상호 간에 의사의 연락이 없어 공동정범이 성립되지 아니한다.

② 甲이 강도살인의 의사로 먼저 A를 살해한 직후 마침 그곳을 지나가던 乙이 이를 보고 甲의 양해하에 절취의 의사로 참가하여 甲은 A의 지갑과 현금을, 乙은 A의 시계와 금반지를 가져간 경우, 승계적 공동정범을 인정하더라도 乙은 살인에 대한 책임은 지지 아니한다.

③ 행동대원 甲, 乙, 丙은 조직의 두목으로부터 지시를 받고 상대 조직 행동대장 A를 살해하기로 공모하였으나, 甲은 쇠파이프 등을 들고 차량에 탑승하던 중 사태의 심각성을 실감하고 범행에 휘말리기 싫어서 조용히 혼자 빠져나와 택시를 타고 집으로 갔다. 이후 乙과 丙이 공모한 대로 A의 사무실로 가서 A를 살해한 경우, 甲에게는 살인죄의 공동정범이 성립한다.

④ 조직의 보스 甲은 부하인 乙과 반대조직의 보스 A를 살해하기로 공모하고, 甲은 자신의 사무실에서 진행 상황을 실시간으로 보고 받고 乙이 A의 사무실로 가서 A를 살해한 경우, 공모공동정범을 인정하는 견해에 따르면 甲에게는 살인죄의 공동정범이 성립한다.

해설/정답 ③

① (○) 공동정범은 주관적으로 공동가공의 의사 또는 공동의 의사를 필요로 하는바, 이는 기능적 행위지배의 본질적 요건이다. 따라서 공동의 의사가 없는 동시범이나 의사의 상호이해 없이 한 사람만 공동의 의사를 가진 편면적 공동정범은 공동정범이 아니다(주관적 요건의 결여).

② (○) 판례는 승계적 공동정범의 성립범위에 대해서 선행자에 의하여 단독으로 행하여진 결과에 대하여는 후행자의 행위지배를 인정할 수 없고, 공동실행의 의사는 소급될 수 없다고 보아야 하며(형법상 사후고의 내지 추인은 인정되지 않으며), 후행자에게 참가 이전의 부분에까지 책임을 지우는 것은 자기책임의 원칙에 반하여진다는 등을 근거로 하여 후행자에게 그 가담 이후의 행위에 관하여만 공동정범의 성립을 인정하는 견해를 취한다(상태범의 경우에는 기수시까지, 계속범의 경우에는 종료시까지 가담하면 공동정범이 성립한다고 본다). **[참고 판례]** 연속된 제조행위 도중에 공동정범으로 범행에 가담한 자는 비록 그가 그 범행에 가담할때에 이미 이루어진 종전의 범행을 알았다 하더라도 그 가담 이후의 범행에 대하여만 공동정범으로 책임을 지는 것이라고 할 것이니, 비록 이 사건에서 공소외 1의 위 제조행위 전체가 포괄하여 하나의 죄가 된다 할지라도 피고인에게 그 가담 이전의 제조행위에 대하여까지 유죄를 인정할 수는 없다고 할 것이다(대판 1982.6.8. 82도884).

③ (×) 공모공동정범을 인정하는 판례의 입장에서는 범죄를 공모한 이상 실행행위에 나아가지 아니하더라도 다른 공모자의 실행행위에 대하여 공동정범의 죄책을 면할 수 없다. 그러나 판례는 공모자 중의 1인이 다른 공모자가 실행에 착수하기 전에 이탈의 의사를 명시적 또는 묵시적으로 표시하여 그 '공모관계에서 이탈한 경우'에는 이탈한 이후 다른 공모자가 실행한 행위에 대하여 공동정범으로서의 책임을 지지 아니한다고 한다(이탈자가 공모자 가운데 평균적 일원에 불과할 경우에는 이탈의 의사표시와 다른 공모자의 승인으로 공모관계의 이탈이 인정되지만, 이탈자가 공모관계의 주모자인 경우에는 실행에 미친 영향력을 제거해야 공모관계의 이탈이 인정된다고 본다). **[참고 판례]** 다만 다른 공모자가 이미 실행에 착수한 이후에는 그 공모관계에서 이탈하였다고 하더라도 공동정범으로서의 책임을 면할 수 없다고 한다. 공모공동정범에 있어서 공모자 중의 1인이 다른 공모자가 실행행위에 이르기 전에 그 공모관계에서 이탈한 때에는 그 이후의 다른 공모자의 행위에 관하여는 공동정범으로서의 책임을 지지 않는다(대판 1995.7.11. 95도955) 그 이탈의 표시는 반드시 명시적임을 요하지 않는다(대판 1986.1.21. 85도2371).

④ (○) 형법 제30조의 공동정범은 공동가공의 의사와 그 공동의사에 의한 기능적 행위지배를 통한 범죄실행이라는 주관적·객관적 요건을 충족함으로써 성립하므로, 공모자 중 구성요건행위를 직접 분담하여 실행하지 아니한 사람도 위 요건을 충족하면 공모공동정범으로서의 죄책을 질 수도 있다. 한편 구성요건행위를 직접 분담하여 실행하지 아니한 공모자가 공모공동정범으로 인정되기 위하여는 전체 범죄에 있어서 그가 차지하는 지위·역할이나 범죄경과에 대한 지배 내지 장악력 등을 종합하여 그가 단순한 공모자에 그치는 것이 아니라 범죄에 대한 본질적 기여를 통한 기능적 행위지배가 존재하는 것으로 인정되어야 한다. 따라서 배임증재의 공모공동정범이 다른 공모공동정범에 의하여 수재자에게 재물 또는 재산상 이익이 제공되는 방법을 구체적으로 몰랐다고 하더라도 공모관계를 부정할 수 없다(대판 2015.7.23. 2015도3080, 대판 2013.8.23. 2013도5080, 대판 2010.7.15. 2010도3544). 따라서, 사안의 조직의 보스 甲에게는 살인죄의 공동정범이 성립한다.

112 **다음 설명 중 가장 적절하지 않은 것은?** 〈경찰2차 2020〉

① 甲, 乙, 丙은 사전 모의에 따라 피해자들을 야산으로 유인한 다음 암묵적인 합의에 따라 각자 마음에 드는 피해자들을 데리고 불과 100m 이내의 거리에 있는 곳으로 흩어져 동시 또는 순차적으로 피해자들을 각각 강간하였다면, 각 강간의 실행행위도 시간적으로나 장소적으로 협동관계에 있었다고 보아 특수강간죄가 성립한다.

② 자기에게 유리한 판결을 얻기 위하여 증거가 조작되어 있다는 사실을 인식하지 못하는 제3자를 이용하여 그로 하여금 소송의 당사자가 되게 하고 법원을 기망하여 소송 상대방의 재물 또는 재산상 이익을 취득하려 하였다면 간접정범의 형태에 의한 소송사기죄가 성립한다.

③ 간접정범의 피이용자가 甲을 乙로 오인하여 살해하였을 경우, 법정적 부합설에 따르면 간접정범은 살인의 고의기수범에 해당한다.

④ 甲과 乙은 술집으로 가던 도중 앞서 가던 甲과 피해자가 부딪혀 시비가 붙고, 이에 甲은 피해자를 뒤로 밀어 피해자가 바닥에 뒷머리를 부딪치게 하고 술집을 향해 떠났다. 이에 뒤따라 오던 乙이 이 장면을 보고 달려와 피해자를 또다시 가격하여 피해자가 뇌저부경화동맥파열상으로 사망에 이른 경우, 甲과 乙은 상해치사의 공동정범으로 처벌된다.

해설/정답 ④

① (○) 피고인 등이 비록 특정한 1명씩의 피해자만 강간하거나 강간하려고 하였다 하더라도, 사전의 모의에 따라 강간할 목적으로 심야에 인가에서 멀리 떨어져 있어 쉽게 도망할 수 없는 야산으로 피해자들을 유인한 다음 곧바로 암묵적인 합의에 따라 각자 마음에 드는 피해자들을 데리고 불과 100m 이내의 거리에 있는 곳으로 흩어져 동시 또는 순차적으로 피해자들을 각각 강간하였다면, 그 각 강간의 실행행위도 시간적으로나 장소적으로 협동관계에 있었다고 보아야 할 것이므로, 피해자 3명 모두에 대한 특수강간죄 등이 성립된다고 한 사례(대판 2004.8.20. 2004도2870).

② (○) [1] 자기에게 유리한 판결을 얻기 위하여 소송상의 주장이 사실과 다름이 객관적으로 명백하거나 증거가 조작되어 있다는 정을 인식하지 못하는 제3자를 이용하여 그로 하여금 소송의 당사자가 되게 하고 법원을 기망하여 소송 상대방의 재물 또는 재산상 이익을 취득하려 하였다면 간접정범의 형태에 의한 소송사기죄가 성립하게 된다. [2] 甲이 을 명의 차용증을 가지고 있기는 하나 그 채권의 존재에 관하여 을과 다툼이 있는 상황에서 당초에 없던 월 2푼의 약정이자에 관한 내용 등을 부가한 을 명의 차용증을 새로 위조하여, 이를 바탕으로 자신의 처에 대한 채권자인 丙에게 차용원금 및 위조된 차용증에 기한 약정이자 2,500만 원을 양도하고, 이러한 사정을 모르는 丙으로 하여금 乙을 상대로 양수금 청구소송을 제기하도록 한 사안에서, 적어도 위 약정이자 2,500만 원 중 법정지연손해금 상당의 돈을 제외한 나머지 돈에 관한 甲의 행위는 丙을 도구로 이용한 간접정범 형태의 소송사기죄를 구성한다고 한 사례(대판 2007.9.6. 2006도3591).

③ (○) 피이용자가 실행행위에 대하여 착오를 한 때에는 착오론의 일반원리에 의하여 해결하여야 한다. 즉, 법정적 부합설은 피이용자의 방법의 착오는 이용자에게도 방법의 착오가 되고, 피이용자의 객체의 착오도 이용자에게 객체의 착오가 되어, 이용자에게 고의·기수범의 간접정범 성립을 긍정한다. 따라서, 법정적 부합설에 의하면 甲은 살인죄의 간접정범이 된다.

④ (×) 시간적 차이가 있는 독립된 상해행위나 폭행행위가 경합하여 사망의 결과가 일어나고 그 사망의 원인된 행위가 판명되지 않은 경우에는 공동정범의 예에 의하여 처벌할 것이므로, 2시간 남짓한 시간적 간격을 두고 피고인이 두 번째의 가해행위인 이 사건 범행을 한 후, 피해자가 사망하였고 그 사망의 원인을 알 수 없다고 보아 피고인을 폭행치사죄의 동시범으로 처벌한 원심판단은 옳고 거기에 동시범의 법리나 상당인과관계에 관한 법리를 오해한 위법도 없다(대판 2000.7.28. 2000도2466). [1] 공동정범은 행위자 상호간에 범죄행위를 공동으로 한다는

공동가공의 의사를 가지고 범죄를 공동실행하는 경우에 성립하는 것으로서, 여기에서의 공동가공의 의사는 공동행위자 상호간에 있어야 하며 행위자 일방의 가공의사만으로는 공동정범관계가 성립할 수 없다. [2] 동시범의 특례를 규정한 형법 제263조는 상해치사죄에도 적용된다(대판 1985.5.14. 84도2118). 사안에서 甲과 乙은 공모관계가 불확실하므로 상해치사죄의 공동정범이 성립하는 것이 아니라, 공동정범의 예에 의해 상해치사죄로 처벌된다고 할 것이다.

113 공동정범에 대한 설명으로 가장 적절하지 않은 것은? 〈경찰3차 2018〉

① 피고인이 포괄일죄의 관계에 있는 범행의 일부를 실행한 후 공범관계에서 이탈하였으나 다른 공범자에 의하여 나머지 범행이 이루어진 경우 피고인이 관여하지 않은 부분에 대해서는 죄책을 부담하지 않는다.

② 공모관계에서의 이탈은 공모자가 공모에 의하여 담당한 기능적 행위지배를 해소하는 것이 필요하므로 공모자가 공모에 주도적으로 참여하여 다른 공모자의 실행에 영향을 미친 때에는 범행을 저지하기 위하여 적극적으로 노력하는 등 실행에 미친 영향력을 제거하지 아니하는 한 공모관계에서 이탈하였다고 할 수 없다.

③ 공동정범이 성립하기 위하여는 반드시 공범자 간에 사전에 모의가 있어야 하는 것은 아니며, 우연히 만난 자리에서 서로 협력하여 공동의 범의를 실현하려는 의사가 암묵적으로 상통하여 범행에 공동가공하더라도 공동정범은 성립된다.

④ 피고인이 자기 자신을 무고하기로 제3자와 공모하고 이에 따라 무고행위에 가담하였더라도 자기 자신을 무고하는 행위는 무고죄의 구성요건에 해당하지 않아 범죄가 성립할 수 없는 행위를 실현하고자 한 것에 지나지 않으므로 무고죄의 공동정범으로 처벌할 수 없다.

해설/정답 ①

① (×) 피고인이 포괄일죄의 관계에 있는 범행의 일부를 실행한 후 공범관계에서 이탈하였으나 다른 공범자에 의하여 나머지 범행이 이루어진 경우, 피고인이 관여하지 않은 부분에 대하여도 죄책을 부담한다(대판 2011.1.13. 2010도9927).

② (○) 공모공동정범에서 공모자 중의 1인이 다른 공모자가 실행행위에 이르기 전에 그 공모관계에서 이탈한 때에는 그 이후의 다른 공모자의 행위에 관하여는 공동정범으로서의 책임은 지지 않는다. 그렇지만 공모관계에서의 이탈은 공모자가 공모에 의하여 담당한 기능적 행위지배를 해소하는 것이 필요하므로 공모자가 공모에 주도적으로 참여하여 다른 공모자의 실행에 영향을 미친 때에는 범행을 저지하기 위하여 적극적으로 노력하는 등 실행에 미친 영향력을 제거하지 아니하는 한 공모관계에서 이탈하였다고 할 수 없다(대판 2015.2.16. 2014도14843, 대판 2008.4.10. 2008도1274).

③ (○) 공동정범이 성립하기 위하여는 반드시 공범자 간에 사전에 모의가 있어야 하는 것은 아니며, 우연히 만난 자리에서 서로 협력하여 공동의 범의를 실현하려는 의사가 암묵적으로 상통하여 범행에 공동가공하더라도 공동정범은 성립된다(대판 1984.12.26. 82도1373).

④ (○) 형법 제156조에서 정한 무고죄는 타인으로 하여금 형사처분 또는 징계처분을 받게 할 목적으로 허위의 사실을 신고하는 것을 구성요건으로 하는 범죄이다. 자기 자신으로 하여금 형사처분 또는 징계처분을 받게 할 목적으로 허위의 사실을 신고하는 행위, 즉 자기 자신을 무고하는 행위는 무고죄의 구성요건에 해당하지 않아 무고죄가 성립하지 않는다. 따라서 자기 자신을 무고하기로 제3자와 공모하고 이에 따라 무고행위에 가담하였더라도 이는 자기 자신에게는 무고죄의 구성요건에 해당하지 않아 범죄가 성립할 수 없는 행위를 실현하고

자 한 것에 지나지 않아 무고죄의 공동정범으로 처벌할 수 없다(대판 2017.4.26. 2013도12592).

114 공동정범에 대한 설명으로 가장 적절한 것은? 〈경찰1차 2017〉

① 우연히 만난 자리에서 서로 협력하여 공동의 범의를 실현하려는 의사가 암묵적으로 상통하여 범행에 공동가공한 것이라면 공동정범은 성립하지 않는다.

② 타인의 범행을 인식하면서도 이를 제지하지 아니하고 용인하는 심리상태만으로 공동정범의 공동가공의 의사가 인정될 수 있다.

③ 딱지어음을 발행하여 매매하였더라도, 딱지어음의 전전유통경로나 중간 소지인들 및 그 기망방법을 구체적으로 몰랐던 경우라면 사기죄의 공모관계를 인정할 수 없다.

④ 업무상 배임죄로 이익을 얻는 수익자 또는 그와 밀접한 관련이 있는 제3자를 배임의 실행행위자와 공동정범으로 인정하기 위해서는 실행행위자의 행위가 피해자 본인에 대한 배임행위에 해당한다는 것을 알면서도 소극적으로 배임행위에 편승하여 이익을 취득한 것만으로는 부족하고, 실행행위자의 배임행위를 교사하거나 또는 배임행위의 전 과정에 관여하는 등으로 배임행위에 적극 가담할 것이 필요하다.

해설/정답 ④

① (×) 공동정범이 성립하기 위하여는 반드시 공범자 간에 사전에 모의가 있어야 하는 것은 아니며, 우연히 만난 자리에서 서로 협력하여 공동의 범의를 실현하려는 의사가 암묵적으로 상통하여 범행에 공동가공하더라도 공동정범은 성립된다(대판 1984.12.26. 82도1373).

② (×) 공동정범이 성립하기 위하여는 주관적 요건으로서 공동가공의 의사와 객관적 요건으로서 공동의사에 기한 기능적 행위지배를 통한 범죄의 실행사실이 필요한바, 주관적 요건으로서 공동가공의 의사는 타인의 범행을 인식하면서도 이를 제지하지 아니하고 용인하는 것만으로 부족하고, 공동의 의사로 특정한 범죄행위를 하기 위하여 일체가 되어 서로 다른 사람의 행위를 이용하여 자기의 의사를 옮기는 것을 내용으로 하는 것이어야 한다(대판 1998.9.22. 98도1832).

③ (×) 이른바 딱지어음을 발행하여 매매한 이상 사기의 실행행위에 직접 관여하지 아니하였다고 하더라도 공동정범으로서의 책임을 면하지 못하고, 딱지어음의 전전유통경로나 중간 소지인들 및 그 기망방법을 구체적으로 몰랐다고 하더라도 공모관계를 부정할 수는 없다(대판 1997.9.12. 97도1706).

④ (○) 업무상 배임죄의 실행으로 인하여 이익을 얻게 되는 수익자 또는 그와 밀접한 관련이 있는 제3자를 배임의 실행행위자와 공동정범으로 인정하기 위해서는 실행행위자의 행위가 피해자인 본인에 대한 배임행위에 해당한다는 것을 알면서도 소극적으로 그 배임행위에 편승하여 이익을 취득한 것만으로는 부족하고, 실행행위자의 배임행위를 교사하거나 또는 배임행위의 전 과정에 관여하는 등으로 배임행위에 적극 가담할 것을 필요로 한다(대판 1999.7.23. 99도1911).

115 **정범과 공범에 대한 설명으로 가장 적절하지 않은 것은?** 〈경찰2차 2017〉

① 우연히 만난 자리에서 서로 협력하여 공동의 범의를 실현하려는 의사가 암묵적으로 상통하여 범행에 공동가공하더라도 공동정범은 성립된다.

② 보조 직무에 종사하는 공무원이 허위공문서를 기안하여 허위임을 모르는 작성권자의 결재를 받아 공문서를 완성한 때에는 허위공문서작성죄의 간접정범이 될 것이지만, 이러한 결재를 거치지 않고 임의로 작성권자의 직인 등을 부정 사용함으로써 공문서를 완성한 때에는 공문서위조죄는 성립하지 않는다.

③ 배임증재의 공모공동정범이 다른 공모공동정범에 의하여 수재자에게 재물 또는 재산상 이익이 제공되는 방법을 구체적으로 몰랐다고 하더라도 공모관계를 부정할 수 없다.

④ 「형법」 제127조는 공무원 또는 공무원이었던 자가 법령에 의한 직무상 비밀을 누설하는 행위만을 처벌하고 있을 뿐 직무상 비밀을 누설받은 상대방을 처벌하는 규정이 없는 점에 비추어, 직무상 비밀을 누설받은 자에 대하여는 공범에 관한 형법총칙 규정이 적용될 수 없다.

해설/정답 ②

① (○) 공동정범이 성립하기 위하여는 반드시 공범자 간에 사전에 모의가 있어야 하는 것은 아니며, 우연히 만난 자리에서 서로 협력하여 공동의 범의를 실현하려는 의사가 암묵적으로 상통하여 범행에 공동가공하더라도 공동정범은 성립된다(대판 1984.12.26. 82도1373).

② (×) 허위공문서작성죄의 주체는 문서를 작성할 권한이 있는 명의인인 공무원에 한하고 그 공무원의 문서작성을 보조하는 직무에 종사하는 공무원은 허위공문서작성죄의 주체가 될 수 없다. 따라서 보조 직무에 종사하는 공무원이 허위공문서를 기안하여 허위임을 모르는 작성권자의 결재를 받아 공문서를 완성한 때에는 허위공문서작성죄의 간접정범이 될 것이지만, 이러한 결재를 거치지 않고 임의로 작성권자의 직인 등을 부정 사용함으로써 공문서를 완성한 때에는 공문서위조죄가 성립한다. 이는 공문서의 작성권한 없는 사람이 허위공문서를 기안하여 작성권자의 결재를 받지 않고 공문서를 완성한 경우에도 마찬가지이다(대판 2017.5.17. 2016도13912, 대판 1981.7.28. 81도898).

③ (○) 형법 제30조의 공동정범은 공동가공의 의사와 그 공동의사에 의한 기능적 행위지배를 통한 범죄실행이라는 주관적·객관적 요건을 충족함으로써 성립하므로, 공모자 중 구성요건행위를 직접 분담하여 실행하지 아니한 사람도 위 요건을 충족하면 공모공동정범으로서의 죄책을 진다. 따라서 배임증재의 공모공동정범이 다른 공모공동정범에 의하여 수재자에게 재물 또는 재산상 이익이 제공되는 방법을 구체적으로 몰랐다고 하더라도 공모관계를 부정할 수 없다(대판 2015.7.23. 2015도3080, 대판 2010.7.15. 2010도3544, 대판 2013.8.23. 2013도5080).

④ (○) 2인 이상의 서로 대향된 행위의 존재를 필요로 하는 대향범에 대하여는 공범에 관한 형법총칙 규정이 적용될 수 없다. 형법 제127조는 공무원 또는 공무원이었던 자가 법령에 의한 직무상 비밀을 누설하는 행위만을 처벌하고 있을 뿐 직무상 비밀을 누설받은 상대방을 처벌하는 규정이 없는 점에 비추어, 직무상 비밀을 누설받은 자에 대하여는 공범에 관한 형법총칙 규정이 적용될 수 없다고 보아야 한다(대판 2017.6.19. 2017도4240, 대판 2009.6.23. 2009도544, 대판 2011.4.28. 2009도3642).

116 공동정범에 대한 다음 설명 중 가장 적절하지 않은 것은? 〈경찰2차 2016〉

① 포괄일죄의 범행 도중에 공동정범으로 범행에 가담한 자는 비록 그가 그 범행에 가담할 때에 이미 이루어진 종전의 범행을 알았다 하더라도 그 가담 이후의 범행에 대하여만 공동정범으로 책임을 진다.

② 공모에 의한 범죄의 공동실행은 모든 공범자가 스스로 범죄의 구성요건을 실현하는 것을 전제로 하지 아니하고, 그 실현행위를 하는 공범자에게 그 행위결정을 강화하도록 협력하는 것으로도 가능하다.

③ 피해자 일행을 한 사람씩 나누어 강간하자는 피고인 일행의 제의에 아무런 대답도 하지 않고 따라 다니다가 자신의 강간 상대방으로 남겨진 甲에게 일체의 신체적 접촉도 시도하지 않은 채 다른 일행이 인근 숲 속에서 강간을 마칠 때까지 甲과 함께 이야기만 나누었더라도, 다른 일행이 甲 외 피해자들을 강간하려는 것을 보고도 이를 제지하지 아니하고 용인하였다면, 공모공동정범으로서의 죄책을 면할 수 없다.

④ 공모자가 공모에 주도적으로 참여하여 다른 공모자의 실행에 영향을 미친 때에는 범행을 저지하기 위하여 적극적으로 노력하는 등 실행에 미친 영향력을 제거하지 아니하는 한 공모자가 구속되었다는 등의 사유만으로 공모관계에서 이탈하였다고 할 수 없다.

해설/정답 ③

① (○) 포괄일죄의 범행 도중에 공동정범으로 범행에 가담한 자는 비록 그가 그 범행에 가담할 때에 이미 이루어진 종전의 범행을 알았다 하더라도 그 가담 이후의 범행에 대하여만 공동정범으로 책임을 진다(대판 1997.6.27. 97도163).

② (○) 공모에 의한 범죄의 공동실행은 모든 공범자가 스스로 범죄의 구성요건을 실현하는 것을 전제로 하지 아니하고, 그 실현행위를 하는 공범자에게 그 행위결정을 강화하도록 협력하는 것으로도 가능하며, 이에 해당하는지 여부는 행위 결과에 대한 각자의 이해 정도, 행위 가담의 크기, 범행지배에 대한 의지 등을 종합적으로 고려하여 판단하여야 한다(대판 2006.12.22. 2006도1623).

③ (×) 피해자 일행을 한 사람씩 나누어 강간하자는 피고인 일행의 제의에 아무런 대답도 하지 않고 따라 다니다가 자신의 강간 상대방으로 남겨진 공소외인에게 일체의 신체적 접촉도 시도하지 않은 채 다른 일행이 인근 숲 속에서 강간을 마칠 때까지 공소외인과 함께 이야기만 나눈 경우, 피고인에게 다른 일행의 강간 범행에 공동으로 가공할 의사가 있었다고 볼 수 없다고 한 사례(대판 2003.3.28. 2002도7477).

④ (○) 공모공동정범에 있어서 공모자 중의 1인이 다른 공모자가 실행행위에 이르기 전에 그 공모관계에서 이탈한 때에는 그 이후의 다른 공모자의 행위에 관하여는 공동정범으로서의 책임은 지지 않는다 할 것이나, 공모관계에서의 이탈은 공모자가 공모에 의하여 담당한 기능적 행위지배를 해소하는 것이 필요하므로 공모자가 공모에 주도적으로 참여하여 다른 공모자의 실행에 영향을 미친 때에는 범행을 저지하기 위하여 적극적으로 노력하는 등 실행에 미친 영향력을 제거하지 아니하는 한 공모관계에서 이탈하였다고 할 수 없다(대판 2008.4.10. 2008도1274).

117 **공동정범에 대한 설명으로 가장 적절한 것은?** 〈경찰2차 2018〉

① 甲, 乙, 丙 세 사람이 한자리에 모여 절도 범행을 공모한 후, 공모한 바대로 甲과 乙 두 사람이 직접 A의 집에 들어가 안에 있는 물건을 훔쳐오고 丙은 A의 집에서 한참 떨어진 현장에서 트럭을 준비하고 대기하다 甲과 乙이 물건을 가져오자 트럭에 싣고 함께 도주한 사안에서, 丙이 甲과 乙의 행위를 자기 의사의 수단으로 하여 위의 범행을 저질렀다고 평가할 수 있는 정범성의 표지를 갖추고 있는 한 공동정범의 일반이론에 비추어 丙에게는 일반 절도죄의 공동정범이 성립한다.

② 甲이 한 달여에 걸쳐 연속적으로 마약류를 제조하고 있었는데, 뒤늦게 乙이 甲의 그 같은 제조행위를 알고 도중에 공동정범으로 범행에 가담하여 甲과 함께 마약류 제조행위를 계속하였다고 하는 사안에서 乙이 범행에 가담할 당시에 이미 이루어진 종전의 범행을 알고 있었던 이상, 乙은 가담 이전의 제조행위에 대해서까지 공동정범으로 책임을 져야 한다.

③ 공모공동정범에 있어서 공모자 중의 1인이 다른 공모자가 실행행위에 이르기 전에 그 공모관계에서 이탈한 때에는 그 이후의 다른 공모자의 행위에 관하여 공동정범으로서의 책임은 지지 않는다 할 것이고 그 이탈의 표시는 명시적이어야 한다.

④ 포괄일죄의 범행 도중에 공동정범으로 가담한 자는 비록 그가 그 범행에 가담할 때에 이미 이루어진 종전의 범행을 알았다 하더라도 그 가담 이후의 범행에 대해서만 공동정범으로 책임을 진다.

해설/정답 ④

① (×) 3인 이상의 범인이 합동절도의 범행을 공모한 후 적어도 2인 이상의 범인이 범행 현장에서 시간적, 장소적으로 협동관계를 이루어 절도의 실행행위를 분담하여 절도 범행을 한 경우에, 그 공모에는 참여하였으나 현장에서 절도의 실행행위를 직접 분담하지 아니한 다른 범인에 대하여도 그가 현장에서 절도 범행을 실행한 위 2인 이상의 범인의 행위를 자기 의사의 수단으로 하여 합동절도의 범행을 하였다고 평가할 수 있는 정범성의 표지를 갖추고 있는 한 공동정범의 일반 이론에 비추어 그 다른 범인에 대하여 합동절도의 공동정범으로 인정할 수 있다(대판 1998.5.21. 98도321 전원합의체, 대판 2011.5.13. 2011도2021).

② (×), ④ (○) 포괄일죄의 범행 도중에 공동정범으로 범행에 가담한 자는 비록 그가 그 범행에 가담할 때에 이미 이루어진 종전의 범행을 알았다 하더라도 그 가담 이후의 범행에 대하여만 공동정범으로 책임을 진다(대판 2007.11.15. 2007도6336, 대판 1982.6.8. 82도884).

③ (×) 공모공동정범에 있어서 공모자 중의 1인이 다른 공모자가 실행행위에 이르기 전에 그 공모관계에서 이탈한 때에는 그 이후의 다른 공모자의 행위에 관하여는 공동정범으로서의 책임을 지지 않는다(대판 1995.7.11. 95도955). 그 이탈의 표시는 반드시 명시적임을 요하지 않는다(대판 1986.1.21. 85도2371).

제4절 | 교사범

118 정범 및 공범에 관한 설명으로 가장 적절하지 않은 것은? 〈경찰1차 2022〉

① 공모공동정범에 있어서 공모자가 공모에 주도적으로 참여하여 다른 공모자의 실행에 영향을 미친 때에는 범행을 저지하기 위하여 적극적으로 노력하는 등 실행에 미친 영향력을 제거하지 아니하는 한 공모관계에서 이탈하였다고 할 수 없다.

② 피교사자가 교사자의 교사행위 당시에는 일응 범행을 승낙하지 아니한 것으로 보여진다 하더라도 이후 그 교사행위에 의하여 범행을 결의한 것으로 인정되는 이상 교사범의 성립에는 영향이 없다.

③ 甲이 책임무능력자를 이용하여 범행한 사례에 있어서 공범의 종속 정도와 관련하여 제한종속형식설을 취하는 경우, 공범의 우위성에 따라 甲에게는 교사범이 성립하므로 간접정범이 성립할 여지가 없다.

④ 어느 행위로 인하여 과실범으로 처벌되는 자를 교사 또는 방조하여 범죄행위의 결과를 발생하게 한 자는 교사 또는 방조의 예에 의하여 처벌한다.

해설/정답 ③

① (○) 공모공동정범에 있어서 공모자 중의 1인이 다른 공모자가 실행행위에 이르기 전에 그 공모관계에서 이탈한 때에는 그 이후의 다른 공모자의 행위에 관하여는 공동정범으로서의 책임은 지지 않는다 할 것이나, <u>공모관계에서의 이탈은 공모자가 공모에 의하여 담당한 기능적 행위지배를 해소하는 것이 필요하므로 공모자가 공모에 주도적으로 참여하여 다른 공모자의 실행에 영향을 미친 때에는 범행을 저지하기 위하여 적극적으로 노력하는 등 실행에 미친 영향력을 제거하지 아니하는 한 공모자가 구속되었다는 등의 사유만으로 공모관계에서 이탈하였다고 할 수 없다</u>(대판 2010.9.9. 2010도6924).

② (○) 피교사자가 범죄의 실행에 착수한 경우 그 범행결의가 교사자의 교사행위에 의하여 생긴 것인지는 교사자와 피교사자의 관계, 교사행위의 내용 및 정도, 피교사자가 범행에 이르게 된 과정, 교사자의 교사행위가 없더라도 피교사자가 범행을 저지를 다른 원인의 존부 등 제반 사정을 종합적으로 고려하여 사건의 전체적 경과를 객관적으로 판단하는 방법에 의하여야 하고, 이러한 판단 방법에 의할 때 <u>피교사자가 교사자의 교사행위 당시에는 일응 범행을 승낙하지 아니한 것으로 보여진다 하더라도 이후 그 교사행위에 의하여 범행을 결의한 것으로 인정되는 이상 교사범의 성립에는 영향이 없다</u>(대판 2013.9.12. 2012도2744).

③ (×) 현행법이 제한적 종속형식을 취하고 있다고 볼 때, 피이용자에게 책임이 없는 때에는 이용자를 교사범 또는 종범으로 처벌할 수 있다. 그러나 간접정범은 정범이므로 정범의 요소를 갖춘 때에, 즉 이용자에게 우월적 의사지배가 있는 때에는 간접정범이 성립한다고 할 수 있다. 따라서 ㈎ 피이용자가 유아 또는 심신상실자와 같은 책임무능력자인 때와, ㈏ 피이용자가 법률의 착오에 빠져 있었고 그 착오에 정당한 이유가 있는 때, ㈐ 피이용자가 자유 없이 행동하는 도구인 때에는 이용자는 간접정범이 된다.

④ (○) 형법 제34조 제1항

> **제34조(간접정범, 특수한 교사, 방조에 대한 형의 가중)**
> ① 어느 행위로 인하여 처벌되지 아니하는 자 또는 과실범으로 처벌되는 자를 교사 또는 방조하여 범죄행위의 결과를 발생하게 한 자는 교사 또는 방조의 예에 의하여 처벌한다.

119 교사범에 대한 설명으로 가장 적절하지 않은 것은? 〈경찰1차 2017〉

① 교사자가 피교사자에게 피해자를 "정신차릴 정도로 때려주라"고 교사하였다면 이는 상해에 대한 교사로 봄이 상당하다.

② 교사범이 성립하기 위해서는 교사자가 피교사자에게 범행의 일시, 장소, 방법 등의 세부적인 사항까지를 특정하여 교사하여야 한다.

③ 피무고자의 교사·방조 하에 제3자가 피무고자에 대한 허위의 사실을 신고한 경우에는 제3자의 행위는 무고죄의 구성요건에 해당하여 무고죄를 구성하므로, 제3자를 교사·방조한 피무고자도 교사·방조범으로서의 죄책을 부담한다.

④「형법」 제127조는 공무원 또는 공무원이었던 자가 법령에 의한 직무상 비밀을 누설하는 행위만을 처벌하고 있을뿐, 직무상 비밀을 누설받은 상대방을 처벌하는 규정이 없는 점에 비추어 볼 때, 직무상 비밀을 누설받은 자에 대하여는 공범에 관한 형법총칙 규정이 적용될 수 없다.

해설/정답 ②

① (○) 교사자가 피교사자에게 피해자를 "정신차릴 정도로 때려주라"고 교사하였다면 이는 상해에 대한 교사로 봄이 상당하다(대판 1997.6.24. 97도1075).

② (×) 막연히 "범죄를 하라"거나 "절도를 하라"고 하는 등의 행위만으로는 교사행위가 되기에 부족하다 하겠으나, 타인으로 하여금 일정한 범죄를 실행할 결의를 생기게 하는 행위를 하면 되는 것으로서 교사의 수단방법에 제한이 없다 할 것이므로, 교사범이 성립하기 위하여는 범행의 일시, 장소, 방법 등의 세부적인 사항까지를 특정하여 교사할 필요는 없는 것이고, 정범으로 하여금 일정한 범죄의 실행을 결의할 정도에 이르게 하면 교사범이 성립된다(대판 1991.5.14. 91도542).

③ (○) 형법 제156조의 무고죄는 국가의 형사사법권 또는 징계권의 적정한 행사를 주된 보호법익으로 하는 죄이나, 스스로 본인을 무고하는 자기무고는 무고죄의 구성요건에 해당하지 아니하여 무고죄를 구성하지 않는다. 그러나 피무고자의 교사·방조 하에 제3자가 피무고자에 대한 허위의 사실을 신고한 경우에는 제3자의 행위는 무고죄의 구성요건에 해당하여 무고죄를 구성하므로, 제3자를 교사·방조한 피무고자도 교사·방조범으로서의 죄책을 부담한다(대판 2008.10.23. 2008도4852).

④ (○) 형법 제127조는 공무원 또는 공무원이었던 자가 법령에 의한 직무상 비밀을 누설하는 행위만을 처벌하고 있을 뿐, 직무상 비밀을 누설받은 상대방을 처벌하는 규정이 없는 점에 비추어 볼 때, 직무상 비밀을 누설받은 자에 대하여는 공범에 관한 형법총칙 규정이 적용될 수 없다(대판 2009.6.23. 2009도544).

120 교사와 방조에 대한 설명으로 가장 적절하지 않은 것은? 〈경찰2차 2017〉

① 종범은 정범이 실행행위에 착수하여 범행을 하는 과정에서 이를 방조한 경우뿐 아니라, 정범의 실행의 착수 이전에 장래의 실행행위를 미필적으로나마 예상하고 이를 용이하게 하기 위하여 방조한 경우에도 그 후 정범이 실행행위에 나아갔다면 성립할 수 있다.

② 공무원 또는 중재인이 부정한 청탁을 받고 제3자에게 뇌물을 제공하게 하고 제3자가 그러한 공무원 또는 중재인의 범죄행위를 알면서 방조한 경우에는 그에 대한 별도의 처벌규정이 없더라도 방조범에 관한 형법총칙의 규정이 적용되어 제3자뇌물수수방조죄가 인정될 수 있다.

③ 피교사자가 교사자의 교사행위 당시에는 일응 범행을 승낙하지 아니한 것으로 보여진다 하더라도 이후 그 교사행위에 의하여 범행을 결의한 것으로 인정되는 이상 교사범의 성립에는 영향이 없다.

④ 피무고자의 교사·방조 하에 제3자가 피무고자에 대한 허위의 사실을 신고한 경우에는 제3자의 행위는 무고죄의 구성요건에 해당하지 않아 무고죄를 구성하지 않고, 제3자를 교사·방조한 피무고자도 교사·방조범으로서의 죄책을 부담하지 않는다.

해설/정답 ④

① (○) 타인의 사망을 보험사고로 하는 생명보험계약을 체결함에 있어 제3자가 피보험자인 것처럼 가장하여 체결하는 등으로 그 유효요건이 갖추어지지 못한 경우에도, 보험계약 체결 당시에 이미 보험사고가 발생하였음에도 이를 숨겼다거나 보험사고의 구체적 발생가능성을 예견할 만한 사정을 인식하고 있었던 경우 또는 고의로 보험사고를 일으키려는 의도를 가지고 보험계약을 체결한 경우와 같이 보험사고의 우연성과 같은 보험의 본질을 해칠 정도라고 볼 수 있는 특별한 사정이 없는 한, 그와 같이 하자 있는 보험계약을 체결한 행위만으로는 미필적으로라도 보험금을 편취하려는 의사에 의한 기망행위의 실행에 착수한 것으로 볼 것은 아니다. 그러므로 그와 같이 기망행위의 실행의 착수로 인정할 수 없는 경우에 피보험자 본인임을 가장하는 등으로 보험계약을 체결한 행위는 단지 장차의 보험금 편취를 위한 예비행위에 지나지 않는다. 종범은 정범이 실행행위에 착수하여 범행을 하는 과정에서 이를 방조한 경우뿐 아니라, 정범의 실행의 착수 이전에 장래의 실행행위를 미필적으로나마 예상하고 이를 용이하게 하기 위하여 방조한 경우에도 그 후 정범이 실행행위에 나아갔다면 성립할 수 있다(대판 2013.11.14. 2013도7494).

② (○) 제3자뇌물수수죄는 공무원 또는 중재인이 직무에 관하여 부정한 청탁을 받고 제3자에게 뇌물을 공여하게 하는 행위를 구성요건으로 하고 있고, 그 중 부정한 청탁은 명시적인 의사표시뿐만 아니라 묵시적인 의사표시로도 가능하며 청탁의 대상인 직무행위의 내용도 구체적일 필요가 없다. 이러한 점에 비추어 살펴보면, 제3자뇌물수수죄의 공소사실은 범죄의 일시, 장소를 비롯하여 구성요건사실이 다른 사실과 구별되어 공소사실의 동일성의 범위를 구분할 수 있고, 피고인의 방어권 행사에 지장이 없는 정도로 기재되면 특정이 되었다고 보아야 하고, 그 중 부정한 청탁의 내용은 구체적으로 기재되어 있지 않더라도 공무원 또는 중재인의 직무와 제3자에게 제공되는 이익 사이의 대가관계를 인정할 수 있을 정도로 특정되면 충분하다. 제3자뇌물수수죄에서 제3자란 행위자와 공동정범 이외의 사람을 말하고, 교사자나 방조자도 포함될 수 있다. 그러므로 공무원 또는 중재인이 부정한 청탁을 받고 제3자에게 뇌물을 제공하게 하고 제3자가 그러한 공무원 또는 중재인의 범죄행위를 알면서 방조한 경우에는 그에 대한 별도의 처벌규정이 없더라도 방조범에 관한 형법총칙의 규정이 적용되어 제3자뇌물수수방조죄가 인정될 수 있다(대판 2017.3.15. 2016도19659).

③ (○) 피교사자가 범죄의 실행에 착수한 경우 그 범행결의가 교사자의 교사행위에 의하여 생긴 것인지는 교사자와 피교사자의 관계, 교사행위의 내용 및 정도, 피교사자가 범행에 이르게 된 과정, 교사자의 교사행위가 없더라도 피교사자가 범행을 저지를 다른 원인의 존부 등 제반 사정을 종합적으로 고려하여

사건의 전체적 경과를 객관적으로 판단하는 방법에 의하여야 하고, 이러한 판단 방법에 의할 때 피교사자가 교사자의 교사행위 당시에는 일응 범행을 승낙하지 아니한 것으로 보여진다 하더라도 이후 그 교사행위에 의하여 범행을 결의한 것으로 인정되는 이상 교사범의 성립에는 영향이 없다(대판 2013.9.12. 2012도2744).

④ (×) 형법 제156조의 무고죄는 국가의 형사사법권 또는 징계권의 적정한 행사를 주된 보호법익으로 하는 죄이나, 스스로 본인을 무고하는 자기무고는 무고죄의 구성요건에 해당하지 아니하여 무고죄를 구성하지 않는다. 그러나 피무고자의 교사·방조 하에 제3자가 피무고자에 대한 허위의 사실을 신고한 경우에는 제3자의 행위는 무고죄의 구성요건에 해당하여 무고죄를 구성하므로, 제3자를 교사·방조한 피무고자도 교사·방조범으로서의 죄책을 부담한다(대판 2008.10.23. 2008도4852).

121 공범에 관한 다음 설명 중 틀린 것은 모두 몇 개인가? 〈경찰1차 2016〉

㉠ 우연히 만난 자리에서 서로 협력하여 공동의 범의를 실현하려는 의사가 암묵적으로 상통하여 범행에 공동가공하더라도 공동정범은 성립된다.
㉡ 결과적 가중범인 상해치사죄의 공동정범은 폭행 기타의 신체침해행위를 공동으로 할 의사가 있으면 성립되고 결과를 공동으로 할 의사는 필요 없다.
㉢ 타인을 교사하여 죄를 범하게 한 자는 죄를 실행한 자와 동일한 형으로 처벌한다.
㉣ 교사를 받은 자가 범죄의 실행을 승낙하고 실행의 착수에 이르지 아니한 때에는 교사자와 피교사자를 음모 또는 예비에 준하여 처벌한다.

① 0개 ② 1개 ③ 2개 ④ 3개

해설/정답 ①

㉠ (○) 공동정범이 성립하기 위하여는 반드시 공범자 간에 사전에 모의가 있어야 하는 것은 아니며, 우연히 만난 자리에서 서로 협력하여 공동의 범의를 실현하려는 의사가 암묵적으로 상통하여 범행에 공동가공하더라도 공동정범은 성립된다(대판 1984.12.26. 82도1373).

㉡ (○) 결과적 가중범인 상해치사죄의 공동정범은 폭행 기타의 신체침해행위를 공동으로 할 의사가 있으면 성립되고 결과를 공동으로 할 의사는 필요 없다 할 것이므로 패싸움 중 한사람이 칼로 찔러 상대방을 죽게 한 경우에 다른 공범자가 그 결과 인식이 없다 하여 상해치사죄의 책임이 없다고 할 수 없다(대판 1978.1.17. 77도2193).

㉢ (○) 형법 제31조 제1항

> **제31조(교사범)**
> ① 타인을 교사하여 죄를 범하게 한 자는 죄를 실행한 자와 동일한 형으로 처벌한다.

㉣ (○) 형법 제31조 제2항

> **제31조(교사범)**
> ② 교사를 받은 자가 범죄의 실행을 승낙하고 실행의 착수에 이르지 아니한 때에는 교사자와 피교사자를 음모 또는 예비에 준하여 처벌한다.

122 **다음 사례에서 甲의 죄책에 관한 설명으로 가장 적절하지 않은 것은?** 〈경찰2차 2023〉

> 甲은 2022. 12. 21. 경부터 보이스피싱 사기범행에 사용된다는 사정을 알면서도 유령법인 설립, 그 법인 명의 계좌 개설 후 그 접근매체를 채팅 애플리케이션을 통해 대화명 A에게 전달유통하는 행위를 계속하였다. 그 후 2023. 1. 15. 경 보이스피싱 조직원의 제안에 따라 이른바 '전달책' 역할을 승낙하고, 2023. 1. 28.부터 '전달책'에 해당하는 실행행위를 하였다.

① 형법상 방조행위는 정범이 범행을 한다는 정을 알면서 그 실행행위를 용이하게 하는 직· 간접의 모든 행위를 가리킨다.

② 甲의 이러한 접근매체 전달·유통행위는 보이스피싱 사기 범행에 사용된다는 정을 알면서도 정범이 실행에 착수하기 이전부터 장래의 실행행위를 예상하고서 이를 용이하게 하는 유형적·물질적 방조행위이다.

③ 甲이 '전달책' 역할까지 승낙한 행위 역시 정범의 범행 결의를 강화시키는 무형적·정신적 방조행위이다.

④ 甲이 '전달책'으로서의 행위를 한 때부터 비로소 피해자들에 대한 사기죄의 종범에 해당한다.

해설/정답 ④

① (○), ② (○), ③ (○), ④ (×) [1] 가. 정범의 범죄종료 후의 이른바 사후방조를 종범으로 볼 수는 없지만, 형법상 방조행위는 정범이 범행을 한다는 정을 알면서 그 실행행위를 용이하게 하는 직간접의 모든 행위를 가리키는 것으로서 유형적·물질적인 방조뿐만 아니라 정범에게 범행의 결의를 강화하도록 하는 것과 같은 무형적·정신적 방조행위도 포함되고, 정범의 실행행위 중은 물론 실행 착수 전에 장래의 실행행위를 예상하고 이를 용이하게 하는 행위도 이에 해당한다. 나. 방조범은 정범의 실행을 방조한다는 이른바 방조의 고의와 정범의 행위가 구성요건에 해당하는 행위인 점에 대한 정범의 고의가 있어야 하나, 이러한 고의는 내심적 사실이므로 피고인이 이를 부정하는 경우에는 사물의 성질상 고의와 상당한 관련성이 있는 간접사실을 증명하는 방법에 의하여 입증할 수밖에 없고, 이때 무엇이 상당한 관련성이 있는 간접사실에 해당할 것인가는 정상적인 경험칙에 바탕을 두고 치밀한 관찰력이나 분석력에 의하여 사실의 연결 상태를 합리적으로 판단하는 외에 다른 방법이 없다고 할 것이며, 또한 방조범에 있어서 정범의 고의는 정범에 의하여 실현되는 범죄의 구체적 내용을 인식할 것까지 요하는 것은 아니어서 미필적 인식 또는 예견으로 족하다. [2] 피고인의 이러한 접근매체 전달·유통행위는 보이스피싱 사기 범행에 사용된다는 정을 알면서도 정범이 실행에 착수하기 이전부터 장래의 실행행위를 예상하고서 이를 용이하게 하는 유형적·물질적 방조행위이고, 이러한 상태에서 '전달책' 역할까지 승낙한 행위 역시 정범의 범행 결의를 강화시키는 무형적·정신적 방조행위이므로, 피고인은 '전달책'으로서 실행행위를 한 시기에 관계없이 피해자들에 대한 사기죄의 종범에 해당한다(대판 2022.4.14. 2022도649).

123 **교사범과 방조범에 관한 설명 중 가장 적절하지 않은 것은?** 〈경찰1차 2023〉

① 교사범이란 타인으로 하여금 범죄실행의 결의를 일으키게 하고, 이 결의에 의하여 범죄를 실행하게 함으로써 성립하는 범죄로서 「형법」 제31조 제1항에 따라 정범과 동일한 형으로 처벌한다.

② 방조범은 정범의 실행행위를 방조한다는 '방조의 고의'와 정범의 행위가 구성요건에 해당하는 행위인 점에 대한 '정범의 고의'를 갖추어야 하며, 목적범의 경우 정범의 목적에 대한 구체적 내용까지 인식할 것을 요한다.

③ 교사자의 교사행위에도 불구하고 피교사자가 범행을 승낙하지 아니하거나 피교사자의 범행 결의가 교사자의 교사행위에 의하여 생긴 것으로 보기 어려운 경우에는 실패한 교사로서 「형법」 제31조 제3항에 따라 교사자를 예비·음모에 준하여 처벌할 수 있다.

④ 방조범이란 타인의 범죄실행을 방조함으로써 성립하는 범죄이며, 「형법」 제32조 제2항에 따라 방조범의 형은 정범의 형보다 감경한다.

해설/정답 ④

① (○) 형법 제31조 제1항

> **제31조(교사범)**
> ① 타인을 교사하여 죄를 범하게 한 자는 죄를 실행한 자와 동일한 형으로 처벌한다.

② (×) 구 금융실명거래 및 비밀보장에 관한 법률(2020. 3. 24. 법률 제17113호로 개정되기 전의 것) 제6조 제1항 위반죄는 이른바 초과주관적 위법요소로서 '탈법행위의 목적'을 범죄성립요건으로 하는 목적범이므로, 방조범에게도 정범이 위와 같은 탈법행위를 목적으로 타인 실명 금융거래를 한다는 점에 관한 고의가 있어야 하나, 그 목적의 구체적인 내용까지 인식할 것을 요하는 것은 아니다(대판 2022.10.27. 2020도12563).

③ (○) 교사범이란 정범인 피교사자로 하여금 범죄를 결의하게 하여 그 죄를 범하게 한 때에 성립하므로, 교사자의 교사행위에도 불구하고 피교사자가 범행을 승낙하지 아니하거나 피교사자의 범행결의가 교사자의 교사행위에 의하여 생긴 것으로 보기 어려운 경우에는 이른바 실패한 교사로서 형법 제31조 제3항에 의하여 교사자를 음모 또는 예비에 준하여 처벌할 수 있을 뿐이다(대판 2013.9.12. 2012도2744).

④ (○) 형법 제32조 제1항 및 제2항

> **제32조(종범)**
> ① 타인의 범죄를 방조한 자는 종범으로 처벌한다.
> ② 종범의 형은 정범의 형보다 감경한다.

124 공범에 관한 설명으로 가장 적절하지 않은 것은? 〈경찰 1차 2022〉

① 신분관계로 인하여 형의 경중이 있는 경우에 신분이 있는 자가 신분이 없는 자를 교사하여 죄를 범하게 한 때에는 「형법」 제33조(공범과 신분) 단서가 「형법」 제31조(교사범) 제1항에 우선하여 적용된다.

② 교사범이 성립하기 위해 교사범의 교사가 정범의 범행에 대한 유일한 조건일 필요는 없다.

③ 종범은 정범의 실행행위 중에 이를 방조하는 경우는 물론이고 실행의 착수 전에 장래의 실행행위를 예상하고 이를 용이하게 하는 행위를 하여 방조한 경우에도 성립할 수 있고, 이 경우 정범이 실행에 착수하지 않았다 하더라도 종범 성립에는 영향이 없다.

④ 형법상 방조행위는 정범의 실행행위를 용이하게 하는 직접, 간접의 모든 행위를 가리키는 것으로서 작위에 의한 경우뿐만 아니라 부작위에 의하여도 성립된다.

해설/정답 ③

① (○) 형법 제31조 제1항은 협의의 공범의 일종인 교사범이 그 성립과 처벌에 있어서 정범에 종속한다는 일반적인 원칙을 선언한 것에 불과하고, 신분관계로 인하여 형의 경중이 있는 경우에 신분이 있는 자가 신분이 없는 자를 교사하여 죄를 범하게 한 때에는 형법 제33조 단서가 형법 제31조 제1항에 우선하여 적용됨으로써 신분이 있는 교사범이 신분이 없는 정범보다 중하게 처벌된다(대판 1994.12.23. 93도1002).

② (○) 교사범이 성립하기 위해 교사범의 교사가 정범의 범행에 대한 유일한 조건일 필요는 없으므로, 교사행위에 의하여 피교사자가 범죄 실행을 결의하게 된 이상 피교사자에게 다른 원인이 있어 범죄를 실행한 경우에도 교사범의 성립에는 영향이 없다(대판 2012.11.15. 2012도7407, 대판 1991.5.14. 91도542).

③ (×) [1] 종범은 정범의 실행행위 중에 이를 방조하는 경우는 물론이고 실행의 착수 전에 장래의 실행행위를 예상하고 이를 용이하게 하는 행위를 하여 방조한 경우에도 정범이 그 실행행위에 나아갔다면 성립한다. [2] 피고인이 위 I, H가 기업인들로부터 뇌물을 수수하기 전에 그 면담을 주선한 것으로서, 정범이 실행행위에 나아가기 전에 방조하였을 뿐이므로 피고인을 수뢰죄의 종범으로 처벌할 수 없다는 것이나, 종범은 정범의 실행행위 중에 이를 방조하는 경우는 물론이고 실행의 착수 전에 장래의 실행행위를 예상하고 이를 용이하게 하는 행위를 하여 방조한 경우에도 정범이 그 실행행위에 나아갔다면 성립하는 것이므로, 원심판결에 상고이유로 주장하는 바와 같은 종범에 관한 법리를 오해한 위법이 있다고 할 수 없다(대판 1997.4.17. 96도3377 전원합의체).

④ (○) [1] 형법상 방조행위는 정범의 실행을 용이하게 하는 직접, 간접의 모든 행위를 가리키는 것으로서 작위에 의한 경우뿐만 아니라 부작위에 의하여도 성립되는 것이다. [2] 인터넷 포털 사이트 내 오락채널 총괄팀장과 위 오락채널 내 만화사업의 운영 직원인 피고인들에게, 콘텐츠제공업체들이 게재하는 음란만화의 삭제를 요구할 조리상의 의무가 있다고 하여, 구 전기통신기본법(2001. 1. 16. 법률 제6360호로 개정되기 전의 것) 제48조의2 위반 방조죄의 성립을 긍정한 사례(대판 2006.4.28. 2003도4128).

125 공범과 신분에 대한 설명으로 가장 적절하지 않은 것은? 〈경찰3차 2018〉

① 「형법」 제33조의 신분관계라 함은 남녀의 성별, 내 외국인의 구별, 친족관계, 공무원인 자격과 같은 관계뿐만 아니라 널리 일정한 범죄행위에 관련된 범인의 인적관계인 특수한 지위 또는 상태를 말한다.

② 비신분자가 신분자와 공모하여 업무상 횡령죄를 범한 경우 비신분자에게 업무상 횡령죄가 성립하고 처벌에 있어서도 업무상횡령죄에 정한 형으로 처벌해야 한다.

③ 의료인일지라도 의료인 아닌 자의 의료행위에 공모하여 가공하면 의료법위반(무면허의료)죄의 공동정범으로서의 책임을 진다.

④ 공무원이 아닌 자는 공정증서원본등불실기재의 경우를 제외하고는 허위공문서작성죄의 간접정범으로 처벌할 수 없으나, 공무원이 아닌 자가 공무원과 공동하여 허위공문서작성죄를 범한 때에는 공무원이 아닌 자도 허위공문서작성죄의 공동정범이 된다.

해설/정답 ②

① (○) 피고인이 甲을 모해할 목적으로 乙에게 위증을 교사한 이상, 가사 정범인 乙에게 모해의 목적이 없었다고 하더라도, 형법 제33조 단서의 규정에 의하여 피고인을 모해위증교사죄로 처단할 수 있다(대판 1994.12.23. 93도1002).

② (×) 형법 제33조

> **제33조 (공범과 신분)**
> 신분이 있어야 성립되는 범죄에 신분 없는 사람이 가담한 경우에는 그 신분 없는 사람에게도 제30조부터 제32조까지의 규정을 적용한다. 다만, 신분 때문에 형의 경중이 달라지는 경우에 신분이 없는 사람은 무거운 형으로 벌하지 아니한다.

판례는 형법 제33조의 해석에 있어서 본문 성립·단서 과형설을 취하고 있다. 따라서, 형법 제33조 본문에 의해 업무상 횡령죄의 교사범이 성립하고 단서에 의해 甲은 (단순)횡령죄의 교사범으로 처벌된다. 업무상횡령죄는 타인의 재물을 업무상 보관하는 자를 주체로 하는 신분범이므로, 그와 같은 신분관계가 없는 자가 신분관계가 있는 자와 공모하여 업무상횡령죄를 저질렀다면 신분관계가 없는 자에 대하여는 형법 제33조 단서에 의하여 단순횡령죄에 정한 형으로 처단하여야 할 것이다(대판 2015.2.26. 2014도15182).

③ (○) 의료인일지라도 의료인 아닌 자의 의료행위에 공모하여 가공하면 의료법 제25조 제1항이 규정하는 무면허의료행위의 공동정범으로서의 책임을 진다(대판 1986.2.11. 85도448).

④ (○) 공무원이 아닌 자는 형법 제228조의 경우를 제외하고는 허위공문서작성죄의 간접정범으로 처벌할 수 없으나, 공무원이 아닌 자가 공무원과 공동하여 허위공문서작성죄를 범한 때에는 공무원이 아닌 자도 형법 제33조, 제30조에 의하여 허위공문서작성죄의 공동정범이 된다(대판 2006.5.11. 2006도1663).

126 공범과 신분에 대한 설명으로 가장 적절하지 않은 것은? 〈경찰1차 2021〉

① 비공무원이 공무원과 공동가공의 의사와 이를 기초로 한 기능적 행위지배를 통하여 공무원의 직무에 관하여 뇌물을 수수한 경우, 공무원과 비공무원에게 뇌물수수죄의 공동정범이 성립한다.

② 업무상배임죄에서의 업무상의 임무라는 신분관계가 없는 자가 신분관계 있는 자와 공모한 경우, 신분관계가 없는 공범에 대하여는 「형법」 제33조 단서에 따라 단순배임죄에서 정한 형으로 처단하여야 한다.

③ 의사가 의사 면허 없는 일반인의 무면허의료행위에 공모하여 가공하는 등 기능적 행위지배가 인정된다면, 의사도 「의료법」상 무면허의료행위의 공동정범으로서의 죄책을 진다.

④ 도박의 습벽이 있는 자가 타인의 도박을 방조하면 상습도박방조의 죄에 해당하는 것이며, 도박의 습벽이 있는 자가 도박을 하고 또 도박방조를 하였을 경우, 상습도박죄와는 별도로 상습도박방조의 죄가 성립하고 양자는 실체적 경합관계에 있다.

해설/정답 ④

① (○) [다수의견] 신분관계가 없는 사람이 신분관계로 인하여 성립될 범죄에 가공한 경우에는 신분관계가 있는 사람과 공범이 성립한다(형법 제33조 본문 참조). 이 경우 신분관계가 없는 사람에게 공동가공의 의사와 이에 기초한 기능적 행위지배를 통한 범죄의 실행이라는 주관적·객관적 요건이 충족되면 공동정범으로 처벌한다. 공동가공의 의사는 공동의 의사로 특정한 범죄행위를 하기 위하여 일체가 되어 서로 다른 사람의 행위를 이용하여 자기의 의사를 실행에 옮기는 것을 내용으로 한다. 따라서 공무원이 아닌 사람(이하 '비공무원'이라 한다)이 공무원과 공동가공의 의사와 이를 기초로 한 기능적 행위지배를 통하여 공무원의 직무에 관하여 뇌물을 수수하는 범죄를 실행하였다면 공무원이 직접 뇌물을 받은 것과 동일하게 평가할 수 있으므로 공무원과 비공무원에게 형법 제129조 제1항에서 정한 뇌물수수죄의 공동정범이 성립한다(대판 2019.8.29. 2018도13792 전원합의체, 대판 2019.8.29. 2018도2738 전원합의체).

② (○) 업무상배임죄는 업무상 타인의 사무를 처리하는 지위에 있는 사람이 그 임무에 위배하는 행위로써 재산상의 이익을 취득하거나 제3자로 하여금 이를 취득하게 하여 본인에게 손해를 가한 때에 성립하는 것으로서, 이는 타인의 사무를 처리하는 지위라는 점에서 보면 신분관계로 인하여 성립될 범죄이고, 업무상 타인의 사무를 처리하는 지위라는 점에서 보면 단순배임죄에 대한 가중규정으로서 신분관계로 인하여 형의 경중이 있는 경우라고 할 것이므로, 그와 같은 신분관계가 없는 자가 그러한 신분관계가 있는 자와 공모하여 업무상배임죄를 저질렀다면 그러한 신분관계가 없는 자에 대하여는 형법 제33조 단서에 의하여 단순배임죄에 정한 형으로 처단하여야 할 것이다(대판 1999.4.27. 99도883, 가중적 신분범에서 비신분자가 신분자와 공모한 경우).

③ (○) 의사가 간호사에게 의료행위의 실시를 개별적으로 지시하거나 위임한 적이 없음에도 간호사가 그의 주도 아래 전반적인 의료행위의 실시 여부를 결정하고 간호사에 의한 의료행위의 실시과정에도 의사가 지시·관여하지 아니한 경우라면, 이는 구 의료법(2009. 1. 30. 법률 제9386호 개정되기 전의 것) 제27조 제1항이 금지하는 무면허의료행위에 해당한다고 볼 것이다. 그리고 의사가 이러한 방식으로 의료행위가 실시되는데 간호사와 함께 공모하여 그 공동의사에 의한 기능적 행위지배가 있었다면, 의사도 무면허의료행위의 공동정범으로서의 죄책을 진다(대판 2012.5.10. 2010도5964).

④ (×) 상습도박의 죄나 상습도박방조의 죄에 있어서의 상습성은 행위의 속성이 아니라 행위자의 속성으로서 도박을 반복해서 거듭하는 습벽을 말하는 것인 바, 도박의 습벽이 있는 자가 타인의 도박을 방조하면 상습도박방조의 죄에 해당하는 것이며, 도박의 습벽이 있는 자가 도박을 하고 또 도박방조를 하였을 경우 상습도박방조의 죄는 무거운 상습도박의 죄에 포괄시켜 1죄로서 처단하여야 한다(대판 1984.4.24. 84도195, 가중적 신분범에서 신분자가 비신분자에게 가공한 경우).

127 공범과 신분에 관한 설명으로 가장 적절하지 않은 것은? 〈경찰1차 2020〉

① 甲이 증인 乙을 사주하여 법정에서 위증하게 한 경우 甲은 위증죄의 교사범이 성립한다.

② 공무원 甲이 뇌물공여자로 하여금 뇌물수수죄의 공동정범 관계에 있는 생계를 같이 하는 아내 乙에게 뇌물을 공여하게 한 경우 甲은 뇌물수수죄의 공동정범이 성립한다.

③ 비신분자인 아내 甲과 신분자인 아들 乙이 공동하여 남편을 살해한 경우 아내 甲과 아들 乙에게는 존속살해죄의 공동정범이 성립하고, 아내 甲은 보통살인죄의 형으로 처벌된다.

④ 도박의 습벽이 있는 甲이 도박을 하고 또 상습성 없는 乙의 도박을 방조한 경우 甲은 도박죄로 처벌된다.

해설/정답 ④

① (○) 피고인이 자기의 형사사건에 관하여 허위의 진술을 하는 행위는 피고인의 형사소송에 있어서의 방어권을 인정하는 취지에서 처벌의 대상이 되지 않으나, 법률에 의하여 선서한 증인이 타인의 형사사건에 관하여 위증을 하면 형법 제152조 제1항의 위증죄가 성립되므로 자기의 형사사건에 관하여 타인을 교사하여 위증죄를 범하게 하는 것은 이러한 방어권을 남용하는 것이라고 할 것이어서 교사범의 죄책을 부담케 함이 상당하다(대판 2004.1.27. 2003도5114).

② (○) [다수의견] 신분관계가 없는 사람이 신분관계로 인하여 성립될 범죄에 가공한 경우에는 신분관계가 있는 사람과 공범이 성립한다(형법 제33조 본문 참조). 이 경우 신분관계가 없는 사람에게 공동가공의 의사와 이에 기초한 기능적 행위지배를 통한 범죄의 실행이라는 주관적·객관적 요건이 충족되면 공동정범으로 처벌한다. 공동가공의 의사는 공동의 의사로 특정한 범죄행위를 하기 위하여 일체가 되어 서로 다른 사람의 행위를 이용하여 자기의 의사를 실행에 옮기는 것을 내용으로 한다. 따라서 공무원이 아닌 사람(이하 '비공무원'이라 한다)이 공무원과 공동가공의 의사와 이를 기초로 한 기능적 행위지배를 통하여 공무원의 직무에 관하여 뇌물을 수수하는 범죄를 실행하였다면 공무원이 직접 뇌물을 받은 것과 동일하게 평가할 수 있으므로 공무원과 비공무원에게 형법 제129조 제1항에서 정한 뇌물수수죄의 공동정범이 성립한다. 형법은 제130조에서 제129조 제1항 뇌물수수죄와는 별도로 공무원이 그 직무에 관하여 뇌물공여자로 하여금 제3자에게 뇌물을 공여하게 한 경우에는 부정한 청탁을 받고 그와 같은 행위를 한 때에 뇌물수수죄와 법정형이 동일한 제3자뇌물수수죄로 처벌하고 있다. 제3자뇌물수수죄에서 뇌물을 받는 제3자가 뇌물임을 인식할 것을 요건으로 하지 않는다. 그러나 공무원이 뇌물공여자로 하여금 공무원과 뇌물수수죄의 공동정범 관계에 있는 비공무원에게 뇌물을 공여하게 한 경우에는 공동정범의 성질상 공무원 자신에게 뇌물을 공여하게 한 것으로 볼 수 있다. 공무원과 공동정범 관계에 있는 비공무원은 제3자뇌물수수죄에서 말하는 제3자가 될 수 없고, 공무원과 공동정범 관계에 있는 비공무원이 뇌물을 받은 경우에는 공무원과 함께 뇌물수수죄의 공동정범이 성립하고 제3자뇌물수수죄는 성립하지 않는다. 뇌물수수죄의 공범들 사이에 직무와 관련하여 금품이나 이익을 수수하기로 하는 명시적 또는 암묵적 공모관계가 성립하고 공모 내용에 따라 공범 중 1인이 금품이나 이익을 주고받았다면, 특별한 사정이 없는 한 이를 주고받은 때 그 금품이나 이익 전부에 관하여 뇌물수수죄의 공동정범이 성립하고, 금품이나 이익의 규모나 정도 등에 대하여 사전에 서로 의사의 연락이 있거나 금품 등의 구체적 금액을 공범이 알아야 공동정범이 성립하는 것은 아니다. 금품이나 이익 전부에 관하여 뇌물수수죄의 공동정범이 성립한 이후에 뇌물이 실제로 공동정범인 공무원 또는 비공무원 중 누구에게 귀속되었는지는 이미 성립한 뇌물수수죄에 영향을 미치지 않는다. 공무원과 비공무원이 사전에 뇌물을 비공무원에게 귀속시키기로 모의하였거나 뇌물의 성질상 비공무원이 사용하거나 소비할 것이라고 하더라도 이러한 사정은 뇌물수수죄의 공동정범이 성립한 이후 뇌물의 처리에 관한 것에 불과하므로 뇌물수수죄가 성립하는 데 영향이 없다(대판 2019.8.29. 2018도13792 전원합의체, 대판 2019.8.29. 2018도2738 전원합의체).

③ (○) 처가 실자(實子)와 더불어 그 남편을 살해할 것을 공모하고 자(子)로 하여금 남편을 자빠뜨리고 머리

를 강압하게 한 후 질식사에 이르게 한 경우에 그 처와 실자를 존속살해 범행의 공동정범으로 인정한 것은 적법하다(대판 1961.8.2. 4294형상284, 가중적 신분범에서 비신분자가 신분자와 공모한 경우).

④ (×) 상습도박의 죄나 상습도박방조의 죄에 있어서의 상습성은 행위의 속성이 아니라 행위자의 속성으로서 도박을 반복해서 거듭하는 습벽을 말하는 것인 바, 도박의 습벽이 있는 자가 타인의 도박을 방조하면 상습도박방조의 죄에 해당하는 것이며, 도박의 습벽이 있는 자가 도박을 하고 또 도박방조를 하였을 경우 상습도박방조의 죄는 무거운 상습도박의 죄에 포괄시켜 1죄로서 처단하여야 한다(대판 1984.4.24. 84도195, 가중적 신분범에서 신분자가 비신분자에게 가공한 경우).

128 공범과 신분에 대한 설명으로 가장 적절하지 않은 것은? 〈경찰1차 2018〉

① 업무상 타인의 사무를 처리하는 자가 그러한 신분관계가 없는 자와 공모하여 업무상 배임죄를 저질렀다면 그러한 신분관계가 없는 자에 대하여는 「형법」 제33조 단서에 의하여 단순배임죄가 성립한다.

② 「공직선거법」에서 규정하는 각 기부행위 제한 위반죄의 주체 및 각 기부행위의 주체로 인정되지 아니하는 자가 주체자 등과 공모하여 기부행위를 한 경우, 주체자에 해당하는 법조 위반죄의 공동정범으로 처벌할 수 없다.

③ 의료인일지라도 의료인 아닌 자의 의료행위에 공모하여 가공하면 「의료법」상 무면허의료행위의 공동정범으로서의 책임을 진다.

④ 도박의 습벽이 있는 자가 도박의 습벽이 없는 타인의 도박을 방조하면 상습도박방조의 죄가 성립한다.

해설/정답 ①

① (×) 업무상 타인의 사무를 처리하는 지위라는 점에서 보면 단순배임죄에 대한 가중규정으로서 신분관계로 인하여 형의 경중이 있는 경우라고 할 것이므로, 그와 같은 신분관계가 없는 자가 그러한 신분관계가 있는 자와 공모하여 업무상 배임죄를 저질렀다면 그러한 신분관계가 없는 자에 대하여는 형법 제33조 단서에 의하여 단순배임죄에 정한 형으로 처단하여야 할 것이다(대판 1999.4.27. 99도883). 성립은 업무상배임죄이나 과형은 단순배임죄가 된다(부진정신분범에 있어서도 비신분자는 본문에 의하여 부진정신분범의 공범이 되고, 그 과형만 단서에 의하여 결정되어야 한다).

② (○) 공직선거법 제257조 제1항 제1호에서 규정하는 각 기부행위제한 위반의 죄는 공직선거법 제113조(후보자 등의 기부행위 제한), 제114조(정당 및 후보자의 가족 등의 기부행위 제한), 제115조(제3자의 기부행위 제한)에 각기 한정적으로 열거되어 규정하고 있는 신분관계가 있어야만 성립하는 범죄이고, 죄형법정주의의 원칙상 유추해석은 할 수 없으므로, 위 각 해당 신분관계가 없는 자의 기부행위는 위 각 해당 법조항 위반의 범죄로는 되지 않는다. 또한, 각 법조항을 구분하여 기부행위의 주체 및 그 주체에 따라 기부행위제한의 요건을 각기 달리 규정한 취지는 각 기부행위의 주체자에 대하여 그 신분에 따라 각 해당 법조로 처벌하려는 것이므로, 각 기부행위의 주체로 인정되지 아니하는 자가 기부행위의 주체자 등과 공모하여 기부행위를 하였다 하더라도 그 신분에 따라 각 해당 법조로 처벌하여야지 기부행위 주체자에 해당하는 법조 위반의 공동정범으로 처벌할 수는 없다(대판 2008.3.13. 2007도9507).

③ (○) 의료인이 의료인이나 의료법인 아닌 자의 의료기관 개설행위에 공모하여 가공하면 의료법 제66조 제3호, 제30조 제2항 위반죄의 공동정범에 해당된다(대판 2001.11.30. 2001도2015).

④ (○) 상습도박의 죄나 상습도박방조의 죄에 있어서의 상습성은 행위의 속성이 아니라 행위자의 속성으

로서 도박을 반복해서 거듭하는 습벽을 말하는 것인 바, 도박의 습벽이 있는 자가 타인의 도박을 방조하면 상습도박방조의 죄에 해당하는 것이며, 도박의 습벽이 있는 자가 도박을 하고 또 도박방조를 하였을 경우 상습도박방조의 죄는 무거운 상습도박의 죄에 포괄시켜 1죄로서 처단하여야 한다(대판 1984.4.24. 84도195).

129 공범과 신분에 관한 다음 설명 중 옳지 않은 것은 모두 몇 개인가? 〈경찰2차 2014〉

㉠ 판례는「형법」제33조의 해석과 관련하여 본문은 진정신분범과 부진정신분범에 대한 공범성립의 문제를, 단서는 부진정신분범에 한하여 과형의 문제를 각각 규정한 것으로 이해한다.

㉡ 치과의사가 환자의 대량유치를 위해 치과기공사들로 하여금 내원환자들에게 진료행위를 하도록 지시하여 동인들이 각 단독으로 진료행위를 하였다면 무면허 의료행위의 교사범에 해당한다.

㉢ 의료인일지라도 의료인 아닌 자의 의료행위에 공모하여 가공하면 의료법 상의 무면허의료행위의 공동정범에 해당된다.

㉣「공직선거법」제257조 제1항 제1호에서 규정하는 각 기부행위제한 위반의 죄와 관련하여, 각 기부행위의 주체로 인정되지 아니하는 자가 기부행위의 주체자 등과 공모하여 기부행위를 한 경우, 기부행위 주체자에 해당하는 법조 위반의 공동정범으로 처벌할 수 있다.

① 없음 ② 1개 ③ 2개 ④ 3개

해설/정답 ②

㉠ (○) 비점유자가 업무상 점유자와 공모하여 횡령한 경우에 비점유자도 형법 제33조 본문에 의하여 공범관계가 성립되며 다만 그 처단에 있어서는 동조 단서의 적용을 받는다(대판 1965.8.24. 65도493). 따라서 판례는 형법 제33조의 해석과 관련하여 본문은 진정신분범과 부진정신분범에 대한 공범성립의 문제를, 단서는 부진정신분범에 한하여 과형의 문제를 각각 규정한 것으로 이해한다.

㉡ (○) 치과의사가 환자의 대량유치를 위해 치과기공사들에게 내원환자들에게 진료행위를 하도록 지시하여 동인들이 각 단독으로 전항과 같은 진료행위를 하였다면 무면허의료행위의 교사범에 해당한다(대판 1986.7.8. 86도749).

㉢ (○) 의료인일지라도 의료인 아닌 자의 의료행위에 공모하여 가공하면 의료법 제25조 제1항이 규정하는 무면허의료 행위의 공동정범으로서의 책임을 진다(대판 1986.2.11. 85도448).

㉣ (×) 공직선거법 제257조 제1항 제1호에서 규정하는 각 기부행위제한 위반의 죄는 공직선거법 제113조(후보자 등의 기부행위 제한), 제114조(정당 및 후보자의 가족 등의 기부행위 제한), 제115조(제3자의 기부행위 제한)에 각기 한정적으로 열거되어 규정하고 있는 신분관계가 있어야만 성립하는 범죄이고, 죄형법정주의의 원칙상 유추해석은 할 수 없으므로, 위 각 해당 신분관계가 없는 자의 기부행위는 위 각 해당 법조항 위반의 범죄로는 되지 않는다. 또한, 각 법조항을 구분하여 기부행위의 주체 및 그 주체에 따라 기부행위제한의 요건을 각기 달리 규정한 취지는 각 기부행위의 주체자에 대하여 그 신분에 따라 각 해당 법조로 처벌하려는 것이므로, 각 기부행위의 주체로 인정되지 아니하는 자가 기부행위의 주체자 등과 공모하여 기부행위를 하였다 하더라도 그 신분에 따라 각 해당 법조로 처벌하여야지 기부행위 주체자에 해당하는 법조 위반의 공동정범으로 처벌할 수는 없다(대판 2008.3.13. 2007도9507).

CHAPTER 07 | 죄수론

제1절 | 죄수이론

130 (가)와 (나) 사례에 관한 죄수의 기초이론에 따른 설명 중 가장 적절하지 않은 것은? 〈경찰2차 2022〉

> (가) 공무원 甲은 직무와 관련하여 乙로부터 매월 1일 100만 원씩 10회에 걸쳐 뇌물을 수수하였다.
>
> (나) 甲이 A를 살해하기 위하여 A의 음료수에 치사량의 독약을 한 번 넣고 가버린 후 그 음료수를 나누어 마신 A와 그의 비서가 사망하였다.

① 자연적 행위표준설에 따르면 (가)는 수죄, (나)는 일죄가 된다.

② 법익표준설에 따르면 (나)는 전속적 법익인 생명을 침해한 것으로 법익주체마다 1개의 죄가 성립한다.

③ (가)에서 구성요건표준설로는 甲의 10회에 걸친 뇌물수수 행위가 일죄인지, 수죄인지 명확하게 결정할 수 없다는 비판이 있다.

④ 의사표준설에 따르면 (가)의 경우 甲이 10회의 뇌물수수 과정에서 단일한 범의를 가졌는지를 불문하고 일죄가 된다.

해설/정답 ④

① (○) 행위를 표준으로 하여 행위가 하나면 범죄도 하나고 행위가 수개면 범죄도 수개라고 하는 견해가 행위표준설이다. 행위표준설에 따르면 (가)는 10개의 행위이므로 수죄가 되고, (나)는 1개의 행위이므로 일죄가 된다.

② (○) 범죄의 수를 범죄행위로 인하여 침해되는 보호법익의 수 또는 결과의 수를 기준으로 하여 결정하려는 견해가 법익표준설이다. 이 견해는 보호법익을 전속적 법익과 비전속적 법익으로 구별하고 전자의 경우에는 법익마다 한 개의 범죄가 성립하고 후자의 경우는 관리의 수에 상응하는 범죄가 성립한다고 한다. 법익표준설에 따르면 (나)는 전속적 법익인 생명을 침해한 것으로 법익 주체마다 1개의 죄가 성립하므로, A에 대한 살인죄와 그 비서에 대한 살인죄가 모두 성립한다.

③ (○) 죄수론을 법률적인 구성요건 충족의 문제로 해석하여 구성요건을 1회 충족하면 일죄이고 수개의 구성요건에 해당하면 수죄라고 하는 견해가 구성요건표준설이다. 구성요건표준설에 따르면 (가)는 구성요건을 일회 충족한 것인지 아니면 수회 충족한 것인지 구분하기 어렵게 된다.

④ (×) 행위자의 범죄의사를 기준으로 하여 범죄의 수를 결정하려는 견해가 의사표준설이다. 의사표준설에 따르면 (가)의 경우 甲이 단일한 범의를 가졌다면 일죄이지만, 별개의 범의를 가졌다면 수죄가 된다.

131 죄수(罪數)결정 기준에 관한 설명으로 가장 적절한 것은? 〈경찰1차 2020〉

① 행위표준설은 죄수의 판단을 위한 기본요소를 행위자의 행위에서 구하여 행위가 하나일 때 하나의 죄를, 행위가 다수일 때 수개의 죄를 인정하는 견해로 판례는 연속범의 경우 이 견해를 취하고 있다.

② 법익표준설은 한 사람의 행위자가 실현시킨 범죄실현의 과정에서 몇 개의 보호법익이 침해 또는 위태롭게 되었는가를 기준으로 죄의 개수를 인정하는 견해로 판례는 강간, 공갈죄의 경우 이 견해를 취하고 있다.

③ 의사표준설은 행위자가 실현하려는 범죄의사의 개수에 따라서 죄의 개수를 결정하려는 견해로 행위자에게 1개의 범죄의사가 있으면 1죄를, 수개의 범죄의사가 있으면 수개의 죄를 각각 인정하게 되며, 판례는 연속범의 경우를 제외하고는 원칙적으로 이 견해를 취하고 있다.

④ 구성요건표준설은 구성요건에 해당하는 회수를 기준으로 죄수를 결정하는 견해로 죄수의 결정은 법률적인 구성요건충족의 문제로 해석하여 구성요건을 1회 충족하면 일죄이고, 수개의 구성요건에 해당하면 수죄를 인정하게 되며, 판례는 조세포탈범의 죄수는 위반사실의 구성요건 충족 회수를 기준으로 1죄가 성립하는 것이 원칙이라고 하여 이 견해를 따르는 경우도 있다.

해설/정답 ④

① (×) 행위표준설 : 행위를 표준으로 하여 행위가 하나면 범죄도 하나고 행위가 수개면 범죄도 수개라고 하는 견해이다. 대법원은 정조에 관한 죄에 대하여 원칙적으로 행위표준설에 입각하고 있다. 판례가 연속범의 경우 이 견해를 취한다고는 단정하기 어렵다. **[참고 판례]** 뇌물을 여러 차례에 걸쳐 수수함으로써 그 행위가 여러 개이더라도 그것이 단일하고 계속적 범의에 의하여 이루어지고 동일법익을 침해한 때에는 포괄일죄로 처벌함이 상당하다(대판 1999.1.29. 98도3584).

② (×) 법익표준설 : 범죄의 수를 범죄행위로 인하여 침해되는 보호법익의 수 또는 결과의 수를 기준으로 하여 결정하려는 견해이다. 보호법익을 전속적 법익과 비전속적 법익으로 구별하고 전자의 경우에는 법익마다 한 개의 범죄가 성립하고 후자의 경우는 관리의 수에 상응하는 범죄가 성립한다고 한다. 대법원은 포괄일죄 특히 연속범의 경우 이외에는 원칙적으로 법익표준설을 취하고 있다고 볼 수 있다. 판례가 강간, 공갈죄의 경우 이 견해를 취한다고는 단정하기 어렵다. **[참고 판례 1]** 피해자를 1회 강간하여 상처를 입게 한 후 약 1시간 후에 장소를 옮겨 같은 피해자를 다시 1회 강간한 행위는 그 범행시간과 장소를 달리하고 있을 뿐만 아니라 각 별개의 범의에서 이루어진 행위로서 형법 제37조 전단의 실체적 경합범에 해당한다(대판 1987.5.12. 87도694, 의사표준설). **[참고 판례 2]** 미성년자 의제강간죄 또는 미성년자 의제강제추행죄는 행위시마다 1개의 범죄가 성립한다(대판 1982.12.14. 82도2442, 강간죄의 죄수, 행위표준설).

③ (×) 의사표준설 : 행위자의 범죄의사를 기준으로 하여 범죄의 수를 결정하려는 견해이다. 대법원이 연속범에 관하여 단일한 범의의 계속 하에 동종행위를 반복한 때에는 포괄일죄를 구성한다고 판시한 것은 의사표준설의 입장이다. 판례는 원칙적으로 의사표준설을 취한다고 보기 어렵고, 범죄에 따라 각기 다른 견해를 보이고 있다.

④ (○) 구성요건표준설 : 죄수론을 법률적인 구성요건 충족의 문제로 해석하여 구성요건을 1회 충족하면 일죄이고 수개의 구성요건에 해당하면 수죄라고 하는 견해이다. 조세포탈범의 경우에 구성요건표준설을 따르는 경우가 있다. **[참고 판례]** 원래 조세포탈범의 죄수는 위반사실의 구성요건 충족 횟수를 기준으로 1죄가 성립하는 것이 원칙이지만, 특정범죄가중처벌등에관한법률 제8조 제1항은 연간 포탈세액이 일정액 이상이라는 가중사유를 구성요건화하여 조세범처벌법 제9조 제1항의 행위와 합쳐서 하나의 범

죄유형으로 하고 그에 대한 법정형을 규정한 것이므로, 조세의 종류를 불문하고 1년 간 포탈한 세액을 모두 합산한 금액이 특정범죄 가중처벌 등에 관한 법률 제8조 제1항 소정의 금액 이상인 때에는 같은 항 위반의 1죄만이 성립하고, 같은 항 위반죄는 1년 단위로 하나의 죄를 구성하며 그 상호간에는 경합범 관계에 있고, 같은 항에 있어서의 '연간 포탈세액 등'은 각 세목의 과세기간과 관계없이 각 연도별(1월 1일부터 12월 31일까지)로 포탈한 세액을 합산한 금액을 의미한다(대판 2001.3.13. 2000도4880).

제2절 | 일죄

132 **불가벌적 사후행위에 해당하는 것으로 가장 적절한 것은?** 〈경찰1차 2017〉

① 흡연할 목적으로 대마를 매입한 후 흡연할 기회를 포착하기 위하여 2일 이상 하의 주머니에 넣고 다님으로써 매입한 대마를 소지한 행위

② 부정한 이익을 얻을 목적으로 타인의 영업비밀이 담긴 CD를 절취하여 그 영업비밀을 부정 사용한 행위

③ 절도범인으로부터 장물보관의뢰를 받은 자가 그 정을 알면서 이를 인도받아 보관하고 있다가 임의처분한 행위

④ 자동차를 절취한 후 절취한 자동차에서 자동차등록번호판을 떼어내는 행위

해설/정답 ③

① (×) 매입한 대마를 처분함이 없이 계속 소지하고 있는 경우에 있어서 그 소지행위가 매매행위와 불가분의 관계에 있는 것이라거나, 매매행위에 수반되는 필연적 결과로서 일시적으로 행하여진 것에 지나지 않는다고 평가되지 않는 한 그 소지행위는 매매행위에 포괄 흡수되지 아니하고 대마매매죄와는 달리 대마소지죄가 성립한다고 보아야 할 것인바, 흡연할 목적으로 대마를 매입한 후 흡연할 기회를 포착하기 위하여 이틀 이상 하의주머니에 넣고 다님으로써 소지한 행위는 매매행위의 불가분의 필연적 결과라고 평가될 수 없다(대판 1990.7.27. 90도543).

② (×) 부정한 이익을 얻거나 기업에 손해를 가할 목적으로 그 기업에 유용한 영업비밀이 담겨 있는 타인의 재물을 절취한 후 그 영업비밀을 사용하는 경우, 영업비밀의 부정사용행위는 새로운 법익의 침해로 보아야 하므로 위와 같은 부정사용행위가 절도범행의 불가벌적 사후행위가 되는 것은 아니다(대판 2008.9.11. 2008도5364).

③ (○) 절도범인으로부터 장물보관의뢰를 받은 자가 그 정을 알면서 이를 인도받아 보관하고 있다가 임의처분하였다 하여도 장물보관죄가 성립되는 때에는 이미 그 소유자의 소유물추구권을 침해하였으므로 그 후의 횡령행위는 불가벌적 사후행위에 불과하여 별도로 횡령죄가 성립하지 않는다(대판 1976.11.23. 76도3067).

④ (×) 자동차를 절취한 후 자동차등록번호판을 떼어내는 행위는 새로운 법익의 침해로 보아야 하므로 위와 같은 번호판을 떼어내는 행위가 절도범행의 불가벌적 사후행위가 되는 것은 아니어서, 이 점에 관한 상고이유의 주장 역시 받아들일 수 없다(대판 2007.9.6. 2007도4739).

133 죄수에 대한 설명으로 적절한 것을 모두 고른 것은? 〈경찰2차 2017〉

㉠ 피고인이 수개의 선거비용 항목을 허위기재한 하나의 선거비용 보전청구서를 제출하여 대한민국으로부터 선거비용을 과다 보전받아 이를 편취하였다면 이는 일죄로 평가되어야 하고, 각 선거비용 항목에 따라 별개의 사기죄가 성립하는 것은 아니다. ㉡ 회사에 대한 관계에서 타인의 사무를 처리하는 자가 임무에 위배하는 행위로써 회사로 하여금 회사가 펀드 운영사에 지급하여야 할 펀드출자금을 정해진 시점보다 선지급하도록 하여 배임죄를 범한 다음, 그와 같이 선지급된 펀드출자금을 보관하는 자와 공모하여 펀드출자금을 임의로 인출한 후 자신의 투자금으로 사용하기 위하여 임의로 송금하도록 한 행위는 펀드출자금 선지급으로 인한 배임죄와는 다른 새로운 보호법익을 침해하지 않는 행위로서 배임 범행의 불가벌적 사후행위가 되는 것이므로, 별죄로서 횡령죄를 구성한다고 볼 수 없다. ㉢ 피해자에 대한 폭행행위가 동일한 피해자에 대한 업무방해죄의 수단이 되었다고 하더라도, 그러한 폭행행위가 이른바 '불가벌적 수반행위'에 해당하여 업무방해죄에 대하여 흡수관계에 있다고 볼 수는 없다.

① ㉠ ② ㉡, ㉢ ③ ㉠, ㉢ ④ ㉢

해설/정답 ③

㉠ (○) 피고인이 수개의 선거비용 항목을 허위기재한 하나의 선거비용 보전청구서를 제출하여 대한민국으로부터 선거비용을 과다 보전받아 이를 편취하였다면 이는 일죄로 평가되어야 하고, 각 선거비용 항목에 따라 별개의 사기죄가 성립하는 것은 아니다(대판 2017.5.30. 2016도21713).

㉡ (×) 배임죄는 타인의 사무를 처리하는 자가 임무에 위배하는 행위로써 재산상의 이익을 취득하거나 제3자로 하여금 이를 취득하게 하여 본인에게 재산상 손해를 가한 때에 성립한다. 그리고 횡령죄는 타인의 재물을 보관하는 자가 불법영득의 의사로 그 재물을 횡령하는 경우에 성립하는 범죄로서, 횡령죄에서 '불법영득의 의사'는 자기 또는 제3자의 이익을 꾀할 목적으로 임무에 위배하여 자신이 보관하는 타인의 재물을 자기의 소유인 것과 같이 사실상 또는 법률상 처분을 하는 의사를 말한다. 이러한 배임죄와 횡령죄의 구성요건에서의 차이에 비추어 보면, 회사에 대한 관계에서 타인의 사무를 처리하는 자가 임무에 위배하는 행위로써 회사로 하여금 회사가 펀드 운영사에 지급하여야 할 펀드출자금을 정해진 시점보다 선지급하도록 하여 배임죄를 범한 다음, 그와 같이 선지급된 펀드출자금을 보관하는 자와 공모하여 펀드출자금을 임의로 인출한 후 자신의 투자금으로 사용하기 위하여 임의로 송금하도록 한 행위는 펀드출자금 선지급으로 인한 배임죄와는 다른 새로운 보호법익을 침해하는 행위로서 배임 범행의 불가벌적 사후행위가 되는 것이 아니라 별죄로서 횡령죄를 구성한다고 보아야 한다(대판 2014.12.11. 2014도10036).

㉢ (○) 업무방해죄와 폭행죄는 구성요건과 보호법익을 달리하고 있고, 업무방해죄의 성립에 일반적·전형적으로 사람에 대한 폭행행위를 수반하는 것은 아니며, 폭행행위가 업무방해죄에 비하여 별도로 고려되지 않을 만큼 경미한 것이라고 할 수도 없으므로, 설령 피해자에 대한 폭행행위가 동일한 피해자에 대한 업무방해죄의 수단이 되었다고 하더라도 그러한 폭행행위가 이른바 '불가벌적 수반행위'에 해당하여 업무방해죄에 대하여 흡수관계에 있다고 볼 수는 없다(대판 2012.10.11. 2012도1895).

134 **다음 설명 중 가장 적절한 것은?** 〈경찰1차 2016〉

① 甲이 승용차를 운전하던 중 음주단속을 피하기 위하여 위험한 물건인 승용차로 단속 경찰관을 들이받아 위 경찰관의 공무집행을 방해하고 위 경찰관에게 상해를 입게 하였다면 甲의 행위는 폭력행위등처벌에관한법률위반(집단·흉기 등 상해)죄와 특수공무집행방해치상죄를 구성하고 두 죄는 상상적 경합관계에 해당한다.

② 계속적으로 무면허운전을 할 의사를 가지고 여러 날에 걸쳐 무면허운전행위를 반복하였다면 이를 포괄일죄로 보아야 한다.

③ 부정한 이익을 얻을 목적으로 타인의 영업비밀이 담긴 CD를 절취하여 그 영업비밀을 부정사용한 경우, 영업비밀의 부정사용행위는 절도죄의 불가벌적 사후행위에 해당한다.

④ 저작권법은 상습으로 동법 제136조 제1항의 죄를 저지른 경우를 가중처벌한다는 규정은 따로 두고 있지 않다. 따라서 수회에 걸쳐 저작권법 제136조 제1항의 죄를 범한 것이 상습성의 발현에 따른 것이라고 하더라도, 이는 원칙적으로 경합범으로 보아야 하는 것이지 하나의 죄로 처단되는 상습범으로 볼 것은 아니다.

해설/정답 ④

① (×) 기본범죄를 통하여 고의로 중한 결과를 발생하게 한 경우에 가중처벌하는 부진정결과적 가중범에 있어서, 고의로 중한 결과를 발생하게 한 행위가 별도의 구성요건에 해당하고 그 고의범에 대하여 결과적 가중범에 정한 형보다 더 무겁게 처벌하는 규정이 있는 경우에는 그 고의범과 결과적 가중범이 상상적 경합관계에 있다고 보아야 할 것이지만, 위와 같이 고의범에 대하여 더 무겁게 처벌하는 규정이 없는 경우에는 결과적 가중범이 고의범에 대하여 특별관계에 있다고 해석되므로 결과적 가중범만 성립하고 이와 법조경합의 관계에 있는 고의범에 대하여는 별도로 죄를 구성한다고 볼 수 없다. 따라서 직무를 집행하는 공무원에 대하여 위험한 물건을 휴대하여 고의로 상해를 가한 경우에는 특수공무집행방해치상죄만 성립할 뿐, 이와는 별도로 폭력행위 등 처벌에 관한 법률 위반(집단·흉기 등 상해)죄를 구성한다고 볼 수 없다(대판 2008.11. 27. 2008도7311).

[해설] 현재 폭력행위 등 처벌에 관한 법률 위반(집단·흉기 등 상해)죄는 삭제되었으므로, 형법상의 특수상해죄(제258조의 2)의 성립 여부가 문제될 수 있다. 그러나 여전히 특수공무집행방해치상죄의 법정형이 더 높으므로 형법상의 특수상해죄는 성립하지 않고, 특수공무집행방해치상죄만 성립한다는 결론에는 차이가 없다.

② (×) 무면허운전으로 인한 도로교통법위반죄에 있어서는 어느 날에 운전을 시작하여 다음 날까지 동일한 기회에 일련의 과정에서 계속 운전을 한 경우 등 특별한 경우를 제외하고는 사회통념상 운전한 날을 기준으로 운전한 날마다 1개의 운전행위가 있다고 보는 것이 상당하므로 운전한 날마다 무면허운전으로 인한 도로교통법위반의 1죄가 성립한다고 보아야 할 것이고, 비록 계속적으로 무면허운전을 할 의사를 가지고 여러 날에 걸쳐 무면허운전행위를 반복하였다 하더라도 이를 포괄하여 일죄로 볼 수는 없다(대판 2002.7.23. 2001도6281).

③ (×) [1] 부정한 이익을 얻거나 기업에 손해를 가할 목적으로 그 기업에 유용한 영업비밀이 담겨 있는 타인의 재물을 절취한 후 그 영업비밀을 사용하는 경우, 영업비밀의 부정사용행위는 새로운 법익의 침해로 보아야 하므로 위와 같은 부정사용행위가 절도범행의 불가벌적 사후행위가 되는 것은 아니다. [2] 부정한 이익을 얻을 목적으로 타인의 영업비밀이 담긴 CD를 절취하여 그 영업비밀을 부정사용한 사안에서, 절도죄와 별도로 부정경쟁방지 및 영업비밀보호에 관한 법률상 영업비밀부정사용죄가 성립한다고 한 사례(대판 2008.9.11. 2008도5364).

④ (○) 상습범이란 어느 기본적 구성요건에 해당하는 행위를 한 자가 범죄행위를 반복하여 저지르는 습벽,

즉 상습성이라는 행위자적 속성을 갖추었다고 인정되는 경우에 이를 가중처벌 사유로 삼고 있는 범죄유형을 가리키므로, 상습성이 있는 자가 같은 종류의 죄를 반복하여 저질렀다 하더라도 상습범을 별도의 범죄유형으로 처벌하는 규정이 없는 한 각 죄는 원칙적으로 별개의 범죄로서 경합범으로 처단할 것이다. 저작권법은 제140조 본문에서 저작재산권 침해로 인한 제136조 제1항의 죄를 친고죄로 규정하면서, 제140조 단서 제1호에서 영리를 위하여 상습적으로 위와 같은 범행을 한 경우에는 고소가 없어도 공소를 제기할 수 있다고 규정하고 있으나, 상습으로 제136조 제1항의 죄를 저지른 경우를 가중처벌한다는 규정은 따로 두고 있지 않다. 따라서 수회에 걸쳐 저작권법 제136조 제1항의 죄를 범한 것이 상습성의 발현에 따른 것이라고 하더라도, 이는 원칙적으로 경합범으로 보아야 하는 것이지 하나의 죄로 처단되는 상습범으로 볼 것은 아니다. 그것이 법규정의 표현에 부합하고, 상습범을 포괄일죄로 처단하는 것은 그것을 가중처벌하는 규정이 있기 때문이라는 법리적 구조에도 맞다(대판 2012.5.10. 2011도12131).

135 **다음 설명 중 가장 적절하지 않은 것은?** 〈경찰2차 2016〉

① 불가벌적 수반행위란 법조경합의 한 형태인 흡수관계에 속하는 것으로서, 행위자가 특정한 죄를 범하면 비록 논리 필연적인 것은 아니지만 일반적·전형적으로 다른 구성요건을 충족하고 이때 그 구성요건의 불법이나 책임 내용이 주된 범죄에 비하여 경미하기 때문에 처벌이 별도로 고려되지 않는 경우를 말한다.

② 피해자에 대한 폭행행위가 동일한 피해자에 대한 업무방해죄의 수단이 되었다면, 그러한 폭행행위는 이른바 불가벌적 수반행위에 해당하여 업무방해죄에 대하여 흡수관계에 있다.

③ 수수한 메스암페타민을 장소를 이동하여 투약하고서 잔량을 은닉하는 방법으로 소지한 행위는 사회통념상 수수행위와는 독립한 별개의 행위를 구성한다고 보아야 한다.

④ 국회의원 선거에서 정당의 공천을 받게 하여 줄 의사나 능력이 없음에도 이를 해줄 수 있는 것처럼 기망하여 공천과 관련하여 금품을 받은 경우, 「공직선거법」상 공천 관련 금품수수죄와 사기죄가 모두 성립하고 양자는 상상적 경합의 관계에 있다.

해설/정답 ②

① (○) 상상적 경합은 1개의 행위가 실질적으로 수개의 구성요건을 충족하는 경우를 말하고, 법조경합은 1개의 행위가 외관상 수개의 죄의 구성요건에 해당하는 것처럼 보이나 실질적으로 1죄만을 구성하는 경우를 말하며, 실질적으로 1죄인가 또는 수죄인가는 구성요건적 평가와 보호법익의 측면에서 고찰하여 판단하여야 한다. 그리고 이른바 '불가벌적 수반행위'란 법조경합의 한 형태인 흡수관계에 속하는 것으로서, 행위자가 특정한 죄를 범하면 비록 논리 필연적인 것은 아니지만 일반적·전형적으로 다른 구성요건을 충족하고 이때 그 구성요건의 불법이나 책임 내용이 주된 범죄에 비하여 경미하기 때문에 처벌이 별도로 고려되지 않는 경우를 말한다(대판 2012.10.11. 2012도1895).

② (×) 업무방해죄와 폭행죄는 구성요건과 보호법익을 달리하고 있고, 업무방해죄의 성립에 일반적·전형적으로 사람에 대한 폭행행위를 수반하는 것은 아니며, 폭행행위가 업무방해죄에 비하여 별도로 고려되지 않을 만큼 경미한 것이라고 할 수도 없으므로, 설령 피해자에 대한 폭행행위가 동일한 피해자에 대한 업무방해죄의 수단이 되었다고 하더라도 그러한 폭행행위가 이른바 '불가벌적 수반행위'에 해당하여 업무방해죄에 대하여 흡수관계에 있다고 볼 수는 없다(대판 2012.10.11. 2012도1895).

③ (○) 수수한 메스암페타민을 장소를 이동하여 투약하고서 잔량을 은닉하는 방법으로 소지한 행위는 그 소지의 경위나 태양에 비추어 볼 때 당초의 수수행위에 수반되는 필연적 결과로 볼 수는 없고, 사회통념상 수수행위와는 독립한 별개의 행위를 구성한다고 보아야 한다(대판 1999.8.20. 99도1744).

④ (○) 국회의원 선거에서 정당의 공천을 받게 하여 줄 의사나 능력이 없음에도 이를 해 줄 수 있는 것처럼 기망하여 공천과 관련하여 금품을 받은 경우, 공직선거법상 공천관련금품수수죄와 사기죄가 모두 성립하고 양자는 상상적 경합의 관계에 있다(대판 2009.4.23. 2009도834).

제3절 | 수죄

136 죄수에 관한 설명으로 옳은 것은 모두 몇 개인가? 〈경찰2차 2023〉

㉠ 강도범인이 체포를 면탈할 목적으로 경찰관에게 폭행을 가한 때에는 강도죄와 공무집행방해죄는 상상적 경합관계에 있다.
㉡ 피고인들이 피해자들의 재물을 강취한 후 그들을 살해할 목적으로 현주건조물에 방화하여 사망에 이르게 한 경우, 피고인들의 행위는 강도살인죄와 현주건조물방화치사죄에 모두 해당하고 그 두 죄는 실체적 경합관계에 있다.
㉢ 「폭력행위 등 처벌에 관한 법률」 제4조 제1항은 그 법에 규정된 범죄행위를 목적으로 하는 단체를 구성하거나 이에 가입하는 행위(범죄단체구성·가입죄) 또는 구성원으로 활동하는 행위(범죄단체 활동죄)를 처벌하도록 정하고 있는데, 범죄단체를 구성하거나 이에 가입한 자가 더 나아가 구성원으로 활동하는 경우, 각 행위는 실체적 경합관계에 있다.
㉣ 범죄단체 등에 소속된 조직원이 저지른 폭력행위 등 처벌에 관한 법률 위반(단체 등의 공동강요)죄 등의 개별적 범행과 동법 위반(단체 등의 활동)죄는 범행의 목적이나 행위 등 측면에서 일부 중첩되는 부분이 있고, 이에 특별한 사정이 없는 한 법률상 1개의 행위로 평가되어 실체적 경합이 아닌 상상적 경합관계에 있다고 보아야 한다.

① 0개 ② 1개 ③ 2개 ④ 3개

해설/정답 ①

㉠ (×) 절도범인이 체포를 면탈할 목적으로 경찰관에게 폭행 협박을 가한 때에는 준강도죄와 공무집행방해죄를 구성하고 양죄는 상상적 경합관계에 있으나, 강도범인이 체포를 면탈할 목적으로 경찰관에게 폭행을 가한 때에는 강도죄와 공무집행방해죄는 실체적 경합관계에 있고 상상적 경합관계에 있는 것이 아니다(대판 1992.7.28. 92도917).

㉡ (×) 피고인들이 피해자들의 재물을 강취한 후 그들을 살해할 목적으로 현주건조물에 방화하여 사망에 이르게 한 경우, 피고인들의 행위는 강도살인죄와 현주건조물방화치사죄에 모두 해당하고 그 두 죄는 상상적 경합범관계에 있다(대판 1998.12.8. 98도3416).

㉢ (×) 범죄단체의 구성이나 가입은 범죄행위의 실행 여부와 관계없이 범죄단체 구성원으로서의 활동을 예정하는 것이고, 범죄단체 구성원으로서의 활동은 범죄단체의 구성이나 가입을 당연히 전제로 하는 것이므로, 양자는 모두 범죄단체의 생성 및 존속·유지를 도모하는, 범죄행위에 대한 일련의 예비·음모 과정에 해당한다는 점에서 범의의 단일성과 계속성을 인정할 수 있을 뿐만 아니라 피해법익도 다르지 않다. 따라서 범죄단체를 구성하거나 이에 가입한 자가 더 나아가 구성원으로 활동하는 경우, 이는 포괄일죄의 관계에 있다(대판 2015.9.10. 2015도7081).

㉣ (×) 범죄단체 등에 소속된 조직원이 저지른 폭력행위 등 처벌에 관한 법률(이하 '폭력행위처벌법'이라 한다)

위반(단체 등의 공동강요)죄 등의 개별적 범행과 폭력행위처벌법 위반(단체 등의 활동)죄는 범행의 목적이나 행위 등 측면에서 일부 중첩되는 부분이 있더라도, 일반적으로 구성요건을 달리하는 별개의 범죄로서 범행의 상대방, 범행 수단 내지 방법, 결과 등이 다를 뿐만 아니라 그 보호법익이 일치한다고 볼 수 없다. 또한 폭력행위처벌법 위반(단체 등의 구성·활동)죄와 위 개별적 범행은 특별한 사정이 없는 한 법률상 1개의 행위로 평가되는 경우로 보기 어려워 상상적 경합이 아닌 실체적 경합관계에 있다고 보아야 한다(대판 2022.9.7. 2022도6993).

137 **죄수에 관한 설명 중 가장 적절하지 않은 것은?** 〈경찰1차 2023〉

① 공무원이 직무관련자에게 제3자와 계약을 체결하도록 요구하여 계약 체결을 하게 한 행위가 제3자뇌물수수죄의 구성요건과 직권남용권리행사방해죄의 구성요건에 모두 해당하는 경우, 제3자 뇌물수수죄와 직권남용권리행사 방해죄가 각각 성립하고 양죄는 상상적 경합관계에 있다.

② 허위공문서작성죄와 동행사죄가 수뢰후부정처사죄와 각각 상상적 경합관계에 있는 경우, 허위공문서작성죄와 동행사죄 상호간은 실체적 경합범관계에 있다고 할지라도 상상적 경합범관계에 있는 수뢰후부정처사죄와 대비하여 가장 중한 죄에 정한 형으로 처단하면 족하다.

③ 수개의 행위가 여러 개의 구성요건을 충족하는 경우에도 포괄일죄가 될 수 있으므로 횡령, 배임의 행위와 사기의 행위 사이에는 포괄일죄를 구성할 수 있다.

④ 「형법」 제40조가 규정하는 한 개의 행위가 여러 개의 죄에 해당하는 경우에 "가장 무거운 죄에 정한 형으로 처벌한다"란, 여러 개의 죄명 중 가장 무거운 형을 규정한 법조에 의하여 처단한다는 취지와 함께 다른 법조의 최하한의 형보다 가볍게 처단할 수 없다는 취지 즉, 각 법조의 상한과 하한을 모두 중한 형의 범위 내에서 처단한다는 것을 포함한다.

해설/정답 ③

① (○) 공무원이 직무관련자에게 제3자와 계약을 체결하도록 요구하여 계약 체결을 하게 한 행위가 제3자뇌물수수죄의 구성요건과 직권남용권리행사방해죄의 구성요건에 모두 해당하는 경우에는, 제3자뇌물수수죄와 직권남용권리행사방해죄가 각각 성립하되, 이는 사회 관념상 하나의 행위가 수 개의 죄에 해당하는 경우이므로 두 죄는 형법 제40조의 상상적 경합관계에 있다(대판 2017.3.15. 2016도19659).

② (○) 연결효과에 의한 상상적 경합이론은 독립적인 두 개의 범죄를 사실상 연결하고 있는 제3의 범죄가 있을 때, 제3의 범죄의 연결효과에 의하여 독립적인 두 개의 범죄 사이에도 상상적 경합의 관계를 인정할 것인지의 문제이다. 판례에 의하면 허위공문서작성죄와 동행사죄가 수뢰후부정처사죄와 각각 상상적 경합관계에 있을 때에는 허위공문서작성죄와 동행사죄 상호간은 실체적 경합범관계에 있다고 할지라도 상상적 경합범관계에 있는 수뢰후부정처사죄와 대비하여 가장 중한 죄에 정한 형으로 처단하면 족한 것이고 따로이 경합가중을 할 필요가 없다고 하여 긍정설과 동일한 입장을 취한다(대판 1983.7.26. 83도1378).

③ (×) 포괄1죄라 함은 각기 따로 존재하는 수개의 행위가 한개의 구성요건을 한번 충족하는 경우를 말하므로 구성요건을 달리하고 있는 횡령, 배임 등의 행위와 사기의 행위는 포괄1죄를 구성할 수 없다(대판 1988.2.9. 87도58).

④ (○) [1] 형법 제40조가 규정하는 1개의 행위가 수개의 죄에 해당하는 경우에는 '가장 중한 죄에 정한 형으로 처벌한다.' 함은 그 수개의 죄명 중 가장 중한 형을 규정한 법조에 의하여 처단한다는 취지와 함께 다른 법조의 최하한의 형보다 가볍게 처단할 수는 없다는 취지 즉, 각 법조의 상한과 하한을 모두 중한 형의 범위 내에서 처단한다는 것을 포함하는 것으로 새겨야 한다(대판 2006.1.27. 2005도8704).

138 **죄수에 관한 설명 중 가장 적절하지 않은 것은?** 〈경찰2차 2022〉

① 주거침입강간죄는 사람의 주거 등을 침입한 자가 피해자를 강간한 경우에 성립하는 것으로서 주거침입죄를 범한 후에 사람을 강간하여야 하는 일종의 신분범이고, 선후가 바뀌어 강간죄를 범한 자가 그 피해자의 주거에 침입한 경우에는 강간죄와 주거침입죄의 실체적 경합범이 된다.

② 피해견인 로트와일러가 묶여 있던 자신의 진돗개를 공격하자, 진돗개 주인이 피해견을 쫓아버리기 위해 엔진톱으로 위협하다가 피해견의 등 쪽을 절단하여 죽게 한 행위는 구 동물보호법 위반죄(잔인한 방법으로 죽이는 행위)와 재물손괴죄가 성립하고, 양자는 상상적 경합의 관계에 있다.

③ 공직선거법 제18조 제3항(형법 제38조에도 불구하고 제1항 제3호에 규정된 죄와 다른 죄의 경합범에 대하여는 이를 분리 선고하여야 한다)은 선거범이 아닌 다른 죄가 선거범의 양형에 영향을 미치는 것을 최소화하기 위하여 형법상 경합범 처벌례에 관한 조항의 적용을 배제하고 분리하여 형을 따로 선고하여야 한다는 취지이기에, 선거범과 상상적 경합 관계에 있는 모든 죄는 통틀어 선거범으로 취급하여서는 아니 된다.

④ 수 개의 등록상표에 대하여 상표법 제230조의 상표권 침해행위가 계속하여 이루어진 경우에는 등록상표마다 포괄하여 1개의 범죄가 성립하나, 하나의 유사상표 사용행위로 수 개의 등록상표를 동시에 침해하였다면 각각의 상표법 위반죄는 상상적 경합의 관계에 있다.

해설/정답 ③

① (○) [1] 주거침입강제추행죄 및 주거침입강간죄 등은 사람의 주거 등을 침입한 자가 피해자를 간음, 강제추행 등 성폭력을 행사한 경우에 성립하는 것으로서, 주거침입죄를 범한 후에 사람을 강간하는 등의 행위를 하여야 하는 일종의 신분범이고, 선후가 바뀌어 강간죄 등을 범한 자가 그 피해자의 주거에 침입한 경우에는 이에 해당하지 않고 강간죄 등과 주거침입죄 등의 실체적 경합범이 된다. 그 실행의 착수시기는 주거침입 행위 후 강간죄 등의 실행행위에 나아간 때이다. [2] 한편, 강간죄는 사람을 강간하기 위하여 피해자의 항거를 불능하게 하거나 현저히 곤란하게 할 정도의 폭행 또는 협박을 개시한 때에 그 실행의 착수가 있다고 보아야 할 것이지(대법원 2000. 6. 9. 선고 2000도1253 판결 등 참조), 실제 간음행위가 시작되어야만 그 실행의 착수가 있다고 볼 것은 아니다(대법원 2003. 4. 25. 선고 2003도949 판결, 대법원 2005. 5. 27. 선고 2004도7892 판결 등 참조). 유사강간죄의 경우도 이와 같다(대판 2021.8.12. 2020도17796).

② (○) 동물보호법의 목적과 입법 취지, 동물보호법 제8조 제1항 각 호의 문언 및 체계 등을 종합하면, 동물보호법 제8조 제1항 제1호에서 규정하는 '잔인한 방법으로 죽이는 행위'는, 같은 항 제4호의 경우와는 달리 정당한 사유를 구성요건 요소로 규정하고 있지 아니하여 '잔인한 방법으로 죽이는 행위'를 하는 것 자체로 구성요건을 충족하고, 설령 행위를 정당화할 만한 사정 또는 행위자의 책임으로 돌릴 수 없는 사정이 있더라도, 위법성이나 책임이 조각될 수 있는지는 별론으로 하고 구성요건 해당성이 조각된다고 볼 수는 없다(대판 2016.1.28. 2014도2477). **[해설]** 구 동물보호법 위반죄(잔인한 방법으로 죽이는 행위)와 재물손괴죄가 성립하고, 양자는 상상적 경합.

③ (×) 공직선거법 제18조 제3항은 "형법 제38조에도 불구하고 제1항 제3호에 규정된 죄와 다른 죄의 경합범에 대하여는 이를 분리 선고하여야 한다."라고 규정하고 있는바, 그 취지는 선거범이 아닌 다른 죄가 선거범의 양형에 영향을 미치는 것을 최소화하기 위하여 형법상 경합범 처벌례에 관한 조항의 적용을 배제하고 분리하여 형을 따로 선고하여야 한다는 것이다. 그리고 선거범과 상상적 경합관계에 있는 다른 범죄에 대하여는 여전히 형법 제40조에 의하여 그 중 가장 중한 죄에 정한 형으로 처벌해야 하고, 그 처벌받는 가장 중한 죄가 선거범인지 여부를 묻지 않고 선거범과 상상적 경합관계에 있는 모든 죄는 통틀어 선거범으로 취급하여야 한다(대판 2021.7.21. 2018도16587).

④ (○) 수개의 등록상표에 대하여 상표법 제230조의 상표권 침해 행위가 계속하여 이루어진 경우에는 등록상표마다 포괄하여 1개의 범죄가 성립한다(대판 2011.7.14. 2009도10759 참조). 그러나 하나의 유사상표 사용행위로 수개의 등록상표를 동시에 침해하였다면 각각의 상표법 위반죄는 상상적 경합의 관계에 있다(대판 2020.11.12. 2019도11688).

139 죄수에 관한 설명으로 가장 적절한 것은? 〈경찰1차 2022〉

① 예금주인 현금카드 소유자를 협박하여 그 카드를 갈취한 다음 피해자의 승낙에 의하여 현금카드를 사용할 권한을 부여받아 이를 이용하여 현금자동지급기에서 현금을 인출한 행위는 공갈죄와는 별도로 절도죄를 구성한다.

② 음주로 인한 특정범죄 가중처벌 등에 관한 법률 위반(위험운전치사상)죄는 중한 형태의 도로교통법 위반(음주운전)죄를 기본범죄로 하는 결과적 가중범으로 그 행위유형과 보호법익을 이미 모두 포함하고 있으므로, 특정범죄 가중처벌 등에 관한 법률위반(위험운전치사상)죄가 성립하면 도로교통법 위반(음주운전)죄는 이에 흡수되어 따로 성립하지 아니한다.

③ 공무원이 직무관련자에게 제3자와 계약을 체결하도록 요구하여 계약 체결을 하게 한 행위가 제3자뇌물수수죄의 구성요건과 직권남용권리행사방해죄의 구성요건에 모두 해당하는 경우에는 제3자뇌물수수죄와 직권남용권리행사방해죄가 각각 성립하고 두 죄는 상상적 경합관계에 있다.

④ 업무방해죄와 폭행죄의 관계에 있어 피해자에 대한 폭행행위가 동일한 피해자에 대한 업무방해죄의 수단이 된 경우, 그러한 폭행행위는 이른바 불가벌적 수반행위에 해당하여 업무방해죄에 대하여 흡수관계에 있다.

해설/정답 ③

① (×) 예금주인 현금카드 소유자를 협박하여 그 카드를 갈취한 다음 피해자의 승낙에 의하여 현금카드를 사용할 권한을 부여받아 이를 이용하여 현금자동지급기에서 현금을 인출한 행위는 모두 피해자의 예금을 갈취하고자 하는 피고인의 단일하고 계속된 범의 아래에서 이루어진 일련의 행위로서 포괄하여 하나의 공갈죄를 구성하므로, 현금자동지급기에서 피해자의 예금을 인출한 행위를 현금카드 갈취행위와 분리하여 따로 절도죄로 처단할 수는 없다. 왜냐하면 위 예금 인출 행위는 하자 있는 의사표시이기는 하지만 피해자의 승낙에 기한 것이고, 피해자가 그 승낙의 의사표시를 취소하기까지는 현금카드를 적법, 유효하게 사용할 수 있으므로, 은행으로서도 피해자의 지급정지 신청이 없는 한 그의 의사에 따라 그의 계산으로 적법하게 예금을 지급할 수밖에 없기 때문이다(대판 2007.5.10. 2007도1375, 대판 1996.9.20. 95도1728).

② (×) 음주로 인한 특정범죄가중처벌 등에 관한 법률 위반(위험운전치사상)죄와 도로교통법 위반(음주운전)죄는 입법 취지와 보호법익 및 적용영역을 달리하는 별개의 범죄이므로, 양 죄가 모두 성립하는 경우 두 죄는 실체적 경합관계에 있다(대판 2008.11.13. 2008도7143).

③ (○) 공무원이 직무관련자에게 제3자와 계약을 체결하도록 요구하여 계약 체결을 하게 한 행위가 제3자뇌물수수죄의 구성요건과 직권남용권리행사방해죄의 구성요건에 모두 해당하는 경우에는, 제3자뇌물수수죄와 직권남용권리행사방해죄가 각각 성립하되, 이는 사회 관념상 하나의 행위가 수 개의 죄에 해당하는 경우이므로 두 죄는 형법 제40조의 상상적 경합관계에 있다(대판 2017.3.15. 2016도19659).

④ (×) 업무방해죄와 폭행죄는 구성요건과 보호법익을 달리하고 있고, 업무방해죄의 성립에 일반적·전형적으로 사람에 대한 폭행행위를 수반하는 것은 아니며, 폭행행위가 업무방해죄에 비하여 별도로 고려되지 않을 만큼 경미한 것이라고 할 수도 없으므로, 설령 피해자에 대한 폭행행위가 동일한 피해자에 대한 업무방해죄의 수단이 되었다고 하더라도 그러한 폭행행위가 이른바 '불가벌적 수반행위'에 해당하여 업무방해죄에 대하여 흡수관계에 있다고 볼 수는 없다(대판 2012.10.11. 2012도1895).

140 죄수에 대한 설명으로 가장 적절하지 않은 것은? 〈경찰2차 2021〉

① 「형법」 제131조 제1항 수뢰후부정처사죄에 있어서 단일하고도 계속된 범의 아래 일정 기간 반복하여 일련의 뇌물수수 행위와 부정한 행위가 행하여졌고 뇌물수수 행위와 부정한 행위 사이에 인과관계가 인정되며 피해법익도 동일한 경우에는 최후의 부정한 행위 이후에 저질러진 뇌물수수 행위도 최후의 부정한 행위 이전의 뇌물수수 행위 및 부정한 행위와 함께 수뢰후부정처사죄의 포괄일죄가 된다.

② 미성년자를 약취한 후 강간 목적으로 가혹한 행위 및 상해를 가하고 나아가 강간 및 살인미수를 범한 경우에는 약취한 미성년자에 대한 상해 등으로 인한 특정범죄가중처벌등에관한법률위반죄와 미성년자에 대한 강간 및 살인미수행위로 인한 성폭력범죄의처벌등에관한특례법위반죄가 성립하고, 상해의 결과가 피해자에 대한 강간 및 살인미수행위 과정에서 발생한 것이라면 각 죄는 상상적 경합 관계에 있다.

③ 공무원이 직무관련자에게 제3자와 계약을 체결하도록 요구하여 계약을 체결하게 한 행위가 제3자뇌물수수죄와 직권남용권리행사방해죄의 구성요건에 모두 해당하는 경우에 제3자뇌물수수죄와 직권남용권리행사방해죄는 상상적 경합 관계에 있다.

④ 택시운전을 방해하는 과정에서 택시운전사를 폭행한 경우에는 피해자에 대한 폭행행위가 동일한 피해자에 대한 업무방해죄의 수단이 되었다 하더라도 그 폭행행위를 불가벌적 수반행위라 볼 수 없다.

해설/정답 ②

① (○) 수뢰후부정처사죄를 정한 형법 제131조 제1항은 공무원 또는 중재인이 형법 제129조(수뢰, 사전수뢰) 및 제130조(제3자뇌물제공)의 죄를 범하여 부정한 행위를 하는 것을 구성요건으로 하고 있다. 여기에서 '형법 제129조 및 제130조의 죄를 범하여'란 반드시 뇌물수수 등의 행위가 완료된 이후에 부정한 행위가 이루어져야 함을 의미하는 것은 아니고, 결합범 또는 결과적 가중범 등에서의 기본행위와 마찬가지로 뇌물수수 등의 행위를 하는 중에 부정한 행위를 한 경우도 포함하는 것으로 보아야 한다. 따라서 단일하고도 계속된 범의 아래 일정 기간 반복하여 일련의 뇌물수수 행위와 부정한 행위가 행하여졌고 그 뇌물수수 행위와 부정한 행위 사이에 인과관계가 인정되며 피해법익도 동일하다면, 최후의 부정한 행위 이후에 저질러진 뇌물수수 행위도 최후의 부정한 행위 이전의 뇌물수수 행위 및 부정한 행위와 함께 수뢰후부정처사죄의 포괄일죄로 처벌함이 타당하다(대판 2021.2.4. 2020도12103).

② (×) 미성년자인 피해자를 약취한 후에 강간을 목적으로 피해자에게 가혹한 행위 및 상해를 가하고 나아가 그 피해자에 대한 강간 및 살인미수를 범하였다면, 이에 대하여는 약취한 미성년자에 대한 상해 등으로 인한 특정범죄 가중처벌 등에 관한 법률 위반죄 및 미성년자인 피해자에 대한 강간 및 살인미수행위로 인한 성폭력범죄의 처벌 등에 관한 특례법 위반죄가 각 성립하고, 설령 상해의 결과가 피해자에 대한 강간 및 살인미수행위 과정에서 발생한 것이라 하더라도 위 각 죄는 서로 형법 제37조 전단의 실체적 경합범 관계에 있다고 할 것이다(대판 2014.2.27. 2013도12301, 2013전도252, 2013치도2).

③ (O) 공무원이 직무관련자에게 제3자와 계약을 체결하도록 요구하여 계약 체결을 하게 한 행위가 제3자뇌물수수죄의 구성요건과 직권남용권리행사방해죄의 구성요건에 모두 해당하는 경우에는, 제3자뇌물수수죄와 직권남용권리행사방해죄가 각각 성립하되, 이는 사회 관념상 하나의 행위가 수 개의 죄에 해당하는 경우이므로 두 죄는 형법 제40조의 상상적 경합관계에 있다(대판 2017.3.15. 2016도19659).

④ (O) 업무방해죄와 폭행죄는 구성요건과 보호법익을 달리하고 있고, 업무방해죄의 성립에 일반적·전형적으로 사람에 대한 폭행행위를 수반하는 것은 아니며, 폭행행위가 업무방해죄에 비하여 별도로 고려되지 않을 만큼 경미한 것이라고 할 수도 없으므로, 설령 피해자에 대한 폭행행위가 동일한 피해자에 대한 업무방해죄의 수단이 되었다고 하더라도 그러한 폭행행위가 이른바 '불가벌적 수반행위'에 해당하여 업무방해죄에 대하여 흡수관계에 있다고 볼 수는 없다(대판 2012.10.11. 2012도1895).

141 죄수(罪數)에 대한 다음 설명 중 적절한 것만을 모두 고른 것은? 〈경찰2차 2020〉

㉠ 피고인이 강취한 현금카드를 사용하여 현금자동지급기에서 현금을 인출한 행위는 강도죄와는 별도로 절도죄가 성립한다.

㉡ 전기통신금융사기(이른바 보이스피싱 범죄)의 범인이 피해자를 기망하여 피해자의 돈을 사기이용계좌로 송금 이체받은 후 그 계좌에서 현금을 인출하였다면, 송금 이체 행위에 대해서는 사기죄가, 현금을 인출한 행위에 대해서는 횡령죄가 성립하며 양 죄는 실체적 경합관계에 있다.

㉢ 음주로 인한 특정범죄 가중처벌 등에 관한 법률 위반(위험운전치사상)죄와 도로교통법 위반(음주운전)죄가 모두 성립하는 경우 두 죄는 실체적 경합관계에 있다.

㉣ 신용카드를 절취한 후 이를 사용한 경우 신용카드의 부정사용행위는 선행 절도범행의 불가벌적 사후행위에 해당한다.

① ㉠, ㉡ ② ㉡, ㉢ ③ ㉠, ㉢ ④ ㉢, ㉣

해설/정답 ③

㉠ (O) 강도죄는 공갈죄와는 달리 피해자의 반항을 억압할 정도로 강력한 정도의 폭행·협박을 수단으로 재물을 탈취하여야 성립하므로, 피해자로부터 현금카드를 강취하였다고 인정되는 경우에는 피해자로부터 현금카드의 사용에 관한 승낙의 의사표시가 있었다고 볼 여지가 없다. 따라서 강취한 현금카드를 사용하여 현금자동지급기에서 예금을 인출한 행위는 피해자의 승낙에 기한 것이라고 할 수 없으므로, 현금자동지급기 관리자의 의사에 반하여 그의 지배를 배제하고 그 현금을 자기의 지배 하에 옮겨 놓는 것이 되어서 강도죄와는 별도로 절도죄를 구성한다(대판 2007.5.10. 2007도1375, 대판 1996.9.20. 95도1728). **[해설]** 본 판례는 예금주인 현금카드 소유자를 협박하여 그 카드를 갈취한 다음 피해자의 승낙에 의하여 현금카드를 사용할 권한을 부여받아 이를 이용하여 현금자동지급기에서 현금을 인출한 행위는 포괄하여 하나의 공갈죄로 처벌할 수 있는데 반하여, 강취한 현금카드를 사용하여 현금자동지급기에서 예금을 인출하는 행위는 강도죄와는 별도로 절도죄를 구성한다고 본 사례이다.

㉡ (×) 전기통신금융사기(이른바 보이스피싱 범죄)의 범인이 피해자를 기망하여 피해자의 자금을 사기이용계좌로 송금·이체받으면 사기죄는 기수에 이르고, 범인이 피해자의 자금을 점유하고 있다고 하여 피해자와의 어떠한 위탁관계나 신임관계가 존재한다고 볼 수 없을 뿐만 아니라, 그 후 범인이 사기이용계좌에서 현금을 인출하였더라도 이는 이미 성립한 사기범행이 예정하고 있던 행위에 지나지 아니하여 새로운 법익을 침해한다고 보기도 어려우므로, 위와 같은 인출행위는 사기의 피해자에 대하여 별도의 횡령죄를 구성하지 아니한다. 이러한 법리는 사기범행에 이용되

리라는 사정을 알고서 자신 명의 계좌의 접근매체를 양도함으로써 사기범행을 방조한 종범이 사기이용계좌로 송금된 피해자의 자금을 임의로 인출한 경우에도 마찬가지로 적용된다(대판 2018.7.19. 2017도17494 전원합의체, 대판 2017.5.31. 2017도3894).

㉢ (○) 음주로 인한 특정범죄가중처벌 등에 관한 법률 위반(위험운전치사상)죄와 도로교통법 위반(음주운전)죄는 입법 취지와 보호법익 및 적용영역을 달리하는 별개의 범죄이므로, 양 죄가 모두 성립하는 경우 두 죄는 실체적 경합관계에 있다(대판 2008.11.13. 2008도7143). **[해설]** 특정범죄가중법위반(위험운전치사상)죄는 음주 또는 약물의 영향으로 정상적인 운전이 곤란한 상태에서 자동차나 원동기장치자전거를 운전하여 사람을 사상에 이르게 함으로써 성립하는 범죄이므로, 본죄가 성립할 경우 도로교통법상 음주운전 또는 약물운전이 별도로 성립하는가와 관련하여 입법 취지와 보호법익 및 적용 영역을 달리한다는 이유로 양 죄는 실체적 경합관계에 있다고 본 판례이다.

㉣ (×) 신용카드를 절취한 후 이를 사용한 경우 신용카드의 부정사용행위는 새로운 법익의 침해로 보아야 하고 그 법익침해가 절도범행보다 큰 것이 대부분이므로 위와 같은 부정사용행위가 절도범행의 불가벌적 사후행위가 되는 것은 아니다(대판 1996.7.12. 96도1181).

142 **죄수(罪數)에 관한 설명으로 가장 적절하지 않은 것은?** 〈경찰2차 2019〉

① 1개의 행위가 수개의 죄에 해당하는 경우에는 가장 중한 죄에 정한 형의 장기 또는 다액의 2분의 1까지 가중한다.

② 판결이 확정되지 아니한 수개의 죄 또는 금고 이상의 형에 처한 판결이 확정된 죄와 그 판결확정 전에 범한 죄를 경합범으로 한다.

③ 전기통신금융사기의 범인이 피해자를 기망하여 피해자의 돈을 사기이용계좌로 송금·이체받은 후에 사기이용계좌에서 현금을 인출한 행위는 불가벌적 사후행위로서 따로 횡령죄를 구성하지 않는다.

④ 피해자에 대한 폭행행위가 동일한 피해자에 대한 업무방해죄의 수단이 된 경우, 폭행행위가 이른바 불가벌적 수반행위에 해당하여 업무방해죄에 흡수된다고 볼 수 없다.

해설/정답 ①

① (×) 형법 제40조

> **제40조(상상적 경합)**
> 1개의 행위가 수개의 죄에 해당하는 경우에는 가장 중한 죄에 정한 형으로 처벌한다.

② (○) 형법 제37조

> **제37조(경합범)**
> 판결이 확정되지 아니한 수개의 죄 또는 금고 이상의 형에 처한 판결이 확정된 죄와 그 판결확정전에 범한 죄를 경합범으로 한다.

③ (○) 전기통신금융사기(이른바 보이스피싱 범죄)의 범인이 피해자를 기망하여 피해자의 돈을 사기이용계좌로 송금·이체받았다면 이로써 편취행위는 기수에 이른다. 따라서 범인이 피해자의 돈을 보유하게 되었더라도 이로 인하여 피해자와 사이에 어떠한 위탁 또는 신임관계가 존재한다고 할 수 없는 이상 피해자의 돈을 보관하는 지위에 있다고 볼 수 없으며, 나아가 그 후에 범인이 사기이용계좌에서 현금을 인출하였더라도 이는 이미 성립한 사기범행의 실행행위에 지나지 아니하여 새로운 법익을 침해한다고 보기

도 어려우므로, 위와 같은 인출행위는 사기의 피해자에 대하여 따로 횡령죄를 구성하지 아니한다. 그리고 이러한 법리는 사기범행에 이용되리라는 사정을 알고서도 자신 명의 계좌의 접근매체를 양도함으로써 사기범행을 방조한 종범이 사기이용계좌로 송금된 피해자의 돈을 임의로 인출한 경우에도 마찬가지로 적용된다(대판 2017.5.31. 2017도3045).

④ (○) [1] 상상적 경합은 1개의 행위가 실질적으로 수개의 구성요건을 충족하는 경우를 말하고, 법조경합은 1개의 행위가 외관상 수개의 죄의 구성요건에 해당하는 것처럼 보이나 실질적으로 1죄만을 구성하는 경우를 말하며, 실질적으로 1죄인가 또는 수죄인가는 구성요건적 평가와 보호법익의 측면에서 고찰하여 판단하여야 한다. 그리고 이른바 '불가벌적 수반행위'란 법조경합의 한 형태인 흡수관계에 속하는 것으로서, 행위자가 특정한 죄를 범하면 비록 논리 필연적인 것은 아니지만 일반적·전형적으로 다른 구성요건을 충족하고 이때 그 구성요건의 불법이나 책임 내용이 주된 범죄에 비하여 경미하기 때문에 처벌이 별도로 고려되지 않는 경우를 말한다. [2] 업무방해죄와 폭행죄는 구성요건과 보호법익을 달리하고 있고, 업무방해죄의 성립에 일반적·전형적으로 사람에 대한 폭행행위를 수반하는 것은 아니며, 폭행행위가 업무방해죄에 비하여 별도로 고려되지 않을 만큼 경미한 것이라고 할 수도 없으므로, 설령 피해자에 대한 폭행행위가 동일한 피해자에 대한 업무방해죄의 수단이 되었다고 하더라도 그러한 폭행행위가 이른바 '불가벌적 수반행위'에 해당하여 업무방해죄에 대하여 흡수관계에 있다고 볼 수는 없다(대판 2012.10.11. 2012도1895).

143 죄수 및 경합에 관한 설명 중 옳은 것은? 〈경찰1차 2019〉

① 허위공문서작성죄와 동행사죄가 수뢰후부정처사죄와 각각 상상적 경합관계에 있을지라도 허위공문서작성죄와 동행사죄 상호 간은 실체적 경합범관계에 있으므로 따로이 경합가중을 해야 한다.

② 감금행위가 단순히 강도상해 범행의 수단이 되는 데 그치지 아니하고 강도상해의 범행이 끝난 뒤에도 계속된 경우에는 1개의 행위가 감금죄와 강도상해죄에 해당하는 경우라고 볼 수 있다.

③ 건물관리인이 건물주로부터 월세임대차계약 체결업무를 위임받고도 임차인들을 속여 전세임대차계약을 체결하고 그 보증금을 편취한 경우, 사기죄와 업무상배임죄의 상상적 경합관계에 해당한다.

④ 신용협동조합의 전무가 그 조합의 담당직원을 기망하여 예금인출금 또는 대출금 명목으로 금원을 교부받은 경우, 사기죄와 업무상배임죄의 상상적 경합관계에 해당한다.

해설/정답 ④

① (×) 연결효과에 의한 상상적 경합이론은 독립적인 두 개의 범죄를 사실상 연결하고 있는 제3의 범죄가 있을 때, 제3의 범죄의 연결효과에 의하여 독립적인 두 개의 범죄 사이에도 상상적 경합의 관계를 인정할 것인지의 문제이다. 판례에 의하면 허위공문서작성죄와 동행사죄가 수뢰후부정처사죄와 각각 상상적 경합관계에 있을 때에는 허위공문서작성죄와 동행사죄 상호간은 실체적 경합범관계에 있다고 할지라도 상상적 경합범관계에 있는 수뢰후부정처사죄와 대비하여 가장 중한 죄에 정한 형으로 처단하면 족한 것이고 따로이 경합가중을 할 필요가 없다고 하여 긍정설과 동일한 입장을 취한다(대판 1983.7.26. 83도1378).

② (×) 감금행위가 단순히 강도상해 범행의 수단이 되는 데 그치지 아니하고 강도상해의 범행이 끝난 뒤에도 계속된 경우에는 1개의 행위가 감금죄와 강도상해죄에 해당하는 경우라고 볼 수 없고, 이 경우 감금죄와 강도상해죄는 형법 제37조의 경합범 관계에 있다고 보아야 한다(대판 2003.1.10. 2002도4380).

③ (×) 피고인이 이 사건 각 건물에 관하여 전세임대차계약을 체결할 권한이 없음에도 임차인들을 속이고

전세임대차계약을 체결하여 그 임차인들로부터 전세보증금 명목으로 돈을 교부받은 행위는 건물주가 민사적으로 임차인들에게 전세보증금반환채무를 부담하는지 여부와 관계없이 사기죄에 해당하고, 이 사건 각 건물에 관하여 전세임대차계약이 아닌 월세임대차계약을 체결하여야 할 업무상 임무를 위반하여 전세임대차계약을 체결하여 그 건물주인 피해자로 하여금 전세보증금반환채무를 부담하게 한 행위는 위 사기죄와 별도로 업무상배임죄에 해당한다. 그리고 나아가 위 각 죄는 서로 구성요건 및 그 행위의 태양과 보호법익을 달리하고 있어 상상적 경합범의 관계가 아니라 실체적 경합범의 관계에 있다고 할 것이다(대판 2010.11.11. 2010도10690).

④ (○) 업무상 배임행위에 사기행위가 수반된 때의 죄수 관계에 관하여 보면, 사기죄는 사람을 기망하여 재물의 교부를 받거나 재산상의 이익을 취득하는 것을 구성요건으로 하는 범죄로서 임무위배를 그 구성요소로 하지 아니하고 사기죄의 관념에 임무위배 행위가 당연히 포함된다고 할 수도 없으며, 업무상 배임죄는 업무상 타인의 사무를 처리하는 자가 그 업무상의 임무에 위배하는 행위로써 재산상의 이익을 취득하거나 제3자로 하여금 이를 취득하게 하여 본인에게 손해를 가하는 것을 구성요건으로 하는 범죄로서 기망적 요소를 구성요건의 일부로 하는 것이 아니어서 양 죄는 그 구성요건을 달리하는 별개의 범죄이고 형법상으로도 각각 별개의 장에 규정되어 있어, 1개의 행위에 관하여 사기죄와 업무상 배임죄의 각 구성요건이 모두 구비된 때에는 양 죄를 법조경합 관계로 볼 것이 아니라 상상적 경합관계로 봄이 상당하다 할 것이고, 나아가 업무상 배임죄가 아닌 단순배임죄라고 하여 양 죄의 관계를 달리 보아야 할 이유도 없다(대판 2002.7.18. 2002도669 전원합의체).

144 죄수에 대한 설명으로 가장 적절하지 않은 것은? 〈경찰3차 2018〉

① 저작권자가 같더라도 각각의 저작물에 대한 저작재산권 침해행위는 원칙적으로 각 별개의 죄를 구성하지만 단일하고도 계속된 범의 아래 동일한 저작물에 대한 침해행위가 일정기간 반복하여 행하여진 경우에는 포괄하여 하나의 범죄가 성립한다고 볼 수 있다.

② 강도범인이 체포를 면탈할 목적으로 경찰관에게 폭행을 가한 때에는 강도죄와 공무집행방해죄는 실체적 경합관계에 있다.

③ 피해자에 대한 폭행행위가 동일한 피해자에 대한 업무방해죄의 수단이 된 경우 그러한 폭행행위는 이른바 '불가벌적 수반행위'에 해당하여 업무방해죄에 대하여 흡수관계에 있다고 볼 수는 없다.

④ 경찰공무원이 지명수배 중인 범인을 발견하고도 직무상 의무에 따른 적절한 조치를 취하지 아니하고 오히려 범인을 도피하게 하는 행위를 한 경우 범인도피죄와 직무유기죄는 상상적 경합관계에 있다.

해설/정답 ④

① (○) 2개의 인터넷 파일공유 웹스토리지 사이트를 운영하는 피고인들이 이를 통해 저작재산권 대상인 디지털 콘텐츠가 불법 유통되고 있음을 알면서도 다수의 회원들로 하여금 수만 건에 이르는 불법 디지털 콘텐츠를 업로드하게 한 후 이를 수십만 회에 걸쳐 다운로드하게 함으로써 저작재산권 침해를 방조하였다는 내용으로 기소된 사안에서, 피고인들에게 '영리 목적의 상습성'이 인정된다고 하더라도 이는 고소 없이도 처벌할 수 있는 근거가 될 뿐 피고인들의 각 방조행위는 원칙적으로 서로 경합범 관계에 있고, 다만 동일한 저작물에 대한 수회의 침해행위에 대한 각 방조행위가 포괄하여 하나의 범죄가 성립할 여지가 있을 뿐인데도, 이와 달리 위 사이트를 통해 유통된 다수 저작권자의 다수 저작물에 대한 피고인들의 범행 전체가 하나의 포괄

일죄를 구성한다고 본 원심판결에 저작권법 위반죄의 죄수에 관한 법리오해의 위법이 있다고 한 사례(대판 2012.5.10. 2011도12131).

② (○) 절도범인이 체포를 면탈할 목적으로 경찰관에게 폭행 협박을 가한 때에는 준강도죄와 공무집행방해죄를 구성하고 양죄는 상상적 경합관계에 있으나, 강도범인이 체포를 면탈할 목적으로 경찰관에게 폭행을 가한 때에는 강도죄와 공무집행방해죄는 실체적 경합관계에 있고 상상적 경합관계에 있는 것이 아니다(대판 1992.7.28. 92도917).

③ (○) 업무방해죄와 폭행죄는 구성요건과 보호법익을 달리하고 있고, 업무방해죄의 성립에 일반적·전형적으로 사람에 대한 폭행행위를 수반하는 것은 아니며, 폭행행위가 업무방해죄에 비하여 별도로 고려되지 않을 만큼 경미한 것이라고 할 수도 없으므로, 설령 피해자에 대한 폭행행위가 동일한 피해자에 대한 업무방해죄의 수단이 되었다고 하더라도 그러한 폭행행위가 이른바 '불가벌적 수반행위'에 해당하여 업무방해죄에 대하여 흡수관계에 있다고 볼 수는 없다(대판 2012.10.11. 2012도1895).

④ (×) 피고인이 검사로부터 범인을 검거하라는 지시를 받고서도 그 직무상의 의무에 따른 적절한 조치를 취하지 아니하고 오히려 범인에게 전화로 도피하라고 권유하여 그를 도피케 하였다는 범죄사실만으로는 직무위배의 위법상태가 범인도피행위 속에 포함되어 있는 것으로 보아야 할 것이므로, 이와 같은 경우에는 작위범인 범인도피죄만이 성립하고 부작위범인 직무유기죄는 따로 성립하지 아니한다(대판 1996.5.10. 96도51, 대판 2017.3.15. 2015도1456).

145 죄수에 대한 설명으로 옳은 것을 모두 고른 것은? 〈경찰1차 2018〉

> ㉠ 피고인이 강취한 현금카드를 사용하여 현금자동지급기에서 현금을 인출한 행위는 강도죄와는 별도로 절도죄가 성립한다.
> ㉡ 열차승차권을 절취한 자가 역직원에게 자기의 소유인 양 속여 현금과 교환한 경우에 절도죄 외에 사기죄가 성립한다.
> ㉢ 전기통신금융사기(이른바 보이스피싱 범죄)의 범인이 피해자를 기망하여 피해자의 자금을 사기이용계좌로 송금·이체받은 후 사기이용계좌에서 현금을 인출한 행위는 사기의 피해자에 대하여 별도의 횡령죄를 구성한다.
> ㉣ 乙 종중으로부터 토지를 명의신탁받아 보관 중이던 甲이 개인 채무변제에 사용할 목적으로 위 토지에 근저당권을 설정한 후에 다시 위 토지를 丙에게 매도한 경우, 甲의 토지 매도행위는 별도의 횡령죄를 구성한다.

① ㉠, ㉡　　② ㉡, ㉢　　③ ㉠, ㉣　　④ ㉢, ㉣

해설/정답 ③

㉠ (○) 강도죄는 공갈죄와는 달리 피해자의 반항을 억압할 정도로 강력한 정도의 폭행·협박을 수단으로 재물을 탈취하여야 성립하므로, 피해자로부터 현금카드를 강취하였다고 인정되는 경우에는 피해자로부터 현금카드의 사용에 관한 승낙의 의사표시가 있었다고 볼 여지가 없다. 따라서 강취한 현금카드를 사용하여 현금자동지급기에서 예금을 인출한 행위는 피해자의 승낙에 기한 것이라고 할 수 없으므로, 현금자동지급기 관리자의 의사에 반하여 그의 지배를 배제하고 그 현금을 자기의 지배 하에 옮겨 놓는 것이 되어서 강도죄와는 별도로 절도죄를 구성한다(대판 2007.5.10. 2007도1375).

㉡ (×) 열차승차권은 그 자체에 권리가 화체되어 있는 무기명증권이므로 이를 곧 사용하여 승차하거나 권면가액으로 양도할 수 있고 매입금액의 환불을 받을 수 있는 것으로서 열차승차권을 절취한 자가 환불을 받음에 있어 비록 기망행위가 수반한다 하더라도 절도죄 외에 따로 사기죄가 성립하지 아니한다(대판 1975.8.29. 75도1996).

㉢ (×) 전기통신금융사기(이른바 보이스피싱 범죄)의 범인이 피해자를 기망하여 피해자의 돈을 사기이용계좌로 송금·이체받았다면 이로써 편취행위는 기수에 이른다. 따라서 범인이 피해자의 돈을 보유하게 되었더라도 이로 인하여 피해자와 사이에 어떠한 위탁 또는 신임관계가 존재한다고 할 수 없는 이상 피해자의 돈을 보관하는 지위에 있다고 볼 수 없으며, 나아가 그 후에 범인이 사기이용계좌에서 현금을 인출하였더라도 이는 이미 성립한 사기범행의 실행행위에 지나지 아니하여 새로운 법익을 침해한다고 보기도 어려우므로, 위와 같은 인출행위는 사기의 피해자에 대하여 따로 횡령죄를 구성하지 아니한다. 그리고 이러한 법리는 사기범행에 이용되리라는 사정을 알고서도 자신 명의 계좌의 접근매체를 양도함으로써 사기범행을 방조한 종범이 사기이용계좌로 송금된 피해자의 돈을 임의로 인출한 경우에도 마찬가지로 적용된다(대판 2017.5.31. 2017도3045).

㉣ (○) 피해자 갑 종중으로부터 종중 소유의 토지를 명의신탁받아 보관 중이던 피고인 을이 자신의 개인 채무변제에 사용할 돈을 차용하기 위해 위 토지에 근저당권을 설정하였는데, 그 후 피고인 을, 병이 공모하여 위 토지를 정에게 매도한 사안에서, 피고인들이 토지를 매도한 행위는 선행 근저당권설정행위 이후에 이루어진 것이어서 불가벌적 사후행위에 해당한다는 취지의 피고인들 주장을 배척하고 위 토지 매도행위가 별도의 횡령죄를 구성한다고 본 원심판단을 정당하다고 한 사례(대판 2013.2.21. 2010도10500 전원합의체).

146 죄수에 대한 설명으로 가장 적절한 것은? 〈경찰1차 2017〉

① 경찰관이 검사로부터 범인을 검거하라는 지시를 받고서도 그 직무상의 의무에 따른 적절한 조치를 취하지 아니하고 오히려 범인에게 전화로 도피하라고 권유하여 그를 도피케 한 경우, 범인도피죄와 직무유기죄의 상상적 경합이다.

② 상습성이 있는 자가 같은 종류의 죄를 반복하여 저질렀다 하더라도 상습범을 별도의 범죄유형으로 처벌하는 규정이 없는 한, 각 죄는 원칙적으로 별개의 범죄로서 경합범으로 처단하여야 한다.

③ 사기의 수단으로 발행한 수표가 지급거절된 경우, 부정수표단속법위반죄와 사기죄는 그 행위의 태양과 보호법익을 달리하므로 상상적 경합범의 관계에 있다.

④ 편취한 약속어음을 그와 같은 사실을 모르는 제3자에게 편취사실을 숨기고 할인 받은 경우, 그 약속어음을 취득한 제3자가 선의이고 약속어음의 발행인이나 배서인이 어음금을 지급할 의사와 능력이 있었다면 제3자에 대한 별도의 사기죄는 성립하지 않는다.

해설/정답 ②

① (×) 경찰관이 검사로부터 범인을 검거하라는 지시를 받고서도 그 직무상의 의무에 따른 적절한 조치를 취하지 아니하고 오히려 범인에게 전화로 도피하라고 권유하여 그를 도피케 하였다는 범죄사실만으로는 직무위배의 위법상태가 범인도피행위 속에 포함되어 있는 것으로 보아야 할 것이므로, 이와 같은 경우에는 작위범인 범인도피죄만이 성립하고 부작위범인 직무유기죄는 따로 성립하지 아니한다(대판 1996.5.10. 96도51).

② (○) 상습범이란 어느 기본적 구성요건에 해당하는 행위를 한 자가 범죄행위를 반복하여 저지르는 습벽,

즉 상습성이라는 행위자적 속성을 갖추었다고 인정되는 경우에 이를 가중처벌 사유로 삼고 있는 범죄유형을 가리키므로, 상습성이 있는 자가 같은 종류의 죄를 반복하여 저질렀다 하더라도 상습범을 별도의 범죄유형으로 처벌하는 규정이 없는 한 각 죄는 원칙적으로 별개의 범죄로서 경합범으로 처단할 것이다(대판 2012.5.10. 2011도12131).

③ (×) 사기의 수단으로 발행한 수표가 지급거절된 경우 부정수표단속법위반죄와 사기죄는 그 행위의 태양과 보호법익을 달리하므로 실체적 경합범의 관계에 있다(대판 2004.6.25. 2004도1751).

④ (×) 편취한 약속어음을 그와 같은 사실을 모르는 제3자에게 편취사실을 숨기고 할인받는 행위는 당초의 어음 편취와는 별개의 새로운 법익을 침해하는 행위로서 기망행위와 할인금의 교부행위 사이에 상당인과관계가 있어 새로운 사기죄를 구성한다 할 것이고, 설령 그 약속어음을 취득한 제3자가 선의이고 약속어음의 발행인이나 배서인이 어음금을 지급할 의사와 능력이 있었다 하더라도 이러한 사정은 사기죄의 성립에 영향이 없다(대판 2005.9.30. 2005도5236).

PART 03
형벌론

제1절 형벌의 종류

001 몰수와 추징에 대한 설명으로 가장 적절하지 않은 것은? (다툼이 있는 경우 판례에 의하고, 전원합의체 판결의 경우 다수의견에 의함. 이하 같음) 〈경찰3차 2018〉

① 행위자에게 유죄의 재판을 아니할 때에도 몰수의 요건이 있는 때에는 몰수만을 선고할 수 있다.

② 마약류 관리에 관한 법률 제67조의 몰수나 추징을 선고하기 위하여는 몰수나 추징의 요건이 공소가 제기된 범죄사실과 관련되어 있어야 하므로, 법원으로서는 범죄사실에서 인정되지 아니한 사실에 관하여는 몰수나 추징을 선고할 수 없다.

③「형법」제134조에 의한 필요적 몰수의 경우 뇌물에 공할 금품이 특정되지 않았던 것은 몰수할 수 없고 그 가액을 추징할 수도 없다.

④「형법」제357조에 의한 필요적 몰수의 경우 배임수재자가 배임증재자로부터 받은 재물을 그대로 가지고 있다가 증재자에게 반환하였더라도 수재자로부터 이를 몰수하거나 그 가액을 추징하여야 한다.

해설/정답 ④

① (○) 형법 제49조

> **제49조(몰수의 부가성)**
> 몰수는 타형에 부가하여 과한다. 단, 행위자에게 유죄의 재판을 아니할 때에도 몰수의 요건이 있는 때에는 몰수만을 선고할 수 있다.

② (○) 마약류 관리에 관한 법률 제67조의 몰수나 추징을 선고하기 위하여는 몰수나 추징의 요건이 공소가 제기된 범죄사실과 관련되어 있어야 하므로, 법원으로서는 범죄사실에서 인정되지 아니한 사실에 관하여는 몰수나 추징을 선고할 수 없다(대판 2016.12.15. 2016도16170).

③ (○) 형법 제134조는 뇌물에 공할 금품을 필요적으로 몰수하고 이를 몰수하기 불가능한 때에는 그 가액을 추징하도록 규정하고 있는바, 몰수는 특정된 물건에 대한 것이고 추징은 본래 몰수할 수 있었음을 전제로 하는 것임에 비추어 뇌물에 공할 금품이 특정되지 않았던 것은 몰수할 수 없고 그 가액을 추징할 수도 없다(대판 1996.5.8. 96도221).

④ (×) 형법(2016. 5. 29. 법률 제14178호로 개정되기 전의 것)은 제357조 제1항에서 배임수재죄를, 제2항에서 배임증재죄를 규정하고, 이어 제3항에서 "범인이 취득한 제1항의 재물은 몰수한다. 그 재물을 몰수하기 불능하거나 재산상의 이익을 취득한 때에는 그 가액을 추징한다."라고 규정하고 있다. 배임수재죄와 배임증재죄는 이른바 대향범으로서 위 제3항에서 필요적 몰수 또는 추징을 규정한 것은 범행에 제공된 재물과 재산상 이익을 박탈하여 부정한 이익을 보유하지 못하게 하기 위한 것이므로, 제3항에서 몰수의 대상으로 규정한 '범인이 취득한 제1항의 재물'은 배임수재죄의 범인이 취득한 목적물이자 배임증재죄의 범인이 공여한 목적물을 가리키는 것이지 배임수재죄의 목적물만을 한정하여 가리키는 것이 아니다. 그러므로 수재자가 증재자로부터 받은 재물을 그대로 가지고 있다가 증재자에게 반환하였다면 증재자로부터 이를 몰수하거나 그 가액을 추징하여야 한다(대판 2017.4.7. 2016도18104).

제2절 | 형의 양정

002 형의 가중·감경에 대한 설명으로 옳지 않은 것은 모두 몇 개인가? 〈경찰 2차 2021 변형〉

㉠ 임의적 감경사유의 존재가 인정되고 법관이 그에 따라 징역형에 대해 법률상 감경을 하는 경우에는 법정형의 하한만 2분의 1로 감경한다.

㉡ 경합범에 대하여 「형법」 제38조 제1항 제3호에 의하여 징역형과 벌금형을 병과하는 경우 징역형에만 작량감경을 하고 벌금형에는 작량감경을 하지 아니하는 것은 위법하다.

㉢ 법정형에 하한이 설정된 「형법」 제37조 후단 경합범에 대하여 「형법」 제39조 제1항 후문에 따라 형을 감경할 때에는 「형법」 제55조 제1항이 적용되지 아니하여 유기징역의 경우에는 그 형기의 2분의 1 미만으로도 감경할 수 있다.

㉣ 절도죄로 3차례에 걸쳐 징역형을 선고받고 그 형의 집행을 종료한 후, 누범기간 내에 수회의 절도 범행을 저지른 경우에는 반복적으로 범행을 저지르는 절도 사범에 관한 법정형을 강화한 「특정범죄 가중처벌 등에 관한 법률」(2016. 1. 6. 법률 제13717호로 개정·시행) 제5조의4 제5항 제1호가 적용되므로 별도로 「형법」 제35조의 누범가중한 형기범위 내에서 처단형을 정할 필요는 없다.

① 1개 ② 2개 ③ 3개 ④ 4개

해설/정답 ④

㉠ (×) [1] 형법 제25조는 범죄의 실행에 착수하여 행위를 종료하지 못하였거나 결과가 발생하지 아니한 때에는 미수범으로 처벌하고(제1항), 미수범의 형은 기수범보다 감경할 수 있다(제2항)고 규정하고 있다. 형법 제25조 제2항에 따른 형의 감경은 법률상 감경의 일종으로서 재판상 감경인 작량감경(형법 제53조)과 구별된다. [2] 필요적 감경의 경우에는 감경사유의 존재가 인정되면 반드시 형법 제55조 제1항에 따른 법률상 감경을 하여야 함에 반해, 임의적 감경의 경우에는 감경사유의 존재가 인정되더라도 법관이 형법 제55조 제1항에 따른 법률상 감경을 할 수도 있고 하지 않을 수도 있다. 나아가 임의적 감경사유의 존재가 인정되고 법관이 그에 따라 징역형에 대해 법률상 감경을 하는 이상 형법 제55조 제1항 제3호에 따라 상한과 하한을 모두 2분의 1로 감경한다. 이러한 현재 판례와 실무의 해석은 여전히 타당하다(대판 2021.1.21. 2018도5475 전원합의체).

㉡ (×) [1] 형법 제38조(경합범과 처벌례) 제1항 제3호에 의하여 징역형과 벌금형을 병과하는 경우에는 각 형에 대한 범죄의 정상에 차이가 있을 수 있으므로 징역형에만 작량감경을 하고 벌금형에는 작량감경을 하지 아니하였다고 하여 이를 위법하다고 할 수 없다. [2] 이러한 법리에 비추어 원심이, 피고인에게 판시 특정범죄 가중처벌 등에 관한 법률 위반(절도)죄 등에 대한 징역형과 판시 도로교통법 위반죄에 대한 벌금형을 병과하면서 징역형에만 작량감경을 한 제1심의 판단을 유지한 것을 위법하다고 할 수 없다. 이에 관한 상고이유의 주장은 받아들일 수 없다(대법원 1976. 9. 14. 선고 76도2012 판결 등은 하나의 죄에 대하여 징역형과 벌금형을 병과하는 경우에 관한 것으로서 이 사건과 사안을 달리하여 이 사건에 그대로 적용할 수 없는 것들이다)(대판 2006.3.23. 2006도1076).

㉢ (×) [1] [다수의견] 형법 제37조 후단 경합범(이하 '후단 경합범'이라 한다)에 대하여 형법 제39조 제1항에 의하여 형을 감경할 때에도 법률상 감경에 관한 형법 제55조 제1항이 적용되어 유기징역을 감경할 때에는 그 형기의 2분의 1 미만으로는 감경할 수 없다. 그 이유는 다음과 같다. ① 처단형은 선고형의 최종적인 기준이 되므로 그 범위는 법률에 따라서 엄격하게 정하여야 하고, 별도의 명시적인 규정이 없는 이상 형법 제56조에서 열거하고 있는 가중·

감경할 사유에 해당하지 않는 다른 성질의 감경 사유를 인정할 수는 없다. 형의 감경에는 법률상 감경과 재판상 감경인 작량감경이 있다. 작량감경 외에 법률의 여러 조항에서 정하고 있는 감경은 모두 법률상 감경이라는 하나의 틀 안에 놓여 있다. 따라서 형법 제39조 제1항 후문에서 정한 감경도 당연히 법률상 감경에 해당한다. 형법 제39조 제1항 후문의 "그 형을 감경 또는 면제할 수 있다."라는 규정 형식도 다른 법률상의 감경 사유들과 다르지 않다. 이와 달리 형법 제39조 제1항이 새로운 감경을 설정하였다고 하려면 그에 대하여 일반적인 법률상의 감경과 다른, 감경의 폭이나 방식이 제시되어야 하고 감경의 순서 또한 따로 정했어야 할 것인데 이에 대하여는 아무런 정함이 없다. 감경의 폭이나 방식, 순서에 관해 달리 정하고 있지 않은 이상 후단 경합범에 대하여도 법률상 감경 방식에 관한 총칙규정인 형법 제55조, 제56조가 적용된다고 보는 것이 지극히 자연스럽다. ② 후단 경합범에 따른 감경을 새로운 유형의 감경이 아니라 일반 법률상 감경의 하나로 보고, 후단 경합범에 대한 감경에 있어 형법 제55조 제1항에 따라야 한다고 보는 것은 문언적·체계적 해석에 합치될 뿐 아니라 입법자의 의사와 입법연혁 등을 고려한 목적론적 해석에도 부합한다. [2] 피고인이 마약류 관리에 관한 법률 위반(향정)죄의 범죄사실로 징역 4년을 선고받아 그 판결이 확정되었는데, 위 판결확정 전에 향정신성의약품을 1회 판매하고 1회 판매하려다 미수에 그쳤다는 내용의 마약류 관리에 관한 법률 위반(향정) 공소사실로 기소된 사안에서, 법정형인 무기 또는 5년 이상의 징역 중에서 유기징역을 선택하고 형법 제37조 후단 경합범에 대한 감경과 작량감경을 한 원심으로서는 형법 제56조가 정한 가중·감경의 순서에 따라 형법 제39조 제1항에 따른 감경(제56조 제4호), 경합범 가중(같은 조 제5호), 작량감경(같은 조 제6호)의 순서로 가중·감경을 하되, 그 감경은 형법 제55조 제1항 제3호에 따라 '그 형기의 2분의 1'로 하여야 하므로 그 처단형인 징역 1년 3개월부터 11년 3개월까지의 범위 내에서 피고인에 대한 형을 정했어야 하는데도, 이와 달리 형법 제37조 후단 경합범에 대하여 형법 제39조 제1항에서 정한 감경을 할 때에는 형법 제55조 제1항이 적용되지 않는다는 전제에서 위와 같은 법률상 처단형의 하한을 벗어난 징역 6개월을 선고한 원심의 판단에 형법 제39조 제1항에서 정한 형의 감경에 관한 법리를 오해한 잘못이 있다고 한 사례(대판 2019.4.18. 2017도14609 전원합의체).

ⓓ (×) [1] 2016. 1. 6. 법률 제13717호로 개정·시행된 특정범죄 가중처벌 등에 관한 법률(이하 '특정범죄가중법'이라고 한다) 제5조의4 제5항은 "형법 제329조부터 제331조까지, 제333조부터 제336조까지 및 제340조·제362조의 죄 또는 그 미수죄로 세 번 이상 징역형을 받은 사람이 다시 이들 죄를 범하여 누범으로 처벌하는 경우에는 다음 각 호의 구분에 따라 가중처벌한다."라고 규정하면서, 같은 항 제1호(이하 '이 사건 법률 규정'이라고 한다)는 '형법 제329조부터 제331조까지의 죄(미수범을 포함한다)를 범한 경우에는 2년 이상 20년 이하의 징역에 처한다'고 규정하고 있다. 이 사건 법률 규정은 그 입법취지가 반복적으로 범행을 저지르는 절도 사범에 관한 법정형을 강화하기 위한 데 있고, 조문의 체계가 일정한 구성요건을 규정하는 형식으로 되어 있으며, 적용요건이나 효과도 형법 제35조와 달리 규정되어 있다. 이러한 이 사건 법률 규정의 입법취지, 형식 및 형법 제35조와의 차이점 등에 비추어 보면, 이 사건 법률 규정은 형법 제35조(누범) 규정과는 별개로 '형법 제329조부터 제331조까지의 죄(미수범 포함)를 범하여 세 번 이상 징역형을 받은 사람이 그 누범 기간 중에 다시 해당 범죄를 저지른 경우에 형법보다 무거운 법정형으로 처벌한다'는 내용의 새로운 구성요건을 창설한 것으로 해석해야 한다. 따라서 이 사건 법률 규정에 정한 형에 다시 형법 제35조의 누범가중한 형기범위 내에서 처단형을 정하여야 한다. [2] 특정범죄 가중처벌 등에 관한 법률 제5조의4 제5항 제1호가 형법 제35조의 특별규정에 해당한다고 보아 형법 제35조의 누범가중을 하지 아니한 원심판결을 파기한 사례(대판 2020.5.14. 2019도18947).

003 **다음 설명 중 가장 적절하지 않은 것은?** 〈경찰2차 2020〉

① 형사사건으로 외국 법원에 기소되었다가 무죄판결을 받은 사람은, 설령 그가 무죄판결을 받기까지 상당 기간 미결구금되었더라도 이를 유죄판결에 의하여 형이 실제로 집행된 것으로 볼 수는 없으므로, '외국에서 형의 전부 또는 일부가 집행된 사람'에 해당한다고 볼 수 없고, 그 미결구금 기간은 형법 제7조에 의한 산입의 대상이 될 수 없다.

② 피고인이 수사기관에 자진 출석하여 처음 조사를 받으면서는 돈을 차용하였을 뿐이라며 범죄사실을 부인하다가 제2회 조사를 받으면서 비로소 업무와 관련하여 돈을 수수하였다고 자백한 행위를 자수라고 할 수 없다.

③ 법관은 양형을 함에 있어 법정형에서 형의 가중 감면 등을 거쳐 형성된 처단형의 범위 내에서 양형의 조건을 참작하여 선고형을 정하여야 한다.

④ 작량감경이란 법률상 특별한 감경사유가 없는 경우에도 피고인에게 정상참작의 여지가 있을 때 법원이 재량으로 하는 형의 감경이고, 법률상 감경사유가 있을 때에는 항상 작량감경이 우선해야 한다.

해설/정답 ④

① (○) [다수의견] 형법 제7조는 "죄를 지어 외국에서 형의 전부 또는 일부가 집행된 사람에 대해서는 그 집행된 형의 전부 또는 일부를 선고하는 형에 산입한다."라고 규정하고 있다. 이 규정의 취지는, 형사판결은 국가주권의 일부분인 형벌권 행사에 기초한 것이어서 피고인이 외국에서 형사처벌을 과하는 확정판결을 받았더라도 그 외국 판결은 우리나라 법원을 기속할 수 없고 우리나라에서는 기판력도 없어 일사부재리의 원칙이 적용되지 않으므로, 피고인이 동일한 행위에 관하여 우리나라 형벌법규에 따라 다시 처벌받는 경우에 생길 수 있는 실질적인 불이익을 완화하려는 것이다. 그런데 여기서 '외국에서 형의 전부 또는 일부가 집행된 사람'이란 문언과 취지에 비추어 '외국 법원의 유죄판결에 의하여 자유형이나 벌금형 등 형의 전부 또는 일부가 실제로 집행된 사람'을 말한다고 해석하여야 한다. 따라서 형사사건으로 외국 법원에 기소되었다가 무죄판결을 받은 사람은, 설령 그가 무죄판결을 받기까지 상당 기간 미결구금되었더라도 이를 유죄판결에 의하여 형이 실제로 집행된 것으로 볼 수는 없으므로, '외국에서 형의 전부 또는 일부가 집행된 사람'에 해당한다고 볼 수 없고, 그 미결구금 기간은 형법 제7조에 의한 산입의 대상이 될 수 없다(대판 2017.8.24. 2017도5977 전원합의체).

② (○) 피고인이 금융기관 직원인 자신의 업무와 관련하여 금품을 수수하였다고 하여 특정경제범죄 가중처벌 등에 관한 법률 위반(수재)죄로 기소된 사안에서, 피고인이 수사기관에 자진 출석하여 처음 조사를 받으면서는 돈을 차용하였을 뿐이라며 범죄사실을 부인하다가 제2회 조사를 받으면서 비로소 업무와 관련하여 돈을 수수하였다고 자백한 행위를 자수라고 할 수 없고, 설령 자수하였다고 하더라도 자수한 이에 대하여는 법원이 임의로 형을 감경할 수 있음에 불과한 것으로서 원심이 자수의 착오 주장에 대하여 판단하지 아니하였다 하여 위법하다고 할 수 없다고 한 사례(대판 2011.12.22. 2011도12041).

③ (○) 형의 양정은 법정형 확인, 처단형 확정, 선고형 결정 등 단계로 구분된다. 법관은 형의 양정을 할 때 법정형에서 형의 가중·감경 등을 거쳐 형성된 처단형의 범위 내에서만 양형의 조건을 참작하여 선고형을 결정하여야 하고, 이는 후단 경합범의 경우에도 마찬가지이다(대판 2019.4.18. 2017도14609 전원합의체, 대판 2008.9.11. 2006도8376).

④ (×) 형법 제56조는 형을 가중 감경할 사유가 경합된 경우 가중 감경의 순서를 정하고 있고, 이에 따르면 법률상 감경을 먼저하고 마지막으로 작량감경을 하게 되어 있으므로, 법률상 감경사유가 있을 때에는 작량감경보다 우선하여 하여야 할 것이고, 작량감경은 이와 같은 법률상 감경을 다하고도 그 처단형보다 낮은 형을 선고하고자 할 때에 하는 것이 옳다(대판 1994.3.8. 93도3608, 대판 1991.6.11. 91도985).

004 자수에 대한 다음 설명 중 가장 적절하지 않은 것은? 〈경찰2차 2016〉

① 수사기관에 뇌물수수의 범죄사실을 자발적으로 신고하였으나 그 수뢰액을 실제보다 적게 신고함으로써 적용법조와 법정형이 달라지게 된 경우 자수가 성립하지 않는다.

② 범죄사실과 범인이 누구인가가 발각된 후라 하더라도 범인이 자발적으로 자기의 범죄사실을 수사기관에 신고한 경우에는 이를 자수로 보아야 한다.

③ 「형법」상 피해자의 의사에 반하여 처벌할 수 없는 죄에 있어서 피해자에게 자복한 경우에는 필요적 감면사유이다.

④ 피고인이 수사기관에 자진 출석하여 처음 조사를 받으면서는 돈을 차용하였을 뿐이라며 범죄사실을 부인하다가 제2회 조사를 받으면서 비로소 업무와 관련하여 돈을 수수하였다고 자백한 행위를 자수라고 할 수 없다.

해설/정답 ③

① (○) 형법 제52조 제1항 소정의 자수란 범인이 자발적으로 자신의 범죄사실을 수사기관에 신고하여 그 소추를 구하는 의사표시를 함으로써 성립하는 것이고(대판 1999.7.9. 99도1695 참조), 여기서 신고의 내용이 되는 '자신의 범죄사실'이란 자기의 범행으로서 범죄성립요건을 갖춘 객관적 사실을 의미하는 것으로서, 위와 같은 객관적 사실을 자발적으로 수사기관에 신고하여 그 처분에 맡기는 의사표시를 함으로써 자수는 성립하게 되는 것이므로, 수사기관에의 신고가 자발적이라고 하더라도 그 신고의 내용이 자기의 범행을 부인하는 등의 내용으로 자기의 범행으로서 범죄성립요건을 갖추지 아니한 사실일 경우에는 자수는 성립하지 아니하며(대판 1999.9.21. 99도2443 참조), 수사기관의 직무상의 질문 또는 조사에 응하여 범죄사실을 진술하는 것은 자백일 뿐 자수로는 되지 않는다(대판 2004.6.24. 2004도2003).

② (○) 범죄사실과 범인이 누구인가가 발각된 후라 하더라도 범인이 자발적으로 자기의 범죄사실을 수사기관에 신고한 경우에는 이를 자수로 보아야한다(대판 1965.10.5. 65도597).

③ (×) 형법 제52조에 따라 피해자의 의사에 반하여 처벌할 수 없는 죄에 있어서 피해자에게 자복한 때에는 그 형을 감경 또는 면제할 수 있으므로 임의적 감면사유에 해당한다.

> **제52조(자수, 자복)**
> ① 죄를 지은 후 수사기관에 자수한 경우에는 형을 감경하거나 면제할 수 있다.
> ② 피해자의 의사에 반하여 처벌할 수 없는 범죄의 경우에는 피해자에게 죄를 자복(自服)하였을 때에도 형을 감경하거나 면제할 수 있다.

④ (○) 피고인이 금융기관 직원인 자신의 업무와 관련하여 금품을 수수하였다고 하여 특정경제범죄 가중처벌 등에 관한 법률 위반(수재)죄로 기소된 사안에서, 피고인이 수사기관에 자진 출석하여 처음 조사를 받으면서는 돈을 차용하였을 뿐이라며 범죄사실을 부인하다가 제2회 조사를 받으면서 비로소 업무와 관련하여 돈을 수수하였다고 자백한 행위를 자수라고 할 수 없고, 설령 자수하였다고 하더라도 자수한 이에 대하여는 법원이 임의로 형을 감경할 수 있음에 불과한 것으로서 원심이 자수의 착오 주장에 대하여 판단하지 아니하였다 하여 위법하다고 할 수 없다고 한 사례(대판 2011.12.22. 2011도12041).

제3절 누범

제4절 집행유예·선고유예·가석방

005 선고유예·집행유예·가석방에 관한 설명 중 가장 적절하지 않은 것은? 〈경찰1차 2023〉

① 집행유예의 선고를 받은 후 그 선고의 실효 또는 취소됨이 없이 유예기간을 경과한 때에는 「형법」 제65조가 정하는 바에 따라 형의 선고는 효력을 잃는 것이고, 그와 같이 유예기간이 경과함으로써 형의 선고가 효력을 잃은 후에는「형법」 제62조 단행의 사유가 발각되었다고 하더라도 그와 같은 이유로 집행유예를 취소할 수 없고 그대로 유예기간 경과의 효과가 발생한다.

② 1년 이하의 징역이나 금고, 자격정지, 벌금 또는 구류의 형을 선고할 경우에 「형법」제51조의 사항을 고려하여 뉘우치는 정상이 뚜렷할 때에는 그 형의 선고를 유예할 수 있지만, 자격정지 이상의 형을 받은 전과가 있는 사람에 대해서는 그러하지 아니하다.

③ 「형법」 제62조의2의 규정에 의하여 보호관찰이나 사회봉사 또는 수강을 명한 집행유예를 받은 자가 준수사항이나 명령을 위반한 경우에 그 위반사실이 동시에 범죄행위로 되더라도 그 기소나 재판의 확정여부등 형사절차와는 별도로 법원이「보호관찰 등에 관한 법률」에 의한 검사의 청구에 의하여 「형법」제64조 제2항에 규정된 집행유예 취소의 요건에 해당하는가를 심리하여 준수 사항이나 명령 위반 사실이 인정되고 위반의 정도가 무거운 때에는 집행유예를 취소할 수 있다.

④ 「형법」에 의하면 징역이나 금고의 집행 중에 있는 사람이 행상(行狀)이 양호하여 뉘우침이 뚜렷한 때에는 무기형은 20년, 유기형은 형기의 3분의 1이 지난 후 행정처분으로 가석방을 할 수 있다. 벌금·과료가 병과되어 있는 때에는 그 금액을 완납하여야 하며, 벌금이나 과료에 관한 노역장 유치 기간에 산입된 판결선고전구금일수는 그에 해당하는 금액이 납입된 것으로 본다.

해설/정답 ②

① (○) 집행유예의 선고를 받은 후 그 선고의 실효 또는 취소됨이 없이 유예기간을 경과한 때에는 형법 제65조가 정하는 바에 따라 형의 선고는 효력을 잃는 것이고, 그와 같이 유예기간이 경과함으로써 형의 선고가 효력을 잃은 후에는 형법 제62조 단행의 사유가 발각되었다고 하더라도 그와 같은 이유로 집행유예를 취소할 수 없고 그대로 유예기간경과의 효과가 발생한다(대결 1999.1.12. 98모151).

② (×) 형법 제59조 제1항은 1년 이하의 징역이나 금고, 자격정지 또는 벌금의 형을 선고할 경우 같은 법 제51조의 사항을 참작하여 개전의 정상이 현저한 때에는 선고를 유예할 수 있다고 규정하고 있어 형의 선고를 유예할 수 있는 경우는 선고할 형이 1년 이하의 징역이나 금고, 자격정지 또는 벌금의 형인 경우에 한하고 구류형에 대하여는 선고를 유예할 수 없다(대판 1993.6.22. 93오1).

③ (○) 형법 제62조의2의 규정에 의하여 보호관찰이나 사회봉사 또는 수강을 명한 집행유예를 받은 자가 준수사항이나 명령을 위반한 경우에 그 위반사실이 동시에 범죄행위로 되더라도 형사절차와는 별도로 법원이 형법 제64조 제2항에 규정된 집행유예 취소의 요건에 해당하는가를 심리하여 준수사항이나 명령 위반사실이 인정된다(대결 1999.3.1. 99모33).

④ (○) 형법 제72조 제1항 및 2항, 형법 제73조 제2항

제72조(가석방의 요건)
① 징역이나 금고의 집행 중에 있는 사람이 행상(行狀)이 양호하여 뉘우침이 뚜렷한 때에는 무기형은 20년, 유기형은 형기의 3분의 1이 지난 후 행정처분으로 가석방을 할 수 있다.
② 제1항의 경우에 벌금이나 과료가 병과되어 있는 때에는 그 금액을 완납하여야 한다.

제73조(판결선고전 구금과 가석방)
② 제72조제2항의 경우에 벌금이나 과료에 관한 노역장 유치기간에 산입된 판결선고 전 구금일수는 그에 해당하는 금액이 납입된 것으로 본다.

006 형벌에 관한 설명 중 옳지 않은 것은? 〈경찰1차 2019〉

① 「형법」 제55조 제1항 제6호에서 벌금을 감경할 때의 다액의 2분의 1이라는 문구는 그 상한과 함께 하한도 2분의 1로 내려가는 것으로 해석하여야 한다.
② 무죄의 판결을 선고하는 경우, 피고인이 무죄판결공시 취지의 선고에 동의하지 아니하거나 피고인의 동의를 받을 수 없는 경우를 제외하고 무죄판결공시의 취지를 선고하여야 한다.
③ 500만 원의 벌금형을 선고할 경우, 금고 이상의 형을 선고한 판결이 확정된 때부터 그 집행을 종료한 후 3년까지의 기간에 범한 죄가 아니고 「형법」 제51조의 사항을 참작하여 그 범죄의 정상에 참작할 만한 사유가 있더라도 그 형의 집행을 유예할 수 없다.
④ 1천만 원의 벌금형을 선고할 경우, 「형법」 제51조의 사항을 참작하여 개전의 정상이 현저하고 자격정지 이상의 형을 받은 전과가 없다면, 그 선고를 유예할 수 있다.

해설/정답 ③

① (○) 형법 제55조 제1항 제6호의 벌금을 감경할 때의 「다액」의 2분의 1이라는 문구는 「금액」의 2분의 1이라고 해석하여 그 상한과 함께 하한도 2분의 1로 내려가는 것으로 해석하여야 한다(다수의견)(대판 1978.4.25. 78도246 전원합의체).

② (○) 형법 제58조 제2항

제58조(판결의 공시)
② 피고사건에 대하여 무죄의 판결을 선고하는 경우에는 무죄판결공시의 취지를 선고하여야 한다. 다만, 무죄판결을 받은 피고인이 무죄판결공시 취지의 선고에 동의하지 아니하거나 피고인의 동의를 받을 수 없는 경우에는 그러하지 아니하다.

③ (×) 형법 제62조 제1항 : 500만 원의 벌금형을 선고할 경우 다른 결격사유가 없는 한 집행유예의 선고가 가능하다.

제62조(집행유예의 요건)
① 3년 이하의 징역이나 금고 또는 500만 원 이하의 벌금의 형을 선고할 경우에 제51조의 사항을 참작하여 그 정상에 참작할 만한 사유가 있는 때에는 1년 이상 5년 이하의 기간 형의 집행을 유예할 수 있다. 다만, 금고 이상의 형을 선고한 판결이 확정된 때부터 그 집행을 종료하거나 면제된 후 3년까지의 기간에 범한 죄에 대하여 형을 선고하는 경우에는 그러하지 아니하다.

④ (○) 형법 제59조 제1항

제59조(선고유예의 요건)
① 1년 이하의 징역이나 금고, 자격정지 또는 벌금의 형을 선고할 경우에 제51조의 사항을 고려하여 뉘우치는 정상이 뚜렷할 때에는 그 형의 선고를 유예할 수 있다. 다만, 자격정지 이상의 형을 받은 전과가 있는 사람에 대해서는 예외로 한다.

007 선고유예제도에 대한 설명으로 옳은 것을 모두 고른 것은? 〈경찰1차 2018〉

㉠ 선고유예는 집행유예와 마찬가지로 법원이 유예기간을 정하여야 한다.
㉡ 주형에 대하여 선고를 유예하는 경우에는 그 부가할 몰수 추징에 대하여도 선고를 유예할 수 있으나, 그 주형에 대하여 선고를 유예하지 아니하면서 이에 부가할 몰수 추징에 대하여서만 선고를 유예할 수는 없다.
㉢ 피고인이 범죄사실을 자백하지 않고 부인한 경우에는 선고유예의 요건 중 '개전의 정상이 현저한 때'에 해당하지 않으므로 언제나 선고유예를 할 수 없다.
㉣ 선고유예의 실효사유인 '형의 선고유예를 받은 자가 자격정지 이상의 형에 처한 전과가 발견된 때'란 형의 선고유예의 판결이 확정된 후에 전과가 발견된 경우를 말한다.

① ㉠, ㉡ ② ㉡, ㉣ ③ ㉠, ㉢ ④ ㉢, ㉣

해설/정답 ②

㉠ (×) 형법 제60조

제60조(선고유예의 효과)
형의 선고유예를 받은 날로부터 2년을 경과한 때에는 면소된 것으로 간주한다.

㉡ (○) 형법 제59조에 의하더라도 몰수는 선고유예의 대상으로 규정되어 있지 아니하고 다만 몰수 또는 이에 갈음하는 추징은 부가형적 성질을 띠고 있어 그 주형에 대하여 선고를 유예하는 경우에는 그 부가할 몰수 추징에 대하여도 선고를 유예할 수 있으나, 그 주형에 대하여 선고를 유예하지 아니하면서 이에 부가할 몰수 추징에 대하여서만 선고를 유예할 수는 없다(대판 1988.6.21. 88도551).

㉢ (×) 선고유예의 요건 중 '개전의 정상이 현저한 때'라고 함은, 반성의 정도를 포함하여 널리 형법 제51조가 규정하는 양형의 조건을 종합적으로 참작하여 볼 때 형을 선고하지 않더라도 피고인이 다시 범행을 저지르지 않으리라는 사정이 현저하게 기대되는 경우를 가리킨다고 해석할 것이고, 이와 달리 여기서의 '개전의 정상이 현저한 때'가 반드시 피고인이 죄를 깊이 뉘우치는 경우만을 뜻하는 것으로 제한하여 해석하거나, 피고인이 범죄사실을 자백하지 않고 부인할 경우에는 언제나 선고유예를 할 수 없다고 해석할 것은 아니며, 또한 형법 제51조의 사항과 개전의 정상이 현저한지 여부에 관한 사항은 널리 형의 양정에 관한 법원의 재량사항에 속한다고 해석되므로, 상고심으로서는 형사소송법 제383조 제4호에 의하여 사형·무기 또는 10년 이상의 징역·금고가 선고된 사건에서 형의 양정의 당부에 관한 상고이유를 심판하는 경우가 아닌 이상, 선고유예에 관하여 형법 제51조의 사항과 개전의 정상이 현저한지 여부에 대한 원심판단의 당부를 심판할 수 없고, 그 원심판단이 현저하게 잘못되었다고 하더라도 달리 볼 것이 아니다(대판 2003.2.20. 2001도6138 전원합의체).

㉣ (○) 형법 제61조 제1항에서 말하는 '형의 선고유예를 받은 자가 자격정지 이상의 형에 처한 전과가 발견된 때'란 형의 선고유예의 판결이 확정된 후에 비로소 위와 같은 전과가 발견된 경우를 말하고 그 판결확정 전에 이러한 전

과가 발견된 경우에는 이를 취소할 수 없으며, 이때 판결확정 전에 발견되었다고 함은 검사가 명확하게 그 결격사유를 안 경우만을 말하는 것이 아니라 당연히 그 결격사유를 알 수 있는 객관적 상황이 존재함에도 부주의로 알지 못한 경우도 포함한다(대결 2008.2.14. 2007모845).

제5절 | 형의 시효와 소멸

008 형벌에 관한 설명 중 가장 적절하지 않은 것은? 〈경찰2차 2022〉

① 징역 10년 형을 선고받은 甲은 그 형의 집행이 종료하거나 면제될 때까지 다른 법률에 특별한 규정이 있는 경우를 제외하고는 공무원이 되는 자격, 공법상의 선거권과 피선거권, 법률로 요건을 정한 공법상의 업무에 관한 자격이 정지된다.

② 甲에게 징역 12년 형이 확정된 후 그 집행을 받지 아니하고 15년이 경과했다면, 그 기간 내에 형의 집행을 면할 목적으로 국외에 3년 동안 나가 있던 것이 확인된 경우라도 형의 시효는 완성된다.

③ 법원이 중상해죄(1년 이상 10년 이하의 징역)로 유죄가 인정된 甲에게 형의 가중감경사유 중 형법 제10조 제2항(심신미약)과 제35조(누범)만을 적용하여 형을 선고할 경우, 甲에게 선고할 수 있는 형의 최하한은 징역 6월이다.

④ 법원이 피고인 甲에게 30억 원의 벌금을 선고하는 경우, 이를 납입하지 아니하는 것을 대비하여 500일 이상의 노역장 유치 기간을 정하여 동시에 선고하여야 한다.

해설/정답 ②

① (○) 형법 제43조 제1항, 제2항

> **제43조(형의 선고와 자격상실, 자격정지)**
> ① 사형, 무기징역 또는 무기금고의 판결을 받은 자는 다음에 기재한 자격을 상실한다.
> 1. 공무원이 되는 자격
> 2. 공법상의 선거권과 피선거권
> 3. 법률로 요건을 정한 공법상의 업무에 관한 자격
> 4. 법인의 이사, 감사 또는 지배인 기타 법인의 업무에 관한 검사역이나 재산관리인이 되는 자격
>
> ② 유기징역 또는 유기금고의 판결을 받은 자는 그 형의 집행이 종료하거나 면제될 때까지 전항 제1호 내지 제3호에 기재된 자격이 정지된다. 다만, 다른 법률에 특별한 규정이 있는 경우에는 그 법률에 따른다.

② (×) 형법 제78조, 제79조 : 甲에게 징역 12년 형이 확정된 후 그 집행을 받지 아니하고 15년이 경과했다면 형의 시효가 완성된다(형법 제78조 제3호). 시효는 형이 확정된 후 그 형의 집행을 받지 아니한 사람이 형의 집행을 면할 목적으로 국외에 있는 기간 동안은 진행되지 아니한다(형법 제79조 제2항). 따라서, 甲에게 징역 12년의 형이 확정된 후 그 집행을 받지 아니하고 15년이 경과했더라도 그 기간 내에 형의 집행을 면할 목적으로 국외에 3년 동안 나가 있던 것이 확인된 경우라면 형의 시효는 완성되지 않았다.

> **제78조(형의 시효의 기간)**
> 시효는 형을 선고하는 재판이 확정된 후 그 집행을 받지 아니하고 다음 각 호의 구분에 따른 기간이 지나면 완

성된다.
1. 삭제
2. 무기의 징역 또는 금고: 20년
3. 10년 이상의 징역 또는 금고: 15년
4. 3년 이상의 징역이나 금고 또는 10년 이상의 자격정지: 10년
5. 3년 미만의 징역이나 금고 또는 5년 이상의 자격정지: 7년
6. 5년 미만의 자격정지, 벌금, 몰수 또는 추징: 5년
7. 구류 또는 과료: 1년

제79조(형의 시효의 정지)

① 시효는 형의 집행의 유예나 정지 또는 가석방 기타 집행할 수 없는 기간은 진행되지 아니한다.

② 시효는 형이 확정된 후 그 형의 집행을 받지 아니한 사람이 형의 집행을 면할 목적으로 국외에 있는 기간 동안은 진행되지 아니한다.

③ (○) 형법 제35조 제2항, 제10조 제2항, 제56조 : 누범가중을 한 후, 법률상감경을 한다. 중상해죄(1년 이상 10년 이하의 징역)로 유죄가 인정된 甲에게 형의 가중·감경사유 중 형법 제10조 제2항(심신미약)과 제35조(누범)만을 적용하여 형을 선고할 경우, 누범가중을 하면 '1년 이상 20년 이하의 징역'이 되고 이어서 심신미약 감경(법률상 감경)을 하면 처단형이 '6월 이상 10년 이하의 징역'이 된다. 다른 가중·감경사유가 없으면 甲에게 선고할 수 있는 형의 최하한은 징역 6월이다. 필요적 감경의 경우에는 감경사유의 존재가 인정되면 반드시 형법 제55조 제1항에 따른 법률상 감경을 하여야 함에 반해, 임의적 감경의 경우에는 감경사유의 존재가 인정되더라도 법관이 형법 제55조 제1항에 따른 법률상 감경을 할 수도 있고 하지 않을 수도 있다. 나아가 임의적 감경사유의 존재가 인정되고 법관이 그에 따라 징역형에 대해 법률상 감경을 하는 이상 형법 제55조 제1항 제3호에 따라 상한과 하한을 모두 2분의 1로 감경한다. 이러한 현재 판례와 실무의 해석은 여전히 타당하다(대판 2021.1.21. 2018도5475 전원합의체).

제35조(누범)

② 누범의 형은 그 죄에 대하여 정한 형의 장기(長期)의 2배까지 가중한다.

제10조(심신장애인)

② 심신장애로 인하여 전항의 능력이 미약한 자의 행위는 형을 감경할 수 있다.

제56조(가중·감경의 순서)

형을 가중·감경할 사유가 경합하는 경우에는 다음 각 호의 순서에 따른다.
1. 각칙 조문에 따른 가중
2. 제34조제2항에 따른 가중
3. 누범 가중
4. 법률상 감경
5. 경합범 가중
6. 정상참작감경

④ (○) 형법 제70조 제2항

제70조(노역장 유치)

② 선고하는 벌금이 1억 원 이상 5억 원 미만인 경우에는 300일 이상, 5억 원 이상 50억 원 미만인 경우에는 500일 이상, 50억 원 이상인 경우에는 1천일 이상의 노역장 유치기간을 정하여야 한다.

009 **「형법」상 형의 시효·소멸에 대한 설명으로 가장 적절하지 않은 것은?** 〈경찰2차 2017 변형〉

① 징역 또는 금고의 집행을 종료하거나 집행이 면제된 자가 피해자의 손해를 보상하고 자격정지 이상의 형을 받음이 없이 5년을 경과한 때에는 본인 또는 검사의 신청에 의하여 그 재판의 실효를 선고할 수 있다.

② 자격정지의 선고를 받은 자가 피해자의 손해를 보상하고 자격정지 이상의 형을 받음이 없이 정지기간의 2분의 1을 경과한 때에는 본인 또는 검사의 신청에 의하여 자격의 회복을 선고할 수 있다.

③ 시효는 형이 확정된 후 그 형의 집행을 받지 아니한 사람이 형의 집행을 면할 목적으로 국외에 있는 기간 동안은 진행되지 아니한다.

④ 시효는 징역, 금고 및 구류의 경우에는 수형자를 체포한 때, 벌금, 과료, 몰수 및 추징의 경우에는 강제처분을 개시한 때에 중단된다.

해설/정답 ①

① (×) 형법 제81조

제81조(형의 실효)
징역 또는 금고의 집행을 종료하거나 집행이 면제된 자가 피해자의 손해를 보상하고 자격정지 이상의 형을 받음이 없이 7년을 경과한 때에는 본인 또는 검사의 신청에 의하여 그 재판의 실효를 선고할 수 있다.

② (○) 형법 제82조

제82조(복권)
자격정지의 선고를 받은 자가 피해자의 손해를 보상하고 자격정지 이상의 형을 받음이 없이 정지기간의 2분의 1을 경과한 때에는 본인 또는 검사의 신청에 의하여 자격의 회복을 선고할 수 있다.

③ (○) 형법 제79조

제79조(시효의 정지)
① 시효는 형의 집행의 유예나 정지 또는 가석방 기타 집행할 수 없는 기간은 진행되지 아니한다.
② 시효는 형이 확정된 후 그 형의 집행을 받지 아니한 사람이 형의 집행을 면할 목적으로 국외에 있는 기간 동안은 진행되지 아니한다.

④ (○) 형법 제80조

제80조(시효의 중단)
시효는 징역, 금고 및 구류의 경우에는 수형자를 체포한 때, 벌금, 과료, 몰수 및 추징의 경우에는 강제처분을 개시한 때에 중단된다.

제6절 | 보안처분

제2부
형법각론

PART 01
개인적 법익에 대한 죄

CHAPTER 01 | 생명과 신체에 대한 죄

제1절 | 살인의 죄

001 **살인의 죄에 대한 설명이다. 아래 ㉠부터 ㉣까지의 설명 중 옳고 그름의 표시(○, ×)가 바르게 된 것은? (다툼이 있는 경우 판례에 의하고, 전원합의체 판결의 경우 다수의견에 의함. 이하 같음)** 〈경찰3차 2018 변형〉

> ㉠ 살인죄에 있어 고의는 반드시 살해의 목적이나 계획적인 의도가 있어야 하며, 사망의 결과에 대한 예견 또는 인식이 불확정적이라면 살인의 범의를 인정할 수 없다.
>
> ㉡ 피고인이 피해자를 살해하기 위하여 사람들을 고용하면서 그들에게 대가지급을 약속한 행위만으로는 살인죄의 실현을 위한 준비행위에 이르렀다고 볼 수 없으므로 살인예비죄의 성립을 인정할 수 없다.
>
> ㉢ 직계존비속관계는 법률상의 관계를 의미하므로 혼인 외의 출생자가 인지하지 않은 생모를 살해하더라도 존속살해죄가 성립하지 않는다.

① ㉠ (○) ㉡ (○) ㉢ (×)
② ㉠ (×) ㉡ (×) ㉢ (○)
③ ㉠ (×) ㉡ (×) ㉢ (×)
④ ㉠ (×) ㉡ (○) ㉢ (×)

해설/정답 ③

㉠ (×) 살인죄에서 살인의 범의는 반드시 살해의 목적이나 계획적인 살해의 의도가 있어야 인정되는 것은 아니고, 자기의 행위로 인하여 타인의 사망이라는 결과를 발생시킬 만한 가능성 또는 위험이 있음을 인식하거나 예견하면 족한 것이며 그 인식이나 예견은 확정적인 것은 물론 불확정적인 것이라도 이른바 미필적 고의로 인정되는 것인바, 피고인이 범행 당시 살인의 범의는 없었고 단지 상해 또는 폭행의 범의만 있었을 뿐이라고 다투는 경우에 피고인에게 범행 당시 살인의 범의가 있었는지 여부는 피고인이 범행에 이르게 된 경위, 범행의 동기, 준비된 흉기의 유무·종류·용법, 공격의 부위와 반복성, 사망의 결과 발생가능성 정도 등 범행 전후의 객관적인 사정을 종합하여 판단할 수밖에 없다(대판 2006.4.14. 2006도734).

㉡ (×) 갑이 을을 살해하기 위하여 병, 정 등을 고용하면서 그들에게 대가의 지급을 약속한 경우, 갑에게는 살인죄를 범할 목적 및 살인의 준비에 관한 고의뿐만 아니라 살인죄의 실현을 위한 준비행위를 하였음을 인정할 수 있다는 이유로 살인예비죄의 성립을 인정한 사례(대판 2009.10.29. 2009도7150).

㉢ (×) 혼인 외의 출생자와 생모 간에는 생모의 인지나 출생신고를 기다리지 않고 자의 출생으로 당연히 법률상의 친족관계가 생기는 것이다(대판 1980.9.9. 80도1731). 따라서, 선택지의 경우 존속살해죄가 성립한다.

002 **다음 설명 중 가장 적절한 것은?** 〈경찰1차 2017〉

① 甲이 乙을 살해하기 위하여 丙, 丁 등을 고용하면서 그들에게 대가의 지급을 약속한 경우, 甲에게 살인예비죄가 성립하지 않는다.

② 상해를 입힌 행위가 동일한 일시, 장소에서 동일한 목적으로 저질러진 것이라면 피해자를 달리하고 있더라도 포괄하여 일죄를 구성한다.

③ 피해자(여)가 버려진 영아인 피고인을 주어다 기르고 그 부와의 친생자인 것처럼 출생신고를 하였으나 입양요건을 갖추지 아니하였다면 피고인이 동녀를 살해하였더라도 존속살인죄로 처벌할 수 없다.

④ 상해죄와 폭행죄는 피해자의 명시한 의사에 반하여 공소를 제기할 수 없다.

해설/정답 ③

① (×) 갑이 을을 살해하기 위하여 병, 정 등을 고용하면서 그들에게 대가의 지급을 약속한 경우, 갑에게는 살인죄를 범할 목적 및 살인의 준비에 관한 고의뿐만 아니라 살인죄의 실현을 위한 준비행위를 하였음을 인정할 수 있다는 이유로 살인예비죄의 성립을 인정한 사례(대판 2009.10.29. 2009도7150).

② (×) 상해를 입힌 행위가 동일한 일시, 장소에서 동일한 목적으로 저질러진 것이라 하더라도 피해자를 달리하고 있으면 피해자별로 각각 별개의 상해죄를 구성한다고 보아야 할 것이고 1개의 행위가 수개의 죄에 해당하는 경우라고 볼 수 없다(대판 1983.4.26. 83도524).

③ (○) 피살자(여)가 그의 문전에 버려진 영아인 피고인을 주어다 기르고 그 부와의 친생자인 것처럼 출생신고를 하였으나 입양요건을 갖추지 아니하였다면 피고인과의 사이에 모자관계가 성립될 리 없으므로, 피고인이 동녀를 살해하였다고 하여도 존속살인죄로 처벌할 수 없다(대판 1981.10.13. 81도2466).

④ (×) 폭행죄는 피해자의 명시한 의사에 반하여 공소를 제기할 수 없는 반의사불벌죄로서 처벌불원의 의사표시는 의사능력이 있는 피해자가 단독으로 할 수 있는 것이고, 피해자가 사망한 후 그 상속인이 피해자를 대신하여 처벌불원의 의사표시를 할 수는 없다고 보아야 한다(대판 2010.5.27. 2010도2680).

제257조(상해, 존속상해)
① 사람의 신체를 상해한 자는 7년 이하의 징역, 10년 이하의 자격정지 또는 1천만 원 이하의 벌금에 처한다.

제260조(폭행, 존속폭행)
① 사람의 신체에 대하여 폭행을 가한 자는 2년 이하의 징역, 500만 원 이하의 벌금, 구류 또는 과료에 처한다.
② 자기 또는 배우자의 직계존속에 대하여 제1항의 죄를 범한 때에는 5년 이하의 징역 또는 700만 원 이하의 벌금에 처한다.
③ 제1항 및 제2항의 죄는 피해자의 명시한 의사에 반하여 공소를 제기할 수 없다.

003 다음 설명 중 가장 적절하지 않은 것은? 〈경찰2차 2016 변형〉

① 피고인이 범행 당시 살인의 범의는 없었고 단지 상해 또는 폭행의 범의만 있었을 뿐이라고 다투는 경우에 범행 당시 살인의 범의가 있었는지 여부는 피고인이 범행에 이르게 된 경위, 범행의 동기, 준비된 흉기의 유무·종류·용법, 공격의 부위와 반복성, 사망의 결과발생 가능성 정도 등 범행 전후의 객관적인 사정을 종합하여 판단할 수밖에 없다.

② 「형법」 제251조 영아살해죄는 2023년 8월 8일 형법 개정으로 삭제되었다.

③ 위계 또는 위력으로써 자살을 결의하게 한 때에는 「형법」 제252조 제2항 자살교사죄의 예에 의하여 처벌한다.

④ 혼인 외의 출생자가 인지하지 않은 생모를 살해하면 존속살해죄가 성립한다.

해설/정답 ③

① (○) 살인죄에서 살인의 범의는 반드시 살해의 목적이나 계획적인 살해의 의도가 있어야 인정되는 것은 아니고, 자기의 행위로 인하여 타인의 사망이라는 결과를 발생시킬 만한 가능성 또는 위험이 있음을 인식하거나 예견하면 족한 것이며 그 인식이나 예견은 확정적인 것은 물론 불확정적인 것이라도 이른바 미필적 고의로 인정되는 것인바, 피고인이 범행 당시 살인의 범의는 없었고 단지 상해 또는 폭행의 범의만 있었을 뿐이라고 다투는 경우에 피고인에게 범행 당시 살인의 범의가 있었는지 여부는 피고인이 범행에 이르게 된 경위, 범행의 동기, 준비된 흉기의 유무·종류·용법, 공격의 부위와 반복성, 사망의 결과발생 가능성 정도 등 범행 전후의 객관적인 사정을 종합하여 판단할 수밖에 없다(대판 2006.4.14. 2006도734).

② (○) 2023년 8월 8일 형법 개정을 통해 영아살해죄를 폐지함으로써 저항 능력이 없거나 현저히 부족한 사회적 약자인 영아를 범죄로부터 두텁게 보호하고자 하였다(시행일은 2024년 2월 9일).

③ (×) 형법 제252조, 제253조

> **제252조(촉탁, 승낙에 의한 살인 등)**
> ① 사람의 촉탁이나 승낙을 받아 그를 살해한 자는 1년 이상 10년 이하의 징역에 처한다.
> ② 사람을 교사하거나 방조하여 자살하게 한 자도 제1항의 형에 처한다.
>
> **제253조(위계 등에 의한 촉탁살인 등)**
> 전조의 경우에 위계 또는 위력으로써 촉탁 또는 승낙하게 하거나 자살을 결의하게 한 때에는 제250조의 예에 의한다.

④ (○) 혼인 외의 출생자와 생모 간에는 생모의 인지나 출생신고를 기다리지 않고 자의 출생으로 당연히 법률상의 친족관계가 생기는 것이다(대판 1980.9.9. 80도1731).

제2절 | 상해와 폭행의 죄

004 **다음 중 가장 적절한 것은?** 〈경찰2차 2023〉

① 폭행치사죄와 상해치사죄까지 「형법」 제263조(동시범)를 적용하면 피고인에게 불리한 유추적용이 되므로 동 규정의 적용은 배제되어야 한다.

② 공무집행방해죄에서의 '폭행'은 사람에 대한 유형력의 행사로 족하고 반드시 그 신체에 대한 것임을 요하지 아니하며, 또한 추상적 위험범으로서 구체적으로 직무집행의 방해라는 결과 발생을 요하지도 아니한다.

③ 살인예비죄가 성립하기 위한 '준비행위'는 물적인 것에 한정되지 아니하며 특별한 정형이 있는 것도 아니어서 단순히 범행의 의사 또는 계획만으로도 충분하므로, 객관적으로 보아 살인죄의 실현에 실질적으로 기여할 수 있는 외적 행위를 필요로 하는 것은 아니다.

④ 甲이 상습으로 A를 폭행하고, 자신의 어머니 B를 존속폭행하였다는 내용으로 기소된 사안에서, 甲에게 폭행 범행을 반복하여 저지르는 습벽이 있고 이러한 습벽에 의하여 단순폭행, 존속폭행 범행을 저지른 사실이 인정된다면 단순폭행, 존속폭행의 각 죄별로 상습성을 판단하여야 한다.

해설/정답 ②

① (×) 시간적 차이가 있는 독립된 상해행위나 폭행행위가 경합하여 사망의 결과가 일어나고 그 사망의 원인된 행위가 판명되지 않은 경우에는 공동정범의 예에 의하여 처벌할 것이므로, 2시간 남짓한 시간적 간격을 두고 피고인이 두 번째의 가해행위인 이 사건 범행을 한 후, 피해자가 사망하였고 그 사망의 원인을 알 수 없다고 보아 피고인을 폭행치사죄의 동시범으로 처벌한 원심판단은 옳고 거기에 동시범의 법리나 상당인과관계에 관한 법리를 오해한 위법도 없다(대판 2000.7.28. 2000도2466, 대판 1985.5.14. 84도2118).

② (○) 형법 제136조에서 정한 공무집행방해죄는 직무를 집행하는 공무원에 대하여 폭행 또는 협박한 경우에 성립하는 범죄로서 여기서의 폭행은 사람에 대한 유형력의 행사로 족하고 반드시 그 신체에 대한 것임을 요하지 아니하며, 또한 추상적 위험범으로서 구체적으로 직무집행의 방해라는 결과 발생을 요하지도 아니한다(광의의 폭행: 대판 2018.3.29. 2017도21537).

③ (×) [1] 형법 제255조, 제250조의 살인예비죄가 성립하기 위하여는 형법 제255조에서 명문으로 요구하는 살인죄를 범할 목적 외에도 살인의 준비에 관한 고의가 있어야 하며, 나아가 실행의 착수까지에는 이르지 아니하는 살인죄의 실현을 위한 준비행위가 있어야 한다. 여기서의 준비행위는 물적인 것에 한정되지 아니하며 특별한 정형이 있는 것도 아니지만, 단순히 범행의 의사 또는 계획만으로는 그것이 있다고 할 수 없고 객관적으로 보아서 살인죄의 실현에 실질적으로 기여할 수 있는 외적 행위를 필요로 한다. [2] 甲이 乙을 살해하기 위하여 병, 정 등을 고용하면서 그들에게 대가의 지급을 약속한 경우, 甲에게는 살인죄를 범할 목적 및 살인의 준비에 관한 고의뿐만 아니라 살인죄의 실현을 위한 준비행위를 하였음을 인정할 수 있다는 이유로 살인예비죄의 성립을 인정한 사례(대판 2009.10.29. 2009도7150).

④ (×) 피고인이 상습으로 갑을 폭행하고, 어머니 을을 존속폭행하였다는 내용으로 기소된 사안에서, 피고인에게 폭행 범행을 반복하여 저지르는 습벽이 있고 이러한 습벽에 의하여 단순폭행, 존속폭행 범행을 저지른 사실이 인정된다면 단순폭행, 존속폭행의 각 죄별로 상습성을 판단할 것이 아니라 포괄하여 그중 법정형이 가장 중한 상습존속폭행죄만 성립할 여지가 있다(대판 2018.4.24. 2017도10956).

005 **살인 및 폭행·상해의 죄에 관한 설명 중 가장 적절하지 않은 것은?** 〈경찰1차 2023〉

① 살인예비죄가 성립하기 위하여는 살인죄를 범할 목적 외에도 살인의 준비에 관한 고의가 있어야 한다.

② 자살의 의미를 이해할 능력이 없고 자신의 말은 무엇이나 복종하는 어린 자식을 권유하여 익사하게 하였다면, 물속에 직접 밀어서 빠뜨린 것이 아니더라도 「형법」 제253조의 위계에 의한 살인죄가 성립한다.

③ 시간적 차이가 있는 2인 이상의 독립된 상해행위가 경합하여 사망의 결과가 일어난 경우에 그 원인된 행위가 판명되지 아니한 때에는 공동정범의 예에 의하여야 한다.

④ 단순폭행, 존속폭행의 범행이 동일한 폭행 습벽의 발현에 의한 것으로 인정되어 상습존속폭행죄로 처벌되는 경우 피해자의 명시한 의사에 반하여도 공소를 제기할 수 있다.

해설/정답 ②

① (○) 형법 제255조, 제250조의 살인예비죄가 성립하기 위하여는 형법 제255조에서 명문으로 요구하는 살인죄를 범할 목적 외에도 살인의 준비에 관한 고의가 있어야 하며, 나아가 실행의 착수까지에는 이르지 아니하는 살인죄의 실현을 위한 준비행위가 있어야 한다(대판 2009.10.29. 2009도7150).

② (×) 피고인이 7세, 3세 남짓된 어린 자식들에 대하여 함께 죽자고 권유하여 물속에 따라 들어오게 하여 결국 익사하게 하였다면 비록 피해자들을 물속에 직접 밀어서 빠뜨리지는 않았다고 하더라도 자살의 의미를 이해할 능력이 없고 피고인의 말이라면 무엇이나 복종하는 어린 자식들을 권유하여 익사하게 한 이상 살인죄의 범의는 있었음이 분명하다(대판 1987.1.20. 86도2395). **[해설]** 7세의 아이는 자살의 의미를 이해할 수 없고 자유로운 의사결정 능력이 없으므로, 살인죄의 간접정범이 성립.

③ (○) 시간적 차이가 있는 독립된 상해행위나 폭행행위가 경합하여 사망의 결과가 일어나고 그 사망의 원인된 행위가 판명되지 않은 경우에는 공동정범의 예에 의하여 처벌할 것이므로, 2시간 남짓한 시간적 간격을 두고 피고인이 두 번째의 가해행위인 이 사건 범행을 한 후, 피해자가 사망하였고 그 사망의 원인을 알 수 없다고 보아 피고인을 폭행치사죄의 동시범으로 처벌한 원심판단은 옳고 거기에 동시범의 법리나 상당인과관계에 관한 법리를 오해한 위법도 없다(대판 2000.7.28. 2000도2466, 대판 1985.5.14. 84도2118).

④ (○) 폭행죄의 상습성은 폭행 범행을 반복하여 저지르는 습벽을 말하는 것으로서, 동종 전과의 유무와 그 사건 범행의 횟수, 기간, 동기 및 수단과 방법 등을 종합적으로 고려하여 상습성 유무를 결정하여야 하고, 단순폭행, 존속폭행의 범행이 동일한 폭행 습벽의 발현에 의한 것으로 인정되는 경우, 그중 법정형이 더 중한 상습존속폭행죄에 나머지 행위를 포괄하여 하나의 죄만이 성립한다고 봄이 타당하다. 그리고 상습존속폭행죄로 처벌되는 경우에는 형법 제260조 제3항이 적용되지 않으므로, 피해자의 명시한 의사에 반하여도 공소를 제기할 수 있다(대판 2018.4.24. 2017도10956).

006 **상해와 폭행의 죄에 관한 설명으로 가장 적절하지 않은 것은?** 〈경찰 1차 2022〉

① 형법은 태아를 임산부 신체의 일부로 보거나, 낙태행위가 임산부의 태아양육, 출산 기능의 침해라는 측면에서 임산부에 대한 상해죄를 구성하는 것으로 보지는 않는다고 해석된다.

② 다방 종업원 숙소에 이르러 종업원들 중 1인이 자신을 만나주지 않는다는 이유로 시정된 탁구장문과 주방문을 부수고 주방으로 들어가 방문을 열어주지 않으면 모두 죽여버린다고 폭언하면서 시정된 방문을 단순히 수회 발로 찬 甲의 행위도 종업원들의 신체에 대한 유형력의 행사

로 볼 수 있어 폭행죄에 해당한다.

③ 식당의 운영자인 甲이 식당 밖에서 당겨 열도록 표시되어 있는 출입문을 열고 음식 배달차 밖으로 나가던 중 이웃 가게 손님으로 마침 위 식당 출입문 앞쪽 길가에 서 있던 A의 오른발 뒤꿈치 부위를 위 출입문 모서리 부분으로 충격하여 상해를 입게 한 행위는 업무상과실치상죄의 성립을 인정할 수 없다.

④ 甲이 상습으로 A를 폭행하고, 어머니 B를 존속폭행하였다는 내용으로 기소된 사안에서, 甲에게 폭행 범행을 반복하여 저지르는 습벽이 있고 이러한 습벽에 의하여 단순폭행, 존속폭행 범행을 저지른 사실이 인정된다면 단순폭행, 존속폭행의 각 죄별로 상습성을 판단할 것이 아니라 포괄하여 그 중 법정형이 가장 중한 상습존속폭행죄만 성립할 여지가 있다.

해설/정답 ②

① (○) 현행 형법이 사람에 대한 상해 및 과실치사상의 죄에 관한 규정과는 별도로 태아를 독립된 행위객체로 하는 낙태죄, 부동의 낙태죄, 낙태치상 및 낙태치사의 죄 등에 관한 규정을 두어 포태한 부녀의 자기낙태행위 및 제3자의 부동의 낙태행위, 낙태로 인하여 위 부녀에게 상해 또는 사망에 이르게 한 행위 등에 대하여 처벌하도록 한 점, 과실낙태행위 및 낙태미수행위에 대하여 따로 처벌규정을 두지 아니한 점 등에 비추어 보면, 우리 형법은 태아를 임산부 신체의 일부로 보거나, 낙태행위가 임산부의 태아양육, 출산 기능의 침해라는 측면에서 낙태죄와는 별개로 임산부에 대한 상해죄를 구성하는 것으로 보지는 않는다고 해석된다. 따라서 태아를 사망에 이르게 하는 행위가 임산부 신체의 일부를 훼손하는 것이라거나 태아의 사망으로 인하여 그 태아를 양육, 출산하는 임산부의 생리적 기능이 침해되어 임산부에 대한 상해가 된다고 볼 수는 없다(대판 2007.6.29. 2005도3832).

② (×) 공소외인이 피고인을 만나주지 않는다는 이유로 시정된 탁구장문과 주방문을 부수고 주방으로 들어가 방문을 열어주지 않으면 모두 죽여버린다고 폭언하면서 시정된 방문을 수회 발로 찬 피고인의 행위는 재물손괴죄 또는 숙소 안의 자에게 해악을 고지하여 외포케 하는 단순 협박죄에 해당함은 별론으로 하고, 단순히 방문을 발로 몇 번 찼다고 하여 그것이 피해자들의 신체에 대한 유형력의 행사로는 볼 수 없어 폭행죄에 해당한다 할 수 없다(대판 1984.2.14. 83도3186).

③ (○) 식당(분식점)의 운영자인 피고인이 식당 밖에서당겨 열도록 표시되어 있는 출입문을 열고 음식 배달차 밖으로 나가던 중 이웃 가게손님으로 마침 위 식당 출입문 앞쪽 길가에 서 있던 피해자의 오른발 뒤꿈치 부위를 위 출입문 모서리 부분으로 충격하여 상해를 입게 한 이 사건 공소사실 기재 행위는, 비록 위 식당의 운영과 관련한 업무상 행위로는 볼 수 있다 하더라도,달리 위 사고가위 출입문 자체의 설치 혹은 관리상의 하자에 기인하거나 영업자로서 위 사고발생과관련한 별도의 주의의무를 부과할 만한 사정이 존재하지 않는 이상, 피고인이 그 업무상 하여야 할 구체적이고도 직접적인 주의의무를 위반한 때에 해당한다고 보기 어렵고, 오히려 위와 같이 출입문을 여닫는 행위는 음식을 배달하기 위한 경우 이외에도일상생활에서 얼마든지 자연적으로 행하여질 수 있는 일이라는 점에서 단순히 일상생활상의 주의의무를 위반한 경우에 불과하다 할 것이므로 업무상과실치상죄의 성립을 인정할 수 없다 할 것이다(대판 2009.10.29. 2009도5753).

④ (○) 피고인이 상습으로 갑을 폭행하고, 어머니 을을 존속폭행하였다는 내용으로 기소된 사안에서, 피고인에게 폭행 범행을 반복하여 저지르는 습벽이 있고 이러한 습벽에 의하여 단순폭행, 존속폭행 범행을 저지른 사실이 인정된다면 단순폭행, 존속폭행의 각 죄별로 상습성을 판단할 것이 아니라 포괄하여 그중 법정형이 가장 중한 상습존속폭행죄만 성립할 여지가 있다(대판 2018.4.24. 2017도10956).

007 동시범에 관한 설명으로 옳은 것은 모두 몇 개인가? 〈경찰1차 2022〉

> ㉠ 시간적 차이가 있는 독립행위가 경합한 경우, 그 결과발생의 원인된 행위가 판명되지 아니한 때에 「형법」 제263조가 적용되는 경우를 제외하고는 「형법」 제19조가 적용된다.
> ㉡ 독립행위가 경합하여 상해의 결과를 발생하게 한 경우에 있어서 원인된 행위가 판명되지 아니한 때에는 각 행위자를 미수범으로 처벌한다.
> ㉢ 「형법」 제263조의 동시범은 강간치상죄에는 적용할 수 없다.
> ㉣ A가 甲으로부터 폭행을 당하고 얼마 후 함께 A를 폭행하자는 甲의 연락을 받고 달려 온 乙로부터 다시 폭행을 당하고 사망하였으나 사망의 원인행위가 판명되지 않았다면, 「형법」 제263조가 적용되어 甲과 乙은 폭행치사죄의 공동정범의 예에 의하여 처벌된다.

① 1개 ② 2개 ③ 3개 ④ 4개

해설/정답 ②

㉠ (○), ㉡ (×) 형법 제19조, 제263조(상해죄의 동시범의 특례)

> **제19조(독립행위의 경합)**
> 동시 또는 이시의 독립행위가 경합한 경우에 그 결과발생의 원인된 행위가 판명되지 아니한 때에는 각 행위를 미수범으로 처벌한다.
>
> **제263조(동시범)**
> 독립행위가 경합하여 상해의 결과를 발생하게 한 경우에 있어서 원인된 행위가 판명되지 아니한 때에는 공동정범의 예에 의한다.

㉢ (○) 형법 제263조의 동시범은 상해와 폭행죄에 관한 특별규정으로서 동 규정은 그 보호법익을 달리하는 강간치상죄에는 적용할 수 없다(대판 1984.4.24. 84도372).

㉣ (×) 2인 이상이 상호의사의 연락 없이 동시에 범죄구성요건에 해당하는 행위를 하였을 때에는 원칙적으로 각인에 대하여 그 죄를 논하여야 하나 그 결과 발생의 원인이 된 행위가 분명하지 아니한 때에는 각 행위자를 미수범으로 처벌하고(독립행위의 경합), 이 독립행위가 경합하여 특히 상해의 결과를 발생하게 하고 그 결과발생의 원인이 된 행위가 밝혀지지 아니한 경우에는 공동정범의 예에 따라 처단(동시범)하는 것이므로 공범관계에 있어 공동가공의 의사가 있었다면 이에는 도시 동시범 등의 문제는 제기될 여지가 없다(대판 1985.12.10. 85도1892).

008 다음 사례에 대한 설명으로 가장 적절하지 않은 것은? 〈경찰2차 2021〉

> 甲은 상해의 의사로, 乙은 폭행의 의사로 상호의사 연락 없이 같은 날, 같은 장소에서 30분 간격으로 A를 때렸고, 이로 인해 A에게 상해의 결과가 발생하였다. 그러나 A의 상해의 결과가 甲의 행위로 인한 것인지, 乙의 행위로 인한 것인지가 밝혀지지 않았다.

① 이는 동시범의 문제로 「형법」 제19조가 아닌 「형법」 제263조가 적용되어야 한다.
② 만약 A의 상해가 甲의 행위가 아닌 乙의 폭행으로 인해 발생한 것으로 밝혀졌다면, 甲은 상해미수죄로 처벌된다.

③ 만약 乙이 폭행을 했다는 것 자체가 불분명하다면, 「형법」 제263조가 적용되지 아니한다.

④ 만약 A에게 甲과 乙의 행위로 상해가 아닌 사망의 결과가 발생하였다면, 「형법」 제263조가 적용되지 아니한다.

해설/정답 ④

① (○) 형법 제263조 : 형법 제263조는 상해죄에 관하여 동시범의 특례를 인정하여 '독립행위가 경합하여 상해의 결과를 발생하게 한 경우에 있어서 원인된 행위가 판명되지 아니한 때에는 공동정범의 예에 의한다'고 규정하여 형법 제19조의 예외를 인정하고 있다.

> **제263조(동시범)**
> 독립행위가 경합하여 상해의 결과를 발생하게 한 경우에 있어서 원인된 행위가 판명되지 아니한 때에는 공동정범의 예에 의한다.

② (○) 원인된 행위가 판명된 때에는 각자가 자기의 행위로부터 발생한 결과에 대하여 책임을 지게 되므로, 甲은 상해미수죄로 처벌된다.

③ (○) 상해죄에 있어서의 동시범은 두 사람 이상이 가해행위를 하여 상해의 결과를 가져온 경우에 그 상해가 어느 사람의 가해행위로 말미암은 것인지 분명치 않다면 가해자 모두를 공동정범으로 보자는 것이므로 가해행위를 한 것 자체가 분명하지 않은 사람에 대하여 동시범으로 다스릴 수 없음은 더 말할 것도 없다. 피고인들이 주먹이나 이마로 피해자를 구타한 것이 피해자 주장과 같이 인정된다면 이 점에 대한 죄책을 면할 수 없겠지만, 만일 흉기로 피해자의 얼굴을 찍은 것이 피고인들 중 어느 한 사람 의 소행일 가능성이 없는 상황이라면 피고인들 및 제3자 상호간에 의사의 연락이 있었다고 볼 수 없는 이 사건에 있어서 피고인들에 대하여 흉기에 의한 상해행위 부분까지 그 죄책을 물을 수는 없을 것이다(대판 1984.5.15. 84도488).

④ (×) 동시범의 특례를 규정한 형법 제263조는 상해치사죄에도 적용된다(대판 1985.5.14. 84도2118).

009 상해와 폭행의 죄에 대한 설명으로 가장 적절하지 않은 것은? 〈경찰1차 2021〉

① 태아를 사망에 이르게 하는 행위가 곧바로 임산부에 대한 상해죄를 구성하는 것은 아니다.

② 甲이 길이 140cm, 지름 4cm의 대나무로 A의 머리를 여러 차례 때려 그 대나무가 부러지고, A의 두피에 표재성 손상을 입혀 사건 당일 병원에서 봉합술을 받은 경우, 甲이 사용한 대나무는 특수상해죄에서의 '위험한 물건'에 해당한다.

③ 상해에 관한 동시범 규정은 가해행위를 한 것 자체가 분명하지 않은 사람에게도 적용되므로 상해에 대한 인과관계를 개별적으로 판단할 필요는 없다.

④ 어떤 물건이 구 「폭력행위 등 처벌에 관한 법률」 제3조 제1항에 정한 '위험한 물건'에 해당하는지 여부는 구체적인 사안에서 사회통념에 비추어 그 물건을 사용하면 상대방이나 제3자가 생명 또는 신체에 위험을 느낄 수 있는지 여부에 따라 판단하여야 한다.

해설/정답 ③

① (○) 태아를 사망에 이르게 하는 행위가 임산부 신체의 일부를 훼손하는 것이라거나 태아의 사망으로 인하여 그 태아를 양육, 출산하는 임산부의 생리적 기능이 침해되어 임산부에 대한 상해가 된다고 볼 수는 없다(대판 2007.6.29. 2005도3832).

② (○) 피고인이 길이 140cm, 지름 4cm인 대나무를 휴대하여 피해자 갑, 을에게 상해를 입혔다는 내용으로 기소된

사안에서, 피고인이 위 대나무로 갑의 머리를 여러 차례 때려 대나무가 부러졌고, 갑은 두피에 표재성 손상을 입어 사건 당일 병원에서 봉합술을 받은 점 등에 비추어 피고인이 사용한 위 대나무가 '위험한 물건'에 해당한다고 본 원심판단이 정당하다고 한 사례(대판 2017.12.28. 2015도5854).

③ (×) 상해죄에 있어서의 동시범은 두 사람 이상이 가해행위를 하여 상해의 결과를 가져온 경우에 그 상해가 어느 사람의 가해행위로 말미암은 것인지 분명치 않다면 가해자 모두를 공동정범으로 보자는 것이므로 가해행위를 한 것 자체가 분명하지 않은 사람에 대하여 동시범으로 다스릴 수 없음은 더 말할 것도 없다. 피고인들이 주먹이나 이마로 피해자를 구타한 것이 피해자 주장과 같이 인정된다면 이 점에 대한 죄책을 면할 수 없겠지만, 만일 흉기로 피해자의 얼굴을 찍은 것이 피고인들 중 어느 한 사람 의 소행일 가능성이 없는 상황이라면 피고인들 및 제3자 상호간에 의사의 연락이 있었다고 볼 수 없는 이 사건에 있어서 피고인들에 대하여 흉기에 의한 상해행위 부분까지 그 죄책을 물을 수는 없을 것이다(대판 1984.5.15. 84도488).

④ (○) 어떤 물건이 폭력행위 등 처벌에 관한 법률 제3조 제1항에 정한 '위험한 물건'에 해당하는지 여부는 구체적인 사안에서 사회통념에 비추어 그 물건을 사용하면 상대방이나 제3자가 생명 또는 신체에 위험을 느낄 수 있는지 여부에 따라 판단하여야 한다. 이러한 판단기준은 자동차를 사용하여 사람의 생명 또는 신체에 위해를 가하거나 다른 사람의 재물을 손괴한 경우에도 마찬가지로 적용된다(대판 2009.3.26. 2007도3520).

010 폭행죄에 대한 설명으로 가장 적절하지 않은 것은? 〈경찰2차 2020〉

① 흉기 기타 위험한 물건을 휴대하여 폭행을 저지르는 경우 그 범죄와 전혀 무관하게 우연히 이를 소지하게 된 경우까지를 포함하는 것은 아니지만, 범행현장에서 범행에 사용하려는 의도 아래 흉기 등 위험한 물건을 소지하거나 몸에 지닌 이상 그 사실을 피해자가 인식하거나 실제로 범행에 사용하였을 것까지 요구되지 않는다.

② 특수폭행죄에서 다중의 위력을 보인다는 것은 위력을 상대방에게 인식시키는 것을 말하고 상대방의 의사가 현실적으로 제압될 것을 요하지 않으며 상대방의 의사를 제압할 만한 세력을 인식시킬 정도에 이르지 않아도 족하다.

③ 단순폭행, 존속폭행의 범행이 동일한 폭행 습벽의 발현에 의한 것으로 인정되는 경우, 그 중 법정형이 더 중한 상습존속폭행죄에 나머지 행위를 포괄하여 하나의 죄만 성립한다.

④ 甲은 경륜장 사무실에서 소화기들을 던지며 소란을 피웠는데 특정인을 겨냥하여 던진 것으로는 보이지 아니하는 점, 피해자들이 상해를 입지 않은 점 등의 여러 사정을 종합하면, 이때 '소화기'는 '위험한 물건'에 해당하지 않는다.

해설/정답 ②

① (○) 성폭력범죄의 처벌 및 피해자보호 등에 관한 법률의 목적과 같은 법 제6조의 규정 취지에 비추어 보면 같은 법 제6조 제1항 소정의 '흉기 기타 위험한 물건을 휴대하여 강간죄를 범한 자'란 범행 현장에서 그 범행에 사용하려는 의도 아래 흉기를 소지하거나 몸에 지니는 경우를 가리키는 것이고, 그 범행과는 전혀 무관하게 우연히 이를 소지하게 된 경우까지를 포함하는 것은 아니라 할 것이나, 범행현장에서 범행에 사용하려는 의도 아래 흉기 등 위험한 물건을 소지하거나 몸에 지닌 이상 그 사실을 피해자가 인식하거나 실제로 범행에 사용하였을 것까지 요구되는 것은 아니다(대판 2004.6.11. 2004도2018).

② (×) 다중의 '위력'이라 함은 다중의 형태로 집결한 다수 인원으로 사람의 의사를 제압하기에 족한 세력을 지칭하는 것으로서 그 인원수가 다수에 해당하는가는 행위 당시의 여러 사정을 참작하여 결정하여야 할 것이며, 이 경우 상대방의 의사가 현실적으로 제압될 것을 요하지는 않는다고 할 것이지만 상대방의 의사를 제압할 만한 세력을 인식시킬

정도는 되어야 한다(대판 2006.2.10. 2005도174).

③ (○) 피고인이 상습으로 갑을 폭행하고, 어머니 을을 존속폭행하였다는 내용으로 기소된 사안에서, 피고인에게 폭행범행을 반복하여 저지르는 습벽이 있고 이러한 습벽에 의하여 단순폭행, 존속폭행 범행을 저지른 사실이 인정된다면 단순폭행, 존속폭행의 각 죄별로 상습성을 판단할 것이 아니라 포괄하여 그중 법정형이 가장 중한 상습존속폭행죄만 성립할 여지가 있는데도, 이와 달리 상습폭행과 존속폭행의 2개 행위로 파악하여, 피고인에게 단순폭행의 습벽이 인정된다는 이유로 상습폭행 부분을 유죄로 인정하면서도 존속폭행의 습벽까지는 인정할 증거가 없다는 이유에서 상습존속폭행은 성립할 수 없고 존속폭행만 성립할 수 있다고 전제한 다음, 을이 제1심판결 선고 전에 처벌을 원하지 않는다는 의사를 밝혔다는 이유로 존속폭행 부분에 대하여 주문에서 공소기각을 선고한 원심판결에 형법 제264조, 폭행죄의 상습성, 죄수 등에 관한 법리오해의 잘못이 있다고 한 사례(대판 2018.4.24. 2017도10956).

④ (○) 경륜장 사무실에서 술에 취해 소란을 피우면서 '소화기'를 집어던졌지만 특정인을 겨냥하여 던진 것이 아닌 점 등을 종합하여, 위 '소화기'는 폭력행위 등 처벌에 관한 법률 제3조 제1항의 '위험한 물건'에 해당하지 않는다고 한 사례(대판 2010.4.29. 2010도930).

011 폭행죄에 관한 설명으로 가장 적절하지 않은 것은? 〈경찰1차 2020〉

① 폭행죄는 반의사불벌죄로서 개인적 법익에 관한 죄이고 피해자가 사망한 후 그 상속인이 피해자를 대신하여 처벌불원의 의사표시를 할 수 있다.

② 「형법」 제260조에 규정된 폭행죄의 폭행이란 소위 사람의 신체에 대한 유형력의 행사를 가리키며, 그 유형력의 행사는 신체적 고통을 주는 물리력의 작용을 의미하므로 신체의 청각기관을 직접적으로 자극하는 음향도 경우에 따라서는 유형력에 포함될 수 있다.

③ 거리상 멀리 떨어져 있는 사람에게 전화기를 이용하여 전화하면서 고성을 내거나 그 전화 대화를 녹음 후 듣게 하는 경우에 특수한 방법으로 수화자의 청각기관을 자극하여 그 수화자로 하여금 고통을 느끼게 할 정도의 음향을 이용했다면 신체에 대한 유형력의 행사로 볼 수 있다.

④ 피해자에게 근접하여 욕설을 하면서 때릴 듯이 손발이나 물건을 휘두르거나 던지는 행위는 직접 피해자의 신체에 접촉하지 않았다고 하여도 폭행에 해당한다.

해설/정답 ①

① (×) 폭행죄는 피해자의 명시한 의사에 반하여 공소를 제기할 수 없는 반의사불벌죄로서 처벌불원의 의사표시는 의사능력이 있는 피해자가 단독으로 할 수 있는 것이고, 피해자가 사망한 후 그 상속인이 피해자를 대신하여 처벌불원의 의사표시를 할 수는 없다고 보아야 한다(대판 2010.5.27. 2010도2680).

② (○), ③ (○) [1] 형법 제260조에 규정된 폭행죄는 사람의 신체에 대한 유형력의 행사를 가리키며, 그 유형력의 행사는 신체적 고통을 주는 물리력의 작용을 의미하므로 신체의 청각기관을 직접적으로 자극하는 음향도 경우에 따라서는 유형력에 포함될 수 있다. [2] 피해자의 신체에 공간적으로 근접하여 고성으로 폭언이나 욕설을 하거나 동시에 손발이나 물건을 휘두르거나 던지는 행위는 직접 피해자의 신체에 접촉하지 아니하였다 하더라도 피해자에 대한 불법한 유형력의 행사로서 폭행에 해당될 수 있는 것이지만, 거리상 멀리 떨어져 있는 사람에게 전화기를 이용하여 전화하면서 고성을 내거나 그 전화 대화를 녹음 후 듣게 하는 경우에는 특수한 방법으로 수화자의 청각기관을 자극하여 그 수화자로 하여금 고통스럽게 느끼게 할 정도의 음향을 이용하였다는 등의 특별한 사정이 없는 한 신체에 대한 유형력의 행사를 한 것으로 보기 어렵다(대판 2003.1.10. 2000도5716).

④ (○) 피해자에게 근접하여 욕설을 하면서 때릴 듯이 손발이나 물건을 휘두르거나 던지는 행위는 직접 피

해자의 신체에 접촉하지 않았다고 하여도 피해자에 대한 불법한 유형력의 행사로서 폭행에 해당하나, 공소사실 중에 때릴 듯이 위세 또는 위력을 보인 구체적인 행위내용이 적시되어 있지 않다면 결국 욕설을 함으로써 위세 또는 위력을 보였다는 취지로 해석할 수밖에 없고 이와 같이 욕설을 한 것 외에 별다른 행위를 한 적이 없다면 이는 유형력의 행사라고 보기 어려울 것이다(대판 1990.2.13. 89도1406).

012 상해와 폭행의 죄에 관한 설명으로 가장 적절한 것은? 〈경찰2차 2019〉

① 피해자의 신체에 대한 접촉이 없다 하더라도 부딪칠 듯이 자동차를 조금씩 반복적으로 전진시키는 행위는 폭행죄의 폭행에 해당한다.

② 상해죄의 동시범 특례(「형법」 제263조)는 상해의 결과가 발생하였으나 그 상해가 어느 사람의 가해행위로 인한 것인지가 분명치 않은 경우뿐만 아니라 가해행위를 한 것 자체가 분명치 않은 경우에도 적용된다.

③ 상해는 신체의 완전성을 훼손하거나 생리적 기능에 장애를 초래하는 것을 의미하므로, 피고인의 협박과 폭행으로 피해자가 실신하였더라도 외부적으로 어떤 상처가 발생하지 않았다면 상해가 있다고 볼 수 없다.

④ 피고인이 폭력행위 당시 과도를 범행현장에서 호주머니 속에 지니고 있었더라도 그 사실을 피해자가 몰랐다거나 실제로 범행에 사용하지 않았다면 '위험한 물건의 휴대'에 해당하지 않는다.

해설/정답 ①

① (○) 폭행죄에서 말하는 폭행이란 사람의 신체에 대하여 육체적·정신적으로 고통을 주는 유형력을 행사함을 뜻하는 것으로서 반드시 피해자의 신체에 접촉함을 필요로 하는 것은 아니고, 그 불법성은 행위의 목적과 의도, 행위 당시의 정황, 행위의 태양과 종류, 피해자에게 주는 고통의 유무와 정도 등을 종합하여 판단하여야 한다. 따라서 자신의 차를 가로막는 피해자를 부딪친 것은 아니라고 하더라도, 피해자를 부딪칠 듯이 차를 조금씩 전진시키는 것을 반복하는 행위 역시 피해자에 대해 위법한 유형력을 행사한 것이라고 보아야 한다(대판 2016.10.27. 2016도9302).

② (×) 상해죄에 있어서의 동시범은 두 사람 이상이 가해행위를 하여 상해의 결과를 가져온 경우에 그 상해가 어느 사람의 가해행위로 말미암은 것인지 분명치 않다면 가해자 모두를 공동정범으로 보자는 것이므로 가해행위를 한 것 자체가 분명하지 않은 사람에 대하여 동시범으로 다스릴 수 없음은 더 말할 것도 없다(대판 1984.5.15. 84도488).

③ (×) [1] 피고인과 그의 공범들이 피해자를 피고인 경영의 초밥집에 불러내어 22:00경부터 그 다음 날 02:30경까지 사이에 회칼로 죽여버리겠다거나 소주병을 깨어 찌를 듯한 태도를 보이면서 계속하여 협박하다가 손바닥으로 피해자의 얼굴과 목덜미를 수회 때리자, 피해자가 극도의 공포감을 이기지 못하고 기절하였다가 피고인 등이 불러온 119 구급차 안에서야 겨우 정신을 차리고 인근 병원에까지 이송된 사실이 명백히 인정되는바, 이와 같이 오랜 시간 동안의 협박과 폭행을 이기지 못하고 실신하여 범인들이 불러온 구급차 안에서야 정신을 차리게 되었다면, 외부적으로 어떤 상처가 발생하지 않았다고 하더라도 생리적 기능에 훼손을 입어 신체에 대한 상해가 있었다고 봄이 상당하므로, 원심판결에 논하는 바와 같은 채증법칙 위반이나 상해죄에 관한 법리오해의 위법이 있다고 할 수 없고, 또 위와 같은 상해사실이 피해자와 피고인의 공범들의 진술 및 소방서장의 구급활동사항 통보서의 기재에 의하여 충분히 인정되는 이상, 원심이 의사의 진단서에 의하지 아니하고 상해사실을 인정하였다거나 또는 범죄사실에 치료일수가 명시되지 않았다고 하여 위법이라고 할 수도 없다. [2] 오랜 시간 동안의 협박과 폭행을 이기지 못하고 실신하여 범

인들이 불러온 구급차 안에서야 정신을 차리게 되었다면, 외부적으로 어떤 상처가 발생하지 않았다고 하더라도 생리적 기능에 훼손을 입어 신체에 대한 상해가 있었다고 본 사례(대판 1996.12.10. 96도2529).

④ (×) 그 범행과는 전혀 무관하게 우연히 이를 소지하게 된 경우까지를 포함하는 것은 아니라 할 것이나, 범행현장에서 범행에 사용하려는 의도 아래 흉기 등 위험한 물건을 소지하거나 몸에 지닌 이상 그 사실을 피해자가 인식하거나 실제로 범행에 사용하였을 것까지 요구되는 것은 아니다(대판 2007.3.30. 2007도914, 대판 2004.6.11. 2004도2018). 피고인이 이 사건 폭력행위당시 판시 과도를 범행현장에서 호주머니 속에 지니고 있었던 이상 이는 위험한 물건을 휴대한 경우로서 폭력행위등처벌에 관한 법률 제3조 제1항 소정의 죄에 해당한다(대판 1984.4.10. 84도353).

013 상해와 폭행의 죄에 대한 설명으로 가장 적절하지 않은 것은? 〈경찰2차 2018〉

① 동시 또는 이시의 독립행위가 경합하여 상해의 결과를 발생하게 한 경우에 있어서 그 결과발생의 원인된 행위가 판명되지 아니한 때에는 각 행위자를 공동정범의 예에 의하여 처벌한다.

② 상해죄의 성립에는 상해의 원인인 폭행에 관한 인식이 있으면 충분하고 상해를 가할 의사의 존재는 필요하지 않으나, 폭행을 가한다는 인식마저 없이 행위함으로써 피해자에게 상해를 입힌 경우에는 상해죄가 성립하지 않는다.

③ 폭행죄에 있어서의 폭행이란 사람의 신체에 대한 유형력의 행사를 뜻하므로 반드시 피해자의 신체에 접촉함을 필요로 하고, 피해자에게 근접하여 욕설을 하면서 때릴 듯이 손발을 휘두르거나 물건을 던지는 행위를 한 것만으로는 폭행죄가 성립하지 아니한다.

④ 「형법」 제260조의 폭행죄의 경우, 검사는 피해자의 명시한 의사에 반해 공소를 제기할 수 없다.

해설/정답 ③

① (○) 형법 제263조

> **제263조(동시범)**
> 독립행위가 경합하여 상해의 결과를 발생하게 한 경우에 있어서 원인된 행위가 판명되지 아니한 때에는 공동정범의 예에 의한다.

② (○) 상해죄는 결과범이므로 그 성립에는 상해의 원인인 폭행에 관한 인식이 있으면 충분하고 상해를 가할 의사의 존재는 필요하지 않으나, 폭행을 가한다는 인식이 없는 행위의 결과로 피해자가 상해를 입었던 경우에는 상해죄가 성립하지 아니한다(대판 1983.3.22. 83도231, 대판 2000.7.4. 99도4341).

③ (×) 피해자에게 근접하여 욕설을 하면서 때릴 듯이 손발이나 물건을 휘두르거나 던지는 행위는 직접 피해자의 신체에 접촉하지 않았다고 하여도 피해자에 대한 불법한 유형력의 행사로서 폭행에 해당하나, 공소사실 중에 때릴 듯이 위세 또는 위력을 보인 구체적인 행위내용이 적시되어 있지 않다면 결국 욕설을 함으로써 위세 또는 위력을 보였다는 취지로 해석할 수밖에 없고 이와 같이 욕설을 한 것 외에 별다른 행위를 한 적이 없다면 이는 유형력의 행사라고 보기 어려울 것이다(대판 1990.2.13. 89도1406).

④ (○) 형법 제260조: 반의사불벌죄

> **제260조(폭행, 존속폭행)**
> ① 사람의 신체에 대하여 폭행을 가한 자는 2년 이하의 징역, 500만 원 이하의 벌금, 구류 또는 과료에 처한다.
> ② 자기 또는 배우자의 직계존속에 대하여 제1항의 죄를 범한 때에는 5년 이하의 징역 또는 700만 원 이하의 벌금에 처한다.
> ③ 제1항 및 제2항의 죄는 피해자의 명시한 의사에 반하여 공소를 제기할 수 없다.

제3절 | 과실치사상의 죄

014 과실치사상의 죄에 관한 설명으로 가장 적절하지 않은 것은? 〈경찰2차 2023〉

① 4층 건물의 2층 내부 벽면에 설치된 분전반을 통해 3층과 4층으로 가설된 전선이 합선으로 단락되어 화재가 나 상해가 발생한 사안에서, 단지 4층 건물의 소유자로서 위 건물 2층을 임대하였다는 사정만으로는 업무상과실치상죄에 있어서의 '업무'로 보기 어렵다.

② 고속도로를 무단횡단하는 보행자를 충격하여 사고를 발생시킨 경우라도 운전자가 상당한 거리에서 보행자의 무단횡단을 미리 예상할 수 있는 사정이 있었고, 그에 따라 즉시 감속하거나 급제동하는 등의 조치를 취하였다면 보행자와의 충돌을 피할 수 있었다는 등의 특별한 사정이 인정되는 경우에는 자동차 운전자의 과실을 인정할 수 있다.

③ 야간 당직간호사가 담당 환자의 심근경색 증상을 당직의사에게 제대로 보고하지 않음으로써 당직의사가 필요한 조치를 취하지 못한 채 환자가 사망하였다면 병원의 야간당직 운영체계상 당직의사에게도 업무상 과실이 있다.

④ 의사가 환자에 대하여 주된 의사의 지위에서 진료하는 경우라도, 자신은 환자의 수술이나 시술에 전념하고 마취과 의사로 하여금 마취와 환자 감시 등을 담당토록 하는 경우처럼 서로 대등한 지위에서 각자의 의료영역을 나누어 환자 진료의 일부를 분담하였다면, 진료를 분담받은 다른 의사의 전적인 과실로 환자에게 발생한 결과에 대하여는 주된 의사의 책임을 인정할 수 없다.

해설/정답 ③

① (○) 업무상과실치상죄에 있어서의 '업무'란 사람의 사회생활면에서 하나의 지위로서 계속적으로 종사하는 사무를 말하고, 여기에는 수행하는 직무 자체가 위험성을 갖기 때문에 안전배려를 의무의 내용으로 하는 경우는 물론 사람의 생명·신체의 위험을 방지하는 것을 의무내용으로 하는 업무도 포함되는데, 안전배려 내지 안전관리 사무에 계속적으로 종사하여 위와 같은 지위로서의 계속성을 가지지 아니한 채 단지 건물의 소유자로서 건물을 비정기적으로 수리하거나 건물의 일부분을 임대하였다는 사정만으로는 업무상과실치상죄에 있어서의 '업무'로 보기 어렵다(대판 2009.5.28. 2009도1040).

② (○) 고속도로를 운행하는 자동차의 운전자로서는 일반적인 경우에 고속도로를 횡단하는 보행자가 있을 것까지 예견하여 보행자와의 충돌사고를 예방하기 위하여 급정차 등의 조치를 취할 수 있도록 대비하면서 운전할 주의의무가 없고, 다만 고속도로를 무단횡단하는 보행자를 충격하여 사고를 발생시킨 경우라도 운전자가 상당한 거리에서 보행자의 무단횡단을 미리 예상할 수 있는 사정이 있었고, 그에 따라 즉시 감속하거나 급제동하는 등의 조치를 취하였다면 보행자와의 충돌을 피할 수 있었다는 등의 특별한 사정이 인정되는 경우에만 자동차 운전자의 과실이 인정될 수 있다(대판 2000.9.5. 2000도2671).

③ (×) 야간 당직간호사가 담당 환자의 심근경색 증상을 당직의사에게 제대로 보고하지 않음으로써 당직의사가 필요한 조치를 취하지 못한 채 환자가 사망한 경우, 병원의 야간당직 운영체계상 당직간호사에게 환자의 사망을 예견하거나 회피하지 못한 업무상 과실이 있고, 당직의사에게는 업무상 과실을 인정하기 어렵다고 한 사례(대판 2007.9.20. 2006도294, 대판 1996.11.8. 95도2710).

④ (○) 어떠한 의료행위가 의사들 사이의 분업적인 진료행위를 통하여 이루어지는 경우에도 그 의료행위 관련 임상의학 분야의 현실과 수준을 포함하여 구체적인 진료환경 및 조건, 해당 의료행위의 특수성 등

을 고려한 규범적인 기준에 따라 해당 의료행위에 필요한 주의의무의 준수 내지 위반이 있었는지 여부가 판단되어야 함은 마찬가지이다. 따라서 의사가 환자에 대하여 주된 의사의 지위에서 진료하는 경우라도, 자신은 환자의 수술이나 시술에 전념하고 마취과 의사로 하여금 마취와 환자 감시 등을 담당토록 하거나, 특정 의료영역에 관한 진료 도중 환자에게 나타난 문제점이 자신이 맡은 의료영역 내지 전공과목에 관한 것이 아니라 그에 선행하거나 병행하여 이루어진 다른 의사의 의료영역 내지 전공과목에 속하는 등의 사유로 다른 의사에게 그 관련된 협의진료를 의뢰한 경우처럼 서로 대등한 지위에서 각자의 의료영역을 나누어 환자 진료의 일부를 분담하였다면, 진료를 분담받은 다른 의사의 전적인 과실로 환자에게 발생한 결과에 대하여는 책임을 인정할 수 없다(대판 2022.12.1. 2022도1499).

015 다음 사례 중 甲에게 업무상 과실이 인정되는 것은 모두 몇 개인가? 〈경찰2차 2022〉

㉠ 지하철 공사구간 현장안전업무 담당자 甲은 공사현장에 인접한 기존의 횡단보도 표시선 안쪽으로 돌출된 강철빔 주위에 라바콘 3개를 설치하고 신호수 1명을 배치하였는데, A가 그 횡단보도를 건너면서 강철빔에 부딪혀 상해를 입은 경우

㉡ 병원 인턴 甲은 응급실로 이송되어 온 익수환자 A를 담당의사 乙의 지시(이송 도중 A에 대한 앰부 배깅과 진정제 투여 업무만을 지시)에 따라 구급차에 태워 다른 병원으로 이송하던 중 산소통의 산소잔량을 체크하지 않아 산소 공급이 중단되어 A가 폐부종 등으로 사망한 경우

㉢ 골프장의 경기보조원 甲은 골프 카트에 A를 태우면서 출발에 앞서 안전 손잡이를 잡도록 고지하지 않고, 이를 잡았는지 확인하지도 않은 채 출발 후 각도 70°가 넘는 우로 굽은 길에서 속도를 줄이지 않고 급하게 우회전하여 A가 골프 카트에서 떨어져 상해를 입은 경우

㉣ 담당 의사가 췌장 종양 제거수술 직후의 환자 A에 대하여 1시간 간격으로 4회 활력징후를 측정하라고 지시하였는데, 일반병실에 근무하는 간호사 甲이 중환자실이 아닌 일반병실에서는 그러할 필요가 없다고 생각하여 2회만 측정한 채 3회차 이후 이를 측정하지 않았고, 甲과 근무를 교대한 간호사 乙 역시 자신의 근무시간 내 4회차 측정시각까지 이를 측정하지 아니하여, A는 그 시각으로부터 약 10분 후 심폐정지 상태에 빠졌다가 이후 약 3시간이 지나 과다출혈로 사망한 경우

㉤ 건축자재인 철판 수백 장의 운반을 의뢰한 생산자 甲이 절단면이 날카롭고 무거운 철판을 묶기에 매우 부적합한 폴리에스터 끈을 사용하여 철판 묶음 작업을 한 탓에 철판 쏠림 현상이 발생하였고, 이로 인하여 철판을 차에서 내리는 과정에서 철판이 쏟아져 내려 화물차 운전자 A가 사망한 경우

① 1개 ② 2개 ③ 3개 ④ 4개

해설/정답 ③

㉠ (×) 지하철 공사구간 현장안전업무 담당자인 피고인이 공사현장에 인접한 기존의 횡단보도 표시선 안쪽으로 돌출된 강철빔 주위에 라바콘 3개를 설치하고 신호수 1명을 배치하였는데, 피해자가 위 횡단보도를 건너면서 강철빔에 부딪혀 상해를 입은 사안에서, 제반 사정에 비추어 피고인이 안전조치를 취하여야 할 업무상 주의의무를 위반하였다고 보기 어려운데도, 이와 달리 보아 업무상과실치상죄를 인정한 원심판결에 법리오해 등의 잘못이 있다고 한 사례(대판 2014.4.10. 2012도11361).

ⓛ (×) 병원 인턴인 피고인이, 응급실로 이송되어 온 익수환자 甲을 담당의사 乙의 지시에 따라 구급차에 태워 다른 병원으로 이송하던 중 산소통의 산소잔량을 체크하지 않은 과실로 산소 공급이 중단된 결과 甲을 폐부종 등으로 사망에 이르게 하였다는 내용으로 기소된 사안에서, 乙에게서 이송 도중 甲에 대한 앰부 배깅(ambu bagging)과 진정제 투여 업무만을 지시받은 피고인에게 일반적으로 구급차 탑승 전 또는 이송 도중 구급차에 비치되어 있는 산소통의 산소잔량을 확인할 주의의무가 있다고 보기는 어렵고, 다만 피고인이 甲에 대한 앰부 배깅 도중 산소 공급 이상을 발견하고도 구급차에 동승한 의료인에게 기대되는 적절한 조치를 취하지 아니하였다면 업무상 과실이 있다고 할 것이나, 피고인이 산소부족 상태를 안 후 취한 조치에 어떠한 업무상 주의의무 위반이 있었다고 볼 수 없는데도, 피고인에게 산소잔량을 확인할 주의의무가 있음을 전제로 업무상과실치사죄를 인정한 원심판단에 응급의료행위에서 인턴의 주의의무 범위에 관한 법리오해 또는 심리미진의 위법이 있다고 한 사례(대판 2011.9.8. 2009도13959).

ⓒ (○) 골프 카트는 안전벨트나 골프 카트 좌우에 문 등이 없고 개방되어 있어 승객이 떨어져 사고를 당할 위험이 커, 골프 카트 운전업무에 종사하는 자로서는 골프 카트 출발 전에는 승객들에게 안전 손잡이를 잡도록 고지하고 승객이 안전 손잡이를 잡은 것을 확인하고 출발하여야 하고, 우회전이나 좌회전을 하는 경우에도 골프 카트의 좌우가 개방되어 있어 승객들이 떨어져서 다칠 우려가 있으므로 충분히 서행하면서 안전하게 좌회전이나 우회전을 하여야 할 업무상 주의의무가 있다(대판 2010.7.22. 2010도1911).

ⓓ (○) 담당 의사가 췌장 종양 제거수술 직후의 환자에 대하여 1시간 간격으로 4회 활력징후를 측정하라고 지시를 하였는데, 일반병실에 근무하는 간호사 甲이 중환자실이 아닌 일반병실에서는 그러할 필요가 없다고 생각하여 2회만 측정한 채 3회차 이후 활력징후를 측정하지 않았고, 甲과 근무교대한 간호사 乙 역시 자신의 근무시간 내 4회차 측정시각까지 활력징후를 측정하지 아니하였으며, 위 환자는 그 시각으로부터 약 10분 후 심폐정지상태에 빠졌다가 이후 약 3시간이 지나 과다출혈로 사망한 사안에서, 1시간 간격으로 활력징후를 측정하였더라면 출혈을 조기에 발견하여 수혈, 수술 등 치료를 받고 환자가 사망하지 않았을 가능성이 충분하다고 보일 뿐 아니라, 甲과 乙은 의사의 위 지시를 수행할 의무가 있음에도 3회차 측정시각 이후 4회차 측정시각까지 활력징후를 측정하지 아니한 업무상과실이 있다고 보아야 함에도, 甲, 乙에게 업무상과실이 있거나 위 활력징후 측정 미이행 행위와 환자의 사망 사이에 인과관계가 있다고 단정하기 어렵다고 본 원심판단에 법리오해의 위법이 있다고 한 사례(대판 2010.10.28. 2008도8606).

ⓜ (○) 건축자재인 철판 수백 장의 운반을 의뢰한 자가 절단면이 날카롭고 무거운 철판을 묶기에 매우 부적합한 폴리에스터 끈을 사용하여 철판 묶음 작업을 하는 등의 과실로 철판 쏠림 현상이 발생하였고, 이로 인하여 철판을 차에서 내리는 과정에서 철판이 쏟아져 내려 화물차 운전자가 사망한 사안에서, 운반 의뢰인에게 업무상 과실치사의 죄책을 인정한 사례(대판 2009.7.23. 2009도3219).

제4절 | 낙태의 죄

제5절 | 유기와 학대의 죄

016 학대의 죄에 관한 설명 중 가장 적절하지 않은 것은? 〈경찰2차 2022〉

① 아동학대범죄의 처벌 등에 관한 특례법 (2014. 1. 28. 제정, 2014. 9. 29. 시행)은 제34조 제1항 (공소시효의 정지와 효력)의 소급적용에 관하여 명시적인 경과규정을 두고 있지 않지만, 동법 시행일 당시 범죄행위가 종료되었으나 아직 공소시효가 완성되지 않은 아동학대범죄에 대해서도 적용된다.

② 아동복지법 제71조 제1항에 따라 처벌되는 동법 제17조 제2호 금지행위(아동에게 음란한 행위를 시키거나 이를 매개하는 행위 또는 아동에게 성적 수치심을 주는 성희롱 등의 성적 학대행위)의 처벌대상은 아동의 복지를 보장하는 동법의 취지에 비추어 성인에게만 한정된다.

③ 친아버지가 자신의 아들(만 1세)을 양육하면서 집안 내부에 먹다 남은 음식물 쓰레기, 소주병, 담배꽁초가 방치된 상태로 청소를 하지 않아 악취가 나는 비위생적인 환경에서 제대로 세탁하지 않아 음식물이 묻어있는 옷을 입히고, 목욕을 주기적으로 시키지 않아 몸에서 악취를 풍기게 하는 등의 행위를 한 경우, 생존에 필요한 최소한의 보호를 하였거나 아들에게 애정을 표현했다는 사정이 있더라도 이는 아들에 대한 방임행위에 해당한다.

④ 어린이집 보육교사가 아동(만 4세)이 창틀에 매달리는 등 위험한 행동을 한다는 이유로 그를 안아 바닥에서 약 78cm 높이의 교구장(110cm×29cm×63cm) 위에 올려둔 후 교구장을 1회 흔들고, 아동의 몸을 잡고는 교구장 뒤 창 쪽으로 흔들어 보이는 등 약 40분 동안 앉혀둔 경우, 이는 비록 안전을 위한 조치라 할지라도 아동에 대한 학대행위에 해당한다.

해설/정답 ②

① (○) [1] 아동학대범죄의 처벌 등에 관한 특례법(2014. 1. 28. 법률 제12341호로 제정되어 2014. 9. 29. 시행되었으며, 이하 '아동학대처벌법'이라 한다)은 아동학대범죄의 처벌에 관한 특례 등을 규정함으로써 아동을 보호하여 아동이 건강한 사회 구성원으로 성장하도록 함을 목적으로 제정되었다. 아동학대처벌법 제2조 제4호 (타)목은 아동복지법 제71조 제1항 제2호, 제17조 제3호에서 정한 '아동의 신체에 손상을 주거나 신체의 건강 및 발달을 해치는 신체적 학대행위'[구 아동복지법(2011. 8. 4. 법률 제11002호로 전부 개정되기 전의 것) 제29조 제1호 '아동의 신체에 손상을 주는 학대행위'에 상응하는 규정이다]를 아동학대범죄의 하나로 규정하고, 나아가 제34조는 '공소시효의 정지와 효력'이라는 표제 밑에 제1항에서 "아동학대범죄의 공소시효는 형사소송법 제252조에도 불구하고 해당 아동학대범죄의 피해아동이 성년에 달한 날부터 진행한다."라고 규정하며, 부칙은 "이 법은 공포 후 8개월이 경과한 날부터 시행한다."라고 규정하고 있다. 이처럼 아동학대처벌법은 신체적 학대행위를 비롯한 아동학대범죄로부터 피해아동을 보호하기 위한 것으로서, 같은 법 제34조 역시 아동학대범죄가 피해아동의 성년에 이르기 전에 공소시효가 완성되어 처벌대상에서 벗어나지 못하도록 진행을 정지시킴으로써 보호자로부터 피해를 입은 18세 미만 아동을 실질적으로 보호하려는 취지이다. 이러한 아동학대처벌법의 입법 목적 및 같은 법 제34조의 취지를 공소시효를 정지하는 특례조항의 신설·소급에 관한 법리에 비추어 보면, 비록 아동학대처벌법이 제34조 제1항의 소급적용 등에 관하여 명시적인 경과규정을 두고 있지는 아니하나, 위 규정은 완성되지 아니한 공소시효의 진행을 일정한 요건 아래에서 장래를 향하여 정지시키는 것으로서, 시행일인 2014. 9. 29. 당시 범죄행위가 종료되었으나 아직 공소시효가 완성되지 아니한 아동학대범죄에 대하

여도 적용된다. [2] 친모인 피고인이 아동인 피해자(당시 8세)의 신체에 손상을 주는 학대행위를 한 사건에서, 아동학대처벌법 시행일 당시 위 범죄행위가 종료되었으나 아직 공소시효가 완성되지 아니한 경우이므로 아동학대처벌법 제34조 제1항의 공소시효 정지 규정이 적용된다고 보아 피해아동이 성년에 달할 때까지 공소시효가 정지된다고 판단하여, 이 부분 범죄행위에 관하여 공소시효가 완성되었다고 보아 면소를 선고한 원심을 파기환송한 사안(대판 2016.9.28. 2016도7273). **[해설]** 아동학대범죄의 처벌 등에 관한 특례법 제34조 제1항의 시행 당시 범죄행위가 종료하였으나 공소시효가 완성되지 아니한 경우 위 규정을 적용할 수 있는지에 대해서 긍정한 판례(경과규정이 없었던 법률).

② (×) 아동복지법은 제3조 제7호에서 '아동학대'를 '보호자를 포함한 성인이 아동의 건강 또는 복지를 해치거나 정상적 발달을 저해할 수 있는 신체적·정신적·성적 폭력이나 가혹행위를 하는 것과 아동의 보호자가 아동을 유기하거나 방임하는 것'이라고 정의하면서, 제3장 제2절에서 아동학대의 예방 및 방지에 관한 각종 규정을 두고 있다. 한편 아동복지법은 제17조에서 '누구든지 다음 각 호의 어느 하나에 해당하는 행위를 하여서는 아니 된다'고 하면서, 제2호로 '아동에게 음란한 행위를 시키거나 이를 매개하는 행위 또는 아동에게 성적 수치심을 주는 성희롱 등의 성적 학대행위'를 금지행위로 규정하고, 제71조 제1항에서 '제17조를 위반한 자를 처벌한다'고 규정하고 있다. 이러한 아동복지법 규정의 각 문언과 조문의 체계 등을 종합하여 보면, 누구든지 제17조 제2호에서 정한 금지행위를 한 경우 제71조 제1항에 따라 처벌되는 것이고, 성인이 아니라고 하여 위 금지행위규정 및 처벌규정의 적용에서 배제된다고 할 수는 없다(대판 2020.10.15. 2020도6422).

③ (○) 아동 갑(당시 1세)의 친아버지인 피고인이 갑을 양육하면서 집안 내부에 먹다 남은 음식물 쓰레기, 소주병, 담배꽁초가 방치된 상태로 청소를 하지 않아 악취가 나는 비위생적인 환경에서 갑에게 제대로 세탁하지 않아 음식물이 묻어있는 옷을 입히고, 목욕을 주기적으로 시키지 않아 몸에서 악취를 풍기게 하는 등으로 갑을 방임하였다고 하여 아동복지법 위반으로 기소된 사안에서, 생존에 필요한 최소한의 보호를 하였다는 사정이나 갑이 피고인에게 애정을 표현했다는 사정만으로는 피고인이 갑의 친권자로서 갑의 건강과 안전, 행복을 위하여 필요한 책무를 다했다고 보기 어렵다는 이유로, 피고인이 비위생적인 환경에서 갑을 양육하였고 갑의 의복과 몸을 청결하게 유지해 주지 않았으며 갑을 집에 두고 외출하기도 하는 등 의식주를 포함한 기본적인 보호·양육·치료 및 교육을 소홀히 하는 방임행위를 하였다고 본 원심의 판단이 정당하다고 한 사례(대판 2020.9.3. 2020도7625).

④ (○) [1] 아동복지법은 제1조에서 "이 법은 아동이 건강하게 출생하여 행복하고 안전하게 자랄 수 있도록 아동의 복지를 보장하는 것을 목적으로 한다."라고 규정하여 입법목적을 밝히면서 제2조 제3항에서 "아동에 관한 모든 활동에 있어서 아동의 이익이 최우선적으로 고려되어야 한다."라고 규정하여 그 기본이념을 밝히고 있다. 한편 제3조 제7호에서는 "아동학대란 보호자를 포함한 성인이 아동의 건강 또는 복지를 해치거나 정상적 발달을 저해할 수 있는 신체적·정신적·성적 폭력이나 가혹행위를 하는 것과 아동의 보호자가 아동을 유기하거나 방임하는 것을 말한다."라고 규정하고, 제17조 제5호에서는 '누구든지 아동에게 아동의 정신건강 및 발달에 해를 끼치는 정서적 학대행위를 하여서는 아니 된다'고 규정하고 있다. 위와 같은 아동복지법의 입법목적, 기본이념 및 관련 조항들의 내용 등을 종합하면, 아동복지법상 금지되는 정서적 학대행위란, 정신적 폭력이나 가혹행위로서 아동의 정신건강 또는 복지를 해치거나 정신건강의 정상적 발달을 저해할 정도 혹은 그러한 결과를 초래할 위험을 발생시킬 정도에 이르는 것을 말하고, 어떠한 행위가 이에 해당하는지 여부는 행위자와 피해아동의 관계, 행위 당시 행위자가 피해아동에게 보인 태도, 피해아동의 연령, 성별, 성향, 정신적 발달상태 및 건강상태, 행위에 대한 피해아동의 반응 및 행위를 전후로 한 피해아동의 상태 변화, 행위가 발생한 장소와 시기, 행위의 정도와 태양, 행위에 이르게 된 경위, 행위의 반복성이나 기간, 행위가 피해아동 정신건강의 정상적 발달에 미치는 영향 등을 종합적으로 고려하여 판단하여야 한다. [2] 보육교사인 피고인이 강압적이고 부정적인 태도를 보이며 4세인 피해아동을 높이 78cm에 이르는 교구장 위에 약 40분 동안 앉혀놓는 행위를 한 것이 피해아동에 대한 정서적 학대에 해당한다고 본 사례(대판 2020.3.12. 2017도5769, 대판 2015.12.23. 2015도13488).

CHAPTER 02 자유에 대한 죄

제1절 협박의 죄

017 협박죄에 대한 설명으로 가장 적절한 것은? 〈경찰2차 2020〉

① 권리행사나 직무집행의 일환으로 상대방에게 일정한 해악을 고지한 경우, 그 해악의 고지가 정당한 권리행사나 직무집행으로서 사회상규에 반하지 아니하는 때에도 협박죄가 성립한다.

② 공군 중사가 상관인 피해자에게 그의 비위 등을 기록한 내용을 제시하면서 자신에게 폭언한 사실을 인정하지 않으면 그 내용을 상부기관에 제출하겠다는 취지로 말한 사안에서 공군 중사에게는 군형법 상 상관협박죄가 성립하지 않는다.

③ 甲이 슈퍼마켓 사무실에서 식칼을 들고 피해자를 협박한 행위와 식칼을 들고 매장을 돌아다니며 손님을 내쫓아 그의 영업을 방해한 행위는 협박죄와 업무방해죄의 상상적 경합관계에 있다.

④ 협박죄에 있어서의 협박이라 함은 사람으로 하여금 공포심을 일으킬 수 있을 정도의 해악을 고지하는 것을 의미하고, 협박죄가 성립하기 위하여는 적어도 발생 가능한 것으로 생각될 수 있는 정도의 구체적인 해악의 고지가 있어야 한다.

해설/정답 ④

① (×) 권리행사나 직무집행의 일환으로 상대방에게 일정한 해악을 고지한 경우, 그 해악의 고지가 정당한 권리행사나 직무집행으로서 사회상규에 반하지 아니하는 때에는 협박죄가 성립하지 아니하나, 외관상 권리행사나 직무집행으로 보이더라도 실질적으로 권리나 직무권한의 남용이 되어 사회상규에 반하는 때에는 협박죄가 성립한다고 보아야 할 것인바, 구체적으로는 그 해악의 고지가 정당한 목적을 위한 상당한 수단이라고 볼 수 있으면 위법성이 조각되지만, 위와 같은 관련성이 인정되지 아니하는 경우에는 그 위법성이 조각되지 아니한다(대판 2007.9.28. 2007도606 전원합의체).

② (×) 공군 중사가 상관인 피해자에게 그의 비위 등을 기록한 내용을 제시하면서 자신에게 폭언한 사실을 인정하지 않으면 그 내용을 상부기관에 제출하겠다는 취지로 말한 사안에서, 상관협박죄를 인정한 사례(대판 2008.12.11. 2008도8922).

③ (×) 피고인이 슈퍼마켓 사무실에서 식칼을 들고 피해자를 협박한 행위와 식칼을 들고 매장을 돌아다니며 손님을 내쫓아 그의 영업을 방해한 행위는 별개의 행위이다(대판 1991.1.29. 90도2445). 협박죄와 업무방해죄는 보호법익이 다르므로 실체적 경합관계에 있다.

④ (○) 협박죄에 있어서의 협박이라 함은 사람으로 하여금 공포심을 일으킬 수 있을 정도의 해악을 고지하는 것을 의미하고, 협박죄가 성립하기 위하여는 적어도 발생 가능한 것으로 생각될 수 있는 정도의 구체적인 해악의 고지가 있어야 한다. 또한 해악의 고지가 있다 하더라도 그것이 사회의 관습이나 윤리관념 등에 비추어 볼 때에 사회통념상 용인할 수 있을 정도의 것이라면 협박죄는 성립하지 아니한다(대판 1998.3.10. 98도70).

018 자유에 대한 죄에 관한 설명으로 가장 적절하지 않은 것은? 〈경찰2차 2019〉

① 협박죄를 위험범으로 이해하는 입장에 따르면 해악을 고지하고 상대방이 이를 인식했음에도 불구하고 상대방이 전혀 공포심을 느끼지 않은 경우에 협박죄의 미수가 성립한다.

② 골프시설의 운영자가 골프회원에게 불리하게 변경된 내용의 회칙에 대하여 동의한다는 내용의 등록신청서를 제출하지 아니하면 회원으로 대우하지 아니하겠다고 통지한 경우 강요죄가 성립한다.

③ 감금행위가 강도상해 범행의 수단이 되는 데 그치지 아니하고 강도상해의 범행이 끝난 뒤에도 계속된 경우에는 1개의 행위가 감금죄와 강도상해죄에 해당하는 경우라고 볼 수 없고, 이 경우 감금죄와 강도상해죄는 「형법」 제37조의 경합범 관계에 있다.

④ 미성년자가 혼자 머무는 주거에 침입하여 그를 감금한 뒤 폭행 또는 협박에 의하여 부모의 출입을 봉쇄하거나, 미성년자와 부모가 거주하는 주거에 침입하여 부모만을 강제로 퇴거시키고 독자적인 생활관계를 형성하기에 이르렀다면 비록 장소적 이전이 없었다 할지라도 「형법」 제287조의 미성년자약취죄가 성립한다.

해설/정답 ①

① (×) 판례의 입장. [다수의견] ㈎ 협박죄가 성립하려면 고지된 해악의 내용이 행위자와 상대방의 성향, 고지 당시의 주변 상황, 행위자와 상대방 사이의 친숙의 정도 및 지위 등의 상호관계, 제3자에 의한 해악을 고지한 경우에는 그에 포함되거나 암시된 제3자와 행위자 사이의 관계 등 행위 전후의 여러 사정을 종합하여 볼 때에 일반적으로 사람으로 하여금 공포심을 일으키게 하기에 충분한 것이어야 하지만, 상대방이 그에 의하여 현실적으로 공포심을 일으킬 것까지 요구하는 것은 아니며, 그와 같은 정도의 해악을 고지함으로써 상대방이 그 의미를 인식한 이상, 상대방이 현실적으로 공포심을 일으켰는지 여부와 관계없이 그로써 구성요건은 충족되어 협박죄의 기수에 이르는 것으로 해석하여야 한다. ㈏ 결국, 협박죄는 사람의 의사결정의 자유를 보호법익으로 하는 위험범이라 봄이 상당하고, 협박죄의 미수범 처벌조항은 해악의 고지가 현실적으로 상대방에게 도달하지 아니한 경우나, 도달은 하였으나 상대방이 이를 지각하지 못하였거나 고지된 해악의 의미를 인식하지 못한 경우 등에 적용될 뿐이다(대판 2007.9.28. 2007도606 전원합의체).

② (○) 골프시설의 운영자가 골프회원에게 불리하게 변경된 내용의 회칙에 대하여 동의한다는 내용의 등록신청서를 제출하지 아니하면 회원으로 대우하지 아니하겠다고 통지한 것이 강요죄에 해당한다고 한 사례(대판 2003.9.26. 2003도763).

③ (○) 감금행위가 단순히 강도상해 범행의 수단이 되는 데 그치지 아니하고 강도상해의 범행이 끝난 뒤에도 계속된 경우에는 1개의 행위가 감금죄와 강도상해죄에 해당하는 경우라고 볼 수 없고, 이 경우 감금죄와 강도상해죄는 형법 제37조의 경합범 관계에 있다고 보아야 한다. 이 사건에서 보면, 피고인은 공소외 1 등과 피해자로부터 돈을 빼앗자고 공모한 다음 그를 강제로 승용차에 태우고 가면서 공소사실과 같이 돈을 빼앗고 상해를 가한 뒤에도 계속하여 상당한 거리를 진행하여 가다가 교통사고를 일으켜 감금행위가 중단되었는데, 이와 같이 감금행위가 단순히 강도상해 범행의 수단이 되는 데 그치지 아니하고 그 범행이 끝난 뒤에도 계속되었으므로, 피고인이 저지른 감금죄와 강도상해죄는 형법 제37조의 경합범 관계에 있다고 보아야 하고, 따라서 위 감금의 범행에 관한 확정판결의 효력은 이 사건 강도상해의 공소사실에까지 미치지 아니한다(대판 2003.1.10. 2002도4380).

④ (○) 형법 제287조에 규정된 약취행위는 폭행 또는 협박을 수단으로 하여 미성년자를 그 의사에 반하여 자유로운 생활관계 또는 보호관계로부터 이탈시켜 범인이나 제3자의 사실상 지배하에 옮기는 행위를 말하는 것이다. 물론, 여기에는 미성년자를 장소적으로 이전시키는 경우뿐만 아니라 장소적 이전 없이 기존의 자유로운 생활관계 또는 부모와의 보호관계로부터 이탈시켜 범인이나 제3자의 사실상 지배하에 두는 경우도 포함된다고 보아야 한다(대판 2008.1.17. 2007도8485).

019 협박죄에 대한 설명 중 가장 적절하지 않은 것은? 〈경찰1차 2018〉

① 협박죄는 자연인만을 그 대상으로 예정하고 있을 뿐 법인은 협박죄의 객체가 될 수 없다.

② 협박죄의 미수범 처벌조항은 해악의 고지가 현실적으로 상대방에게 도달하지 아니한 경우나, 도달은 하였으나 상대방이 이를 지각하지 못하였거나 고지된 해악의 의미를 인식하지 못한 경우 등에 적용될 뿐이다.

③ 피고인이 혼자 술을 마시던 중 甲 정당이 국회에서 예산안을 강행처리하였다는 것에 화가 나서 공중전화를 이용하여 경찰서에 여러 차례 전화를 걸어 전화를 받은 각 경찰관에게 경찰서 관할구역 내에 있는 甲 정당의 당사를 폭파하겠다는 말을 한 경우, 피고인의 행위는 각 경찰관에 대한 협박죄를 구성한다.

④ 피해자 본인이나 그 친족뿐만 아니라 그 밖의 제3자에 대한 법익 침해를 내용으로 하는 해악을 고지하는 것이라고 하더라도 피해자 본인과 제3자가 밀접한 관계에 있어 그 해악의 내용이 피해자 본인에게 공포심을 일으킬 만한 정도의 것이라면 협박죄가 성립할 수 있다. 이 때 제3자에는 자연인뿐만 아니라 법인도 포함된다.

해설/정답 ③

① (○) 협박죄는 사람의 의사결정의 자유를 보호법익으로 하는 범죄로서 형법규정의 체계상 개인적 법익, 특히 사람의 자유에 대한 죄 중 하나로 구성되어 있는바, 위와 같은 협박죄의 보호법익, 형법규정상 체계, 협박의 행위 개념 등에 비추어 볼 때, 협박죄는 자연인만을 그 대상으로 예정하고 있을 뿐 법인은 협박죄의 객체가 될 수 없다(대판 2010.7.15. 2010도1017).

② (○) 협박죄가 성립하려면 고지된 해악의 내용이 행위자와 상대방의 성향, 고지 당시의 주변 상황, 행위자와 상대방 사이의 친숙의 정도 및 지위 등의 상호관계, 제3자에 의한 해악을 고지한 경우에는 그에 포함되거나 암시된 제3자와 행위자 사이의 관계 등 행위 전후의 여러 사정을 종합하여 볼 때에 일반적으로 사람으로 하여금 공포심을 일으키게 하기에 충분한 것이어야 하지만, 상대방이 그에 의하여 현실적으로 공포심을 일으킬 것까지 요구하는 것은 아니며, 그와 같은 정도의 해악을 고지함으로써 상대방이 그 의미를 인식한 이상, 상대방이 현실적으로 공포심을 일으켰는지 여부와 관계없이 그로써 구성요건은 충족되어 협박죄의 기수에 이르는 것으로 해석하여야 한다. 결국, 협박죄는 사람의 의사결정의 자유를 보호법익으로 하는 위험범이라 봄이 상당하고, 협박죄의 미수범 처벌조항은 해악의 고지가 현실적으로 상대방에게 도달하지 아니한 경우나, 도달은 하였으나 상대방이 이를 지각하지 못하였거나 고지된 해악의 의미를 인식하지 못한 경우 등에 적용될 뿐이다(대판 2007.9.28. 2007도606 전원합의체).

③ (×) 피고인이 혼자 술을 마시던 중 갑 정당이 국회에서 예산안을 강행처리하였다는 것에 화가 나서 공중전화를 이용하여 경찰서에 여러 차례 전화를 걸어 전화를 받은 각 경찰관에게 경찰서 관할구역 내에 있는 갑 정당의 당사를 폭파하겠다는 말을 한 사안에서, 피고인은 갑 정당에 관한 해악을 고지한 것이므로 각 경찰관 개인에 관한 해악을 고지하였다고 할 수 없고, 다른 특별한 사정이 없는 한 일반적으로 갑 정당에 대한

해악의 고지가 각 경찰관 개인에게 공포심을 일으킬 만큼 서로 밀접한 관계에 있다고 보기 어려운데도, 이와 달리 피고인의 행위가 각 경찰관에 대한 협박죄를 구성한다고 본 원심판결에 협박죄에 관한 법리오해의 위법이 있다고 한 사례(대판 2012.8.17. 2011도10451).

④ (○) 협박죄에서 협박이란 일반적으로 보아 사람으로 하여금 공포심을 일으킬 정도의 해악을 고지하는 것을 의미하며, 그 고지되는 해악의 내용, 즉 침해하겠다는 법익의 종류나 법익의 향유 주체 등에는 아무런 제한이 없다. 따라서서 피해자 본인이나 그 친족뿐만 아니라 그 밖의 '제3자'에 대한 법익 침해를 내용으로 하는 해악을 고지하는 것이라고 하더라도 피해자 본인과 제3자가 밀접한 관계에 있어 그 해악의 내용이 피해자 본인에게 공포심을 일으킬 만한 정도의 것이라면 협박죄가 성립할 수 있다. 이 때 '제3자'에는 자연인뿐만 아니라 법인도 포함된다 할 것인데, 피해자 본인에게 법인에 대한 법익을 침해하겠다는 내용의 해악을 고지한 것이 피해자 본인에 대하여 공포심을 일으킬 만한 정도가 되는지 여부는 고지된 해악의 구체적 내용 및 그 표현방법, 피해자와 법인의 관계, 법인 내에서의 피해자의 지위와 역할, 해악의 고지에 이르게 된 경위, 당시 법인의 활동 및 경제적 상황 등 여러 사정을 종합하여 판단하여야 한다(대판 2010.7.15. 2010도1017).

020 다음 설명 중 가장 적절하지 않은 것은? 〈경찰1차 2016〉

① 조상천도제를 지내지 아니하면 좋지 않은 일이 생긴다는 취지의 해악의 고지는 길흉화복이나 천재지변의 예고로서 행위자에 의하여 직접·간접적으로 좌우될 수 없는 것이고 가해자가 현실적으로 특정되어 있지도 않으며 해악의 발생가능성이 합리적으로 예견될 수 있는 것이 아니므로 협박으로 평가될 수 없다.

② 폭행죄는 미수범 처벌규정이 없으나, 협박죄의 미수범은 처벌된다.

③ 甲 정당의 국회 예산안 강행처리에 화가 나서 경찰서에 전화를 걸어 전화를 받은 경찰관에게 관할구역에 있는 甲 정당의 당사를 폭파하겠다고 말한 행위는 공무집행방해죄뿐만 아니라 그 경찰관에 대한 협박죄를 구성한다.

④ "앞으로 수박이 없어지면 네 책임으로 한다."고 말한 것은 해악의 고지라고 보기 어렵고, 가사 다소간의 해악의 고지에 해당한다고 가정하더라도 위법성이 없다.

해설/정답 ③

① (○) 조상천도제를 지내지 아니하면 좋지 않은 일이 생긴다는 취지의 해악의 고지는 길흉화복이나 천재지변의 예고로서 행위자에 의하여 직접, 간접적으로 좌우될 수 없는 것이고 가해자가 현실적으로 특정되어 있지도 않으며 해악의 발생가능성이 합리적으로 예견될 수 있는 것이 아니므로 협박으로 평가될 수 없다고 한 사례(대판 2002.2.8. 2000도3245).

② (○) 형법 제283조, 제286조

제283조(협박, 존속협박)
① 사람을 협박한 자는 3년 이하의 징역, 500만 원 이하의 벌금, 구류 또는 과료에 처한다.
② 자기 또는 배우자의 직계존속에 대하여 제1항의 죄를 범한 때에는 5년 이하의 징역 또는 700만 원 이하의 벌금에 처한다.
③ 제1항 및 제2항의 죄는 피해자의 명시한 의사에 반하여 공소를 제기할 수 없다.

제286조(미수범)
전 3조의 미수범은 처벌한다.

③ (×) 피고인이 혼자 술을 마시던 중 갑 정당이 국회에서 예산안을 강행처리하였다는 것에 화가 나서 공중전화를 이용하여 경찰서에 여러 차례 전화를 걸어 전화를 받은 각 경찰관에게 경찰서 관할구역 내에 있는 갑 정당의 당사를 폭파하겠다는 말을 한 사안에서, 피고인은 갑 정당에 관한 해악을 고지한 것이므로 각 경찰관 개인에 관한 해악을 고지하였다고 할 수 없고, 다른 특별한 사정이 없는 한 일반적으로 갑 정당에 대한 해악의 고지가 각 경찰관 개인에게 공포심을 일으킬 만큼 서로 밀접한 관계에 있다고 보기 어려운데도, 이와 달리 피고인의 행위가 각 경찰관에 대한 협박죄를 구성한다고 본 원심판결에 협박죄에 관한 법리오해의 위법이 있다고 한 사례(대판 2012.8.17. 2011도10451).

④ (○) "앞으로 수박이 없어지면 네 책임으로 한다."고 말하였다고 하더라도 그것만으로는 구체적으로 어떠한 법익에 어떠한 해악을 가하겠다는 것인지를 알 수 없어 이를 해악의 고지라고 보기 어렵고, 가사 위와 같이 말한 것이 다소간의 해악의 고지에 해당한다고 가정하더라도, 피고인이 전에도 여러 차례 수박을 절취당하여 그 범인을 붙잡기 위해 수박밭을 지키고 있던 중 마침 같은 마을에 거주하며 피고인과 먼 친척 간이기도 한 피해자가 피고인의 수박밭에 들어와 두리번거리는 것을 발견하자 피해자가 수박을 훔치려던 것으로 믿은 나머지 피해자를 훈계하려고 위와 같이 말하였으며 그 과정에서 폭행을 가하거나 달리 유형력을 행사한 바는 없었다면, 가사 피고인이 위와 같이 말한 것으로 인하여 피해자가 어떤 공포심을 느꼈다고 하더라도 피고인이 위와 같은 말을 하게 된 경위, 피고인과 피해자의 나이 및 신분관계 등에 비추어 볼 때 이는 정당한 훈계의 범위를 벗어나는 것이 아니어서 사회상규에 위배되지 아니하므로 위법성이 없다고 봄이 상당하고, 그 후 피해자가 스스로 음독 자살하기에 이르렀다 하더라도 이는 피해자가 자신의 결백을 밝히려는 데 그 동기가 있었던 것으로 보일 뿐 그것이 피고인의 협박으로 인한 결과라고 보기도 어려우므로 그와 같은 결과의 발생만을 들어 이를 달리 볼 것은 아니라고 한 사례(대판 1995.9.29. 94도2187).

021 다음 설명 중 가장 적절하지 않은 것은? 〈경찰2차 2017〉

① 정보보안과 소속 경찰관이 자신의 지위를 내세우면서 타인의 민사분쟁에 개입하여 빨리 채무를 변제하지 않으면 상부에 보고하여 문제를 삼겠다고 말한 경우, 이는 객관적으로 상대방이 공포심을 일으키기에 충분한 정도의 해악의 고지에 해당하므로 현실적으로 피해자가 공포심을 일으키지 않았다 하더라도 협박죄의 기수에 이르렀다고 볼 수 있다.

② 강제추행치상죄에 있어서의 상해는 피해자의 신체의 건강상태가 불량하게 변경되고 생활기능에 장애가 초래되는 것을 말하는 것으로서, 신체의 외모에 변화가 생겼다고 하더라도 신체의 생리적 기능에 장애를 초래하지 아니하는 이상 상해에 해당한다고 할 수 없다.

③ 제왕절개 수술의 경우 '의학적으로 제왕절개 수술이 가능하였고 규범적으로 수술이 필요하였던 시기(時期)'는 판단하는 사람 및 상황에 따라 다를 수 있어, 분만개시 시점 즉, 사람의 시기(始期)도 불명확하게 되므로 이 시점을 분만의 시기(始期)로 볼 수는 없다.

④ 사람을 살해한 다음 그 범죄의 흔적을 은폐하기 위하여 그 시체를 다른 장소로 옮겨 유기하였을 때에는 살인죄만 성립하고, 사체유기죄는 살인죄의 불가벌적 사후행위로서 별도로 성립하지 않는다.

해설/정답 ④

① (○) 협박죄가 성립하려면 고지된 해악의 내용이 행위자와 상대방의 성향, 고지 당시의 주변 상황, 행위자와 상대방 사이의 친숙의 정도 및 지위 등의 상호관계, 제3자에 의한 해악을 고지한 경우에는 그에 포함되거나 암시된 제3자와 행위자 사이의 관계 등 행위 전후의 여러 사정을 종합하여 볼 때에 일반적으

로 사람으로 하여금 공포심을 일으키게 하기에 충분한 것이어야 하지만, 상대방이 그에 의하여 현실적으로 공포심을 일으킬 것까지 요구하는 것은 아니며, 그와 같은 정도의 해악을 고지함으로써 상대방이 그 의미를 인식한 이상, 상대방이 현실적으로 공포심을 일으켰는지 여부와 관계없이 그로써 구성요건은 충족되어 협박죄의 기수에 이르는 것으로 해석하여야 한다. 결국, 협박죄는 사람의 의사결정의 자유를 보호법익으로 하는 위험범이라 봄이 상당하고, 협박죄의 미수범 처벌조항은 해악의 고지가 현실적으로 상대방에게 도달하지 아니한 경우나, 도달은 하였으나 상대방이 이를 지각하지 못하였거나 고지된 해악의 의미를 인식하지 못한 경우 등에 적용될 뿐이다. 정보보안과 소속 경찰관이 자신의 지위를 내세우면서 타인의 민사분쟁에 개입하여 빨리 채무를 변제하지 않으면 상부에 보고하여 문제를 삼겠다고 말한 사안에서, 객관적으로 상대방이 공포심을 일으키기에 충분한 정도의 해악의 고지에 해당하므로 현실적으로 피해자가 공포심을 일으키지 않았다 하더라도 협박죄의 기수에 이르렀다(대판 2007.9.28. 2007도606 전원합의체).

② (○) 강제추행치상죄에 있어서의 상해는 피해자의 신체의 건강상태가 불량하게 변경되고 생활기능에 장애가 초래되는 것을 말하는 것으로서, 신체의 외모에 변화가 생겼다고 하더라도 신체의 생리적 기능에 장애를 초래하지 아니하는 이상 상해에 해당한다고 할 수 없다. 음모는 성적 성숙함을 나타내거나 치부를 가려주는 등의 시각적·감각적인 기능 이외에 특별한 생리적 기능이 없는 것이므로, 피해자의 음모의 모근(毛根) 부분을 남기고 모간(毛幹) 부분만을 일부 잘라냄으로써 음모의 전체적인 외관에 변형만이 생겼다면, 이로 인하여 피해자에게 수치심을 야기하기는 하겠지만, 병리적으로 보아 피해자의 신체의 건강상태가 불량하게 변경되거나 생활기능에 장애가 초래되었다고 할 수는 없을 것이므로, 그것이 폭행에 해당할 수 있음은 별론으로 하고 강제추행치상죄의 상해에 해당한다고 할 수는 없다(대판 2000.3.23. 99도3099).

③ (○) 사람의 생명과 신체의 안전을 보호법익으로 하고 있는 형법의 해석으로는 규칙적인 진통을 동반하면서 분만이 개시된 때(소위 진통설 또는 분만개시설)가 사람의 시기라고 봄이 타당하다. 제왕절개 수술의 경우 '의학적으로 제왕절개 수술이 가능하였고 규범적으로 수술이 필요하였던 시기(時期)'는 판단하는 사람 및 상황에 따라 다를 수 있어, 분만개시 시점, 즉 사람의 시기도 불명확하게 되므로 이 시점을 분만의 시기로 볼 수는 없다(대판 2007.6.29. 2005도3832).

④ (×) 사람을 살해한 다음 그 범죄의 흔적을 은폐하기 위하여 그 시체를 다른 장소로 옮겨 유기하였을 때에는 살인죄와 사체유기죄의 경합범이 성립하고 사체유기를 불가벌적 사후행위라 할 수 없다(대판 1984.11.27. 84도2263).

제2절 | 체포와 감금의 죄

022 체포·감금 및 약취·유인의 죄에 관한 설명 중 가장 적절한 것은? 〈경찰1차 2023〉

① 미국인이 프랑스에서 일본인 미성년자를 약취한 경우, 우리 형법을 적용할 수는 없다.

② 체포 행위가 확실히 사람의 신체의 자유를 구속하는 정도로 계속되지 못하고 일시적인 것에 그쳤다고 하여도 체포죄의 미수가 아닌 기수에 이른 것으로 보아야 한다.

③ 미성년자와 부모가 함께 거주하는 주거에 침입하여 부모만을 강제로 퇴거시키고 미성년자와 독자적인 생활관계를 형성하기에 이르렀다면, 비록 장소적 이전이 없었다 할지라도 「형법」 제287조의 미성년자약취죄에 해당한다.

④ 미성년자를 유인한 자가 계속하여 미성년자를 불법하게 감금한 경우, 감금죄만 성립하고 미성년자유인죄는 이에 흡수된다.

해설/정답 ③

① (×) 형법 제296조의2 : 약취·유인 및 인신매매의 죄는 인류 일반의 보편타당한 인권을 유린하는 범죄라는 점에서 형법 제296조의2(세계주의)는 '제287조부터 제292조까지 및 제294조는 대한민국 영역 밖에서 죄를 범한 외국인에게도 적용한다.'고 규정하여 세계주의를 명문화하였다(예비, 음모는 제외). 따라서 미국인이 프랑스에서 일본인 미성년자를 약취한 경우에도 형법 제296조의2에 따라 우리 형법을 적용할 수 있다.

> **제296조의2(세계주의)**
> 제287조부터 제292조까지 및 제294조는 대한민국 영역 밖에서 죄를 범한 외국인에게도 적용한다.

② (×) 체포죄는 계속범으로서 체포의 행위에 확실히 사람의 신체의 자유를 구속한다고 인정할 수 있을 정도의 시간적 계속이 있어야 기수에 이르고, 신체의 자유에 대한 구속이 그와 같은 정도에 이르지 못하고 일시적인 것으로 그친 경우에는 체포죄의 미수범이 성립할 뿐이다(대판 2020.3.27. 2016도18713).

③ (○) 미성년자 혼자 머무는 주거에 침입하여 강도 범행을 하는 과정에서 미성년자와 그 부모에게 폭행·협박을 가하여 일시적으로 부모와의 보호관계가 사실상 침해·배제되었더라도, 미성년자가 기존의 생활관계로부터 완전히 이탈되었다거나 새로운 생활관계가 형성되었다고 볼 수 없고 범인의 의도도 위와 같은 생활관계의 이탈이 아니라 단지 금품 강취를 위한 반항 억압에 있었으므로, 형법 제287조의 미성년자약취죄가 성립하지 않는다고 한 사례(대판 2008.1.17. 2007도8485).

④ (×) 미성년자를 유인한 자가 계속하여 미성년자를 불법하게 감금하였을 때에는 미성년자유인죄 이외에 감금죄가 별도로 성립한다(대판 1998.5.26. 98도1036).

023 다음 설명 중 가장 적절하지 않은 것은? 〈경찰1차 2016〉

① 감금죄는 사람의 행동의 자유를 그 보호법익으로 하여 사람이 특정한 구역에서 나가는 것을 불가능하게 하거나 또는 심히 곤란하게 하는 그 장해는 물리적, 유형적 장해뿐만 아니라 심리적, 무형적 장해에 의하여서도 가능하다.

② 피해자를 강제로 승용차에 태우고 가면서 피해자의 금품을 강취하기 위해 상해를 가한 후 금품을 강취한 다음 피해자를 태운 채 계속하여 상당한 거리를 운전하여 간 경우 강도상해죄와 감금죄의 상상적 경합이 된다.

③ 피해자가 만약 도피하는 경우에는 생명, 신체에 심한 해를 당할지도 모른다는 공포감에서 도피하기를 단념하고 있는 상태 하에서 호텔로 데리고 가서 함께 유숙한 후 함께 항공기로 국외에 나간 행위는 감금죄를 구성한다.

④ 감금행위가 강간죄나 강도죄의 수단이 된 경우에도 감금죄는 강간죄나 강도죄에 흡수되지 아니하고 별죄를 구성한다.

해설/정답 ②

① (○) 감금죄는 사람의 행동의 자유를 그 보호법익으로 하여 사람이 특정한 구역에서 나가는 것을 불가능하게 하거나 또는 심히 곤란하게 하는 죄로서 이와 같이 사람이 특정한 구역에서 나가는 것을 불가능하게 하거나 심히 곤란하게 하는 그 장해는 물리적, 유형적 장해뿐만 아니라 심리적, 무형적 장해에 의하여서도 가능하고, 또 감금의 본질은 사람의 행동의 자유를 구속하는 것으로 행동의 자유를 구속하는 그 수단과 방법에는 아무런 제한이 없어서 유형적인 것이거나 무형적인 것이거나를 가리지 아니하며, 감금에 있어서의 사람의 행동의 자유의 박탈은 반드시 전면적이어야 할 필요도 없다(대판 2000.2.11. 99도5286).

② (×) 감금행위가 단순히 강도상해 범행의 수단이 되는 데 그치지 않고 강도상해의 범행이 끝난 뒤에도 계속된 경우에는 1개의 행위가 감금죄와 강도상해죄에 해당하는 경우라고 볼 수 없고, 이 경우 감금죄와 강도상해죄는 형법 제37조의 경합범 관계에 있다(대판 2003.1.10. 2002도4380).

③ (○) 피해자가 만약 도피하는 경우에는 생명 신체에 심한 해를 당할지도 모른다는 공포감에서 도피하기를 단념하고 있는 상태 하에서 그를 호텔로 데리고 가서 함께 유숙한 후 그와 함께 항공기로 국외에 나간 행위는 감금죄를 구성한다(대판 1991.8.27. 91도1604).

④ (○) 감금행위가 강간죄나 강도죄의 수단이 된 경우에도 감금죄는 강간죄나 강도죄에 흡수되지 아니하고 별죄를 구성한다(대판 1997.1.21. 96도2715).

024 체포·감금죄에 관한 다음 설명 중 가장 적절하지 않은 것은? 〈경찰2차 2015〉

① 체포·감금죄는 행동의 자유와 의사를 가질 수 있는 자연인을 대상으로 하므로 정신병자나 영아는 본죄의 객체가 되지 못한다.

② 감금의 본질은 사람의 행동의 자유를 구속하는 것으로 행동의 자유를 구속하는 그 수단과 방법에는 아무런 제한이 없다.

③ 감금을 하기 위한 수단으로서 행사된 단순한 협박행위는 감금죄에 흡수되어 따로 협박죄를 구성하지 않는다.

④ 수용시설에 수용 중인 부랑인들의 야간도주 방지를 위해 취침시간 중 출입문을 안에서 잠근 경우 감금죄가 성립하지 않는다.

해설/정답 ①

① (×) 정신병자도 감금죄의 객체가 될 수 있다(대판 2002.10.11. 2002도4315). 한편 영아에 대해서는 신체활동의 자유 존재 불문하는 최광의설에 의하면 객체가 되고, 현실적으로 신체의 자유가 없을지라도 곧 활동이 기대되는 잠재적 자유를 가진 자이면 족하다는 견해인 광의설(다수설)에 의하면 객체가 될 수 없다.

② (○) 감금죄는 사람의 행동의 자유를 그 보호법익으로 하여 사람이 특정한 구역에서 벗어나는 것을 불가능하게 하거나 또는 매우 곤란하게 하는 죄로서 그 본질은 사람의 행동의 자유를 구속하는 데에 있다. 이와 같이 행동의 자유를 구속하는 수단과 방법에는 아무런 제한이 없고, 사람이 특정한 구역에서 벗어나는 것을 불가능하게 하거나 매우 곤란하게 하는 장애는 물리적·유형적 장애뿐만 아니라 심리적·무형적 장애에 의하여서도 가능하므로 감금죄의 수단과 방법은 유형적인 것이거나 무형적인 것이거나를 가리지 아니한다. 또한 감금죄가 성립하기 위하여 반드시 사람의 행동의 자유를 전면적으로 박탈할 필요는 없고, 감금된 특정한 구역 범위 안에서 일정한 생활의 자유가 허용되어 있었다고 하더라도 유형적이거나 무형적인 수단과 방법에 의하여 사람이 특정한 구역에서 벗어나는 것을 불가능하게 하거나 매우 곤란하게 한 이상 감금죄의 성립에는 아무런 지장이 없다(대판 1998.5.26. 98도1036).

③ (○) 감금을 하기 위한 수단으로서 행사된 단순한 협박행위는 감금죄에 흡수되어 따로 협박죄를 구성하지 아니한다(대판 1982.6.22. 82도705).

④ (○) 수용시설에 수용 중인 부랑인들의 야간도주를 방지하기 위하여 그 취침시간 중 출입문을 안에서 시정조치한 행위가 형법 제20조의 정당행위에 해당되어 위법성이 조각된다고 한 사례(대판 1988.11.8. 88도1580).

025 감금죄에 대한 설명으로 가장 적절한 것은? 〈경찰2차 2018〉

① 감금을 하기 위한 수단으로서 행사된 단순한 협박행위는 감금죄에 흡수되지 아니하고 따로 협박죄를 구성한다.

② 감금행위가 강간죄의 수단이 된 경우라면 그 감금행위는 강간죄에 흡수되어 별죄를 구성하지 아니하므로 감금죄와 강간죄의 상상적 경합이 성립할 여지는 없다.

③ 감금행위가 단순히 강도상해 범행의 수단이 되는 데 그치지 아니하고 강도상해의 범행이 끝난 뒤에도 계속된 경우 그 감금행위는 강도상해죄에 흡수되지 아니하고 별죄를 구성하며 양 죄는 실체적 경합의 관계에 있다.

④ 중감금죄가 성립하려면 사람을 감금하여 생명에 대한 위험을 발생시켜야 한다.

해설/정답 ③

① (×) 감금을 하기 위한 수단으로서 행사된 단순한 협박행위는 감금죄에 흡수되어 따로 협박죄를 구성하지 아니한다(대판 1982.6.22. 82도705).

② (×) 형법 제40조의 소위 상상적 경합은 1개의 행위가 수개의 죄에 해당하는 경우에는 과형상 1죄로서 처벌한다는 것이고, 또 가장 중한 죄에 정한 형으로 처벌한다는 것은 경한 죄는 중한 죄에 정한 형으로 처단된다는 것이지, 경한 죄는 그 처벌을 면한다는 것은 아니므로, 이 사건에서 중한 강간미수죄가 친고죄로서 고소가 취소되었다 하더라도 경한 감금죄(폭력행위 등 처벌에 관한 법률 위반)에 대하여는 아무런 영향을 미치지 않는다(대판 1983.4.26. 83도323). 감금행위가 강간죄나 강도죄의 수단이 된 경우에도 감금죄는 강간죄나 강도죄에 흡수되지 아니하고 별죄를 구성한다(대판 1997.1.21. 96도2715).

③ (○) 감금행위가 단순히 강도상해 범행의 수단이 되는 데 그치지 아니하고 강도상해의 범행이 끝난 뒤에도 계속된 경우에는 1개의 행위가 감금죄와 강도상해죄에 해당하는 경우라고 볼 수 없고, 이 경우 감금죄와 강도상해죄는 형법 제37조의 경합범 관계에 있다(대판 2003.1.10. 2002도4380).

④ (×) 형법 제277조: 가혹한 행위

> **제277조(중체포, 중감금, 존속중체포, 존속중감금)**
> ① 사람을 체포 또는 감금하여 가혹한 행위를 가한 자는 7년 이하의 징역에 처한다.
> ② 자기 또는 배우자의 직계존속에 대하여 전항의 죄를 범한 때에는 2년 이상의 유기징역에 처한다.

제3절 | 약취와 유인 및 인신매매의 죄

026 약취와 유인의 죄에 대한 설명으로 가장 적절한 것은? 〈경찰2차 2021〉

① 미성년의 자녀를 부모가 함께 동거하면서 보호·양육하여 오던 중 부모의 일방이 어떠한 폭행, 협박이나 불법적인 사실상의 힘을 행사함이 없이 그 자녀를 데리고 종전의 거소를 벗어나 양육환경이 더 나은 곳으로 옮겨 자녀에 대한 보호·양육을 계속한 경우에 상대방 부모의 동의가 없었다면 미성년자약취죄가 성립한다.

② 미성년자 혼자 머무는 주거에 침입하여 강도 범행을 하는 과정에서 미성년자와 그 부모에게 폭행·협박을 가하여 일시적으로 부모와의 보호관계가 사실상 침해·배제된 경우에는 미성년자약취죄가 성립한다.

③ 약취행위는 피해자를 그 의사에 반하여 자유로운 생활관계 또는 보호관계로부터 범인이나 제3자의 사실상 지배하에 옮기는 행위를 말하며, 폭행 또는 협박을 수단으로 사용하는 경우에 그 폭행 또는 협박의 정도는 상대방을 실력적 지배 하에 둘 수 있을 정도이면 족하고 반드시 상대방의 반항을 억압할 정도의 것임을 요하지는 아니한다.

④ 미성년자의 어머니가 교통사고로 사망하여 아버지가 미성년자의 양육을 외조부에게 맡겼으나, 교통사고 배상금 문제로 분쟁이 발생하자 아버지가 학교에서 귀가하는 미성년자를 그의 의사에 반하여 강제로 사실상 자신의 지배 하에 옮긴 경우에는 미성년자약취죄가 성립하지 아니한다.

해설/정답 ③

① (×) [1] 부모가 이혼하였거나 별거하는 상황에서 미성년의 자녀를 부모의 일방이 평온하게 보호·양육하고 있는데, 상대방 부모가 폭행, 협박 또는 불법적인 사실상의 힘을 행사하여 그 보호·양육 상태를 깨뜨리고 자녀를 탈취하여 자기 또는 제3자의 사실상 지배 하에 옮긴 경우, 그와 같은 행위는 특별한 사정이 없는 한 미성년자에 대한 약취죄를 구성한다고 볼 수 있다. 그러나 이와 달리 미성년의 자녀를 부모가 함께 동거하면서 보호·양육하여 오던 중 부모의 일방이 상대방 부모나 그 자녀에게 어떠한 폭행, 협박이나 불법적인 사실상의 힘을 행사함이 없이 그 자녀를 데리고 종전의 거소를 벗어나 다른 곳으로 옮겨 자녀에 대한 보호·양육을 계속하였다면, 그 행위가 보호·양육권의 남용에 해당한다는 등 특별한 사정이 없는 한 설령 이에 관하여 법원의 결정이나 상대방 부모의 동의를 얻지 아니하였다고 하더라도 그러한 행위에 대하여 곧바로 형법상 미성년자에 대한 약취죄의 성립을 인정할 수는 없다. [2] 베트남 국적 여성인 피고인이 남편 甲의 의사에 반하여 생후 약 13개월 된 아들 乙을 주거지에서 데리고 나와 약취하고 이어서 베트남에 함께 입국함으로써 乙을 국외에 이송하였다고 하여 국외이송약취 및 피약취자국외이송으로 기소된 사안에서, 제반 사정을 종합할 때 피고인이 乙을 데리고 베트남으로 떠난 행위는 어떠한 실력을 행사하여 乙을 평온하던 종전의 보호·양육 상태로부터 이탈시킨 것이라기보다 친권자인 모(母)로서 출생 이후 줄곧 맡아왔던 乙에 대한 보호·양육을 계속 유지한 행위에 해당하여, 이를 폭행, 협박 또는 불법적인 사실상의 힘을 사용하여 乙을 자기 또는 제3자의 지배 하에 옮긴 약취행위로 볼 수는 없다는 이유로, 피고인에게 무죄를 인정한 원심판단을 정당하다고 한 사례(대판 2013.6.20. 2010도14328 전원합의체).

② (×) 형법 제287조에 규정된 약취행위는 폭행 또는 협박을 수단으로 하여 미성년자를 그 의사에 반하여 자유로운 생활관계 또는 보호관계로부터 이탈시켜 범인이나 제3자의 사실상 지배 하에 옮기는 행위를 말하는 것이다. 물론, 여기에는 미성년자를 장소적으로 이전시키는 경우뿐만 아니라 장소적 이전 없이 기존의 자

유로운 생활관계 또는 부모와의 보호관계로부터 이탈시켜 범인이나 제3자의 사실상 지배하에 두는 경우도 포함된다고 보아야 한다. 다만, 미성년자와 보호자의 일상생활의 장소적 중심인 주거에서 장소적 이전을 전제로 하지 아니한 채 폭행 또는 협박이 이루어진 경우에는, 그로 인하여 미성년자와 부모의 보호관계가 제한 혹은 박탈되는 모든 경우에 형법 제287조의 미성년자약취죄가 성립하는 것으로 볼 수는 없고, 무엇보다 미성년자를 기존의 생활관계 및 보호관계로부터 이탈시킬 의도가 없는 경우에는 실행의 착수조차 인정하기 어려우며, 범행의 목적과 수단, 시간적 간격 등을 고려할 때 사회통념상 실제로 기존의 생활관계 및 보호관계로부터 이탈시킨 것으로 인정되어야만 기수가 성립한다(대판 2008.1.17. 2007도8485).

③ (○) 형법 제288조에 규정된 약취행위는 피해자를 그 의사에 반하여 자유로운 생활관계 또는 보호관계로부터 범인이나 제3자의 사실상 지배 하에 옮기는 행위를 말하는 것으로서, 폭행 또는 협박을 수단으로 사용하는 경우에 그 폭행 또는 협박의 정도는 상대방을 실력적 지배 하에 둘 수 있을 정도이면 족하고 반드시 상대방의 반항을 억압할 정도의 것임을 요하지는 아니한다(대판 1991.8.13. 91도1184, 대판 1990.2.13. 89도2558).

④ (×) [1] 미성년자를 보호감독하는 자라 하더라도 다른 보호감독자의 감호권을 침해하거나 자신의 감호권을 남용하여 미성년자 본인의 이익을 침해하는 경우에는 미성년자 약취·유인죄의 주체가 될 수 있다. [2] 외조부가 맡아서 양육해 오던 미성년인 자(子)를 자의 의사에 반하여 사실상 자신의 지배 하에 옮긴 친권자에 대하여 미성년자 약취·유인죄를 인정한 사례(대판 2008.1.31. 2007도8011).

027 약취·유인의 죄에 대한 다음 설명 중 가장 적절하지 않은 것은? 〈경찰2차 2016〉

① 피고인과 공범들이 미성년자를 보호·감독하고 있던 그 아버지의 감호권을 침해하여 그녀를 자신들의 사실상 지배 하로 옮긴 이상 미성년자약취죄가 성립한다 할 것이고, 약취행위에 미성년자의 동의가 있었다 하더라도 본죄의 성립에는 변함이 없다.

② 「형법」 제288조에 규정된 약취행위는 피해자를 그 의사에 반하여 자유로운 생활관계 또는 보호관계로부터 범인이나 제3자의 사실상 지배 하에 옮기는 행위를 말하는 것으로서, 폭행 또는 협박을 수단으로 사용하는 경우에 그 폭행 또는 협박의 정도는 상대방을 실력적 지배 하에 둘 수 있을 정도이면 족하고 반드시 상대방의 반항을 억압할 정도의 것임을 요하지는 않는다.

③ 「형법」 제288조 제1항의 영리목적약취죄는 존속에 대한 범죄에 대하여 가중처벌 규정을 두고 있다.

④ 미성년자가 혼자 머무는 주거에 침입하여 그를 감금한 뒤 폭행 또는 협박에 의하여 부모의 출입을 봉쇄하거나, 미성년자와 부모가 거주하는 주거에 침입하여 부모만을 강제로 퇴거시키고 독자적인 생활관계를 형성하기에 이르렀다면, 비록 장소적 이전이 없었다 할지라도 미성년자 약취죄에 해당한다.

해설/정답 ③

① (○) 형법 제287조에 규정된 미성년자약취죄의 입법 취지는 심신의 발육이 불충분하고 지려와 경험이 풍부하지 못한 미성년자를 특별히 보호하기 위하여 그를 약취하는 행위를 처벌하려는 데 그 입법의 취지가 있으며, 미성년자의 자유 외에 보호감독자의 감호권도 그 보호법익으로 하고 있다는 점을 고려하면, 피고인과 공범들이 미성년자를 보호·감독하고 있던 그 아버지의 감호권을 침해하여 그녀를 자신들의 사실상 지배 하로 옮긴 이상 미성년자약취죄가 성립한다 할 것이고, 약취행위에 미성년자의 동의가 있었다 하더라도 본죄의 성립에는 변함이 없다(대판 2003.2.11. 2002도7115).

② (○) 형법 제288조에 규정된 약취행위는 피해자를 그 의사에 반하여 자유로운 생활관계 또는 보호관계로부터 범인이나 제3자의 사실상 지배 하에 옮기는 행위를 말하는 것으로서, 폭행 또는 협박을 수단으로 사용하는 경우에 그 폭행 또는 협박의 정도는 상대방을 실력적 지배 하에 둘 수 있을 정도이면 족하고 반드시 상대방의 반항을 억압할 정도의 것임을 요하지는 아니한다(대판 1991.8.13. 91도1184).

③ (×) 형법 제288조

> **제288조(추행 등 목적 약취, 유인 등)**
> ① 추행, 간음, 결혼 또는 영리의 목적으로 사람을 약취 또는 유인한 사람은 1년 이상 10년 이하의 징역에 처한다.
> ② 노동력 착취, 성매매와 성적 착취, 장기적출을 목적으로 사람을 약취 또는 유인한 사람은 2년 이상 15년 이하의 징역에 처한다.
> ③ 국외에 이송할 목적으로 사람을 약취 또는 유인하거나 약취 또는 유인된 사람을 국외에 이송한 사람도 제2항과 동일한 형으로 처벌한다.

④ (○) [1] 미성년자가 혼자 머무는 주거에 침입하여 그를 감금한 뒤 폭행 또는 협박에 의하여 부모의 출입을 봉쇄하거나, 미성년자와 부모가 거주하는 주거에 침입하여 부모만을 강제로 퇴거시키고 독자적인 생활관계를 형성하기에 이르렀다면 비록 장소적 이전이 없었다 할지라도 형법 제287조의 미성년자약취죄에 해당함이 명백하지만, 강도 범행을 하는 과정에서 혼자 주거에 머무르고 있는 미성년자를 체포·감금하거나 혹은 미성년자와 그의 부모를 함께 체포·감금, 또는 폭행·협박을 가하는 경우, 나아가 주거지에 침입하여 미성년자의 신체에 위해를 가할 것처럼 협박하여 부모로부터 금품을 강취하는 경우와 같이, 일시적으로 부모와의 보호관계가 사실상 침해·배제되었다 할지라도, 그 의도가 미성년자를 기존의 생활관계 및 보호관계로부터 이탈시키는 데 있었던 것이 아니라 단지 금품 강취를 위하여 반항을 제압하는 데 있었다거나 금품 강취를 위하여 고지한 해악의 대상이 그곳에 거주하는 미성년자였던 것에 불과하다면, 특별한 사정이 없는 한 미성년자를 약취한다는 범의를 인정하기 곤란할 뿐 아니라, 보통의 경우 시간적 간격이 짧아 그 주거지를 중심으로 영위되었던 기존의 생활관계로부터 완전히 이탈되었다고 평가하기도 곤란하다. [2] 미성년자 혼자 머무는 주거에 침입하여 강도 범행을 하는 과정에서 미성년자와 그 부모에게 폭행·협박을 가하여 일시적으로 부모와의 보호관계가 사실상 침해·배제되었더라도, 미성년자가 기존의 생활관계로부터 완전히 이탈되었다거나 새로운 생활관계가 형성되었다고 볼 수 없고 범인의 의도도 위와 같은 생활관계의 이탈이 아니라 단지 금품 강취를 위한 반항 억압에 있었으므로, 형법 제287조의 미성년자약취죄가 성립하지 않는다고 한 사례(대판 2008.1.17. 2007도8485).

028 약취와 유인의 죄에 관한 설명이다. 다음 중 가장 적절하지 않은 것은? 〈경찰3차 2015〉

① 미성년자를 유인한 자가 계속하여 미성년자를 불법하게 감금하였을 때에는 미성년자유인죄 이외에 감금죄가 별도로 성립한다.

② 약취행위는 피해자를 그 의사에 반하여 자유로운 생활관계 또는 보호관계로부터 범인이나 제3자의 사실상 지배 하에 옮기는 행위를 말하는 것으로써 폭행 또는 협박을 수단으로 사용하는 경우에 그 폭행 또는 협박의 정도는 상대방을 실력적 지배 하에 둘 수 있을 정도이면 족하고 반드시 상대방의 반항을 억압할 정도의 것임을 요하지는 아니한다.

③ 미성년자를 보호 감독하는 자라 하더라도 다른 보호 감독자의 감호권을 침해하거나 자신의 감호권을 남용하여 미성년자 본인의 이익을 침해하는 경우 미성년자 약취·유인죄의 주체가 될 수 있다.

④ 미성년자를 약취한 자가 그 미성년자를 안전한 장소에 풀어 주더라도 그 형을 감경할 수 없다.

해설/정답 ④

① (○) 미성년자를 유인한 자가 계속하여 미성년자를 불법하게 감금하였을 때에는 미성년자유인죄 이외에 감금죄가 별도로 성립한다(대판 1998.5.26. 98도1036).

② (○) 형법 제288조에 규정된 약취행위는 피해자를 그 의사에 반하여 자유로운 생활관계 또는 보호관계로부터 범인이나 제3자의 사실상 지배하에 옮기는 행위를 말하는 것으로서, 폭행 또는 협박을 수단으로 사용하는 경우에 그 폭행 또는 협박의 정도는 상대방을 실력적 지배 하에 둘 수 있을 정도이면 족하고 반드시 상대방의 반항을 억압할 정도의 것임을 요하지는 아니하고, 뿐만 아니라 약취에는 폭행 또는 협박 이외의 사실상의 힘에 의한 경우도 포함되며, 어떤 행위가 위와 같은 약취행위에 해당하는지 여부는 행위의 목적과 의도, 행위 당시의 정황, 행위의 태양과 종류, 피해자의 의사 등을 종합하여 판단하여야 한다(대판 2009.7.9. 2009도3816).

③ (○) [1] 미성년자를 보호감독하는 자라 하더라도 다른 보호감독자의 감호권을 침해하거나 자신의 감호권을 남용하여 미성년자 본인의 이익을 침해하는 경우에는 미성년자 약취·유인죄의 주체가 될 수 있다. [2] 외조부가 맡아서 양육해 오던 미성년인 자(子)를 자의 의사에 반하여 사실상 자신의 지배하에 옮긴 친권자에 대하여 미성년자 약취·유인죄를 인정한 사례(대판 2008.1.31. 2007도8011).

④ (×) 형법 제295조의2

> **제295조의2(형의 감경)**
> 제287조부터 제290조까지, 제292조와 제294조의 죄를 범한 사람이 약취, 유인, 매매 또는 이송된 사람을 안전한 장소로 풀어준 때에는 그 형을 감경할 수 있다.

제4절 | 강요의 죄

029 다음 중 가장 적절하지 않은 것은? 〈경찰2차 2023〉

① 협박죄는 사람의 의사결정의 자유를 보호법익으로 하는 위험범이라 봄이 상당하고, 협박죄의 미수범 처벌조항은 해악의 고지가 현실적으로 상대방에게 도달하지 아니한 경우나, 도달은 하였으나 상대방이 이를 지각하지 못하였거나 고지된 해악의 의미를 인식하지 못한 경우 등에 적용될 뿐이다.

② 체포죄는 계속범으로서 원칙적으로 체포의 행위에 확실히 사람의 신체의 자유를 구속한다고 인정할 수 있을 정도의 시간적 계속이 있어야 성립하고, 신체의 자유에 대한 구속이 그와 같은 정도에 이르지 못하고 일시적인 것으로 그친 경우라면 체포죄의 성립은 부정되어 무죄가 된다.

③ 강간죄의 성립에 언제나 직접적으로 또 필요한 수단으로서 감금행위를 수반하는 것은 아니므로 감금행위가 강간미수죄의 수단이 되었다 하여 감금행위는 강간미수죄에 흡수되어 범죄를 구성하지 않는다고 할 수는 없는 것이고, 그때에는 감금죄와 강간미수죄는 일개의 행위에 의하여 실현된 경우로서 「형법」 제40조의 상상적 경합관계에 있다.

④ 甲은 A로 하여금 주차장을 이용하지 못하게 할 의도로 乙과 공모하여 乙의 차량을 A의 주택 앞에 주차하였으나, 주차 당시 甲과 A 사이에 물리적 접촉이 있거나 甲이 A에게 어떠한 유형력을 행사했다고 볼만한 사정이 없고, 甲의 행위로 A 본인의 차량을 주택 내부의 주차장에 출입시키

지 못하는 불편은 발생하였으나 A는 차량을 용법에 따라 정상적으로 사용할 수 있었다면 甲은 A를 폭행하여 차량 운행에 관한 권리행사를 방해하였다고 평가하기는 어렵다.

해설/정답 ②

① (○) 협박죄는 사람의 의사결정의 자유를 보호법익으로 하는 위험범이라 봄이 상당하고, 협박죄의 미수범 처벌조항은 해악의 고지가 현실적으로 상대방에게 도달하지 아니한 경우나, 도달은 하였으나 상대방이 이를 지각하지 못하였거나 고지된 해악의 의미를 인식하지 못한 경우 등에 적용될 뿐이다(대판 2007.9.28. 2007도606 전원합의체).

② (×) 체포죄는 계속범으로서 체포의 행위에 확실히 사람의 신체의 자유를 구속한다고 인정할 수 있을 정도의 시간적 계속이 있어야 기수에 이르고, 신체의 자유에 대한 구속이 그와 같은 정도에 이르지 못하고 일시적인 것으로 그친 경우에는 체포죄의 미수범이 성립할 뿐이다(대판 2020.3.27. 2016도18713).

③ (○) 강간죄의 성립에 언제나 직접적으로 또 필요한 수단으로서 감금행위를 수반하는 것은 아니므로 감금행위가 강간미수죄의 수단이 되었다 하여 감금행위는 강간미수죄에 흡수되어 범죄를 구성하지 않는다고 할 수는 없는 것이고, 그때에는 감금죄와 강간미수죄는 일개의 행위에 의하여 실현된 경우로서 형법 제40조의 상상적 경합관계에 있다(대판 1983.4.26. 83도323).

④ (○) 강요죄는 폭행 또는 협박으로 사람의 권리행사를 방해하거나 의무 없는 일을 하게 하는 범죄이다(형법 제324조 제1항). 여기에서 폭행은 사람에 대한 직접적인 유형력의 행사뿐만 아니라 간접적인 유형력의 행사도 포함하며, 반드시 사람의 신체에 대한 것에 한정되지 않는다. 사람에 대한 간접적인 유형력의 행사를 강요죄의 폭행으로 평가하기 위해서는 피고인이 유형력을 행사한 의도와 방법, 피고인의 행위와 피해자의 근접성, 유형력이 행사된 객체와 피해자의 관계 등을 종합적으로 고려해야 한다(대판 2021.11.25. 2018도1346).

[해설] 피고인은 이 사건 도로의 소유자인데, 피해자를 포함한 이 사건 도로 인접 주택 소유자들에게 도로 지분을 매입할 것을 요구하였음에도 피해자 등이 이를 거부하자, 피해자 주택 대문 바로 앞에 피고인의 차량을 주차하여 피해자가 자신의 차량을 주차장에 출입할 수 없도록 한 사안에서, 피고인이 피해자에 대하여 어떠한 유형력을 행사하였다고 보기 어려울 뿐만 아니라, 피해자는 주택 내부 주차장에 출입하지 못하는 불편을 겪는 외에 차량을 용법에 따라 정상적으로 사용할 수 있었다는 이유로, 강요죄의 성립을 인정한 원심을 파기한 사례.

제5절 | 강간과 추행의 죄

030 **강간과 추행의 죄에 관한 설명으로 가장 적절한 것은?** 〈경찰2차 2023〉

① 「형법」 제299조의 준강제추행죄는 정신적·신체적 사정으로 인하여 성적인 자기방어를 할 수 없는 사람의 성적 자기결정권을 보호해 주는 것을 보호법익으로 하며, 그 성적 자기결정권은 원치 않는 성적 관계를 거부할 권리라는 소극적 측면을 말한다.

② 범인이 피해자를 촬영하기 위하여 육안 또는 캠코더의 줌 기능을 이용하여 피해자가 있는지 여부를 탐색하다가 피해자를 발견하지 못하고 촬영을 포기하였더라도 이는 촬영을 위한 준비행위를 한 것으로 성폭력범죄의 처벌 등에 관한 특례법 위반(카메라등이용촬영)죄의 실행에 착수한 것이다.

③ 「성폭력범죄의 처벌 등에 관한 특례법」 제14조 제2항에서 유포행위의 한 유형으로 열거하고 있는 '공공연한 전시'란 불특정 또는 다수인이 촬영물 등을 인식할 수 있는 상태에 두는 것을 의미하고, 따라서 촬영물 등의 '공공연한 전시'로 인한 범죄는 불특정 또는 다수인이 전시된 촬

영물 등을 실제 인식하지 못하였다면 성립하지 않는다.

④ '강제추행'이란 객관적으로 일반인에게 성적 불쾌감이나 혐오감을 일으키게 하고 선량한 성적 도덕관념에 반하는 행위로서 피해자의 성적 자유를 침해하는 것이므로 강제추행죄의 성립에 필요한 주관적 구성요건으로는 성욕을 자극·흥분·만족시키려는 주관적 동기나 목적이 있어야 한다.

해설/정답 ①

① (○) 형법 제299조는 '사람의 심신상실 또는 항거불능의 상태를 이용하여 추행을 한 자'를 처벌하도록 규정한다. 이러한 준강제추행죄는 정신적·신체적 사정으로 인하여 성적인 자기방어를 할 수 없는 사람의 성적 자기결정권을 보호해 주는 것을 보호법익으로 하며, 그 성적 자기결정권은 원치 않는 성적 관계를 거부할 권리라는 소극적 측면을 말한다(대판 2021.2.4. 2018도9781).

② (×) 「성폭력범죄의 처벌 등에 관한 특례법」(이하 '성폭력처벌법'이라고 한다) 위반(카메라등이용촬영)죄는 카메라 등을 이용하여 성적 욕망 또는 수치심을 유발할 수 있는 타인의 신체를 그 의사에 반하여 촬영함으로써 성립하는 범죄이고, 여기서 '촬영'이란 카메라나 그 밖에 이와 유사한 기능을 갖춘 기계장치 속에 들어 있는 필름이나 저장장치에 피사체에 대한 영상정보를 입력하는 행위를 의미한다. 따라서 범인이 피해자를 촬영하기 위하여 육안 또는 캠코더의 줌 기능을 이용하여 피해자가 있는지 여부를 탐색하다가 피해자를 발견하지 못하고 촬영을 포기한 경우에는 촬영을 위한 준비행위에 불과하여 성폭력처벌법위반(카메라등이용촬영)죄의 실행에 착수한 것으로 볼 수 없다. 이에 반하여 범인이 카메라 기능이 설치된 휴대전화를 피해자의 치마 밑으로 들이밀거나, 피해자가 용변을 보고 있는 화장실 칸 밑 공간 사이로 집어넣는 등 카메라 등 이용 촬영 범행에 밀접한 행위를 개시한 경우에는 성폭력처벌법위반(카메라등이용촬영)죄의 실행에 착수하였다고 볼 수 있다(대판 2021.8.12. 2021도7035).

③ (×) 구 성폭력처벌법 제14조 제2항에서 유포 행위의 한 유형으로 열거하고 있는 '공공연한 전시'란 불특정 또는 다수인이 촬영물 등을 인식할 수 있는 상태에 두는 것을 의미하고, 촬영물 등의 '공공연한 전시'로 인한 범죄는 불특정 또는 다수인이 전시된 촬영물 등을 실제 인식하지 못했다고 하더라도 촬영물 등을 위와 같은 상태에 둠으로써 성립한다(대판 2022.6.9. 2022도1683).

④ (×) 강제추행죄의 성립에 필요한 주관적 구성요건요소는 고의만으로 충분하고, 그 외에 성욕을 자극·흥분·만족시키려는 주관적 동기나 목적까지 있어야 하는 것은 아니다(대판 2020.12.24. 2020도7981).

031 다음 사례에 관한 설명 중 가장 적절한 것은? 〈경찰2차 2022〉

① 甲은 A(만 10세)를 약취한 후 강간을 목적으로 상해 등을 가하고 나아가 강간 및 살해하고자 하였으나 미수에 그친 경우, 甲에게는 약취한 미성년자에 대한 상해 등으로 인한 특정범죄가중처벌 등에 관한 법률 위반죄와 미성년자에 대한 강간 및 살인미수행위로 인한 성폭력범죄의 처벌 등에 관한 특례법 위반죄가 성립하고, 양자는 상해의 결과가 피해자에 대한 강간 및 살인미수행위 과정에서 발생한 것이기에 상상적 경합의 관계에 있다.

② 甲이 상대방에게 성적 수치심을 일으키는 그림 등이 담겨 있는 웹페이지에 대한 인터넷 링크를 A에게 보낸 경우, A가 그 링크를 이용하여 별다른 제한 없이 이에 바로 접할 수 있는 상태가 조성되었는지 여부를 묻지 않고 甲에게는 성폭력범죄의 처벌 등에 관한 특례법 위반(통신매체이용음란)죄가 성립한다.

③ 甲이 용변을 보고 있는 사람을 촬영하기 위해 자신의 휴대전화의 카메라 기능을 켜고 A가 있는 화장실 칸 너머로 휴대전화를 든 손을 넘겼으나, A가 놀라 소리를 질러 실제 촬영은 하지 못한 경우, 甲의 행위는 성폭력범죄의 처벌 등에 관한 특례법 위반(카메라등이용촬영)죄의 실행에 착수했다고 볼 수 없다.

④ 군인 甲은 자신의 독신자 숙소에서 군인 A와 서로 키스, 구강 성교나 항문성교를 하는 방법으로 추행하고, 군인 乙은 자신의 독신자 숙소에서 동일한 방법으로 甲과 추행한 경우, 이는 독신자 숙소에서 휴일 또는 근무시간 이후에 성인 남성들의 자유로운 의사에 기초한 합의된 행위로 군형법 제92조의6에서 처벌대상으로 규정한 '항문성교나 그 밖의 추행'에 해당하지 아니한다.

해설/정답 ④

① (×) 미성년자인 피해자를 약취한 후에 강간을 목적으로 피해자에게 가혹한 행위 및 상해를 가하고 나아가 그 피해자에 대한 강간 및 살인미수를 범하였다면, 이에 대하여는 약취한 미성년자에 대한 상해 등으로 인한 특정범죄 가중처벌 등에 관한 법률 위반죄 및 미성년자인 피해자에 대한 강간 및 살인미수행위로 인한 성폭력범죄의 처벌 등에 관한 특례법 위반죄가 각 성립하고, 설령 상해의 결과가 피해자에 대한 강간 및 살인미수행위 과정에서 발생한 것이라 하더라도 위 각 죄는 서로 형법 제37조 전단의 실체적 경합범 관계에 있다고 할 것이다(대판 2014.2.27. 2013도12301, 2013전도252, 2013치도2).

② (×) [1] 성폭력범죄의 처벌 등에 관한 특례법(이하 '성폭력처벌법'이라 한다) 제13조는 "자기 또는 다른 사람의 성적 욕망을 유발하거나 만족시킬 목적으로 전화, 우편, 컴퓨터, 그 밖의 통신매체를 통하여 '성적 수치심이나 혐오감을 일으키는 말, 음향, 글, 그림, 영상 또는 물건'(이하 '성적 수치심을 일으키는 그림 등'이라 한다)을 상대방에게 도달하게 한 사람"을 처벌하고 있다. 성폭력처벌법 제13조에서 정한 '통신매체이용음란죄'는 '성적 자기결정권에 반하여 성적 수치심을 일으키는 그림 등을 개인의 의사에 반하여 접하지 않을 권리'를 보장하기 위한 것으로 성적 자기결정권과 일반적 인격권의 보호, 사회의 건전한 성풍속 확립을 보호법익으로 한다. [2] 성폭력범죄의 처벌 등에 관한 특례법 제13조에서 '성적 수치심이나 혐오감을 일으키는 말, 음향, 글, 그림, 영상 또는 물건(이하 '성적 수치심을 일으키는 그림 등'이라 한다)을 상대방에게 도달하게 한다'는 것은 '상대방이 성적 수치심을 일으키는 그림 등을 직접 접하는 경우뿐만 아니라 상대방이 실제로 이를 인식할 수 있는 상태에 두는 것'을 의미한다. 따라서 행위자의 의사와 그 내용, 웹페이지의 성격과 사용된 링크기술의 구체적인 방식 등 모든 사정을 종합하여 볼 때 상대방에게 성적 수치심을 일으키는 그림 등이 담겨 있는 웹페이지 등에 대한 인터넷 링크(internet link)를 보내는 행위를 통해 그와 같은 그림 등이 상대방에 의하여 인식될 수 있는 상태에 놓이고 실질에 있어서 이를 직접 전달하는 것과 다를 바 없다고 평가되고, 이에 따라 상대방이 이러한 링크를 이용하여 별다른 제한 없이 성적 수치심을 일으키는 그림 등에 바로 접할 수 있는 상태가 실제로 조성되었다면, 그러

한 행위는 전체로 보아 성적 수치심을 일으키는 그림 등을 상대방에게 도달하게 한다는 구성요건을 충족한다(대판 2017.6.8. 2016도21389).

③ (×) 「성폭력범죄의 처벌 등에 관한 특례법」(이하 '성폭력처벌법'이라고 한다) 위반(카메라등이용촬영)죄는 카메라 등을 이용하여 성적 욕망 또는 수치심을 유발할 수 있는 타인의 신체를 그 의사에 반하여 촬영함으로써 성립하는 범죄이고, 여기서 '촬영'이란 카메라나 그 밖에 이와 유사한 기능을 갖춘 기계장치 속에 들어 있는 필름이나 저장장치에 피사체에 대한 영상정보를 입력하는 행위를 의미한다. 따라서 범인이 피해자를 촬영하기 위하여 육안 또는 캠코더의 줌 기능을 이용하여 피해자가 있는지 여부를 탐색하다가 피해자를 발견하지 못하고 촬영을 포기한 경우에는 촬영을 위한 준비행위에 불과하여 성폭력처벌법위반(카메라등이용촬영)죄의 실행에 착수한 것으로 볼 수 없다. 이에 반하여 범인이 카메라 기능이 설치된 휴대전화를 피해자의 치마 밑으로 들이밀거나, 피해자가 용변을 보고 있는 화장실 칸 밑 공간 사이로 집어넣는 등 카메라 등 이용 촬영 범행에 밀접한 행위를 개시한 경우에는 성폭력처벌법위반(카메라등이용촬영)죄의 실행에 착수하였다고 볼 수 있다(대판 2021.8.12. 2021도7035).

④ (○) [1] [다수의견] 군형법 제92조의6의 문언, 개정 연혁, 보호법익과 헌법 규정을 비롯한 전체 법질서의 변화를 종합적으로 고려하면, 위 규정은 동성인 군인 사이의 항문성교나 그 밖에 이와 유사한 행위가 사적 공간에서 자발적 의사 합치에 따라 이루어지는 등 군이라는 공동사회의 건전한 생활과 군기를 직접적, 구체적으로 침해한 것으로 보기 어려운 경우에는 적용되지 않는다고 봄이 타당하다. [2] 동성 군인 간 합의에 의한 성행위로서 그것이 군이라는 공동사회의 건전한 생활과 군기를 직접적, 구체적으로 침해하지 않는 경우에까지 형사처벌을 하는 것은 헌법을 비롯한 전체 법질서에 비추어 허용되지 않는다고 보아야 한다. 이를 처벌하는 것은 합리적인 이유 없이 군인이라는 이유만으로 성적 자기결정권을 과도하게 제한하는 것으로서 헌법상 보장된 평등권, 인간으로서의 존엄과 가치, 그리고 행복추구권을 침해할 우려가 있다. 특히 현행 규정은 장교나 부사관 등 직업군인에게도 적용되는데, 직업군인의 경우 장기간 동안 군형법의 적용을 받게 되므로 기본권 제한의 정도가 매우 크다. 그리고 군인 간의 합의에 의한 항문성교 그 밖의 성행위가 사적 공간에서 은밀히 이루어진 경우 이를 처벌하기 위해서는 지극히 사생활 영역에 있는 행위에 대한 수사가 필수적인데, 이러한 수사는 군인의 사생활의 비밀과 자유를 과도하게 제한하는 것으로 허용되기 어렵다. [3] 이와 달리 남성 군인 간 항문성교를 비롯한 성행위가 그 자체만으로 객관적으로 일반인에게 혐오감을 일으키게 하고 선량한 성적 도덕관념에 반하는 행위라는 이유로 사적 공간에서 합의하여 이루어진 성행위인지 여부 등을 따지지 않고 제정 군형법 제92조와 구 군형법 제92조의5 규정이 적용된다는 취지로 판단한 대법원 2008. 5. 29. 선고 2008도2222 판결, 대법원 2012. 6. 14. 선고 2012도3980 판결을 비롯하여 같은 취지의 대법원 판결들은 이 판결의 견해에 배치되는 범위 내에서 변경하기로 한다(대판 2022.4.21. 2019도3047 전원합의체).

032 **다음에 관한 설명으로 가장 적절하지 않은 것은?** 〈경찰1차 2022〉

① 甲은 A가 심신상실 또는 항거불능의 상태에 있다고 인식하고 그러한 상태를 이용하여 간음할 의사로 A를 간음하였으나 A가 실제로는 심신상실 또는 항거불능의 상태에 있지 않은 경우에는 준강간죄의 장애미수가 성립한다.

② 성적자기결정권에는 자신이 하고자 하는 성행위를 결정할 권리라는 적극적 측면과 함께 원치 않는 성행위를 거부할 권리라는 소극적 측면이 함께 존재하는데, 위계에 의한 간음죄를 비롯한 강간과 추행의 죄는 소극적 성적자기결정권을 침해하는 것을 내용으로 한다.

③ 술에 취한 甲이 간음할 목적으로 초등학교 5학년 여학생인 A의 소매를 갑자기 잡아끌면서 "우리 집에 같이 자러 가자."고 한 행위는 간음목적 약취행위의 수단으로서 폭행에 해당한다.

④ 입찰방해죄는 위계 또는 위력 기타의 방법으로 입찰의 공정을 해하는 경우에 성립하는 위태범으로서 결과의 불공정이 현실적으로 나타나는 것을 필요로 하지 않는다.

해설/정답 ①

① (×) 피고인이 피해자가 심신상실 또는 항거불능의 상태에 있다고 인식하고 그러한 상태를 이용하여 간음할 의사로 피해자를 간음하였으나 피해자가 실제로는 심신상실 또는 항거불능의 상태에 있지 않은 경우에는, 실행의 수단 또는 대상의 착오로 인하여 준강간죄에서 규정하고 있는 구성요건적 결과의 발생이 처음부터 불가능하였고 실제로 그러한 결과가 발생하였다고 할 수 없다. 피고인이 준강간의 실행에 착수하였으나 범죄가 기수에 이르지 못하였으므로 준강간죄의 미수범이 성립한다. 피고인이 행위 당시에 인식한 사정을 놓고 일반인이 객관적으로 판단하여 보았을 때 준강간의 결과가 발생할 위험성이 있었으므로 준강간죄의 불능미수가 성립한다(대판 2019.3.28. 2018도16002 전원합의체).

② (○) 형법 제302조는 "미성년자 또는 심신미약자에 대하여 위계 또는 위력으로써 간음 또는 추행을 한 자는 5년 이하의 징역에 처한다."라고 규정하고 있다. 형법은 제2편 제32장에서 '강간과 추행의 죄'를 규정하고 있는데, 이 장에 규정된 죄는 모두 개인의 성적 자유 또는 성적 자기결정권을 침해하는 것을 내용으로 한다. 여기에서 '성적 자유'는 적극적으로 성행위를 할 수 있는 자유가 아니라 소극적으로 원치 않는 성행위를 하지 않을 자유를 말하고, '성적 자기결정권'은 성행위를 할 것인가 여부, 성행위를 할 때 상대방을 누구로 할 것인가 여부, 성행위의 방법 등을 스스로 결정할 수 있는 권리를 의미한다(대판 2019.6.13. 2019도3341).

③ (○) 피고인이 위와 같이 위험에 대한 대처능력이 미약한 초등학교 5학년 여학생인 피해자의 소매를 잡아끌면서 '우리 집에 같이 자러가자'라고 한 행위는 그 행위의 목적과 의도, 행위 당시의 정황, 행위의 태양과 종류, 피해자의 의사 등을 종합하여 볼 때, 피고인이 피해자를 그 의사에 반하여 자유로운 생활관계 또는 보호관계로부터 피고인의 사실상 지배하에 옮기기 위한 약취행위의 수단으로서 폭행에 충분히 해당한다고 할 것이고, 또한 약취의 의사도 인정된다고 할 것이므로, 피고인에게 약취행위에 해당하는 실행행위가 있다고 보아야 할 것이고, 당시 피고인이 술에 많이 취한 상태였다고 하더라도 버스에서 내려 집으로 가는 중이었다는 점 등의 사정에 비추어 심신상실의 상태에까지 이르렀다고는 보기 어려운 이상 이를 이유로 약취행위의 실행행위를 부정할 수는 없다(대판 2009.7.9. 2009도3816).

④ (○) 입찰방해죄는 위계 또는 위력 기타의 방법으로 입찰의 공정을 해하는 경우에 성립하는 위태범으로서, 입찰의 공정을 해할 행위를 하면 그것으로 족한 것이지 현실적으로 입찰의 공정을 해한 결과가 발생할 필요는 없다(대판 1994.5.24. 94도600).

033 강간과 추행의 죄에 관한 설명으로 가장 적절하지 않은 것은? 〈경찰 1차 2022〉

① 위계에 의한 간음죄에 해당하는지 여부를 판단할 때에는 구체적인 범행 상황에 놓인 피해자의 입장과 관점이 충분히 고려되어야 하고, 일반적·평균적 판단능력을 갖춘 성인 또는 충분한 보호와 교육을 받은 또래의 시각에서 인과관계를 쉽사리 부정하여서는 안 된다.

② 강제추행죄는 상대방에 대하여 폭행 또는 협박을 가하여 항거를 곤란하게 한 뒤에 추행행위를 하는 경우뿐만 아니라 폭행행위 자체가 추행행위라고 인정되는 경우도 포함되며, 이 경우의 폭행은 반드시 상대방의 의사를 억압할 정도의 것이어야 한다.

③ 강간죄에서의 폭행·협박과 간음 사이에는 인과관계가 있어야 하나, 폭행·협박이 반드시 간음행위보다 선행되어야 하는 것은 아니다.

④ 구「성폭력범죄의 처벌 등에 관한 특례법」 제11조의 '공중밀집장소에서의 추행'이 기수에 이르기 위하여는 행위자의 행위로 인하여 대상자가 성적 수치심이나 혐오감을 반드시 실제로 느껴야 하는 것은 아니고, 객관적으로 일반인에게 성적 수치심이나 혐오감을 일으키게 할 만한 행위로서 선량한 성적 도덕관념에 반하는 행위를 실행하는 것으로 충분하다.

해설/정답 ②

① (○) 위계에 의한 간음죄가 보호대상으로 삼는 아동·청소년, 미성년자, 심신미약자, 피보호자·피감독자, 장애인 등의 성적 자기결정 능력은 그 나이, 성장과정, 환경, 지능 내지 정신기능 장애의 정도 등에 따라 개인별로 차이가 있으므로 간음행위와 인과관계가 있는 위계에 해당하는지 여부를 판단함에 있어서는 구체적인 범행 상황에 놓인 피해자의 입장과 관점이 충분히 고려되어야 하고, 일반적·평균적 판단능력을 갖춘 성인 또는 충분한 보호와 교육을 받은 또래의 시각에서 인과관계를 쉽사리 부정하여서는 안 된다(대판 2020.8.27. 2015도9436 전원합의체).

② (×) 상대방에 대하여 폭행 또는 협박을 가하여 그 항거를 곤란하게 한 뒤에 추행행위를 하는 경우만을 말하는 것이 아니고 폭행행위 자체가 추행행위라고 인정되는 경우도 포함되는 것이라 할 것이고, 이 경우에 있어서의 폭행은 반드시 상대방의 의사를 억압할 정도의 것임을 요하지 않고 다만 상대방의 의사에 반하는 유형력의 행사가 있는 이상 그 힘의 대소강약을 불문한다(대판 2002.4.26. 2001도2417).

③ (○) 강간죄가 성립하려면 가해자의 폭행·협박은 피해자의 항거를 불가능하게 하거나 현저히 곤란하게 할 정도의 것이어야 한다. 폭행·협박이 피해자의 항거를 불가능하게 하거나 현저히 곤란하게 할 정도의 것이었는지 여부는 폭행·협박의 내용과 정도는 물론, 유형력을 행사하게 된 경위, 피해자와의 관계, 성교 당시와 그 후의 정황 등 모든 사정을 종합하여 판단하여야 한다. 또한 강간죄에서의 폭행·협박과 간음 사이에는 인과관계가 있어야 하나, 폭행·협박이 반드시 간음행위보다 선행되어야 하는 것은 아니다(대판 2017.10.12. 2016도16948, 2016전도156).

④ (○) 성폭력처벌법 위반(공중밀집장소에서의추행)죄가 기수에 이르기 위해서는 객관적으로 일반인에게 성적 수치심이나 혐오감을 일으키게 할 만한 행위로서 선량한 성적 도덕관념에 반하는 행위를 행위자가 대상자를 상대로 실행하는 것으로 충분하고, 행위자의 행위로 말미암아 대상자가 성적 수치심이나 혐오감을 반드시 실제로 느껴야 하는 것은 아니다(대판 2020.6.25. 2015도7102).

034 강간과 추행의 죄에 대한 설명으로 옳은 것을 모두 고른 것은? 〈경찰2차 2021 변형〉

> ㉠ 성인 甲은 스마트폰 채팅을 통하여 알게 된 A(14세)에게 자신을 '고등학생 乙'이라고 속여 채팅을 통해 교제하던 중 스토킹하는 여성 때문에 힘들다며 그 여성을 떼어내려면 자신의 선배와 성관계를 하여야 한다는 취지로 A에게 이야기하고, 甲과 헤어지는 것이 두려워 이를 승낙한 A를 마치 자신이 乙의 선배인 것처럼 행세하여 간음한 경우, A가 간음행위와 불가분적 관련성이 인정되지 않는 다른 조건에 관하여 甲에게 속았던 것이기에 甲은 아동·청소년의성보호에관한법률위반죄(위계 등 간음)로 처벌되지 아니한다.
>
> ㉡ 피해자가 깊은 잠에 빠져 있거나 술·약물 등에 의해 일시적으로 의식을 잃은 상태 또는 완전히 의식을 잃지는 않았더라도 그와 같은 사유로 정상적인 판단능력과 대응·조절능력을 행사할 수 없는 상태에 있었다면 이는 준강간죄 또는 준강제추행죄에서의 심신상실 또는 항거불능 상태에 해당한다.
>
> ㉢ 「성폭력범죄의 처벌 등에 관한 특례법」 제10조 제1항에서 정한 '업무, 고용이나 그 밖의 관계로 인하여 자기의 보호, 감독을 받는 사람'에는 직장 안에서 보호 또는 감독을 받거나 사실상 보호 또는 감독을 받는 상황에 있는 사람뿐만 아니라 채용 절차에서 영향력의 범위 안에 있는 사람도 포함된다.
>
> ㉣ 「형법」 제302조의 심신미약자는 '정신기능의 장애로 인하여 사물을 변별하거나 의사를 결정할 능력이 미약한 사람'을 의미한다.
>
> ㉤ 甲이 A를 강간할 목적으로 자고 있는 A의 가슴과 엉덩이를 만지다가 A가 깨어 소리치자 도망간 경우에는 강간의 실행의 착수가 인정되지 않아 甲의 행위는 현행 「형법」상 범죄로 처벌할 수 없다.

① ㉠, ㉡, ㉢　　② ㉡, ㉢, ㉣　　③ ㉡, ㉣, ㉤　　④ ㉢, ㉣, ㉤

해설/정답 ②

㉠ (×) 위계에 의한 간음죄에서 '위계'란 행위자의 행위목적을 달성하기 위하여 피해자에게 오인, 착각, 부지를 일으키게 하여 이를 이용하는 것을 말한다. 이러한 위계의 개념 및 성폭력범행에 특히 취약한 사람을 보호하고 행위자를 강력하게 처벌하려는 입법 태도, 피해자의 인지적·심리적·관계적 특성으로 온전한 성적 자기결정권 행사를 기대하기 어려운 사정 등을 종합하면, 행위자가 간음의 목적으로 피해자에게 오인, 착각, 부지를 일으키고 피해자의 그러한 심적 상태를 이용하여 간음의 목적을 달성하였다면 위계와 간음행위 사이의 인과관계를 인정할 수 있고, 따라서 위계에 의한 간음죄가 성립한다. 왜곡된 성적 결정에 기초하여 성행위를 하였다면 왜곡이 발생한 지점이 성행위 그 자체인지 성행위에 이르게 된 동기인지는 성적 자기결정권에 대한 침해가 발생한 것은 마찬가지라는 점에서 핵심적인 부분이라고 하기 어렵다. 피해자가 오인, 착각, 부지에 빠지게 되는 대상은 간음행위 자체일 수도 있고, 간음행위에 이르게 된 동기이거나 간음행위와 결부된 금전적·비금전적 대가와 같은 요소일 수도 있다. 다만 행위자의 위계적 언동이 존재하였다는 사정만으로 위계에 의한 간음죄가 성립하는 것은 아니므로 위계적 언동의 내용 중에 피해자가 성행위를 결심하게 된 중요한 동기를 이룰 만한 사정이 포함되어 있어 피해자의 자발적인 성적 자기결정권의 행사가 없었다고 평가할 수 있어야 한다. 이와 같은 인과관계를 판단함에 있어서는 피해자의 연령 및 행위자와의 관계, 범행에 이르게 된 경위, 범행 당시와 전후의 상황 등 여러 사정을 종합적으로 고려하여야 한다(대판 2020.8.27. 2015도9436 전원합의체).

㉡ (○) 가. 형법 제299조는 '사람의 심신상실 또는 항거불능의 상태를 이용하여 추행을 한 자'를 처벌하도록 규정한다. 이러한 준강제추행죄는 정신적·신체적 사정으로 인하여 성적인 자기방어를 할 수 없는 사람의 성적 자기결정권을 보호해 주는 것을 보호법익으로 하며, 그 성적 자기결정권은 원치 않는 성적 관계를 거부할 권리라는 소극적 측면을 말한다(대판 2020.8.27 2015도9436 전원합의체 참조). 나. 준강간죄에서 '심신상실'이란 정신기능의 장애로 인하여 성적 행위에 대한 정상적인 판단능력이 없는 상태를 의미하고, '항거불능'의 상태라 함은 심신상실 이외의 원인으로 심리적 또는 물리적으로 반항이 절대적으로 불가능하거나 현저히 곤란한 경우를 의미한다(대판 2006.2.23. 2005도9422, 대판 2012.6.28. 2012도2631 등 참조). 이는 준강제추행죄의 경우에도 마찬가지이다. 피해자가 깊은 잠에 빠져 있거나 술·약물 등에 의해 일시적으로 의식을 잃은 상태 또는 완전히 의식을 잃지는 않았더라도 그와 같은 사유로 정상적인 판단능력과 대응·조절능력을 행사할 수 없는 상태에 있었다면 준강간죄 또는 준강제추행죄에서의 심신상실 또는 항거불능 상태에 해당한다(대판 2021.2.4. 2018도9781).

㉢ (○) 성폭력범죄의 처벌 등에 관한 특례법 제10조는 '업무상 위력 등에 의한 추행'에 관한 처벌 규정인데, 제1항에서 "업무, 고용이나 그 밖의 관계로 인하여 자기의 보호, 감독을 받는 사람에 대하여 위계 또는 위력으로 추행한 사람은 3년 이하의 징역 또는 1천 500만 원 이하의 벌금에 처한다."라고 정하고 있다. '업무, 고용이나 그 밖의 관계로 인하여 자기의 보호, 감독을 받는 사람'에는 직장 안에서 보호 또는 감독을 받거나 사실상 보호 또는 감독을 받는 상황에 있는 사람(형법 제303조의 '업무상 위력 등에 의한 간음'에 관한 대법원 1976.2.10. 선고 74도1519 판결, 대법원 2001.10.30. 선고 2001도4085 판결 참조)뿐만 아니라 채용 절차에서 영향력의 범위 안에 있는 사람도 포함된다(대판 2020.7.9. 2020도5646).

㉣ (○) 이 죄에서 '심신미약자'란 정신기능의 장애로 인하여 사물을 변별하거나 의사를 결정할 능력이 미약한 사람을 말한다(대판 2019.6.13. 2019도3341).

㉤ (×) 강간죄의 실행의 착수가 있었다고 하려면 강간의 수단으로서 폭행이나 협박을 한 사실이 있어야 할 터인데 피고인이 강간할 목적으로 피해자의 집에 침입하였다 하더라도 안방에 들어가 누워 자고 있는 피해자의 가슴과 엉덩이를 만지면서 간음을 기도하였다는 사실만으로는 강간의 수단으로 피해자에게 폭행이나 협박을 개시하였다고 하기는 어렵다(대판 1990.5.25. 90도607). 다만, 현행 「형법」 제305조의3에 따라 예비 또는 음모로 처벌이 가능하다. 본조는 성범죄로 인한 피해 발생을 미연에 방지하여 국민의 성적 자기결정권 등 기본권을 보호하고 범죄로부터 안전한 사회를 조성하기 위하여 신설된 규정이다.

035 **강간과 추행의 죄에 대한 아래 ㉠부터 ㉣까지의 설명 중 옳고 그름의 표시(○, ×)가 모두 바르게 된 것은?** 〈경찰1차 2021〉

㉠ 강간과 추행의 죄에서 말하는 '성적 자유'는 적극적으로 성행위를 할 수 있는 자유가 아니라 소극적으로 원치 않는 성행위를 하지 않을 자유를 말하고, '성적 자기결정권'은 성행위를 할 것인가 여부, 성행위를 할 때 그 상대방을 누구로 할 것인가 여부, 성행위의 방법 등을 스스로 결정할 수 있는 권리를 의미한다. ㉡ 강제추행죄는 자수범이라고 볼 수 없으므로 처벌되지 아니하는 타인을 도구로 삼아 피해자를 강제로 추행하는 간접정범의 형태로도 범할 수 있으나, 여기에서의 강제추행에 관한 간접정범의 의사를 실현하는 도구로서의 타인에는 피해자가 포함되지 않는다. ㉢ 위계에 의한 간음죄에서 행위자의 위계적 언동이 존재하였다는 사정만으로 위계에 의한 간음죄가 성립하는 것은 아니고, 위계적 언동의 내용 중에 피해자가 성행위를 결심하게 된 중요한 동기를 이룰 만한 사정이 포함되어 있어 피해자의 자발적인 성적 자기결정권의 행사가 없었다고 평가할 수 있어야 한다. ㉣ '미성년자 또는 심신미약자에 대하여 위계 또는 위력으로써 간음 또는 추행'한 자를 처벌하는 「형법」 제302조는, 미성년자나 심신미약자와 같이 판단능력이나 대처능력이 일반인에 비하여 낮은 사람은 낮은 정도의 유·무형력의 행사에 의해서도 저항을 제대로 하지 못하고 피해를 입을 가능성이 있기 때문에 그 범죄의 성립요건을 강간죄나 강제추행죄보다 완화된 형태로 규정한 것이다.

① ㉠ (○) ㉡ (×) ㉢ (○) ㉣ (○)
② ㉠ (○) ㉡ (×) ㉢ (○) ㉣ (×)
③ ㉠ (○) ㉡ (○) ㉢ (×) ㉣ (○)
④ ㉠ (×) ㉡ (○) ㉢ (×) ㉣ (×)

해설/정답 ①

㉠ (○), ㉣ (○) 형법 제302조는 "미성년자 또는 심신미약자에 대하여 위계 또는 위력으로써 간음 또는 추행을 한 자는 5년 이하의 징역에 처한다."라고 규정하고 있다. 형법은 제2편 제32장에서 '강간과 추행의 죄'를 규정하고 있는데, 이 장에 규정된 죄는 모두 개인의 성적 자유 또는 성적 자기결정권을 침해하는 것을 내용으로 한다. 여기에서 '성적 자유'는 적극적으로 성행위를 할 수 있는 자유가 아니라 소극적으로 원치 않는 성행위를 하지 않을 자유를 말하고, '성적 자기결정권'은 성행위를 할 것인가 여부, 성행위를 할 때 상대방을 누구로 할 것인가 여부, 성행위의 방법 등을 스스로 결정할 수 있는 권리를 의미한다. 형법 제32장의 죄의 기본적 구성요건은 강간죄(제297조)나 강제추행죄(제298조)인데, 이 죄는 미성년자나 심신미약자와 같이 판단능력이나 대처능력이 일반인에 비하여 낮은 사람은 낮은 정도의 유·무형력의 행사에 의해서도 저항을 제대로 하지 못하고 피해를 입을 가능성이 있기 때문에 범죄의 성립요건을 보다 완화된 형태로 규정한 것이다(대판 2019.6.13. 2019도3341).

㉡ (×) 강제추행죄는 사람의 성적 자유 내지 성적 자기결정의 자유를 보호하기 위한 죄로서 정범 자신이 직접 범죄를 실행하여야 성립하는 자수범이라고 볼 수 없으므로, 처벌되지 아니하는 타인을 도구로 삼아 피해자를 강제로 추행하는 간접정범의 형태로도 범할 수 있다. 여기서 강제추행에 관한 간접정범의 의사를 실현하는 도구로서의 타인에는 피해자도 포함될 수 있으므로, 피해자를 도구로 삼아 피해자의 신체를 이용하여 추행행위를 한 경우에도 강제추행죄의 간접정범에 해당할 수 있다(대판 2018.2.8. 2016도17733).

㉢ (○) [1] 행위자가 간음의 목적으로 피해자에게 오인, 착각, 부지를 일으키고 피해자의 그러한 심적 상태를 이용하여 간음의 목적을 달성하였다면 위계와 간음행위 사이의 인과관계를 인정할 수 있고, 따라서 위계에 의한 간음죄가 성립한다. [2] 다만 행위자의 위계적 언동이 존재하였다는 사정만으로 위계에 의한 간음죄가 성립하는 것은 아니므로 위계적 언동의 내용 중에 피해자가 성행위를 결심하게 된 중요한 동기를 이룰 만한 사정이 포함되어 있어 피해자의 자발적인 성적 자기결정권의 행사가 없었다고 평가할 수 있어야 한다. 이와 같은 인과관계를 판단함에 있어서는 피해자의 연령 및 행위자와의 관계, 범행에 이르게 된 경위, 범행 당시와 전후의 상황 등 여러 사정을 종합적으로 고려하여야 한다(대판 2020.8.27. 2015도9436 전원합의체).

036 강간과 추행의 죄에 대한 설명으로 가장 적절하지 않은 것은? 〈경찰2차 2020〉

① 강간죄는 피해자의 항거를 불능하게 하거나 현저히 곤란하게 할 정도의 폭행 또는 협박을 개시한 때에 그 실행의 착수가 있다고 보아야 할 것이고, 실제로 그와 같은 폭행 또는 협박에 의하여 피해자의 항거가 불능하게 되거나 현저히 곤란하게 되어야만 실행의 착수가 있다고 볼 것은 아니다.

② 폭행 또는 협박으로 사람의 구강에 신체(성기는 제외한다)의 일부를 넣는 행위는 유사강간죄로 처벌한다.

③ 甲이 피해자가 심신상실 또는 항거불능의 상태에 있다고 인식하고 그러한 상태를 이용하여 간음할 의사로 피해자를 간음하였으나 피해자가 실제로는 심신상실 또는 항거불능의 상태에 있지 않은 경우에는 준강간죄의 불능미수가 성립한다.

④ 강간죄에서의 폭행 협박과 간음 사이에는 인과관계가 있어야 하나, 폭행 협박이 반드시 간음행위보다 선행되어야 하는 것은 아니다.

해설/정답 ②

① (○) 강간죄는 부녀를 간음하기 위하여 피해자의 항거를 불능하게 하거나 현저히 곤란하게 할 정도의 폭행 또는 협박을 개시한 때에 그 실행의 착수가 있다고 보아야 할 것이고, 실제로 그와 같은 폭행 또는 협박에 의하여 피해자의 항거가 불능하게 되거나 현저히 곤란하게 되어야만 실행의 착수가 있다고 볼 것은 아니다(대판 2000.6.9. 2000도1253).

② (×) 유사강간죄는 폭행 또는 협박으로 사람에 대하여 구강, 항문 등 신체(성기는 제외한다)의 내부에 성기를 넣거나 성기, 항문에 손가락 등 신체(성기는 제외한다)의 일부 또는 도구를 넣는 행위를 함으로써 성립하는 범죄이다. 구강에 신체의 일부(성기는 제외한다)를 넣는 행위는 강제추행죄가 성립할 수 있지만, 유사강간죄는 성립하지 아니한다.

> **제297조의2(유사강간)**
> 폭행 또는 협박으로 사람에 대하여 구강, 항문 등 신체(성기는 제외한다)의 내부에 성기를 넣거나 성기, 항문에 손가락 등 신체(성기는 제외한다)의 일부 또는 도구를 넣는 행위를 한 사람은 2년 이상의 유기징역에 처한다.

③ (○) 피고인이 피해자가 심신상실 또는 항거불능의 상태에 있다고 인식하고 그러한 상태를 이용하여 간음할 의사로 피해자를 간음하였으나 피해자가 실제로는 심신상실 또는 항거불능의 상태에 있지 않은 경우에는, 실행의 수단 또는 대상의 착오로 인하여 준강간죄에서 규정하고 있는 구성요건적 결과의 발생이 처음부터 불가능하였고 실제로 그러한 결과가 발생하였다고 할 수 없다. 피고인이 준강간의 실행에 착수하였으나 범죄가 기수에 이르지 못하였으므로 준강간죄의 미수범이 성립한다. 피고인이 행위 당시에 인식한 사정을 놓고 일반인이 객관적으로 판

단하여 보았을 때 준강간의 결과가 발생할 위험성이 있었으므로 준강간죄의 불능미수가 성립한다(대판 2019.3.28. 2018도16002 전원합의체).

④ (○) 강간죄가 성립하려면 가해자의 폭행·협박은 피해자의 항거를 불가능하게 하거나 현저히 곤란하게 할 정도의 것이어야 한다. 폭행·협박이 피해자의 항거를 불가능하게 하거나 현저히 곤란하게 할 정도의 것이었는지 여부는 폭행·협박의 내용과 정도는 물론, 유형력을 행사하게 된 경위, 피해자와의 관계, 성교 당시와 그 후의 정황 등 모든 사정을 종합하여 판단하여야 한다. 또한 강간죄에서의 폭행·협박과 간음 사이에는 인과관계가 있어야 하나, 폭행·협박이 반드시 간음행위보다 선행되어야 하는 것은 아니다(대판 2017.10.12. 2016도16948, 2016전도156).

037 다음 설명 중 옳지 않은 것을 모두 고른 것은? 〈경찰1차 2017〉

㉠ 피해자 본인이나 그 친족뿐만 아니라 그 밖의 '제3자'에 대한 법익침해를 내용으로 하는 해악을 고지하는 것이라고 하더라도 피해자 본인과 '제3자'가 밀접한 관계에 있어 그 해악의 내용이 피해자 본인에게 공포심을 일으킬 만한 정도의 것이라면 협박죄가 성립할 수 있다. 이때 '제3자'에는 자연인은 포함되나 법인은 포함되지 않는다.

㉡ 독립행위가 경합하여 상해의 결과를 발생하게 한 경우에 있어서 원인된 행위가 판명된 때에는 공동정범의 예에 의한다.

㉢ 피고인이 간음할 목적으로 새벽 4시에 여자 혼자 있는 방문 앞에 가서 피해자가 방문을 열어 주지 않으면 부수고 들어갈 듯한 기세로 방문을 두드리고 피해자가 위험을 느껴 창문에 걸터앉아 가까이 오면 뛰어내리겠다고 하는데도 베란다를 통하여 창문으로 침입하려고 하였다면 강간의 착수가 인정된다.

㉣ 피고인이 밤에 술을 마시고 배회하던 중 버스에서 내려 혼자 걸어가는 피해자 甲(여, 17세)을 발견하고 마스크를 착용한 채 뒤따라가다가 인적이 없고 외진 곳에서 가까이 접근하여 껴안으려 하였으나, 甲이 뒤돌아보면서 소리치자 그 상태로 몇 초 동안 쳐다보다가 다시 오던 길로 되돌아간 경우 「아동·청소년의 성보호에 관한 법률」상 아동·청소년에 대한 강제추행미수죄에 해당한다.

① ㉠ ② ㉠, ㉡, ㉣ ③ ㉠, ㉡ ④ ㉢, ㉣

해설/정답 ③

㉠ (×) 협박죄에서 협박이란 일반적으로 보아 사람으로 하여금 공포심을 일으킬 정도의 해악을 고지하는 것을 의미하며, 그 고지되는 해악의 내용, 즉 침해하겠다는 법익의 종류나 법익의 향유 주체 등에는 아무런 제한이 없다. 따라서 피해자 본인이나 그 친족뿐만 아니라 그 밖의 '제3자'에 대한 법익 침해를 내용으로 하는 해악을 고지하는 것이라고 하더라도 피해자 본인과 제3자가 밀접한 관계에 있어 그 해악의 내용이 피해자 본인에게 공포심을 일으킬 만한 정도의 것이라면 협박죄가 성립할 수 있다. 이 때 '제3자'에는 자연인뿐만 아니라 법인도 포함된다(대판 2010.7.15. 2010도1017).

㉡ (×) 형법 제263조

제263조(동시범)
독립행위가 경합하여 상해의 결과를 발생하게 한 경우에 있어서 원인된 행위가 판명되지 아니한 때에는 공동정범의 예에 의한다.

ⓒ (O) 피고인이 간음할 목적으로 새벽 4시에 여자 혼자 있는 방문 앞에 가서 피해자가 방문을 열어 주지 않으면 부수고 들어갈 듯한 기세로 방문을 두드리고 피해자가 위험을 느끼고 창문에 걸터 앉아 가까이 오면 뛰어 내리겠다고 하는데도 베란다를 통하여 창문으로 침입하려고 하였다면 강간의 수단으로서의 폭행에 착수하였다고 할 수 있으므로 강간의 착수가 있었다고 할 것이다(대판 1991.4.9. 91도288).

ⓓ (O) 피고인이 밤에 술을 마시고 배회하던 중 버스에서 내려 혼자 걸어가는 피해자 갑(여, 17세)을 발견하고 마스크를 착용한 채 뒤따라가다가 인적이 없고 외진 곳에서 가까이 접근하여 껴안으려 하였으나, 갑이 뒤돌아보면서 소리치자 그 상태로 몇 초 동안 쳐다보다가 다시 오던 길로 되돌아갔다고 하여 아동·청소년의 성보호에 관한 법률 위반으로 기소된 사안에서, 피고인과 갑의 관계, 갑의 연령과 의사, 행위에 이르게 된 경위와 당시 상황, 행위 후 갑의 반응 및 행위가 갑에게 미친 영향 등을 고려하여 보면, 피고인은 갑을 추행하기 위해 뒤따라간 것으로 추행의 고의를 인정할 수 있고, 피고인이 가까이 접근하여 갑자기 뒤에서 껴안는 행위는 일반인에게 성적 수치심이나 혐오감을 일으키게 하고 선량한 성적 도덕관념에 반하는 행위로서 갑의 성적 자유를 침해하는 행위여서 그 자체로 이른바 '기습추행' 행위로 볼 수 있으므로, 피고인의 팔이 갑의 몸에 닿지 않았더라도 양팔을 높이 들어 갑자기 뒤에서 껴안으려는 행위는 갑의 의사에 반하는 유형력의 행사로서 폭행행위에 해당하며, 그때 '기습추행'에 관한 실행의 착수가 있는데, 마침 갑이 뒤돌아보면서 소리치는 바람에 몸을 껴안는 추행의 결과에 이르지 못하고 미수에 그쳤으므로, 피고인의 행위는 아동·청소년에 대한 강제추행미수죄에 해당한다(대판 2015.9.10. 2015도6980, 2015모2524).

038 강간과 추행의 죄에 대한 다음 설명 중 가장 적절하지 않은 것은? 〈경찰1차 2019〉

① 강간죄가 성립하기 위한 가해자의 폭행·협박이 있었는지 여부는 그 폭행·협박의 내용과 정도는 물론 유형력을 행사하게 된 경위, 피해자와의 관계, 성교 당시와 그 후의 정황 등 모든 사정을 종합하여 피해자가 성교 당시 처하였던 구체적인 상황을 기준으로 판단하여야 한다.

② 여성에 대한 추행에 있어 신체 부위에 따라 본질적인 차이가 있다고 볼 수는 없다.

③ 수면제와 같은 약물을 투약하여 피해자를 일시적으로 수면 또는 의식불명 상태에 이르게 한 경우에도 약물로 인하여 피해자의 건강상태가 불량하게 변경되고 생활기능에 장애가 초래되었다면 자연적으로 의식을 회복하거나 외부적으로 드러난 상처가 없더라도 이는 강간치상죄나 강제추행치상죄에서 말하는 상해에 해당한다.

④ 「형법」 제305조의 미성년자의제강제추행죄의 성립에 필요한 주관적 구성요건요소는 고의 외에 성욕을 자극·흥분·만족시키려는 주관적 동기나 목적까지 있어야 한다.

해설/정답 ④

① (O) 강간죄가 성립하기 위한 가해자의 폭행·협박이 있었는지 여부는 그 폭행·협박의 내용과 정도는 물론 유형력을 행사하게 된 경위, 피해자와의 관계, 성교 당시와 그 후의 정황 등 모든 사정을 종합하여 피해자가 성교 당시 처하였던 구체적인 상황을 기준으로 판단하여야 하며, 사후적으로 보아 피해자가 성교 이전에 범행 현장을 벗어날 수 있었다거나 피해자가 사력을 다하여 반항하지 않았다는 사정만으로 가해자의 폭행·협박이 피해자의 항거를 현저히 곤란하게 할 정도에 이르지 않았다고 섣불리 단정하여서는 아니 된다(대판 2018.10.25. 2018도7709).

② (O) 여성에 대한 추행에 있어 신체 부위에 따라 본질적인 차이가 있다고 볼 수는 없다 할 것인데, 위에서 본 사실관계에 의하면 피고인의 어깨를 주무르는 것에 대하여 평소 수치스럽게 생각하여 오던 피해자에 대하여 그 의사에 명백히 반하여 그의 어깨를 주무르고 이로 인하여 피해자로 하여금 소름이 끼치도록 혐오감을 느끼게 하였고, 이

어 나중에는 피해자를 껴안기까지 한 일련의 행위에서 드러난 피고인의 추행 성행을 앞서 본 추행에 관한 법리에 비추어 볼 때 이는 20대 초반의 미혼 여성인 피해자의 성적 자유를 침해할 뿐만 아니라 일반인의 입장에서도 도덕적 비난을 넘어 추행행위라고 평가할 만한 것이라 할 것이고, 나아가 추행행위의 행태와 당시의 경위 등에 비추어 볼 때 피고인의 범의나 업무상 위력이 행사된 점 또한 넉넉히 인정할 수 있다(대판 2004.4.16. 2004도52).

③ (○) 강간치상죄나 강제추행치상죄에 있어서의 상해는 피해자의 신체의 완전성을 훼손하거나 생리적 기능에 장애를 초래하는 것, 즉 피해자의 건강상태가 불량하게 변경되고 생활기능에 장애가 초래되는 것을 말하는 것으로, 여기서의 생리적 기능에는 육체적 기능뿐만 아니라 정신적 기능도 포함된다. 따라서 수면제와 같은 약물을 투약하여 피해자를 일시적으로 수면 또는 의식불명 상태에 이르게 한 경우에도 약물로 인하여 피해자의 건강상태가 불량하게 변경되고 생활기능에 장애가 초래되었다면 자연적으로 의식을 회복하거나 외부적으로 드러난 상처가 없더라도 이는 강간치상죄나 강제추행치상죄에서 말하는 상해에 해당한다(대판 2017.6.29. 2017도3196).

④ (×) [1] 형법 제305조의 미성년자의제강제추행죄는 '13세 미만의 아동이 외부로부터의 부적절한 성적 자극이나 물리력의 행사가 없는 상태에서 심리적 장애 없이 성적 정체성 및 가치관을 형성할 권익'을 보호법익으로 하는 것으로서, 그 성립에 필요한 주관적 구성요건요소는 고의만으로 충분하고, 그 외에 성욕을 자극·흥분·만족시키려는 주관적 동기나 목적까지 있어야 하는 것은 아니다. [2] 초등학교 4학년 담임교사(남자)가 교실에서 자신이 담당하는 반의 남학생의 성기를 만진 행위가 미성년자의제강제추행죄에서 말하는 '추행'에 해당한다고 한 원심의 판단을 수긍한 사례(대판 2006.1.13. 2005도6791).

039 다음 사안에서 甲의 형사책임에 대한 설명으로 가장 적절한 것은? 〈경찰2차 2018〉

> 甲은 피해자 A를 강간하려다 미수에 그치고 의도치 않게 동 행위로 인하여 A에게 상해를 입혔다. 甲은 자신의 범행으로 인해 의식을 잃고 쓰러진 A를 구호하지 아니하고 그 자리를 떠났다. A는 의식불명인 상태로 범행현장에 방치되어 있다가 몇 시간 뒤 행인에게 구조되었다.

① 甲의 강간 범행이 미수에 그치고 그로 인해 상해의 결과가 발생하였으므로 甲은 강간치상죄의 미수범으로 처벌된다.

② 甲이 의식불명이 된 피해자 A를 구호하지 아니하고 방치한 행위에 대해서는 별도로 유기죄가 성립한다.

③ 만일 A가 집에 돌아가서 수치심과 절망감에 휩싸여 몇 주 뒤 자살을 하기에 이르렀다면 甲을 강간치사죄로 처벌할 수 있다.

④ 사안을 달리하여, A가 입은 상해가 사람의 반항을 억압할 만한 폭행 또는 협박이 없어도 일상생활 중 발생할 수 있는 것이거나 합의에 따른 성교행위에서도 통상 발생할 수 있는 상해와 같은 정도의 것이라고 가정한다면, 이는 강간치상죄의 상해에 해당되지 아니한다고 할 수 있다.

해설/정답 ④

① (×) 강간이 미수에 그치거나 간음의 결과 사정을 하지 않은 경우라도 그로 인하여 피해자가 상해를 입었으면 강간치상죄가 성립하는 것이고, 강간치상죄에 있어 상해의 결과는 강간의 수단으로 사용한 폭행으로부터 발생한 경우뿐 아니라 간음행위 그 자체로부터 발생한 경우나 강간에 수반하는 행위에서 발생한 경우도 포함하는 것이다(대판 1999.4.9. 99도519, 대판 1988.11.8. 88도1628). 기본범죄가 미수에 그치더

라도 중한 결과가 발생하면 결과적 가중범의 기수가 성립한다. 따라서 甲은 강간치상죄의 기수범으로 처벌된다.

② (×) 강간치상의 범행을 저지른 자가 그 범행으로 인하여 실신상태에 있는 피해자를 구호하지 아니하고 방치하였다고 하더라도 그 행위는 포괄적으로 단일의 강간치상죄만을 구성한다. 별도로 유기죄는 성립하지 아니한다(대판 1980.6.24. 80도726).

③ (×) 강간을 당한 피해자가 집에 돌아가 음독자살하기에 이르른 원인이 강간을 당함으로 인하여 생긴 수치심과 장래에 대한 절망감 등에 있었다 하더라도 그 자살행위가 바로 강간행위로 인하여 생긴 당연의 결과라고 볼 수는 없으므로 강간행위와 피해자의 자살행위 사이에 인과관계를 인정할 수는 없다(대판 1982.11.23. 82도1446).

④ (○) 강간행위에 수반하여 생긴 상해가 극히 경미한 것으로서 굳이 치료할 필요가 없어서 자연적으로 치유되며 일상생활을 하는 데 아무런 지장이 없는 경우에는 강간치상죄의 상해에 해당되지 아니한다고 할 수 있을 터이나, 그러한 논거는 피해자의 반항을 억압할 만한 폭행 또는 협박이 없어도 일상생활 중 발생할 수 있는 것이거나 합의에 따른 성교행위에서도 통상 발생할 수 있는 상해와 같은 정도임을 전제로 하는 것이므로 그러한 정도를 넘는 상해가 그 폭행 또는 협박에 의하여 생긴 경우라면 상해에 해당된다고 할 것이며, 피해자의 건강상태가 나쁘게 변경되고 생활기능에 장애가 초래된 것인지는 객관적, 일률적으로 판단될 것이 아니라 피해자의 연령, 성별, 체격 등 신체, 정신상의 구체적 상태를 기준으로 판단되어야 한다(대판 2003.9.26. 2003도4606, 대판 2005.5.26. 2005도1039).

040 강간과 추행의 죄에 대한 설명으로 가장 적절하지 않은 것은? 〈경찰2차 2018〉

① 「형법」상 강제추행죄에는 상대방에 대하여 폭행 또는 협박을 가하여 항거를 곤란하게 한 뒤에 추행행위를 하는 경우뿐만 아니라 폭행행위 자체가 추행행위라고 인정되는 경우도 포함되며, 이 경우의 폭행은 반드시 상대방의 의사를 억압할 정도의 것일 필요가 없다.

② 「성폭력범죄의 처벌 등에 관한 특례법」 제11조는 공중이 밀집하는 장소에서의 추행을 벌하는 바, 여기서 말하는 '공중 밀집 장소'란 현실적으로 사람들이 빽빽이 들어서 있어 서로 간의 신체적 접촉이 이루어지고 있는 곳만을 의미하는 것이 아니라 공중의 이용에 상시적으로 제공·개방된 상태에 놓여 있는 곳 일반을 의미한다.

③ 강제추행죄는 정범 자신이 직접 범죄를 실행하여야 성립하는 자수범이 아니므로, 처벌되지 아니하는 타인을 도구로 삼아 피해자를 강제로 추행하는 간접정범의 형태로도 범할 수 있다.

④ 폭행 또는 협박으로 사람에 대하여 구강, 항문 등 신체(성기는 제외한다)의 내부에 손가락 등 신체(성기는 제외한다)의 일부 또는 도구를 넣는 행위를 한 경우에는 「형법」상 유사강간죄가 성립한다.

해설/정답 ④

① (○) 강제추행죄에 있어서 폭행 또는 협박을 한다 함은 먼저 상대방에 대하여 폭행 또는 협박을 가하여 그 항거를 곤란하게 한 뒤에 추행행위를 하는 경우만을 말하는 것이 아니고 폭행행위 자체가 추행행위라고 인정되는 경우도 포함되는 것이라 할 것이고, 이 경우에 있어서의 폭행은 반드시 상대방의 의사를 억압할 정도의 것임을 요하지 않고 다만 상대방의 의사에 반하는 유형력의 행사가 있는 이상 그 힘의 대소강약을 불문한다(대판 1994.8.23. 94도630, 대판 2002.4.26. 2001도2417, 대판 2012.6.14. 2012도3893).

② (○) 여기서 말하는 '공중이 밀집하는 장소'에는 현실적으로 사람들이 빽빽이 들어서 있어 서로간의 신체적 접촉이 이루어지고 있는 곳만을 의미하는 것이 아니라 이 사건 찜질방 등과 같이 공중의 이용에 상시적으로 제공·개방된 상태에 놓여 있는 곳 일반을 의미한다. 또한, 위 공중밀집장소의 의미를 이와 같이 해석하는 한 그 장소의 성격과 이용현황, 피고인과 피해자 사이의 친분관계 등 구체적 사실관계에 비추어, 공중밀집장소의 일반적 특성을 이용한 추행행위라고 보기 어려운 특별한 사정이 있는 경우에 해당하지 않는 한, 그 행위 당시의 현실적인 밀집도 내지 혼잡도에 따라 그 규정의 적용 여부를 달리한다고 할 수는 없다(대판 2009.10.29. 2009도5704).

③ (○) 강제추행죄는 사람의 성적 자유 내지 성적 자기결정의 자유를 보호하기 위한 죄로서 정범 자신이 직접 범죄를 실행하여야 성립하는 자수범이라고 볼 수 없으므로, 처벌되지 아니하는 타인을 도구로 삼아 피해자를 강제로 추행하는 간접정범의 형태로도 범할 수 있다. 여기서 강제추행에 관한 간접정범의 의사를 실현하는 도구로서의 타인에는 피해자도 포함될 수 있으므로, 피해자를 도구로 삼아 피해자의 신체를 이용하여 추행행위를 한 경우에도 강제추행죄의 간접정범에 해당할 수 있다(대판 2018.2.8. 2016도17733).

④ (×) 형법 제297조의2: 구강의 내부에 손가락 등 신체(성기는 제외한다)의 일부 또는 도구를 넣는 행위는 포함하지 아니하고, 강제추행죄나 폭행죄 또는 협박죄가 성립한다.

> **제297조의2(유사강간)**
> 폭행 또는 협박으로 사람에 대하여 구강, 항문 등 신체(성기는 제외한다)의 내부에 성기를 넣거나 성기, 항문에 손가락 등 신체(성기는 제외한다)의 일부 또는 도구를 넣는 행위를 한 사람은 2년 이상의 유기징역에 처한다.

CHAPTER 03 | 명예와 신용에 대한 죄

제1절 | 명예에 관한 죄

041 명예에 관한 죄에 대한 설명으로 가장 적절하지 않은 것은? 〈경찰2차 2023〉

① 사실적시의 내용이 개인에 관한 사항이더라도 공공의 이익과 관련되어 있고 사회적인 관심을 획득한 경우라면 직접적으로 국가·사회 일반의 이익이나 특정한 사회집단에 관한 것이 아니라는 이유만으로 「형법」 제310조의 적용을 배제할 것은 아니다.

② 명예훼손죄와 모욕죄에서 전파가능성을 이유로 공연성을 인정하는 경우에는 적어도 범죄구성요건의 주관적 요소로서 미필적 고의가 필요하므로, 전파가능성에 대한 인식이 있음은 물론 나아가 위험을 용인하는 내심의 의사가 있어야 한다.

③ 인터넷 등 공간에서 작성된 단문의 글이라고 하더라도, 그 내용이 자신의 의견을 강조하거나 압축하여 표현한 것이라고 평가할 수 있고 표현도 지나치게 모욕적이거나 악의적이지 않다면 「형법」 제20조에 의하여 위법성이 조각될 수 있다.

④ 甲은 자신의 인터넷 채널에 A의 방송 영상을 게시하면서 A의 얼굴에 '개' 얼굴을 합성하는 방법을 사용하였는바, 그 영상의 전체적인 내용을 살펴볼 때 A의 얼굴을 가리는 용도로 동물 그림을 사용하면서 A에 대한 부정적인 감정을 다소 해학적으로 표현하려 한 것에 불과한 경우라도 이러한 행위는 모욕적 표현에 해당한다.

해설/정답 ④

① (○) 사실적시의 내용이 사회 일반의 일부 이익에만 관련된 사항이라도 다른 일반인과의 공동생활에 관계된 사항이라면 공익성을 지닌다고 할 것이고, 이에 나아가 개인에 관한 사항이더라도 그것이 공공의 이익과 관련되어 있고 사회적인 관심을 획득한 경우라면 직접적으로 국가·사회 일반의 이익이나 특정한 사회집단에 관한 것이 아니라는 이유만으로 형법 제310조의 적용을 배제할 것은 아니다(대판 2022.2.11. 2021도10827).

② (○) 공연성은 명예훼손죄와 모욕죄의 구성요건으로서, 명예훼손이나 모욕에 해당하는 표현을 특정 소수에게 한 경우 공연성이 부정되는 유력한 사정이 될 수 있으므로, 전파될 가능성에 관해서는 검사의 엄격한 증명이 필요하다. 명예훼손죄와 모욕죄에서 전파가능성을 이유로 공연성을 인정하는 경우에는 적어도 범죄구성요건의 주관적 요소로서 미필적 고의가 필요하므로, 전파가능성에 대한 인식이 있음은 물론 나아가 위험을 용인하는 내심의 의사가 있어야 한다(대판 2022.7.28. 2020도8336).

③ (○) 피고인이 자신의 페이스북에 甲에 대한 비판적인 글을 게시하면서 "철면피, 파렴치, 양두구육, 극우부패세력"이라는 표현을 사용하여 甲을 모욕하였다는 내용으로 기소된 사안에서, 피고인이 사용한 위 표현이 모욕적 표현으로서 모욕죄의 구성요건에는 해당하나, 피고인은 甲이 과거 공적 활동을 할 당시 관여했던 사안과 관련하여 사익을 추구했다는 이유로 고발을 당하였다는 기사가 보도되자 이를 공유하면서 위 표현이 포함된 글을 게시하였던 점, 표현 중 '파렴치', '철면피' 또는 '양두구육'은 상황에 따라 우리의 일상생활에서 '부끄러움을 모른다.', '지나치게 뻔뻔하다.' 또는 '겉 다르고 속 다른 이중성이 있다.'는 뜻으로, 특히 언론이나 정치 영역에서 상대방에 대한 비판적 입장을 표명할 때 흔히 비유적으로 사용되는 표현이고, '극우부패세력'은 '부패'라는 범죄행위를 연상케 하는 용어가 포함되어 있기는 하지만 이념적 지형이 다른 상

대방을 비판할 때 비유적으로 사용되기도 하는 점 등 제반 사정을 종합할 때, 피고인이 甲의 공적 활동과 관련한 자신의 의견을 담은 게시글을 작성하면서 위 표현을 한 것은 사회상규에 위배되지 않는 행위로서 형법 제20조에 의하여 위법성이 조각된다고 볼 여지가 크다는 이유로, 이와 달리 보아 공소사실을 유죄로 인정한 원심판단에 모욕죄의 위법성 판단에 관한 법리오해 및 심리미진의 잘못이 있다고 한 사례(대판 2022.8.25. 2020도16897).

④ (×) 피고인이 자신의 유튜브 채널에 갑의 방송 영상을 게시하면서 갑의 얼굴에 '개' 얼굴을 합성하는 방법으로 갑을 모욕하였다는 내용으로 기소된 사안에서, 원심판단 중 피고인이 갑을 '개'로 지칭하지는 않은 점 및 효과음, 자막을 사용하지 않았다는 사정을 무죄의 근거로 든 것은 적절하지 않으나, 영상의 전체적인 내용을 살펴볼 때, 피고인이 갑의 얼굴을 가리는 용도로 동물 그림을 사용하면서 갑에 대한 부정적인 감정을 다소 해학적으로 표현하려 한 것에 불과하다고 볼 여지도 상당하므로, 해당 영상이 갑을 불쾌하게 할 수 있는 표현이기는 하지만 객관적으로 갑의 인격적 가치에 대한 사회적 평가를 저하시킬 만한 모욕적 표현을 한 경우에 해당한다고 단정하기 어렵다는 취지에서 공소사실을 무죄로 판단한 것은 수긍할 수 있다고 한 사례(대판 2023.2.2. 2022도4719).

042 명예훼손의 죄에 관한 설명 중 옳지 않은 것은 모두 몇 개인가? 〈경찰1차 2023〉

> ㉠ 「형법」 제307조 제1항의 '사실'은 제2항의 '허위의 사실'과 반대되는 '진실한 사실'을 말하며, 가치판단이나 평가를 내용으로 하는 '의견'에 대치되는 개념은 아니다.
>
> ㉡ 공연성의 존부는 발언자와 상대방 또는 피해자 사이의 관계나 지위, 대화를 하게 된 경위와 상황, 사실적시의 내용 적시의 방법과 장소 등 행위 당시의 객관적 제반사정으로부터 상대방이 불특정 또는 다수인에게 전파할 가능성이 있는지 여부를 검토하여 종합적으로 판단하여야 하며, 발언 후 실제 전파 여부라는 우연한 사정은 공연성 인정 여부를 판단함에 있어 소극적 사정으로만 고려되어야 한다.
>
> ㉢ 「형법」 제310조의 '공공의 이익'이라 함은 널리 국가·사회 기타 일반 다수인의 이익에 관한 것뿐만 아니라 특정한 사회집단이나 그 구성원의 관심과 이익에 관한 것도 포함한다.
>
> ㉣ 「형법」 제309조 제1항의 '사람을 비방할 목적'은 제310조의 '공공의 이익'을 위한 것과는 행위자의 주관적 의도의 방향에 있어 서로 상반되는 관계에 있으므로, 적시한 사실이 공공의 이익에 관한 것인 경우 특별한 사정이 없는 한 비방할 목적은 부인된다.

① 1개 ② 2개 ③ 3개 ④ 4개

해설/정답 ①

ㄱ. (×) 사실의 적시란 가치판단이나 평가를 내용으로 하는 의견표현에 대치되는 개념으로서 시간과 공간적으로 구체적인 과거 또는 현재의 사실관계에 관한 보고나 진술을 뜻하며, 표현내용이 증거에 의한 증명이 가능한 것을 말한다. 판단할 진술이 사실인지 아니면 의견인지를 구별할 때에는 언어의 통상적 의미와 용법, 증명가능성, 문제된 말이 사용된 문맥, 표현이 이루어진 사회적 상황 등 전체적 정황을 고려하여 판단해야 한다(대판 2022.5.13. 2020도15642).

ㄴ. (○) 공연성의 존부는 발언자와 상대방 또는 피해자 사이의 관계나 지위, 대화를 하게 된 경위와 상황, 사실적시의 내용, 적시의 방법과 장소 등 행위 당시의 객관적 제반 사정에 관하여 심리한 다음, 그로부터 상대방이 불특정 또는 다수인에게 전파할 가능성이 있는지 여부를 검토하여 종합적으로 판단하여야 한다. 발언 이후 실제 전파되었는지 여

부는 전파가능성 유무를 판단하는 고려요소가 될 수 있으나, 발언 후 실제 전파 여부라는 우연한 사정은 공연성 인정 여부를 판단함에 있어 소극적 사정으로만 고려되어야 한다(대판 2020.11.19. 2020도5813 전원합의체).

ㄷ. (○) 공연히 사실을 적시하여 사람의 명예를 훼손하는 행위가 진실한 사실로서 오로지 공공의 이익에 관한 때에는 형법 제310조에 따라 처벌할 수 없는데, 여기에서 '진실한 사실'이란 그 내용 전체의 취지를 살펴볼 때 중요한 부분이 객관적 사실과 합치되는 사실이라는 의미로서 일부 자세한 부분이 진실과 약간 차이가 나거나 다소 과장된 표현이 있다고 하더라도 무방하고, '공공의 이익'이라 함은 널리 국가·사회 기타 일반 다수인의 이익에 관한 것뿐만 아니라 특정한 사회집단이나 그 구성원의 관심과 이익에 관한 것도 포함한다(대판 2001.10.9. 2001도3594).

ㄹ. (○) 형법 제309조 제1항 소정의 출판물에 의한 명예훼손죄는 타인을 비방할 목적으로 신문, 잡지 또는 라디오 기타 출판물에 의하여 사실을 적시하여 타인의 명예를 훼손할 경우에 성립되는 범죄로서, 여기서 '비방할 목적'이란 가해의 의사 내지 목적을 요하는 것으로서 공공의 이익을 위한 것과는 행위자의 주관적 의도의 방향에 있어 서로 상반되는 관계에 있다고 할 것이므로, 적시한 사실이 공공의 이익에 관한 것인 경우에는 특별한 사정이 없는 한 비방할 목적은 부인된다고 봄이 상당하다(대판 2005.4.29. 2003도2137, 대판 2003.12.26. 2003도6036).

043 다음 사례 중 甲에게 모욕죄(또는 상관모욕죄)가 성립하는 것은? 〈경찰2차 2022〉

① 甲이 소속 노동조합 위원장 A를 '어용', '앞잡이' 등으로 지칭하여 표현한 현수막, 피켓 등을 장기간 반복하여 일반인의 왕래가 잦은 도로변 등에 게시한 경우

② 부사관 교육생 甲이 동기들과 함께 사용하는 단체채팅방에서 지도관 A가 목욕탕 청소 담당에게 과실 지적을 많이 한다는 이유로 "도라이 ㅋㅋㅋ 습기가 그렇게 많은데"라는 글을 게시한 경우

③ A주식회사 해고자 신분으로 노동조합 사무장직을 맡아 노조 활동을 하는 甲이 노사 관계자 140여 명이 있는 가운데 큰 소리로 자신보다 15세 연장자인 A회사 부사장 B를 향해 "야 ○○아, ○○이 여기 있네, 니 이름이 ○○이잖아, ○○아 나오니까 좋지?" 등으로 여러 차례 B의 이름을 부른 경우

④ 甲이 인터넷 포털 사이트의 'A추진운동본부'에 접속하여 '자칭 타칭 B 하면 떠오르는 키워드!!!'라는 제목의 게시글에 '공황장애 ㅋ'라는 댓글을 게시한 경우

해설/정답 ①

① (○) 피고인들이 소속 노동조합 위원장 갑을 '어용', '앞잡이' 등으로 지칭하여 표현한 현수막, 피켓 등을 장기간 반복하여 일반인의 왕래가 잦은 도로변 등에 게시한 사안에서, '어용'이란 자신의 이익을 위하여 권력자나 권력 기관에 영합하여 줏대 없이 행동하는 것을 낮잡아 이르는 말, '앞잡이'란 남의 사주를 받고 끄나풀 노릇을 하는 사람을 뜻하는 말로서 언제나 위 표현들이 지칭된 상대방에 대한 모욕에 해당한다거나 사회상규에 비추어 허용되지 않는 것은 아니지만, 제반 사정에 비추어 피고인들의 위 행위는 갑에 대한 모욕적 표현으로서 사회상규에 위배되지 않는 행위로 보기 어렵다고 한 사례(대판 2021.9.9. 2016도88).

② (×) [1] 공연히 타인을 모욕한 경우에 이를 처벌하는 것은 사람의 인격적 가치에 대한 사회적 평가 즉 외부적 명예를 보호하기 위함이다. 반면에 모욕죄의 형사처벌은 표현의 자유를 제한하고 있으므로, 어떠한 글이 모욕적 표현을 포함하는 판단이나 의견을 담고 있을 경우에도 그 시대의 건전한 사회통념에 비추어 살펴보아 그 표현이 사회상규에 위배되지 않는 행위로 볼 수 있는 때에는 형법 제20조의 정당행위에 해당하여 위법성이 조

각된다고 보아야 하고, 이로써 표현의 자유로 획득되는 이익 및 가치와 명예 보호에 의하여 달성되는 이익 및 가치를 적절히 조화할 수 있다. 군형법상 상관모욕죄를 적용할 때에도 충돌하는 기본권이 적절히 조화되고 상관모욕죄에 의한 처벌이 필요최소한의 범위 내에서 표현의 자유를 제한하도록 하여야 한다. 다만 군형법상 상관모욕죄는 상관에 대한 사회적 평가의 보호에 더하여 군 조직의 질서 및 통수체계 유지를 보호법익으로 하므로, 해당 표현이 형법 제20조에 의하여 위법성이 조각될 수 있는지 여부는 피해자 및 피고인의 지위와 역할, 해당 표현으로 인한 군의 조직질서와 정당한 지휘체계의 침해 여부와 그 정도 등을 함께 고려하여 구체적 · 개별적으로 판단하여야 한다. [2] 부사관 교육생이던 피고인이 동기들과 함께 사용하는 단체채팅방에서 지도관이던 피해자가 목욕탕 청소 담당 교육생들에게 과실 지적을 많이 한다는 이유로 "도라이 ㅋㅋㅋ 습기가 그렇게 많은데"라는 글을 게시하여 공연히 상관인 피해자를 모욕하였다는 내용으로 기소된 사안에서, '도라이'는 상관인 피해자를 경멸적으로 비난한 것으로 모욕적인 언사라고 볼 수 있으나, 위 표현은 피고인의 입장에서 불만을 토로하는 과정에서 즉흥적이고 우발적으로 이루어진 것으로 보이는 점, 위 단체채팅방은 동기생들만 참여대상으로 하는 비공개채팅방으로 교육생 신분에서 가질 수 있는 불평불만을 토로하는 공간으로서의 역할을 하고 있었고, 교육생 상당수가 별다른 거리낌 없이 욕설을 포함한 비속어를 사용하고 대화하고 있었던 점, 당시 목욕탕 청소를 담당했던 다른 교육생들도 위 단체채팅방에서 피고인과 비슷한 불만을 토로하고 있었는데, 피고인의 위 표현은 단 1회에 그쳤고, 그 부분이 전체 대화내용에서 차지하는 비중도 크지 않은 점, 위 표현은 근래 비공개적인 상황에서는 일상생활에서 드물지 않게 사용되고 그 표현이 내포하는 모욕의 정도도 경미한 수준인 점 등에 비추어 볼 때, 피고인의 위 표현은 동기 교육생들끼리 고충을 토로하고 의견을 교환하는 사이버공간에서 상관인 피해자에 대하여 일부 부적절한 표현을 사용하게 된 것에 불과하고 이로 인하여 군의 조직질서와 정당한 지휘체계가 문란하게 되었다고 보이지 않으므로, 이러한 행위는 사회상규에 위배되지 않는다고 보는 것이 타당하다는 이유로, 위 표현이 형법 제20조의 정당행위에 해당하지 않는다고 본 원심판단에 상관모욕죄의 위법성조각사유에 관한 법리오해의 잘못이 있다고 한 사례(대판 2021.8.19. 2020도14576).

③ (×) 甲 주식회사 해고자 신분으로 노동조합 사무장직을 맡아 노조활동을 하는 피고인이 노사 관계자 140여 명이 있는 가운데 큰 소리로 피고인보다 15세 연장자로서 甲 회사 부사장인 乙을 향해 "야 ○○아, ○○이 여기 있네, 니 이름이 ○○이잖아, ○○아 나오니까 좋지?" 등으로 여러 차례 乙의 이름을 불러 乙을 모욕하였다는 내용으로 기소된 사안에서, 甲 회사는 노사분규로 노조와 사용자가 극심한 대립을 겪고 있고, 그러한 과정에서 사용자 측의 부당노동행위가 사실로 확인되는 등 노사간 갈등이 격화된 점, 乙은 사용자 측 교섭위원들과 노사교섭을 하였다가 노조 간부 丙이 乙에게 욕설을 하여 교섭이 결렬되었고, 그 후 노사 양측이 교섭을 이어 나갔으나 피고인과 丙이 乙에게 다시 욕설을 하여 노사교섭이 파행된 점, 乙 등을 비롯한 관리자 40여 명이 시설관리권 행사 명목으로 노조가 설치한 미승인 게시물을 철거하기 위하여 모이자, 이를 제지하기 위해 노조 조합원 100여 명이 모여 서로 대치하였는데, 피고인은 사용자 측의 게시물 철거행위가 노조활동을 방해하고 노동운동에 대해 간섭하는 것으로 여겨 화가 나 위와 같이 말하였던 점 및 피고인과 乙의 관계, 피고인이 이러한 발언을 하게 된 경위, 발언의 의미와 전체적인 맥락, 발언을 한 장소와 발언 전후의 정황을 종합하면, 피고인의 위 발언은 상대방을 불쾌하게 할 수 있는 무례하고 예의에 벗어난 표현이기는 하지만 객관적으로 乙의 인격적 가치에 대한 사회적 평가를 저하시킬 만한 모욕적 언사에 해당한다고 보기 어렵다는 이유로, 이와 달리 본 원심판단에 형법상 모욕의 의미에 관한 법리를 오해한 잘못이 있다고 한 사례(대판 2018.11.29. 2017도2661).

④ (×) [1] 이 사건 공소사실의 요지는, "피고인이 인터넷 포털 사이트 '○○'의 카페인 '△△△△추진운동본부'에 접속하여 '자칭 타칭 공소외인 하면 떠오르는 키워드!!!'라는 제목의 게시글에 '공황장애 ㅋ'라는 댓글을 게시하여 공연히 공소외인을 모욕하였다."라는 것이고, 원심은 그 판시와 같은 이유로 위 공소사실을 유죄로 인정하였다. [2] 기록에 의하면, 피고인이 공소외인이 인터넷 포털 사이트 '○○'의 다른 카페에서 다른 회원을 강제탈퇴시킨 후 보여준 태도에 대하여 불만을 가지고 댓글을 게시하게 된 사실, 피고인이 게시한 댓글 내용은 '선무당이 사람 잡는다, 자승자박, 아전인수, 사필귀정, 자업자득, 자중지란, 공황장애 ㅋ'라고 되어

있는 사실을 알 수 있다. 위 사실관계에 나타난 피고인의 댓글 게시 경위, 댓글의 전체 내용과 표현 방식, 공황장애의 의미(뚜렷한 근거나 이유 없이 갑자기 심한 불안과 공포를 느끼는 공황 발작이 되풀이해서 일어나는 병) 등을 종합하면, 피고인이 댓글로 게시한 '공황장애 ㅋ'라는 표현이 상대방을 불쾌하게 할 수 있는 무례한 표현이기는 하나, 상대방의 인격적 가치에 대한 사회적 평가를 저하시킬 만한 표현에 해당한다고 보기는 어렵다(대판 2018.5.30. 2016도20890).

044 명예에 관한 죄에 대한 아래 ㉠부터 ㉤까지의 설명 중 옳고 그름의 표시(○, ×)가 모두 바르게 된 것은? 〈경찰1차 2022〉

> ㉠ 인터넷 댓글에 의하여 모욕을 당한 피해자의 인터넷 아이디(ID)만을 알 수 있을 뿐 그 밖의 주위사정을 종합해보더라도 그와 같은 인터넷 아이디를 가진 사람이 동 피해자임을 알아차릴 수 없는 경우라면 명예훼손죄 또는 모욕죄가 성립하지 않는다.
> ㉡ 어떠한 표현이 상대방의 인격적 가치에 대한 사회적 평가를 저하시킬 만한 것이 아니라면 설령 그 표현이 다소 무례한 방법으로 표시되었다 하더라도 이를 두고 모욕죄의 구성요건에 해당한다고 볼 수 없다.
> ㉢ 모욕죄는 피해자의 외부적 명예를 저하시킬 만한 추상적 판단이나 경멸적 감정을 공연히 표시함으로써 성립하는 것으로, 피해자의 외부적 명예가 현실적으로 침해되거나 적어도 구체적·현실적으로 침해될 위험이 발생하여야 한다.
> ㉣ 「형법」 제307조 명예훼손죄에 있어서의 사실의 적시는 가치판단이나 평가를 내용으로 하는 의견표현에 대치되는 개념으로서 시간적으로나 공간적으로 구체적인 과거 또는 현재의 사실관계에 관한 보고나 진술을 뜻한다.
> ㉤ 정보통신망을 이용한 명예훼손의 경우에는 게재행위의 종료만으로 범죄행위가 종료하는 것은 아니고 원래 게시물이 삭제되어 정보의 송·수신이 불가능해지는 시점을 범죄의 종료시기로 보아야 한다.

①	㉠ (○)	㉡ (×)	㉢ (○)	㉣ (×)	㉤ (○)
②	㉠ (○)	㉡ (○)	㉢ (×)	㉣ (○)	㉤ (×)
③	㉠ (×)	㉡ (×)	㉢ (○)	㉣ (×)	㉤ (×)
④	㉠ (○)	㉡ (○)	㉢ (×)	㉣ (○)	㉤ (○)

해설/정답 ②

㉠ (○) 인터넷 댓글로서 특정인의 실명을 거론하여 특정인의 명예를 훼손하거나, 또는 실명을 거론하지는 않더라도 그 표현의 내용을 주위사정과 종합하여 볼 때 그 표시가 특정인을 지목하는 것임을 알아차릴 수 있는 경우에는, 그와 같은 악의적 댓글을 단 행위자는 원칙적으로 특정인에 대한 명예훼손 또는 모욕의 죄책을 면하기 어렵다 할 것이다. 하지만 인터넷 댓글에 의하여 모욕을 당한 피해자의 인터넷 아이디(ID)만을 알 수 있을 뿐 그 밖의 주위사정을 종합해보더라도 그와 같은 인터넷 아이디를 가진 사람이 청구인이라고 알아차릴 수 없는 경우에 있어서는 외부적 명예를 보호법익으로 하는 명예훼손죄 또는 모욕죄의 피해자가 청구인으로 특정된 경우로 볼 수 없으므로, 특정인인 청구인에 대한 명예훼손죄 또는 모욕죄가 성립하지 않는다(헌재 2008.6.26. 2007헌마461).

㉡ (○) 형법 제311조의 모욕죄는 사람의 가치에 대한 사회적 평가를 의미하는 외부적 명예를 보호법익으로 하는 범죄로서, 모욕죄에서 말하는 모욕이란 사실을 적시하지 아니하고 사람의 사회적 평가를 저하시킬 만한 추상적 판단이나 경멸적 감정을 표현하는 것을 의미한다. 따라서 어떠한 표현이 상대방의 인격적 가치에 대한 사회적 평가를 저하시킬 만한 것이 아니라면 표현이 다소 무례한 방법으로 표시되었다 하더라도 모욕죄의 구성요건에 해당한다고 볼 수 없다(대판 2015.9.10. 2015도2229).

㉢ (×) 모욕죄는 공연히 사람을 모욕하는 경우에 성립하는 범죄로서(형법 제311조), 사람의 가치에 대한 사회적 평가를 의미하는 외부적 명예를 보호법익으로 하고, 여기에서 '모욕'이란 사실을 적시하지 아니하고 사람의 사회적 평가를 저하시킬 만한 추상적 판단이나 경멸적 감정을 표현하는 것을 의미한다. 그리고 모욕죄는 피해자의 외부적 명예를 저하시킬 만한 추상적 판단이나 경멸적 감정을 공연히 표시함으로써 성립하므로, 피해자의 외부적 명예가 현실적으로 침해되거나 구체적·현실적으로 침해될 위험이 발생하여야 하는 것도 아니다(대판 2016.10.13. 2016도9674).

㉣ (○) 명예훼손죄가 성립하기 위해서는 사실의 적시가 있어야 하고, 적시된 사실은 이로써 특정인의 사회적 가치 내지 평가가 침해될 가능성이 있을 정도로 구체성을 띠어야 한다. 이때 사실의 적시란 가치판단이나 평가를 내용으로 하는 의견표현에 대치되는 개념으로서 시간과 공간적으로 구체적인 과거 또는 현재의 사실관계에 관한 보고 내지 진술을 의미하며, 그 표현내용이 증거에 의한 입증이 가능한 것을 말하고, 판단할 진술이 사실인가 또는 의견인가를 구별할 때에는 언어의 통상적 의미와 용법, 입증가능성, 문제 된 말이 사용된 문맥, 그 표현이 행하여진 사회적 상황 등 전체적 정황을 고려하여 판단하여야 한다. 다른 사람의 말이나 글을 비평하면서 사용한 표현이 겉으로 보기에 증거에 의해 입증 가능한 구체적인 사실관계를 서술하는 형태를 취하고 있더라도, 글의 집필의도, 논리적 흐름, 서술체계 및 전개방식, 해당 글과 비평의 대상이 된 말 또는 글의 전체적인 내용 등을 종합하여 볼 때, 평균적인 독자의 관점에서 문제 된 부분이 실제로는 비평자의 주관적 의견에 해당하고, 다만 비평자가 자신의 의견을 강조하기 위한 수단으로 그와 같은 표현을 사용한 것이라고 이해된다면 명예훼손죄에서 말하는 사실의 적시에 해당한다고 볼 수 없다. 그리고 이러한 법리는 어떠한 의견을 주장하기 위해 다른 사람의 견해나 그 근거를 비판하면서 사용한 표현의 경우에도 다를 바 없다(대판 2017.12.5. 2017도15628).

㉤ (×) [1] 원심판결 이유에 의하면 원심은, 정보통신망을 이용한 명예훼손의 경우에도 게재행위의 종료만으로 범죄행위가 종료하는 것이 아니고 원래 게시물이 삭제되어 정보의 송수신이 불가능해지는 시점을 범죄의 종료시기로 보아서 이 때부터 공소시효를 기산하여야 한다는 검사의 주장을 배척하고, 이 경우도 게재행위 즉시 범죄가 성립하고 종료한다고 판단하였다. [2] 살피건대, 서적·신문 등 기존의 매체에 명예훼손적 내용의 글을 게시하는 경우에 그 게시행위로써 명예훼손의 범행은 종료하는 것이며 그 서적이나 신문을 회수하지 않는 동안 범행이 계속된다고 보지는 않는다는 점을 고려해 보면, 정보통신망을 이용한 명예훼손의 경우에, 게시행위 후에도 독자의 접근가능성이 기존의 매체에 비하여 좀 더 높다고 볼 여지가 있다 하더라도 그러한 정도의 차이만으로 정보통신망을 이용한 명예훼손의 경우에 범죄의 종료시기가 달라진다고 볼 수는 없다. 따라서 원심의 위와 같은 판단은 정당하고, 원심판결에 상고이유에서 주장하는 바와 같이 법리를 오해한 위법이 있다고 할 수 없다(대판 2007.10.25. 2006도346).

045 **명예에 관한 죄에 대한 설명으로 옳은 것은 모두 몇 개인가?** 〈경찰2차 2021〉

> ㉠ 甲이 명예훼손 사실을 발설한 것이 정말이냐는 A의 질문에 대답하는 과정에서 타인의 명예를 훼손하는 사실을 발설하게 된 경우, 명예훼손의 고의가 인정되지 아니한다.
>
> ㉡ 甲이 집 뒷길에서 자신의 남편과 A의 친척이 듣는 가운데 다른 사람들이 들을 수 있을 정도의 큰 소리로 A에게 "저것이 징역 살다 온 전과자다."고 말한 경우, 자신의 남편과 A의 친척에게 말한 것이라 할지라도 명예훼손죄의 구성요건요소인 '공연성'이 인정된다.
>
> ㉢ 사이버대학교 학생 甲이 학과 학생들만 가입할 수 있는 네이버 밴드 게시판에 A의 "총학생회장 출마자격에 관하여 조언을 구한다."는 글에 대한 댓글로 직전 회장 선거에 입후보하였다가 중도 사퇴한 친구 B의 실명을 거론하며, 객관적 사실에 부합하는 "B 학우가 학생회비도 내지 않고 총학생회장 선거에 출마하려 했다가 상대방 후보를 비방하고 이래저래 학과를 분열시키고 개인적인 감정을 표한 사례가 있다."고 언급한 다음 "그러한 부분은 지양했으면 한다."는 의견을 덧붙인 경우, 甲의 주요한 동기와 목적은 공공의 이익을 위한 것으로서 甲에게 B를 비방할 목적이 있다고 보기 어렵다.
>
> ㉣ 제품의 안정성에 논란이 많은 가운데 인터넷 신문사 소속기자 A가 인터넷 포탈 사이트의 '핫이슈'난에 제품을 옹호하는 기사를 게재하자 그 기사를 읽은 상당수의 독자들이 '네티즌 댓글'난에 A를 비판하는 댓글을 달고 있는 상황에서 甲이 "이런걸 기레기라고 하죠?"라는 댓글을 게시한 경우, 이는 모욕적 표현에 해당하나 사회상규에 위배되지 않는 행위로서 「형법」 제20조에 의하여 위법성이 조각된다.

① 1개 ② 2개 ③ 3개 ④ 4개

해설/정답 ④

㉠ (○) [1] 명예훼손죄의 구성요건인 공연성은 불특정 또는 다수인이 인식할 수 있는 상태를 말하고, 비록 개별적으로 한 사람에게 사실을 유포하였다고 하더라도 그로부터 불특정 또는 다수인에게 전파될 가능성이 있다면 공연성의 요건을 충족하지만, 반대로 전파될 가능성이 없다면 특정한 한 사람에게 한 사실의 유포는 공연성이 없다고 할 것이다. [2] 한편 위와 같이 전파가능성을 이유로 명예훼손죄의 공연성을 인정하는 경우에는 범죄구성요건의 주관적 요소로서 적어도 미필적 고의가 필요하므로 전파가능성에 관한 인식이 있음은 물론 나아가 그 위험을 용인하는 내심의 의사가 있어야 하고, 그 행위자가 전파가능성을 용인하고 있었는지의 여부는 외부에 나타난 행위의 형태와 행위의 상황 등 구체적인 사정을 기초로 하여 일반인이라면 그 전파가능성을 어떻게 평가할 것인가를 고려하면서 행위자의 입장에서 그 심리상태를 추인하여야 한다. [3] 허위사실적시 명예훼손이든, 사실적시 명예훼손이든 명예훼손죄가 성립하기 위해서는 주관적 요소로서 타인의 명예를 훼손한다고 하는 고의를 가지고 사람의 사회적 평가를 저하시키는 데 충분한 구체적 사실을 적시하는 행위를 할 것이 요구되는바, 명예훼손 사실을 발설한 것이 정말이냐는 질문에 대답하는 과정에서 타인의 명예를 훼손하는 사실을 발설하게 된 것이라면, 그 발설내용과 동기에 비추어 명예훼손의 범의를 인정할 수 없다(대판 2010.10.28. 2010도2877).

㉡ (○) 피고인이 갑의 집 뒷길에서 피고인의 남편 을 및 갑의 친척인 병이 듣는 가운데 갑에게 '저것이 징역 살다온 전과자다' 등으로 큰 소리로 말함으로써 공연히 사실을 적시하여 갑의 명예를 훼손하였다는 내용으로 기소된 사안에서, 병이 갑과 친척관계에 있다는 이유만으로 전파가능성이 부정된다고 볼 수 없고, 오히려 피고인은 갑과의 싸움 과정에서 단지 갑을 모욕 내지 비방하기 위하여 공개된 장소에서 큰 소리로 말하여 다른 마을 사람들이 들을 수 있을 정도였던 것으로 불특정 또는 다수인이 인식할 수 있는

상태였다고 봄이 타당하므로, 피고인의 위 발언은 공연성이 인정된다고 한 사례(대판 2020.11.19. 2020도5813 전원합의체).

㉢ (○) 사이버대학교 법학과 학생인 피고인이 법학과 학생들만 회원으로 가입한 네이버밴드에 총학생회장 출마자격에 관한 조언을 구하는 게시 글에 대한 댓글로써 총학생회장 후보자가 지양해야 할 사항을 언급하면서 직전년도 총학생회장에 입후보하였다가 중도 사퇴한 특정인의 실명을 적시하여 구체적인 사례를 든 것이 정보통신망 이용촉진 및 정보보호 등에 관한 법률 위반(명예훼손)으로 기소된 사안에서, 이 사건 댓글 작성 경위 등 제반 사정을 위에서 본 법리에 비추어 살펴보면, 피고인이 이 사건 댓글을 작성한 주요한 목적과 동기는 공공의 이익을 위한 것으로서 피고인에게 비방할 목적이 있다고 보기는 어렵다는 이유로, 이와 달리 원심이 이 사건 공소사실을 유죄로 인정한 것에 정보통신망 이용촉진 및 정보보호 등에 관한 법률 제70조 제1항에서 정한 '비방할 목적'에 관한 법리를 오해하여 판결에 영향을 미친 잘못이 있다고 보아 원심판결을 파기한 사례(대판 2020.3.2. 2018도15868).

㉣ (○) 자동차 정보 관련 인터넷 신문사 소속 기자 갑이 작성한 기사가 인터넷 포털 사이트의 자동차 뉴스 '핫이슈' 난에 게재되자, 피고인이 "이런걸 기레기라고 하죠?"라는 댓글을 게시함으로써 공연히 갑을 모욕하였다는 내용으로 기소된 사안에서, '기레기'는 기자인 갑의 사회적 평가를 저하시킬 만한 추상적 판단이나 경멸적 감정을 표현한, 모욕적 표현에 해당하나, 피고인은 기사를 본 독자들이 자신의 의견을 자유롭게 펼칠 수 있도록 마련된 '네티즌 댓글' 난에 위 댓글을 게시한 점, 위 기사는 특정 제조사 자동차 부품의 안전성에 대한 논란이 많은 가운데 이를 옹호하는 제목으로 게시되었는데, 위 기사가 게재되기 직전 다른 언론사에서 이와 관련한 부정적인 내용을 방송하였고, 위 기사를 읽은 상당수의 독자들은 위와 같은 방송 내용 등을 근거로 위 기사의 제목과 내용, 이를 작성한 갑의 행위나 태도를 비판하는 의견이 담긴 댓글을 게시하였으므로 이러한 의견은 어느 정도 객관적으로 타당성 있는 사정에 기초한 것으로 볼 수 있는 점, 위 댓글의 내용, 작성 시기와 위치, 위 댓글 전후로 게시된 다른 댓글의 내용과 흐름 등에 비추어 볼 때, 위 댓글은 그 전후에 게시된 다른 댓글들과 같은 견지에서 방송 내용 등을 근거로 위 기사의 제목과 내용, 이를 작성한 갑의 행위나 태도를 비판하는 의견을 강조하거나 압축하여 표현한 것이라고 평가할 수 있고, '기레기'는 기사 및 기자의 행태를 비판하는 글에서 비교적 폭넓게 사용되는 단어이며, 위 기사에 대한 다른 댓글들의 논조 및 내용과 비교할 때 댓글의 표현이 지나치게 악의적이라고 하기도 어려운 점을 종합하면, 위 댓글을 작성한 행위는 사회상규에 위배되지 않는 행위로서 형법 제20조에 의하여 위법성이 조각된다고 한 사례(대판 2021.3.25. 2017도17643).

046 명예에 관한 죄에 대한 설명으로 가장 적절하지 않은 것은? 〈경찰1차 2021〉

① 국가나 지방자치단체는 명예훼손죄나 모욕죄의 피해자가 될 수 없다.

② 적시된 사실이 허위의 사실이라 하더라도 행위자에게 허위성에 대한 인식이 없는 경우에는 「형법」 제307조 제2항의 명예훼손죄가 아닌 「형법」 제307조 제1항의 명예훼손죄가 성립될 수 있다.

③ 평균적인 독자의 관점에서 문제 된 부분이 실제로는 비평자의 주관적 의견에 해당하고, 다만 비평자가 자신의 의견을 강조하기 위한 수단으로 겉으로 보기에 증거에 의해 입증 가능한 구체적인 사실관계를 서술하는 형태의 표현을 사용한 것이라고 이해된다면 명예훼손죄에서 말하는 사실의 적시에 해당한다고 볼 수 있다.

④ 공연히 사실을 적시하여 사람의 명예를 훼손한 경우, 그것이 진실한 사실이고 행위자의 주요한 동기 내지 목적이 공공의 이익을 위한 것이라면 부수적으로 다른 사익적 목적이나 동기가 내포되어 있더라도 「형법」 제310조의 적용을 배제할 수 없다.

해설/정답 ③

① (○) 형법이 명예훼손죄 또는 모욕죄를 처벌함으로써 보호하고자 하는 사람의 가치에 대한 평가인 외부적 명예는 개인적 법익으로서, 국민의 기본권을 보호 내지 실현해야 할 책임과 의무를 지고 있는 공권력의 행사자인 국가나 지방자치단체는 기본권의 수범자일 뿐 기본권의 주체가 아니고, 정책결정이나 업무수행과 관련된 사항은 항상 국민의 광범위한 감시와 비판의 대상이 되어야 하며 이러한 감시와 비판은 그에 대한 표현의 자유가 충분히 보장될 때에 비로소 정상적으로 수행될 수 있으므로, 국가나 지방자치단체는 국민에 대한 관계에서 형벌의 수단을 통해 보호되는 외부적 명예의 주체가 될 수는 없고, 따라서 명예훼손죄나 모욕죄의 피해자가 될 수 없다(대판 2016.12.27. 2014도15290).

② (○) 제307조 제1항의 명예훼손죄는 적시된 사실이 진실한 사실인 경우이든 허위의 사실인 경우이든 모두 성립될 수 있고, 특히 적시된 사실이 허위의 사실이라고 하더라도 행위자에게 허위성에 대한 인식이 없는 경우에는 제307조 제2항의 명예훼손죄가 아니라 제307조 제1항의 명예훼손죄가 성립될 수 있다. 제307조 제1항의 법정형이 2년 이하의 징역 등으로 되어 있는 반면 제307조 제2항의 법정형은 5년 이하의 징역 등으로 되어 있는 것은 적시된 사실이 객관적으로 허위일 뿐 아니라 행위자가 그 사실의 허위성에 대한 주관적 인식을 하면서 명예훼손행위를 하였다는 점에서 가벌성이 높다고 본 것이다(대판 2017.4.26. 2016도18024).

③ (×) 명예훼손죄에서의 사실의 적시란 가치판단이나 평가를 내용으로 하는 의견표현에 대치되는 개념으로서 시간과 공간적으로 구체적인 과거 또는 현재의 사실관계에 관한 보고 내지 진술을 의미하며, 그 표현내용이 증거에 의한 입증이 가능한 것을 말하고, 판단할 진술이 사실인가 또는 의견인가를 구별할 때에는 언어의 통상적 의미와 용법, 입증가능성, 문제된 말이 사용된 문맥, 그 표현이 행하여진 사회적 상황 등 전체적 정황을 고려하여 판단하여야 한다. 다른 사람의 말이나 글을 비평하면서 사용한 표현이 겉으로 보기에 증거에 의해 입증 가능한 구체적인 사실관계를 서술하는 형태를 취하고 있더라도, 글의 집필의도, 논리적 흐름, 서술체계 및 전개방식, 해당 글과 비평의 대상이 된 말 또는 글의 전체적인 내용 등을 종합하여 볼 때, 평균적인 독자의 관점에서 문제 된 부분이 실제로는 비평자의 주관적 의견에 해당하고, 다만 비평자가 자신의 의견을 강조하기 위한 수단으로 그와 같은 표현을 사용한 것이라고 이해된다면 명예훼손죄에서 말하는 사실의 적시에 해당한다고 볼 수 없다(대판 2017.5.11. 2016도19255).

④ (○) 행위자의 주요한 동기 내지 목적이 공공의 이익을 위한 것이라면 부수적으로 다른 사익적 목적이나 동기가 내포되어 있더라도 형법 제310조의 적용을 배제할 수 없다(대판 1998.10.9. 97도158).

047 **다음 명예에 대한 죄의 설명 중 적절한 것만을 고른 것은 모두 몇 개인가?** 〈경찰2차 2020〉

> ㉠ 허위사실 적시에 의한 명예훼손죄에 해당하는 행위에 대하여는 위법성조각에 관한 형법 제310조는 적용될 여지가 없다.
>
> ㉡ 사람의 성명을 명시하지 않은 허위사실의 적시행위도 그 표현의 내용을 주위사정과 종합판단하여 그것이 어느 특정인을 지목하는 것인가를 알아차릴 수 있는 경우에는 그 특정인에 대한 명예훼손죄를 구성한다.
>
> ㉢ 학교운영의 공공성, 투명성의 보장을 요구하여 학교가 합리적이고 정상적으로 운영되게 할 목적으로 피해자들의 거주지 앞에서 그들의 주소까지 명시하여 명예를 훼손하였더라도 공익성이 인정되어 명예훼손죄가 성립하지 않는다.
>
> ㉣ 어떠한 표현이 상대방의 인격적 가치에 대한 사회적 평가를 저하시킬 만한 것이 아니라면 표현이 다소 무례한 방법으로 표시되었다 하더라도 모욕죄의 구성요건에 해당한다고 볼 수 없다.

① 1개 ② 2개 ③ 3개 ④ 4개

해설/정답 ③

㉠ (○) 형법 제310조에 의하여 위법성이 조각되는 경우는 형법 제307조 제1항의 행위가 진실한 사실로서 오로지 공공의 이익에 관한 때에 한하며, <u>형법 제307조 제2항에 해당하는 행위에 대하여는 위법성조각에 관한 형법 제310조는 적용될 여지가 없다</u>(대판 1993.4.13. 92도234).

㉡ (○) 명예훼손죄가 성립하려면 반드시 사람의 성명을 명시하여 허위의 사실을 적시하여야만 하는 것은 아니므로 사람의 성명을 명시하지 않은 허위사실의 적시행위도 그 표현의 내용을 주위사정과 종합 판단하여 그것이 어느 특정인을 지목하는 것인가를 알아차릴 수 있는 경우에는 그 특정인에 대한 명예훼손죄를 구성한다(대판 2014.3.27. 2011도11226, 대판 1982.11.9. 82도1256).

㉢ (×) 학교운영의 공공성, 투명성의 보장을 요구하여 학교가 합리적이고 정상적으로 운영되게 할 목적으로 공연히 사실을 적시하였더라도, <u>피해자들의 거주지 앞에서 그들의 주소까지 명시하여 명예를 훼손하였다면, 이는 공공의 이익을 위한 사실의 적시로 볼 수 없어 위법성이 조각되지 아니한다</u>고 한 사례(대판 2008.3.14. 2006도6049).

㉣ (○) <u>甲 주식회사 해고자 신분으로 노동조합 사무장직을 맡아 노조활동을 하는 피고인이 노사 관계자 140여 명이 있는 가운데 큰 소리로 피고인보다 15세 연장자로서 甲 회사 부사장인 乙을 향해 “야 ○○아, ○○이 여기 있네, 니 이름이 ○○이잖아, ○○아 나오니까 좋지?” 등으로 여러 차례 乙의 이름을 불러 乙을 모욕하였다는 내용으로 기소된 사안</u>에서, 甲 회사는 노사분규로 노조와 사용자가 극심한 대립을 겪고 있고, 그러한 과정에서 사용자 측의 부당노동행위가 사실로 확인되는 등 노사간 갈등이 격화된 점, 乙은 사용자 측 교섭위원들과 노사교섭을 하였다가 노조 간부 丙이 乙에게 욕설을 하여 교섭이 결렬되었고, 그 후 노사 양측이 교섭을 이어나갔으나 피고인과 丙이 乙에게 다시 욕설을 하여 노사교섭이 파행된 점, 乙 등을 비롯한 관리자 40여 명이 시설관리권 행사 명목으로 노조가 설치한 미승인 게시물을 철거하기 위하여 모이자, 이를 제지하기 위해 노조 조합원 100여 명이 모여 서로 대치하였는데, 피고인은 사용자 측의 게시물 철거행위가 노조활동을 방해하고 노동운동에 대해 간섭하는 것으로 여겨 <u>화가 나 위와 같이 말하였던 점 및 피고인과 乙의 관계, 피고인이 이러한 발언을 하게 된 경위, 발언의 의미와 전체적인 맥락, 발언을 한 장소와 발언 전후의 정황을 종합하면, 피고인의 위 발언은 상대방을 불쾌하게 할 수 있는 무례하고 예의에 벗어난 표현이기는 하지만 객관적으로 乙의 인격적 가치에 대한 사회적 평가를 저하시킬 만한 모욕적 언사에 해당한다고 보기 어렵다</u>는 이유로, 이와 달

리 본 원심판단에 형법상 모욕의 의미에 관한 법리를 오해한 잘못이 있다고 한 사례(대판 2018.11.29. 2017도2661).

048 모욕죄에 관한 설명으로 적절한 것을 모두 고른 것은? 〈경찰1차 2020〉

㉠ 피고인이 방송국 홈페이지의 시청자 의견란에 작성·게시한 글 중 일부의 표현이 모욕적 언사에 해당될지라도 게시판에 올린 글을 전체적인 맥락에서 파악했을 때, 이로써 곧 사회통념상 피해자의 사회적 평가를 저하시키는 내용의 경멸적 판단을 표시한 것으로 인정하기 어렵다면 「형법」 제20조의 사회상규에 위배되지 아니하는 행위로 봄이 상당하다.

㉡ 골프클럽 경기보조원들의 구직편의를 위해 제작된 인터넷 사이트 내 회원 게시판에 특정 골프클럽의 운영상 불합리성을 비난하는 글을 게시하면서 위 클럽담당자에 대하여 '한심하고 불쌍한 인간'이라는 등 경멸적 표현을 한 경우 모욕죄에 해당된다.

㉢ 모욕이란 사실을 적시하지 아니하고 사람의 사회적 평가를 저하시킬 만한 추상적 판단이나 경멸적 감정을 표현하는 것을 의미한다. 따라서 어떠한 표현이 상대방의 인격적 가치에 대한 사회적 평가를 저하시킬 만한 것이 아니라면 설령 그 표현이 다소 무례한 방법으로 표시되었다 하더라도 이를 두고 모욕죄의 구성요건에 해당한다고 볼 수 없다.

㉣ 임대아파트의 분양전환과 관련하여 임차인이 아파트 관리사무소의 방송시설을 이용하여 임차인대표회의의 전임회장을 비판하며 "전 회장의 개인적인 의사에 의하여 주택공사의 일방적인 견해에 놀아나고 있기 때문에"라고 한 표현은 '모욕'에 해당한다.

① ㉠, ㉡　② ㉠, ㉢　③ ㉡, ㉢　④ ㉢, ㉣

해설/정답 ②

㉠ (○) 피고인이 방송국 홈페이지의 시청자 의견란에 작성·게시한 글 중 일부의 표현은 이미 방송된 프로그램에 나타난 기본적인 사실을 전제로 한 뒤, 그 사실관계나 이를 둘러싼 문제에 관한 자신의 판단과 나아가 이러한 경우에 피해자가 취한 태도와 주장한 내용이 합당한가 하는 점에 대하여 자신의 의견을 개진하고, 피해자에게 자신의 의견에 대한 반박이나 반론을 구하면서, 자신의 판단과 의견의 타당함을 강조하는 과정에서 부분적으로 그와 같은 표현을 사용한 것으로서 사회상규에 위배되지 않는다고 봄이 상당하다(대판 2003.11.28. 2003도3972).

㉡ (×) 골프클럽 경기보조원들의 구직 편의를 위해 제작된 인터넷 사이트 내 회원 게시판에 특정 골프클럽의 운영상 불합리성을 비난하는 글을 게시하면서 위 클럽담당자에 대하여 '한심하고 불쌍한 인간'이라는 등 경멸적 표현을 한 사안에서, 게시의 동기와 경위, 모욕적 표현의 정도와 비중 등에 비추어 사회상규에 위배되지 않는다고 보아 모욕죄의 성립을 부정한 사례(대판 2008.7.10. 2008도1433).

㉢ (○) 甲 주식회사 해고자 신분으로 노동조합 사무장직을 맡아 노조활동을 하는 피고인이 노사 관계자 140여 명이 있는 가운데 큰 소리로 피고인보다 15세 연장자로서 甲 회사 부사장인 乙을 향해 "야 ○○아, ○○이 여기 있네, 니 이름이 ○○이잖아, ○○아 나오니까 좋지?" 등으로 여러 차례 乙의 이름을 불러 乙을 모욕하였다는 내용으로 기소된 사안에서, 甲 회사는 노사분규로 노조와 사용자가 극심한 대립을 겪고 있고, 그러한 과정에서 사용자 측의 부당노동행위가 사실로 확인되는 등 노사 간 갈등이 격화된 점, 乙은 사용자 측 교섭위원들과 노사교섭을 하였다가 노조 간부 丙이 乙에게 욕설을 하여 교섭이 결렬되었고, 그 후 노사 양측이 교섭을 이어나갔으나 피고인과 丙이 乙에게 다시 욕설을 하여 노사교섭이 파행된 점, 乙 등을 비롯한 관리자 40여

명이 시설관리권 행사 명목으로 노조가 설치한 미승인 게시물을 철거하기 위하여 모이자, 이를 제지하기 위해 노조 조합원 100여 명이 모여 서로 대치하였는데, 피고인은 사용자 측의 게시물 철거행위가 노조활동을 방해하고 노동운동에 대해 간섭하는 것으로 여겨 화가 나 위와 같이 말하였던 점 및 피고인과 乙의 관계, 피고인이 이러한 발언을 하게 된 경위, 발언의 의미와 전체적인 맥락, 발언을 한 장소와 발언 전후의 정황을 종합하면, 피고인의 위 발언은 상대방을 불쾌하게 할 수 있는 무례하고 예의에 벗어난 표현이기는 하지만 객관적으로 乙의 인격적 가치에 대한 사회적 평가를 저하시킬 만한 모욕적 언사에 해당한다고 보기 어렵다는 이유로, 이와 달리 본 원심판단에 형법상 모욕의 의미에 관한 법리를 오해한 잘못이 있다고 한 사례(대판 2018.11.29. 2017도2661).

㉣ (×) 임대아파트의 분양전환과 관련하여 임차인이 아파트 관리사무소의 방송시설을 이용하여 임차인대표회의의 전임회장을 비판하며 "전 회장의 개인적인 의사에 의하여 주택공사의 일방적인 견해에 놀아나고 있기 때문에"라고 한 표현이 전체 문언상 모욕죄의 '모욕'에 해당하지 않는다고 한 사례(대판 2008.12.11. 2008도8917).

049 명예훼손죄에 관한 설명으로 가장 적절하지 않은 것은? 〈경찰2차 2019〉

① 집합적 명칭을 사용하여 명예훼손행위를 한 경우, 그 명칭의 사용에 의하여 그 범위에 속하는 특정인을 가리키는 것이 명백하면 집합구성원 각자에 대한 명예훼손죄가 성립한다.

② 甲이 고발의 동기나 경위에 관한 언급없이 제3자에게 "乙이 丙을 선거법 위반으로 고발하였다"는 말만 하였다면, 乙의 사회적 가치나 평가를 침해하기에 충분한 구체적 사실이 적시되었다고 보기 어렵다.

③ 이미 사회의 일부에 잘 알려진 공지의 사실은 명예훼손의 객체에 해당하지 않으므로, 이를 적시하여 사람의 사회적 평가를 저하시킬 만한 행위를 하더라도 명예훼손죄가 성립하지 않는다.

④ 허위사실을 진실한 사실로 오인하여 공공의 이익을 위해 공연히 적시한 경우, 적시된 사실이 공공의 이익에 관한 것이고 행위자가 진실한 것으로 믿었고 또 그렇게 믿을 만한 상당한 이유가 있다면 「형법」 제310조에 의하여 위법성이 조각된다.

해설/정답 ③

① (○) 집합적 명사를 쓴 경우에도 어떤 범위에 속하는 특정인을 가리키는 것이 명백하면, 이를 각자의 명예를 훼손하는 행위라고 볼 수 있다. 그러나 명예훼손의 내용이 집단에 속한 특정인에 대한 것이라고 해석되기 힘들고 집단표시에 의한 비난이 개별구성원에 이르러서는 비난의 정도가 희석되어 구성원 개개인의 사회적 평가에 영향을 미칠 정도에 이르지 않는 것으로 평가되는 경우에는 구성원 개개인에 대한 명예훼손이 성립하지 않는다(대판 2018.11.29. 2016도14678).

② (○) 누구든지 범죄가 있다고 생각하는 때에는 고발할 수 있는 것이므로 어떤 사람이 범죄를 고발하였다는 사실이 주위에 알려졌다고 하여 그 고발사실 자체만으로 고발인의 사회적 가치나 평가가 침해될 가능성이 있다고 볼 수는 없다. 다만, 그 고발의 동기나 경위가 불순하다거나 온당하지 못하다는 등의 사정이 함께 알려진 경우에는 고발인의 명예가 침해될 가능성이 있다(대판 2009.9.24. 2009도6687).

③ (×) 명예훼손죄가 성립하기 위하여는 반드시 숨겨진 사실을 적발하는 행위만에 한하지 아니하고 이미 사회의 일부에 잘 알려진 사실이라고 하더라도 이를 적시하여 사람의 사회적 평가를 저하시킬 만한 행위를 한 때에는 명예훼손죄를 구성한다(대판 1994.4.12. 93도3535).

④ (○) 제307조 제1항의 명예훼손죄는 적시된 사실이 진실한 사실인 경우이든 허위의 사실인 경우이든 모두 성립될 수 있고, 특히 적시된 사실이 허위의 사실이라고 하더라도 행위자에게 허위성에 대한 인식이 없는 경우에는 제307조 제2항의 명예훼손죄가 아니라 제307조 제1항의 명예훼손죄가 성립될 수 있다(대판

2017.4.26. 2016도18024). 형법 제310조의 규정은 인격권으로서의 개인의 명예의 보호와 헌법 제21조에 의한 정당한 표현의 자유의 보장이라는 상충되는 두 법익의 조화를 꾀한 것이라고 보아야 할 것이므로, 두 법익간의 조화와 균형을 고려한다면 적시된 사실이 진실한 것이라는 증명이 없더라도 행위자가 진실한 것으로 믿었고 또 그렇게 믿을 만한 상당한 이유가 있는 경우에는 위법성이 없다고 보아야 할 것이다(대판 2007.12.14. 2006도2074).

050 명예훼손죄에 대한 설명 중 가장 적절하지 않은 것은? 〈경찰1차 2018〉

① 개인 블로그의 비공개 대화방에서 상대방으로부터 비밀을 지키겠다는 말을 듣고 일 대일로 대화하였다고 하더라도, 그 사정만으로 대화 상대방이 대화내용을 불특정 또는 다수에게 전파할 가능성이 없다고 할 수 없으므로 공연성을 인정할 여지가 있다.

② 전국교직원노동조합 소속 교사가 작성·배포한 보도자료가 전체적으로 그 기재 내용이 진실하고 공공의 이익을 위한 것이라도 보도자료의 일부에 사실과 다른 기재가 있으면 명예훼손죄의 위법성이 조각되지 않는다.

③ 기자를 통해 사실을 적시하는 경우에는 기사화되어 보도되어야만 적시된 사실이 외부에 공표된다고 보아야 할 것이므로 기자가 취재를 한 상태에서 아직 기사화하여 보도하지 아니한 경우에는 공연성이 없다.

④ 명예훼손죄가 성립하기 위하여는 사실의 적시가 있어야 하는데, 여기에서 적시의 대상이 되는 사실이란 현실적으로 발생하고 증명할 수 있는 과거 또는 현재의 사실을 말하며, 장래의 일을 적시하더라도 그것이 과거 또는 현재의 사실을 기초로 하거나 이에 대한 주장을 포함하는 경우에는 명예훼손죄가 성립한다.

해설/정답 ②

① (○) 개인 블로그의 비공개 대화방에서 상대방으로부터 비밀을 지키겠다는 말을 듣고 일 대 일로 대화하였다고 하더라도, 그 사정만으로 대화 상대방이 대화내용을 불특정 또는 다수에게 전파할 가능성이 없다고 할 수 없으므로, 명예훼손죄의 요건인 공연성을 인정할 여지가 있다고 본 사례(대판 2008.2.14. 2007도8155).

② (×) 전국교직원노동조합 소속 교사가 작성·배포한 보도자료의 일부에 사실과 다른 기재가 있으나 전체적으로 그 기재 내용이 진실하고 공공의 이익을 위한 것이라고 보아 명예훼손죄의 위법성이 조각된다고 한 사례(대판 2001.10.9. 2001도3594).

③ (○) 통상 기자가 아닌 보통 사람에게 사실을 적시할 경우에는 그 자체로서 적시된 사실이 외부에 공표되는 것이므로 그 때부터 곧 전파가능성을 따져 공연성 여부를 판단하여야 할 것이지만, 그와는 달리 기자를 통해 사실을 적시하는 경우에는 기사화되어 보도되어야만 적시된 사실이 외부에 공표된다고 보아야 할 것이므로 기자가 취재를 한 상태에서 아직 기사화하여 보도하지 아니한 경우에는 전파가능성이 없다고 할 것이어서 공연성이 없다고 봄이 상당하다(대판 2000.5.16. 99도5622).

④ (○) 명예훼손죄가 성립하기 위하여는 사실의 적시가 있어야 하는데, 여기에서 적시의 대상이 되는 사실이란 현실적으로 발생하고 증명할 수 있는 과거 또는 현재의 사실을 말하며, 장래의 일을 적시하더라도 그것이 과거 또는 현재의 사실을 기초로 하거나 이에 대한 주장을 포함하는 경우에는 명예훼손죄가 성립한다고 할 것이고, 장래의 일을 적시하는 것이 과거 또는 현재의 사실을 기초로 하거나 이에 대한 주장을 포함하는지 여부는 그 적시된 표현 자체는 물론 전체적인 취지나 내용, 적시에 이르게 된 경위 및 전후 상황, 기타 제반 사정을 종합적으로 참작하여 판단하여야 한다(대판 2003.5.13. 2002도7420).

051 명예에 관한 죄에 대한 설명으로 가장 적절하지 않은 것은? 〈경찰2차 2017〉

① 형법상 사자의 명예훼손죄와 모욕죄는 고소가 있어야 공소를 제기할 수 있다.

② 명예훼손죄에 있어서의 사실의 적시는 가치판단이나 평가를 내용으로 하는 의견표현에 대치되는 개념이 아니다.

③ 「형법」 제307조 제2항의 공연히 허위의 사실을 적시하여 사람의 명예를 훼손한 죄는 피해자의 명시한 의사에 반하여 공소를 제기할 수 없다.

④ 피고인이 경찰관을 상대로 진정한 사건이 혐의인정되지 않아 내사종결 처리되었음에도 불구하고 공연히 "사건을 조사한 경찰관이 내일부로 검찰청에서 구속영장이 떨어진다."고 말한 것은 현재의 사실을 기초로 하거나 이에 대한 주장을 포함하여 장래의 일을 적시한 것으로 볼 수 있어 명예훼손죄에 있어서의 사실의 적시에 해당한다.

해설/정답 ②

① (○) 형법 제307조, 제308조, 제309조, 제310조, 제311조, 제312조 제1항

제307조(명예훼손)
① 공연히 사실을 적시하여 사람의 명예를 훼손한 자는 2년 이하의 징역이나 금고 또는 500만 원 이하의 벌금에 처한다.
② 공연히 허위의 사실을 적시하여 사람의 명예를 훼손한 자는 5년 이하의 징역, 10년 이하의 자격정지 또는 1천만 원 이하의 벌금에 처한다.

제308조(사자의 명예훼손)
공연히 허위의 사실을 적시하여 사자의 명예를 훼손한 자는 2년 이하의 징역이나 금고 또는 500만 원 이하의 벌금에 처한다.

제309조(출판물등에 의한 명예훼손)
① 사람을 비방할 목적으로 신문, 잡지 또는 라디오 기타 출판물에 의하여 제307조 제1항의 죄를 범한 자는 3년 이하의 징역이나 금고 또는 700만 원 이하의 벌금에 처한다.
② 제1항의 방법으로 제307조 제2항의 죄를 범한 자는 7년 이하의 징역, 10년 이하의 자격정지 또는 1천500만 원 이하의 벌금에 처한다.

제310조(위법성의 조각)
제307조 제1항의 행위가 진실한 사실로서 오로지 공공의 이익에 관한 때에는 처벌하지 아니한다.

제311조(모욕)
공연히 사람을 모욕한 자는 1년 이하의 징역이나 금고 또는 200만 원 이하의 벌금에 처한다.

제312조(고소와 피해자의 의사)
① 제308조와 제311조의 죄는 고소가 있어야 공소를 제기할 수 있다.
② 제307조와 제309조의 죄는 피해자의 명시한 의사에 반하여 공소를 제기할 수 없다.

② (×) 명예훼손죄에 있어서의 '사실의 적시'란 가치판단이나 평가를 내용으로 하는 의견표현에 대치되는 개념으로서 시간과 공간적으로 구체적인 과거 또는 현재의 사실관계에 관한 보고 내지 진술을 의미하는 것이며, 그 표현내용이 증거에 의한 입증이 가능한 것을 말한다. 또한, 판단할 진술이 사실인가 또는 의견인가를 구별할 때는 언어의 통상적 의미와 용법, 입증가능성, 문제된 말이 사용된 문맥, 그 표현이 행하여진 사회

적 상황 등 전체적 정황을 고려하여 판단하여야 한다(대판 2008.10.9. 2007도1220).

③ (○) 형법 제312조 제2항

> **제312조(고소와 피해자의 의사)**
> ① 제308조와 제311조의 죄는 고소가 있어야 공소를 제기할 수 있다.
> ② 제307조와 제309조의 죄는 피해자의 명시한 의사에 반하여 공소를 제기할 수 없다.

④ (○) 명예훼손죄가 성립하기 위하여는 사실의 적시가 있어야 하는데, 여기에서 적시의 대상이 되는 사실이란 현실적으로 발생하고 증명할 수 있는 과거 또는 현재의 사실을 말하며, 장래의 일을 적시하더라도 그것이 과거 또는 현재의 사실을 기초로 하거나 이에 대한 주장을 포함하는 경우에는 명예훼손죄가 성립한다고 할 것이고, 장래의 일을 적시하는 것이 과거 또는 현재의 사실을 기초로 하거나 이에 대한 주장을 포함하는지 여부는 그 적시된 표현 자체는 물론 전체적인 취지나 내용, 적시에 이르게 된 경위 및 전후 상황, 기타 제반 사정을 종합적으로 참작하여 판단하여야 한다. 피고인이 경찰관을 상대로 진정한 사건이 혐의인정되지 않아 내사종결 처리되었음에도 불구하고 공연히 "사건을 조사한 경찰관이 내일부로 검찰청에서 구속영장이 떨어진다."고 말한 것은 현재의 사실을 기초로 하거나 이에 대한 주장을 포함하여 장래의 일을 적시한 것으로 볼 수 있어 명예훼손죄에 있어서의 사실의 적시에 해당한다(대판 2003.5.13. 2002도7420).

052 **다음 설명 중 옳은 것은 모두 몇 개인가?** 〈경찰1차 2016〉

> ㉠ 전국교직원노동조합 소속 교사가 작성·배포한 보도자료의 일부에 사실과 다른 기재가 있으나 전체적으로 그 기재 내용이 진실하고 공공의 이익을 위한 것이라도 명예훼손죄의 위법성이 조각되지 않는다.
> ㉡ 객관적으로 피해자의 사회적 평가를 저하시키는 사실에 관한 보도내용이 소문이나 제3자의 말, 보도를 인용하는 방법으로 단정적인 표현이 아닌 전문 또는 추측한 것을 기사화한 형태로 표현하였지만, 그 표현 전체의 취지로 보아 그 사실이 존재할 수 있다는 것을 암시하는 방식으로 이루어진 경우에는 사실을 적시한 것이라고 보아야 한다.
> ㉢ 통상 기자가 아닌 보통 사람에게 사실을 적시할 경우에는 그 자체로서 적시된 사실이 외부에 공표되는 것이므로 그 때부터 곧 전파가능성을 따져 공연성 여부를 판단하여야 할 것이고, 이는 기자를 통해 사실을 적시하는 경우라고 하여 달리 볼 것이 아니다.
> ㉣ 명예훼손죄가 성립하기 위하여는 사실의 적시가 있어야 하는데, 여기에서 적시의 대상이 되는 사실이란 현실적으로 발생하고 증명할 수 있는 과거 또는 현재의 사실을 말하며, 장래의 일을 적시하는 경우에는 그것이 과거 또는 현재의 사실을 기초로 하거나 이에 대한 주장을 포함하는 경우라도 명예훼손죄가 성립한다고 할 수는 없다.

① 1개　② 2개　③ 3개　④ 4개

해설/정답 ①

㉠ (×) 전국교직원노동조합 소속 교사가 작성·배포한 보도자료의 일부에 사실과 다른 기재가 있으나 전체적으로 그 기재 내용이 진실하고 공공의 이익을 위한 것이라고 보아 명예훼손죄의 위법성이 조각된다고 한 사례(대판 2001.10.9. 2001도3594).

㉡ (O) 객관적으로 피해자의 사회적 평가를 저하시키는 사실에 관한 보도내용이 소문이나 제3자의 말, 보도를 인용하는 방법으로 단정적인 표현이 아닌 전문 또는 추측한 것을 기사화한 형태로 표현하였지만, 그 표현 전체의 취지로 보아 그 사실이 존재할 수 있다는 것을 암시하는 방식으로 이루어진 경우에는 사실을 적시한 것으로 보아야 한다. 그리고 이러한 보도내용으로 인한 형법 제307조 제1항, 제2항과 구 정보통신망 이용촉진 및 정보보호 등에 관한 법률(2007. 12. 21. 법률 제8778호로 개정되기 전의 것) 제61조 제1항, 제2항 등에 의한 명예훼손죄의 성립 여부나 형법 제310조의 위법성조각사유의 존부 등을 판단할 때, 객관적으로 피해자의 명예를 훼손하는 보도내용에 해당하는지, 그 내용이 진실한지, 거기에 피해자를 비방할 목적이 있는지, 보도내용이 공공의 이익에 관한 것인지 여부 등은 원칙적으로 그 보도내용의 주된 부분인 암시된 사실 자체를 기준으로 살펴보아야 한다. 그 보도내용에 인용된 소문 등의 내용이나 표현방식, 그 신빙성 등에 비추어 암시된 사실이 무엇이고, 그것이 진실인지 여부 등에 대해 구체적으로 심리·판단하지 아니한 채 그러한 소문, 제3자의 말 등의 존부에 대한 심리·판단만으로 바로 이를 판단해서는 안 된다(대판 2008.11.27. 2007도5312).

㉢ (×) 통상 기자가 아닌 보통 사람에게 사실을 적시할 경우에는 그 자체로서 적시된 사실이 외부에 공표되는 것이므로 그 때부터 곧 전파가능성을 따져 공연성 여부를 판단하여야 할 것이지만, 그와는 달리 기자를 통해 사실을 적시하는 경우에는 기사화되어 보도되어야만 적시된 사실이 외부에 공표된다고 보아야 할 것이므로 기자가 취재를 한 상태에서 아직 기사화하여 보도하지 아니한 경우에는 전파가능성이 없다고 할 것이어서 공연성이 없다고 봄이 상당하다(대판 2000.5.16. 99도5622).

㉣ (×) 명예훼손죄가 성립하기 위하여는 사실의 적시가 있어야 하는데, 여기에서 적시의 대상이 되는 사실이란 현실적으로 발생하고 증명할 수 있는 과거 또는 현재의 사실을 말하며, 장래의 일을 적시하더라도 그것이 과거 또는 현재의 사실을 기초로 하거나 이에 대한 주장을 포함하는 경우에는 명예훼손죄가 성립한다고 할 것이고, 장래의 일을 적시하는 것이 과거 또는 현재의 사실을 기초로 하거나 이에 대한 주장을 포함하는지 여부는 그 적시된 표현 자체는 물론 전체적인 취지나 내용, 적시에 이르게 된 경위 및 전후 상황, 기타 제반 사정을 종합적으로 참작하여 판단하여야 한다(대판 2003.5.13. 2002도7420).

053 명예에 관한 죄에 대한 설명으로 가장 적절한 것은? 〈경찰2차 2018〉

① 「형법」 제307조 제1항의 명예훼손죄는 적시된 사실이 진실한 사실인 경우이든 허위의 사실인 경우이든 모두 성립될 수 있다.

② 국가나 지방자치단체도 국민에 대한 관계에서는 형벌의 수단을 통해 보호되는 외부적 명예의 주체가 될 수 있고, 따라서 명예훼손죄나 모욕죄의 피해자가 될 수 있다.

③ 일반적으로 범죄의 고의는 확정적 고의뿐만 아니라 결과발생에 대한 인식이 있고 그를 용인하는 미필적 고의도 포함하나, 「형법」 제308조의 사자명예훼손죄의 판단에서는 미필적 고의에 의하여 죄가 성립하지 아니한다.

④ 「형법」 제311조의 모욕죄의 피해자는 특정되어야 하므로 이른바 집단표시에 의한 모욕은 그 비난의 정도가 희석되지 않아 구성원 개개인의 사회적 평가를 저하시킬 만한 것으로 평가될 경우라도 구성원 개개인에 대한 모욕죄를 구성하지 않는다.

해설/정답 ①

① (O) 제307조 제1항의 명예훼손죄는 적시된 사실이 진실한 사실인 경우이든 허위의 사실인 경우이든 모두 성립될 수 있고, 특히 적시된 사실이 허위의 사실이라고 하더라도 행위자에게 허위성에 대한 인식이 없는 경우에는 제307조

제2항의 명예훼손죄가 아니라 제307조 제1항의 명예훼손죄가 성립될 수 있다. 제307조 제1항의 법정형이 2년 이하의 징역 등으로 되어 있는 반면 제307조 제2항의 법정형은 5년 이하의 징역 등으로 되어 있는 것은 적시된 사실이 객관적으로 허위일 뿐 아니라 행위자가 그 사실의 허위성에 대한 주관적 인식을 하면서 명예훼손행위를 하였다는 점에서 가벌성이 높다고 본 것이다(대판 2017.4.26. 2016도18024).

② (×) 형법이 명예훼손죄 또는 모욕죄를 처벌함으로써 보호하고자 하는 사람의 가치에 대한 평가인 외부적 명예는 개인적 법익으로서, 국민의 기본권을 보호 내지 실현해야 할 책임과 의무를 지고 있는 공권력의 행사자인 국가나 지방자치단체는 기본권의 수범자일 뿐 기본권의 주체가 아니고, 정책결정이나 업무수행과 관련된 사항은 항상 국민의 광범위한 감시와 비판의 대상이 되어야 하며 이러한 감시와 비판은 그에 대한 표현의 자유가 충분히 보장될 때에 비로소 정상적으로 수행될 수 있으므로, 국가나 지방자치단체는 국민에 대한 관계에서 형벌의 수단을 통해 보호되는 외부적 명예의 주체가 될 수는 없고, 따라서 명예훼손죄나 모욕죄의 피해자가 될 수 없다(대판 2016.12.27. 2014도15290).

③ (×) 형법 제307조 제2항의 허위사실 적시에 의한 명예훼손죄에서 적시된 사실이 허위인지 여부를 판단함에 있어서는 적시된 사실의 내용 전체의 취지를 살펴볼 때 세부적인 내용에서 진실과 약간 차이가 나거나 다소 과장된 표현이 있는 정도에 불과하다면 이를 허위라고 볼 수 없으나, 중요한 부분이 객관적 사실과 합치하지 않는다면 이를 허위라고 보아야 한다. 나아가 행위자가 그 사항이 허위라는 것을 인식하였는지 여부는 성질상 외부에서 이를 알거나 증명하기 어려우므로, 공표된 사실의 내용과 구체성, 소명자료의 존재 및 내용, 피고인이 밝히는 사실의 출처 및 인지 경위 등을 토대로 피고인의 학력, 경력, 사회적 지위, 공표 경위, 시점 및 그로 말미암아 예상되는 파급효과 등의 여러 객관적 사정을 종합하여 판단할 수밖에 없으며, 범죄의 고의는 확정적 고의뿐만 아니라 결과 발생에 대한 인식이 있고 그를 용인하는 의사인 이른바 미필적 고의도 포함하므로 허위사실 적시에 의한 명예훼손죄 역시 미필적 고의에 의하여도 성립하고, 위와 같은 법리는 형법 제308조의 사자명예훼손죄의 판단에서도 마찬가지로 적용된다(대판 2014.3.13. 2013도12430).

④ (×) 모욕죄는 특정한 사람 또는 인격을 보유하는 단체에 대하여 사회적 평가를 저하시킬 만한 경멸적 감정을 표현함으로써 성립하므로 그 피해자는 특정되어야 한다. 그리고 이른바 집단표시에 의한 모욕은, 모욕의 내용이 집단에 속한 특정인에 대한 것이라고는 해석되기 힘들고, 집단표시에 의한 비난이 개별구성원에 이르러서는 비난의 정도가 희석되어 구성원 개개인의 사회적 평가에 영향을 미칠 정도에 이르지 아니한 경우에는 구성원 개개인에 대한 모욕이 성립되지 않는다고 봄이 원칙이고, 비난의 정도가 희석되지 않아 구성원 개개인의 사회적 평가를 저하시킬 만한 것으로 평가될 경우에는 예외적으로 구성원 개개인에 대한 모욕이 성립할 수 있다. 한편 구성원 개개인에 대한 것으로 여겨질 정도로 구성원 수가 적거나 당시의 주위 정황 등으로 보아 집단 내 개별구성원을 지칭하는 것으로 여겨질 수 있는 때에는 집단 내 개별구성원이 피해자로서 특정된다고 보아야 할 것인데, 구체적인 기준으로는 집단의 크기, 집단의 성격과 집단 내에서의 피해자의 지위 등을 들 수 있다(대판 2014.3.27. 2011도15631).

054 업무와 경매에 관한 죄의 설명 중 가장 적절한 것은? 〈경찰2차 2022〉

① 甲이 서울특별시 도시철도공사가 발주한 시각장애인용 음성유도기 제작설치 입찰에 관한 담합에 가담하기로 하였다가 자신이 낙찰받기 위하여 당초의 합의에 따르지 아니한 채 원래 낙찰받기로 한 특정업체보다 저가로 입찰한 경우, 비록 입찰의 공정을 해할 우려가 있었으나 실제 입찰의 공정을 해하지 아니하였기에 甲에게는 입찰방해죄가 성립하지 아니한다.

② 甲이 일부 입찰참가자들과 가격을 합의하고, 낙찰이 되면 특정 업체가 모든 공사를 하기로 합의하는 등 담합하여 투찰행위를 한 경우, 그 투찰에 참여한 업체의 수가 많아서 실제로 가격형성에 부당한 영향을 주지 않았다면 甲에게는 입찰방해죄가 성립하지 아니한다.

③ 한국토지공사 지역본부가 중고자동차매매단지를 분양하기 위하여 유자격 신청자들을 대상으로 무작위 공개추첨하여 1인의 수분양자를 선정하는 절차를 진행함에 있어, 신청자격이 없는 甲이 총 12인의 신청자 중 9인과 맺은 합작투자의 약정에 따라 그 신청자의 자격과 명의를 빌려 당첨확률을 약 75%까지 인위적으로 높여 분양을 신청한 경우, 분양업무의 적정성과 공정성 등을 방해하는 행위라고 볼 수 있어 甲에게는 입찰방해죄가 성립한다.

④ 甲과 乙이 공모하여, 甲은 A고등학교의 학생 丙이 약 10개월 동안 총 84시간의 봉사활동을 한 것처럼 허위로 기재된 봉사활동 확인서를 발급받아 乙에게 교부하고, 乙은 이를 丙의 담임교사를 통하여 A학교에 제출하여 丙이 학교장 명의의 봉사상을 수상하게 한 경우, 甲과 乙에게는 업무방해죄가 성립한다.

해설/정답 ④

① (×) [1] 입찰방해죄는 위태범으로서 결과의 불공정이 현실적으로 나타나는 것을 요하는 것이 아니고, 그 행위에는 가격을 결정하는 데 있어서 뿐 아니라, 적법하고 공정한 경쟁방법을 해하는 행위도 포함된다. [2] 입찰자들 상호간에 특정업체가 낙찰받기로 하는 담합이 이루어진 상태에서 그 특정업체를 포함한 다른 입찰자들은 당초의 합의에 따라 입찰에 참가하였으나 일부 입찰자는 자신이 낙찰받기 위하여 당초의 합의에 따르지 아니한 채 오히려 낙찰받기로 한 특정업체보다 저가로 입찰하였다면, 이러한 일부 입찰자의 행위는 위와 같은 담합을 이용하여 낙찰을 받은 것이라는 점에서 적법하고 공정한 경쟁방법을 해한 것이 되고, 따라서 이러한 일부 입찰자의 행위 역시 입찰방해죄에 해당한다. [3] 피고인이 서울특별시도시철도공사가 발주한 시각장애인용 음성유도기 제작설치 입찰에 관한 담합에 가담하기로 하였다가 자신이 낙찰받기 위하여 당초의 합의에 따르지 아니한 채 원래 낙찰받기로 한 특정업체보다 저가로 입찰한 사안에서, 이러한 피고인의 행위는 입찰방해죄에 해당하므로, 같은 취지에서 위계로써 입찰의 공정을 해하였다는 공소사실을 유죄로 인정한 원심판단을 수긍한 사례(대판 2010.10.14. 2010도4940).

② (×) [1] 입찰방해죄는 위계 또는 위력 기타의 방법으로 입찰의 공정을 해하는 경우에 성립하는 위태범으로서 결과의 불공정이 현실적으로 나타나는 것을 필요로 하지 않고, 여기서 '입찰의 공정을 해하는 행위'란 공정한 자유경쟁을 방해할 염려가 있는 상태를 발생시키는 것, 즉 공정한 자유경쟁을 통한 적정한 가격형성에 부당한 영향을 주는 상태를 발생시키는 것으로, 그 행위에는 가격결정뿐 아니라 '적법하고 공정한 경쟁방법'을 해하는 행위도 포함된다. 그리고 입찰참가자들 사이의 담합행위가 입찰방해죄로 되기 위하여는 반드시 입찰참가자 전원 사이에 담합이 이루어져야 하는 것은 아니고, 입찰참가자들 중 일부 사이에만 담합이 이루어진 경우라고 하더라도 그것이 입찰의 공정을 해하는 것으로 평가되는 이상 입찰방해죄는 성립한다. [2] 일부 입찰참가자들이 가격을 합의

하고, 낙찰이 되면 특정 업체가 모든 공사를 하기로 합의하는 등 담합하여 투찰행위를 한 사안에서, 이는 '적법하고 공정한 경쟁방법'을 해하는 행위로서 입찰의 공정을 해하는 경우에 해당하며, 결과적으로 위 투찰에 참여한 업체의 수가 많아서 실제로 가격형성에 부당한 영향을 주지 않았다고 하더라도 입찰방해죄가 성립한다고 한 사례(대판 2009.5.14. 2008도11361).

③ (×) [1] 형법 제315조의 입찰방해죄는 위계 또는 위력 기타의 방법으로 입찰의 공정을 해하는 경우에 성립하는 위태범으로서, 여기서 '입찰의 공정을 해하는 행위'란 공정한 자유경쟁을 통한 적정한 가격형성에 부당한 영향을 주는 상태를 발생시키는 것으로, 그 행위에는 가격결정뿐 아니라 적법하고 공정한 경쟁방법을 해하는 행위도 포함되지만, 이러한 입찰방해 행위가 있다고 하기 위해서는 그 방해의 대상이 되는 입찰절차가 존재하여야 하므로, 위와 같이 공정한 자유경쟁을 통한 적정한 가격형성을 목적으로 하는 입찰절차가 아니라 공적·사적 경제주체의 임의의 선택에 따른 계약체결의 과정에 공정한 경쟁을 해하는 행위가 개재되었다 하여 입찰방해죄로 처벌할 수는 없다. [2] 위 법리와 기록에 비추어 보면, 한국토지공사 전북지역본부에서 이 사건 중고자동차매매단지를 조성·분양함에 있어서 사전에 그 분양가격을 9,020,256,000원으로 확정 공고한 다음, 그 수분양 자격요건인 지역 내 중고자동차매매업 면허 소지자로서 분양신청금 4억 5천만 원을 예치한 신청자들을 대상으로 무작위 공개추첨의 방식으로 1인의 당첨자를 선정하는 것에 불과한 이 사건 분양절차는, 앞서 본 공정한 자유경쟁을 통한 적정한 가격형성을 목적으로 하는 입찰절차에 해당한다고 볼 수 없다 할 것이다. [3] 원심이 비록 그 이유의 설시에 있어 다소 적절하지 아니한 부분은 있으나 이 사건 분양절차가 형법 제315조 입찰방해죄의 '입찰'에 해당하지 아니하여 그 구성요건해당성이 없다는 이유로 형사소송법 제325조 전단에 의하여 이 부분 공소사실에 대해 무죄를 선고한 결론은 정당하다 할 것이다(대판 2008.5.29. 2007도5037).

④ (○) [1] 업무방해죄의 성립에 있어서는 업무방해의 결과가 실제로 발생함을 요하지 않고 업무방해의 결과를 초래할 위험이 발생하면 족하다(대판 2002.3.29. 2000도3231 등 참조). [2] 한편 상대방으로부터 신청을 받아 상대방이 일정한 자격요건 등을 갖춘 경우에 한하여 그에 대한 수용 여부를 결정하는 업무에 있어서는 신청서에 기재된 사유가 사실과 부합하지 않을 수 있음을 전제로 자격요건 등을 심사·판단하는 것이므로, 업무담당자가 사실을 충분히 확인하지 않은 채 신청인이 제출한 허위의 신청사유나 허위의 소명자료를 가볍게 믿고 이를 수용하였다면 이는 업무담당자의 불충분한 심사에 기인한 것으로서 신청인의 위계가 업무방해의 위험성을 발생시켰다고 할 수 없어 위계에 의한 업무방해죄를 구성하지 않는다. 그러나 신청인이 업무담당자에게 허위의 주장을 하면서 이에 부합하는 허위의 소명자료를 첨부하여 제출한 경우 그 수리 여부를 결정하는 업무담당자가 관계 규정이 정한 바에 따라 그 요건의 존부에 관하여 나름대로 충분히 심사를 하였으나 신청사유 및 소명자료가 허위임을 발견하지 못하여 신청을 수리하게 될 정도에 이르렀다면 이는 업무담당자의 불충분한 심사가 아니라 신청인의 위계행위에 의하여 업무방해의 위험성이 발생된 것이어서 이에 대하여 위계에 의한 업무방해죄가 성립된다(대판 2007.12.27. 2007도5030 등 참조)(대판 2020.9.24. 2017도19283).

055 **업무방해죄에 대한 설명으로 가장 적절하지 않은 것은?** 〈경찰2차 2021〉

① 다른 사람이 작성한 논문을 자신의 단독 혹은 공동으로 작성한 논문인 것처럼 학술지에 제출하여 발표한 논문연구실적을 부교수 승진심사 서류에 포함하여 제출하였지만, 당해 논문을 제외한 다른 논문만으로도 부교수 승진요건을 월등히 충족하고 있었다면 위계에 의한 업무방해죄가 성립하지 아니한다.

② 주한외국영사관에 비자발급을 신청함에 있어 신청인이 제출한 허위의 자료 등에 대하여 업무담당자가 충분히 심사하였으나 신청사유 및 소명자료가 허위임을 발견하지 못하여 그 신청을 수리하게 된 경우에는 위계에 의한 업무방해죄가 성립한다.

③ 석사학위 논문작성자가 지도교수의 지도에 따라 논문의 제목, 주제, 목차 등을 직접 작성하였다고 하더라도, 타인에게 전체 논문의 초안작성을 의뢰하고, 그에 따라 작성된 논문의 내용에 약간의 수정만을 가하여 제출한 경우에는 위계에 의한 업무방해죄가 성립한다.

④ 시험의 출제위원이 문제를 선정하여 시험실시자에게 제출하기 전에 이를 유출하였다고 하더라도 이는 위계를 사용하여 시험 실시자의 업무를 방해하는 행위가 아니라 그 준비단계에 불과하고, 그 후 유출된 문제가 시험실시자에게 제출되지도 아니하였다면 시험실시 업무가 방해될 추상적인 위험조차도 없어 위계에 의한 업무방해죄가 성립하지 아니한다.

해설/정답 ①

① (×) 다른 사람이 작성한 논문을 피고인 단독 혹은 공동으로 작성한 논문인 것처럼 학술지에 제출하여 발표한 논문연구실적을 부교수 승진심사 서류에 포함하여 제출한 사안에서, 당해 논문을 제외한 다른 논문만으로도 부교수 승진요건을 월등히 충족하고 있었다는 등의 사정만으로는 승진심사 업무의 적정성이나 공정성을 해할 위험성이 없었다고 단정할 수 없으므로, 위계에 의한 업무방해죄를 구성한다고 한 사례(대판 2009.9.10. 2009도4772).

② (○) 주한외국영사관의 비자발급업무와 같이 상대방으로부터 신청을 받아 일정한 자격요건 등을 갖춘 경우에 한하여 그에 대한 수용 여부를 결정하는 업무에 있어서는 신청서에 기재된 사유가 사실과 부합하지 않을 수 있음을 전제로 하여 그 자격요건 등을 심사·판단하는 것이므로, 그 업무담당자가 사실을 충분히 확인하지 아니한 채 신청인이 제출한 허위의 신청사유나 허위의 소명자료를 가볍게 믿고 이를 수용하였다면 이는 업무담당자의 불충분한 심사에 기인한 것으로서 신청인의 위계가 업무방해의 위험성을 발생시켰다고 할 수 없어 위계에 의한 업무방해죄를 구성하지 않는다고 할 것이지만, 신청인이 업무담당자에게 허위의 주장을 하면서 이에 부합하는 허위의 소명자료를 첨부하여 제출한 경우 그 수리 여부를 결정하는 업무담당자가 관계 규정이 정한 바에 따라 그 요건의 존부에 관하여 나름대로 충분히 심사를 하였으나 신청사유 및 소명자료가 허위임을 발견하지 못하여 그 신청을 수리하게 될 정도에 이르렀다면 이는 업무담당자의 불충분한 심사가 아니라 신청인의 위계행위에 의하여 업무방해의 위험성이 발생된 것이어서 이에 대하여 위계에 의한 업무방해죄가 성립된다(대판 2004.3.26. 2003도7927).

③ (○) [1] 일반적으로 석사학위논문 정도의 학술적 저작물을 작성함에 있어서는 논문작성 과정에서 타인으로부터 외국서적의 번역이나 자료의 통계처리 등 단순하고 기술적인 조력을 받는 것은 허용된다고 보아야 할 것이나, 그 작성자로서는 학위논문의 작성을 통하여 논문의 체제나 분류방법 등 논문 작성방법을 배우고, 지도교수가 중점적으로 지도하여 정립한 논문의 틀에 따라 필요한 문헌이나 자료를 수집하여 분석, 정리한 다음 이를 논문의 내용으로 완성하는 것이 가장 중요한 일이라 할 것이므로, 비록 논문작성자가 지도교수의 지도에 따라 논문의 제목, 주제, 목차 등을 직접 작성하였다고 하더라도 자료를 분석, 정리하여 논문의 내용을 완성하는 일의 대부분을 타인에게 의존하였다면 그 논문은 논문작성자가 주체적으로 작성한 논문이 아니라 타인에 의하여 대작된 것이라고 보아야 한다. [2] 단순히 통계처리와 분석, 또는 외국자료의 번역과 타자만을 타인에게 의뢰한 것이 아니라 전체 논문의 초안작성을 의뢰하고, 그에 따라 작성된 논문의 내용에 약간

의 수정만을 가하여 제출하였음이 인정된다는 이유로 업무방해죄에 대하여 무죄를 선고한 원심판결을 파기한 사례(대판 1996.7.30. 94도2708).

④ (○) 시험의 출제위원이 문제를 선정하여 시험실시자에게 제출하기 전에 이를 유출하였다고 하더라도 이러한 행위 자체는 위계를 사용하여 시험실시자의 업무를 방해하는 행위가 아니라 그 준비단계에 불과한 것이고, 그 후 그와 같이 유출된 문제가 시험실시자에게 제출되지도 아니하였다면 그러한 문제유출로 인하여 시험실시 업무가 방해될 추상적인 위험조차도 있다고 할 수 없으므로 업무방해죄가 성립한다고 할 수 없다(대판 1999.12.10. 99도3487).

056 경매·입찰방해죄에 관한 설명으로 가장 적절하지 않은 것은? 〈경찰1차 2020〉

① 경매·입찰방해죄는 최소한 적법하고 유효한 입찰 절차의 존재가 전제되어야 하지만, 처음부터 입찰절차가 존재하였다 할 수 없는 경우에도 입찰방해죄는 성립할 수 있다.

② 입찰자 일부와 담합이 있고 그에 따른 담합금이 수수되었다 하더라도 입찰시행자의 이익을 해함이 없이 자유로운 경쟁을 한 것과 동일한 결과로 되는 경우에는 입찰의 공정을 해할 위험이 없다.

③ 입찰방해죄는 위계 또는 위력 기타의 방법으로 입찰의 공정을 해하는 경우에 성립하는 위태범으로서, 입찰의 공정을 해할 행위를 하면 그것으로 족하고 현실적으로 입찰의 공정을 해한 결과가 발생할 필요는 없다.

④ 담합행위가 가장경쟁자를 조작하여 실시자의 이익을 해하는 것이 아니라도 실질적으로 단독입찰을 하면서 경쟁입찰인 것처럼 가장하여 그 입찰가격으로 낙찰을 받았다면 입찰방해죄가 성립한다.

해설/정답 ①

① (×) [1] 형법 제315조의 입찰방해죄는 위계 또는 위력 기타의 방법으로 입찰의 공정을 해하는 경우에 성립하는 위태범으로서, 여기서 '입찰의 공정을 해하는 행위'란 공정한 자유경쟁을 통한 적정한 가격형성에 부당한 영향을 주는 상태를 발생시키는 것으로, 그 행위에는 가격결정뿐 아니라 적법하고 공정한 경쟁방법을 해하는 행위도 포함되지만, 이러한 입찰방해 행위가 있다고 하기 위해서는 그 방해의 대상이 되는 입찰절차가 존재하여야 하므로, 위와 같이 공정한 자유경쟁을 통한 적정한 가격형성을 목적으로 하는 입찰절차가 아니라 공적·사적 경제주체의 임의의 선택에 따른 계약체결의 과정에 공정한 경쟁을 해하는 행위가 개재되었다 하여 입찰방해죄로 처벌할 수는 없다. [2] 위 법리와 기록에 비추어 보면, 한국토지공사 전북지역본부에서 이 사건 중고자동차매매단지를 조성·분양함에 있어서 사전에 그 분양가격을 9,020,256,000원으로 확정 공고한 다음, 그 수분양 자격요건인 지역 내 중고자동차매매업 면허 소지자로서 분양신청금 4억 5천만 원을 예치한 신청자들을 대상으로 무작위 공개추첨의 방식으로 1인의 당첨자를 선정하는 것에 불과한 이 사건 분양절차는, 앞서 본 공정한 자유경쟁을 통한 적정한 가격형성을 목적으로 하는 입찰절차에 해당한다고 볼 수 없다 할 것이다. [3] 원심이 비록 그 이유의 설시에 있어 다소 적절하지 아니한 부분은 있으나 이 사건 분양절차가 형법 제315조 입찰방해죄의 '입찰'에 해당하지 아니하여 그 구성요건해당성이 없다는 이유로 형사소송법 제325조 전단에 의하여 이 부분 공소사실에 대해 무죄를 선고한 결론은 정당하다 할 것이다(대판 2008.5.29. 2007도5037).

② (○) 담합이 있고 그에 따른 담합금이 수수되었다 하더라도 입찰시행자의 이익을 해함이 없이 자유로운 경쟁을 한 것과 동일한 결과로 되는 경우에는 입찰의 공정을 해할 위험성이 없다고 할 것이다(대판 1983.1.18. 81도824).

③ (○) 입찰방해죄는 위계 또는 위력 기타의 방법으로 입찰의 공정을 해하는 경우에 성립하는 위태범으로서, 입찰의 공정을 해할 행위를 하면 그것으로 족한 것이지 현실적으로 입찰의 공정을 해한 결과가 발생

할 필요는 없다(대판 1994.5.24. 94도600).

④ (○) 입찰방해죄는 위태범으로서 결과의 불공정이 현실적으로 나타나는 것을 요하는 것이 아니고, 그 행위에는 가격을 결정하는 데 있어서 뿐 아니라, 적법하고 공정한 경쟁방법을 해하는 행위도 포함되므로, 그 행위가 설사 동종(同種)업자 사이의 무모한 출혈경쟁을 방지하기 위한 수단에 불과하여 입찰가격에 있어 입찰실시자의 이익을 해하거나 입찰자에게 부당한 이익을 얻게 하는 것이 아니었다 하더라도 실질적으로는 단독입찰을 하면서 경쟁입찰인 것같이 가장하였다면 그 입찰가격으로써 낙찰하게 한 점에서 경쟁입찰의 방법을 해한 것이 되어 입찰의 공정을 해한 것으로 되었다 할 것이다(대판 2003.9.26. 2002도3924).

057 업무방해죄에 대한 설명으로 가장 적절한 것은? 〈경찰2차 2017〉

① 쟁의행위로서 파업이 언제나 업무방해죄에 해당하는 것으로 볼 것은 아니고, 전후 사정과 경위 등에 비추어 사용자가 예측할 수 없는 시기에 전격적으로 이루어져 사용자의 사업운영에 심대한 혼란 내지 막대한 손해를 초래하는 등으로 사용자의 사업계속에 관한 자유의사가 제압·혼란될 수 있다고 평가할 수 있는 경우에 비로소 집단적 노무제공의 거부가 위력에 해당하여 업무방해죄가 성립한다.

② 업무방해죄에 있어 업무를 '방해한다' 함은 업무의 집행 자체를 방해하는 것을 의미하고, 널리 업무의 경영을 저해하는 것을 포함하지는 않는다.

③ 「형법」 제314조 제1항의 업무방해죄에서의 '위력'이라 함은 사람의 자유의사를 제압·혼란케 할 만한 유형적인 세력만을 의미하므로 무형적인 정치적 지위와 권세에 의한 압박은 이에 포함되지 아니한다.

④ 특정 회사가 제공하는 게임사이트에서 정상적인 포커게임을 하고 있는 것처럼 가장하면서 통상적인 업무처리 과정에서 적발해 내기 어려운 사설 프로그램을 이용하여 약관상 양도가 금지되는 포커머니를 약속된 상대방에게 이전해 준 행위는 「형법」 제314조 제2항에 정한 '부정한 명령의 입력'에 해당하지만, 회사의 정상적인 게임사이트 운영 업무를 방해한 것이 아니므로 위계에 의한 업무방해죄는 구성하지 않는다.

해설/정답 ①

① (○) [다수의견] 업무방해죄는 위계 또는 위력으로써 사람의 업무를 방해한 경우에 성립하며(형법 제314조 제1항), '위력'이란 사람의 자유의사를 제압·혼란케 할 만한 일체의 세력을 말한다. 쟁의행위로서 파업(노동조합 및 노동관계조정법 제2조 제6호)도, 단순히 근로계약에 따른 노무의 제공을 거부하는 부작위에 그치지 아니하고 이를 넘어서 사용자에게 압력을 가하여 근로자의 주장을 관철하고자 집단적으로 노무제공을 중단하는 실력행사이므로, 업무방해죄에서 말하는 위력에 해당하는 요소를 포함하고 있다. 근로자는 원칙적으로 헌법상 보장된 기본권으로서 근로조건 향상을 위한 자주적인 단결권·단체교섭권 및 단체행동권을 가지므로(헌법 제33조 제1항), 쟁의행위로서 파업이 언제나 업무방해죄에 해당하는 것으로 볼 것은 아니고, 전후 사정과 경위 등에 비추어 사용자가 예측할 수 없는 시기에 전격적으로 이루어져 사용자의 사업운영에 심대한 혼란 내지 막대한 손해를 초래하는 등으로 사용자의 사업계속에 관한 자유의사가 제압·혼란될 수 있다고 평가할 수 있는 경우에 비로소 집단적 노무제공의 거부가 위력에 해당하여 업무방해죄가 성립한다고 보는 것이 타당하다(대판 2011.3.17. 2007도482 전원합의체).

② (×) 업무방해죄의 성립에 있어서 업무방해의 결과가 실제로 발생함을 요하는 것은 아니고 업무방해의 결과를 초래할 위험이 발생하면 족하다고 할 것이며, 업무를 '방해한다' 함은 업무의 집행 자체를 방해하는 것

은 물론이고 널리 업무의 경영을 저해하는 것도 포함한다(대판 2002.3.29. 2000도3231).

③ (×) 업무방해죄의 '위력'이란 사람의 자유의사를 제압·혼란케 할 만한 일체의 세력으로, 유형적이든 무형적이든 묻지 아니하므로, 폭력·협박은 물론 사회적·경제적·정치적 지위와 권세에 의한 압박 등도 이에 포함되고, 현실적으로 피해자의 자유의사가 제압될 것을 요하는 것은 아니지만, 범인의 위세, 사람 수, 주위의 상황 등에 비추어 피해자의 자유의사를 제압하기 족한 세력을 의미하는 것으로서, 위력에 해당하는지는 범행의 일시·장소, 범행의 동기, 목적, 인원수, 세력의 태양, 업무의 종류, 피해자의 지위 등 제반 사정을 고려하여 객관적으로 판단하여야 한다. 또한, 업무방해죄의 위력은 반드시 업무에 종사 중인 사람에게 직접 가해지는 세력만을 의미하는 것은 아니고, 사람의 자유의사를 제압하기에 족한 일정한 물적 상태를 만들어 사람으로 하여금 자유로운 행동을 불가능하게 하거나 현저히 곤란하게 하는 행위도 이에 포함될 수 있다(대판 2009.9.10. 2009도5732).

④ (×) 특정 회사가 제공하는 게임사이트에서 정상적인 포커게임을 하고 있는 것처럼 가장하면서 통상적인 업무처리 과정에서 적발해 내기 어려운 사설 프로그램 ('한도우미 프로그램')을 이용하여 약관상 양도가 금지되는 포커머니를 약속된 상대방에게 이전해 준 사안에서, 이는 구 정보통신망 이용촉진 및 정보보호 등에 관한 법률(2008. 6. 13. 법률 제9119호로 개정되기 전의 것) 제48조 제2항에서 정한 '악성프로그램'이나 형법 제314조 제2항에 정한 '부정한 명령의 입력'에 해당하지는 않지만, 회사의 정상적인 게임사이트 운영 업무를 방해한 것이므로 위계에 의한 업무방해죄를 구성한다(대판 2009.10.15. 2007도9334).

058 **다음 중 「형법」 제314조 제1항의 업무방해죄에서 보호되는 업무에 해당하는 것은 모두 몇 개인가?**
〈경찰2차 2016〉

㉠ 의료인이나 의료법인이 아닌 자가 의료기관을 개설하여 운영하는 행위
㉡ 초등학생들이 학교에 등교하여 교실에서 수업을 듣는 것
㉢ 종중 정기총회를 주재하는 종중 회장의 의사진행 업무
㉣ 대학원 입학전형 업무
㉤ 주식회사의 주주가 주주총회에서 의결권을 행사하는 행위

① 1개　　② 2개　　③ 3개　　④ 4개

해설/정답 ②

㉠ (×) 의료인이나 의료법인이 아닌 자가 의료기관을 개설하여 운영하는 행위는 그 위법의 정도가 중하여 사회생활상 도저히 용인될 수 없는 정도로 반사회성을 띠고 있으므로 업무방해죄의 보호대상이 되는 '업무'에 해당하지 않는다(대판 2001.11.30. 2001도2015).

㉡ (×) 형법상 업무방해죄의 보호대상이 되는 '업무'라 함은 직업 기타 사회생활상의 지위에 기하여 계속적으로 종사하는 사무 또는 사업을 말하는 것인데, 초등학생들이 학교에 등교하여 교실에서 수업을 듣는 것은 헌법 제31조가 정하고 있는 무상으로 초등교육을 받을 권리 및 초·중등교육법 제12조, 제13조가 정하고 있는 국가의 의무교육 실시의무와 부모들의 취학의무 등에 기하여 학생들 본인의 권리를 행사하는 것이거나 국가 내지 부모들의 의무를 이행하는 것에 불과할 뿐 그것이 '직업 기타 사회생활상의 지위에 기하여 계속적으로 종사하는 사무 또는 사업'에 해당한다고 할 수 없다(대판 2013.6.14. 2013도3829).

㉢ (○) 종중 정기총회를 주재하는 종중 회장의 의사진행 업무 자체는 1회성을 갖는 것이라고 하더라도 그것이 종중 회장으로서의 사회적인 지위에서 계속적으로 행하여 온 종중 업무수행의 일환으로 행하여진 것이라면,

그와 같은 의사진행 업무도 형법 제314조 소정의 업무방해죄에 의하여 보호되는 업무에 해당되고, 또 종중 회장의 위와 같은 업무는 종중원들에 대한 관계에서는 타인의 업무라고 한 사례(대판 1995.10.12. 95도1589).

㉣ (○) 대학원 입학전형 업무를 방해함에 있어서 피고인들이 공모하여 방조한 이상 대학원 입학전형 업무가 업무방해죄의 객체인 '업무'에 해당된다(대판 1995.12.5. 94도1520).

㉤ (×) 형법상 업무방해죄의 보호대상이 되는 '업무'라 함은 직업 기타 사회생활상의 지위에 기하여 계속적으로 종사하는 사무 또는 사업을 말하는 것인데, 주주로서 주주총회에서 의결권 등을 행사하는 것은 주식의 보유자로서 그 자격에서 권리를 행사하는 것에 불과할 뿐 그것이 '직업 기타 사회생활상의 지위에 기하여 계속적으로 종사하는 사무 또는 사업'에 해당한다고 할 수 없다(대판 2004.10.28. 2004도1256).

CHAPTER 04 | 사생활의 평온에 대한 죄

제1절 | 비밀침해의 죄

059 **다음 중 가장 적절한 것은?** 〈경찰2차 2023〉

① 甲을 비롯한 직원들의 임금이 체불되고 사무실 임대료를 내지 못할 정도로 재정 상태가 좋지 않는 등 회사의 경영상황이 우려되고 대표이사 겸 최대주주인 A의 경영능력이 의심받던 상황에서, 甲이 동료 직원들과 함께 A를 만나 사임제안서만을 전달한 행위는 협박죄에서의 '협박'에 해당한다.

② 「형법」 제316조 제2항 소정의 전자기록등내용탐지죄의 객체인 '전자기록 등 특수매체기록'이 되기 위해서는 특정인의 의사가 표시되어야 하는바, 인터넷 계정 등에 접속하는 과정에서 입력하는 아이디 및 비밀번호 등 자체는 특정인의 의사를 표시한 것으로 보기 어려워 '전자기록 등 특수매체기록'이라 할 수 없다.

③ 「형법」 제316조 제2항 소정의 전자기록등내용탐지죄는 봉함 기타 비밀장치한 전자기록 등 특수매체기록을 기술적 수단을 이용하여 그 내용을 알아낸 자를 처벌하는 규정인바, 전자기록 등 특수매체기록에 해당하더라도 봉함 기타 비밀장치가 되어 있지 아니한 것은 이를 기술적 수단을 동원해서 알아냈더라도 전자기록등내용탐지죄가 성립하지 않는다.

④ 甲은 연인관계인 A로부터 안방에 TV를 설치하여 달라는 요청을 받고 통상적인 출입방법에 따라 A의 안방에 들어간 후 A가 있는 자리에서 TV를 설치하는 등 달리 A의 사실상 평온상태가 침해되었다고 볼 만한 사정이 없었더라도, 甲의 출입이 실제로는 CCTV 카메라와 동영상 저장장치를 부착한 TV인 사실을 숨기고 이루어졌다면 甲에게는 주거침입죄가 성립한다.

해설/정답 ③

① (×) 민사적 법률관계하에서 이해관계가 상충되는 당사자 사이에 권리의 실현·행사 과정에서 이루어진 상대방에 대한 불이익이나 해악의 고지가 일반적으로 보아 공포심을 일으킬 수 있는 정도로서 협박죄의 '협박'에 해당하는지 여부와 그것이 사회상규에 비추어 용인할 수 있는 정도를 넘어선 것인지 여부를 판단할 때에는, 행위자와 상대방의 관계 및 사회경제적 위상의 차이, 고지된 불이익이나 해악의 내용이 당시 상황에 비추어 이해관계가 대립되는 당사자의 권리 실현·행사의 내용으로 통상적으로 예견·수용할 수 있는 범위를 현저히 벗어난 정도에 이르렀는지, 해악의 고지 방법과 그로써 추구하는 목적 사이에 합리적 관련성이 존재하는지 등 여러 사정을 세심히 살펴보아야 한다 (대판 2022.12.15. 2022도9187). **[해설]** 경영위기에 놓인 회사의 직원 중 일부가 동료 직원 및 주요 투자자와 협의를 거쳐 회사 갱생을 위한 자구책으로 마련한 '사임제안서'를 대표이사에게 전달한 행위는 '협박'으로 볼 수 없고, 이에 해당하더라도 사회통념상 용인할 수 있는 정도이거나 회사의 경영 정상화라는 정당한 목적을 위한 상당한 수단에 해당하여 사회상규에 반하지 아니한다고 보아, 유죄 판결을 한 원심을 협박죄의 성립에 관한 법리오해를 이유로 파기한 사례.

② (×), ③ (○) [1] 전자기록 등 특수매체기록이란 일정한 저장매체에 전자방식이나 자기방식 또는 광기술 등 이에 준하는 방식에 의하여 저장된 기록을 의미한다. 특히 전자기록은, 그 자체로는 물적 실체를 가진 것이 아니어서 별도의 표시·출력장치를 통하지 아니하고는 보거나 읽을 수 없고, 그 생성 과정에 여러 사람의 의사나 행위가 개재됨은 물론 추가 입력한 정보가 프로그램에 의하여 자동으로 기존의 정보와 결합하여 새로

운 전자기록을 작출하는 경우도 적지 않으며, 그 이용 과정을 보아도 그 자체로서 객관적·고정적 의미를 가지면서 독립적으로 쓰이는 것이 아니라 개인 또는 법인이 전자적 방식에 의한 정보의 생성·처리·저장·출력을 목적으로 구축하여 설치·운영하는 시스템에서 쓰임으로써 예정된 증명적 기능을 수행한다. 따라서 그 자체로서 객관적·고정적 의미를 가지면서 독립적으로 쓰이는 것이 아니라 개인 또는 법인이 전자적 방식에 의한 정보의 생성·처리·저장·출력을 목적으로 구축하여 설치·운영하는 시스템에서 쓰임으로써 예정된 증명적 기능을 수행하는 것은 전자기록에 포함된다. 개정 형법이 전자기록 등 특수매체기록을 위 각 범죄의 행위 객체로 신설·추가한 입법취지, 전자기록등내용탐지죄의 보호법익과 그 침해행위의 태양 및 가벌성 등에 비추어 볼 때, 피해자의 아이디, 비밀번호(이하 '이 사건 아이디 등'이라 한다)는 전자방식에 의하여 피해자의 노트북 컴퓨터에 저장된 기록으로서 형법 제316조 제2항의 '전자기록 등 특수매체기록'에 해당한다. [2] 한편, 형법 제316조 제2항 소정의 전자기록등내용탐지죄는 봉함 기타 비밀장치한 전자기록 등 특수매체기록을 기술적 수단을 이용하여 그 내용을 알아낸 자를 처벌하는 규정인바, 전자기록 등 특수매체기록에 해당하더라도 봉함 기타 비밀장치가 되어 있지 아니한 것은 이를 기술적 수단을 동원해서 알아냈더라도 전자기록등내용탐지죄가 성립하지 않는다(대판 2022.3.31. 2021도8900).

④ (×) 피고인이 피해자의 안방에 CCTV 카메라와 동영상 저장장치를 부착한 TV인 사실을 숨기고 피해자에게 TV를 설치해주겠다면서 안방까지 들어가 피해자의 주거에 침입하였다는 내용으로 기소된 사안에서, 피해자의 사실상 평온상태가 침해되었다고 볼 만한 사정이 없다는 이유로, 피고인의 출입이 비록 범죄 등의 목적을 숨기고 한 것이라도 주거침입죄가 성립하지 않는다고 한 사례(대판 2022.4.28. 2022도1717). **[해설]** 피고인이 연인관계에 있는 피해자로부터 안방에 TV를 설치하여 달라는 요청을 받아 통상적인 출입방법에 따라 피해자의 안방에 들어간 후 피해자가 있는 자리에서 TV를 설치한 사실, 피해자도 이 사건 당시 피고인의 행위가 주거침입은 아니라고 인식하고 있었던 사실을 알 수 있고 달리 피해자의 사실상 평온상태가 침해되었다고 볼 만한 사정이 없음. 따라서, 피고인의 출입이 비록 범죄 등의 목적을 숨기고 한 것이라도 주거침입죄가 성립한다고 단정할 수 없다고 본 사례.

제2절 | 주거침입의 죄

060 주거침입의 죄에 관한 설명 중 가장 적절하지 않은 것은? 〈경찰1차 2023〉

① 관리자가 일정한 토지와 외부의 경계에 인적 또는 물적 설비를 갖추고 외부인의 출입을 제한하고 있다면 그 토지에 인접하여 건조물로서의 요건을 갖춘 구조물이 존재하지 않더라도 이러한 토지는 건조물침입죄의 객체인 위요지에 해당한다.

② 다가구용 단독주택이나 다세대주택·연립주택·아파트와 같은 공동주택 내부의 엘리베이터, 공용 계단, 복도 등 공용 부분도 그 거주자들의 사실상 주거의 평온을 보호할 필요성이 있으므로 주거침입죄의 객체인 '사람의 주거'에 해당한다.

③ 범죄의 목적으로 일반인의 출입이 허용된 음식점에 영업주의 승낙을 받아 통상적인 출입 방법으로 들어간 경우, 특별한 사정이 없는 한 주거침입죄의 침입행위에 해당하지 않는다.

④ 공동거주자 중 한 사람이 법률적인 근거 기타 정당한 이유 없이 다른 공동거주자가 공동생활의 장소에 출입하는 것을 금지한 경우, 다른 공동거주자가 이에 대항하여 공동생활의 장소에 들어갔더라도 주거침입죄는 성립하지 않는다.

해설/정답 ①

① (×) 관리자가 일정한 토지와 외부의 경계에 인적 또는 물적 설비를 갖추고 외부인의 출입을 제한하고 있더라도 그 토지에 인접하여 건조물로서의 요건을 갖춘 구조물이 존재하지 않는다면 이러한 토지는 건조물침입죄의 객체인 위요지에 해당하지 않는다고 봄이 타당하다(대판 2017.12.22. 2017도690).

② (○) 다가구용 단독주택이나 다세대주택·연립주택·아파트 등 공동주택의 내부에 있는 엘리베이터, 공용 계단과 복도는 특별한 사정이 없는 한 주거침입죄의 객체인 '사람의 주거'에 해당하고, 위 장소에 거주자의 명시적, 묵시적 의사에 반하여 침입하는 행위는 주거침입죄를 구성한다(대판 2009.9.10. 2009도4335).

③ (○) 일반인의 출입이 허용된 음식점에 영업주의 승낙을 받아 통상적인 출입방법으로 들어갔다면 특별한 사정이 없는 한 주거침입죄에서 규정하는 침입행위에 해당하지 않는다. 설령 행위자가 범죄 등을 목적으로 음식점에 출입하였거나 영업주가 행위자의 실제 출입 목적을 알았더라면 출입을 승낙하지 않았을 것이라는 사정이 인정되더라도 그러한 사정만으로는 출입 당시 객관적·외형적으로 드러난 행위태양에 비추어 사실상의 평온상태를 해치는 방법으로 음식점에 들어갔다고 평가할 수 없으므로 침입행위에 해당하지 않는다(대판 2022.3.24. 2017도18272 전원합의체).

④ (○) 공동거주자 중 한 사람이 법률적인 근거 기타 정당한 이유 없이 다른 공동거주자가 공동생활의 장소에 출입하는 것을 금지하고, 이에 대항하여 다른 공동거주자가 공동생활의 장소에 들어가는 과정에서 그의 출입을 금지한 공동거주자의 사실상 평온상태를 해쳤더라도, 그 공동거주자의 승낙을 받아 공동생활의 장소에 함께 들어간 외부인의 출입 및 이용행위가 전체적으로 그의 출입을 승낙한 공동거주자의 통상적인 공동생활 장소의 출입 및 이용행위의 일환이자 이에 수반되는 행위로 평가할 수 있는 경우에는 그 외부인에 대하여도 역시 주거침입죄가 성립하지 않는다(대판 2021.9.9. 2020도6085 전원합의체).

061 주거침입죄에 관한 설명으로 가장 적절하지 않은 것은? 〈경찰1차 2022〉

① 건조물의 이용에 기여하는 인접의 부속 토지라고 하더라도 인적 또는 물적 설비 등에 의한 구획 내지 통제가 없어 통상의 보행으로 그 경계를 쉽사리 넘을 수 있는 정도라고 한다면, 이는 다른 특별한 사정이 없는 한 주거침입죄의 객체에 속하지 아니한다.

② 공동거주자 중 주거 내에 현재하는 거주자의 현실적인 승낙을 받아 통상적인 출입방법에 따라 들어갔다면, 설령 그것이 부재 중인 다른 거주자의 의사에 반하는 것으로 추정되더라도 주거침입죄의 보호법익인 사실상 주거의 평온을 깨트렸다고 볼 수 없다.

③ 공동주거의 경우 여러 사람이 하나의 생활공간에서 거주하는 성질에 비추어 공동거주자 각자는 다른 거주자와의 관계로 인하여 주거에서 누리는 사실상 주거의 평온이라는 법익이 일정부분 제약될 수밖에 없고, 공동거주자는 공동주거관계를 형성하면서 이러한 사정을 서로 용인하였다고 보아야 한다.

④ 공동거주자 중 한 사람인 A가 정당한 이유 없이 다른 공동거주자가 공동생활의 장소에 출입하는 것을 금지한 경우, 다른 공동거주자인 甲이 이에 대항하여 공동생활의 장소에 들어갔더라도 주거침입죄는 성립하지 않고, 다만 甲이 그 장소에 출입하기 위하여 출입문의 잠금장치를 손괴하는 등 다소간의 물리력을 행사한 경우에는 주거침입죄가 성립할 수 있다.

해설/정답 ④

① (○) 차량 통행이 빈번한 도로에 바로 접하여 있고, 도로에서 주거용 건물, 축사 4동 및 비닐하우스 2동으로 이루어진 시설로 들어가는 입구 등에 그 출입을 통제하는 문이나 담 기타 인적·물적 설비가 전혀 없고 노폭 5m 정도의 통로를

통하여 누구나 축사 앞 공터에 이르기까지 자유롭게 드나들 수 있는 사실 등을 이유로, 차를 몰고 위 통로로 진입하여 축사 앞 공터까지 들어간 행위가 주거침입에 해당한다고 본 원심판단에 법리오해 등의 위법이 있다고 한 사례(대판 2010.4.29. 2009도14643).

② (○), ③ (○) 주거침입죄의 보호법익은 사적 생활관계에 있어서 사실상 누리고 있는 주거의 평온, 즉 '사실상 주거의 평온'으로서, 주거를 점유할 법적 권한이 없더라도 사실상의 권한이 있는 거주자가 주거에서 누리는 사실적 지배·관리관계가 평온하게 유지되는 상태를 말한다. 외부인이 무단으로 주거에 출입하게 되면 이러한 사실상 주거의 평온이 깨어지는 것이다. 이러한 보호법익은 주거를 점유하는 사실상태를 바탕으로 발생하는 것으로서 사실적 성질을 가진다. 한편 공동주거의 경우에는 여러 사람이 하나의 생활공간에서 거주하는 성질에 비추어 공동거주자 각자는 다른 거주자와의 관계로 인하여 주거에서 누리는 사실상 주거의 평온이라는 법익이 일정 부분 제약될 수밖에 없고, 공동거주자는 공동주거관계를 형성하면서 이러한 사정을 서로 용인하였다고 보아야 한다. 부재 중인 일부 공동거주자에 대하여 주거침입죄가 성립하는지를 판단할 때에도 이러한 주거침입죄의 보호법익의 내용과 성질, 공동주거관계의 특성을 고려하여야 한다. 공동거주자 개개인은 각자 사실상 주거의 평온을 누릴 수 있으므로 어느 거주자가 부재중이라고 하더라도 사실상의 평온상태를 해치는 행위태양으로 들어가거나 그 거주자가 독자적으로 사용하는 공간에 들어간 경우에는 그 거주자의 사실상 주거의 평온을 침해하는 결과를 가져올 수 있다. 그러나 공동거주자 중 주거 내에 현재하는 거주자의 현실적인 승낙을 받아 통상적인 출입방법에 따라 들어갔다면, 설령 그것이 부재 중인 다른 거주자의 의사에 반하는 것으로 추정된다고 하더라도 주거침입죄의 보호법익인 사실상 주거의 평온을 깨트렸다고 볼 수는 없다(대판 2021.9.9. 2020도12630 전원합의체).

④ (×) 공동거주자 중 한 사람이 법률적인 근거 기타 정당한 이유 없이 다른 공동거주자가 공동생활의 장소에 출입하는 것을 금지한 경우, 다른 공동거주자가 이에 대항하여 공동생활의 장소에 들어갔더라도 이는 사전 양해된 공동주거의 취지 및 특성에 맞추어 공동생활의 장소를 이용하기 위한 방편에 불과할 뿐, 그의 출입을 금지한 공동거주자의 사실상 주거의 평온이라는 법익을 침해하는 행위라고는 볼 수 없으므로 주거침입죄는 성립하지 않는다. 설령 그 공동거주자가 공동생활의 장소에 출입하기 위하여 다소간의 물리력을 행사하여 그 출입을 금지한 공동거주자의 사실상 평온상태를 해쳤더라도 주거침입죄는 성립하지 않는다(대판 2021.9.9. 2020도6085 전원합의체).

062 다음 설명 중 가장 적절한 것은? 〈경찰2차 2020〉

① 주거침입죄에서 그 주거자 또는 간수자가 일단 적법하게 거주 또는 간수를 개시한 후에 그 권한을 상실하여 사법상 불법점유가 될 경우, 권리자가 이를 배제하기 위하여 정당한 절차에 의하지 아니하고 그 주거 또는 건조물에 침입하더라도 주거침입죄는 성립하지 않는다.

② 이미 수일 전에 2차례에 걸쳐 피해자를 강간하였던 피고인이 대문을 몰래 열고 들어와 담장과 피해자가 거주하던 방 사이의 좁은 통로에서 창문을 통하여 방안을 엿본 경우, 피해자의 사실상의 평온을 침해한 것이 아니기 때문에 주거침입죄가 성립되지 않는다.

③ 甲은 야간에 물건을 절취하기 위하여 다세대주택의 가스배관을 타고 오르다가 순찰 중이던 경찰관에게 발각되어 그냥 뛰어내렸다면, 야간주거침입절도죄의 실행에 착수한 것이다.

④ 피고인이 정당한 퇴거요구를 받고 나가면서 해당 건물에 가재도구 등을 남겨두었다 하더라도 퇴거불응죄가 성립하지 않는다.

해설/정답 ④

① (×) 주거침입죄는 사실상의 주거의 평온을 보호법익으로 하는 것이므로 그 거주자 또는 간수자가 건조물 등에 거주 또는 간수할 법률상 권한을 가지고 있는 여부는 범죄의 성립을 좌우하는 것이 아니며 일단

적법하게 거주 또는 간수를 개시한 후에 그 권한을 상실하여 사법상 불법점유가 되더라도 권리자가 이를 배제하기 위하여 정당한 절차에 의하지 아니하고 그 주거 또는 건조물을 침입한 경우에는 주거침입죄가 성립한다(대판 1983.3.8. 82도1363).

② (×) 이미 수일 전에 2차례에 걸쳐 피해자를 강간하였던 피고인이 대문을 몰래 열고 들어와 담장과 피해자가 거주하던 방 사이의 좁은 통로에서 창문을 통하여 방안을 엿본 경우, 주거침입죄에 해당한다고 본 사례(대판 2001.4.24. 2001도1092).

③ (×) 피고인이 이 사건 다세대주택 2층의 불이 꺼져 있는 것을 보고 물건을 절취하기 위하여 가스배관을 타고 올라가다가, 발은 1층 방범창을 딛고 두 손은 1층과 2층 사이에 있는 가스배관을 잡고 있던 상태에서 순찰 중이던 경찰관에게 발각되자 그대로 뛰어내린 사실을 인정한 후, 이러한 피고인의 행위만으로는 주거의 사실상의 평온을 침해할 현실적 위험성이 있는 행위를 개시한 때에 해당한다고 보기 어렵다는 이유로 이 부분 공소사실을 무죄로 판단하였다(대판 2008.3.27. 2008도917).

④ (○) [1] 주거침입죄와 퇴거불응죄는 모두 사실상의 주거의 평온을 그 보호법익으로 하고, 주거침입죄에서의 침입이 신체적 침해로서 행위자의 신체가 주거에 들어가야 함을 의미하는 것과 마찬가지로 퇴거불응죄의 퇴거 역시 행위자의 신체가 주거에서 나감을 의미하므로, 피고인이 이 사건 건물에 가재도구 등을 남겨두었다는 사정은 퇴거불응죄의 성부에 영향이 없다. [2] 정당한 퇴거요구를 받고 건물에서 나가면서 가재도구 등을 남겨둔 경우 퇴거불응죄를 구성하지 않는다고 한 사례(대판 2007.11.15. 2007도6990).

063 주거침입죄에 관한 설명으로 가장 적절하지 않은 것은? 〈경찰1차 2020 변형〉

① 주거침입죄는 사실상의 주거의 평온을 보호법익으로 하는 것이므로 그 거주자 또는 간수자는 건조물 등에 거주 또는 간수할 법률상 권한이 있어야 한다.

② 건조물의 이용에 기여하는 인접의 부속 토지라고 하더라도 인적 또는 물적 설비 등에 의한 구획 내지 통제가 없어 통상의 보행으로 그 경계를 쉽사리 넘을 수 있는 정도라고 한다면 일반적으로 외부인의 출입이 제한된다는 사정이 객관적으로 명확하게 드러났다고 보기 어려우므로, 이는 다른 특별한 사정이 없는 한 주거침입죄의 객체에 속하지 않는다.

③ 복수의 주거권자가 있는 경우에 그 중 한 사람의 허락을 받아 주거에 들어갔다 하더라도 다른 거주자의 의사에 직접·간접으로 반하는 때에는 주거침입죄가 성립한다.

④ 일반인의 출입이 허용된 음식점에 영업주의 승낙을 받아 통상적인 출입방법으로 들어갔다면 특별한 사정이 없는 한 주거침입죄에서 규정하는 침입행위에 해당하지 않는다.

해설/정답 ①, ③

① (×) 주거침입죄는 사실상의 주거의 평온을 보호법익으로 하는 것이므로 그 거주자 또는 간호자가 건조물등에 거주 또는 간수할 권리를 가지고 있는가의 여부는 범죄의 성립을 좌우하는 것이 아니며, 점유할 권리없는 자의 점유라고 하더라도 그 주거의 평온은 보호되어야 할 것이므로, 권리자가 그 권리실행으로서 자력구제의 수단으로 건조물에 침입한 경우에도 주거침입죄가 성립한다(대판 2007.7.27. 2006도3137, 대판 2007.3.15. 2006도7044, 대판 1985.3.26. 85도122).

② (○) 차량 통행이 빈번한 도로에 바로 접하여 있고, 도로에서 주거용 건물, 축사 4동 및 비닐하우스 2동으로 이루어진 시설로 들어가는 입구 등에 그 출입을 통제하는 문이나 담 기타 인적·물적 설비가 전혀 없고 노폭 5m 정도의 통로를 통하여 누구나 축사 앞 공터에 이르기까지 자유롭게 드나들 수 있는 사실 등을 이유로, 차를 몰고 위 통로로 진입하여 축사 앞 공터까지 들어간 행위가 주거침입에 해당한다고 본

원심판단에 법리오해 등의 위법이 있다고 한 사례(대판 2010.4.29. 2009도14643).

③ (×) 외부인이 공동거주자 중 주거 내에 현재하는 거주자로부터 현실적인 승낙을 받아 통상적인 출입방법에 따라 주거에 들어간 경우라면, 특별한 사정이 없는 한 사실상의 평온상태를 해치는 행위태양으로 주거에 들어간 것이라고 볼 수 없으므로 주거침입죄에서 규정하고 있는 침입행위에 해당하지 않는다(대판 2021.9.9. 2020도12630 전원합의체).

④ (○) [1] 주거침입죄는 사실상 주거의 평온을 보호법익으로 한다. 주거침입죄의 구성요건적 행위인 침입은 주거침입죄의 보호법익과의 관계에서 해석하여야 하므로, 침입이란 주거의 사실상 평온상태를 해치는 행위 태양으로 주거에 들어가는 것을 의미하고, 침입에 해당하는지는 출입 당시 객관적·외형적으로 드러난 행위 태양을 기준으로 판단함이 원칙이다. 사실상의 평온상태를 해치는 행위 태양으로 주거에 들어가는 것이라면 대체로 거주자의 의사에 반하겠지만, 단순히 주거에 들어가는 행위 자체가 거주자의 의사에 반한다는 주관적 사정만으로는 바로 침입에 해당한다고 볼 수 없다(대법원 2021. 9. 9. 선고 2020도12630 전원합의체 판결 참조). 거주자의 의사에 반하는지는 사실상의 평온상태를 해치는 행위 태양인지를 평가할 때 고려할 요소 중 하나이지만 주된 평가 요소가 될 수는 없다. 따라서 침입행위에 해당하는지는 거주자의 의사에 반하는지가 아니라 사실상의 평온상태를 해치는 행위 태양인지에 따라 판단되어야 한다. [2] 행위자가 거주자의 승낙을 받아 주거에 들어갔으나 범죄 등을 목적으로 한 출입이거나 거주자가 행위자의 실제 출입 목적을 알았더라면 출입을 승낙하지 않았을 것이라는 사정이 인정되는 경우 행위자의 출입행위가 주거침입죄에서 규정하는 침입행위에 해당하려면, 출입하려는 주거 등의 형태와 용도·성질, 외부인에 대한 출입의 통제·관리 방식과 상태, 행위자의 출입 경위와 방법 등을 종합적으로 고려하여 행위자의 출입 당시 객관적·외형적으로 드러난 행위 태양에 비추어 주거의 사실상 평온상태가 침해되었다고 평가되어야 한다. 이때 거주자의 의사도 고려되지만 주거 등의 형태와 용도·성질, 외부인에 대한 출입의 통제·관리 방식과 상태 등 출입 당시 상황에 따라 그 정도는 달리 평가될 수 있다. 일반인의 출입이 허용된 음식점에 영업주의 승낙을 받아 통상적인 출입방법으로 들어갔다면 특별한 사정이 없는 한 주거침입죄에서 규정하는 침입행위에 해당하지 않는다. 설령 행위자가 범죄 등을 목적으로 음식점에 출입하였거나 영업주가 행위자의 실제 출입 목적을 알았더라면 출입을 승낙하지 않았을 것이라는 사정이 인정되더라도 그러한 사정만으로는 출입 당시 객관적·외형적으로 드러난 행위 태양에 비추어 사실상의 평온상태를 해치는 방법으로 음식점에 들어갔다고 평가할 수 없으므로 침입행위에 해당하지 않는다(대판 2022.3.24. 2017도18272 전원합의체).

064 주거침입죄에 관한 설명으로 가장 적절하지 않은 것은? 〈경찰2차 2019〉

① 다가구용 단독주택이나 다세대주택·연립주택·아파트 등 공동주택의 내부에 있는 엘리베이터, 공용 계단과 복도는 특별한 사정이 없는 한 주거침입죄의 객체인 사람의 주거에 해당한다.

② 일반적으로 출입이 허가된 건물이라 하여도 피고인이 출입이 금지된 시간에 화장실 유리창문을 통해 들어간 것이라면 건조물침입죄가 성립한다.

③ 열려 있으면 들어갈 의사로 출입문을 당겨보는 행위나 빈집인지 확인하기 위해 초인종을 누르는 행위는 주거의 사실상의 평온을 침해할 객관적인 위험성을 포함하는 행위를 한 것으로 볼 수 있어 주거침입죄의 실행의 착수가 인정된다.

④ 신체의 극히 일부만 들어갔지만 사실상 주거의 평온을 해할 수 있는 정도에 이르지 않은 경우, 신체일부침입설과 신체전부침입설 모두 주거침입죄의 미수를 인정한다.

해설/정답 ③

① (○) 다가구용 단독주택이나 다세대주택·연립주택·아파트 등 공동주택의 내부에 있는 엘리베이터, 공용 계단과 복도는 특별한 사정이 없는 한 주거침입죄의 객체인 '사람의 주거'에 해당하고, 위 장소에 거주자의 명시적, 묵시적 의사에 반하여 침입하는 행위는 주거침입죄를 구성한다(대판 2009.9.10. 2009도4335).

② (○) 일반적으로 출입이 허가된 건물이라 하여도 피고인이 출입이 금지된 시간에 그 건물담벽에 있던 드럼통을 딛고 담벽을 넘어 들어간 후 그곳 마당에 있던 아이스박스통과 삽을 같은 건물 화장실 유리창문 아래에 놓고 올라가 위 창문을 연 후 이를 통해 들어간 것이라면 그 침입방법 자체가 일반적인 허가에 해당되지 않는 것이 분명하게 나타난 것이므로 건조물침입죄가 성립되는 것이다(대판 1990.3.13. 90도173).

③ (×) [1] 야간에 타인의 재물을 절취할 목적으로 사람의 주거에 침입한 경우에는 주거에 침입한 단계에서 이미형법 제330조에서 규정한 야간주거침입절도죄라는 범죄행위의 실행에 착수한 것이라고 보아야 한다. [2] 주거침입죄의 실행의 착수는 주거자, 관리자, 점유자 등의 의사에 반하여 주거나 관리하는 건조물 등에 들어가는 행위, 즉 구성요건의 일부를 실현하는 행위까지 요구하는 것은 아니고 범죄구성요건의 실현에 이르는 현실적 위험성을 포함하는 행위를 개시하는 것으로 족하므로, 출입문이 열려 있으면 안으로 들어가겠다는 의사 아래 출입문을 당겨보는 행위는 바로 주거의 사실상의 평온을 침해할 객관적인 위험성을 포함하는 행위를 한 것으로 볼 수 있어 그것으로 주거침입의 실행에 착수한 것으로 보아야 한다(대판 2006.9.14. 2006도2824). 침입 대상인 아파트에 사람이 있는지를 확인하기 위해 그 집의 초인종을 누른 행위만으로는 침입의 현실적 위험성을 포함하는 행위를 시작하였다거나, 주거의 사실상의 평온을 침해할 객관적인 위험성을 포함하는 행위를 한 것으로 볼 수 없다 할 것이다(대판 2008.4.10. 2008도1464).

④ (○) ㈎ 기수시기에 대해서는 신체의 전부가 주거에 들어간 때 주거침입죄의 기수가 된다고 보는 견해(전부침입설 : 다수설)과 ㈏ 주거침입죄의 보호법익을 고려하여 신체의 일부만이 주거에 들어갔다 하더라고 주거의 사실상 평온을 해할 정도에 이르렀다면 주거침입의 기수를 인정하는 견해(일부침입설 : 판례)의 대립이 있다. 전부침입설에 의하면 신체의 일부가 들어간 상황이므로 기수가 성립하지 않고, 일부침입설에 의하더라도 사실상 주거의 평온을 해할 수 있는 정도에 이르지 않은 경우에는 주거침입죄의 기수는 성립하지 않는다. 주거침입죄의 범의는 반드시 신체의 전부가 타인의 주거 안으로 들어간다는 인식이 있어야만 하는 것이 아니라 신체의 일부라도 타인의 주거 안으로 들어간다는 인식이 있으면 족하다고 할 것이고, 이러한 범의로써 예컨대 주거로 들어가는 문의 시정장치를 부수거나 문을 여는 등 침입을 위한 구체적 행위를 시작하였다면 주거침입죄의 실행의 착수는 있었다고 보아야 하고, 신체의 극히 일부분이 주거 안으로 들어갔지만 사실상 주거의 평온을 해하는 정도에 이르지 아니하였다면 주거침입죄의 미수에 그친다고 할 것이다(대판 1995.9.15. 94도2561).

065 주거침입의 죄에 대한 다음 설명 중 가장 적절하지 않은 것은? 〈경찰1차 2019 변형〉

① 권리자가 자신의 권리를 실현함에 있어 법에 정하여진 절차에 의하지 아니하고 타인의 주거 또는 건조물에 침입한 경우에는 주거침입죄가 성립한다.

② 주거침입죄는 반드시 행위자의 신체의 전부가 범행의 목적인 타인의 주거 안으로 들어가야만 성립한다.

③ 일반인의 출입이 허용된 음식점에 영업주의 승낙을 받아 통상적인 출입방법으로 들어갔다면 특별한 사정이 없는 한 주거침입죄에서 규정하는 침입행위에 해당하지 않는다.

④ 주거침입죄에 있어서 주거라 함은 단순히 가옥 자체만을 말하는 것이 아니라 그 위요지를 포함한다.

해설/정답 ②

① (○) [1] 주거침입죄는 사실상의 주거의 평온을 보호법익으로 하는 것이므로, 그 주거자 또는 간수자가 건조물 등에 거주 또는 간수할 권리를 가지고 있는가의 여부는 범죄의 성립을 좌우하는 것이 아니며, 점유

할 권리 없는 자의 점유라 하더라도 그 주거의 평온은 보호되어야 할 것이므로, 권리자가 그 권리를 실행함에 있어 법에 정하여진 절차에 의하지 아니하고 그 건조물 등에 침입한 경우에는 주거침입죄가 성립한다. [2] 다른 사람의 주택에 무단 침입한 범죄사실로 이미 유죄판결을 받은 사람이 그 판결이 확정된 후에도 퇴거하지 않은 채 계속하여 당해 주택에 거주한 사안에서, 위 판결 확정 이후의 행위는 별도의 주거침입죄를 구성한다고 한 사례(대판 2008.5.8. 2007도11322).

② (×) 주거침입죄는 사실상의 주거의 평온을 보호법익으로 하는 것이므로, 반드시 행위자의 신체의 전부가 범행의 목적인 타인의 주거 안으로 들어가야만 성립하는 것이 아니라 신체의 일부만 타인의 주거 안으로 들어갔다고 하더라도 거주자가 누리는 사실상의 주거의 평온을 해할 수 있는 정도에 이르렀다면 범죄구성요건을 충족하는 것이라고 보아야 할 것이고, 따라서 주거침입죄의 범의는 반드시 신체의 전부가 타인의 주거 안으로 들어간다는 인식이 있어야만 하는 것이 아니라 신체의 일부라도 타인의 주거 안으로 들어간다는 인식이 있으면 족하다고 할 것이고, 이러한 범의로써 예컨대 주거로 들어가는 문의 시정장치를 부수거나 문을 여는 등 침입을 위한 구체적 행위를 시작하였다면 주거침입죄의 실행의 착수는 있었다고 보아야 하고, 신체의 극히 일부분이 주거 안으로 들어갔지만 사실상 주거의 평온을 해하는 정도에 이르지 아니하였다면 주거침입죄의 미수에 그친다고 할 것이다(대판 1995.9.15. 94도2561).

③ (○) 일반인의 출입이 허용된 음식점에 영업주의 승낙을 받아 통상적인 출입방법으로 들어갔다면 특별한 사정이 없는 한 주거침입죄에서 규정하는 침입행위에 해당하지 않는다. 설령 행위자가 범죄 등을 목적으로 음식점에 출입하였거나 영업주가 행위자의 실제 출입 목적을 알았더라면 출입을 승낙하지 않았을 것이라는 사정이 인정되더라도 그러한 사정만으로는 출입 당시 객관적·외형적으로 드러난 행위 태양에 비추어 사실상의 평온상태를 해치는 방법으로 음식점에 들어갔다고 평가할 수 없으므로 침입행위에 해당하지 않는다. 이와 달리 일반인의 출입이 허용된 음식점이더라도 음식점의 방실에 도청용 송신기를 설치할 목적으로 들어간 것은 영업주의 명시적 또는 추정적 의사에 반한다고 보아 주거침입죄가 성립한다고 인정한 대법원 1997. 3. 28. 선고 95도2674 판결을 비롯하여 같은 취지의 대법원 판결들은 이 판결의 견해에 배치되는 범위 안에서 이를 변경하기로 한다(대판 2022.3.24. 2017도18272 전원합의체).

④ (○) [1] 주거침입죄는 사실상의 주거의 평온을 보호법익으로 하는 것으로 거주자가 누리는 사실상의 주거의 평온을 해할 수 있는 정도에 이르렀다면 범죄구성요건을 충족하는 것이라고 보아야 하고, 주거침입죄에 있어서 주거라 함은 단순히 가옥 자체만을 말하는 것이 아니라 그 위요지를 포함한다. [2] 이미 수일 전에 2차례에 걸쳐 피해자를 강간하였던 피고인이 대문을 몰래 열고 들어와 담장과 피해자가 거주하던 방 사이의 좁은 통로에서 창문을 통하여 방안을 엿본 경우, 주거침입죄에 해당한다고 본 사례(대판 2001.4.24. 2001도1092).

066 **주거침입의 죄에 대한 설명으로 가장 적절한 것은?** 〈경찰3차 2018 변형〉

① 건물의 소유자라고 주장하는 피고인과 그것을 점유관리하는 피해자 사이에 건물의 소유권에 대한 분쟁이 계속되고 있는 상황이라면 피고인이 피해자의 허락 없이 그 건물에 침입하는 행위를 주거침입죄로 처벌할 수 없다.

② 퇴거불응죄는 실행행위의 소극적 성격으로 인해 주거침입죄에 비해 법정형이 경하게 규정되어 있다.

③ 주거침입죄의 실행의 착수가 인정되기 위해서는 주거자의 의사에 반하여 주거나 관리하는 건조물 등에 들어가는 행위까지 요구하는 것은 아니고, 범죄구성요건의 실현에 이르는 현실적 위험성을 포함하는 행위를 개시하는 것으로 족하다.

④ 남편의 일시 부재중 간통의 목적 하에 그 처의 승낙만을 얻고 주거에 들어갔다면, 사회통념상 남편의 의사에 반하는 것처럼 보이더라도 주거자 1인의 승낙을 얻은 이상 주거침입죄는 성립하지 않는다.

해설/정답 ③, ④

① (×) 건물의 소유자라고 주장하는 피고인과 그것을 점유관리하고 있는 피해자 사이에 건물의 소유권에 대한 분쟁이 계속되고 있는 상황이라면 피고인이 그 건물에 침입하는 것에 대한 피해자의 추정적 승낙이 있었다거나 피고인의 이 사건 범행이 사회상규에 위배되지 않는다고 볼 수 없다고 한 원심의 조치는 수긍이 간다(대판 1989.9.12. 89도889).

② (×) 형법 제319조

> **제319조(주거침입, 퇴거불응)**
> ① 사람의 주거, 관리하는 건조물, 선박이나 항공기 또는 점유하는 방실에 침입한 자는 3년 이하의 징역 또는 500만 원 이하의 벌금에 처한다.
> ② 전항의 장소에서 퇴거요구를 받고 응하지 아니한 자도 전항의 형과 같다.

③ (○) 강도의 주체는 절도 즉 절도범인으로, 절도의 실행에 착수한 이상 미수이거나 기수이거나 불문하고, 야간에 타인의 재물을 절취할 목적으로 사람의 주거에 침입한 경우에는 주거에 침입한 단계에서 이미 형법 제330조에서 규정한 야간주거침입절도죄라는 범죄행위의 실행에 착수한 것이라고 보아야 하며, 주거침입죄의 경우 주거침입의 범의로써 예컨대, 주거로 들어가는 문의 시정장치를 부수거나 문을 여는 등 침입을 위한 구체적 행위를 시작하였다면 주거침입죄의 실행의 착수는 있었다고 보아야 한다(대판 2003.10.24. 2003도4417). 침입 대상인 아파트에 사람이 있는지를 확인하기 위해 그 집의 초인종을 누른 행위만으로는 침입의 현실적 위험성을 포함하는 행위를 시작하였다거나, 주거의 사실상의 평온을 침해할 객관적인 위험성을 포함하는 행위를 한 것으로 볼 수 없다 할 것이다(대판 2008.4.10. 2008도1464).

④ (○) 외부인이 공동거주자 중 주거 내에 현재하는 거주자로부터 현실적인 승낙을 받아 통상적인 출입방법에 따라 주거에 들어간 경우라면, 특별한 사정이 없는 한 사실상의 평온상태를 해치는 행위태양으로 주거에 들어간 것이라고 볼 수 없으므로 주거침입죄에서 규정하고 있는 침입행위에 해당하지 않는다(대판 2021.9.9. 2020도12630 전원합의체).

067 다음 설명 중 옳은 것은 모두 몇 개인가? 〈경찰1차 2016〉

> ㉠ 준강도의 주체는 절도 즉 절도범인으로, 절도의 실행에 착수한 이상 미수이거나 기수이거나 불문하고, 야간에 타인의 재물을 절취할 목적으로 사람의 주거에 침입한 경우에는 주거에 침입한 단계에서 이미 형법 제330조에서 규정한 야간주거침입절도죄라는 범죄행위의 실행에 착수한 것이라고 보아야 한다.
>
> ㉡ 주거침입죄의 경우 주거침입의 범의로써 예컨대, 주거로 들어가는 문의 시정장치를 부수거나 문을 여는 등 침입을 위한 구체적 행위를 시작하였다면 주거침입죄의 실행의 착수는 있었다고 보아야 한다.
>
> ㉢ 주거침입죄의 실행의 착수는 주거자, 관리자, 점유자 등의 의사에 반하여 주거나 관리하는 건조물 등에 들어가는 행위 즉, 구성요건의 일부를 실현하는 행위까지 요구하는 것은 아니고, 범죄구성요건의 실현에 이르는 현실적 위험성을 포함하는 행위를 개시하는 것으로 족하다.
>
> ㉣ 야간에 아파트에 침입하여 물건을 훔칠 의도 하에 아파트의 베란다 철제난간까지 올라가 유리창문을 열려고 시도하였다면 야간주거침입절도죄의 실행에 착수한 것으로 보아야 한다.

① 1개　　② 2개　　③ 3개　　④ 4개

해설/정답 ④

㉠ (○) 강도의 주체는 절도 즉 절도범인으로, 절도의 실행에 착수한 이상 미수이거나 기수이거나 불문하고, 야간에 타인의 재물을 절취할 목적으로 사람의 주거에 침입한 경우에는 주거에 침입한 단계에서 이미 형법 제330조에서 규정한 야간주거침입절도죄라는 범죄행위의 실행에 착수한 것이라고 보아야 하며, 주거침입죄의 경우 주거침입의 범의로써 예컨대, 주거로 들어가는 문의 시정장치를 부수거나 문을 여는 등 침입을 위한 구체적 행위를 시작하였다면 주거침입죄의 실행의 착수는 있었다고 보아야 한다(대판 2003.10.24. 2003도4417).

㉡ (○) 준강도의 주체는 절도 즉 절도범인으로, 절도의 실행에 착수한 이상 미수이거나 기수이거나 불문하고, 야간에 타인의 재물을 절취할 목적으로 사람의 주거에 침입한 경우에는 주거에 침입한 단계에서 이미 형법 제330조에서 규정한 야간주거침입절도죄라는 범죄행위의 실행에 착수한 것이라고 보아야 하며, 주거침입죄의 경우 주거침입의 범의로써 예컨대, 주거로 들어가는 문의 시정장치를 부수거나 문을 여는 등 침입을 위한 구체적 행위를 시작하였다면 주거침입죄의 실행의 착수는 있었다고 보아야 한다(대판 2003.10.24. 2003도4417).

㉢ (○) 주거침입죄의 실행의 착수는 주거자, 관리자, 점유자 등의 의사에 반하여 주거나 관리하는 건조물 등에 들어가는 행위, 즉 구성요건의 일부를 실현하는 행위까지 요구하는 것은 아니고 범죄구성요건의 실현에 이르는 현실적 위험성을 포함하는 행위를 개시하는 것으로 족하므로, 출입문이 열려 있으면 안으로 들어가겠다는 의사 아래 출입문을 당겨보는 행위는 바로 주거의 사실상의 평온을 침해할 객관적인 위험성을 포함하는 행위를 한 것으로 볼 수 있어 그것으로 주거침입의 실행에 착수한 것으로 보아야 한다(대판 2006.9.14. 2006도2824).

㉣ (○) 야간에 아파트에 침입하여 물건을 훔칠 의도 하에 아파트의 베란다 철제난간까지 올라가 유리창문을 열려고 시도하였다면 야간주거침입절도죄의 실행에 착수한 것으로 보아야 한다고 한 사례(대판 2003.10.24. 2003도4417).

CHAPTER 05 | 재산에 대한 죄

제1절 | 절도의 죄

068 재산죄에 관한 설명 중 가장 적절하지 않은 것은? 〈경찰2차 2022〉

① 절도죄, 강도죄, 공갈죄는 탈취죄에 속한다.

② 영득죄는 범죄성립에 불법영득의사를 필요로 하고, 손괴죄는 이를 필요로 하지 않는다.

③ 강도죄, 사기죄, 공갈죄는 재물죄인 동시에 이득죄이다.

④ 영득죄는 침해방법에 따라 탈취죄와 편취죄로 나눌 수 있다.

해설/정답 ①

① (×) 절도죄와 강도죄는 탈취죄에 속하지만, 공갈죄는 사기죄와 함께 편취죄에 속한다.

② (○) 손괴죄는 훼기죄로서 불법영득의사를 필요로 하지 않는다.

③ (○) 강도죄, 사기죄, 공갈죄의 객체는 재물 또는 재산상 이익이므로 재물죄인 동시에 이득죄이다.

④ (○) 영득죄를 침해방법에 따라 구별한 것으로서 절도죄·강도죄·장물죄 및 횡령죄가 탈취죄에 속하고, 사기죄와 공갈죄가 편취죄에 속한다.

069 다음 사례 중 甲의 행위가 동일한 범죄구성요건에 해당하는 것으로만 짝지어진 것은? 〈경찰2차 2022〉

> ㉠ A는 B가 운영하는 피씨방을 이용하고 나오면서 자신의 핸드폰을 두고 왔는데, 그때 B의 피씨방을 이용하고 있던 甲이 A가 두고 간 핸드폰을 발견하고 그것을 가지고 갔다.
> ㉡ 甲은 A로부터 그의 오토바이를 타고 심부름을 다녀와 달라는 부탁을 받고 다녀오던 중, 마음이 변하여 A에게 오토바이를 돌려주지 않고 그대로 타고 가버렸다.
> ㉢ A는 지하철 선반 위에 올려둔 가방을 깜빡 잊고 그대로 지하철에서 내렸고, 이를 본 甲은 A가 가방을 두고 내린 것을 아무도 알아채지 못한 틈을 타 그 가방을 들고 지하철에서 내렸다.
> ㉣ 甲은 자신의 토지를 임차하여 대나무를 식재하고 가꾸어 온 A의 대나무를 그의 의사에 반하여 벌채하여 갔다.
> ㉤ 甲은 A의 토지 위에 권원 없이 식재한 자신의 감나무에 열린 감을 수확해 갔다.

① ㉠, ㉡, ㉣　　② ㉡, ㉢, ㉤　　③ ㉠, ㉢, ㉣　　④ ㉠, ㉣, ㉤

해설/정답 ④

㉠ (절도죄) 피해자가 피씨방에 두고 간 핸드폰은 피씨방 관리자의 점유하에 있어서 제3자가 이를 취한 행위는 절도죄를 구성한다고 할 것이므로, 이 점에 관한 원심의 판단은 정당하고, 거기에 절도죄에 관한 법령적용의 착오가 있다고도 할 수 없다(대판 2007.3.15. 2006도9338).

㉡ (횡령죄) 피해자가 그 소유의 오토바이를 타고 심부름을 다녀오라고 하여서 그 오토바이를 타고 가다가 마음이 변하여 이를 반환하지 아니한 채 그대로 타고 가버렸다면 횡령죄를 구성함은 별론으로 하고 적어도 절도죄를 구성하지는 아니한다(대판 1986.8.19. 86도1093).

㉢ (점유이탈물횡령죄) 승객이 놓고 내린 지하철의 전동차 바닥이나 선반 위에 있던 물건을 가지고 간 경우, 지하철의 승무원은 유실물법상 전동차의 관수자로서 승객이 잊고 내린 유실물을 교부받을 권능을 가질 뿐 전동차 안에 있는 승객의 물건을 점유한다고 할 수 없고, 그 유실물을 현실적으로 발견하지 않는 한 이에 대한 점유를 개시하였다고 할 수도 없으므로, 그 사이에 위와 같은 유실물을 발견하고 가져간 행위는 점유이탈물횡령죄에 해당함은 별론으로 하고 절도죄에 해당하지는 않는다(대판 1999.11.26. 99도3963).

㉣ (절도죄) 타인의 토지상에 권원 없이 식재한 수목의 소유권은 토지소유자에게 귀속하고 권원에 의하여 식재한 경우에는 그 소유권이 식재한 자에게 있다할 것인 바, 원심의 위 설시만으로는 위 김창현의 위 대나무 식재가 권원에 의한 것인지 여부를 확연히 알 수 없는 흠이 있기는 하나 원심 거시의 위 증거들에 의하면 위 김창현은 그가 피고인으로부터 임차하고 있는 토지의 울타리 안에 위 대나무를 식재하고 가꾸어 온 사실과 피고인이 그 울타리 안의 대나무를 벌채하여 간 사실을 인정하기에 넉넉하므로 원심의 위 판시는 결국 피고인이 위 김창현의 권원에 의하여 식재한 위 동인소유의 대나무를 동인의 의사에 반하여 벌채하여 간 것이라는 사실을 인정한 취지로 못볼 바 아니고 거기에 소론과 같이 채증법칙위반 심리미진으로 사실을 오인한 위법이 있다고 할 수 없고 또 위와 같은 사실관계 아래에서의 원심의 위 판단은 정당하고 위 김창현이 권원 없이 피고인의 토지상에 위 대나무를 식재하였음을 전제로 하는 법리오해의 논지도 받아들일 수 없으므로 논지는 모두 이유 없다(대판 1980.9.30. 80도1874).

㉤ (절도죄) 타인의 토지상에 권원 없이 식재한 수목의 소유권은 토지소유자에게 귀속하고 권원에 의하여 식재한 경우에는 그 소유권이 식재한 자에게 있으므로, 권원 없이 식재한 감나무에서 감을 수확한 것은 절도죄에 해당한다(대판 1998.4.24. 97도3425).

070 절도의 죄에 관한 설명으로 가장 적절하지 않은 것은? 〈경찰1차 2022〉

① 어떠한 물건을 점유자의 의사에 반하여 취거하는 행위가 결과적으로 소유자의 이익으로 된다는 사정 또는 소유자의 추정적 승낙이 있다고 볼 만한 사정이 있다고 하더라도, 다른 특별한 사정이 없는 한 그러한 사유만으로 불법영득의 의사가 없다고 할 수는 없다.

② 주간에 절도의 목적으로 타인의 주거에 침입하였다고 하여도 아직 절취할 물건의 물색행위를 시작하기 전이라면 절도죄의 실행에 착수한 것으로 볼 수 없는 것이어서 절도미수죄는 성립하지 않는다.

③ 입목을 절취하기 위하여 이를 캐낸 때에는 그 시점에서 아직 소유자의 입목에 대한 점유가 침해되어 범인의 사실적 지배하에 놓였다고는 볼 수 없고 이를 운반하거나 반출하는 등의 행위가 있어야 그 점유를 취득하게 되는 것이므로, 이 때 절도죄는 기수에 이르렀다고 할 것이다.

④ 상습절도 등의 범행을 한 자가 추가로 자동차등불법사용의 범행을 한 경우에 그것이 절도 습벽의 발현이라고 보이는 이상 자동차등불법사용의 범행은 상습절도 등의 죄에 흡수되어 1죄만이 성립한다.

해설/정답 ③

① (○) 어떠한 물건을 점유자의 의사에 반하여 취거하는 행위가 결과적으로 소유자의 이익으로 된다는 사정 또는 소유자의 추정적 승낙이 있다고 볼 만한 사정이 있다고 하더라도, 다른 특별한 사정이 없는 한 그러한 사유만으로 불법영득의 의사가 없다고 할 수는 없다(대판 2014.2.21. 2013도14139).

② (○) 형법 제331조 제2항의 특수절도에 있어서 주거침입은 그 구성요건이 아니므로, 절도범인이 그 범행수단으로 주거침입을 한 경우에 그 주거침입행위는 절도죄에 흡수되지 아니하고 별개로 주거침입죄를 구성하여 절도죄와는 실체적 경합의 관계에 있게 되고, 2인 이상이 합동하여 야간이 아닌 주간에 절도의 목적으로 타인의 주거에 침입하였다 하여도 아직 절취할 물건의 물색행위를 시작하기 전이라면 특수절도죄의 실행에는 착수한 것으로 볼 수 없는 것이어서 그 미수죄가 성립하지 않는다(대판 2009.12.24. 2009도9667).

③ (×) [1] 입목을 절취하기 위하여 캐낸 때에 소유자의 입목에 대한 점유가 침해되어 범인의 사실적 지배하에 놓이게 되므로 범인이 그 점유를 취득하고 절도죄는 기수에 이른다. 이를 운반하거나 반출하는 등의 행위는 필요하지 않다. [2] 원심이 확정한 사실관계에 의하더라도, 피고인 2는 피고인 1이 영산홍을 땅에서 완전히 캐낸 이후에 비로소 범행장소로 와서 피고인 1과 함께 위 영산홍을 승용차까지 운반하였다는 것인바, 앞서 본 법리에 비추어 보면, 피고인 1이 영산홍을 땅에서 캐낸 그 시점에서 이미 피해자의 영산홍에 대한 점유가 침해되어 그 사실적 지배가 피고인 1에게 이동되었다고 봄이 상당하므로, 그때 피고인 1의 영산홍 절취행위는 기수에 이르렀다고 할 것이고, 이와 같이 보는 이상 그 이후에 피고인 2가 영산홍을 피고인 1과 함께 승용차까지 운반하였다고 하더라도 그러한 행위가 다른 죄에 해당하는지의 여부는 별론으로 하고, 피고인 2가 피고인 1과 합동하여 영산홍 절취행위를 하였다고 볼 수는 없다고 할 것이다. [3] 절도범인이 혼자 입목을 땅에서 완전히 캐낸 후에 비로소 제3자가 가담하여 함께 입목을 운반한 사안에서, 특수절도죄의 성립을 부정한 사례(대판 2008.10.23. 2008도6080).

④ (○) 상습절도 등의 범행을 한 자가 추가로 자동차등불법사용의 범행을 한 경우에 그것이 절도 습벽의 발현이라고 보이는 이상 자동차등불법사용의 범행은 상습절도 등의 죄에 흡수되어 1죄만이 성립하고 이와 별개로 자동차등불법사용죄는 성립하지 않는다고 보아야 하고, 검사가 상습절도 등의 범행을 형법 제332조 대신에 특가법 제5조의4 제1항으로 의율하여 기소하였다 하더라도 그 공소제기의 효력은 동일한 습벽의 발현에 의한 자동차등불법사용의 범행에 대하여도 미친다고 보아야 한다(대판 2002.4.26. 2002도429).

071 절도죄에 대한 설명으로 가장 적절한 것은? 〈경찰2차 2020〉

① 甲은 자신이 종업원으로 종사하고 있는 점포에서 점포 주인이 부재중임을 틈타 점포 금고 안에 든 20만 원과 점포 내에 있던 오토바이 1대를 타고 도주한 경우, 甲은 절도죄의 죄책을 진다.

② 甲은 사무실에서 회사 명의의 통장을 몰래 가지고 나와 예금 1,000만 원을 인출한 후 다시 그 통장을 제자리에 가져다 놓은 경우, 통장 자체가 가지는 경제적 가치가 그 인출된 예금액만큼 소모되었다고 할 수 없고 또한 통장을 사용하고 곧 반환한 이상 甲의 불법영득의사는 없었으므로 절도죄가 성립하지 않는다.

③ 절취한 자기앞수표를 음식대금으로 교부하고 거스름돈을 환불받은 행위는 별도의 사기죄를 구성하지 않고 선행한 절도죄의 불가벌적 사후행위가 성립한다.

④ 임차인이 임대계약 종료 후 식당 건물에서 퇴거하면서 종전부터 사용하던 냉장고의 전원을 켜둔 채 그대로 두었다가 약 1개월 후 철거해 가는 바람에 그 기간 동안 전기가 소비된 경우, 절도죄가 성립한다.

해설/정답 ③

① (×) 민법상 점유보조자(점원)라고 할지라도 그 물건에 대하여 사실상 지배력을 행사하는 경우에는 형법상 보관의 주체로 볼 수 있으므로 이를 영득한 경우에는 절도죄가 아니라 횡령죄에 해당한다(대판 1982.3.9. 81도3396).

② (×) 예금통장은 예금채권을 표창하는 유가증권이 아니고 그 자체에 예금액 상당의 경제적 가치가 화체되어 있는 것도 아니지만, 이를 소지함으로써 예금채권의 행사자격을 증명할 수 있는 자격증권으로서 예금계약사실뿐 아니라 예금액에 대한 증명기능이 있고 이러한 증명기능은 예금통장 자체가 가지는 경제적 가치라고 보아야 하므로, 예금통장을 사용하여 예금을 인출하게 되면 그 인출된 예금액에 대하여는 예금통장 자체의 예금액 증명기능이 상실되고 이에 따라 그 상실된 기능에 상응한 경제적 가치도 소모된다. 그렇다면 예금통장 자체가 가지는 예금액 증명기능의 경제적 가치에 대한 불법영득의 의사를 인정할 수 있으므로 절도죄가 성립한다(대판 2010.5.27. 2009도9008).

③ (○) 금융기관 발행의 자기앞수표는 그 액면금을 즉시 지급받을 수 있어 현금에 대신하는 기능을 하고 있으므로 절취한 자기앞수표를 현금 대신으로 교부한 행위는 절도행위에 대한 가벌적 평가에 당연히 포함되는 것으로 봄이 상당하다 할 것이므로 절취한 자기앞수표를 음식대금으로 교부하고 거스름돈을 환불받은 행위는 절도의 불가벌적 사후처분행위로서 사기죄가 되지 아니한다(대판 1987.1.20. 86도1728).

④ (×) 임차인이 임대계약 종료 후 식당건물에서 퇴거하면서 종전부터 사용하던 냉장고의 전원을 켜 둔 채 그대로 두었다가 약 1개월 후 철거해 가는 바람에 그 기간 동안 전기가 소비된 사안에서, 임차인이 퇴거 후에도 냉장고에 관한 점유·관리를 그대로 보유하고 있었다고 보아야 하므로, 냉장고를 통하여 전기를 계속 사용하였다고 하더라도 이는 당초부터 자기의 점유·관리 하에 있던 전기를 사용한 것일 뿐 타인의 점유·관리 하에 있던 전기가 아니어서 절도죄가 성립하지 않는다고 한 사례(대판 2008.7.10. 2008도3252).

072 재산죄에 관한 설명으로 가장 적절하지 않은 것은? 〈경찰1차 2020〉

① 「형법」상의 점유란 현실적으로 어떠한 재물을 지배하는 순수한 사실상의 관계를 말하는 것으로서 「민법」상의 점유와 동일하다.

② 절도죄에서의 절취는 폭행·협박에 의하지 않고 타인점유의 재물을 점유자의 의사에 반하여 그 점유를 배제하고 자기 또는 제3자의 점유 하에 옮기는 것을 말한다.

③ 동업자, 조합원, 부부 사이와 같이 수인이 대등하게 재물을 점유하는 공유물, 합유물 그리고 총유물의 경우에도 공동점유자 상호간에 점유의 타인성이 인정되므로 그 중 1인이 다른 공동점유자의 점유를 배제하고 단독점유로 옮긴 때에는 절도죄가 성립한다.

④ 절도죄의 성립에 필요한 불법영득의 의사라 함은 타인의 재물에 대해서 소유자와 유사한 지배력을 행사하여 이용·처분하려는 의사를 말하는 것으로, 영구적으로 그 물건의 경제적 이익을 보유할 의사는 필요 없고, 일시적이어도 무방하다.

해설/정답 ①

① (×) [1] 절도죄란 재물에 대한 타인의 점유를 침해함으로써 성립하는 것이다. 여기서의 '점유'라고 함은 현실적으로 어떠한 재물을 지배하는 순수한 사실상의 관계를 말하는 것으로서, 민법상의 점유와 반드시 일치하는 것이 아니다. 물론 이러한 현실적 지배라고 하여도 점유자가 반드시 직접 소지하거나 항상 감수(監守)하여야 하는 것은 아니고, 재물을 위와 같은 의미에서 사실상으로 지배하는지 여부는 재물의 크기·형상, 그 개성의 유무, 점유자와 재물과의 시간적·장소적 관계 등을 종합하여 사회통념에 비추어 결정되어야 한

다. 그렇게 보면 종전 점유자의 점유가 그의 사망으로 인한 상속에 의하여 당연히 그 상속인에게 이전된다는 민법 제193조는 절도죄의 요건으로서의 '타인의 점유'와 관련하여서는 적용의 여지가 없고, 재물을 점유하는 소유자로부터 이를 상속받아 그 소유권을 취득하였다고 하더라도 상속인이 그 재물에 관하여 위에서 본 의미에서의 사실상의 지배를 가지게 되어야만 이를 점유하는 것으로서 그때부터 비로소 상속인에 대한 절도죄가 성립할 수 있다. [2] 피고인이 내연관계에 있는 甲과 아파트에서 동거하다가, 甲의 사망으로 甲의 상속인인 乙 및 丙 소유에 속하게 된 부동산 등기권리증 등 서류들이 들어 있는 가방을 위 아파트에서 가지고 가 절취하였다는 내용으로 기소된 사안에서, 피고인이 甲의 사망 전부터 아파트에서 甲과 함께 거주하였고, 甲의 자식인 乙 및 丙은 위 아파트에서 전혀 거주한 일이 없이 다른 곳에서 거주·생활하다가 甲의 사망으로 아파트 등의 소유권을 상속하였으나, 乙 및 丙이 甲 사망 후 피고인이 가방을 가지고 가기까지 그들의 소유권 등에 기하여 아파트 또는 그곳에 있던 가방의 인도 등을 요구한 일이 전혀 없는 사정 등에 비추어, 피고인이 가방을 들고 나온 시점에 을 및 병이 아파트에 있던 가방을 사실상 지배하여 점유하고 있었다고 볼 수 없어 피고인의 행위가 을 등의 가방에 대한 점유를 침해하여 절도죄를 구성한다고 할 수 없는데도, 이와 달리 보아 절도죄를 인정한 원심판결에 절도죄의 점유에 관한 법리오해 등의 위법이 있다고 한 사례(대판 2012.4.26. 2010도6334).

② (○) 당사자 사이에 자동차의 소유권을 그 등록명의자 아닌 자가 보유하기로 약정한 경우, 그 약정 당사자 사이의 내부관계에서는 등록명의자 아닌 자가 소유권을 보유하게 된다고 하더라도 제3자에 대한 관계에서는 어디까지나 그 등록명의자가 자동차의 소유자라고 할 것이다. 한편 형법상 절취란 타인이 점유하고 있는 자기 이외의 자의 소유물을 점유자의 의사에 반하여 그 점유를 배제하고 자기 또는 제3자의 점유로 옮기는 것을 말하고, 형법 제344조에 의하여 준용되는 형법 제328조 제1항에 정한 친족 간의 범행에 관한 규정은 범인과 피해물건의 소유자 및 점유자 쌍방 간에 같은 규정에 정한 친족관계가 있는 경우에만 적용되는 것이며, 단지 절도범인과 피해물건의 소유자간에만 친족관계가 있거나 절도범인과 피해물건의 점유자 간에만 친족관계가 있는 경우에는 그 적용이 없다고 보아야 한다(대판 2014.9.25. 2014도8984).

③ (○) 피고인이 피고인과 피해자의 동업자금으로 구입하여 피해자가 관리하고 있던 다이야포크레인 1대를 그의 허락 없이 공소외인으로 하여금 운전하여 가도록 한 행위는 절도죄를 구성한다(대판 1990.9.11. 90도1021).

[참고 판례] 타인과 공동소유관계에 있는 물건도 절도죄의 객체가 되는 타인의 재물에 속한다(대판 1994.11.25. 94도2432).

④ (○) [1] 절도죄의 성립에 필요한 불법영득의 의사란 권리자를 배제하고 타인의 물건을 자기의 소유물과 같이 이용·처분할 의사를 말하고, 영구적으로 물건의 경제적 이익을 보유할 의사임은 요하지 않으며, 일시 사용의 목적으로 타인의 점유를 침탈한 경우에도 사용으로 인하여 물건 자체가 가지는 경제적 가치가 상당한 정도로 소모되거나 또는 상당한 장시간 점유하고 있거나 본래의 장소와 다른 곳에 유기하는 경우에는 이를 일시 사용하는 경우라고는 볼 수 없으므로 영득의 의사가 없다고 할 수 없다. [2] 피고인이 甲의 영업점 내에 있는 甲 소유의 휴대전화를 허락 없이 가지고 나와 이를 이용하여 통화를 하고 문자메시지를 주고받은 다음 약 1~2시간 후 甲에게 아무런 말을 하지 않고 위 영업점 정문 옆 화분에 놓아두고 감으로써 이를 절취하였다는 내용으로 기소된 사안에서, 피고인이 甲의 휴대전화를 자신의 소유물과 같이 경제적 용법에 따라 이용하다가 본래의 장소와 다른 곳에 유기한 것이므로 피고인에게 불법영득의사가 있었다고 할 것인데도, 이와 달리 보아 무죄를 선고한 원심판결에 절도죄의 불법영득의사에 관한 법리오해의 위법이 있다(대판 2012.7.12. 2012도1132).

073 절도죄의 객체에 관한 설명으로 가장 적절한 것은? 〈경찰2차 2019〉

① 고속버스 운전기사가 발견한 버스 내 유실물을 타인이 가져간 경우, 절도죄가 아니라 점유이탈물횡령죄가 성립한다.

② 종전 점유자의 점유가 그의 사망으로 인한 상속에 의하여 당연히 그 상속인에게 이전된다는 「민법」 제193조는 절도죄의 '점유'에도 적용된다.

③ 임차인이 임대계약 종료 후 식당건물에서 퇴거하면서 종전부터 사용하던 냉장고의 전원을 켜 둔 채 그대로 두었다가 약 1개월 후 철거해 가는 바람에 그 기간 동안 전기가 소비된 경우, 타인의 점유·관리 하에 있던 전기이므로 절도죄가 성립한다.

④ 자동차등록명의자가 등록명의는 그대로 두고 자동차의 소유권은 상대방이 보유하도록 하는 약정을 체결한 이후 약정상대방이 점유하던 그 자동차를 임의로 가져간 경우, 자동차 등록명의와 관계없이 약정상대방이 소유자이므로 절도죄가 성립한다.

해설/정답 ④

① (×) 고속버스 운전사는 고속버스의 관수자로서 차 내에 있는 승객의 물건을 점유하는 것이 아니고 승객이 잊고 내린 유실물을 교부받을 권능을 가질 뿐이므로 유실물을 현실적으로 발견하지 않는 한 이에 대한 점유를 개시하였다고 할 수 없고, 그 사이에 다른 승객이 유실물을 발견하고 이를 가져 갔다면 절도에 해당하지 아니하고 점유이탈물횡령에 해당한다(대판 1993.3.16. 92도3170).

② (×) 종전 점유자의 점유가 그의 사망으로 인한 상속에 의하여 당연히 그 상속인에게 이전된다는 민법 제193조는 절도죄의 요건으로서의 '타인의 점유'와 관련하여서는 적용의 여지가 없고, 재물을 점유하는 소유자로부터 이를 상속받아 그 소유권을 취득하였다고 하더라도 상속인이 그 재물에 관하여 위에서 본 의미에서의 사실상의 지배를 가지게 되어야만 이를 점유하는 것으로서 그때부터 비로소 상속인에 대한 절도죄가 성립할 수 있다(대판 2012.4.26. 2010도6334).

③ (×) 임차인이 임대계약 종료 후 식당건물에서 퇴거하면서 종전부터 사용하던 냉장고의 전원을 켜 둔 채 그대로 두었다가 약 1개월 후 철거해 가는 바람에 그 기간 동안 전기가 소비된 사안에서, 임차인이 퇴거 후에도 냉장고에 관한 점유·관리를 그대로 보유하고 있었다고 보아야 하므로, 냉장고를 통하여 전기를 계속 사용하였다고 하더라도 이는 당초부터 자기의 점유·관리 하에 있던 전기를 사용한 것일 뿐 타인의 점유·관리 하에 있던 전기가 아니어서 절도죄가 성립하지 않는다고 한 사례(대판 2008.7.10. 2008도3252).

④ (○) [1] 자동차에 대한 소유권의 득실변경은 등록을 함으로써 그 효력이 생기고 등록이 없는 한 대외적 관계에서는 물론 당사자의 대내적 관계에서도 소유권을 취득할 수 없는 것이 원칙이지만, 당사자 사이에 소유권을 등록명의자 아닌 자가 보유하기로 약정하였다는 등의 특별한 사정이 있는 경우에는 그 내부관계에 있어서는 등록명의자 아닌 자가 소유권을 보유하게 된다고 할 것이다. [2] 피고인 명의로 등록되어 있지만 피해자가 점유·관리하여 온 이 사건 승용차를 피고인이 임의로 운전해 감으로써 이를 절취하였다는 내용의 이 사건 공소사실에 대하여, 그 판시 증거들에 의하여 피고인이 사실혼 관계에 있던 피해자에게 이 사건 승용차를 선물하여 증여한 이래 피해자만이 이 사건 승용차를 운행하며 관리하여 온 사실, 피고인과 피해자가 별거하면서 재산분할 내지 위자료 명목으로 피해자가 이 사건 승용차를 소유하기로 한 사실 등을 인정한 다음, 이 사건 승용차는 그 등록명의와 관계없이 피고인과 피해자 사이에서는 피해자를 소유자로 보아야 한다는 이유로 피고인의 행위가 절도행위에 해당한다(대판 2013.2.28. 2012도15303).

074 「형법」 제331조의 특수절도죄에 대한 설명으로 가장 적절한 것은? 〈경찰3차 2018〉

① 피고인이 야간에 식당에 침입하여 현금을 절취한 사안에서, 피고인이 피해자들이 운영하는 식당의 창문과 방충망을 창틀에서 분리하였을 뿐 물리적으로 훼손하여 효용을 상실하게 한 것이 아니라면, 「형법」 제331조 제1항의 특수절도죄의 손괴에는 해당한다고 할 수 없다.

② 피고인이 혼자 영산홍 1그루를 땅에서 완전히 캐낸 후에 비로소 제3자를 전화로 불러 함께 해당 입목을 운반하였다면 「형법」 제331조 제2항의 특수절도죄가 성립한다.

③ 「형법」 제331조 제2항의 특수절도죄에서의 합동은 공동정범의 공동과 동일한 의미로 사용되며, 반드시 시간적 장소적 협동을 필요로 하지 않는다.

④ 피고인들이 합동하여 재물을 절취하기 위해 주간에 아파트 출입문 잠금장치를 손괴하다가 발각되어 도주하였다면, 아직 절취할 물건의 물색행위를 시작하기 전이라 하더라도 「형법」 제331조 제2항의 특수절도죄의 실행의 착수를 인정할 수 있다.

해설/정답 ①

① (○) [1] 형법 제331조 제1항에 정한 '손괴'는 물리적으로 문호 또는 장벽 기타 건조물의 일부를 훼손하여 그 효용을 상실시키는 것을 말한다. [2] 피고인이 창문과 방충망을 창틀에서 분리한 사실만을 인정할 수 있을 뿐 달리 창문과 방충망을 물리적으로 훼손하여 그 효용을 상실하게 하였음을 인정할 만한 증거가 없다는 이유로, 이 부분 공소사실을 유죄로 판단한 제1심 판결을 파기하고 무죄를 선고하였다(대판 2015.10.29. 2015도7559).

② (×) [1] 입목을 절취하기 위하여 캐낸 때에 소유자의 입목에 대한 점유가 침해되어 범인의 사실적 지배하에 놓이게 되므로 범인이 그 점유를 취득하고 절도죄는 기수에 이른다. 이를 운반하거나 반출하는 등의 행위는 필요하지 않다. [2] 절도범인이 혼자 입목을 땅에서 완전히 캐낸 후에 비로소 제3자가 가담하여 함께 입목을 운반한 사안에서, 특수절도죄의 성립을 부정한 사례(대판 2008.10.23. 2008도6080).

③ (×) 형법 제331조 제2항 후단의 2인 이상이 합동하여 타인의 재물을 절취한 경우의 특수절도죄가 성립하기 위하여는 주관적 요건으로서의 공모와 객관적 요건으로서의 실행행위의 분담이 있어야 하고 그 실행행위에 있어서는 시간적으로나 장소적으로 협동관계에 있음을 요한다(대판 1996.3.22. 96도313).

④ (×) 형법 제331조 제2항의 특수절도에 있어서 주거침입은 그 구성요건이 아니므로, 절도범인이 그 범행수단으로 주거침입을 한 경우에 그 주거침입행위는 절도죄에 흡수되지 아니하고 별개로 주거침입죄를 구성하여 절도죄와는 실체적 경합의 관계에 있게 되고, 2인 이상이 합동하여 야간이 아닌 주간에 절도의 목적으로 타인의 주거에 침입하였다 하여도 아직 절취할 물건의 물색행위를 시작하기 전이라면 특수절도죄의 실행에는 착수한 것으로 볼 수 없는 것이어서 그 미수죄가 성립하지 않는다(대판 2009.12.24. 2009도9667).

075 절도의 죄에 대한 설명으로 가장 적절하지 않은 것은? 〈경찰2차 2017〉

① 절도범인이 체포를 면탈할 목적으로 경찰관에게 폭행 협박을 가한 때에는 준강도죄와 공무집행방해죄를 구성하고 양죄는 상상적 경합관계에 있으나, 강도범인이 체포를 면탈할 목적으로 경찰관에게 폭행을 가한 때에는 강도죄와 공무집행방해죄는 실체적 경합관계에 있다.

② 타인과 공동소유관계에 있는 물건은 절도죄의 객체가 되는 타인의 재물에 속하지 아니한다.

③ 주간에 사람의 주거 등에 침입하여 야간에 타인의 재물을 절취한 행위는 「형법」 제330조의 야간주거침입절도죄를 구성하지 않는다.

④ 피고인이 피해자 경영의 금방에서 마치 귀금속을 구입할 것처럼 가장하여 피해자로부터 순금

목걸이 등을 건네받은 다음 화장실에 갔다 오겠다는 핑계를 대고 도주한 것이라면 위 순금목걸이 등은 도주하기 전까지는 아직 피해자의 점유 하에 있었다고 할 것이므로 이를 절도죄로 의율처단한 것은 정당하다.

해설/정답 ②

① (○) 절도범인이 체포를 면탈할 목적으로 경찰관에게 폭행 협박을 가한 때에는 준강도죄와 공무집행방해죄를 구성하고 양죄는 상상적 경합관계에 있으나, 강도범인이 체포를 면탈할 목적으로 경찰관에게 폭행을 가한 때에는 강도죄와 공무집행방해죄는 실체적 경합관계에 있고 상상적 경합관계에 있는 것이 아니다(대판 1992.7.28. 92도917).

② (×) 타인과 공동소유관계에 있는 물건도 절도죄의 객체가 되는 타인의 재물에 속한다(대판 1994.11.25. 94도2432).

③ (○) 형법은 제329조에서 절도죄를 규정하고 곧바로 제330조에서 야간주거침입절도죄를 규정하고 있을 뿐, 야간절도죄에 관하여는 처벌규정을 별도로 두고 있지 아니하다. 이러한 형법 제330조의 규정형식과 그 구성요건의 문언에 비추어 보면, 형법은 야간에 이루어지는 주거침입행위의 위험성에 주목하여 그러한 행위를 수반한 절도를 야간주거침입절도죄로 중하게 처벌하고 있는 것으로 보아야 한다. 따라서 주거침입이 주간에 이루어진 경우에는 야간주거침입절도죄가 성립하지 않는다고 해석함이 상당하다(대판 2011.4.14. 2011도300, 2011감도5).

④ (○) 피고인이 피해자 경영의 금방에서 마치 귀금속을 구입할 것처럼 가장하여 피해자로부터 순금목걸이 등을 건네받은 다음 화장실에 갔다 오겠다는 핑계를 대고 도주한 것이라면 위 순금목걸이 등은 도주하기 전까지는 아직 피해자의 점유하에 있었다고 할 것이므로 이를 절도죄로 의율처단한 것은 정당하다(대판 1994.8.12. 94도1487).

076 절도의 죄에 관한 다음 설명 중 가장 적절하지 않은 것은? 〈경찰1차 2016〉

① 타인의 명의를 모용하여 발급받은 신용카드를 사용하여 현금자동지급기에서 현금대출을 받는 행위는 카드회사에 의하여 미리 포괄적으로 허용된 행위가 아니라, 현금자동지급기의 관리자의 의사에 반하여 그의 지배를 배제한 채 그 현금을 자기의 지배 하에 옮겨 놓는 행위로서 절도죄에 해당한다.

② 타인의 연구소에 식재된 영산홍을 절취하기 위하여 땅에서 캐낸 것만으로 절도죄는 기수에 이르는 것이 아니라, 이를 피고인의 승용차에 운반하거나 반출하는 등의 행위를 함으로써 절도죄가 기수에 이른다.

③ 피고인 甲이 자신의 모(母) 乙명의로 구입·등록하여 乙에게 명의신탁한 자동차를 丙에게 담보로 제공한 후, 丙 몰래 가져가 절취하였다는 내용으로 기소된 사안에서, 丙에 대한 관계에서 자동차의 소유자는 乙이고 피고인 甲은 소유자가 아니므로 丙이 점유하고 있는 자동차를 임의로 가져간 이상 절도죄가 성립한다.

④ 타인의 예금통장을 무단 사용하여 예금을 인출한 후 바로 예금통장을 반환하였다 하더라도 그 사용으로 인한 위와 같은 경제적 가치의 소모가 무시할 수 있을 정도로 경미한 경우가 아닌 이상, 예금통장 자체가 가지는 예금액 증명기능의 경제적 가치에 대한 불법영득의 의사를 인정할 수 있으므로 절도죄가 성립한다.

해설/정답 ②

① (○) 피고인이 타인의 명의를 모용하여 신용카드를 발급받은 경우, 비록 카드회사가 피고인으로부터 기

망을 당한 나머지 피고인에게 피모용자 명의로 발급된 신용카드를 교부하고, 사실상 피고인이 지정한 비밀번호를 입력하여 현금자동지급기에 의한 현금대출(현금서비스)을 받을 수 있도록 하였다 할지라도, 카드회사의 내심의 의사는 물론 표시된 의사도 어디까지나 카드명의인인 피모용자에게 이를 허용하는 데 있을 뿐 피고인에게 이를 허용한 것은 아니라는 점에서, 피고인이 타인의 명의를 모용하여 발급받은 신용카드를 사용하여 현금자동지급기에서 현금대출을 받는 행위는 카드회사에 의하여 미리 포괄적으로 허용된 행위가 아니라, 현금자동지급기의 관리자의 의사에 반하여 그의 지배를 배제한 채 그 현금을 자기의 지배 하에 옮겨 놓는 행위로서 절도죄에 해당한다(대판 2006.7.27. 2006도3126).

② (×) 입목을 절취하기 위하여 캐낸 때에 소유자의 입목에 대한 점유가 침해되어 범인의 사실적 지배 하에 놓이게 되므로 범인이 그 점유를 취득하고 절도죄는 기수에 이른다. 이를 운반하거나 반출하는 등의 행위는 필요하지 않다(대판 2008.10.23. 2008도6080).

③ (○) 피고인이 자신의 모 갑 명의로 구입·등록하여 갑에게 명의신탁한 자동차를 을에게 담보로 제공한 후 을 몰래 가져가 절취하였다는 내용으로 기소된 사안에서, 을에 대한 관계에서 자동차의 소유자는 갑이고 피고인은 소유자가 아니므로 을이 점유하고 있는 자동차를 임의로 가져간 이상 절도죄가 성립한다고 본 원심판단을 정당하다고 한 사례(대판 2012.4.26. 2010도11771).

④ (○) 예금통장은 예금채권을 표창하는 유가증권이 아니고 그 자체에 예금액 상당의 경제적 가치가 화체되어 있는 것도 아니지만, 이를 소지함으로써 예금채권의 행사자격을 증명할 수 있는 자격증권으로서 예금계약사실뿐 아니라 예금액에 대한 증명기능이 있고 이러한 증명기능은 예금통장 자체가 가지는 경제적 가치라고 보아야 하므로, 예금통장을 사용하여 예금을 인출하게 되면 그 인출된 예금액에 대하여는 예금통장 자체의 예금액 증명기능이 상실되고 이에 따라 그 상실된 기능에 상응한 경제적 가치도 소모된다. 그렇다면 타인의 예금통장을 무단사용하여 예금을 인출한 후 바로 예금통장을 반환하였다 하더라도 그 사용으로 인한 위와 같은 경제적 가치의 소모가 무시할 수 있을 정도로 경미한 경우가 아닌 이상, 예금통장 자체가 가지는 예금액 증명기능의 경제적 가치에 대한 불법영득의 의사를 인정할 수 있으므로 절도죄가 성립한다(대판 2010.5.27. 2009도9008).

077 친족상도례에 관한 설명으로 가장 적절한 것은? 〈경찰2차 2019〉

① 가출 후 오랫동안 연락 없이 지내던 甲이 자신의 딸과 결혼한 사위 乙을 기망하여 백화점 입점비 명목으로 돈을 편취한 경우, 친족상도례가 적용되지 않는다.

② 장물죄에 있어서 장물범과 피해자 간에 동거친족의 신분관계가 있는 때에는 형이 면제되지만, 장물범과 본범 간에 동거친족의 신분관계가 있는 때에는 형을 감경 또는 면제한다.

③ 타인소유의 물건을 자기 아버지의 소유물로 오인하여 절취한 경우, 친족관계에 대한 착오가 인정되고 형법상 절도죄의 과실범 처벌규정이 없으므로 불가벌이 된다.

④ 절도피해자인 아버지가 체포된 절도범인이 자신의 혼외자임을 알고 비로소 인지(認知)를 하더라도 친족관계는 원칙적으로 범행 당시에 존재하여야 하기 때문에 친족상도례는 적용되지 않는다.

해설/정답 ②

① (×) 형법 제354조에 의하여 준용되는 제328조 제1항에서 "직계혈족, 배우자, 동거친족, 동거가족 또는 그 배우자 간의 제323조의 죄는 그 형을 면제한다."고 규정하고 있는바, 여기서 '그 배우자'는 동거가족의 배우자만을 의미하는 것이 아니라, 직계혈족, 동거친족, 동거가족 모두의 배우자를 의미하는 것으로 볼 것이다. 기

록에 의하면, 피고인이 피해자 조성만의 직계혈족의 배우자임을 이유로 형법 제354조, 제328조 제1항에 따라 피해자 조성만에 대한 상습사기의 점에 관한 공소사실에 대하여 형을 면제한 것은 정당하고 거기에 상고이유의 주장과 같이 친족상도례에 관한 법리를 오해한 위법이 없다(대판 2011.5.13. 2011도1765). 사기범행의 피해자인 乙은 사기범인 甲의 직계혈족(딸)의 배우자(사위)이므로 이들 사이에는 친족상도례가 적용. 여기서 직계혈족은 동거유무는 불문함.

② (○) 형법 제365조 제1항, 제2항

> **제365조(친족간의 범행)**
> ① 전 3조의 죄를 범한 자와 피해자간에 제328조 제1항, 제2항의 신분관계가 있는 때에는 동조의 규정을 준용한다.
> ② 전 3조의 죄를 범한 자와 본범간에 제328조 제1항의 신분관계가 있는 때에는 그 형을 감경 또는 면제한다. 단, 신분관계가 없는 공범에 대하여는 예외로 한다.

③ (×) 친족상도례가 적용되기 위하여는 친족관계가 객관적으로 존재하면 족하고 행위자가 이를 인식할 것을 요하지 않는다. 따라서 친족관계에 대한 착오는 고의에 영향을 미치지 않으며, 범죄의 성립에 지장을 주지 않는다. 판례도 "피고인이 근 본가의 소유물로 오신하여 이를 절취하였다 할지라도 그 오신은 형의 면제사유에 관한 것으로서 이에 범죄의 구성요건 사실에 관한 본조 제1항은 적용되지 않는 것이므로 그 오신은 본건 범죄의 성립이나 처벌에 아무런 영향도 미치지 아니한다(대판 1966.6.28. 66도104)"고 한다.

④ (×) 형법 제344조, 제328조 제1항 소정의 친족 간의 범행에 관한 규정이 적용되기 위한 친족관계는 <u>원칙적으로 범행 당시에 존재</u>하여야 하는 것이지만, <u>부가 혼인 외의 출생자를 인지하는 경우에 있어서는 민법 제860조에 의하여 그 자의 출생 시에 소급하여 인지의 효력</u>이 생기는 것이며, 이와 같은 <u>인지의 소급효는 친족상도례에 관한 규정의 적용에도 미친다고 보아야 할 것이므로, 인지가 범행 후에 이루어진 경우라고 하더라도 그 소급효에 따라 형성되는 친족관계를 기초로 하여 친족상도례의 규정이 적용</u>된다(대판 1997.1.24. 96도1731).

078 친족상도례에 대한 설명 중 가장 적절하지 않은 것은? 〈경찰1차 2019〉

① 「형법」 제328조 제1항은 "직계혈족, 배우자, 동거친족, 동거가족 또는 그 배우자 간의 제323조의 죄는 그 형을 면제한다."라고 규정하고 있는바, 여기서 '그 배우자'는 동거가족의 배우자만을 의미하는 것이 아니라, 직계혈족, 동거친족, 동거가족 모두의 배우자를 의미한다.

② 甲이 위탁자가 소유자를 위해 보관하고 있는 물건을 위탁자로부터 보관받아 이를 횡령한 경우 甲과 피해물건의 소유자 간에만 친족관계가 있거나 甲과 피해물건의 위탁자 간에만 친족관계가 있는 경우에도 친족상도례가 적용된다.

③ 사기죄를 범하는 자가 금원을 편취하기 위한 수단으로 사기죄의 피해자와 혼인신고를 한 것이어서 그 혼인이 무효인 경우라면, 그 피해자에 대한 사기죄에서는 친족상도례를 적용할 수 없다.

④ 친족상도례가 적용되기 위한 친족관계는 원칙적으로 범행 당시에 존재하여야 한다.

해설/정답 ②

① (○) 형법 제354조에 의하여 준용되는 제328조 제1항에서 "직계혈족, 배우자, 동거친족, 동거가족 또는 그 배우자 간의 제323조의 죄는 그 형을 면제한다."고 규정하고 있는바, 여기서 <u>'그 배우자'는 동거가족의 배우자만을 의미하는 것이 아니라, 직계혈족, 동거친족, 동거가족 모두의 배우자를 의미하는 것으로 볼 것</u>이다. 기

록에 의하면, 피고인이 피해자 조성만의 직계혈족의 배우자임을 이유로 형법 제354조, 제328조 제1항에 따라 피해자 조성만에 대한 상습사기의 점에 관한 공소사실에 대하여 형을 면제한 것은 정당하고 거기에 상고이유의 주장과 같이 친족상도례에 관한 법리를 오해한 위법이 없다(대판 2011.5.13. 2011도1765).

② (×) 횡령범인이 위탁자가 소유자를 위해 보관하고 있는 물건을 위탁자로부터 보관받아 이를 횡령한 경우에 형법 제361조에 의하여 준용되는 제328조 제2항의 친족 간의 범행에 관한 조문은 범인과 피해물건의 소유자 및 위탁자 쌍방 사이에 같은 조문에 정한 친족관계가 있는 경우에만 적용되고, 단지 횡령범인과 피해물건의 소유자 간에만 친족관계가 있거나 횡령범인과 피해물건의 위탁자 간에만 친족관계가 있는 경우에는 적용되지 않는다(대판 2008.7.24. 2008도3438).

③ (○) 민법 제815조 제1호는 당사자 사이에 혼인의 합의가 없는 때에는 그 혼인을 무효로 한다고 규정하고 있고, 이 혼인무효 사유는 당사자 사이에 사회관념상 부부라고 인정되는 정신적·육체적 결합을 할 의사를 가지고 있지 않은 경우를 가리킨다. 그러므로 비록 당사자 사이에 혼인의 신고가 있었더라도, 그것이 단지 다른 목적을 달성하기 위한 방편에 불과한 것으로서 그들 사이에 참다운 부부관계의 설정을 바라는 효과의사가 없을 때에는 그 혼인은 무효라고 할 것이다. 그리고 형법 제354조, 제328조 제1항에 의하면 배우자 사이의 사기죄는 이른바 친족상도례에 의하여 형을 면제하도록 되어 있으나, 사기죄를 범하는 자가 금원을 편취하기 위한 수단으로 피해자와 혼인신고를 한 것이어서 그 혼인이 무효인 경우라면, 그러한 피해자에 대한 사기죄에서는 친족상도례를 적용할 수 없다고 할 것이다(대판 2015.12.10. 2014도11533).

④ (○) 형법 제344조, 제328조 제1항 소정의 친족 간의 범행에 관한 규정이 적용되기 위한 친족관계는 원칙적으로 범행 당시에 존재하여야 하는 것이지만, 부가 혼인 외의 출생자를 인지하는 경우에 있어서는 민법 제860조에 의하여 그 자의 출생 시에 소급하여 인지의 효력이 생기는 것이며, 이와 같은 인지의 소급효는 친족상도례에 관한 규정의 적용에도 미친다고 보아야 할 것이므로, 인지가 범행 후에 이루어진 경우라고 하더라도 그 소급효에 따라 형성되는 친족관계를 기초로 하여 친족상도례의 규정이 적용된다(대판 1997.1.24. 96도1731).

079 친족상도례에 대한 설명 중 옳고 그름의 표시(○, ×)가 바르게 된 것은? 〈경찰1차 2018〉

㉠ 사돈지간인 자를 기망하여 재물을 편취한 경우에는 친족상도례가 적용된다.
㉡ 법원을 기망하여 제3자로부터 재물을 편취한 경우에 피해자인 제3자와 사기죄를 범한 자가 직계혈족 관계에 있을 때에는 그 범인에 대하여 형을 면제하여야 한다.
㉢ 횡령범인이 위탁자가 소유자를 위해 보관하고 있는 물건을 위탁자로부터 보관받아 이를 횡령한 경우에 횡령범인이 피해물건의 소유자와는 친족관계가 있으나 피해물건의 위탁자와는 친족관계가 없다면 친족상도례 규정이 적용되지 않는다.
㉣ 손자가 할아버지 소유의 농업협동조합 예금통장을 절취하여 이를 현금자동지급기에 넣고 조작하는 방법으로 예금 잔고를 자신의 거래 은행계좌로 이체한 경우에 컴퓨터 등 사용사기죄는 친족 간의 범행에 해당하여 친족상도례가 적용된다.

① ㉠ (×) ㉡ (○) ㉢ (○) ㉣ (×)
② ㉠ (×) ㉡ (×) ㉢ (○) ㉣ (×)
③ ㉠ (○) ㉡ (×) ㉢ (×) ㉣ (○)
④ ㉠ (×) ㉡ (○) ㉢ (×) ㉣ (×)

해설/정답 ①

㉠ (×) 친족상도례가 적용되는 친족의 범위는 민법의 규정에 의하여야 하는데, 민법 제767조는 배우자, 혈족 및 인척을 친족으로 한다고 규정하고 있고, 민법 제769조는 혈족의 배우자, 배우자의 혈족, 배우자의 혈족의 배우자만을 인척으로 규정하고 있을 뿐, 구 민법(1990. 1. 13. 법률 제4199호로 개정되기 전의 것) 제769조에서 인척으로 규정하였던 '혈족의 배우자의 혈족'을 인척에 포함시키지 않고 있다. 따라서 사기죄의 피고인과 피해자가 사돈지간이라고 하더라도 이를 민법상 친족으로 볼 수 없다(대판 2011.4.28. 2011도2170).

㉡ (○) 법원을 기망하여 제3자로부터 재물을 편취한 경우에 피기망자인 법원은 피해자가 될 수 없고 재물을 편취당한 제3자가 피해자라고 할 것이므로 피해자인 제3자와 사기죄를 범한 자가 직계혈족의 관계에 있을 때에는 그 범인에 대하여 형법 328조 제1항을 준용하여 형을 면제하여야 한다(대판 1976.4.13. 75도781).

㉢ (○) 횡령범인이 위탁자가 소유자를 위해 보관하고 있는 물건을 위탁자로부터 보관받아 이를 횡령한 경우에 형법 제361조에 의하여 준용되는 제328조 제2항의 친족 간의 범행에 관한 조문은 범인과 피해물건의 소유자 및 위탁자 쌍방 사이에 같은 조문에 정한 친족관계가 있는 경우에만 적용되고, 단지 횡령범인과 피해물건의 소유자 간에만 친족관계가 있거나 횡령범인과 피해물건의 위탁자 간에만 친족관계가 있는 경우에는 적용되지 않는다(대판 2008.7.24. 2008도3438).

㉣ (×) 손자가 할아버지 소유 농업협동조합 예금통장을 절취하여 이를 현금자동지급기에 넣고 조작하는 방법으로 예금 잔고를 자신의 거래 은행계좌로 이체한 사안에서, 위 농업협동조합이 컴퓨터 등 사용사기 범행 부분의 피해자라는 이유로 친족상도례를 적용할 수 없다고 한 사례(대판 2007.3.15. 2006도2704)

080 **「형법」상 친족상도례에 대한 설명 중 가장 적절하지 않은 것은?** 〈경찰1차 2017〉

① 친족상도례 규정은 강도죄, 경계침범죄, 강제집행면탈죄에는 적용되지 않으나 특수절도죄 및 상습절도죄에는 적용된다.

② 법원을 기망하여 제3자로부터 재물을 편취한 경우 피해자인 제3자와 사기죄를 범한 자가 직계혈족 관계에 있을 때에는 그 범인에 대하여 형을 면제하여야 한다.

③ 「형법」 제354조에 의하여 준용되는 제328조 제1항에서 "직계혈족, 배우자, 동거친족, 동거가족 또는 그 배우자 간의 제323조의 죄는 그 형을 면제한다."고 규정하고 있는바, 여기서 '그 배우자'는 동거가족의 배우자만을 의미하는 것이 아니라, 직계혈족, 동거친족, 동거가족 모두의 배우자를 의미하는 것으로 볼 것이다.

④ 장물죄를 범한 자와 본범 간에 「형법」 제328조 제2항의 신분관계가 있는 때에는 형을 감경 또는 면제한다. 단, 신분관계가 없는 공범에 대하여는 예외로 한다.

해설/정답 ④

① (○) 형법 제333조, 제370조, 제327조, 제328조, 제329조, 제331조, 제332조, 제344조

제333조(강도)
폭행 또는 협박으로 타인의 재물을 강취하거나 기타 재산상의 이익을 취득하거나 제삼자로 하여금 이를 취득하게 한 자는 3년 이상의 유기징역에 처한다.

제370조(경계침범)
경계표를 손괴, 이동 또는 제거하거나 기타 방법으로 토지의 경계를 인식 불능하게 한 자는 3년 이하의 징역 또는

500만 원 이하의 벌금에 처한다

第327条(강제집행면탈)
강제집행을 면할 목적으로 재산을 은닉, 손괴, 허위양도 또는 허위의 채무를 부담하여 채권자를 해한 자는 3년 이하의 징역 또는 1천만 원 이하의 벌금에 처한다.

第328条(친족간의 범행과 고소)
① 직계혈족, 배우자, 동거친족, 동거가족 또는 그 배우자간의 제323조의 죄는 그 형을 면제한다.
② 제1항이외의 친족간에 제323조의 죄를 범한 때에는 고소가 있어야 공소를 제기할 수 있다.
③ 전 2항의 신분관계가 없는 공범에 대하여는 전 이항을 적용하지 아니한다.

第329条(절도)
타인의 재물을 절취한 자는 6년 이하의 징역 또는 1천만 원 이하의 벌금에 처한다.

第331条(특수절도)
① 야간에 문이나 담 그 밖의 건조물의 일부를 손괴하고 제330조의 장소에 침입하여 타인의 재물을 절취한 자는 1년 이상 10년 이하의 징역에 처한다.
② 흉기를 휴대하거나 2명 이상이 합동하여 타인의 재물을 절취한 자도 제1항의 형에 처한다.

第332条(상습범)
상습으로 제329조 내지 제331조의2의 죄를 범한 자는 그 죄에 정한 형의 2분의 1까지 가중한다.

第344条(친족간의 범행)
제328조의 규정은 제329조 내지 제332조의 죄 또는 미수범에 준용한다.

② (○) 법원을 기망하여 제3자로부터 재물을 편취한 경우에 피기망자인 법원은 피해자가 될 수 없고 재물을 편취당한 제3자가 피해자라고 할 것이므로 피해자인 제3자와 사기죄를 범한 자가 직계혈족의 관계에 있을 때에는 그 범인에 대하여 형법 328조 제1항을 준용하여 형을 면제하여야 한다(대판 1976.4.13. 75도781).

③ (○) 형법 제354조에 의하여 준용되는 제328조 제1항에서 "직계혈족, 배우자, 동거친족, 동거가족 또는 그 배우자 간의 제323조의 죄는 그 형을 면제한다."고 규정하고 있는바, 여기서 '그 배우자'는 동거가족의 배우자만을 의미하는 것이 아니라, 직계혈족, 동거친족, 동거가족 모두의 배우자를 의미하는 것으로 볼 것이다(대판 2011.5.13. 2011도1765).

④ (×) 형법 제365조

第365条(친족간의 범행)
① 전 3조의 죄를 범한 자와 피해자간에 제328조 제1항, 제2항의 신분관계가 있는 때에는 동조의 규정을 준용한다.
② 전 3조의 죄(장물죄)를 범한 자와 본범간에 제328조 제1항의 신분관계가 있는 때에는 그 형을 감경 또는 면제한다. 단, 신분관계가 없는 공범에 대하여는 예외로 한다.

081 친족상도례에 관한 다음 설명 중 옳은 것은 모두 몇 개인가? 〈경찰1차 2016〉

> ㉠ 강도죄, 손괴죄, 경계침범죄, 강제집행면탈죄에 대해서는 친족상도례가 적용되지 아니한다.
> ㉡ 피고인이 백화점 내 점포에 입점시켜 주겠다고 속여 피해자로부터 입점비 명목으로 돈을 편취하였다며 사기로 기소된 경우, 피고인의 딸과 피해자의 아들이 혼인하여 피고인과 피해자가 사돈지간이라고 하더라도 민법상 친족으로 볼 수 없으므로 위 범죄를 친족상도례가 적용되는 친고죄라고 할 수 없다.
> ㉢ 횡령죄에서 친족상도례는 횡령범인과 피해물건의 소유자 또는 보관자 중 어느 한쪽과의 사이에만 친족관계가 있더라도 적용된다.
> ㉣ 장물범이 피해자와 동거하지 않는 직계혈족인 경우에는 그 동거 여부를 불문하고 형을 면제한다.

① 1개 ② 2개 ③ 3개 ④ 4개

해설/정답 ③

㉠ (○) 형법 제327조, 제328조, 제333조, 제344조, 제366조, 제370조

> **제327조(강제집행면탈)**
> 강제집행을 면할 목적으로 재산을 은닉, 손괴, 허위양도 또는 허위의 채무를 부담하여 채권자를 해한 자는 3년 이하의 징역 또는 1천만 원 이하의 벌금에 처한다
>
> **제328조(친족간의 범행과 고소)**
> ① 직계혈족, 배우자, 동거친족, 동거가족 또는 그 배우자간의 제323조의 죄는 그 형을 면제한다.
> ② 제1항이외의 친족간에 제323조의 죄를 범한 때에는 고소가 있어야 공소를 제기할 수 있다.
> ③ 전 2항의 신분관계가 없는 공범에 대하여는 전 이항을 적용하지 아니한다.
>
> **제333조(강도)**
> 폭행 또는 협박으로 타인의 재물을 강취하거나 기타 재산상의 이익을 취득하거나 제삼자로 하여금 이를 취득하게 한 자는 3년 이상의 유기징역에 처한다.
>
> **제344조(친족간의 범행)**
> 제328조의 규정은 제329조 내지 제332조의 죄 또는 미수범에 준용한다.
>
> **제366조(재물손괴 등)**
> 타인의 재물, 문서 또는 전자기록 등 특수매체기록을 손괴 또는 은닉 기타 방법으로 기효용을 해한 자는 3년 이하의 징역 또는 700만 원 이하의 벌금에 처한다.
>
> **제370조(경계침범)**
> 경계표를 손괴, 이동 또는 제거하거나 기타 방법으로 토지의 경계를 인식 불능하게 한 자는 3년 이하의 징역 또는 500만 원 이하의 벌금에 처한다.

㉡ (○) 피고인이 백화점 내 점포에 입점시켜 주겠다고 속여 피해자로부터 입점비 명목으로 돈을 편취하였다며 사기로 기소된 사안에서, 피고인의 딸과 피해자의 아들이 혼인하여 피고인과 피해자가 사돈지간이라고 하더라도 민법상 친족으로 볼 수 없는데도, 2촌의 인척인 친족이라는 이유로 위 범죄를 친족상도례가 적용되는 친고죄라고 판단한 후 피해자의 고소가 고소기간을 경과하여 부적법하다고 보아 공소를 기각한 원심판결 및 제1심 판결에

친족의 범위에 관한 법리오해의 위법이 있다고 하여 모두 파기한 사례(대판 2011.4.28. 2011도2170).

㉢ (×) 횡령범인이 위탁자가 소유자를 위해 보관하고 있는 물건을 위탁자로부터 보관받아 이를 횡령한 경우에 형법 제361조에 의하여 준용되는 제328조 제2항의 친족 간의 범행에 관한 조문은 범인과 피해물건의 소유자 및 위탁자 쌍방 사이에 같은 조문에 정한 친족관계가 있는 경우에만 적용되고, 단지 횡령범인과 피해물건의 소유자 간에만 친족관계가 있거나 횡령범인과 피해물건의 위탁자 간에만 친족관계가 있는 경우에는 적용되지 않는다(대판 2008.7.24. 2008도3438).

㉣ (○) 형법 제328조, 제362조, 제365조

第328조(친족간의 범행과 고소)
① 직계혈족, 배우자, 동거친족, 동거가족 또는 그 배우자간의 제323조의 죄는 그 형을 면제한다.
② 제1항이외의 친족간에 제323조의 죄를 범한 때에는 고소가 있어야 공소를 제기할 수 있다.
③ 전 2항의 신분관계가 없는 공범에 대하여는 전 이항을 적용하지 아니한다.

第362조(장물의 취득, 알선 등)
① 장물을 취득, 양도, 운반 또는 보관한 자는 7년 이하의 징역 또는 1천500만 원 이하의 벌금에 처한다.
② 전항의 행위를 알선한 자도 전항의 형과 같다.

第365조(친족간의 범행)
① 전 3조의 죄를 범한 자와 피해자간에 제328조 제1항, 제2항의 신분관계가 있는 때에는 동조의 규정을 준용한다.
② 전 3조의 죄를 범한 자와 본범간에 제328조 제1항의 신분관계가 있는 때에는 그 형을 감경 또는 면제한다. 단, 신분관계가 없는 공범에 대하여는 예외로 한다.

제2절 | 강도의 죄

082 **절도 및 강도의 죄에 관한 설명 중 가장 적절한 것은?** 〈경찰1차 2023〉

① 주거침입이 주간에 이루어졌더라도 야간에 절취행위를 하였다면 야간 주거 침입 절도죄가 성립한다.

② 절도 습벽의 발현으로 절도, 야간주거침입절도, 특수절도, 자동차 등 불법사용의 범행을 함께 저지른 경우, 자동차 등 불법사용의 범행은 상습절도죄에 흡수되지 않고 자동차불법사용죄가 따로 성립한다.

③ 절도 범인이 처음에는 흉기를 휴대하지 아니하였으나, 체포를 면탈할 목적으로 폭행 또는 협박을 가할 때에 비로소 흉기를 휴대·사용하게 된 경우에는 「형법」 제334조의 예에 의한 준강도(특수강도의 준강도)가 된다.

④ 강도살인죄의 주체인 '강도'에는 준강도죄의 강도 범인이 포함되지 않는다.

해설/정답 ③

① (×) 형법은 제329조에서 절도죄를 규정하고 곧바로 제330조에서 야간주거침입절도죄를 규정하고 있을 뿐, 야간절도죄에 관하여는 처벌규정을 별도로 두고 있지 아니하다. 이러한 형법 제330조의 규정형식과 그 구성요건의 문언에 비추어 보면, 형법은 야간에 이루어지는 주거침입행위의 위험성에 주목하

여 그러한 행위를 수반한 절도를 야간주거침입절도죄로 중하게 처벌하고 있는 것으로 보아야 한다. 따라서 주거침입이 주간에 이루어진 경우에는 야간주거침입절도죄가 성립하지 않는다고 해석함이 상당하다(대판 2011.4.14. 2011도300, 2011감도5).

② (×) 상습절도 등의 범행을 한 자가 추가로 자동차등불법사용의 범행을 한 경우에 그것이 절도 습벽의 발현이라고 보이는 이상 자동차등불법사용의 범행은 상습절도 등의 죄에 흡수되어 1죄만이 성립하고 이와 별개로 자동차등불법사용죄는 성립하지 않는다고 보아야 하고, 검사가 상습절도 등의 범행을 형법 제332조 대신에 특가법 제5조의4 제1항으로 의율하여 기소하였다 하더라도 그 공소제기의 효력은 동일한 습벽의 발현에 의한 자동차등불법사용의 범행에 대하여도 미친다고 보아야 한다(대판 2002.4.26. 2002도429).

③ (○) 강도죄에 있어서의 재물탈취의 수단인 폭행 또는 협박의 유형을 흉기를 휴대하고 하는 경우와 그렇지 않은 경우로 나누어 흉기를 휴대하고 하는 경우를 특수강도로 하고, 그렇지 않은 경우를 단순강도로 하여 처벌을 달리하고 있음에 비추어 보면 절도범인이 처음에는 흉기를 휴대하지 아니하였으나, 체포를 면탈할 목적으로 폭행 또는 협박을 가할 때에 비로소 흉기를 휴대 사용하게 된 경우에는 형법 제334조의 예에 의한 준강도(특수강도의 준강도)가 된다(대판 1974.11.13. 73도1553 전원합의체).

④ (×) 강도살인죄(형법 제338조)의 주체인 강도는 준강도죄(형법 제335조)의 강도범인을 포함한다고 할 것이므로 절도가 체포를 면탈할 목적으로 사람을 살해한 때에는 강도살인죄가 성립한다(대판 1987.9.22. 87도1592).

083 재산죄에 관한 설명으로 가장 적절하지 않은 것은? 〈경찰1차 2022〉

① 「형법」 제331조(특수절도) 제2항에서 규정한 흉기는 본래 살상용·파괴용으로 만들어진 것이거나 이에 준할 정도의 위험성을 가진 것으로 봄이 상당하다.

② 「형법」 제330조에 규정된 야간주거침입절도죄 및 「형법」 제331조 제1항에 규정된 특수절도(야간손괴침입절도)죄를 제외하고 일반적으로 주거침입은 절도죄의 구성요건이 아니므로 절도범인이 범행수단으로 주거침입을 한 경우에 주거침입행위는 절도죄에 흡수되지 아니하고 별개로 주거침입죄를 구성하여 절도죄와는 상상적 경합의 관계에 있다.

③ 甲이 술집 운영자 A로부터 술값의 지급을 요구받자 A를 유인·폭행하고 도주함으로써 술값의 지급을 면하여 재산상 이익을 취득하였다면, 「형법」 제335조에서 규정하는 준강도죄에는 해당하지 않는다.

④ 횡령죄에서 보관자가 자기 또는 제3자의 이익을 위한 것이 아니라 소유자의 이익을 위하여 이를 처분한 경우에는 특별한 사정이 없는 한 불법영득의 의사를 인정할 수 없다.

해설/정답 ②

① (○) 법 조항에서 규정한 흉기는 본래 살상용·파괴용으로 만들어진 것이거나 이에 준할 정도의 위험성을 가진 것으로 봄이 상당하고, 그러한 위험성을 가진 물건에 해당하는지 여부는 그 물건의 본래의 용도, 크기와 모양, 개조 여부, 구체적 범행 과정에서 그 물건을 사용한 방법 등 제반 사정에 비추어 사회통념에 따라 객관적으로 판단할 것이다. 피고인이 사용한 이 사건 드라이버는 일반적인 드라이버와 동일한 것으로 특별히 개조된 바는 없는 것으로 보이고, 그 크기와 모양 등 제반 사정에 비추어 보더라도 피고인의 이 사건 범행이 흉기를 휴대하여 타인의 재물을 절취한 경우에 해당한다고 보기는 어렵다고 보인다(대판 2012.6.14. 2012도4175).

② (×) 형법 제330조에 규정된 야간주거침입절도죄 및 형법 제331조 제1항에 규정된 특수절도(야간손괴침입절도)죄를 제외하고 일반적으로 주거침입은 절도죄의 구성요건이 아니므로 절도범인이 범행수단으로 주거침입을 한 경우에 주거침입행위는 절도죄에 흡수되지 아니하고 별개로 주거침입죄를 구성하여 절도죄와는 실체적 경합의 관계에

서는 것이 원칙이다. 또 형법 제332조는 상습으로 단순절도(형법 제329조), 야간주거침입절도(형법 제330조)와 특수절도(형법 제331조) 및 자동차 등 불법사용(형법 제331조의2)의 죄를 범한 자는 그 죄에 정한 각 형의 2분의 1을 가중하여 처벌하도록 규정하고 있으므로, 위 규정은 주거침입을 구성요건으로 하지 않는 상습단순절도와 주거침입을 구성요건으로 하고 있는 상습야간주거침입절도 또는 상습특수절도(야간손괴침입절도)에 대한 취급을 달리하여, 주거침입을 구성요건으로 하고 있는 상습야간주거침입절도 또는 상습특수절도(야간손괴침입절도)를 더 무거운 법정형을 기준으로 가중처벌하고 있다. 따라서 상습으로 단순절도를 범한 범인이 상습적인 절도범행의 수단으로 주간(낮)에 주거침입을 한 경우에 주간 주거침입행위의 위법성에 대한 평가가 형법 제332조, 제329조의 구성요건적 평가에 포함되어 있다고 볼 수 없다. 그러므로 형법 제332조에 규정된 상습절도죄를 범한 범인이 범행의 수단으로 주간에 주거침입을 한 경우 주간 주거침입행위는 상습절도죄와 별개로 주거침입죄를 구성한다. 또 형법 제332조에 규정된 상습절도죄를 범한 범인이 그 범행 외에 상습적인 절도의 목적으로 주간에 주거침입을 하였다가 절도에 이르지 아니하고 주거침입에 그친 경우에도 주간 주거침입행위는 상습절도죄와 별개로 주거침입죄를 구성한다(대판 2015.10.15. 2015도8169). **[해설]** 형법상 상습절도 관련 판례. 주간의 주거침입죄와 상습절도죄는 실체적 경합범 관계(형의 불균형의 문제가 발생하지 않음). ① 야간에 주거침입절도를 한 경우는 상습야간주거침입절도(형법 제332조, 15년 이하의 징역), ② 주간에 주거침입과 절도를 한 경우에는 상습(단순)절도(9년 이하의 징역 또는 1,500만 원 이하의 벌금)+주간 주거침입(3년 이하의 징역 또는 500만 원 이하의 벌금). 형법 제332조(상습절도)가 개별 절도범죄구성요건(단순절도, 야간주거침입절도, 특수절도, 자동차등 불법사용)마다 상습범으로 처벌하고 있으므로 주거침입 여부도 개별적으로 검토해야 한다는 취지의 판결.

③ (○) [1] 형법 제335조는 '절도'가 재물의 탈환을 항거하거나 체포를 면탈하거나 죄적을 인멸한 목적으로 폭행 또는 협박을 가한 때에 준강도가 성립한다고 규정하고 있으므로, 준강도죄의 주체는 절도범인이고, 절도죄의 객체는 재물이다. [2] 피고인이 술집 운영자 甲으로부터 술값의 지급을 요구받자 甲을 유인·폭행하고 도주함으로써 술값의 지급을 면하여 재산상 이익을 취득하고 상해를 가하였다고 하여 강도상해로 기소되었는데, 원심이 위 공소사실을 '피고인이 甲에게 지급해야 할 술값의 지급을 면하여 재산상 이익을 취득하고 甲을 폭행하였다'는 범죄사실로 인정하여 준강도죄를 적용한 사안에서, 원심이 인정한 범죄사실에는 그 자체로 절도의 실행에 착수하였다는 내용이 포함되어 있지 않음에도 준강도죄를 적용하여 유죄로 인정한 원심판결에 준강도죄의 주체에 관한 법리오해의 잘못이 있다고 한 사례(대판 2014.5.16. 2014도2521).

④ (○) 갑 아파트의 입주자대표회의 회장인 피고인이, 일반 관리비와 별도로 입주자대표회의 명의 계좌에 적립·관리되는 특별수선충당금을 아파트 구조진단 견적비 및 시공사인 을 주식회사에 대한 손해배상청구소송의 변호사 선임료로 사용함으로써 아파트 관리규약에 의하여 정하여진 용도 외에 사용하였다고 하여 업무상횡령으로 기소된 사안에서, 특별수선충당금은 갑 아파트의 주요시설 교체 및 보수를 위하여 별도로 적립한 자금으로 원칙적으로 그 범위 내에서 사용하도록 용도가 제한된 자금이나, 당시에는 특별수선충당금의 용도 외 사용이 관리규약에 의해서만 제한되고 있었던 점, 피고인이 구분소유자들 또는 입주민들로부터 포괄적인 동의를 얻어 특별수선충당금을 위탁의 취지에 부합하는 용도에 사용한 것으로 볼 여지가 있는 점 등 제반 사정을 종합하면, 피고인이 특별수선충당금을 위와 같이 지출한 것이 위탁의 취지에 반하여 자기 또는 제3자의 이익을 위하여 자기의 소유인 것처럼 처분하였다고 단정하기 어려우므로, 피고인의 불법영득의사를 인정한 원심판결에 업무상 횡령죄의 불법영득의사에 관한 법리오해의 잘못이 있다고 한 사례(대판 2017.2.15. 2013도14777).

084 **절도와 강도의 죄에 대한 설명으로 가장 적절하지 않은 것은?** 〈경찰1차 2021〉

① 타인에 대하여 반항을 억압함에 충분한 정도의 폭행 또는 협박을 가한 사실이 있다 해도 그 타인이 재물 취거의 사실을 알지 못하는 사이에 그 틈을 이용하여 우발적으로 타인의 재물을 취거한 경우, 강도죄가 성립하지 않는다.

② 채무를 면탈할 의사로 채권자를 살해하였더라도 채무의 존재가 명백하고 채권자의 상속인이 존재하며 그 상속인에게 채권의 존재를 확인할 방법이 확보되어 있다면 강도살인죄는 성립하지 않는다.

③ 甲이 자신의 명의로 등록된 자동차를 A에게 증여하여 A만이 이를 운행·관리하여 오다가 A가 이를 소유하기로 당사자 사이에 약정한 경우, 甲이 불법영득의사를 가지고 그 자동차를 임의로 운전해 갔다면 자동차 등록명의와 관계없이 절도죄가 성립한다.

④ 어떠한 물건을 점유자의 의사에 반하여 취거하는 행위가 결과적으로 소유자의 이익으로 된다는 사정 또는 소유자의 추정적 승낙이 있다고 볼 만한 사정이 있으면, 불법영득의 의사는 인정되지 않는다.

해설/정답 ④

① (○) 피고인이 타인에 대하여 반항을 억압함에 충분한 정도의 폭행 또는 협박을 가한 사실이 있다 해도 그 타인이 재물 취거의 사실을 알지 못하는 사이에 그 틈을 이용하여 피고인이 우발적으로 타인의 재물을 취거한 경우에는 위 폭행이나 협박이 재물 탈취의 방법으로 사용된 것이 아님은 물론, 그 폭행 또는 협박으로 조성된 피해자의 반항억압의 상태를 이용하여 재물을 취득하는 경우에도 해당하지 아니하여 양자 사이에 인과관계가 존재하지 아니한다 할 것이므로, 위 폭행 또는 협박에 의한 반항억압의 상태가 처음부터 재물 탈취의 계획하에 이루어졌다거나 양자가 시간적으로 극히 밀접되어 있는 등 전체적·실질적으로 단일한 재물 탈취의 범의의 실현행위로 평가할 수 있는 경우에 해당하지 아니하는 한 강도죄의 성립을 인정하여서는 안 될 것이다(대판 2009. 1.30. 2008도10308).

② (○) 강도살인죄가 성립하려면 먼저 강도죄의 성립이 인정되어야 하고, 강도죄가 성립하려면 불법영득(또는 불법이득)의 의사가 있어야 하며, 형법 제333조 후단 소정의 이른바 강제이득죄의 성립요건인 '재산상 이익의 취득'을 인정하기 위하여는 재산상 이익이 사실상 피해자에 대하여 불이익하게 범인 또는 제3자 앞으로 이전되었다고 볼 만한 상태가 이루어져야 하는데, 채무의 존재가 명백할 뿐만 아니라 채권자의 상속인이 존재하고 그 상속인에게 채권의 존재를 확인할 방법이 확보되어 있는 경우에는 비록 그 채무를 면탈할 의사로 채권자를 살해하더라도 일시적으로 채권자측의 추급을 면한 것에 불과하여 재산상 이익의 지배가 채권자 측으로부터 범인 앞으로 이전되었다고 보기는 어려우므로, 이러한 경우에는 강도살인죄가 성립할 수 없다(대판 2004. 6.24. 2004도1098).

③ (○) [1] 자동차에 대한 소유권의 득실변경은 등록을 함으로써 그 효력이 생기고 등록이 없는 한 대외적 관계에서는 물론 당사자의 대내적 관계에서도 소유권을 취득할 수 없는 것이 원칙이지만, 당사자 사이에 소유권을 등록명의자 아닌 자가 보유하기로 약정하였다는 등의 특별한 사정이 있는 경우에는 그 내부관계에 있어서는 등록명의자 아닌 자가 소유권을 보유하게 된다고 할 것이다. [2] 피고인 명의로 등록되어 있지만 피해자가 점유·관리하여 온 이 사건 승용차를 피고인이 임의로 운전해 감으로써 이를 절취하였다는 내용의 이 사건 공소사실에 대하여, 그 판시 증거들에 의하여 피고인이 사실혼 관계에 있던 피해자에게 이 사건 승용차를 선물하여 증여한 이래 피해자만이 이 사건 승용차를 운행하며 관리하여 온 사실, 피고인과 피해자가 별거하면서 재산분할 내지 위자료 명목으로 피해자가 이 사건 승용차를 소유하기로 한 사실 등을 인정한 다음, 이 사건 승용차는 그 등록명의와 관계없이 피고인과 피해자 사이에서는 피해자를 소유자로 보아야 한다는 이유로 피고인의 행위가 절도행위에 해당한다고

판단하였다. 앞서 본 법리와 기록에 비추어 살펴보면, 원심의 위와 같은 사실인정과 판단은 모두 정당한 것으로 수긍이 되고, 거기에 상고이유로 주장하는 바와 같이 논리와 경험칙을 위반하여 자유심증주의의 한계를 벗어나거나 자동차 소유관계에 관한 법리를 오해하는 등으로 판결에 영향을 미친 위법이 있다 할 수 없다(대판 2013.2.28. 2012도15303).

④ (×) 어떠한 물건을 점유자의 의사에 반하여 취거하는 행위가 결과적으로 소유자의 이익으로 된다는 사정 또는 소유자의 추정적 승낙이 있다고 볼 만한 사정이 있다고 하더라도, 다른 특별한 사정이 없는 한 그러한 사유만으로 불법영득의 의사가 없다고 할 수는 없다(대판 2014.2.21. 2013도14139).

085 준강도죄에 대한 설명으로 가장 적절한 것은? 〈경찰2차 2021〉

① 단순절도범인이 처음에는 흉기를 휴대하지 아니하였으나, 체포를 면탈할 목적으로 폭행 또는 협박을 가할 때에 비로소 흉기를 휴대 사용하게 된 경우에는 단순강도의 준강도가 된다.

② 가방 날치기 수법의 점유탈취 과정에서 재물을 빼기지 않으려고 바닥에 넘어진 상태로 가방끈을 놓지 않은 채 "내 가방, 사람 살려!!!"라고 소리치며 끌려가는 피해자를 5m 가량 끌고 가면서 무릎에 상해를 입힌 경우는 절도죄와 상해죄의 경합범으로 처벌된다.

③ 절도범이 체포를 면탈할 목적으로 자신을 체포하려는 여러 명의 피해자에게 같은 기회에 폭행을 가하여 그 중 1인에게만 상해를 가한 경우에는 포괄하여 하나의 강도상해죄만 성립한다.

④ 양주를 절취할 목적으로 주점에 들어가 양주를 담고 있던 중 피해자가 들어오는 소리에 이를 두고 도망가려다가 피해자에게 붙잡혀 체포를 면탈하기 위해 폭행을 가한 경우는 준강도죄의 기수범으로 처벌된다.

해설/정답 ③

① (×) 강도죄에 있어서의 재물탈취의 수단인 폭행 또는 협박의 유형을 흉기를 휴대하고 하는 경우와 그렇지 않은 경우로 나누어 흉기를 휴대하고 하는 경우를 특수강도로 하고, 그렇지 않은 경우를 단순강도로 하여 처벌을 달리하고 있음에 비추어 보면 절도범인이 처음에는 흉기를 휴대하지 아니하였으나, 체포를 면탈할 목적으로 폭행 또는 협박을 가할 때에 비로소 흉기를 휴대 사용하게 된 경우에는 형법 제334조의 예에 의한 준강도(특수강도의 준강도)가 된다(대판 1974.11.13. 73도1553 전원합의체).

② (×) [1] 소위 '날치기'와 같이 강제력을 사용하여 재물을 절취하는 행위가 때로는 피해자를 넘어뜨리거나 상해를 입게 하는 경우가 있고, 그러한 결과가 피해자의 반항 억압을 목적으로 함이 없이 점유탈취의 과정에서 우연히 가해진 경우라면 이는 강도가 아니라 절도에 불과하지만, 그 강제력의 행사가 사회통념상 객관적으로 상대방의 반항을 억압하거나 항거 불능케 할 정도의 것이라면 이는 강도죄의 폭행에 해당한다. 그러므로 날치기 수법의 점유탈취 과정에서 이를 알아채고 재물을 빼기지 않으려는 상대방의 반항에 부딪혔음에도 계속하여 피해자를 끌고 가면서 억지로 재물을 빼앗은 행위는 피해자의 반항을 억압한 후 재물을 강취한 것으로서 강도에 해당한다. [2] 날치기 수법으로 피해자가 들고 있던 가방을 탈취하면서 가방을 놓지 않고 버티는 피해자를 5m 가량 끌고 감으로써 피해자의 무릎 등에 상해를 입힌 경우, 반항을 억압하기 위한 목적으로 가해진 강제력으로서 그 반항을 억압할 정도에 해당한다고 보아 강도치상죄의 성립을 인정한 사례(대판 2007.12.13. 2007도7601).

③ (○) 절도범이 체포를 면탈할 목적으로 체포하려는 여러 명의 피해자에게 같은 기회에 폭행을 가하여 그 중 1인에게만 상해를 가하였다면 이러한 행위는 포괄하여 하나의 강도상해죄만 성립한다(대판 2001.8.21. 2001도3447).

④ (×) 형법 제335조에서 절도가 재물의 탈환을 항거하거나 체포를 면탈하거나 죄적을 인멸할 목적으로 폭행 또는 협박을 가한 때에 준강도로서 강도죄의 예에 따라 처벌하는 취지는, 강도죄와 준강도죄의 구성요건

인 재물탈취와 폭행·협박 사이에 시간적 순서상 전후의 차이가 있을 뿐 실질적으로 위법성이 같다고 보기 때문인바, 이와 같은 준강도죄의 입법 취지, 강도죄와의 균형 등을 종합적으로 고려해 보면, 준강도죄의 기수 여부는 절도행위의 기수 여부를 기준으로 하여 판단하여야 한다(대판 2004.11.18. 2004도5074 전원합의체).

086 강도의 죄에 대한 설명으로 가장 적절한 것은? 〈경찰3차 2018〉

① 강도죄는 재물죄이며, 재산상의 이익은 강도죄의 객체가 될 수 없다.

② 피고인이 강도하기로 모의를 한 후 남성피해자의 금품을 빼앗고, 그 기회에 이어서 여성피해자를 강간하였다면 강도죄와 강간죄의 경합범이 성립한다.

③ 강도상해죄가 성립하기 위해서는 강도의 수단인 폭행에 의하여 상해를 입힐 것을 요하므로, 피고인의 상해행위는 강도가 기수에 이르기 전에 행하여져야만 한다.

④ 절도미수범이 체포를 면탈할 목적으로 피해자를 폭행한 경우에는 준강도죄의 미수범이 성립한다.

해설/정답 ④

① (×) 형법 제333조

> **제333조(강도)**
> 폭행 또는 협박으로 타인의 재물을 강취하거나 기타 재산상의 이익을 취득하거나 제삼자로 하여금 이를 취득하게 한 자는 3년 이상의 유기징역에 처한다.

② (×) 피고인이 강도하기로 모의를 한 후 피해자 갑남으로부터 금품을 빼앗고 이어서 피해자 을녀를 강간하였다면 강도강간죄를 구성한다고 한 사례(대판 1991.11.12. 91도2241).

③ (×) 형법 제337조의 강도상해죄는 강도범인이 강도의 기회에 상해행위를 함으로써 성립하므로 강도범행의 실행 중이거나 실행 직후 또는 실행의 범의를 포기한 직후로서 사회통념상 범죄행위가 완료되지 아니하였다고 볼 수 있는 단계에서 상해가 행하여짐을 요건으로 한다. 그러나 반드시 강도범행의 수단으로 한 폭행에 의하여 상해를 입힐 것을 요하는 것은 아니고 상해행위가 강도가 기수에 이르기 전에 행하여져야만 하는 것은 아니므로, 강도범행 이후에도 피해자를 계속 끌고 다니거나 차량에 태우고 함께 이동하는 등으로 강도범행으로 인한 피해자의 심리적 저항불능 상태가 해소되지 않은 상태에서 강도범인의 상해행위가 있었다면 강취행위와 상해행위 사이에 다소의 시간적·공간적 간격이 있었다는 것만으로는 강도상해죄의 성립에 영향이 없다(대판 2014.9.26. 2014도9567).

④ (○) [다수의견] 형법 제335조에서 절도가 재물의 탈환을 항거하거나 체포를 면탈하거나 죄적을 인멸할 목적으로 폭행 또는 협박을 가한 때에 준강도로서 강도죄의 예에 따라 처벌하는 취지는, 강도죄와 준강도죄의 구성요건인 재물탈취와 폭행·협박 사이에 시간적 순서상 전후의 차이가 있을 뿐 실질적으로 위법성이 같다고 보기 때문인바, 이와 같은 준강도죄의 입법 취지, 강도죄와의 균형 등을 종합적으로 고려해 보면, 준강도죄의 기수 여부는 절도행위의 기수 여부를 기준으로 하여 판단하여야 한다(대판 2004.11.18. 2004도5074 전원합의체).

087 **강도죄에 대한 다음 설명 중 옳지 않은 것은 모두 몇 개인가?** 〈경찰2차 2016〉

> ㉠ 甲과 乙은 야간에 丙의 집에 이르러 재물을 강취할 의도로 甲은 출입문 옆의 창살을 통하여 침입하고, 乙은 부엌 방충망을 뜯고 들어가다가 丙의 시아버지의 헛기침에 발각된 것으로 알고 도주한 경우 甲과 乙의 죄책은 특수강도미수죄이다.
> ㉡ 甲은 강도의 범의로 야간에 칼을 휴대한 채 타인의 주거에 침입하여 동정을 살피다가 피해자 乙을 발견하고 갑자기 욕정을 일으켜 칼로 협박하고 강간하였다. 甲의 죄책은 특수강도강간죄이다.
> ㉢ 「형법」 제334조 제1항(특수강도)은 야간에 사람의 주거, 관리하는 건조물, 선박이나 항공기 또는 자동차에 침입하여 제333조(강도)의 죄를 범한 자를 처벌한다고 규정하고 있다.
> ㉣ 「형법」 제336조(인질강도)의 죄를 범한 자가 인질을 안전한 장소로 풀어준 경우 형법 각칙에 해방감경 규정이 있다.

① 1개 ② 2개 ③ 3개 ④ 4개

해설/정답 ③

㉠ (○) 형법 제334조 제1항 소정의 야간주거침입강도죄는 주거침입과 강도의 결합범으로서 시간적으로 주거침입행위가 선행되는 것이므로 주거침입을 한 때에 본죄의 실행에 착수한 것으로 볼 것인바, 같은 조 제2항 소정의 흉기휴대 합동강도죄에 있어서도 그 강도행위가 야간에 주거에 침입하여 이루어지는 경우에는 주거침입을 한 때에 실행에 착수한 것으로 보는 것이 타당하다. 피고인들이 위와 같이 야간에주거에 침입한 이상 특수강도죄의 실행에 착수한 것으로서 그 미수범으로서 처단되어야 할 것이고 현장에서 함께 행동한 피고인으로서도 같은 죄책을 져야함은 더 말할 나위도 없다. 같은 취지의 원심판단은 정당하고 소론과 같은 이유불비 내지 특수강도죄의 미수에 관한 법리오해의 위법이 없으므로 이 점 논지도 이유 없다(대판 1992.7.28. 92도917). - 주거침입시에 실행의 착수를 인정한 경우

㉡ (×) 강도의 범의로 야간에 칼을 휴대한 채 타인의 주거에 침입하여 집안의 동정을 살피다가 피해자를 발견하고 갑자기 욕정을 일으켜 칼로 협박하여 강간한 경우, 야간에 흉기를 휴대한 채 타인의 주거에 침입하여 집안의 동정을 살피는 것만으로는 특수강도의 실행에 착수한 것이라고 할 수 없으므로 위의 특수강도에 착수하기도 전에 저질러진 위와 같은 강간행위가 구 특정범죄 가중처벌 등에 관한 법률 제5조의6 제1항 소정의 특수강도강간죄에 해당한다고 할 수 없다(대판 1991.11.22. 91도2296). - 폭행·협박시에 실행의 착수를 인정한 경우

㉢ (×) 자동차는 포함되지 않는다(형법 제334조).

> **제334조(특수강도)**
> ① 야간에 사람의 주거, 관리하는 건조물, 선박이나 항공기 또는 점유하는 방실에 침입하여 제333조의 죄를 범한 자는 무기 또는 5년 이상의 징역에 처한다.
> ② 흉기를 휴대하거나 2인 이상이 합동하여 전조의 죄를 범한 자도 전항의 형과 같다.

㉣ (×) 해방감경규정이 없다(형법 제336조).

> **제336조(인질강도)**
> 사람을 체포·감금·약취 또는 유인하여 이를 인질로 삼아 재물 또는 재산상의 이익을 취득하거나 제3자로 하여금 이를 취득하게 한 자는 3년 이상의 유기징역에 처한다.

088 강도죄에 관한 다음 설명 중 가장 적절한 것은? 〈경찰1차 2015〉

① 甲과 乙, 丙이 타인의 재물을 절취하기로 공모한 다음 甲은 망을 보고 乙과 丙이 재물을 절취한 다음 달아나려다가 피해자에게 발각되자 체포를 면탈할 목적으로 피해자를 때려 상해를 입혔다면 甲도 이를 전혀 예견하지 못했다고 볼 수 없어 강도치상죄의 죄책을 면할 수 없다.

② 피고인이 술집 운영자 甲으로부터 술값의 지급을 요구받자 술값의 지급을 면하기로 마음먹고 甲을 유인·폭행하고 도주함으로써 술값의 지급을 면하여 재산상 이득을 취득한 경우 준강도죄가 성립하지 아니한다.

③ 피고인들이 피해자들의 재물을 강취한 후 그들을 살해할 목적으로 현주건조물에 방화하여 사망에 이르게 한 경우, 피고인들의 행위는 강도살인죄와 현주건조물방화치사죄에 모두 해당하고 그 두 죄는 실체적 경합범 관계에 있다.

④ 피고인 甲, 乙이 공모하여 채무를 면탈할 의사로 채권자 丙을 살해한 사안에서, 甲의 丙에 대한 채무의 존재가 명백할 뿐만 아니라 丙의 상속인이 존재하고 그 상속인에게 채권의 존재를 확인할 방법이 확보되어 있지만 재산상 이익이 채권자 측으로부터 甲 앞으로 이전되었다고 볼 수 있으므로 강도살인죄가 성립한다.

해설/정답 ②

① (×) 피고인과 원심피고인들이 타인의 재물을 절취하기로 공모한 다음 피고인은 망을 보고 원심피고인들이 재물을 절취한 다음 달아나려다가 피해자에게 발각되자 체포를 면탈할 목적으로 피해자를 때려 상해를 입혔다면 피고인도 이를 전연 예견하지 못했다고 볼 수 없어 강도상해죄의 죄책을 면할 수 없다(대판 1989.12.12. 89도1991).

② (○) 피고인이 술집 운영자 갑으로부터 술값의 지급을 요구받자 갑을 유인·폭행하고 도주함으로써 술값의 지급을 면하여 재산상 이익을 취득하고 상해를 가하였다고 하여 강도상해로 기소되었는데, 원심이 위 공소사실을 '피고인이 갑에게 지급해야 할 술값의 지급을 면하여 재산상 이익을 취득하고 갑을 폭행하였다.'는 범죄사실로 인정하여 준강도죄를 적용한 사안에서, 원심이 인정한 범죄사실에는 그 자체로 절도의 실행에 착수하였다는 내용이 포함되어 있지 않음에도 준강도죄를 적용하여 유죄로 인정한 원심판결에 준강도죄의 주체에 관한 법리오해의 잘못이 있다고 한 사례(대판 2014.5.16. 2014도2521).

③ (×) 피고인들이 피해자들의 재물을 강취한 후 그들을 살해할 목적으로 현주건조물에 방화하여 사망에 이르게 한 경우, 피고인들의 행위는 강도살인죄와 현주건조물방화치사죄에 모두 해당하고 그 두 죄는 상상적 경합범관계에 있다(대판 1998.12.8. 98도3416).

④ (×) 피고인 갑, 을이 공모하여 채무를 면탈할 의사로 채권자 병을 살해한 사안에서, 갑의 병에 대한 채무의 존재가 명백할 뿐만 아니라 병의 상속인이 존재하고 그 상속인에게 채권의 존재를 확인할 방법이 확보되어 있으므로 일시적으로 채권자 측의 추급을 면한 것에 불과하고 재산상 이익의 지배가 채권자 측으로부터 갑 앞으로 이전되었다고 볼 수 없다는 이유로, 위 강도살인의 공소사실을 무죄로 인정한 원심판단을 수긍한 사례(대판 2010.9.30. 2010도7405).

089 강도죄에 관한 다음 설명 중 가장 적절한 것은? 〈경찰2차 2015〉

① 날치기 수법의 점유탈취 과정에서 이를 알아채고 재물을 뺏기지 않으려는 상대방의 반항에 부딪혔음에도 계속하여 피해자를 끌고 가면서 억지로 재물을 빼앗은 행위는 피해자의 반항을 억압하지 못한 경우이므로 강도에 해당하지 않는다.

② 준강도죄의 기수 여부는 절도행위의 기수 여부를 기준으로 하여 판단할 것이 아니라 폭행 또는 협박이 종료되었는가 하는 점에 따라 결정되어야 한다.

③ 피고인이 술집 운영자 甲으로부터 술값의 지급을 요구받자 甲을 유인·폭행하고 도주하였다면, 甲에게 지급해야 할 술값의 지급을 면하여 재산상 이익을 취득하였으므로 준강도죄가 성립한다.

④ 절도범인이 처음에는 흉기를 휴대하지 아니하였으나, 체포를 면탈할 목적으로 폭행 또는 협박을 가할 때에 비로소 흉기를 휴대 사용하게 된 경우에는 형법 제334조의 예에 의한 준강도(특수강도의 준강도)가 된다.

해설/정답 ④

① (×) 소위 '날치기'와 같이 강제력을 사용하여 재물을 절취하는 행위가 때로는 피해자를 넘어뜨리거나 상해를 입게 하는 경우가 있고, 그러한 결과가 피해자의 반항 억압을 목적으로 함이 없이 점유탈취의 과정에서 우연히 가해진 경우라면 이는 강도가 아니라 절도에 불과하지만, 그 강제력의 행사가 사회통념상 객관적으로 상대방의 반항을 억압하거나 항거 불능케 할 정도의 것이라면 이는 강도죄의 폭행에 해당한다. 그러므로 날치기 수법의 점유탈취 과정에서 이를 알아채고 재물을 뺏기지 않으려는 상대방의 반항에 부딪혔음에도 계속하여 피해자를 끌고 가면서 억지로 재물을 빼앗은 행위는 피해자의 반항을 억압한 후 재물을 강취한 것으로서 강도에 해당한다(대판 2007.12.13. 2007도7601).

② (×) [다수의견] 형법 제335조에서 절도가 재물의 탈환을 항거하거나 체포를 면탈하거나 죄적을 인멸할 목적으로 폭행 또는 협박을 가한 때에 준강도로서 강도죄의 예에 따라 처벌하는 취지는, 강도죄와 준강도죄의 구성요건인 재물탈취와 폭행·협박 사이에 시간적 순서상 전후의 차이가 있을 뿐 실질적으로 위법성이 같다고 보기 때문인바, 이와 같은 준강도죄의 입법 취지, 강도죄와의 균형 등을 종합적으로 고려해 보면, 준강도죄의 기수 여부는 절도행위의 기수 여부를 기준으로 하여 판단하여야 한다(대판 2004.11.18. 2004도5074 전원합의체).

③ (×) [1] 형법 제335조는 '절도'가 재물의 탈환을 항거하거나 체포를 면탈하거나 죄적을 인멸한 목적으로 폭행 또는 협박을 가한 때에 준강도가 성립한다고 규정하고 있으므로, 준강도죄의 주체는 절도범인이고, 절도죄의 객체는 재물이다. [2] 피고인이 술집 운영자 갑으로부터 술값의 지급을 요구받자 갑을 유인·폭행하고 도주함으로써 술값의 지급을 면하여 재산상 이익을 취득하고 상해를 가하였다고 하여 강도상해로 기소되었는데, 원심이 위 공소사실을 '피고인이 갑에게 지급해야 할 술값의 지급을 면하여 재산상 이익을 취득하고 갑을 폭행하였다.'는 범죄사실로 인정하여 준강도죄를 적용한 사안에서, 원심이 인정한 범죄사실에는 그 자체로 절도의 실행에 착수하였다는 내용이 포함되어 있지 않음에도 준강도죄를 적용하여 유죄로 인정한 원심판결에 준강도죄의 주체에 관한 법리오해의 잘못이 있다고 한 사례(대판 2014.5.16. 2014도2521).

④ (○) [다수의견] 절도범인이 처음에는 흉기를 휴대하지 아니하였으나, 체포를 면탈할 목적으로 폭행 또는 협박을 가할 때에 비로소 흉기를 휴대 사용하게된 경우에는 형법 제334조의 예에 의한 준강도(특수강도의 준강도)가 된다(대판 1973.11.13. 73도1553 전원합의체).

090 **다음 사례에 관한 설명 중 가장 적절한 것은?** 〈경찰2차 2023〉

> 연구실을 함께 운영하는 甲과 乙은 소속 연구원들에 대한 인건비 지급 명목으로 X 학교법인에 지원금 지급을 신청하여 지급받은 금원을 연구실 운영비로 사용하기로 공모하였다. 이에 따라 甲은 2022년 1월부터 12월까지 매월 1회 지급신청을 하고 해당 금액을 지급받는 동일한 방식으로 총 12회에 걸쳐 연구원 인건비 명목으로 X 학교법인으로부터 합계 1억원 상당을 송금 받았다. 다만, 乙은 2022년 8월에 퇴직하여 이후의 연구실 운영에는 관여하지 않았다. 이후 甲과 乙에 대한 재판에서 검사는 '연구실원 A에 대한 참고인 진술조서'(이하, '조서'라 한다)를 증거로 제출하였으나, 공판기일에 증인으로 출석한 A는 甲과의 관계를 우려하여 조서의 진정성립을 비롯한 일체의 증언을 거부하였다.

① 甲과 乙이 2022년 1월부터 12월까지 금원을 지급받은 것이 사기죄에 해당하는 경우, 각 지급행위시마다 별개의 사기죄가 성립한다.

② A가 증언을 거부하면 甲의 반대신문권이 보장되지 않는 것인데, 이 경우 A의 증언거부가 정당한 증언거부권의 행사라 하더라도 甲의 반대신문권이 보장되지 않는다는 점에서는 아무런 차이가 없다.

③ 乙은 퇴직 이후에 甲이 금원을 송금받은 부분에 대해서는 사기죄의 죄책을 부담하지 않는다.

④ 만약 A가 법정에서 증언을 거부하지 않고 조서에 대해 "기재된 바와 같이 내가 말한 것은 맞는데, 그건 일부러 거짓말을 한 것이다."라고 진술하게 되면 조서는 증거로 사용할 수 없게 된다.

해설/정답 ②

① (×) 사기죄는 편취의 의사로 기망행위를 개시한 때에 실행에 착수한 것으로 보아야 하므로, 사기도박에서도 사기적인 방법으로 도금을 편취하려고 하는 자가 상대방에게 도박에 참가할 것을 권유하는 등 기망행위를 개시한 때에 실행의 착수가 있는 것으로 보아야 하고, 그 후에 사기도박을 숨기기 위하여 정상적인 도박을 하였더라도 이는 사기죄의 실행행위에 포함된다. 한편 사기죄에서 동일한 피해자에 대하여 수회에 걸쳐 기망행위를 하여 금원을 편취한 경우에 그 범의가 단일하고 범행 방법이 동일하다면 사기죄의 포괄일죄만이 성립한다(대판 2015.10.29. 2015도10948, 대판 2002.7.12. 2002도2029).

② (○) 증인이 정당하게 증언거부권을 행사한 경우와 증언거부권의 정당한 행사가 아닌 경우를 비교하면, 피고인의 반대신문권이 보장되지 않는다는 점에서 아무런 차이가 없다. 증인의 증언거부가 정당하게 증언거부권을 행사한 것인지 여부는 피고인과는 상관없는 증인의 영역에서 일어나는 문제이고, 피고인으로서는 증언거부권이 인정되는 증인이건 증언거부권이 인정되지 않는 증인이건 상관없이 형사소송법이 정한 반대신문권이 보장되어야 한다(대판 2019.11.21. 2018도13945 전원합의체).

③ (×) 피고인이 포괄일죄의 관계에 있는 범행의 일부를 실행한 후 공범관계에서 이탈하였으나 다른 공범자에 의하여 나머지 범행이 이루어진 경우, 피고인이 관여하지 않은 부분에 대하여도 죄책을 부담한다(대판 2011.1.13. 2010도9927, 실행착수 후 이탈). 乙은 퇴직 이후에 甲이 금원을 송금받은 부분에 대해서 사기죄의 죄책을 부담한다.

④ (×) 참고인 진술조서의 증거능력이 인정되기 위해서는 절차·방식의 적법성, 실질적 진정성립(성립의 진정), 반대신문권 보장, 특신상태를 요한다(형소법 제312조 제4항). 따라서 내용의 인정은 요구되지 않는다.

지문의 경우, "기재된 바와 같이 내가 말한 것은 맞는데, 그건 일부러 거짓말을 한 것이다."라고 진술한 것은 실질적 진정성립(성립의 진정)을 인정하나 내용을 부인하는 경우이므로 반대신문권 보장과 특신상태만 인정되면 참고인진술조서의 증거능력은 인정된다.

091 사기죄에 관한 설명 중 가장 적절한 것은? 〈경찰1차 2023〉

① 「민법」 제746조의 불법원인급여에 해당하여 급여자가 수익자에 대한 반환청구권을 행사할 수 없다면, 수익자가 기망을 통하여 급여자로 하여금 불법원인급여에 해당하는 재물을 제공하도록 하였더라도 사기죄를 구성하지 않는다.

② 甲이 A에 대한 사기범행을 실현하는 수단으로서 사기의 고의가 없는 B를 기망하여 그를 A로부터 편취한 재물이나 재산상 이익을 전달하는 도구로서만 이용한 경우, 편취의 대상인 재물 또는 재산상 이익에 관하여 A에 대한 사기죄가 성립할 뿐, 도구로 이용된 B에 대한 사기죄는 별도로 성립하지 않는다.

③ 사기죄가 성립하기 위해서는 적극적 기망 행위가 있어야 하므로 부작위에 의한 기망은 있을 수 없다.

④ 사기죄의 '처분행위'라 함은 재산적 처분행위로서 피해자가 자유의사로 직접 재산상 손해를 초래하는 작위에 나아가는 것을 말하므로, 피해자가 기망에 의하여 착오에 빠진 결과 채권의 존재를 알지 못하여 채권을 행사하지 아니한 것에 불과하다면 그와 같은 부작위는 재산의 처분행위에 해당하지 않는다.

해설/정답 ②

① (×) 민법 제746조의 불법원인급여에 해당하여 급여자가 수익자에 대한 반환청구권을 행사할 수 없다고 하더라도, 수익자가 기망을 통하여 급여자로 하여금 불법원인급여에 해당하는 재물을 제공하도록 하였다면 사기죄가 성립한다(대판 2006.11.23. 2006도6795).

② (○) 간접정범을 통한 범행에서 피이용자는 간접정범의 의사를 실현하는 수단으로서의 지위를 가질 뿐이므로, 피해자에 대한 사기범행을 실현하는 수단으로서 타인을 기망하여 그를 피해자로부터 편취한 재물이나 재산상 이익을 전달하는 도구로서만 이용한 경우에는 편취의 대상인 재물 또는 재산상 이익에 관하여 피해자에 대한 사기죄가 성립할 뿐 도구로 이용된 타인에 대한 사기죄가 별도로 성립한다고 할 수 없다(대판 2017.5.31. 2017도3894). 피고인 甲 등이 A에게 금융감독원 직원 등을 사칭하면서 B의 계좌에 1,400만 원을 입금하라고 하고, B에게도 같은 취지로 거짓말하여 B로 하여금 A가 입금한 1,400만 원을 포함하여 총 1,880만 원을 인출하여 전달하게 한 경우, A가 B의 계좌에 입금한 1,400만 원 부분에 대하여는 B가 甲 등의 기망에 따라 단지 A에 대한 사기범행을 실현하기 위한 도구로 이용되었을 뿐이므로 A에 대한 사기죄가 성립할 뿐 B에 대한 사기죄는 별도로 성립하지 않는다는 취지의 판례이다.

③ (×) 사기죄의 요건으로서의 기망은 널리 재산상의 거래관계에서 서로 지켜야 할 신의와 성실의 의무를 저버리는 적극적 또는 소극적 행위를 말하는 것으로서, 상대방을 착오에 빠지게 하여 행위자가 희망하는 재산적 처분행위를 하도록 하기 위한 판단의 기초 사실에 관한 것이어야 하고, 그 중 소극적 행위로서의 부작위에 의한 기망은 일반거래의 경험칙상 상대방이 그 사실을 알았더라면 당해 법률행위를 하지 아니하였을 것이 명백한 경우에는 신의칙에 비추어 그 사실을 고지할 법률상 의무가 인정된다고 할 것이다(대판 2021.9.9. 2021도8468).

④ (×) 출판사 경영자가 출고현황표를 조작하는 방법으로 실제출판부수를 속여 작가에게 인세의 일부만을 지급한 사안에서, 작가가 나머지 인세에 대한 청구권의 존재 자체를 알지 못하는 착오에 빠져 이를 행사하지 아니한 것이 사기죄에 있어 부작위에 의한 처분행위에 해당한다고 본 사례(대판 2007.7.12. 2005도9221).

092 사기의 죄에 대한 설명으로 가장 적절한 것은? 〈경찰1차 2021〉

① 「민법」 제746조의 불법원인급여에 해당하여 급여자가 수익자에 대한 반환청구권을 행사할 수 없다면, 설령 수익자가 기망을 통하여 급여자로 하여금 불법원인급여에 해당하는 재물을 제공하도록 하였더라도 사기죄는 성립하지 않는다.

② 담당 공무원을 기망하여 납부의무가 있는 농지보전부담금을 면제받아 재산상 이익을 취득하였다면, 부과권자의 직접적인 권력작용을 사기죄의 보호법익인 재산권과 동일하게 평가할 수 있어 사기죄가 성립한다.

③ 의료인으로서 자격과 면허를 보유한 사람이 「의료법」 제4조 제2항을 위반하여 다른 의료인의 명의로 의료기관을 개설·운영함으로써 요양급여비용을 지급받은 경우, 「국민건강보험법」상 요양급여비용을 적법하게 지급받을 수 있는 자격 내지 요건이 흠결되지 않더라도 국민건강보험공단을 피해자로 하는 사기죄를 구성한다.

④ 피해자 법인이나 단체의 대표자 또는 실질적으로 의사결정을 하는 최종결재권자 등 기망의 상대방이 기망행위자와 동일인이거나 기망행위자와 공모하는 등 기망행위를 알고 있었던 경우에는 기망의 상대방에게 기망행위로 인한 착오가 있다고 볼 수 없고, 기망의 상대방이 재물을 교부하는 등의 처분을 했더라도 기망행위와 인과관계가 있다고 보기 어렵다.

해설/정답 ④

① (×) 민법 제746조의 불법원인급여에 해당하여 급여자가 수익자에 대한 반환청구권을 행사할 수 없다고 하더라도, 수익자가 기망을 통하여 급여자로 하여금 불법원인급여에 해당하는 재물을 제공하도록 하였다면 사기죄가 성립한다고 할 것인바, 피고인이 피해자 공소외인으로부터 도박자금으로 사용하기 위하여 금원을 차용하였더라도 사기죄의 성립에는 영향이 없다고 한 원심의 판단은 옳은 것으로 수긍이 가고, 거기에 불법원인급여와 사기죄의 성립에 관한 법리오해의 위법이 있다고 할 수 없다(대판 2006.11.23. 2006도6795).

② (×) [1] 기망행위에 의하여 국가적 또는 공공적 법익을 침해하는 경우라도 그와 동시에 형법상 사기죄의 보호법익인 재산권을 침해하는 것과 동일하게 평가할 수 있는 때에는 행정법규에서 사기죄의 특별관계에 해당하는 처벌 규정을 별도로 두고 있지 않는 한 사기죄가 성립할 수 있다. 그런데 중앙행정기관의 장, 지방자치단체의 장 등 법률에 따라 금전적 부담의 부과권한을 부여받은 자(이하 '부과권자'라 한다)가 재화 또는 용역의 제공과 관계없이 특정 공익사업과 관련하여 권력작용으로 부담금을 부과하는 것은 일반 국민의 재산권을 제한하는 침해행정에 속한다. 이러한 침해행정 영역에서 일반 국민이 담당 공무원을 기망하여 권력작용에 의한 재산권 제한을 면하는 경우에는 부과권자의 직접적인 권력작용을 사기죄의 보호법익인 재산권과 동일하게 평가할 수 없는 것이므로, 행정법규에서 그러한 행위에 대한 처벌규정을 두어 처벌함은 별론으로 하고, 사기죄는 성립할 수 없다.
[2] 피고인이 담당 공무원을 기망하여 납부의무가 있는 농지보전부담금을 면제받아 재산상 이익을 취득한 경우 사기죄가 성립하지 않는다고 본 제1심판결을 수긍한 사례(대판 2019.12.24. 2019도2003).

③ (×) 의료인으로서 자격과 면허를 보유한 사람이 의료법에 따라 의료기관을 개설하여 건강보험의 가입자 또는 피부양자에게 국민건강보험법에서 정한 요양급여를 실시하고 국민건강보험공단으로부터 요양급여비용을 지급받았다면, 설령 그 의료기관이 다른 의료인의 명의로 개설·운영되어 의료법 제4조 제2항을 위반하였더라도 그 자체만으로

는 국민건강보험법상 요양급여비용을 청구할 수 있는 요양기관에서 제외되지 아니하므로, 달리 요양급여비용을 적법하게 지급받을 수 있는 자격 내지 요건이 흠결되지 않는 한 국민건강보험공단을 피해자로 하는 사기죄를 구성한다고 할 수 없다(대판 2019.5.30. 2019도1839).

④ (○) 사기죄는 타인을 기망하여 착오에 빠뜨리고 그로 인하여 피기망자(기망행위의 상대방)가 처분행위를 하도록 유발하여 재물 또는 재산상의 이익을 얻음으로써 성립하는 범죄이다. 따라서 사기죄가 성립하려면 행위자의 기망행위, 피기망자의 착오와 그에 따른 처분행위, 그리고 행위자 등의 재물이나 재산상 이익의 취득이 있고, 그 사이에 순차적인 인과관계가 존재하여야 한다. 그리고 사기죄의 피해자가 법인이나 단체인 경우에 기망행위로 인한 착오, 인과관계 등이 있었는지는 법인이나 단체의 대표 등 최종 의사결정권자 또는 내부적인 권한 위임 등에 따라 실질적으로 법인의 의사를 결정하고 처분을 할 권한을 가지고 있는 사람을 기준으로 판단하여야 한다. 따라서 피해자 법인이나 단체의 대표자 또는 실질적으로 의사결정을 하는 최종결재권자 등이 기망행위자와 동일인이거나 기망행위자와 공모하는 등 기망행위임을 알고 있었던 경우에는 기망행위로 인한 착오가 있다고 볼 수 없고, 재물 교부 등의 처분행위가 있었더라도 기망행위와 인과관계가 있다고 보기 어렵다. 이러한 경우에는 사안에 따라 업무상횡령죄 또는 업무상배임죄 등이 성립하는 것은 별론으로 하고 사기죄가 성립한다고 볼 수 없다. 반면에 피해자 법인이나 단체의 업무를 처리하는 실무자인 일반 직원이나 구성원 등이 기망행위임을 알고 있었더라도, 피해자 법인이나 단체의 대표자 또는 실질적으로 의사결정을 하는 최종결재권자 등이 기망행위임을 알지 못한 채 착오에 빠져 처분행위에 이른 경우라면, 피해자 법인에 대한 사기죄의 성립에 영향이 없다(대판 2017.9.26. 2017도8449, 대판 2017.8.29. 2016도18986). **[해설]** 법인이 피해자인 사기죄에서도 인간의 판단, 의사결정이 필요한 경우에는 실질적으로 법인의 의사를 결정할 처분권한을 가진 자를 기준으로 사기죄의 성립여부를 판단해야 한다는 사례.

093 사기죄에 대한 설명으로 가장 적절하지 않은 것은? 〈경찰2차 2020〉

① 피해자가 법인이나 단체의 대표자 또는 실질적으로 의사결정을 하는 최종결재권자 등 기망의 상대방이 기망행위자와 동일인이거나 기망행위자와 공모하는 등 기망행위를 알고 있었다면 사기죄가 성립되지 않는다.

② 금융기관 직원이 범죄의 목적으로 전산단말기를 이용하여 다른 공범들이 지정한 특정계좌에 무자원 송금의 방식으로 거액을 입금한 행위는 컴퓨터등사용사기죄에 해당한다.

③ 기망행위를 수단으로 한 권리행사의 경우 권리행사에 속하는 행위와 수단에 속하는 기망행위를 전체적으로 관찰하여 그 기망행위가 사회통념상 권리행사의 수단으로서 용인할 수 없는 정도라면 권리행사에 속하는 행위는 사기죄를 구성한다.

④ 피고인이 수개의 선거비용 항목을 허위기재한 하나의 선거비용 보전청구서를 제출하여 정부로부터 선거비용을 과다 보전받아 이를 편취하였다면 이는 수죄로 평가되어야 하고, 각 선거비용 항목에 따라 별개의 사기죄가 성립한다.

해설/정답 ④

① (○) 피해자 법인이나 단체의 대표자 또는 실질적으로 의사결정을 하는 최종결재권자 등이 기망행위자와 동일인이거나 기망행위자와 공모하는 등 기망행위임을 알고 있었던 경우에는 기망행위로 인한 착오가 있다고 볼 수 없고, 재물 교부 등의 처분행위가 있었더라도 기망행위와 인과관계가 있다고 보기 어렵다. 이러한 경우에는 사안에 따라 업무상횡령죄 또는 업무상배임죄 등이 성립하는 것은 별론으로 하고 사기죄가 성립한다고 볼 수 없다. 반면에 피해자 법인이나 단체의 업무를 처리하는 실무자인 일반 직원이나 구성원 등이 기망행위임을 알고 있었더라도, 피해자 법인이나 단체의 대표자 또는 실질적으로 의사결정을 하는 최종결재권자 등이 기망행위임을 알지 못한 채 착오에 빠져 처분행

위에 이른 경우라면, 피해자 법인에 대한 사기죄의 성립에 영향이 없다(대판 2017.9.26. 2017도8449, 대판 2017.8.29. 2016도18986).

② (○) 금융기관 직원이 전산단말기를 이용하여 다른 공범들이 지정한 특정계좌에 돈이 입금된 것처럼 허위의 정보를 입력하는 방법으로 위 계좌로 입금되도록 한 경우, 이러한 입금절차를 완료함으로써 장차 그 계좌에서 이를 인출하여 갈 수 있는 재산상 이익을 취득하였으므로 형법 제347조의2에서 정하는 컴퓨터등사용사기죄는 기수에 이르렀고, 그 후 그러한 입금이 취소되어 현실적으로 인출되지 못하였다고 하더라도 이미 성립한 컴퓨터등사용사기죄에 어떤 영향이 있다고 할 수는 없다(대판 2006.9.14. 2006도4127).

③ (○) 기망행위를 수단으로 한 권리행사의 경우 그 권리행사에 속하는 행위와 그 수단에 속하는 기망행위를 전체적으로 관찰하여 그와 같은 기망행위가 사회통념상 권리행사의 수단으로서 용인할 수 없는 정도라면 그 권리행사에 속하는 행위는 사기죄를 구성하는데, 보험금을 지급받을 수 있는 사유가 있다 하더라도 이를 기화로 실제 지급받을 수 있는 보험금보다 다액의 보험금을 편취할 의사로 장기간의 입원 등을 통하여 과다한 보험금을 지급받는 경우에는 지급받은 보험금 전체에 대하여 사기죄가 성립한다(대판 2009.5.28. 2008도4665).

④ (×) 피고인이 수개의 선거비용 항목을 허위기재한 하나의 선거비용 보전청구서를 제출하여 대한민국으로부터 선거비용을 과다 보전받아 이를 편취하였다면 이는 일죄로 평가되어야 하고, 각 선거비용 항목에 따라 별개의 사기죄가 성립하는 것은 아니다(대판 2017.5.30. 2016도21713).

094 **사기죄에 관한 설명으로 가장 적절한 것은?** 〈경찰2차 2019〉

① 상대방을 기망하여 재물을 교부받으면서 시가 상당의 대금을 지급하였다면, 피해자의 전체 재산상 손해가 발생한 바 없으므로 사기죄가 성립하지 않는다.

② 원인된 법률관계 없이 자신의 예금계좌로 잘못 이체된 돈을 인출한 경우, 은행에 대한 사기죄가 성립한다.

③ 아파트 입주권의 매매계약을 체결하면서 매수인이 입주권 가격에 대해 아무런 문의도 하지 않았다 하더라도 매도인인 부동산중개업자가 그 입주권을 2억 5,000만 원에 확보하여 2억 9,500만 원에 전매한다는 사실을 매수인에게 고지하지 않았다면, 이는 고지의무의 불이행으로서 부작위에 의한 사기죄가 성립한다.

④ 피고인이 부동산을 매수한 일이 없음에도 매수한 것처럼 허위의 사실을 주장하여 해당 부동산에 대한 소유권이전등기를 거친 사람을 상대로 그 이전등기의 말소를 구하는 소송을 제기하여 승소하였더라도, 법원을 기망하여 재물 또는 재산상 이익을 취득한 바가 없기 때문에 사기죄가 성립하지 않는다.

해설/정답 ④

① (×) 금원 편취를 내용으로 하는 사기죄에서는 기망으로 인한 금원 교부가 있으면 그 자체로써 피해자의 재산침해가 되어 바로 사기죄가 성립하고, 상당한 대가가 지급되었다거나 피해자의 전체 재산상에 손해가 없다 하여도 사기죄의 성립에는 영향이 없다(대판 2017.12.22. 2017도12649).

② (×) 계좌명의인이 송금·이체의 원인이 되는 법률관계가 존재하지 않음에도 계좌이체에 의하여 취득한 예금채권 상당의 돈은 송금의뢰인에게 반환하여야 할 성격의 것이므로, 계좌명의인은 그와 같이 송금·이체된 돈에 대하여 송금의뢰인을 위하여 보관하는 지위에 있다고 보아야 한다. 따라서 계좌명의인이 그와 같이 송금·이체된 돈을 그대로 보관하지 않고 영득할 의사로 인출하면 횡령죄가 성립한다(대판 2018.7.19. 2017도17494 전원합의체). 송금의뢰인이 수취인의 예금계좌에 계좌이체 등을 한 이후, 수취인이 은행에 대하여 예금반환을 청구함에 따라 은행이 수취인에게

그 예금을 지급하는 행위는 계좌이체금액 상당의 예금계약의 성립 및 그 예금채권 취득에 따른 것으로서 은행이 착오에 빠져 처분행위를 한 것이라고 볼 수 없으므로, 결국 이러한 행위는 은행을 피해자로 한 형법 제347조의 사기죄에 해당하지 않는다고 봄이 상당하다(대판 2010.5.27. 2010도3498).

③ (×) 피해자로서는 장지지구 33평형 아파트 입주권을 2억 9,500만 원에 매입하면 시세차익을 볼 수 있다고 판단하여 공소외 1의 입주권이나 공소외 2의 입주권 가격에 대하여 아무런 문의도 하지 않고 이 사건 매매계약을 체결한 이상, 피고인이 공소외 1의 입주권 대신 공소외 2의 입주권으로 변경하여 매매하면서 공소외 2의 장지지구 33평형 아파트 입주권을 2억 5,000만 원에 확보하여 이를 피해자에게 전매한다는 사실을 고지하지 않았다고 하여 피고인이 피해자를 기망하여 피해자로부터 지급받은 입주권 매매대금인 2억 9,500만 원과의 차액 4,500만 원을 편취한 것으로 보기 어렵다(대판 2011.1.27. 2010도5124).

④ (○) 피고인이 갑이 부동산을 매수한 일이 없음에도 매수한 것처럼 허위의 사실을 주장하여 위 부동산에 대한 소유권이전등기를 거친 사람을 상대로 그 이전등기의 원인무효를 내세워 그 이전등기의 말소를 구하는 소송을 갑 명의로 제기하고 그 소송의 결과 원고로 된 갑이 승소한다고 가정하더라도 그 피고의 등기가 말소될 뿐이고 이것만으로 피고인이 위 부동산에 관한 어떠한 권리를 취득하거나 의무를 면하는 것은 아니므로 법원을 기망하여 재물이나 재산상 이익을 편취한 것이라고 보기 어렵고, 따라서 위 소제기 행위를 가리켜 사기의 실행에 착수한 것이라고 할 수 없다(대판 2009.4.9. 2009도128, 대판 1981.12.8. 81도1451). 본 판례는 소유권 이전등기 관련 판례임. 이전등기의 경우에는 자신이 등기된 적이 있으면 사기가 가능하나 그렇지 않은 경우에는 사기가 성립하기 어렵다고 보아야 함. **[참고 판례]** 이른바 소송사기는 법원을 기망하여 자기에게 유리한 재판을 얻고 이에 기하여 상대방으로부터 재물의 교부를 받거나 재산상 이익을 취득하는 것을 말하는 것인바, 부동산등기부상 소유자로 등기된 적이 있는 자가 자기 이후에 소유권이전등기를 경료한 등기명의인들을 상대로 허위의 사실을 주장하면서 그들 명의의 소유권이전등기의 말소를 구하는 소송을 제기한 경우 그 소송에서 승소한다면 등기명의인들의 등기가 말소됨으로써 그 소송을 제기한 자의 등기명의가 회복되는 것이므로 이는 법원을 기망하여 재물이나 재산상 이익을 편취한 것이라고 할 것이고 따라서 등기명의인들 전부 또는 일부를 상대로 하는 그와 같은 말소등기청구 소송의 제기는 사기의 실행에 착수한 것이라고 보아야 한다(대판 2003.7.22. 2003도1951).

095 사기의 죄에 대한 설명 중 가장 적절하지 않은 것은? 〈경찰1차 2017〉

① 사기죄에서 처분행위자와 피기망자는 동일인이어야 하나, 피기망자와 재산상 피해자는 동일인이 아니어도 무방하다.

② 컴퓨터 등 사용사기죄에서의 '정보처리'는 입력된 허위의 정보 등에 의하여 계산이나 데이터의 처리가 이루어짐으로써 직접적으로 재산처분의 결과를 초래하여야 하고, 행위자나 제3자의 '재산상 이익 취득'은 사람의 처분행위가 개재됨이 없이 컴퓨터 등에 의한 정보처리 과정에서 이루어져야 한다.

③ 재물을 편취한 후 현실적인 자금의 수수 없이 형식적으로 기왕에 편취한 금원을 새로이 장부상으로만 재투자하는 것으로 처리한 경우 그 재투자금액은 편취액의 합산에서 제외하여야 한다.

④ 상습사기 미수범을 처벌하는 규정은 없다.

해설/정답 ④

① (○) 사기죄가 성립되려면 피기망자가 착오에 빠져 어떤 재산상의 처분행위를 하도록 유발하여 재산적 이득을 얻을 것을 요하고 피기망자와 재산상의 피해자가 같은 사람이 아닌 경우에는 피기망자가 피해자를 위하여 그 재산을 처분할 수 있는 권능이나 지위에 있어야 하며 기망, 착오, 처분, 이득 사이에 인과관계가 있어야 한다

(대판 1989.7.11. 89도346).

② (○) 형법 제347조의2는 컴퓨터 등 정보처리장치에 허위의 정보 또는 부정한 명령을 입력하거나 권한 없이 정보를 입력·변경하여 정보처리를 하게 함으로써 재산상의 이익을 취득하거나 제3자로 하여금 취득하게 하는 행위를 처벌하고 있다. 이는 재산변동에 관한 사무가 사람의 개입 없이 컴퓨터 등에 의하여 기계적·자동적으로 처리되는 경우가 증가함에 따라 이를 악용하여 불법적인 이익을 취하는 행위도 증가하였으나 이들 새로운 유형의 행위는 사람에 대한 기망행위나 상대방의 처분행위 등을 수반하지 않아 기존 사기죄로는 처벌할 수 없다는 점 등을 고려하여 신설한 규정이다. 여기서 '정보처리'는 사기죄에서 피해자의 처분행위에 상응하므로 입력된 허위의 정보 등에 의하여 계산이나 데이터의 처리가 이루어짐으로써 직접적으로 재산처분의 결과를 초래하여야 하고, 행위자나 제3자의 '재산상 이익 취득'은 사람의 처분행위가 개재됨이 없이 컴퓨터 등에 의한 정보처리 과정에서 이루어져야 한다(대판 2014.3.13. 2013도16099).

③ (○) 재물을 편취한 후 현실적인 자금의 수수 없이 형식적으로 기왕에 편취한 금원을 새로이 장부상으로만 재투자하는 것으로 처리한 경우에는 그 재투자금액은 이를 편취액의 합산에서 제외하여야 할 것이나, 그렇지 아니하고 재물을 편취한 후 예금계좌 등으로 그 일부를 수당 등의 명목으로 입금해 주어 피해자가 이를 현실적으로 수령한 다음, 일정기간 후 이를 가지고 다시 물품을 구매하는 형식으로 재투자하였다면, 이는 새로운 법익의 침해가 발생한 경우라고 할 것이어서 그 재구매 금액은 편취액에서 제외할 성질의 것이 아니라고 할 것이고, 한편, 재물편취를 내용으로 하는 사기죄에 있어서는 기망으로 인한 재물교부가 있으면 그 자체로써 피해자의 재산침해가 되어 이로써 곧 사기죄가 성립하는 것이고, 상당한 대가가 지급되었다거나 피해자의 전체 재산상에 손해가 없다 하여도 사기죄의 성립에는 그 영향이 없으므로 사기죄에 있어서 그 대가가 일부 지급된 경우에도 그 편취액은 피해자로부터 교부된 재물의 가치로부터 그 대가를 공제한 차액이 아니라 교부받은 재물 전부라 할 것이다(대판 2005.10.28. 2005도5774).

④ (×) 형법 제347조, 제351조, 제352조

제347조(사기)

① 사람을 기망하여 재물의 교부를 받거나 재산상의 이익을 취득한 자는 10년 이하의 징역 또는 2천만 원 이하의 벌금에 처한다.

② 전항의 방법으로 제삼자로 하여금 재물의 교부를 받게 하거나 재산상의 이익을 취득하게 한 때에도 전항의 형과 같다.

제351조(상습범)

상습으로 제347조 내지 전조의 죄를 범한 자는 그 죄에 정한 형의 2분의 1까지 가중한다.

제352조(미수범)

제347조 내지 제348조의2, 제350조, 제350조의2와 제351조의 미수범은 처벌한다.

096 **사기죄에 대한 설명으로 가장 적절한 것은?** 〈경찰2차 2017〉

① 사기도박에서 사기적인 방법으로 도금을 편취하려고 하는 자가 상대방에게 도박에 참가할 것을 권유하는 등 기망행위를 개시한 때에 실행의 착수가 있는 것으로 보아야 하지만, 그 후에 사기도박을 숨기기 위하여 정상적인 도박을 하였다면 이는 사기죄의 실행행위에 포함되지 아니한다.

② 사기죄는 타인을 기망하여 착오에 빠뜨리고 그 처분행위를 유발하여 재물을 교부받거나 재산상 이익을 얻음으로써 성립하는 것이고, 기망, 착오, 재산적 처분행위 사이에 인과관계를 필요로 하는 것은 아니다.

③ 송금의뢰인이 수취인의 예금계좌에 계좌이체 등을 한 이후, 수취인이 은행에 대하여 예금반환을 청구함에 따라 은행이 수취인에게 그 예금을 지급하는 행위는 계좌이체금액 상당의 예금계약의 성립 및 그 예금채권 취득에 따른 것으로서 은행이 착오에 빠져 처분행위를 한 것이라고 볼 수 있으므로, 결국 이러한 행위는 은행을 피해자로 한 「형법」 제347조의 사기죄에 해당한다.

④ 피고인이 보험사고에 해당할 수 있는 사고로 인하여 경미한 상해를 입었다고 하더라도 이를 기화로 보험금을 편취할 의사로 그 상해를 과장하여 병원에 장기간 입원하고 이를 이유로 실제 피해에 비하여 과다한 보험금을 지급받는 경우에는 그 보험금 전체에 대해 사기죄가 성립한다.

해설/정답 ④

① (×) 사기죄는 편취의 의사로 기망행위를 개시한 때에 실행에 착수한 것으로 보아야 하므로, 사기도박에 있어서도 사기적인 방법으로 도금을 편취하려고 하는 자가 상대방에게 도박에 참가할 것을 권유하는 등 기망행위를 개시한 때에 실행의 착수가 있는 것으로 보아야 한다. … (중략) … 피고인 등은 사기도박에 필요한 준비를 갖추고 그러한 의도로 피해자들에게 도박에 참가하도록 권유한 때 또는 늦어도 그 정을 알지 못하는 피해자들이 도박에 참가한 때에는 이미 사기죄의 실행에 착수하였다고 할 것이므로, 피고인 등이 그 후에 사기도박을 숨기기 위하여 얼마간 정상적인 도박을 하였다고 하더라도 이는 사기죄의 실행행위에 포함되는 것이라고 할 것이어서 피고인에 대하여는 피해자들에 대한 사기죄만이 성립하고 도박죄는 따로 성립하지 아니한다고 할 것이다(대판 2011.1.13. 2010도9330).

② (×) 사기죄는 타인을 기망하여 착오에 빠뜨리고 그 처분행위를 유발하여 재물을 교부받거나 재산상 이익을 얻음으로써 성립하는 것으로서, 기망, 착오, 재산적 처분행위 사이에 인과관계가 있어야 한다(대판 2000.6.27. 2000도1155).

③ (×) 송금의뢰인이 수취인의 예금계좌에 계좌이체 등을 한 이후, 수취인이 은행에 대하여 예금반환을 청구함에 따라 은행이 수취인에게 그 예금을 지급하는 행위는 계좌이체금액 상당의 예금계약의 성립 및 그 예금채권 취득에 따른 것으로서 은행이 착오에 빠져 처분행위를 한 것이라고 볼 수 없으므로, 결국 이러한 행위는 은행을 피해자로 한 형법 제347조의 사기죄에 해당하지 않는다고 봄이 상당하다(대판 2010. 5.27. 2010도3498).

④ (○) 피고인이 보험금을 편취할 의사로 고의적으로 사고를 유발한 경우 보험금에 관한 사기죄가 성립하고, 나아가 설령 피고인이 보험사고에 해당할 수 있는 사고로 인하여 경미한 상해를 입었다고 하더라도 이를 기화로 보험금을 편취할 의사로 그 상해를 과장하여 병원에 장기간 입원하고 이를 이유로 실제 피해에 비하여 과다한 보험금을 지급받는 경우에는 그 보험금 전체에 대해 사기죄가 성립한다고 할 것이다(대판 2007.5.11. 2007도2134).

097 **사기죄에 관한 다음 설명 중 가장 적절하지 않은 것은?** 〈경찰1차 2016〉

① 중고자동차 매매에 있어서 매도인의 할부금융회사 또는 보증보험에 대한 할부금 채무가 매수인에게 당연히 승계되는 것은 아니므로 그 할부금 채무의 존재를 매수인에게 고지하지 아니한 것은 부작위에 의한 기망에 해당하지 아니한다.

② 예금주인 피고인이 제3자에게 편취당한 송금의뢰인으로부터 자신의 은행계좌에 계좌 송금된 돈을 출금한 사안에서, 피고인은 예금주로서 은행에 대하여 예금반환을 청구할 수 있는 권한을 가진 자이므로, 위 은행을 피해자로 한 사기죄가 성립하지 않는다 .

③ 사기죄에 있어서 재물의 교부가 있었다고 하기 위하여는 반드시 재물의 현실의 인도가 필요한 것이므로, 재물이 범인의 사실상의 지배 아래에 들어가 그의 자유로운 처분이 가능한 상태에 놓인 경우라도 재물의 현실의 인도가 없다면 재물의 교부가 있었다고 할 수 없다.

④ 금융기관 직원이 전산단말기를 이용하여 다른 공범들이 지정한 특정계좌에 돈이 입금된 것처럼 허위의 정보를 입력하는 방법으로 위 계좌로 입금되도록 한 경우, 그 후 입금이 취소되어 현실적으로 인출되지 못하였다고 하더라도 이미 성립한 컴퓨터등사용사기죄에 어떤 영향이 있다고 할 수는 없다.

해설/정답 ③

① (○) 중고자동차 매매에 있어서 매도인의 할부금융회사 또는 보증보험에 대한 할부금 채무가 매수인에게 당연히 승계되는 것이 아니라는 이유로 그 할부금 채무의 존재를 매수인에게 고지하지 아니한 것이 부작위에 의한 기망에 해당하지 아니한다고 본 원심판결을 수긍한 사례(대판 1998.4.14. 98도231).

② (○) 예금주인 피고인이 제3자에게 편취당한 송금의뢰인으로부터 자신의 은행계좌에 계좌송금된 돈을 출금한 사안에서, 피고인은 예금주로서 은행에 대하여 예금반환을 청구할 수 있는 권한을 가진 자이므로, 위 은행을 피해자로 한 사기죄가 성립하지 않는다는 원심의 판단을 정당하다고 한 사례(대판 2010.5.27. 2010도3498).

③ (×) 사기죄에 있어서 '재물의 교부'란 범인의 기망에 따라 피해자가 착오로 재물에 대한 사실상의 지배를 범인에게 이전하는 것을 의미하는데, 재물의 교부가 있었다고 하기 위하여 반드시 재물의 현실의 인도가 필요한 것은 아니고 재물이 범인의 사실상의 지배 아래에 들어가 그의 자유로운 처분이 가능한 상태에 놓인 경우에도 재물의 교부가 있었다고 보아야 한다(대판 2003.5.16. 2001도1825).

④ (○) 금융기관 직원이 전산단말기를 이용하여 다른 공범들이 지정한 특정계좌에 돈이 입금된 것처럼 허위의 정보를 입력하는 방법으로 위 계좌로 입금되도록 한 경우, 이러한 입금절차를 완료함으로써 장차 그 계좌에서 이를 인출하여 갈 수 있는 재산상 이익을 취득하였으므로 형법 제347조의2에서 정하는 컴퓨터 등 사용사기죄는 기수에 이르렀고, 그 후 그러한 입금이 취소되어 현실적으로 인출되지 못하였다고 하더라도 이미 성립한 컴퓨터 등 사용사기죄에 어떤 영향이 있다고 할 수는 없다(대판 2006.9.14. 2006도4127).

098 사기죄에 대한 다음 설명 중 가장 적절하지 않은 것은? 〈경찰2차 2016〉

① 피고인 등이 피해자 甲 등에게 자동차를 매도하겠다고 거짓말하고 자동차를 양도하면서 매매대금을 편취한 다음, 자동차에 미리 부착해 놓은 지피에스(GPS)로 위치를 추적하여 자동차를 절취하였다고 하여 사기죄 및 특수절도죄로 기소된 경우, 피고인에게는 사기죄 및 특수절도죄가 성립한다.

② 소비대차 거래에서 차주가 돈을 빌릴 당시에는 변제할 의사와 능력을 가지고 있었다면 비록 그 후에 변제하지 않고 있더라도 이는 민사상 채무불이행에 불과하며 형사상 사기죄가 성립하지는 아니한다.

③ 부동산등기부상 소유자로 등기된 적이 있는 자가 자기 이후에 소유권이전등기를 경료한 등기명의인들을 상대로 허위의 사실을 주장하면서 그들 명의의 소유권이전등기의 말소를 구하는 소송을 제기한 경우 말소등기청구 소송의 제기는 사기의 실행에 착수한 것이라고 보아야 한다.

④ 보험모집인이 자동차 보험가입자의 형사책임을 면하게 하기 위하여 위 보험가입자의 미납보험료가 정상적으로 납부된 것처럼 전산조작하는 방법으로 보험회사를 기망하여 보험가입사실증명원을 발급받은 경우 사기죄가 성립하지 않는다.

해설/정답 ①

① (×) 피고인 등이 피해자 갑 등에게 자동차를 매도하겠다고 거짓말하고 자동차를 양도하면서 매매대금을 편취한 다음, 자동차에 미리 부착해 놓은 지피에스(GPS)로 위치를 추적하여 자동차를 절취하였다고 하여 사기 및 특수절도로 기소된 사안에서, 피고인이 갑 등에게 자동차를 인도하고 소유권이전등록에 필요한 일체의 서류를 교부함으로써 갑 등이 언제든지 자동차의 소유권이전등록을 마칠 수 있게 된 이상, 피고인이 자동차를 양도한 후 다시 절취할 의사를 가지고 있었더라도 자동차의 소유권을 이전하여 줄 의사가 없었다고 볼 수 없고, 피고인이 자동차를 매도할 당시 곧바로 다시 절취할 의사를 가지고 있으면서도 이를 숨긴 것을 기망이라고 할 수 없어, 결국 피고인이 자동차를 매도할 당시 기망행위가 없었으므로, 피고인에게 사기죄를 인정한 원심판결에 법리오해의 잘못이 있다고 한 사례(대판 2016.3.24. 2015도17452).

② (○) 사기죄가 성립하는지는 행위 당시를 기준으로 판단하여야 하므로, 소비대차 거래에서 차주가 돈을 빌릴 당시에는 변제할 의사와 능력을 가지고 있었다면 비록 그 후에 변제하지 않고 있더라도 이는 민사상 채무불이행에 불과하며 형사상 사기죄가 성립하지는 아니한다(대판 2016.4.28. 2012도14516).

③ (○) 이른바 소송사기는 법원을 기망하여 자기에게 유리한 재판을 얻고 이에 기하여 상대방으로부터 재물의 교부를 받거나 재산상 이익을 취득하는 것을 말하는 것인바, 부동산등기부상 소유자로 등기된 적이 있는 자가 자기 이후에 소유권이전등기를 경료한 등기명의인들을 상대로 허위의 사실을 주장하면서 그들 명의의 소유권이전등기의 말소를 구하는 소송을 제기한 경우 그 소송에서 승소한다면 등기명의인들의 등기가 말소됨으로써 그 소송을 제기한 자의 등기명의가 회복되는 것이므로 이는 법원을 기망하여 재물이나 재산상 이익을 편취한 것이라고 할 것이고 따라서 등기명의인들 전부 또는 일부를 상대로 하는 그와 같은 말소등기청구 소송의 제기는 사기의 실행에 착수한 것이라고 보아야 한다(대판 2003.7.22. 2003도1951).

④ (○) 보험가입사실증명원은 교통사고를 일으킨 차가 교통사고처리특례법 제4조에서 정한 취지의 보험에 가입하였음을 보험회사가 증명하는 내용의 문서일 뿐이고 거기에 재물이나 재산상의 이익의 처분에 관한 사항을 포함하고 있는 것은 아니므로, 이러한 문서의 불법취득에 의해 침해된 또는 침해될 우려가 있는 법익은 보험가입사실증명원인 서면 그 자체가 아니고 그 문서가 교통사고처리특례법 제4조에 정한 보험에 가입한 사실의 진위에 관한 내용이라고 할 것이고, 따라서 이러한 증명에 의하여 사기죄에서 말하는 재물이나 재산상의 이익이 침해된 것으로 볼 것은 아니어서 보험가입사실증명원은 사기죄의 객체가 되지 아니한다(대판 1997.3.28. 96도2625).

099 카드사용 범죄에 대한 설명으로 가장 적절한 것은? 〈경찰2차 2018〉

① 타인명의의 현금카드 겸용 신용카드를 무단으로 이용하여 현금자동지급기에서 예금을 인출한 때에는 여신전문금융업법위반죄와 절도죄가 성립한다.

② 타인명의의 신용카드를 무단으로 이용하여 현금자동지급기에서 단기카드대출로 현금을 인출한 때에는 여신전문금융업법위반죄와 컴퓨터등사용사기죄가 성립한다.

③ 타인명의의 신용카드를 무단으로 이용하여 가맹점에서 물품을 구입한 때에는 여신전문금융업법위반죄와 사문서위조 및 동 행사죄, 사기죄가 성립한다.

④ 타인명의의 현금카드를 무단으로 이용하여 현금자동지급기에서 피해자의 계좌로부터 자신의 계좌로 자금을 이체한 때에는 컴퓨터등사용사기죄가 성립한다.

해설/정답 ④

① (×) 여신전문금융업법위반죄(신용카드부정사용죄)는 성립하지 않고, 절도죄만 성립한다.

여신전문금융업법 제70조 제1항 소정의 부정사용이라 함은 위조·변조 또는 도난·분실된 신용카드나 직불카드를 진정한 카드로서 신용카드나 직불카드의 본래의 용법에 따라 사용하는 경우를 말하는 것이므로, 절취한 직불카드를 온라인 현금자동지급기에 넣고 비밀번호 등을 입력하여 피해자의 예금을 인출한 행위는 여신전문금융업법 제70조 제1항 소정의 부정사용의 개념에 포함될 수 없다(대판 2003.11.14. 2003도3977).

② (×) 여신전문금융업법위반죄(신용카드부정사용죄)와 절도죄가 성립한다.

피해자 명의의 신용카드를 부정사용하여 현금자동인출기에서 현금을 인출(절취한 신용카드를 이용하여 현금자동인출기에서 현금서비스를 받는 경우)하고 그 현금을 취득까지 한 행위는 앞서 본 바와 같이 신용카드업법 제25조 제1항의 부정사용죄에 해당할 뿐 아니라 그 현금을 취득함으로써 현금자동인출기 관리자의 의사에 반하여 그의 지배를 배제하고 그 현금을 자기의 지배하에 옮겨 놓는 것이 되므로 별도로 절도죄를 구성한다 할 것이고, 위 양죄의 관계는 그 보호법익이나 행위태양이 전혀 달라 실체적 경합 관계에 있는 것으로 보아야 할 것이다(대판 1995.7.28. 95도997). 절취한 타인의 신용카드로 현금자동지급기에서 현금을 인출하는 행위가 재물에 관한 범죄임이 분명한 이상 이를 위 컴퓨터등사용사기죄로 처벌할 수는 없다고 할 것이고, 입법자의 의도가 이와 달리 이를 위 죄로 처벌하고자 하는 데 있었다거나 유사한 사례와 비교하여 처벌상의 불균형이 발생할 우려가 있다는 이유만으로 그와 달리 볼 수는 없다(대판 2003.5.13. 2003도1178).

③ (×) 사문서위조 및 동 행사죄는 성립하지 않고, 여신전문금융업법위반죄(신용카드부정사용죄)와 사기죄가 성립한다.

신용카드업법 제25조 제1항은 신용카드를 위조·변조하거나 도난·분실 또는 위조·변조된 신용카드를 사용한 자는 7년 이하의 징역 또는 5천만 원 이하의 벌금에 처한다고 규정하고 있는바, 위 부정사용죄의 구성요건적 행위인 신용카드의 사용이라 함은 신용카드의 소지인이 신용카드의 본래 용도인 대금결제를 위하여 가맹점에 신용카드를 제시하고 매출표에 서명하여 이를 교부하는 일련의 행위를 가리키고 단순히 신용카드를 제시하는 행위만을 가리키는 것은 아니라고 할 것이므로, 위 매출표의 서명 및 교부가 별도로 사문서위조 및 동행사의 죄의 구성요건을 충족한다고 하여도 이 사문서위조 및 동행사의 죄는 위 신용카드부정사용죄에 흡수되어 신용카드부정사용죄의 1죄만이 성립하고 별도로 사문서위조 및 동행사의 죄는 성립하지 않는다(대판 1992.6.9. 92도77).

④ (○) 컴퓨터등사용사기죄가 성립한다.

절취한 타인의 신용카드를 이용하여 현금지급기에서 계좌이체를 한 행위는 컴퓨터등사용사기죄에서 컴퓨터 등 정보처리장치에 권한 없이 정보를 입력하여 정보처리를 하게 한 행위에 해당함은 별론으로 하고 이를 절취행위라고 볼 수는 없고, 한편 위 계좌이체 후 현금지급기에서 현금을 인출한 행위는 자신의 신용카드나 현금카드를 이용한 것이어서 이러한 현금인출이 현금지급기 관리자의 의사에 반한다고 볼 수 없어 절취행위에 해당하지 않으므로 절도죄를 구성하지 않는다(대판 2008.6.12. 2008도2440). [1] 형법 제41장의 장물에 관한 죄에 있어서의 '장물'이라 함은 재산범죄로 인하여 취득한 물건 그 자체를 말하므로, 재산범죄를 저지른 이후에 별도의 재산범죄의 구성요건에 해당하는 사후행위가 있었다면 비록 그 행위가 불가벌적 사후행위로서 처벌의 대상이 되지 않는다 할지라도 그 사후행위로 인하여 취득한 물건은 재산범죄로 인하여 취득한 물건으로서 장물이 될 수 있다. [2] 컴퓨터등사용사기죄의 범행으로 예금채권을 취득한 다음 자기의 현금카드를 사용하여 현금자동지급기에서 현금을 인출한 경우, 현금카드 사용권한 있는 자의 정당한 사용에 의한 것으로서 현금자동지급기 관리자의 의사에 반하거나 기망행위 및 그에 따른 처분행위도 없었으므로, 별도로 절도죄나 사기죄의 구성요건에 해당하지 않는다 할 것이고, 그 결과 그 인출된 현금은 재산범죄에 의하여 취득한 재물이 아니므로 장물이 될 수 없다고 한 사례(대판 2004.4.16. 2004도353).

100 사기와 공갈의 죄에 대한 설명으로 옳지 않은 것을 모두 고른 것은? 〈경찰2차 2018〉

㉠ 타인으로부터 금전을 차용하면서 그 용도를 속였고, 만일 사실대로 용도를 고지하였더라면 상대방이 그에 응하지 않았을 경우에 차용금채무에 대한 상당한 담보를 제공하였다는 사정이 있으면 사기죄가 성립하지 아니한다.

㉡ 1개의 기망행위에 의하여 다수의 피해자로부터 각각 재물을 편취한 경우에는 피해자별로 수개의 사기죄가 성립하고, 각 죄는 실체적 경합의 관계에 있다.

㉢ 피해자를 기망하여 재물의 교부를 받고 그 대가를 일부 지급한 경우에는 피해자로부터 교부된 재물의 가치로부터 그 대가를 공제한 차액이 사기죄의 편취액으로 산정된다.

㉣ 예금주인 현금카드 소유자를 협박하여 카드를 갈취하고, 하자 있는 의사표시이기는 하나 피해자의 승낙에 의하여 현금카드를 사용할 권한을 부여받아 이를 사용하여 현금자동지급기에서 예금을 여러 번 인출한 행위들은 포괄하여 하나의 공갈죄를 구성한다.

㉤ 다른 공범자가 공갈행위의 실행에 착수한 후 그 범행을 인식하면서 그와 공동의 범의를 가지고 그 후의 공갈행위를 계속하여 재물의 교부나 재산상 이익의 취득에 이른 때에는 공갈죄의 공동정범이 성립한다.

① ㉠, ㉡, ㉢ ② ㉠, ㉡, ㉣ ③ ㉠, ㉢, ㉤ ④ ㉡, ㉢, ㉤

해설/정답 ①

㉠ (×) 사기죄의 실행행위로서의 기망은 반드시 법률행위의 중요 부분에 관한 허위표시임을 요하지 아니하고 상대방을 착오에 빠지게 하여 행위자가 희망하는 재산적 처분행위를 하도록 하기 위한 판단의 기초가 되는 사실에 관한 것이면 족한 것이므로, 용도를 속이고 돈을 빌린 경우에 있어서 만일 진정한 용도를 고지하였더라면 상대방이 돈을 빌려 주지 않았을 것이라는 관계에 있는 때에는 사기죄의 실행행위인 기망은 있는 것으로 보아야 한다(대판 1996.2.27. 95도2828). 사기죄의 구성요건인 편취의 범의는 피고인이 자백하지 않는 이상 범행 전후의 피고인의 재력, 환경, 범행의 내용, 거래의 이행과정 등과 같은 객관적인 사정 등을 종합하여 판단할 수밖에 없는 것이고, 타인으로부터 금전을 차용함에 있어서 그 차용한 금전의 용도나 변제할 자금의 마련방법에 관하여 사실대로 고지하였더라면 상대방이 응하지 않았을 경우에 그 용도나 변제자금의 마련방법에 관하여 진실에 반하는 사실을 고지하여 금전을 교부받은 경우에는 사기죄가 성립

하고, 이 경우 차용금채무에 대한 담보를 제공하였다는 사정만으로는 결론을 달리 할 것은 아니다(대판 2005.9.15. 2003도5382).

㉡ (×) 특정경제범죄 가중처벌 등에 관한 법률 제3조에서 말하는 이득액은 단순일죄의 이득액이나 혹은 포괄일죄가 성립하는 경우의 이득액의 합산액을 의미하는 것이고, 경합범으로 처벌될 수죄의 각 이득액을 합한 금액을 의미하는 것은 아니며, 다수의 피해자에 대하여 각별로 기망행위를 하여 각각 재산상 이익을 편취한 경우에는 범의가 단일하고 범행방법이 동일하더라도 각 피해자의 피해법익은 독립한 것이므로 이를 포괄일죄로 파악할 수 없고 피해자별로 독립한 사기죄가 성립된다. 다만 피해자들이 하나의 동업체를 구성하는 등으로 피해 법익이 동일하다고 볼 수 있는 사정이 있는 경우에는 피해자가 복수이더라도 이들에 대한 사기죄를 포괄하여 일죄로 볼 수도 있을 것이다. 그리고 1개의 기망행위에 의하여 다수의 피해자로부터 각각 재산상 이익을 편취한 경우에는 피해자별로 수 개의 사기죄가 성립하고, 그 사이에는 상상적 경합의 관계에 있는 것으로 보아야 한다(대판 2015.4.23. 2014도16980).

㉢ (×) 재물편취를 내용으로 하는 사기죄에 있어서는 기망으로 인한 재물교부가 있으면 그 자체로써 피해자의 재산침해가 되어 이로써 곧 사기죄가 성립하는 것이고, 상당한 대가가 지급되었다거나 피해자의 전체 재산상에 손해가 없다 하여도 사기죄의 성립에는 그 영향이 없으므로 사기죄에 있어서 그 대가가 일부 지급된 경우에도 그 편취액은 피해자로부터 교부된 재물의 가치로부터 그 대가를 공제한 차액이 아니라 교부받은 재물 전부라 할 것이다(대판 2000.7.7. 2000도1899).

㉣ (○) 예금주인 현금카드 소유자를 협박하여 그 카드를 갈취한 다음 피해자의 승낙에 의하여 현금카드를 사용할 권한을 부여받아 이를 이용하여 현금자동지급기에서 현금을 인출한 행위는 모두 피해자의 예금을 갈취하고자 하는 피고인의 단일하고 계속된 범의 아래에서 이루어진 일련의 행위로서 포괄하여 하나의 공갈죄를 구성하므로, 현금자동지급기에서 피해자의 예금을 인출한 행위를 현금카드 갈취행위와 분리하여 따로 절도죄로 처단할 수는 없다. 왜냐하면 위 예금 인출 행위는 하자 있는 의사표시이기는 하지만 피해자의 승낙에 기한 것이고, 피해자가 그 승낙의 의사표시를 취소하기까지는 현금카드를 적법, 유효하게 사용할 수 있으므로, 은행으로서도 피해자의 지급정지 신청이 없는 한 그의 의사에 따라 그의 계산으로 적법하게 예금을 지급할 수밖에 없기 때문이다(대판 1996.9.20. 95도1728, 대판 2007.5.10. 2007도1375).

㉤ (○) 2인 이상이 공모하여 범죄에 공동 가공하는 공범관계에 있어서 공모는 법률상 어떤 정형을 요구하는 것이 아니고 공범자 상호간에 직접 또는 간접으로 범죄의 공동실행에 관한 암묵적인 의사연락이 있으면 족한 것으로 비록 전체의 모의과정이 없었다고 하더라도 수인 사이에 의사의 결합이 있으면 공동정범이 성립되는 것이므로, 공범자가 공갈행위의 실행에 착수한 후 그 범행을 인식하면서 그와 공동의 범의를 가지고 그 후의 공갈행위를 계속하여 재물의 교부나 재산상 이익의 취득에 이른 때에는 공갈죄의 공동정범이 성립한다(대판 1997.2.14. 96도1959).

101 재물과 재산상의 이익에 관한 설명으로 가장 적절하지 않은 것은? 〈경찰1차 2022〉

① 비트코인은 경제적인 가치를 디지털로 표상하여 전자적으로 이전, 저장과 거래가 가능하도록 한 가상자산의 일종으로 사기죄의 객체인 재산상 이익에 해당한다.

② 甲이 乙의 돈을 절취한 다음 다른 금전과 섞거나 교환하지 않고 쇼핑백 등에 넣어 자신의 집에 숨겨두었는데, 丙이 乙의 지시로 甲에게 겁을 주어 쇼핑백 등에 들어 있던 절취된 돈을 교부받아 갈취하였다면, 위 돈은 타인인 甲의 재물이라고 볼 수 없다.

③ 「형법」 제333조(강도)에서의 '재산상 이익'은 반드시 사법상 유효한 재산상의 이득만을 의미하는 것은 아니나, 단지 외견상 재산상의 이득을 얻을 것이라고 인정할 수 있는 사실관계만으로는 재산상의 이익을 인정할 수 없다.

④ 배임죄에 있어서 재산상의 손해를 가한 때라 함은 현실적인 손해를 가한 경우뿐만 아니라 재산상 실해 발생의 위험을 초래한 경우도 포함된다.

해설/정답 ③

① (○) 비트코인은 경제적인 가치를 디지털로 표상하여 전자적으로 이전, 저장과 거래가 가능하도록 한 가상자산의 일종으로 사기죄의 객체인 재산상 이익에 해당한다(대판 2021.11.11. 2021도9855).

② (○) [1] 공갈죄의 대상이 되는 재물은 타인의 재물을 의미하므로, 사람을 공갈하여 자기의 재물을 교부받는 경우에는 공갈죄가 성립하지 아니한다. 그리고 타인의 재물인지는 민법, 상법, 기타의 실체법에 의하여 결정되는데, 금전을 도난당한 경우 절도범이 절취한 금전만 소지하고 있는 때 등과 같이 구체적으로 절취된 금전을 특정할 수 있어 객관적으로 다른 금전 등과 구분됨이 명백한 예외적인 경우에는 절도 피해자에 대한 관계에서 그 금전이 절도범인 타인의 재물이라고 할 수 없다. [2] 甲이 乙의 돈을 절취한 다음 다른 금전과 섞거나 교환하지 않고 쇼핑백 등에 넣어 자신의 집에 숨겨두었는데, 피고인이 乙의 지시로 폭력조직원 丙과 함께 甲에게 겁을 주어 쇼핑백 등에 들어 있던 절취된 돈을 교부받아 갈취하였다고 하여 폭력행위 등 처벌에 관한 법률 위반(공동공갈)으로 기소된 사안에서, 피고인 등이 甲에게서 되찾은 돈은 절취 대상인 당해 금전이라고 구체적으로 특정할 수 있어 객관적으로 甲의 다른 재산과 구분됨이 명백하므로 이를 타인인 甲의 재물이라고 볼 수 없고, 따라서 비록 피고인 등이 甲을 공갈하여 돈을 교부받았더라도 타인의 재물을 갈취한 행위로서 공갈죄가 성립된다고 볼 수 없는데도, 이와 달리 보아 유죄를 인정한 원심판결에 공갈죄의 대상인 타인의 재물 등에 관한 법리오해의 위법이 있다고 한 사례(대판 2012.8.30. 2012도6157).

③ (×) 형법 제333조 후단의 강도죄, 이른바 강제이득죄의 요건인 재산상의 이익이란 재물 이외의 재산상의 이익을 말하는 것으로서 적극적 이익(적극적인 재산의 증가)이든 소극적 이익(소극적인 부채의 감소)이든 상관없는 것이고, 강제이득죄는 권리의무관계가 외형상으로라도 불법적으로 변동되는 것을 막고자 함에 있는 것으로서 항거불능이나 반항을 억압할 정도의 폭행 협박을 그 요건으로 하는 강도죄의 성질상 그 권리의무관계의 외형상 변동의 사법상 효력의 유무는 그 범죄의 성립에 영향이 없고, 법률상 정당하게 그 이행을 청구할 수 있는 것이 아니라도 강도죄에 있어서의 재산상의 이익에 해당하는 것이며, 따라서 이와 같은 재산상의 이익은 반드시 사법상 유효한 재산상의 이득만을 의미하는 것이 아니고 외견상 재산상의 이득을 얻을 것이라고 인정할 수 있는 사실관계만 있으면 된다(대판 1994.2.22. 93도428).

④ (○) 배임죄에서 재산상의 손해를 가한 때라 함은 현실적인 손해를 가한 경우뿐만 아니라 재산상 실해

발생의 위험을 초래한 경우도 포함되고, 재산상 손해의 유무에 대한 판단은 본인의 모든 재산상태와의 관계에서 법률적 판단에 의하지 아니하고 경제적 관점에서 파악하여야 한다(대판 2006.6.2. 2004도7112).

102 **재산죄에 대한 다음 설명 중 적절한 것만을 모두 고른 것은?** 〈경찰1차 2021〉

> ㉠ 절도죄의 성립에 필요한 '불법영득의 의사'는 그것이 물건 자체를 영득할 의사인지 물건의 가치만을 영득할 의사인지를 불문한다.
> ㉡ 「형법」 제332조에 규정된 상습절도죄를 범한 범인이 범행의 수단으로 주간에 주거침입을 한 경우, 주거침입행위는 다른 상습절도죄에 흡수되어 1죄만을 구성하고 상습절도죄와 별개로 주거침입죄를 구성하지 않는다.
> ㉢ 공갈죄의 수단인 협박에 있어서의 해악의 고지가 비록 정당한 권리의 실현 수단으로 사용된 경우라도 그 권리실현의 수단·방법이 사회통념상 허용되는 정도나 범위를 넘는다면 공갈죄의 실행에 착수한 것으로 보아야 한다.
> ㉣ 당사자 사이에 혼인신고가 있었다면, 그 혼인신고가 단지 다른 목적을 달성하기 위한 방편에 불과한 것으로 그들 사이에 참다운 부부관계의 설정을 바라는 효과의사가 없다 하더라도 친족상도례를 적용할 수 있다.

① ㉠, ㉢　　② ㉠, ㉣　　③ ㉡, ㉢　　④ ㉡, ㉣

해설/정답 ①

㉠ (○) 형법상 절취란 타인이 점유하고 있는 자기 이외의 자의 소유물을 점유자의 의사에 반하여 점유를 배제하고 자기 또는 제3자의 점유로 옮기는 것을 말한다. 그리고 절도죄의 성립에 필요한 불법영득의 의사란 타인의 물건을 그 권리자를 배제하고 자기의 소유물과 같이 그 경제적 용법에 따라 이용·처분하고자 하는 의사를 말하는 것으로서, 단순히 타인의 점유만을 침해하였다고 하여 그로써 곧 절도죄가 성립하는 것은 아니나, 재물의 소유권 또는 이에 준하는 본권을 침해하는 의사가 있으면 되고 반드시 영구적으로 보유할 의사가 필요한 것은 아니며, 그것이 물건 자체를 영득할 의사인지 물건의 가치만을 영득할 의사인지를 불문한다. 따라서 어떠한 물건을 점유자의 의사에 반하여 취거하는 행위가 결과적으로 소유자의 이익으로 된다는 사정 또는 소유자의 추정적 승낙이 있다고 볼 만한 사정이 있다고 하더라도, 다른 특별한 사정이 없는 한 그러한 사유만으로 불법영득의 의사가 없다고 할 수는 없다(대판 2014.2.21. 2013도14139).

㉡ (×) 형법 제332조에 규정된 상습절도죄를 범한 범인이 범행의 수단으로 주간에 주거침입을 한 경우 주간 주거침입행위는 상습절도죄와 별개로 주거침입죄를 구성한다. 또 형법 제332조에 규정된 상습절도죄를 범한 범인이 그 범행 외에 상습적인 절도의 목적으로 주간에 주거침입을 하였다가 절도에 이르지 아니하고 주거침입에 그친 경우에도 주간 주거침입행위는 상습절도죄와 별개로 주거침입죄를 구성한다(대판 2015.10.15. 2015도8169).

㉢ (○) 공갈죄의 수단인 협박은 사람의 의사결정의 자유를 제한하거나 의사실행의 자유를 방해할 정도로 겁을 먹게 할 만한 해악을 고지하는 것을 말한다. 고지하는 내용이 위법하지 않은 것인 때에도 해악이 될 수 있고, 해악의 고지는 반드시 명시의 방법에 의할 필요는 없으며 언어나 거동에 의하여 상대방으로 하여금 어떠한 해악에 이르게 할 것이라는 인식을 가지게 하는 것이면 된다. 또한 이러한 해악의 고지가 비록 정당한 권리의 실현 수단으로 사용된 경우라 하여도 그 권리실현의 수단·방법이 사회통념상 허용되는 정도나 범위를 넘는다면 공갈죄의 실행에 착수한 것으로 보아야 한다. 여기서 어떠한 행위가 구체적으로 사회통념상 허용되는 정도나 범위를 넘는지는 그 행위의 주관적인 측면과 객관적인 측면, 즉 추구한 목적과 선택한

수단을 전체적으로 종합하여 판단한다(대판 2019.2.14. 2018도19493).

㉣ (×) 민법 제815조 제1호는 당사자 사이에 혼인의 합의가 없는 때에는 그 혼인을 무효로 한다고 규정하고 있고, 이 혼인무효 사유는 당사자 사이에 사회관념상 부부라고 인정되는 정신적·육체적 결합을 할 의사를 가지고 있지 않은 경우를 가리킨다. 그러므로 비록 당사자 사이에 혼인의 신고가 있었더라도, 그것이 단지 다른 목적을 달성하기 위한 방편에 불과한 것으로서 그들 사이에 참다운 부부관계의 설정을 바라는 효과의사가 없을 때에는 그 혼인은 무효라고 할 것이다. 그리고 형법 제354조, 제328조 제1항에 의하면 배우자 사이의 사기죄는 이른바 친족상도례에 의하여 형을 면제하도록 되어 있으나, 사기죄를 범하는 자가 금원을 편취하기 위한 수단으로 피해자와 혼인신고를 한 것이어서 그 혼인이 무효인 경우라면, 그러한 피해자에 대한 사기죄에서는 친족상도례를 적용할 수 없다고 할 것이다(대판 2015.12.10. 2014도11533).

제5절 | 횡령의 죄

103 횡령의 죄에 관한 설명 중 가장 적절한 것은? 〈경찰2차 2022〉

① 횡령죄의 본질에 관한 학설 중 월권행위설에 따르면 본죄가 성립하기 위하여는 불법영득의사가 있어야 한다.

② 횡령죄에 있어서 재물의 보관이란 재물에 대한 사실상 또는 법률상 지배력이 있는 상태를 의미하며, 그것은 반드시 사용대차, 임대차, 위임 등이 계약에 의해 설정될 필요는 없고, 사무관리, 관습, 조리, 신의칙에 의해서도 성립한다.

③ 소유권의 취득에 등록이 필요한 차량에 대한 횡령죄에서는 타인의 재물을 보관하는 사람의 지위는 등록에 의하여 차량을 제3자에게 법률상 유효하게 처분할 수 있는 권능 유무에 따라 결정된다.

④ 횡령죄는 타인의 재물에 관한 소유권 등 본권을 보호법익으로 하는 범죄이므로 본권 침해의 결과가 발생하였을 때 성립하는 이른바 침해범이다.

해설/정답 ②

① (×) 월권행위설은 위탁물에 대한 권한을 초월하는 부분에 대해서 신임관계를 깨뜨리는 것(월권행위)이 횡령죄의 본질이라고 보아, 불법영득의사는 필요하지 않다고 한다. 이에 비해 영득행위설은 위탁물을 불법하게 영득하는데 횡령죄의 본질이 있다고 보아, 불법영득의사가 필요하다는 입장이다.

② (○) 횡령죄에 있어서의 재물의 보관이라 함은 재물에 대한 사실상 또는 법률상 지배력이 있는 상태를 의미하므로 그 보관이 위탁관계에 기인하여야 할 것임은 물론이나 그것이 반드시 사용대차, 임대차, 위임 등의 계약에 의하여 설정되는 것임을 요하지 아니하고 사무관리, 관습, 조리, 신의칙에 의해서도 성립된다(대판 1987.10.13. 87도1778).

③ (×) 횡령죄는 타인의 재물을 보관하는 사람이 재물을 횡령하거나 반환을 거부한 때에 성립한다(형법 제355조 제1항). 횡령죄에서 재물의 보관은 재물에 대한 사실상 또는 법률상 지배력이 있는 상태를 의미하며, 횡령행위는 불법영득의사를 실현하는 일체의 행위를 말한다. 따라서 소유권의 취득에 등록이 필요한 타인 소유의 차량을 인도받아 보관하고 있는 사람이 이를 사실상 처분하면 횡령죄가 성립하며, 보관 위임자나 보관자가 차량의 등록명의자일 필요는 없다. 그리고 이와 같은 법리는 지입회사에 소유권이 있는 차량에 대하여 지입회사에서 운행관리권을 위임받은 지입차주가 지입회사의 승낙 없이 보관 중인 차량을 사실상 처분

하거나 지입차주에게서 차량 보관을 위임받은 사람이 지입차주의 승낙 없이 보관 중인 차량을 사실상 처분한 경우에도 마찬가지로 적용된다(대판 2015.6.25. 2015도1944 전원합의체).

④ (×) 횡령죄는 다른 사람의 재물에 관한 소유권 등 본권을 보호법익으로 하고 법익침해의 위험이 있으면 침해의 결과가 발생되지 아니하더라도 성립하는 위험범이다(대판 2013.2.21. 2010도10500 전원합의체).

104 **재산죄에 관한 설명으로 옳지 않은 것은 모두 몇 개인가?** 〈경찰1차 2022〉

> ㉠ 채무자가 채권자에 대하여 소비대차 등으로 인한 채무를 부담하고 이를 담보하기 위하여 장래에 부동산의 소유권을 이전하기로 하는 내용의 대물변제예약에서, 약정의 내용에 좇은 이행을 하여야 할 채무는 특별한 사정이 없는 한 '타인의 사무'에 해당하는 것이 원칙이다.
>
> ㉡ 횡령죄의 본질이 신임관계에 기초하여 위탁된 타인의 물건을 위법하게 영득하는 데 있음에 비추어 볼 때 위탁신임관계는 횡령죄로 보호할 만한 가치 있는 신임에 의한 것으로 한정함이 타당하다.
>
> ㉢ 강제집행절차를 통한 소송사기는 집행절차의 개시신청을 한 때 또는 진행 중인 집행절차에 배당신청을 한 때에 실행에 착수하였다고 볼 것이다.
>
> ㉣ 횡령죄는 타인의 재물에 대한 재산범죄로서 재물의 소유권 등 본권을 보호법익으로 하는 범죄이다. 따라서 횡령죄의 객체가 타인의 재물에 속하는 이상 구체적으로 누구의 소유인지는 횡령죄의 성립 여부에 영향이 없다.
>
> ㉤ 침해행정 영역에서 일반 국민이 담당 공무원을 기망하여 권력작용에 의한 재산권 제한을 면하는 경우에는 부과권자의 직접적인 권력작용을 사기죄의 보호법익인 재산권과 동일하게 평가할 수 없는 것이므로 사기죄는 성립할 수 없다.

① 1개　　② 2개　　③ 3개　　④ 4개

해설/정답 ①

㉠ (×) 채무자가 채권자에 대하여 소비대차 등으로 인한 채무를 부담하고 이를 담보하기 위하여 장래에 부동산의 소유권을 이전하기로 하는 내용의 대물변제예약에서, 약정의 내용에 좇은 이행을 하여야 할 채무는 특별한 사정이 없는 한 '자기의 사무'에 해당하는 것이 원칙이다(대판 2014.8.21. 2014도3363 전원합의체).

㉡ (○) 형법 제355조 제1항이 정한 횡령죄의 주체는 타인의 재물을 보관하는 자라야 하고, 타인의 재물인지 아닌지는 민법, 상법, 기타의 실체법에 따라 결정하여야 한다. 횡령죄에서 보관이란 위탁관계에 의하여 재물을 점유하는 것을 뜻하므로 횡령죄가 성립하기 위하여는 재물의 보관자와 재물의 소유자(또는 기타의 본권자) 사이에 법률상 또는 사실상의 위탁신임관계가 존재하여야 한다. 이러한 위탁신임관계는 사용대차·임대차·위임 등의 계약에 의하여서뿐만 아니라 사무관리·관습·조리·신의칙 등에 의해서도 성립될 수 있으나, 횡령죄의 본질이 신임관계에 기초하여 위탁된 타인의 물건을 위법하게 영득하는 데 있음에 비추어 볼 때 위탁신임관계는 횡령죄로 보호할 만한 가치 있는 신임에 의한 것으로 한정함이 타당하다(대판 2016.5.19. 2014도6992 전원합의체).

㉢ (○) 강제집행절차를 통한 소송사기는 집행절차의 개시신청을 한 때 또는 진행 중인 집행절차에 배당신청을 한 때에 실행에 착수하였다고 볼 것이다. 민사집행법 제244조에서 규정하는 부동산에 관한 권리이전청구권에 대한 강제집행은 그 자체를 처분하여 대금으로 채권에 만족을 기하는 것이 아니고, 부동산에 관한 권리이전청구권을 압류하여 청구권의 내용을 실현시키고 부동산을 채무자의 책임재산으로 귀속시킨 다음 다시 부동산에 대한 경매를 실시하여 매각대금으로 채권에 만족을 기하는 것이다. 이러한 경우 소유권이전

등기청구권에 대한 압류는 당해 부동산에 대한 경매의 실시를 위한 사전 단계로서의 의미를 가지나, 전체로서의 강제집행절차를 위한 일련의 시작행위라고 할 수 있으므로, 허위 채권에 기한 공정증서를 집행권원으로 하여 채무자의 소유권이전등기청구권에 대하여 압류신청을 한 시점에 소송사기의 실행에 착수하였다고 볼 것이다(대판 2015.2.12. 2014도10086).

㉣ (○) [1] 횡령죄는 타인의 재물에 대한 재산범죄로서 재물의 소유권 등 본권을 보호법익으로 하는 범죄이다. 따라서 횡령죄의 객체가 타인의 재물에 속하는 이상 구체적으로 누구의 소유인지는 횡령죄의 성립 여부에 영향이 없다. 주식회사는 주주와 독립된 별개의 권리주체로서 그 이해가 반드시 일치하는 것은 아니므로, 주주나 대표이사 또는 그에 준하여 회사 자금의 보관이나 운용에 관한 사실상의 사무를 처리하는 자가 회사 소유의 재산을 사적인 용도로 함부로 처분하였다면 횡령죄가 성립한다. [2] 법인격 부인 또는 남용 법리는 회사가 법인격을 남용했다고 볼 수 있는 예외적인 경우에 회사에 법인격이 있더라도 이를 무시하고 그 뒤에 있는 배후자에게 책임을 추궁하는 것이다. 피고인들이 피해 회사의 자회사 계좌를 이용하여 피해 회사의 납품대금을 횡령한 이 사건에서 법인격 부인 여부에 따라 횡령죄의 성립이 좌우되는 것도 아니다. [3] 피고인들이 공모하여 피해 회사가 납품하는 물품을 마치 피해 회사의 자회사가 납품하는 것처럼 서류를 꾸며 피해 회사가 지급받아야 할 납품대금을 자회사 명의의 계좌로 지급받아 급여 등의 명목으로 임의 사용하여 업무상 횡령하였다는 공소사실로 기소된 사안에서, 횡령죄의 객체가 타인의 재물에 속하는 이상 구체적으로 누구의 소유인지는 횡령죄의 성립 여부에 영향이 없고, 법인격의 부인 여부에 따라 횡령죄의 성립 여부가 좌우되는 것도 아니라고 판단하여 상고기각한 사례(대판 2019.12.24. 2019도9773).

㉤ (○) [1] 기망행위에 의하여 국가적 또는 공공적 법익을 침해하는 경우라도 그와 동시에 형법상 사기죄의 보호법익인 재산권을 침해하는 것과 동일하게 평가할 수 있는 때에는 행정법규에서 사기죄의 특별관계에 해당하는 처벌 규정을 별도로 두고 있지 않는 한 사기죄가 성립할 수 있다. 그런데 중앙행정기관의 장, 지방자치단체의 장 등 법률에 따라 금전적 부담의 부과권한을 부여받은 자(이하 '부과권자'라 한다)가 재화 또는 용역의 제공과 관계없이 특정 공익사업과 관련하여 권력작용으로 부담금을 부과하는 것은 일반 국민의 재산권을 제한하는 침해행정에 속한다. 이러한 침해행정 영역에서 일반 국민이 담당 공무원을 기망하여 권력작용에 의한 재산권 제한을 면하는 경우에는 부과권자의 직접적인 권력작용을 사기죄의 보호법익인 재산권과 동일하게 평가할 수 없는 것이므로, 행정법규에서 그러한 행위에 대한 처벌규정을 두어 처벌함은 별론으로 하고, 사기죄는 성립할 수 없다. [2] 피고인이 담당 공무원을 기망하여 납부의무가 있는 농지보전부담금을 면제받아 재산상 이익을 취득한 경우 사기죄가 성립하지 않는다고 본 제1심판결을 수긍한 사례(대판 2019.12.24. 2019도2003).

105 횡령죄에 대한 설명으로 옳은 것은 모두 몇 개인가? 〈경찰2차 2021〉

㉠ 부동산을 공동으로 상속한 자들 중 1인이 부동산을 혼자 점유하다가 다른 공동상속인의 상속지분을 임의로 처분하여도 그에게는 그 처분권능이 없어 횡령죄가 성립하지 아니한다. ㉡ 전기통신금융사기의 공범인 계좌명의인이 개설한 예금계좌로 피해자가 송금·이체한 사기피해금을 계좌명의인이 영득할 의사로 인출하면 피해자에 대한 횡령죄가 성립한다. ㉢ 「초·중등교육법」에 정한 학교발전기금으로 기부한 금액은 관련 법령상 엄격히 제한된 용도 외에 학교운영에 필요한 특정한 공익적 용도로 수수한 것으로 볼 수 있는 예외적 경우가 아닌 한, 학교운영위원회에 귀속되어 법령에서 정한 사용 목적으로만 사용되어야 하고, 정해진 용도 외의 사용행위는 원칙적으로 횡령죄를 구성한다. ㉣ 익명조합의 경우에는 익명조합원이 영업을 위하여 출자한 금전 기타의 재산은 상대편인 영업자의 재산이 되므로 영업자는 타인의 재물을 보관하는 자의 지위에 있지 않아 영업자가 영업이익금 등을 임의로 소비하였더라도 횡령죄가 성립하지 아니한다.

① 1개 ② 2개 ③ 3개 ④ 4개

해설/정답 ③

㉠ (○) 부동산에 관한 횡령죄에 있어서 타인의 재물을 보관하는 자의 지위는 동산의 경우와는 달리 부동산에 대한 점유의 여부가 아니라 부동산을 제3자에게 유효하게 처분할 수 있는 권능의 유무에 따라 결정하여야 하므로, 부동산을 공동으로 상속한 자들 중 1인이 부동산을 혼자 점유하던 중 다른 공동상속인의 상속지분을 임의로 처분하여도 그에게는 그 처분권능이 없어 횡령죄가 성립하지 아니한다(대판 2000.4.11. 2000도565).

㉡ (×) 계좌명의인이 사기의 공범이라면 자신이 가담한 범행의 결과 피해금을 보관하게 된 것일 뿐이어서 피해자와 사이에 위탁관계가 없고, 그가 송금·이체된 돈을 인출하더라도 이는 자신이 저지른 사기범행의 실행행위에 지나지 아니하여 새로운 법익을 침해한다고 볼 수 없으므로 사기죄 외에 별도로 횡령죄를 구성하지 않는다(대판 2018.7.19. 2017도17494 전원합의체).

㉢ (○) 초·중등교육법, 그 시행령 및 학교발전기금의 조성·운용 및 회계에 관한 규칙 등 관련 법령이 학교발전기금의 조성에 관한 그 주체·목적·절차·방법 등은 물론이고 학교발전기금의 운용·사용·회계관리 등에 관하여도 엄격히 규정하고 있고, 이와 같은 관련 법령의 입법취지가 '열악한 교육재정여건을 감안하여 학교운영위원회를 통한 기금의 조성을 허용하는 대신에 기금의 조성 및 사용에 투명성을 기하고 찬조금 등 금품모금과 관련한 잡음을 없애기 위한 것'에 있는 점 등에 비추어 볼 때, 초·중등교육법에 정한 학교발전기금으로 기부한 금원의 경우, 그 기부의 경위와 목적, 상황, 액수 등 그 실질에 비추어 위와 같이 법령상 엄격히 제한된 용도 외에 학교운영에 필요한 특정한 공익적 용도로 수수한 것으로 볼 수 있는 예외적 경우가 아닌 한, 학교운영위원회에 귀속되어 법령에서 정한 사용목적으로만 사용되어야 할 것이므로, 그 정해진 용도 외의 사용행위는 원칙적으로 횡령죄를 구성한다고 보아야 할 것이다(대판 2014.3.13. 2012도6336).

㉣ (○) [1] 조합 또는 내적 조합과 달리 익명조합의 경우에는 익명조합원이 영업을 위하여 출자한 금전 기타의 재산은 상대편인 영업자의 재산이 되므로 영업자는 타인의 재물을 보관하는 자의 지위에 있지 않고, 따라서 영업자가 영업이익금 등을 임의로 소비하였더라도 횡령죄가 성립할 수는 없다. [2] 피고인이 갑과 특정 토지를 매수하여 전매한 후 전매이익금을 정산하기로 약정한 다음 갑이 조달한 돈 등을 합하여 토지를 매수하고 소유권이전등기는 피고인 등의 명의로 마쳐 두었는데, 위 토지를 제3자에게 임의로 매도한 후 갑에게 전매이익금 반환을 거부함으로써 이를 횡령하였다는 내용으로 기소된 사안에서, 갑이 토지의 매수 및 전매를 피고인에게 전적으로 일임하고 그 과정에 전혀 관여하지 아니한 사정 등에 비추어, 비록 갑이 토지의 전매차익을 얻을 목적

으로 일정 금원을 출자하였더라도 이후 업무감시권 등에 근거하여 업무집행에 관여한 적이 전혀 없을 뿐만 아니라 피고인이 아무런 제한 없이 재산을 처분할 수 있었음이 분명하므로 피고인과 갑의 약정은 조합 또는 내적 조합에 해당하는 것이 아니라 '익명조합과 유사한 무명계약'에 해당한다고 보아야 한다는 이유로, 피고인이 타인의 재물을 보관하는 자의 지위에 있지 않다고 보아 횡령죄 성립을 부정한 사례(대판 2011.11.24. 2010도5014).

106 횡령죄에 대한 설명으로 가장 적절하지 않은 것은? 〈경찰2차 2020〉

① A종친회 회장인 甲이 위조한 종친회 규약 등을 공탁관에게 제출하는 방법으로 A종친회를 피공탁자로 하여 공탁된 수용보상금을 출급받아 편취하고, 이를 종친회를 위하여 업무상 보관하던 중 반환을 거부하였다면, 甲이 공탁관을 기망하여 공탁금을 출급받음으로써 A종친회를 피해자로 한 사기죄가 성립하고, 그 후 A종친회에 대하여 공탁금 반환을 거부한 행위에 대해 별도의 횡령죄는 성립하지 않는다.

② 병원에서 의약품 선정 구매 업무를 담당하는 약국장이 병원을 대신하여 제약회사로부터 의약품 제공의 대가로 기부금 명목의 돈을 받아 보관 중 임의로 소비하였다면 이는 병원이 약국장에게 불법원인급여를 한 것에 해당하지 않아 업무상횡령죄가 성립한다.

③ 부동산에 관하여 신탁자가 수탁자와 명의신탁약정을 맺고 신탁자가 매매계약의 당사자가 되어 매도인과 매매계약을 체결하되 다만 등기를 매도인으로부터 수탁자 앞으로 직접 이전하는 방법으로 명의신탁을 한 경우, 명의수탁자가 그 부동산을 임의로 처분하고, 처분하지 않은 나머지 부동산 반환을 거부한 것은 이미 성립된 횡령죄에 대한 불가벌적 사후행위로 별도의 횡령죄를 구성하지 않는다.

④ 다른 사람의 재물을 보관하는 사람이 그 사람의 동의 없이 함부로 이를 담보로 제공하는 행위는 불법영득의 의사를 표현하는 행위로서 사법상 그 담보제공행위가 무효이거나 그 재물에 대한 소유권이 침해되는 결과가 발생하는지 여부에 관계없이 횡령죄를 구성한다.

해설/정답 ③

① (○) 갑 종친회 회장인 피고인이 위조한 종친회 규약 등을 공탁관에게 제출하는 방법으로 갑 종친회를 피공탁자로 하여 공탁된 수용보상금을 출급받아 편취하고, 이를 종친회를 위하여 업무상 보관하던 중 반환을 거부하여 횡령하였다는 내용으로 기소된 사안에서, 피고인이 공탁관을 기망하여 공탁금을 출급받음으로써 갑 종친회를 피해자로 한 사기죄가 성립하고, 그 후 갑 종친회에 대하여 공탁금 반환을 거부한 행위는 새로운 법익의 침해를 수반하지 않는 불가벌적 사후행위에 해당할 뿐 별도의 횡령죄가 성립하지 않는다고 한 사례(대판 2015.9.10. 2015도8592).

② (○) 병원에서 의약품 선정·구매 업무를 담당하는 약국장이 병원을 대신하여 제약회사로부터 의약품 제공의 대가로 기부금 명목의 돈을 받아 보관중 임의소비한 사안에서, 위 돈은 병원이 약국장에게 불법원인급여를 한 것에 해당하지 않아 여전히 반환청구권을 가지므로, 업무상 횡령죄가 성립한다고 본 사례(대판 2008.10.9. 2007도2511).

③ (×) 명의신탁자가 매수한 부동산에 관하여 부동산실명법을 위반하여 명의수탁자와 맺은 명의신탁약정에 따라 매도인에게서 바로 명의수탁자 명의로 소유권이전등기를 마친 이른바 중간생략등기형 명의신탁을 한 경우, 명의신탁자는 신탁부동산의 소유권을 가지지 아니하고, 명의신탁자와 명의수탁자 사이에 위탁신임관계를 인정할 수도 없다. 따라서 명의수탁자가 명의신탁자의 재물을 보관하는 자라고 할 수 없으므로, 명의수탁자가 신탁받은 부동산을 임의로 처분하여도 명의신탁자에 대한 관계에서 횡령죄가 성립하지 아니한다(대판 2016.5.19. 2014도6992 전원합의체). 명

의수탁자가 명의신탁자의 재물을 보관하는 자가 아니므로 횡령죄가 성립하지 않는 것이지, 불가벌적 사후행위에 해당하여 횡령죄를 구성하지 않는 것은 아님.

④ (○) 횡령죄는 다른 사람의 재물에 관한 소유권 등 본권을 그 보호법익으로 하고 본권이 침해될 위험성이 있으면 그 침해의 결과가 발생되지 아니하더라도 성립하는 이른바 위태범이므로, 다른 사람의 재물을 보관하는 사람이 그 사람의 동의 없이 함부로 이를 담보로 제공하는 행위는 불법영득의 의사를 표현하는 횡령행위로서 사법상 그 담보제공행위가 무효이거나 그 재물에 대한 소유권이 침해되는 결과가 발생하는지 여부에 관계없이 횡령죄를 구성한다(대판 2002.11.13. 2002도2219).

107 횡령죄에 관한 설명으로 가장 적절하지 않은 것은? 〈경찰1차 2020〉

① 부동산의 공유자 중 1인이 다른 공유자의 지분을 임의로 처분하거나 임대하여도 그에게는 그 처분권능이 없어 횡령죄가 성립하지 않게 되는데, 구분소유자 전원의 공유에 속하는 공용부분인 지하주차장 일부를 그 중 1인이 독점 임대하고 수령한 임차료를 임의로 소비한 경우도 마찬가지다.

② 「국민연금법」 제64조 등의 규정에 의하여 사용자는 매월 임금에서 국민연금 보험료 중 근로자가 부담할 기여금을 원천공제하여 근로자를 위하여 보관하고, 국민연금관리공단에 위 보험료를 납부하여야 할 업무상 임무를 부담하게 되며, 사용자가 이에 위배하여 근로자의 임금에서 원천공제한 기여금을 위 공단에 납부하지 아니하고, 나아가 이를 개인적 용도로 소비하였다면 업무상횡령죄에 해당한다.

③ 보관자의 지위에 있는 공동명의 예금채권자가 피해자 조합원들이 제기한 소송으로 인하여 조합이 입게 되는 손해에 대한 구상금채권의 집행 확보를 위하여 피해자 조합원들에 대하여 예금계좌에 초과로 입금된 개발부담금의 반환을 거부한 경우에는 불법영득의사가 인정되어 횡령죄가 성립한다.

④ 아파트 입주자대표회의 회장이 아파트 특별수선충당금을 구조진단 견적비 및 손해배상청구소송의 변호사 선임료로 사용하였으나, 당시에는 특별수선충당금의 용도외 사용이 관리규약에 의해서만 제한되고 있어서 구분소유자들 또는 입주민들로부터 포괄적인 동의를 얻어 특별수선충당금을 위탁의 취지에 부합하는 용도에 사용한 것으로 볼 수 있다면 업무상횡령죄에 해당하지 않는다.

해설/정답 ③

① (○) 부동산에 관한 횡령죄에 있어서 타인의 재물을 보관하는 자의 지위는 동산의 경우와는 달리 부동산에 대한 점유의 여부가 아니라 부동산을 제3자에게 유효하게 처분할 수 있는 권능의 유무에 따라 결정하여야 하므로, 부동산의 공유자 중 1인이 다른 공유자의 지분을 임의로 처분하거나 임대하여도 그에게는 그 처분권능이 없어 횡령죄가 성립하지 아니한다(대판 2004.5.27. 2003도6988).

② (○) [1] 구 국민연금법(2009. 5. 21. 법률 제9691호로 개정되기 전의 것) 제90조 제1항, 제95조 제1항, 구 국민연금법 시행령(2010. 8. 17. 대통령령 제22347호로 개정되기 전의 것) 제64조 등의 규정에 의하여 사용자는 매월 임금에서 국민연금 보험료 중 근로자가 부담할 기여금을 원천공제하여 근로자를 위하여 보관하고, 국민연금관리공단에 위 보험료를 납부하여야 할 업무상 임무를 부담하게 되며, 사용자가 이에 위배하여 근로자의 임금에서 원천공제한 기여금을 위 공단에 납부하지 아니하고, 나아가 이를 개인적 용도로 소비하였다면 업무상횡령죄의 책임을 면할 수 없다. [2] 회사의 대표이사인 피고인이 5명의 근로자들의 급여에서 국민연금 보험료 중 근로자 기

여금을 공제한 후 이를 업무상 보관하던 중 회사 운영자금으로 임의로 사용하였다는 업무상횡령의 공소사실에 대하여, 원천공제의 취지상 사용자가 근로자에게 위 기여금을 공제한 임금을 지급하면 그 즉시 사용자는 공제된 기여금을 근로자를 위하여 보관하는 것으로 보아야 한다는 이유로, 이를 유죄로 인정한 원심판단을 수긍한 사례(대판 2011.2.10. 2010도13284).

③ (×) [1] 형법 제355조 제1항에서 정하는 '반환의 거부'라고 함은 보관물에 대하여 소유자의 권리를 배제하는 의사표시를 하는 행위를 뜻하므로, 타인의 재물을 보관하는 자가 단순히 반환을 거부한 사실만으로는 횡령죄를 구성하는 것은 아니며, 반환거부의 이유 및 주관적인 의사 등을 종합하여 반환거부행위가 횡령행위와 같다고 볼 수 있을 정도이어야만 횡령죄가 성립한다. [2] 원심판결 이유에 의하면, 원심은 그 채용 증거에 의하여 판시와 같은 사실을 인정한 다음, 피고인들이 피해자 조합원들에 대하여 이 사건 예금계좌에 초과로 입금된 개발부담금의 반환을 거부한 것은 피해자 조합원들이 제기한 소송으로 인하여 조합이 입게 되는 손해에 대한 구상금채권의 집행 확보를 위한 것에 불과하고, 위 개발부담금을 영득하기 위한 것이라고 볼 수 없다고 판단하여 피고인들에 대하여 횡령죄가 성립하지 않는다고 보아 무죄를 선고하였다. [3] 위 법리와 기록에 비추어 살펴보면, 원심의 위와 같은 사실인정과 판단은 정당하고, 거기에 횡령죄에 있어서 영득의사에 관한 법리오해 등의 위법이 없다(대판 2008.12.11. 2008도8279).

④ (○) 갑 아파트의 입주자대표회의 회장인 피고인이, 일반 관리비와 별도로 입주자대표회의 명의 계좌에 적립·관리되는 특별수선충당금을 아파트 구조진단 견적비 및 시공사인 을 주식회사에 대한 손해배상청구소송의 변호사 선임료로 사용함으로써 아파트 관리규약에 의하여 정하여진 용도 외에 사용하였다고 하여 업무상횡령으로 기소된 사안에서, 특별수선충당금은 갑 아파트의 주요시설 교체 및 보수를 위하여 별도로 적립한 자금으로 원칙적으로 그 범위 내에서 사용하도록 용도가 제한된 자금이나, 당시에는 특별수선충당금의 용도 외 사용이 관리규약에 의해서만 제한되고 있었던 점, 피고인이 구분소유자들 또는 입주민들로부터 포괄적인 동의를 얻어 특별수선충당금을 위탁의 취지에 부합하는 용도에 사용한 것으로 볼 여지가 있는 점 등 제반 사정을 종합하면, 피고인이 특별수선충당금을 위와 같이 지출한 것이 위탁의 취지에 반하여 자기 또는 제3자의 이익을 위하여 자기의 소유인 것처럼 처분하였다고 단정하기 어려우므로, 피고인의 불법영득의사를 인정한 원심판결에 업무상횡령죄의 불법영득의사에 관한 법리오해의 잘못이 있다고 한 사례(대판 2017.2.15. 2013도14777).

108 **횡령의 죄에 대한 설명 중 가장 적절하지 않은 것은?** 〈경찰1차 2018〉

① 부동산을 공동으로 상속한 자들 중 1인이 상속 부동산을 혼자 점유하던 중 다른 공동상속인의 상속지분을 임의로 처분하여도 횡령죄가 성립하지 아니한다.

② 주상복합상가의 매수인들로부터 우수상인 유치비 명목으로 금원을 납부받아 보관하던 중 그 용도와 무관하게 일반경비로 사용한 경우 횡령죄가 성립한다.

③ 甲 주식회사 대표이사인 피고인이 자신의 채권자 乙에게 차용금에 대한 담보로 甲 회사 명의 정기예금에 질권을 설정하여 주었는데, 그 후 乙이 차용금과 정기예금의 변제기가 모두 도래한 이후 피고인의 동의하에 정기예금 계좌에 입금되어 있던 甲 회사 자금을 전액 인출하였다면 피고인의 행위는 배임죄와 별도로 횡령죄까지 성립한다.

④ 명의신탁자가 매수한 부동산에 관하여 「부동산 실권리자명의 등기에 관한 법률」을 위반하여 명의수탁자와 맺은 명의신탁약정에 따라 매도인에게서 바로 명의수탁자 명의로 소유권이전등기를 마친 이른바 중간생략등기형 명의신탁을 한 경우, 명의수탁자가 신탁받은 부동산을 임의로 처분하여도 명의신탁자에 대한 관계에서 횡령죄가 성립하지 아니한다.

해설/정답 ③

① (○) 부동산에 관한 횡령죄에 있어서 타인의 재물을 보관하는 자의 지위는 동산의 경우와는 달리 부동산에 대한 점유의 여부가 아니라 부동산을 제3자에게 유효하게 처분할 수 있는 권능의 유무에 따라 결정하여야 하므로, 부동산을 공동으로 상속한 자들 중 1인이 부동산을 혼자 점유하던 중 다른 공동상속인의 상속지분을 임의로 처분하여도 그에게는 그 처분권능이 없어 횡령죄가 성립하지 아니한다(대판 2000.4.11. 2000도565).

② (○) 주상복합상가의 매수인들로부터 우수상인 유치비 명목으로 금원을 납부받아 보관하던 중 그 용도와 무관하게 일반경비로 사용한 경우 횡령죄를 구성한다고 한 사례(대판 2002.8.23. 2002도366).

③ (×) 갑 주식회사 대표이사인 피고인이 자신의 채권자 을에게 차용금에 대한 담보로 갑 회사 명의 정기예금에 질권을 설정하여 주었는데, 그 후 을이 차용금과 정기예금의 변제기가 모두 도래한 이후 피고인의 동의 하에 정기예금 계좌에 입금되어 있던 갑 회사 자금을 전액 인출하였다고 하여 구 특정경제범죄 가중처벌 등에 관한 법률(2012. 2. 10. 법률 제11304호로 개정되기 전의 것) 위반으로 기소된 사안에서, 민법 제353조에 의하면 질권자는 질권의 목적이 된 채권을 직접 청구할 수 있으므로, 피고인의 예금인출동의행위는 이미 배임행위로써 이루어진 질권설정행위의 사후조처에 불과하여 새로운 법익의 침해를 수반하지 않는 이른바 불가벌적 사후행위에 해당하고, 별도의 횡령죄를 구성하지 않는데도, 이와 달리 피고인에 대하여 질권설정으로 인한 배임죄와 별도로 예금인출로 인한 횡령죄까지 성립한다고 본 원심판결에 불가벌적 사후행위에 관한 법리오해의 위법이 있다고 한 사례(대판 2012.11.29. 2012도10980).

④ (○) 명의신탁자가 매수한 부동산에 관하여 부동산실명법을 위반하여 명의수탁자와 맺은 명의신탁약정에 따라 매도인에게서 바로 명의수탁자 명의로 소유권이전등기를 마친 이른바 중간생략등기형 명의신탁을 한 경우, 명의신탁자는 신탁부동산의 소유권을 가지지 아니하고, 명의신탁자와 명의수탁자 사이에 위탁신임관계를 인정할 수도 없다. 따라서 명의수탁자가 명의신탁자의 재물을 보관하는 자라고 할 수 없으므로, 명의수탁자가 신탁받은 부동산을 임의로 처분하여도 명의신탁자에 대한 관계에서 횡령죄가 성립하지 아니한다(대판 2016.5.19. 2014도6992 전원합의체).

109 다음 설명 중 옳은 것을 모두 고른 것은? 〈경찰1차 2017〉

㉠ 신용카드를 절취한 사람이 대금을 결제하기 위해 신용카드를 제시하고 카드회사의 승인까지 받았다면 매출전표에 서명한 사실이 없고 도난카드임이 밝혀져 최종적으로 매출취소로 거래가 종결되었더라도 신용카드 부정사용의 기수행위에 해당한다.

㉡ 배임죄에 있어서 '재산상의 손해를 가한 때'라 함은, 재산상의 현실적인 손해를 발생하게 한 경우뿐만 아니라 현실적인 손해발생의 위험을 생기게 한 경우도 포함하므로, 일반경쟁입찰에 의해 체결하여야 할 공사도급계약을 수의계약에 의하여 체결하였다면 수의계약에 의한 공사대금이 적정한 공사대금의 수준을 벗어나 부당하게 과대하여 일반경쟁입찰에 의해 공사도급계약을 체결할 경우 예상되는 공사대금의 범위를 벗어난 것이 아닐지라도 재산상 손해를 가한 때에 해당한다.

㉢ 채무자가 채권자에게 동산을 양도담보로 제공하고 점유개정 방법으로 점유하고 있는 상태에서 채무자가 양도담보 목적물을 제3자에게 처분하거나 담보로 제공하였더라도 횡령죄를 구성하지 아니한다.

㉣ 배임수재죄가 성립되기 위해서는 타인의 사무를 처리하는 자가 그 임무에 관하여 부정한 청탁을 받고 재물 또는 재산상 이익을 취득하는 것만으로는 부족하고 그 부정한 청탁에 상응하는 부정행위 내지 배임행위에 나아갈 것이 요구된다.

ⓜ 피고인이 도난차량인 미등록 수입자동차를 취득하여 신규등록을 마친 후 위 자동차가 장물일지도 모른다고 생각하면서 이를 양도한 경우, 피고인에게 장물양도죄가 인정되지 않는다.

① ㉠, ㉣, ㉤ ② ㉡, ㉢ ③ ㉢, ㉤ ④ ㉢

해설/정답 ④

㉠ (×) 신용카드를 절취한 사람이 대금을 결제하기 위하여 신용카드를 제시하고 카드회사의 승인까지 받았다고 하더라도 매출전표에 서명한 사실이 없고 도난카드임이 밝혀져 최종적으로 매출취소로 거래가 종결되었다면, 신용카드 부정사용의 미수행위에 불과하다고 한 사례(대판 2008.2.14. 2007도8767).

㉡ (×) 배임죄에 있어서 '재산상의 손해를 가한 때'라 함은, 재산상의 현실적인 손해를 발생하게 한 경우뿐만 아니라 현실적인 손해발생의 위험을 생기게 한 경우도 포함하지만, 이는 경제적인 관점에서 본인의 재산 상태를 평가하여 피고인의 행위에 의하여 본인의 재산가치가 감소하거나 증가하여야 할 가치가 증가하지 아니한 때를 말하므로, 일반경쟁입찰에 의하여 체결하여야 할 공사도급계약을 수의계약에 의하여 체결하였다 하더라도 수의계약에 의한 공사대금이 적정한 공사대금의 수준을 벗어나 부당하게 과대하여 일반경쟁입찰에 의하여 공사도급계약을 체결할 경우 예상되는 공사대금의 범위를 벗어난 것이 아니라면 재산상의 손해를 가한 때에 해당한다고 할 수 없다(대판 2005.3.25. 2004도5731).

㉢ (○) 채무자가 채권자에게 동산을 양도담보로 제공하고 점유개정의 방법으로 점유하고 있는 경우에는 그 동산의 소유권은 여전히 채무자에게 유보되어 있는 것이어서 채무자는 자기의 물건을 보관하고 있는 셈이 되므로, 양도담보의 목적물을 제3자에게 처분하거나 담보로 제공하였다 하더라도 횡령죄를 구성하지 아니한다(대판 2009.2.12. 2008도10971).

㉣ (×) 형법 제357조 제1항에서 규정한 배임수재죄는 타인의 사무를 처리하는 자가 그 임무에 관하여 부정한 청탁을 받고 재물 또는 재산상의 이익을 취득한 경우에 성립하고, 재물 또는 이익의 취득만으로 바로 기수에 이르며, 그 청탁에 상응하는 부정행위 내지 배임행위에 나아갈 것이 요구되지 아니한다. 여기에서 '임무에 관하여'라 함은 타인의 사무를 처리하는 자가 위탁받은 사무를 말하는 것이나, 이는 그 위탁관계로 인한 본래의 사무뿐만 아니라 그와 밀접한 관계가 있는 범위 내의 사무도 포함되는 것이며, '부정한 청탁'이라 함은 청탁이 사회상규와 신의성실의 원칙에 반하는 것을 말하고, 이를 판단함에 있어서는 청탁의 내용 및 이와 관련되어 교부받거나 공여한 재물의 액수·형식, 보호법익인 사무처리자의 청렴성 등을 종합적으로 고찰하여야 하며, 그 청탁이 반드시 명시적으로 이루어져야 하는 것은 아니고, 묵시적으로 이루어지더라도 무방하다(대판 2010.9.9. 2009도10681).

㉤ (×) 피고인이 도난차량인 미등록 수입자동차를 취득하여 신규등록을 마친 후 위 자동차가 장물일지도 모른다고 생각하면서 이를 양도한 사안에서, 피고인의 선의취득 주장을 배척하고 장물양도죄를 인정한 원심의 조치를 수긍한 사례(대판 2011.5.13. 2009도3552).

110 횡령죄에 대한 설명으로 가장 적절하지 않은 것은? 〈경찰2차 2017 변형〉

① 횡령죄에서 재물의 보관은 재물에 대한 사실상 또는 법률상 지배력이 있는 상태를 의미한다.

② 횡령죄는 다른 사람의 재물에 관한 소유권 등 본권을 보호법익으로 하고 법익침해의 위험이 있으면 침해의 결과가 발생되지 아니하더라도 성립하는 위험범이다.

③ 소유권의 취득에 등록이 필요한 타인 소유의 차량을 인도받아 보관하고 있는 사람이 이를 사실상 처분하더라도 횡령죄는 성립하지 않고, 그 보관 위임자나 보관자가 차량의 등록명의자이어야만 횡령죄가 성립한다.

④ 피해자 甲 종중으로부터 종중 소유의 토지를 명의신탁받아 보관 중이던 피고인 乙이 자신의 개인 채무 변제에 사용할 돈을 차용하기 위해 위 토지에 근저당권을 설정하였는데, 그 후 피고인 乙, 丙이 공모하여 위 토지를 丁에게 매도한 사안에서, 피고인들이 토지를 매도한 행위는 별도의 횡령죄를 구성한다.

해설/정답 ③

① (○) 횡령죄에 있어서의 재물의 보관이라 함은 재물에 대한 사실상 또는 법률상 지배력이 있는 상태를 의미하므로 그 보관이 위탁관계에 기인하여야 할 것임은 물론이나 그것이 반드시 사용대차, 임대차, 위임 등의 계약에 의하여 설정되는 것임을 요하지 아니하고 사무관리, 관습, 조리, 신의칙에 의해서도 성립된다(대판 1987.10.13. 87도1778).

② (○) 횡령죄는 다른 사람의 재물에 관한 소유권 등 본권을 그 보호법익으로 하고 그 법익침해의 위험이 있으면 그 침해의 결과가 발생되지 아니하더라도 성립하는 위험범이다(대판 2013.2.21. 2010도10500 전원합의체).

③ (×) 소유권의 취득에 등록이 필요한 타인 소유의 차량을 인도받아 보관하고 있는 사람이 이를 사실상 처분하면 횡령죄가 성립하며, 그 보관 위임자나 보관자가 차량의 등록명의자일 필요는 없다. 그리고 이와 같은 법리는 지입회사에 소유권이 있는 차량에 대하여 지입회사로부터 운행관리권을 위임받은 지입차주가 지입회사의 승낙 없이 그 보관 중인 차량을 사실상 처분하거나 지입차주로부터 차량 보관을 위임받은 사람이 지입차주의 승낙 없이 그 보관 중인 차량을 사실상 처분한 경우에도 마찬가지로 적용된다(대판 2015.6.25. 2015도1944 전원합의체).

④ (○) 타인의 부동산을 보관 중인 자가 불법영득의사를 가지고 그 부동산에 근저당권설정등기를 경료함으로써 일단 횡령행위가 기수에 이르렀다 하더라도 그 후 같은 부동산에 별개의 근저당권을 설정하여 새로운 법익침해의 위험을 추가함으로써 법익침해의 위험을 증가시키거나 해당 부동산을 매각함으로써 기존의 근저당권과 관계없이 법익침해의 결과를 발생시켰다면, 이는 당초의 근저당권 실행을 위한 임의경매에 의한 매각 등 그 근저당권으로 인해 당연히 예상될 수 있는 범위를 넘어 새로운 법익침해의 위험을 추가시키거나 법익침해의 결과를 발생시킨 것이므로 특별한 사정이 없는 한 불가벌적 사후행위로 볼 수 없고, 별도로 횡령죄를 구성한다(대판 2013.2.21. 2010도10500 전원합의체).

111 횡령죄에 관한 다음 설명 중 가장 적절하지 않은 것은? 〈경찰1차 2016 변형〉

① 甲 주식회사 대표이사인 피고인이 자신의 채권자 乙에게 차용금에 대한 담보로 甲 회사 명의 정기예금에 질권을 설정하여 주었는데, 그 후 乙이 차용금과 정기예금의 변제기가 모두 도래한 이후 피고인의 동의하에 정기예금 계좌에 입금되어 있던 甲 회사 자금을 전액 인출하였다면 배임죄와 별도로 횡령죄까지 성립한다.

② 횡령죄에 있어서 보관이라 함은 재물이 사실상 지배 하에 있는 경우뿐만 아니라 법률상의 지배·처분이 가능한 상태를 모두 가리키는 것으로 타인의 금전을 위탁받아 보관하는 자는 보관방법으로 이를 은행 등의 금융기관에 예치한 경우에도 보관자의 지위를 갖는 것이다.

③ 피해자 甲 종중으로부터 종중 소유의 토지를 명의신탁받아 보관 중이던 피고인 乙이 자신의 개인 채무 변제에 사용할 돈을 차용하기 위해 위 토지에 근저당권을 설정하였는데, 그 후 피고인 乙, 丙이 공모하여 위 토지를 丁에게 매도한 사안에서, 피고인들이 토지를 매도한 행위는 별도의 횡령죄를 구성한다.

④ 사립학교에 있어서 학교교육에 직접 필요한 시설, 설비를 위한 경비 등과 같이 원래 교비회계에 속하는 자금으로 지출할 수 있는 항목에 관한 차입금을 상환하기 위하여 교비회계자금을 지출한 경우, 이러한 차입금 상환행위에 관하여 교비회계 자금을 임의로 횡령하고자 하는 불법영득의 의사가 있다고 보기 어렵다.

해설/정답 ①

① (×) 갑 주식회사 대표이사인 피고인이 자신의 채권자 을에게 차용금에 대한 담보로 갑 회사 명의 정기예금에 질권을 설정하여 주었는데, 그 후 을이 차용금과 정기예금의 변제기가 모두 도래한 이후 피고인의 동의 하에 정기예금 계좌에 입금되어 있던 갑 회사 자금을 전액 인출하였다고 하여 구 특정경제범죄 가중처벌 등에 관한 법률(2012. 2. 10. 법률 제11304호로 개정되기 전의 것) 위반으로 기소된 사안에서, 민법 제353조에 의하면 질권자는 질권의 목적이 된 채권을 직접 청구할 수 있으므로, 피고인의 예금인출동의 행위는 이미 배임행위로써 이루어진 질권설정행위의 사후조처에 불과하여 새로운 법익의 침해를 수반하지 않는 이른바 불가벌적 사후행위에 해당하고, 별도의 횡령죄를 구성하지 않는데도, 이와 달리 피고인에 대하여 질권설정으로 인한 배임죄와 별도로 예금인출로 인한 횡령죄까지 성립한다고 본 원심판결에 불가벌적 사후행위에 관한 법리오해의 위법이 있다고 한 사례(대판 2012.11.29. 2012도10980).

② (○) 횡령죄에 있어서 보관이라 함은 재물이 사실상 지배 하에 있는 경우뿐만 아니라 법률상의 지배·처분이 가능한 상태를 모두 가리키는 것으로 타인의 금전을 위탁받아 보관하는 자는 보관방법으로 이를 은행 등의 금융기관에 예치한 경우에도 보관자의 지위를 갖는 것이다(대판 2000.8.18. 2000도1856).

③ (○) 타인의 부동산을 보관 중인 자가 불법영득의사를 가지고 그 부동산에 근저당권설정등기를 경료함으로써 일단 횡령행위가 기수에 이르렀다 하더라도 그 후 같은 부동산에 별개의 근저당권을 설정하여 새로운 법익침해의 위험을 추가함으로써 법익침해의 위험을 증가시키거나 해당 부동산을 매각함으로써 기존의 근저당권과 관계없이 법익침해의 결과를 발생시켰다면, 이는 당초의 근저당권 실행을 위한 임의경매에 의한 매각 등 그 근저당권으로 인해 당연히 예상될 수 있는 범위를 넘어 새로운 법익침해의 위험을 추가시키거나 법익침해의 결과를 발생시킨 것이므로 특별한 사정이 없는 한 불가벌적 사후행위로 볼 수 없고, 별도로 횡령죄를 구성한다(대판 2013.2.21. 2010도10500 전원합의체).

④ (○) 사립학교에 있어서 학교교육에 직접 필요한 시설, 설비를 위한 경비 등과 같이 원래 교비회계에 속하는 자금으로 지출할 수 있는 항목에 관한 차입금을 상환하기 위하여 교비회계 자금을 지출한 경우, 이러한 차입금 상환행위에

관하여 교비회계 자금을 임의로 횡령하고자 하는 불법영득의 의사가 있다고 보기는 어렵고, 만일 그 행위자가 이러한 차입을 하거나 지출을 하는 과정에서 사립학교법의 관련 규정을 제대로 준수하지 아니하였다면 이에 대하여 사립학교법에 따른 형사적 제재 등이 부과될 수 있을 뿐이다(대판 2006.4.28. 2005도4085).

112 횡령죄에 대한 다음 설명 중 가장 적절하지 않은 것은? 〈경찰2차 2016〉

① 광업권은 재물인 광물을 취득할 수 있는 권리에 불과하지, 재물 그 자체는 아니므로 횡령죄의 객체가 된다고 할 수 없다.

② 동업자 사이에 손익분배의 정산이 되지 아니하였다면 동업자의 한 사람이 임의로 동업자들의 합유에 속하는 동업재산을 처분할 권한이 없는 것이므로, 동업자의 한 사람이 동업재산을 보관 중 임의로 횡령하였다면 지분비율에 따라 횡령한 금액에 대하여 횡령죄의 죄책을 부담한다.

③ 명의신탁자가 매수한 부동산에 관하여 「부동산 실권리자명의 등기에 관한 법률」을 위반하여 명의수탁자와 맺은 명의신탁약정에 따라 매도인에게서 바로 명의수탁자 명의로 소유권이전등기를 마친 이른바 중간생략등기형 명의신탁을 한 경우, 명의수탁자가 신탁 받은 부동산을 임의로 처분하여도 명의신탁자에 대한 관계에서 횡령죄가 성립하지 아니한다.

④ 양식어업면허권자가 그 어업면허권을 양도한 후 아직도 어업면허권이 자기 앞으로 되어 있음을 틈타서 어업권손실보상금을 수령하여 일부는 자기 이름으로 예금하고 일부는 생활비 등에 소비하였다면 이는 횡령죄가 성립한다.

해설/정답 ②

① (○) 광업권은 재물인 광물을 취득할 수 있는 권리에 불과하지 재물 그 자체는 아니므로 횡령죄의 객체가 된다고 할 수 없고, 광업법 제12조가 광업권을 물권으로 하고 광업법에서 따로 정한 경우를 제외하고는 부동산에 관한 민법 기타 법령의 규정을 준용하도록 규정하고 있다 하여 광업권이 부동산과 마찬가지로 횡령죄의 객체가 된다고 할 수는 없다(대판 1994.3.8. 93도2272).

② (×) 동업자 사이에 손익분배의 정산이 되지 아니하였다면 동업자의 한 사람이 임의로 동업자들의 합유에 속하는 동업재산을 처분할 권한이 없는 것이므로, 동업자의 한 사람이 동업재산을 보관 중 임의로 횡령하였다면 지분비율에 관계없이 임의로 횡령한 금액 전부에 대하여 횡령죄의 죄책을 부담한다(대판 2000.11.10. 2000도3013).

③ (○) 명의신탁자가 매수한 부동산에 관하여 부동산실명법을 위반하여 명의수탁자와 맺은 명의신탁약정에 따라 매도인에게서 바로 명의수탁자 명의로 소유권이전등기를 마친 이른바 중간생략등기형 명의신탁을 한 경우, 명의신탁자는 신탁부동산의 소유권을 가지지 아니하고, 명의신탁자와 명의수탁자 사이에 위탁신임관계를 인정할 수도 없다. 따라서 명의수탁자가 명의신탁자의 재물을 보관하는 자라고 할 수 없으므로, 명의수탁자가 신탁받은 부동산을 임의로 처분하여도 명의신탁자에 대한 관계에서 횡령죄가 성립하지 아니한다(대판 2016.5.19. 2014도6992 전원합의체)(대판 2010.9.30. 2010도8556은 폐기되었다).

④ (○) 양식어업면허권자가 그 어업면허권을 양도한 후 아직도 어업면허권이 자기앞으로 되어 있음을 틈타서 어업권손실보상금을 수령하여 일부는 자기 이름으로 예금하고 일부는 생활비 등에 소비하였다면 이는 횡령죄를 구성한다(대판 1993.8.24. 93도1578).

113 다음 사안에서 乙의 형사책임에 대한 설명으로 가장 적절한 것은? 〈경찰2차 2018〉

> 甲은 A로부터 그의 소유인 부동산을 매수하기로 계약을 체결했다. 甲은 매매계약의 당사자로서 A에게 소정의 대금을 모두 지불했다. 한편, 甲은 거래 부동산의 등기명의를 자신의 이름으로 하지 않고 A로부터 乙에게 바로 소유권이전등기를 경료하게끔 乙과 명의신탁약정을 했다. 약속대로 A는 乙에게 소유권이전등기를 경료해 주었고, 乙은 위 부동산의 소유명의자가 되었다. 얼마 후 乙은 甲 몰래 丙에게 위 부동산을 매도했다. 丙은 乙로부터 소유권이전등기를 경료받아 해당 부동산의 소유명의자가 되었다.

① 위 부동산에 관해 A로부터 乙앞으로 이루어진 소유권이전등기는 현행법상 무효이나, 甲이 매매계약의 당사자로서 A에 대해 소유권이전등기청구권을 가지는 이상, 乙은 甲을 위해 그의 부동산을 보관하는 자의 지위에 서게 된다.

② 乙은 甲의 부동산을 보관하는 자의 지위에 있으면서 동 부동산을 임의로 처분하였으므로 횡령죄의 죄책을 지게 된다.

③ 乙이 丙에게 위 명의신탁약정의 존재를 고지하지 않고 부동산을 처분하였을 경우 乙에게 사기죄는 성립하지 않는다.

④ 사안을 달리하여, 만일 乙이 甲과 명의신탁약정을 맺고 직접 매매계약의 당사자가 되어 A로부터 부동산을 매수하였다고 가정한다면, 乙은 甲의 사무를 처리하는 자의 지위에 있게 되어 임의로 그 부동산을 처분한 행위가 배임죄에 해당한다.

해설/정답 ③

① (×), ② (×) 명의신탁자가 매수한 부동산에 관하여 부동산실명법을 위반하여 명의수탁자와 맺은 명의신탁약정에 따라 매도인에게서 바로 명의수탁자 명의로 소유권이전등기를 마친 이른바 중간생략등기형 명의신탁을 한 경우, 명의신탁자는 신탁부동산의 소유권을 가지지 아니하고, 명의신탁자와 명의수탁자 사이에 위탁신임관계를 인정할 수도 없다. 따라서 명의수탁자가 명의신탁자의 재물을 보관하는 자라고 할 수 없으므로, 명의수탁자가 신탁받은 부동산을 임의로 처분하여도 명의신탁자에 대한 관계에서 횡령죄가 성립하지 아니한다(대판 2016.5.19. 2014도6992 전원합의체)(대판 2010.9.30. 2010도8556은 폐기되었다).

③ (○) 부동산의 명의수탁자가 부동산을 제3자에게 매도하고 매매를 원인으로 한 소유권이전등기까지 마쳐 준 경우, 명의신탁의 법리상 대외적으로 수탁자에게 그 부동산의 처분권한이 있는 것임이 분명하고, 제3자로서도 자기 명의의 소유권이전등기가 마쳐진 이상 무슨 실질적인 재산상의 손해가 있을 리 없으므로 그 명의신탁 사실과 관련하여 신의칙상 고지의무가 있다거나 기망행위가 있었다고 볼 수도 없어서 그 제3자에 대한 사기죄가 성립될 여지가 없고, 나아가 그 처분 시 매도인(명의수탁자)의 소유라는 말을 하였다고 하더라도 역시 사기죄가 성립하지 않으며, 이는 자동차의 명의수탁자가 처분한 경우에도 마찬가지이다(대판 2007.1.11. 2006도4498).

④ (×) 명의신탁자와 명의수탁자가 이른바 계약명의신탁 약정을 맺고 명의수탁자가 당사자가 되어 명의신탁 약정이 있다는 사실을 알고 있는 소유자와 부동산에 관한 매매계약을 체결한 후 매매계약에 따라 부동산의 소유권이전등기를 명의수탁자 명의로 마친 경우에는 부동산 실권리자명의 등기에 관한 법률(이하 '부동산실명법'이라 한다) 제4조 제2항 본문에 의하여 수탁자 명의의 소유권이전등기는 무효이고 부동산의 소유권은 매도인이 그대로 보유하게 되므로, 명의수탁자는 부동산 취득을 위한 계약의 당사자도 아닌 명의신탁자에 대한 관계에서 횡령죄에서 '타인의 재물을 보관하는 자'의 지위에 있다고 볼 수 없고, 또한 명의수탁자가 명의신탁자에 대하여 매매대금 등을 부당이득으로 반환할 의무를 부담한다고 하더라도 이를 두고 배임죄에서

'타인의 사무를 처리하는 자'의 지위에 있다고 보기도 어렵다. 한편 위 경우 명의수탁자는 매도인에 대하여 소유권이전등기말소의무를 부담하게 되나, 위 소유권이전등기는 처음부터 원인무효여서 명의수탁자는 매도인이 소유권에 기한 방해배제청구로 말소를 구하는 것에 대하여 상대방으로서 응할 처지에 있음에 불과하고, 그가 제3자와 한 처분행위가 부동산실명법 제4조 제3항에 따라 유효하게 될 가능성이 있다고 하더라도 이는 거래 상대방인 제3자를 보호하기 위하여 명의신탁 약정의 무효에 대한 예외를 설정한 취지일 뿐 매도인과 명의수탁자 사이에 위 처분행위를 유효하게 만드는 어떠한 신임관계가 존재함을 전제한 것이라고는 볼 수 없으므로, 말소등기의무의 존재나 명의수탁자에 의한 유효한 처분가능성을 들어 명의수탁자가 매도인에 대한 관계에서 횡령죄에서 '타인의 재물을 보관하는 자' 또는 배임죄에서 '타인의 사무를 처리하는 자'의 지위에 있다고 볼 수도 없다(대판 2012.11.29. 2011도7361).

114 재산범죄에 대한 아래 ㉠부터 ㉤까지의 설명 중 옳고 그름의 표시(○, ×)가 모두 바르게 된 것은?

〈경찰2차 2020〉

> ㉠ 피고인이 자신의 명의로 등록된 자동차를 사실혼 관계에 있던 甲에게 증여하여 甲만이 이를 운행 관리하여 오다가 서로 별거하면서 재산분할 내지 위자료 명목으로 甲이 소유하기로 하였는데, 피고인이 이를 임의로 운전해 간 경우 자동차 등록명의와 관계없이 피고인의 행위는 절도죄가 성립한다.
> ㉡ 절도범인이 일단 체포되었으나 아직 신병확보가 확실하지 않은 단계에서 체포 상태를 면하기 위해 폭행하여 상해를 가한 경우, 그 행위는 절도의 기회에 체포를 면탈할 목적으로 폭행하여 상해를 가한 것으로서 강도상해죄가 성립한다.
> ㉢ 피고인이 부동산에 대해 甲과 신탁금지약정을 체결한 사실을 A은행에 알리지 아니한 채 위 부동산을 담보신탁하고 A은행에서 대출을 받은 경우 A은행에 대한 사기죄가 성립한다.
> ㉣ A회사의 경영자인 피고인이, A회사와 B회사 사이에 허위로 작성된 물품공급계약서에 따른 공급을 한 사실이 없음에도 완료하였음을 전제로 B회사를 상대로 물품대금 청구소송을 제기하면서 증거자료로 위 물품공급 계약서를 제출하였다가 그 후 소송을 취하하였다면 사기미수죄가 성립한다.
> ㉤ 甲, 乙이 공모하여 甲 명의로 개설된 예금계좌의 접근매체를 보이스피싱 조직원 丙에게 양도하고, 丁이 丙에게 속아 위 계좌로 송금한 사기피해금 중 일부를 甲, 乙이 임의로 인출한 경우, 甲, 乙에게 사기죄가 성립하지 않는 이상 丙에 대한 횡령죄를 구성한다.

①	㉠ (○)	㉡ (○)	㉢ (○)	㉣ (×)	㉤ (×)
②	㉠ (○)	㉡ (○)	㉢ (×)	㉣ (○)	㉤ (×)
③	㉠ (×)	㉡ (×)	㉢ (×)	㉣ (○)	㉤ (○)
④	㉠ (○)	㉡ (○)	㉢ (×)	㉣ (○)	㉤ (○)

해설/정답 ②

㉠ (○) 피고인 명의로 등록되어 있지만 피해자가 점유·관리하여 온 이 사건 승용차를 피고인이 임의로 운전해 감으로써 이를 절취하였다는 내용의 이 사건 공소사실에 대하여, 그 판시 증거들에 의하여 피고인이 사실혼 관계에 있던 피해자에게 이 사건 승용차를 선물하여 증여한 이래 피해자만이 이 사건 승용차를 운행하며

관리하여 온 사실, 피고인과 피해자가 별거하면서 재산분할 내지 위자료 명목으로 피해자가 이 사건 승용차를 소유하기로 한 사실 등을 인정한 다음, 이 사건 승용차는 그 등록명의와 관계없이 피고인과 피해자 사이에서는 피해자를 소유자로 보아야 한다는 이유로 피고인의 행위가 절도행위에 해당한다고 판단하였다(대판 2013.2.28. 2012도15303).

㉡ (○) 절도범인이 일단 체포되었으나 아직 신병확보가 확실하지 않은 단계에서 체포 상태를 면하기 위해 폭행하여 상해를 가한 경우, 그 행위는 절도의 기회에 체포를 면탈할 목적으로 폭행하여 상해를 가한 것으로서 강도상해죄에 해당한다고 한 사례(대판 2001.10.23. 2001도4142, 2001감도100). 형법 제337조 강도상해죄의 강도는 단순강도 이외에 특수강도·준강도·인질강도도 포함하고 있으므로 따라서 단순강도가 상해를 가한 경우나 준강도가 상해를 가한 경우 모두 인정된 죄명은 제337조의 강도상해죄에 해당한다.

㉢ (×) [1] 어떤 법률행위를 하려는 사람이 그 법률행위에 따른 상대방의 법률상 지위에 아무런 영향도 미칠 수 없는 사유까지 상대방에게 고지할 의무가 있다고 볼 수는 없다. [2] 피고인이 공소외 1에게 이 사건 오피스텔 중 17세대를 대물변제조로 이전해 주고 공소외 1의 동의 없이 이를 신탁할 수 없다는 취지의 약정을 체결하였다는 사정만으로는 이 사건 신탁계약의 효력과 그 신탁계약에 따르는 채무의 이행에 장애를 가져오거나 수탁자와 우선수익자의 권리실현에 장애가 된다고 볼 수 없고, 따라서 피고인이 피해자에게 이 사건 신탁금지약정을 체결한 사실을 고지하지 아니하였다고 하여 피해자를 기망한 것이라고 평가할 수는 없을 것이다(대판 2012.4.13. 2011도2989).

㉣ (○) [1] 소송사기는 법원을 기망하여 제3자의 재물을 편취할 것을 기도하는 것을 내용으로 하는 것으로서, 사기죄로 인정하기 위하여는 제소 당시 그 주장과 같은 권리가 존재하지 않는다는 것만으로는 부족하고, 그 주장의 권리가 존재하지 않는 사실을 잘 알고 있으면서도 허위의 주장과 입증으로 법원을 기망한다는 인식을 요한다. 그러나 허위의 내용으로 소송을 제기하여 법원을 기망한다는 고의가 있는 경우에 법원을 기망하는 것은 반드시 허위의 증거를 이용하지 않더라도 당사자의 주장이 법원을 기망하기에 충분한 것이라면 기망수단이 된다. [2] 甲 주식회사와 乙 주식회사 사이에 작성된 물품공급계약서는 피고인 등이 乙 회사가 발행한 어음을 할인하는 과정에서 허위로 작성한 것이고, 실제로 甲 회사가 乙 회사에 물품을 공급한 사실이 없는데도, 甲 회사 경영자인 피고인이 물품공급계약에 따른 공급을 완료하였음을 전제로 乙 회사를 상대로 물품대금 청구소송을 제기하면서 증거자료로 위 물품공급계약서를 제출하였다가 그 후 소송을 취하한 사안에서, 피고인의 행위가 사기미수죄에 해당한다고 본 원심판단을 수긍한 사례(대판 2011.9.8. 2011도7262).

㉤ (×) [1] 계좌명의인이 송금·이체의 원인이 되는 법률관계가 존재하지 않음에도 계좌이체에 의하여 취득한 예금채권 상당의 돈은 송금의뢰인에게 반환하여야 할 성격의 것이므로, 계좌명의인은 그와 같이 송금·이체된 돈에 대하여 송금의뢰인을 위하여 보관하는 지위에 있다고 보아야 한다. 따라서 계좌명의인이 그와 같이 송금·이체된 돈을 그대로 보관하지 않고 영득할 의사로 인출하면 횡령죄가 성립한다. 이러한 법리는 계좌명의인이 개설한 예금계좌가 전기통신금융사기 범행에 이용되어 그 계좌에 피해자가 사기피해금을 송금·이체한 경우에도 마찬가지로 적용된다. 계좌명의인은 피해자와 사이에 아무런 법률관계 없이 송금·이체된 사기피해금 상당의 돈을 피해자에게 반환하여야 하므로, 피해자를 위하여 사기피해금을 보관하는 지위에 있다고 보아야 하고, 만약 계좌명의인이 그 돈을 영득할 의사로 인출하면 피해자에 대한 횡령죄가 성립한다. 이때 계좌명의인이 사기의 공범이라면 자신이 가담한 범행의 결과 피해금을 보관하게 된 것일 뿐이어서 피해자와 사이에 위탁관계가 없고, 그가 송금·이체된 돈을 인출하더라도 이는 자신이 저지른 사기범행의 실행행위에 지나지 아니하여 새로운 법익을 침해한다고 볼 수 없으므로 사기죄 외에 별도로 횡령죄를 구성하지 않는다. 한편 계좌명의인의 인출행위는 전기통신금융사기의 범인에 대한 관계에서는 횡령죄가 되지 않는다. [2] 피고인 갑, 을이 공모하여, 피고인 갑 명의로 개설된 예금계좌의 접근매체를 보이스피싱 조직원 병에게 양도함으로써 병의 정에 대한 전기통신금융사기 범행을 방조하고, 사기피해자 정이 병에게 속아 위 계좌로 송금한 사기피해금 중 일부를 별도의 접근매체를 이용하여 임의로 인출함으로써 주위적으로는 병의 재물을, 예비적으로는 정의 재물을 횡령하였다는 내용으로 기소되었는데, 원심이 피고인들에 대한 사기방조 및 횡령의 공소사실을 모두 무

죄로 판단한 사안에서, 피고인들에게 사기방조죄가 성립하지 않는 이상 사기피해금 중 일부를 임의로 인출한 행위는 사기피해자 정에 대한 횡령죄가 성립한다는 이유로, 원심이 공소사실 중 횡령의 점에 관하여 병을 피해자로 삼은 주위적 공소사실을 무죄로 판단한 것은 정당하나, 이와 달리 정을 피해자로 삼은 예비적 공소사실도 무죄로 판단한 데에는 횡령죄에서의 위탁관계 등에 관한 법리를 오해한 위법이 있다고 한 사례(대판 2018.7.19. 2017도17494 전원합의체).

제6절 | 배임의 죄

115 재산죄에 관한 설명으로 옳지 않은 것은 모두 몇 개인가? 〈경찰2차 2023〉

㉠ 회사직원이 퇴사한 후에는 특별한 사정이 없는 한 더 이상 업무상배임죄에서 타인의 사무를 처리하는 자의 지위에 있다고 볼 수 없어, 퇴사한 회사직원이 반환하거나 폐기하지 아니한 영업비밀 등을 경쟁업체에 유출하거나 스스로의 이익을 위하여 이용하더라도 그 유출 내지 이용행위에 대하여는 따로 업무상배임죄를 구성할 여지는 없다.

㉡ A는 드라이버를 구매하기 위해 특정 매장에 방문하였다가 자신의 지갑을 떨어뜨렸는데, 10분쯤 후 甲이 같은 매장에서 우산을 구매하고 계산을 마친 뒤, 그 지갑을 발견하여 습득한 매장 주인 B로부터 "이 지갑이 선생님 지갑이 맞느냐?"라는 질문을 받자 "내 것이 맞다."라고 대답한 후 이를 교부받아 가지고 갔다면 甲에게는 절도죄가 아니라 사기죄가 성립한다.

㉢ 업무상배임죄에 있어 '재산상 이익 취득'과 '재산상 손해 발생'은 대등한 범죄성립요건이고, 따라서 임무위배행위로 인하여 여러 재산상 이익과 손해가 발생하더라도 재산상 이익과 손해 사이에 서로 대응하는 관계에 있는 등 일정한 관련성이 인정되어야 업무상배임죄가 성립한다.

㉣ 주류회사 이사인 甲은 A를 상대로 주류대금 청구소송을 제기한 민사 분쟁 중에 A의 착오로 위 주류회사 명의 계좌로 송금된 4,700,000원을 보관하게 되었고, 이후 A로부터 해당 금원이 착오 송금된 것이라는 사정을 문자메시지를 통해 고지받았음에도 불구하고, 甲 본인이 주장하는 채권액인 1,108,310원을 임의로 상계 정산하여 반환을 거부하였다면, 설령 나머지 금액을 반환하고 상계권 행사의 의사를 충분히 밝혔다 하더라도 甲에게는 횡령죄가 성립한다.

① 0개 ② 1개 ③ 2개 ④ 3개

해설/정답 ②

㉠ (○) 회사직원이 퇴사한 후에는 특별한 사정이 없는 한 퇴사한 회사직원은 더 이상 업무상 배임죄에서 타인의 사무를 처리하는 자의 지위에 있다고 볼 수 없고, 위와 같이 반환하거나 폐기하지 아니한 영업비밀 등을 경쟁업체에 유출하거나 스스로의 이익을 위하여 이용하더라도 이는 이미 성립한 업무상 배임행위의 실행행위에 지나지 아니하므로, 그 유출 내지 이용행위가 부정경쟁방지 및 영업비밀보호에 관한 법률 위반(영업비밀누설 등)죄에 해당하는지는 별론으로 하더라도, 따로 업무상 배임죄를 구성할 여지는 없다. 그리고 위와 같이 퇴사한 회사직원에 대하여 타인의 사무를 처리하는 자의 지위를 인정할 수 없는 이상 제3자가 위와 같은 유출 내지 이용행위에 공모·가담하였더라도 타인의 사무를 처리하는 자의 지위에 있다는 등의 사정이 없는 한 업무상 배임죄의 공범 역시 성립할 수 없다(대판

2017.6.29. 2017도3808).

ⓛ (○) 형법상 절취란 타인이 점유하고 있는 자기 이외의 자의 소유물을 점유자의 의사에 반하여 점유를 배제하고 자기 또는 제3자의 점유로 옮기는 것을 말한다. 이에 반해 기망의 방법으로 타인으로 하여금 처분행위를 하도록 하여 재물 또는 재산상 이익을 취득한 경우에는 절도죄가 아니라 사기죄가 성립한다. 사기죄에서 처분행위는 행위자의 기망행위에 의한 피기망자의 착오와 행위자 등의 재물 또는 재산상 이익의 취득이라는 최종적 결과를 중간에서 매개·연결하는 한편, 착오에 빠진 피해자의 행위를 이용하여 재산을 취득하는 것을 본질적 특성으로 하는 사기죄와 피해자의 행위에 의하지 아니하고 행위자가 탈취의 방법으로 재물을 취득하는 절도죄를 구분하는 역할을 한다. 처분행위가 갖는 이러한 역할과 기능을 고려하면 피기망자의 의사에 기초한 어떤 행위를 통해 행위자 등이 재물 또는 재산상의 이익을 취득하였다고 평가할 수 있는 경우라면, 사기죄에서 말하는 처분행위가 인정된다. 한편 사기죄가 성립되려면 피기망자가 착오에 빠져 어떠한 재산상의 처분행위를 하도록 유발하여 재산적 이득을 얻을 것을 요하고, 피기망자와 재산상의 피해자가 같은 사람이 아닌 경우에는 피기망자가 피해자를 위하여 그 재산을 처분할 수 있는 권능을 갖거나 그 지위에 있어야 한다(대판 2022.12.29. 2022도12494).

ⓒ (○) 업무상배임죄는 업무상 타인의 사무를 처리하는 자가 임무에 위배하는 행위를 하고 그러한 임무위배행위로 인하여 재산상의 이익을 취득하거나 제3자로 하여금 이를 취득하게 하여 본인에게 재산상의 손해를 가한 때 성립한다. 여기서 '재산상 이익 취득'과 '재산상 손해 발생'은 대등한 범죄성립요건이고, 이는 서로 대응하여 병렬적으로 규정되어 있다(형법 제356조, 제355조 제2항). 따라서 임무위배행위로 인하여 여러 재산상 이익과 손해가 발생하더라도 재산상 이익과 손해 사이에 서로 대응하는 관계에 있는 등 일정한 관련성이 인정되어야 업무상배임죄가 성립한다(대판 2021.11.25. 2016도3452).

ⓔ (×) 주류업체 갑 주식회사의 사내이사인 피고인이 피해자를 상대로 주류대금 청구소송을 제기한 민사 분쟁 중 피해자가 착오로 피고인이 관리하는 갑 회사 명의 계좌로 금원을 송금하여 피고인이 이를 보관하게 되었는데, 피고인은 피해자로부터 위 금원이 착오송금된 것이라는 사정을 문자메시지를 통해 고지받아 위 금원을 반환해야 할 의무가 있었음에도, 피해자와 상계 정산에 관한 합의 없이 피고인이 주장하는 주류대금 채권액을 임의로 상계 정산한 후 반환을 거부하여 횡령죄로 기소된 사안에서, 어떤 예금계좌에 금원이 착오로 잘못 송금되어 입금된 경우 수취인과 송금인 사이에 신의칙상 보관관계가 성립하기는 하나, 특별한 사정이 없는 한 이러한 이유만으로 송금인이 착오로 송금한 금전이 위탁자가 목적과 용도를 정하여 명시적으로 위탁한 금전과 동일하다거나, 송금인이 수취인에게 금원의 수수를 수반하는 사무처리를 위임하였다고 보아 수취인의 송금인에 대한 상계권 행사가 당초 위임한 취지에 반한다고 평가할 수는 없는 점, 관련 민사사건의 진행경과에 비추어 갑 회사가 반환거부 일시경 피해자에 대하여 반환거부 금액에 상응하는 물품대금채권을 보유하고 있었던 것으로 보이는 점, 피고인은 착오송금된 금원 중 갑 회사의 물품대금채권액에 상응한 금액을 제외한 나머지는 송금 다음 날 반환하였고, 나머지에 대해서도 반환을 요청하는 피해자에게 갑 회사의 물품대금채권을 자동채권으로 하여 상계권을 행사한다는 의사를 충분히 밝힌 것으로 보여, 피고인이 불법영득의사를 가지고 반환을 거부한 것이라고 단정하기 어려운 점을 종합하면, 피고인이 피해자의 착오로 갑 회사 명의 계좌로 송금된 금원 중 갑 회사의 피해자에 대한 채권액에 상응하는 부분에 관하여 반환을 거부한 행위는 정당한 상계권의 행사로 볼 여지가 있으므로, 피고인의 반환거부행위가 횡령행위와 같다고 보아 불법영득의사를 인정한 원심판결에 법리오해의 잘못이 있다고 한 사례(대판 2022.12.29. 2021도2088).

116 **배임의 죄에 관한 설명 중 가장 적절하지 않은 것은?** 〈경찰1차 2023〉

① 채무자가 금전채무를 담보하기 위해 주식에 관하여 양도담보 설정계약을 체결한 후 변제일 전에 제3자에게 해당 주식을 처분하더라도 배임죄는 성립하지 않는다.

② 권리이전에 등록을 요하는 자동차에 대한 매매계약에서 매도인은 매수인의 사무를 처리하는 자의 지위에 있지 않으므로, 매도인이 매수인에게 소유권이전등록을 하지 아니하고 그 자동차를 제3자에게 처분하였다고 하더라도 배임죄는 성립하지 않는다.

③ 배임수재죄의 주체로서 '타인의 사무를 처리하는 자'라 함은 타인과의 대내 관계에 있어서 신의성실의 원칙에 비추어 그 사무를 처리할 신임관계가 존재한다고 인정되는 자를 의미하고, 반드시 제3자에 대한 대외관계에서 그 사무에 관한 권한이 존재할 것을 요하지는 않는다.

④ 서면으로 부동산 증여의 의사를 표시한 증여자가 증여계약을 취소하거나 해제할 수 없음에도 불구하고 증여계약에 따라 수증자에게 부동산의 소유권을 이전하지 않고 부동산을 제3자에게 처분하여 등기를 한 경우, 증여자의 소유권이전등기 의무는 증여자 자신의 사무일 뿐 타인의 사무에 해당하지 않으므로 배임죄가 성립하지 않는다.

해설/정답 ④

① (○) 양도담보설정계약에 따라 채무자가 부담하는 의무는 담보목적의 달성, 즉 채무불이행 시 담보권 실행을 통한 채권의 실현을 위한 것이므로 담보설정계약의 체결이나 담보권 설정 전후를 불문하고 당사자 관계의 전형적·본질적 내용은 여전히 금전채권의 실현 내지 피담보채무의 변제에 있다. 따라서 채무자가 위와 같은 급부의무를 이행하는 것은 채무자 자신의 사무에 해당할 뿐이고, 채무자가 통상의 계약에서의 이익대립관계를 넘어서 채권자와의 신임관계에 기초하여 채권자의 사무를 맡아 처리한다고 볼 수 없으므로 채무자를 채권자에 대한 관계에서 '타인의 사무를 처리하는 자'라고 할 수 없다. 위와 같은 법리는, 채무자가 동산에 관하여 양도담보설정계약을 체결하여 이를 채권자에게 양도할 의무가 있음에도 제3자에게 처분한 경우에도 적용되고, 주식에 관하여 양도담보설정계약을 체결한 채무자가 제3자에게 해당 주식을 처분한 사안에도 마찬가지로 적용된다(대판 2020.2.20. 2019도9756 전원합의체).

② (○) 권리이전에 등기·등록을 요하는 동산에 대한 매매계약에서도 동일하게 적용되므로, 자동차 등의 매도인은 매수인에 대하여 그의 사무를 처리하는 지위에 있지 아니하여, 매도인이 매수인에게 소유권이전등록을 하지 아니하고 타에 처분하였다고 하더라도 마찬가지로 배임죄가 성립하지 아니한다(대판 2020.10.22. 2020도6258 전원합의체).

③ (○) 배임수재죄의 주체로서 타인의 사무를 처리하는 자라 함은 타인과의 대내관계에 있어서 신의성실의 원칙에 비추어 그 사무를 처리할 신임관계가 존재한다고 인정되는 자를 의미하고, 반드시 제3자에 대한 대외관계에서 그 사무에 관한 권한이 존재할 것을 요하지 않으며, 또 그 사무가 포괄적 위탁사무일 것을 요하는 것도 아니고, 사무처리의 근거, 즉 신임관계의 발생근거는 법령의 규정, 법률행위, 관습 또는 사무관리에 의하여도 발생할 수 있다(대판 2003.2.26. 2002도6834).

④ (×) 서면으로 부동산 증여의 의사를 표시한 증여자는 계약이 취소되거나 해제되지 않는 한 수증자에게 목적부동산의 소유권을 이전할 의무에서 벗어날 수 없다. 그러한 증여자는 '타인의 사무를 처리하는 자'에 해당하고, 그가 수증자에게 증여계약에 따라 부동산의 소유권을 이전하지 않고 부동산을 제3자에게 처분하여 등기를 하는 행위는 수증자와의 신임관계를 저버리는 행위로서 배임죄가 성립한다(대판 2018.12.13. 2016도19308).

117 **(가)와 (나) 사례에 관한 설명 중 옳은 것은 모두 몇 개인가?** 〈경찰2차 2022〉

> (가) 甲은 A주식회사에 본인 소유 토지를 양도하는 내용의 매 매계약을 체결한 후 A주식회사로부터 계약금, 중도금 및 잔금 중 일부를 교부받았으나, 乙에게 이 사건 토지를 매도하고 소유권이전등기를 경료해 주었다. 그런데 그 이전에 甲은 A주식회사로부터 계약금 중 3/4만 지급받은 상태에서 A주식회사 명의로 가등기를 경료해 주어 甲의 행위에도 불구하고 A주식회사가 甲의 아무런 협력 없이도 가등기의 순위보전 효력에 의해 자신 명의로 소유권이전등기를 마칠 수 있는 수단을 마련해 주었다.
>
> (나) 丙은 B에게 본인 소유 임야를 매도하고 일부 잔금까지 지급받았음에도 다시 그 임야를 丁에게 매도하여 계약금을 지급 받은 후, 丁의 명의로 소유권이전청구권 보전을 위한 가등기를 경료해 주었다.

> ㉠ 甲과 丙은 각각 A주식회사와 B와의 관계에서 타인의 사무를 처리하는 자에 해당한다.
> ㉡ 甲과 丙의 행위로 인해 A주식회사와 B에게는 현실적인 손해가 발생하였다.
> ㉢ 丙에게는 배임죄가 성립하지 않는다.
> ㉣ 甲과 丙에게는 배임죄의 미수가 성립한다.

① 1개 ② 2개 ③ 3개 ④ 4개

해설/정답 ①

㈎ 부동산 매매계약에서 계약금만 지급된 단계에서는 어느 당사자나 계약금을 포기하거나 그 배액을 상환함으로써 자유롭게 계약의 구속력에서 벗어날 수 있다. 그러나 중도금이 지급되는 등 계약이 본격적으로 이행되는 단계에 이른 때에는 계약이 취소되거나 해제되지 않는 한 매도인은 매수인에게 부동산의 소유권을 이전해 줄 의무에서 벗어날 수 없다. 따라서 이러한 단계에 이른 때에 매도인은 매수인에 대하여 매수인의 재산보전에 협력하여 재산적 이익을 보호·관리할 신임관계에 있게 된다. 그때부터 매도인은 배임죄에서 말하는 '타인의 사무를 처리하는 자'에 해당한다고 보아야 한다. 그러한 지위에 있는 매도인이 매수인에게 계약 내용에 따라 부동산의 소유권을 이전해 주기 전에 그 부동산을 제3자에게 처분하고 제3자 앞으로 그 처분에 따른 등기를 마쳐 준 행위는 매수인의 부동산 취득 또는 보전에 지장을 초래하는 행위이다. 이는 매수인과의 신임관계를 저버리는 행위로서 배임죄가 성립한다. 그리고 매도인이 매수인에게 순위보전의 효력이 있는 가등기를 마쳐 주었더라도 이는 향후 매수인에게 손해를 회복할 수 있는 방안을 마련하여 준 것일 뿐 그 자체로 물권변동의 효력이 있는 것은 아니어서 매도인으로서는 소유권을 이전하여 줄 의무에서 벗어날 수 없으므로, 그와 같은 가등기로 인하여 매수인의 재산보전에 협력하여 재산적 이익을 보호·관리할 신임관계의 전형적·본질적 내용이 변경된다고 할 수 없다(대판 2020.5.14. 2019도16228).

㈏ 배임죄에 있어서 손해를 가한 때라 함은 재산적 가치의 감소를 뜻하고 그것이 현실적 실해를 가한 경우뿐만 아니라 실해발생의 위험을 초래한 경우도 포함하는 것이므로 중도금까지 수령한 토지매도인이 타인에 대한 채무담보조로 그 토지에 관하여 가등기를 경료하여 준 것은 그뒤 가등기권리자가 본등기를 경료한 경우에는 동 토지에 대한 이전등기청구권이 이행불능이 될 위험이 있다 할 것이고 또 그 등기청구권을 확보하기 위하여는 가등기담보로 차용한 조건에 따른 금원을 변제하여야 할 것이므로 이 점에 있어서 본인에게 손해를 가한 때에 해당한다(대판 1982.11.23. 82도2215).

㉠ (O) 甲과 丙은 모두 중도금 이상을 수령하였으므로 각각 A주식회사와 B와의 관계에서 타인의 사무를 처리하는 자에 해당한다.

ⓛ (×) A주식회사는 현실적인 손해를 받았다고 볼 여지가 있지만(손해 발생의 위험만 발생하였다고 볼 수도 있음), B는 손해의 위험이 발생하였다고 보아야 한다.

ⓒ (×) 丙은 부동산의 이중매매로 인해 배임죄가 성립한다(위험범).

ⓡ (×) 甲과 丙 모두 배임죄의 기수이다.

118 배임죄에 대한 설명으로 가장 적절하지 않은 것은? 〈경찰2차 2021〉

① 회사의 이사 등이 타인에게 회사자금을 대여함에 있어 그 타인이 채무변제능력을 상실하여 그에게 자금을 대여할 경우 회사에 손해가 발생하리라는 점을 충분히 알면서 대여했거나, 충분한 담보를 제공받는 등 상당하고도 합리적인 채권회수조치를 취하지 아니한 채 대여해 주었다면 이는 회사에 대하여 배임행위가 된다.

② 업무상배임죄가 성립하려면 주관적 요건으로서 임무 위배의 인식과 그로 인하여 자기 또는 제3자가 이익을 취득하고 본인에게 손해를 가한다는 인식, 즉 배임의 고의가 있어야 하고, 이러한 인식은 미필적 인식으로도 충분하다.

③ 보통예금은 은행 등 법률이 정하는 금융기관을 수치인으로 하는 금전의 소비임치 계약으로서 그 예금계좌에 입금된 금전의 소유권은 금융기관에 이전되고 예금주는 그 예금계좌를 통한 예금반환채권을 취득하는 것이므로, 금융기관의 임직원은 예금주로부터 예금계좌를 통한 적법한 예금반환 청구가 있으면 이에 응할 의무가 있을 뿐 예금주와의 사이에서 그의 재산관리에 관한 사무를 처리하는 자의 지위에 있다고 할 수 없다.

④ 배임죄에 있어서 '타인의 사무를 처리하는 자'라 함은 양자 간의 신임관계에 기초를 둔 타인의 재산보호 내지 관리의무가 있음을 그 본질적 내용으로 하는 것이므로, 배임죄의 성립에 있어서는 행위자가 대외관계에서 타인의 재산을 처분할 적법한 대리권이 있음을 요한다.

해설/정답 ④

① (○) 회사의 이사 등이 타인에게 회사자금을 대여함에 있어 타인이 이미 채무변제능력을 상실하여 그에게 자금을 대여할 경우 회사에 손해가 발생하리라는 정을 충분히 알면서 이에 나아갔거나, 충분한 담보를 제공받는 등 상당하고도 합리적인 채권회수조치를 취하지 아니한 채 만연히 대여해 주었다면, 그와 같은 자금대여는 타인에게 이익을 얻게 하고 회사에 손해를 가하는 행위로서 회사에 대하여 배임행위가 되고, 회사의 이사는 단순히 그것이 경영상의 판단이라는 이유만으로 배임죄의 죄책을 면할 수 없으며, 이러한 이치는 타인이 자금지원 회사의 계열회사라 하여 달라지지 않는다(대판 2017.11.9. 2015도12633).

② (○) 업무상배임죄가 성립하려면 주관적 요건으로서 임무 위배의 인식과 그로 인하여 자기 또는 제3자가 이익을 취득하고 본인에게 손해를 가한다는 인식, 즉 배임의 고의가 있어야 하는데 이러한 인식은 미필적 인식으로도 족한 바, 피고인이 본인의 이익을 위하여 문제가 된 행위를 하였다고 주장하면서 배임죄의 범의를 부인하는 경우에는 사물의 성질상 배임죄의 주관적 요소로 되는 사실은 고의와 상당한 관련성이 있는 간접사실을 증명하는 방법에 의하여 입증할 수밖에 없고, 피고인이 본인의 이익을 위한다는 의사도 가지고 있었다 하더라도 위와 같은 간접사실에 의하여 본인의 이익을 위한다는 의사는 부수적일 뿐이고 이득 또는 가해의 의사가 주된 것임이 판명되면 배임죄의 고의가 있었다고 할 것이다(대판 2000.2.8. 99도3338).

③ (○) [1] 이른바 보통예금은 은행 등 법률이 정하는 금융기관을 수치인으로 하는 금전의 소비임치 계약으로서, 그 예금계좌에 입금된 금전의 소유권은 금융기관에 이전되고, 예금주는 그 예금계좌를 통한 예금반환채권을 취득하는 것이므로, 금융기관의 임직원은 예금주로부터 예금계좌를 통한 적법한 예금반환 청구가 있으면 이에 응할 의무가 있을 뿐 예금주와의 사이에서 그의 재산관리에 관한 사무를 처리하는 자의 지위에 있다고 할 수 없다. [2] 그뿐 아니라, 공소외 은행 직원인 피고인이 피해자들 명의 예금계좌에 입금된 대출금을 권한 없이 인출한 이상 피해자들의 예금채권은 소멸하지 않고 그대로 존속하며 피해자들은 여전히 공소외 은행에 대하여 그 반환을 구할 수 있으므로 피고인의 대출금 인출로 인하여 피해자들에게 재산상의 손해가 발생하였다고 할 수도 없다. [3] 임의로 예금주의 예금계좌에서 5,000만 원을 인출한 금융기관의 임직원에게 업무상 배임죄가 성립하지 않는다고 한 사례(대판 2017.8.24. 2017도7489, 대판 2008.4.24. 2008도1408).

④ (×) 배임죄에 있어서 타인의 사무를 처리하는 자라 함은 양자 간의 신임관계에 기초를 둔 타인의 재산보호 내지 관리의무가 있음을 그 본질적 내용으로 하는 것이므로, 배임죄의 성립에 있어 행위자가 대외관계에서 타인의 재산을 처분할 적법한 대리권이 있음을 요하지 아니한다(대판 1999.9.17. 97도3219).

119 배임의 죄에 대한 설명으로 가장 적절하지 않은 것은? 〈경찰1차 2021〉

① 채무자가 본인 소유의 동산을 채권자에게 「동산·채권 등의 담보에 관한 법률」에 따른 동산담보로 제공한 경우, 채무자가 담보물을 제3자에게 처분하는 등으로 담보가치를 감소 또는 상실시켜 채권자의 담보권 실행이나 이를 통한 채권실현에 위험을 초래하더라도 배임죄는 성립하지 않는다.

② 채무자가 금전채무를 담보하기 위한 저당권설정계약에 따라 채권자에게 본인 소유의 부동산에 관하여 저당권을 설정할 의무를 부담하게 된 경우, 이는 통상의 계약에서 이루어지는 이익대립관계를 넘어서 채권자와의 신임관계에 기초하여 채권자의 사무를 맡아 처리하는 것으로 보아야 하므로 배임죄에서의 '타인의 사무를 처리하는 자'라고 할 수 있다.

③ 서면으로 부동산 증여의 의사를 표시한 증여자가 수증자에게 증여계약에 따라 부동산의 소유권을 이전하지 아니하고 부동산을 제3자에게 처분하여 등기를 하는 행위는 수증자와의 신임관계를 저버리는 행위로서 배임죄가 성립한다.

④ 주식회사의 대표이사가 대표권을 남용하는 등 그 임무에 위배하여 약속어음을 발행하였는데 그 약속어음의 발행이 무효일 뿐만 아니라 유통되지도 않은 경우, 회사는 어음발행의 상대방에게 어음채무를 부담하지 않기 때문에 특별한 사정이 없는 한 배임죄의 기수범이 아니라 배임미수죄로 처벌하여야 한다.

해설/정답 ②

① (○) 채무자가 금전채무를 담보하기 위하여 그 소유의 동산을 채권자에게 동산·채권 등의 담보에 관한 법률에 따른 동산담보로 제공함으로써 채권자인 동산담보권자에 대하여 담보물의 담보가치를 유지·보전할 의무 또는 담보물을 타에 처분하거나 멸실, 훼손하는 등으로 담보권 실행에 지장을 초래하는 행위를 하지 않을 의무를 부담하게 되었더라도, 이를 들어 채무자가 통상의 계약에서의 이익대립관계를 넘어서 채권자와의 신임관계에 기초하여 채권자의 사무를 맡아 처리하는 것으로 볼 수 없다. 따라서 이러한 경우 채무자를 배임죄의 주체인 '타인의 사무를 처리하는 자'에 해당한다고 할 수 없고, 그가 담보물을 제3자에게 처분하는 등으로 담보가치를 감소 또는 상실시켜 채권자의 담보권 실행이나 이를 통한 채권실현에 위험을 초래하더라도 배임죄가 성립하지 아니한다(2020.8.27. 2019도14770 전원합의체).

② (×) [1] 채무자가 금전채무를 담보하기 위한 저당권설정계약에 따라 채권자에게 그 소유의 부동산에 관

하여 저당권을 설정할 의무를 부담하게 되었다고 하더라도, 이를 들어 채무자가 통상의 계약에서 이루어지는 이익대립관계를 넘어서 채권자와의 신임관계에 기초하여 채권자의 사무를 맡아 처리하는 것으로 볼 수 없다. [2] 채무자가 저당권설정계약에 따라 채권자에 대하여 부담하는 저당권을 설정할 의무는 계약에 따라 부담하게 된 채무자 자신의 의무이다. 채무자가 위와 같은 의무를 이행하는 것은 채무자 자신의 사무에 해당할 뿐이므로, 채무자를 채권자에 대한 관계에서 '타인의 사무를 처리하는 자'라고 할 수 없다. 따라서 채무자가 제3자에게 먼저 담보물에 관한 저당권을 설정하거나 담보물을 양도하는 등으로 담보가치를 감소 또는 상실시켜 채권자의 채권실현에 위험을 초래하더라도 배임죄가 성립한다고 할 수 없다. [3] 위와 같은 법리는, 채무자가 금전채무에 대한 담보로 부동산에 관하여 양도담보설정계약을 체결하고 이에 따라 채권자에게 소유권이전등기를 해 줄 의무가 있음에도 제3자에게 그 부동산을 처분한 경우에도 적용된다(대판 2020.6.18. 2019도14340 전원합의체).

③ (○) 부동산 매매계약에서 중도금이 지급되는 등 계약이 본격적으로 이행되는 단계에 이른 때에는 계약이 취소되거나 해제되지 않는 한 매도인은 매수인에게 부동산의 소유권을 이전할 의무에서 벗어날 수 없다. 이러한 단계에 이른 때에 매도인은 매수인에게 매수인의 재산보전에 협력하여 재산적 이익을 보호·관리할 신임관계에 있게 되고, 그 때부터 배임죄에서 말하는 '타인의 사무를 처리하는 자'에 해당한다고 보아야 한다. 그러한 지위에 있는 매도인이 매수인에게 계약 내용에 따라 부동산의 소유권을 이전해 주기 전에 부동산을 제3자에게 처분하여 등기를 하는 행위는 매수인의 부동산 취득이나 보전에 지장을 초래하는 행위로서 배임죄가 성립한다. 이러한 법리는 서면에 의한 부동산 증여계약에도 마찬가지로 적용된다. 서면으로 부동산 증여의 의사를 표시한 증여자는 계약이 취소되거나 해제되지 않는 한 수증자에게 목적부동산의 소유권을 이전할 의무에서 벗어날 수 없다. 그러한 증여자는 '타인의 사무를 처리하는 자'에 해당하고, 그가 수증자에게 증여계약에 따라 부동산의 소유권을 이전하지 않고 부동산을 제3자에게 처분하여 등기를 하는 행위는 수증자와의 신임관계를 저버리는 행위로서 배임죄가 성립한다(대판 2018.12.13. 2016도19308).

④ (○) 주식회사의 대표이사가 대표권을 남용하는 등 그 임무에 위배하여 약속어음 발행을 한 행위가 배임죄에 해당하는지도 원칙적으로 위에서 살펴본 의무부담행위와 마찬가지로 보아야 한다. 다만 약속어음 발행의 경우 어음법상 발행인은 종전의 소지인에 대한 인적 관계로 인한 항변으로써 소지인에게 대항하지 못하므로(어음법 제17조, 제77조), 어음발행이 무효라 하더라도 그 어음이 실제로 제3자에게 유통되었다면 회사로서는 어음채무를 부담할 위험이 구체적·현실적으로 발생하였다고 보아야 하고, 따라서 그 어음채무가 실제로 이행되기 전이라도 배임죄의 기수범이 된다. 그러나 약속어음 발행이 무효일 뿐만 아니라 그 어음이 유통되지도 않았다면 회사는 어음발행의 상대방에게 어음채무를 부담하지 않기 때문에 특별한 사정이 없는 한 회사에 현실적으로 손해가 발생하였다거나 실해 발생의 위험이 발생하였다고도 볼 수 없으므로, 이때에는 배임죄의 기수범이 아니라 배임미수죄로 처벌하여야 한다(대판 2017.7.20. 2014도1104 전원합의체).

120 배임죄에 관한 설명으로 가장 적절하지 않은 것은? 〈경찰1차 2020〉

① 피고인이 인쇄기를 甲에게 양도하기로 하고 계약금 및 중도금을 수령하였음에도 이를 자신의 채권자 乙에게 기존 채무변제에 갈음하여 양도한 경우 배임죄가 성립하지 않는다.

② 피고인이 그 소유의 에어컨을 피해자에게 양도담보로 제공하고 점유개정의 방법으로 점유하고 있다가 다시 이를 제3자에게 양도담보로 제공하고 역시 점유개정의 방법으로 점유를 계속한 경우 배임죄를 구성하지 않는다.

③ 동산에 대하여 점유개정의 방법으로 이중 양도담보를 설정한 경우 처음의 양도담보권자에게 이중으로 양도담보 제공을 하지 않기로 특약하였다면 배임죄를 구성한다.

④ 채무자가 그 소유의 동산에 대하여 점유개정의 방식으로 채권자들에게 이중의 양도담보 설정

계약을 체결한 후 양도담보 설정자가 목적물을 임의로 제3자에게 처분하였다면 뒤의 채권자에 대한 관계에서 배임죄가 성립하지 않는다.

해설/정답 ③

① (○) [1] [다수의견] ㈎ 매매와 같이 당사자 일방이 재산권을 상대방에게 이전할 것을 약정하고 상대방이 그 대금을 지급할 것을 약정함으로써 그 효력이 생기는 계약의 경우(민법 제563조), 쌍방이 그 계약의 내용에 좇은 이행을 하여야 할 채무는 특별한 사정이 없는 한 '자기의 사무'에 해당하는 것이 원칙이다. ㈏ 매매의 목적물이 동산일 경우, 매도인은 매수인에게 계약에 정한 바에 따라 그 목적물인 동산을 인도함으로써 계약의 이행을 완료하게 되고 그때 매수인은 매매목적물에 대한 권리를 취득하게 되는 것이므로, 매도인에게 자기의 사무인 동산인도채무 외에 별도로 매수인의 재산의 보호 내지 관리 행위에 협력할 의무가 있다고 할 수 없다. 동산매매계약에서의 매도인은 매수인에 대하여 그의 사무를 처리하는 지위에 있지 아니하므로, 매도인이 목적물을 매수인에게 인도하지 아니하고 이를 타에 처분하였다 하더라도 형법상 배임죄가 성립하는 것은 아니다. [2] 피고인이 '인쇄기'를 갑에게 양도하기로 하고 계약금 및 중도금을 수령하였음에도 이를 자신의 채권자 을에게 기존 채무 변제에 갈음하여 양도함으로써 재산상 이익을 취득하고 갑에게 동액 상당의 손해를 입혔다는 배임의 공소사실에 대하여, 피고인은 갑에 대하여 그의 사무를 처리하는 지위에 있지 않다는 이유로 무죄를 선고한 원심판단을 수긍한 사례(대판 2011.1.20. 2008도10479 전원합의체).

② (○) 피고인이 그 소유의 이 사건 에어콘 등을 피해자에게 양도담보로 제공하고 점유개정의 방법으로 점유하고 있다가 다시 이를 제3자에게 양도담보로 제공하고 역시 점유개정의 방법으로 점유를 계속한 경우 뒤의 양도담보권자인 제3자는 처음의 담보권자인 피해자에 대하여 배타적으로 자기의 담보권을 주장할 수 없으므로 위와 같이 이중으로 양도담보제공이 된 것만으로는 처음의 양도담보권자에게 담보권의 상실이나 담보가치의 감소 등 손해가 발생한 것으로 볼 수 없으니 배임죄를 구성하지 않는다(대판 1990.2.13. 89도1931).

③ (×) 동산에 대하여 점유개정의 방법으로 이중양도담보를 설정한 경우 뒤의 양도담보권자는 처음의 양도담보권자에 대하여 배타적으로 자기의 담보권을 주장할 수 없으므로 이중으로 양도담보제공이 된 것만으로는 가사담보권 설정자가 처음의 양도담보권자에게 이중으로 양도담보제공을 하지 않기로 특약하였더라도 그에게 담보권의 상실이나 담보가치의 감소 등 손해가 발생한다고 볼 수 없으므로 배임죄를 구성하지 않는다(대판 1989.4.11. 88도1586).

④ (○) 금전채무를 담보하기 위하여 채무자가 그 소유의 동산을 채권자에게 양도하되 점유개정에 의하여 채무자가 이를 계속 점유하기로 한 경우 특별한 사정이 없는 한 동산의 소유권은 신탁적으로 이전됨에 불과하여 채권자와 채무자 사이의 대내적 관계에서 채무자는 의연히 소유권을 보유하나 대외적인 관계에 있어서 채무자는 동산의 소유권을 이미 채권자에게 양도한 무권리자가 되는 것이어서 다시 다른 채권자와 사이에 양도담보 설정계약을 체결하고 점유개정의 방법으로 인도를 하더라도 선의취득이 인정되지 않는 한 나중에 설정계약을 체결한 채권자는 양도담보권을 취득할 수 없는데, 현실의 인도가 아닌 점유개정으로는 선의취득이 인정되지 아니하므로, 결국 뒤의 채권자는 양도담보권을 취득할 수 없고, 따라서 이와 같이 채무자가 그 소유의 동산에 대하여 점유개정의 방식으로 채권자들에게 이중의 양도담보 설정계약을 체결한 후 양도담보 설정자가 목적물을 임의로 제3자에게 처분하였다면 양도담보권자라 할 수 없는 뒤의 채권자에 대한 관계에서는, 설정자인 채무자가 타인의 사무를 처리하는 자에 해당한다고 할 수 없어 배임죄가 성립하지 않는다(대판 2004.6.25. 2004도1751). 아래의 전원합의체 판결에 의하면 처음 채권자에 대한 관계에서도 배임죄가 성립하지 않는다. **[참고 판례]** [1] 배임죄는 '타인의 사무를 처리하는 자'라는 신분을 요하는 진정신분범이다. 따라서 배임죄의 성립을 인정하기 위해서는 피고인의 행위가 타인의 신뢰를 위반한 것인지, 그로 인한 피해가 어느 정도인지를 따지기에 앞서 당사자 관계의 본질을 살펴 그가 '타인의 사무를 처리하는 자'에 해당하는지를 판단하여야 한다. 채무자가 계약을 위반하여 그 의무를 이행하지 않는 등 채권자의 기대나 신뢰를 저버리는 행위를 하고, 그로 인한 채권자의 재산상 피해가 적지 않아 비난가능성이 높다거나, 채권자의 재산권 보호를 위하여 처벌의 필요성이 크다는 이유만으로 배임죄의 죄책을 묻는 것은 죄형법정주의 원칙에 반한다. [2] 금전채권채무 관계에서 채권자가 채무자의 급부이행에 대한 신뢰

를 바탕으로 금전을 대여하고 채무자의 성실한 급부이행에 의해 채권의 만족이라는 이익을 얻게 된다 하더라도, 채권자가 채무자에 대한 신임을 기초로 그의 재산을 보호 또는 관리하는 임무를 부여하였다고 할 수 없고, 금전채무의 이행은 어디까지나 채무자가 자신의 급부의무의 이행으로서 행하는 것이므로 이를 두고 채권자의 사무를 맡아 처리하는 것으로 볼 수 없다. 따라서 채무자를 채권자에 대한 관계에서 '타인의 사무를 처리하는 자'에 해당한다고 할 수 없다. 채무자가 금전채무를 담보하기 위하여 그 소유의 동산을 채권자에게 양도하기로 약정하거나 양도담보로 제공한 경우에도 마찬가지이다. [3] 채무자가 양도담보설정계약에 따라 부담하는 의무, 즉 동산을 담보로 제공할 의무, 담보물의 담보가치를 유지·보전하거나 담보물을 손상, 감소 또는 멸실시키지 않을 소극적 의무, 담보권 실행 시 채권자나 그가 지정하는 자에게 담보물을 현실로 인도할 의무와 같이 채권자의 담보권 실행에 협조할 의무 등은 모두 양도담보설정계약에 따라 부담하게 된 채무자 자신의 급부의무이다. 또한 양도담보설정계약은 피담보채권의 발생을 위한 계약에 종된 계약으로, 피담보채무가 소멸하면 양도담보설정계약상의 권리의무도 소멸하게 된다. 양도담보설정계약에 따라 채무자가 부담하는 의무는 담보목적의 달성, 즉 채무불이행 시 담보권 실행을 통한 채권의 실현을 위한 것이므로 담보설정계약의 체결이나 담보권 설정 전후를 불문하고 당사자 관계의 전형적·본질적 내용은 여전히 금전채권의 실현 내지 피담보채무의 변제에 있다. 따라서 채무자가 위와 같은 급부의무를 이행하는 것은 채무자 자신의 사무에 해당할 뿐이고, 채무자가 통상의 계약에서의 이익대립관계를 넘어서 채권자와의 신임관계에 기초하여 채권자의 사무를 맡아 처리한다고 볼 수 없으므로 채무자를 채권자에 대한 관계에서 '타인의 사무를 처리하는 자'라고 할 수 없다(대판 2020.2.20. 2019도9756 전원합의체).

121 횡령죄와 배임죄에 관한 설명으로 가장 적절하지 않은 것은? 〈경찰2차 2019 변형〉

① 어음의 할인을 위하여 배서양도의 형식으로 약속어음을 교부받은 자가 이를 자신의 채무변제에 충당한 경우, 이는 위탁의 취지에 반하는 것으로 횡령죄가 성립한다.

② 질권설정자가 타인에 대한 채무의 담보로 제3채무자에 대한 채권에 대하여 권리질권을 설정하면서 제3채무자에게 질권설정의 사실을 통지한 때에는, 질권설정자가 질권자의 동의 없이 제3채무자에게서 질권의 목적인 채권의 변제를 받았다 하더라도 배임죄가 성립하지 않는다.

③ 지입회사에 소유권이 있는 차량에 대하여 지입회사에서 운행관리권을 위임받은 지입차주가 지입회사의 승낙 없이 보관 중인 차량을 사실상 처분한 경우에는 횡령죄가 성립하지만, 그 차량의 보관을 지입차주로부터 위임받은 사람이 지입차주의 승낙 없이 보관 중인 차량을 사실상 처분한 경우에는 배임죄가 성립한다.

④ 금전채권을 담보하기 위하여 채무자 소유의 동산에 관하여 이른바 강한 의미의 양도담보계약을 설정한 경우, 채무자가 이를 점유하던 중 임의로 양도담보된 동산을 처분하더라도 배임죄가 성립하지 않는다.

해설/정답 ③

① (○) 약속어음을 할인을 위하여 교부받은 수탁자는 위탁의 취지에 따라 보관하는 것에 불과하고 위 약속어음을 교부할 당시에 그 할인의 편의를 위하여 배서양도의 형식을 취하였다 하더라도 다를 바 없다 할 것이므로 배서양도의 형식으로 위탁된 약속어음을 수탁자가 자신의 채무변제에 충당하였다면 이와 같은 수탁자의 행위는 위탁의 취지에 반하는 것으로서 횡령죄를 구성한다(대판 1983.4.26. 82도3079). **[참고 판례]** 피고인이 당초부터 피해자를 기망하여 약속어음을 교부받은 경우에는 그 교부받은 즉시 사기죄가 성립하고 그 후 이를 피해자에 대한 피고인의 채권의 변제에 충당하였다 하더라도 불가벌적 사후행위가 됨에 그칠 뿐, 별도로 횡령죄를 구성하지 않는다(대판 1983.4.26. 82도3079).

② (○) 타인에 대한 채무의 담보로 제3채무자에 대한 채권에 대하여 권리질권을 설정한 경우 질권설정자는 질권자의 동의 없이 질권의 목적된 권리를 소멸하게 하거나 질권자의 이익을 해하는 변경을 할 수 없다(민법 제352조). 또한 질권설정자가 제3채무자에게 질권설정의 사실을 통지하거나 제3채무자가 이를 승낙한 때에는 제3채무자가 질권자의 동의 없이 질권의 목적인 채무를 변제하더라도 이로써 질권자에게 대항할 수 없고, 질권자는 여전히 제3채무자에 대하여 직접 채무의 변제를 청구하거나 변제할 금액의 공탁을 청구할 수 있다(민법 제353조 제2항, 제3항). 그러므로 이러한 경우 질권설정자가 질권의 목적인 채권의 변제를 받았다고 하여 질권자에 대한 관계에서 타인의 사무를 처리하는 자로서 임무에 위배하는 행위를 하여 질권자에게 손해를 가하거나 손해 발생의 위험을 초래하였다고 할 수 없고, 배임죄가 성립하지도 않는다(대판 2016.4.29. 2015도5665).

③ (×) 소유권의 취득에 등록이 필요한 타인 소유의 차량을 인도받아 보관하고 있는 사람이 이를 사실상 처분하면 횡령죄가 성립하며, 보관 위임자나 보관자가 차량의 등록명의자일 필요는 없다. 그리고 이와 같은 법리는 지입회사에 소유권이 있는 차량에 대하여 지입회사에서 운행관리권을 위임받은 지입차주가 지입회사의 승낙 없이 보관 중인 차량을 사실상 처분하거나 지입차주에게서 차량 보관을 위임받은 사람이 지입차주의 승낙 없이 보관 중인 차량을 사실상 처분한 경우에도 마찬가지로 적용된다(대판 2015.6.25. 2015도1944 전원합의체).

④ (○) 채무자가 양도담보설정계약에 따라 부담하는 의무, 즉 동산을 담보로 제공할 의무, 담보물의 담보가치를 유지·보전하거나 담보물을 손상, 감소 또는 멸실시키지 않을 소극적 의무, 담보권 실행 시 채권자나 그가 지정하는 자에게 담보물을 현실로 인도할 의무와 같이 채권자의 담보권 실행에 협조할 의무 등은 모두 양도담보설정계약에 따라 부담하게 된 채무자 자신의 급부의무이다. 또한 양도담보설정계약은 피담보채권의 발생을 위한 계약에 종된 계약으로, 피담보채무가 소멸하면 양도담보설정계약상의 권리의무도 소멸하게 된다. 양도담보설정계약에 따라 채무자가 부담하는 의무는 담보목적의 달성, 즉 채무불이행 시 담보권 실행을 통한 채권의 실현을 위한 것이므로 담보설정계약의 체결이나 담보권 설정 전후를 불문하고 당사자 관계의 전형적·본질적 내용은 여전히 금전채권의 실현 내지 피담보채무의 변제에 있다. 따라서 채무자가 위와 같은 급부의무를 이행하는 것은 채무자 자신의 사무에 해당할 뿐이고, 채무자가 통상의 계약에서의 이익대립관계를 넘어서 채권자와의 신임관계에 기초하여 채권자의 사무를 맡아 처리한다고 볼 수 없으므로 채무자를 채권자에 대한 관계에서 '타인의 사무를 처리하는 자'라고 할 수 없다.(대판 2020.2.20. 2019도9756 전원합의체).

122 다음 설명 중 가장 적절하지 않은 것은? 〈경찰1차 2019〉

① 보험금을 지급받을 수 있는 사유가 있다 하더라도 이를 기화로 실제 지급받을 수 있는 보험금보다 다액의 보험금을 편취할 의사로 장기간의 입원 등을 통하여 과다한 보험금을 지급받는 경우에는 지급받은 보험금 전체에 대하여 사기죄가 성립한다.

② 준강도죄의 기수 여부는 절도행위의 기수 여부를 기준으로 하여 판단하여야 한다.

③ 채무자가 대물변제예약에 따라 부동산에 관한 소유권이전등기절차를 이행할 의무는 배임죄에서 말하는 신임관계에 기초하여 채권자의 재산을 보호 또는 관리하여야 하는 '타인의 사무'에 해당한다.

④ 강도예비·음모죄가 성립하기 위해서는 예비·음모 행위자에게 미필적으로라도 '강도'를 할 목적이 있음이 인정되어야 하고 그에 이르지 않고 단순히 '준강도'할 목적이 있음에 그치는 경우에는 강도예비·음모죄로 처벌할 수 없다.

해설/정답 ③

① (○) 피고인이 보험금을 편취할 의사로 허위로 보험사고를 신고하거나 고의로 보험사고를 유발한 경우 보험금에 관한 사기죄가 성립하고, 나아가 설령 피고인이 보험사고에 해당할 수 있는 사고로 경미한 상해를 입었다고 하더라도 이를 기화로 보험금을 편취할 의사로 상해를 과장하여 병원에 장기간 입원하고 이를 이유로 실제 피해에 비하여 과다한 보험금을 지급받는 경우에는 보험금 전체에 대해 사기죄가 성립한다(대판 2011.2.24. 2010도17512, 대판 2005.9.9. 2005도3518).

② (○) 형법 제335조에서 절도가 재물의 탈환을 항거하거나 체포를 면탈하거나 죄적을 인멸할 목적으로 폭행 또는 협박을 가한 때에 준강도로서 강도죄의 예에 따라 처벌하는 취지는, 강도죄와 준강도죄의 구성요건인 재물탈취와 폭행·협박 사이에 시간적 순서상 전후의 차이가 있을 뿐 실질적으로 위법성이 같다고 보기 때문인바, 이와 같은 준강도죄의 입법 취지, 강도죄와의 균형 등을 종합적으로 고려해 보면, 준강도죄의 기수 여부는 절도행위의 기수 여부를 기준으로 하여 판단하여야 한다(대판 2004.11.18. 2004도5074 전원합의체).

③ (×) 대물변제예약의 궁극적 목적은 차용금반환채무의 이행 확보에 있고, 채무자가 대물변제예약에 따라 부동산에 관한 소유권이전등기절차를 이행할 의무는 궁극적 목적을 달성하기 위해 채무자에게 요구되는 부수적 내용이어서 이를 가지고 배임죄에서 말하는 신임관계에 기초하여 채권자의 재산을 보호 또는 관리하여야 하는 '타인의 사무'에 해당한다고 볼 수는 없다(대판 2014.8.21. 2014도3363 전원합의체).

④ (○) 강도예비·음모죄가 성립하기 위해서는 예비·음모 행위자에게 미필적으로라도 '강도'를 할 목적이 있음이 인정되어야 하고 그에 이르지 않고 단순히 '준강도'할 목적이 있음에 그치는 경우에는 강도예비·음모죄로 처벌할 수 없다고 봄이 상당하다(대판 2006.9.14. 2004도6432).

123 **횡령과 배임의 죄에 대한 설명이다. 아래 ㉠부터 ㉣까지의 설명 중 옳고 그름의 표시(○, ×)가 바르게 된 것은?** 〈경찰3차 2018 변형〉

> ㉠ 甲이 종중 소유의 토지를 명의신탁받아 보관하다가 자신의 채무 변제에 사용할 돈을 차용하기 위해 위 토지에 근저당권을 설정하면 횡령죄가 성립하고, 그 후 위 토지를 제3자에게 매도한 행위는 불가벌적 사후행위에 해당한다.
>
> ㉡ 절도범인으로부터 장물보관을 의뢰받은 자가 그 정을 알면서 이를 인도받아 보관하고 있다가 임의처분한 경우 장물보관죄가 성립하는 외에 별도로 횡령죄도 성립한다.
>
> ㉢ 타인의 위탁에 의하여 사무를 처리하는 자가 그 사무처리상 임무에 위배하여 본인을 기망하고 착오에 빠진 본인으로부터 재물을 교부받은 경우에는 사기죄가 성립하며, 별도로 배임죄가 성립하지 않는다.
>
> ㉣ 주식회사의 대표이사가 그 임무에 위배하여 약속어음을 발행한 행위가 있었다면, 어음발행행위가 무효가 되었다 하더라도 그 어음이 실제로 제3자에게 유통되었다면 그 어음채무가 실현되기 전이라 하더라도 배임죄의 기수범이 된다.

① ㉠ (×) ㉡ (○) ㉢ (×) ㉣ (×)
② ㉠ (×) ㉡ (×) ㉢ (×) ㉣ (○)
③ ㉠ (○) ㉡ (×) ㉢ (○) ㉣ (○)
④ ㉠ (○) ㉡ (○) ㉢ (○) ㉣ (×)

해설/정답 ②

㉠ (×) 피해자 갑 종중으로부터 종중 소유의 토지를 명의신탁받아 보관 중이던 피고인 을이 자신의 개인 채무변제에 사용할 돈을 차용하기 위해 위 토지에 근저당권을 설정하였는데, 그 후 피고인 을, 병이 공모하여 위 토지를 정에게 매도한 사안에서, 피고인들이 토지를 매도한 행위는 선행 근저당권설정행위 이후에 이루어진 것이어서 불가벌적 사후행위에 해당한다는 취지의 피고인들 주장을 배척하고 위 토지 매도행위가 별도의 횡령죄를 구성한다고 본 원심판단을 정당하다고 한 사례(대판 2013.2.21. 2010도10500 전원합의체).

㉡ (×) 절도범인으로부터 장물보관 의뢰를 받은 자가 그 정을 알면서 이를 인도받아 보관하고 있다가 임의처분하였다 하여도 장물보관죄가 성립하는 때에는 이미 그 소유자의 소유물 추구권을 침해하였으므로 그 후의 횡령행위는 불가벌적 사후행위에 불과하여 별도로 횡령죄가 성립하지 않는다(대판 2004.4.9. 2003도8219, 대판 1976.11.23. 76도3067).

㉢ (×) 업무상 배임행위에 사기행위가 수반된 때의 죄수 관계에 관하여 보면, 사기죄는 사람을 기망하여 재물의 교부를 받거나 재산상의 이익을 취득하는 것을 구성요건으로 하는 범죄로서 임무위배를 그 구성요소로 하지 아니하고 사기죄의 관념에 임무위배 행위가 당연히 포함된다고 할 수도 없으며, 업무상 배임죄는 업무상 타인의 사무를 처리하는 자가 그 업무상의 임무에 위배하는 행위로써 재산상의 이익을 취득하거나 제3자로 하여금 이를 취득하게 하여 본인에게 손해를 가하는 것을 구성요건으로 하는 범죄로서 기망적 요소를 구성요건의 일부로 하는 것이 아니어서 양 죄는 그 구성요건을 달리하는 별개의 범죄이고 형법상으로도 각각 별개의 장(章)에 규정되어 있어, 1개의 행위에 관하여 사기죄와 업무상 배임죄의 각 구성요건이 모두 구비된 때에는 양 죄를 법조경합 관계로 볼 것이 아니라 상상적 경합관계로 봄이 상당하다 할 것이다(대판 2002.7.18. 2002도669 전원합의체).

㉣ (○) 주식회사의 대표이사가 대표권을 남용하는 등 그 임무에 위배하여 약속어음 발행을 한 행위가 배임죄에 해당하는지도 원칙적으로 위에서 살펴본 의무부담행위와 마찬가지로 보아야 한다. 다만 약속어음 발행의 경우 어음법상 발행인은 종전의 소지인에 대한 인적 관계로 인한 항변으로써 소지인에게 대항하지 못하므로(어음법 제17조, 제77조), 어음발행이 무효라 하더라도 그 어음이 실제로 제3자에게 유통되었다면 회사로서는 어음채무를 부담할 위험이 구체적·현실적으로 발생하였다고 보아야 하고, 따라서 그 어음채무가 실제로 이행되기 전이라도 배임죄의 기수범이 된다. 그러나 약속어음 발행이 무효일 뿐만 아니라 그 어음이 유통되지도 않았다면 회사는 어음발행의 상대방에게 어음채무를 부담하지 않기 때문에 특별한 사정이 없는 한 회사에 현실적으로 손해가 발생하였다거나 실해 발생의 위험이 발생하였다고도 볼 수 없으므로, 이때에는 배임죄의 기수범이 아니라 배임미수죄로 처벌하여야 한다(대판 2017.7.20. 2014도1104 전원합의체).

124 **배임의 죄에 대한 설명 중 옳고 그름의 표시(○, ×)가 바르게 된 것은?** 〈경찰1차 2018 변형〉

㉠ 자기소유의 동산에 대해 매수인과 매매계약을 체결한 매도인이 중도금까지 지급받은 상태에서 그 목적물을 제3자에 대한 자기의 채무변제에 갈음하여 그 제3자에게 양도해 버린 경우에는 기존 매수인에 대한 배임죄가 성립한다.

㉡ 금융기관의 임직원이 보통예금계좌에 입금된 예금주의 예금을 무단으로 인출한 경우에 그 임직원은 예금주와의 사이에서 그의 재산관리에 관한 사무를 처리하는 자의 지위에 있다고 할 것이므로, 그러한 예금인출행위는 예금주에 대한 관계에서 업무상배임죄를 구성한다.

㉢ 피고인이 자신의 모(母) 명의를 빌려 자동차를 매수하면서 피해자 甲 주식회사에서 필요한 자금을 대출받고 자동차에 저당권을 설정하였는데, 저당권자인 甲 회사의 동의 없이 이를 성명불상의 제3자에게 양도담보로 제공하였다면 피고인의 행위는 적어도 미필적으로나마 甲 회사의 자동차에 대한 추급권 행사가 불가능하게 될 수 있음을 알면서도 그 담보가치를 실질적으로 상실시키는 것으로서 배임죄가 성립되는 특별한 사정이 있는 경우에 해당한다.

㉣ 배임죄에 있어서 타인의 사무를 처리하는 자라 함은 양자 간의 신임관계에 기초를 둔 타인의 재산보호 내지 관리의무가 있음을 그 본질적 내용으로 하는 것이므로, 배임죄의 성립에 있어 행위자가 대외관계에서 타인의 재산을 처분할 적법한 대리권이 있음을 요하지 아니한다.

① ㉠ (×) ㉡ (○) ㉢ (○) ㉣ (×)
② ㉠ (×) ㉡ (×) ㉢ (○) ㉣ (○)
③ ㉠ (○) ㉡ (○) ㉢ (×) ㉣ (×)
④ ㉠ (×) ㉡ (×) ㉢ (×) ㉣ (○)

해설/정답 ④

㉠ (×) 매매와 같이 당사자 일방이 재산권을 상대방에게 이전할 것을 약정하고 상대방이 그 대금을 지급할 것을 약정함으로써 그 효력이 생기는 계약의 경우(민법 제563조), 쌍방이 그 계약의 내용에 좇은 이행을 하여야 할 채무는 특별한 사정이 없는 한 '자기의 사무'에 해당하는 것이 원칙이다. 매매의 목적물이 동산일 경우, 매도인은 매수인에게 계약에 정한 바에 따라 그 목적물인 동산을 인도함으로써 계약의 이행을 완료하게 되고 그때 매수인은 매매목적물에 대한 권리를 취득하게 되는 것이므로, 매도인에게 자기의 사무인 동산인도채무 외에 별도로 매수인의 재산의 보호 내지 관리 행위에 협력할 의무가 있다고 할 수 없다. 동산매매계약에서의 매도인은 매수인에 대하여 그의 사무를 처리하는 지위에 있지 아니하므로, 매도인이 목적물을 매수인에게 인도하지 아니하고 이를 타에 처분하였다 하더라도 형법상 배임죄가 성립하는 것은 아니다(대판 2011.1.20. 2008도10479 전원합의체).

㉡ (×) 이른바 보통예금은 은행 등 법률이 정하는 금융기관을 수치인으로 하는 금전의 소비임치 계약으로서, 그 예금계좌에 입금된 금전의 소유권은 금융기관에 이전되고, 예금주는 그 예금계좌를 통한 예금반환채권을 취득하는 것이므로, 금융기관의 임직원은 예금주로부터 예금계좌를 통한 적법한 예금반환 청구가 있으면 이에 응할 의무가 있을 뿐 예금주와의 사이에서 그의 재산관리에 관한 사무를 처리하는 자의 지위에 있다고 할 수 없다(대판 2008.4.24. 2008도1408).

㉢ (×) [1] 금전채권채무 관계에서 채권자가 채무자의 급부이행에 대한 신뢰를 바탕으로 금전을 대여하고 채무자의 성실한 급부이행에 의해 채권의 만족이라는 이익을 얻게 된다 하더라도, 채권자가 채무자에 대한 신임을 기초로 그의 재산을 보호 또는 관리하는 임무를 부여하였다고 할 수 없고, 금전채무의 이행은

어디까지나 채무자가 자신의 급부의무의 이행으로서 행하는 것이므로 이를 두고 채권자의 사무를 맡아 처리하는 것으로 볼 수 없다. 따라서 채무자를 채권자에 대한 관계에서 '타인의 사무를 처리하는 자'에 해당한다고 할 수 없다. [2] 채무자가 금전채무를 담보하기 위하여 「자동차 등 특정동산 저당법」 등에 따라 그 소유의 동산에 관하여 채권자에게 저당권을 설정해 주기로 약정하거나 저당권을 설정한 경우에도 마찬가지이다. 채무자가 저당권설정계약에 따라 부담하는 의무, 즉 동산을 담보로 제공할 의무, 담보물의 담보가치를 유지·보전하거나 담보물을 손상, 감소 또는 멸실시키지 않을 소극적 의무, 담보권 실행 시 채권자나 그가 지정하는 자에게 담보물을 현실로 인도할 의무와 같이 채권자의 담보권 실행에 협조할 의무 등은 모두 저당권설정계약에 따라 부담하게 된 채무자 자신의 급부의무이다. 또한 저당권설정계약은 피담보채권의 발생을 위한 계약에 종된 계약으로, 피담보채무가 소멸하면 저당권설정계약상의 권리의무도 소멸하게 된다. 저당권설정계약에 따라 채무자가 부담하는 의무는 담보목적의 달성, 즉 채무불이행 시 담보권 실행을 통한 채권의 실현을 위한 것이므로 저당권설정계약의 체결이나 저당권 설정 전후를 불문하고 당사자 관계의 전형적·본질적 내용은 여전히 금전채권의 실현 내지 피담보채무의 변제에 있다(대법원 2020.8.27. 선고 2019도14770 전원합의체 판결 등 참조). [3] 따라서 채무자가 위와 같은 급부의무를 이행하는 것은 채무자 자신의 사무에 해당할 뿐이고, 채무자가 통상의 계약에서의 이익대립관계를 넘어서 채권자와의 신임관계에 기초하여 채권자의 사무를 맡아 처리한다고 볼 수 없으므로 채무자를 채권자에 대한 관계에서 배임죄의 주체인 '타인의 사무를 처리하는 자'에 해당한다고 할 수 없다. 그러므로 채무자가 담보물을 제3자에게 처분하는 등으로 담보가치를 감소 또는 상실시켜 채권자의 담보권 실행이나 이를 통한 채권실현에 위험을 초래하더라도 배임죄가 성립하지 아니한다. 위와 같은 법리는, 금전채무를 담보하기 위하여 「공장 및 광업재단 저당법」에 따라 저당권이 설정된 동산을 채무자가 제3자에게 임의로 처분한 사안에도 마찬가지로 적용된다. [4] 매매와 같이 당사자 일방이 재산권을 상대방에게 이전할 것을 약정하고 상대방이 그 대금을 지급할 것을 약정함으로써 그 효력이 생기는 계약의 경우(민법 제563조), 쌍방이 그 계약의 내용에 좇은 이행을 하여야 할 채무는 특별한 사정이 없는 한 '자기의 사무'에 해당하는 것이 원칙이다. 동산 매매계약에서의 매도인은 매수인에 대하여 그의 사무를 처리하는 지위에 있지 아니하므로, 매도인이 목적물을 타에 처분하였다 하더라도 형법상 배임죄가 성립하지 아니한다(대법원 2011.1.20. 선고 2008도10479 전원합의체 판결 등 참조). [5] 위와 같은 법리는 권리이전에 등기·등록을 요하는 동산에 대한 매매계약에서도 동일하게 적용되므로, 자동차 등의 매도인은 매수인에 대하여 그의 사무를 처리하는 지위에 있지 아니하여, 매도인이 매수인에게 소유권이전등록을 하지 아니하고 타에 처분하였다고 하더라도 마찬가지로 배임죄가 성립하지 아니한다(대판 2020.10.22. 2020도6258 전원합의체).

㉣ (○) 배임죄에 있어서 타인의 사무를 처리하는 자라 함은 양자 간의 신임관계에 기초를 둔 타인의 재산보호 내지 관리의무가 있음을 그 본질적 내용으로 하는 것이므로, 배임죄의 성립에 있어 행위자가 대외관계에서 타인의 재산을 처분할 적법한 대리권이 있음을 요하지 아니한다(대판 1999.9.17. 97도3219).

125 **배임죄에 대한 다음 설명 중 옳지 않은 것은 모두 몇 개인가?** 〈경찰2차 2016 변형〉

> ㉠ 업무상배임죄에 있어 본인에게 재산상의 손해를 가한다 함은 현실적인 손해를 가한 경우뿐만 아니라 재산상 실해 발생의 위험을 초래한 경우도 포함되며, 재산상 손해의 유무에 대한 판단은 법률적 관점에서 파악하여야 한다.
> ㉡ 피해자 회사의 사업부 영업팀장인 피고인이 체인점들에 대한 전매입고 금액을 삭제하여 전산상 회사의 체인점들에 대한 외상대금채권이 줄어든 것으로 처리하는 전산조작행위를 한 경우 업무상배임죄가 성립한다.
> ㉢ 피고인이 '인쇄기'를 甲에게 양도하기로 하고 계약금 및 중도금을 수령하였음에도 이를 자신의 채권자 乙에게 기존 채무 변제에 갈음하여 양도함으로써 재산상 이익을 취득하고 甲에게 동액 상당의 손해를 입혔다면 배임죄가 성립한다.

① 0개　　② 1개　　③ 2개　　④ 3개

해설/정답 ④

㉠ (×) 업무상배임죄에 있어 본인에게 재산상의 손해를 가한다 함은 총체적으로 보아 본인의 재산상태에 손해를 가하는 경우, 즉 본인의 전체적 재산가치의 감소를 가져오는 것을 말하는 것으로, 현실적인 손해를 가한 경우뿐만 아니라 재산상 실해 발생의 위험을 초래한 경우도 포함되며, <u>재산상 손해의 유무에 대한 판단은 법률적 판단에 의하지 아니하고 경제적 관점에서 파악하여야 한다</u>(대판 2007.3.15. 2004도5742).

㉡ (×) 피해자 회사의 사업부 영업팀장인 피고인이 체인점들에 대한 전매입고 금액을 삭제하여 전산상 회사의 체인점들에 대한 외상대금채권이 줄어든 것으로 처리하는 전산조작행위를 한 사안에서, 전산상 외상대금채권이 자동 차감된다는 사정만으로 회사의 외상매출금채권이 감소할 우려가 생겼다고 판단하여 업무상 배임의 공소사실을 유죄로 인정한 원심판결을 파기한 사례(대판 2006.7.27. 2006도3145).

㉢ (×) [다수의견] 피고인이 '인쇄기'를 갑에게 양도하기로 하고 계약금 및 중도금을 수령하였음에도 이를 자신의 채권자 을에게 기존 채무 변제에 갈음하여 양도함으로써 재산상 이익을 취득하고 갑에게 동액 상당의 손해를 입혔다는 배임의 공소사실에 대하여, 피고인은 갑에 대하여 그의 사무를 처리하는 지위에 있지 않다는 이유로 무죄를 선고한 원심판단을 수긍한 사례(대판 2011.1.20. 2008도10479 전원합의체).

제7절 | 장물의 죄

126 **재산죄에 관한 설명으로 가장 적절하지 않은 것은?** 〈경찰2차 2023〉

① 사기죄의 보호법익은 재산권이므로 도급계약이나 물품구매 조달계약 체결 당시 관련 영업 또는 업무를 규제하는 행정법규나 입찰 참가자격, 계약절차 등에 관한 규정을 위반한 사정이 있더라도 그러한 사정만으로 도급계약을 체결한 행위가 기망행위에 해당한다고 단정해서는 안 된다.

② 예금주인 현금카드 소유자를 협박하여 그 카드를 갈취한 다음 피해자의 승낙에 의하여 현금카드를 사용할 권한을 부여받아 이를 이용하여 현금자동지급기에서 현금을 인출한 행위는 현금카드 갈취행위와 분리하여 따로 절도죄로 처단할 수는 없다.

③ 자동차를 절취한 후 자동차등록번호판을 떼어내는 행위는 새로운 법익의 침해로 보아야 하므로 이와 같은 번호판을 떼어내는 행위가 절도범행의 불가벌적 사후행위가 되는 것은 아니다.

④ 절도 범인으로부터 장물보관 의뢰를 받은 자가 그 정을 알면서 이를 인도받아 보관하고 있다가 그 보관 장물을 임의로 처분하였다면 장물보관죄 외에 별도로 횡령죄가 성립한다.

해설/정답 ④

① (○) [1] 사기죄의 보호법익은 재산권이므로, 기망행위에 의하여 국가적 또는 공공적 법익이 침해되었다는 사정만으로 사기죄가 성립한다고 할 수 없다. 따라서 도급계약이나 물품구매 조달계약 체결 당시 관련 영업 또는 업무를 규제하는 행정법규나 입찰 참가자격, 계약절차 등에 관한 규정을 위반한 사정이 있더라도 그러한 사정만으로 도급계약을 체결한 행위가 기망행위에 해당한다고 단정해서는 안 되고, 그 위반으로 말미암아 계약 내용대로 이행되더라도 일의 완성이 불가능하였다고 평가할 수 있을 만큼 그 위법이 일의 내용에 본질적인 것인지 여부를 심리·판단하여야 한다. [2] 피고인이 설립한 갑 주식회사는 설립 자본금을 가장납입하고, 자격증 대여자를 보유 건설기술자로 등록하는 등 자본금 요건과 기술자 보유 요건을 가장하여 전문건설업을 부정 등록한 무자격 건설업자로 전문공사를 하도급받을 수 없었음에도, 이를 바탕으로 공사 발주기관을 기망하여 특허 사용협약을 체결하고, 해당 공사를 낙찰받은 건설회사 담당자를 기망하여 하도급 계약을 체결한 후, 각 계약들에 따른 공사대금을 지급받아 편취하였다는 이유로 특정경제범죄 가중처벌 등에 관한 법률 위반(사기) 및 사기죄로 기소된 사안에서, 피고인이 발주기관 또는 건설회사들로부터 공사대금을 지급받은 행위가 사기죄에서의 기망행위로 인한 재물의 편취에 해당한다고 보기 어려우므로, 이와 달리 공소사실을 유죄로 본 원심판단에 법리오해의 잘못이 있다고 한 사례(대판 2023.1.12. 2017도14014).

② (○) 예금주인 현금카드 소유자를 협박하여 그 카드를 갈취하였고, 하자 있는 의사표시이기는 하지만 피해자의 승낙에 의하여 현금카드를 사용할 권한을 부여받아 이를 이용하여 현금을 인출한 이상, 피해자가 그 승낙의 의사표시를 취소하기까지는 현금카드를 적법, 유효하게 사용할 수 있고, 은행의 경우에도 피해자의 지급정지 신청이 없는 한 피해자의 의사에 따라 그의 계산으로 적법하게 예금을 지급할 수밖에 없는 것이므로, 피고인이 피해자로부터 현금카드를 사용한 예금인출의 승낙을 받고 현금카드를 교부받은 행위와 이를 사용하여 현금자동지급기에서 예금을 여러 번 인출한 행위들은 모두 피해자의 예금을 갈취하고자 하는 피고인의 단일하고 계속된 범의 아래에서 이루어진 일련의 행위로서 포괄하여 하나의 공갈죄를 구성한다고 볼 것이지, 현금지급기에서 피해자의 예금을 취득한 행위를 현금지급기 관리자의 의사에 반하여 그가 점유하고 있는 현금을 절취한 것이라 하여 이를 현금카드 갈취행위와 분리하여 따로 절도죄로 처단할 수는 없다(대판 2007.5.10. 2007도1375, 대판 1996.9.20. 95도1728).

③ (○) 피고인들이 절취한 쏘나타 승용차의 번호판을 떼어낸 후 미리 절취하여 소지하고 있던 포텐샤 승용차의 번호판을 임의로 부착하여 운행한 행위에 대하여, 피고인들의 절취행위를 특정범죄 가중처벌 등에 관한 법률 제5조의4 제1항, 형법 제331조 제2항에, 자동차등록번호판을 떼어낸 행위를 자동차관리법 제81조 제1호, 제10조 제2항에, 포텐샤 승용차의 번호판을 쏘나타 승용차에 부착함으로써 부정사용한 행위를 형법 제238조 제1항에, 위와 같이 번호판을 부정사용한 자동차를 운행한 행위를 형법 제238조 제2항, 제1항에 각 의율한 다음 이를 실체적 경합범으로 처리하였는바, 자동차를 절취한 후 자동차등록번호판을 떼어내는 행위는 새로운 법익의 침해로 보아야 하므로 위와 같은 번호판을 떼어내는 행위가 절도범행의 불가벌적 사후행위가 되는 것은 아니어서, 이 점에 관한 상고이유의 주장 역시 받아들일 수 없다(대판 2007.9.6. 2007도4739).

④ (×) [1] 절도 범인으로부터 장물보관 의뢰를 받은 자가 그 정을 알면서 이를 인도받아 보관하고 있다가 임의 처분하였다 하여도 장물보관죄가 성립하는 때에는 이미 그 소유자의 소유물 추구권을 침해하였으므로 그 후의 횡령행위는 불가벌적 사후행위에 불과하여 별도로 횡령죄가 성립하지 않는다. [2] 피고인이 업무상 과실로 장물을 보관하고 있다가 처분한 행위는 업무상과실장물보관죄의 가벌적 평가에 포함되고 별도로 횡령죄를 구성

하지 않는다고 한 원심의 판단을 수긍한 사례(대판 2004.4.9. 2003도8219, 대판 1976.11.23. 76도3067).

127 재산죄에 관한 설명 중 가장 적절한 것은? 〈경찰1차 2023〉

① 甲과 乙이 공동으로 생강밭을 경작하여 그 이익을 분배하기로 약정하고 생강 농사를 시작하였으나, 곧바로 동업 관계에 불화가 생겨 乙이 묵시적으로 동업 탈퇴의 의사표시를 한 채 생강밭에 나오지 않자, 그때부터 甲이 혼자 생강밭을 경작하고 수확하여 생강을 반출한 경우, 甲의 행위는 절도죄를 구성한다.

② 절도죄의 성립에 필요한 불법영득의 의사는 물건의 가치만을 영득할 의사만으로는 부족하고, 재물의 소유권 또는 이에 준하는 본권을 영구적으로 보유할 의사를 필요로 한다.

③ 횡령범인이 위탁자가 소유자를 위해 보관하고 있는 물건을 위탁자로부터 보관 받아 이를 횡령한 경우, 범인과 피해물건의 소유자 사이에 친족관계가 있으면 범인과 위탁자 사이에 친족관계가 없더라도 친족상도례가 적용된다.

④ 재산범죄를 저지른 이후에 별도의 재산범죄의 구성요건에 해당하는 사후행위가 있었다면 비록 그 행위가 불가벌적 사후행위로서 처벌의 대상이 되지 않는다 할지라도 그 사후행위로 인하여 취득한 물건은 재산범죄로 인하여 취득한 물건으로서 장물이 될 수 있다.

해설/정답 ④

① (×) [1] 두 사람으로 된 동업관계, 즉 조합관계에 있어 그 중 1인이 탈퇴하면 조합관계는 해산됨이 없이 종료되어 청산이 뒤따르지 아니하며 조합원의 합유에 속한 조합재산은 남은 조합원의 단독소유에 속하고, 탈퇴자와 남은 자 사이에 탈퇴로 인한 계산을 하여야 한다. [2] 두 사람으로 된 생강농사 동업관계에 불화가 생겨 그 중 1인이 나오지 않자, 남은 동업인이 혼자 생강 밭을 경작하여 생강을 반출한 행위가 절도죄를 구성하지 않는다고 한 사례(대판 2009.2.12. 2008도11804).

② (×) 절도죄의 성립에 필요한 불법영득의 의사란 타인의 물건을 그 권리자를 배제하고 자기의 소유물과 같이 그 경제적 용법에 따라 이용·처분하고자 하는 의사를 말하는 것으로서, 단순히 타인의 점유만을 침해하였다고 하여 그로써 곧 절도죄가 성립하는 것은 아니나, 재물의 소유권 또는 이에 준하는 본권을 침해하는 의사가 있으면 되고 반드시 영구적으로 보유할 의사가 필요한 것은 아니며, 그것이 물건 자체를 영득할 의사인지 물건의 가치만을 영득할 의사인지를 불문한다(대판 2014.2.21. 2013도14139).

③ (×) 횡령범인이 위탁자가 소유자를 위해 보관하고 있는 물건을 위탁자로부터 보관받아 이를 횡령한 경우에 형법 제361조에 의하여 준용되는 제328조 제2항의 친족 간의 범행에 관한 조문은 범인과 피해물건의 소유자 및 위탁자 쌍방 사이에 같은 조문에 정한 친족관계가 있는 경우에만 적용되고, 단지 횡령범인과 피해물건의 소유자 간에만 친족관계가 있거나 횡령범인과 피해물건의 위탁자 간에만 친족관계가 있는 경우에는 적용되지 않는다(대판 2008.7.24. 2008도3438).

④ (○) 형법 제41장의 장물에 관한 죄에 있어서의 '장물'이라 함은 재산범죄로 인하여 취득한 물건 그 자체를 말하므로, 재산범죄를 저지른 이후에 별도의 재산범죄의 구성요건에 해당하는 사후행위가 있었다면 비록 그 행위가 불가벌적 사후행위로서 처벌의 대상이 되지 않는다 할지라도 그 사후행위로 인하여 취득한 물건은 재산범죄로 인하여 취득한 물건으로서 장물이 될 수 있다(대판 2004.4.16. 2004도353).

128 장물죄에 관한 설명으로 가장 적절하지 않은 것은? 〈경찰2차 2019〉

① 전당포영업자가 보석들을 전당잡으면서 인도받을 당시 장물인 정을 몰랐다가 그 후 장물일지도 모른다고 의심하면서 소유권포기각서를 받은 경우, 장물취득죄가 성립하지 않는다.

② 피고인이 업무상 과실로 장물을 보관하고 있다가 이를 처분한 경우, 업무상 과실장물보관죄와 별도로 횡령죄가 성립한다.

③ 甲이 권한 없이 인터넷뱅킹으로 타인의 예금계좌에서 자신의 예금계좌로 돈을 이체한 후 그 중 일부를 인출하여 그 정을 아는 乙에게 교부한 경우, 乙에게는 장물취득죄가 성립하지 않는다.

④ 장물인 현금과 자기앞수표를 금융기관에 예치하였다가 현금으로 인출한 경우에도 장물성은 그대로 유지된다.

해설/정답 ②

① (○) 장물취득죄는 취득 당시 장물인 정을 알면서 재물을 취득하여야 성립하는 것이므로 피고인이 재물을 인도받은 후에 비로소 장물이 아닌가 하는 의구심을 가졌다고 하여 그 재물수수행위가 장물취득죄를 구성한다고 할 수 없고, 장물인 정을 모르고 장물을 보관하였다가 그 후에 장물인 정을 알게 된 경우 그 정을 알고서도 이를 계속하여 보관하는 행위는 장물죄를 구성하는 것이나 이 경우에도 점유할 권한이 있는 때에는 이를 계속하여 보관하더라도 장물보관죄가 성립한다고 할 수 없다(대판 2006.10.13. 2004도6084).

② (×) 절도 범인으로부터 장물보관 의뢰를 받은 자가 그 정을 알면서 이를 인도받아 보관하고 있다가 임의처분하였다 하여도 장물보관죄가 성립하는 때에는 이미 그 소유자의 소유물 추구권을 침해하였으므로 그 후의 횡령행위는 불가벌적 사후행위에 불과하여 별도로 횡령죄가 성립하지 않는다. 피고인이 업무상 과실로 장물을 보관하고 있다가 처분한 행위는 업무상 과실장물보관죄의 가벌적 평가에 포함되고 별도로 횡령죄를 구성하지 않는다(대판 2004.4.9. 2003도8219).

③ (○), ④ (○) [1] 장물인 현금 또는 수표를 금융기관에 예금의 형태로 보관하였다가 이를 반환받기 위하여 동일한 액수의 현금 또는 수표를 인출한 경우에 예금계약의 성질상 그 인출된 현금 또는 수표는 당초의 현금 또는 수표와 물리적인 동일성은 상실되었지만 액수에 의하여 표시되는 금전적 가치에는 아무런 변동이 없으므로, 장물로서의 성질은 그대로 유지된다. [2] 甲이 권한 없이 인터넷뱅킹으로 타인의 예금계좌에서 자신의 예금계좌로 돈을 이체한 후 그 중 일부를 인출하여 그 정을 아는 乙에게 교부한 경우, 甲이 컴퓨터등사용사기죄에 의하여 취득한 예금채권은 재물이 아니라 재산상 이익이므로, 그가 자신의 예금계좌에서 돈을 인출하였더라도 장물을 금융기관에 예치하였다가 인출한 것으로 볼 수 없다는 이유로 乙의 장물취득죄의 성립을 부정한 사례(대판 2004.4.16. 2004도353). A가 권한 없이 주식회사 B의 아이디와 패스워드를 입력하여 인터넷뱅킹에 접속한 다음 위 B회사의 예금계좌로부터 자신의 예금계좌로 예금을 이체하는 내용의 정보를 입력하여 자신의 예금액을 증액시킨 경우에는 컴퓨터사용사기죄가 성립. 컴퓨터등사용사기죄의 객체는 재산상 이익으로 한정되고, 자기의 현금카드를 가지고 자기의 계좌에서 현금을 인출한 것이므로 이에 대해서는 재산범죄가 따로 성립하지 않음(절도죄나 사기죄의 구성요건해당성이 없음). 결국 장물취득죄는 성립할 수 없음.

129 장물의 죄에 대한 다음 설명 중 가장 적절하지 않은 것은? 〈경찰1차 2019〉

① 장물인 현금 또는 수표를 금융기관에 예금의 형태로 보관하였다가 이를 반환받기 위하여 동일한 액수의 현금 또는 수표를 인출한 경우 그 인출된 현금 또는 수표는 장물로서의 성질이 상실된다.

② 단순히 보수를 받고 본범을 위하여 장물을 일시 사용하거나 그와 같이 사용할 목적으로 장물을 건네받은 것만으로는 장물을 취득한 것으로 볼 수 없다.

③ 장물취득죄는 취득 당시 장물인 정을 알면서 재물을 취득하여야 성립하는 것이므로 피고인이 재물을 인도받은 후에 비로소 장물이 아닌가 하는 의구심을 가졌다고 하여 그 재물수수행위가 장물취득죄를 구성한다고 할 수 없다.

④ 장물인 정을 모르고 보관하던 중 장물인 정을 알게 되었으면서도 계속 보관함으로써 피해자의 정당한 반환청구권 행사를 어렵게 하고 위법한 재산상태를 유지시키는 때에는 장물보관죄가 성립한다.

해설/정답 ①

① (×) 장물인 현금 또는 수표를 금융기관에 예금의 형태로 보관하였다가 이를 반환받기 위하여 동일한 액수의 현금 또는 수표를 인출한 경우에 예금계약의 성질상 그 인출된 현금 또는 수표는 당초의 현금 또는 수표와 물리적인 동일성은 상실되었지만 액수에 의하여 표시되는 금전적 가치에는 아무런 변동이 없으므로, 장물로서의 성질은 그대로 유지된다(대판 2004.4.16. 2004도353).

② (○) 장물취득죄에서 '취득'이라고 함은 점유를 이전받음으로써 그 장물에 대하여 사실상의 처분권을 획득하는 것을 의미하는 것이므로, 단순히 보수를 받고 본범을 위하여 장물을 일시 사용하거나 그와 같이 사용할 목적으로 장물을 건네받은 것만으로는 장물을 취득한 것으로 볼 수 없다(대판 2003.5.13. 2003도1366).

③ (○) 장물취득죄는 취득 당시 장물인 정을 알면서 재물을 취득하여야 성립하는 것이므로 피고인이 재물을 인도받은 후에 비로소 장물이 아닌가 하는 의구심을 가졌다고 하여 그 재물수수행위가 장물취득죄를 구성한다고 할 수 없고, 장물인 정을 모르고 장물을 보관하였다가 그 후에 장물인 정을 알게 된 경우 그 정을 알고서도 이를 계속하여 보관하는 행위는 장물죄를 구성하는 것이나 이 경우에도 점유할 권한이 있는 때에는 이를 계속하여 보관하더라도 장물보관죄가 성립한다고 할 수 없다(대판 2006.10.13. 2004도6084).

④ (○) 장물인 정을 모르고 보관하던 중 장물인 정을 알게 되었고, 위 장물을 반환하는 것이 불가능하지 않음에도 불구하고 계속 보관함으로써 피해자의 정당한 반환청구권 행사를 어렵게 하여 위법한 재산상태를 유지시킨 경우에는 장물보관죄에 해당한다(대판 1987.10.13. 87도1633).

130 장물죄에 관한 다음 설명 중 가장 적절하지 않은 것은? 〈경찰1차 2015〉

① 장물죄에 있어서 본범의 행위에 관한 법적 평가는 그 행위에 대하여 우리 형법이 적용되지 아니하는 경우에도 우리 형법을 기준으로 하여야 한다.

② 장물인 귀금속의 매도를 부탁받은 피고인이 그 귀금속이 장물임을 알면서도 매매를 중개하고 매수인에게 이를 전달하려다가 매수인을 만나기 전에 체포되었다면 장물알선죄가 성립하지 아니한다.

③ 장물인 정을 모르고 장물을 보관하였다가 그 후에 장물인 정을 알게 된 경우 그 정을 알고서도

이를 계속하여 보관하는 행위는 장물죄를 구성하는 것이나, 이 경우에도 점유할 권한이 있는 때에는 이를 계속 보관하더라도 장물보관죄가 성립하지 않는다.

④ 컴퓨터등사용사기죄의 범행으로 예금채권을 취득한 다음 자기의 현금카드를 사용하여 현금자동지급기에서 현금을 인출한 경우 그 인출된 현금은 장물이 될 수 없다.

해설/정답 ②

① (○) '장물'이라 함은 재산죄인 범죄행위에 의하여 영득된 물건을 말하는 것으로서 절도·강도·사기·공갈·횡령 등 영득죄에 의하여 취득된 물건이어야 한다. 여기에서의 범죄행위는 절도죄 등 본범의 구성요건에 해당하는 위법한 행위일 것을 요한다. 그리고 본범의 행위에 관한 법적 평가는 그 행위에 대하여 우리 형법이 적용되지 아니하는 경우에도 우리 형법을 기준으로 하여야 하고 또한 이로써 충분하므로, 본범의 행위가 우리 형법에 비추어 절도죄 등의 구성요건에 해당하는 위법한 행위라고 인정되는 이상 이에 의하여 영득된 재물은 장물에 해당한다(대판 2011.4.28. 2010도15350).

② (×) 장물인 귀금속의 매도를 부탁받은 피고인이 그 귀금속이 장물임을 알면서도 매매를 중개하고 매수인에게 이를 전달하려다가 매수인을 만나기도 전에 체포되었다 하더라도, 위 귀금속의 매매를 중개함으로써 장물알선죄가 성립한다고 한 사례(대판 2009.4.23. 2009도1203).

③ (○) 장물인 정을 모르고 장물을 보관하였다가 그 후에 장물인 정을 알게 된 경우 그 정을 알고서도 이를 계속하여 보관하는 행위는 장물죄를 구성하는 것이나 이 경우에도 점유할 권한이 있는 때에는 이를 계속하여 보관하더라도 장물보관죄가 성립하지 않는다(대판 1986.1.21. 85도2472).

④ (○) 컴퓨터등사용사기죄의 범행으로 예금채권을 취득한 다음 자기의 현금카드를 사용하여 현금자동지급기에서 현금을 인출한 경우, 현금카드 사용권한 있는 자의 정당한 사용에 의한 것으로서 현금자동지급기 관리자의 의사에 반하거나 기망행위 및 그에 따른 처분행위도 없었으므로, 별도로 절도죄나 사기죄의 구성요건에 해당하지 않는다 할 것이고, 그 결과 그 인출된 현금은 재산범죄에 의하여 취득한 재물이 아니므로 장물이 될 수 없다고 한 사례(대판 2004.4.16. 2004도353).

131 **장물죄에 관한 설명이다. 다음 중 가장 적절하지 않은 것은?** 〈경찰3차 2015〉

① 대표이사 甲이 회사 자금으로 乙에게 주식매각 대금조로 금원을 지급한 경우 그 금원은 단순히 횡령행위에 제공된 물건으로 장물에 해당하지 않는다.

② 장물인 현금을 금융기관에 예금의 형태로 보관하였다가 이를 반환받기 위하여 동일한 액수의 현금을 인출한 경우, 예금계약의 성질상 인출된 현금은 당초의 현금과 물리적인 동일성은 상실되었지만 액수에 의하여 표시되는 금전적 가치에는 아무런 변동이 없으므로 장물로서의 성질은 그대로 유지된다.

③ 장물인 정을 모르고 장물을 보관하였다가 그 후에 장물임을 알게 된 경우 그 정을 알고서도 이를 계속하여 보관하더라도 점유할 권한이 있는 때에는 장물보관죄가 성립하지 않는다.

④ 장물취득죄에 있어서 장물의 인식은 확정적 인식임을 요하지 않으며 장물일지도 모른다는 의심을 가지는 정도의 미필적 인식으로서도 충분하다.

해설/정답 ①

① (×) 갑이 회사 자금으로 을에게 주식매각 대금조로 금원을 지급한 경우, 그 금원은 단순히 횡령행위에 제공된 물건이 아니라 횡령행위에 의하여 영득된 장물에 해당한다고 할 것이고, 나아가 설령 갑이 을에게 금원을 교부한 행위 자체가 횡령행위라고 하더라도 이러한 경우 갑의 업무상횡령죄가 기수에 달하는 것과 동시에 그 금원은 장물이 된다고 한 사례(대판 2004.12.9. 2004도5904).

② (○) 장물인 현금 또는 수표를 금융기관에 예금의 형태로 보관하였다가 이를 반환받기 위하여 동일한 액수의 현금 또는 수표를 인출한 경우에 예금계약의 성질상 그 인출된 현금 또는 수표는 당초의 현금 또는 수표와 물리적인 동일성은 상실되었지만 액수에 의하여 표시되는 금전적 가치에는 아무런 변동이 없으므로, 장물로서의 성질은 그대로 유지된다(대판 2004.4.16. 2004도353).

③ (○) 장물인 정을 모르고 장물을 보관하였다가 그 후에 장물인 정을 알게 된 경우 그 정을 알고서도 이를 계속하여 보관하는 행위는 장물죄를 구성하는 것이나 이 경우에도 점유할 권한이 있는 때에는 이를 계속하여 보관하더라도 장물보관죄가 성립하지 않는다(대판 1986.1.21. 85도2472).

④ (○) 장물취득죄에 있어서 장물의 인식은 확정적 인식임을 요하지 않으며 장물일지도 모른다는 의심을 가지는 정도의 미필적 인식으로서도 충분하고, 또한 장물인 정을 알고 있었느냐의 여부는 장물 소지자의 신분, 재물의 성질, 거래의 대가 기타 상황을 참작하여 이를 인정할 수밖에 없다(대판 1995.1.20. 94도1968).

제8절 | 손괴의 죄

132 다음 사례 중 재물손괴죄가 성립하지 않는 것은? 〈경찰2차 2022〉

① 타인 소유의 광고용 간판을 백색페인트로 도색하여 광고문안을 지워버린 행위

② 자동문을 수동으로만 개폐가 가능하게 하여 자동잠금장치로서 역할을 할 수 없도록 한 행위

③ 甲이 A의 차량 앞에는 철근콘크리트 구조물을, 뒤에는 굴삭기 크러셔를 바짝 붙여 놓아 A의 차량을 17~18시간 동안 운행할 수 없게 한 행위

④ A주식회사 직원인 甲과 乙이 유색 페인트와 래커 스프레이를 이용하여 A회사 소유의 도로바닥에 직접 문구를 기재하거나 도로 위에 놓인 현수막 천에 문구를 기재하여 페인트가 바닥으로 배어나와 도로에 배게 한 행위

해설/정답 ④

① (○) 타인 소유의 광고용 간판을 백색페인트로 도색하여 광고문안을 지워버린 행위는 재물손괴죄를 구성한다(대판 1991.10.22. 91도2090).

② (○) 재물손괴죄는 타인의 재물, 문서 또는 전자기록 등 특수매체기록을 손괴 또는 은닉 기타 방법으로 그 효용을 해한 경우에 성립한다(형법 제366조). 여기에서 손괴 또는 은닉 기타 방법으로 그 효용을 해하는 경우에는 물질적인 파괴행위로 물건 등을 본래의 목적에 사용할 수 없는 상태로 만드는 경우뿐만 아니라 일시적으로 물건 등의 구체적 역할을 할 수 없는 상태로 만들어 효용을 떨어뜨리는 경우도 포함된다. 따라서 자동문을 자동으로 작동하지 않고 수동으로만 개폐가 가능하게 하여 자동잠금장치로서 역할을 할 수 없도록 한 경우에도 재물손괴죄가 성립한다(대판 2016.11.25. 2016도9219).

③ (○) 피고인이 평소 자신이 굴삭기를 주차하던 장소에 갑의 차량이 주차되어 있는 것을 발견하고 갑의 차량 앞에 철근콘크리트 구조물을, 뒤에 굴삭기 크러셔를 바짝 붙여 놓아 갑이 17~18시간 동안 차량을 운행할 수 없게 된 사안에서, 차량 앞뒤에 쉽게 제거하기 어려운 구조물 등을 붙여 놓은 행위는 차량에 대한 유형력 행사로 보기에 충분하고, 차량 자체에 물리적 훼손이나 기능적 효용의 멸실 내지 감소가 발생하지 않았더라도 갑이 위 구조물로 인해 차량을 운행할 수 없게 됨으로써 일시적으로 본래의 사용목적에 이용할 수 없게 된 이상 차량 본래의 효용을 해한 경우라고 한 사례 (대판 2021.5.7. 2019도13764).

④ (×) 피고인들이 위와 같은 방법으로 도로 바닥에 여러 문구를 써놓은 행위가 위 도로의 효용을 해하는 정도에 이른 것이라고 보기 어렵다는 이유로, 이와 달리 보아 공소사실을 유죄로 판단한 원심판결에 재물손괴죄에 관한 법리를 오해하는 등의 잘못이 있다고 한 사례(대판 2020.3.27. 2017도20455).

제9절 | 권리행사를 방해하는 죄

133 다음 중 가장 적절한 것은? 〈경찰2차 2023〉

① 甲은 건물의 소유자로, 해당 건물을 매입하기 위한 소요자금을 대납하는 조건으로 해당 건물에서 약 2개월 동안 거주하고 있던 A가 위 금액을 입금하지 않자, A를 내쫓을 목적으로 아들인 乙에게 A가 거주하는 곳의 현관문에 설치된 디지털 도어락의 비밀번호를 변경할 것을 지시하고, 이에 따라 乙이 그 도어락의 비밀번호를 변경하였다면 甲에게는 권리행사방해교사죄가 성립한다.

② 甲이 타인 소유 토지의 이용을 방해할 목적으로 권한 없이 건물을 신축하였다면, 이는 다른 사람의 소유물을 본래의 용법에 따라 무단으로 사용·수익하는 행위로 소유자를 배제한 채 물건의 이용가치를 영득하는 것이고 그 결과 소유자가 물건의 효용을 누리지 못하게 된 것으로 볼 수 있어 이와 같은 甲의 행위는 재물손괴죄에 해당한다.

③ 건물의 임차인인 甲이 임대인 A에 대한 임대차보증금반환채권을 B에게 양도하였는데도 A에게 채권양도 통지를 하지 않고 A로부터 남아 있던 임대차보증금을 반환받아 보관하던 중 개인적인 용도로 사용하였다면 甲에게는 횡령죄가 성립한다.

④ 甲은 PC방에 게임을 하러 온 A로부터 20,000원을 인출해 오라는 부탁과 함께 현금카드를 건네받게 되자, 위법하게 이득할 의사로 권한 없이 그 위임받은 금액을 초과한 50,000원을 인출한 후 그 중 20,000원만 A에게 건네주고 30,000원을 취득하였다면, 甲의 행위는 그 차액 상당액에 관하여 컴퓨터등사용사기죄에 해당한다.

해설/정답 ④

① (×) 교사범이 성립하려면 교사자의 교사행위와 정범의 실행행위가 있어야 하므로, 정범의 성립은 교사범 구성요건의 일부이고 교사범이 성립하려면 정범의 범죄행위가 인정되어야 한다. 형법 제323조의 권리행사방해죄는 타인의 점유 또는 권리의 목적이 된 자기의 물건을 취거, 은닉 또는 손괴하여 타인의 권리행사를 방해함으로써 성립하므로 취거, 은닉 또는 손괴한 물건이 자기의 물건이 아니라면 권리행사방해죄가 성립할 수 없다. 물건의 소유자가 아닌 사람은 형법 제33조 본문에 따라 소유자의 권리행사방해 범행에 가담한 경우에 한하여 그의 공범이 될 수 있을 뿐이다(대판 2022.9.15. 2022도5827). **[해설]** 피고인이, 자신이 관리하는 건물 5층에 거주하는 피해자를 내쫓을 목적으로 자신의 아들인 甲을 교사하여 그곳 현관문에 설치된 피고인 소유 디지털 도어락

의 비밀번호를 변경하게 하였다는 권리행사방해교사의 공소사실로 기소된 사안임. 대법원은, 甲이 자기의 물건이 아닌 위 도어락의 비밀번호를 변경하였다고 하더라도 권리행사방해죄가 성립할 수 없고, 정범인 甲의 권리행사방해죄가 인정되지 않는 이상 교사자인 피고인에 대하여 권리행사방해교사죄도 성립할 수 없다고 판단하여, 이와 달리 공소사실을 유죄로 인정한 원심판결을 파기·환송하였음.

② (×) 재물손괴죄(형법 제366조)는 다른 사람의 재물을 손괴 또는 은닉하거나 그 밖의 방법으로 그 효용을 해한 경우에 성립하는 범죄로, 행위자에게 다른 사람의 재물을 자기 소유물처럼 그 경제적 용법에 따라 이용·처분할 의사(불법영득의사)가 없다는 점에서 절도, 강도, 사기, 공갈, 횡령 등 영득죄와 구별된다. 다른 사람의 소유물을 본래의 용법에 따라 무단으로 사용·수익하는 행위는 소유자를 배제한 채 물건의 이용가치를 영득하는 것이고, 그 때문에 소유자가 물건의 효용을 누리지 못하게 되었더라도 효용 자체가 침해된 것이 아니므로 재물손괴죄에 해당하지 않는다(대판 2022.11.30. 2022도1410). **[해설]** 부지의 점유 권원 없는 건물 소유자였던 피고인은, 토지 소유자와의 철거 등 청구소송에서 패소하고 강제집행을 당했는데도 무단으로 새 건물을 지음. 검사는 피고인이 토지의 효용을 해하였다고 하여 재물손괴죄로 기소했으나, 피고인의 행위는 토지를 본래의 용법에 따라 사용·수익함으로써 그 소유자로 하여금 효용을 누리지 못하게 한 것일 뿐 효용을 침해한 것이 아니라고 보아, 원심의 무죄판결에 대한 검사의 상고를 기각한 사안임.

③ (×) [1] 채권양도인이 채무자에게 채권양도 통지를 하는 등으로 채권양도의 대항요건을 갖추어 주지 않은 채 채무자로부터 채권을 추심하여 금전을 수령한 경우, 특별한 사정이 없는 한 금전의 소유권은 채권양수인이 아니라 채권양도인에게 귀속하고 채권양도인이 채권양수인을 위하여 양도 채권의 보전에 관한 사무를 처리하는 신임관계가 존재한다고 볼 수 없다. 따라서 채권양도인이 위와 같이 양도한 채권을 추심하여 수령한 금전에 관하여 채권양수인을 위해 보관하는 자의 지위에 있다고 볼 수 없으므로, 채권양도인이 위 금전을 임의로 처분하더라도 횡령죄는 성립하지 않는다. [2] 건물의 임차인인 피고인이 임대인 甲에 대한 임대차보증금반환채권을 乙에게 양도하였는데도 甲에게 채권양도 통지를 하지 않고 甲으로부터 남아 있던 임대차보증금을 반환받아 보관하던 중 개인적인 용도로 사용하여 이를 횡령하였다는 내용으로 기소된 사안에서, 임대차보증금으로 받은 금전의 소유권은 피고인에게 귀속하고, 피고인이 乙을 위한 보관자 지위가 인정될 수 있는 신임관계에 있다고 볼 수 없어 횡령죄가 성립하지 않는다는 이유로, 이와 달리 보아 공소사실을 유죄로 인정한 원심판결에 채권양도에서 횡령죄의 성립 등에 관한 법리오해의 잘못이 있다고 한 사례(대판 2022.6.23. 2017도3829 전원합의체).

④ (○) 예금주인 현금카드 소유자로부터 일정한 금액의 현금을 인출해 오라는 부탁을 받으면서 이와 함께 현금카드를 건네받은 것을 기화로 그 위임을 받은 금액을 초과하여 현금을 인출하는 방법으로 그 차액 상당을 위법하게 이득할 의사로 현금자동지급기에 그 초과된 금액이 인출되도록 입력하여 그 초과된 금액의 현금을 인출한 경우에는 그 인출된 현금에 대한 점유를 취득함으로써 이 때에 그 인출한 현금 총액 중 인출을 위임받은 금액을 넘는 부분의 비율에 상당하는 재산상 이익을 취득한 것으로 볼 수 있으므로 이러한 행위는 그 차액 상당액에 관하여 형법 제347조의2(컴퓨터등사용사기)에 규정된 '컴퓨터 등 정보처리장치에 권한 없이 정보를 입력하여 정보처리를 하게 함으로써 재산상의 이익을 취득'하는 행위로서 컴퓨터 등 사용사기죄에 해당된다(대판 2006.3.24. 2005도3516).

134 **손괴 및 권리행사방해의 죄에 관한 설명 중 가장 적절하지 않은 것은?** 〈경찰1차 2023〉

① 소유자의 의사에 따라 어느 장소에 게시 중인 문서를 소유자의 의사에 반하여 떼어내는 것과 같이 소유자의 의사에 따라 형성된 종래의 이용 상태를 변경시켜 종래의 상태에 따른 이용을 일시적으로 불가능하게 하는 경우에도 문서손괴죄가 성립할 수 있다.

② 다른 사람의 소유물을 본래의 용법에 따라 무단으로 사용·수익 하는 행위는 소유자를 배제한 채 물건의 이용가치를 영득하는 것이고, 그 때문에 소유자가 물건의 효용을 누리지 못하게 되었다면 그 효용 자체가 침해된 것으로 볼 수 있어 재물손괴죄를 구성한다.

③ 물건의 소유자가 아닌 甲은 「형법」 제33조 본문에 따라 권리 행사 방해 범행에 가담한 경우에 한하여 권리행사방해죄의 공범이 될 수 있을 뿐이며, 甲과 함께 권리행사방해죄의 공동정범으로 기소된 물건의 소유자 乙에게 고의가 없어 범죄가 성립하지 않는다면 甲에게 공동정범이 성립할 여지가 없다.

④ 가압류 후에 목적물의 소유권을 취득한 제3취득자가 다른 사람에 대한 허위의 채무에 기하여 근저당권설정등기를 경료하더라도 강제집행면탈죄를 구성하지 않는다.

해설/정답 ②

① (○) 문서손괴죄는 타인 소유의 문서를 손괴 또는 은닉 기타 방법으로 효용을 해함으로써 성립하고, 문서의 효용을 해한다는 것은 문서를 본래의 사용목적에 제공할 수 없게 하는 상태로 만드는 것은 물론 일시적으로 그것을 이용할 수 없는 상태로 만드는 것도 포함한다. 따라서 소유자의 의사에 따라 어느 장소에 게시 중인 문서를 소유자의 의사에 반하여 떼어내는 것과 같이 소유자의 의사에 따라 형성된 종래의 이용상태를 변경시켜 종래의 상태에 따른 이용을 일시적으로 불가능하게 하는 경우에도 문서손괴죄가 성립할 수 있다(대판 2015.11.27. 2014도13083).

② (×) 재물손괴죄(형법 제366조)는 다른 사람의 재물을 손괴 또는 은닉하거나 그 밖의 방법으로 그 효용을 해한 경우에 성립하는 범죄로, 행위자에게 다른 사람의 재물을 자기 소유물처럼 그 경제적 용법에 따라 이용·처분할 의사(불법영득의사)가 없다는 점에서 절도, 강도, 사기, 공갈, 횡령 등 영득죄와 구별된다. 다른 사람의 소유물을 본래의 용법에 따라 무단으로 사용·수익하는 행위는 소유자를 배제한 채 물건의 이용가치를 영득하는 것이고, 그 때문에 소유자가 물건의 효용을 누리지 못하게 되었더라도 효용 자체가 침해된 것이 아니므로 재물손괴죄에 해당하지 않는다(대판 2022.11.30. 2022도1410).

③ (○) 형법 제323조의 권리행사방해죄는 타인의 점유 또는 권리의 목적이 된 자기의 물건을 취거, 은닉 또는 손괴하여 타인의 권리행사를 방해함으로써 성립하므로 그 취거, 은닉 또는 손괴한 물건이 자기의 물건이 아니라면 권리행사방해죄가 성립할 수 없다. 물건의 소유자가 아닌 사람은 형법 제33조 본문에 따라 소유자의 권리행사방해 범행에 가담한 경우에 한하여 그의 공범이 될 수 있을 뿐이다. 그러나 권리행사방해죄의 공범으로 기소된 물건의 소유자에게 고의가 없는 등으로 범죄가 성립하지 않는다면 공동정범이 성립할 여지가 없다(대판 2017.5.30. 2017도4578).

④ (○) 가압류에는 처분금지적 효력이 있으므로 가압류 후에 목적물의 소유권을 취득한 제3취득자 또는 그 제3취득자에 대한 채권자는 그 소유권 또는 채권으로써 가압류권자에게 대항할 수 없다. 따라서 가압류 후에 목적물의 소유권을 취득한 제3취득자가 다른 사람에 대한 허위의 채무에 기하여 근저당권설정등기 등을 경료하더라도 이로써 가압류채권자의 법률상 지위에 어떤 영향을 미치지 않으므로, 강제집행면탈죄에 해당하지 아니한다(대판 2008.5.29. 2008도2476).

135 **권리행사를 방해하는 죄에 대한 설명 중 가장 적절하지 않은 것은?** 〈경찰2차 2021〉

① 무효인 경매절차에서 경매목적물을 경락받아 이를 점유하고 있는 낙찰자의 점유는 적법한 점유로서 그 점유자는 권리행사방해죄에 있어서 타인의 물건을 점유하고 있는 자라고 보아야 한다.

② 주식회사의 대표이사가 그의 지위에 기하여 그 직무집행 행위로서 타인이 점유하는 회사의 물건을 취거한 경우에 그 행위는 회사의 대표기관으로서의 행위라고 평가되므로, 그 회사의 물건은 권리행사방해죄에 있어서의 '자기의 물건'이라고 보아야 한다.

③ 개설자격이 없는 자가 의료기관을 개설하여 「의료법」을 위반한 병원의 요양급여비용채권은 해당 의료기관의 채권자가 이를 대상으로 하여 강제집행 또는 보전처분의 방법으로 채권의 만족을 얻을 수 있으므로, 강제집행면탈죄의 객체가 된다.

④ 명의신탁자와 명의수탁자가 계약명의신탁 약정을 맺고 명의수탁자가 당사자가 되어 소유자와 부동산에 관한 매매계약을 체결한 후 그 매매계약에 따라 당해 부동산의 소유권이전등기를 명의수탁자 명의로 마친 경우, 명의신탁자는 그 매매계약에 의해서 당해 부동산의 소유권을 취득하지 못하게 되어, 결국 그 부동산은 명의신탁자에 대한 강제집행이나 보전처분의 대상이 될 수 없다.

해설/정답 ③

① (○) 형법 제323조의 권리행사방해죄에 있어서의 타인의 점유라 함은 권원으로 인한 점유 즉 정당한 원인에 기하여 그 물건을 점유하는 권리있는 점유를 의미하는 것으로서 본권을 갖지 아니한 절도범인의 점유는 여기에 해당하지 아니하나, 반드시 본권에 의한 점유만에 한하지 아니하고 동시이행항변권 등에 기한 점유와 같은 적법한 점유도 여기에 해당한다고 할 것이고, 한편, 쌍무계약이 무효로 되어 각 당사자가 서로 취득한 것을 반환하여야 할 경우, 어느 일방의 당사자에게만 먼저 그 반환의무의 이행이 강제된다면 공평과 신의칙에 위배되는 결과가 되므로 각 당사자의 반환의무는 동시이행 관계에 있다고 보아 민법 제536조를 준용함이 옳다고 해석되고, 이러한 법리는 경매절차가 무효로 된 경우에도 마찬가지라고 할 것이므로, 무효인 경매절차에서 경매목적물을 경락받아 이를 점유하고 있는 낙찰자의 점유는 적법한 점유로서 그 점유자는 권리행사방해죄에 있어서의 타인의 물건을 점유하고 있는 자라고 할 것이다(대판 2003.11.28. 2003도4257).

② (○) 주식회사의 대표이사가 대표이사의 지위에 기하여 그 직무집행행위로서 타인이 점유하는 위 회사의 물건을 취거한 경우에는, 위 행위는 위 회사의 대표기관으로서의 행위라고 평가되므로, 위 회사의 물건도 권리행사방해죄에 있어서의 "자기의 물건"이라고 보아야 할 것이다(대판 1992.1.21. 91도1170).

③ (×) 의료법 제33조 제2항, 제87조 제1항 제2호는 의료기관 개설자의 자격을 의사 등으로 한정한 다음 의료기관의 개설자격이 없는 자가 의료기관을 개설하는 것을 엄격히 금지하고 있고, 이를 위반한 경우 형사처벌하도록 정함으로써 의료의 적정을 기하여 국민의 건강을 보호·증진하는 데 기여하도록 하고 있다. 또한 국민건강보험법 제42조 제1항은 요양급여는 '의료법에 따라 개설된 의료기관'에서 행하도록 정하고 있다. 따라서 의료법에 의하여 적법하게 개설되지 아니한 의료기관에서 요양급여가 행하여졌다면 해당 의료기관은 국민건강보험법상 요양급여비용을 청구할 수 있는 요양기관에 해당되지 아니하여 해당 요양급여비용 전부를 청구할 수 없고, 해당 의료기관의 채권자로서도 위 요양급여비용 채권을 대상으로 하여 강제집행 또는 보전처분의 방법으로 채권의 만족을 얻을 수 없는 것이므로, 결국 위와 같은 채권은 강제집행면탈죄의 객체가 되지 아니한다(대판 2017.4.26. 2016도19982).

④ (○) [1] 형법 제327조는 "강제집행을 면할 목적으로 재산을 은닉, 손괴, 허위양도 또는 허위의 채무를 부담하여 채권자를 해한 자"를 처벌함으로써 강제집행이 임박한 채권자의 권리를 보호하기 위한 것이므로, 강제집행면탈죄의 객체는 채무자의 재산 중에서 채권자가 민사집행법상 강제집행 또는 보전처분의 대상으로

삼을 수 있는 것이어야 한다. [2] 명의신탁자와 명의수탁자가 이른바 계약명의신탁 약정을 맺고 명의수탁자가 당사자가 되어 명의신탁 약정이 있다는 사실을 알지 못하는 소유자와 부동산에 관한 매매계약을 체결한 후 그 매매계약에 따라 당해 부동산의 소유권이전등기를 명의수탁자 명의로 마친 경우에는, 명의신탁자와 명의수탁자 사이의 명의신탁 약정의 무효에도 불구하고 부동산 실권리자명의 등기에 관한 법률 제4조 제2항 단서에 의하여 그 명의수탁자는 당해 부동산의 완전한 소유권을 취득한다. 이와 달리 소유자가 계약명의신탁 약정이 있다는 사실을 안 경우에는 수탁자 명의의 소유권이전등기는 무효이고 당해 부동산의 소유권은 매도인이 그대로 보유하게 된다. 어느 경우든지 명의신탁자는 그 매매계약에 의해서는 당해 부동산의 소유권을 취득하지 못하게 되어, 결국 그 부동산은 명의신탁자에 대한 강제집행이나 보전처분의 대상이 될 수 없다(대판 2009.5.14. 2007도2168).

136 강제집행면탈죄에 대한 설명 중 가장 적절한 것은? 〈경찰1차 2017〉

① 이혼을 요구하는 처로부터 재산분할청구권에 근거한 가압류 등 강제집행을 받을 우려가 있는 상태에서 남편이 이를 면탈할 목적으로 허위의 채무를 부담하고 소유권이전청구권보전가등기를 경료한 경우 강제집행면탈죄가 성립하지 않는다.

② 피고인이 자신의 채권담보의 목적으로 채무자 소유의 선박들에 관하여 가등기를 경료하여 두었다가 채무자와 공모하여 위 선박들을 가압류한 다른 채권자들의 강제집행을 불가능하게 할 목적으로 정확한 청산절차도 거치지 않은 채 의제자백판결을 통하여 선순위 가등기권자인 피고인 앞으로 본등기를 경료함과 동시에 가등기 이후에 경료된 가압류등기 등을 모두 직권말소하게 한 경우 '재산상 은닉'에 해당한다.

③ '보전처분 단계에서의 가압류채권자의 지위' 자체는 원칙적으로 민사집행법상 강제집행 또는 보전처분의 대상이 될 수 없어 강제집행면탈죄의 객체에 해당한다고 볼 수 없으나 가압류채무자가 가압류해방금을 공탁한 경우에는 그렇지 아니하다.

④ 강제집행면탈죄는 반드시 채권자를 해하는 결과가 야기되거나 이로 인하여 행위자가 어떤 이득을 취하여야 성립하므로 허위양도한 부동산의 시가액보다 그 부동산에 의하여 담보된 채무액이 더 많다면 그 허위양도로 인하여 채권자를 해할 위험이 없다.

해설/정답 ②

① (×) 이혼을 요구하는 처로부터 재산분할청구권에 근거한 가압류 등 강제집행을 받을 우려가 있는 상태에서 남편이 이를 면탈할 목적으로 허위의 채무를 부담하고 소유권이전청구권보전가등기를 경료한 경우, 강제집행면탈죄가 성립한다고 한 사례(대판 2008.6.26. 2008도3184).

② (○) 강제집행면탈의 한 행위유형인 '재산의 은닉'이라 함은 재산의 소유관계를 불명하게 하는 행위를 포함하는 것으로서, 피고인이 자신의 채권담보의 목적으로 채무자 소유의 선박들에 관하여 가등기를 경료하여 두었다가 채무자와 공모하여 위 선박들을 가압류한 다른 채권자들의 강제집행을 불가능하게 할 목적으로 정확한 청산절차도 거치지 않은 채 의제자백판결을 통하여 선순위 가등기권자인 피고인 앞으로 본등기를 경료함과 동시에 가등기 이후에 경료된 가압류등기 등을 모두 직권말소하게 하였음은 소유관계를 불명하게 하는 방법에 의한 '재산의 은닉'에 해당한다(대판 2000.7.28. 98도4558).

③ (×) 강제집행면탈죄의 객체는 채무자의 재산 중에서 채권자가 민사집행법상 강제집행 또는 보전처분의 대상으로 삼을 수 있는 것만을 의미하므로, '보전처분 단계에서의 가압류채권자의 지위' 자체는 원칙적으로 민사집행법상 강제집행 또는 보전처분의 대상이 될 수 없어 강제집행면탈죄의 객체에 해당한다고 볼 수 없고, 이는 가압류채무자가 가압류해방금을 공탁한 경우에도 마찬가지이다(대판 2008.9.11. 2006도8721).

④ (×) 강제집행면탈죄는 이른바 위태범으로서 강제집행을 당할 구체적인 위험이 있는 상태에서 재산을 은닉, 손괴, 허위양도 또는 허위의 채무를 부담하면 바로 성립하는 것이고, 반드시 채권자를 해하는 결과가 야기되거나 이로 인하여 행위자가 어떤 이득을 취하여야 범죄가 성립하는 것은 아니며, 허위양도한 부동산의 시가액보다 그 부동산에 의하여 담보된 채무액이 더 많다고 하여 그 허위양도로 인하여 채권자를 해할 위험이 없다고 할 수 없다(대판 1999.2.12. 98도2474).

PART 02
사회적 법익에 대한 죄

CHAPTER 01 | 공공의 안전과 평온에 대한 죄

제1절 | 공안을 해하는 죄

001 범죄단체 등 조직죄에 관한 설명으로 가장 적절하지 않은 것은? (다툼이 있는 경우 판례에 의하고, 전원합의체 판결의 경우 다수의견에 의함. 이하 같음) 〈경찰1차 2020〉

① 범죄단체 등 조직죄는 사형, 무기 또는 장기 4년 이상의 징역에 해당하는 범죄를 범할 목적이 있어야 한다.

② 「형법」 제114조 소정의 범죄를 목적으로 하는 단체라 함은 특정·다수인이 일정한 범죄를 수행한다는 공동목적 아래 이루어진 계속적인 결합체로서 그 단체를 주도하는 최소한의 통솔체제를 갖추고 있음을 요한다.

③ 피고인들이 총책을 중심으로 간부급 조직원들과 상담원들, 현금 인출책 등으로 구성된 보이스피싱 사기 조직을 구성하고 이에 가담하여 조직원으로 활동한 경우는 「형법」상의 범죄단체에 해당한다.

④ 범죄단체 가입행위 또는 범죄단체 구성원으로서 활동하는 행위와 사기행위는 포괄일죄의 관계에 있다.

해설/정답 ④

① (○) 형법 제114조

> **제114조(범죄단체 등의 조직)**
> 사형, 무기 또는 장기 4년 이상의 징역에 해당하는 범죄를 목적으로 하는 단체 또는 집단을 조직하거나 이에 가입 또는 그 구성원으로 활동한 사람은 그 목적한 죄에 정한 형으로 처벌한다. 다만, 형을 감경할 수 있다.

② (○) 형법 제114조 제1항 소정의 범죄를 목적으로 하는 단체라 함은 특정다수인이 일정한 범죄를 수행한다는 공동목적 아래 이루어진 계속적인 결합체로서 그 단체를 주도하는 최소한의 통솔체제를 갖추고 있음을 요한다(대판 1985.10.8. 85도1515).

③ (○), ④ (×) [1] 피고인들이 불특정 다수의 피해자들에게 전화하여 금융기관 등을 사칭하면서 신용등급을 올려 낮은 이자로 대출을 해주겠다고 속여 신용관리비용 명목의 돈을 송금받아 편취할 목적으로 보이스피싱 사기 조직을 구성하고 이에 가담하여 조직원으로 활동함으로써 범죄단체를 조직하거나 이에 가입·활동하였다는 내용으로 기소된 사안에서, 위 보이스피싱 조직은 보이스피싱이라는 사기범죄를 목적으로 구성된 다수인의 계속적인 결합체로서 총책을 중심으로 간부급 조직원들과 상담원들, 현금인출책 등으로 구성되어 내부의 위계질서가 유지되고 조직원의 역할 분담이 이루어지는 최소한의 통솔체계를 갖춘 형법상의 범죄단체에 해당하고, 보이스피싱 조직의 업무를 수행한 피고인들에게 범죄단체 가입 및 활동에 대한 고의가 인정되며, 피고인들의 보이스피싱 조직에 의한 사기범죄 행위가 범죄단체 활동에 해당한다고 본 원심판단을 수긍한 사례. [2] 피고인이 보이스피싱 사기 범죄단체에 가입한 후 사기범죄의 피해자들로부터 돈을 편취하는 등 그 구성원으로서 활동하였다는 내용의 공소사실이 유죄로 인정된 사안에서, 범죄단체 가입행위 또는 범죄단체 구성원으로서 활동하는 행위와 사기행위는 각각 별개의 범죄구성요건을 충족하는 독립된 행위이고 서로 보호법익도 달라 법조경합 관계로 목적된 범죄인 사기죄만 성립하는 것은 아니라고

본 원심판단을 수긍한 사례(대판 2017.10.26. 2017도8600). 범죄단체의 구성 및 가입한 행위와 더 나아가 그 구성원으로 활동한 사기행위는 각각 별개의 범죄구성요건을 충족하는 독립된 행위이고 보호법익도 달라 법조경합 관계에 있지 않다는 판례. 실체적 경합관계로 볼 수 있음.

제2절 폭발물에 관한 죄

제3절 방화와 실화의 죄

002 방화의 죄에 관한 설명 중 가장 적절한 것은? 〈경찰1차 2023〉

① 공용건조물 방화죄를 범할 목적으로 예비·음모한 후 목적한 죄의 실행에 이른 후에 수사기관에 자수한 경우 형을 감경하거나 면제할 수 있다.

② 주거로 사용하지 않고 사람이 현존하지도 않는 타인 소유의 자동차를 불태웠으나 공공의 위험이 발생하지 않았다면 방화죄를 구성하지 않는다.

③ 甲이 A의 재물을 강취한 후 A를 살해할 의사로 현주건조물에 방화하여 A가 사망한 경우, 甲의 행위는 강도살인죄와 현주 건조물방화치사죄에 모두 해당하고 그 두 죄는 실체적 경합범 관계에 있다.

④ 甲이 A를 살해할 의사로 A가 혼자 있는 건조물에 방화하였으나 A가 사망하지 않은 경우 현존건조물방화치사미수죄를 구성한다.

해설/정답 ①

① (○) 형법 제175조 : 지문의 경우 목적한 죄의 실행에 이른 후에 수사기관에 자수한 경우에 해당하므로, 제175조의 규정을 적용할 수 없다. 따라서 형법 제52조 제1항에 따라 "죄를 지은 후 수사기관에 자수한 경우에는 형을 감경하거나 면제할 수 있다."에 따라 해결하여야 한다.

> **제175조(예비, 음모)**
> 제164조 제1항, 제165조, 제166조 제1항, 제172조 제1항, 제172조의2 제1항, 제173조 제1항과 제2항의 죄를 범할 목적으로 예비 또는 음모한 자는 5년 이하의 징역에 처한다. 단 그 목적한 죄의 실행에 이르기 전에 자수한 때에는 형을 감경 또는 면제한다.
>
> **제52조(자수, 자복)**
> ① 죄를 지은 후 수사기관에 자수한 경우에는 형을 감경하거나 면제할 수 있다.

② (×) 제166조 제1항 : 타인 소유의 자동차를 불태운 경우에는 공공의 위험 발생 여부와 상관없이 타인소유 일반건조물 방화죄를 구성한다.

> **제166조(일반건조물 등 방화)**
> ① 불을 놓아 제164조와 제165조에 기재한 외의 건조물, 기차, 전차, 자동차, 선박, 항공기 또는 지하채굴시설을 불태운 자는 2년 이상의 유기징역에 처한다.

③ (×) 피고인들이 피해자들의 재물을 강취한 후 그들을 살해할 목적으로 현주건조물에 방화하여 사망에 이르게 한 경우, 피고인들의 행위는 강도살인죄와 현주건조물방화치사죄에 모두 해당하고 그 두 죄는 상상적 경합범관계에 있다(대판 1998.12.8. 98도3416).

④ (×) 甲이 A를 살해할 의사로 A가 혼자 있는 건조물에 방화하였으나 A가 사망하지 않은 경우 현존건조물방화죄와 살인미수죄가 성립하고, 상상적 경합범의 관계에 있다(형법 제164조 제1항, 제250조 제1항, 제254조). 현존건조물방화치사죄의 미수범 처벌규정은 존재하지 않는다.

003 방화와 실화의 죄에 대한 설명으로 가장 적절한 것은? 〈경찰2차 2020〉

① 전기 석유난로를 켜 놓은 채 귀가하여 전기석유난로 과열로 화재가 발생하였다면 화재 원인을 살펴볼 필요 없이 피고인에게 중실화죄를 인정할 수 있다.

② 사람이 현존하는 자동차에 방화한 경우 일반건조물등방화죄가 성립한다.

③ 지붕과 문짝, 창문이 없고 담장과 일부 벽체가 붕괴된 철거대상 건물로서 사실상 기거 취침에 사용할 수 없는 상태의 타인의 폐가에 대해 방화한 경우 타인소유일반건조물방화죄가 성립한다.

④ 유조차운전사가 석유구판점의 위험물취급주임의 지시를 받아 유조차의 석유를 구판점 탱크로 급유하다가 탱크주입구에서 급유호스가 빠지는 바람에 화기에 인화되어 화재가 발생한 경우 유조차운전사의 업무상과실이 인정되지 않는다.

해설/정답 ④

① (×) 이 사건에서 화인의 감정이 없어 제3자에 의한 방화나 실화 또는 누전 등 기타에 의한 발화가능성도 전혀 배제할 수 없음에도 이를 외면한 채, 위 전기석유난로 자체에 고장이 있었는지 여부나 가연물이 그 온풍구에 직접 접촉된 적이 있었는지 여부에 대하여 심리해 보지도 아니한 채 위와 같은 증거들만에 의하여 위 전기석유난로의 과열이 이 사건 화재발생의 원인이 되었다고 막연히 단정하여 피고인을 중실화죄로 의율처단한 제1심판결을 그대로 유지한 원심판결에는 심리를 다하지 아니하고 채증법칙에 위배하여 사실을 잘못 인정하거나 중실화죄에 있어서의 중대한 과실에 관한 법리를 오해한 위법이 있다 할 것이고, 이와 같은 위법은 판결에 영향을 미친 것임이 명백하므로, 이 범을 지적하는 논지는 이유 있고, 원심판결은 파기를 면할 수 없다(대판 1994.3.11. 93도3001).

② (×) 사람이 현존하는 자동차에 방화한 경우 형법 제164조 제1항에 따라 현존자동차방화죄가 성립한다.

> **제164조(현주건조물 등 방화)**
> ① 불을 놓아 사람이 주거로 사용하거나 사람이 현존하는 건조물, 기차, 전차, 자동차, 선박, 항공기 또는 지하채굴시설을 불태운 자는 무기 또는 3년 이상의 징역에 처한다.

③ (×) 형법상 방화죄의 객체인 건조물은 토지에 정착되고 벽 또는 기둥과 지붕 또는 천장으로 구성되어 사람이 내부에 기거하거나 출입할 수 있는 공작물을 말하고, 반드시 사람의 주거용이어야 하는 것은 아니라도 사람이 사실상 기거·취침에 사용할 수 있는 정도는 되어야 한다. 원심은, 이 사건 폐가는 지붕과 문짝, 창문이 없고 담장과 일부 벽체가 붕괴된 철거 대상 건물로서 사실상 기거·취침에 사용할 수 없는 상태의 것이므로 형법 제166조의 건조물이 아닌 형법 제167조의 물건에 해당하고, 피고인이 이 사건 폐가의 내부와 외부에 쓰레기를 모아놓고 태워 그 불길이 이 사건 폐가 주변 수목 4~5그루를 태우고 폐가의 벽을 일부 그을리게 하는 정도만으로는 방화죄의 기수에 이르렀다고 보기 어려우며, 일반물건방화죄에 관하여는 미수범의 처벌 규정이 없다는 이유로 제1심의 유죄판결을 파기하고 피고인에게 무죄를 선고하였다. 위 법리에 비추어 기록을 살펴보면, 원심의 위와 같은 사실인정과 판단은 정당하

고, 거기에 방화죄에 있어 건조물에 관한 개념을 오해하거나 논리와 경험의 법칙에 반하여 자유심증주의의 한계를 벗어난 잘못이 없다(대판 2013.12.12. 2013도3950). 이 사건 폐가는 일반물건에 해당하며 일반물건방화죄에는 미수범의 처벌규정이 없어 무죄라는 취지의 판결이다.

④ (○) 유조차운전사가 석유구판점의 위험물취급주임의 지시를 받아 유조차의 석유를 구판점 탱크로 급유하다가 급유호스가 탱크주입구에서 빠지는 바람에 분출된 석유가 화기에 인화되어 화재가 발생한 경우 운전수가 위험물취급주임이 탱크주입구 부분을 이탈하였음을 보고서도유조차 운전석에 앉아 다른 일을 보고 있었다고 하여 운전사에게 화재발생에 대하여 과실이 있다고 책임을 물을 수는 없다(대판 1990.11.13. 90도2011).

004 **방화죄에 관한 다음 설명 중 가장 적절하지 않은 것은?** 〈경찰2차 2014〉

① 타인 소유의 현주건조물에 방화하자 불이 옆에 있는 자기 소유의 일반건조물에 옮겨 붙은 경우 연소죄가 성립한다.

② 불을 놓아 무주물의 일반물건을 소훼하여 공공의 위험을 발생하게 한 경우에는 「형법」 제167조 제2항의 자기소유일반물건방화죄가 성립한다.

③ 강도가 피해자로부터 재물을 강취한 후 피해자를 살해할 목적으로 주거를 방화하여 사망에 이르게 한 때에는 강도살인죄와 현주건조물방화치사죄의 상상적 경합이 성립한다.

④ 甲이 동거인과 가정불화로 홧김에 죽은 동생의 유품으로 보관 중이던 서적 등을 뒷마당에 내어놓고 불태우는 과정에서 건물에 불이 번진 때에는 현주건조물에 대한 방화의 범의를 인정하기 곤란하다.

해설/정답 ①

① (×) 연소죄는 자기소유물에 대한 방화를 기본범죄로 하므로 선택지의 경우에는 연소죄가 성립하지 않고, 현주건조물방화죄의 포괄일죄가 성립한다. 형법 제164조, 제165조, 제166조, 제167조, 제168조 참조.

제164조(현주건조물 등 방화)

① 불을 놓아 사람이 주거로 사용하거나 사람이 현존하는 건조물, 기차, 전차, 자동차, 선박, 항공기 또는 지하채굴시설을 불태운 자는 무기 또는 3년 이상의 징역에 처한다.

② 제1항의 죄를 지어 사람을 상해에 이르게 한 경우에는 무기 또는 5년 이상의 징역에 처한다. 사망에 이르게 한 경우에는 사형, 무기 또는 7년 이상의 징역에 처한다.

제165조(공용건조물 등 방화)

불을 놓아 공용(公用)으로 사용하거나 공익을 위해 사용하는 건조물, 기차, 전차, 자동차, 선박, 항공기 또는 지하채굴시설을 불태운 자는 무기 또는 3년 이상의 징역에 처한다.

제166조(일반건조물 등 방화)

① 불을 놓아 제164조와 제165조에 기재한 외의 건조물, 기차, 전차, 자동차, 선박, 항공기 또는 지하채굴시설을 불태운 자는 2년 이상의 유기징역에 처한다.

② 자기 소유인 제1항의 물건을 불태워 공공의 위험을 발생하게 한 자는 7년 이하의 징역 또는 1천만 원 이하의 벌금에 처한다.

제167조(일반물건 방화)
① 불을 놓아 제164조부터 제166조까지에 기재한 외의 물건을 불태워 공공의 위험을 발생하게 한 자는 1년 이상 10년 이하의 징역에 처한다.
② 제1항의 물건이 자기 소유인 경우에는 3년 이하의 징역 또는 700만 원 이하의 벌금에 처한다.

제168조(연소)
① 제166조 제2항 또는 전조 제2항의 죄를 범하여 제164조, 제165조 또는 제166조 제1항에 기재한 물건에 연소한 때에는 1년 이상 10년 이하의 징역에 처한다.
② 전조 제2항의 죄를 범하여 전조 제1항에 기재한 물건에 연소한 때에는 5년 이하의 징역에 처한다.

② (○) 노상에서 전봇대 주변에 놓인 재활용품과 쓰레기 등에 불을 놓아 소훼한 사안에서, 그 재활용품과 쓰레기 등은 '무주물'로서 형법 제167조 제2항에 정한 '자기 소유의 물건'에 준하는 것으로 보아야 하므로, 여기에 불을 붙인 후 불상의 가연물을 집어넣어 그 화염을 키움으로써 전선을 비롯한 주변의 가연물에 손상을 입히거나 바람에 의하여 다른 곳으로 불이 옮아붙을 수 있는 공공의 위험을 발생하게 하였다면, 일반물건방화죄가 성립한다고 한 사례(대판 2009.10.15. 2009도7421).

③ (○) 피고인들이 피해자들의 재물을 강취한 후 그들을 살해할 목적으로 현주건조물에 방화하여 사망에 이르게 한 경우, 피고인들의 행위는 강도살인죄와 현주건조물방화치사죄에 모두 해당하고 그 두 죄는 상상적 경합범관계에 있다(대판 1998.12.8. 98도3416).

④ (○) 피고인이 동거하던 공소외인과 가정불화가 악화되어 헤어지기로 작정하고 홧김에 죽은 동생의 유품으로 보관하던 서적 등을 뒷마당에 내어 놓고 불태워 버리려 했던 점이 인정될 뿐 피고인이 위 공소외인 소유의 가옥을 불태워 버리겠다고 결의하여 불을 놓았다고 볼 수 없다면 피고인의 위 소위를 가리켜 방화의 범의가 있었다고 할 수 없다(대판 1984.7.24. 84도1245).

제4절 | 일수와 수리에 관한 죄

005 **甲의 행위와 그 죄책에 대한 설명으로 옳은 것(○)과 옳지 않은 것(×)을 바르게 표시한 것은?** 〈국가7급 2022〉

(가) 장물인 귀금속의 매도를 부탁받은 甲이 그 귀금속이 장물임을 알면서도 매매를 중개하고 매수인에게 이를 전달하려다가 매수인을 만나기도 전에 체포된 경우, 장물알선죄가 성립한다.
(나) 공무원인 甲이 자신의 직무와 관련한 상대방에게 단지 자신이 지정한 제삼자를 위하여 유·무형의 이익을 제공할 것을 요구하고, 상대방은 공무원의 지위에 따른 직무에 관하여 어떠한 이익을 기대하며 그에 대한 대가로서 그 요구에 응한 경우, 강요죄가 성립한다.
(다) 고소사건을 조사하던 경찰관이 수사기록에 철하지 아니한 채 보관하던 참고인 乙의 진술서를 돌려달라는 甲의 부탁을 받고 이 진술서가 없더라도 수사에 지장이 없겠다는 스스로의 판단에 따라 내어 주면서 乙에게 확인시키고 찢어버리라고 하였고, 甲이 이를 받아와서 乙에게 보여주고 찢어버린 경우, 공용서류무효죄가 성립한다.
(라) 甲이 피해자들의 농촌주택에서 배출되는 생활하수의 PVC 배수관을 토사로 막아 하수가 내려가지 못하도록 한 경우, 수리방해죄가 성립한다.

	(가)	(나)	(다)	(라)
①	×	○	×	○
②	○	×	○	×
③	○	×	×	×
④	×	○	×	×

해설/정답 ③

(가) (○) 장물인 귀금속의 매도를 부탁받은 피고인이 그 귀금속이 장물임을 알면서도 매매를 중개하고 매수인에게 이를 전달하려다가 매수인을 만나기도 전에 체포되었다 하더라도, 위 귀금속의 매매를 중개함으로써 장물알선죄가 성립한다고 한 사례(대판 2009.4.23. 2009도1203). **[해설]** 형법 제362조 제2항의 장물알선죄에서 '알선'의 의미 및 그 성립요건에 대해 설시한 판례.

(나) (×) 공무원이 자신의 직무와 관련한 상대방에게 공무원 자신 또는 자신이 지정한 제3자를 위하여 재산적 이익 또는 일체의 유·무형의 이익 등을 제공할 것을 요구하고 상대방은 공무원의 지위에 따른 직무에 관하여 어떠한 이익을 기대하며 그에 대한 대가로서 요구에 응하였다면, 다른 사정이 없는 한 공무원의 위 요구 행위를 객관적으로 사람의 의사결정의 자유를 제한하거나 의사실행의 자유를 방해할 정도로 겁을 먹게 할 만한 해악의 고지라고 단정하기는 어렵다. 행위자가 직업이나 지위에 기초하여 상대방에게 어떠한 이익 등의 제공을 요구하였을 때 그 요구 행위가 강요죄의 수단으로서 해악의 고지에 해당하는지 여부는 행위자의 지위뿐만 아니라 그 언동의 내용과 경위, 요구 당시의 상황, 행위자와 상대방의 성행·경력·상호관계 등에 비추어 볼 때 상대방으로 하여금 그 요구에 불응하면 어떠한 해악에 이를 것이라는 인식을 갖게 하였다고 볼 수 있는지, 행위자와 상대방이 행위자의 지위에서 상대방에게 줄 수 있는 해악을 인식하거나 합리적으로 예상할 수 있었는지 등을 종합하여 판단해야 한다. 공무원인 행위자가 상대방에게 어떠한 이익 등의 제공을 요구한 경우 위와 같은 해악의 고지로 인정될 수 없다면 직권남용이나 뇌물 요구 등이 될 수는 있어도 협박을 요건으로 하는 강요죄가 성립하기는 어렵다(대판 2019.8.29. 2018도13792 전원합의체, 대판 2019.8.29. 2018도2738 전원합의체).

(다) (×) 형법 제141조 제1항에 규정한 공용서류무효죄는 공문서나 사문서를 묻지 아니하고 공무소에서 사용 중이거나 사용할 목적으로 보관하는 서류 기타 물건을 그 객체로 하므로, 형사사건을 조사하던 경찰관이 스스로의 판단에 따라 자신이 보관하던 진술서를 임의로 피고인에게 넘겨준 것이라면, 위 진술서의 보관책임자인 경찰관은 장차 이를 공무소에서 사용하지 아니하고 폐기할 의도하에 처분한 것이라고 보아야 할 것이므로, 위 진술서는 더 이상 공무소에서 사용하거나 보관하는 문서가 아닌 것이 되어 공용서류로서의 성질을 상실하였다고 보아야 한다(대판 1999.2.24. 98도4350).

(라) (×) [1] 형법 제184조는 '제방을 결궤(決潰, 무너뜨림)하거나 수문을 파괴하거나 기타 방법으로 수리를 방해'하는 것을 구성요건으로 하여 수리방해죄를 규정하고 있는바 여기서 수리(水利)라 함은, 관개용·목축용·발전이나 수차 등의 동력용·상수도의 원천용 등 널리 물이라는 천연자원을 사람의 생활에 유익하게 사용하는 것을 가리키고(다만, 형법 제185조의 교통방해죄 또는 형법 제195조의 수도불통죄의 경우 등 다른 규정에 의하여 보호되는 형태의 물의 이용은 제외될 것이다), 수리를 방해한다 함은 제방을 무너뜨리거나 수문을 파괴하는 등 위 조문에 예시된 것을 포함하여 저수시설, 유수로(流水路)나 송·인수시설 또는 이들에 부설된 여러 수리용 장치를 손괴·변경하거나 효용을 해침으로써 수리에 지장을 일으키는 행위를 가리키며, 나아가 수리방해죄는 타인의 수리권을 보호법익으로 하므로 수리방해죄가 성립하기 위하여는 법령, 계약 또는 관습 등에 의하여 타인의 권리에 속한다고 인정될 수 있는 물의 이용을 방해하는 것이어야 한다. [2] 원천 내지 자원으로서의 물의 이용이 아니라, 하수나 폐수 등 이용이 끝난 물을 배수로를 통하여 내려보내는 것은 형법 제184조 소정의 수리에 해당한다고 할 수 없고, 그러한 배수 또는 하수처리를 방해하는 행위는, 특히 그 배수가 수리용의 인수(引水)와 밀접하게 연결되어 있어서 그 배수의 방해가 직접 인수에까지 지장을 초래한다는 등의 특수한 경우가 아

닌 한, 수리방해죄의 대상이 될 수 없다. [3] 농촌주택에서 배출되는 생활하수의 배수관(소형 PVC관)을 토사로 막아 하수가 내려가지 못하게 한 경우, 수리방해죄에 해당하지 아니한다고 본 사례(대판 2001.6.26. 2001도404).

제5절 | 교통방해의 죄

006 일반교통방해죄에 관한 다음 설명 중 가장 적절하지 않은 것은? 〈경찰2차 2015〉

① 소유자가 토지인도소송의 승소판결을 받아 그 집행을 하여 그 토지를 공터로 두었는데 인근주민들이 일시 지름길로 이용하자 그 통행을 방해한 경우 일반교통방해죄가 성립한다.

② 법률에 따라 옥외집회신고를 마쳤어도, 신고의 범위와 법률상의 제한을 현저히 일탈하여 주요도로 전차선을 점거하여 행진 등을 함으로써 교통소통에 현저한 장해를 일으켰다면 일반교통방해죄가 성립한다.

③ 불특정 다수인의 통행로로 이용되어 오던 도로의 토지 일부의 소유자라 하더라도 그 도로의 중간에 바위를 놓아두거나 이를 파헤침으로써 차량의 통행을 못하게 한 행위는 일반교통방해죄가 성립한다.

④ 우리 형법에는 업무상 과실, 중과실에 의한 일반교통방해를 처벌하는 조항이 있다.

해설/정답 ①

① (×) 토지의 소유자가 자신의 토지의 한쪽 부분을 일시 공터로 두었을 때 인근주민들이 위 토지의 동서쪽에 있는 도로에 이르는 지름길로 일시 이용한 적이 있다 하여도 이를 일반공중의 내왕에 공용되는 도로라고 할 수 없으므로 형법 제185조 소정의 육로로 볼 수 없다(대판 1984.11.13. 84도2192).

② (○) 전국민주노동조합총연맹 준비위원회가 주관한 도로행진시위가 사전에 구 집회 및 시위에 관한 법률에 따라 옥외집회신고를 마쳤어도, 신고의 범위와 위 법률 제12조에 따른 제한을 현저히 일탈하여 주요도로 전차선을 점거하여 행진 등을 함으로써 교통소통에 현저한 장해를 일으켰다면, 일반교통방해죄를 구성한다고 한 사례(대판 2008.11.13. 2006도755).

③ (○) 불특정 다수인의 통행로로 이용되어 오던 도로의 토지 일부의 소유자라 하더라도 그 도로의 중간에 바위를 놓아두거나 이를 파헤침으로써 차량의 통행을 못하게 한 행위는 일반교통방해죄 및 업무방해죄에 해당한다고 한 사례(대판 2002.4.26. 2001도6903).

④ (○) 형법 제185조, 제189조

제185조(일반교통방해)
육로, 수로 또는 교량을 손괴 또는 불통하게 하거나 기타 방법으로 교통을 방해한 자는 10년 이하의 징역 또는 1천500만 원 이하의 벌금에 처한다.

제189조(과실, 업무상과실, 중과실)
② 업무상과실 또는 중대한 과실로 인하여 제185조 내지 제187조의 죄를 범한 자는 3년 이하의 금고 또는 2천만 원 이하의 벌금에 처한다.

007 다음은 일반교통방해죄에 대한 설명이다. 가장 적절하지 않은 것은? 〈경찰1차 2014〉

① 주민들에 의하여 공로로 통하는 유일한 통행로로 오랫동안 이용되어 온 폭 2m의 골목길을 자신의 소유라는 이유로 폭 50cm 내지 75cm 가량만 남겨두고 담장을 설치하여 주민들의 통행을 현저히 곤란하게 하였다면 일반교통방해죄를 구성한다.

② 전국민주노동조합총연맹 준비위원회가 주관한 도로행진시위가 사전에 구 집회및시위에관한 법률(2007. 5. 11. 법률 제8424호로 전문 개정되기 전의 것)에 따라 옥외집회신고를 마쳤어도, 신고의 범위와 위 법률 제12조에 따른 제한을 현저히 일탈하여 주요도로 전차선을 점거하여 행진 등을 함으로써 교통소통에 현저한 장해를 일으켰다면, 일반교통방해죄를 구성한다.

③ 피고인 등 약 600명의 노동조합원들이 차도만 설치되어 있을 뿐 보도는 따로 마련되어 있지 아니한 도로 우측의 편도 2차선의 대부분을 차지하면서 대오를 이루어 행진하는 방법으로 시위를 하고 이로 인하여 나머지 편도 2차선으로 상·하행차량이 통행하느라 차량의 소통이 방해된 경우 피고인 등의 시위행위에 대하여 일반교통방해죄를 적용할 수 있다.

④ 자기 소유의 토지를 포함한 구도로 옆으로 신도로가 개설되었다고 하더라도 그 토지가 신도로에 의해 대체될 수 없는 상태여서 여전히 일반인과 차량이 통행하고 있는 경우 그 통행을 방해하면 일반교통방해죄에 해당한다.

해설/정답 ③

① (○) 주민들에 의하여 공로로 통하는 유일한 통행로로 오랫동안 이용되어 온 폭 2m의 골목길을 자신의 소유라는 이유로 폭 50cm 내지 75cm 가량만 남겨두고 담장을 설치하여 주민들의 통행을 현저히 곤란하게 하였다면 일반교통방해죄를 구성한다고 한 사례(대판 1994.11.4. 94도2112).

② (○) 전국민주노동조합총연맹 준비위원회가 주관한 도로행진시위가 사전에 구 집회 및 시위에 관한 법률(2007. 5. 11. 법률 제8424호로 전문 개정되기 전의 것)에 따라 옥외집회신고를 마쳤어도, 신고의 범위와 위 법률 제12조에 따른 제한을 현저히 일탈하여 주요도로 전차선을 점거하여 행진 등을 함으로써 교통소통에 현저한 장해를 일으켰다면, 일반교통방해죄를 구성한다고 한 사례(대판 2008.11.13. 2006도755).

③ (×) 피고인 등 약 600명의 노동조합원들이 차도만 설치되어 있을 뿐 보도는 따로 마련되어 있지 아니한 도로 우측의 편도 2차선의 대부분을 차지하면서 대오를 이루어 행진하는 방법으로 시위를 하고 이로 인하여 나머지 편도 2차선으로 상, 하행차량이 통행하느라 차량의 소통이 방해되었다 하더라도 피고인 등의 시위행위에 대하여 일반교통방해죄를 적용할 수 없다고 한 사례(대판 1992.8.18. 91도2771).

④ (○) 피고인 소유의 토지를 포함한 구도로 옆으로 신도로가 개설되었으나 구도로가 여전히 형법 제185조 소정의 '육로'에 해당한다고 한 사례(대판 1999.7.27. 99도1651).

CHAPTER 02 | 공공의 신용에 대한 죄

제1절 | 통화에 관한 죄

008 다음 설명 중 옳은 것은 모두 몇 개인가? 〈경찰1차 2016〉

㉠ 위조통화임을 알고 있는 자에게 그 위조통화를 교부한 경우에 피교부자가 이를 유통시키리라는 것을 예상 내지 인식하면서 교부하였다면, 그 교부행위 자체가 통화에 대한 공공의 신용 또는 거래의 안전을 해할 위험이 있으므로 위조통화행사죄가 성립한다.

㉡ 통화에 관한 죄는 외국인의 국내범은 처벌하지만 외국인의 국외범은 처벌하지 아니한다.

㉢ 형법 제207조 제3항의 외국에서 통용하는 지폐에 일반인의 관점에서 통용할 것이라고 오인할 가능성이 있는 지폐까지 포함시킨다면 이는 유추해석 내지 확장해석하여 적용하는 것이 되어 죄형법정주의의 원칙에 어긋나는 것으로 허용되지 않는다.

㉣ 일본국의 자동판매기 등에 투입하여 일본국의 500￥(엔)짜리 주화처럼 사용하기 위해 한국은행 발행 500원짜리 주화의 표면 일부를 깎아내어 손상을 가한 경우 통화변조에 해당한다.

① 1개　② 2개　③ 3개　④ 4개

해설/정답 ②

㉠ (○) 위조통화임을 알고 있는 자에게 그 위조통화를 교부한 경우에 피교부자가 이를 유통시키리라는 것을 예상 내지 인식하면서 교부하였다면, 그 교부행위 자체가 통화에 대한 공공의 신용 또는 거래의 안전을 해할 위험이 있으므로 위조통화행사죄가 성립한다(대판 2003.1.10. 2002도3340).

㉡ (×) 형법 제5조

제5조(외국인의 국외범)
본법은 대한민국영역외에서 다음에 기재한 죄를 범한 외국인에게 적용한다.
1. 내란의 죄
2. 외환의 죄
3. 국기에 관한 죄
4. 통화에 관한 죄
5. 유가증권, 우표와 인지에 관한 죄
6. 문서에 관한 죄중 제225조 내지 제230조
7. 인장에 관한 죄중 제238조

㉢ (○) 형법 제207조 제3항은 "행사할 목적으로 외국에서 통용하는 외국의 화폐, 지폐 또는 은행권을 위조 또는 변조한 자는 10년 이하의 징역에 처한다."고 규정하고 있는바, 여기에서 외국에서 통용한다고 함은 그 외국에서 강제통용력을 가지는 것을 의미하는 것이므로 외국에서 통용하지 아니하는, 즉 강제통용력을 가지지 아니하는 지폐는 그것이 비록 일반인의 관점에서 통용할 것이라고 오인할 가능성이 있다고 하더라도 위 형법 제207조 제3항에서 정한 외국에서 통용하는 외국의 지폐에 해당한다고 할 수 없고, 만일 그와 달리 위 형법 제207조 제3항의 외국에서 통용하는 지폐에 일반인의 관점에서 통용할 것이라고 오

인할 가능성이 있는 지폐까지 포함시키면 이는 위 처벌조항을 문언상의 가능한 의미의 범위를 넘어서까지 유추해석 내지 확장해석하여 적용하는 것이 되어 죄형법정주의의 원칙에 어긋나는 것으로 허용되지 않는다(대판 2004.5.14. 2003도3487).

㉣ (×) 피고인들이 한국은행 발행 500원짜리 주화의 표면 일부를 깎아내어 손상을 가하였지만 그 크기와 모양 및 대부분의 문양이 그대로 남아 있어, 이로써 기존의 500원짜리 주화의 명목가치나 실질가치가 변경되었다거나, 객관적으로 보아 일반인으로 하여금 일본국의 500￥짜리 주화로 오신케 할 정도의 새로운 화폐를 만들어 낸 것이라고 볼 수 없고, 일본국의 자동판매기 등이 위와 같이 가공된 주화를 일본국의 500￥짜리 주화로 오인한다는 사정만을 들어 그 명목가치가 일본국의 500￥으로 변경되었다거나 일반인으로 하여금 일본국의 500￥짜리 주화로 오신케 할 정도에 이르렀다고 볼 수도 없다(대판 2002.1.11. 2000도3950).

제2절 | 유가증권·인지와 우표에 관한 죄

009 통화 및 유가증권의 죄에 관한 설명 중 가장 적절한 것은? 〈경찰1차 2023〉

① 위조통화를 행사하여 재물을 취득한 경우 위조통화행사죄와 사기죄가 성립하고 양죄는 상상적 경합관계에 있다.

② 위조유가증권행사죄에 있어서의 유가증권에는 원본뿐만 아니라 사본도 포함된다.

③ 통화위조죄에서의 '행사할 목적'이란 위조한 통화를 진정한 통화로서 유통에 놓겠다는 목적을 말하므로, 자신의 신용력을 증명하기 위하여 타인에게 보일 목적으로 통화를 위조한 경우에는 행사할 목적이 있다고 할 수 없다.

④ 유가증권의 내용 중 권한 없는 자에 의하여 이미 변조된 부분을 다시 권한 없이 변경한 경우 유가증권변조죄를 구성한다.

해설/정답 ③

① (×) 통화위조죄에 관한 규정은 공공의 거래상의 신용 및 안전을 보호하는 공공적인 법익을 보호함을 목적으로 하고 있고, 사기죄는 개인의 재산법익에 대한 죄이어서 양 죄는 그 보호법익을 달리하고 있으므로 위조통화를 행사하여 재물을 불법영득한 때에는 위조통화행사죄와 사기죄의 양 죄가 성립된다(대판 1979.7.10. 79도840). 실체적 경합관계에 해당한다.

② (×) [1] 피고인이 은행에 제출한 위조 선하증권의 사본이 위조유가증권행사죄에서 말하는 유가증권에 해당하지 않는다고 한 원심판단을 수긍한 사례. [2] 피고인이 은행에 제출한 위조 선하증권을 위조사문서행사죄의 대상인 문서로 본 원심판단을 수긍한 사례. [3] 피고인이 위조한 선하증권은 "COPY NON NEGOTIABLE"이라고 찍힌 선하증권의 사본임을 알 수 있어 유가증권위조죄에서의 유가증권에 해당하는 것으로 볼 수 없음에도, 이와 달리 판단한 원심판결에 법리오해의 위법이 있다고 한 사례(대판 2010.5.13. 2008도10678).

③ (○) [1] 형법 제207조에서 정한 '행사할 목적'이란 유가증권위조의 경우와 달리 위조·변조한 통화를 진정한 통화로서 유통에 놓겠다는 목적을 말하므로, 자신의 신용력을 증명하기 위하여 타인에게 보일 목적으로 통화를 위조한 경우에는 행사할 목적이 있다고 할 수 없다. [2] 통화위조죄와 위조통화행사죄의 객체인 위조통화는 유통과정에서 일반인이 진정한 통화로 오인할 정도의 외관을 갖추어야 한다(대판 2012.3.29. 2011도7704).

④ (×) 유가증권변조죄에서 '변조'는 진정하게 성립된 유가증권의 내용에 권한 없는 자가 유가증권의 동일성

을 해하지 않는 한도에서 변경을 가하는 것을 의미하고, 이와 같이 권한 없는 자에 의해 변조된 부분은 진정하게 성립된 부분이라 할 수 없다. 따라서 유가증권의 내용 중 권한 없는 자에 의하여 이미 변조된 부분을 다시 권한 없이 변경하였다고 하더라도 유가증권변조죄는 성립하지 않는다(대판 2012.9.27. 2010도15206).

010 유가증권에 관한 죄에 대한 설명 중 가장 적절하지 않은 것은? 〈경찰1차 2018〉

① 자기앞수표의 발행인이 수표의뢰인으로부터 수표자금을 입금받지 아니한 채 자기앞수표를 발행한 경우에는 허위유가증권작성죄가 성립한다.

② 「형법」 제214조의 유가증권이 되기 위해서는 재산권이 증권에 화체된다는 것과 그 권리의 행사와 처분에 증권의 점유를 필요로 한다는 두 가지 요소를 갖추면 족하지 반드시 유통성을 가질 필요는 없다.

③ 이미 타인에 의하여 위조된 약속어음의 기재사항을 권한 없이 변경하였다고 하더라도 유가증권변조죄는 성립하지 않는다.

④ 타인이 위조한 액면과 지급기일이 백지로 된 약속어음을 구입하여 행사의 목적으로 백지인 액면란에 금액을 기입하여 그 위조어음을 완성하는 행위는 백지어음 형태의 위조행위와 별개의 유가증권위조죄를 구성한다.

해설/정답 ①

① (×) 형법 제216조 전단의 허위유가증권작성죄는 작성권한 있는 자가 자기 명의로 기본적 증권행위를 함에 있어서 유가증권의 효력에 영향을 미칠 기재사항에 관하여 진실에 반하는 내용을 기재하는 경우에 성립하는바, 자기앞수표의 발행인이 수표의뢰인으로부터 수표자금을 입금받지 아니한 채 자기앞수표를 발행하더라도 그 수표의 효력에는 아무런 영향이 없으므로 허위유가증권작성죄가 성립하지 아니한다(대판 2005.10.27. 2005도4528).

② (○) 형법 제214조의 유가증권이란 증권상에 표시된 재산상의 권리의 행사와 처분에 그 증권의 점유를 필요로 하는 것을 총칭하는 것으로서 재산권이 증권에 화체된다는 것과 그 권리의 행사와 처분에 증권의 점유를 필요로 한다는 두 가지 요소를 갖추면 족하지 반드시 유통성을 가질 필요는 없고, 또한 위 유가증권은 일반인이 진정한 것으로 오신할 정도의 형식과 외관을 갖추고 있으면 되므로 증권이 비록 문방구 약속어음 용지를 이용하여 작성되었다고 하더라도 그 전체적인 형식·내용에 비추어 일반인이 진정한 것으로 오신할 정도의 약속어음 요건을 갖추고 있으면 당연히 형법상 유가증권에 해당한다(대판 2001.8.24. 2001도2832).

③ (○) 유가증권변조죄에 있어서 변조라 함은 진정으로 성립된 유가증권의 내용에 권한 없는 자가 그 유가증권의 동일성을 해하지 않는 한도에서 변경을 가하는 것을 말하므로, 이미 타인에 의하여 위조된 약속어음의 기재사항을 권한 없이 변경하였다고 하더라도 유가증권변조죄는 성립하지 아니한다(대판 2006.1.26. 2005도4764).

④ (○) 타인이 위조한 액면과 지급기일이 백지로 된 약속어음을 구입하여 행사의 목적으로 백지인 액면란에 금액을 기입하여 그 위조어음을 완성하는 행위는 백지어음 형태의 위조행위와는 별개의 유가증권위조죄를 구성한다(대판 1982.6.22. 82도677).

011 유가증권에 관한 죄에 대한 설명 중 가장 적절하지 않은 것은? 〈경찰1차 2017〉

① 자기앞수표의 발행인이 수표의뢰인으로부터 수표자금을 입금받지 아니한 채 자기앞수표를 발행하더라도 허위유가증권작성죄가 성립하지 아니한다.

② 위조유가증권행사죄에 있어서의 유가증권이라 함은 위조된 유가증권의 원본을 말하는 것이지 전자복사기 등을 사용하여 기계적으로 복사한 사본은 이에 해당하지 않는다.

③ 유가증권의 내용 중 권한 없는 자에 의하여 이미 변조된 부분을 다시 권한 없이 변경한 경우 유가증권변조죄는 성립하지 않는다.

④ 타인이 위조한 액면과 지급기일이 백지로 된 약속어음을 구입하여 행사의 목적으로 백지인 액면란에 금액을 기입하여 그 위조어음을 완성하는 행위는 백지어음 형태의 위조행위와 별개의 유가증권위조죄를 구성하지 않는다.

해설/정답 ④

① (○) 형법 제216조 전단의 허위유가증권작성죄는 작성권한 있는 자가 자기 명의로 기본적 증권행위를 함에 있어서 유가증권의 효력에 영향을 미칠 기재사항에 관하여 진실에 반하는 내용을 기재하는 경우에 성립하는바, 자기앞수표의 발행인이 수표의뢰인으로부터 수표자금을 입금받지 아니한 채 자기앞수표를 발행하더라도 그 수표의 효력에는 아무런 영향이 없으므로 허위유가증권작성죄가 성립하지 아니한다(대판 2005.10.27. 2005도4528).

② (○) 위조유가증권행사죄에 있어서의 유가증권이라 함은 위조된 유가증권의 원본을 말하는 것이지 전자복사기 등을 사용하여 기계적으로 복사한 사본은 이에 해당하지 않는다(대판 1998.2.13. 97도2922).

③ (○) 유가증권변조죄에 있어서 '변조'는 진정하게 성립된 유가증권의 내용에 권한 없는 자가 그 유가증권의 동일성을 해하지 않는 한도에서 변경을 가하는 것을 의미하고, 이와 같이 권한 없는 자에 의해 변조된 부분은 진정하게 성립된 부분이라 할 수 없다. 따라서 유가증권의 내용 중 권한 없는 자에 의하여 이미 변조된 부분을 다시 권한 없이 변경하였다고 하더라도 유가증권변조죄는 성립하지 않는다고 할 것이다(대판 2012.9.27. 2010도15206).

④ (×) 타인이 위조한 액면과 지급기일이 백지로 된 약속어음을 구입하여 행사의 목적으로 백지인 액면란에 금액을 기입하여 그 위조어음을 완성하는 행위는 백지어음 형태의 위조행위와는 별개의 유가증권위조죄를 구성한다(대판 1982.6.22. 82도677).

012 유가증권의 죄에 관한 다음 설명 중 가장 적절하지 않은 것은? 〈경찰2차 2015〉

① 이미 타인에 의하여 위조된 약속어음의 기재사항을 권한 없이 변경하였다고 하더라도 유가증권변조죄는 성립하지 않는다.

② 유가증권이 되기 위해서는 재산권이 증권에 화체된다는 것과 그 권리의 행사와 처분에 증권의 점유를 필요로 한다는 두 가지 요소 외 증권의 유통성까지 필요로 한다.

③ 위조된 유가증권을 그 정을 알고 있는 자에게 교부하였더라도 피교부자가 이를 유통시킬 것임을 인식하고 교부하였다면 위조유가증권행사죄가 성립한다.

④ 판매하려는 의도를 가지고 폐공중전화카드의 자기기록 부분에 전자정보를 조작하여 사용가능한 공중전화카드로 만든 경우 유가증권위조죄가 성립한다.

해설/정답 ②

① (○) 유가증권변조죄에 있어서 변조라 함은 진정으로 성립된 유가증권의 내용에 권한 없는 자가 그 유가증권의 동일성을 해하지 않는 한도에서 변경을 가하는 것을 말하므로, 이미 타인에 의하여 위조된 약속어음의 기재사항을 권한 없이 변경하였다고 하더라도 유가증권변조죄는 성립하지 아니한다(대판 2006.1.26. 2005도4764).

② (×) 형법 제214조의 유가증권이란 증권상에 표시된 재산상의 권리의 행사와 처분에 그 증권의 점유를 필요로 하는 것을 총칭하는 것이므로 그것이 유통성을 반드시 가질 필요는 없는 것이나 재산권이 증권에 화체된다는 것과, 그 권리의 행사처분에 증권의 점유를 필요로 한다는 두 가지 요소를 갖추어야 하는 것이고, 위 두 가지 요소 중 어느 하나를 갖추지 못한 경우에는 형법 제214조에서 말하는 유가증권이라 할 수 없다 할 것인바, 한국외환은행 소비조합이 그 소속조합원에게 발행한 신용카드는 그 카드에 의해서만 신용구매의 권리를 행사할 수 있는 점에서 재산권이 증권에 화체되었다고 볼 수 있으므로 유가증권이라 할 것이다(대판 1984.11.27. 84도1862).

③ (○) 위조유가증권행사죄의 처벌목적은 유가증권의 유통질서를 보호하고자 함에 있는 만큼 단순히 문서의 신용성을 보호하고자 하는 위조공·사문서행사죄의 경우와는 달리 교부자가 진정 또는 진실한 유가증권인 것처럼 위조유가증권을 행사하였을 때뿐만 아니라 위조유가증권임을 알고 있는 자에게 교부하였더라도 피교부자가 이를 유통시킬 것임을 인식하고 교부하였다면, 그 교부행위 그 자체가 유가증권의 유통질서를 해할 우려가 있어 처벌의 이유와 필요성이 충분히 있다고 할 것이므로 위조유가증권행사죄가 성립한다고 보아야 할 것이지만, 위조유가증권의 교부자와 피교부자가 서로 유가증권위조를 공모하였거나 위조유가증권을 타에 행사하여 그 이익을 나누어 가질 것을 공모한 공범의 관계에 있다면, 그들 사이의 위조유가증권 교부행위는 그들 이외의 자에게 행사함으로써 범죄를 실현하기 위한 전단계의 행위에 불과한 것으로서 위조유가증권은 아직 범인들의 수중에 있다고 볼 것이지 행사되었다고 볼 수는 없다(대판 2010.12.9. 2010도12553).

④ (○) 폐공중전화카드의 자기기록 부분에 전자정보를 기록하여 사용가능한 공중전화카드를 만든 행위를 유가증권위조죄로 의율한 원심판결을 수긍한 사례(대판 1998.2.27. 97도2483).

제3절 | 문서에 관한 죄

013 문서에 관한 죄에 대한 설명으로 가장 적절하지 않은 것은? 〈경찰2차 2023〉

① 「형법」 제228조 제1항 공전자기록 등 불실기재죄의 구성요건인 '불실의 사실기재'는 당사자의 허위신고에 의하여 이루어져야 하므로, 법원의 촉탁에 의하여 등기를 마친 경우에는 그 전제 절차에 허위적 요소가 있더라도 위 죄가 성립하지 않는다.

② 작성자가 '행사할 목적'으로 타인의 자격을 모용하여 문서를 작성하였다 하더라도, 문서행사의 상대방이 자격모용 사실을 알았다거나, 작성자가 그 문서에 모용한 자격과 무관한 직인을 날인하였다는 등의 사정이 있었다면 자격모용에 의한 사문서작성죄의 범의와 행사의 목적은 인정되지 않는다.

③ 명의인을 기망하여 문서를 작성케 하는 경우에는, 서명·날인이 정당히 성립된 경우라도 기망자는 명의인을 이용하여 서명날인자의 의사에 반하는 문서를 작성케 하는 것이므로 사문서위조죄가 성립한다.

④ 사용권한자와 용도가 특정되어 있는 공문서를 사용권한 없는 자가 사용한 경우에도 그 공문서 본래의 용도에 따른 사용이 아닌 경우에는 공문서부정행사죄가 성립하지 않는다.

해설/정답 ②

① (○) 공전자기록 등 불실기재죄(형법 제228조 제1항)의 구성요건인 '불실의 사실기재'는 당사자의 허위신고에 의하여 이루어져야 하므로, 법원의 촉탁에 의하여 등기를 마친 경우에는 그 전제절차에 허위적 요소가 있더라도 위 죄가 성립하지 않는다(대판 2022.1.13. 2021도11257).

② (×) 자격모용사문서작성죄는 문서위조죄와 마찬가지로 문서의 진정에 대한 공공의 신용을 보호법익으로 하는 것으로, 행사할 목적으로 타인의 자격을 모용하여 작성된 문서가 일반인으로 하여금 명의인의 권한 내에서 작성된 문서라고 믿게 할 수 있는 정도의 형식과 외관을 갖추고 있으면 성립한다. 주식회사의 대표 자격으로 계약을 하는 경우 피고인 자신을 위한 행위가 아니고 작성명의인인 회사를 위하여 법률행위를 한다는 것을 인식할 수 있을 정도의 표시가 있으면 대표관계의 표시라고 할 수 있다. 자격모용사문서작성죄에서의 '행사할 목적'이라 함은 그 문서가 정당한 권한에 기하여 작성된 것처럼 다른 사람으로 하여금 오신하도록 하게 할 목적을 말한다고 할 것이므로 사문서를 작성하는 자가 주식회사의 대표로서의 자격을 모용하여 문서를 작성한다는 것을 인식, 용인하면서 그 문서를 진정한 문서로서 어떤 효용에 쓸 목적으로 사문서를 작성하였다면, 자격모용에 의한 사문서작성죄의 행사의 목적과 고의를 인정할 수 있다. 작성자가 '행사할 목적'으로 자격을 모용하여 문서를 작성한 이상 문서행사의 상대방이 자격모용 사실을 알았다거나, 작성자가 그 문서에 모용한 자격과 무관한 직인을 날인하였다는 등의 사정이 있다고 하여 달리 볼 것은 아니다(대판 2022.6.30. 2021도17712).

③ (○) 명의인을 기망하여 문서를 작성케 하는 경우는 서명, 날인이 정당히 성립된 경우에도 기망자는 명의인을 이용하여 서명 날인자의 의사에 반하는 문서를 작성케 하는 것이므로 사문서위조죄가 성립한다(대판 2000.6.13. 2000도778).

④ (○) [1] 사용권한자와 용도가 특정되어 있는 공문서를 사용권한 없는 자가 사용한 경우에도 그 공문서 본래의 용도에 따른 사용이 아닌 경우에는 형법 제230조의 공문서부정행사죄가 성립되지 아니한다. [2] 피고인이 기왕에 습득한 타인의 주민등록증을 피고인 가족의 것이라고 제시하면서 그 주민등록증상의 명의 또는 가명으로 이동전화 가입신청을 한 경우, 타인의 주민등록증을 본래의 사용용도인 신분확인용으로 사용한 것이라고 볼 수 없어 공문서부정행사죄가 성립하지 않는다고 한 사례(대판 2003.2.26. 2002도4935).

014 **문서의 죄에 관한 설명 중 옳은 것을 모두 고른 것은?** 〈경찰1차 2023〉

> ㉠ 주식회사의 대표이사로부터 포괄적인 권한 행사를 위임받은 사람은 주식회사 명의의 문서 작성에 관하여 개별적·구체적으로 위임 또는 승낙을 받지 않더라도 주식회사 명의로 문서를 작성할 수 있으므로, 이를 두고 자격모용 사문서작성 또는 위조에 해당하는 것으로 볼 수는 없다.
>
> ㉡ 위조 사문서의 행사는 상대방으로 하여금 위조된 문서를 인식 할 수 있는 상태에 둠으로써 기수가 되고 상대방이 실제로 그 내용을 인식하여야 하는 것은 아니므로, 위조된 문서를 우송한 경우에는 그 문서가 상대방에게 도달한 때에 기수가 되고 상대방이 실제로 그 문서를 보아야 하는 것은 아니다.
>
> ㉢ 공문서의 작성 권한이 있는 A의 직무를 보좌하는 공무원 甲이 비공무원 乙과 공모하여 행사할 목적으로 허위의 내용이 기재된 문서 초안을 그 정을 모르는 A에게 제출하여 결재하도록 하는 방법으로 허위의 공문서를 작성하게 한 경우 甲은 허위공문서작성죄의 간접정범이 될 수 있지만 공무원의 신분이 없는 乙은 간접정범의 공범이 될 수 없다.
>
> ㉣ 주식회사의 발기인 등이 법령에 정한 회사설립의 요건과 절차에 따라 회사설립등기를 함으로써 회사가 성립하였다고 볼 수 있는 경우, 회사를 설립할 당시 회사를 실제로 운영할 의사 없이 회사를 이용한 범죄 의도나 목적이 있었다는 이유만으로는 공정증서원본불실기재죄에서 말하는 불실의 사실을 법인등기부에 기록하게 한 것으로 볼 수 없다.

① ㉠, ㉡　　② ㉠, ㉢　　③ ㉡, ㉣　　④ ㉢, ㉣

해설/정답 ③

ㄱ. (×) 주식회사의 적법한 대표이사라 하더라도 그 권한을 포괄적으로 위임하여 다른 사람으로 하여금 대표이사의 업무를 처리하게 하는 것은 허용되지 않는다. 따라서 대표이사로부터 포괄적으로 권한 행사를 위임받은 사람이 주식회사 명의로 문서를 작성하는 행위는 원칙적으로 권한 없는 사람의 문서 작성행위로서 자격모용사문서작성 또는 위조에 해당하고, 대표이사로부터 개별적·구체적으로 주식회사 명의의 문서 작성에 관하여 위임 또는 승낙을 받은 경우에만 예외적으로 적법하게 주식회사 명의로 문서를 작성할 수 있다(대판 2008.12.24. 2008도7836, 대판 2008.11.27. 2006도2016).

ㄴ. (○) [1] 위조문서행사죄에 있어서 행사는 위조된 문서를 진정한 것으로 사용함으로써 문서에 대한 공공의 신용을 해칠 우려가 있는 행위를 말하므로 그 행사의 상대방에는 아무런 제한이 없고, 다만 문서가 위조된 것임을 이미 알고 있는 공범자 등에게 행사하는 경우에는 위조문서행사죄가 성립할 수 없다. [2] 위조사문서의 행사는 상대방으로 하여금 위조된 문서를 인식할 수 있는 상태에 둠으로써 기수가 되고 상대방이 실제로 그 내용을 인식하여야 하는 것은 아니므로, 위조된 문서를 우송한 경우에는 그 문서가 상대방에게 도달한 때에 기수가 되고 상대방이 실제로 그 문서를 보아야 하는 것은 아니다(대판 2005.1.28. 2004도4663).

ㄷ. (×) 문서의 작성권한이 있는 공무원의 직무를 보좌하는 자가 그 직위를 이용하여 행사할 목적으로 허위의 내용이 기재된 문서 초안을 그 정을 모르는 상사에게 제출하여 결재하도록 하는 등의 방법으로 작성권한이 있는 공무원으로 하여금 허위의 공문서를 작성하게 한 경우에는 간접정범이 성립되고 이와 공모한 자 역시 그 간접정범의 공범으로서의 죄책을 면할 수 없는 것이고, 여기서 말하는 공범은 반드시 공무원의 신분이 있는 자로 한정되는 것은 아니라고 할 것이다(대판 1992.1.17. 91도2837, 진정신분범에서 비신분자가 신분자와 공모한 경우).

ㄹ. (○) 주식회사의 발기인 등이 상법 등 법령에 정한 회사설립의 요건과 절차에 따라 회사설립등기를 함으로써 회사가

성립하였다고 볼 수 있는 경우 회사설립등기와 그 기재 내용은 특별한 사정이 없는 한 공정증서원본 등 부실기재죄에서 말하는 부실의 사실에 해당하지 않는다. 발기인 등이 회사를 설립할 당시 회사를 실제로 운영할 의사 없이 회사를 이용한 범죄 의도나 목적이 있었다거나, 회사로서의 인적·물적 조직 등 영업의 실질을 갖추지 않았다는 이유만으로는 부실의 사실을 법인등기부에 기록하게 한 것으로 볼 수 없다(대판 2020.2.27. 2019도9293).

015 **문서의 죄에 관한 설명 중 옳지 않은 것은 모두 몇 개인가?** 〈경찰2차 2022〉

> ㉠ 컴퓨터의 기억장치 중 하나인 램(RAM, Random Access Memory)은 기억장치 또는 저장매체이기는 하나 임시적인 기억 또는 저장에 활용되는 매체에 불과하여 램에 올려진 전자기록은 형법 제232조의2의 사전자기록위작·변작죄에서 말하는 전자기록에 해당하지 않는다.
>
> ㉡ 공문서를 작성하는 과정에서 법령 등을 잘못 적용하거나 적용하여야 할 법령 등을 적용하지 아니한 잘못이 있는 경우에는 허위공문서작성죄가 성립하며, 그 적용의 전제가 된 사실관계에 관하여 거짓된 기재가 없더라도 그 성립을 부정할 수 없다.
>
> ㉢ 형법 제228조 제2항의 공정증서원본 부실기재죄에서 말하는 '등록증'은 공무원이 작성한 모든 등록증을 말하는 것이 아니라, 일정한 자격이나 요건을 갖춘 자에게 그 자격이나 요건에 상응한 활동을 할 수 있는 권능 등을 인정하기 위하여 공무원이 작성한 증서를 말하는 것으로서 사업자등록증은 단순한 사업사실의 등록을 증명하는 증서에 불과하여 동법 제228조 제2항의 등록증에 해당하지 않는다.
>
> ㉣ 타인의 주민등록증을 습득한 자가 해당 주민등록증을 본인 가족의 것이라고 제시하면서 그 주민등록증 상의 명의 또는 가명으로 이동전화 가입신청을 한 경우, 형법 제230조 공문서등부정행사죄가 성립한다.
>
> ㉤ 형법 제228조 제1항이 규정하는 공정증서원본 부실기재죄나 공전자기록 등 부실기재죄는 공무원에 대하여 진실에 반하는 허위신고를 하여 공정증서원본 또는 이와 동일한 전자기록 등 특수매체기록에 그 증명하는 사항에 관하여 실체관계에 부합하지 아니하는 '부실의 사실'을 기재 또는 기록하게 함으로써 성립하고, 여기서 '부실의 사실'이라 함은 권리의무관계에 중요한 의미를 갖는 사항이 객관적인 진실에 반하는 것을 말한다.

① 1개 ② 2개 ③ 3개 ④ 4개

해설/정답 ③

㉠ (×) [1] 형법 제232조의2의 사전자기록위작·변작죄에서 말하는 권리의무 또는 사실증명에 관한 타인의 전자기록 등 특수매체기록이라 함은 일정한 저장매체에 전자방식이나 자기방식에 의하여 저장된 기록을 의미한다고 할 것인데, 비록 컴퓨터의 기억장치 중 하나인 램(RAM, Random Access Memory)이 임시기억장치 또는 임시저장매체이기는 하지만, 형법이 전자기록위·변작죄를 문서위·변조죄와 따로 처벌하고자 한 입법취지, 저장매체에 따라 생기는 그 매체와 저장된 전자기록 사이의 결합강도와 각 매체별 전자기록의 지속성의 상대적 차이, 전자기록의 계속성과 증명적 기능과의 관계, 본죄의 보호법익과 그 침해행위의 태양 및 가벌성 등에 비추어 볼 때, 위 램에 올려진 전자기록 역시 사전자기록위작·변작죄에서 말하는 전자기록 등 특수매체기록에 해당한다. [2] 램에 올려진 전자기록은 원본파일과 불가분적인 것으로 원본파일의 개념적 연장선상에 있는 것이므로, 비록 원본파일의 변경까지 초래하지는 아니하였더라도

이러한 전자기록에 허구의 내용을 권한 없이 수정입력한 것은 그 자체로 그러한 사전자기록을 변작한 행위의 구성요건에 해당된다고 보아야 할 것이며 그러한 수정입력의 시점에서 사전자기록변작죄의 기수에 이르렀다고 한 사례(대판 2003.10.9. 2000도4993).

㉡ (×) 허위공문서작성죄는 공문서에 진실에 반하는 기재를 하는 때에 성립하는 범죄이므로, 공문서를 작성하는 과정에서 법령 등을 잘못 적용하거나 적용하여야 할 법령 등을 적용하지 아니한 잘못이 있더라도 그 적용의 전제가 된 사실관계에 관하여 거짓된 기재가 없다면 허위공문서작성죄가 성립할 수 없고, 이는 그와 같은 잘못이 공무원의 고의에 기한 것이라도 달리 볼 수 없다. 공문서 작성 과정에서 법령 등을 잘못 적용하였다고 하여 반드시 진실에 반하는 기재를 하여 공문서를 작성하게 되는 것은 아니므로, 공문서 작성 과정에서 법령 등의 적용에 잘못이 있다는 것과 기재된 공문서 내용이 허위인지 여부는 구별되어야 한다(대판 2021.9.16. 2019도18394).

㉢ (○) [1] 형법 제228조는 공무원이 아닌 자가 그 정을 모르는 공무원을 이용하여 공문서에 허위의 사실을 기재하게 하는 이른바 간접적 무형위조를 처벌하면서 모든 공문서를 객체로 하지 않고 '공정증서원본 또는 이와 동일한 전자기록 등 특수매체기록'(제1항), '면허증, 허가증, 등록증 또는 여권'(제2항)으로 그 객체를 제한하고 있는바, 그 취지는 공문서 중 일반사회생활에 있어서 특별한 신빙성을 요하는 공문서에 대한 공공의 신용을 보장하고자 하는 것이므로 위 형법 제228조 제2항의 '등록증'은 공무원이 작성한 모든 등록증을 말하는 것이 아니라, 일정한 자격이나 요건을 갖춘 자에게 그 자격이나 요건에 상응한 활동을 할 수 있는 권능 등을 인정하기 위하여 공무원이 작성한 증서를 말한다. [2] 사업자등록증은 단순한 사업사실의 등록을 증명하는 증서에 불과하고 그에 의하여 사업을 할 수 있는 자격이나 요건을 갖추었음을 인정하는 것은 아니라고 할 것이어서 형법 제228조 제1항에 정한 '등록증'에 해당하지 않는다고 한 원심의 판단을 수긍한 사례(대판 2005.7.15. 2003도6934).

㉣ (×) [1] 사용권한자와 용도가 특정되어 있는 공문서를 사용권한 없는 자가 사용한 경우에도 그 공문서 본래의 용도에 따른 사용이 아닌 경우에는 형법 제230조의 공문서부정행사죄가 성립되지 아니한다. [2] 피고인이 기왕에 습득한 타인의 주민등록증을 피고인 가족의 것이라고 제시하면서 그 주민등록증상의 명의 또는 가명으로 이동전화 가입신청을 한 경우, 타인의 주민등록증을 본래의 사용용도인 신분확인용으로 사용한 것이라고 볼 수 없어 공문서부정행사죄가 성립하지 않는다고 한 사례(대판 2003.2.26. 2002도4935).

㉤ (○) 부동산등기법이 2005. 12. 29. 법률 제7764호로 개정되면서 매매를 원인으로 하는 소유권이전등기를 신청하는 경우에는 등기신청서에 거래신고필증에 기재된 거래가액을 기재하고, 신청서에 기재된 거래가액을 부동산등기부 甲구의 권리자 및 기타사항란에 기재하도록 하였는데, 이는 부동산거래 시 거래당사자나 중개업자가 실제 거래가액을 시장, 군수 또는 구청장에게 신고하여 신고필증을 받도록 의무화하면서 거짓 신고 등을 한 경우에는 과태료를 부과하기로 하여 2005. 7. 29. 법률 제7638호로 전부 개정된 '공인중개사의 업무 및 부동산 거래신고에 관한 법률'과 아울러 부동산 종합대책의 일환으로 실시된 것으로서, 그 개정 취지는 부동산거래의 투명성을 확보하기 위한 데에 있을 뿐이므로, 부동산등기부에 기재되는 거래가액은 당해 부동산의 권리의무관계에 중요한 의미를 갖는 사항에 해당한다고 볼 수 없다. 따라서 부동산의 거래당사자가 거래가액을 시장 등에게 거짓으로 신고하여 신고필증을 받은 뒤 이를 기초로 사실과 다른 내용의 거래가액이 부동산등기부에 등재되도록 하였다면, '공인중개사의 업무 및 부동산 거래신고에 관한 법률'에 따른 과태료의 제재를 받게 됨은 별론으로 하고, 형법상의 공전자기록등부실기재죄 및 부실기재공전자기록등행사죄가 성립하지는 아니한다(대판 2013.1.24. 2012도12363).

016 공공의 신용에 대한 죄에 관한 설명으로 가장 적절하지 않은 것은? 〈경찰1차 2022〉

① 사용권한자와 용도가 특정되어 있는 공문서를 사용권한 없는 자가 사용한 경우 그 공문서 본래의 용도에 따른 사용이 아니라 하더라도 「형법」 제230조의 공문서부정행사죄가 성립된다.

② 문서가 위조된 것임을 이미 알고 있는 공범자 등에게 행사하는 경우에는 위조문서행사죄가 성립할 수 없으나, 간접정범을 통한 위조문서행사범행에 있어 도구로 이용된 자라고 하더라도 문서가 위조된 것임을 알지 못하는 자에게 행사한 경우에는 위조문서행사죄가 성립한다.

③ 인터넷을 통하여 열람·출력한 등기사항전부증명서 하단의 열람 일시 부분을 수정 테이프로 지우고 복사한 행위는 공문서변조에 해당한다.

④ 위조된 외국의 화폐, 지폐 또는 은행권이 강제통용력을 가지지 않고, 그 화폐 등이 국내에서 사실상 거래 대가의 지급수단이 되고 있지 않는 경우에는 그 화폐 등을 행사하더라도 위조통화행사죄를 구성하지 않는다고 할 것이므로, 「형법」 제234조에서 정한 위조사문서행사죄 또는 위조사도화행사죄로 의율할 수 있다.

해설/정답 ①

① (×) [1] 사용권한자와 용도가 특정되어 있는 공문서를 사용권한 없는 자가 사용한 경우에도 그 공문서 본래의 용도에 따른 사용이 아닌 경우에는 형법 제230조의 공문서부정행사죄가 성립되지 아니한다. [2] 피고인이 기왕에 습득한 타인의 주민등록증을 피고인 가족의 것이라고 제시하면서 그 주민등록증상의 명의 또는 가명으로 이동전화 가입신청을 한 경우, 타인의 주민등록증을 본래의 사용용도인 신분확인용으로 사용한 것이라고 볼 수 없어 공문서부정행사죄가 성립하지 않는다고 한 사례(대판 2003.2.26. 2002도4935).

② (○) [1] 간접정범을 통한 위조문서행사범행에 있어 도구로 이용된 자라고 하더라고 문서가 위조된 것임을 알지 못하는 자에게 행사한 경우에는 위조문서행사죄가 성립한다. [2] 피고인이 위조·변조한 공문서의 이미지 파일을 甲 등에게 이메일로 송부하여 프린터로 출력하게 함으로써 '행사'하였다는 내용으로 기소되었는데, 甲 등은 출력 당시 위 파일이 위조된 것임을 알지 못한 사안에서, 피고인의 행위가 위조·변조공문서행사죄를 구성한다고 보아야 하는데도, 이와 달리 보아 무죄를 선고한 원심판결에 법리오해의 위법이 있다고 한 사례(대판 2012.2.23. 2011도14441).

③ (○) 공문서변조죄는 권한 없는 자가 공무소 또는 공무원이 이미 작성한 문서내용에 대하여 동일성을 해하지 않을 정도로 변경을 가하여 새로운 증명력을 작출케 함으로써 공공적 신용을 해할 위험성이 있을 때 성립한다(대판 2003.12.26. 2002도7339 등 참조). 이때 일반인으로 하여금 공무원 또는 공무소의 권한 내에서 작성된 문서라고 믿을 수 있는 형식과 외관을 구비한 문서를 작성하면 공문서변조죄가 성립하는 것이고, 일반인으로 하여금 공무원 또는 공무소의 권한 내에서 작성된 문서라고 믿게 할 수 있는지 여부는 그 문서의 형식과 외관은 물론 그 문서의 작성경위, 종료, 내용 및 일반거래에 있어서 그 문서가 가지는 기능 등 여러 가지 사정을 종합적으로 고려하여 판단하여야 한다(공문서위조죄에 관한 대법원 1992.11.27. 선고 92도2226 판결 및 사문서위조죄에 관한 대법원 2009.7.23. 선고 2008도10195 판결 등 참조)(대판 2021.2.25. 2018도19043).

④ (○) 통화에 관한 죄는 문서에 관한 죄에 대하여 특별관계에 있으므로 통화에 관한 죄가 성립하는 때에는 문서에 관한 죄는 별도로 성립하지 않는다. 그러나 위조된 외국의 화폐, 지폐 또는 은행권이 강제통용력을 가지지 않는 경우에는 형법 제207조 제3항에서 정한 '외국에서 통용하는 외국의 화폐 등'에 해당하지 않고, 나아가 그 화폐 등이 국내에서 사실상 거래 대가의 지급수단이 되고 있지 않는 경우에는 형법 제207조 제2항에서 정한 '내국에서 유통하는 외국의 화폐 등'에도 해당하지 않으므로, 그 화폐 등을 행사하더라도 형법 제207조 제4항에서 정한 위조통화행사죄를 구성하지 않는다고 할 것이고, 따라서 이러한 경우에는 형법 제234조에서 정한 위조사문서행사죄 또는 위조사도화행사죄로 의율할 수 있다고 보아야 한다(대판 2013.12.12. 2012도2249).

017 문서에 관한 죄에 대한 설명으로 가장 적절한 것은? 〈경찰1차 2022〉

① 형법은 사문서의 경우 무형위조만을 처벌하면서 예외적으로 유형위조를 처벌하는 태도를 취하고 있다.

② 공무원인 의사가 공무소의 명의로 허위의 진단서를 작성한 경우 허위공문서작성죄와 허위진단서작성죄가 성립하고 두 죄는 상상적 경합관계에 있다.

③ 공문서와 달리 사문서에 있어서는 권한 있는 사람의 허위작성을 예외적으로만 처벌하는 형법의 태도를 고려할 때, 「형법」 제232조의2에서 정하는 사전자기록등위작죄에서의 '위작'에 시스템의 설치·운영 주체로부터 각자의 직무 범위에서 개개의 단위정보의 입력 권한을 부여받은 사람이 그 권한을 남용하여 허위의 정보를 입력함으로써 시스템 설치·운영 주체의 의사에 반하는 전자기록을 생성하는 경우는 포함되지 않는다고 보아야 한다.

④ A회사의 대표이사 甲이 B회사의 대표이사 乙로부터 포괄적 위임을 받아 두 회사의 대표이사 업무를 처리하면서 두 회사 명의로 허위 내용의 영수증과 세금계산서를 작성한 사안에서, B회사 명의 부분은 乙의 개별적·구체적 위임 또는 승낙 없는 행위로서 사문서위조 및 위조사문서행사죄가 성립하지만, A회사 명의 부분은 이미 퇴직한 종전의 대표이사를 승낙 없이 대표이사로 표시하였더라도 이에 해당하지 않는다.

해설/정답 ④

① (×) 형법은 유형위조(문서의 성립진정의 보호를 내용으로 하는 형식주의에 의한 문서위조)는 '위조', 무형위조(문서의 내용진실의 보호를 내용으로 하는 실질주의에 의한 문서위조)는 '작성'이라고 표시하여 양자를 구별하고 있다. 형법은 유형위조는 공문서·사문서를 불문하고 모두 처벌하고 있으나, 무형위조는 공문서와 달리 사문서에 있어서는 허위진단서작성죄의 경우만 예외적으로 처벌한다.

② (×) 형법이 제225조 내지 제230조에서 공문서에 관한 범죄를 규정하고, 이어 제231조 내지 제236조에서 사문서에 관한 범죄를 규정하고 있는 점 등에 비추어 볼 때 형법 제233조 소정의 허위진단서작성죄의 대상은 공무원이 아닌 의사가 사문서로서 진단서를 작성한 경우에 한정되고, 공무원인 의사가 공무소의 명의로 허위진단서를 작성한 경우에는 허위공문서작성죄만이 성립하고 허위진단서작성죄는 별도로 성립하지 않는다(대판 2004.4.9. 2003도7762).

③ (×) 시스템을 설치·운영하는 주체와의 관계에서 전자기록의 생성에 관여할 권한이 없는 사람이 전자기록을 작출하거나 전자기록의 생성에 필요한 단위정보의 입력을 하는 경우는 물론 시스템의 설치·운영 주체로부터 각자의 직무 범위에서 개개의 단위정보의 입력 권한을 부여받은 사람이 그 권한을 남용하여 허위의 정보를 입력함으로써 시스템 설치·운영 주체의 의사에 반하는 전자기록을 생성하는 경우도 형법 제227조의2에서 말하는 전자기록의 '위작'에 포함된다고 판시하였다(대판 2005.6.9. 2004도6132). 위 법리는 형법 제232조의2의 사전자기록등위작죄에서 행위의 태양으로 규정한 '위작'에 대해서도 마찬가지로 적용된다(대판 2016.11.10. 2016도6299). 이와 같은 위작에 관한 대법원의 법리는 타당하므로 이 사건에서도 적용할 수 있다(대판 2020.8.27. 2019도11294 전원합의체).

④ (○) 주식회사의 적법한 대표이사라 하더라도 그 권한을 포괄적으로 위임하여 다른 사람으로 하여금 대표이사의 업무를 처리하게 하는 것은 허용되지 않는다. 따라서 대표이사로부터 포괄적으로 권한 행사를 위임받은 사람이 주식회사 명의로 문서를 작성하는 행위는 원칙적으로 권한 없는 사람의 문서 작성행위로서 자격모용사문서작성 또는 위조에 해당하고, 대표이사로부터 개별적·구체적으로 주식회사 명의의 문서 작성에 관하여 위임 또는 승낙을 받은 경우에만 예외적으로 적법하게 주식회사 명의로 문서를 작성할 수 있다. A회사의 대표이사 甲이 B회사의 대표이사 乙로부터 포괄적 위임을 받아 두 회사의 대표이사 업무를 처리하면서 두 회사 명

의로 허위 내용의 영수증과 세금계산서를 작성한 사안에서, B회사 명의 부분은 乙의 개별적·구체적 위임 또는 승낙 없는 행위로서 사문서위조 및 위조사문서행사죄가 성립하지만, A회사 명의 부분은 이미 퇴직한 종전의 대표이사를 승낙 없이 대표이사로 표시하였더라도 이에 해당하지 않는다고 한 사례(대판 2008.12.24. 2008도7836, 대판 2008.11.27. 2006도2016).

018 사회적 법익에 대한 죄에 관한 설명으로 가장 적절하지 않은 것은? 〈경찰1차 2022〉

① 「민사조정법」상의 조정절차에서 작성되는 조정조서는 공정증서원본부실기재죄에서의 공정증서원본에 해당한다.

② 단순히 자신의 신용력을 증명하기 위하여 타인에게 보일 목적으로 통화를 위조한 경우에는 통화위조죄가 성립하지 않는다.

③ 공무원의 문서작성을 보조하는 직무에 종사하는 공무원이 허위공문서를 기안하여 결재를 거치지 않고 임의로 작성권자의 직인 등을 부정 사용함으로써 공문서를 완성한 경우 공문서위조죄가 성립한다.

④ 불을 놓아 무주물을 불태워 공공의 위험을 발생하게 한 경우에는 「형법」 제167조 제2항의 자기소유일반물건방화죄가 성립한다.

해설/정답 ①

① (×) 형법 제228조 제1항이 규정하는 공정증서원본부실기재죄는 공무원에 대하여 진실에 반하는 허위신고를 하여 공정증서원본에 그 증명하는 사항에 관하여 실체관계에 부합하지 아니하는 불실의 사실을 기재하게 함으로써 성립하는 범죄로서, 위 죄의 객체인 공정증서원본은 그 성질상 허위신고에 의해 부실한 사실이 그대로 기재될 수 있는 공문서이어야 한다고 할 것인바, 민사조정법상 조정신청에 의한 조정제도는 원칙적으로 조정신청인의 신청 취지에 구애됨이 없이 조정담당판사 등이 제반 사정을 고려하여 당사자들에게 상호 양보하여 합의하도록 권유·주선함으로써 화해에 이르게 하는 제도인 점에 비추어, 그 조정절차에서 작성되는 조정조서는 그 성질상 허위신고에 의해 부실한 사실이 그대로 기재될 수 있는 공문서로 볼 수 없어 공정증서원본에 해당하는 것으로 볼 수 없다(대판 2010.6.10. 2010도3232).

② (○) [1] 형법 제207조에서 정한 '행사할 목적'이란 유가증권위조의 경우와 달리 위조·변조한 통화를 진정한 통화로서 유통에 놓겠다는 목적을 말하므로, 자신의 신용력을 증명하기 위하여 타인에게 보일 목적으로 통화를 위조한 경우에는 행사할 목적이 있다고 할 수 없다. [2] 통화위조죄와 위조통화행사죄의 객체인 위조통화는 유통과정에서 일반인이 진정한 통화로 오인할 정도의 외관을 갖추어야 한다(대판 2012.3.29. 2011도7704).

③ (○) [1] 허위공문서작성죄의 주체는 문서를 작성할 권한이 있는 명의인인 공무원에 한하고 그 공무원의 문서작성을 보조하는 직무에 종사하는 공무원은 허위공문서작성죄의 주체가 될 수 없다. [2] 따라서 보조 직무에 종사하는 공무원이 허위공문서를 기안하여 허위임을 모르는 작성권자의 결재를 받아 공문서를 완성한 때에는 허위공문서작성죄의 간접정범이 될 것이지만, 이러한 결재를 거치지 않고 임의로 작성권자의 직인 등을 부정 사용함으로써 공문서를 완성한 때에는 공문서위조죄가 성립한다. 이는 공문서의 작성권한 없는 사람이 허위공문서를 기안하여 작성권자의 결재를 받지 않고 공문서를 완성한 경우에도 마찬가지이다. [3] 나아가 작성권자의 직인 등을 보관하는 담당자는 일반적으로 작성권자의 결재가 있는 때에 한하여 보관 중인 직인 등을 날인할 수 있을 뿐이다. 이러한 경우 다른 공무원 등이 작성권자의 결재를 받지 않고 직인 등을 보관하는 담당자를 기망하여 작성권자의 직인을 날인하도록 하여 공문서를 완성한 때에도 공문서위조죄가 성립한다(대판

2017.5.17. 2016도13912).

④ (O) 노상에서 전봇대 주변에 놓인 재활용품과 쓰레기 등에 불을 놓아 소훼한 사안에서, 그 재활용품과 쓰레기 등은 '무주물'로서 형법 제167조 제2항에 정한 '자기 소유의 물건'에 준하는 것으로 보아야 하므로, 여기에 불을 붙인 후 불상의 가연물을 집어넣어 그 화염을 키움으로써 전선을 비롯한 주변의 가연물에 손상을 입히거나 바람에 의하여 다른 곳으로 불이 옮아붙을 수 있는 공공의 위험을 발생하게 하였다면, 일반물건방화죄가 성립한다고 한 사례(대판 2009.10.15. 2009도7421).

019 **문서에 관한 죄에 대한 설명으로 가장 적절하지 않은 것은?** 〈경찰2차 2021〉

① 甲이 콘도미니엄 입주민들의 모임인 A시설운영위원회의 대표로 선출된 후 A위원회가 대표성을 갖춘 단체라는 외양을 작출할 목적으로, 행정용 봉투에 A위원회의 한자와 한글 직인을 날인한 다음 자신의 인감증명서 중앙에 있는 '용도'란 부분에 이를 오려 붙이는 방법으로 인감증명서 1매를 작성하고, 이를 휴대전화로 촬영한 사진 파일을 입주민들이 참여하는 메신저 단체대화방에 게재한 경우에는 공문서위조 및 동행사죄가 성립하지 아니한다.

② 변호사 甲이 대량의 저작권법 위반 형사고소 사건을 수임하여 피고소인 30명을 각각 형사고소하기 위하여 20건 또는 10건의 고소장을 개별적으로 수사관서에 제출하면서 하나의 고소위임장에만 소속 변호사회에서 발급받은 진정한 경유증표 원본을 첨부한 후 이를 일체로 하여 컬러복사기로 20장 또는 10장의 고소위임장을 각 복사한 다음 고소위임장과 일체로 복사한 경유증표를 고소장에 첨부하여 접수한 경우에는 사문서위조 및 동행사죄가 성립한다.

③ 법무사 甲이 위임인 A가 문서명의자로부터 문서작성 권한을 위임받지 않았음을 알면서도 「법무사법」 제25조에 따른 확인 절차를 거치지 아니하고 권리의무에 중대한 영향을 미칠 수 있는 문서를 작성한 경우에는 사문서위조죄가 성립한다.

④ 공무원 아닌 甲이 관공서에 허위 내용의 증명원을 제출하여 그 내용이 허위인 정을 모르는 담당공무원 A로부터 그 증명원 내용과 같은 증명서를 발급받은 경우에는 공문서위조죄의 간접정범으로 처벌된다.

해설/정답 ④

① (O) [1] 일반인으로 하여금 공무원 또는 공무소의 권한 내에서 작성된 문서라고 믿을 수 있는 형식과 외관을 구비한 문서를 작성하면 공문서위조죄가 성립하지만, 평균수준의 사리분별력을 갖는 사람이 조금만 주의를 기울여 살펴보면 공무원 또는 공무소의 권한 내에서 작성된 것이 아님을 쉽게 알아볼 수 있을 정도로 공문서로서의 형식과 외관을 갖추지 못한 경우에는 공문서위조죄가 성립하지 않는다(대판 1992.5.26. 92도699 참조). [2] 한편, 형법상 문서에 관한 죄에 있어서 문서라 함은, 문자 또는 이에 대신할 수 있는 가독적 부호로 계속적으로 물체상에 기재된 의사 또는 관념의 표시인 원본 또는 이와 사회적 기능, 신용성 등을 동일시할 수 있는 기계적 방법에 의한 복사본으로서 그 내용이 법률상, 사회생활상 주요 사항에 관한 증거로 될 수 있는 것을 말하고(대판 2006.1.26. 2004도788 등 참조), 컴퓨터 모니터 화면에 나타나는 이미지는 이미지 파일을 보기 위한 프로그램을 실행할 경우에 그때마다 전자적 반응을 일으켜 화면에 나타나는 것에 지나지 않아서 계속적으로 화면에 고정된 것으로는 볼 수 없으므로, 형법상 문서에 관한 죄에 있어서의 '문서'에는 해당되지 않는다(대판 2008.4.10. 2008도1013 참조). [3] 그리고 위조문서행사죄에 있어서 행사라 함은 위조된 문서를 진정한 문서인 것처럼 그 문서의 효용방법에 따라 이를 사용하는 것을 말하고, 위조된 문서를 진정한 문서인 것처럼 사용하는 한 그 행사의 방법에 제한이 없으므로 위조된 문서를 스캐너 등을 통해 이미지화한 다음 이를 전송하여 컴퓨터

화면상에서 보게 하는 경우도 행사에 해당하지만(대판 2008.10.23. 2008도5200 참조), 이는 문서의 형태로 위조가 완성된 것을 전제로 하는 것이므로, 공문서로서의 형식과 외관을 갖춘 문서에 해당하지 않아 공문서위조죄가 성립하지 않는 경우에는 위조공문서행사죄도 성립할 수 없다(대판 2020.12.24. 2019도8443).

② (○) 변호사인 피고인이 대량의 저작권법 위반 형사고소 사건을 수임하여 피고소인 30명을 각 형사고소하기 위하여 20건 또는 10건의 고소장을 개별적으로 수사관서에 제출하면서 각 하나의 고소위임장에만 소속 변호사회에서 발급받은 진정한 경유증표 원본을 첨부한 후 이를 일체로 하여 컬러복사기로 20장 또는 10장의 고소위임장을 각 복사한 다음 고소위임장과 일체로 복사한 경유증표를 고소장에 첨부하여 접수한 사안에서, 변호사회가 발급한 경유증표는 증표가 첨부된 변호사선임서 등이 변호사회를 경유하였고 소정의 경유회비를 납부하였음을 확인하는 문서이므로 법원, 수사기관 또는 공공기관에 이를 제출할 때에는 원본을 제출하여야 하고 사본으로 원본에 갈음할 수 없으며, 각 고소위임장에 함께 복사되어 있는 변호사회 명의의 경유증표는 원본이 첨부된 고소위임장을 그대로 컬러 복사한 것으로서 일반적으로 문서가 갖추어야 할 형식을 모두 구비하고 있고, 이를 주의 깊게 관찰하지 아니하면 그것이 원본이 아닌 복사본임을 알아차리기 어려울 정도이므로 일반인이 명의자의 진정한 사문서로 오신하기에 충분한 정도의 형식과 외관을 갖추었다는 이유로, 피고인의 행위가 사문서위조죄 및 동행사죄에 해당한다고 한 사례(대판 2016.7.14. 2016도2081).

③ (○) 법무사법 제25조에 의하면 법무사가 사건의 위임을 받은 경우에는 주민등록증·인감증명서 등 법령에 의하여 작성된 증명서의 제출이나 제시 기타 이에 준하는 확실한 방법으로 위임인이 본인 또는 그 대리인임을 확인하여야 하는바, 법무사가 타인의 권리의무에 중대한 영향을 미칠 수 있는 문서를 작성함에 있어 이 규정에 위반하여 문서명의자 본인의 동의나 승낙이 있었는지에 대한 아무런 확인절차를 거치지 아니하고 오히려 명의자 본인의 동의나 승낙이 없음을 알면서도 권한 없이 문서를 작성한 경우에는 사문서위조 및 동행사죄의 고의를 인정할 수 있다(대판 2008.4.10. 2007도9987).

④ (×) 어느 문서의 작성권한을 갖는 공무원이 그 문서의 기재 사항을 인식하고 그 문서를 작성할 의사로써 이에 서명날인하였다면, 설령 그 서명날인이 타인의 기망으로 착오에 빠진 결과 그 문서의 기재사항이 진실에 반함을 알지 못한 데 기인한다고 하여도, 그 문서의 성립은 진정하며 여기에 하등 작성명의를 모용한 사실이 있다고 할 수는 없으므로, 공무원 아닌 자가 관공서에 허위 내용의 증명원을 제출하여 그 내용이 허위인 정을 모르는 담당공무원으로부터 그 증명원 내용과 같은 증명서를 발급받은 경우 공문서위조죄의 간접정범으로 의율할 수는 없다(대판 2001.3.9. 2000도938).

020 문서에 관한 죄에 대한 설명으로 가장 적절하지 않은 것은? 〈경찰1차 2021〉

① 허위공문서작성죄의 객체가 되는 문서는 문서상 작성명의인이 명시된 경우뿐 아니라 작성명의인이 명시되어 있지 않더라도 문서의 형식, 내용 등 문서 자체에 의하여 누가 작성하였는지를 추지할 수 있을 정도의 것이면 된다.

② 실제의 본명 대신 가명이나 위명을 사용하여 사문서를 작성한 경우, 그 문서의 작성명의인과 실제 작성자의 인격이 상이할 때에는 위조죄가 성립할 수 있다.

③ 가정법원의 서기관이 이혼의사확인서등본을 작성한 후 그 뒤에 이혼신고서를 첨부하고 직인을 간인하여 교부한 경우, 당사자가 이를 떼어내고 다른 내용의 이혼신고서를 붙여 관련 행정관서에 제출하였다면 공문서변조 및 변조공문서행사죄가 성립한다.

④ 사립학교 법인 이사가 이사회 회의록에 서명 대신 서명거부사유를 기재하고 그에 대한 서명을 한 경우, 이사회 회의록의 작성권한자인 이사장이라 하더라도 임의로 이를 삭제하면 특별한 사정이 없는 한 사문서변조에 해당한다.

해설/정답 ③

① (○) 허위공문서작성죄에 있어서의 객체가 되는 문서는 문서상 작성명의인이 명시된 경우뿐 아니라 작성명의인이 명시되어 있지 아니하더라도 문서의 형식, 내용 등 그 문서 자체에 의하여 누가 작성하였는지를 추지할 수 있을 정도의 것이면 된다(대판 2019.3.14. 2018도18646, 대판 1995.11.10. 95도2088).

② (○) 실제의 본명 대신 가명이나 위명을 사용하여 사문서를 작성한 경우에 그 문서의 작성명의인과 실제 작성자 사이에 인격의 동일성이 그대로 유지되는 때에는 위조가 되지 않으나, 명의인과 작성자의 인격이 상이할 때에는 위조죄가 성립할 수 있다(대판 2010.11.11. 2010도1835, 대판 1979.6.26. 79도908).

③ (×) 구 호적법(2007. 5. 17. 법률 제8435호로 폐지) 제79조 제1항 및 구 호적법 시행규칙(2007. 11. 28. 대법원규칙 제2119호로 폐지) 등을 종합하여 볼 때, 가정법원의 서기관 등이 이혼의사확인서등본을 작성한 뒤 이를 이혼의사확인신청 당사자 쌍방에게 교부하면서 이혼신고서를 확인서등본 뒤에 첨부하여 그 직인을 간인하였다고 하더라도, 그러한 사정만으로 이혼신고서가 공문서인 이혼의사확인서등본의 일부가 되었다고 볼 수 없다. 따라서 당사자가 이혼의사확인서등본과 간인으로 연결된 이혼신고서를 떼어내고 원래 이혼신고서의 내용과는 다른 이혼신고서를 작성하여 이혼의사확인서등본과 함께 호적관서에 제출하였다고 하더라도, 공문서인 이혼의사확인서등본을 변조하였다거나 변조된 이혼의사확인서등본을 행사하였다고 할 수 없다(대판 2009.1.30. 2006도7777).

④ (○) 이사회 회의록에 관한 이사의 서명권한에는 서명거부사유를 기재하고 그에 대해 서명할 권한이 포함된다. 이사가 이사회 회의록에 서명함에 있어 이사장이나 다른 이사들의 동의를 받을 필요가 없는 이상 서명거부사유를 기재하고 그에 대한 서명을 함에 있어서도 이사장 등의 동의가 필요 없다고 보아야 한다. 따라서 이사가 이사회 회의록에 서명 대신 서명거부사유를 기재하고 그에 대한 서명을 하면, 특별한 사정이 없는 한 그 내용은 이사회 회의록의 일부가 되고, 이사회 회의록의 작성권한자인 이사장이라 하더라도 임의로 이를 삭제한 경우에는 이사회 회의록 내용에 변경을 가하여 새로운 증명력을 가져오게 되므로 사문서변조에 해당한다(대판 2018.9.13. 2016도20954).

021 문서에 관한 죄의 설명으로 가장 적절하지 않은 것은? 〈경찰1차 2020〉

① 타인의 주민등록증사본의 사진란에 자신의 사진을 붙여 복사한 행위와 타인의 주민등록증을 복사기와 컴퓨터를 이용하여 전혀 별개의 주민등록증사본을 창출시킨 행위는 공문서위조에 해당한다.

② 식당의 주·부식 구입 업무를 담당하는 공무원 甲이 계약 등에 의하여 공무소의 주·부식의 구입·검수 업무 등을 담당하는 조리장·영양사 등의 명의를 위조하여 검수결과보고서를 작성한 경우 공문서위조죄에 해당한다.

③ 세금계산서상의 공급받는 자는 그 문서 내용의 일부에 불과할 뿐 세금계산서의 작성명의인은 아니라 할 것이니, 공급받는 자 란에 임의로 다른 사람을 기재하였다 하여 그 사람에 대한 관계에서 사문서위조죄가 성립된다고 할 수 없다.

④ 사문서변조죄는 권한 없는 자가 이미 진정하게 성립된 타인 명의의 문서 내용에 대하여 동일성을 해하지 않을 정도로 변경을 가하여 새로운 증명력을 작출케 함으로써 공공적 신용을 해할 위험성이 있을 때 성립한다. 따라서 이미 진정하게 성립된 타인 명의의 문서가 존재하지 않는다면 사문서변조죄가 성립할 수 없다.

해설/정답 ②

① (○) [1] 형법 제237조의2에 따라 전자복사기, 모사전송기 기타 이와 유사한 기기를 사용하여 복사한 문서의 사본도 문서원본과 동일한 의미를 가지는 문서로서 이를 다시 복사한 문서의 재사본도 문서위조죄 및 동 행사죄의 객체인 문서에 해당한다 할 것이고, 진정한 문서의 사본을 전자복사기를 이용하여 복사하면서 일부 조작을 가하여 그 사본 내용과 전혀 다르게 만드는 행위는 공공의 신용을 해할 우려가 있는 별개의 문서사본을 창출하는 행위로서 문서위조행위에 해당한다. [2] 타인의 주민등록증사본의 사진란에 피고인의 사진을 붙여 복사하여 행사한 행위가 공문서위조죄 및 동행사죄에 해당한다고 한 사례(대판 2000.9.5. 2000도2855).

② (×) 식당의 주·부식 구입 업무를 담당하는 공무원이 계약 등에 의하여 공무소의 주·부식 구입·검수 업무 등을 담당하는 조리장·영양사 등의 명의를 위조하여 검수결과보고서를 작성한 경우, 공문서위조죄의 성립을 부인한 사례(대판 2008.1.17. 2007도6987). 계약 등에 의하여 공무와 관련되는 업무를 일부 대행하는 자가 작성한 문서는 형법 제225조의 공문서변조나 위조죄의 객체인 공문서에 해당하지 않는다고 한 판결.

③ (○) 문서위조라 함은 작성권한 없는 자가 타인 명의를 모용하여 문서를 작성하는 것을 말하는 것이다. 세금계산서상의 공급받는 자는 그 문서 내용의 일부에 불과할 뿐 세금계산서의 작성명의인은 아니라 할 것이니, 공급받는 자 란에 임의로 다른 사람을 기재하였다 하여 그 사람에 대한 관계에서 사문서위조죄가 성립된다고 할 수 없다(대판 2007.3.15. 2007도169).

④ (○) 사문서변조죄는 권한 없는 자가 이미 진정하게 성립된 타인 명의의 문서 내용에 대하여 동일성을 해하지 않을 정도로 변경을 가하여 새로운 증명력을 작출케 함으로써 공공적 신용을 해할 위험성이 있을 때 성립한다. 따라서 이미 진정하게 성립된 타인 명의의 문서가 존재하지 않는다면 사문서변조죄가 성립할 수 없다(대판 2017.12.5. 2014도14924).

022 다음 설명 중 가장 적절하지 않은 것은? 〈경찰1차 2019〉

① 컴퓨터 모니터 화면에 나타나는 이미지는 「형법」상 문서에 관한 죄에 있어서의 '문서'에 해당되지 않는다.

② 어느 사람에게 귀엣말 등 그 사람만 들을 수 있는 방법으로 그 사람 본인의 사회적 가치 내지 평가를 떨어뜨릴 만한 사실을 이야기하였다면, 위와 같은 이야기가 불특정 또는 다수인에게 전파될 가능성이 있다고 볼 수 없어 명예훼손죄의 구성요건인 공연성을 충족하지 못한다.

③ 사문서의 작성명의자의 인장이 압날되지 아니하고 주민등록번호가 기재되지 않았다고 하더라도, 일반인으로 하여금 그 작성명의자가 진정하게 작성한 사문서로 믿기에 충분할 정도의 형식과 외관을 갖추었으면 사문서위조죄 및 동행사죄의 객체가 되는 사문서라고 보아야 한다.

④ 국가나 지방자치단체는 국민에 대한 관계에서 형벌의 수단을 통해 보호되는 외부적 명예의 주체가 될 수 있다.

해설/정답 ④

① (○) 자신의 이름과 나이를 속이는 용도로 사용할 목적으로 주민등록증의 이름·주민등록번호란에 글자를 오려붙인 후 이를 컴퓨터 스캔 장치를 이용하여 이미지 파일로 만들어 컴퓨터 모니터로 출력하는 한편 타인에게 이메일로 전송한 사안에서, 컴퓨터 모니터 화면에 나타나는 이미지는 형법상 문서에 관한 죄의 문서에 해당하지 않는다고 할 것이다(대판 2007.11.29. 2007도7480).

② (○) 명예훼손죄의 구성요건인 공연성은 불특정 또는 다수인이 인식할 수 있는 상태를 말하는 것으로서, 비록 개별적으로 한 사람에 대하여 사실을 적시하더라도 그로부터 불특정 또는 다수인에게 전파될 가

능성이 있다면 공연성의 요건을 충족하는 것이나, 어느 사람에게 귀엣말 등 그 사람만 들을 수 있는 방법으로 그 사람 본인의 사회적 가치 내지 평가를 떨어뜨릴 만한 사실을 이야기하였다면, 위와 같은 이야기가 불특정 또는 다수인에게 전파될 가능성이 있다고 볼 수 없어 명예훼손의 구성요건인 공연성을 충족하지 못하는 것이며, 그 사람이 들은 말을 스스로 다른 사람들에게 전파하였더라도 위와 같은 결론에는 영향이 없다(대판 2005.12.9. 2004도2880).

③ (○) 사문서의 작성명의자의 인장이 압날되지 아니하고 주민등록번호가 기재되지 않았더라도, 일반인으로 하여금 그 작성명의자가 진정하게 작성한 사문서로 믿기에 충분할 정도의 형식과 외관을 갖추었으면 사문서위조죄 및 동행사죄의 객체가 되는 사문서라고 보아야 한다(대판 1989.8.8. 88도2209).

④ (×) 형법이 명예훼손죄 또는 모욕죄를 처벌함으로써 보호하고자 하는 사람의 가치에 대한 평가인 외부적 명예는 개인적 법익으로서, 국민의 기본권을 보호 내지 실현해야 할 책임과 의무를 지고 있는 공권력의 행사자인 국가나 지방자치단체는 기본권의 수범자일 뿐 기본권의 주체가 아니고, 정책결정이나 업무수행과 관련된 사항은 항상 국민의 광범위한 감시와 비판의 대상이 되어야 하며 이러한 감시와 비판은 그에 대한 표현의 자유가 충분히 보장될 때에 비로소 정상적으로 수행될 수 있으므로, 국가나 지방자치단체는 국민에 대한 관계에서 형벌의 수단을 통해 보호되는 외부적 명예의 주체가 될 수는 없고, 따라서 명예훼손죄나 모욕죄의 피해자가 될 수 없다(대판 2016.12.27. 2014도15290).

023 **사문서위조죄에 대한 설명으로 가장 적절한 것은?** 〈경찰3차 2018〉

① 피고인이 이사들의 참석 및 의결권 행사에 관한 권한을 위임받았다 하더라도 그 이사들이 이사회에 불참했음에도 마치 참석하여 의결권을 행사한 것처럼 이사회 회의록을 작성하였다면 사문서위조죄가 성립한다.

② 피고인이 대량의 사건을 수임하기 위하여 소속 변호사회에서 발급받은 진정한 경유증표 원본을 컬러복사하여 법원에 제출하였더라도, 복사기 등을 사용하여 기계적인 방법에 의하여 원본을 복사한 문서인 복사문서는 문서죄의 객체에 해당하지 않으므로 사문서위조죄가 성립하지 않는다.

③ 피고인이 명의인인 회사대표이사로부터 문서작성권한의 위임을 받았다면, 그 위임받은 권한을 초월하여 사문서를 작성하였다 하더라도 사문서위조죄는 성립하지 않는다.

④ 피고인이 문서명의인인 문중원들을 기망하여 정기문중총회 회의록을 작성하였다면, 비록 문중원들의 서명, 날인이 정당하게 성립된 경우라 하더라도 사문서위조죄가 성립한다.

해설/정답 ④

① (×) 이사회를 개최함에 있어 공소외 이사들이 그 참석 및 의결권의 행사에 관한 권한을 피고인에게 위임하였다면 그 이사들이 실제로 이사회에 참석하지도 않았는데 마치 참석하여 의결권을 행사한 것처럼 피고인이 이사회 회의록에 기재하였다 하더라도 이는 이른바 사문서의 무형위조에 해당할 따름이어서 처벌대상이 되지 아니한다(대판 1985.10.22. 85도1732).

② (×) 변호사인 피고인이 대량의 저작권법 위반 형사고소 사건을 수임하여 피고소인 30명을 각 형사고소하기 위하여 20건 또는 10건의 고소장을 개별적으로 수사관서에 제출하면서 각 하나의 고소위임장에만 소속 변호사회에서 발급받은 진정한 경유증표 원본을 첨부한 후 이를 일체로 하여 컬러복사기로 20장 또는 10장의 고소위임장을 각 복사한 다음 고소위임장과 일체로 복사한 경유증표를 고소장에 첨부하여 접수한 사안에서, 변호사회가 발급한 경유증표는 증표가 첨부된 변호사선임서 등이 변호사회를 경유하였고 소정

의 경유회비를 납부하였음을 확인하는 문서이므로 법원, 수사기관 또는 공공기관에 이를 제출할 때에는 원본을 제출하여야 하고 사본으로 원본에 갈음할 수 없으며, 각 고소위임장에 함께 복사되어 있는 변호사회 명의의 경유증표는 원본이 첨부된 고소위임장을 그대로 컬러 복사한 것으로서 일반적으로 문서가 갖추어야 할 형식을 모두 구비하고 있고, 이를 주의 깊게 관찰하지 아니하면 그것이 원본이 아닌 복사본임을 알아차리기 어려울 정도이므로 일반인이 명의자의 진정한 사문서로 오신하기에 충분한 정도의 형식과 외관을 갖추었다는 이유로, 피고인의 행위가 사문서위조죄 및 동행사죄에 해당한다고 한 사례(대판 2016.7.14. 2016도2081).

③ (×) 문서의 위조라고 하는 것은 작성권한 없는 자가 타인 명의를 모용하여 문서를 작성하는 것을 말하는 것이므로 사문서를 작성함에 있어 그 명의자의 명시적이거나 묵시적인 승낙 내지 위임이 있었다면 이는 사문서위조에 해당한다고 할 수 없을 것이지만, 문서 작성권한의 위임이 있는 경우라고 하더라도 그 위임을 받은 자가 그 위임받은 권한을 초월하여 문서를 작성한 경우는 사문서위조죄가 성립하고, 단지 위임받은 권한의 범위 내에서 이를 남용하여 문서를 작성한 것에 불과하다면 사문서위조죄가 성립하지 아니한다고 할 것이다(대판 2006.9.28. 2006도1545, 대판 1997.3.28. 96도3191).

④ (○) 명의인을 기망하여 문서를 작성케 하는 경우는 서명, 날인이 정당히 성립된 경우에도 기망자는 명의인을 이용하여 서명 날인자의 의사에 반하는 문서를 작성케 하는 것이므로 사문서위조죄가 성립한다(대판 2000.6.13. 2000도778).

024 문서에 관한 죄에 대한 설명 중 옳고 그름의 표시(○, ×)가 바르게 된 것은? 〈경찰1차 2018〉

㉠ 타인 명의의 문서를 위조하여 행사하였다고 하더라도 그 명의인이 실재하지 않는 허무인이거나 또는 문서의 작성일자 전에 이미 사망한 경우에는 사문서위조죄 및 동행사죄가 성립하지 않는다.

㉡ 법원이 이혼의사확인서등본 뒤에 이혼신고서를 첨부하고 간인하여 교부하였는데 당사자가 이혼의사확인서등본과 간인으로 연결된 이혼신고서를 떼어내고 원래 이혼신고서의 내용과는 다른 이혼신고서를 작성하여 이혼의사확인서등본과 함께 호적관서에 제출한 경우, 공문서변조 및 변조공문서행사죄가 성립하지 않는다.

㉢ 다른 공무원 등이 작성권자의 결재를 받지 않고 직인 등을 보관하는 담당자를 기망하여 작성권자의 직인을 날인하도록 하여 공문서를 완성한 때에는 공문서위조죄가 성립한다.

㉣ 주식회사의 지배인이 자신을 그 회사의 대표이사로 표시하여 연대보증채무를 부담하는 취지의 회사 명의의 차용증을 작성·교부한 경우, 그 문서에 일부 허위 내용이 포함되거나 위 연대보증행위가 회사의 이익에 반하는 것이더라도 사문서위조 및 위조사문서행사에 해당하지 않는다.

①	㉠ (○)	㉡ (○)	㉢ (○)	㉣ (○)
②	㉠ (○)	㉡ (×)	㉢ (○)	㉣ (×)
③	㉠ (×)	㉡ (○)	㉢ (×)	㉣ (○)
④	㉠ (×)	㉡ (○)	㉢ (○)	㉣ (○)

해설/정답 ④

㉠ (×) 문서위조죄는 문서의 진정에 대한 공공의 신용을 그 보호법익으로 하는 것이므로 행사할 목적으로 작성된 문서가 일반인으로 하여금 당해 명의인의 권한 내에서 작성된 문서라고 믿게 할 수 있는 정도의 형식과 외관을 갖추고 있

으면 문서위조죄가 성립하는 것이고, 위와 같은 요건을 구비한 이상 그 명의인이 실재하지 않는 허무인이거나 또는 문서의 작성일자 전에 이미 사망하였다고 하더라도 그러한 문서 역시 공공의 신용을 해할 위험성이 있으므로 문서위조죄가 성립한다고 봄이 상당하며, 이는 공문서뿐만 아니라 사문서의 경우에도 마찬가지라고 보아야 한다(대판 2005.2.24. 2002도18 전원합의체).

㉡ (○) 구 호적법(2007. 5. 17. 법률 제8435호로 폐지) 제79조 제1항 및 구 호적법 시행규칙(2007. 11. 28. 대법원규칙 제2119호로 폐지) 등을 종합하여 볼 때, 가정법원의 서기관 등이 이혼의사확인서등본을 작성한 뒤 이를 이혼의사확인신청 당사자 쌍방에게 교부하면서 이혼신고서를 확인서등본 뒤에 첨부하여 그 직인을 간인하였다고 하더라도, 그러한 사정만으로 이혼신고서가 공문서인 이혼의사확인서등본의 일부가 되었다고 볼 수 없다. 따라서 당사자가 이혼의사확인서등본과 간인으로 연결된 이혼신고서를 떼어내고 원래 이혼신고서의 내용과는 다른 이혼신고서를 작성하여 이혼의사확인서등본과 함께 호적관서에 제출하였다고 하더라도, 공문서인 이혼의사확인서등본을 변조하였다거나 변조된 이혼의사확인서등본을 행사하였다고 할 수 없다(대판 2009.1.30. 2006도7777).

㉢ (○) 허위공문서작성죄의 주체는 문서를 작성할 권한이 있는 명의인인 공무원에 한하고 그 공무원의 문서작성을 보조하는 직무에 종사하는 공무원은 허위공문서작성죄의 주체가 될 수 없다. 따라서 보조 직무에 종사하는 공무원이 허위공문서를 기안하여 허위임을 모르는 작성권자의 결재를 받아 공문서를 완성한 때에는 허위공문서작성죄의 간접정범이 될 것이지만, 이러한 결재를 거치지 않고 임의로 작성권자의 직인 등을 부정 사용함으로써 공문서를 완성한 때에는 공문서위조죄가 성립한다. 이는 공문서의 작성권한 없는 사람이 허위공문서를 기안하여 작성권자의 결재를 받지 않고 공문서를 완성한 경우에도 마찬가지이다. 나아가 작성권자의 직인 등을 보관하는 담당자는 일반적으로 작성권자의 결재가 있는 때에 한하여 보관 중인 직인 등을 날인할 수 있을 뿐이다. 이러한 경우 다른 공무원 등이 작성권자의 결재를 받지 않고 직인 등을 보관하는 담당자를 기망하여 작성권자의 직인을 날인하도록 하여 공문서를 완성한 때에도 공문서위조죄가 성립한다(대판 2017.5.17. 2016도13912).

㉣ (○) 주식회사의 지배인이 자신을 그 회사의 대표이사로 표시하여 연대보증채무를 부담하는 취지의 회사 명의의 차용증을 작성·교부한 경우, 그 문서에 일부 허위 내용이 포함되거나 위 연대보증행위가 회사의 이익에 반하는 것이더라도 사문서위조 및 위조사문서행사에 해당하지 않는다고 한 사례(대판 2010.5.13. 2010도1040).

025 다음 설명 중 옳은 것을 모두 고른 것은? 〈경찰1차 2017〉

㉠ 변호사인 피고인이 대량의 저작권법 위반 형사고소 사건을 수임하여 피고소인 30명을 각 형사고소하기 위해 20건 또는 10건의 고소장을 개별적으로 수사관서에 제출하면서 각 하나의 고소위임장에만 소속 변호사회에서 발급받은 진정한 경유증표 원본을 첨부한 후 이를 일체로 하여 컬러복사기로 20장 또는 10장의 고소위임장을 각 복사한 다음 고소위임장과 일체로 복사한 경유증표를 고소장에 첨부하여 접수한 경우 사문서위조죄 및 동행사죄에 해당한다.

㉡ 인감증명서 발급업무를 담당하는 공무원이 발급을 신청한 본인이 직접 출두한 바 없음에도 불구하고 본인이 직접 신청하여 발급받은 것처럼 인감증명서에 기재하였다면 공문서위조죄를 구성한다.

㉢ 신청인에게 농업경영능력이나 영농의사가 없음을 알거나 이를 제대로 알지 못하면서도 농지취득자격에 아무런 문제가 없다는 내용으로 농지취득자격증명통보서를 작성한 경우 허위공문서작성죄가 성립한다.

ⓔ 자동차운전면허증 재교부신청서의 사진란에 본인의 사진이 아닌 다른 사람의 사진을 붙여 제출함으로써 담당공무원으로 하여금 자동차운전면허대장에 부실의 사실을 기재하여 이를 비치하게 한 경우 공정증서원본부실기재죄 및 부실기재공정증서원본행사죄가 성립하지 않는다.

ⓜ 재건축조합 임시총회의 소집절차나 결의방법이 법령이나 정관에 위반되어 임원개임결의가 사법상 무효라면 실제로 재건축조합의 조합총회에서 그와 같은 내용의 임원개임결의가 이루어졌고 그 결의에 따라 임원변경등기를 마쳤다 하더라도 공정증서원본부실기재죄가 성립한다.

① ㉠, ㉢, ㉣　　② ㉢, ㉣　　③ ㉡, ㉤　　④ ㉠, ㉣, ㉤

해설/정답 ①

㉠ (○) 변호사인 피고인이 대량의 저작권법 위반 형사고소 사건을 수임하여 피고소인 30명을 각 형사고소하기 위하여 20건 또는 10건의 고소장을 개별적으로 수사관서에 제출하면서 각 하나의 고소위임장에만 소속 변호사회에서 발급받은 진정한 경유증표 원본을 첨부한 후 이를 일체로 하여 컬러복사기로 20장 또는 10장의 고소위임장을 각 복사한 다음 고소위임장과 일체로 복사한 경유증표를 고소장에 첨부하여 접수한 사안에서, 변호사회가 발급한 경유증표는 증표가 첨부된 변호사선임서 등이 변호사회를 경유하였고 소정의 경유회비를 납부하였음을 확인하는 문서이므로 법원, 수사기관 또는 공공기관에 이를 제출할 때에는 원본을 제출하여야 하고 사본으로 원본에 갈음할 수 없으며, 각 고소위임장에 함께 복사되어 있는 변호사회 명의의 경유증표는 원본이 첨부된 고소위임장을 그대로 컬러 복사한 것으로서 일반적으로 문서가 갖추어야 할 형식을 모두 구비하고 있고, 이를 주의 깊게 관찰하지 아니하면 그것이 원본이 아닌 복사본임을 알아차리기 어려울 정도이므로 일반인이 명의자의 진정한 사문서로 오신하기에 충분한 정도의 형식과 외관을 갖추었다는 이유로, 피고인의 행위가 사문서위조죄 및 동행사죄에 해당한다(대판 2016.7.14. 2016도2081).

㉡ (×) 인감증명서 발급업무를 담당하는 공무원이 발급을 신청한 본인이 직접 출두한 바 없음에도 불구하고 본인이 직접 신청하여 발급받은 것처럼 인감증명서에 기재하였다면, 이는 공문서위조죄가 아닌 허위공문서작성죄를 구성한다(대판 1997.7.11. 97도1082).

㉢ (○) 농지법 제8조 제1항 소정의 농지취득자격증명은 농지를 취득하는 자가 그 소유권에 관한 등기를 신청할 때에 첨부하여야 할 서류로서(농지법 제8조 제4항), 농지를 취득하는 자에게 농지취득의 자격이 있다는 것을 증명하는 것이므로, 신청인에게 농업경영능력이나 영농의사가 없음을 알거나 이를 제대로 알지 못하면서도 농지취득자격에 아무런 문제가 없다는 내용으로 농지취득자격증명통보서를 작성하였다면, 허위공문서작성죄가 성립한다(대판 2007.1.25. 2006도3996).

㉣ (○) 자동차운전면허증 재교부신청서의 사진란에 본인의 사진이 아닌 다른 사람의 사진을 붙여 제출함으로써 담당공무원으로 하여금 자동차운전면허대장에 부실의 사실을 기재하여 이를 비치하게 하였다는 내용의 공소사실에 대하여, 자동차운전면허대장이 공정증서원본임을 전제로 이를 모두 유죄로 인정한 원심판단에 법리오해의 위법이 있다(대판 2010.6.10. 2010도1125).

㉤ (×) 재건축조합 임시총회의 소집절차나 결의방법이 법령이나 정관에 위반되어 임원개임결의가 사법상 무효라고 하더라도, 실제로 재건축조합의 조합총회에서 그와 같은 내용의 임원개임결의가 이루어졌고 그 결의에 따라 임원변경등기를 마쳤다면 공정증서원본부실기재죄가 성립하지 아니한다(대판 2004.10.15. 2004도3584).

026 **문서에 관한 죄에 대한 설명 중 옳고 그름의 표시(○, ×)가 바르게 된 것은?** 〈경찰2차 2017〉

> ㉠ 컴퓨터 모니터 화면에 나타나는 이미지는 이미지 파일을 보기 위한 프로그램을 실행할 경우에 그때마다 계속적으로 화면에 고정된 것으로 볼 수 있으므로, 형법상 문서에 관한 죄에 있어서의 문서에 해당한다.
>
> ㉡ 형법상 문서에 관한 죄에 있어서 전자복사기를 사용하여 복사한 문서의 사본도 문서로 본다.
>
> ㉢ 문서위조죄의 요건을 구비한 이상 그 문서의 명의인이 실재하지 않는 허무인이거나 또는 문서의 작성일자 전에 이미 사망하였다고 하더라도 문서위조죄가 성립한다.
>
> ㉣ 컴퓨터 스캔 작업을 통하여 만들어낸 공인중개사 자격증의 이미지 파일은 전자기록으로서 전자기록 장치에 전자적 형태로서 고정되어 계속성이 있다고 볼 수는 있으나, 그러한 형태는 그 자체로서 시각적 방법에 의해 이해할 수 있는 것이 아니어서 이를 형법상 문서에 관한 죄에 있어서의 '문서'로 보기 어렵다.
>
> ㉤ 휴대전화 신규 가입신청서를 위조한 후, 이를 스캔한 이미지 파일을 제3자에게 이메일로 전송하여 컴퓨터 화면상으로 보게 한 행위는 위조사문서행사죄가 성립하지 않는다.

① ㉠(○) ㉡(○) ㉢(×) ㉣(×) ㉤(○)
② ㉠(×) ㉡(○) ㉢(○) ㉣(○) ㉤(×)
③ ㉠(×) ㉡(×) ㉢(○) ㉣(×) ㉤(○)
④ ㉠(○) ㉡(×) ㉢(×) ㉣(○) ㉤(×)

해설/정답 ②

㉠ (×) 자신의 이름과 나이를 속이는 용도로 사용할 목적으로 주민등록증의 이름·주민등록번호란에 글자를 오려붙인 후 이를 컴퓨터 스캔 장치를 이용하여 이미지 파일로 만들어 컴퓨터 모니터로 출력하는 한편 타인에게 이메일로 전송한 사안에서, 컴퓨터 모니터 화면에 나타나는 이미지는 형법상 문서에 관한 죄의 문서에 해당하지 않는다고 할 것이다(대판 2007.11.29. 2007도7480).

㉡ (○) 형법 제237조의2에 따라 전자복사기, 모사전송기 기타 이와 유사한 기기를 사용하여 복사한 문서의 사본도 문서원본과 동일한 의미를 가지는 문서로서 이를 다시 복사한 문서의 재사본도 문서위조죄 및 동 행사죄의 객체인 문서에 해당한다 할 것이고, 진정한 문서의 사본을 전자복사기를 이용하여 복사하면서 일부 조작을 가하여 그 사본 내용과 전혀 다르게 만드는 행위는 공공의 신용을 해할 우려가 있는 별개의 문서사본을 창출하는 행위로서 문서위조행위에 해당한다(대판 2000.9.5. 2000도2855).

㉢ (○) 문서위조죄는 문서의 진정에 대한 공공의 신용을 그 보호법익으로 하는 것이므로 행사할 목적으로 작성된 문서가 일반인으로 하여금 당해 명의인의 권한 내에서 작성된 문서라고 믿게 할 수 있는 정도의 형식과 외관을 갖추고 있으면 문서위조죄가 성립하는 것이고, 위와 같은 요건을 구비한 이상 그 명의인이 실재하지 않는 허무인이거나 또는 문서의 작성일자 전에 이미 사망하였다고 하더라도 그러한 문서 역시 공공의 신용을 해할 위험성이 있으므로 문서위조죄가 성립한다고 봄이 상당하며, 이는 공문서뿐만 아니라 사문서의 경우에도 마찬가지라고 보아야 할 것이다(대판 2005.2.24. 2002도18 전원합의체).

㉣ (○) 컴퓨터 스캔 작업을 통하여 만들어낸 공인중개사 자격증의 이미지 파일은 전자기록으로서 전자기록 장치에 전자적 형태로서 고정되어 계속성이 있다고 볼 수는 있으나, 그러한 형태는 그 자체로서 시각적 방법에 의해 이해할 수 있는 것이 아니어서 이를 형법상 문서에 관한 죄에 있어서의 '문서'로 보기 어렵다(대판 2008.4.10. 2008도1013).

㉤ (×) 휴대전화 신규 가입신청서를 위조한 후 이를 스캔한 이미지 파일을 제3자에게 이메일로 전송한 사안에서, 이미

지 파일 자체는 문서에 관한 죄의 '문서'에 해당하지 않으나, 이를 전송하여 컴퓨터 화면상으로 보게 한 행위는 이미 위조한 가입신청서를 행사한 것에 해당하므로 위조사문서행사죄가 성립한다(대판 2008.10.23. 2008도5200).

027 다음 설명 중 옳지 않은 것은 모두 몇 개인가? 〈경찰2차 2016〉

㉠ 「형법」 제225조의 공문서변조나 위조죄의 객체인 공문서는 공무원 또는 공무소가 그 직무에 관하여 작성하는 문서이고, 그 행위주체가 공무원과 공무소가 아닌 경우에는 형법 또는 기타 특별법에 의하여 공무원 등으로 의제되는 경우를 제외하고는 계약 등에 의하여 공무와 관련되는 업무를 일부 대행하는 경우가 있다 하더라도 공무원 또는 공무소가 될 수는 없다.

㉡ 휴대전화 신규 가입신청서를 위조한 후 이를 스캔한 이미지 파일을 제3자에게 이메일로 전송하여 컴퓨터 화면상으로 보게 한 행위는, 이미지 파일 자체는 문서에 관한 죄의 '문서'에 해당하지 않으므로 위조사문서행사죄가 성립하지 않는다.

㉢ 부동산의 거래당사자가 거래가액을 시장 등에게 거짓으로 신고하여 신고필증을 받은 뒤 이를 기초로 사실과 다른 내용의 거래가액이 부동산등기부에 등재되도록 한 경우 공전자기록등부실기재죄가 성립하지 않는다.

㉣ 권한 없는 자가 임의로 인감증명서의 사용용도란의 기재를 고쳐 썼다고 하더라도 공문서변조죄나 이를 전제로 하는 변조공문서행사죄가 성립되지는 않는다.

㉤ 甲 구청장이 乙 구청장으로 전보된 후 甲 구청장의 권한에 속하는 건축허가에 관한 기안용지의 결재란에 서명을 한 것은 허위공문서작성죄를 구성한다.

① 1개 ② 2개 ③ 3개 ④ 4개

해설/정답 ②

㉠ (○) 형법 제225조의 공문서변조나 위조죄의 객체인 공문서는 공무원 또는 공무소가 그 직무에 관하여 작성하는 문서이고, 그 행위주체가 공무원과 공무소가 아닌 경우에는 형법 또는 기타 특별법에 의하여 공무원 등으로 의제되는 경우(예컨대 정부투자기관관리기본법 제18조, 지방공기업법 제83조, 한국은행법 제112조의2, 특정범죄가중처벌등에관한법률 제4조)를 제외하고는 계약 등에 의하여 공무와 관련되는 업무를 일부 대행하는 경우가 있다 하더라도 공무원 또는 공무소가 될 수는 없고, 특히 형벌법규의 구성요건을 법률의 규정도 없이 유추 확대해석하는 것은 죄형법정주의 원칙에 반한다(대판 1996.3.26. 95도3073).

㉡ (×) 휴대전화 신규 가입신청서를 위조한 후 이를 스캔한 이미지 파일을 제3자에게 이메일로 전송한 사안에서, 이미지 파일 자체는 문서에 관한 죄의 '문서'에 해당하지 않으나, 이를 전송하여 컴퓨터 화면상으로 보게 한 행위는 이미 위조한 가입신청서를 행사한 것에 해당하므로 위조사문서행사죄가 성립한다고 한 사례(대판 2008.10.23. 2008도5200).

㉢ (○) 부동산의 거래당사자가 거래가액을 시장 등에게 거짓으로 신고하여 신고필증을 받은 뒤 이를 기초로 사실과 다른 내용의 거래가액이 부동산등기부에 등재되도록 하였다면, '공인중개사의 업무 및 부동산 거래신고에 관한 법률'에 따른 과태료의 제재를 받게 됨은 별론으로 하고, 형법상의 공전자기록등부실기재죄 및 부실기재공전자기록등행사죄가 성립하지는 아니한다(대판 2013.1.24. 2012도12363).

㉣ (○) 인감증명법 제12조 제1항, 동법 시행령(2002. 12. 31. 대통령령 제17867호로 개정되기 전의 것) 제13조 등 인감증명의 신청과 인감증명서의 발급에 관한 법령의 규정에 의하면, 인감의 증명을 신청함에 있어서 그 용도가 부동산매도용일 경우에는 부동산매수자란에 매수자의 성명(법인인 경우에는 법인명), 주소 및

주민등록번호를 기재하여 신청하여야 하지만 그 이외의 경우에는 신청 당시 ~~사용용도~~란을 기재하여야 하는 것은 아니고, 필요한 경우에 신청인이 직접 기재하여 사용하도록 되어 있으며, ~~사용용도~~에 따른 인감증명서의 유효기간에 관한 종전의 규정도 삭제되어 유효기간의 차이도 없으므로 인감증명서의 사용용도란의 기재는 증명청인 동장이 작성한 증명문구에 의하여 증명되는 부분과는 아무런 관계가 없다고 할 것이므로, 권한 없는 자가 임의로 인감증명서의 사용용도란의 기재를 고쳐 썼다고 하더라도 공무원 또는 공무소의 문서 내용에 대하여 변경을 가하여 새로운 증명력을 작출한 경우라고 볼 수 없으므로 공문서변조죄나 이를 전제로 하는 변조공문서행사죄가 성립되지는 않는다(대판 2004.8.20. 2004도2767).

ⓜ (×) 갑 구청장이 을 구청장으로 전보된 후 갑 구청장의 권한에 속하는 건축허가에 관한 기안용지의 결재란에 서명을 한 것은 자격모용에 의한 공문서작성죄를 구성한다(대판 1993.4.27. 92도2688).

028 공정증서원본 등 부실기재죄에 관한 설명이다. 다음 중 옳은 것은 모두 몇 개인가? 〈경찰3차 2015〉

> ㉠ 사업자등록증은 공정증서원본 등 부실기재죄의 대상인 등록증에 해당하지 않는다.
> ㉡ 자동차운전면허증 재교부신청서의 사진란에 본인의 사진이 아닌 다른 사람의 사진을 붙여 제출함으로써 담당 공무원으로 하여금 자동차운전면허대장에 부실의 사실을 기재하게 한 경우 공정증서원본 등 부실기재죄가 성립한다.
> ㉢ 「민사조정법」상의 조정절차에서 작성되는 조정조서는 「형법」 제228조 제1항에서 말하는 공정증서원본에 해당한다.
> ㉣ 종중 소유의 토지를 자신의 개인 소유로 신고하여 토지대장에 올린 경우 공정증서원본 등 부실기재죄가 성립하지 않는다.
> ㉤ 원래 자신소유인 부동산에 대하여 허위의 보증서를 작성한 후 등기소에 제출하여 자기 명의로 소유권을 이전받은 경우 공정증서원본 등 부실기재죄가 성립한다.
> ㉥ 종중의 적법한 대표 권한이 없는 자가 종중 소유의 토지에 보존등기를 신청하면서 자신이 대표자인 것처럼 허위신고를 함으로써 부동산등기부에 종중의 대표자로 기재된 경우에는 공정증서원본 등 부실기재죄가 성립하지 않는다.

① 1개　　② 2개　　③ 3개　　④ 4개

해설/정답 ②

㉠ (○) 사업자등록증은 단순한 사업사실의 등록을 증명하는 증서에 불과하고 그에 의하여 사업을 할 수 있는 자격이나 요건을 갖추었음을 인정하는 것은 아니라고 할 것이어서 형법 제228조 제1항에 정한 '등록증'에 해당하지 않는다고 한 원심의 판단을 수긍한 사례(대판 2005.7.15. 2003도6934).

㉡ (×) 자동차운전면허증 재교부신청서의 사진란에 본인의 사진이 아닌 다른 사람의 사진을 붙여 제출함으로써 담당공무원으로 하여금 자동차운전면허대장에 부실의 사실을 기재하여 이를 비치하게 하였다는 내용의 공소사실에 대하여, 자동차운전면허대장이 공정증서원본임을 전제로 이를 모두 유죄로 인정한 원심판단에 법리오해의 위법이 있다고 한 사례(대판 2010.6.10. 2010도1125).

㉢ (×) 형법 제228조 제1항이 규정하는 공정증서원본 부실기재죄는 공무원에 대하여 진실에 반하는 허위신고를 하여 공정증서원본에 그 증명하는 사항에 관하여 실체관계에 부합하지 아니하는 부실의 사실을 기재하게 함으로써 성립하는 범죄로서, 위 죄의 객체인 공정증서원본은 그 성질상 허위신고에 의해 부실한 사실이 그대로 기재될 수 있는 공문서이어야 한다고 할 것인바, 민사조정법상 조정신청에 의한 조정제

도는 원칙적으로 조정신청인의 신청 취지에 구애됨이 없이 조정담당판사 등이 제반 사정을 고려하여 당사자들에게 상호 양보하여 합의하도록 권유·주선함으로써 화해에 이르게 하는 제도인 점에 비추어, 그 조정절차에서 작성되는 조정조서는 그 성질상 허위신고에 의해 부실한 사실이 그대로 기재될 수 있는 공문서로 볼 수 없어 공정증서원본에 해당하는 것으로 볼 수 없다(대판 2010.6.10. 2010도3232).

㉣ (○) 형법 제228조에서 말하는 공정증서란 권리의무에 관한 공정증서만을 가리키는 것이고 사실증명에 관한 것은 이에 포함되지 아니하므로 권리의무에 변동을 주는 효력이 없는 토지대장은 위에서 말하는 공정증서에 해당하지 아니한다(대판 1988.5.24. 87도2696).

㉤ (×) 허위의 보증서를 발급받아 부동산소유권이전등기부에관한특별조치법에 의거 소유권이전등기를 거쳤더라도 그것이 권리의 실체관계에 부합하는 등기라면 공정증서에 부실의 사실을 기재하였다고는 할 수 없다(대판 1984.12.11. 84도2285).

㉥ (×) 종중 소유의 부동산은 종중 총회의 결의를 얻어야 유효하게 처분할 수 있다 하더라도 거래상대방으로서는 부동산등기부상에 표시된 종중 대표자를 신뢰하고 거래하는 것이 일반적이라는 점 등에 비추어 보면, 종중 대표자의 기재는 당해 부동산의 처분권한과 관련된 중요한 부분의 기재로서 이에 대한 공공의 신용을 보호할 필요가 있으므로 이를 허위로 등재한 경우에는 공정증서원본부실기재죄의 대상이 되는 부실의 기재에 해당한다(대판 2006.1.13. 2005도4790).

029 다음 설명 중 가장 적절한 것은? 〈경찰1차 2016〉

① 주식회사의 지배인이 자신을 그 회사의 대표이사로 표시하여 연대보증채무를 부담하는 취지의 회사 명의의 차용증을 작성·교부한 경우, 그 문서에 일부 허위 내용이 포함되거나 위 연대보증행위가 회사의 이익에 반하는 것이더라도 사문서위조 및 위조사문서행사에 해당하지 않는다.

② 공무원이 여러 차례의 출장반복의 번거로움을 회피하고 민원사무를 신속히 처리한다는 방침에 따라 사전에 출장조사한 다음 출장조사 내용이 변동 없다는 확신 하에 출장복명서를 작성하고 다만 그 출장일자를 작성일자로 기재한 경우 허위공문서작성죄가 성립한다.

③ 공립학교 교사가 작성하는 교원의 인적 사항과 전출희망사항 등을 기재하는 부분과 학교장이 작성하는 학교장의견란 등으로 구성되어 있는 교원실태조사카드의 교사 명의 부분을 명의자의 의사에 반하여 작성한 행위는 공문서위조죄를 구성한다.

④ 권한 없는 자가 임의로 인감증명서의 사용용도란에 나오는 기재사항을 고쳐 쓴 경우에는 공문서변조죄가 성립한다.

해설/정답 ①

① (○) 주식회사의 지배인이 자신을 그 회사의 대표이사로 표시하여 연대보증채무를 부담하는 취지의 회사 명의의 차용증을 작성·교부한 경우, 그 문서에 일부 허위 내용이 포함되거나 위 연대보증행위가 회사의 이익에 반하는 것이더라도 사문서위조 및 위조사문서행사에 해당하지 않는다고 한 사례(대판 2010.5.13. 2010도1040).

② (×) 공무원이 여러 차례의 출장반복의 번거로움을 회피하고 민원사무를 신속히 처리한다는 방침에 따라 사전에 출장조사한 다음 출장조사 내용이 변동 없다는 확신 하에 출장복명서를 작성하고 다만 그 출장일자를 작성일자로 기재한 것이라면 허위공문서작성의 범의가 있었다고 볼 수 없다(대판 2001.1.5. 99도4101).

③ (×) 공립학교 교사가 작성하는 교원의 인적 사항과 전출희망사항 등을 기재하는 부분과 학교장이 작성하는 학교장의견란 등으로 구성되어 있는 교원실태조사 카드는 학교장의 작성명의 부분은 공문서라고 할 수 있으나, 작성자가 교사 명의로 된 부분은 개인적으로 전출을 희망하는 의사표시를 한 것에 지나지 아니하여 이것을 가리켜 공무원이 직무상 작성한 공문서라고 할 수는 없을 것이므로 위 카드의 교사 명의 부분을 명의자의 의사에 반하여 작성하였다고 하여도 공문서를 위조한 것이라고 할 수 없다(대판 1991.9.24. 91도1733).

④ (×) 인감증명법 제12조 제1항, 동법 시행령(2002. 12. 31. 대통령령 제17867호로 개정되기 전의 것) 제13조 등 인감증명의 신청과 인감증명서의 발급에 관한 법령의 규정에 의하면, 인감의 증명을 신청함에 있어서 그 용도가 부동산매도용일 경우에는 부동산매수자란에 매수자의 성명(법인인 경우에는 법인명), 주소 및 주민등록번호를 기재하여 신청하여야 하지만 그 이외의 경우에는 신청 당시 사용용도란을 기재하여야 하는 것은 아니고, 필요한 경우에 신청인이 직접 기재하여 사용하도록 되어 있으며, 사용용도에 따른 인감증명서의 유효기간에 관한 종전의 규정도 삭제되어 유효기간의 차이도 없으므로 인감증명서의 사용용도란의 기재는 증명청인 동장이 작성한 증명문구에 의하여 증명되는 부분과는 아무런 관계가 없다고 할 것이므로, 권한 없는 자가 임의로 인감증명서의 사용용도란의 기재를 고쳐 썼다고 하더라도 공무원 또는 공무소의 문서 내용에 대하여 변경을 가하여 새로운 증명력을 작출한 경우라고 볼 수 없으므로 공문서변조죄나 이를 전제로 하는 변조공문서행사죄가 성립되지는 않는다(대판 2004.8.20. 2004도2767).

030 다음 설명 중 옳고 그름의 표시(○, ×)가 바르게 된 것은? 〈경찰2차 2018〉

㉠ 위조한 통화를 진정한 통화로서 유통에 놓겠다는 목적 없이 자신의 신용력을 증명하기 위하여 타인에게 보일 목적으로 통화를 위조한 경우에는 통화위조죄의 '행사할 목적'이 있다고 할 수 없다.

㉡ 서로 유가증권위조를 공모한 공범의 관계에 있는 자들 사이에서 위조유가증권을 교부하는 행위도 위조유가증권행사죄에 해당한다.

㉢ 허위로 작성된 공문서를 그 내용이 진실한 문서인 것처럼 관공서에 비치하는 행위는 허위공문서의 '행사'로 인정된다.

㉣ 문서가 위조되었다는 정을 아는 공범자에게 위조공문서를 교부하거나 제시하는 경우에는 위조공문서행사죄가 성립한다.

① ㉠ (○) ㉡ (×) ㉢ (○) ㉣ (×)
② ㉠ (○) ㉡ (×) ㉢ (×) ㉣ (○)
③ ㉠ (×) ㉡ (○) ㉢ (○) ㉣ (×)
④ ㉠ (×) ㉡ (×) ㉢ (○) ㉣ (○)

해설/정답 ①

㉠ (○) 형법 제207조에서 정한 '행사할 목적'이란 유가증권위조의 경우와 달리 위조·변조한 통화를 진정한 통화로서 유통에 놓겠다는 목적을 말하므로, 자신의 신용력을 증명하기 위하여 타인에게 보일 목적으로 통화를 위조한 경우에는 행사할 목적이 있다고 할 수 없다(대판 2012.3.29. 2011도7704).

㉡ (×) 위조유가증권행사죄의 처벌목적은 유가증권의 유통질서를 보호하고자 함에 있는 만큼 단순히 문서의 신용성을 보호하고자 하는 위조공·사문서행사죄의 경우와는 달리 교부자가 진정 또는 진실한 유가

증권인 것처럼 위조유가증권을 행사하였을 때뿐만 아니라 위조유가증권임을 알고 있는 자에게 교부하였더라도 피교부자가 이를 유통시킬 것임을 인식하고 교부하였다면, 그 교부행위 그 자체가 유가증권의 유통질서를 해할 우려가 있어 처벌의 이유와 필요성이 충분히 있다고 할 것이므로 위조유가증권행사죄가 성립한다고 보아야 할 것이지만, 위조유가증권의 교부자와 피교부자가 서로 유가증권위조를 공모하였거나 위조유가증권을 타에 행사하여 그 이익을 나누어 가질 것을 공모한 공범의 관계에 있다면, 그들 사이의 위조유가증권 교부행위는 그들 이외의 자에게 행사함으로써 범죄를 실현하기 위한 전단계의 행위에 불과한 것으로서 위조유가증권은 아직 범인들의 수중에 있다고 볼 것이지 행사되었다고 볼 수는 없다(대판 2010.12.9. 2010도12553).

ⓒ (○) 허위공문서작성죄에 있어서 행사의 목적이라 함은 허위내용의 문서를 그 내용이 진실한 문서인 것처럼 그 문서의 효용에 따라 사용할 목적이 있는 것을 말하는 것이고 그러한 공문서를 관청에 비치하는 경우도 허위공문서의 행사로 인정된다(대판 1989.12.12. 89도1253).

ⓓ (×) 위조, 변조, 허위작성된 문서의 행사죄는 이와 같은 문서를 진정한 것 또는 그 내용이 진실한 것으로 각 사용하는 것을 말하는 것이므로, 그 문서가 위조, 변조, 허위작성되었다는 정을 아는 공범자 등에게 제시, 교부하는 경우 등에 있어서는 행사죄가 성립할 여지가 없다(대판 1986.2.25. 85도2798).

제4절 | 인장에 관한 죄

CHAPTER 03 | 공중의 건강에 대한 죄

제1절 | 먹는 물에 관한 죄

제2절 | 아편에 관한 죄

CHAPTER 04 | 사회의 도덕에 대한 죄

제1절 | 성풍속에 관한 죄

031 공연음란죄에 관한 설명 중 옳은 것은 모두 몇 개인가? 〈경찰2차 2022 변형〉

㉠ 말다툼 후 항의하는 과정에서 바지와 팬티를 내리고 엉덩이를 노출시킨 행위는 사람에게 부끄러운 느낌이나 불쾌감을 주는 정도에 불과하고, 정상적인 성적 수치심을 해할 정도에 해당하지 않아 공연음란죄가 성립하지 않는다.
㉡ 음란성을 구체적으로 판단함에 있어서는 행위자의 주관적 의도가 아니라 사회 평균인의 입장에서 그 전체적인 내용을 관찰하여 건전한 사회통념에 따라 객관적이고 규범적으로 평가하여야 한다.
㉢ 공연음란죄에서 정하는 '음란한 행위'는 일반인의 성욕을 자극하여 성적 흥분을 유발하고 정상적인 성적 수치심을 해하여 성적 도의관념에 반하는 것을 의미하고, 그 행위의 음란성에 대한 의미의 인식뿐만 아니라 성욕의 흥분, 만족 등의 성적인 목적이 있어야 공연음란죄가 성립한다.
㉣ 예술성과 음란성은 차원을 달리하는 관념이므로 어느 예술작품에 예술성이 있다고 하여 그 작품의 음란성이 당연히 부정되는 것은 아니다.

① 1개 ② 2개 ③ 3개 ④ 4개

해설/정답 ③

㉠ (○) [1] 형법 제245조 소정의 '음란한 행위'라 함은 일반 보통인의 성욕을 자극하여 성적 흥분을 유발하고 정상적인 성적 수치심을 해하여 성적 도의관념에 반하는 것을 가리킨다고 할 것이고, 위 죄는 주관적으로 성욕의 흥분, 만족 등의 성적인 목적이 있어야 성립하는 것은 아니고 그 행위의 음란성에 대한 의미의 인식이 있으면 족하다. [2] 경범죄처벌법 제1조 제41호가 '여러 사람의 눈에 뜨이는 곳에서 함부로 알몸을 지나치게 내놓거나 속까지 들여다 보이는 옷을 입거나 또는 가려야 할 곳을 내어 놓아 다른 사람에게 부끄러운 느낌이나 불쾌감을 준 사람'을 처벌하도록 규정하고 있는 점 등에 비추어 볼 때, 신체의 노출행위가 있었다고 하더라도 그 일시와 장소, 노출 부위, 노출 방법·정도, 노출 동기·경위 등 구체적 사정에 비추어, 그것이 일반 보통인의 성욕을 자극하여 성적 흥분을 유발하고 정상적인 성적 수치심을 해하는 것이 아니라 단순히 다른 사람에게 부끄러운 느낌이나 불쾌감을 주는 정도에 불과하다고 인정되는 경우 그와 같은 행위는 경범죄처벌법 제1조 제41호에 해당할지언정, 형법 제245조의 음란행위에 해당한다고 할 수 없을 것이다. [3] 말다툼을 한 후 항의의 표시로 엉덩이를 노출시킨 행위가 음란한 행위에 해당한다고 판단한 원심판결을 파기한 사례(대판 2004.3.12. 2003도6514).

㉡ (○) '음란'이라는 개념 자체는 사회와 시대적 변화에 따라 변동하는 상대적이고도 유동적인 것이고, 그 시대에 있어서 사회의 풍속, 윤리, 종교 등과도 밀접한 관계를 가지는 추상적인 것이므로, 결국 음란성을 구체적으로 판단함에 있어서는 행위자의 주관적 의도가 아니라 사회 평균인의 입장에서 그 전체적인 내용을 관찰하여 건전한 사회통념에 따라 객관적이고 규범적으로 평가하여야 한다(대판 2020.1.16. 2019도14056).

㉢ (×) [1] 형법 제245조 소정의 '음란한 행위'라 함은 일반 보통인의 성욕을 자극하여 성적 흥분을 유발하고 정상적인 성적 수치심을 해하여 성적 도의관념에 반하는 행위를 가리키는 것이고, 그 행위가 반드시 성행위를 묘사하거나 성적인 의도를 표출할 것을 요하는 것은 아니다. [2] 요구르트 제품의 홍보를 위하여 전라의 여성 누드모델들이 일반 관람객과 기자 등 수십명이 있는 자리에서, 알몸에 밀가루를 바르고 무대에 나와 분무기로 요구르트를 몸에 뿌려 밀가루를 벗겨내는 방법으로 알몸을 완전히 드러낸 채 음부 및 유방 등이 노출된 상태에서 무대를 돌며 관람객들을 향하여 요구르트를 던진 행위가 공연음란죄에 해당한다고 한 사례(대판 2006.1.13. 2005도1264).

㉣ (○) 형법 제243조에 규정된 '음란한 도화'라 함은 일반 보통인의 성욕을 자극하여 성적 흥분을 유발하고 정상적인 성적 수치심을 해하여 성적 도의관념에 반하는 것을 가리킨다고 할 것이고, 이는 당해 도화의 성에 관한 노골적이고 상세한 표현의 정도와 그 수법, 당해 도화의 구성 또는 예술성, 사상성 등에 의한 성적 자극의 완화의 정도, 이들의 관점으로부터 당해 도화를 전체로서 보았을 때 주로 독자의 호색적 흥미를 돋구는 것으로 인정되느냐의 여부 등을 검토, 종합하여 그 시대의 건전한 사회통념에 비추어 판단하여야 할 것이며, 예술성과 음란성은 차원을 달리하는 관념이므로 어느 예술작품에 예술성이 있다고 하여 그 작품의 음란성이 당연히 부정되는 것은 아니라 할 것이고, 다만 그 작품의 예술적 가치, 주제와 성적 표현의 관련성 정도 등에 따라서는 그 음란성이 완화되어 결국은 형법이 처벌대상으로 삼을 수 없게 되는 경우가 있을 수 있을 뿐이다(대판 2002.8.23. 2002도2889).

032 다음은 형법상 성풍속에 관한 죄에 대한 설명이다. 옳은 것(○)과 옳지 않은 것(×)을 바르게 연결한 것은? 〈경찰2차 2013〉

> ㉠ 음란한 영상화면을 수록한 컴퓨터 프로그램 파일을 컴퓨터 통신망을 통하여 전송하는 방법으로 판매한 경우 형법상 음화반포판매죄가 성립한다.
> ㉡ 음란한 부호 등이 전시된 웹페이지에 대한 링크행위로 인해 불특정 다수인이 별다른 제한 없이 음란한 부호 등에 바로 접할 수 있는 상태가 실제로 조성되었다고 한다면 이러한 링크행위는 음란한 부호 등을 공연히 전시한 경우에 해당한다.
> ㉢ 고속도로에서 행패를 부리다가 경찰관이 출동하여 이를 제지하려고 하자 주위에 운전자 등 많은 사람이 운집한 가운데 시위조로 옷을 모두 벗고 알몸의 상태로 바닥에 드러눕거나 돌아다닌 행위는 공연음란죄에 해당한다.
> ㉣ 피고인이 甲과 주차문제로 말다툼을 할 때 甲이 피고인에게 "술을 먹었으면 입으로 먹었지 똥구멍으로 먹었냐"라고 말한 것에 격분하여 甲이 운영하는 상점으로 찾아가 상점카운터를 지키고 있던 甲의 딸인 乙(여, 23세)을 보고 "주인 어디 갔느냐"고 소리를 지르다가 등을 돌려 엉덩이가 드러날 만큼 바지와 팬티를 내린 다음 엉덩이를 들이밀며 "똥구멍으로 어떻게 술을 먹느냐, 똥구멍에 술을 부어 보아라"라고 말한 경우 공연음란죄가 성립한다.

① ㉠ (×) ㉡ (○) ㉢ (○) ㉣ (○)
② ㉠ (○) ㉡ (×) ㉢ (×) ㉣ (○)
③ ㉠ (×) ㉡ (○) ㉢ (○) ㉣ (×)
④ ㉠ (○) ㉡ (×) ㉢ (×) ㉣ (×)

해설/정답 ③

㉠ (×) 형법 제243조는 음란한 문서, 도화, 필름 기타 물건을 반포, 판매 또는 임대하거나 공연히 전시 또는 상영한 자에 대한 처벌 규정으로서 컴퓨터 프로그램파일은 위 규정에서 규정하고 있는 문서, 도화, 필름 기타 물건에 해당한다고 할 수 없으므로, 음란한 영상화면을 수록한 컴퓨터 프로그램파일을 컴퓨터 통신망을 통하여 전송하는 방법으로 판매한 행위에 대하여 전기통신기본법 제48조의2의 규정을 적용할 수 있음은 별론으로 하고, 형법 제243조의 규정을 적용할 수 없다(대판 1999.2.24. 98도3140).

㉡ (○) 음란한 부호 등으로 링크를 해 놓는 행위자의 의사의 내용, 그 행위자가 운영하는 웹사이트의 성격 및 사용된 링크기술의 구체적인 방식, 음란한 부호 등이 담겨져 있는 다른 웹사이트의 성격 및 다른 웹사이트 등이 음란한 부호 등을 실제로 전시한 방법 등 모든 사정을 종합하여 볼 때, 링크를 포함한 일련의 행위 및 범의가 다른 웹사이트 등을 단순히 소개·연결할 뿐이거나 또는 다른 웹사이트 운영자의 실행행위를 방조하는 정도를 넘어, 이미 음란한 부호 등이 불특정·다수인에 의하여 인식될 수 있는 상태에 놓여 있는 다른 웹사이트를 링크의 수법으로 사실상 지배·이용함으로써 그 실질에 있어서 음란한 부호 등을 직접 전시하는 것과 다를 바 없다고 평가되고, 이에 따라 불특정·다수인이 이러한 링크를 이용하여 별다른 제한 없이 음란한 부호 등에 바로 접할 수 있는 상태가 실제로 조성되었다면, 그러한 행위는 전체로 보아 음란한 부호 등을 공연히 전시한다는 구성요건을 충족한다고 봄이 상당하며, 이러한 해석은 죄형법정주의에 반하는 것이 아니라, 오히려 링크기술의 활용과 효과를 극대화하는 초고속정보통신망 제도를 전제로 하여 신설된 구 전기통신기본법 제48조의2(2001. 1. 16. 법률 제6360호 부칙 제5조 제1항에 의하여 삭제, 현행 정보통신망이용촉진및정보보호등에관한법률 제65조 제1항 제2호 참조) 규정의 입법 취지에 부합하는 것이라고 보아야 한다(대판 2003.7.8. 2001도1335).

㉢ (○) 고속도로에서 승용차를 손괴하거나 타인에게 상해를 가하는 등의 행패를 부리던 자가 이를 제지하려는 경찰관에 대항하여 공중 앞에서 알몸이 되어 성기를 노출한 경우, 음란한 행위에 해당하고 그 인식도 있었다고 한 사례(대판 2000.12.22. 2000도4372).

㉣ (×) 형법 제245조 소정의 '음란한 행위'라 함은 일반 보통인의 성욕을 자극하여 성적 흥분을 유발하고 정상적인 성적 수치심을 해하여 성적 도의관념에 반하는 것을 가리킨다고 할 것이고, 위 죄는 주관적으로 성욕의 흥분, 만족 등의 성적인 목적이 있어야 성립하는 것은 아니고 그 행위의 음란성에 대한 의미의 인식이 있으면 족하다고 할 것이나(대판 2000.12.22. 2000도4372), 경범죄처벌법 제1조 제41호가 '여러 사람의 눈에 뜨이는 곳에서 함부로 알몸을 지나치게 내놓거나 속까지 들여다 보이는 옷을 입거나 또는 가려야 할 곳을 내어 놓아 다른 사람에게 부끄러운 느낌이나 불쾌감을 준 사람'을 처벌하도록 규정하고 있는 점 등에 비추어 볼 때, 신체의 노출행위가 있었다고 하더라도 그 일시와 장소, 노출 부위, 노출 방법·정도, 노출 동기·경위 등 구체적 사정에 비추어, 그것이 일반 보통인의 성욕을 자극하여 성적 흥분을 유발하고 정상적인 성적 수치심을 해하는 것이 아니라 단순히 다른 사람에게 부끄러운 느낌이나 불쾌감을 주는 정도에 불과하다고 인정되는 경우 그와 같은 행위는 경범죄처벌법 제1조 제41호에 해당할 지언정, 형법 제245조의 음란행위에 해당한다고 할 수 없을 것이다(대판 2004.3.12. 2003도6514).

제2절 | 도박과 복표에 관한 죄

033 도박의 죄에 관한 설명 중 옳은 것은 모두 몇 개인가? 〈경찰2차 2022〉

> ㉠ 영리의 목적으로 속칭 포커나 고스톱 등의 인터넷 도박게임 사이트를 개설하여 운영하는 경우, 게임이용자들이 그 도박게임 사이트에 접속하여 실제로 도박이 행하여진 때에 도박개장죄는 기수에 이른다.
>
> ㉡ 사기도박의 경우 도박에서의 우연성이 결여되어 사기죄만 성립하고, 사기도박에 필요한 준비를 갖추고 그러한 의도로 피해자들에게 도박에 참가하도록 권유한 때 또는 늦어도 그 정을 알지 못하는 피해자들이 도박에 참가한 때 실행의 착수가 인정된다.
>
> ㉢ 상습도박죄에 있어서의 상습성이란 반복하여 도박행위를 하는 습벽으로서 행위자의 속성을 말하는데, 이러한 습벽의 유무를 판단함에 있어서는 도박의 전과나 도박횟수 등이 중요한 판단자료가 되나, 도박전과가 없다 하더라도 도박의 성질과 방법, 도금의 규모, 도박에 가담하게 된 태양 등의 제반사정을 참작하여 도박의 습벽이 인정되는 경우에는 상습성을 인정할 수 있다.
>
> ㉣ 도박행위가 공갈죄의 수단이 된 경우, 공갈죄와 도박죄는 그 구성요건과 보호법익을 달리하고 있고, 공갈죄의 성립에 일반적·전형적으로 도박행위를 수반하는 것은 아니기에 공갈죄와 별도로 도박죄가 성립한다.

① 1개 ② 2개 ③ 3개 ④ 4개

해설/정답 ③

㉠ (×) [1] 형법 제247조의 도박개장죄는 영리의 목적으로 도박을 개장하면 기수에 이르고, 현실로 도박이 행하여졌음은 묻지 않는다. 따라서 영리의 목적으로 속칭 포커나 바둑이, 고스톱 등의 인터넷 도박게임 사이트를 개설하여 운영하는 경우, 현실적으로 게임이용자들로부터 돈을 받고 게임머니를 제공하고 게임이용자들이 위 도박게임 사이트에 접속하여 도박을 하여, 위 게임으로 획득한 게임머니를 현금으로 환전해 주는 방법 등으로 게임이용자들과 게임회사 사이에 있어서 재물이 오고갈 수 있는 상태에 있으면, 게임이용자가 위 도박게임 사이트에 접속하여 실제 게임을 하였는지 여부와 관계없이 도박개장죄는 '기수'에 이른다. [2] 피고인이 단순히 가맹점만을 모집한 상태에서 도박게임 프로그램을 시험가동한 정도에 그친 것이 아니라, 가맹점을 모집하여 인터넷 도박게임이 가능하도록 시설 등을 설치하고 도박게임 프로그램을 가동하던 중 문제가 발생하여 더 이상의 영업으로 나아가지 못한 것으로 볼 여지가 있다면 이로써 도박개장죄는 이미 '기수'에 이르렀다고 볼 수 있고, 나아가 피고인이 모집한 피씨방의 업주들이 그곳을 찾은 이용자들에게 피고인이 개설한 도박게임 사이트에 접속하여 도박을 하게 한 사실이 없다고 하여 도박개장죄의 성립이 부정된다고 할 수 없다고 한 사례(대판 2009. 12.10. 2008도5282).

㉡ (○) 도박이란 2인 이상의 자가 상호간에 재물을 도(賭)하여 우연한 승패에 의하여 그 재물의 득실을 결정하는 것이므로, 이른바 사기도박과 같이 도박당사자의 일방이 사기의 수단으로써 승패의 수를 지배하는 경우에는 도박에서의 우연성이 결여되어 사기죄만 성립하고 도박죄는 성립하지 아니한다. [2] 사기죄는 편취의 의사로 기망행위를 개시한 때에 실행에 착수한 것으로 보아야 하므로, 사기도박에서도 사기적인 방법으로 도금을 편취하려고 하는 자가 상대방에게 도박에 참가할 것을 권유하는 등 기망행위를 개시한 때에 실행의 착수가 있는 것으로 보아야 한다(대판 2011.1.13. 2010도9330).

㉢ (○) 상습도박죄에 있어서의 상습성이라 함은 반복하여 도박행위를 하는 습벽으로서 행위자의 속성을 말하는데, 이러한 습벽의 유무를 판단함에 있어서는 도박의 전과나 도박횟수 등이 중요한 판단자료가 되나, 도박전과가 없다 하더라도 도박의 성질과 방법, 도금의 규모, 도박에 가담하게 된 태양 등의 제반 사정을 참작하여 도박의 습벽이 인정되는 경우에는 상습성을 인정할 수 있다(대판 2017.4.13. 2017도953).

㉣ (○) 공갈죄와 도박죄는 그 구성요건과 보호법익을 달리하고 있고, 공갈죄의 성립에 일반적·전형적으로 도박행위를 수반하는 것은 아니며, 도박행위가 공갈죄에 비하여 별도로 고려되지 않을 만큼 경미한 것이라고 할 수도 없으므로, 도박행위가 공갈죄의 수단이 되었다 하여 그 도박행위가 공갈죄에 흡수되어 별도의 범죄를 구성하지 않는다고 할 수 없다(대판 2014.3.13. 2014도212).

034 다음 설명 중 가장 적절하지 않은 것은? 〈경찰1차 2013〉

① 내국인의 출입을 허용하는 폐광지역 카지노에 출입하는 것은 법령에 의한 행위로 위법성이 조각되지만, 도박죄를 처벌하지 않는 외국 카지노에서의 도박은 위법성이 조각되지 아니한다.

② 인터넷 고스톱게임 사이트를 유료화하는 과정에서 사이트를 홍보하기 위하여 고스톱대회를 개최하면서 참가자들로부터 참가비를 받고 입상자들에게 상금을 지급한 경우에는 도박장소 등 개설죄가 성립한다.

③ 피고인이 가맹점을 모집하여 인터넷 도박게임이 가능하도록 시설 등을 설치하고 도박게임 프로그램을 가동하던 중 문제가 발생하여 더 이상의 영업으로 나아가지 못한 경우, 실제로 이용자들이 도박게임 사이트에 접속하여 도박을 한 사실이 없다면 도박장소 등 개설죄는 기수에 이르렀다고 볼 수 없다.

④ 인터넷 게임사이트의 온라인 게임에서 통용되는 사이버 머니를 구입하고자 하는 사람을 유인하여 돈을 받고 위 게임사이트에 접속하여 일부러 패하는 방법으로 사이버머니를 판매한 사람에 대하여, 정범인 위 게임사이트 개설자의 도박장소 등 개설행위를 인정할 수 없는 이상 종범인 도박장소 등 개설죄의 방조도 성립하지 않는다.

해설/정답 ③

① (○) 형법 제3조는 "본법은 대한민국 영역 외에서 죄를 범한 내국인에게 적용한다."고 하여 형법의 적용범위에 관한 속인주의를 규정하고 있고, 또한 국가 정책적 견지에서 도박죄의 보호법익보다 좀 더 높은 국가이익을 위하여 예외적으로 내국인의 출입을 허용하는 폐광지역개발지원에관한특별법 등에 따라 카지노에 출입하는 것은 법령에 의한 행위로 위법성이 조각된다고 할 것이나, 도박죄를 처벌하지 않는 외국 카지노에서의 도박이라는 사정만으로 그 위법성이 조각된다고 할 수 없다(대판 2004.4.23. 2002도2518).

② (○) 인터넷 고스톱게임 사이트를 유료화하는 과정에서 사이트를 홍보하기 위하여 고스톱대회를 개최하면서 참가자들로부터 참가비를 받고 입상자들에게 상금을 지급한 행위에 대하여 도박개장죄를 인정한 사례(대판 2002.4.12. 2001도5802).

③ (×) 피고인이 단순히 가맹점만을 모집한 상태에서 도박게임 프로그램을 시험가동한 정도에 그친 것이 아니라, 가맹점을 모집하여 인터넷 도박게임이 가능하도록 시설 등을 설치하고 도박게임 프로그램을 가동하던 중 문제가 발생하여 더 이상의 영업으로 나아가지 못한 것으로 볼 여지가 있다면 이로써 도박개장죄는 이미 '기수'에 이르렀다고 볼 수 있고, 나아가 피고인이 모집한 피씨방의 업주들이 그곳을 찾은 이용자들에게 피고인이 개

설한 도박게임 사이트에 접속하여 도박을 하게 한 사실이 없다고 하여 도박개장죄의 성립이 부정된다고 할 수 없다고 한 사례(대판 2009. 12.10. 2008도5282).

④ (○) 인터넷 게임사이트의 온라인 게임에서 통용되는 사이버머니를 구입하고자 하는 사람을 유인하여 돈을 받고 위 게임사이트에 접속하여 일부러 패하는 방법으로 사이버머니를 판매한 사람에 대하여, 정범인 위 게임사이트 개설자의 도박개장행위를 인정할 수 없는 이상 종범인 도박개장방조죄도 성립하지 않는다고 한 사례(대판 2007.11.29. 2007도8050).

제3절 | 신앙에 관한 죄

035 다음 설명 중 옳고 그름의 표시(○, ×)가 바르게 된 것은? 〈경찰2차 2018 변형〉

㉠ 범행을 은폐할 목적으로 피해자의 시신을 화장하였더라도 일반 화장절차에 따라 장제의 의례를 갖추었다면 시체유기죄가 성립하지 아니한다. ㉡ 법률, 계약 또는 조리상 시체에 대한 장제 또는 감호의 의무가 없는 자도 장소적 이전을 함이 없이 소극적으로 단순히 시체를 방치함으로써 시체유기죄를 범할 수 있다. ㉢ 살인 등의 목적으로 사람을 살해한 자가 살해의 목적을 수행할 때 사후 시체의 발견을 심히 곤란하게 하려는 의도로 인적이 드문 장소로 피해자를 유인하여 그곳에서 살해하고 시체를 그대로 두고 도주한 경우에는 살인죄 외에 별도로 시체은닉죄가 성립한다. ㉣ 질병으로 의사의 치료를 받아 오다가 약효가 없어 사망하여 그 사인이 명백한 자라도 그 시체에 대한 검시를 방해하는 것은 변사체검시방해죄를 구성한다.

① ㉠ (○) ㉡ (○) ㉢ (×) ㉣ (×)
② ㉠ (○) ㉡ (×) ㉢ (×) ㉣ (×)
③ ㉠ (×) ㉡ (×) ㉢ (○) ㉣ (○)
④ ㉠ (○) ㉡ (×) ㉢ (×) ㉣ (○)

해설/정답 ②

형법 개정(2020. 12. 8)으로 인해 지문의 사체를 시체로 수정하였음. 판례는 기존 규정대로 사체로 표현되어 있으니 참고하여야 할 것임.

㉠ (○) 일반 화장절차에 따라 피해자의 시신을 화장하여 장제의 의례를 갖추었다면 비록 그것이 피고인이의 범행을 은폐할 목적이었다고 하더라도 사자에 대한 종교적 감정을 침해하여 사체를 유기한 것이라고 판단할 수 없다(대판 1998.3.10. 98도51).

㉡ (×) 사체유기죄는 법률, 계약 또는 조리상 사체를 장제 또는 감호할 의무가 있는 자가 이를 방치하거나 그 의무없는 자가 그 장소적 이전을 하면서 종교적, 사회적 풍습에 따른 의례에 의하지 아니하고 이를 방기함을 요한다고 할 것인데 이 사건에 있어서 피고인은 조리상 사체를 장제 또는 감호할 의무가 있는 것도 아니고 사체에 대하여 어떠한 장소적 이전을 한 것도 아니어서 그 소위만으로는 사체를 유기한 것으로는 볼 수 없다(대판 1986.6.24. 86도891).

㉢ (×) 살인, 강도살인 등의 목적으로 사람을 살해한 자가 그 살해의 목적을 수행함에 있어 사후 사체의 발

견이 불가능 또는 심히 곤란하게 하려는 의사로 인적이 드문 장소로 피해자를 유인하거나 실신한 피해자를 끌고가서 그곳에서 살해하고 사체를 그대로 둔채 도주한 경우에는 비록 결과적으로 사체의 발견이 현저하게 곤란을 받게 되는 사정이 있다 하더라도 별도로 사체은닉죄가 성립되지 아니한다(대판 1986.6.24. 86도891).

㉣ (×) 형법 제163조의 변사자라 함은 부자연한 사망으로서 그 사인이 분명하지 않은 자를 의미하고 그 사인이 명백한 경우는 변사자라 할 수 없으므로, 범죄로 인하여 사망한 것이 명백한 자의 사체는 같은 법조 소정의 변사체검시방해죄의 객체가 될 수 없다(대판 2003.6.27. 2003도1331).

MEMO

PART 03
국가적 법익에 대한 죄

CHAPTER 01 | 국가의 존립과 권위에 대한 죄

제1절 | 내란의 죄

제2절 | 외환의 죄

001 다음은 간첩죄에 대한 설명이다. 가장 적절하지 않은 것은? (다툼이 있는 경우 판례에 의하고, 전원 합의체 판결의 경우 다수의견에 의함. 이하 같음) 〈경찰2차 2013〉

① 형법 제98조 제1항의 간첩이라 함은 적국을 위하여 적국의 지령 사주 기타 의사의 연락 하에 군사상 기밀사항 또는 도서 물건을 탐지·수집하는 것을 의미하는 것이므로 북괴의 지령 사주 기타의 의사의 연락 없이 편면적으로 지득하였던 군사상의 기밀사항을 북괴에 납북된 상태 하에서 제보한 행위는 위 법조 소정의 간첩죄에 해당하지 아니한다.

② 간첩으로서 군사기밀을 탐지·수집하면 그로써 간첩행위는 기수가 되고 그 수집한 자료가 지령자에게 도달됨으로써 범죄의 기수가 되는 것은 아니다.

③ 직무에 관하여 군사상 기밀을 지득한 자가 이를 적국에 누설한 경우에는 형법 제98조 제2항(군사상의 기밀누설죄)에, 직무와 관계없이 지득한 군사상 기밀을 적국에 누설한 경우에는 형법 제99조(일반이적죄)에 각 해당한다.

④ 간첩죄를 범한 자가 그 탐지·수집한 기밀을 누설한 경우는 간첩죄와 군사기밀누설죄 등 두 가지 죄를 범한 것으로 인정할 수 있다.

해설/정답 ④

① (○) 형법 제98조 제1항의 간첩이라 함은 적국을 위하여 적국의 지령 사주 기타 의사의 연락 하에 군사상(총력전 하에서는 정치 경제, 사회, 문화에 관한 분야를 포함한 광의로 해석하여야 할 것임) 기밀사항 또는 도서 물건을 탐지 모집하는 것을 의미하는 것이므로 북괴의 지령 사주 기타의 의사의 연락 없이 단편적으로 지득하였던 군사상의 기밀사항을 북괴에 납북된 상태 하에서 제보한 행위는 위 법조 소정의 간첩죄에 해당하지 아니하고 다만 반공법 제4조 제1항 소정의 반국가단체를 이롭게 하는 행위에 해당한다(대판 1975.9.23. 75도1773).

② (○) 간첩으로서 군사기밀을 탐지수집하면 그로써 간첩행위는 기수가 되고 그 수집한 자료가 지령자에게 도달됨으로써 범죄의 기수가 되는 것은 아니다(대판 1963.12.12. 63도312).

③ (○) 구 국가보안법 제2조에서 인용한 형법 제98조 제1항의 간첩행위는 적국에 제보하기 위하여 은밀히 또는 묘계로써 우리나라의 군사상은 물론 정치, 경제, 사회, 문화, 사상등 기밀에 관한 사항 또는 도서, 물건을 탐지, 모집함을 말하는 것이고, 직무에 관하여 군사상 기밀을 지득한 자가 이를 적국에 누설한 경우에는 형법 제98조 제2항의 기밀누설에, 직무에 관계없이 지득한 군사상 기밀을 지득한 자가 이를 적국에 누설한 경우에는 형법 제99조의 일반이적죄에 해당한다 할 것이다(대판 1982.11.9. 82도2239).

④ (×) 형법 제98조 제1항의 간첩죄를 범한 자가 그 탐지수집한 기밀을 누설한 경우나 구 국가보안법 제3조 제1호의 국가기밀을 탐지 수집한 자가 그 기밀을 누설한 경우에는 양 죄를 포괄하여 1죄를 범한 것으

로 보아야 하고, 간첩죄와 군사기밀누설죄 또는 국가기밀탐지수집죄와 국가기밀누설등 두가지 죄를 범한 것으로 인정할 수 없다(대판 1982.4.27. 82도285).

제3절 | 국기에 관한 죄

제4절 | 국교에 관한 죄

CHAPTER 02 | 국가의 기능에 대한 죄

제1절 | 공무원의 직무에 관한 죄

002 공무원의 직무에 관한 죄에 대한 설명으로 가장 적절하지 않은 것은? 〈경찰2차 2023〉

① 공무원이 태만이나 착각 등으로 인하여 직무를 성실히 수행하지 않은 경우 또는 직무를 소홀하게 수행하였기 때문에 성실한 직무수행을 못한 데 지나지 않는 경우에는 직무유기죄가 성립하지 않는다.

② 경찰공무원이 지명수배 중인 범인을 발견하고도 직무상 의무에 따른 적절한 조치를 취하지 아니하고 오히려 범인을 도피하게 하는 행위를 하였다면, 범인도피죄만 성립하고 직무유기죄는 따로 성립하지 않는다.

③ 공무상비밀누설죄는 공무원 또는 공무원이었던 자가 법령에 의한 직무상 비밀을 누설하는 것을 구성요건으로 하고 있는바, 여기서 '법령에 의한 직무상 비밀'이란 법령에 의하여 비밀로 규정되었거나 비밀로 분류 명시된 사항에 한정된다.

④ 통고처분이나 고발을 할 권한이 없는 세무공무원이 그 권한자에게 범칙사건 조사 결과에 따른 통고처분이나 고발조치를 건의하는 등의 조치를 취하지 않았다고 하더라도, 구체적 사정에 비추어 그것이 직무를 성실히 수행하지 못한 것이라고 할 수 있을지언정 그 직무를 의식적으로 방임 내지 포기하였다고 볼 수 없다.

해설/정답 ③

① (○) 직무를 유기한다는 것은 공무원이 법령, 내규 등에 따른 추상적 성실의무를 게을리하는 일체의 경우를 말하는 것이 아니라 직장의 무단이탈, 직무의 의식적인 포기 등과 같이 국가의 기능을 저해하고 국민에게 피해를 야기할 구체적인 가능성이 있는 경우만을 가리킨다. 따라서 공무원이 태만이나 착각 등으로 인하여 직무를 성실히 수행하지 않은 경우 또는 직무를 소홀하게 수행하였기 때문에 성실한 직무수행을 못한 데 지나지 않는 경우에는 직무유기죄가 성립하지 않는다.(대판 2022.6.30. 2021도8361).

② (○) 경찰공무원이 지명수배 중인 범인을 발견하고도 직무상 의무에 따른 적절한 조치를 취하지 아니하고 오히려 범인을 도피하게 하는 행위를 하였다면, 그 직무위배의 위법상태는 범인도피행위 속에 포함되어 있다고 보아야 할 것이므로, 이와 같은 경우에는 작위범인 범인도피죄만이 성립하고 부작위범인 직무유기죄는 따로 성립하지 아니한다 (대판 2017.3.15. 2015도1456, 대판 2006.10.19. 2005도3909 전원합의체).

③ (×) 형법 제127조는 공무원 또는 공무원이었던 자가 법령에 의한 직무상 비밀을 누설하는 것을 구성요건으로 하고 있다. 여기서 '법령에 의한 직무상 비밀'이란 반드시 법령에 의하여 비밀로 규정되었거나 비밀로 분류 명시된 사항에 한하지 않고, 정치·군사·외교·경제·사회적 필요에 따라 비밀로 된 사항은 물론 정부나 공무소 또는 국민이 객관적·일반적인 입장에서 외부에 알려지지 않는 것에 상당한 이익이 있는 사항도 포함하나, 실질적으로 그것을 비밀로서 보호할 가치가 있다고 인정할 수 있는 것이어야 한다(대판 2021.12.30. 2021도11924).

④ (○) [1] 세무서에서 근무하는 공무원이 조세범처벌절차법 시행령 제1조에 의하여 그 관할 검찰청 검사장으로부터 범칙사건을 조사할 수 있는 자로 지명을 받지 않은 경우, 범칙사건 조사 결과에 따른 통고처

분이나 고발 여부는 국세청장, 지방국세청장 또는 세무서장의 직무에 속할 뿐 범칙사건을 조사한 세무공무원에게는 조세범처벌절차법에 따른 통고처분이나 고발을 할 권한이 없다. [2] 형법 제122조 소정의 공무원이 정당한 이유 없이 직무를 유기한 때라 함은 직무에 관한 의식적인 방임 내지는 포기 등 정당한 사유 없이 직무를 수행하지 아니한 경우를 의미하는 것이므로 공무원이 태만, 분망, 착각 등으로 인하여 직무를 성실히 수행하지 아니한 경우나 형식적으로 또는 소홀히 직무를 수행하였기 때문에 성실한 직무수행을 못한 것에 불과한 경우에는 직무유기죄는 성립하지 않는다(대판 1997.4.11. 96도2753).

003 공무원의 직무에 관한 죄의 설명 중 가장 적절하지 않은 것은? 〈경찰2차 2022〉

① 지방자치단체의 장이 미리 승진후보자명부상 후보자들 중에서 승진대상자를 실질적으로 결정한 다음, 그 내용을 인사위원회 간사, 서기 등을 통해 인사위원회 위원들에게 '승진대상자 추천'이라는 명목으로 제시하여 인사위원회로 하여금 자신이 특정한 후보자들을 승진대상자로 의결하도록 유도하는 행위는 직권남용권리행사방해죄의 구성요건인 '직권의 남용' 및 '의무 없는 일을 하게 한 경우'로 볼 수 있다.

② 공무원이 직무상 알게 된 비밀을 그 직무와의 관련성 혹은 필요성에 기하여 해당 직무의 집행과 관련 있는 다른 공무원에게 직무집행의 일환으로 전달한 경우, 국가기능에 위험이 발생하리라고 볼 만한 특별한 사정이 인정되지 않는 한, 그 행위는 비밀의 누설에 해당하지 아니한다.

③ 직무집행의 의사로 자신의 직무를 수행한 경우에는 그 직무집행의 내용이 위법한 것으로 평가된다는 점만으로 직무유기죄의 성립을 인정할 것은 아니고, 공무원이 태만·분망 또는 착각 등으로 인하여 직무를 성실히 수행하지 아니한 경우나 형식적으로 또는 소홀히 직무를 수행한 탓으로 적절한 직무수행에 이르지 못한 것에 불과한 경우에도 직무유기죄는 성립하지 아니한다.

④ 경찰관들이 현행범으로 체포한 도박혐의자들에게 현행범인체포서 대신에 임의동행동의서를 작성하게 하고, 그나마 제대로 조사도 하지 않은 채 석방하였으며, 압수한 일부 도박자금에 관하여 압수조서 및 목록도 작성하지 않은 채 반환하고, 일부 도박혐의자의 명의도용 사실과 도박 관련 범죄로 수회 처벌받은 전력을 확인하고서도 아무런 추가조사도 없이 석방한 경우, 그 경찰관들에게는 직무유기죄가 성립한다.

해설/정답 ①

① (×) 지방자치단체의 장이 승진후보자명부 방식에 의한 5급 공무원 승진임용 절차에서 인사위원회의 사전심의·의결 결과를 참고하여 승진후보자명부상 후보자들에 대하여 승진임용 여부를 심사하고서 최종적으로 승진대상자를 결정하는 것이 아니라, 미리 승진후보자명부상 후보자들 중에서 승진대상자를 실질적으로 결정한 다음 그 내용을 인사위원회 간사, 서기 등을 통해 인사위원회 위원들에게 '승진대상자 추천'이라는 명목으로 제시하여 인사위원회로 하여금 자신이 특정한 후보자들을 승진대상자로 의결하도록 유도하는 행위는 인사위원회 사전심의 제도의 취지에 부합하지 않다는 점에서 바람직하지 않다고 볼 수 있지만, 그것만으로는 직권남용권리행사방해죄의 구성요건인 '직권의 남용' 및 '의무 없는 일을 하게 한 경우'로 볼 수 없다(대판 2020.12.10. 2019도17879).

② (○) 공무원이 직무상 알게 된 비밀을 그 직무와의 관련성 혹은 필요성에 기하여 해당 직무의 집행과 관련 있는 다른 공무원에게 직무집행의 일환으로 전달한 경우에는, 관련 각 공무원의 지위 및 관계, 직무집행의 목적과 경위, 비밀의 내용과 전달 경위 등 제반 사정에 비추어 비밀을 전달받은 공무원이 이를 그 직무집행과 무관하게 제3자에게 누설할 것으로 예상되는 등 국가기능에 위험이 발생하리라고 볼 만한 특별한 사정이 인정되지 않는 한, 위와 같은 행위

가 비밀의 누설에 해당한다고 볼 수 없다(대판 2021.11.25. 2021도2486).

③ (○) 형법 제122조에서 정하는 직무유기죄에서 '직무를 유기한 때'란 공무원이 법령, 내규 등에 의한 추상적 성실의무를 태만히 하는 일체의 경우에 성립하는 것이 아니라 직장의 무단이탈, 직무의 의식적인 포기 등과 같이 국가의 기능을 저해하고 국민에게 피해를 야기시킬 가능성이 있는 경우를 가리킨다. 그리하여 일단 직무집행의 의사로 자신의 직무를 수행한 경우에는 직무집행의 내용이 위법한 것으로 평가된다는 점만으로 직무유기죄의 성립을 인정할 것은 아니고, 공무원이 태만·분망 또는 착각 등으로 인하여 직무를 성실히 수행하지 아니한 경우나 형식적으로 또는 소홀히 직무를 수행한 탓으로 적절한 직무수행에 이르지 못한 것에 불과한 경우에도 직무유기죄는 성립하지 아니한다. 따라서 교육기관·교육행정기관·지방자치단체 또는 교육연구기관의 장이 징계의결을 집행하지 못할 법률상·사실상의 장애가 없는데도 징계의결서를 통보받은 날로부터 법정 시한이 지나도록 집행을 유보하는 모든 경우에 직무유기죄가 성립하는 것은 아니고, 그러한 유보가 직무에 관한 의식적인 방임이나 포기에 해당한다고 볼 수 있는 경우에 한하여 직무유기죄가 성립한다고 보아야 한다(대판 2014.4.10. 2013도229).

④ (○) 피고인들을 비롯한 경찰관들이 현행범으로 체포한 도박혐의자 17명에 대해 현행범인체포서 대신에 임의동행동의서를 작성하게 하고, 그나마 제대로 조사도 하지 않은 채 석방하였으며, 현행범인 석방사실을 검사에게 보고도 하지 않았고, 석방일시·사유를 기재한 서면을 작성하여 기록에 편철하지도 않았으며, 압수한 일부 도박자금에 관하여 압수조서 및 목록도 작성하지 않은 채 검사의 지휘도 받지 않고 반환하였고, 일부 도박혐의자의 명의도용 사실과 도박 관련 범죄로 수회 처벌받은 전력을 확인하고서도 아무런 추가조사 없이 석방한 사안에서, 이는 단순히 업무를 소홀히 수행한 것이 아니라 정당한 사유 없이 의도적으로 수사업무를 방임 내지 포기한 것이라고 봄이 상당하다는 이유로, 피고인들에 대하여 직무유기죄의 성립을 부정한 원심판단에 법리오해 또는 사실오인의 잘못이 있다고 한 사례(대판 2010.6.24. 2008도11226).

004 **다음의 ㉠부터 ㉣까지의 설명 중 옳고 그름의 표시(○, ×)가 모두 바르게 된 것은?** 〈경찰1차 2021〉

> ㉠ 직권남용 행위의 상대방이 공무원이거나 법령에 따라 일정한 공적 임무를 부여받고 있는 공공기관 등의 임직원인 경우에는 법령에 따라 임무를 수행하는 지위에 있으므로 그가 직권에 대응하여 어떠한 일을 한 것이 의무 없는 일인지 여부는 관계 법령 등의 내용에 따라 개별적으로 판단하여야 한다.
> ㉡ 공무원이 자신의 직무와 관련된 상대방에게 공무원 자신 또는 자신이 지정한 제3자를 위하여 재산적 이익 등의 제공을 요구하고 상대방은 어떠한 이익을 기대하며 그에 대한 대가로 요구에 응하였다면, 다른 사정이 없는 한 협박을 요건으로 하는 강요죄가 성립하지 않는다.
> ㉢ 공무원이 자신의 직무권한에 속하는 사항에 관하여 실무 담당자로 하여금 그 직무집행을 보조하는 사실행위를 하도록 하였다면, 이는 원칙적으로 직권남용권리행사방해죄에서 말하는 '의무 없는 일을 하게 한 때'에 해당한다.
> ㉣ 학대죄는 자기의 보호 또는 감독을 받는 사람에게 육체적으로 고통을 주거나 정신적으로 차별대우를 하는 행위가 있음과 동시에 범죄가 완성되는 상태범 또는 즉시범이다.

① ㉠ (○) ㉡ (○) ㉢ (×) ㉣ (○)
② ㉠ (○) ㉡ (×) ㉢ (×) ㉣ (×)
③ ㉠ (×) ㉡ (○) ㉢ (○) ㉣ (○)
④ ㉠ (○) ㉡ (○) ㉢ (×) ㉣ (×)

해설/정답 ①

㉠ (○), ㉢ (×) [1] 형법 제123조의 직권남용권리행사방해죄(이하 '직권남용죄'라 한다)에서 말하는 '사람으로 하여금 의무 없는 일을 하게 한 때'라 함은 공무원이 직권을 남용하여 다른 사람으로 하여금 법령상 의무 없는 일을 하게 한 때를 의미한다. 따라서 공무원이 자신의 직무권한에 속하는 사항에 관하여 실무 담당자로 하여금 그 직무집행을 보조하는 사실행위를 하도록 하더라도 이는 공무원 자신의 직무집행으로 귀결될 뿐이므로 원칙적으로 의무 없는 일을 하게 한 때에 해당한다고 할 수 없다. 그러나 직무집행의 기준과 절차가 법령에 구체적으로 명시되어 있고 실무 담당자에게도 직무집행의 기준을 적용하고 절차에 관여할 고유한 권한과 역할이 부여되어 있다면 실무 담당자로 하여금 그러한 기준과 절차를 위반하여 직무집행을 보조하게 한 경우에는 '의무 없는 일을 하게 한 때'에 해당한다. 공무원의 직무집행을 보조하는 실무 담당자에게 직무집행의 기준을 적용하고 절차에 관여할 고유한 권한과 역할이 부여되어 있는지 여부 및 공무원의 직권남용행위로 인하여 실무 담당자가 한 일이 그러한 기준이나 절차를 위반하여 한 것으로서 법령상 의무 없는 일인지 여부는 관련 법령 등의 내용에 따라 개별적으로 판단하여야 한다(대판 2020.2.13. 2019도5186).

㉡ (○) 강요죄는 폭행 또는 협박으로 사람의 권리행사를 방해하거나 의무 없는 일을 하게 하는 범죄이다. 여기에서 협박은 객관적으로 사람의 의사결정의 자유를 제한하거나 의사실행의 자유를 방해할 정도로 겁을 먹게 할 만한 해악을 고지하는 것을 말한다. 이와 같은 협박이 인정되기 위해서는 발생 가능한 것으로 생각할 수 있는 정도의 구체적인 해악의 고지가 있어야 한다. 행위자가 직업이나 지위에 기초하여 상대방에게 어떠한 이익 등의 제공을 요구하였을 때 그 요구 행위가 강요죄의 수단으로서 해악의 고지에 해당하는지 여부는 행위자의 지위뿐만 아니라 그 언동의 내용과 경위, 요구 당시의 상황, 행위자와 상대방의 성행·경력·상호관계 등에 비추어 볼 때 상대방으로 하여금 그 요구에 불응하면 어떠한 해악에 이를 것이라는 인식을 갖게 하였다고 볼 수 있는지, 행위자와 상대방이 행위자의 지위에서 상대방에게 줄 수 있는 해악을 인식하거나 합리적으로 예상할 수 있었는지 등을 종합하여 판단해야 한다. 공무원인 행위자가 상대방에게 어떠한 이익 등의 제공을 요구한 경우 위와 같은 해악의 고지로 인정될 수 없다면 직권남용이나 뇌물 요구 등이 될 수는 있어도 협박을 요건으로 하는 강요죄가 성립하기는 어렵다(대판 2020.2.13. 2019도5186).

㉣ (○) 학대죄는 자기의 보호 또는 감독을 받는 사람에게 육체적으로 고통을 주거나 정신적으로 차별대우를 하는 행위가 있음과 동시에 범죄가 완성되는 상태범 또는 즉시범이라 할 것이고 비록 수십회에 걸쳐서 계속되는 일련의 폭행행위가 있었다 하더라도 그 중 친권자로서의 징계권의 범위에 속하여 위 위법성이 조각되는 부분이 있다면 그 부분을 따로 떼어 무죄의 판결을 할 수 있다(대판 1986.7.8. 84도2922). **[해설]** 학대죄는 즉시범(상태범)이며, 계속된 일련의 학대행위 중 일부에 대해 위법성조각을 인정할 경우 그 해당 행위만을 무죄선고할 수 있다는 판례.

005 **국가의 기능에 대한 죄의 설명으로 가장 적절하지 않은 것은?** 〈경찰2차 2020〉

① 직무유기죄는 공무원이 정당한 이유 없이 그 직무수행을 거부하거나 그 '직무를 유기한 때'에 성립하며, 직무집행의 의사로 자신의 직무를 수행한 경우라도 그 직무집행의 내용이 위법한 것으로 평가된다면 직무유기죄가 성립한다.

② 검찰의 고위 간부가 특정 사건에 대한 수사가 계속 중인 상태에서 해당 사안에 관한 수사책임자의 잠정적인 판단 등 수사팀의 내부 상황을 확인한 뒤 그 내용을 수사 대상자 측에 전달한 행위는 공무상 비밀누설에 해당한다.

③ 형식적 외형적으로는 직무집행으로 보이나 실질적으로는 정당한 권한 외의 행위를 한 경우도 직권남용권리행사방해죄에 해당한다.

④ 공무원이 직무와 관련하여 뇌물수수를 약속하고 퇴직 후 이를 수수하는 경우에는, 뇌물약속과 뇌물수수가 시간적으로 근접하여 연속되어 있다고 하더라도, 뇌물수수죄는 성립하지 않는다.

해설/정답 ①

① (×) 형법 제122조에서 정하는 직무유기죄에서 '직무를 유기한 때'란 공무원이 법령, 내규 등에 의한 추상적 성실의무를 태만히 하는 일체의 경우에 성립하는 것이 아니라 직장의 무단이탈, 직무의 의식적인 포기 등과 같이 국가의 기능을 저해하고 국민에게 피해를 야기시킬 가능성이 있는 경우를 가리킨다. 그리하여 일단 직무집행의 의사로 자신의 직무를 수행한 경우에는 직무집행의 내용이 위법한 것으로 평가된다는 점만으로 직무유기죄의 성립을 인정할 것은 아니고, 공무원이 태만·분망 또는 착각 등으로 인하여 직무를 성실히 수행하지 아니한 경우나 형식적으로 또는 소홀히 직무를 수행한 탓으로 적절한 직무수행에 이르지 못한 것에 불과한 경우에도 직무유기죄는 성립하지 아니한다. 따라서 교육기관·교육행정기관·지방자치단체 또는 교육연구기관의 장이 징계의결을 집행하지 못할 법률상·사실상의 장애가 없는데도 징계의결서를 통보받은 날로부터 법정 시한이 지나도록 집행을 유보하는 모든 경우에 직무유기죄가 성립하는 것은 아니고, 그러한 유보가 직무에 관한 의식적인 방임이나 포기에 해당한다고 볼 수 있는 경우에 한하여 직무유기죄가 성립한다고 보아야 한다(대판 2014.4.10. 2013도229).

② (○) 검찰의 고위 간부가 특정 사건에 대한 수사가 계속 진행 중인 상태에서 해당 사안에 관한 수사책임자의 잠정적인 판단 등 수사팀의 내부 상황을 확인한 뒤 그 내용을 수사 대상자 측에 전달한 행위가 형법 제127조에 정한 공무상 비밀누설에 해당한다고 한 사례(대판 2007.6.14. 2004도5561).

③ (○) 대통령비서실장 및 정무수석비서관실 소속 공무원들인 피고인들이, 2014~2016년도의 3년 동안 각 연도별로 전국경제인연합회(이하 '전경련'이라 한다)에 특정 정치성향 시민단체들에 대한 자금지원을 요구하고 그로 인하여 전경련 부회장 甲으로 하여금 해당 단체들에 자금지원을 하도록 하였다고 하여 직권남용권리행사방해 및 강요의 공소사실로 기소된 사안에서, 피고인들이 위와 같이 자금지원을 요구한 행위는 대통령비서실장과 정무수석비서관실의 일반적 직무권한에 속하는 사항으로서 직권을 남용한 경우에 해당하고, 甲은 위 직권남용 행위로 인하여 전경련의 해당 보수 시민단체에 대한 자금지원 결정이라는 의무 없는 일을 하였다는 등의 이유로 직권남용권리행사방해죄가 성립한다(대판 2020.2.13. 2019도5186).

④ (○) 뇌물수수죄는 공무원 또는 중재인이 그 직무에 관하여 뇌물을 수수한 때에 성립하는 것이어서 그 주체는 현재 공무원 또는 중재인의 직에 있는 자에 한정되므로, 공무원이 직무와 관련하여 뇌물수수를 약속하고 퇴직 후 이를 수수하는 경우에는, 뇌물약속과 뇌물수수가 시간적으로 근접하여 연속되어 있다고 하더라도, 뇌물약속죄 및 사후수뢰죄가 성립할 수 있음은 별론으로 하고, 뇌물수수죄는 성립하지 않는다(대판 2010.10.14. 2010도387).

006 공무원의 직무에 관한 죄에 대한 설명 중 가장 적절하지 않은 것은? 〈경찰1차 2019〉

① 뇌물은 직무에 관한 행위의 대가로서의 불법한 이익을 말하므로 직무와 관련 없이 단순히 사교적인 예의로서 하는 증여는 뇌물이라고 할 수 없으나, 직무행위와의 대가관계가 인정되는 경우에는 비록 사교적 예의의 명목을 빌더라도 뇌물성을 부정할 수 없다.

② 직무유기죄에 있어 그 직무를 유기한 때라 함은 공무원이 법령, 내규 등에 의한 추상적인 충근의무를 태만히 하는 일체의 경우를 말한다.

③ 공무상비밀누설죄는 기밀 그 자체를 보호하는 것이 아니라 공무원의 비밀엄수의무의 침해에 의하여 위험하게 되는 이익, 즉 비밀의 누설에 의하여 위협받는 국가의 기능을 보호하기 위한 것이다.

④ 직권남용권리행사방해죄에 있어 '직권남용'이란 공무원이 그 일반적 직무권한에 속하는 사항에 관하여 직권의 행사에 가탁하여 실질적, 구체적으로 위법·부당한 행위를 하는 경우를 의미한다.

해설/정답 ②

① (○) 뇌물은 직무에 관한 행위의 대가로서의 불법한 이익을 말하므로 직무와 관련 없이 단순히 사교적인 예의로서 하는 증여는 뇌물이라고 할 수 없으나, 직무행위와의 대가관계가 인정되는 경우에는 비록 사교적 예의의 명목을 빌더라도 뇌물성을 부정할 수 없다(대판 1999.7.23. 99도390).

② (×) 직무유기죄는 구체적으로 그 직무를 수행하여야 할 작위의무가 있는데도 불구하고 이러한 직무를 버린다는 인식하에 그 작위의무를 수행하지 아니함으로써 성립하는 것이고, 또 그 직무를 유기한 때라 함은 공무원이 법령, 내규 등에 의한 추상적인 충근의무를 태만히 하는 일체의 경우를 이르는 것이 아니고, 직장의 무단이탈, 직무의 의식적인 포기 등과 같이 그것이 국가의 기능을 저해하며 국민에게 피해를 야기시킬 가능성이 있는 경우를 말하는 것이다(대판 1997.4.22. 95도748).

③ (○) 형법 제127조는 공무원 또는 공무원이었던 자가 법령에 의한 직무상 비밀을 누설하는 것을 구성요건으로 하고, 비밀 그 자체를 보호하는 것이 아니라 공무원의 비밀엄수의무의 침해에 의하여 위험하게 되는 이익, 즉 비밀 누설에 의하여 위협받는 국가의 기능을 보호하기 위한 것이다(대판 2018.2.13. 2014도11441).

④ (○) 직권남용권리행사방해죄는 공무원이 직권을 남용하여 사람으로 하여금 의무 없는 일을 하게 하거나 사람의 권리행사를 방해한 때에 성립하는 범죄이다. 여기에서 '직권남용'이란 공무원이 그 일반적 직무권한에 속하는 사항에 관하여 직권의 행사에 가탁하여 실질적, 구체적으로 위법·부당한 행위를 하는 경우를 의미하고, 공무원이 직무와는 상관없이 단순히 개인적인 친분에 근거하여 문화예술 활동에 대한 지원을 권유하거나 협조를 의뢰한 것에 불과한 경우까지 직권남용에 해당한다고 할 수는 없다(대판 2011.4.14. 2010도12313, 대판 2009.1.30. 2008도6950).

007 **직무유기죄에 관한 설명이다. 다음 중 가장 적절하지 않은 것은?** 〈경찰3차 2015〉

① 경찰관이 방치된 오토바이가 있다는 신고를 받거나 순찰 중 이를 발견하고 오토바이 상회 운영자에게 연락하여 오토바이를 수거해 가도록 하고 그 대가를 받은 경우에 직무유기죄가 성립한다.

② 경찰관인 피고인이 벌금 미납자에 대한 노역장유치 집행을 위하여 검사의 지휘를 받아 형집행장을 집행하는 경우에 벌금 미납자로 지명수배되어 있던 甲을 세 차례에 걸쳐 만나고도 그를 검거하여 검찰청에 신병을 인계하는 등 필요한 조치를 취하지 않은 경우에 피고인은 직무유기죄가 성립하지 않는다.

③ 교육기관 등의 장이 징계의결을 집행하지 못할 법률상·사실상의 장애가 없는데도 징계 의결서를 통보받은 날로부터 법정 시한이 지나도록 그 집행을 유보하였으나 그러한 유보가 의식적인 직무의 방임이나 포기에 해당한다고 볼 수 없는 경우에 직무유기죄가 성립하지 않는다.

④ 경찰관이 불법체류자의 신병을 출입국관리사무소에 인계하지 않고 훈방하면서 이들의 인적사항조차 기재해 두지 아니한 경우에 직무유기죄가 성립한다.

해설/정답 ②

① (○) 경찰관이 장기간에 걸쳐 여러 번 오토바이를 오토바이 상회 운영자에게 보관시키고도 경찰관 스스로 소유자를 찾아 반환하도록 처리하거나 상회 운영자에게 반환 여부를 확인한 일이 전혀 없고, 상회 운영자로부터 오토바이를 보내준 대가 또는 그 처분대가로 돈까지 지급받았다면, 경찰관의 이와 같은 행위는 습득물을 단순히 상회 운영자에게 보관시키거나 소유자를 찾아서 반환하도록 협조를 구한 정도를 벗어나 상회 운영자에게 그 습득물에 대한 임의적인 처분까지 용인한 것으로서 습득물 처리 지침에 따른 직무를 의식적으로 방임 내지 포기하고 정당한 사유 없이 직무를 수행하지 아니한 경우에 해당한다고 한 사례(대판 2002.5.17. 2001도6170).

② (×) 경찰관인 피고인이 벌금미납자로 지명수배되어 있던 갑을 세 차례에 걸쳐 만나고도 그를 검거하여 검찰청에 신병을 인계하는 등 필요한 조치를 취하지 않아 정당한 이유 없이 직무를 유기하였다는 내용으로 예비적으로 기소된 사안에서, 벌금미납자에 대한 노역장유치 집행을 위하여 검사의 지휘를 받아 형집행장을 집행하는 경우 벌금미납자 검거는 사법경찰관리의 직무범위에 속한다고 보아야 하는데도, 재판의 집행이 사법경찰관리의 직무범위에 속한다고 볼 법률적 근거가 없다는 이유로 갑에 대하여 실제 형집행장이 발부되어 있었는지 등에 대하여 나아가 심리하지 않은 채 공소사실을 무죄로 인정한 원심판단에 법리오해의 위법이 있다고 한 사례(대판 2011.9.8. 2009도13371).

③ (○) 형법 제122조에서 정하는 직무유기죄에서 '직무를 유기한 때'란 공무원이 법령, 내규 등에 의한 추상적 성실의무를 태만히 하는 일체의 경우에 성립하는 것이 아니라 직장의 무단이탈, 직무의 의식적인 포기 등과 같이 국가의 기능을 저해하고 국민에게 피해를 야기시킬 가능성이 있는 경우를 가리킨다. 그리하여 일단 직무집행의 의사로 자신의 직무를 수행한 경우에는 직무집행의 내용이 위법한 것으로 평가된다는 점만으로 직무유기죄의 성립을 인정할 것은 아니고, 공무원이 태만·분망 또는 착각 등으로 인하여 직무를 성실히 수행하지 아니한 경우나 형식적으로 또는 소홀히 직무를 수행한 탓으로 적절한 직무수행에 이르지 못한 것에 불과한 경우에도 직무유기죄는 성립하지 아니한다. 따라서 교육기관·교육행정기관·지방자치단체 또는 교육연구기관의 장이 징계의결을 집행하지 못할 법률상·사실상의 장애가 없는데도 징계의결서를 통보받은 날로부터 법정 시한이 지나도록 집행을 유보하는 모든 경우에 직무유기죄가 성립하는 것은 아니고, 그러한 유보가 직무에 관한 의식적인 방임이나 포기에 해당한다고 볼 수 있는 경우에 한하여 직무유기죄가 성립한다고 보아야 한다(대판 2014.4.10. 2013도229).

④ (O) 경찰관이 불법체류자의 신병을 출입국관리사무소에 인계하지 않고 훈방하면서 이들의 인적 사항조차 기재해 두지 아니하였다면 직무유기죄가 성립한다고 한 사례(대판 2008.2.14. 2005도4202).

008 공무원의 직무에 관한 죄에 대한 설명으로 가장 적절하지 않은 것은? 〈경찰2차 2021〉

① (구)해양수산부 해운정책과 소속 공무원이 해운회사의 대표이사에게 중국의 선박운항 허가 담당부서가 관장하는 중국 국적선사의 선박에 대한 운항허가를 받을 수 있도록 노력해 달라는 부탁을 받고 돈을 받은 경우에는 직무관련성이 없어 뇌물수수죄가 성립하지 아니한다.

② 국회의원이 대한치과의사협회로부터 요청받은 자료를 제공하고 그 대가로서 후원금 명목으로 금원 1,000만 원을 교부받은 경우에는 직무관련성이 있어 뇌물수수죄가 성립한다.

③ 공무원이 어촌계장에게 선물을 받을 명단을 보내 자신의 이름으로 새우젓을 택배로 발송하게 하고, 그 대금을 지급하지 않는 방법으로 직무에 관하여 뇌물을 받은 경우에는 공여자와 수뢰자 사이에 직접 금품이 수수되지 않았더라도 뇌물공여죄 및 뇌물수수죄가 성립한다.

④ 공무원이 직무의 대상이 되는 사람으로부터 사교적 의례의 형식을 빌어 금품을 주고 받은 것이 개인적인 친분관계가 있어서 교분상의 필요에 의한 것이라고 명백하게 인정할 수 있는 경우라도 직무관련성이 있어 뇌물공여죄 및 뇌물수수죄가 성립한다.

해설/정답 ④

① (O) 구 해양수산부 해운정책과 소속 공무원인 피고인이 갑 해운회사의 대표이사 등에게서 중국의 선박운항허가 담당부서가 관장하는 중국 국적 선사의 선박에 대한 운항허가를 받을 수 있도록 노력해 달라는 부탁을 받고 돈을 받은 사안에서, 관련 규정에 의하면 해운정책과 업무에는 대한민국 국적 선사의 선박에 관한 것만 포함되어 있을 뿐 외국 국적 선사의 선박에 대한 행정처분에 관한 것은 포함되어 있지 않고, 또한 외국 국적 선사의 선박에 대한 구체적인 행정처분은, 해운정책과 소속 공무원에게 이를 좌우할 수 있는 어떠한 영향력이 있다고 할 수도 없어 해운정책과 소속 공무원의 직무와 밀접한 관계에 있는 행위라거나 또는 그가 관여하는 행위에 해당한다고 볼 수 없다는 이유로, 직무관련성이 없어 뇌물수수죄가 성립하지 않는다고 본 원심판단을 수긍한 사례(대판 2011.5.26. 2009도2453).

② (O) 국회의원이 특정 협회로부터 요청받은 자료를 제공하고 그 대가로서 후원금 명목으로 금원을 교부받은 사안에서, 직무관련성이 있어 뇌물죄가 성립한다고 한 사례(대판 2009.5.14. 2008도8852).

③ (O) 뇌물죄는 공여자의 출연에 의한 수뢰자의 영득의사의 실현으로서, 공여자의 특정은 직무행위와 관련이 있는 이익의 부담 주체라는 관점에서 파악하여야 할 것이므로, 금품이나 재산상 이익 등이 반드시 공여자와 수뢰자 사이에 직접 수수될 필요는 없다(대판 2008.6.12. 2006도8568 참조)(대판 2020.9.24. 2017도12389).

④ (×) 공무원이 그 직무의 대상이 되는 사람으로부터 금품 기타 이익을 받은 때에는 그것이 그 사람이 종전에 공무원으로부터 접대 또는 수수받은 것을 갚는 것으로서 사회상규에 비추어 볼 때에 의례상의 대가에 불과한 것이라고 여겨지거나, 개인적인 친분관계가 있어서 교분상의 필요에 의한 것이라고 명백하게 인정할 수 있는 경우 등 특별한 사정이 없는 한 직무와의 관련성이 없는 것으로 볼 수 없고, 공무원의 직무와 관련하여 금품을 수수하였다면 비록 사교적 의례의 형식을 빌어 금품을 주고 받았다 하더라도 그 수수한 금품은 뇌물이 된다(대판 2002.3.15. 2001도970, 대판 2000.1.21. 99도4940).

009 **뇌물죄에 관한 설명으로 옳지 않은 것을 모두 고른 것은?** 〈경찰2차 2023〉

㉠ 법령에 의한 임용권을 가지는 자에 의하여 임용되어 상당히 오랜 기간동안 공무에 종사하여 온 사람이 나중에 그가 임용결격자이었음이 밝혀져 당초의 임용행위가 무효라고 하더라도 「형법」 제129조에서 규정한 공무원으로 봄이 타당하고, 그가 그 직무에 관하여 뇌물을 수수한 때에는 수뢰죄로 처벌할 수 있다.
㉡ 타인을 기망하여 뇌물을 수수한 경우 뇌물을 수수한 공무원에게는 뇌물죄와 사기죄가 성립하고 양 죄는 실체적 경합관계에 있다.
㉢ 공무원이 직무집행을 빙자하여 타인의 재물을 갈취한 경우 뇌물공여죄가 성립하지 않는다.
㉣ 알선수뢰죄에서 '공무원이 그 지위를 이용하여'라 함은 친구, 친족관계 등 사적인 관계를 이용하는 경우뿐만 아니라 다른 공무원이 취급하는 사무처리에 법률상이거나 사실상으로 영향을 줄 수 있는 관계에 있는 공무원이 그 지위를 이용하는 경우도 포함한다.

① ㉠, ㉡ ② ㉡, ㉢ ③ ㉡, ㉣ ④ ㉢, ㉣

해설/정답 ③

㉠ (○) 형법이 뇌물죄에 관하여 규정하고 있는 것은 공무원의 직무집행의 공정과 그에 대한 사회의 신뢰 및 직무행위의 불가매수성을 보호하기 위한 것이다. 법령에 기한 임명권자에 의하여 임용되어 공무에 종사하여 온 사람이 나중에 그가 임용결격자이었음이 밝혀져 당초의 임용행위가 무효라고 하더라도, 그가 임용행위라는 외관을 갖추어 실제로 공무를 수행한 이상 공무 수행의 공정과 그에 대한 사회의 신뢰 및 직무행위의 불가매수성은 여전히 보호되어야 한다. 따라서 이러한 사람은 형법 제129조에서 규정한 공무원으로 봄이 타당하고, 그가 그 직무에 관하여 뇌물을 수수한 때에는 수뢰죄로 처벌할 수 있다(대판 2014.3.27. 2013도11357).

㉡ (×) 뇌물을 수수함에 있어서 공여자를 기망한 점이 있다 하여도 뇌물수수죄, 뇌물공여죄의 성립에는 영향이 없고, 이 경우 뇌물을 수수한 공무원에 대하여는 한 개의 행위가 뇌물죄와 사기죄의 각 구성요건에 해당하므로 형법 제40조에 의하여 상상적 경합으로 처단하여야 할 것이다(대판 2015.10.29. 2015도12838, 대판 1985.2.8. 84도2625).

㉢ (○) 공무원이 직무집행의 의사 없이 또는 직무처리와 대가적 관계없이 타인을 공갈하여 재물을 교부하게 한 경우에는 공갈죄만이 성립하고, 이러한 경우 재물의 교부자가 공무원의 해악의 고지로 인하여 외포의 결과 금품을 제공한 것이라면 그는 공갈죄의 피해자가 될 것이고 뇌물공여죄는 성립될 수 없다고 하여야 할 것이다(대판 1994.12.22. 94도2528).

㉣ (×) 알선수뢰죄는 공무원이 그 지위를 이용하여 다른 공무원의 직무에 속한 사항의 알선에 관하여 뇌물을 수수, 요구 또는 약속하는 것을 그 성립요건으로 하고 있고, 여기서 '공무원이 그 지위를 이용하여'라 함은 친구, 친족관계 등 사적인 관계를 이용하는 경우에는 이에 해당한다고 할 수 없으나, 다른 공무원이 취급하는 사무의 처리에 법률상이거나 사실상으로 영향을 줄 수 있는 관계에 있는 공무원이 그 지위를 이용하는 경우에는 이에 해당하고, 그 사이에 상하관계, 협동관계, 감독권한 등의 특수한 관계가 있음을 요하지 않는다(대판 2001.10.12. 99도5294).

010 **뇌물죄에 대한 설명으로 가장 적절하지 않은 것은?** 〈경찰1차 2021〉

① 뇌물죄에서 말하는 '직무'에는 결정권자를 보좌하거나 영향을 줄 수 있는 직무행위뿐만 아니라, 관례상이나 사실상 소관하는 직무행위도 포함된다.

② 알선뇌물요구죄가 성립하기 위하여는 알선행위가 장래의 것이라도 무방하므로 뇌물을 요구할 당시 반드시 상대방에게 알선에 의하여 해결을 도모해야 할 현안이 존재하여야 할 필요는 없다.

③ 공무원이 장래에 담당할 직무에 대한 대가로 이익을 수수한 경우에도 뇌물수수죄가 성립할 수 있지만, 이익을 수수할 당시 장래에 담당할 직무에 속하는 사항이 그 수수한 이익과 관련된 것임을 확인할 수 없을 정도로 막연하고 추상적이거나, 장차 그 수수한 이익과 관련지을 만한 직무권한을 행사할지 자체도 알 수 없다면, 그 이익이 장래에 담당할 직무에 관하여 수수되었다고는 단정하기 어렵다.

④ 공무원이 직무와 관련하여 뇌물수수를 약속하고 퇴직 후 이를 수수하였다면, 뇌물약속과 뇌물수수 사이의 시간적 근접 여부를 불문하고 뇌물수수죄가 성립한다.

해설/정답 ④

① (○) 뇌물죄는 직무집행의 공정과 이에 대한 사회의 신뢰에 기초하여 직무행위의 불가매수성을 보호법익으로 하고 있고, 직무에 관한 청탁이나 부정한 행위를 필요로 하지 않으므로 뇌물성을 인정하는 데 특별히 의무위반 행위나 청탁의 유무 등을 고려할 필요가 없고, 금품수수 시기와 직무집행 행위의 전후를 가릴 필요도 없다. 뇌물죄에서 말하는 '직무'에는 법령에 정하여진 직무뿐만 아니라 그와 관련 있는 직무, 관례상이나 사실상 소관하는 직무행위, 결정권자를 보좌하거나 영향을 줄 수 있는 직무행위, 과거에 담당하였거나 장래에 담당할 직무 외에 사무분장에 따라 현실적으로 담당하고 있지 않아도 법령상 일반적인 직무권한에 속하는 직무 등 공무원이 그 직위에 따라 담당할 일체의 직무를 포함한다(대판 2017.12.22. 2017도12346).

② (○) 형법 제132조에서 말하는 '다른 공무원의 직무에 속한 사항의 알선에 관하여 뇌물을 요구한다.'고 함은, 다른 공무원의 직무에 속한 사항을 알선한다는 명목으로 뇌물을 요구하는 행위로서 반드시 알선의 상대방인 다른 공무원이나 그 직무의 내용이 구체적으로 특정될 필요까지는 없지만, 알선뇌물요구죄가 성립하려면 알선할 사항이 다른 공무원의 직무에 속하는 사항으로서 뇌물요구의 명목이 그 사항의 알선에 관련된 것임이 어느 정도 구체적으로 나타나야 한다. 단지 상대방으로 하여금 뇌물을 요구하는 자에게 잘 보이면 그로부터 어떤 도움을 받을 수 있다거나 손해를 입을 염려가 없다는 정도의 막연한 기대감을 갖게 하는 정도에 불과하고, 뇌물을 요구하는 자 역시 상대방이 그러한 기대감을 가질 것이라고 짐작하면서 뇌물을 요구하였다는 정도의 사정만으로는 알선뇌물요구죄가 성립한다고 볼 수 없다. 한편, 여기서 말하는 알선행위는 장래의 것이라도 무방하므로, 알선뇌물요구죄가 성립하기 위하여는 뇌물을 요구할 당시 반드시 상대방에게 알선에 의하여 해결을 도모하여야 할 현안이 존재하여야 할 필요는 없다(대판 2013.4.11. 2012도16277, 대판 2009.7.23. 2009도3924).

③ (○) 형법 제129조 제1항의 뇌물수수죄가 성립하려면 공무원이 그 직무에 관하여 뇌물을 수수하여야 한다. 따라서 공무원이 이익을 수수한 행위가 공무원의 직무와 관련이 없다면 뇌물수수죄는 성립하지 않는다. 공무원이 장래에 담당할 직무에 대한 대가로 이익을 수수한 경우에도 뇌물수수죄가 성립할 수 있지만, 그 이익을 수수할 당시 장래에 담당할 직무에 속하는 사항이 그 수수한 이익과 관련된 것임을 확인할 수 없을 정도로 막연하고 추상적이거나, 장차 그 수수한 이익과 관련지을 만한 직무권한을 행사할지 자체를 알 수 없다면, 그 이익이 장래에 담당할 직무에 관하여 수수되었다거나 그 대가로 수수되었다고 단정하기 어렵다(대판 2017.12.22. 2017도12346).

④ (×) 뇌물수수죄는 공무원 또는 중재인이 그 직무에 관하여 뇌물을 수수한 때에 성립하는 것이어서 그 주체는 현재 공무원 또는 중재인의 직에 있는 자에 한정되므로, 공무원이 직무와 관련하여 뇌물수수를 약속하고 퇴직 후 이를 수수하는 경우에는, 뇌물약속과 뇌물수수가 시간적으로 근접하여 연속되어 있다고 하더라도, 뇌물약속죄 및 사후수뢰죄가 성립할 수 있음은 별론으로 하고, 뇌물수수죄는 성립하지 않는다(대판 2010.10.14. 2010도387).

011 뇌물수수죄에 대한 설명으로 가장 적절하지 않은 것은? 〈경찰3차 2018〉

① 형사피고사건의 공판참여주사는 공판에 참여하여 양형에 관한 사항의 심리내용을 공판조서에 기재하므로 형사사건의 양형은 참여주사의 직무와 밀접한 관계가 있는 사무이며, 따라서 참여주사가 형량을 감경케 하여 달라는 청탁과 함께 금품을 수수하였다면 뇌물수수죄의 주체가 된다.

② 공무원이 직접 뇌물을 받지 않고 증뢰자로 하여금 다른 사람에게 뇌물을 공여하도록 한 경우에는 사회통념상 다른 사람이 뇌물을 받은 것을 공무원이 직접 받은 것과 같이 평가할 수 있는 경우에 한하여 뇌물수수죄가 성립한다.

③ 뇌물을 수수한 자가 공동수수자 아닌 교사범에게 뇌물 중 일부를 사례금으로 교부하였다면, 이는 부수적 비용의 지출 또는 뇌물의 소비행위에 지나지 않으므로 뇌물수수자에게서 수뢰액 전부를 추징하여야 한다.

④ 공무원이 직무집행의 의사 없이 타인을 공갈하여 재물을 교부하게 한 경우에는 공갈죄만이 성립하고 뇌물수수죄는 성립하지 않는다.

해설/정답 ①

① (×) 법원의 참여주사가 공판에 참여하여 양형에 관한 사항의 심리내용을 공판조서에 기재한다고 하더라도 이를 가지고 형사사건의 양형이 참여주사의 직무와 밀접한 관계가 있는 사무라고는 할 수 없으므로 참여주사가 형량을 감경케 하여 달라는 청탁과 함께 금품을 수수하였다고 하더라도 뇌물수수죄의 주체가 될 수 없다(대판 1980.10.14. 80도1373).

② (○) 공무원이 직접 뇌물을 받지 아니하고 증뢰자로 하여금 다른 사람에게 뇌물을 공여하도록 한 경우, 그 다른 사람이 공무원의 사자 또는 대리인으로서 뇌물을 받은 경우나 그 밖에 예컨대, 평소 공무원이 그 다른 사람의 생활비 등을 부담하고 있었다거나 혹은 그 다른 사람에 대하여 채무를 부담하고 있었다는 등의 사정이 있어서 그 다른 사람이 뇌물을 받음으로써 공무원은 그만큼 지출을 면하게 되는 경우 등 사회통념상 그 다른 사람이 뇌물을 받은 것을 공무원이 직접 받은 것과 같이 평가할 수 있는 관계가 있는 경우에는 형법 제130조의 제3자 뇌물제공죄가 아니라, 형법 제129조 제1항의 뇌물수수죄가 성립한다(대판 2004.3.26. 2003도8077, 대판 2011.11.24. 2011도9585).

③ (○) 여러 사람이 공동으로 뇌물을 수수한 경우 그 가액을 추징하려면 실제로 분배받은 금품만을 개별적으로 추징하여야 하고 수수금품을 개별적으로 알 수 없을 때에는 평등하게 추징하여야 하며 공동정범뿐 아니라 교사범 또는 종범도 뇌물의 공동수수자에 해당할 수 있으나, 공동정범이 아닌 교사범 또는 종범의 경우에는 정범과의 관계, 범행 가담 경위 및 정도, 뇌물 분배에 관한 사전약정의 존재 여부, 뇌물공여자의 의사, 종범 또는 교사범이 취득한 금품이 전체 뇌물수수액에서 차지하는 비중 등을 고려하여 공동수수자에 해당하는지를 판단하여야 한다. 그리고 뇌물을 수수한 자가 공동수수자가 아닌 교사범 또는 종범에게 뇌물 중 일부를 사례금 등의 명목으로 교부하였다면 이는 뇌물을 수수하는 데 따르는 부수적 비용의 지출 또는 뇌물의 소비행위에 지나지 아

니하므로, 뇌물수수자에게서 수뢰액 전부를 추징하여야 한다(대판 2011.11.24. 2011도9585).

④ (○) 공무원이 직무집행의 의사 없이 또는 직무처리와 대가적 관계없이 타인을 공갈하여 재물을 교부하게 한 경우에는 공갈죄만이 성립하고, 이러한 경우 재물의 교부자가 공무원의 해악의 고지로 인하여 외포의 결과 금품을 제공한 것이라면 그는 공갈죄의 피해자가 될 것이고 뇌물공여죄는 성립될 수 없다고 하여야 할 것이다(대판 1994.12.22. 94도2528, 대판 1966.4.6. 66도12).

012 뇌물의 죄에 대한 설명 중 가장 적절하지 않은 것은? 〈경찰1차 2018〉

① 뇌물죄에서 뇌물의 내용인 이익이라 함은 금전, 물품 기타의 재산적 이익뿐만 아니라 사람의 수요·욕망을 충족시키기에 족한 일체의 유형·무형의 이익을 포함하며, 제공된 것이 성적 욕구의 충족이라고 하여 달리 볼 것이 아니다.

② 구 해양수산부 해운정책과 소속 공무원인 피고인이 甲 해운회사의 대표이사 등에게서 중국의 선박운항허가 담당부서가 관장하는 중국 국적선사의 선박에 대한 운항허가를 받을 수 있도록 노력해 달라는 부탁을 받고 돈을 받은 경우, 뇌물수수죄가 성립한다.

③ 음주운전을 적발하여 단속에 관련된 제반 서류를 작성한 후 운전면허 취소업무를 담당하는 직원에게 이를 인계하는 업무를 담당하는 경찰관이 피단속자로부터 운전면허가 취소되지 않도록 하여 달라는 청탁을 받고 금원을 교부받은 경우, 뇌물수수죄가 성립한다.

④ 임용될 당시 공무원법상 임용결격자에 해당하여 임용행위는 무효였지만 그 후 공무원으로 계속 근무하면서 직무에 관하여 뇌물을 수수한 경우, 수뢰죄가 성립한다.

해설/정답 ②

① (○) 뇌물죄에서 뇌물의 내용인 이익이라 함은 금전, 물품 기타의 재산적 이익뿐만 아니라 사람의 수요·욕망을 충족시키기에 족한 일체의 유형·무형의 이익을 포함하며, 제공된 것이 성적 욕구의 충족이라고 하여 달리 볼 것이 아니다(대판 2014.1.29. 2013도13937).

② (×) 구 해양수산부 해운정책과 소속 공무원인 피고인이 갑 해운회사의 대표이사 등에게서 중국의 선박운항허가 담당부서가 관장하는 중국 국적 선사의 선박에 대한 운항허가를 받을 수 있도록 노력해 달라는 부탁을 받고 돈을 받은 사안에서, 관련 규정에 의하면 해운정책과 업무에는 대한민국 국적 선사의 선박에 관한 것만 포함되어 있을 뿐 외국 국적 선사의 선박에 대한 행정처분에 관한 것은 포함되어 있지 않고, 또한 외국 국적 선사의 선박에 대한 구체적인 행정처분은, 해운정책과 소속 공무원에게 이를 좌우할 수 있는 어떠한 영향력이 있다고 할 수도 없어 해운정책과 소속 공무원의 직무와 밀접한 관계에 있는 행위라거나 또는 그가 관여하는 행위에 해당한다고 볼 수 없다는 이유로, 직무관련성이 없어 뇌물수수죄가 성립하지 않는다고 본 원심판단을 수긍한 사례(대판 2011.5.26. 2009도2453).

③ (○) 음주운전을 적발하여 단속에 관련된 제반 서류를 작성한 후 운전면허 취소업무를 담당하는 직원에게 이를 인계하는 업무를 담당하는 경찰관이 피단속자로부터 운전면허가 취소되지 않도록 하여 달라는 청탁을 받고 금원을 교부받은 경우, 뇌물수수죄가 성립한다고 한 사례(대판 1999.11.9. 99도2530).

④ (○) 형법이 뇌물죄에 관하여 규정하고 있는 것은 공무원의 직무집행의 공정과 그에 대한 사회의 신뢰 및 직무행위의 불가매수성을 보호하기 위한 것이다. 법령에 기한 임명권자에 의하여 임용되어 공무에 종사하여 온 사람이 나중에 그가 임용결격자이었음이 밝혀져 당초의 임용행위가 무효라고 하더라도, 그가 임용행위라는 외관을 갖추어 실제로 공무를 수행한 이상 공무 수행의 공정과 그에 대한 사회의 신

뢰 및 직무행위의 불가매수성은 여전히 보호되어야 한다. 따라서 이러한 사람은 형법 제129조에서 규정한 공무원으로 봄이 타당하고, 그가 그 직무에 관하여 뇌물을 수수한 때에는 수뢰죄로 처벌할 수 있다(대판 2014.3.27. 2013도11357).

013 뇌물죄에 대한 설명으로 가장 적절한 것은? 〈경찰2차 2017〉

① 뇌물죄는 금품이 직무에 관하여 수수된 것뿐만 아니라 개개의 직무행위와 대가적 관계에 있어야 한다.

② 뇌물죄는 직무에 관한 청탁이나 부정한 행위를 필요로 하므로 수수된 금품의 뇌물성을 인정하는 데 특별한 청탁이 있어야만 한다.

③ 뇌물죄에서 뇌물의 내용인 이익이라 함은 금전, 물품 기타의 재산적 이익뿐만 아니라 사람의 수요·욕망을 충족시키기에 족한 일체의 유형·무형의 이익을 포함하며 제공된 것이 성적 욕구의 충족이라고 하여 달리 볼 것이 아니다.

④ 공무원이 얻는 어떤 이익이 직무와 대가관계가 있는 부당한 이익으로서 '뇌물'에 해당하는지 여부는 당해 공무원의 직무 내용, 직무와 이익제공자의 관계, 쌍방 간에 특수한 사적인 친분관계가 존재하는지 여부, 이익의 다과, 이익을 수수한 경위와 시기 등의 제반 사정을 참작하여 결정하여야 하나, 공무원이 이익을 수수하는 것으로 인하여 사회일반으로부터 직무집행의 공정성을 의심받게 되는지 여부는 뇌물죄의 성립 여부의 판단기준이 되지 않는다.

해설/정답 ③

① (×) 금품이 직무에 관하여 수수된 것으로 족하고 개개의 직무행위와 대가적 관계에 있을 필요는 없고, 공무원이 그 직무의 대상이 되는 사람으로부터 금품 기타 이익을 받은 때에는 사회상규에 비추어 볼 때에 의례상의 대가에 불과한 것이라고 여겨지거나, 개인적인 친분관계가 있어서 교분상의 필요에 의한 것이라고 명백하게 인정할 수 있는 경우 등 특별한 사정이 없는 한 직무와의 관련성이 없는 것으로 볼 수 없으며, 공무원이 직무와 관련하여 금품을 수수하였다면 비록 사교적 의례의 형식을 빌어 금품을 주고 받았다 하더라도 그 수수한 금품은 뇌물이 되는 것이다(대판 2001.10.12. 2001도3579).

② (×) 뇌물죄는 공무원의 직무집행의 공정과 이에 대한 사회의 신뢰 및 직무행위의 불가매수성을 그 보호법익으로 하고 있고, 직무에 관한 청탁이나 부정한 행위를 필요로 하는 것은 아니기 때문에 수수된 금품의 뇌물성을 인정하는 데 특별한 청탁이 있어야만 하는 것은 아니다(대판 2001.10.12. 2001도3579).

③ (○) 뇌물죄에서 뇌물의 내용인 이익이라 함은 금전, 물품 기타의 재산적 이익뿐만 아니라 사람의 수요·욕망을 충족시키기에 족한 일체의 유형·무형의 이익을 포함하며, 제공된 것이 성적 욕구의 충족이라고 하여 달리 볼 것이 아니다(대판 2014.1.29. 2013도13937).

④ (×) 공무원이 얻는 어떤 이익이 직무와 대가관계가 있는 부당한 이익으로서 뇌물에 해당하는지 여부는 당해 공무원의 직무의 내용, 직무와 이익제공자와의 관계, 쌍방 간에 특수한 사적인 친분관계가 존재하는지의 여부, 이익의 다과, 이익을 수수한 경위와 시기 등의 제반 사정을 참작하여 결정하여야 할 것이고, 뇌물죄가 직무집행의 공정과 이에 대한 사회의 신뢰 및 직무행위의 불가매수성을 그 보호법익으로 하고 있음에 비추어 볼 때, 공무원이 그 이익을 수수하는 것으로 인하여 사회일반으로부터 직무집행의 공정성을 의심받게 되는지 여부도 뇌물죄의 성부를 판단함에 있어서의 판단 기준이 된다(대판 2000.1.21. 99도4940).

014 뇌물죄에 대한 다음 설명 중 가장 적절하지 않은 것은? 〈경찰2차 2016〉

① 수의계약을 체결하는 공무원이 해당 공사업자와 적정한 금액 이상으로 계약금액을 부풀려서 계약하고 부풀린 금액을 자신이 되돌려 받기로 사전에 약정한 다음 그에 따라 돈을 수수한 경우 뇌물수수죄가 성립한다.

② 뇌물죄에서 뇌물의 내용인 이익이라 함은 금전, 물품 기타의 재산적 이익뿐만 아니라 사람의 수요 욕망을 충족시키기에 족한 일체의 유형·무형의 이익을 포함하며, 제공된 것이 성적 욕구의 충족이라고 하여 달리 볼 것이 아니다.

③ 「도시 및 주거환경정비법」상 정비사업조합의 임원이 조합 임원의 지위를 상실하거나 직무수행권을 상실한 후에도 조합 임원으로 등기되어 있는 상태에서 계속하여 실질적으로 조합 임원으로서 직무를 수행하여 온 경우, 그 조합 임원을 같은 법 제84조에 따라 형법상 뇌물죄의 적용에서 '공무원'으로 보아야 한다.

④ 음주운전을 적발하여 단속에 관련된 제반 서류를 작성한 후 운전면허 취소업무를 담당하는 직원에게 이를 인계하는 업무를 담당하는 경찰관이 피단속자로부터 운전면허가 취소되지 않도록 하여 달라는 청탁을 받고 금원을 교부받은 경우, 뇌물수수죄가 성립한다.

해설/정답 ①

① (×) 수의계약을 체결하는 공무원이 해당 공사업자와 적정한 금액 이상으로 계약금액을 부풀려서 계약하고 부풀린 금액을 자신이 되돌려 받기로 사전에 약정한 다음 그에 따라 수수한 돈은 성격상 뇌물이 아니고 횡령금에 해당한다고 한 사례(대판 2007.10.12. 2005도7112).

② (○) 뇌물죄에서 뇌물의 내용인 이익이라 함은 금전, 물품 기타의 재산적 이익뿐만 아니라 사람의 수요·욕망을 충족시키기에 족한 일체의 유형·무형의 이익을 포함하며, 제공된 것이 성적 욕구의 충족이라고 하여 달리 볼 것이 아니다(대판 2014.1.29. 2013도13937).

③ (○) 도시 및 주거환경정비법(이하 '도시정비법'이라고 한다) 제84조의 문언과 취지, 형법상 뇌물죄의 보호법익 등을 고려하면, 정비사업조합의 임원이 정비구역 안에 있는 토지 또는 건축물의 소유권 또는 지상권을 상실함으로써 조합 임원의 지위를 상실한 경우나 임기가 만료된 정비사업조합의 임원이 관련 규정에 따라 후임자가 선임될 때까지 계속하여 직무를 수행하다가 후임자가 선임되어 직무수행권을 상실한 경우, 그 조합 임원이 그 후에도 조합의 법인 등기부에 임원으로 등기되어 있는 상태에서 계속하여 실질적으로 조합 임원으로서의 직무를 수행하여 왔다면 직무수행의 공정과 그에 대한 사회의 신뢰 및 직무행위의 불가매수성은 여전히 보호되어야 한다. 따라서 그 조합 임원은 임원의 지위 상실이나 직무수행권의 상실에도 불구하고 도시정비법 제84조에 따라 형법 제129조 내지 제132조의 적용에서 공무원으로 보아야 한다(대판 2016.1.14. 2015도15798).

④ (○) 음주운전을 적발하여 단속에 관련된 제반 서류를 작성한 후 운전면허 취소업무를 담당하는 직원에게 이를 인계하는 업무를 담당하는 경찰관이 피단속자로부터 운전면허가 취소되지 않도록 하여 달라는 청탁을 받고 금원을 교부받은 경우, 뇌물수수죄가 성립한다고 한 사례(대판 1999.11.9. 99도2530).

015 **뇌물죄에 대한 설명으로 가장 적절한 것은?** 〈경찰2차 2018〉

① 공무원이 직무와 관련하여 금품을 수수하였더라도 특별한 청탁이 없이 사교적 의례의 형식을 갖추어 금품을 주고 받았다면 「형법」 제129조 제1항의 뇌물수수죄가 성립하지 않는다.

② 공무원이 직접 금품을 받지 않고 증뢰자로 하여금 다른 사람에게 금품을 공여하도록 한 경우라도 그가 직무에 관하여 부정한 청탁을 받은 사정이 없다면 이를 「형법」 제130조의 제3자뇌물제공죄로 처벌하지 못한다.

③ 공무원이 그 지위를 이용하여 다른 공무원의 직무에 관한 사항의 알선에 관하여 금품을 수수한 경우에는 그가 특별한 청탁을 받고 그 같은 행위를 한 사정이 없는 이상 이를 「형법」 제132조의 알선수뢰죄로 처벌하지 못한다.

④ 공무원에게 뇌물로 공여하기 위한 목적이라는 사정을 알면서 증뢰자로부터 금품을 교부받은 자는 그가 실제로 그 금품을 공무원에게 전달하지 않고 있는 이상 「형법」상 아무런 처벌을 받지 않는다.

해설/정답 ②

① (×) 공무원이 그 직무의 대상이 되는 사람으로부터 금품 기타 이익을 받은 때에는 그것이 그 사람이 종전에 공무원으로부터 접대 또는 수수받은 것을 갚는 것으로서 사회상규에 비추어 볼 때에 의례상의 대가에 불과한 것이라고 여겨지거나, 개인적인 친분관계가 있어서 교분상의 필요에 의한 것이라고 명백하게 인정할 수 있는 경우 등 특별한 사정이 없는 한 직무와의 관련성이 없는 것으로 볼 수 없고, 공무원의 직무와 관련하여 금품을 수수하였다면 비록 사교적 의례의 형식을 빌어 금품을 주고 받았다 하더라도 그 수수한 금품은 뇌물이 된다(대판 2002.3.15. 2001도970, 대판 2000.1.21. 99도4940).

② (○) 형법 제130조의 제3자뇌물제공죄를 형법 제129조 제1항의 단순수뢰죄와 비교하여 보면 공무원이 직접 뇌물을 받지 아니하고, 증뢰자로 하여금 제3자에게 뇌물을 공여하도록 하고 그 제3자로 하여금 뇌물을 받도록 한 경우에는 부정한 청탁을 받고 그와 같은 행위를 한 경우에 한하여 단순수뢰죄와 같은 형으로 처벌하고, 공무원이 직접 뇌물을 받지 아니하고, 증뢰자로 하여금 제3자에게 뇌물을 공여하도록 하고 그 제3자로 하여금 뇌물을 받도록 하였다 하더라도 부정한 청탁을 받은 일이 없다면 이를 처벌하지 아니한다는 취지로 해석하여야 할 것이나, 다만 공무원이 직접 뇌물을 받지 아니하고, 증뢰자로 하여금 다른 사람에게 뇌물을 공여하도록 하고 그 다른 사람으로 하여금 뇌물을 받도록 한 경우라 할지라도 그 다른 사람이 공무원의 사자 또는 대리인으로서 뇌물을 받은 경우나 그 밖에 예컨대 평소 공무원이 그 다른 사람의 생활비 등을 부담하고 있었다거나 혹은 그 다른 사람에 대하여 채무를 부담하고 있었다는 등의 사정이 있어서 그 다른 사람이 뇌물을 받음으로써 공무원은 그만큼 지출을 면하게 되는 경우 등 사회통념상 그 다른 사람이 뇌물을 받은 것을 공무원이 직접 받은 것과 같이 평가할 수 있는 관계가 있는 경우에는 형법 제129조 제1항의 단순수뢰죄가 성립한다(대판 1998.9.22. 98도1234).

③ (×) 형법 제132조 : 특별한 청탁은 본죄의 요건이 아니다.

> **제132조(알선수뢰)**
> 공무원이 그 지위를 이용하여 다른 공무원의 직무에 속한 사항의 알선에 관하여 뇌물을 수수, 요구 또는 약속한 때에는 3년 이하의 징역 또는 7년 이하의 자격정지에 처한다.

④ (×) 형법 제133조 제2항은 증뢰자가 뇌물에 공할 목적으로 금품을 제3자에게 교부하거나 또는 그 정을 알면서 교부받는 증뢰물전달행위를 독립한 구성요건으로 하여 이를 같은 조 제1항의 뇌물공여죄와 같은 형으로 처벌하는 규정으로서, 제3자의 증뢰물전달죄는 제3자가 증뢰자로부터 교부받은 금품을 수뢰할 사람에게 전달하였는지 여부에 관계 없이 제3자가 그 정을 알면서 금품을 교부받음으로써 성립하는 것이며, 나아가 제

3자가 그 교부받은 금품을 수뢰할 사람에게 전달하였다고 하여 증뢰물전달죄 외에 별도로 뇌물공여죄가 성립하는 것은 아니다(대판 1997.9.5. 97도1572).

제2절 | 공무방해에 관한 죄

016 공무방해에 관한 죄에 대한 설명으로 가장 적절한 것은? 〈경찰2차 2023〉

① 불법체류를 이유로 강제출국 당한 중국 동포인 피고인이 중국에서 이름과 생년월일을 변경한 호구부를 발급받아 중국 주재 대한민국 총영사관에 제출하여 입국사증을 받은 다음, 다시 입국하여 외국인등록증을 발급받고 귀화허가신청서까지 제출한 경우, 출원인의 적극적인 위계에 의해 사증 및 외국인등록증이 발급되었던 것이므로 위계에 의한 공무집행방해죄가 성립하고, 귀화허가가 이루어지지 아니하였더라도 위 죄의 성립에 아무런 영향이 없다.

② 과속단속카메라에 촬영되더라도 불빛을 반사시켜 차량 번호판이 식별되지 않도록 하는 기능이 있는 제품을 차량 번호판에 뿌린 상태로 차량을 운행한 경우, 이는 공무원의 감시·단속업무를 적극적으로 방해한 것으로 위계에 의한 공무집행방해죄가 성립한다.

③ 마약범죄 피의자가 타인의 소변을 마치 자신의 소변인 것처럼 수사기관에 건네주어 필로폰 음성반응이 나오게 한 경우, 위계에 의한 공무집행방해죄는 성립하지 않는다.

④ 피의자나 참고인이 아닌 자가 자발적이고 계획적으로 피의자를 가장하여 수사기관에 대하여 허위사실을 진술한 경우 위계에 의한 공무집행방해죄가 성립한다.

해설/정답 ①

① (○) 불법체류를 이유로 강제출국 당한 중국 동포인 피고인이 중국에서 이름과 생년월일을 변경한 호구부(戶口簿)를 발급받아 중국 주재 대한민국 총영사관에 제출하여 변경된 명의로 입국사증을 받은 다음, 다시 입국하여 그 명의로 외국인등록증을 발급받고 귀화허가신청서까지 제출한 사안에서, 피고인이 자신과 동일성을 확인할 수 없도록 변경된 호구부를 중국의 담당관청에서 발급받아 위 대한민국 총영사관에 제출하였으므로, 영사관 담당직원 등이 호구부의 기재를 통하여 피고인의 인적사항 외에 강제출국 전력을 확인하지 못하였더라도, 사증 및 외국인등록증의 발급요건 존부에 대하여 충분한 심사를 한 것으로 보아야 하고, 이러한 경우 행정청의 불충분한 심사가 아니라 출원인의 적극적인 위계에 의해 사증 및 외국인등록증이 발급되었던 것이므로 위계에 의한 공무집행방해죄가 성립하고, 또한 피고인의 위계행위에 의하여 귀화허가에 관한 공무집행방해 상태가 초래된 것이 분명하므로, 귀화허가가 이루어지지 아니하였더라도 위 죄의 성립에 아무런 영향이 없다는 이유로, 피고인에게 각 '위계에 의한 공무집행방해죄'를 인정한 원심판단을 수긍한 사례(대판 2011.4.28. 2010도14696).

② (×) 단순히 공무원의 감시·단속을 피하여 금지규정에 위반하는 행위를 한 것에 불과하다면 이는 공무원의 불충분한 감시·단속에 기인한 것이지, 행위자 등의 위계에 의하여 공무원의 감시·단속에 관한 직무가 방해되었다고 할 수 없을 것이어서 위계에 의한 공무집행방해죄가 성립된다고 할 수 없다. 과속단속카메라에 촬영되더라도 불빛을 반사시켜 차량 번호판이 식별되지 않도록 하는 기능이 있는 제품('파워매직세이퍼')을 차량 번호판에 뿌린 상태로 차량을 운행한 행위만으로는, 교통단속 경찰공무원이 충실히 직무를 수행하더라도 통상적인 업무처리과정 하에서 사실상 적발이 어려운 위계를 사용하여 그 업무집행을 하지 못하게 한 것으로 보기 어렵다고 한 사례(대판 2010.4.15. 2007도8024).

③ (×) 타인의 소변을 마치 자신의 소변인 것처럼 수사기관에 건네주어 필로폰 음성반응이 나오게 한 경우, 수사기관의

착오를 이용하여 적극적으로 피의사실에 관한 증거를 조작한 것이므로 위계에 의한 공무집행방해죄가 성립한다고 한 사례(대판 2007.10.11. 2007도6101).

④ (×) 수사기관이 범죄사건을 수사함에 있어서는 피의자나 피의자로 자처하는 자 또는 참고인의 진술여하에 불구하고 피의자를 확정하고 그 피의사실을 인정할 만한 객관적인 제반증거를 수집 조사하여야 할 권리와 의무가 있는 것이라고 할 것이므로 피의자나 참고인이 아닌 자가 자발적이고 계획적으로 피의자를 가장하여 수사기관에 대하여 허위사실을 진술하였다 하여 바로 이를 위계에 의한 공무집행방해죄가 성립된다고 할 수 없다(대판 1977.2.8. 76도3685).

017 공무방해의 죄에 관한 설명 중 가장 적절하지 않은 것은? 〈경찰1차 2023〉

① 「형법」 제136조에서 정한 공무집행방해죄는 직무를 집행하는 공무원에 대하여 폭행 또는 협박한 경우에 성립하는 범죄로서, 구체적으로 직무집행의 방해라는 결과가 발생할 것을 요하지는 않는다.

② 공용서류등무효죄의 '공무소에서 사용하는 서류 기타 전자기록'에는 공문서로서의 효력이 생기기 이전의 서류, 정식의 접수 및 결재 절차를 거치지 않은 문서, 결재 상신 과정에서 반려된 문서도 포함된다.

③ 타인의 소변을 마치 자신의 소변인 것처럼 수사기관에 건네주어 필로폰 음성반응이 나오게 한 경우, 수사기관의 착오를 이용하여 적극적으로 피의사실에 관한 증거를 조작한 것이므로 위계에 의한 공무집행방해죄를 구성한다.

④ 공무상표시무효죄는 공무원이 그 직무에 관하여 실시한 봉인 또는 압류 기타 강제처분의 표시를 적극적으로 손상·은닉하거나 기타 방법으로 그 효용을 해하는 것을 요건으로 하므로, 부작위에 의한 방법으로는 공무상표시무효죄를 범할 수 없다.

해설/정답 ④

① (○) 형법 제136조에서 정한 공무집행방해죄는 직무를 집행하는 공무원에 대하여 폭행 또는 협박한 경우에 성립하는 범죄로서 여기서의 폭행은 사람에 대한 유형력의 행사로 족하고 반드시 그 신체에 대한 것임을 요하지 아니하며, 또한 추상적 위험범으로서 구체적으로 직무집행의 방해라는 결과 발생을 요하지도 아니한다(광의의 폭행: 대판 2018.3.29. 2017도21537).

② (○) 형법 제141조 제1항은 공무소에서 사용하는 서류 기타 물건 또는 전자기록 등 특수매체기록을 손상 또는 은닉하거나 기타 방법으로 그 효용을 해한 자를 처벌하도록 규정하고 있다. '공무소에서 사용하는 서류 기타 전자기록'에는 공문서로서의 효력이 생기기 이전의 서류라거나, 정식의 접수 및 결재 절차를 거치지 않은 문서, 결재 상신 과정에서 반려된 문서 등을 포함하는 것으로, 미완성의 문서라고 하더라도 본죄의 성립에는 영향이 없다(대판 2020.12.10. 2015도19296).

③ (○) 타인의 소변을 마치 자신의 소변인 것처럼 수사기관에 건네주어 필로폰 음성반응이 나오게 한 경우, 수사기관의 착오를 이용하여 적극적으로 피의사실에 관한 증거를 조작한 것이므로 위계에 의한 공무집행방해죄가 성립한다고 한 사례(대판 2007.10.11. 2007도6101).

④ (×) 대표이사로서 위 압류시설이 위치한 골프장의 개장 및 운영 전반에 걸친 포괄적 권한과 의무를 지닌 피고인으로서는 위와 같은 회사의 대외적 의무사항이 준수될 수 있도록 적절한 조치를 취할 위임계약 혹은 조리상의 작위의무가 존재한다고 보아야 할 것인데, 이러한 작위의무의 내용 중에 불특정의 고객 등 제3자에 의한 위 봉인의

훼손행위를 방지할 일반적 안전조치를 취할 의무까지 있다고 할 수는 없겠지만, 적어도 위 압류, 봉인에 의하여 사용이 금지된 골프장 시설물에 대하여 위 시설물의 사용 및 그 당연한 귀결로서 봉인의 훼손을 초래하게 될 골프장의 개장 및 그에 따른 압류시설 작동을 제한하거나 그 사용 및 훼손을 방지할 수 있는 적절한 조치를 취할 의무는 존재한다고 보아야 할 것이고, 그럼에도 피고인이 그러한 조치 없이 위 개장 및 압류시설 작동을 의도적으로 묵인 내지 방치함으로써 예견된 결과를 유발한 경우에는 부작위에 의한 공무상표시무효죄의 성립을 인정할 수 있다고 보아야 할 것이다(대판 2005.7.22. 2005도3034).

018 공무방해에 관한 죄에 대한 다음 설명 중 옳고 그름의 표시(○, ×)가 모두 바르게 된 것은? 〈경찰2차 2022〉

> ㉠ 형법 제136조에서 정한 공무집행방해죄는 직무를 집행하는 공무원에 대하여 폭행 또는 협박한 경우에 성립하는 범죄로서 여기서의 폭행은 사람에 대한 유형력의 행사로 족하고 반드시 그 신체에 대한 것임을 요하지 아니하며, 또한 추상적 위험범으로서 구체적으로 직무집행의 방해라는 결과발생을 요하지도 아니한다.
>
> ㉡ 甲이 노조원들과 함께 경찰관 P 등이 파업투쟁 중인 공장에 진입할 경우에 대비하여 미리 윤활유나 철판조각을 바닥에 뿌려 놓았고, P 등이 이에 미끄러져 넘어지거나 철판조각에 찔려 다친 경우, 설령 甲 등이 그 윤활유나 철판조각을 P 등의 면전에서 그들의 공무 집행을 방해할 의도로 뿌린 것이 아니라 하더라도 甲의 행위는 특수공무집행방해치상죄에 해당한다.
>
> ㉢ 야간 당직 근무 중인 청원경찰이 불법주차 단속요구에 응하여 현장을 확인만 하고 주간 근무자에게 전달하여 단속하겠다고 했다는 이유로 민원인이 청원경찰을 폭행한 경우, 야간 당직 근무자는 불법주차 단속권한이 없기 때문에 민원인의 행위는 공무집행방해죄에 해당하지 않는다.
>
> ㉣ 집회를 주최하거나 참가하는 것이 형사처벌의 대상이 되는 위법한 집회·시위가 장차 특정 지역에서 개최될 것이 예상되자, 경찰관 P가 이와 시간적·장소적으로 근접하지 않은 다른 지역에서 그 집회·시위에 참가하기 위하여 출발 또는 이동하는 행위를 제지한 경우, 이는 공무집행방해죄의 보호대상이 되는 공무원의 적법한 직무집행에 해당하지 않는다.

① ㉠(○) ㉡(○) ㉢(×) ㉣(○)
② ㉠(○) ㉡(×) ㉢(×) ㉣(○)
③ ㉠(×) ㉡(○) ㉢(○) ㉣(○)
④ ㉠(○) ㉡(×) ㉢(○) ㉣(×)

해설/정답 ②

㉠ (○) 형법 제136조에서 정한 공무집행방해죄는 직무를 집행하는 공무원에 대하여 폭행 또는 협박한 경우에 성립하는 범죄로서 여기서의 폭행은 사람에 대한 유형력의 행사로 족하고 반드시 그 신체에 대한 것임을 요하지 아니하며, 또한 추상적 위험범으로서 구체적으로 직무집행의 방해라는 결과발생을 요하지도 아니한다(대판 2018.3.29. 2017도21537).

㉡ (×) 피고인이 노조원들과 함께 경찰관인 피해자들이 파업투쟁 중인 공장에 진입할 경우에 대비하여 그들의 부재 중에 미리 윤활유나 철판조각을 바닥에 뿌려 놓은 것에 불과하고, 위 피해자들이 이에 미끄러

져 넘어지거나 철판조각에 찔려 다쳤다는 것에 지나지 않은 사안에서, 피고인 등이 위 윤활유나 철판조각을 위 피해자들의 면전에서 그들의 공무집행을 방해할 의도로 뿌린 것이라는 등의 특별한 사정이 있는 경우는 별론으로 하고 이를 가리켜 위 피해자들에 대한 유형력의 행사, 즉 폭행에 해당하는 것으로 볼 수 없는데도, 피고인의 위 행위를 특수공무집행방해치상죄로 의율한 원심의 조치에 법리오해 또는 사실오인의 위법이 있다고 한 사례(대판 2010.12.23. 2010도7412).

㉢ (×) 야간 당직 근무 중인 청원경찰이 불법주차 단속요구에 응하여 현장을 확인만 하고 주간 근무자에게 전달하여 단속하겠다고 했다는 이유로 민원인이 청원경찰을 폭행한 사안에서, 야간 당직 근무자는 불법주차 단속권한은 없지만 민원 접수를 받아 다음 날 관련 부서에 전달하여 처리하고 있으므로 불법주차 단속업무는 야간 당직 근무자들의 민원업무이자 경비업무로서 공무집행방해죄의 '직무집행'에 해당하여 공무집행방해죄가 성립한다고 한 사례(대판 2009.1.15. 2008도9919).

㉣ (○) 구 집회 및 시위에 관한 법률(2007. 5. 11. 법률 제8424호로 개정되기 전의 것)에 의하여 금지되어 그 주최 또는 참가행위가 형사처벌의 대상이 되는 위법한 집회·시위가 장차 특정지역에서 개최될 것이 예상된다고 하더라도, 이와 시간적·장소적으로 근접하지 않은 다른 지역에서 그 집회·시위에 참가하기 위하여 출발 또는 이동하는 행위를 함부로 제지하는 것은 경찰관직무집행법 제6조 제1항의 행정상 즉시강제인 경찰관의 제지의 범위를 명백히 넘어 허용될 수 없다. 따라서 이러한 제지 행위는 공무집행방해죄의 보호대상이 되는 공무원의 적법한 직무집행이 아니다(대판 2008.11.13. 2007도9794).

019 **성폭력범죄가 빈발하는 지역을 순찰하던 경찰관 P1과 P2는 심야에 주취자가 소란을 피우고 있다는 A의 신고를 받고 출동하여, 신고 지역 인근 A소유의 빌라 주차장에서 술에 취한 상태에서 큰소리로 전화를 걸고 있는 甲을 발견하고 불심검문을 실시하였다. 이에 甲은 P2에게 자신의 운전면허증을 교부하였고, P2가 甲의 신분조회를 위하여 순찰차로 걸어간 사이에 甲은 위 불심검문에 항의하면서 P1에게 욕설을 하였다. 이 욕설은 P1 이외에 인근 주민들도 들었을 정도로 큰소리였으므로 P1은 甲을 모욕죄의 현행범으로 체포하겠다고 고지한 후 甲의 어깨를 붙잡았고, P2는 허리를 붙잡으며 체포를 시도하였다. 그런데 甲은 이에 강하게 반항하면서 P1 및 P2를 순차로 폭행하였고 이 과정에서 P1에게 상해를 가하였다. 이에 관한 ㉠부터 ㉣까지의 설명 중 옳고 그름의 표시(○, ×)가 모두 바르게 된 것은?** 〈경찰1차 2022〉

> ㉠ P1과 P2가 「형사소송법」 제200조의5 및 제213조의2에 따른 체포절차를 준수하였다 하더라도 위 현행범 체포는 위법하다고 할 수 있다.
> ㉡ 甲에 대한 「형법」 제136조 제1항 공무집행방해죄 및 제257조 제1항 상해죄는 정당방위로 위법성이 조각된다.
> ㉢ 만약 甲에게 공무집행방해죄가 인정된다면, 2개의 공무집행방해죄가 성립되며 각 공무집행방해죄의 관계는 상상적 경합관계이다.
> ㉣ 만약 P1과 P2가 甲에 대한 불심검문 과정에서 신분증을 제시하지 않았다면, 제반사정을 종합적으로 고려하여 甲이 P1과 P2가 경찰관이고 검문하는 이유가 범죄행위에 관한 것임을 충분히 알고 있었다고 보이는 경우라 하더라도 위법한 불심검문에 해당한다.

①	㉠ (×)	㉡ (×)	㉢ (×)	㉣ (○)
②	㉠ (×)	㉡ (○)	㉢ (×)	㉣ (×)
③	㉠ (○)	㉡ (×)	㉢ (○)	㉣ (×)
④	㉠ (○)	㉡ (○)	㉢ (○)	㉣ (×)

해설/정답 ③

㉠ (○), ㉡ (×) 피고인이 경찰관의 불심검문을 받아 운전면허증을 교부한 후 경찰관에게 큰 소리로 욕설을 하였는데, 경찰관이 모욕죄의 현행범으로 체포하겠다고 고지한 후 피고인의 오른쪽 어깨를 붙잡자 반항하면서 경찰관에게 상해를 가한 사안에서, 피고인은 경찰관의 불심검문에 응하여 이미 운전면허증을 교부한 상태이고, 경찰관뿐 아니라 인근 주민도 욕설을 직접 들었으므로, 피고인이 도망하거나 증거를 인멸할 염려가 있다고 보기는 어렵고, 피고인의 모욕 범행은 불심검문에 항의하는 과정에서 저지른 일시적, 우발적인 행위로서 사안 자체가 경미할 뿐 아니라, 피해자인 경찰관이 범행현장에서 즉시 범인을 체포할 급박한 사정이 있다고 보기도 어려우므로, 경찰관이 피고인을 체포한 행위는 적법한 공무집행이라고 볼 수 없고, 피고인이 체포를 면하려고 반항하는 과정에서 상해를 가한 것은 불법체포로 인한 신체에 대한 현재의 부당한 침해에서 벗어나기 위한 행위로서 정당방위에 해당한다는 이유로, 피고인에 대한 상해 및 공무집행방해의 공소사실을 무죄로 인정한 원심판단을 수긍한 사례(대판 2011.5.26. 2011도3682). 체포의 필요성이 없어서 적법한 현행범체포라 할 수 없다. 또한, 甲에 대한 공무집행방해죄는 구성요건해당성이 없고, 상해죄는 정당방위에 해당하여 위법성이 조각된다.

㉢ (○) [1] 동일한 공무를 집행하는 여럿의 공무원에 대하여 폭행·협박 행위를 한 경우에는 공무를 집행하는 공무원의 수에 따라 여럿의 공무집행방해죄가 성립하고, 위와 같은 폭행·협박 행위가 동일한 장소에서 동일한 기회에 이루어진 것으로서 사회관념상 1개의 행위로 평가되는 경우에는 여럿의 공무집행방해죄는 상상적 경합의 관계에 있다. [2] 범죄 피해 신고를 받고 출동한 두 명의 경찰관에게 욕설을 하면서 차례로 폭행을 하여 신고 처리 및 수사 업무에 관한 정당한 직무집행을 방해한 사안에서, 동일한 장소에서 동일한 기회에 이루어진 폭행 행위는 사회관념상 1개의 행위로 평가하는 것이 상당하다는 이유로, 위 공무집행방해죄는 형법 제40조에 정한 상상적 경합의 관계에 있다고 한 사례(대판 2009.6.25. 2009도3505).

㉣ (×) 경찰관직무집행법(이하 '법'이라 한다) 제3조 제4항은 경찰관이 불심검문을 하고자 할 때에는 자신의 신분을 표시하는 증표를 제시하여야 한다고 규정하고, 경찰관직무집행법 시행령 제5조는 위 법에서 규정한 신분을 표시하는 증표는 경찰관의 공무원증이라고 규정하고 있는데, 불심검문을 하게 된 경위, 불심검문 당시의 현장상황과 검문을 하는 경찰관들의 복장, 피고인이 공무원증 제시나 신분 확인을 요구하였는지 여부 등을 종합적으로 고려하여, 검문하는 사람이 경찰관이고 검문하는 이유가 범죄행위에 관한 것임을 피고인이 충분히 알고 있었다고 보이는 경우에는 신분증을 제시하지 않았다고 하여 그 불심검문이 위법한 공무집행이라고 할 수 없다(대판 2014.12.11. 2014도7976).

020 공무집행방해에 관한 죄에 대한 설명으로 가장 적절하지 않은 것은? 〈경찰2차 2021〉

① 甲은 평소 집에서 심한 고성과 욕설 등으로 이웃 주민들로부터 수회에 걸쳐 112신고가 있어 왔던 사람으로, 한밤중에 甲의 집이 소란스러워 잠을 이룰 수 없다는 112신고를 받고 출동한 경찰관들이 인터폰으로 문을 열어달라고 하였으나 욕설을 하며 소란행위를 계속하였다. 이에 경찰관들이 甲을 만나기 위해 일시적으로 전기차단기를 내리자 식칼을 들고 나와 욕설을 하며 경찰관들을 향해 찌를 듯이 협박하였더라도 경찰관들의 단전조치를 적법한 공무집행으로 볼 수 없어 甲에게는 특수공무집행방해죄가 성립하지 아니한다.

② 국립대학교의 전임교원 공채심사위원인 학과장 甲이 지원자 A의 부탁을 받고 이미 논문접수가 마감된 학회지에 A의 논문이 게재되도록 돕고, 그 후 연구실적심사의 기준을 강화하자고 제안한 경우에는 설사 甲의 행위가 결과적으로는 A에게 유리한 결과가 되었다 하더라도 위계공무집행방해죄가 성립하지 아니한다.

③ 음주운전 신고를 받고 출동한 경찰관 A는 만취한 상태로 시동이 걸린 차량 운전석에 앉아 있는 甲을 발견하고 음주측정을 위해 하차를 요구하였고, 甲이 차량을 운전하지 않았다고 다투자 지구대로 가서 차량 블랙박스를 확인하자고 하였다. 이에 甲이 명시적인 거부 의사표시 없이 도주하자, A가 甲을 10m 정도 추격하여 앞을 막고 제지하는 과정에서 甲이 A를 폭행하였다면 공무집행방해죄가 성립한다.

④ 甲이 허위의 매매계약서 및 영수증을 소명자료로 첨부하여 가처분신청을 하여 법원으로부터 유체동산에 대한 가처분결정을 받은 경우에는 甲의 행위만으로 법원의 구체적이고 현실적인 어떤 직무집행이 방해되었다고 볼 수 없으므로 위계공무집행방해죄가 성립하지 아니한다.

해설/정답 ①

① (×) 피고인은 평소 집에서 심한 고성과 욕설, 시끄러운 음악 소리 등으로 이웃 주민들로부터 수회에 걸쳐 112신고가 있어 왔던 사람인데, 피고인의 집이 소란스럽다는 112신고를 받고 출동한 경찰관 갑, 을이 인터폰으로 문을 열어달라고 하였으나 욕설을 하였고, 경찰관들이 피고인을 만나기 위해 전기차단기를 내리자 화가 나 식칼을 들고 나와 욕설을 하면서 경찰관들을 향해 찌를 듯이 협박함으로써 갑, 을의 112신고 업무 처리에 관한 직무집행을 방해하였다고 하여 특수공무집행방해로 기소된 사안에서, 공소사실을 무죄로 판단한 원심판결에 필요한 심리를 다하지 않은 채 논리와 경험의 법칙에 반하여 자유심증주의의 한계를 벗어나거나 경찰관 직무집행법의 해석과 적용, 공무집행의 적법성 등에 관한 법리를 오해한 잘못이 있다고 한 사례(대판 2018.12.13. 2016도19417).

② (○) 국립대학교의 전임교원 공채심사위원인 학과장 갑이 지원자 을의 부탁을 받고 이미 논문접수가 마감된 학회지에 을의 논문이 게재되도록 도운 행위는 다소 부적절한 행위라고 볼 수 있지만, 그 후 갑이 연구실적심사의 기준을 강화하자고 제안한 것은 해당 학과의 전임교원 임용 목적에 부합하는 것으로서 공정한 경우에 해당하므로, 설사 갑의 행위가 결과적으로는 을에게 유리한 결과가 되었다 하더라도 형법 제137조에서 말하는 '위계'에 해당하지 않는다고 한 사례(대판 2009.4.23. 2007도1554).

③ (○) 음주운전 신고를 받고 출동한 경찰관이 만취한 상태로 시동이 걸린 차량 운전석에 앉아있는 피고인을 발견하고 음주측정을 위해 하차를 요구함으로써 도로교통법 제44조 제2항이 정한 음주측정에 관한 직무에 착수하였다고 할 것이고, 피고인이 차량을 운전하지 않았다고 다투자 경찰관이 지구대로 가서 차량 블랙박스를 확인하자고 한 것은 음주측정에 관한 직무 중 '운전' 여부 확인을 위한 임의동행 요구에 해당하고, 피고인이 차량에서 내리자마자 도주한 것을 임의동행 요구에 대한 거부로 보더라도, 경찰관이 음주측정에 관한 직무를 계속하기 위하여 피고인을 추격하여 도주를 제지한 것은 앞서 본 바와 같이 도로교통법상 음주측

정에 관한 일련의 직무집행 과정에서 이루어진 행위로써 정당한 직무집행에 해당한다(대판 2020.8.20. 2020도7193).

④ (O) 법원은 당사자의 허위 주장 및 증거 제출에도 불구하고 진실을 밝혀야 하는 것이 그 직무이므로, 가처분신청 시 당사자가 허위의 주장을 하거나 허위의 증거를 제출하였다 하더라도 그것만으로 법원의 구체적이고 현실적인 어떤 직무집행이 방해되었다고 볼 수 없으므로 이로써 바로 위계에 의한 공무집행방해죄가 성립한다고 볼 수 없다(대판 2012.4.26. 2011도17125).

021 공무방해에 관한 죄에 대한 설명 중 가장 적절하지 않은 것은? 〈경찰1차 2019〉

① 공무집행방해죄에서 공무원의 공무집행이 적법한지 여부는 행위 당시의 구체적 상황에 기하여 객관적 합리적으로 판단하여야 하고 사후적으로 순수한 객관적 기준에서 판단할 것은 아니다.

② 공무집행방해죄에서 협박이란 상대방에게 공포심을 일으킬 목적으로 해악을 고지하는 행위를 의미하는 것으로서 그 협박이 경미하여 상대방이 전혀 개의치 않을 정도인 경우에는 협박에 해당하지 않는다.

③ 부동산강제집행효용침해죄의 객체인 강제집행으로 명도 또는 인도된 부동산에는 강제집행으로 퇴거집행된 부동산은 포함되지 않는다.

④ 공무집행방해죄는 추상적 위험범으로서 구체적으로 직무집행의 방해라는 결과발생을 요하지 않는다.

해설/정답 ③

① (O) 공무집행방해죄는 공무원의 적법한 공무집행이 전제로 되는데, 추상적인 권한에 속하는 공무원의 어떠한 공무집행이 적법한지 여부는 행위 당시의 구체적 상황에 기하여 객관적·합리적으로 판단하여야 하고 사후적으로 순수한 객관적 기준에서 판단할 것은 아니다. 마찬가지로 현행범 체포의 적법성은 체포 당시의 구체적 상황을 기초로 객관적으로 판단하여야 하고, 사후에 범인으로 인정되었는지에 의할 것은 아니다(대판 2013.8.23. 2011도4763).

② (O) 공무집행방해죄에 있어서 협박이라 함은 상대방에게 공포심을 일으킬 목적으로 해악을 고지하는 행위를 의미하는 것으로서 고지하는 해악의 내용이 그 경위, 행위 당시의 주위 상황, 행위자의 성향, 행위자와 상대방과의 친숙함의 정도, 지위 등의 상호관계 등 행위 당시의 여러 사정을 종합하여 객관적으로 상대방으로 하여금 공포심을 느끼게 하는 것이어야 하고, 그 협박이 경미하여 상대방이 전혀 개의치 않을 정도인 경우에는 협박에 해당하지 않는다(대판 2011.2.10. 2010도15986, 대판 2006.1.13. 2005도4799).

③ (×) 형법 제140조의2 부동산강제집행효용침해죄의 입법취지와 체제 및 내용과 구조를 살펴보면, 부동산강제집행효용침해죄의 객체인 강제집행으로 명도 또는 인도된 부동산에는 강제집행으로 퇴거집행된 부동산을 포함한다고 해석된다(대판 2003.5.13. 2001도3212).

④ (O) 형법 제136조에서 정한 공무집행방해죄는 직무를 집행하는 공무원에 대하여 폭행 또는 협박한 경우에 성립하는 범죄로서 여기서의 폭행은 사람에 대한 유형력의 행사로 족하고 반드시 그 신체에 대한 것임을 요하지 아니하며, 또한 추상적 위험범으로서 구체적으로 직무집행의 방해라는 결과 발생을 요하지도 아니한다(광의의 폭행: 대판 2018.3.29. 2017도21537).

022 공무방해에 관한 죄에 대한 설명으로 적절하지 않은 것을 모두 고른 것은? 〈경찰3차 2018〉

> ㉠ 공무집행방해죄의 '직무를 집행하는'이라 함은 공무원이 직무수행에 직접 필요한 행위를 현실적으로 행하고 있는 때만을 가리키는 것이 아니라 공무원이 직무수행을 위하여 근무 중인 상태에 있는 때를 포괄한다.
>
> ㉡ 참고인이 수사기관에 대하여 허위진술을 한 사실만으로는 위계에 의한 공무집행방해죄가 성립하지 않는다.
>
> ㉢ 공무집행방해죄는 공무원의 직무집행이 적법한 경우에 한하여 성립하고, 여기서 적법한 공무집행이라고 함은 그 행위가 공무원의 추상적 권한에 속하면 충분하며, 구체적으로 그 권한 내에 있어야 할 필요는 없다.
>
> ㉣ 유체동산의 가압류집행에 있어 가압류공시서의 기재에 다소의 흠이 있다면, 그 기재 내용을 전체적으로 보아 가압류공시서에 그 가압류목적물이 특정되었다고 인정할 수 있더라도 그 가압류는 당연무효이고, 해당 가압류공시서는 공무상 표시무효죄의 객체가 될 수 없다.

① ㉠, ㉡　　② ㉡, ㉢　　③ ㉡, ㉣　　④ ㉢, ㉣

해설/정답 ④

㉠ (○) 형법 제136조 제1항의 공무집행방해죄에 있어서 '직무를 집행하는'이라 함은 공무원이 직무수행에 직접 필요한 행위를 현실적으로 행하고 있는 때만을 가리키는 것이 아니라 공무원이 직무수행을 위하여 근무 중인 상태에 있는 때를 포괄한다. 직무의 성질에 따라서는 그 직무수행의 과정을 개별적으로 분리하여 부분적으로 각각의 개시와 종료를 논하는 것이 부적절하거나, 여러 종류의 행위를 포괄하여 일련의 직무수행으로 파악함이 상당한 경우도 있다(대판 2009.1.15. 2008도9919). 불법주차 차량에 불법주차 스티커를 붙였다가 이를 다시 떼어 낸 직후에 있는 주차단속 공무원을 폭행한 경우, 폭행 당시 주차단속 공무원은 일련의 직무수행을 위하여 근무 중인 상태에 있었다고 보아야 한다는 이유로 공무집행방해죄의 성립을 인정한 사례(대판 1999.9.21. 99도383).

㉡ (○) 수사기관에 대하여 피의자가 허위자백을 하거나 참고인이 허위의 진술을 한 것만으로는 위계에 의한 공무집행방해죄가 성립된다고 할 수 없다(대판 1971.3.9. 71도186).

㉢ (×) 공무집행방해죄는 공무원의 적법한 공무집행이 전제로 된다 할 것이고, 그 공무집행이 적법하기 위하여는 그 행위가 당해 공무원의 추상적 직무 권한에 속할 뿐 아니라 구체적으로도 그 권한 내에 있어야 하며 또한 직무행위로서의 중요한 방식을 갖추어야 한다고 할 것이며, 추상적인 권한에 속하는 공무원의 어떠한 공무집행이 적법한지 여부는 행위 당시의 구체적 상황에 기하여 객관적 합리적으로 판단하여야 하고 사후적으로 순수한 객관적 기준에서 판단할 것은 아니라고 할 것이다(대판 1991.5.10. 91도453).

㉣ (×) 공무원이 그 직권을 남용하여 위법하게 실시한 봉인 또는 압류 기타 강제처분의 표시임이 명백하여 법률상 당연무효 또는 부존재라고 볼 수 있는 경우에는 그 봉인 등의 표시는 공무상표시무효죄의 객체가 되지 아니하여 이를 손상 또는 은닉하거나 기타 방법으로 그 효용을 해한다 하더라도 공무상 표시무효죄가 성립하지 아니한다 할 것이지만 공무원이 실시한 봉인 등의 표시에 절차상 또는 실체상의 하자가 있다고 하더라도 객관적·일반적으로 그것이 공무원이 그 직무에 관하여 실시한 봉인 등으로 인정할 수 있는 상태에 있다면 적법한 절차에 의하여 취소되지 아니하는 한 공무상 표시무효죄의 객체로 된다(대판 2001.1.16. 2000도1757, 대판 2000.4.21. 99도5563). 따라서, 선택지의 가압류공시서는 공무상 표시무효죄의 객체가 된다.

023 공무방해에 관한 죄에 대한 설명 중 가장 적절하지 않은 것은? 〈경찰1차 2018〉

① 동일한 공무를 집행하는 여럿의 공무원에 대하여 폭행·협박 행위를 한 경우에는 공무를 집행하는 공무원의 수에 따라 여럿의 공무집행방해죄가 성립하고, 위와 같은 폭행·협박 행위가 동일한 장소에서 동일한 기회에 이루어진 것으로서 사회관념상 1개의 행위로 평가되는 경우에는 여럿의 공무집행방해죄는 상상적 경합의 관계에 있다.

② 불법주차 차량에 불법주차 스티커를 붙였다가 이를 다시 떼어 낸 직후에 있는 주차단속 공무원을 폭행한 경우, 공무집행방해죄가 성립한다.

③ 음주운전을 하다가 교통사고를 야기한 후 그 형사처벌을 면하기 위하여 타인의 혈액을 자신의 혈액인 것처럼 교통사고 조사 경찰관에게 제출하여 감정하도록 한 경우, 위계에 의한 공무집행방해죄가 성립하지 않는다.

④ 변호사가 접견을 핑계로 수용자를 위하여 휴대전화와 증권거래용 단말기를 구치소 내로 몰래 반입하여 이용하게 한 행위는 위계에 의한 공무집행방해죄에 해당한다.

해설/정답 ③

① (○) 동일한 공무를 집행하는 여럿의 공무원에 대하여 폭행·협박 행위를 한 경우에는 공무를 집행하는 공무원의 수에 따라 여럿의 공무집행방해죄가 성립하고, 위와 같은 폭행·협박 행위가 동일한 장소에서 동일한 기회에 이루어진 것으로서 사회관념상 1개의 행위로 평가되는 경우에는 여럿의 공무집행방해죄는 상상적 경합의 관계에 있다(대판 2009.6.25. 2009도3505).

② (○) 불법주차 차량에 불법주차 스티커를 붙였다가 이를 다시 떼어 낸 직후에 있는 주차단속 공무원을 폭행한 경우, 폭행 당시 주차단속 공무원은 일련의 직무수행을 위하여 근무 중인 상태에 있었다고 보아야 한다는 이유로 공무집행방해죄의 성립을 인정한 사례(대판 1999.9.21. 99도383).

③ (×) 음주운전을 하다가 교통사고를 야기한 후 그 형사처벌을 면하기 위하여 타인의 혈액을 자신의 혈액인 것처럼 교통사고 조사 경찰관에게 제출하여 감정하도록 한 행위는, 단순히 피의자가 수사기관에 대하여 허위사실을 진술하거나 자신에게 불리한 증거를 은닉하는 데 그친 것이 아니라 수사기관의 착오를 이용하여 적극적으로 피의사실에 관한 증거를 조작한 것으로서 위계에 의한 공무집행방해죄가 성립한다고 한 사례(대판 2003.7.25. 2003도1609).

④ (○) 변호사가 접견을 핑계로 수용자를 위하여 휴대전화와 증권거래용 단말기를 구치소 내로 몰래 반입하여 이용하게 한 행위가 위계에 의한 공무집행방해죄에 해당한다고 한 원심의 판단을 수긍한 사례(대판 2005.8.25. 2005도1731).

024 공무집행방해죄에 대한 설명 중 옳은 것을 모두 고른 것은? 〈경찰2차 2017〉

㉠ 공무원이 직무상 수행하는 공무를 방해하는 행위에 대해서는 업무방해죄로 의율할 수는 없다. ㉡ 법령에서 어떤 행위의 금지를 명하면서 이를 위반하는 행위에 대한 벌칙을 두는 한편, 공무원으로 하여금 그 금지규정의 위반 여부를 감시, 단속하게 하고 있는 경우 그 공무원에게는 금지규정 위반행위의 유무를 감시하여 확인하고 단속할 권한과 의무가 있으므로 단순히 공무원의 감시, 단속을 피하여 금지규정에 위반하는 행위를 한 것에 불과하다면 그에 대하여 벌칙을 적용하는 것은 별론으로 하고 그 행위가 위계에 의한 공무집행방해죄에 해당하는 것이라고는 할 수 없다. ㉢ 피의자나 참고인이 피의자의 무고함을 입증하는 등의 목적으로 적극적으로 허위의 증거를 조작하여 제출하였고 그 증거 조작의 결과 수사기관이 그 진위에 관하여 나름대로 충실한 수사를 하더라도 제출된 증거가 허위임을 발견하지 못하여 잘못된 결론을 내리게 될 정도에 이르렀다면, 이는 위계에 의하여 수사기관의 수사행위를 적극적으로 방해한 것으로서 위계에 의한 공무집행방해죄가 성립된다.

① ㉠, ㉡ ② ㉠, ㉢ ③ ㉡, ㉢ ④ ㉠, ㉡, ㉢

해설/정답 ④

㉠ (○) 형법이 업무방해죄와는 별도로 공무집행방해죄를 규정하고 있는 것은 사적 업무와 공무를 구별하여 공무에 관해서는 공무원에 대한 폭행, 협박 또는 위계의 방법으로 그 집행을 방해하는 경우에 한하여 처벌하겠다는 취지라고 보아야 한다. 따라서 공무원이 직무상 수행하는 공무를 방해하는 행위에 대해서는 업무방해죄로 의율할 수는 없다고 해석함이 상당하다(대판 2009.11.19. 2009도4166 전원합의체).

㉡ (○) 법령에서 어떤 행위의 금지를 명하면서 이를 위반하는 행위에 대한 벌칙을 두는 한편, 공무원으로 하여금 그 금지규정의 위반 여부를 감시, 단속하게 하고 있는 경우 그 공무원에게는 금지규정 위반행위의 유무를 감시하여 확인하고 단속할 권한과 의무가 있으므로 단순히 공무원의 감시, 단속을 피하여 금지규정에 위반하는 행위를 한 것에 불과하다면 그에 대하여 벌칙을 적용하는 것은 별론으로 하고 그 행위가 위계에 의한 공무집행방해죄에 해당하는 것이라고는 할 수 없다(대판 2003.11.13. 2001도7045).

㉢ (○) 피의자나 참고인이 피의자의 무고함을 입증하는 등의 목적으로 적극적으로 허위의 증거를 조작하여 제출하였고 그 증거 조작의 결과 수사기관이 그 진위에 관하여 나름대로 충실한 수사를 하더라도 제출된 증거가 허위임을 발견하지 못하여 잘못된 결론을 내리게 될 정도에 이르렀다면, 이는 위계에 의하여 수사기관의 수사행위를 적극적으로 방해한 것으로서 위계에 의한 공무집행방해죄가 성립된다(대판 2003.7.25. 2003도1609).

025 공무집행방해죄에 관한 다음 설명 중 가장 적절하지 않은 것은? 〈경찰1차 2016〉

① 위법한 집회·시위가 장차 특정지역에서 개최될 것이 예상된다고 하더라도, 이와 시간적·장소적으로 근접하지 않은 다른 지역에서 그 집회·시위에 참가하기 위하여 출발 또는 이동하는 행위를 함부로 제지하는 것은 공무집행방해죄의 보호대상이 되는 공무원의 적법한 직무집행이 아니다.

② 위계에 의한 공무집행방해죄(형법 제137조)에 있어서 구체적인 공무집행을 저지하거나 현실적으로 곤란하게 하는 데까지는 이르지 아니하고 미수에 그친 경우, 위계에 의한 공무집행방해죄로 처벌할 수는 없다.

③ 불심검문을 하게 된 경위, 불심검문 당시의 현장상황과 검문을 하는 경찰관들의 복장, 피고인이 공무원증 제시나 신분 확인을 요구하였는지 여부 등을 종합적으로 고려하여, 검문하는 사람이 경찰관이고 검문하는 이유가 범죄행위에 관한 것임을 피고인이 충분히 알고 있었다고 보이는 경우에는 신분증을 제시하지 않았다고 하여 그 불심검문이 위법한 공무집행이라고 할 수 없다.

④ 공무집행방해죄(형법 제136조 제1항)에 있어서의 범의는 상대방이 직무를 집행하는 공무원이라는 사실, 그리고 이에 대하여 폭행 또는 협박을 한다는 사실을 인식하는 것을 그 내용으로 하고, 그 인식은 불확정적인 것이라도 소위 미필적 고의가 있다고 보아야 하며, 그 직무집행을 방해할 의사를 반드시 필요로 한다.

해설/정답 ④

① (○) 구 집회 및 시위에 관한 법률(2007. 5. 11. 법률 제8424호로 개정되기 전의 것)에 의하여 금지되어 그 주최 또는 참가행위가 형사처벌의 대상이 되는 위법한 집회·시위가 장차 특정지역에서 개최될 것이 예상된다고 하더라도, 이와 시간적·장소적으로 근접하지 않은 다른 지역에서 그 집회·시위에 참가하기 위하여 출발 또는 이동하는 행위를 함부로 제지하는 것은 경찰관직무집행법 제6조 제1항의 행정상 즉시강제인 경찰관의 제지의 범위를 명백히 넘어 허용될 수 없다. 따라서 이러한 제지 행위는 공무집행방해죄의 보호대상이 되는 공무원의 적법한 직무집행이 아니다(대판 2008.11.13. 2007도9794).

② (○) 위계에 의한 공무집행방해죄에 있어서 위계라 함은 행위자의 행위목적을 이루기 위하여 상대방에게 오인, 착각, 부지를 일으키게 하여 그 오인, 착각, 부지를 이용하는 것을 말하는 것으로 상대방이 이에 따라 그릇된 행위나 처분을 하여야만 이 죄가 성립하는 것이고, 만약 범죄행위가 구체적인 공무집행을 저지하거나 현실적으로 곤란하게 하는 데까지는 이르지 아니하고 미수에 그친 경우에는 위계에 의한 공무집행방해죄로 처벌할 수 없다(대판 2003.2.11. 2002도4293). - 미수범 처벌규정이 없기 때문이다.

③ (○) 경찰관직무집행법(이하 '법'이라 한다) 제3조 제4항은 경찰관이 불심검문을 하고자 할 때에는 자신의 신분을 표시하는 증표를 제시하여야 한다고 규정하고, 경찰관직무집행법 시행령 제5조는 위 법에서 규정한 신분을 표시하는 증표는 경찰관의 공무원증이라고 규정하고 있는데, 불심검문을 하게 된 경위, 불심검문 당시의 현장상황과 검문을 하는 경찰관들의 복장, 피고인이 공무원증 제시나 신분 확인을 요구하였는지 여부 등을 종합적으로 고려하여, 검문하는 사람이 경찰관이고 검문하는 이유가 범죄행위에 관한 것임을 피고인이 충분히 알고 있었다고 보이는 경우에는 신분증을 제시하지 않았다고 하여 그 불심검문이 위법한 공무집행이라고 할 수 없다(대판 2014.12.11. 2014도7976).

④ (×) 공무집행방해죄에 있어서의 범의는 상대방이 직무를 집행하는 공무원이라는 사실, 그리고 이에 대하여 폭행 또는 협박을 한다는 사실을 인식하는 것을 그 내용으로 하고, 그 인식은 불확정적인 것이라도 소위 미필적 고의가 있다고 보아야 하며, 그 직무집행을 방해할 의사를 필요로 하지 아니하고 이와 같은 범의는 피고인이 이를 자백하고 있지 않고 있는 경우에는 그것을 입증함에 있어서는 사물의 성질상 고의와 상당한 관련성이 있는 간접사실을 증명하는 방법에 의할 수밖에 없는 것이나, 그때에 무엇이 상당한 관련성이 있는 간접사실에 해당할 것인가는 정상적인 경험칙에 바탕을 두고 치밀한 관찰력이나 분석력에 의하여 사실의 연결상태를 합리적으로 판단하는 것 외에 다른 방법은 없다(대판 1995.1.24. 94도1949).

026 다음 설명 중 옳은 것을 모두 고른 것은? 〈경찰2차 2018〉

㉠ 경찰관이 도로를 순찰하던 중 벌금 미납으로 수배된 피고인과 조우(遭遇)하여 형집행장을 소지하지 아니한 채 급속을 요하여 그에게 형집행 사유와 더불어 형집행장이 발부되어 있는 사실을 고지하고 벌금 미납으로 인한 노역장 유치의 집행을 위해 구인하려 하였는데, 피고인이 이에 저항하여 그 경찰관을 폭행한 경우 공무집행방해죄가 성립한다.

㉡ 「형법」상 공무집행방해죄는 직무를 집행하는 공무원에 대하여 폭행 또는 협박한 경우에 성립하는 범죄로서 여기서의 폭행은 반드시 신체에 대한 것임을 요하지 아니하며, 또한 구체적 위험범으로서 구체적으로 직무집행의 방해라는 결과발생을 필요로 한다.

㉢ 피고인이 지구대 내에서 약 1시간 이상 경찰관에게 큰소리로 욕을 하고 의자에 드러눕거나 다른 사람들에게 시비를 걸고, 경찰관들이 피고인을 내보낸 뒤 문을 잠그자 다시 들어오기 위해 출입문을 계속해서 두드리는 등 소란을 피운 경우, 공무원에 대한 간접적인 유형력의 행사로 볼 수 있어 공무집행방해죄가 성립할 수 있다.

㉣ 피고인이 같은 장소에서 함께 출동한 경찰관들 중 먼저 경찰관 A를 폭행하고 곧이어 이를 제지하는 경찰관 B를 폭행한 경우, 위와 같이 동일한 장소에서 동일한 기회에 이루어진 폭행행위는 사회관념상 1개의 행위로 평가하는 것이 상당하므로 A와 B에 대한 공무집행방해죄는 포괄일죄의 관계에 있다.

① ㉠, ㉡　② ㉠, ㉢　③ ㉡, ㉢　④ ㉢, ㉣

해설/정답 ②

㉠ (○) 사법경찰관리가 벌금형을 받은 사람을 그에 따르는 노역장유치의 집행을 위하여 구인하려면 검사로부터 발부받은 형집행장을 그 상대방에게 제시하여야 하지만(형사소송법 제85조 제1항 참조), 형집행장을 소지하지 아니한 경우에 급속을 요하는 때에는 그 상대방에 대하여 형집행 사유와 형집행장이 발부되었음을 고하고 집행할 수 있다(형사소송법 제85조 제3항 참조). 그리고 형집행장의 제시 없이 구인할 수 있는 '급속을 요하는 때'란 애초 사법경찰관리가 적법하게 발부된 형집행장을 소지할 여유가 없이 형집행의 상대방을 조우한 경우 등을 가리킨다. 이때 사법경찰관리가 벌금 미납으로 인한 노역장 유치의 집행의 상대방에게 형집행 사유와 더불어 벌금 미납으로 인한 지명수배 사실을 고지하였더라도 특별한 사정이 없는 한 그러한 고지를 형집행장이 발부되어 있는 사실도 고지한 것이라거나 형집행장이 발부되어 있는 사실까지도 포함하여 고지한 것이라고 볼 수 없으므로, 이와 같은 사법경찰관리의 직무집행은 적법한 직무집행에 해당한다고 할 수 없다(대판 2010.10.14. 2010도8591, 대판 2013.9.12. 2012도2349, 대판 2017.9.26. 2017도9458). 따라서, 형집행 사유와 더불어 형집행장이 발부되어 있는 사실을 고지하고 벌금 미납으로 인한 노역장 유치의 집행을 위해 구인하려 하였다면 적법한 공무집행이 된다.

㉡ (×) 형법 제136조에서 정한 <u>공무집행방해죄</u>는 직무를 집행하는 공무원에 대하여 폭행 또는 협박한 경우에 성립하는 범죄로서 여기서의 폭행은 <u>사람에 대한 유형력의 행사</u>로 족하고 <u>반드시 그 신체에 대한 것임을 요하지 아니하며</u>, 또한 <u>추상적 위험범으로서 구체적으로 직무집행의 방해라는 결과 발생을 요하지도 아니한다</u>(광의의 폭행: 대판 2018.3.29. 2017도21537).

㉢ (○) 피고인이 지구대 내에서 약 1시간 40분 동안 큰 소리로 경찰관을 모욕하는 말을 하고, 그곳 의자에 드러눕거나 다른 사람들에게 시비를 걸고 그 과정에서 경찰관들이 피고인을 내보낸 뒤 문을 잠그자 다시 들어오기 위해 출입문을 계속해서 두드리거나 잡아당기는 등 소란을 피운 사안에서, <u>피고인이 밤늦은 시각에 술에 취해 위와 같이 한참 동안 소란을 피운 행위는 그 정도에 따라 공무원에 대한 간접적인 유형력의 행사로</u>

서 형법 제136조에서 규정한 '폭행'에 해당할 여지가 있는데도, 이와 달리 보아 공무집행방해의 점을 무죄로 판단한 원심판결에 법리오해 등 잘못이 있다고 한 사례(대판 2013.12.26. 2013도11050).

㉣ (×) 동일한 공무를 집행하는 여럿의 공무원에 대하여 폭행·협박 행위를 한 경우에는 공무를 집행하는 공무원의 수에 따라 여럿의 공무집행방해죄가 성립하고, 위와 같은 폭행·협박 행위가 동일한 장소에서 동일한 기회에 이루어진 것으로서 사회관념상 1개의 행위로 평가되는 경우에는 여럿의 공무집행방해죄는 상상적 경합의 관계에 있다(대판 2009.6.25. 2009도3505).

027 위계에 의한 공무집행방해죄에 대한 설명 중 가장 적절한 것은? 〈경찰1차 2017〉

① 상대방에게 오인, 착각, 부지를 일으키게 하는 행위가 구체적인 직무집행을 저지하거나 현실적으로 곤란하게 하는 데까지 이르지 않은 경우에도 위계에 의한 공무집행방해죄로 처벌할 수 있다.

② 법원에 가처분 신청 시 당사자가 허위의 주장을 하거나 허위의 증거를 제출하였다면 그 즉시 위계에 의한 공무집행방해죄가 성립한다.

③ 화물자동차 운송주선사업자인 피고인이 관할 행정청에 주기적으로 허가기준에 관한 사항을 신고하는 과정에서 가장납입에 의해 발급받은 허위의 예금잔액증명서를 제출하는 부정한 방법으로 허가를 받은 경우 위계에 의한 공무집행방해죄가 성립하지 않는다.

④ 위계에 의한 공무집행방해죄에서 공무원의 직무집행이란 법령의 위임에 따른 공무원의 적법한 공무집행인 이상 공권력의 행사를 내용으로 하는 권력적 작용뿐만 아니라 사경제주체로서의 활동을 제외한 비권력적 작용도 포함된다.

해설/정답 ③

① (×) 위계에 의한 공무집행방해죄에 있어서 '위계'라 함은 행위자의 행위목적을 이루기 위하여 상대방에게 오인, 착각, 부지를 일으키게 하여 그 오인, 착각, 부지를 이용하는 것으로서, 상대방이 이에 따라 그릇된 행위나 처분을 하여야만 위 죄가 성립한다. 만약, 그러한 행위가 구체적인 직무집행을 저지하거나 현실적으로 곤란하게 하는 데까지는 이르지 않은 경우에는 위계에 의한 공무집행방해죄로 처벌할 수 없다(대판 2009.4.23. 2007도1554).

② (×) 법원은 당사자의 허위 주장 및 증거 제출에도 불구하고 진실을 밝혀야 하는 것이 그 직무이므로, 가처분 신청 시 당사자가 허위의 주장을 하거나 허위의 증거를 제출하였다 하더라도 그것만으로 법원의 구체적이고 현실적인 어떤 직무집행이 방해되었다고 볼 수 없으므로 이로써 바로 위계에 의한 공무집행방해죄가 성립한다고 볼 수 없다(대판 2012.4.26. 2011도17125).

③ (○) 화물자동차 운송주선사업자인 피고인이 관할 행정청에 주기적으로 허가기준에 관한 사항을 신고하는 과정에서 가장납입에 의하여 발급받은 허위의 예금잔액증명서를 제출하는 부정한 방법으로 허가를 받아 위계로써 공무원의 직무집행을 방해하였다는 내용으로 기소된 사안에서, 제반 사정에 비추어 위 신고는 행정청의 단순한 접수나 형식적 심사를 거친 수리 외에 신고에 대응한 어떠한 적극적·실질적 행정작용에 나아갈 것이 예정되어 있다고 볼 수 없을 뿐 아니라, 행정청이 신고내용의 진실성이나 첨부자료의 취지를 제대로 따져보지 않아 추가 조사를 통한 적정한 관리감독권의 행사에 나아가지 않았더라도 이를 신고인의 위계에 의한 방해의 결과로 볼 수 없어 위계에 의한 공무집행방해죄가 성립한다고 볼 수 없는데도, 이와 달리 보아 피고인에게 유죄를 인정한 원심판결에 법리오해의 위법이 있다고 한 사례(대판 2011.8.25. 2010도7033).

④ (×) 위계에 의한 공무집행방해죄는 행위목적을 이루기 위하여 상대방에게 오인, 착각, 부지를 일으키게

하여 이를 이용함으로써 법령에 의하여 위임된 공무원의 적법한 직무에 관하여 그릇된 행위나 처분을 하게 하는 경우에 성립하고, 여기에서 공무원의 직무집행이란 법령의 위임에 따른 공무원의 적법한 직무집행인 이상 공권력의 행사를 내용으로 하는 권력적 작용뿐만 아니라 사경제주체로서의 활동을 비롯한 비권력적 작용도 포함되는 것으로 봄이 상당하다(대판 2003.12.26. 2001도6349).

028 위계에 의한 공무집행방해죄에 관한 설명이다. 다음 중 가장 적절하지 않은 것은? 〈경찰3차 2015〉

① 화물자동차 운송주선사업자가 관할 행정청에 주기적으로 허가기준에 관한 사항을 신고하는 과정에서 가장납입에 의하여 발급받은 허위의 예금잔액증명서를 제출하는 부정한 방법으로 허가를 받는 행위는 위계에 의한 공무집행방해죄를 구성하지 않는다.

② 개인택시 운송사업 양도·양수를 위하여 허위의 출원사유를 주장하면서 의사로부터 허위 진단서를 발급받아 이를 소명자료로 제출하여 행정관청으로부터 양도·양수 인가처분을 받은 경우 위계에 의한 공무집행방해죄가 성립한다.

③ 위계에 의한 공무집행방해죄에서의 공무집행이란 법령의 위임에 따른 공무원의 적법한 직무집행인 이상 공권력의 행사를 내용으로 하는 권력적 작용뿐만 아니라 사경제주체로서의 활동을 비롯한 비권력적 작용도 포함되는 것으로 봄이 상당하다.

④ 민사소송을 제기함에 있어 피고의 주소를 허위로 기재하여 법원공무원으로 하여금 변론기일 소환장 등을 허위 주소로 송달케 한 행위는 위계에 의한 공무집행방해죄가 성립한다.

해설/정답 ④

① (○) 화물자동차 운송주선사업자인 피고인이 관할 행정청에 주기적으로 허가기준에 관한 사항을 신고하는 과정에서 가장납입에 의하여 발급받은 허위의 예금잔액증명서를 제출하는 부정한 방법으로 허가를 받아 위계로써 공무원의 직무집행을 방해하였다는 내용으로 기소된 사안에서, 제반 사정에 비추어 위 신고는 행정청의 단순한 접수나 형식적 심사를 거친 수리 외에 신고에 대응한 어떠한 적극적·실질적 행정작용에 나아갈 것이 예정되어 있다고 볼 수 없을 뿐 아니라, 행정청이 신고내용의 진실성이나 첨부자료의 취지를 제대로 따져보지 않아 추가 조사를 통한 적정한 관리감독권의 행사에 나아가지 않았더라도 이를 신고인의 위계에 의한 방해의 결과로 볼 수 없어 위계에 의한 공무집행방해죄가 성립한다고 볼 수 없는데도, 이와 달리 보아 피고인에게 유죄를 인정한 원심판결에 법리오해의 위법이 있다고 한 사례(대판 2011.8.25. 2010도7033).

② (○) 피고인이 개인택시 운송사업면허를 받은 지 5년이 경과되지 아니하여 원칙적으로 개인택시 운송사업을 양도할 수 없는 사람 등과 사이에 마치 그들이 1년 이상의 치료를 요하는 질병으로 인하여 직접 운전할 수 없는 것처럼 가장하여 개인택시 운송사업의 양도·양수인가를 받기로 공모한 후, 질병이 있는 노숙자들로 하여금 그들이 개인택시 운송사업을 양도하려고 하는 사람인 것처럼 위장하여 의사의 진료를 받게 한 다음, 그 정을 모르는 의사로부터 환자가 개인택시 운송사업의 양도인으로 된 허위의 진단서를 발급받아 행정관청에 개인택시 운송사업의 양도·양수 인가신청을 하면서 이를 소명자료로 제출하여 진단서의 기재 내용을 신뢰한 행정관청으로부터 인가처분을 받은 경우, 위계에 의한 공무집행방해죄가 성립한다고 한 사례(대판 2002.9.4. 2002도2064).

③ (○) 위계에 의한 공무집행방해죄는 행위목적을 이루기 위하여 상대방에게 오인, 착각, 부지를 일으키게 하여 이를 이용함으로써 법령에 의하여 위임된 공무원의 적법한 직무에 관하여 그릇된 행위나 처분을 하게 하는 경우에 성립하고, 여기에서 공무원의 직무집행이란 법령의 위임에 따른 공무원의 적법한 직무집행인 이상 공권력의 행사를 내용으로 하는 권력적 작용뿐만 아니라 사경제주체로서의 활동을 비롯한 비권력적 작용도 포함되는 것으로 봄이 상당하다(대판 2003.12.26. 2001도6349).

④ (×) 민사소송을 제기함에 있어 피고의 주소를 허위로 기재하여 법원공무원으로 하여금 변론기일소환장 등을 허위주소로 송달케 하였다는 사실만으로는 이로 인하여 법원공무원의 구체적이고 현실적인 어떤 직무집행이 방해되었다고 할 수는 없으므로, 이로써 바로 위계에 의한 공무집행방해죄가 성립한다고 볼 수는 없다(대판 1996.10.11. 96도312).

제3절 | 도주와 범죄은닉의 죄

029 국가의 기능에 대한 죄에 관한 설명으로 가장 적절하지 않은 것은? 〈경찰1차 2022〉

① 범인도피죄는 타인을 도피하게 하는 경우에 성립할 수 있고 여기에서 타인에는 공범도 포함되므로, 공범 중 1인이 그 범행에 관한 수사절차에서 참고인 또는 피의자로 조사받으면서 자기의 범행을 구성하는 사실관계에 관하여 허위로 진술하고 허위 자료를 제출하는 행위가 다른 공범을 도피하게 하는 결과가 되는 경우 범인도피죄가 성립할 수 있다.

② 피의자 등이 적극적으로 허위의 증거를 조작하여 제출하고 그 증거 조작의 결과 수사기관이 그 진위에 관하여 나름대로 충실한 수사를 하더라도 제출된 증거가 허위임을 발견하지 못할 정도에 이르렀다면, 이는 위계에 의하여 수사기관의 수사행위를 적극적으로 방해한 것으로서 위계공무집행방해죄가 성립된다.

③ 사실의 증명을 위해 작성된 문서가 그 사실에 관한 내용이나 작성명의 등에 아무런 허위가 없다면 증거위조죄에서의 '증거위조'에 해당한다고 볼 수 없는 것이고, 설령 사실증명에 관한 문서가 형사사건 또는 징계사건에서 허위의 주장에 관한 증거로 제출되어 그 주장을 뒷받침하게 되더라도 마찬가지이다.

④ 경찰공무원이 지명수배 중인 범인을 발견하고도 직무상 의무에 따른 적절한 조치를 취하지 아니하고 오히려 범인을 도피하게 하는 행위를 한 경우, 범인도피죄만이 성립하고 직무유기죄는 따로 성립하지 아니한다.

해설/정답 ①

① (×) 범인도피죄는 타인을 도피하게 하는 경우에 성립할 수 있는데, 여기에서 타인에는 공범도 포함되나 범인 스스로 도피하는 행위는 처벌되지 않는다. 또한 공범 중 1인이 그 범행에 관한 수사절차에서 참고인 또는 피의자로 조사받으면서 자기의 범행을 구성하는 사실관계에 관하여 허위로 진술하고 허위 자료를 제출하는 것은 자신의 범행에 대한 방어권 행사의 범위를 벗어난 것으로 볼 수 없다. 이러한 행위가 다른 공범을 도피하게 하는 결과가 된다고 하더라도 범인도피죄로 처벌할 수 없다. 이때 공범이 이러한 행위를 교사하였더라도 범죄가 될 수 없는 행위를 교사한 것에 불과하여 범인도피교사죄가 성립하지 않는다(대판 2018.8.1. 2015도20396).

② (○) 피의자 등이 적극적으로 허위의 증거를 조작하여 제출하고 그 증거 조작의 결과 수사기관이 그 진위에 관하여 나름대로 충실한 수사를 하더라도 제출된 증거가 허위임을 발견하지 못할 정도에 이르렀다면, 이는 위계에 의하여 수사기관의 수사행위를 적극적으로 방해한 것으로서 위계에 의한 공무집행방해죄가 성립된다(대판 2011.2.10. 2010도15986, 대판 2006.1.13. 2005도4799).

③ (○) [1] 형법 제155조 제1항이 정한 증거위조죄에서의 '증거'에는 타인의 형사사건 또는 징계사건에 관하여 수사기관이나 법원 또는 징계기관이 국가의 형벌권 또는 징계권의 유무를 확인하는 데 관계있다고 인정되는 일체의 자료가 포함된다(대판 2007.6.28. 2002도3600 등 참조). 따라서서 범죄 또는 징계사유의 성립 여부

에 관한 것뿐만 아니라 형 또는 징계의 경중에 관계있는 정상을 인정함에 도움이 될 자료까지도 본조가 규정한 증거에 포함된다. [2] 형법 제155조 제1항은 타인의 형사사건 또는 징계사건에 관한 증거를 인멸, 은닉, 위조 또는 변조하거나 위조 또는 변조한 증거를 사용한 자를 처벌하고 있고, 여기서의 '위조'란 문서에 관한 죄의 위조 개념과는 달리 새로운 증거의 창조를 의미한다(대판 2007.6.28. 2002도3600 참조). 그러나 사실의 증명을 위해 작성된 문서가 그 사실에 관한 내용이나 작성명의 등에 아무런 허위가 없다면 '증거위조'에 해당한다고 볼 수 없다. 가사 사실증명에 관한 문서가 형사사건 또는 징계사건에서 허위의 주장에 관한 증거로 제출되어 그 주장을 뒷받침하게 되더라도 마찬가지이다(대판 2021.1.28. 2020도2642).

④ (○) 경찰공무원이 지명수배 중인 범인을 발견하고도 직무상 의무에 따른 적절한 조치를 취하지 아니하고 오히려 범인을 도피하게 하는 행위를 하였다면, 그 직무위배의 위법상태는 범인도피행위 속에 포함되어 있다고 보아야 할 것이므로, 이와 같은 경우에는 작위범인 범인도피죄만이 성립하고 부작위범인 직무유기죄는 따로 성립하지 아니한다. 한편, 범인도피죄는 범인을 도피하게 함으로써 기수에 이르지만, 범인도피행위가 계속되는 동안에는 범죄행위도 계속되고 행위가 끝날 때 비로소 범죄행위가 종료된다(대판 2017.3.15. 2015도1456, 대판 2006.10.19. 2005도3909 전원합의체).

030 범인은닉·도피죄에 관한 설명으로 가장 적절하지 않은 것은? 〈경찰1차 2020〉

① 주점 개업식날 찾아 온 범인에게 '도망다니면서 이렇게 와 주니 고맙다. 항상 몸조심하고 주의하여 다녀라. 열심히 살면서 건강에 조심해라'고 말한 것은 단순히 안부를 묻거나 통상적인 인사말에 불과하므로 범인도피죄에 해당하지 않는다.

② 범인이 타인으로 하여금 허위의 자백을 하게 하는 등으로 범인도피죄를 범하게 하는 경우와 같이 그것이 방어권의 남용으로 볼 수 있을 때에는 범인도피교사죄에 해당할 수 있다.

③ 범인도피죄는 그 자체로 도피시키는 것을 직접적인 목적으로 하였다고 보기 어려운 행위를 한 결과 간접적으로 범인이 안심하여 도피할 수 있게 한 경우도 포함된다.

④ 범인도피죄는 범인을 도피하게 함으로써 기수에 이르지만 범인도피행위가 계속되는 동안에는 범죄행위도 계속되고 행위가 끝날 때 비로소 범죄행위가 종료되며, 공범자의 범인도피행위 도중에 그 범행을 인식하면서 그와 공동의 범의를 가지고 기왕의 범인도피상태를 이용하여 스스로 범인도피행위를 계속한 자에 대하여는 범인도피죄의 공동정범이 성립한다.

해설/정답 ③

① (○) 범인도피죄에 있어서의 '도피'란 은닉 이외의 방법으로 수사기관의 발견, 체포를 곤란 내지 불가능하게 하는 일체의 행위를 뜻하는 것으로, 단순히 안부를 묻거나 통상적인 인사말 등만으로는 범인을 도피하게 한 것이라고 할 수 없을 것인바, 주점 개업식 날 찾아 온 범인에게 '도망다니면서 이렇게 와 주니 고맙다. 항상 몸조심하고 주의하여 다녀라. 열심히 살면서 건강에 조심하라.'고 말한 것은 단순히 안부인사에 불과한 것으로 범인을 도피하게 한 것으로 볼 수 없다(대판 1992.6.12. 92도736).

② (○) 범인 스스로 도피하는 행위는 처벌되지 아니하므로, 범인이 도피를 위하여 타인에게 도움을 요청하는 행위 역시 도피행위의 범주에 속하는 한 처벌되지 아니하며, 범인의 요청에 응하여 범인을 도운 타인의 행위가 범인도피죄에 해당한다고 하더라도 마찬가지이다. 다만 범인이 타인으로 하여금 허위의 자백을 하게 하는 등으로 범인도피죄를 범하게 하는 경우와 같이 그것이 방어권의 남용으로 볼 수 있을 때에는 범인도피교사죄에 해당할 수 있다. 이 경우 방어권의 남용이라고 볼 수 있는지 여부는, 범인을 도피하게 하는 것이라고 지목된 행위의 태양과 내용, 범인과 행위자의 관계, 행위 당시의 구체적인 상황, 형사사법의 작용에 영향을 미칠 수 있는 위험성의 정도 등을 종합하여 판단

하여야 한다. 원심이 적법하게 채택한 증거에 의하여 인정되는 다음과 같은 사정들, 즉 공소외인은 피고인이 평소 가깝게 지내던 후배인 점, 피고인은 자신의 휴대폰을 사용할 경우 소재가 드러날 것을 염려하여 공소외인에게 요청하여 대포폰을 개설하여 받고, 공소외인에게 전화를 걸어 자신이 있는 곳으로 오도록 한 다음 공소외인이 운전하는 자동차를 타고 청주시 일대를 이동하여 다닌 것으로서, 피고인의 이러한 행위는 형사사법에 중대한 장애를 초래한다고 보기 어려운 통상적 도피의 한 유형으로 볼 여지가 충분하다(대판 2014.4.10. 2013도12079).

③ (×) 형법 제151조의 범인도피죄에서 '도피하게 하는 행위'는 은닉 이외의 방법으로 범인에 대한 수사, 재판 및 형의 집행 등 형사사법 작용을 곤란 또는 불가능하게 하는 일체의 행위로서 그 수단과 방법에는 아무런 제한이 없다. 또한 위 죄는 위험범으로서, 현실적으로 형사사법 작용을 방해하는 결과를 초래할 필요는 없으나 적어도 함께 규정되어 있는 은닉행위에 비견될 정도로 수사기관의 발견·체포를 곤란하게 하는 행위, 즉 직접 범인을 도피시키는 행위 또는 도피를 직접적으로 용이하게 하는 행위에 이르러야 성립하므로, 그 자체로는 도피시키는 것을 직접적인 목적으로 하였다고 보기 어려운 어떤 행위를 한 결과 간접적으로 범인이 안심하고 도피할 수 있게 한 경우는 여기에 포함되지 않는다(대판 2011.4.28. 2009도3642).

④ (○) 범인도피죄는 범인을 도피하게 함으로써 기수에 이르지만 범인도피행위가 계속되는 동안에는 범죄행위도 계속되고 행위가 끝날 때 비로소 범죄행위가 종료되고, 공범자의 범인도피행위의 도중에 그 범행을 인식하면서 그와 공동의 범의를 가지고 기왕의 범인도피상태를 이용하여 스스로 범인도피행위를 계속한 자에 대하여는 범인도피죄의 공동정범이 성립한다(대판 1995.9.5. 95도577).

031 다음 설명 중 가장 적절하지 않은 것은? 〈경찰1차 2019〉

① 신고자가 그 신고내용을 허위라고 믿었다 하더라도 그것이 객관적으로 진실한 사실에 부합할 때에는 허위사실의 신고에 해당하지 않아 무고죄는 성립하지 않는다.

② 범인이 자신을 위하여 타인으로 하여금 허위의 자백을 하게 하여 범인도피죄를 범하게 하는 행위는 방어권의 남용으로 범인도피교사죄에 해당한다.

③ 모해위증죄를 범한 자가 그 공술한 사건의 재판 또는 징계처분이 확정되기 전에 자백 또는 자수한 때에는 그 형을 감경 또는 면제할 수 있다.

④ 범인 아닌 자가 수사기관에서 범인임을 자처하고 허위사실을 진술하여 진범의 체포와 발견에 지장을 초래하게 한 행위는 범인은닉·도피죄에 해당한다.

해설/정답 ③

① (○) 무고죄는 타인으로 하여금 형사처분 등을 받게 할 목적으로 신고한 사실이 객관적 진실에 반하는 허위사실인 경우에 성립되는 범죄로서, 신고자가 그 신고내용을 허위라고 믿었다 하더라도 그것이 객관적으로 진실한 사실에 부합할 때에는 허위사실의 신고에 해당하지 않아 무고죄는 성립하지 않는 것이며, 한편 위 신고한 사실의 허위 여부는 그 범죄의 구성요건과 관련하여 신고사실의 핵심 또는 중요내용이 허위인가에 따라 판단하여 무고죄의 성립 여부를 가려야 한다(대판 1991.10.11. 91도1950).

② (○) [1] 범인이 자신을 위하여 타인으로 하여금 허위의 자백을 하게 하여 범인도피죄를 범하게 하는 행위는 방어권의 남용으로 범인도피교사죄에 해당하는바, 이 경우 그 타인이 형법 제151조 제2항에 의하여 처벌을 받지 아니하는 친족, 호주 또는 동거 가족에 해당한다 하여 달리 볼 것은 아니다. [2] 무면허 운전으로 사고를 낸 사람이 동생을 경찰서에 대신 출두시켜 피의자로 조사받도록 한 행위는 범인도피교사죄를 구성한다(대판 2006.12.7. 2005도3707).

③ (×) 형법 제152조, 제153조 : 필요적 감면

> **제152조(위증, 모해위증)**
> ① 법률에 의하여 선서한 증인이 허위의 진술을 한 때에는 5년 이하의 징역 또는 1천만 원 이하의 벌금에 처한다.
> ② 형사사건 또는 징계사건에 관하여 피고인, 피의자 또는 징계혐의자를 모해할 목적으로 전항의 죄를 범한 때에는 10년 이하의 징역에 처한다.
>
> **제153조(자백, 자수)**
> 전조의 죄를 범한 자가 그 공술한 사건의 재판 또는 징계처분이 확정되기 전에 자백 또는 자수한 때에는 그 형을 감경 또는 면제한다.

④ (○) 형법 제151조에서 규정하는 범인도피죄는 범인은닉 이외의 방법으로 범인에 대한 수사, 재판 및 형의 집행 등 형사사법의 작용을 곤란 또는 불가능하게 하는 행위를 말하는 것으로서, 그 방법에는 어떠한 제한이 없고, 또한 위 죄는 위험범으로서 현실적으로 형사사법의 작용을 방해하는 결과가 초래될 것이 요구되지 아니할 뿐만 아니라, 같은 조 소정의 '벌금 이상의 형에 해당하는 죄를 범한 자'라 함은 범죄의 혐의를 받아 수사 대상이 되어 있는 자도 포함하고, 벌금 이상의 형에 해당하는 자에 대한 인식은 실제로 벌금 이상의 형에 해당하는 범죄를 범한 자라는 것을 인식함으로써 족하고 그 법정형이 벌금 이상이라는 것까지 알 필요는 없으며, 범인이 아닌 자가 수사기관에 범인임을 자처하고 허위사실을 진술하여 진범의 체포와 발견에 지장을 초래하게 한 행위는 위 죄에 해당한다(대판 2000.11.24. 2000도4078, 대판 1996.6.14. 96도1016, 대판 1995.3.3. 93도3080).

032 다음 설명 중 옳은 것은 모두 몇 개인가? 〈경찰1차 2016〉

㉠ 친족 또는 동거의 가족이 본인을 위하여 범인은닉·도피죄(형법 제151조 제1항)를 범한 때에는 처벌하지 아니한다.
㉡ 범인도피죄는 범인을 도피하게 함으로써 기수에 이르지만, 범인도피행위가 계속되는 동안에는 범죄행위도 계속되고 행위가 끝날 때 비로소 범죄행위가 종료된다. 따라서 공범자의 범인도피행위 도중에 그 범행을 인식하면서 그와 공동의 범의를 가지고 기왕의 범인도피상태를 이용하여 스스로 범인도피행위를 계속한 경우에는 범인도피죄의 공동정범이 성립한다.
㉢ 범인이 기소중지자임을 알고도 범인의 부탁으로 다른 사람의 명의로 대신 임대차계약을 체결해 준 경우, 비록 임대차계약서가 공시되는 것은 아니라 하더라도 수사기관이 탐문수사나 신고를 받아 범인을 발견하고 체포하는 것을 곤란하게 하여 범인도피죄에 해당한다.

① 0개　② 1개　③ 2개　④ 3개

해설/정답 ④

㉠ (○) 형법 제151조 제2항

> **형법 제151조(범인은닉과 친족간의 특례)**
> ① 벌금 이상의 형에 해당하는 죄를 범한 자를 은닉 또는 도피하게 한 자는 3년 이하의 징역 또는 500만 원 이하의 벌금에 처한다.
> ② 친족 또는 동거의 가족이 본인을 위하여 전항의 죄를 범한 때에는 처벌하지 아니한다.

㉡ (○) 범인도피죄는 범인을 도피하게 함으로써 기수에 이르지만 범인도피행위가 계속되는 동안에는 범

죄행위도 계속되고 행위가 끝날 때 비로소 범죄행위가 종료되고, 공범자의 범인도피행위의 도중에 그 범행을 인식하면서 그와 공동의 범의를 가지고 기왕의 범인도피상태를 이용하여 스스로 범인도피행위를 계속한 자에 대하여는 범인도피죄의 공동정범이 성립한다(대판 1995.9.5. 95도577).

ⓒ (○) 범인이 기소중지자임을 알고도 범인의 부탁으로 다른 사람의 명의로 대신 임대차계약을 체결해 준 경우, 비록 임대차계약서가 공시되는 것은 아니라 하더라도 수사기관이 탐문수사나 신고를 받아 범인을 발견하고 체포하는 것을 곤란하게 하여 범인도피죄에 해당한다고 한 사례(대판 2004.3.26. 2003도8226).

033 도주와 범인은닉의 죄에 관한 다음 설명 중 가장 적절하지 않은 것은? 〈경찰2차 2014〉

① 벌금 이상의 형에 해당하는 죄를 범한 자라는 것을 인식하면서도 도피하게 한 경우에는 그 자가 당시에는 아직 수사대상이 되어 있지 않았다고 하더라도 범인도피죄가 성립한다.

② 수사기관에서 조사받는 피의자가 사실은 게임장의 실제 업주가 아님에도 불구하고 자신이 실제 업주라고 허위로 진술하는 행위만으로도 범인도피죄를 구성한다.

③ 사실혼관계에 있는 처(妻)가 범인인 남편을 위하여 범인은닉죄를 범한 경우에는 처벌된다.

④ 참고인이 범인이 아닌 사람을 범인이 아닐지도 모른다고 생각하면서도 그가 범인이라고 지목하는 허위진술을 하여 구속기소되게 하였다면 범인도피죄가 성립하지 아니한다.

해설/정답 ②

① (○) 형법 제151조 제1항의 이른바, 죄를 범한 자라 함은 범죄의 혐의를 받아 수사대상이 되어 있는 자를 포함하며, 나아가 벌금 이상의 형에 해당하는 죄를 범한 자라는 것을 인식하면서도 도피하게 한 경우에는 그 자가 당시에는 아직 수사대상이 되어 있지 않았다고 하더라도 범인도피죄가 성립한다고 할 것이고, 한편, 증거인멸죄에 관한 형법 제155조 제1항의 이른바 타인의 형사사건이란 인멸행위 시에 아직 수사절차가 개시되기 전이라도 장차 형사사건이 될 수 있는 것까지 포함한다(대판 2003.12.12. 2003도4533).

② (×) 게임산업진흥에 관한 법률 위반, 도박개장 등의 혐의로 수사기관에서 조사받는 피의자가 사실은 게임장·오락실·피씨방 등의 실제 업주가 아니라 그 종업원임에도 불구하고 자신이 실제 업주라고 허위로 진술하였다고 하더라도, 그 자체만으로 범인도피죄를 구성하는 것은 아니다. 다만, 그 피의자가 실제 업주로부터 금전적 이익 등을 제공받기로 하고 단속이 되면 실제 업주를 숨기고 자신이 대신하여 처벌받기로 하는 역할(이른바 '바지사장')을 맡기로 하는 등 수사기관을 착오에 빠뜨리기로 하고, 단순히 실제 업주라고 진술하는 것에서 나아가 게임장 등의 운영 경위, 자금 출처, 게임기 등의 구입 경위, 점포의 임대차계약 체결 경위 등에 관해서까지 적극적으로 허위로 진술하거나 허위 자료를 제시하여 그 결과 수사기관이 실제 업주를 발견 또는 체포하는 것이 곤란 내지 불가능하게 될 정도에까지 이른 것으로 평가되는 경우 등에는 범인도피죄를 구성할 수 있다(대판 2010.1.28. 2009도10709).

③ (○) 형법 제151조 제2항 및 제155조 제4항은 친족, 호주 또는 동거의 가족이 본인을 위하여 범인도피죄, 증거인멸죄 등을 범한 때에는 처벌하지 아니한다고 규정하고 있는바, 사실혼관계에 있는 자는 민법 소정의 친족이라 할 수 없어 위 조항에서 말하는 친족에 해당하지 않는다(대판 2003.12.12. 2003도4533).

④ (○) 참고인이 수사기관에서 범인에 관하여 조사를 받으면서 그가 알고 있는 사실을 묵비하거나 허위로 진술하였다고 하더라도 그것이 적극적으로 수사기관을 기만하여 착오에 빠지게 함으로써 범인의 발견 또는 체포를 곤란 내지 불가능하게 할 정도의 것이 아니라면 범인도피죄를 구성하지 아니한다. 그리고 참고인이 실제의 범인이 누군지도 정확하게 모르는 상태에서 수사기관에서 실제의 범인이 아닌 어떤 사람을 범인이 아닐지도 모른다고 생각하면서도 그를 범인이라고 지목하는 허위의 진술을 한 경우에는

참고인의 허위 진술에 의하여 범인으로 지목된 사람이 구속기소됨으로써 실제의 범인이 용이하게 도피하는 결과를 초래한다고 하더라도 그것만으로는 그 참고인에게 적극적으로 실제의 범인을 도피시켜 국가의 형사사법의 작용을 곤란하게 할 의사가 있었다고 볼 수 없어 그 참고인을 범인도피죄로 처벌할 수는 없다(대판 1997.9.9. 97도1596).

제4절 | 위증과 증거인멸의 죄

034 다음 사례에 관한 설명 중 가장 적절한 것은? 〈경찰1차 2023〉

> 친구 사이인 甲, 乙, 丙은 사업가 A의 사무실 금고에 거액의 현금이 있다는 정보를 입수한 후, 甲과 乙은 A의 사무실 금고에서 현금을 절취하고 丙은 위 사무실로부터 100m 떨어진 곳에서 망을 보기로 모의하였다. 범행 당일 오전 10시경 甲과 乙은 A의 사무실에 들어가 현금을 절취한 후, 망을 보던 丙과 함께 도주하였다. 甲, 乙, 丙은 검거되어 절도 혐의로 수사를 받고 공동으로 기소되어 심리가 진행되었는데, 검사는 경찰 수사 단계에서 작성된 공범 乙의 피의자 신문조서를 甲의 범죄혐의 입증의 증거로 제출하였고 甲은 그 내용을 부인하였다. 한편 丙은 甲의 공소사실에 대해 증인으로 채택되어 선서하고 증언하면서 甲의 범행을 덮어주기 위해 기억에 반하는 허위 진술을 하였다. (주거침입죄 및 손괴죄 기타 특별법 위반의 점은 고려하지 않음)

① 甲과 乙에 대해서는 「형법」 제331조 제2항의 합동절도가 성립하지만, 현장에서의 협동 관계가 인정되지 않는 丙에 대해서는「형법」 제329조 단순 절도죄가 성립한다.

② 만약 甲과 乙이 A의 사무실 출입문의 시정 장치를 손괴하다가 A에게 발각되어 도주하였다면 甲과 乙의 행위에 대해서는 특수절도죄의 미수범이 성립한다.

③ 乙의 피의자 신문조서는 乙이 법정에서 그 내용을 인정하면 甲이 내용을 부인하더라도 甲의 공소사실에 대한 증거로 사용할 수 있다.

④ 丙에 대해서는 「형법」 제152조 제1항 위증죄가 성립하지 않는다.

해설/정답 ④

① (×) 3인 이상의 범인이 합동절도의 범행을 공모한 후 적어도 2인 이상의 범인이 범행 현장에서 시간적, 장소적으로 협동관계를 이루어 절도의 실행행위를 분담하여 절도 범행을 한 경우에, 그 공모에는 참여하였으나 현장에서 절도의 실행행위를 직접 분담하지 아니한 다른 범인에 대하여도 그가 현장에서 절도 범행을 실행한 위 2인 이상의 범인의 행위를 자기 의사의 수단으로 하여 합동절도의 범행을 하였다고 평가할 수 있는 정범성의 표지를 갖추고 있는 한 공동정범의 일반 이론에 비추어 그 다른 범인에 대하여 합동절도의 공동정범으로 인정할 수 있다(대판 2011.5.13. 2011도2021). 甲과 乙은 형법 제331조 제2항의 합동절도죄(특수절도죄)의 죄책을, 丙은 합동절도죄(특수절도죄)의 공동정범의 죄책을 진다.

② (×) [1] 형법 제331조 제2항의 특수절도에 있어서 주거침입은 그 구성요건이 아니므로, 절도범인이 그 범행수단으로 주거침입을 한 경우에 그 주거침입행위는 절도죄에 흡수되지 아니하고 별개로 주거침입죄를 구성하여 절도죄와는 실체적 경합의 관계에 있게 되고, 2인 이상이 합동하여 야간이 아닌 주간에 절도의 목적으로 타인의 주거에 침입하였다 하여도 아직 절취할 물건의 물색행위를 시작하기 전이라면 특수절도죄의 실행에는 착수한 것으로 볼 수 없는 것이어서 그 미수죄가 성립하지 않는다. [2] '주간에' 아파트 출입문 시정장치

를 손괴하다가 발각되어 도주한 피고인들이 특수절도미수죄로 기소된 사안에서, '실행의 착수'가 없었다는 이유로 형법 제331조 제2항의 특수절도죄의 점에 대해 무죄를 선고한 원심판단을 수긍한 사례(대판 2009.12.24. 2009도9667). 특수절도미수죄는 성립하지 않는다.

③ (×) 형사소송법 제312조 제3항은 검사 이외의 수사기관이 작성한 당해 피고인에 대한 피의자신문조서를 유죄의 증거로 하는 경우뿐만 아니라, 검사 이외의 수사기관이 작성한 당해 피고인과 공범관계에 있는 다른 피고인이나 피의자에 대한 피의자신문조서를 당해 피고인에 대한 유죄의 증거로 채택할 경우에도 적용된다. 따라서 당해 피고인과 공범관계에 있는 공동피고인에 대해 검사 이외의 수사기관이 작성한 피의자신문조서는 그 공동피고인의 법정진술에 의하여 성립의 진정이 인정되더라도 당해 피고인이 공판기일에서 그 조서의 내용을 부인하면 증거능력이 부정된다(대판 2009.10.15. 2009도1889). 따라서, 판례의 취지에 의할 때 乙에 대한 피의자신문조서는 甲의 공소사실에 대한 증거로 사용할 수 없다.

④ (○) [1] 공범인 공동피고인은 당해 소송절차에서는 피고인의 지위에 있어 다른 공동피고인에 대한 공소사실에 관하여 증인이 될 수 없으나, 소송절차가 분리되어 피고인의 지위에서 벗어나게 되면 다른 공동피고인에 대한 공소사실에 관하여 증인이 될 수 있다. [2] 게임장의 종업원이 그 운영자와 함께 게임산업진흥에 관한 법률 위반죄의 공범으로 기소되어 공동피고인으로 재판을 받던 중, 운영자에 대한 공소사실에 관한 증인으로 증언한 내용과 관련하여 위증죄로 기소된 사안에서, 소송절차가 분리되지 않은 이상 위 종업원은 증인적격이 없어 위증죄가 성립하지 않는다고 한 사례(대판 2012.12.13. 2010도10028, 대판 2008.6.26. 2008도3300). 丙은 증인적격이 없으므로 비록 증인으로 채택되어 선서하고 허위의 진술을 하였더라도 위증죄는 성립하지 않는다.

035 **위증과 증거인멸의 죄에 대한 설명으로 가장 적절하지 않은 것은?** 〈경찰3차 2018〉

① 자신의 강도범행을 일관되게 부인하였으나 법원으로부터 유죄판결이 확정된 피고인이 별건으로 기소된 공범의 형사사건에서 선서 후 범행사실을 부인하는 증언을 하였다면, 피고인에게 사실대로 진술할 것이라는 기대가능성이 있으므로 위증죄가 성립한다.

② 피고인이 자기의 형사사건에 관하여 타인을 교사하여 위증죄를 범하게 하였더라도, 이러한 피고인의 행위는 방어권의 정당한 행사로 위증죄의 교사범이 성립하지 않는다.

③ 선서한 증인이 자기의 기억에 반하는 증언을 하였다면, 그 증언 내용이 객관적 사실과 부합한다 하더라도 위증죄가 성립한다.

④ 증거은닉죄에 있어서 '타인의 형사사건 또는 징계사건'에는 이미 수사가 개시되거나 징계절차가 개시된 사건만이 아니라 수사 또는 징계절차 개시 전이라도 장차 형사사건 또는 징계사건이 될 수 있는 사건도 포함된다.

해설/정답 ②

① (○) 자신의 강도상해 범행을 일관되게 부인하였으나 유죄판결이 확정된 피고인이 별건으로 기소된 공범의 형사사건에서 자신의 범행사실을 부인하는 증언을 한 사안에서, 피고인에게 사실대로 진술할 기대가능성이 있으므로 위증죄가 성립한다고 판단한 사례(대판 2008.10.23. 2005도10101).

② (×) 피고인이 자기의 형사사건에 관하여 허위의 진술을 하는 행위는 피고인의 형사소송에 있어서의 방어권을 인정하는 취지에서 처벌의 대상이 되지 않으나, 법률에 의하여 선서한 증인이 타인의 형사사건에 관하여 위증을 하면 형법 제152조 제1항의 위증죄가 성립되므로 자기의 형사사건에 관하여 타인을 교사하여 위증죄를 범하게 하는 것은 이러한 방어권을 남용하는 것이라고 할 것이어서 교사범의 죄책을 부담케 함이 상당하다(대판

2004.1.27. 2003도5114).

③ (○) 위증죄에 있어서의 허위의 공술이란 증인이 자기의 기억에 반하는 사실을 진술하는 것을 말하는 것으로서 그 내용이 객관적 사실과 부합한다고 하여도 위증죄의 성립에 장애가 되지 않는다(대판 1989.1.17. 88도580).

④ (○) 증거은닉죄에 있어서 "타인의 형사사건 또는 징계사건"이란 은닉행위 시에 아직 수사 또는 징계절차가 개시되기 전이라도 장차 형사 또는 징계사건이 될 수 있는 것까지를 포함한다(대판 1982.4.27. 82도274).

036 위증의 죄 및 무고의 죄에 대한 설명 중 가장 적절하지 않은 것은? 〈경찰1차 2018〉

① 「헌법」 제12조 제2항에 정한 불이익 진술의 강요금지 원칙을 구체화한 자기부죄거부특권에 관한 것이거나 기타 증언거부사유가 있음에도 증인이 증언거부권을 고지받지 못함으로 인하여 그 증언거부권을 행사하는 데 사실상 장애가 초래되었다고 볼 수 있는 경우에는 증언거부권자가 위증을 하였을지라도 위증죄가 성립하지 않는다.

② 위증죄를 범한 자가 그 공술한 사건의 재판 또는 징계처분이 확정되기 전에 자백 또는 자수한 때에는 그 형을 감경 또는 면제한다.

③ 무고죄에 있어 신고한 사실이 객관적 사실에 반하는 허위사실이라는 요건은 신고사실의 진실성을 인정할 수 없다는 소극적 증명만으로 충분하다.

④ 피고인이 사립대학교 교수인 甲, 乙로 하여금 징계처분을 받게 할 목적으로 국민권익위원회에서 운영하는 범정부 국민포털인 국민신문고에 민원을 제기한 경우, 무고죄가 성립하지 않는다.

해설/정답 ③

① (○) 증언거부권 제도는 증인에게 증언의무의 이행을 거절할 수 있는 권리를 부여한 것이고, 형사소송법상 증언거부권의 고지 제도는 증인에게 그러한 권리의 존재를 확인시켜 침묵할 것인지 아니면 진술할 것인지에 관하여 심사숙고할 기회를 충분히 부여함으로써 침묵할 수 있는 권리를 보장하기 위한 것임을 감안할 때, 재판장이 신문 전에 증인에게 증언거부권을 고지하지 않은 경우에도 당해 사건에서 증언 당시 증인이 처한 구체적인 상황, 증언거부사유의 내용, 증인이 증언거부사유 또는 증언거부권의 존재를 이미 알고 있었는지 여부, 증언거부권을 고지 받았더라도 허위진술을 하였을 것이라고 볼 만한 정황이 있는지 등을 전체적·종합적으로 고려하여 증인이 침묵하지 아니하고 진술한 것이 자신의 진정한 의사에 의한 것인지 여부를 기준으로 위증죄의 성립 여부를 판단하여야 한다. 그러므로 헌법 제12조 제2항에 정한 불이익 진술의 강요금지 원칙을 구체화한 자기부죄거부특권에 관한 것이거나 기타 증언거부사유가 있음에도 증인이 증언거부권을 고지받지 못함으로 인하여 그 증언거부권을 행사하는 데 사실상 장애가 초래되었다고 볼 수 있는 경우에는 위증죄의 성립을 부정하여야 할 것이다(대판 2010.1.21. 2008도942 전원합의체).

② (○) 형법 제152조, 제153조

제152조(위증, 모해위증)
① 법률에 의하여 선서한 증인이 허위의 진술을 한 때에는 5년 이하의 징역 또는 1천만 원 이하의 벌금에 처한다.
② 형사사건 또는 징계사건에 관하여 피고인, 피의자 또는 징계혐의자를 모해할 목적으로 전항의 죄를 범한 때에는 10년 이하의 징역에 처한다.

제153조(자백, 자수)
전조의 죄를 범한 자가 그 공술한 사건의 재판 또는 징계처분이 확정되기 전에 자백 또는 자수한 때에는 그 형을 감경 또는 면제한다.

③ (×) 무고죄는 타인으로 하여금 형사처분이나 징계처분을 받게 할 목적으로 신고한 사실이 객관적 진실에 반하는 허위사실인 경우에 성립되는 범죄이므로 신고한 사실이 객관적 진실에 반하는 허위사실이라는 요건은 적극적 증명이 있어야 하며 신고사실의 진실성을 인정할 수 없다는 소극적 증명만으로 곧 그 신고사실이 객관적 진실에 반하는 허위의 사실이라 단정하여 무고죄의 성립을 인정할 수는 없다(대판 1984.1.24. 83도1401).

④ (○) 피고인이 사립대학교 교수인 피해자들로 하여금 징계처분을 받게 할 목적으로 국민권익위원회에서 운영하는 범정부 국민포털인 국민신문고에 민원을 제기한 사안에서, 피해자들은 사립학교 교원이므로 피고인의 행위가 무고죄에 해당하지 않음에도, 이와 달리 보아 유죄를 인정한 원심판결에 무고죄의 '징계처분'에 관한 법리를 오해한 잘못이 있다고 한 사례(대판 2014.7.24. 2014도6377).

037 위증과 증거인멸의 죄에 대한 설명 중 가장 적절하지 않은 것은? 〈경찰1차 2017〉

① 제3자가 심문절차로 진행되는 가처분 신청사건에서 증인으로 출석하여 선서를 하고 허위 공술을 한 경우 위증죄가 성립하지 않는다.

② 모해위증죄에서 모해의 목적은 허위의 진술을 함으로써 피고인에게 불리하게 될 것이라는 인식이 있으면 충분하고 그 결과의 발생까지 희망할 필요는 없다.

③ 증거위조죄에서 '타인의 형사사건'이란 증거위조 행위 시에 아직 수사절차가 개시되기 전이라도 장차 형사사건이 될 수 있는 것까지 포함하나 그 형사사건이 기소되지 아니하거나 무죄가 선고될 경우 증거위조죄가 성립하지 않는다.

④ 타인의 형사사건과 관련하여 수사기관이나 법원에 제출하거나 현출되게 할 의도로 법률행위 당시에는 존재하지 아니하였던 처분문서를 사후에 그 작성일을 소급하여 작성하는 것은 증거위조죄의 구성요건을 충족시키는 것이라고 보아야 하고, 비록 그 내용이 진실하다 하여도 국가의 형사사법기능에 대한 위험이 있다는 점은 부인할 수 없다.

해설/정답 ③

① (○) 가처분사건이 변론절차에 의하여 진행될 때에는 제3자를 증인으로 선서하게 하고 증언을 하게 할 수 있으나 심문절차에 의할 경우에는 법률상 명문의 규정도 없고, 또 구 민사소송법(2002. 1. 26. 법률 제6626호로 전문 개정되기 전의 것)의 증인신문에 관한 규정이 준용되지도 아니하므로 선서를 하게 하고 증언을 시킬 수 없다고 할 것이고, 따라서 제3자가 심문절차로 진행되는 가처분 신청 사건에서 증인으로 출석하여 선서를 하고 진술함에 있어서 허위의 공술을 하였다고 하더라도 그 선서는 법률상 근거가 없어 무효라고 할 것이므로 위증죄는 성립하지 않는다(대판 2003.7.25. 2003도180).

② (○) 형법 제152조 제2항의 모해위증죄에 있어서 '모해할 목적'이란 피고인·피의자 또는 징계혐의자를 불리하게 할 목적을 말하고, 허위진술의 대상이 되는 사실에는 공소 범죄사실을 직접, 간접적으로 뒷받침하는 사실은 물론 이와 밀접한 관련이 있는 것으로서 만일 그것이 사실로 받아들여진다면 피고인이 불리한 상황에 처하게 되는 사실도 포함된다. 그리고 이러한 모해의 목적은 허위의 진술을 함으로써 피고인에게 불리하게 될 것이라는 인식이 있으면 충분하고 그 결과의 발생까지 희망할 필요는 없다(대판 2007.12.27. 2006도3575).

③ (×) 형법 제155조 제1항의 증거위조죄에서 타인의 형사사건이란 증거위조 행위시에 아직 수사절차가 개시되기 전이라도 장차 형사사건이 될 수 있는 것까지 포함하고, 그 형사사건이 기소되지 아니하거나 무죄가 선고되더라도 증거위조죄의 성립에 영향이 없다(대판 2011.2.10. 2010도15986).

④ (○) 타인의 형사사건과 관련하여 수사기관이나 법원에 제출하거나 현출되게 할 의도로 법률행위 당시에는 존재하지 아니하였던 처분문서, 즉 그 외형 및 내용상 법률행위가 그 문서 자체에 의하여 이루어진 것과 같은 외관을 가지는 문서를 사후에 그 작성일을 소급하여 작성하는 것은, 가사 그 작성자에게 해당 문서의 작성권한이 있고, 또 그와 같은 법률행위가 당시에 존재하였다거나 그 법률행위의 내용이 위 문서에 기재된 것과 큰 차이가 없다 하여도 증거위조죄의 구성요건을 충족시키는 것이라고 보아야 하고, 비록 그 내용이 진실하다 하여도 국가의 형사사법기능에 대한 위험이 있다는 점은 부인할 수 없다(대판 2007.6.28. 2002도3600).

038 위증죄 및 무고죄에 대한 다음 설명 중 가장 적절한 것은? 〈경찰2차 2016〉

① 제3자가 심문절차로 진행되는 가처분 신청사건에서 증인으로 출석하여 선서를 하고 진술함에 있어서 허위의 공술을 하였다면 위증죄가 성립한다.

② 자신의 강도상해 범행을 일관되게 부인하였으나 유죄판결이 확정된 피고인이 별건으로 기소된 공범의 형사사건에서 자신의 범행사실을 부인하는 증언을 한 사안에서, 피고인에게 사실대로 진술할 것이라는 기대가능성이 없으므로 위증죄가 성립하지 않는다.

③ 무고죄에 있어 신고한 사실이 객관적 사실에 반하는 허위사실이라는 요건은 신고사실의 진실성을 인정할 수 없다는 소극적 증명만으로 충분하다.

④ 피고인이 변호사인 피해자로 하여금 징계처분을 받게 할 목적으로 서울지방변호사회에 위 변호사회 회장을 수취인으로 하는 허위 내용의 진정서를 제출한 경우 피고인에 대하여는 무고죄가 성립한다.

해설/정답 ④

① (×) 가처분사건이 변론절차에 의하여 진행될 때에는 제3자를 증인으로 선서하게 하고 증언을 하게 할 수 있으나 심문절차에 의할 경우에는 법률상 명문의 규정도 없고, 또 구 민사소송법(2002. 1. 26. 법률 제6626호로 전문 개정되기 전의 것)의 증인신문에 관한 규정이 준용되지도 아니하므로 선서를 하게 하고 증언을 시킬 수 없다고 할 것이고, 따라서 제3자가 심문절차로 진행되는 가처분 신청 사건에서 증인으로 출석하여 선서를 하고 진술함에 있어서 허위의 공술을 하였다고 하더라도 그 선서는 법률상 근거가 없어 무효라고 할 것이므로 위증죄는 성립하지 않는다(대판 2003.7.25. 2003도180).

② (×) 자신의 강도상해 범행을 일관되게 부인하였으나 유죄판결이 확정된 피고인이 별건으로 기소된 공범의 형사사건에서 자신의 범행사실을 부인하는 증언을 한 사안에서, 피고인에게 사실대로 진술할 기대가능성이 있으므로 위증죄가 성립한다고 판단한 사례(대판 2008.10.23. 2005도10101).

③ (×) 무고죄는 타인으로 하여금 형사처분이나 징계처분을 받게 할 목적으로 신고한 사실이 객관적 진실에 반하는 허위사실인 경우에 성립되는 범죄이므로 신고한 사실이 객관적 사실에 반하는 허위사실이라는 요건은 적극적인 증명이 있어야 하며, 신고사실의 진실성을 인정할 수 없다는 소극적 증명만으로 곧 그 신고사실이 객관적 진실에 반하는 허위사실이라고 단정하여 무고죄의 성립을 인정할 수는 없다(대판 2006.5.25. 2005도4642).

④ (○) 피고인이 변호사인 피해자로 하여금 징계처분을 받게 할 목적으로 서울지방변호사회에 위 변호사회 회장을 수취인으로 하는 허위 내용의 진정서를 제출한 사안에서, 무고죄를 인정한 원심판단을 수긍한 사례(대판 2010.11.25. 2010도10202).

제5절 | 무고의 죄

039 **다음 중 옳은 것을 모두 고른 것은?** 〈경찰2차 2023〉

㉠ 위증죄는 법률에 의하여 선서한 증인이 사실에 관하여 기억에 반하는 진술을 한 때에 성립하고, 증인의 진술이 경험한 사실에 대한 법률적 평가이거나 단순한 의견에 지나지 아니하는 경우에는 위증죄에서 말하는 허위의 공술이라고 할 수 없으나, 경험한 객관적 사실에 대한 증인 나름의 법률적·주관적 평가나 의견을 부연한 부분에 다소의 오류나 모순이 있는 경우 위증죄가 성립한다. ㉡ 피고인 자신이 직접 형사처분이나 징계처분을 받게 될 것을 두려워한 나머지 자기의 이익을 위하여 그 증거가 될 자료를 인멸하였다면, 그 행위가 동시에 다른 공범자의 형사사건이나 징계사건에 관한 증거를 인멸한 결과가 된다고 하더라도 이를 증거인멸죄로 다스릴 수 없다. ㉢ 피고인 자신을 위해 증인을 도피하게 한 행위가 동시에 다른 공범자의 형사사건이나 징계사건에 관한 증인을 도피하게 한 결과로 되는 경우 증인도피죄가 성립한다. ㉣ 참고인이 타인의 형사사건 등에 관하여 제3자와 대화를 하면서 허위로 진술하고 위와 같은 허위 진술이 담긴 대화 내용을 녹음한 녹음파일 또는 이를 녹취한 녹취록을 만들어 수사기관 등에 제출하는 것은 증거위조죄를 구성하지 아니한다. ㉤ 무고죄는 국가의 형사사법권 또는 징계권의 적정한 행사를 주된 보호법익으로 하고 다만, 개인의 부당하게 처벌 또는 징계받지 아니할 이익을 부수적으로 보호하는 죄이므로, 설사 무고에 있어서 피무고자의 승낙이 있었다고 하더라도 무고죄가 성립한다.

① ㉠, ㉡ ② ㉡, ㉣ ③ ㉡, ㉤ ④ ㉢, ㉤

해설/정답 ③

㉠ (×) 위증죄는 법률에 의하여 선서한 증인이 사실에 관하여 기억에 반하는 진술을 한 때에 성립하고, 증인의 진술이 경험한 사실에 대한 법률적 평가이거나 단순한 의견에 지나지 아니하는 경우에는 위증죄에서 말하는 허위의 공술이라고 할 수 없으며, 경험한 객관적 사실에 대한 증인 나름의 법률적·주관적 평가나 의견을 부연한 부분에 다소의 오류나 모순이 있더라도 위증죄가 성립하는 것은 아니라고 할 것이다(대판 2009.3.12. 2008도11007).

㉡ (○) 증거인멸죄는 타인의 형사사건 또는 징계사건에 관한 증거를 인멸하는 경우에 성립하는 것으로서, 피고인 자신이 직접 형사처분이나 징계처분을 받게 될 것을 두려워한 나머지 자기의 이익을 위하여 그 증거가 될 자료를 인멸하였다면, 그 행위가 동시에 다른 공범자의 형사사건이나 징계사건에 관한 증거를 인멸한 결과가 된다고 하더라도 이를 증거인멸죄로 다스릴 수 없고, 이러한 법리는 그 행위가 피고인의 공범자가 아닌 자의 형사사건이나 징계사건에 관한 증거를 인멸한 결과가 된다고 하더라도 마찬가지이다(대판 1995.9.29. 94도2608).

㉢ (×) 형법 제155조 제2항 소정의 증인도피죄는 타인의 형사사건 또는 징계사건에 관한 증인을 은닉·도피하게 한 경우에 성립하는 것으로서, 피고인 자신이 직접 형사처분이나 징계처분을 받게 될 것을 두려워한 나머지 자기의 이익을 위하여 증인이 될 사람을 도피하게 하였다면, 그 행위가 동시에 다른 공범자의 형사사건이나 징계사건에 관한 증인을 도피하게 한 결과가 된다고 하더라도 이를 증인도피죄로 처벌할 수 없다(대판 2003.3.14. 2002도6134).

㉣ (×) 참고인이 타인의 형사사건 등에 관하여 제3자와 대화를 하면서 허위로 진술하고 위와 같은 허위 진술이 담긴 대화 내용을 녹음한 녹음파일 또는 이를 녹취한 녹취록을 만들어 수사기관 등에 제출하는 것은, 참고인이 타인의 형사사건 등에 관하여 수사기관에 허위의 진술을 하거나 이와 다를 바 없는 것으로서 허위의 사실확인서나 진술서를 작성하여 수사기관 등에 제출하는 것과는 달리, 증거위조죄를 구성한다(대판 2013.12.26. 2013도8085, 2013전도165).

㉤ (○) 무고죄는 국가의 형사사법권 또는 징계권의 적정한 행사를 주된 보호법익으로 하고 다만, 개인의 부당하게 처벌 또는 징계받지 아니할 이익을 부수적으로 보호하는 죄이므로, 설사 무고에 있어서 피무고자의 승낙이 있었다고 하더라도 무고죄의 성립에는 영향을 미치지 못한다 할 것이고, 무고죄에 있어서 형사처분 또는 징계처분을 받게 할 목적은 허위신고를 함에 있어서 다른 사람이 그로 인하여 형사 또는 징계처분을 받게 될 것이라는 인식이 있으면 족한 것이고 그 결과발생을 희망하는 것까지를 요하는 것은 아니므로, 고소인이 고소장을 수사기관에 제출한 이상 그러한 인식은 있었다고 보아야 한다. [2] 피무고자의 승낙을 받아 허위사실을 기재한 고소장을 제출하였다면 피무고자에 대한 형사처분이라는 결과발생을 의욕한 것은 아니라 하더라도 적어도 그러한 결과발생에 대한 미필적인 인식은 있었던 것으로 보아야 한다고 한 사례(대판 2005.9.30. 2005도2712).

040 **다음 설명 중 옳고 그름의 표시(○, ×)가 바르게 된 것은?** 〈경찰1차 2023〉

> ㉠ 범죄 또는 징계사유의 성립 여부에 관한 것뿐만 아니라 형 또는 징계의 경중에 영향을 미치는 정상을 인정하는데 도움이 될 자료까지도 증거위조죄에서 규정한 '증거'에 포함된다.
> ㉡ 자신이 직접 형사처분을 받게될 것을 두려워한 나머지 자기의 이익을 위하여 그 증거가 될 자료를 은닉하였다면 증거은닉죄에 해당하지 않고, 제3자와 공동하여 그러한 행위를 하였더라도 마찬가지이다.
> ㉢ 모해위증죄에 있어서 甲이 A를 모해할 목적으로 그러한 목적이 없는 乙에게 위증을 교사한 경우, 공범종속성에 관한 일반 규정인 「형법」 제31조 제1항이 공범과 신분에 관한 「형법」 제33조 단서에 우선하여 적용되므로 신분이 있는 甲이 신분이 없는 乙보다 무겁게 처벌된다.
> ㉣ 甲이 자기 자신을 무고하기로 乙과 공모하고 공동의 의사에 따라 乙과 함께 자신을 무고한 경우, 甲과 乙은 무고죄의 공동정범으로서의 죄책을 진다.

① ㉠ (○), ㉡ (○), ㉢ (○), ㉣ (×)　　② ㉠ (○), ㉡ (○), ㉢ (×), ㉣ (×)
③ ㉠ (×), ㉡ (○), ㉢ (○), ㉣ (○)　　④ ㉠ (×), ㉡ (×), ㉢ (○),㉣ (○)

해설/정답 ②

ㄱ. (○) 형법 제155조 제1항이 정한 증거위조죄에서의 '증거'에는 타인의 형사사건 또는 징계사건에 관하여 수사기관이나 법원 또는 징계기관이 국가의 형벌권 또는 징계권의 유무를 확인하는 데 관계있다고 인정되는 일체의 자료가 포함된다. 따라서 범죄 또는 징계사유의 성립 여부에 관한 것뿐만 아니라 형 또는 징계의 경중에 관계있는 정상을 인정함에 도움이 될 자료까지도 본조가 규정한 증거에 포함된다(대판 2021.1.28. 2020도2642).

ㄴ. (○) 증거인멸죄는 타인의 형사사건 또는 징계사건에 관한 증거를 인멸하는 경우에 성립하는 것으로서, 피고인 자신이 직접 형사처분이나 징계처분을 받게 될 것을 두려워한 나머지 자기의 이익을 위하여 그 증거가 될 자료를 인멸하였다면, 그 행위가 동시에 다른 공범자의 형사사건이나 징계사건에 관한 증거를 인멸한 결과가 된다고 하더라도 이를 증거인멸죄로 다스릴 수 없고, 이러한 법리는 그 행위가 피고인의 공범자가 아닌 자의 형사사건이나 징계사건에 관한 증거를 인멸한 결과가 된다고 하더라도 마찬가지이다(대판 1995.9.29. 94도

2608).

ㄷ. (×) [1] 피고인이 갑을 모해할 목적으로 을에게 위증을 교사한 이상, 가사 정범인 을에게 모해의 목적이 없었다고 하더라도, 형법 제33조 단서의 규정에 의하여 피고인을 모해위증교사죄로 처단할 수 있다. [2] 형법 제31조 제1항은 협의의 공범의 일종인 교사범이 그 성립과 처벌에 있어서 정범에 종속한다는 일반적인 원칙을 선언한 것에 불과하고, 신분관계로 인하여 형의 경중이 있는 경우에 신분이 있는 자가 신분이 없는 자를 교사하여 죄를 범하게 한 때에는 형법 제33조 단서가 형법 제31조 제1항에 우선하여 적용됨으로써 신분이 있는 교사범이 신분이 없는 정범보다 중하게 처벌된다(대판 1994.12.23. 93도1002).

ㄹ. (×) 형법 제156조에서 정한 무고죄는 타인으로 하여금 형사처분 또는 징계처분을 받게 할 목적으로 허위의 사실을 신고하는 것을 구성요건으로 하는 범죄이다. 자기 자신으로 하여금 형사처분 또는 징계처분을 받게 할 목적으로 허위의 사실을 신고하는 행위, 즉 자기 자신을 무고하는 행위는 무고죄의 구성요건에 해당하지 않아 무고죄가 성립하지 않는다. 따라서 자기 자신을 무고하기로 제3자와 공모하고 이에 따라 무고행위에 가담하였더라도 이는 자기 자신에게는 무고죄의 구성요건에 해당하지 않아 범죄가 성립할 수 없는 행위를 실현하고자 한 것에 지나지 않아 무고죄의 공동정범으로 처벌할 수 없다(대판 2017.4.26. 2013도12592).

041 무고죄에 관한 설명으로 옳지 않은 것을 모두 고른 것은? 〈경찰1차 2022〉

㉠ 자기 자신을 무고하기로 제3자와 공모하고 이에 따라 무고행위에 가담한 경우 무고죄의 공동정범으로 처벌할 수 없다.

㉡ 신고사실의 일부에 허위의 사실이 포함되어 있다고 하더라도 그 허위부분이 범죄의 성부에 영향을 미치는 중요한 부분이 아니고 단지 신고한 사실을 과장한 것에 불과한 경우에는 무고죄에 해당하지 아니하지만, 그 일부 허위인 사실이 국가의 심판작용을 그르치거나 부당하게 처벌을 받지 아니할 개인의 법적 안정성을 침해할 우려가 있을 정도로 고소사실 전체의 성질을 변경시키는 때에는 무고죄가 성립될 수 있다.

㉢ 신고자가 진실이라고 확신하고 신고하였을 때에는 무고죄가 성립하지 않는다고 할 것이고, '진실이라고 확신한다' 함에는 신고자가 알고 있는 객관적 사실관계에 의하여 신고사실이 허위라거나 허위일 가능성이 있다는 인식을 하면서도 이를 무시한 채 무조건 자신의 주장이 옳다고 생각하는 경우까지 포함되는 것은 아니다.

㉣ 무고죄에 있어서의 신고는 자발적인 것이어야 하고 수사기관 등의 추문에 대하여 허위의 진술을 하는 것은 무고죄를 구성하지 않는 것이므로, 당초 고소장에 기재하지 않은 사실을 수사기관에서 고소보충조서를 받을 때 자진하여 진술하였다 하더라도 이 진술 부분까지 신고한 것으로 볼 수는 없다.

㉤ 타인에게 형사처분을 받게 할 목적으로 '허위의 사실'을 신고한 행위가 무고죄를 구성하기 위해서는 신고된 사실 자체가 형사처분의 대상이 될 수 있어야 하므로, 허위로 신고한 사실이 신고 당시에는 형사처분의 대상이 될 수 있었으나 이후 그러한 사실이 형사처분의 대상이 되지 않는 것으로 대법원 판례가 변경된 경우 무고죄는 성립하지 않는다.

① ㉠, ㉡ ② ㉡, ㉢ ③ ㉢, ㉣ ④ ㉣, ㉤

해설/정답 ④

㉠ (○) 자기 자신을 무고하기로 제3자와 공모하고 이에 따라 무고행위에 가담하였더라도 이는 자기 자신에게는 무고죄의 구성요건에 해당하지 않아 범죄가 성립할 수 없는 행위를 실현하고자 한 것에 지나지 않아 무고죄의 공동정범으로 처벌할 수 없다(대판 2017.4.26. 2013도12592).

㉡ (○) 무고죄는 타인으로 하여금 형사처분 또는 징계처분을 받게 할 목적으로 공무소 또는 공무원에 대하여 허위의 사실을 신고하는 때에 성립하는 것으로, 여기에서 허위사실의 신고라 함은 신고사실이 객관적 사실에 반한다는 것을 확정적이거나 미필적으로 인식하고 신고하는 것을 말하는 것이므로, 신고사실의 일부에 허위의 사실이 포함되어 있다고 하더라도 그 허위 부분이 범죄의 성부에 영향을 미치는 중요한 부분이 아니고, 단지 신고한 사실을 과장한 것에 불과한 경우에는 무고죄에 해당하지 아니하지만(대법원 1996. 5. 31. 선고 96도771 판결, 대법원 2003. 1. 24. 선고 2002도5939 판결 등 참조), 그 일부 허위인 사실이 국가의 심판작용을 그르치거나 부당하게 처벌을 받지 아니할 개인의 법적 안정성을 침해할 우려가 있을 정도로 고소사실 전체의 성질을 변경시키는 때에는 무고죄가 성립될 수 있다(대법원 2004. 1. 16. 선고 2003도7178 판결, 대법원 2009. 1. 30. 선고 2008도8573 판결, 대법원 2010. 4. 29. 선고 2010도2745 판결 등 참조)(대판 2012.5.24. 2011도11500).

㉢ (○) 무고죄에 있어서 신고사실이 객관적 사실과 일치하지 않는 것이라도 신고자가 진실이라고 확신하고 신고하였을 때에는 무고죄가 성립하지 않는다고 할 것이나, 진실이라고 확신한다 함은 신고자가 알고 있는 객관적인 사실관계에 의하더라도 신고사실이 허위라거나 또는 허위일 가능성이 있다는 인식을 하지 못하는 경우를 말하는 것이지, 신고자가 알고 있는 객관적 사실관계에 의하여 신고사실이 허위라거나 허위일 가능성이 있다는 인식을 하면서도 이를 무시한 채 무조건 자신의 주장이 옳다고 생각하는 경우까지 포함되는 것은 아니다(대판 1995.12.5. 95도231, 대판 2000.7.4. 2000도1908, 2000감도62, 대판 2006.9.22. 2006도4255 등 참조, 대판 2008.5.29. 2006도6347).

㉣ (×) 무고죄에 있어서의 신고는 자발적인 것이어야 하고 수사기관 등의 추문에 대하여 허위의 진술을 하는 것은 무고죄를 구성하지 않는 것이지만 당초 고소장에 기재하지 않은 사실을 수사기관에서 고소보충조서를 받을 때 자진하여 진술하였다면 이 진술부분까지 신고한 것으로 보아야 한다(대판 1996.2.9. 95도2652, 대판 1984.12.11. 84도1953).

㉤ (×) 타인으로 하여금 형사처분 또는 징계처분을 받게 할 목적으로 공무소 또는 공무원에 대하여 허위의 사실을 신고하는 때에 무고죄가 성립한다(형법 제156조). 무고죄는 부수적으로 개인이 부당하게 처벌받거나 징계를 받지 않을 이익도 보호하나, 국가의 형사사법권 또는 징계권의 적정한 행사를 주된 보호법익으로 한다. 타인에게 형사처분을 받게 할 목적으로 '허위의 사실'을 신고한 행위가 무고죄를 구성하기 위해서는 신고된 사실 자체가 형사처분의 대상이 될 수 있어야 하므로, 가령 허위의 사실을 신고하였더라도 신고 당시 그 사실 자체가 형사범죄를 구성하지 않으면 무고죄는 성립하지 않는다. 그러나 허위로 신고한 사실이 무고행위 당시 형사처분의 대상이 될 수 있었던 경우에는 국가의 형사사법권의 적정한 행사를 그르치게 할 위험과 부당하게 처벌받지 않을 개인의 법적 안정성이 침해될 위험이 이미 발생하였으므로 무고죄는 기수에 이르고, 이후 그러한 사실이 형사범죄가 되지 않는 것으로 판례가 변경되었더라도 특별한 사정이 없는 한 이미 성립한 무고죄에는 영향을 미치지 않는다(대판 2017.5.30. 2015도15398).

042 **국가기능에 대한 죄에 관한 설명으로 가장 적절하지 않은 것은?** 〈경찰2차 2019〉

① 증인이 기억에 반하는 진술을 한 경우에는 그 진술내용이 진실과 일치하는 때에도 위증죄가 성립한다.

② 무고의 고의로 신고내용이 허위라고 믿고 신고하였으나 우연히 그 신고내용이 객관적 진실에 부합하는 경우, 무고죄가 성립하지 않는다.

③ 도주죄의 범인이 도주행위를 하여 기수에 이른 이후에 범인의 도피를 도와주는 경우, 도주원조죄가 성립할 수 있을 뿐 범인도피죄는 성립하지 않는다.

④ 사실혼관계에 있는 자가 범인 본인을 위하여 증거를 인멸한 경우, 친족간의 특례(「형법」 제155조 제4항)가 적용되지 않아 증거인멸죄로 처벌된다.

해설/정답 ③

① (○) 위증죄에 있어서의 허위의 공술이란 증인이 자기의 기억에 반하는 사실을 진술하는 것을 말하는 것으로서 그 내용이 객관적 사실과 부합한다고 하여도 위증죄의 성립에 장애가 되지 않는다(대판 1989.1.17. 88도580).

② (○) 무고죄는 타인으로 하여금 형사처분 등을 받게 할 목적으로 신고한 사실이 객관적 진실에 반하는 허위사실인 경우에 성립되는 범죄로서, 신고자가 그 신고내용을 허위라고 믿었다 하더라도 그것이 객관적으로 진실한 사실에 부합할 때에는 허위사실의 신고에 해당하지 않아 무고죄는 성립하지 않는 것이며, 한편 위 신고한 사실의 허위 여부는 그 범죄의 구성요건과 관련하여 신고사실의 핵심 또는 중요내용이 허위인가에 따라 판단하여 무고죄의 성립 여부를 가려야 한다(대판 1991.10.11. 91도1950).

③ (×) 도주죄는 즉시범으로서 범인이 간수자의 실력적 지배를 이탈한 상태에 이르렀을 때에 기수가 되어 도주행위가 종료하는 것이고, 도주원조죄는 도주죄에 있어서의 범인의 도주행위를 야기시키거나 이를 용이하게 하는 등 그와 공범관계에 있는 행위를 독립한 구성요건으로 하는 범죄이므로, 도주죄의 범인이 도주행위를 하여 기수에 이르른 이후에 범인의 도피를 도와주는 행위는 범인도피죄에 해당할 수 있을 뿐 도주원조죄에는 해당하지 아니한다(대판 1991.10.11. 91도1656).

④ (○) 형법 제151조 제2항 및 제155조 제4항은 친족, 호주 또는 동거의 가족이 본인을 위하여 범인도피죄, 증거인멸죄 등을 범한 때에는 처벌하지 아니한다고 규정하고 있는바, 사실혼관계에 있는 자는 민법 소정의 친족이라 할 수 없어 위 조항에서 말하는 친족에 해당하지 않는다(대판 2003.12.12. 2003도4533).

043 **무고죄에 대한 설명으로 가장 적절한 것은?** 〈경찰2차 2017〉

① 신고자가 객관적 사실관계를 사실 그대로 신고한 이상 그 객관적 사실을 토대로 한 나름대로의 주관적 법률평가를 잘못하고 이를 신고하였다 하여 그 사실만을 가지고 허위사실을 신고한 것에 해당하여 무고죄가 성립한다고 할 수 없다.

② 신고자가 그 신고내용을 허위라고 믿었다면 그것이 객관적으로 진실한 사실에 부합할 때에도 허위사실의 신고에 해당하여 무고죄가 성립한다.

③ 무고죄는 국가의 형사사법권 또는 징계권의 적정한 행사를 주된 보호법익으로 하는 죄이므로, 스스로 본인을 무고하는 자기무고는 무고죄의 구성요건에 해당하여 무고죄를 구성한다.

④ 무고죄에 있어서 신고한 사실이 객관적 사실에 반하는 허위사실이라는 요건은 신고사실의 진실성을 인정할 수 없다는 소극적 증명만으로 곧 그 신고사실이 객관적 진실에 반하는 허위사실이라고 단정하여 무고죄의 성립을 인정할 수 있고, 적극적인 증명이 있어야만 하는 것은 아니다.

해설/정답 ①

① (○) 무고죄의 성립에는 타인으로 하여금 형사 및 징계처분을 받게 할 목적으로 진실함의 확신 없는 사실을 신고함으로써 족하고 신고자가 그 신고사실이 허위라는 것을 확신할 것까지 요하지 아니하나 한편, 신고자가 객관적 사실관계를 사실 그대로 신고한 이상 그 객관적 사실을 토대로 한 나름대로의 주관적 법률평가를 잘못하고 이를 신고하였다 하여 그 사실만을 가지고 허위사실을 신고한 것에 해당하여 무고죄가 성립한다고 할 수 없다(대판 1985.6.25. 83도3245).

② (×) 무고죄는 타인으로 하여금 형사처분 등을 받게 할 목적으로 신고한 사실이 객관적 진실에 반하는 허위사실인 경우에 성립되는 범죄로서, 신고자가 그 신고내용을 허위라고 믿었다 하더라도 그것이 객관적으로 진실한 사실에 부합할 때에는 허위사실의 신고에 해당하지 않아 무고죄는 성립하지 않는 것이며, 한편 위 신고한 사실의 허위 여부는 그 범죄의 구성요건과 관련하여 신고사실의 핵심 또는 중요내용이 허위인가에 따라 판단하여 무고죄의 성립 여부를 가려야 한다(대판 1991.10.11. 91도1950).

③ (×) 형법 제156조의 무고죄는 국가의 형사사법권 또는 징계권의 적정한 행사를 주된 보호법익으로 하는 죄이나, 스스로 본인을 무고하는 자기무고는 무고죄의 구성요건에 해당하지 아니하여 무고죄를 구성하지 않는다. 그러나 피무고자의 교사·방조 하에 제3자가 피무고자에 대한 허위의 사실을 신고한 경우에는 제3자의 행위는 무고죄의 구성요건에 해당하여 무고죄를 구성하므로, 제3자를 교사·방조한 피무고자도 교사·방조범으로서의 죄책을 부담한다(대판 2008.10.23. 2008도4852).

④ (×) 무고죄는 타인으로 하여금 형사처분이나 징계처분을 받게 할 목적으로 신고한 사실이 객관적 진실에 반하는 허위사실인 경우에 성립되는 범죄이므로 신고한 사실이 객관적 사실에 반하는 허위사실이라는 요건은 적극적인 증명이 있어야 하며, 신고사실의 진실성을 인정할 수 없다는 소극적 증명만으로 곧 그 신고사실이 객관적 진실에 반하는 허위사실이라고 단정하여 무고죄의 성립을 인정할 수는 없다(대판 2006.5.25. 2005도4642).

장 진

연세대학교 법과대학 법학과 졸업
연세대학교 일반대학원 법학과 졸업(법학석사)
연세대학교 일반대학원 법학과 수료(법학박사)
중앙대학교 법학전문대학원 졸업(Juris Doctor/법학전문석사)
現) 메가로스쿨 추리논증·법학·면접·자기소개서 전임교수
위포트 공기업 법학 전임교수
에듀윌 법원·검찰 형법 전임교수

코칭 형법 기출공략집 2 [경찰공무원]

2023년 11월 20일 초 판 제1쇄인쇄
2023년 11월 30일 초 판 제1쇄발행

저 자 장 진
발행인 이 종 은
발행처 도서출판 새흐름
서울특별시 마포구 독막로 295 삼부골든타워 212호
전 화 (02) 713-3069 FAX (02) 713-0403
등 록 2014. 1. 21. 제2014-000041호(윤)
홈페이지 www.sehr.co.kr

저자와 협의하여 인지첩부를 생략함

파본은 바꿔드립니다.

정 가 23,000원

ISBN 979-11-6293-437-1